Steffen Albrecht

Australien
mit Outback

D1717744

IWANOWSKI'S REISEBUCHVERLAG

Im Internet:
www.iwanowski.de

Hier finden Sie aktuelle Infos zu
allen Titeln, interessante Links –
und vieles mehr!
Einfach anklicken!

Schreiben Sie uns,
wenn sich etwas
veränder hat. Wir sind
bei der Aktualisierung
unserer Bücher auf Ihre
Mithilfe angewiesen:
info@iwanowski.de

**Australien
mit Outback**
12., überarbeitete Auflage 2010

© Reisebuchverlag Iwanowski GmbH
Salm-Reifferscheidt-Allee 37 41540 Dormagen
Telefon 0 2133 26 03 11 " Fax 0 2133 26 03 33

Titelfoto: Olgas, Katatjuta Australien,
IFA-Bilderteam, F. Prenzel
Alle Farb- und Schwarzweißabbildungen:
Steffen Albrecht, Veronika Albrecht, Peter Albrecht, Herwig Bonin, Daniel Tschepe
Fremdenverkehrsämter von South Wales, Western Australia, Northern Territory,
Victoria, South
Redaktionelles Copyright, Konzeption und dessen ständige Überarbeitung:
Michael Iwanowski
Karten: Palsa-Graphik, Lohmar
Reisekarte: Astrid Fischer-Leitl, München
Titelgestaltung sowie Layout-Konzeption: Studio Schübel, München
Layout: Ulrike Jans, Krummhörn

Gesamtherstellung: B.o.s.s. Druck und Medien GmbH, Goch
Printed in Germany

ISBN 978-3-923975-66-1

Inhaltsverzeichnis

ÜBERBLICK

REISEROUTEN

REISEROUTEN

REISEROUTEN

REISEROUTEN

REISEROUTEN

REISEROUTEN

REISEROUTEN

REISEROUTEN

Außerdem weiterführende Informationen zu folgenden Themen:

Verzeichnis der Karten und Grafiken:

INTERESSANTES

Farbkarte vordere Umschlagklappe: Highlights Australien
Farbkarte hintere Umschlagklappe: Stadtplan Sydney
                                          Stadtplan Melborune
Farbkarte Rückseite: Australien

> **Benutzerhinweis**
> *Da wir unsere Bücher regelmäßig aktualisieren, kann es im Reiseprak-*
> *tischen Teil (Gelbe Seiten) zu Verschiebungen kommen. Wir geben daher im*
> *Reiseteil Hinweise auf Reisepraktische Tipps nur in Form der ersten Seite des*
> *Gelben Teils (ⓘ s. S. 155). Dort finden Sie alle im Buch beschriebenen Städte,*
> *Orte, Parks und Regionen in alphabetischer Reihenfolge.*

INTERESSANTES

Legende

═══ Autobahn/beschr. Route	⊠	Post
─── Fernstraße/beschr. Route	✚	Krankenhaus
── Hauptstraße/beschr. Route	📖	Bibliothek
─ Nebenstraße/beschr. Route	🗿	Denkmal
- - - - beschr. Spazierwege *(Teilweise nur Piste)*	🏛	hist. Gebäude
● Ortschaften	⛪	Kirche
★ Sehenswürdigkeiten	⛪	Kathedrale
▲ Berge	†	Friedhof
✳✤ Aussichtspunkt	Ⓜ	Museum
Wasserfall	🅣	Theater
Ω Höhle	🏠	wichtiges Gebäude
Leuchtturm	②	Hotel
Turm	🍴	Restaurant
Aquarium	🍸	Bar/Casino
Strand	🛏	Übernachtungsmögl.
Surfstrand	🔺	Camping
Tauchrevier	⛩	Picknickplatz
Yachthafen	🚻	Toiletten
⚓ Hafen		Markt
Fähre/Anleger	🛒	Einkaufsmöglichkeit
Ranger's Office		Polizei
✈ Flughafen International		Zoo
✈ Flughafen National		Krokodilfarm
Bahnhof	🌳	Park/kleinere NP's
Busbahnhof	⚑	Golfplatz
Ⓟ Parkplatz	🎾	Tennisplatz
🚗 Autoclub	🚶	Wandermöglichkeit
Tankstelle		Bootsslipanlage
Roadhouse		Schwimmbad
ⓘ Information		Walbeobachtung

© 𝒊graphic

Einleitung

Australien begeistert Besucher aus aller Welt. Der Kontinent auf der anderen Seite der Erde – *Down Under* – zieht auch immer mehr Reisende aus Europa an. Mit immer weniger Zwischenstopps lässt sich die riesige Entfernung zwischen den beiden Landmassen schnell zurücklegen, vor Jahren noch undenkbar und heute fast eine Selbstverständlichkeit.

Natur-
wunder

Australien lockt mit seinen Naturwundern, dem einzigartigen Great Barrier Reef, dem Outback mit seiner unendlichen Weite und den Metropolen entlang der Küste, allen voran Sydney und Melbourne. Und Australien lockt mit seinen Menschen und Kulturen, vom weltoffenen, herzlichen Australier bis zu den Ureinwohnern, den geheimnisvollen Aborigines.

Einzigartig ist auch Australiens Flora und Fauna: Wo sonst gibt es Kängurus, Koalas, Schnabeltiere und eine derart reiche Vogelwelt? In Australien existieren Pflanzen, die sonst nirgendwo auf der Welt zu finden sind.

Gegen-
sätze

Australien ist ein Land der Gegensätze: Seine Entstehung liegt Jahrmillionen zurück, und Zeugen dieser Vergangenheit finden sich überall. Auf der anderen Seite ist es ein junges und jugendliches Land, das erst vor rund 200 Jahren kolonisiert und besiedelt wurde. Einwanderer aus vielen Nationen haben Australien geprägt und zu dem gemacht, was es heute ist: eine multikulturelle Nation, die ihren ganz eigenen Stil entwickelt hat.

Abenteuer

Abseits der ausgetretenen Pfade ist Australien noch immer ein großes Abenteuer. Im Outback mit seiner Stille und Weite wird schon eine Nacht unter dem faszinierenden Sternenhimmel der südlichen Hemisphäre zum unvergesslichen Erlebnis.

Dabei bietet das Land dem Touristen sichere Verkehrswege, Hotels und Restaurants, die den höchsten Ansprüchen genügen und unbeschwerte Urlaubstage garantieren. Selbst bei steigenden Touristenzahlen kommt nie das Gefühl der Enge auf. Die geringe Bevölkerungsdichte Australiens hat seinen Bewohnern einen ganz typischen Charme im Umgang mit Fremden erhalten – sie sind einfach willkommen, denn es ist genug Platz für alle da.

Routen-
planung

Doch wie soll eine Australienreise geplant und durchgeführt werden? Hier setzt das Reise-Handbuch an und liefert sinnvolle Vorschläge zur richtigen Reisezeit in unterschiedlichen Klimazonen, gibt Tipps zur Zeit- und Streckeneinteilung, beschreibt Sehenswürdigkeiten und Nationalparks. Das Buch richtet sich besonders an den Individualreisenden, der mit Mietwagen, Camper, öffentlichen Verkehrsmitteln oder auf organisierten Touren das Land bereist.

Sehens-
würdig-
keiten

Ziel dieses Reise-Handbuchs ist es, dem Reisenden vielfältige Informationen zu geben, um die Planung des Reiseverlaufs und die Auswahl der Sehenswürdigkeiten zu erleichtern. Die dargestellten Routen sollen dabei als Leitfaden dienen. Sie führen zu den wichtigsten und interessantesten Teilen des Landes.

Zusätzlich werden Alternativrouten aufgezeigt, die oft mindestens genauso reizvoll sind, aus Zeitmangel oder reisetechnischen Gründen (z.B. kein geeignetes Fahrzeug) für einen Teil der interessierten Leser leider ausscheiden.

Alternativrouten

Die reisepraktischen Hinweise sind aktuell recherchiert und werden in regelmäßigen Abständen erneuert. Die Empfehlungen zu Unterkünften und Restaurants stellen stets eine Auswahl dar und erheben keinen Anspruch auf Vollständigkeit. Auch die Preisangaben sind in vielen Fällen allenfalls eine Orientierung. Wir leben in einer schnelllebigen Zeit, wodurch die Angaben in einigen Punkten sicher schon wieder überholt sind. Australien ist ein Land im Umbruch, auf der Schwelle in ein neues Jahrtausend. Hotels, Ausflugsveranstalter, Mietwagenfirmen werden umbenannt, verkauft oder verschwinden einfach vom Markt – ein ständiger Wechsel ist im Vollzug!

Empfehlungen

Nicht vergessen möchte ich, mich bei allen zu bedanken, die zum Gelingen des Reise-Handbuchs Australien beigetragen haben. Besonders gedankt sei meiner Familie für die Unterstützung und Begleitung auf vielen Australienreisen, den Fremdenverkehrsämtern Australiens, insbesondere Victoria, South Australia, Northern Territory, Queensland, Western Australia und Tasmanien für ihre Unterstützung und Zusammenarbeit sowie den vielen, hier ungenannten Lesern, Freunden und Bekannten für ihre Zuschriften und ergänzenden Informationen.

Ich bin sicher, Sie werden von Ihrer Australienreise begeistert zurückkehren; es ist eine großes, weites und wunderbares Land und lädt Sie zur großen Entdeckerreise ein. Das Reise-Handbuch Australien kann hoffentlich zum Gelingen Ihrer Reise beitragen. Australien heißt Sie mit einem freundlichen *G'Day!* willkommen.

Steffen Albrecht

Ludwigsburg,
im August 2009

> **So geht's:**
> Das Buch ist so aufgebaut, dass dem Reiseteil ein Einblick in **Geschichte und Kultur** sowie andere Aspekte des Reisezieles (Kap. 1–2) vorausgehen. Diesem Einblick folgen **allgemeine Tipps** zur Planung und Ausführung einer Reise **(Gelbe Seiten, Allgemeine Reisetipps von A–Z, Kap. 3, S. 93ff)**. Danach finen Sie Spezialtipps zu den einzelnen Städten/Regionen **(Regionale Reisetipps von A–Z, Kap. 3, S. 155ff)**. Im Anschluss folgt der **Reiseteil** (ab Kap. 4), in dem auf alle wichtigen und wesentlichen Sehenswürdigkeiten eingegangen wird, aber auch die Attraktionen „off the beaten track" – das andere Australien – finden hier Beachtung.
> Ein **ausführliches Register** im Anhang gibt Ihnen die Möglichkeit, schnell und präzise den gesuchten Begriff zu finden.
>
> Wir freuen uns über Kritik, Anregungen und Verbesserungsvorschläge: info@iwanowski.de

Australien auf einen Blick

Fläche	7.682.300 km² (Weltrang 6)
Einwohner	19,6 Mio. Ew.
Einwohner-dichte	2 Ew. pro km²
Bevölkerung	78 % Europäer verschiedener Abstammung, ca. 170.000 Aboriginals (ca. 1,5 % der Bevölkerung), Einwanderer aus 163 verschiedenen Nationen.
Staatssprache	Englisch, daneben viele Bezeichnungen in den Sprachen der Urbevölkerung.
Hauptstadt	Canberra (315.000 Ew.) im Bundesstaat Australian Capital Territory (ACT)
Religion	22 % Anglikaner, 27 % Katholiken, 7,5 % Uniting Church, 3,8 % Presbyterianer, des weiteren Moslems, Buddhisten – insgesamt 40 verschiedene Religionen.
Flagge	Blau mit dem britischen Union Jack im linken oberen Feld, in der Mitte 5 Sterne und einen Stern links unten.
Nationalfeiertag	Australia Day am 26. Januar
Staatsform	Parlamentarische föderative Monarchie, unabhängiges Mitglied des britischen Commonwealth mit Königin Elizabeth II. als Staatsoberhaupt, Bundesparlament mit Sitz in Canberra.
Städte	Sydney 4,16 Mio. Ew., Melbourne 3,52 Mio. Ew., Brisbane 1,66 Mio. Ew., Perth 1,395 Mio. Ew., Adelaide 1,1 Mio. Ew., Hobart 193.000 Ew.
Arbeitslosigkeit	ca. 6 %
Exportgüter	Industriegüter 26 %, Kohle 12,4 %, Gold 7,3 %, Wolle 6,6 %; ferner Eisenerz, Rindfleisch, Aluminium, Rohöl, Weizen, Diamanten, Gold, Baumwolle.
Importgüter	Personenwagen 5 %, Flugzeuge 4 %, Computer 3 %, Rohöl 3,5 %, Fernmeldegeräte 2 %, Papier und Pappe 2 %.
Handelspartner	USA, Japan, China, Großbritannien, Deutschland, Neuseeland, Südostasien.
Zukunfts-aussichten	Positives Wirtschaftswachstum dank ergiebiger Bodenschätze, florierender Tourismus.
Problematik	Umweltprobleme (Dürreperioden, Ozonloch), Abhängigkeit von Südostasien, illegale Einwanderung.
Währung	1 Australischer Dollar (A$) = 100 Cents

1. ALLGEMEINER ÜBERBLICK

Australien liegt auf der Südhalbkugel zwischen dem 10. und 44. Breitengrad und dem 113. und 154. Längengrad. Es ist der kleinste, flachste und (nach der Antarktis) trockenste Kontinent der Erde und umfasst einschließlich der vorgelagerten Insel Tasmanien ein Staatsgebiet mit einer Gesamtfläche von 7.682.300 km². Es ist damit ungefähr 21-mal so groß wie Deutschland. Darüber hinaus beansprucht Australien einen Teil der Antarktis für sich, das so genannte *Australian Antarctic Territory*".

21-mal so groß wie Deutschland.

Die größte Ost-West-Ausdehnung beträgt zwischen Cape Byron im Osten und Steep Point im Westen 4.500 km. Die Gesamtausdehnung von Nord nach Süd, von Cape York in Queensland bis zur Südspitze Tasmaniens, misst rund 3.900 km. Der Kontinent hat damit ungefähr die gleiche Fläche wie die der USA (ohne Alaska und Hawaii). Allerdings beträgt die Küstenlänge ein Vielfaches derer der Vereinigten Staaten – insgesamt 36.735 km! Im Norden wird Australien durch die Timorsee begrenzt, im Osten durch den Südpazifik, im Westen durch den Indischen Ozean und im Süden durch den südlichen Ozean.

Die Einwohnerzahl strebt stetig auf die 20-Millionen-Marke zu, das entspricht einer Bevölkerungsdichte von nur 2 Einwohner pro Quadratkilometer (zum Vergleich Deutschland: 240 Ew./km²). Davon leben die meisten in den Städten und Metropolen der Bundesstaaten New South Wales (Sydney), Victoria (Melbourne), South Australia (Adelaide), Queensland (Brisbane) und Western Australia (Perth).

Nur 20 Millionen Einwohner

Die Oberflächengestalt ist überwiegend flach, wobei drei Großlandschaften zu unterscheiden sind: das Ostaustralische Hochland mit der rund 3.000 km langen Great Dividing Range (einer Bergkette, die sich von Nord nach Süd erstreckt), die mittelaustralische Senke und das Westaustralische Tafelland.

Die Jahreszeiten sind denen der Nordhalbkugel entgegengesetzt. Klimatisch liegt rund ein Drittel Australiens in den Tropen, das bedeutet während der Sommermonate monsunartige Regenfälle und hohe Luftfeuchtigkeit. Das Zentrum und Teile der Küstenregion zählen zu den Subtropen mit heißen Sommern und warmen Wintern. Im Süden, in den Staaten New South Wales, Victoria und Südwestaustralien, herrscht mediterranes, gemäßigtes Klima. Möglichkeiten zum Wintersport gibt es in den Snowy Mountains (New South Wales) und den viktorianischen Alpen mit Erhebungen über 2.000 m in den Monaten Juni und Juli.

Umgekehrte Jahreszeiten

Die Aborigines, wie in Australien die Ureinwohner genannt werden, kamen vor rund 50.000 Jahren von Südostasien auf den australischen Kontinent. Die Europäer, allen voran James Cook, entdeckten Australien erst im 18. Jahrhundert. Die ersten Siedler erreichten den Kontinent am 26. Januar 1788. Dieser Tag wird noch heute als *Australia Day* gefeiert – für die Ureinwohner ein Trauertag, denn durch die weißen Siedler ging viel von ihrer Kultur für immer verloren.

Australien ist ein typisches Einwandererland: Einer von zehn Bewohnern ist nach dem Zweiten Weltkrieg „Down Under" angekommen, darunter viele politische Flüchtlinge aus Osteuropa und Asien.

Selbst-
ständige
Republik

Das Land ist eine selbstständige Nation im Schoße des Commonwealth, das heißt, die Königin von England ist noch offizielles Staatsoberhaupt. Der Staat hat sein eigenes Parlament, dessen Entscheidungen souverän sind.

Die Wirtschaftsstruktur des Landes hängt vom Export landwirtschaftlicher Güter und Bodenschätzen ab. Der Aufbau einer Gewinn bringend, weiterverarbeitenden Industrie ist oberstes Ziel, um die wertvollen Rohstoffe selbst zu nutzen und Gewinn bringende Fertigprodukte zu verkaufen. Eine wachsende Bedeutung kommt dem Fremdenverkehr zu, der als einer der wenigen Wirtschaftszweige seit Jahren steigende Zahlen verzeichnen kann, wenngleich aus der Popularität nach den Olympischen Spielen von Sydney im Jahr 2000 kein echter „Australien-Boom" erzeugt werden konnte. Die Zukunft Australiens liegt in den Märkten der südpazifischen und südostasiatischen Region – was durch immer kürzer werdende Kommunikationswege und moderne Medien auch zu gelingen scheint.

2. AUSTRALIEN – LAND UND LEUTE

Völkerkundlicher Überblick

Am heutigen Schmelztiegel der Nationen lässt sich erkennen, dass die Bevölkerungszusammensetzung aus vielen Entdeckungen und Besiedlungen heraus entstanden ist. Die Australier sind weit davon entfernt, ein einheitliches Volk zu sein, zu groß sind die Unterschiede zwischen den Ethnien und Kulturen aufgrund der Einwanderungswellen aus aller Welt.

Einwande-
rungs-
wellen

Die ersten Menschen, die auf den Kontinent einwanderten, waren die Ureinwohner, in Australien Aborigines genannt. Sie hatten schon lange, bevor der weiße Mann das Land entdeckte, eine eigene Kultur und Sprachen entwickelt. Ihr Leben war hervorragend an die Erfordernisse des Landes angepasst, ihre soziale Ordnung war gut entwickelt, und ihre Fähigkeiten und Naturkenntnisse verblüffen noch heute. Die weiße Besiedlung Australiens hatte eine verheerende Auswirkung auf die Eingeborenen, ganze Stämme wurden ausgerottet, und ihre Zahl verminderte sich innerhalb weniger Jahre rapide.

Erst in den 1960er-Jahren wurden den Aborigines Bürgerrechte zuerkannt. Da der Besucher des Landes immer wieder mit den Aborigines, ihrer Kultur und Lebensweise konfrontiert wird, befassen sich die folgenden Kapitel zunächst mit ihnen.

Die Ureinwohner Australiens

Die Aborigines (lat. *ab original* = von Beginn an) waren von der übrigen Welt eine unabschätzbare Zahl von Jahrhunderten getrennt. Neuere Funde gehen davon aus, dass sie bereits vor ca. 60.000 Jahren über eine damals noch existierende Landbrücke von Südostasien in den australischen Kontinent eingewandert sind. Ihre damalige Anzahl wird auf 750.000 bis 1,5 Millionen geschätzt. Sie lebten (und leben zu einem kleinen Teil noch heute) als Jäger und Sammler und zogen als Nomaden durch das Land.

Felsmalereien im Kakadu Nationalpark

Die Entwicklung zur Sesshaftigkeit wurde von ihnen nie vollzogen, angesichts des Reichtums und der Größe des Landes war dies auch nie notwendig – das Land gab ihnen, was sie brauchten. Ihre gesellschaftliche Organisation ist entwickelt, aber nur bis zum Niveau des Stammes. Jedem Stamm gehörte ein bestimmtes Stück Land, von dessen Ertrag gelebt wurde. Die Ureinwohner kannten den Begriff des Eigentums nicht, stattdessen sahen sie sich als Hüter des Landes.

Mit dem Eintreffen der ersten Sträflingstransporte der Briten und der dann folgenden Siedler nach 1788 begann das traurigste Kapitel in der langen Geschichte der Aborigines. Die Besiedlung durch den weißen Mann hatte einen verheerenden Einfluss auf die Ureinwohner, sie wurden gejagt und als Untermenschen behandelt. Dabei hätten sich die Siedler viel von dem Wissen, das die Aborigines über die Geografie Landes hatten, zu Nutze machen können. Versuche, Stämme umzusiedeln, beschworen Konflikte herauf, denn die religiösen Bindungen zu ihren Gebieten waren stark. Von den Anfang des 18. Jahrhunderts geschätzten 300.000 Aborigines waren 1947 nur noch rund 75.000 übrig geblieben. Erst in den späten 1950erJahren wurde eine menschenwürdigere Behandlung der Ureinwohner zum Thema in Australien, allerdings unterbrochen von Ereignissen wie den Atombombenversuchen der Briten von Maralinga, die von 1953 bis 1964 in der Wüste Südaustraliens stattfanden. Ein Schutz bzw. eine Umsiedlung der dort lebenden Aborigines fand damals nicht statt.

Einfluss des weißen Mannes

1960 wurden den Ureinwohnern Bürgerrechte zuerkannt (u.a. Wahlrecht), aber erst 1967 ermöglichte eine Verfassungsänderung, dass sie bei Volkszählungen erfasst wurden! Durch den 1976 beschlossenen *Aborigine Land Rights Act* wurden den ursprünglichen Besitzern bedeutende Stammesterritorien zurückgegeben. Bis in die 1970er-Jahre wurden Kinder von ihren Familien getrennt. Sie wurden in Missionsstationen und bei weißen Familien aufgezogen. Die „Stolen Generation" erwartet bis heute eine offizielle Entschuldigung der australischen Regierung. 1983 wurde den Aborigines ein wichtiges Heiligtum, der *Uluru* (Ayers Rock), übergeben. Die von den Ureinwohnern geforderte und von liberal gesonnenen Politikern schon mehrfach versprochene Selbstbestimmung ist bis heute vertrag-

Selbstbestimmung gefordert

lich nicht bestätigt worden. Heute zählen sich rund 2 Prozent der Bevölkerung zu den Aborigines, insgesamt rund 410.000 Personen (Aborigines und Torres Strait Islanders).

Kultur und Sprache der Aborigines

Geschichten aus der Traumzeit

In vielen Jahrtausenden wuchs die Verbundenheit der Aborigines mit ihrem Land. Aus der Traumzeit entstanden ihre Gebräuche, Riten und übersinnlichen Glaubensvorstellungen. In der *Dreamtime*, wie die Traumzeit bei ihnen heißt, entstiegen die Vorfahren der Aborigines der Nacht, um die Erde zu formen. Nach den Legenden der Ureinwohner war Australien einst ein ödes Land ohne besondere Landschaftsmerkmale. Die Gestalten der Traumzeit machten lange und abenteuerliche Reisen und schufen dabei Gebirge, Flüsse, Wasserlöcher (*Billabongs*), Felsen, Pflanzen und Tiere. Darin hinterließen sie ihren Geist, der von nun an bei den Menschen weiterlebte. Die Wesen der Vergangenheit verließen nach getaner Arbeit die Erde und fuhren auf in den Himmel. Die Geschichten der Traumzeit wurden von Generation zu Generation durch Sprache, Gesang und Tanz weitergegeben.

Riten und Gebräuche

Das Land ist für die Ureinwohner der Mittelpunkt des Universums, und im Auftrag der Vorfahren und Urzeitgeister verwalten sie dieses. Zauber und Magie sind und waren Teil des Glaubens der Aborigines. Die Magie diente beispielsweise dazu, mehr Nahrung zu finden, Kranke zu heilen oder Kriminelle zu bestrafen. Einer der gefürchtetsten Zauber war das *Pointing the bone*, bei dem der Medizinmann einen angespitzten Knochen auf den zu Bestrafenden richtete. Das Opfer glaubte tatsächlich, vom Knochen durchbohrt zu werden, und starb. In nach traditionellen Bräuchen lebenden Stämmen wird noch heute darüber abgestimmt, ob z.B. ein Dieb nach weißem Gesetz oder Stammesgesetzen (*Tribal Law*) bestraft wird. Dies wird von weißen Gerichten teilweise geduldet. Wissend, dass bestimmte Stämme ihre eigenen Strafen aussprechen (und auch durchführen), verurteilen sie die Übeltäter nur zu geringen Strafen. Die Strafzeremonien sind Teil einer Aborigine-Bewegung, die zu traditionellen Lebensweisen zurückkehrt.

INFO ### Der Bumerang als Souvenir

Nicht alle Bumerangs, die als Souvenirs verkauft werden, eignen sich für Flugübungen, da sie außer der charakteristischen Form nicht das nötige Tragflächenprofil aufweisen. Mit einem guten Bumerang erzielt man unter Anleitung schon bald ansehnliche Resultate. Der Flugrekord des Amerikaners *Peter Ruhf* liegt bei 95 Sekunden! Beim Kauf von kunsthandwerklich gefertigten, bemalten Bumerangs sollte darauf geachtet werden, dass sie tatsächlich auch von Aborigines gefertigt wurden. Um sicher zu gehen, dass der Profit auch ihnen zugute kommt, sollte der Kauf in Aborigine-Galerien oder direkt beim Künstler (z.B. auf Märkten oder in Communities) getätigt werden.

Damals lebten die Nomadenstämme in einfachen Hütten oder unter Windschirmen, die aus Zweigen und Rinde aufgebaut waren. Zur Jagd wurden Langspeere, Bumerangs und Speerschleudern (*Woomera*) verwendet. Die Frauen trugen oft eine aus Hartholz gefertigte Keule (*Nulla Nulla*) bei sich, die sie als Waffe verwendeten. Der *Bumerang* wurde neben der Jagd zum Kampf als Werkzeug und für sportliche Wettkämpfe verwendet. Man unterscheidet den zurückkehrenden und den nicht zurückkehrenden Bumerang (*Kylie*).

Die Kunst der Aborigines zeigt sich im Schnitzen, Gravieren und Bemalen von Waffen, Rindengefäßen, Seelenhölzern (*Tjurungas*) sowie anderen Kultobjekten mit geometrischen und figürlichen Motiven. Typisch ist die Darstellung von Tieren, *Fels- malereien*

Geistern und Jagdszenen. Im Röntgenstil werden auch innere Organe wiedergegeben. Riesige Felsmalereien in Höhlen und an Felsvorsprüngen stellen Urzeitwesen (*Wandjinas* mit mundlosen Gesichtern) oder Regenbogenschlangen (*Ungud*, Erschafferin alles Lebendigen und Ursache von Regen und Fruchtbarkeit) dar. Gemalt wurde mit gelben und roten (Ockererde), schwarzen (Holzkohlenstaub) und weißen (Tonerde) Farben. Viele Felsbilder wurden (und werden . noch

Rindenmalereien

heute) in jährlichen, rituellen Handlungen erneuert. Felsgravuren (Engravings) stellen eine Vorstufe der Malerei dar, sind bei weniger entwickelten Stämmen zu finden und, was Motive und Darstellungen betrifft, häufig sehr einfacher Natur.

Gefühle und Erlebnisse werden bei den Aborigines durch Musik, Gesang und Tanz (*Coroboree*) ausgedrückt. Auch die Geschichten der Traumzeit wurden nur mündlich, oft durch Gesang, weitergegeben – ein Grund dafür, dass immer mehr Geschichten für immer verloren gehen. Die Melodien klingen für unsere Ohren oft monoton, sei es durch die vielen Wiederholungen oder durch die Rhythmusinstrumente: *Didjeridus* sind 1 bis 2 m lange Blasrohre, die aus hohlen Eukalyptusstämmen gefertigt werden. Die Rinde wird abgeschält und die Oberfläche verziert. Die hohl klingenden Töne werden durch Atmungstechnik und Lippenbewegungen variiert. Schlaghölzer werden gegeneinander oder an das Didjeridu geschlagen und bestimmen den Rhythmus. Das Schwirrholz (*Bullroarer*) wird bei festlichen Anlässen an einer Schnur über dem Kopf geschwungen und erzeugt einen heulenden Ton.

Musik und Tanz

Man nimmt an, dass es einmal so viele Sprachen wie Stämme gegeben hat, dies wären rund 500! Diese verwirrende Vielfalt erklärt sich u.a. durch die zeitlich unterschiedliche Zuwanderung: Südliche Stämme sind älter als neuzugewanderte Stämme im Norden. Die Sprachen selbst sind und waren außerordentlich komplex. Die Aborigines gebrauchen z.B. Dutzende von Ausdrücken, um die verschiedenen Tageszeiten wiederzugeben. Für Außenstehende ist das Erlernen einer aus-

Sprache und Ausdruck

tralischen Sprache praktisch unmöglich, allein schon, weil die vielsilbigen Wörter schwer auszusprechen sind und es kaum jemanden gibt, der einen Weißen die Sprache lehren würde. Bis heute kann nicht exakt gesagt werden, wie viele Sprachen aus der Vergangenheit noch erhalten sind, auch der gemeinsame Ursprung der Sprachen ist nicht bekannt.

Legenden   Da die Legenden und Mythen der Stämme nur in der jeweiligen Stammessprache
und   weitergegeben wurden, ging im Laufe der letzten zwei Jahrhunderte durch Ent-
Mythen   wurzelung und Umsiedlung viel von den Legenden der Aborigines verloren. Im Folgenden einige wenige Wörter aus verschiedenen Aborigine-Sprachen, die zeigen sollen, wie kompliziert die Vokabeln sind – so gibt es beispielsweise für die verschiedenen Tageszeiten (morgens, mittags, abends) dutzende von Ausdrücken.

baapanannia	Sonnenaufgang	*ilchar-atnitta*	Hand
booroowal	Tag	*ngingeranggi*	Husten
chooka-chooka	Traum	*neeyangarra*	Adler
doolomai	Gewitter	*thonku mundil*	Nacht
elleenanaleah	Schönheit	*ungunyer-pollip*	Schulter
goonagulla	Himmel	*wariatanbirik*	Hügel
hootoworri	Wolke	*willawatta-thuyi*	Frau

Die Ureinwohner besaßen außergewöhnliche und umfassende Kenntnisse über Pflanzen und deren Nutzung. Das Wissen um Naturheilverfahren und ökologische Zusammenhänge wird seit einigen Jahren von Wissenschaftlern erforscht, leider
Missions-   können nur noch wenige Alte ihr Wissen mitteilen. Beim Eintreffen der Weißen
stationen   haben Missionare versucht, die Ureinwohner zum christlichen Glauben zu bekehren. In vielen Fällen gelang dies auch, jedoch ging ihr Glaube an die Naturgötter und die eigene Religion nie verloren. Mit der Aufgabe der Missionsstationen (1982 in Hermannsburg/NT) kehrten viele Ureinwohner in ihre traditionellen Stammesgebiete zurück und leben heute in eigenen Gemeinden (*Communities* oder *Outstations*), teilweise nach traditionellen Maßstäben.

Die heutige Situation der Aborigines

> *This land was never given up*
> *This land was never bought and sold*
> *The planting of the Union Jack*
> *Never changed our law at all.*
> (Mandawuy Yunupingu)

Der Reisende, der Kontakt zur Urbevölkerung sucht, wird meistens enttäuscht. Sie wollen in Ruhe gelassen werden. Kontakte beschränken sich auf zufällige Begegnungen, allein auf Reisen oder Ausflügen, die von Aborigines geführt werden oder in deren Stammesgebiete führen, ist eine intensivere Zusammenkunft möglich.

Beim Gedanken an ihre Zukunft kommen Zweifel auf, denn die Existenzschwierigkeiten der Aborigines nehmen immer bedrohlichere Ausmaße an. Weit verbreitet sind Arbeitslosigkeit und damit verbundener Alkoholmissbrauch. Bestrebungen, die Ureinwohner zu assimilieren und die Gebräuche und Ge

wohnheiten denen der weißen Bevölkerung anzupassen, können als fehlgeschlagen betrachtet werden. Die weißen Eroberer hatten nie darüber nachgedacht, ob es außer Unterwerfung noch andere Formen des Zusammenlebens gibt. Die Vergehen der Vergangenheit rächen sich heute, wenn es darum geht, alte Traditionen und den Stolz einer alten Kultur wieder aufleben zu lassen.

INFO   ## Was bedeutet die Aborigine-Flagge?

Unterwegs wird Ihnen irgendwann, bestimmt wahrscheinlich auch häufiger, die dreifarbige Aborigine-Flagge begegnen. Oben schwarz, unten rot und in der Mitte ein gelber Punkt. Harold Thomas, der erste Aborigine, der an einer australischen Kunstakademie sein Examen ablegte, hatte bei dem Design folgende Gedanken: Rot sind die Mutter Erde und der Ocker, der für Zeremonien benutzt wird. Gelb ist die Sonne, der beständige Geber und Erneuerer des Lebens. Schwarz ist die Traumzeit, in der alles entstanden ist. Zusammen symbolisieren die Farben die Grundlage des Lebens der Aborigines.

1971 wurde die Flagge erstmals bei einer Demonstration in Adelaide gehisst. Kurz darauf wurde sie auf einem Zelt der Aborigine-Zeltmission in Canberra verwendet. Seit dieser Zeit ist die Flagge ein Symbol der Ureinwohner. Sie hat ihnen Einheit, Stärke und Stolz verliehen. Wann immer heute die Aborigines für ihre Rechte eintreten – die Flagge ist dabei.

Die meisten Australier vertreten eine zunehmend liberale Haltung gegenüber den Aborigines. Besonders unter der jungen Bevölkerung herrscht breite Akzeptanz – sogar ein gewisser Stolz auf die Vorfahren im eigenen Land schwingt in Gesprächen mit. In einer eindrucksvollen Rede erkannte *Premier Keating* zum Jahr der Ureinwohner 1993 (*Year of the Indigenous People*) die Benachteiligung der Aborigines an – ein wichtiger Schritt zum Verständnis zwischen den Völkern. Wie überall gibt es aber in Australien eine lautstarke Minderheit, welche die grundverschiedene Lebensweise der Urbevölkerung nicht anerkennen will. Rassismus wird zuweilen offen gezeigt: Politiker geben abwertende Äußerungen von sich, und auch die

Haltung der weißen Bevölkerung

Worte vom „faulen Schwarzen" fallen immer wieder. Gelder, die in Aborigine-Gemeinden fließen (viele sprechen von *Guilt Money* – Geld zur Wiedergutmachung), werden als zu hoch und ungerechtfertigt betrachtet. Dabei wird oft vergessen, dass vieles von dem, was in über 40.000 Jahren gewachsen ist, in nur 200 Jahren zerstört wurde – eine Tatsache, die nicht ohne Folgen bleiben kann.

Selbst-vertrau-en in die eigene Stärke

Gegen die ihrer Meinung nach ungerechte Behandlung setzen sich Teile der Ureinwohner zur Wehr: So werden alljährlich am *Australia Day* Aktionen und Protestkundgebungen veranstaltet. So wurden z.B. 1992 das alte Parlamentsgebäude in Canberra besetzt und die Aborigine-Flagge (schwarz-rot mit gelber Sonne) gehisst. Bei der Behandlung der Ureinwohner gewinnt man den Eindruck, dass Teile der Staatsgewalt mit zweierlei Maß messen: In den Städten des Northern Territory sieht man oft Polizeifahrzeuge mit einem Gitterkasten, in den betrunkene Aborigines verladen werden. Grundlage dafür ist der *Police Protection Act*, der eine willkürliche Festnahme gestattet. Einem Bericht von *Amnesty International* (1993) zufolge werden australische Ureinwohner je nach Bundesstaat bis zu 27-mal häufiger verhaftet als andere Australier.

Aufgrund des 1976 erlassenen **Aborigine Land Rights Act** wurden den Ureinwohnern wichtige Stammesterritorien zurückgegeben. Beispiele wie das Arnhemland im NT beweisen, dass eine Selbstverwaltung sehr wohl funktionieren kann, und zukünftige Rassenunruhen lassen sich wahrscheinlich nur durch das Zugeständnis der ethnischen Souveränität vermeiden.

INFO   Mabo's Law

Das australische Parlament hat zum 1.1.1994 das seit langem diskutierte Gesetz zur Regelung der Aborigine-Ansprüche auf Grundbesitz aus der Zeit vor 1788 verabschiedet. Zum Hintergrund: Der oberste Gerichtshof hatte im Dezember 1992 dem Hauptkläger, *Eddie Mabo* vom Volk der Meriam auf den Torres Islands, den fortdauernden Besitz der Murray-Inseln in der Torres Strait zugesprochen und damit die bis dato geltende Rechtsvorstellung überwunden, dass Australien vor der Besiedlung durch die Europäer eine *Terra Nullius* (= leeres Land) gewesen sei. Das heißt, es wurde von höchster Stelle anerkannt, dass Aborigines bereits in Australien lebten, als der weiße Mann das Land annektierte.

Das komplexe Gesetz ermöglicht es, Landansprüche (*Native Titles*) aus der Zeit vor der Kolonisation geltend zu machen. Nachgewiesen werden müssen dauerhafte Verbindungen der Aborigines zu dem von ihren Vorfahren besiedelten Grund und Boden. Ureinwohner haben nach Mabo´s Law einen Rechtsanspruch auf Land, das sich im Staatsbesitz befindet, ausgenommen landwirtschaftlich genutzte Flächen.

Von Bergwerksgesellschaften gepachtetes, staatliches Land muss erst nach Ausbeutung der Mine zurückgegeben werden, neue Minen dürfen erst nach (häufig langwierigen, für die Bergwerksbetreiber sehr teuren) Verhandlungen begonnen werden.

Aborigine-Künstler lösen sich in jüngster Zeit aus der Isolation und erzielen in der Kunst- und Kulturwelt erstaunliche Erfolge. Tanz- und Musikgruppen, Schriftsteller und Maler machen sich zum Sprachrohr der Aborigines und heben sie in das Bewusstsein der übrigen Welt. So trat z.B. die populäre Rockgruppe *Yothu Yindi* mit ihrem Hit Treaty" für den geforderten Selbstbestimmungsvertrag ein und sorgte für weltweite Publicity. Die Gemälde und Zeichnungen der Aborigines haben sich in den Galerien der Welt längst zum Renner entwickelt und sind begehrte und wertvolle Sammlerobjekte. Die Muster erscheinen auch auf Stoffen und Kleidungsstücken. Die urzeitliche Kunst ist über das Stadium der bloßen Modeerscheinung weit hinausgewachsen.

Erfolgreich durch Kunst und Musik

INFO Aborigine-Tourismus im Northern Territory

Die Ureinwohner haben seit dem 1976 erlassenen Aborigine Land Rights Act und den Auswirkungen von Mabo's Law mehr als 35 Prozent der Landoberfläche des NT übertragen bekommen. Daraus ergab sich der Wunsch und die Möglichkeit, nicht nur passiv am Tourismus und an den einträglichen Einnahmen beteiligt zu sein. Bislang waren die Ureinwohner Teil des allgemeinen Fremdenverkehrs.

Ziel der Aborigines ist es aber, die Rolle des „Bereisten" abzugeben und die eigene Kultur und Lebensweise – aus erster Hand – einer bislang relativ kleinen Interessengruppe näher zu bringen. Ausgangsorte der von den Aborigines geführten Ausflüge sind Alice Springs, Katherine und Darwin. Besonderen Einfluss nehmen die Aborigines auf die Gestaltung der vielbesuchten Nationalparks Uluru (Ayers Rock), Nitmiluk (Katherine Gorge) und Watarrka (Kings Canyon), wo die Verwaltungsräte der Ureinwohner die Richtlinien für einen sozial und ethnisch vertretbaren Tourismus festgelegt haben. Durch die vielversprechende Zusammenarbeit mit dem Australian National Park & Wildlife Service werden die Aborigines in das profitable Touristengeschäft eingebunden, was meistens die einzige Einnahmequelle in den abseits gelegenen Gebieten darstellt.

Ein Viertel aller Bewohner des NT sind Aborigines. Sie leben vorwiegend in Städten und ihnen zugesprochenen Gebieten (*Land Trusts*), wobei das Arnhem Land im Nordosten und die Tanami Desert im Zentrum zu den größten Aborigine-Reservaten Australiens zählen. Erheben ein Einzelner oder eine Gruppe Anspruch auf ein Stück Land, so prüft die „Aborigine Land Commission" die Ansprüche und leitet sie an die Territorialverwaltung weiter. Die endgültige Entscheidung über einen so genannten *Native Title* (Landtitel) fällt in Canberra.

Da es sich bei den Reservaten und den Communities um Eigentum der Ureinwohner handelt, darf in und durch viele Gebiete nur mit Erlaubnis der *Land Councils* in Alice Springs oder Darwin gereist werden (Adressen siehe Kapitel 3).

Historischer Überblick

„Die Wache im Großmast schrie: Land! Land! Und dieser Schrei ward fröhlich von der ganzen Mannschaft wiederholt. Die Küste erschien uns flach und ebenmäßig, und wir folgten ihr einige Meilen. Gegen Abend ward Anker geworfen und am Morgen schiffte man die sechshundertfünfzig Sträflinge aus. Alsbald verbrannte man ihre Lumpen, um zu verhindern, dass, wenn auf dem Schiff der Keim einiger ansteckender Krankheiten existierte, er in die Kolonie eindränge."

George Barrington (1791)

Die Entdeckung Australiens

Im alten Kontinent Europa wurde schon im 13. Jahrhundert vermutet, dass auch auf der anderen Erdhälfte große Landmassen vorhanden sein müssen. Diese nannte man *terra australis incognita* – das unbekannte Land im Süden.

Australien lag fernab der großen Entdeckerrouten, denen die Forscher im 16. Jahrhundert gefolgt waren, und blieb lange im Dunkel der Geschichte.

Die ersten Entdecker waren Holländer   **1606** landete das holländische Schiff *Duyfken* mit dem Forscher *Willem Jansz* an der Küste von Queensland im Golf von Carpentaria. In seinen Berichten war die Rede von „grausamen, schwarzen Wilden" und Wüsten. Er war bei Landgängen in Scharmützel mit Ureinwohnern geraten und verlor dabei einige Mitglieder seiner Mannschaft.

1616 erreichte sein Landsmann *Dirk Hartog* die Westküste Australiens, das daraufhin *Neuholland* genannt wurde. In der Shark Bay hinterließ er jene berühmt gewordene Zinntafel, die er als Beweis seiner Landung an einen Baum genagelt hatte.

In den folgenden Jahren landeten weitere Holländer an verschiedenen Stellen des Kontinents – unglücklicherweise immer an wüstenartigen oder schwer erforschbaren Landstrichen, sodass ihre Berichte meist negativer Art waren. Die „Nichterschließung" Australiens durch die Holländer gleicht daher einer Kette von misslichen Zufällen.

1642 entdeckte der Holländer *Abel Janszon Tasman* die Insel Tasmanien, zunächst *Van-Diemen-Land* genannt, und driftete, von Winden abgetrieben, nach Neuseeland. Eine zweite Reise, zwei Jahre später, ermöglichte eine ungefähre Aufzeichnung der Küste von Cape York bis zum Ashbury River in Westaustralien.

1688 landete ein englischer Abenteurer, *William Dampier*, an der Nordwestküste Australiens und nannte es *Neubritannien*.

Man könnte nun glauben, dass der größte Teil der Küsten schon bekannt war, als *Captain James Cook*, der allgemein als der Entdecker Australiens gilt, **1770** mit seinem Schiff *HMS Endeavour* folgte. Es blieb aber Cook vorbehalten,

James Cook

die bedeutendsten und zur Besiedlung geeignetsten Gegenden des Landes zu entdecken. Von Neuseeland kommend, erblickte er die australische Küste zum ersten Mal bei Kap Everard im heutigen Bundesstaat Victoria. Er folgte der Küste in nördlicher Richtung und ergriff im Namen der Königin von England Besitz vom heutigen New South Wales und Queensland. Bei seiner Weiterfahrt entlang der Ostküste durchfuhr er mit Mühe die Klippen des Great Barrier Reef, um an der Nordostspitze abermals zu ankern. Cook benannte das Gebiet nach dem Herzog von York *Cape York*.

Reisen des James Cook

Trotz der günstigen Berichte, die Cook und Gefährten in der Heimat abgaben, zögerte die britische Regierung und zeigte sich zunächst wenig begeistert für die neuen Besitzungen. Es bedurfte des amerikanischen Unabhängigkeitskrieges und des Verlustes englischer Besitztümer in Amerika, bis erstmals eine Besiedlung Australiens in Erwägung gezogen wurde. London sah das Land zunächst als einen Aufenthaltsort für die Sträflinge an, welche die britischen Gefängnisse überfüllten.

Sydney Cove (Gemälde um 1800)

Im **Mai 1787** legte eine Flotte von 11 Schiffen, die so genannte *First Fleet*, unter dem Kommando von Captain *Arthur Philipp*, von England ab. Unter den 1.030 Personen befanden sich 736 Sträflinge. Sie landeten am **18. Januar 1788** in der Botany Bay. Wegen ungünstiger Siedlungsbedingungen wurde 8 Tage später in Port Jackson vor Anker gegangen, dem heutigen Standort des Sydney Harbour. Philipp nannte die erste Siedlung Sydney Cove – man schrieb den **26. Januar 1788**, den Tag der Ankunft der ersten Flotte und heutiger australischer Nationalfeiertag (*Australia Day*).

Damals nahm Philipp auch Besitz von Tasmanien und der gesamten Ostküste. Bis 1792 hielt er das Amt des ersten Gouverneurs von New South Wales inne. 1825 wurden die Grenzen der neuen Kolonie nach Westen bis zum heutigen Westaustralien ausgedehnt.

1801–1803 umschifften *Flinders* und *Bass* den Kontinent erstmalig. Von da an wurde das Land Australien genannt. (Bereits Jahrhunderte zuvor war vermutet worden, dass es einen Kontinent im Süden – eine Terra Australis – geben müsste. Von diesem lateinischen Ausdruck – Südland – wurde der Name 'Australien' abgeleitet.)

Die Besiedlung und Kolonisierung Australiens

Die ersten Jahre der Besiedlung gestalteten sich schwer und mühsam. Durch die monatelangen Überfahrten litten die Menschen an Krankheiten und Schwäche. Die landwirtschaftliche Nutzung der neuen Kolonie New South Wales ging wegen mangelnder Erfahrung und Ausrüstung von Siedlern und Sträflingen nur schleppend voran.

Sträflingsdeportationen

Zwischen 1788 und 1868 wurden insgesamt über 160.000 Strafgefangene von England nach Australien verschifft. Darunter auch solche, die nur wegen unbedeutender Delikte in Großbritannien aufgefallen waren, darunter auch Kinder und Jugendliche. Am Aufbau der neuen Kolonien waren die Sträflinge maßgeblich beteiligt: Der Architekt *Francis Greenway* gestaltete beispielsweise einige der bedeutendsten Gebäude Sydneys. Viele der Sträflinge blieben zeitlebens in Australien, wurden aus der Gefangenschaft entlassen und beteiligten sich an der Besiedlung und Erforschung des Kontinents. Auf Druck der öffentlichen Meinung in Australien stellte London die Deportationen 1835 ein, in Westaustralien allerdings erst 1868.

Sträflinge wurden zu Siedlern

1813 fanden Siedler einen Weg über die Blue Mountains in die fruchtbaren Ebenen des Hinterlandes, um neues Weideland urbar zu machen. Gleichzeitig, mit der Fortsetzung der Entdeckungen, wurden Städte gegründet: Melbourne 1835, Adelaide 1836. Viehzüchter und Bauern folgten den von den Forschern entdeckten Routen und begannen mit der Schafzucht – Wolle der Merinoschafe wurde zum ersten Exportartikel.

In dem Maße, in dem sich das Land entwickelte, wurden die an verschiedenen Stellen der Küste gegründeten Niederlassungen allmählich zu Mittelpunkten eigener Provinzen, die sich allmählich von der Mutterkolonie NSW lösten und eigene Regierungen bildeten. Dies wurde von England durchaus unterstützt, saßen dem Empire doch die Franzosen im Nacken, die ebenfalls Gefallen am neu entdeckten Kontinent gefunden hatten.

Selbstständigkeit der Kolonien

1825 wurde Tasmanien eine selbstständige Kolonie, 1829 Westaustralien (unter der Rechtsprechung von New South Wales bis 1834), 1850 Victoria, 1856 Südaustralien, 1859 Queensland. 1863 wurde das Northern Territory der Verwaltung Südaustraliens unterstellt.

Der Goldrausch

Bevölke-rungs-explosion durch den ersten Gold-rausch

Ebenfalls zu dieser Zeit ereignete sich ein Vorfall, welcher sehr großen Einfluss auf die Bevölkerungsentwicklung der Kolonien haben sollte. 1851 wurden in Ballarat (VIC) bedeutende Goldvorkommen entdeckt, wenig später in Bendigo (VIC). Auswanderungswillige strebten nach Australien, und in 10 Jahren stieg die Bevölkerung auf über eine Million Einwohner an. **1892/93**, als die Goldvorkommen in Coolgardie und Kalgoorlie (WA) entdeckt wurden, gab es eine erneute, große Einwanderungswelle. Die Ausbeutung der Vorkommen brachte gleichzeitig die Entwicklung der Eisenbahnen und die Entstehung der ersten Industrien (Fabriken, Milchverarbeitung) mit sich. Australien vollzog in weniger als einem halben Jahrhundert den Schritt zu einem modernen Staat.

Goldsucher in Ballarat

Das erste Bundesparlament

1850 stimmte das britische Parlament einem Gesetz zu, das den Kolonien die Macht verlieh, ihre eigene Verfassung festzulegen. Damit und mit der Entwicklung von besseren Verkehrswegen zeichnete sich eine Bewegung zugunsten der Zusammenfassung der einzelnen Kolonien zu einem gemeinsamen Bundesstaat ab. Dieser wurde als Mitglied des britischen Commonwealth am **1. Januar 1901** ausgerufen. Vorläufige Hauptstadt war Melbourne, in der am **9. Mai 1901** das erste Bundesparlament vom Herzog von York und Cornwall (dem späteren König Georg V.) eröffnet wurde.

Erste Hauptstadt Melbourne

Die Erforschung Australiens

Die Erforschung des Inselkontinents hat über einhundert Jahre gedauert. Dies ist nicht weiter verwunderlich, bedenkt man die immense Fläche von 7,7 Millionen km², die extremen Klimabedingungen im Outback, die undurchdringlichen Regenwälder im Norden und die mangelhafte Ausrüstung der ersten Forschungsteams.

Nur nach und nach wurden die verschiedenen Teile des Landes erschlossen. Erstes Ziel war zunächst die Entdeckung neuer Weideflächen. Deshalb wurden zunächst die Küsten- und Gebirgsregionen im Südosten erforscht. Die Great Dividing Range wurde **1813** von den Entdeckern *Wentworth, Blaxland* und *Lawson* überquert. Die fruchtbaren Täler um Bathurst eigneten sich vorzüglich zum Aufbau der Schafzucht.

Die Flusssysteme im Südosten, Murray, Darling und Murrumbidgee, wurden in den Folgejahren kartografiert. Einen Namen machte sich hierbei der Engländer *Charles Sturt.* Die These vom riesigen Binnenmeer, das man in der Mitte Australiens vermutete, wurde dabei widerlegt.

1838 wagte *John Eyre* zum ersten Mal die Ost-West-Durchquerung. Am Lake Eyre, im heutigen Südaustralien, wandte er sich nach Westen und erreichte drei Jahre später die heutige Stadt Albany am King George Sound. Er war der erste Forscher, der dabei die trostlose Nullarbor Plain von Ost nach West durchzog. Die Aborigines waren in den Entdeckerjahren nicht nur feindlich gesinnt. In vielen Fällen, wie bei Eyre, ermöglichte nur ihre Begleitung die erfolgreiche Durchführung der Expedition.

John Eyre: erste Ost-West-Durchquerung

Expeditio-
nen des
Ludwig
Leichhardt

Der Deutsche *Ludwig Leichhardt* emigrierte 1842 aus Deutschland, um dem Kriegs-dienst zu entkommen. 1844/45 trieb er genügend Geld und Leute auf, um das Gebiet von Brisbane bis Darwin zu erkunden. Die Expedition erwies sich als außerordentlich beschwerlich und galt längst als verschollen, als sich Leichhardt und die verbliebenen Kameraden in Port Essington einfanden. Nach ihrer Rück-kehr wurden sie in Sydney als Helden gefeiert. Seine zweite große Expedition, diesmal von Ost nach West, endete vermutlich tragisch. Die Spur der Forscher verlor sich, und Leichhardt blieb für immer verschwunden. Die Legende Leich-hardt lebte aber noch lange fort; vermeintliche Augenzeugen berichteten, ihn bei einem Aborigine-Stamm in Queensland gesichtet zu haben.

John
Stuart:
erste Süd-
Nord-
Durch-
querung

Einen traurigen Ausgang nahm auch die Expedition von *Robert O'Hara Burke, W. J. Wills* und *William King.* Sie brachen 1860 von Melbourne auf, um die erste Süd-Nord-Durchquerung zu schaffen. Die Regierung hatte dafür eine hohe Belohnung ausgesetzt. Die Gruppe erreichte zwar den Golf von Carpentaria, fand aber das Versorgungslager am Cooper Creek auf dem Rückweg bereits verlassen. Burke und Wills starben den Hungertod, während sich King, unterstützt von Aborigines, retten konnte. *John Stuart* erreichte 1862 die Nordküste beim heutigen Darwin und legte damit den wichtigen Grundstein für den Bau der Telegrafenleitung. Der späte-re *Stuart Hwy.* folgte auf ähnlicher Route. Die Gebrüder *Forrest* durchquerten Australien 1872 erstmals von Ost nach West im Landesinneren. Die Telegrafenleitung von Nord nach Süd über Alice Springs wurde im gleichen Jahr fertig gestellt. Im Nordwesten erforschten die For-rest-Brüder wenige Jahre später die Kimberley-Region.

Lord Forrest

An der Erforschung des Binnenlandes haben zu großen Teilen *Giles, MacKinley, MacIntyre* und *Warburton* beigetra-gen. Dass es noch viel zu entdecken gab, zeigte die Ent-deckung des Pintubi-Stammes im Jahre 1959, der bis dahin noch nie ein weißes Wesen zu Gesicht bekommen hatte.

Abenteuer lassen sich auch in neuerer Zeit noch erle-ben: 1977 ritt die spätere Buchautorin *Robyn Davidson* (*Tracks* = *Spuren*) allein auf einem Kamel von Alice Springs zur Westküste. Outback-Expeditionen in unberührte Wild-nisgebiete lassen sich noch heute unternehmen und for-dern trotz moderner Navigationsinstrumente noch immer den menschlichen Pio-niergeist.

Die Erschließung Australiens forderte von Anfang an viele Menschenopfer, etliche Abenteurer haben sich von Ruhm und Ehre verführen lassen und mussten dies teuer bezahlen. Im Umgang mit den Tücken und klimatischen Verhältnissen im Outback sollte der Reisende heute genauso viel Vorsicht walten lassen wie die frühen Entdecker (vgl. Kapitel 4 „Outback").

Das moderne Australien

Mit der Unabhängigkeit des Landes beginnt Australiens moderne Geschichte bis zur heutigen Zeit:

- Die letzten großen Einwanderungswellen nach dem Zweiten Weltkrieg lassen aus dem Land einen Vielvölkerstaat werden. *Australien koppelt sich von England ab*
- Australien beteiligt sich an den beiden Weltkriegen, dem Vietnamkrieg und Einsätzen in Bosnien und im Irak. Das Land übernimmt eine tragende Rolle im Osttimor-Konflikt.
- Die weltwirtschaftliche Rolle der Nation gerät Mitte der 1970er-Jahre durch die Gründung der Europäischen Gemeinschaft ins Wanken – die Suche nach neuen Absatzmärkten und Produkten beginnt. Dank reicher Bodenschätze trotzt der Kontinent den weltwirtschaftlichen Krisen des neuen Jahrtausends.
- Innenpolitische Turbulenzen gehören zum Alltag in Australien, immer wieder werden die Frage nach der nationalen Identität und die Loslösung von der britischen Krone diskutiert.

Bevölkerung

Die Einwanderung nach Australien erlebte am **Ende des 19. Jahrhunderts** einen tiefen Wandel. Durch eine wirtschaftliche Rezession mehrte sich der Widerstand der weißen Bevölkerung gegen die ungehemmte Zuwanderung der vielen Asiaten, insbesondere die der Chinesen. Das Parlament beschloss daraufhin die *White Australia Policy* – für nichteuropäische Immigranten wurde beispielsweise das Schreiben eines Diktats in einer europäischen Sprache zur Pflicht. Die Bevölkerungszahl nahm in den Folgejahren nur gering zu. *Vorbehalte gegen asiatische Einwanderer*

1942 folgte der Angriff der Japaner auf Darwin und Broome und versetzte die australische Gesellschaft in einen Schockzustand. „Mutter England" war mit sich selbst beschäftigt und konnte nicht zu Hilfe gerufen werden. So begann die australische Regierung nach dem Krieg, die Einwanderung voranzutreiben, man war der Meinung, dass nur ein bevölkerungsstarkes Australien in der Lage sei, sich zu verteidigen. Die Einwanderungspolitik sah vor, dass mindestens die Hälfte der Einwanderer Briten sein mussten. Bis 1965 kamen über zwei Millionen Menschen nach Australien, die meisten aus Großbritannien (ca. 900.000), Italien, Deutschland und den Niederlanden. Mehr als eine halbe Million Australier haben heute deutsche Vorfahren. 1966 wurde die *Immigration Policy* gelockert, die Folge war der Zustrom vieler Asiaten (aus Indonesien, Vietnam, China etc.) und Südeuropäer (Griechen, Italiener, Jugoslawen, Libanesen). Australien, das bis dahin zu 90 Prozent aus Angelsachsen bestand, sah sich mit großen Umwälzungen konfrontiert. Ganze Stadtteile, Schulen und Geschäfte waren nun in den Händen der Neuankömmlinge. So gilt z.B. Melbourne heute als drittgrößte griechische Stadt der Welt.

Die Veränderungen geschahen schrittweise und wurden im Allgemeinen akzeptiert. Die Einwanderer waren als harte Arbeiter in der aufstrebenden Industrie und Landwirtschaft geschätzt. Durch ihren Tatendrang und Geschäftssinn waren sie sehr erfolgreich und wurden alteingesessenen Australiern bald suspekt. Als es mit der Wirtschaft des Landes 1983 wieder talwärts ging, führte die Labour-

Australien war lange Jahre ein typisches Einwanderungsland

Regierung härtere Quoten ein – der jährliche Zuzug wurde auf ca. 90.000 beschränkt. Heute ist jeder dritte Australier im Ausland geboren. Die verschiedenen Nationalitäten bevorzugen in vielen Fällen, unter ihresgleichen zu bleiben – mit ein Grund für die multikulturelle Vielfalt in den Städten. Ziel der australischen Einwanderungspolitik ist nicht die Angleichung der zugewanderten Nationalitäten, sondern eben jene Kulturvielfalt, die sich treffend *multicultural society* nennt. Dass das Land kein Schmelztiegel der Nationen ist, beweisen über eine Million Einwohner, die der englischen Sprache nicht mächtig sind. Australien sieht sich als multinationales und multikulturelles Land, in welchem Kulturen und Eigenheiten nach Möglichkeit beibehalten werden sollen.

In Perth

Die deutschen Einwanderer und Nachfahren pflegen ihre Kultur ganz besonders – sie gründeten über 300 deutsche Vereine im ganzen Land. Nach 1945 bis heute zog es rund 200.000 Deutsche nach „Down Under". Seit dem Zweiten Weltkrieg sind mehr als 4 Millionen Menschen nach Australien eingewandert. Um jedoch in das Land zu kommen, muss zunächst das strenge und langwierige Auswahlverfahren der Einwanderungsbehörde bewältigt werden.

Australische Kriegsbeteiligungen

1914 folgte Australien zusammen mit Neuseeland im **ANZAC** (*Australian and New Zealand Army Corps*) der Mutter England in den Ersten Weltkrieg. Im April 1915, an der Seite der Briten, mussten sie im Kampf gegen die Türken in Gallipoli eine verlustreiche Niederlage erleben. Die Australier beklagten 8.587 Opfer. Am 25. April, dem *Anzac Day*, wird alljährlich der Toten (im Volksmund *Anzacs*) gedacht. Im Ersten Weltkrieg fielen insgesamt 60.000 Australier, davon allein 23.000 an der Westfront. 1918 erhielt Australien Deutsch-Neuguinea zugesprochen. In Australien wurde durch den Ersten Weltkrieg erstmals so etwas wie Gemeinschaftsgefühl und Nationalbewusstsein geschaffen.

Das Land war an allen großen Kriegen beteiligt

1938 folgte Australien unter *Premier Robert Menzies* dem amerikanischen Beispiel und verhängte ein Wirtschaftsembargo gegen Japan, danach wurde die Mobilmachung von rund einer Million Soldaten durchgeführt. Die drohende japanische Invasion ließ noch bis 1942 auf sich warten. In der Zwischenzeit kämpften und fielen australische Soldaten in Europa (besonders auf Kreta), Nordafrika und Malaysia. Die Japaner rückten unaufhaltsam näher: Nach dem Überfall auf den amerikanischen Stützpunkt Pearl Harbour/Hawaii nahmen sie am 15. Februar Singapur ein. Am **19. Februar 1942** wurden Darwin und Broome in Nordaustralien bombardiert, später folgten Cairns und Townsville. Vororte von Sydney wurden von U-Booten beschossen. Eine Alliierten-Flotte unter US-General MacArthur stoppte die japanischen Aggressoren in der *Schlacht im Korallenmeer*. Im australischen Neuguinea wurde die japanische Infanterie kurz vor dem wichtigen Stützpunkt Port Moresby im September 1942 zurückgeschlagen. Die *Dschungelsoldaten* wurden zu australischen Helden stilisiert. Der Zweite Weltkrieg kostete 35.000 Australier das Leben, davon starben allein 8.000 in japanischer Kriegsgefangenschaft.

Soldaten bei einer Gedenkfeier

1951 gründete Australien mit Neuseeland und den USA den **ANZUS** (**A**ustralia **N**ew **Z**ealand **US**A) Sicherheitspakt. 1954 trat Australien der **SEATO** (*South East Asia Treaty Organisation*) bei, mit ein Grund für die Beteiligung am Vietnamkrieg. Australier kämpften auch in Korea und in Sarawak (Malaysia). Die US-Stützpunkte in Australien sind heute höchst umstritten – die Proteste richten sich insbesondere gegen atomgetriebene Schiffe und U-Boote, die in australische Häfen einlaufen. Eine starke Friedensbewegung demonstrierte gegen das Engagement Australiens im Golfkrieg 1991, als im Auftrag der UNO gekämpft wurde. Seit 1999 stellen die Australier das größte Kontingent an Friedenstruppen in Osttimor. Rückhalt und Protest in der Bevölkerung hielten sich die Waage, als Australien im Jahr 2003 rund 2.000 Mann für den Irakkrieg bereitstellte.

Wirtschaft

Von 1929 bis 1933 litt Australien unter der Weltwirtschaftskrise. Die Abhängigkeit von **Weizen- und Wollexporten** begann sich zu rächen: Als die Preise weltweit nachgaben, stieg die Arbeitslosigkeit, und besonders Haushalte mit niedrigen Einkommen kamen in Existenznöte. Hatte sich Australien lange Jahre ganz auf seine Landwirtschaft und den Export agrarischer Produkte verlassen, so begann man nach dem Zweiten Weltkrieg mit dem Aufbau einer leistungsfähigen Industrie. Der **Bergbau** und die **Mineralienexporte** (Eisenerz, Bauxit, Blei, Zink, Kupfer u.a.) expandierten: Die Rohstoffexporte verzehnfachten sich in den 1960er- und 1970er-Jahren, die Gewinne waren wegen der leichten Abbaubarkeit gut. Australien erlebte seine wirtschaftliche Blüte in diesen Jahren. Bei der **Uranförderung** gerät die Regierung in Gewissensnöte: Da die Vorkommen oft in den Reservaten der Ureinwohner liegen, sind lange Verhandlungen nötig. Außerdem tritt Australien für eine atomwaffenfreie Zone Südpazifik ein, was sich prinzipiell schlecht mit den einträglichen Uranexporten verträgt. Australien selbst betreibt kein einziges Kernkraftwerk kommerziell, es existieren indes zwei kleine Forschungsreaktoren in Lucas Heights (30 km von Sydney).

Bodenschätze und Landwirtschaft als Standbeine der Wirtschaft

Der Aufbau einer verarbeitenden Industrie wird seit den 1960er-Jahren vorangetrieben. In Australien wurde erkannt, dass die Ausrichtung auf den Rohstoffexport zu einseitig ist, und dass zur Stabilisierung der Wirtschaft Industrie- und Dienstleistungsbetriebe notwendig sind. In den Städten entlang der Küsten, in denen drei Viertel der Gesamtbevölkerung leben, bildet sich ein wohlhabender Mittelstand. Das Pro-Kopf-Einkommen erreichte Mitte der 1990er Jahre das der Vereinigten Staaten.

Die **Rezession der 1980er Jahre** trifft Australiens Wirtschaft hart: Durch einen weltweiten Preisverfall lassen sich die reichlich vorhandenen Rohstoffe nicht mehr verkaufen. Die hohen Lohn- und Betriebskosten führen zu einem rapiden Anstieg der Arbeitslosigkeit auf über 11 Prozent. Noch dazu organisierten über 300 Gewerkschaften einen Streik nach dem anderen. Die Folge war, dass sich ausländische Investoren aus Australien zurückzogen. Der gestärkte EU-Verbund lässt die Agrarexporte weiter sinken, auch den massiven EU-Agrarsubventionen haben die australischen Farmer mangels finanzieller Mittel nichts entgegenzusetzen.

Die **1990er Jahre** sind von einer Konsolidierung und Öffnung der Wirtschaft geprägt. Maßgeblichen Anteil daran hatte die Labour-Regierung unter *Paul Keating*, die eine breite Privatisierungsoffensive staatlicher Betriebe durchgesetzt hat. Die *Abkehr* Kooperation mit den südostasiatischen und südpazifischen Staaten wurde durch *von* die Mitgliedschaft und Stärkung der APEC (*Asian Pacific Economic Cooperation*) *Staats-* gestärkt. 1998 ist die wirtschaftliche Krise in Südostasien auf ihrem Höhepunkt – *betrieben* Australien kann ihr erfolgreich trotzen.

Wirtschaftswunder mit System: Das neue Jahrtausend beginnt glamourös mit den Olympischen Spielen in Sydney im **Jahr 2000**. Die Wirtschaft hat die Folgen der Asienkrise überwunden, und es breitet sich Zuversicht aus. Die Arbeitslosigkeit sinkt auf rekordverdächtige 5,8 Prozent (Stand Oktober 2003). Rückschläge durch Dürreperioden **(2002/2003)** betreffen vor allem die Landwirtschaft, während die Metropolen von einem Bauboom sondergleichen profitieren.

Was sind die Ursachen des Wirtschaftswunders am Ende der Welt?
Australien steht heute besser da als alle anderen Industrieländer der Erde. 13 Jahre ohne Rezession sind eine stolze Bilanz. Eine beherzte Umsetzung dringender Reformen, die breite Privatisierung und die Einführung einer Mehrwertsteuer waren Kernpunkte des Erfolges. Allesamt keine populären Maßnahmen der liberal-nationalen Regierungskoalition unter *John Howard* und in der Summe doch erfolgreich. Reserven sind genügend vorhanden: Das Zinsniveau ist auf dem höchsten Stand aller wichtigen Industrieländer. So besteht jederzeit die Chance, die Zinsen zu senken und dank billigerem Geld die Wirtschaft anzukurbeln. Ein Haushaltsüberschuss lässt die Regierung sogar über Steuersenkungen nachdenken. Und zu allem Überfluss kommen die Kontakte zu China hinzu.

Die Chinesen werden in naher Zukunft das Gros der Touristen stellen. Und China ist, dank eines Freihandelsabkommens, neben Japan der wichtigste Rohstoffkunde. Kein Zweifel, John Howard hat seine Hausaufgaben für *Olympic Stadium* die Zukunft Australiens gemacht.

Politik

In Australien gibt es zwei große Parteien, die *Australian Labour Party* und die *Liberal Party* (Nachfolgerin der *United Australia Party*). Die Labour Party wurde bereits 1891 gegründet. Die Liberalen lassen sich mit den konservativen Parteien anderer Länder vergleichen. Hinzu kommen einige politische Unabhängige, deren Bedeutung für die Landespolitik allerdings gering ist.

1927 wurde **Canberra** Regierungssitz und Hauptstadt Australiens. Die Arbeiterpartei regierte bis 1932 und wurde dann von der United Australia Party unter *Robert Menzies* abgelöst. Von 1946 bis 1949 regierte erneut Labour (unter *Ben Chifley*). Den wirtschaftlichen Aufschwung erlebte Australien in den 1950er- und 1960er-Jahren unter konservativer Führung.

Ständiger Wechsel zwischen Liberal Party und Labour Party

Erst **1972**, nach 23 Jahren der Opposition, gelangte wieder eine Labour-Regierung an die Macht. Ihr damaliger politischer Führer war *Gough Whitlam*. Trotz breit angelegter Reformen (Abschaffung der Wehrpflicht, Sozialgesetzgebung) wurde die Wahl **1975** gegen die konservative liberale Partei verloren. Whitlam hatte schlecht gewirtschaftet und Australien hoch verschuldet. Zahlreiche Skandale und die Wirtschaftskrise Anfang der 1970er-Jahre taten ihr Übriges.

Mit der Liberal Party regierte *Malcolm Fraser* bis **1982** und baute in dieser Zeit Australiens Wirtschaft aus – bis auch ihn die Rezession einholte. Zu den wirtschaftlichen Problemen kamen Dürrekatastrophen und diverse Skandale (u. a. der Fleischskandal, bei dem den USA minderwertiges Kängurufleisch anstatt Rindfleisch geliefert wurde). So wechselte die Führung des Landes abermals **1983**, diesmal war es *Bob Hawke*, der die Labour Party zum Wahlsieg führte. Hawke war und ist bei der Bevölkerung außerordentlich populär, stellte er doch den typischen, sehr volksnahen Australier dar. Er vertrat eine stärkere Bindung zu den USA und verkündete eine Loslösung von der britischen Krone. Unter ihm beendet **1986** der *Australia Act* alle Exekutiv- und Legislativrechte Großbritanniens in Australien. Dagegen konnte Hawke nicht verhindern, dass es mit der Wirtschaft weiter in den Keller ging.

1988 feierte Australien die Ankunft der ersten Flotte (26.1.1788) und seinen **200. Geburtstag**. Die damit verbundenen Hoffnungen, Großbritannien würde die Zügel aus der Hand geben, erfüllten sich nicht: Australien ist noch immer konstitutionelle Monarchie, die Königin von England ist noch immer auch die Königin von Australien. Zwar wird bei offiziellen Anlässen *God Save The Queen* seit 1984 nicht mehr gesungen (die offizielle Hymne ist die *Advance Australia Fair*), bei privaten Feiern und unbedeutenden Anlässen jedoch kann die Lobeshymne auf die Queen noch gehört werden. Im Dezember **1991** übernahm der frühere Finanzminister *Paul Keating* (Labour-Partei) nach einer Kampfabstimmung das Regierungsruder von seinem Vorgänger Bob Hawke. Die Parlamentswahlen im März **1993** brachten der Labour-Regierung unter Keating einen überraschenden Wahlsieg mit einer Mehrheit von 13 Sitzen. Ein Grund für den Erfolg mag die strikte Ablehnung einer Mehrwertsteuereinführung gewesen sein (welche schließlich im Jahr 2000 doch eingeführt wurde).

Australien wird unabhängige Republik

Die **1990er Jahre** sind von folgenden Faktoren geprägt: Über 30 Prozent des Kapitals sind in ausländischer Hand, darunter Brauereien, Nahrungsmittelkonzerne und Hotelketten. Die Auslandsverschuldung pro Kopf ist noch immer hoch, betrachtet man die relativ geringe Einwohnerzahl. Die Angst vieler Australier, eine asiatische Enklave zu werden, scheint angesichts des Engagements von Hongkong-Chinesen, Japanern und Taiwanesen nicht unbegründet. Auf der anderen Seite ist auch klar, dass die Zukunft Australiens nur in enger Kooperation mit den asiatisch-pazifischen Staaten erfolgen kann.

Stärkere Bindung an die asiatischen Nachbarn

John Howard, Premierminister seit den Wahlen vom **März 1996**, will für eine Überprüfung der Aborigine-Landrechte sorgen – Bodenschätze sollen weiterhin abgebaut werden dürfen, Minengesellschaften leichter an Abbaurechte gelangen. Die radikale rechte Partei „One Nation" versucht Profit aus einem latent vorhandenen Rassismus zu ziehen. **1999** entscheidet das australische Volk mit knapper 55-prozentiger Mehrheit, dass die Queen weiterhin das Staatsoberhaupt Australiens bleibt.

Im Jahr **2000** präsentiert sich Australien nach ausschweifenden Millenniumsfeuerwerken bei den Olympischen Spielen in Sydney von seiner allerbesten Seite und gewinnt weltweit viele neue Fans und Freunde. John Howard indes verliert an Popularität, als er im Jahr **2001** einem norwegischen Frachter, der afghanische *boat people* aufnimmt, die Einfahrt in australische Gewässer verweigert. Im Jahr **2003** folgt Australien den US-Amerikanern in den Irak-Krieg, entgegen aller Bevölkerungsproteste. Bedeutsam ist das Freihandelsabkommen, das im selben Jahr mit China geschlossen wird. Australien erhält dadurch als eines der ersten Länder überhaupt unbeschränkte Exportrechte für den größten Wachstumsmarkt der Welt.

2004 gewann die national-liberale Koalitionsregierung von Premierminister John Howard, der als Befürworter des Irakkrieges, als Gegner von Klimaschutzmaßnahmen wie dem Kyoto-Protokoll, durch eine restriktive Einwanderungspolitik (u.a. Errichtung von Sammellagern auf Nauru) und durch forcierten Sozialabbau die Gesellschaft stark polarisierte, erneut die Parlamentswahlen. Die wirtschaftlichen Rahmenbedingungen waren vergleichsweise gut. Im Dezember **2005** kam es bei den „Cronulla Riots" in einem Vorort Sydney zu Krawallen zwischen weißen und libanesisch-stämmigen Australiern.

Im **Herbst 2007** verlor die Regierung von John Howard die Parlamentswahlen und **Kevin Rudd** wurde Premierminister einer Labour-Regierung. Die neue Regierung verkündete eine neue Richtung in der Sozial- und Umweltpolitik, setzt auf eine verstärkte Zusammenarbeit mit den pazifischen Nachbarn und entschuldigte sich erstmals offiziell bei den Aborigines für das ihnen durch weiße Australier zugefügte Unrecht, was Howard stets abgelehnt hatte. Ein eindrucksvoller Wirtschaftaufschwung erfasst das Land: Das rohstoffreiche Australien kann von den Industriestaaten, allen voran dem boomenden China, fast jeden Preis abverlangen.

Der Aufschwung wird **2009** durch die weltweite Wirtschafts- und Finanzkrise jäh gebremst.

Zeittafel

ca. 50.000 v.Chr.	Die ersten **Aborigines** wandern von Norden nach Australien ein.
ca. 30.000 v.Chr.	Funde belegen erste Siedlungen und Gräber der Urbevölkerung.
ca. 10.000 v.Chr.	Tasmanien löst sich vom Kontinent ab.
600 v.Chr.–1400 n.Chr.	Chinesen, Malayen und Araber reisen bereits nach Australien.
1606	Der Holländer **Willem Jansz** landet an Queenslands Küste, der Portugiese **Luis de Torres** durchfährt die Torres Strait.
1616	Der Holländer **Dirk Hartog** landet an der Küste Westaustraliens.
1642	**Abel Tasman**, ebenfalls ein Holländer, entdeckt Tasmanien.
1688	Der Brite **William Dampier** erkundet die Nord- und Westküste. Wegen negativer Berichte wird von weiteren Forschungsreisen vorerst abge-sehen.
1770	**James Cook** geht am 29. April in der Botany Bay mit der *Endeavour* vor Anker. Im Namen Großbritanniens annektiert er den Ostteil, den er New South Wales nennt.
1788	Captain **Arthur Philipp** erreicht am 26. Januar mit der *First Fleet*, einem Sträflingstransport, nach achtmonatiger Fahrt Port Jackson, das spätere Sydney. Phillip wird erster Gouverneur der neuen Kolonie New South Wales.
1793	Die ersten freien Siedler treffen ein.
1797	**John MacArthur** führt das Merinoschaf ein.
1802/1803	**Flinders** und **Bass** umsegeln den Kontinent und nennen ihn nach der *Terra Australis* („Südliches Land") Australien.
1807	Zum ersten Mal wird Wolle nach England exportiert.
1813	**Wendworth**, **Blaxland** und **Lawson** überqueren auf der Suche nach Weideland die Blue Mountains.
1825	Die Kolonie **Tasmanien** wird gegründet, es folgt 1829 **Westaustralien**.
1835	Gründung von Melbourne.
1844/1845	Der Deutsche **Ludwig Leichhardt** schafft die erst Süd-Nord-Durchquerung entlang der Küste. Er verschwindet bei einer weiteren Expedition spurlos.
1851	**Goldfunde in Victoria** lösen einen Einwanderungsboom aus. Bereits 1860 hat Australien über eine Million Einwohner.
1859	Der Norden von New South Wales wird als **Queensland** zur eigenständigen Kolonie.
1860	Die **Burke-und-Wills-Expedition** endet tragisch, nachdem sie von Melbourne aus den Golf von Carpentaria erreicht hat – beide verhungern.
1861	**John Stuart** durchquert Australien von Adelaide bis ins spätere Darwin – die Grundlage für die **Telegrafenleitung** von Südaustralien über Alice Springs nach Darwin im Jahre 1872.
1868	Der letzte Sträflingstransport landet in Westaustralien.
1892/1893	**Goldfunde in Westaustralien** (Coolgardie und Kalgoorlie) führen zum zweiten Goldrausch.
1901	Australien wird am 1. Januar zum **Commonwealth** ernannt. Das erste **Bundespar-lament** tagt in der vorläufigen Hauptstadt Melbourne. Die Bevölkerung zählt (ohne Aborigines) 3,7 Millionen Einwohner. Die *White Australia Policy* beginnt.
1908	**Canberra** wird zum Ort der künftigen Hauptstadt gewählt. Ab 1911 entwirft der Amerikaner **Walter Burley Griffin** die Stadt.
1914–1918	Australien tritt in den **Ersten Weltkrieg** ein und kämpft an der Seite Englands.
1917	Die transkontinentale Eisenbahnverbindung von Adelaide nach Perth wird fertig gestellt.

1920	**Qantas** (*Queensland And Northern Territory Aerial Service*) wird in Longreach gegründet.
1927	**Canberra** wird neue **Bundeshauptstadt**.
1928	Der *Royal Flying Doctor Service* wird gegründet.
1932	Eröffnung der Sydney Harbour Bridge.
1939–1945	Australien beteiligt sich am **Zweiten Weltkrieg** und ist 1942 durch die japanischen Bombardierungen auf Darwin und Broome direkt betroffen. Die *Schlacht im Korallenmeer* wirft die Japaner zurück.
1945–1960	Mehr als drei Millionen Einwanderer werden von Einwanderungsprogrammen der australischen Regierung angelockt. Unter Führung der Liberal Party (Robert Menzies) floriert die Wirtschaft. Aufbau verarbeitender Industrie.
1950–1953	Australien beteiligt sich am **Koreakrieg**.
1951	Der **ANZUS-Pakt** zwischen Australien, Neuseeland und den USA wird abgeschlossen, es folgt der **SEATO-Pakt** 1954.
1952	Im Northern Territory werden Uranvorkommen entdeckt.
1956	**Olympische Spiele** in Melbourne.
1965–1972	Australier kämpfen im **Vietnamkrieg**. Nach Antikriegsprotesten und einem Regierungswechsel werden die Truppen 1972 von Labour-Chef **Graham Whitlam** heimgeholt.
1962	Wahlrecht für Aborigines.
1963	Im Streit um West-Neuguinea kommt es zu Spannungen zwischen Australien und Indonesien.
1966	Abschaffung des englischen Pfunds – Einführung des **Australischen Dollar**.
1967	Die *White Australia Policy* wird aufgehoben, zum ersten Mal werden die Ureinwohner bei der Volkszählung mitgezählt.
1970	Die transkontinentale Eisenbahnverbindung Sydney–Perth ist durchgehend.
1972	Die Labour-Party gewinnt die Wahlen und stellt bis 1975 die Regierung. Abschaffung der allgemeinen Wehrpflicht.
1973	Eröffnung des Sydney Opera House.
1974	Der Wirbelsturm *Tracy* verwüstet Darwin.
1976	Der *Aborigine Land Rights Act* regelt die Rückgabe wichtiger Stammesterritorien an die Urbevölkerung.
1975–1983	**Malcolm Fraser** von der Liberal Party gewinnt die Wahlen. Unter ihm kommt es zu einem Abbau sozialstaatlicher Leistungen.
1985	Ayers Rock wird den Aborigines zurückgegeben und heißt offiziell *Uluru*.
1983–1992	Wahlsieg der Labour-Partei unter **Bob Hawke**. Er regiert bis 1992.
1986	Queen Elizabeth II. unterzeichnet den *Australia Act*. Damit werden Legislative und Exekutive zur Angelegenheit Australiens. Die australische Wirtschaft schlittert in eine tiefe Rezession – Streiks, Arbeitslosigkeit und der Rückzug ausländischer Investoren treten ein.
1987	Nach schweren Zusammenstößen zwischen Aborigines und der Polizei fordern die Ureinwohner im Oktober 1987 die Souveränität ihres Volkes.
1988	Australien feiert **200-jähriges Bestehen** mit großen Festlichkeiten.
1992	Bob Hawke wird in einer Kampfabstimmung von der eigenen Partei gestürzt. Finanzminister **Paul Keating** wird neuer Premierminister. Kontroversen über die Bindungen zur britischen Monarchie beim Besuch der Queen im Februar 1992.
1993	Wahlsieg der Labour-Partei unter Keating. Regierungsprogramm mit zukunftsweisenden Reformen auf politischem und wirtschaftlichem Gebiet.
1996	Wahlsieg der Liberaldemokraten unter **John Howard**.
1999	Das Volk entscheidet: Die Queen von England bleibt Staatsoberhaupt von Australien.
2000	**Olympische Spiele** in Sydney.
2001	Howard verweigert afghanischen Flüchtlingen die Einfahrt in australische Gewässer.

2002	Rekord-Dürreperiode und Buschbrände im Südosten.
2003	Australien folgt den USA und Großbritannien in den Irak-Krieg. Freihandelsabkommen mit China. Wirtschaftsaufschwung hält an.
2004	Arbeitslosenquote bei 5,8 Prozent. John Howard von der Liberal Party wird zum vierten Mal als Regierungschef bestätigt, mit größerer Mehrheit als je zuvor.
2005	Australiens Wirtschaft floriert. Die Konjunktur wird von der Konsumfreude der Australier und dem hohen Rohstoffbedarf der Weltmärkte angetrieben.
2007	Die konservative Regierung unter John Howard wird durch eine Labourregierung unter **Kevin Rudd** abgelöst. Die Wirtschaft Australiens boomt. Arbeitslosenquote unter 4%.
2008/2009	Die Wirtschafts- und Finanzkrise erfasst auch Australien. Verfall der Rohstoffpreise (Bodenschätze), Rückgang im Tourismus.

Geografischer Überblick

Einführung in die Geologie Australiens

von Dipl.-Geologe Gerrit Wirth, München

Die von rotem *Bulldust* bedeckten, bis an den Horizont reichenden Landschaften im endlosen australischen *Outback*, die surrealen Schluchten der Bungle Bungle Range oder die grandiose Kulisse der MacDonnell Ranges – das geologische Geschehen der letzten 3,5 Milliarden Jahre hat markante Spuren im Gesicht der australischen Landmasse hinterlassen. Der rote und zugleich flachste Kontinent der Erde beherbergt neben Landschaften von archaischer Schönheit einige der ältesten Landoberflächen und Flusssysteme dieser Erde sowie enorme Rohstoffreserven.

Die eigenständige geologische Entwicklung Australiens begann vor mehr als 230 Millionen Jahren, im späten Perm, mit dem allmählich einsetzenden Zerfall des großen Südkontinents **Gondwana**. Von diesem „Land der Gonds" – aus Afrika, Madagaskar, Südamerika, Indien, der Antarktis und Australien sowie Neuseeland bestehend – lösten sich zunächst *Ur-* Afrika, Madagaskar und Indien. Durch fortschreitende Dehnungsvorgänge ent- *kontinent* stand dabei zwischen Indien und dem heutigen Westaustralien der westaustrali- *Gondwana* sche Trog. Vor ungefähr 40 Millionen Jahren schließlich trennte sich Australien endgültig von den benachbarten Anteilen (Antarktis, Neuseeland) der verbliebenen Gondwana-Masse und trat eine Reise nach Norden an, die erst vor etwa 15 Millionen Jahren mit der Kollision Australiens und der Asiatischen Platte endete.

Heute lassen sich in Australien mehrere geologische Großstrukturen unterscheiden, deren z. T. eigenständige Morphologie das Ergebnis eines jeweils abweichenden geologischen Aufbaus ist:

• Von West nach Ost breiten sich auf einer Fläche von mehr als 900.000 km² die leicht gewellten, im Durchschnitt 200 bis 400 m hohen Ebenen des **Westaustralischen Schildes** in das Landesinnere aus. Dieses Schild wird aus zwei stabilen Erdkrustenblöcken präkambrischen Alters (ca. 3,9 Milliarden–570 Millionen Jahre alt) aufgebaut – dem Yilgarn-Kraton im Süden sowie dem Pilbara-Kraton im Norden. Hier finden sich zum überwiegenden Teil Gesteine magmatischen Ursprungs (meist Granite) und metamorpher Entstehung (vorwiegend Gneise und

3,65 Milliarden Jahre alte Gesteine

Granulite), darunter die Meeberri-Gneise in der Umgebung von Newman/Pilbara, die mit etwa 3,65 Milliarden Jahren Alter ältesten Gesteine Australiens. Einzelne Hügelketten mit präkambrischen Gesteinen vulkanischer Herkunft, meist Basalten und Diabasen, erheben sich aus den weitflächigen Granit- und Gneisarealen. Diese oft Gold führenden vulkanischen Gesteine werden von präkambrischen Sedimenten, wie z.B. Dolomiten oder Kalksteinen, begleitet. In Dolomiten des mittleren Westens, unweit der Kleinstadt Marble Bar, wurden einige der ältesten bekannten Lebensspuren gefunden – 3,6 Milliarden Jahre alte Algenfossilien. Einige hundert Kilometer westlich, in der Shark Bay, entstehen noch heute vergleichbare Sedimentstrukturen durch die Stoffwechseltätigkeit von Blaualgen (*Stromatoliten*).

• Östlich des Westaustralischen Schildes dehnen sich große Becken aus, welche im Paläozoikum (570 Mio.–248 Mio. Jahre) und im Mesozoikum (248 Mio.–65 Mio. Jahre) mit marinen und terrestrischen Sedimenten verfüllt wurden. Einige dieser Sedimentbecken, wie das Officer-Becken, das Amadeus-Becken und das Eucla-Becken, reichen mit ihren Sedimentgesteinen bis weit in das Northern Territory und South Australia. Durch die seit Jahrmillionen arbeitende Verwitterung wurden die Konglomerate, Sand-, Ton- und Kalksteine zu den endlosen Ebenen im „Outback" Australiens einnivelliert. Diese Sedimentbecken sind heute von den Sand- und Schuttmassen der großen australischen Wüsten (**Great Sandy Desert**, **Gibson Desert**, **Victoria Desert**, **Tanami Desert**) bedeckt.

Geologische Entwicklungsgeschichte des Zentrums

• Aus diesen gelegentlich leicht welligen Steppen- und Wüstenlandschaften erheben sich im Landesinneren einige mittelgebirgsartige Gesteinskomplexe vorwiegend präkambrischen Alters. Diese Mittelgebirgszüge, wie z.B. die **MacDonnell Ranges**, die **Harts Range** oder die **Musgrave Ranges**, werden von einigen Geologen der „transaustralischen Faltungszone" zugeordnet. Aus dem Verwitterungsschutt dieser präkambrischen Mittelgebirge entstanden jüngere, altpaläozoische Sedimentgesteine, die heute zwischen diesen Ost-West-verlaufenden Bergketten an einigen Stellen zu Tage treten, etwa bei den **Olgas**, am **Ayers Rock** und im Watarrka Nationalpark (**Kings Canyon**).

• Als geologisch eigenständiger Komplex von ebenfalls präkambrischem Alter (ca. 2–1,75 Mrd. Jahre alt) bedeckt das **Kimberley-Becken** im Norden Westaustraliens mit seinen Sedimentgesteinen ein Areal von mehr als 160.000 km². Die von den Bergketten der King Leopold Ranges umrahmten Hochplateaus locken mit landschaftlichen Sehenswürdigkeiten, wie z.B. dem Mitchell-Plateau. Das Kimberley-Becken wird u.a. mit dem **Arnhem-Land-Plateau** im Northern Territory, den Granitaufbrüchen bei Tennant Creek (**Devils Marbles/Devils Pebbles**) und weiteren Sedimentbecken im Norden dem bis zur Cape York Halbinsel reichenden nordaustralischen Orogengürtel zugerechnet. Am Südrand des Kimberley-Beckens befinden sich die für den Reisenden gut zugänglichen Schluchten der Südkimberleys. Die malerischen Kalksteinwände der Geikie Gorge, der Windjana Gorge und des Tunnel Creeks sind die spektakulärsten Reste eines ca. 360 Millionen Jahre alten „Großen Barriere-Riffs" aus dem Zeitalter des Devons (*Devonian Reef*).

• Im östlichen Drittel des Kontinents begann im frühen Jura, vor ca. 190 Millionen Jahren, durch Absenkungsvorgänge im Untergrund die Formung des **Great Artesian Basin**. Die anhaltende Senkung ließ dort vor allem während des Jura und der Kreide, vor ca. 130 bis 65 Millionen Jahren, ausgedehnte Flusssedimente ablagern, gelegentlich durchsetzt von marinen Ablagerungen und Kohleflözen. Heute stellt die geologische Mulde des Großen Artesischen Beckens einen der bedeutendsten Grundwasserspeicher der Welt dar. Durch Lösungsprozesse im Untergrund ist das zirkulierende, mit Mineralien angereicherte Grundwasser beim Austritt an artesischen Quellen im Landesinneren Australiens allerdings sehr salzhaltig.

Artesische Becken

Artesische Quelle

• Weiter im Osten wurden die im Paläozoikum und dem anschließenden Mesozoikum (248–65 Mio. Jahre) abgesetzten Meeres- und Flusssedimente später einer intensiven Einengung, begleitet von gelegentlichem Vulkanismus, unterworfen. Die so entstandene **Great Dividing Range**, geologisch als „tasmanische Faltungszone" bezeichnet, zieht sich heute als wichtigste Wasserscheide Australiens von der Cape York Halbinsel bis Tasmanien.

• Die bis heute andauernde Ära des Känozoikums (65 Mio. Jahre heute) brachte in den letzten Jahrmillionen ausgedehnte Verwitterungs- und Abtragungprozesse mit sich. In weiten Teilen Australiens breiteten sich die australischen Sand-, Stein- und Salzwüsten aus, die von ausgetrockneten, nur episodisch Wasser führenden Flüssen wie dem Finke River oder dem Coopers Creek – zwei der ältesten Flusssysteme der Erde – durchzogen werden. Häufig enden diese Entwässerungssysteme in einer der zahllosen Salzsenken oder Tonpfannen. Als wertvollste Produkte der tief greifenden Verwitterungsvorgänge entstanden die Bauxitvorkom-

Vulkanis-
mus
hinterlässt
markante
Hügelland-
schaften

men im Norden Australiens (Kimberleys, Cape York) und vor etwa 15 bis 20 Millionen Jahren die Opale von Coober Pedy. Der auflebende Vulkanismus hinterließ im Osten Australiens markante Landschaften wie die **Atherton Tablelands** oder die **Glasshouse Mountains**. Mit dem Anstieg des Meersspiegels nach dem Ende der letzten Eiszeit vor ca. 10.000 Jahren erhielt Australien ungefähr seine heutige Küstenlinie, Korallen eroberten den neu entstandenen Lebensraum. Das **Great Barrier Reef** breitete sich aus und begleitet heute als das größte Barriereriff der Welt auf einer Länge von über 2.000 km die tropische Ostküste Australiens.

Mit der endgültigen Trennung der australischen Landmasse vom ehemaligen großen Südkontinent „Gondwana" begann die lange Isolation Australiens und damit die Evolution einer einzigartigen Tier- und Pflanzenwelt (sog. *Endemiten*).

Hinterlas-
senschaf-
ten der
Gondwa-
na-Zeit

Als noch heute lebende Relikte jener Gondwana-Zeit gelten neben den einzigen beiden Eier legenden Säugetieren der Welt (der australische Ameisenigel und das Schnabeltier) auch die an der Ostküste und auf Tasmanien wachsenden Südbuchen und *Podocarpus*-Bäume.

Die Geografie Australiens

Australien ist mit einer Fläche von 7.686.848 km² (5,7 % der globalen Landfläche) der kleinste Erdteil, rund 21-mal größer als Deutschland. Es liegt zwischen 10° und 44° südlicher Breite, die West-Ost-Erstreckung reicht von 113° bis 154° östlicher Länge. Große Teile befinden sich im Bereich der Wendekreiswüsten der Südhalbkugel. Verglichen mit anderen Kontinenten ist Australien der flachste. Größere Erhebungen befinden sich fast ausschließlich in den Randgebieten der Küstenregionen. Ausnahme sind die MacDonnell Ranges (1.510 m) und die Musgrave Ranges (1.513 m) im Zentrum.

Flachster
Kontinent
der Erde

Nach der Oberflächengestalt lässt sich Australien in 3 geografische Großräume gliedern:

① Das Ostaustralische Hochland

Es erstreckt sich über 4.000 km im Osten des Kontinents von **Cape York** (Queensland) im Norden bis zur **Bass Strait**, die den Südzipfel des Kontinents von Tasmanien trennt. Den Höhenzügen der **Great Dividing Range** sind Küstenstreifen unterschiedlicher Breite vorgelagert – im Süden Queenslands bis zu 160 km, im südlichen New South Wales bisweilen nur 1,5 km. Im äußersten Süden finden die Gebirge Tasmaniens ihre Fortsetzung in den südlichen Ausläufern der rund 3.000 km langen Great Dividing Range. Nördlich daran anschließend liegen die Snowy Mountains in NSW, die einzige alpine Region, auch *Australische Alpen* genannt. In dieser Bergkette befindet sich auch der höchste Berg des Kontinents, der *Mount Kosciusko* mit 2.228 m. Die Great Dividing Range (*Großes Scheidegebirge*) geht nach Westen hin sanft in das Mittelaustralische Tiefland über, im Osten dagegen fällt es steil zur Küstenebene ab. In Queensland verbreitert

Höchster
Berg im
Südosten

sich die Range auf bis zu 500 km, mit Höhen von 500 bis 600 m, darunter viele erloschene Vulkane. Das Hochland bringt feuchte Luftmassen, die vom Meer her kommen, zum Abregnen und führt zu außerordentlicher Fruchtbarkeit.

② Das Mittelaustralische Tiefland

Das flache Land wird durch das Ostaustralische Hochland und das westaustralische Plateau begrenzt. Es wird auch *zentrales Becken* genannt. Es reicht vom **Golf von Carpentaria** im Norden bis zum **Spencer Golf** im Süden. In frühen geologischen Zeitaltern war es vom Meer und später von großen Binnenseen überflutet. Die tiefste Senke findet sich im Bereich des **Lake Eyre** (-12 m NN). Zahlreiche Flüsse, die an den Westausläufern der Great Dividing Range entspringen, finden ihre Mündung in diesem abflusslosen Becken. Die ausgetrockneten Salzseen sind oft jahrzehntelang ohne Wasser. Nach episodischen Starkregenfällen kommt es zu Überschwemmungen der Flussbetten und Salzseen (z.B. Lake Eyre, Lake Frome, Lake Gairdner), die dann zu Brutplätzen von unzähligen Pelikanen und anderer Wasservögel werden.

Riesige Salzseen im Landesinneren

Im Süden schließen sich die Ebenen des **Darling** und **Murray River** an. Der Murray ist mit 2.575 km der längste Fluss des Kontinents und die wichtigste Trinkwasserquelle Südaustraliens. Die Beckenlandschaft der Murray-Darling-Region stellt mit ihren teilweise tief eingeschnittenen Flussbetten und weiten Überschwemmungsgebieten eine der interessantesten Landschaften dar. Andere Flüsse, wie der **Snowy River**, der ebenfalls in den Australischen Alpen entspringt, sind nahe ihres Ursprungs aufgestaut worden, um Wasserkraftwerke und Bewässerungsreserven zu haben.

Der Murray ist der längste Fluss des Kontinents

Mehr als die Hälfte aller Flüsse entwässern nicht in den Ozean, sondern versickern oder trocknen aus. So dehnt sich im Süden das abflusslose Gebiet bis direkt an die Küste aus. Auf eine Distanz von ca. 1.600 km ist die Südküste ohne einen Zufluss aus dem Landesinneren. Die nicht ständig wasserführenden Flüsse werden *Creeks* genannt. Unter der Oberfläche der mittelaustralischen Senke befinden sich große Vorräte an artesischem Grundwasser, d.h. in porösem Stein eingelagerte Wassermengen, die unter hohem Druck stehen und entweder aus Quellen oder Brunnen an die Oberfläche kommen. Das Wasser des Great Artesian Basin entstammt den nach Westen führenden Abflüssen der Great Dividing Range. Auf einem langen, unterirdischen Weg (ca. 2 Mio. Jahre) nimmt das Wasser Sedimente und Mineralien auf. Dort, wo es an die Oberfläche tritt (natürlich oder angebohrt), hat es meist einen salzigen oder mineralischen Geschmack und ist für den Menschen ungenießbar. Die Ausbreitung der Viehzucht über weite Teile des Inlandes ist im wesentlichen der Entdeckung und Förderung dieser Wasservorräte zu verdanken.

Unterirdische Wasservorräte

③ Das Westaustralische Tafelland

Das westliche Plateau hat eine durchschnittliche Höhe von 200 bis 800 m und nimmt über die Hälfte des Kontinents ein. Die höchsten Erhebungen sind am Westrand die Darling Range, Hamersley Range und die Kimberley Region. Im

Osten ist das Plateau durch die MacDonnell Ranges und die Musgrave Ranges unterbrochen. Die Inselberge Ayers Rock, Olgas und Mount Conner überragen das Plateau ebenfalls. Im Norden und Südwesten liegen Flusssysteme mit ganz- oder teiljähriger Wasserführung. Die übrigen Gebiete bestehen aus spärlich bewachsenen Wüsten (Great Victoria Desert, Gibson Desert und Great Sandy Desert), die noch Reste einstiger Flusssysteme zeigen.

 Hinweis
Das Great Barrier Reef ist in Kap. 14 beschrieben, Tasmanien ab Kap. 23.

Klima und Klimazonen

Im Vergleich zur nördlichen Halbkugel erscheinen die Jahreszeiten in umgekehrter Reihenfolge:

Umgekehrte Jahreszeiten

Frühling:	September–November
Sommer:	Dezember–Februar
Herbst:	März–Mai
Winter:	Juni–August

Unterschiedliche Jahreszeiten, wie man sie in Mitteleuropa kennt, kommen nur im Süden Australiens vor. Im Norden herrschen wegen der Nähe zum Äquator bereits tropische Temperaturen mit geringen jahreszeitlichen Schwankungen, das Zentrum ist von kontinentalem Klima mit geringen Niederschlägen geprägt. Die heißesten Monate sind der November/Dezember im Norden, der Januar im größten Teil des Landes und der Februar/März im Süden und Tasmanien. Die kühlsten Monate sind von Juni bis August. Für die unterschiedlichen Klimazonen gelten deshalb **unterschiedlich gute Reisezeiten** (vgl. Kap. 3)!

Hitzewellen

Insgesamt werden die Temperaturverhältnisse durch die riesige Landmasse im Inneren beeinflusst (kontinentales Klima): Auf einen Kilometer Küstenlänge kommen 384 km² Land (zum Vergleich: Europa 121 km²). Im Outback herrschen im Sommer Durchschnittswerte von 30–35 Grad, Hitzewellen mit Temperaturen von über 40 bis 45 Grad gibt es im Sommer in allen Landesteilen. An der Küste dauern sie selten länger als Tage, im Landesinnern oft 20 Tage oder mehr. Die längste Hitzeperiode wurde im nordwestaustralischen Marble Bar 1923/24 gemessen: An 161 aufeinander folgenden Tagen stieg das Quecksilber über 37,8 Grad! Den Hitzerekord soll das Städtchen Cloncurry in Queensland mit 53 Grad im Schatten halten.

Rekordtemperaturen im Outback

Interessant ist, dass das Wetter trotz der gleichmäßig hohen Temperaturen immer noch ein beliebtes Smalltalk-Thema ist (*Isn't it hot today?*). Ist von Temperaturen über 100 Grad die Rede, meinen die Einheimischen die alte Einheit *Fahrenheit* (100 °F = 38 °C).

Niederschläge und Trockenzeiten

Australien ist nach der Antarktis der trockenste Kontinent der Erde. Der fallende Niederschlag ist höchst ungleich verteilt: In den tropischen Regionen und im gemäßigten Süden regnet es relativ viel, in der zentralen Mitte fast überhaupt nicht. Alle Jahre wieder wird Australien von Naturkatastrophen heimgesucht. Zu schweren Dürreperioden kam es zuletzt in den Jahren von 1965 bis 1967, 1981 bis 1983, 1989 bis 1991, 1993 bis 1994 und von 2002 bis 2003. Größere Überschwemmungen durch Starkregen in Verbindung mit Wirbelstürmen kommen im Schnitt alle 3 bis 5 Jahre vor. Die Häufigkeit von Buschfeuern ist unterschiedlich, sie nimmt zum Landesinnern hin ab. Etwa alle 3 Jahre entstehen größere Feuer in NSW und Victoria. Aber auch in Queensland, Westaustralien und Tasmanien kam es schon zu großflächigen Buschfeuern.

Wiederkehrende Gefahr durch Buschbrände

Inwieweit globale Erwärmung und der Treibhauseffekt eine Rolle spielen, ist noch ungewiss. Klimaforscher gehen davon aus, dass das El-Niño Klimasyndrom zu einer Häufung von Wirbelstürmen (z.B. in Florida) und gleichzeitig zu Dürreperioden (z.B. in Australien) geführt hat.

Australien lässt sich in 4 Klimazonen einteilen:

① Die Tropenzone

ist die dem Äquator nächstgelegene Zone und erstreckt sich bis zum Wendekreis des Steinbocks (*Tropic Of Capricorn, auf jeder Landkarte eingezeichnet!*). Feuchtheiße Temperaturen mit monsunartigen Regenfällen im Sommer und gleichmäßig warme Temperaturen im Winter sind die wichtigsten Kennzeichen. Man unterscheidet zwischen der *Wet Season* (Nov–März) und der *Dry Season* (Mai–Okt.). In der Regenzeit fallen ausgiebige Regenfälle, denen die Flussbetten oft nicht gewachsen sind. Es kommt zu großflächigen Überschwemmungen, oft im Zusammenhang mit Wirbelstürmen (*Cyclones*).

Ausgeprägte Regenzeit im Norden

Straßen werden in dieser Zeit häufig unpassierbar (sog. *Floodways* entstehen), und ganze Städte sind von der Außenwelt abgeschnitten.

Klimatabelle

1. Max. Temperatur in °C											
2. Min. Temperatur in °C											
3. Durchschnittlicher monatlicher Niederschlag in mm											

	Jan.	Feb.	März	April	Mai	Juni	Juli	Aug.	Sep.	Okt.	Nov.	Dez.
Adelaide - Südaustralien												
1.	29	29	26	22	19	16	15	17	19	22	25	27
2.	17	17	15	12	10	8	7	8	9	11	14	15
3.	19	8	33	47	68	75	84	67	58	44	28	28
Alice Springs - Zentrum												
1.	36	35	32	28	23	20	19	22	27	31	33	35
2.	21	21	17	13	8	5	4	6	10	15	18	20
3.	36	42	37	14	17	14	15	12	8	21	26	37
Cairns - Nordostküste												
1.	31	31	30	29	28	26	26	27	28	29	31	31
2.	21	21	19	17	13	11	10	10	13	16	18	20
3.	413	435	442	191	94	49	28	27	36	38	90	175
Darwin - Tropischer Norden												
1.	32	31	32	33	32	30	30	31	32	33	33	33
2.	25	25	24	22	20	19	21	23	25	25	25	25
3.	409	353	311	97	21	2	1	7	19	74	143	232
Hobart - Tasmanien												
1.	22	21	20	17	14	13	11	13	15	17	19	20
2.	12	12	11	9	7	5	4	5	6	8	9	11
3.	48	40	47	53	50	56	54	52	52	64	56	57
Melbourne - Südostaustralien												
1.	29	26	24	20	17	14	13	15	17	20	22	26
2.	14	14	13	11	8	7	6	7	8	9	11	13
3.	48	47	52	57	58	49	50	59	59	59	66	60
Perth - Südwestaustralien												
1.	30	30	28	25	21	19	17	18	20	21	25	27
2.	18	18	17	14	12	10	9	9	10	12	15	16
3.	8	12	19	45	123	184	173	136	80	54	21	14
Sydney - Südostküste												
1.	30	26	26	25	22	19	17	16	18	20	24	26
2.	18	19	17	15	11	9	8	9	11	13	17	18
3.	103	113	134	126	121	131	101	81	69	79	83	78

INFO Unterwegs in der Regenzeit („Wet Season")

Sind Sie als Reisender in Nordaustralien während der Regenzeit (November bis März) mit dem eigenen Fahrzeug unterwegs, so informieren Sie sich vor einer Etappe unbedingt über den Straßenzustand. Informationen erteilen die zuständigen örtlichen Polizeistellen, Ranger-Stationen, Automobilklubs und Rasthäuser. Nichts ist schlimmer als das Steckenbleiben in einem „Floodway" und das Warten auf Hilfe. Trifft man unvermutet auf eine Flussdurchfahrt, sollte vorher zu Fuß durchgewatet werden. Geringe Wassertiefen können i. d. R. mit herkömmlichen Fahrzeugen bewältigt werden. Ist das Wasser zu tief oder der Untergrund schlammig, ist ein 4-WD („Four-Wheel-Drive"= Geländewagen mit Vierradantrieb) unbedingt notwendig. Im Zweifelsfall sollte auf ein solches Fahrzeug gewartet werden (bevor man ohne Hilfe absäuft).

☞ Wichtiger Hinweis

Die Regenzeit, die normalerweise von Dezember bis März dauert, kann sich saisonal auch verschieben. Ob und in welchem Maße eine „Wet Season" tatsächlich eintritt, lässt sich kaum vorhersagen. So waren es in typischen Dürrejahren (z.B. 2002/2003) oft nur ein bis zwei Monate (Febr./März) mit signifikantem Regenfall. Andererseits gab es im April 2000 noch einen tropischen Wirbelsturm in Broome. Dies führte dazu, dass die Gibb River Rd. erst Mitte Juni für Fahrzeuge geöffnet wurde (siehe auch „Reisezeit").

② Die Subtropen

stellen einen relativ schmalen Bereich entlang den Küstengebieten von Queensland und Westaustralien dar. Die Temperaturen werden angenehmer, obwohl der Tropeneinfluss mit seinem ganzjährig feuchtheißen Klima noch zu spüren ist.

③ Kontinentalklima

herrscht in der Mitte des Kontinents. Im Sommer ist es tagsüber extrem heiß, die Winter sind warm mit kühlen, bisweilen frostigen Nächten. Regen ist ausgesprochen selten, wenn er fällt, dann kurz und heftig. Flussbetten schwellen dann rapide und meterhoch an, Pisten werden fortgespült. Das Wasser versickert so schnell, wie es gekommen ist, zurück bleiben Wasserlöcher, frisch ergrünte Pflanzen und sehr schlechte Pisten.

Angenehme Tagestemperaturen im Winter

④ Gemäßigte Zone:

Im Süden leben die meisten Menschen – wohl auch wegen der angenehmen Temperaturen. Heiße Sommer und milde Winter lassen den Vergleich mit mediterranem Klima zu. Meist weht gegen Abend ein frischer Wind aus antarktischen Regionen (z.B. der „Southerly Buster" in Sydney oder der „Fremantle Doctor" in Perth).

Flora und Fauna

Für viele ist, und das nicht zu Unrecht, das Außergewöhnliche und Reizvolle an Australien seine Natur. Auf dem Inselkontinent existieren zahlreiche Pflanzen und Tiere, die es nirgendwo sonst auf der Erde gibt. Durch die Jahrtausende lange Isolierung des Landes konnten sich Arten und Gattungen entwickeln, fortpflanzen und ausbreiten, die vielleicht durch äußere Einflüsse ausgestorben wären.

> **Tipp**
> *Hat man als Reisender nicht die Zeit und Gelegenheit, auf Wanderungen in der Natur die Tier- und Pflanzenwelt zu beobachten, so bieten sich Besuche in Tierparks, Zoos und botanischen Gärten an. Der Erwerb eines Handbuchs zur Identifizierung der unterschiedlichen Pflanzen und Tiere ist ebenfalls hilfreich (siehe Literaturverzeichnis). In vielen Besucherzentren der Nationalparks sind die jeweils vorkommenden Pflanzen und Tiere genau beschrieben, und Ranger sind gerne bereit, Ihre Fragen zu beantworten.*

Flora

Wasserlilien

Die Pflanzenwelt Australiens kann entsprechend der Klimazonen eingeteilt werden:

• **Im tropischen Norden** gibt es ausgedehnte, teils dichte, teils offene **Regenwälder** mit Lianen und Farnen. Weite Gebiete sind auch savannenartig eher spärlich bewachsen. Im Küstenbereich wachsen **Mangroven** bis in das Meer hinein. Sie haben sich hervorragend an den Gezeitenwechsel und das Salzwasser angepasst. Die Sümpfe sind Lebensraum unzähliger Tiere (Muscheln, Krebse, Vögel, Krokodile) und Pflanzen. Zu den Besonderheiten des Regenwaldes zählen auch viele Orchideenarten. In Tasmanien dagegen wachsen kühl-gemäßigte Regenwälder, die südlichsten der Welt.

• Fast überall, besonders jedoch in gemäßigten Gebieten des Südens und den Küstenregionen, finden sich große **Eukalyptuswälder**. Fast 90 Prozent des australischen Baumbestandes wird durch die etwa 550 Arten gebildet. Man unterscheidet die *Gum Trees* (glatter Stamm), *Boxes* (rauer, gemusterter Stamm), *Stringy Barks* (Rinde schält sich streifenartig), *Iron Barks* (dunkle, harte Rinde) und *Bloodwoods* (rotes Harz). Eine bekannte Art ist der *Jarrah* in Westaustralien, eines der härtesten Hölzer der Welt. Andere Arten, wie der *Swamp Gum* auf Tasmanien, werden bis zu 80 m hoch. Die höchsten Bäume der Welt sind die Karri-Eukalpyten im Südwesten und der *Mountain Ash Tree* im Südosten mit Höhen von über 100 m. In den ausgetrockneten Flussbetten im Landesinneren ist der *River Red Gum* häufig zu finden. Im Roten Zentrum sieht man die hochaufragenden, isoliert stehenden *Ghost Gums* mit einem markanten schneeweißen Stamm. Erwähnenswert sind ferner die ausgedehnten Eukalyptuswälder der Blue Mountains (im Hinterland von Sydney). Eukalyptusblätter werden auch als Heilpflanzen für Inhalationen verwendet. Die *Desert Oak*, eine Unterart des Eukalyptus, ist wie viele andere Pflanzen im Landesinneren in der Lage, Wasser für sehr lange Zeit zu speichern. Der Baum lässt normalerweise die Zweige hängen, nur nach Regenfällen geht er auf. Mallee-Eukalypten sind ebenfalls typisch für Trockengebiete. Viele Eukalypten sind auf Buschfeuer vorbereitet – so genannten Angsttriebe unter der Rinde schlagen nach Feuern aus.

- Der **Grasbaum** (*Grass Tree*) kommt vornehmlich im Südwesten vor. Sein Wipfel besteht aus einem großen Büschel, aus dessen Mitte in der Blütezeit helle Schilfblätter wachsen.
- **Akacien** (*Wattles*) – nicht zu verwechseln mit der nördlichen Akazie (einer Robinie) – kommen in rund 850 verschiedenen Arten vor und sind meist eher strauchartig. Die Goldene Akazie (*Golden Wattle*) stellt das nationale Blumensymbol Australiens dar. Im trockenen Landesinneren sind der *Mulga* und *Wichetty Bush* weit verbreitet.
- In den Trockengebieten (*Scrub Land, Bush*) gedeihen nur besonders angepasste Pflanzen. Wüsten im Sinne der reinen Sandwüste gibt es kaum, fast immer ist ein Bewuchs vorhanden. Das stachlige **Spinifex-Gras** ist im

Desert Oak

Landesinnern weit verbreitet, es wächst praktisch überall, selbst da, wo jahrelang kein Regen gefallen ist, und dient als Nahrungs- und Lebensgrundlage für viele Wüstentiere. Die Ausbreitung des **Stachelkaktus** war lange Zeit ein Problem, da er viele Gebiete praktisch unzugänglich gemacht hat. Mit biologischen Bekämpfungsmethoden (Kaktusmotte) wurde dem Einhalt geboten.

National-symbol Wattle-Tree

Hat man als Reisender das Glück, Regen im Outback zu erleben, wird man staunen, wie grün die Wüste in kürzester Zeit werden kann.

Fauna

Für den Laien reduziert sich die australische Tierwelt auf die im Erdkundeunterricht genannten Tiere Känguru und Koala. Tatsächlich kommen in Australien so viele seltene und verschiedenartige Tiere vor, dass man sich wundert, mit welcher Selbstverständlichkeit diese vielerorts gesehen und beobachtet werden können.

Kängurus gehören zur Gattung der **Beuteltiere**. Sie tragen ihre Jungen (*Joeys*) bis zu acht Monate im Beutel umher. Es gibt rund 170 Arten von Beuteltieren, die in 13 Gruppen untergliedert sind. Zur größten Gruppe gehören die **Kängurus** (Kurzform *Roos*), von denen wiederum rund 45 Arten existieren. Sie kommen in ganz Australien vor, bevorzugt auf Grasland oder in Wäldern. Das Känguru ist neben dem Emu das Wappentier auf der Flagge des Commonwealth. Die kleinsten sind die Kängururatten mit nur etwa 23 cm Größe, die größten die *Red Kangaroos*, die bis zu 2 m groß werden und 9 m weit springen können.

Känguru und Emu sind Wappen-tiere

Eine eigene Gruppe stellen die *Wallabies* mit einer Größe von 45 cm bis 1,20 m dar. Daneben gibt es die Baumkängurus, die auf Bäumen leben, auf dem Boden aber auf Nahrungssuche gehen. Die Pflanzen fressenden Hüpfer können in freier Wildbahn in der Morgen- oder Abenddämmerung am besten beobachtet werden, oft auch auf Campingplätzen der Nationalparks, wo sie ihre Menschenscheu teils völlig verloren haben.

☞ Tipp

Nachtfahrten außerhalb von Städten sollten nach Möglichkeit vermieden werden, da Kängurus magisch vom Licht der Scheinwerfer angezogen werden und dann unvermittelt im Kühler landen. Das Gleiche gilt für weidendes Vieh. Die Aussies montieren deshalb so genannte Roo-Bars oder Bull-Bars als zusätzliche Stoßstange an ihre Autos. Da man als Reisender im Mietfahrzeug meist ein Versicherungsrisiko trägt, sollte grundsätzlich nur bei Tag gefahren werden.

Känguru

INFO Kängurus im „Kreuzfeuer"

Tierschutzorganisationen aus aller Welt protestieren immer wieder gegen den „sinnlosen Tod der Kängurus" und rufen zum Boykott von Produkten aus Känguruleder und fleisch auf. Von den in freier Wildbahn lebenden 22 Millionen Tieren werden jährlich angeblich bis zu 5 Millionen abgeschossen. Die Täter sind rund 2.000 lizensierte Kängurujäger, die dafür sorgen sollen, dass die festgelegten Quoten für jede Region eingehalten werden.

Kritik wird vor allem an der Vergabe der Jagdlizenzen geübt, die jeder erhalten kann, der darauf hinweist, dass sein Land von Kängurus „befallen" ist. Die Farmer klagen vor allem darüber, dass die Beuteltiere den Rindern und Schafen die ohnehin nur spärlich wachsenden Gräser und Büsche wegfressen. Tierschützer halten dagegen, dass in den trockenen Gebieten, wo Kängurus leben, überhaupt keine Farmen sein sollten. Außerdem würden die Tiere ganz andere Grassorten als Rinder und Schafe bevorzugen.

Grund für die relativ hohen Abschussquoten sind natürlich auch wirtschaftliche Interessen: Die Auslandsnachfrage nach Känguruleder (für die Schuhproduktion) und Kängurufleisch (insbesondere in BSE-Zeiten!) ist erheblich. Die Australier selbst verschmähen das Fleisch ihres „Wappentiers". Versuche, die Vermehrung der Kängurus einzudämmen, scheiterten bislang. Ihr einziger natürlicher Feind, der Dingo, gilt gleichfalls als Feind der Viehzüchter.

Der **Koala** ist trotz seines Aussehens kein Bär, sondern ebenfalls ein Beuteltier. Es gehört zu den bekanntesten und beliebtesten Tieren Australiens. Das Wort „Koala" stammt von den Aborigines und bedeutet so viel wie „kein Wasser". Koalas trinken in der Tat nur sehr wenig Wasser und dösen die meiste Zeit des Tages in den Eukalyptusbäumen. Dessen Blätter stellen ihre bevorzugte Nahrungsquelle dar und sollen eine narkotisierende Wirkung haben. Koalas verlassen die Bäume nur selten und sind durch ihre Krallen gute Kletterer. Die Zahl der bis zu 60 cm großen Tiere ist nur schwer abzuschätzen, soll aber bei rund 400.000 liegen. Ihr allgemeiner Gesundheitszustand gibt Anlass zur Sorge: Rund die Hälfte (in manchen Gebieten bis zu 80 %) sind von der Infektionskrankheit Chlamydia befallen. Durch sie können die Tiere erblinden oder zeugungsunfähig werden. In Koalakliniken (z.B. in Port Macquarie) versucht man, kranken und angefahrenen Koalas zu helfen. Das „Nationalmaskottchen" Koala leidet außerdem am Rückgang seines natürlichen Lebensraums, den Eukalyptuswäldern. In anderen Gebieten, z.B. auf Kangaroo Island (Südaustralien), treten Überpopulationen auf und gefährden durch ihren ungezähmten Blätterhunger (durchschnittlich 1 kg pro Tag) den Bestand der Vegetation.

Der "Kuschelbär" der Nation

Ein weiteres Beuteltier ist der **Wombat**. Die vorwiegend im Westen und Süden (z.B. Wilsons Promontory NP) lebenden Tiere werden bis zu 1 m lang und sind wegen ihrer Wühltätigkeit bei Farmern verhasst.

Tasmanische Teufel, ebenfalls Beuteltiere, sind Fleischfresser und sehen aus wie kleine schwarze Hunde. In vielen Zoos des Festlands und auf Tasmanien können sie beobachtet werden. Dagegen ist der **Tasmanische Tiger** (oder Beutelwolf) ausgerottet, wenn auch in tasmanischen Urwäldern immer wieder welche gesehen werden sollen.

Possums (oder *Opossums*) sind nachtaktive Kleinbeuteltiere, die vorwiegend auf Bäumen leben und wegen ihres Fells (*Adelaide Chinchilla*) gejagt werden. Wegen ihrer starken Vermehrung und Pflanzenfresslust sind sie höchst unbeliebt. Weitere kleine Beuteltiere, wie z.B. das nachtaktive **Numbat** oder das **Bilby**, bekommt man in freier Wildbahn kaum zu sehen. Sie sind, wie viele andere Kleintiere (Insekten, Eidechsen) vom Aussterben bedroht – ein Opfer eingeführter Tierarten wie Katzen oder Füchse.

Gefahr für einheimische Tierarten

Der flugunfähige **Emu**, das zweite Wappentier Australiens, gleicht dem afrikanischen Strauß. Die schnell laufenden Tiere werden bis zu 1,90 m groß und leben vorwiegend in den trockenen Savannen Australiens. Eine farbenfrohe Unterart des Emus ist der **Kasuar** (*Cassowary*), der nur noch selten in den tropischen Regenwäldern des Nordostens vorkommt. Bei beiden Arten übernimmt das Männchen die Aufzucht der Jungen. Nur äußerst selten sieht man den afrikanischen Strauß (bis 2,50 m). Einige Exemplare wurden in den 1930er-Jahren auf Straußenfarmen in Südaustralien in die Freiheit entlassen.

In der Tierwelt einzigartig ist das **Schnabeltier** (*Platypus*). Die scheuen Tiere kommen in Flüssen und Seen Ostaustraliens, Tasmaniens und auf Kangaroo Island vor. Kennzeichen der Kloakentiere sind der entenartige Schnabel, Krallen mit

Schwimmhäuten und ein seehundartiges Fell. Die Weibchen brüten Eier aus und säugen später ihre Jungen – der lateinische Name lautete daher lange *Ornithorhynchus Paradoxus.*

Der Dingozaun soll Schafe schützen

Der australische Wildhund ist der **Dingo**, der vermutlich von Aborigines nach Australien eingeführt wurde. Im Laufe der Jahre wurde er immer weiter in das Landesinnere zurückgedrängt. Er kann nicht bellen und ist meist recht scheu. Manchmal beobachtet man ihn auf Campingplätzen beim Durchstöbern von Abfalleimern. Der Dingo kommt trotz des Dingozauns mittlerweile in ganz Australien vor. Dieser Zaun mit einer Länge von 5.614 km sollte ursprünglich die Schafzucht im Süden schützen. Der Dingo ist ein Wildtier – bitte keinesfalls füttern! Erst im Jahr 2001 wurde auf Fraser Island ein kleiner Junge das Opfer eines Dingos. Sein Nicht-Vorhandensein hat auf Tasmanien und Kangaroo Island eine reiche einheimische Tierwelt bewahrt.

In den Regenwäldern und im Landesinnern leben häufig **Warane**. Die Großechsen, die in vielen Arten vorkommen, werden von den Australiern alle *Goanna* genannt. Die größten werden bis zu 2 m lang und sind mit ihren langen Krallen gute Kletterer. Daneben existiert eine Vielzahl kleiner und kleinster Eidechsen (*Lizards*).

Einmalige Vogelwelt

Die farbenprächtige australische **Vogelwelt** ist einmalig. Einer der bekanntesten Vögel ist der „lachende Hans", der **Kookaburra**. Mit seinen typischen Lauten ist der leicht zu erkennen. Der **Leierschwanz** (*Lyrebird*), ein Laufvogel, ist als guter Stimmenimitator berühmt. Es gibt über **300 Papageienarten**, die in großen Schwärmen und allen Farben sogar in den Städten die Bäume bevölkern. Die häufigste Art sind die **Wellensittiche** und die **Kakadus**. Der schwarze Kakadu ist selten, kann aber mit etwas Glück auch in der freien Wildbahn beobachtet werden (z.B. Kakadu NP). Nicht zu vergessen ist daneben die Vielzahl an **Wasservögeln**, **Pelikanen** und **Schwänen** in den Küstenregionen. Das Landesinnere ist Heimat zahlreicher Greifvögel, u.a. Bussarde, Falken und Adler. Der *Wedgetail Eagle* gehört

Papagei

zu den größten Raubvögeln der Welt. Mihilfe eines zusätzlichen Tierbuches lassen sich zahlreiche Arten auf Wanderungen eindeutig identifizieren.

Phantastische Unterwasserwelt am Great Barrier Reef

Nicht vergessen werden darf die fantastische **Unterwasserwelt** Australiens. Auf Tauch- und Schnorchelsafaris am Great Barrier Reef oder am Ningaloo Reef erhält man einen Eindruck von der unglaublichen Artenvielfalt an Fischen und Pflanzen. An Bord vieler Schiffe sind wasserfeste Tafeln erhältlich, mit deren Hilfe man direkt im Wasser Korallen- und Fischarten identifizieren kann. Der bekannteste **Süßwasser- und Speisefisch** ist der Barramundi, ein Barsch, der in mehreren Arten vorkommt.

Pinguine und **Seehunde** leben an den Küsten Victorias (Philipp Island), Südaustraliens (Kangaroo Island) und Tasmaniens (Bruny Island). Meist sind es die kleineren Arten (*Fairy Penguins*), die so weit nördlich der Antarktis gefunden werden.

Tipp
Wer die Tierwelt sehen will, sollte die eine oder andere Nacht direkt in einem Nationalpark verbringen, z.B. auf einem Campingplatz. Am frühen Morgen oder in der Abenddämmerung ist dann die Chance zur erfolgreichen Tierbeobachtung am größten. Nehmen Sie ein (kompaktes) **Fernglas** *mit!*

Gefährliche Tiere

Krokodile sind in Australien noch in großer Zahl vorhanden, ihr Verbreitungsgebiet sind die Flussläufe im Norden und Nordosten. Auf der Suche nach Nahrung wagen sie sich auch manchmal bis ins Meer. Man unterscheidet zwei Arten: Das **Leistenkrokodil** (*Saltwater Crocodile*), das bis zu 6 m lang wird und die gefährlichere Art ist, und das **Johnston-** *Krokodile im tropischen Norden*

krokodil (*Freshwater Crocodile*), das bis zu 3 m lang wird und außerhalb der Brutzeit als scheu gilt. Die Begriffe „Saltie" und „Freshie" sind irreführend, denn beide Arten können bis in die Mündungsgebiete der Flüsse vordringen, nicht aber ständig im Salzwasser leben.

Trifft man bei Ausflügen auf Warntafeln, die das Baden verbieten, so sollte man sich tunlichst daran halten – und sei das Gewässer noch

Warntafel in Daintree

so verlockend! Das Zelten in unmittelbarer Ufernähe sollte ebenfalls unterlassen werden. Im tropischen Norden gibt es als Delikatesse Krokodilsteak, das von Zuchtfarmen stammt. In freier Wildbahn sind die Tiere geschützt. Krokodile können am besten im Kakadu Nationalpark und in Queenslands Norden beobachtet werden.

Unter den vielen **Schlangen** Australiens gibt es auch giftige Arten, die vorwiegend im tropischen Norden und im Landesinnern leben. Bekannt sind der hochgiftige **Taipan** und verschiedene **Ottern**. Die Gefahr eines lebensbedrohlichen Schlangenbisses wird jedoch in der Regel überschätzt. Die scheuen Tiere verschwinden normalerweise, bevor man darüber stolpert. Kinder sollten sich in der freien Natur nicht auf „Schatzsuche" begeben, damit ruhende Tiere nicht aufgeschreckt werden. Abhängig von den klimatischen Verhältnissen muss auch in Städten mit Reptilien gerechnet werden. *Schlangen gelten als sehr scheu*

Als Reisender sieht man Schlangen meist tot am Wegesrand liegen, und Begegnungen sind äußerst selten. Die Urangst des Menschen vor Schlangen wird jedoch immer existent sein. Deshalb hier ein paar Verhaltensregeln:

Wie kann man sich vor Schlangen schützen?

- *Auf Wanderungen festes Schuhwerk und lange Hosen tragen.*
- *Zelte und Fahrzeuge immer ordentlich verschließen.*
- *Beim Gehen fest auftreten, sodass die Erschütterungen die Schlangen zur Flucht bewegen.*
- *Felsspalten und unübersichtliches Gelände meiden. In der Dunkelheit den Weg mit einer Taschenlampe ableuchten.*
- *Bei Begegnungen mit Schlangen sich ruhig verhalten und hektische Bewegungen vermeiden. Einen großen Bogen gehen oder selbst den Rückzug antreten.*

Verhalten nach einem Schlangenbiss:
- *Schlange möglichst identifizieren.*
- *Bissstelle desinfizieren. Keinesfalls die Wunde „aussaugen".*
- *Viel Trinken, um den Kreislauf zu stabilisieren.*
- *Bein- oder Arm wenig bewegen und ruhigstellen, Kinder tragen.*
- *Möglichst umgehend einen Arzt oder Ranger aufsuchen, damit ggf. ein Antiserum gespritzt werden kann.*

Andere Kriechtiere sind **Skorpione** und **Spinnen**, von denen es auch giftige Arten gibt. Skorpione kommen nur im Outback vor. Ihre Stiche durch den Schwanzstachel sind schmerzhaft und können für Kinder lebensbedrohlich werden. Giftige Spinnen sind die Rotrückenspinne (*Redback Spider*) und die Trichternetzspinne (*Funnel Web Spider*), die im Gebiet um Sydney vorkommt. Die meisten Spinnen sind jedoch ungefährlich und für das ökologische Gleichgewicht von großer Bedeutung.

Begegnungen mit **Haien** lösen im offenen Gewässer immer leichtes Unbehagen aus. In tropischen Gewässern, wie z.B. dem Great Barrier Reef, sind es durchweg die kleineren und ungefährlichen Arten, wie die sog. *Reef Sharks*. Anders sieht es in den kühleren Meeren Südaustraliens aus. Dort leben die großen Arten, wie z.B. der Weiße Hai, der bis zu 7 m lang wird und als aggressiver Räuber gilt. Attacken auf Taucher oder Schwimmer sind indes selten und nach Meinung von Forschern das Resultat einer Verwechslung. Die Haie sind auf der Suche nach Seehunden, ihrer eigentlichen Beute. Die Gefahr, von einem Hai gefressen zu werden, ist rein statistisch kleiner, als vom Blitz getroffen zu werden.

Riffhaie sind ungefährlich

Korallen und Seesterne sollten an den Korallenriffen grundsätzlich weder betreten noch berührt werden. Von Oktober bis April verbieten Würfelquallen (*Box Jelly Fish* oder *Marine Stinger*) das Baden an den Stränden der Nord- und Nordostküste. Die Quallenart sondert ein Nervengift ab, das zu Lähmungen und zum Tode führen kann. An mit Netzen (*Stinger Nets*) gesicherten

Stinger-Warnung in Townsville

Stränden kann bedenkenlos gebadet werden. Kommt es zu Berührungen mit Quallen, helfen Essigumschläge.

Moskitos werden im tropischen Norden insbesondere in den Regenmonaten (Dezember bis März) zur Plage. Ihre Stiche können das Denguefieber übertragen. Sorgfältige Schutzmaßnahmen (lange Bekleidung in den Abendstunden, Mückenschutzmittel, Moskitonetze) sind empfehlenswert.

Ökologische Probleme

Durch menschliche Eingriffe ist der Natur Australiens erheblicher Schaden entstanden. Insbesondere die Einführung und nachfolgende Auswilderung von eingeführten Tierarten, die zur Gattung der Räuber zählen, hat zu einer Bedrohung der sensiblen Flora und Fauna geführt. Die Größe des Landes verhindert zudem eine Kontrolle der Bestände an eingeführten und einheimischen Tieren.

Bedrohung einheimischer Arten

Jagd auf Kamele

Tausende wilder Kamele, die im Outback zur Plage geworden sind, sollen von Hubschraubern aus abgeschossen werden. Rund 700.000 wilde Kamele leben in Australien, meist in unzugänglichen Outback-Gebieten. Verstärkt beeinträchtigen sie die Arbeit der Farmer und konkurrieren mit Nutztieren wie Rindern und Schafen um Wasser und Nahrung. An manchen Wasserlöchern fänden sich bis zu 200 Kamele ein, so ein Regierungssprecher. Außerdem würden Weidezäune zerstört und der ohnehin spärliche Bewuchs der Steppen würde weiter dezimiert, was die Wüstenbildung förderte.

Kamele wurden 1840 auf den fünften Kontinent gebracht, um bei der Erschließung des Binnenlandes zu helfen. Bis etwa 1920 wurden die einhöckrigen Dromedare beim Bau von Eisenbahnen und Straßen verwendet und schließlich überflüssig. Die meisten Kamele wurden von ihren Besitzern buchstäblich in die Wüste geschickt, wo sie sich in Ermangelung natürlicher Feinde munter vermehrten. Ihre Zahl verdoppelt sich im Durchschnitt alle acht Jahre. Heute weist das Land die größte Population wilder Kamele auf der Welt auf.

Kamele und **Pferde** haben sich bei der Erschließung des Landes verdient gemacht. Nach ihrer Freilassung haben sie sich in freier Wildbahn zügig vermehrt. Mittlerweile ziehen große Herden wilder Pferde (*Brumbies*) und Kamele durch die Steppen des Landes – so viele, dass sie schon wieder abgeschossen werden. In Alice Springs finden jährlich Kamelrennen statt. Für den abenteuerlustigen Touristen werden Kameltouren ins Outback angeboten.

Im Northern Territory lebt außerdem eine große Zahl ausgewilderter **Wasserbüffel**, die durch ihre Präsenz in den sensiblen Feuchtgebieten erheblichen Schaden anrichten. **Wildschweine** (*Feral Pigs*) wühlen die Böden um und sind mitunter überaus angriffslustig. **Wilde Ziegen** sind in vielen Regionen ein Problem: Sie fressen alles, urinieren in Wasserstellen (was sonst kein Tier macht) und zerstören durch ihre Kletterkünste neben empfindlicher Felsvegetation auch Zeichnungen der Aborigines in Höhlen und Felsüberhängen.

INFO Die Kaninchen- und die Krötenplage

Kaninchen wurden Anfang des 20. Jahrhunderts von weißen Siedlern als Hauskaninchen nach Australien eingeführt, sind jedoch schnell ausgewildert und haben sich, dank idealer Lebensbedingungen, ungehemmt vermehrt und über den ganzen Kontinent ausgebreitet. Nicht nur der einheimischen Vegetation, sondern auch den Getreideernten fügen die Nager immense Schäden zu. Gegen einen in den 1970er-Jahren verbreiteten Virus (Myxomatose) sind sie resistent geworden. Ende 1995 wurde auf der südaustralischen Insel Wargan Island das Calici-Virus in freier Natur getestet. Es handelt sich hierbei um ein natürliches Virus, das 1984 erstmals in China aufgetreten ist. Noch vor Abschluss der Tests gelangte der Erreger auf das Festland, vermutlich von Insekten übertragen. Seitdem breitet er sich auf dem ganzen Kontinent aus – zurück bleiben Tausende verendeter Kaninchen.

Es bleibt die Frage nach den Folgen für die übrige Tierwelt: Kurzfristig, dank des erhöhten Nahrungsangebots, werden sich Adler, Wildkatzen und Füchse rapide vermehren, längerfristig wird wohl ein wichtiges Glied in deren Nahrungskette fehlen. Möglich, dass sich die eingeführten Räuber dann in ihrer Zahl automatisch dezimieren, möglich aber auch, dass dann Kleinbeuteltiere wie Wombats, Possums, Wallabies und Echsen vermehrt zu den Opfern zählen werden. Auch kennt keiner die Auswirkungen des Virus auf andere Tierarten. Die Folgen der einseitigen, unkontrolliert abgelaufenen Aktion sind bislang schwer einzuschätzen.

1935 importierte die australische Regierung eine kleine Kolonie Kröten der Gattung „Bufo Marinus" aus Venezuela. Sie sollten der Bekämpfung einer Maikäfer-Plage dienen. Statt dessen vermehrten sie sich nahezu ungehemmt und sind nun selbst eine Plage. Die Aga-Kröte, im Englischen „cane toad" genannt und deshalb im deutschen gerne auch Zuckerrohr-Kröte genannt, gilt als Paradebeispiel einer Bioinvasion. Die Vorstellung, hier eine biologische Geheimwaffe gegen Insektenschädlinge einsetzen zu können, war vollkommen falsch. Statt deren Population zu vermindern, flogen die Maikäfer einfach davon.

Die fetten Kröten störte dies nicht. Sie vermehren sich bis heute im tropischen Klima prächtig und besetzen Australien systematisch von Süd nach Nord und von Ost nach West. 100 Stück wurden damals ins Land gebracht, inzwischen bevölkern sie praktisch die gesamte Ostküste und große Teile des Northern Territory entlang der Küsten und Feuchtgebiete. Sie bewegen sich mit geschätzten 30 Kilometern pro Jahr vorwärts und erreichen bald die Kimberley Region. Akut bedrohen die giftigen Kröten den Kakadu National Park.

Nun soll die Kröte, die bis zu 25 cm groß wird, biologisch bekämpft werden. In Australien fehlen ihr natürliche Feinde. Ihr Drüsensekret ist giftig und kann offenbar selbst Krokodilen gefährlich werden, wenn sie die Kröten verspeisen. Ansonsten fressen die Tiere alles, von Mäusen, Fröschen, Eidechsen, Insekten, Pflanzen bis zu ihren eigenen Jungen. Angeblich wurden sie auch schon dabei beobachtet, wie sie in Gärten den Hundenapf leer soffen. Die hässlichen Kröten haben eine typische warzige, oliv bis braunrote gefärbte Haut und Giftdrüsen, die ihr praktisch alle Feinde vom Leibe halten. Sie kann auch in Salz- und Brackwasser leben. Das Weibchen legt bis zu 30.000 Eiern monatlich.

Füchse und ausgewilderte **Katzen** (*Feral Cats*, von denen allein 4 Mio. vorhanden sein sollen!) sind als Fleischfresser ohne natürliche Feinde und stellen eine ernsthafte Bedrohung für einheimische Tierarten dar. Um sie zu kontrollieren, werden Giftköder (*poisoned baits*) ausgelegt oder per Flugzeug verteilt. Es wurden schon Katzen mit über einem Meter Länge erlegt.

Die Fortpflanzung von **Riesenkröten** (*Agas*), die der Schädlingsbekämpfung in den Zuckerrohrfeldern Queenslands dienen sollten, geriet außer Kontrolle. Sie vermehrten sich munter und hatten sich zunächst im tropischen Queensland ausgebreitet. Mittlerweile haben sie bereits den Kakadu Nationalpark erreicht und werden wohl mangels geeigneter Abwehrmaßnahmen irgendwann den gesamten tropischen Norden „einnehmen". Für die einheimische Tierwelt, insbesondere Krokodile, stellen sie eine schlimme Bedrohung dar.

Nicht unbedingt ein ökologisches Problem, aber im Alltag allgegenwärtige „Plagen", gibt es auch in Australien:

Allgegenwärtige „Plagen"

• Zur alltäglichen Plage werden die **Fliegen** im sommerlichen Outback. Sie finden im Rinderdung einen idealen Nährboden. Nach einer Frostnacht tritt sofort Besserung ein, sonst hilft ein Fliegennetz, das man sich über den Hut streift.

• Nicht durch menschliche Eingriffe entstanden, aber ein echtes Ärgernis sind die **Moskitos** (*Mozzies*), vor allem im tropischen Norden und in der Regenzeit. In wenigen Gebieten des Nordens und im Westen tauchen auch **Sandfliegen** (*Sandflies*) auf – kleine Mücken mit einem schmerzhaften Biss, dessen Juckreiz lange anhält.

Tipp

Sind Sie in Nordaustralien unterwegs, ist es stets ratsam, Insektenstiche und damit eine Gefährdung durch mögliche Krankheitserreger zu vermeiden. Es ist nie völlig auszuschließen, dass Krankheiten durch einen Stich übertragen werden. Verwenden Sie deshalb in der Dämmerung Insektenschutzmittel (Insect Repellent, z.B. RID oder Aeroguard) und achten Sie darauf, dass ein Moskitonetz über dem Bett oder an den Fenstern des Hotels bzw. Campers vorhanden ist. Offiziell gibt es keine Malaria in Australien.

Fazit: Nur langsam entwickelt der Australier ein Bewusstsein für ökologische Zusammenhänge. Lange Zeit wurde geglaubt, der Kontinent mit seiner Größe und Weite (und so wenigen Menschen) sei in der Lage sei, alles „einzustecken" und zu verarbeiten. Man kann als Besucher noch heute erstaunt sein, wie wenig Umweltbewusstsein in vielen Bereichen gezeigt wird, und sei es nur der „Müllstreifen" der Aluminium-Bierdosen entlang der Highways, der uns bitter aufstößt. Durch die Schaffung von Nationalparks und durch die Aufstellung ökologischer Standards in vielen Bereichen des täglichen Lebens (hier hat der *Eco-Tourism* durchaus eine Vorreiterrolle übernommen) werden große Anstrengungen unternommen, den zukünftigen Herausforderungen gerecht zu werden.

Wirtschaft

Allgemeiner Überblick

Ein Kontinent voller natürlicher Ressourcen

Die Australier, so hat es für Besucher aus Übersee den Anschein, blicken sorglos in die Zukunft, weil sie auf einem Kontinent voller Bodenschätze leben. Wo die nicht abgebaut werden, lässt man das Land für sich arbeiten und weidet das Vieh darauf. Die vorhandenen Ressourcen können allerdings alleine nicht das wirtschaftliche Auf und Ab verhindern, von denen auch Australien betroffen ist. Offensichtlich wird dies beim Blick auf die Arbeitslosenzahlen: Je nach Konjunkturzyklus liegt die Arbeitslosenrate zwischen 11 Prozent (1992) und 6,5 Prozent (2002). Die meisten Erwerbslosen sind ungelernte Arbeiter und Jugendliche. Seit Mitte der 1990er-Jahre ist eine Aufschwungphase erkennbar, die sich nicht zuletzt auch im stabilen Kurs des Aussie-Dollars widerspiegelt.

Wie in den westlichen Industrienationen versuchen die Unternehmen, den Menschen durch Maschinen zu ersetzen und die Produktion in die Billiglohn-Nachbarländer Südostasiens zu verlagern. Grund dafür sind die hohen Löhne, die von den starken Gewerkschaften im Laufe der Jahre erstreikt wurden. Dennoch werden die natürlichen Reichtümer Australiens auch weiterhin die Grundlage für den Wohlstand des Landes bilden. Die Standbeine der australischen Wirtschaft sind **Landwirtschaft** und **Bergbau**, wobei die Bodenschätze und Rohstoffvorkommen der wirtschaftliche Entwicklung in den letzten Jahren dominieren konnten. **Landwirtschaft:** Hauptzweig sind Schaf- und Rinderzucht – 60 Prozent der Landfläche Australiens werden als intensives oder extensives Weideland oder zum Getreideanbau (hauptsächlich Weizen) genutzt. Die reichen Vorkommen an mineralischen **Bodenschätzen** lassen Australien eine weltweite Spitzenstellung zukommen. Das Land ist reich an Kohle, Zink, Blei, Bauxit, Eisenerz, Uran, Gold und Diamanten.

Der Tourismus ist eine wichtige Einnahmequelle

Australien versucht durch den Aufbau weiterverarbeitender **Industrien**, Rohstoffe *im* Land zu verarbeiten. Die Abhängigkeit von großen Industrienationen, welche die Exportpreise diktieren, soll dadurch vermindert werden. Angesichts der oben angesprochenen Lohnfrage lässt sich dieses Ziel jedoch kaum verwirklichen – viele Unternehmen suchen den Weg in Billiglohnländer. Der wichtigste Importeur sind die USA, gefolgt von Japan und China. Hauptexportländer sind Japan, USA, Korea, Neuseeland und China. Im **Dienstleistungsbereich** nimmt der Tourismus eine immer stärkere Position ein. Es ist der einzige Wirtschaftszweig, der in den letzten Jahren nennenswerte Zuwächse verzeichnen kann.

Von 1985 bis Mitte der 1990er-Jahre befand sich Australien in einer wirtschaftlichen Rezession. Das größte Problem war, dass mehr Produkte (insbesondere teure Fertigprodukte und High-Tech-Artikel) importiert als exportiert werden. Zahlreiche Rückschläge (u. a. Dollarkursschwankungen, Verfall von Rohstoffpreisen) verhinderten eine positive Außenhandelsbilanz. Ausländische Investoren sind zwar wegen des einfließenden Kapitals und der Schaffung von Arbeitsplätzen notwendig, führen aber auch einen Teil des Kapitals wieder ab.

Eine deutliche wirtschaftliche Besserung ist von 1995 bis 2002 zu vermelden. Australien ist als Standort für asiatische Unternehmen interessant geworden: Das Land verfügt über gut geschulte Facharbeiter, und die Kommunikationswege sind dank moderner Medientechnik deutlich kürzer geworden – der Kontinent ist dank Internet und E-Mail näher an die übrige Welt gerückt. Auf der anderen Seite ist Australien von der wirtschaftlichen Lage der asiatischen Nachbarn extrem abhängig (z.B. Rezession und Börsencrashs 1998). Hohe Benzinpreise und die Einführung der Mehrwertsteuer im Jahr 2000 heben das allgemeine Preisniveau. Der Rezession Europas in den Jahren 2002 und 2003 kann sich Australien erfolgreich entgegenstemmen. Vom Wirtschaftsboom und dem weltweiten Hunger an Rohstoffen profitiert Australien in den Jahren 2006/2007 außerordentlich. Der Staat ist schuldenfrei, kann Rücklagen bilden und Steuern senken. Gleichwohl wird auch Australien hart von der weltweiten Wirtschafts- und Finanzkrise getroffen. Die Ausfuhren gehen massiv zurück, als der Rohstoffmarkt im Jahr 2009 mehr oder weniger plötzlich einbricht.

Landwirtschaft

Die Durchschnittsgröße einer australischen Farm liegt bei ca. 5.000 ha. Grund für diese enorme Zahl sind die riesigen **Schaf- und Rinderfarmen** im Landesinnern. Von der Gesamtfläche Australiens werden ca. 63 Prozent landwirtschaftlich genutzt, der größte Teil davon, rund 90 Prozent, als offenes (extensives) Weideland, der Rest als Ackerbaugebiet und intensives Weideland. Die größte Rinderfarm ist Anna Creek (SA) mit 30.114 km² Fläche! Seit Mitte der 1980er Jahre wird ein Rückgang der landwirtschaftlichen Betriebe verzeichnet, eine Folge schwerer Dürreperioden.

Die **Schafzucht** ist schon immer ein wichtiger landwirtschaftlicher Zweig gewesen: Bereits im Jahre 1807 wurde die erste Rohwolle der 1797 eingeführten Merinoschafe exportiert. Der Bestand an Schafen liegt bei ca. 115 Millionen Tieren, schwankt aber mit den klimatischen Bedingungen. Nach einem Dürrejahr können es leicht ein paar Millionen Tiere weniger sein! Die Merinoschafe werden vorwiegend auf den Weiden im Landesinnern gehalten, an den Küsten überwiegen Fleisch- und Wollschafe. Heute ist Australien der drittstärkste Wolle-Exporteur der Welt (ca. 687.000 t im Jahr 2001), die Hauptabnehmer sind Japan, Westeuropa und China. In den Nahen Osten werden wegen der strengen religiösen Sitten fast ausschließlich lebende Schafe exportiert. Auf den langen Transportwegen über Land und See verenden viele Schafe qualvoll, was zu heftigen Protesten seitens der Tierschützer führt. Nach dem Wegfall der Sowjetunion als wichtigem Handelspartner ist Australien aber auch auf diese Märkte angewiesen und hält bislang an den umstrittenen Transportmethoden fest.

Merinoschafe wurden bereits 1797 eingeführt

Die **Rinderzucht** ist das zweite Standbein der Landwirtschaft. Auf den von großen Farmgesellschaften gepachteten Flächen lebt ein Gesamtbestand von etwa 26 Millionen Tieren. Da die natürlichen Weideflächen oft nicht eingezäunt sind (*Unfenced Cattleland*), wurden die Viehherden früher oft per Helikopter zusammengetrieben. Da viele Farmen mit finanziellen Schwierigkeiten kämpfen, sind die Farmer (in Australien *Station Manager* genannt) meist auf Motorräder und mobile

Riesige Rinderfarmen bedecken das Land

Viehtrieb („Mastering")

Camps umgestiegen. Die USA und Japan sind die wichtigsten Abnehmer von Rindfleisch. Immer öfter wird die Schafzucht mit der Rinderzucht kombiniert, um Marktchancen zu verbessern und Preisschwankungen entgegenzuwirken. Als Folge der in Großbritannien aufgetretenen Rinderseuche BSE konnte der Export australischen Fleisches (Rind, Känguru, Lamm) erhöht werden. **Milchwirtschaftsbetriebe** haben ihren Standort vorwiegend in der Nähe der Ballungszentren. Molkereiprodukte werden zu einem Viertel exportiert. Milch wird von der australischen Regierung subventioniert und ist dank guter Verteilung fast überall im Land erhältlich.

Die großen **Weizenanbaugebiete** liegen im Westen, Süden und Südosten. Mit seinem Weizenexport liegt Australien an vierter Stelle weltweit. Andere Getreidearten sind Hafer, Gerste, Mais und Hirse. **Zuckerrohr** wird wegen der günstigen klimatischen Verhältnisse vorwiegend in den Küstenregionen Queenslands angebaut. Die Verarbeitung erfolgt vor Ort, und die Verladung auf Schiffe wird z. T. über kilometerlange Verladerampen (*Jetties*) vorgenommen. Von internationaler Bedeutung ist auch der **Obst- und Zitrusfrüchteanbau**. Angebaut werden Mangos, Ananas, Äpfel, Bananen und vieles mehr. In den Geschäften und an vielen Straßenständen wird Obst durchweg günstig und meist in großer Auswahl angeboten.

Erfolge im Weinbau

Australischer **Wein** ist bekannt und wird mittlerweile weltweit geschätzt. Die größten Rebflächen liegen in Südaustralien (Barossa Valley bei Adelaide), im Südosten (Hunter Valley, nördlich von Sydney), Victoria (Yarra Valley bei Melbourne), Westaustralien (Swan Valley bei Perth) und Tasmanien (Huon Valley bei Hobart). Der Exportanteil ist stetig gestiegen.

Der gewerbliche **Fischfang** ist für die Versorgung Australiens von großer Bedeutung, exportiert wird nur ein geringer Teil (z.B. Hummer). Mangels großer Fangflotten muss z.B. Tunfisch zur Bedarfsdeckung importiert werden.

Bodenschätze

Die Bodenschätze Australiens wurden lange Zeit vernachlässigt. Erst seit den 1960er-Jahren begann man, die Rohstoffvorkommen im großen Stil abzubauen. **Bauxitfunde** (QLD, NT) haben Australien zu einem wichtigen Lieferanten der Aluminiumindustrie werden lassen. Mit seinen **Steinkohlevorräten** ist Australien zum weltweit größten Exporteur geworden. Wichtigster Abnehmer ist das rohstoffarme Japan, das über 40 Prozent seines Bedarfs mit australischen Importen deckt. Neben der Steinkohle (NSW) hat Australien auch ergiebige **Braunkohlevorkommen** vorzuweisen (VIC und SA). Die **Eisenerzlager** (WA) zählen zu den größten der Welt – die Vorkommen werden auf über 35 Milliarden Tonnen geschätzt. Wie bei allen Mineralienexporten ist auch hier Japan der Hauptabnehmer. **Kupfer, Zink** und **Blei** werden vor allem in Mt. Isa (QLD) gefördert, aber auch in vielen kleineren Minen, z.B. auf Tasmanien. Die Produkte des australischen Bergbaus werden zum größten Teil unverarbeitet exportiert. Durch zunehmende Weiterverarbeitung und Aufbereitung versucht Australien, den Exportwert erheblich zu steigern. Die Industriebetriebe liegen oft Hunderte von Kilometern vom eigentlichen Abbaugebiet entfernt: So werden die Erze aus Mt. Isa per Eisenbahn an die Küste Queenslands transportiert, um dort verarbeitet und auf Schiffe verladen zu werden.

Die größten Schätze lagern unter der Erde

Mit dem weltweiten Bau von Atomkraftwerken seit Anfang der 1970er-Jahre wurden die **Uran-Lagerstätten** für Australien interessant. Die Förderung des Uraniumoxids ist ganz auf den Export ausgerichtet. Hauptabbaugebiete des *Yellow Cake* (wegen des gelblichen Aussehens des Urans) liegen im Kakadu National Park (NT), Mary Kathleen bei Mount Isa (QLD) und in Olympic Dam (SA). Die Vorkommen sind sehr günstig im Tagebau zu fördern. Australien selbst betreibt nur zwei kleine Forschungsreaktoren. Die Uranindustrie ist in der Öffentlichkeit umstritten, zumal wichtige Vorkommen in den Reservaten der Aborigines und in Nationalparks liegen. Die Bergbauunternehmen müssen im Gegenzug Gewinnanteile an Aborigine-Organisationen auszahlen bzw. in langwierigen Verhandlungen Abbaurechte erwirken (vgl. auch *Mabo's Law*, S. 26).

Viele **Goldlagerstätten** scheinen erschöpft zu sein, nur noch in wenigen Gebieten wird industriell nach dem Edelmetall gesucht, u.a. in Kalgoorlie (WA). Dagegen ist Australien zum weltgrößten **Diamantlieferanten** (vor Südafrika) aufgestiegen. Die bisherigen Vorkommen liegen fast alle in WA (Argyle Mine, Bow River Mine). 90 Prozent der global geförderten **Opale** stammen aus Australien und davon die meisten aus dem Gebiet um Coober Pedy (SA), Quilpie (QLD) und Lightning Ridge (NSW). Daneben ist Australien ein wichtiger Produzent hochwertiger blauer und gelber **Saphire**, die meist direkt nach Thailand exportiert werden.

Edelsteine

Bis in die 1960er-Jahre war Australien vom **Erdöl- und Erdgas-Import** abhängig. Die Erschließung von wenigen Ölfeldern genügt heute, um zwei Drittel des australischen Bedarfs zu decken – die immer noch relativ günstigen Treibstoffpreise beweisen es. Hauptverbraucher sind Verkehr und Industrie, Hauptfördergebiete sind QLD (Alston), WA (North West Shelf, Barrow Island) und VIC (Bass Strait). Bedeutende Erdgasfelder liegen im Cooper-Becken im Nordosten von SA und im Amadeus-Becken westlich von Alice Springs (NT) und Moomba (NSW). Unter der Oberfläche werden noch viele unerschlossene Erdgasfelder vermutet. Bereits heute wird Erdgas landesweit genutzt: Brisbane ist an die Erdgasfelder von Moonie (ca. 300 km westlich) bedarfsdeckend angeschlossen, ebenso sind andere Großstädte durch Pipelines mit Erdgasfeldern verbunden. Viele Fahrzeuge werden mit Flüssiggas (LPG) betrieben. In großem Umfang wird Erdgas exportiert, wiederum ist Japan der Hauptabnehmer.

Eine wachsende Bedeutung kommt zukünftig der **Sonnenenergie** zu, für die Australien prädestiniert scheint. Rein theoretisch könnten riesige Flächen des

*Sonnen-
kollektoren
sind noch
selten* Landes mit Solarkollektoren bepflastert werden, in der Praxis scheitert dies jedoch an den Kosten für Energietransport und -herstellung. Bereits heute machen sich viele Haushalte die Sonnenenergie zur Warmwasseraufbereitung zu Nutze. Dies geschieht allerdings ohne den Einsatz von Sonnenkollektoren, sondern mithilfe einer simplen Wassertonne auf dem Dach. Im ganzen Land laufen Forschungsprojekte zur Energieerzeugung mit Sonnenkollektoren. Auf Tasmanien werden 100 % des Energiebedarfs durch **Wasserkraft** gedeckt – eine beeindruckende Zahl, die jedoch nur durch den Bau riesiger Stauseen und damit immense Naturzerstörungen zu erreichen war. **Windkraftwerke** sind mittlerweile an vielen Stellen errichtet worden. In einigen Jahren soll bei Mildura ein so genanntes Aufwindkraftwerk mit dem höchsten Turm der Welt (ca. 1.000 m) entstehen.

Handel und Tourismus

*Industrie
nur in den
Küsten-
städten* Wichtige Industrien haben sich in den Ballungszentren entlang der Küste angesiedelt, was gewichtige Standortvorteile mit sich bringt. Fertigprodukte gelangen meist ohne Umwege direkt zu den Häfen. Trotzdem unterstützt die australische Regierung eine Diversifikation der Industrie in ländliche Gegenden, um die dortige Arbeitslosigkeit einzudämmen. Umsatzmäßig hält sich die Nahrungsmittelindustrie seit Jahren an der Spitze. Deren Betriebe sind ausschließlich in den großen Küstenstädten angesiedelt. Der größte Stahlverarbeiter ist BHP (*Broken Hill Proprietary*), der als kleine Minengesellschaft begonnen hatte und heute ein Eisen-, Stahl- und Schiffsbaukonzern von weltweiter Bedeutung ist. Insgesamt produzieren vier Hersteller Fahrzeuge in Australien: Ford, General Motors (unter dem Namen Holden), Toyota und Mitsubishi. Zunehmend werden diese Fahrzeuge auch auf den asiatischen Markt exportiert – sie sind aufgrund der guten Qualität hoch angesehen.

*Handel mit
Südost-
Asien* In der **Erschließung der Asien-Pazifik-Region** liegt für die australische Wirtschaft die Zukunft. Um die vielen Billiganbieter aus den südostasiatischen Ländern (Südkorea, Taiwan, Japan) zu verdrängen, bedarf es aber gewaltiger Anstrengungen. Die vorhandene Industriestruktur muss grundlegend modernisiert werden, um auf dem Weltmarkt konkurrenzfähig zu werden. Der Ruf nach Schutzzöllen und Importbeschränkungen ist in Canberra gehört worden, doch zögert man mit rigorosen Maßnahmen und setzt auf bilaterale Abkommen, um die eigene Wirtschaft nicht zu gefährden. Die Mitgliedschaft in der APEC (*Asian Pacific Economic Corporation*), die eine Freihandelszone im asiatisch-pazifischen Raum anstrebt, ist als ein wichtiges Signal zu sehen, dass der wirtschaftliche Blick Australiens ganz deutlich in Richtung Asien gerichtet ist.

*Wichtiger
Wirt-
schafts-
faktor* Der australische **Tourismus** verzeichnete jahrelang Zuwachsraten. Erst der 11. September 2001 und die Folgen führten zu einem (vorübergehenden?) Dämpfer. Dabei ist der Kontinent *Down Under* so attraktiv wie nie zuvor. Die Gründe dafür sind leicht zu ermitteln: günstige Flugpreise, kürzer werdende Flugzeiten mit modernen Jets, stabile politische Lage, positive Berichterstattung, kein Massentourismus. Der umweltsensible Tourist hat außerdem ein Bewusstsein für die intakte Natur Australiens entwickelt und findet in Australien das, was er in Mitteleuropa längst verloren glaubt.

Der Tourismus ist mit all seinen Bereichen (Fluglinien, Reiseveranstalter, Hotels, Gaststätten usw.) der größte Arbeitgeber des Landes (ca. 500.000 Beschäftigte) und der Wirtschaftssektor mit den höchsten Steigerungsraten. Die touristischen Erträge sind die größte Devisenquelle des Landes. Einen enormen Besucherschub erlangte Australien im Jahr 2000 und im nacholympischen Jahr 2001 – zweifelsohne eine Folge der sehr guten Publicity und Medienpräsenz durch die Olympischen Spiele selbst. Große Bedeutung kommt dabei den europäischen Besuchern zu, da sie im Schnitt länger bleiben und mehr Geld ausgeben als beispielsweise japanische Touristen. Teile der Tourismus-Industrie sind fest in japanischen Händen. Ein neuer und aufstrebender Markt sind chinesische Touristen aus Hongkong, Shanghai und Peking. Hier wird ein neuer Besucherkreis mit großem Potenzial erschlossen.

Boom durch Olympische Spiele in Sydney

INFO **Ökotourismus in Australien**

Eher auf Verlangen der vielen europäischen Touristen als aus eigenem Antrieb heraus haben sich einige der vielen australischen Reiseveranstalter in der *Ecotourism Association of Australia* zusammengeschlossen, einer Vereinigung, die umweltrelevante Themen im Zusammenhang mit dem wachsenden Tourismus in den Vordergrund stellt. Dabei ist auch ein Modell mit über 1.000 Projekten des *Department of Conservation*, bei dem ehrenamtliche Helfer z.B. zur Erhaltung und Verbesserung von Wanderwegen in den Nationalparks beitragen. Heraus kam der „Minimal Impact Bushwalking Code" der tasmanischen Naturschutzbehörde (*Tasmanian Parks & Wildlife Service*), der mit einer Reihe von Verhaltensregeln den geringsten Einfluss von Wanderern auf Wege und Umwelt darstellen soll. Die Verbände von NSW, VIC und ACT übernahmen diesen daraufhin.

Viele Vorschriften, Maßnahmen und Empfehlungen verhindern jedoch nicht, dass sich zahlreiche Anbieter mit dem schönen Etikett „Ecotourism" schmücken, es in Wahrheit aber nicht verdient haben. Noch immer lassen australische Busfahrer wegen der Klimaanlagen längere Zeit den Motor unnütz laufen, noch immer werden Plastikgeschirr und -besteck ausgegeben. So gesehen, steckt der vollkommen ökologisch ausgerichtete Tourismus vielerorts noch immer in den Kinderschuhen. Essenzielle politische Maßnahmen, die z.B. das Überleben des in seiner Existenz bedrohten (und für das ökologische Gleichgewicht und den Tourismus doch so wichtigen) Great Barrier Reef sichern könnten, fehlen indes weiterhin.

Kunst und Kultur/Gesellschaft

Musik

Dass Australier musikalisch sind, bewies als Erste die berühmte Sopranistin *Nellie Melba* mit ihrem Europa-Debüt 1887. Ihre Nachfolgerin *Joan Sutherland* wurde nicht weniger berühmt und stand noch 1990 auf Sydneys Opernbühne. Allerdings gelang nur wenigen Künstlern Bekanntheit und Ruhm außerhalb der australischen

Kulturfesti-
vals in allen
Metro-
polen

Grenzen. Auch war das Interesse der einheimischen Bevölkerung an klassischer Musik und Ballett lange Zeit äußerst bescheiden. Erst durch den Bau von Kulturstätten (z.B. Sydney Opera, Adelaide Festival Centre) und die Einrichtung von „Art Festivals" wie in Sydney, Adelaide, Melbourne, Perth und Brisbane wurde das Kunstinteresse der Bevölkerung geweckt. Die *Australian Broadcasting Commission* (ABC) veranstaltet in ganz Australien Klassikkonzerte und hat Sinfonieorchester in allen Bundesstaaten unter Vertrag.

Die Leidenschaft und Liebe der jungen Bevölkerung gilt der Rock- und Popmusik. Frühe Exporte des Kontinents waren z.B. die *Bee Gees.* Namhafte Gruppen und

Populäre
Rockmusik

Sänger halten heute den dritten Platz aller verkauften Platten (nach USA und Großbritannien), darunter so bekannte Namen wie *AC/DC, INXS, Midnight Oil, Jimmy Barnes, Silverchair, Kylie Minogue* u.a. Die meisten Gruppen haben sich durch viele Bühnenauftritte in Australien zu ausgezeichneten Live-Bands entwickelt. Viele hervorragende Bands und Sänger haben es jedoch nie geschafft, in Übersee richtig bekannt zu werden.

Die australische Countrymusik hat gegen die starke Rock-Pop-Konkurrenz einen schweren Stand. Im „Nashville Australiens", dem Städtchen Tamworth (ca. 450 km nördlich von Sydney), findet jedes Jahr ein Country-Festival statt. Die Lieder von *John Willamson, Ralph Harris* oder *Slim Dusty* handeln vom einfachen Leben, von Outback, Frauen und Liebe. Alte Volkslieder haben sich bis heute gehalten und werden auf Festen und am Lagerfeuer gern gesungen.

Die heimliche Nationalhymne ist und bleibt *Waltzing Matilda.* Von Text und Melodie existieren verschiedene Fassungen, der Sinn ist jedoch stets derselbe.

Waltzing Matilda

Once a jolly swagman camp'd by a billabong
Under the shade of a coolibah tree,
and he sang as he watched and waited till
his billy boiled,
Who'll come a waltzing Matilda with me?
Refrain:
Waltzing Matilda, waltzing Matilda,
You'll come a waltzing Matilda with me?
And he sang as he watched and waited till
his billy boiled,
You'll come a waltzing Matilda with me?
Down came a jumbuck to drink at the
billabong,
Up jumped the swagman and grabbed him
with glee,

And he sang as he shoved that jumbuck in
his tuckerbag,
You'll come a waltzing Matilda with me.
Up rode the squatter mounted on his
thoroughbred,
Down came the troopers, one, two, three.
Whose the jolly jumbuck you've got in your
tuckerbag?
You'll come a waltzing Matilda with me.
Up jumped the swagman, sprang into the
billabong,
„You'll never catch me alive" said he.
And his ghost may be heard as you pass by
that billabong,
You'll come a waltzing Matilda with me?

Das Lied bringt zum Ausdruck, dass es der Australier eher mit dem „Underdog", dem Benachteiligten, hält. Patterson hat dieses Lied im Jahr 1895 geschrieben und damit eine tatsächliche Begebenheit unsterblich gemacht: Der **Swagman**, ein Landstreicher, liegt am Ufer im Schatten eines Baumes und döst vor sich hin, während über dem Lagerfeuer sein **Billy** (Teekessel) hängt. Seine Habseligkeiten sind im Bündel verschnürt, das er verträumt **Matilda** nennt. **Waltzing Matilda** heißt also im übertragenen Sinn nichts anderes als „auf der Walz sein". Der Swagman im Lied fängt sich dann ein **Jumbuck** (Schaf) ein und wird vom **Squatter** (Schafzüchter) gestellt. Es gelingt ihm jedoch die Flucht in den **Billabong** (Wasserloch), wo er lieber ertrinkt, als gefangen genommen zu werden. Seinen Gesang hört man noch heute dort ... Von dem Ereignis am Combo-Wasserloch erfuhr *Banjo Patterson* bei dem Besuch eines Freundes auf der Dagworth Station in der Nähe von Winton. Robert MacPherson, der Farmbesitzer, ist identisch mit dem Squatter im Lied.

Der Land-streicher schnürt sein Bündel

Neueren Erkenntnissen zufolge soll der Swagman im Lied ein Bayer gewesen sein. *Samuel Hoffmeister*, Vagabund und Gelegenheitsarbeiter, wanderte im 19. Jahrhundert nach Australien aus und war einer der Anführer streikender Schafscherer, die im August 1894 aus Protest gegen die Beschäftigung von Streikbrechern eine Schurbaracke in Brand steckten. Nach dem Feuer floh Hoffmeister in den Busch und campierte an einer Wasserstelle. Die Behörden setzten 1.000 Pfund Belohnung auf ihn aus. Als der Flüchtige erfuhr, dass ihm drei Polizisten auf den Fersen waren, verzweifelte er und erschoss sich. Sein Treiben ist bis heute tief im Lied verwurzelt.

Die heutige Nationalhymne ist die **Advance Australia Fair**. Das Loblied *God Save The Queen* hat weitgehend ausgedient und wird nur noch von Anhängern der Krone auf privaten Feiern gesungen.

Film

Die ersten bewegten Bilder australischer Produktion wurden als Stummfilme bereits 1896 gedreht. In den Folgejahren folgten immer wieder bemerkenswerte Filme: 1906 „The Story of the Kelly Gang", 1959 „On the Beach", 1960 „The Sundowners", später in den 1980er-Jahren Produktionen wie „Mad Max", „A Cry in the Dark", „The Man from Snowy River" und natürlich „Crocodile Dundee". Auch die 1990er-Jahre brachten eine Reihe herausragender Filme: „Death in Brunswick", „Muriel´s Wedding" oder „Priscilla – Queen of the Desert". Sehenswert auch der Film „Rabbit Proof Fence" (in Deutschland unter „Long Walk Home" in den Kinos). Er beschreibt die Geschichte der Aborigine-Kinder, welche bis in die 1970er-Jahre von ihren Eltern per Gesetz getrennt wurden.

Einen Namen als Regisseur haben sich *Peter Weir* („Picnic at Hanging Rock"), *Robert Merritt* („Edge of the City") und *Bob Weis* („Women of the Sun") gemacht. Die Amerikanisierung der australischen Kulturszene setzt sich auch in der Filmindustrie fort. Der Kinohit „Crocodile Dundee" mit *Paul Hogan* in der Hauptrolle war im ersten Teil eine rein australische Produktion, im zweiten Teil übernahm Hollywood die Leitung. Erwähnenswert ist auch der 1974 von *Werner Herzog* gedrehte Film „Wenn die grünen Ameisen träumen ...", der von Uranabbau und

Australiens Filme sind Weltspitze

Landnahme in einem Aborigine-Reservat handelt. Berühmte Drehorte sind vor allem in den Outback-Regionen des Landes zu finden: Coober Pedy und Silverton („Mad Max"), Kakadu National Park und McKinlay („Crocodile Dundee").

Alle Großstädte haben Kinozentren mit mehreren Theatern. Landesweit sind „Hoyts" und „Greater Union" ein Begriff. Filme werden mit vier Buchstaben gekennzeichnet: „G" für *General* (ab 6 Jahre), „PG" für *Parental Guided* (in Begleitung der Eltern), „M" für *Mature* (ab 15 Jahre), „R" für *Restricted* (nur für Erwachsene). Die neuesten Kinoproduktionen können schon lange vor ihrem Start in Europa betrachtet werden. Zusammen mit den Filmen, die auf den Langstreckenflügen gezeigt werden, erzielt man dann einen erheblichen „Wissensvorsprung" gegenüber den Daheimgebliebenen!

Malerei

Die Kunst der Aborigines ist uns Europäern wegen ihrer Einzigartigkeit besser bekannt als die der Weißen. Neben den vielen unbekannten, aber nicht namenlosen Künstlern ist der schwarze Maler *Albert Namatjira* (1902–1959) hervorzuheben, der alte Motive mit neuen Techniken (Wasserfarben) mischte. Er lebte den Großteil seines Lebens in der Missionsstation von Hermannsburg bei Alice Springs. 1954 hatte er als erster Ureinwohner eine Audienz bei Königin Elizabeth II. Auch die weißen Maler verwendeten meist Landschaftsmotive und machten damit die Naturwunder Australiens über dessen Grenzen hinaus bekannt. Bekannte Maler waren beispielsweise die aus Deutschland emigrierten *Conrad Martens* und *Hans Heysen*.

Bekannteste Kunstform des Landes: Aborigine-Malereien

Die **National Art Gallery in Canberra** und die **National Gallery of Victoria in Melbourne** beherbergen die umfangreichsten Kunstsammlungen des Kontinents und sollten unbedingt besucht werden. Bilder der Aborigines können in vielen Galerien erworben werden. Wenn sich die Gelegenheit und Möglichkeit bietet, den Künstler selbst zu treffen, sollte dies genutzt werden. Denn hinter jedem Bild verbirgt sich eine Geschichte, die nur der Künstler selbst kennt.

INFO **Bark Art**

Bei einer Auktion im renommierten Haus *Sotheby's* in New York wurde 1997 eine Rindenmalerei zum Rekordpreis von A$ 85.000 versteigert. Der Künstler war der 1970 verstorbene *Mathaman Marika* aus der Gemeinde **Yirrkala** im nordöstlichen Arnhem Land. Der bisherige Spitzenpreis von A$ 74.500 für ein Dot Painting aus Zentralaustralien wurde damit deutlich überboten.

Im Gegensatz zu den aus vielen einzelnen Farbtupfern auf Canvas gemalten *Dot Paintings* werden die *Bark Paintings* auf Rinde gemalt. Marikas Bild besteht aus 23 einzelnen Abschnitten und ist insgesamt 3 m lang. Es zeigt dutzende von Szenen und

Rindenmalerei

Bildern des Yolngu-Stammes und ist mit heiligen Symbolen hinterlegt.

Bis in die 1930er-Jahre war Yirrkala, eine Gemeinde der Yolngu-Aborigines am Golf von Carpentaria vollkommen von der Außenwelt abgeschlossen. In 12 Stunden anstrengender Fahrt ist die Gemeinde von Darwin per Auto heute erreichbar, allerdings nur mit einem schwer erhältlichen Permit. Yirrkala gilt bis heute als eine Festung des ursprünglichen Aborigine-Australien. Neben seinen Künstlern ist der Ort auch Heimat der bekannten Band *Yothu Yindi* und der Tanzgruppe *Bangarra*.

Die künstlerische „Produktion" der Rindenbilder begann mit dem Eintreffen von methodistischen Missionaren in den 1930er-Jahren. Sie verkauften die Bilder an australische Museen und bezahlten die Ureinwohner mit Tabak. Bis heute werden Rindenmalereien vornehmlich an Museen verkauft. Die *National Gallery of Victoria* in Melbourne, die *National Gallery of Australia* in Canberra und die *Art Gallery of New South Wales* in Sydney verfügen über die schönsten Kollektionen. Weitere Bilder Marikas und anderer lokaler Künstler sind im Buku-Larrnggay Art Centre in Yirrkala ausgestellt. Die Rinde stammt vom *Eucalyptus Tetradonta*, der während der Regenzeit durch Blitzeinschläge „geschält" wird. Über einem Feuer wird die Rinde getrocknet und mit Gewichten geglättet. Gemalt wird mit menschlichen Haarbüscheln und Erdpigmenten.

Inspiriert wurden die Yolngu durch die seefahrenden muslimischen Makassaren, einem jungmalaiischen Kulturvolk. Zwischen den Völkern entwickelte sich ein Handel, der 1907 von der australischen Regierung untersagt wurde. Die Makassaren beeinflussten die Yolngu mit ihren Totenritualen und in der Sprache. So heißt „Rupiah" in der Sprache der Yolngu „Geld". Die Rindenmalereien gleichen in ihren Designs den geometrischen Batiken Indonesiens. Bis heute werden alle Gemälde vom Stammesrat begutachtet, ob sie auch den Traditionen der Yolngu entsprechen.

Trotzdem bleibt die Balance zwischen moderner und traditioneller Lebensweise für die Yolngu wacklig. Der Kampf gegen eine Bauxitmine wurde Ende der 1960er-Jahre verloren. Vergeblich hatten die Yolngu versucht, mit einer auf Rinde gemalten Petition die Öffnung der Mine zu verhindern. Trotz des Misserfolgs gilt die Aktion bis heute als die Speerspitze der Landrechte-Bewegung, die mit dem denkwürdigen Aborigine Lands Right Act 1976 endete.

Literatur

Hat sich die Literatur Australiens während der letzten 100 Jahre auch ungleichmäßig entwickelt, so verzeichnet sie doch eine Anzahl anerkannter Schriftsteller: A. B. *(Banjo) Patterson* (1864–1941), *Henry Lawson* (1867–1922) und *Henry Kendall* (1841–1882) schrieben Busch-Balladen, Gedichte und Romane und fanden neben *Balladen* wenigen anderen auch Gehör außerhalb der Commonwealth-Staaten. Patterson *aus dem* haben wir neben dem „Man from Snowy River" auch die „Waltzing Matilda" zu *Busch* verdanken. Die Geschichten der frühen Schriftsteller gründen sich auf das wahre Leben im Outback, das neben der Romantik auch den täglichen Kampf ums Überleben enthält. Besonders populär sind Kurzgeschichten (*Short Stories*). Bedeutendster Schriftsteller der Gegenwart ist *Patrick White*. Er beschreibt in seiner Novelle „Voss" das Leben des deutschen Forschers Ludwig Leichhardt. 1973 erhielt White den Literatur-Nobelpreis für sein Werk „The Eye of the Storm".

Nevil Shute schildert in „On the Beach" einen Atomkrieg, dessen Auswirkungen zuletzt die Bewohner Australiens zu spüren bekommen. Das Szenario wurde *Auseinan-* ebenso verfilmt wie *Jon Clearys* „Sundowners", das vom Leben einer Schafzüch-*dersetzung* terfamilie handelt. *Xavier Herbert* schrieb mit „Poor Fellow, My Country" und *mit dem* „Capricorn" Novellen über die Aborigines, deren Werte und Leben und kritisiert *Schicksal* dabei auch die herrschende (weiße) Gesellschaft. In seinem Buch „Traumpfade" *der Urein-* greift *Bruce Chatwin* die mystischen Sagen der Aborigines auf. Kritische Auseinan-*wohner* dersetzungen mit der Besiedlung und Landnahme durch die Weißen sind von Aborigine-Schriftstellern verfasst worden, z.B. von *Kath Walker* („The Dawn is at Hand") und *Bahumir Wongar* („Spuren der Traumzeit").

Architektur

Trotz der relativen Jugend des Landes hat sich in einigen Bereichen ein eigener Architekturstil entwickelt. Viele Häuser verbinden eine praktische Bauweise mit *Koloniale* einfacher Schönheit. Im Zusammenspiel mit der weitläufigen Landschaft, großen *Baukunst* Gärten und einheimischen Pflanzen fügen sich die Gebäude, selbst in den Städten, harmonisch in die Natur ein. In zahlreichen Stadtteilen, aber auch in ländlichen Gegenden, begegnet man noch kolonialen Bauten, die durch die eingewanderten Europäer geprägt sind. Wurde in den Anfangsjahren noch in bekannten Stilen (Gotik, Klassizismus) gebaut, so besannen sich die Architekten später darauf, auch neue, australische Bauformen einfließen zu lassen.

Bekannte Baumeister der Gründerjahre waren *Francis H. Greenway* (1777–1837), *Harold Annear* (1866–1933) und *Edmund Blacket* (1817–

Sydney Opera House

1883). Victorianische Elemente (Veranden, Balkone, Verzierungen) sieht man fast im ganzen Land, besonders jedoch in den Großstädten. Mit seinen modernen, für die damalige Zeit revolutionären Ideen gewann der Amerikaner *Walter Burley Griffin* den Wettbewerb um die Gestaltung der künstlich angelegten Hauptstadt Canberra. Die 1973 fertig gestellte Sydney Opera, die vom dänischen Architekten *Jørn Utzon* entworfen wurde, ist eines der bekanntesten Bauwerke des Kontinents.

*Welt-
bekannte
Sydney
Oper*

Medien

Nur abgebrühte TV-Fans können sich mit den australischen Fernsehprogrammen anfreunden. Derart häufige Unterbrechungen mit derart schlechter (lokaler) Werbung bekommt man sonst kaum irgendwo zu sehen. Zwischen dem staatlichen Fernseh- und Rundfunksender **ABC** (*Australian Broadcasting Corporation*) und den Privatsendern besteht in dieser Hinsicht kaum ein Unterschied. Im ethnisch orientierten Sender **SBS** (*Special Broadcasting Service*) werden ausländische Programme in vielen Sprachen gesendet, darunter auch in Deutsch. SBS wurde 1974 zu Versuchszwecken in Sydney und Melbourne eingeführt und gilt heute als feste Institution. Allerdings ändern sich die Sendezeiten häufig, und der Sender kann meist nur in den Großstädten empfangen werden. In Hotels ist der Empfang von BBC oder CNN fast immer möglich.

Dem Australier kommt das Fernsehen durch die lückenlosen Übertragungen von nationalen und internationalen Sportereignissen entgegen. Das übrige Programm besteht zum Großteil aus amerikanischen und britischen Produktionen. Eine Art „Kontrollbehörde", das *Broadcasting Tribunal*, verpflichtet die Privatsender, mindestens 15 Prozent ihres Programms mit australischen Produktionen zu besetzen. Dies fördert nicht nur die landesweite Musikszene, sondern führt u.a. zum Erfolg der „Soap Operas" (z.B. *Neighbours*), die ständig über die Mattscheibe flimmern.

Moderne Medien haben durch die rasante Ausbreitung des Internets und E-Mail-Kommunikation Einzug in Australien gehalten. Der Anteil an PCs in Wohnstuben ist in kaum einem anderen Land höher. Die Ursache liegt zum einen im äußerst modernen Telefonsystem, das mit digitaler Übertragung und Glasfaserkabeln weltweit führend ist. Zum anderen scheinen die Australier, darunter selbst ältere Semester, den Neuerungen sehr aufgeschlossen gegenüber zu stehen. Australien ist durch die moderne Medienlandschaft der übrigen Welt ein ganzes Stück näher gerückt. Reisende können in Internetcafés in fast allen Städten Kontakt mit daheim aufnehmen, Digitalfotos runterladen und die neuesten Nachrichten erhalten.

Verfassung

Seit der ersten verfassungsgebenden **Bundesversammlung 1901** trägt das Land den offiziellen Namen *Commonwealth of Australia* und hat als Verfassung eine konstitutionelle Monarchie. Australien ist unabhängiges Mitglied des *Commonwealth of Nations* und akzeptiert als Folge dessen Königin Elizabeth II. als offizielles Staatsoberhaupt. Die Queen wird in Australien durch einen Generalgouverneur vertreten, der zwar von ihr ernannt wird, in letzter Zeit aber immer aus Australien stammt. Der Generalgouverneur ernennt die Gouverneure der einzelnen Bundesstaaten und hat Exekutivrechte, die allerdings kaum über seine Repräsentationspflichten hinausgehen.

Hauptstadt
Canberra

Das **Parlament**, das seit 1927 in Canberra tagt, besteht aus zwei Kammern, dem *House of Representatives* und dem *Senat*. Die Mitglieder des Repräsentantenhauses werden vom Volk alle 3 Jahre gewählt und entsprechend der Bevölkerungszahl der Bundesstaaten in das Parlament berufen. Der Senat besteht aus 12 Abgeordneten pro Bundesstaat und 2 pro Territory (NT, ACT), die alle 6 Jahre gewählt werden. Die Hälfte der Senatoren tritt nach 3 Jahren ab und wird neu gewählt. Die Aufgaben des Bundesparlaments bzw. der gewählten Regierung sind Gesetzgebung, Außenpolitik, Verteidigung, Gesundheitswesen usw. In Australien besteht seit 1913 Wahlpflicht! Der Premierminister wird von der regierenden Mehrheitspartei oder Koalition gewählt.

Bundesstaaten
und
Territorien

Unter dem Bundesparlament (*Federal*) stehen die **Länderparlamente** (*State*-) und **Kommunalparlamente** (*Local*). Australien besteht aus 6 Bundesstaaten (NSW, QLD, VIC, SA, WA, TAS), zwei (internen) Territorien (ACT, NT) und externen Territorien (Norfolk Island, Christmas Island, Macquarie Island, Cocos Island, Lord Howe Island und ein Teil der Antarktis). Jeder Bundesstaat verfügt über ein eigenes Parlament, das mit Ausnahme Queenslands aus zwei Kammern besteht. Den Länderparlamenten unterliegen Schulwesen, Polizei, Transportwesen, Straßenbau usw. Kommt es zu Autoritätskonflikten, hat das Bundesparlament das Sagen. Die Kommunalverwaltungen beschränken sich auf Entscheidungen lokaler Belange (Wasserversorgung, Stadtplanung usw.).

Bildungswesen

Die Schulpolitik obliegt den Bundesstaaten. Neben den staatlichen (freien) existieren auch private (kostenpflichtige) Schulen. Schulpflicht besteht von 6 bis 15 Jahren, in Tasmanien bis 16 Jahre. Praktische und technische Ausbildungen werden in den TAFE-Schulen (*Technical And Further Education*) gelehrt, sowohl als Begleitmaßnahme zur beruflichen Ausbildung als auch zur Fort- und Weiterbildung Berufstätiger.

INFO School of the Air

Eine in der Welt einmalige Einrichtung stellt die *School of the Air* dar, die den weit außerhalb auf Farmen lebenden Kindern Unterricht erteilt. Die Lehrer sprechen zu ihren „unsichtbaren" Schülern über Funk. Die wiederum können über Funk antworten und am Unterricht einer normalen Klasse teilnehmen. Von Zeit zu Zeit werden Klassenkameraden auch ausgetauscht, d.h., ein in der Stadt lebender Schüler geht für eine Woche auf die Farm und das Farmerkind in die Stadt. Ist die Farm nicht an die

Funkschule angeschlossen, werden Lehrer auch für eine gewisse Zeit ins Outback geschickt, um vor Ort zu unterrichten.

Das in den 1950er-Jahren eingeführte Schulsystem hat sich außerordentlich gut bewährt und vermittelt, ähnlich einem Fernstudium, wichtiges Grundwissen. In einigen Städten des Outback (z.B. Alice Springs, Katherine, Broken Hill, Mount Isa) kann die *School of the Air* außerhalb der Schulferien besichtigt werden.

Sport in Australien

Die Australier sind, anders kann es nicht ausgedrückt werden, eine sportverrückte Nation. In kaum einem anderen Land wird das nationale Sportgeschehen mit so viel Begeisterung und Hingabe verfolgt wie in Down Under. Und steht ein australischer Sportler durch den Gewinn einer Goldmedaille oder einen besonderen Sieg ganz oben auf dem Treppchen, so schwillt auch die Brust des australischen Bürgers vor Stolz an. Das Gefühl, auf dem Erdball etwas abseits zu liegen, ist dann wie weggewischt, und der fünfte Kontinent wird zum weltweit beachteten Mittelpunkt. Höhepunkt der Entwicklung waren sicherlich die Olympischen Sommerspiele im Jahr 2000 in Sydney.

Sport-verrückte Nation

Ehrgeizigen Sportlern ist der Ruhm als Nationalhelden sicher: Man denke nur an *Dawn Fraser* (Schwimm-Olympiasiegerin 1956, 1960 und 1964), *Evonne Goolagong* und *Pat Cash* (Wimbledonsieger) und *Kieren Perkings* und *Ian Thorpe* (Schwimm-Olympiasieger) und viele Sportgrößen der Nationalsportarten Cricket, Aussie Rules Football, Radsport, Pferderennen und Golf. Gleich mehrere Sportarten konkurrieren um das Etikett des beliebtesten Nationalsports. Dass die Mehrzahl davon keine olympischen Sportarten sind, macht sie um so interessanter:

Das dem amerikanischen Baseball ähnliche **Cricket** wirkt auf den unkundigen Betrachter unendlich langweilig, lockt aber die Massen in das Stadion und vor den Fernseher. Der Versuch, die undurchsichtigen Cricketregeln zu erklären oder erklärt zu bekommen, endet meist kläglich. Geht es für das Team nicht um internationale Ehren, so tritt das Spiel selbst in den Hintergrund. Cricketspiele sind Familienereignisse, man geht hin, um zu plaudern, Fotos zu zeigen, Bier zu trinken usw. Bei den Spielen um den Cricket World Cup (eigentlich eine Angelegenheit der Commonwealth-Staaten) ist das ganze australische Volk Feuer und Flamme. Endet die Cricketsaison, beginnen im Herbst die Football- und Rugbyspiele.

Familien-ereignis Cricket

Cricket

Die Saison des **Australian Rules Football** um den AFL-Cup dauert von März bis September und wird praktisch nur in den Staaten Victoria (Schwerpunkt Melbourne und Stadtteile), South Australia und Western Australia gespielt. Es handelt sich um ein ausgesprochen lebhaftes Spiel, das mit viel Körpereinsatz verbunden ist – insgesamt dem Rugby nicht unähnlich. Ziel im *Footie* ist es, einen eiförmigen Ball zwischen und über die Torpfosten der gegnerischen Mannschaft zu kicken. Die Fans gelten als fair und sehr loyal gegenüber ihren Mannschaften. In New South Wales und Queensland wird **Rugby** in der Rugby League gespielt, ebenfalls ein körperlich harter Ballsportwettbewerb, der in den Wintermonaten ausgetragen wird.

Wettbegeisterung beim Pferderennen

Pferderennen sind vielleicht die populärste Sportart überhaupt, geht man von der Zahl der Sportseiten aus, die sie am Wochenende einnehmen. Vor allem wegen der Möglichkeit des Wettens werden Pferderennen allabendlich in den Pubs übertragen. Der *Melbourne Cup* ist der alljährliche Höhepunkt und lässt das öffentliche Leben für kurze Zeit ruhen. Das Pferderennen von *Birdsville* (QLD) lenkt die Aufmerksamkeit sogar auf ein ansonsten müdes und vergessenes Outback-Nest.

Golf und Tennis sind Volkssport in Australien. Viele Plätze sind öffentlich und für jedermann zugänglich. Durch das günstige Klima kann das ganze Jahr über gespielt werden.

Boccia (*Bowling*) ist unter den älteren Herrschaften beliebt. Die städtischen Plätze sind schon von weitem an den tadellos weiß gekleideten Spielern erkennbar – für das Kugelspiel existieren strenge Kleidungsvorschriften!

Wassersport entlang der Küsten

Australier haben eine große Vorliebe für den **Wassersport** in allen seinen Ausführungen – immerhin leben rund 70 Prozent der Bevölkerung an den Küsten. **Wellenreiten** (*Surfing*) erfreut sich an allen Stränden mit guter Brandung großer Beliebtheit. Der Sport erfordert viel Geduld und Mobilität, denn eine gute Welle muss erst am richtigen Küstenabschnitt ausgekundschaftet werden, bevor man dann für mehrere Stunden ins Wasser geht. **Windsurfen** hat sich bis heute nicht richtig verbreiten können. An den Stränden Westaustraliens (Margaret River, Lancellin) sind es eine Hand voll Freaks, die, meist aus Europa kommend, die traumhaften Bedingungen genießen.

Die **Rettungsschwimmer** der *Surf-Rescue* oder *Life Guard* spielen an den Stränden eine wichtige Rolle. Nur wenn sie da sind, fühlt sich der Australier wirklich sicher. Die bewachten Badeabschnitte sind von gelb-roten Fahnen begrenzt. In gefährdeten Gebieten hält zusätzlich eine *Shark-Watch* nach Haifischen Ausschau, bei Ge-

Lebensretter am Strand

fahr ertönt eine Sirene. Zu den besonderen Erlebnissen zählt, wenn die braun gebrannten Lebensretter in ihren Ruderbooten gegen die Brandung ankämpfen und sich gegenseitig Rennen liefern, wie es beispielsweise bei den Surf-Carnivals der Fall ist.

Sicherheit durch Rettungsschwimmer

Der **Schwimmsport** hat eine lange Tradition in Australien und zählt landesweit zu den populärsten Sportarten – die Erfolge bei vielen Olympischen Spielen beweisen dies eindrucksvoll. In den über 1.000 öffentlichen Schwimmbädern kann meist schon in den frühen Morgenstunden geschwommen werden, wobei die Freibäder im warmen Norden normalerweise ganzjährig geöffnet sind.

Segeln hat nicht erst mit dem Sieg des *America's Cup* Aufwind bekommen. Hunderttausende von Australiern gehen mit ihren Booten am Wochenende oder nach der Arbeit aufs Wasser, angesichts der unendlich langen Küsten und der guten Winde kein Wunder.

Skifahren ist ein Sport, der nicht so recht zu Australien passen mag. Abfahrtslauf und Langlauf können in den Snowy Mountains, den Victorian Alps sowie in Tasmanien in den Wintermonaten ausgeübt werden. Die Gebiete sind einigermaßen schneesicher – aber wer geht schon nach Australien zum Skifahren?

Der Breitensport wartet mit einer Reihe von Veranstaltungen auf: Internationale **Marathonläufe** finden in Melbourne und Sydney statt, dazu unzählige Volksläufe und Volkswanderungen. Immer mehr Zulauf erhalten so genannte *Multi-Sports-Events*, seien es **Triathlons** oder **Surf-Carnivals** (Kombination verschiedener Wassersportarten). Schier Unmenschliches wird von denjenigen vollbracht, die, wie der deutsche Extremsportler Hubert Schwarz, per Rad ganz Australien umrundet haben, Wüstendurchquerungen unternommen haben oder Langstrecken geschwommen sind.

Die **Olympischen Spiele in Sydney im Jahr 2000** haben die australische Sportbegeisterung schließlich über alle Grenzen hinaus bekannt gemacht. Glücklich dürfen sich all jene Sportfans schätzen, die diese vielleicht besten Olympischen Spiele aller Zeiten live miterleben durften. Wohl waren auch diese Spiele zunehmend kommerzialisiert. Jedoch haben es die Australier verstanden, der Stadt (und damit dem Land) während dieser zwei Wochen einen durch und durch menschlichen Stempel aufzudrücken. Noch heute erzählt so mancher Sydneysider gerne seine Anekdoten über die Spiele.

Zu Gast im Land

G'Day Australia! Steigt man als Europäer in Australien aus dem Flugzeug, so erinnert zunächst vieles an Großbritannien: Die Autos fahren links, das Profil von Königin Elizabeth II. prangt auf den Münzen, Kinder tragen Schuluniformen, es gibt Pubs, und hier und da sieht man einen irischen Rotschopf. Allen Australiern gemeinsam ist die höfliche Haltung gegenüber Besuchern, manchmal zurückhaltend, viel öfter offen und interessiert.

Australier sind Gästen gegenüber aufgeschlossen und zeigen dies auch mit herzlicher Gastfreundschaft, wenngleich mit Einladungen nach Hause sparsam umgegangen wird. Im Umgangston miteinander geben sie sich locker und gesellig. Liebster Treffpunkt ist der Pub oder das „Hotel", wie die kolonialen Gastwirtschaften mit Übernachtungsmöglichkeit heißen.

In den Jahren der großen Einwanderungswellen, während der Goldfunde und nach dem Zweiten Weltkrieg entstand in Australien eine multikulturelle Gesellschaft. Tausende von Chinesen, Vietnamesen, Griechen, Italienern und Deutschen kamen nach Australien, das dadurch seinen insularen Charakter verlor. Praktisch ist jeder Australier, sieht man einmal von den Ureinwohnern ab, irgendwann nach Australien eingewandert. Möglicherweise ist sogar der eine oder andere ein entfernter Nachfahre einer jener Sträflingstransporte, die vor über 200 Jahren in der Sydney Cove landeten. Trotzdem gibt es – und das lässt sich leider nicht leugnen – auch in Australien eine latente oder sogar offen geäußerte Fremdenfeindlichkeit gegenüber Asiaten oder anderen „nicht-europäischen" Einwanderern sowie natürlich gegenüber den Ureinwohnern im eigenen Land.

Politik interessiert die meisten nur am Rande. In der regionalen Presse muss mühsam nach weltpolitischen Ereignissen gefahndet werden. Dafür sind die Lokalseiten umso ausführlicher, ganz zu schweigen vom überreichlichen Sportteil.

Die Australier haben in vielerlei Hinsicht eine durch und durch lässige Art entwickelt. Hören Sie irgendwann einmal ein freundliches *No worries!*, dann ist gewiss, dass sich das Problem schon irgendwie lösen wird. Sie werden die Australier kaum jemals über ihre persönliche Situation klagen hören. Die positive und fröhliche Lebenseinstellung scheint tief in ihnen verwurzelt zu sein. Als Gast wird man überall gleich beim Vornamen genannt, Unbekannte werden freundlich als *Mate*, was so viel wie guter Kumpel heißt, tituliert.

Das wahre Australien öffnet sich Ihnen im Gespräch mit den Einheimischen. Die zu treffen, ist nicht schwer: Besuchen Sie abends einen Pub und trinken Sie ein Bier mit den *Locals*, gehen Sie zu einem Football- oder Cricketspiel und diskutieren dabei die Regeln oder sitzen Sie abends am Lagerfeuer und hören die Geschichten, die das karge Leben des Outbacks schrieb. Möglichkeiten und Gelegenheiten zum Kontakt mit „Aussies" werden sich ergeben, wenn man sie nur wahrnimmt. Schon allein deshalb ist es ratsam, den Kontinent nicht im Eilschritt zu bereisen. Australien wird auch Sie in gewisser Weise süchtig machen und zu einem zweiten, dritten oder x-ten Besuch verleiten.

Typischer Outback-Australier

Rote Erde und endlos schei-nende Pisten kennzeichnen das *Outback* Australiens.

Die lebhafte Metropole **Sydney** ist die größte Stadt des Kontinents und war Gastgeber der Olympischen Sommerspiele im Jahr 2000. Das berühmte Opernhaus zählt sicher zu den größten Attraktionen des Landes und ist vielleicht das meist fotografierte Objekt Australiens.

Die berühmteste Küstenstraße ist die **Great Ocean Road** im Bundesstaat Victoria. Im Port Campbell National Park befinden sich die Zwölf Apostel – hochaufragende Felsnadeln inmitten einer tosenden Brandung.

„Purnululu" nennen die Aboriginals die wabenförmigen Felstürme der **Bungle Bungles**. Bis heute ist der Nationalpark kaum erschlossen und nur über eine raue Piste zugänglich.

Riesige **Rinderfarmen** bedecken weite Flächen des Kontinents. Bei der jährlichen Viehzählung setzen die „Jackaroos" neben Pferden auch Motorräder und Hubschrauber ein.

Schon kurze Regenfälle genügen, um die trockene Erde des südlichen Outbacks zu blühendem Leben zu erwecken. Solche Anblicke sind allerdings selten, ist doch gerade **South Australia** eine der niederschlagärmsten Regionen des Landes.

Ausgesprochen lehrreich sind Begegnungen mit der **Urbevölkerung** Australiens – den Aboriginals. Ihr Wissen über Flora und Fauna ist gepaart mit einem tiefen Verständnis für das Land und seine Geschichte.

In freier Natur begegnet man Koalas beispielsweise auf **Magnetic Island**. Die beliebten Beuteltiere dösen den ganzen Tag vor sich hin und ernähren sich ausschließlich von Eukalyptusblättern.

Über zwei Drittel der Bevölkerung leben an der Küste. Kein Wunder, dass das **Wellenreiten** zu den populärsten Freizeitbeschäftigungen der Jugend zählt.

Das **Great Barrier Reef** ist mit über 2.000 km Länge das größte Korallenriff der Erde. Das „Achte Weltwunder" bietet Tauchern eine farbenprächtige Unterwasserwelt.

Das **Känguru** ist neben dem Emu ein Wappentier Australiens. Die Beuteltiere treten in den verschiedenen Gattungen in ganz Australien auf. Ihre Sprünge, wie hier im Mount William Nationalpark auf Tasmanien, reichen leicht mehrere Meter weit.

Aktivurlauber schätzen das milde Klima und das bergige Relief Tasmaniens. Die **Cradle Mountains** im Inselinneren sind ein Paradies für Wanderer, in Australien „Bushwalker" genannt. Der Nationalpark bietet eine breite Palette ausgezeichneter Wanderwege.

Ein Badeurlaub lässt sich am besten im Sonnenstaat Queensland verbringen. Wie hier auf **Brampton Island** existieren eine Vielzahl komfortabler Ferienanlagen. Vom Bungalow sind es oft nur ein paar Schritte zu herrlich feinsandigen Stränden.

Das Leben beginnt erst nach Feierabend richtig. Kaum eine Nation scheint dies so verinnerlicht zu haben wie die Australier. Bei fast immer schönem Wetter treffen sich die Menschen im westaustralischen **Fremantle** am Hafen.

Unzählige
Schiffswracks
säumen die
Küste des
Kontinents. Auf
Fraser Island
liegt ein be-
sonders mar-
kantes Exem-
plar direkt am
Strand.

In der Trockenzeit sammeln sich die Tiere an den wenigen verbliebenen Wasserstellen im **Kakadu National Park**. Nach der Regenzeit hingegen präsentiert sich die prachtvolle Vogelwelt allerorten.

Felszeichnungen der Aboriginals sind Zeugnis einer Jahrtausende alten Kultur. Die erst in jüngster Zeit in Nordaustralien entdeckten Bradshaw-Paintings sollen über 50.000 Jahre alt sein.

Im 19. Jahrhundert begannen deutsche Siedler im **Barossa Valley** in South Australia mit dem Weinanbau. Heute werden die edlen Tropfen in alle Welt exportiert.

Die spektakulärsten Urlandschaften der nördlichen Flinders Ranges lassen sich teilweise nur mit dem Allradfahrzeug entdecken. Der Ausflug zum Siller's Lookout ist der Höhepunkt eines Aufenthalts in **Arkaroola**.

Bier, am besten gut gekühlt, ist das Nationalgetränk der Australier.

Wer unabhängig auch entferntere Regionen kennen lernen will, sollte dies mit einem **Allradfahrzeug** tun. Als Arbeitsgerät ist ein robuster Four Wheel Drive (4-WD) ein unerlässlicher Partner für alle Farmer.

Moderne und historische Gebäude treffen in reizvollen Gegensätzen in **Melbourne** aufeinander. Die Goldfunde im nahen Ballarat führten 1851 zu einem massiven Bevölkerungsanstieg. Heute ist Melbourne nicht nur die Hauptstadt Victorias, sondern auch die Kulturmetropole Australiens.

Regenwald und Riff treffen im **Cape Tribulation National Park** aufeinander. Doch Vorsicht beim Baden – auch die gefährlichen Salzwasserkrokodile sind meist nicht fern!

Ein australischer Guide zeigt Reisenden so manches, was sie selbst nicht sehen würden – hier eine Szene in den **Kimberleys** im Nordwesten Australiens.

Uluru. Der heilige Berg der Aboriginals ist eine der Hauptattraktionen im Roten Zentrum des Kontinents. Im Abendlicht der untergehenden Sonne leuchtet das Felsmassiv des Ayers Rock besonders intensiv.

Fast jede kleine und kleinste Siedlung verfügt über ein historisches Hotel, das neben seiner Funktion als Pub auch günstige Zimmer vermietet. Im Bild ein schönes Beispiel aus **Bendigo** in Victoria.

Baden unter einem **Wasserfall** ist gewiss nicht ungewöhnlich in Australien, bieten doch zahlreiche Nationalparks die Gelegenheit dazu.

3. REISEHINWEISE FÜR AUSTRALIEN

Hinweis

Die Gelben Seiten werden regelmäßig aktualisiert, sodass sie auf dem neuesten Stand sind. In den **Allgemeinen Reisetipps** *(ab S. 94) finden Sie – alphabetisch geordnet – reisepraktische Hinweise für die Vorbereitung Ihrer Reise und Ihren Aufenthalt in Australien. Die* **Regionalen Reisetipps** *(ab S. 155) geben Auskunft über Unterkunftsmöglichkeiten etc. in den – ebenfalls alphabetisch geordneten – wichtigsten Städten.*

Neuigkeiten, Änderungen, Hinweise, Fragen: *Helfen Sie mit, dieses Buch aktuell zu halten! Schreiben Sie an den Verlag (E-Mail: info@iwanowski.de) oder direkt an meine E-Mail-Adresse: mail@steffen-albrecht.de. Vielen Dank!*

News im Web:
www.iwanowski.de

Allgemeine Reisetipps von A–Z

A

▶   **Abkürzungen**

ACT	Australian Capital Territory	4-WD	4 Wheeldrive/Allrad
VIC	Victoria	CP	Caravan Park
NSW	New South Wales	EZ	Einzelzimmer
QLD	Queensland	DZ	Doppelzimmer
TAS	Tasmanien	YHA	Youth Hostel/JH
SA	South Australia	Hwy.	Highway
WA	Western Australia	St.	Street
NT	Northern Territory	Rd.	Road
N	Nord	Pt.	Point
S	Süd	Tce.	Terrace
O	Osten	H/R	Hin und zurück
W	Westen		

▶   **Aborigine-Touren**

Insbesondere unter europäischen Touristen ist das Interesse an der faszinierenden Aboriginekultur groß. Der Nachfrage nach von Ureinwohnern geführten Ausflügen wird durch eine Reihe von Anbietern Genüge getan. Die ein- oder mehrtägigen Touren werden meist in Zusammenarbeit mit lokalen oder staatlichen Behörden organisiert. Populär sind z.B. Ausflüge im Northern Territory (ab Alice Springs, Ayers Rock, Tennant Creek, Katherine, Darwin, Arnhem Land, Tiwi Island, Coburg Peninsula), in Queensland (Quinkan Reserve, Cape York Peninsula, Torres Strait Islands) und in Westaustralien (Hamersley Ranges, Cape Leveque). Nutzen Sie die Gelegenheit, einmal an einer von Aborigines geführten Tour teilzunehmen.

▶   **Adressen**

Das australische Fremdenverkehrsamt „Tourism Australia" und die Bundesstaaten versenden heute kaum noch gedruckte Informationen. Was man benötigt, findet man auf den umfangreichen, weitgehend deutschsprachigen Internetseiten der verschiedenen Fremdenverkehrsämter. Die besten Routentipps und Hinweise erhält man am ehesten bei einer persönlichen Beratung bei spezialisierten Reiseveranstaltern.
• **In Deutschland: Tourism Australia**, Neue Mainzer Str. 22, 60311 Frankfurt, Tel. 069-274 0060, Broschürenversand: 069-95 09 61 73, www.australia.com
• **In der Schweiz: Tourism Australia,** Tel. (01) 838 53 30
• **In Österreich: Tourism Australia,** Tel. (01) 79 56 73 44
• **In Australien:** Die Fremdenverkehrsämter der einzelnen Bundesstaaten haben in den Metropolen des Landes Zweigstellen, die Informationsmaterial ausgeben und

Auskünfte erteilen. Des Weiteren hat fast jede Stadt und Region „Tourist Offices" oder „Visitor Centres", die mit Rat und Tat zur Seite stehen. Umfangreich sind auch hier die Internetseiten der jeweiligen Bundesländer:

- **New South Wales:** www.visitnsw.com
- **Northern Territory:** www.australiasoutback.de
- **South Australia:** www.southaustralia.com
- **Queensland:** www.queensland.de
- **Victoria:** www.visitvictoria.com, www.visitmelbourne.com
- **Westaustralien:** www.westaustralien.de, www.westernaustralia.com
- **Tasmanien:** www.discovertasmania.com

▶ **Alkohol**

Die gesetzlichen Vorschriften hinsichtlich Konsum und Erwerb sind von Staat zu Staat verschieden, im Allgemeinen jedoch sehr streng. Alkohol wird nur an Personen über 18 Jahre abgegeben.

Vorsicht im Straßenverkehr: Landesweit gilt die 0,5-‰-Grenze. Einige Autovermieter legen in ihren Mietbedingungen 0,2 oder gar 0,0 ‰ fest (unbedingt den Vertrag genau lesen!) – da kann schon jedes Glas ein Glas zu viel sein, sollte es zum Unfall kommen!

Ausschank: Alkoholische Getränke werden in Gaststätten (Pubs, Hotels, Restaurants, Nachtklubs) mit Alkohollizenz von Montag bis Samstag von 10 bis 22 Uhr ausgeschenkt. Die Ausschankzeiten am Sonntag sind unterschiedlich. Restaurants, Nachtlokale und Hotelbars haben flexiblere Öffnungszeiten.

siehe auch Stichwörter „ESSEN" und „GETRÄNKE"

▶ **Angeln**

In den Fischgründen Australiens kann fast überall geangelt werden. Hochseeangeln ist an den Küsten populär und praktisch nur innerhalb der Marine Parks (= Meeresnationalparks) eingeschränkt. In den Binnengewässern (Flüsse, Seen, Mündungsgebiete) müssen Fangquoten und Schonzeiten beachtet werden. Angelscheine werden von den örtlichen Behörden gegen (geringe) Gebühren ausgestellt. Australier sind leidenschaftliche Angler und helfen interessierten Novizen gerne weiter. Köder (*bait*) können in vielen Läden und Supermärkten (im Tiefkühlregal) erworben werden.

▶ **Ausdrücke**

In ganz Australien und Tasmanien wird Englisch gesprochen. Das australische Englisch lehnt sich stark an das britische Englisch an, hat aber in Aussprache und Wortschatz einige Besonderheiten. Der australenglische Dialekt „Strine" ist nur schwer verständlich, wird aber zum Glück nur von wenigen gesprochen. Vor allem die Betonung im australischen Englisch ist gewöhnungsbedürftig: Der Aussie verschluckt gerne Buchstaben oder ganze Silben, so z.B. bei dem Gruß *G'day!* (= Good day). Abkürzungen sind äußerst beliebt (z.B. *Brekky* für Breakfast, *Mozzy* für Mosquito usw.). Findet der Australier etwas besonders (sei es gut oder schlecht), setzt er oft das Wort *bloody* (= verdammt) davor.

Als *Mate* wird fast jeder männliche Mitbürger bezeichnet, solange er jung genug aussieht. Die lockere australische Art wird durch das häufig verwendete *No Worries!* (= Alles klar! Keine Sorge!) deutlich.

Als Reisender kommt man mit einem Grundwissen an Englisch gut zurecht. Wissenslücken werden durch Entgegenkommen leicht überbrückt.

Nachfolgend einige besondere Ausdrücke:

Alice	*Abk.* für Alice Springs
Anzacs	Kriegsveteranen aus dem Australia and New Zealand Army Corps
Aussie	Australier
back of beyond	Outback
banana bender	Bewohner von Queensland
barbie	*Abk.* für Barbecue = Grill
billabong	Wasserloch
billy	Teepot – *billy tea* = Tee über offenem Feuer
bitumen	Asphaltstraße
blackfellow	Ureinwohner
bloke	Typ, Mann, Freund
bore	Bohrloch, Brunnen
bucks	Dollars
Buckley´s chance	keine Chance
bull dust	feiner Outback-Staub
bunyip	Ungetüm in Aborigine-Legenden
brumby	wildes Pferd
B.Y.O.	*Abk.* für „Bring Your Own" für Restaurants ohne Ausschanklizenz
chips	Pommes Frites
cocky	kleiner Farmer
corrugated road	Waschbrettpiste
counter lunch	Mittagessen, das an der Theke eingenommen wird
coon	Ureinwohner (abwertend)
cuppa	Tasse Tee
damper	im Outback gebackenes Brot
Deli	Lebensmittelgeschäft
dill	Idiot
dirt road	Piste, nicht asphaltierte Straße
Distillate	alter Ausdruck für Dieselkraftstoff
Down Under	Australien
early bird	Frühaufsteher
esky	Kühlbox
facilities	sanitäre Einrichtungen
fair dinkum	ehrlich
Fill-Up Station	Tankstelle
Footy	Football

fossicking	Edelsteine suchen
gravel road	Schotterstraße
Hi! Hiya!	Hallo, wie geht´s?
How ya goin mate – ooright?	Wie geht´s – alles klar?
hang on	Moment noch!
Jackaroo	Outback-Cowboy
jelly can	Reservekanister
joey	Baby-Känguru
jug	Bierkrug
Koorie	Aborigines im Südosten
licenced	Restaurant mit Alkoholausschanklizenz
lolly water	Limonade
LPG	Flüssiggas
mozzy	Mosquito
Never-Never	Outback im Northern Territory
New Australian	nicht-britische Einwanderer
nips	Japaner
Ooright!	In Ordnung! (= allright)
outback	Hinterland, abseits der Zivilisation, unerschlossene Region
OZ	*Abk.* für Australien oder Australier (= Aussie)
petrol	Benzin
pokies	Spielautomaten (Pokermaschinen)
Pommies	Engländer (abwertend)
pot	großer Bierkrug (¼ Gallone)
pub	Kneipe (=„Public House")
rego	*Abk.* für „Registration" = Kfz-Zulassung
road train	Lastwagen mit mehreren Anhängern
scrub	Buschgebiet
sealed road	geteerte Straße
See ya!	Man sieht sich!
She'll be right!	Alles in Ordnung!
shout (It's your shout)	Aufforderung, eine Runde zu spendieren
singlet	ärmelloses T-Shirt oder Unterhemd
station	große Farm im Landesinneren
station manager	Farmer
stockman	Outback-Cowbow oder Farmhelfer
stubby	kleine Bierflasche
surfie	Wellenreiter
swag	Outback-Schlafrolle
swagman	Landstreicher, Vagabund
Tassie	Tasmanien oder Tasmanier
thongs	Billigbadeschuhe
track	Piste
unsealed road	nicht asphaltierte Straße
ute	Kleinlaster (= utility truck)
walkabout	Aborigine-Streifzug durch das Land, auch Reise

waxhead	Surfer
wet season	„The Wet" = Regenzeit im Norden
Willy Willy	kleiner Wirbelsturm, Windhose
X-ing	„Pedestrian Crossing" = Fußgängerüberweg
X-Mas (Christmas)	Weihnachten
yabbie	Flusskrebs
yank	Amerikaner

▶   **Ausreise**

Ihr Flugticket enthält bereits die australische Ausreisesteuer sowie alle zu zahlenden Flughafensteuern, Abgaben und Gebühren. Dies bedeutet, dass vor Ort nichts mehr bezahlt werden muss.

Mietwagen können – je nach Vermieter – am Flughafen abgegeben werden. Aufgrund der Gebühren (Airport Fees), welche von manchen Vermietern verlangt werden, ist es günstiger, den Mietwagen im Stadtbüro zu übernehmen und auch dort wieder abzugeben. Camper müssen beim jeweiligen Depot abgegeben werden – es gibt keine Flughafenstationen.

Ein Transfer von Camperdepots oder Hotels zum Flughafen ist i.d.R. nicht im Preis enthalten. Es empfiehlt sich daher, den Flughafenbus oder ein Taxi zum Flughafen zu nehmen. Check-in-Zeit für Inlandsflüge ist 1-2 Stunden vor Abflug, für internationale Flüge 2-3 Stunden vor Abflug. Viele Airlines bieten einen „Online Check-In" an: 24-48 Std. vor Abflug können Sie im Internet für Ihren Flug einchecken und Ihren Bordpass ausdrucken. So muss am Flughafen nur noch das Gepäck abgegeben werden, wofür es zumeist einen eigens geöffneten Schalter gibt. Den Online Check-In können Sie in jedem Internet-Cafe vornehmen. Dort gibt es auch einen Drucker für den Ausdruck der Bordkarten.

Wichtig: Internationale Langstreckenflüge müssen offiziell meist nicht mehr rückbestätigt werden. Eine *Reconfirmation*, d.h. der Anruf bei der Fluggesellschaft am Vortag des Abflugs, ist trotzdem sinnvoll, um festzustellen, ob es Flugzeitenänderungen in den vergangenen Tagen oder Wochen gegeben hat.

▶   **Ausrüstung**

Ausrüstung für Ihre Reise ist in Europa in vielen Outdoorläden erhältlich, wo Sie auch gut beraten werden (z.B. www.globetrotter.de, www.larca.de u.a.). In Australien gibt es solche Läden in allen größeren Städten. Für Wasser- und Benzinkanister und ähnliche spezifische Gegenstände empfehlen sich *Army Disposal Shops* und Camping und Outdoor-Shops.

▶   **Auswandern**

Australien ist als Auswanderungsland seit jeher beliebt, doch die Auflagen und Quoten der Einwanderungsbehörde sind streng. Das Thema ist weit und umfassend und bietet stets viel Stoff für Diskussionen. Eine Vertiefung ist deshalb in diesem Buch nicht möglich. Nähere, ausführliche Informationen erteilt die Einwanderungsbehörde (www.immi.gov.au). Tipps und Diskussionsforen finden sich überdies im Internet, z.B. unter www.australien-info.de.

▶ **Auto fahren**

Ohne Auto wären viele Australier, die außerhalb der Großstädte leben, vollkommen hilflos. Die Entfernungen machen einen fahrbaren Untersatz notwendig. Ein täglicher Weg zur Arbeit von 100 km pro Weg ist nichts Ungewöhnliches in ländlichen Regionen. Die Verkehrsverhältnisse erlauben jedoch eine genaue Planung: Für 100 km benötigt man bei 100 km/h exakt eine Stunde – so gesehen kürzer, als mancher auf den chronisch verstopften Straßen Mitteleuropas tagtäglich unterwegs ist. Dies gilt natürlich nicht für die Metropolen Australiens!

Der Anteil an Allradfahrzeugen verblüfft jeden Neuankömmling. Weltweit werden, auf die Bevölkerungszahl umgerechnet, nirgendwo mehr 4-WD-(*Four Wheel Drive-*)Autos gekauft als auf dem fünften Kontinent. Wozu, werden Sie fragen, die Hauptverbindungsstraßen sind doch alle asphaltiert. Der Grund ist leicht erklärbar: Viele Pisten sind kaum auf irgendwelchen Karten eingezeichnet und in Privatbesitz. Sie führen zu Farmen, Grundstücken, Häusern und Gärten und werden selten gepflegt. Viele Australier bemühen ihren 4-WD auch nur an Wochenenden, wenn es hinaus ins nahe Hinterland geht. Geschätzt werden vor allem die Fahrzeuge der Marke Toyota: der Landcruiser ist das Allradfahrzeug schlechthin und genießt einen formidablen Ruf im Land.

Linksverkehr heißt die Devise! Geschaltet wird mit der linken Hand, Blinker- und Scheibenwischerhebel sind vertauscht. Ein Automatikfahrzeug (z.B. bei Mietwagen und Campern) mag sinnvoll erscheinen, wenn man sich nicht sicher fühlt. Das Verkehrsaufkommen ist außerhalb der großen Küstenstädte niedrig, in den Städten kann es schon mal hektischer werden.

Die Hauptstraßen und Highways sind asphaltiert (*Bitumen*) und gut ausgebaut. Die Pisten im Outback sind i.d.R. ebenfalls gut befahrbar, in entlegenen Gebieten und bei extremen Witterungsverhältnissen (in der Regenzeit oder nach Regenfällen) sollte man sich über den Straßenzustand informieren und/oder über einen Geländewagen verfügen. *Gravel-* oder *Unsealed Roads* sind nicht asphaltierte Straßen, die normalerweise gut befestigt sind. Der Zusatz *Corrugated* deutet auf eine Waschbrettpiste hin. Auf allen *Dirt Roads*, wie die Staub- und Schotterstraßen zusammenfassend genannt werden, sollte vorausschauend und mit angemessenem Tempo gefahren werden (max. 80 km/h). Die Bremswege sind länger als auf Asphalt. In Kurven droht bei Geländewagen und Wohnmobilen wegen des höheren Schwerpunkts bei überhöhter Geschwindigkeit Überschlagsgefahr. Wegen der starken Staubentwicklung und Steinschlaggefahr sollte auf ein Überholen auf Outback-Pisten verzichtet werden, von hinten kommende, schnellere Fahrzeuge müssen passieren können (vgl. auch Kapitel 4 Outback).

- **Vorfahrtsregeln:** An Kreuzungen gilt „Rechts vor Links". Im Kreisverkehr hat der Kreisel Vorfahrt.
- Die **Höchstgeschwindigkeit** ist in den Städten auf 50 oder 60 km/h begrenzt, auf Landstraßen und Autobahnen gilt 100 km/h oder 110 km/h. An Schulen gilt von 8.30 bis 16 Uhr Tempo 30–40. Achtung: Radarkontrollen sind relativ häufig anzutreffen!
- **Promillegrenze:** Der maximal erlaubte Alkoholgehalt im Blut beträgt **0,5 ‰** – Kontrollen werden an Wochenenden verstärkt durchgeführt (Slogan: *If you drink and drive you´re a bloody idiot*). Manche Autovermieter schreiben in ihren Mietverträgen auch eine Grenze 0,00 ‰ vor, d. h., kein Tropfen darf angerührt werden. Der Versicherungsschutz erlischt bei Zuwiderhandlungen. Lesen Sie unbedingt den genauen Mietvertrag im Wortlaut durch!

Im Land der Kilometer unterwegs

- **Anschnallpflicht:** Bitte beachten Sie auch die Anschnallpflicht! Auch Kinder müssen in geeigneten Rückhaltesystemen nach australischen Standards gesichert sein (*Baby Seats* bis ca. 3 Jahre, *Booster Seats* von 3–7 Jahre, siehe auch Stichwort „Kinder").
- An **Zebrastreifen** haben Fußgänger immer Vorrang. An Schulen darf zwischen 8.30 und 15.30 Uhr nur mit 30–40 km/h gefahren werden (Verkehrsschilder beachten!)
- **Im Falle eines Unfalls** notieren Sie sich von allen Beteiligten die Namen und Adressen sowie die Autokennzeichen. Bei Verletzten muss die Polizei gerufen werden. Machen Sie Fotos und eine Unfallskizze und dokumentieren Sie den Fahrzeugschaden an allen Autos. Geben Sie nie ein Schuldanerkenntnis ab. Informieren Sie den Vermieter schnellstmöglich binnen 24 Stunden und klären Sie mit ihm die weitere Vorgehensweise bezüglich Reparatur oder Weiterfahrt.

Folgende **Straßenschilder** sind wichtig:

Crest	Kuppe
Dip	Senke
Floodway	nach Regenfällen möglicherweise überfluteter Straßenabschnitt
Grid	im Boden eingelassenes Viehgitter, sollte auf Pisten wegen möglicher Auswaschungen langsam passiert werden
Soft Shoulder	unbefestigter Straßenrand

- **Führerschein:** Der deutsche, österreichische oder Schweizer Führerschein sowie der neue EU-Führerschein (im Kartenformat) genügt alleine nicht. Das Mitführen eines gültigen internationalen Führerscheins ist Pflicht! Dieser gilt nur in Verbindung mit dem gültigen nationalen Führerschein – es müssen also beide Führerscheine mitgeführt werden! Den Internationalen Führerschein erhält man bei der Führerscheinstelle (bitte rechtzeitig beantragen). Wer noch den alten „grauen Lappen" oder den rosa EU-Führerschein besitzt, muss gleichzeitig den neuen EU-Kartenführerschein beantragen.

- **Rastanlagen und Roadhouses:** Auf Landstraßen und Highways gibt es in regelmäßigen Abständen *Rest Areas*, oft mit Toiletten und Informationstafeln. Speziell in Westaustralien kann an den regelmäßig auftauchenden 24h-Restareas direkt am Highway übernachtet werden. Tankstellen und Rasthäuser (*Roadhouses*) bieten die Gelegenheit, Erfrischungsgetränke und Reisebedarf zu kaufen. Oftmals gibt dort auch Unterkünfte (teilweise auf einfachem Trucker-Niveau) oder einen Campingplatz. Angeschlossene Werkstätten helfen bei kleinen Problemen häufig sofort weiter.
- **Wartung:** Achten Sie darauf, regelmäßig den Ölstand und das Kühlwasser zu prüfen. Die Vermieter schreiben teilweise Intervalle von 500 km vor, was ein wenig übertrieben erscheinen mag. Ebenso sollte der Reifendruck regelmäßig geprüft werden. Die Wartungsarbeiten lassen sich idealerweise bei jedem Tankstopp vornehmen.

▶ **Autokauf**

Als Alternative zum Mietwagen lohnt bei längerem Aufenthalt (ab ca. 3 Monaten Aufenthalt) der Kauf eines Fahrzeugs. Brauchbare fahrbare Untersätze werden ab ca. A$ 3.000 angeboten, für ein technisch einwandfreies Fahrzeug sollte aber erheblich mehr investiert werden. Angebote findet man in den Wochenendausgaben der Zeitungen, bei Autohändlern und in Backpacker-Hostels/Jugendherbergen. Beim Kauf ist die Mitgliedschaft im ADAC bzw. im australischen Automobilclub sehr hilfreich. Die Mitarbeiter stehen dann mit Rat und Tat zur Seite.

Gewisse Kenntnisse in Sachen Fahrzeugtechnik sind jedoch unerlässlich, da ein gekauftes Auto immer deutlich älter und damit pannenanfälliger als ein klassischer Mietwagen oder Mietcamper ist. Fragen Sie sich selbst: *Was nützen die schönste Urlaubszeit und ein paar gesparte Dollar, wenn ich dauernd Ärger mit dem Fahrzeug habe und aus Furcht vor der nächsten Panne kaum noch wage, die nächste Etappe in Angriff zu nehmen?*

Der **Kauf von Privat** selbst ist relativ problemlos, obwohl davon abgeraten werden muss. Der Käufer geht ein relativ hohes Risiko ein, da er keinerlei Garantie hat, geschweige denn der Rückkauf geregelt ist. Ein Problem stellt in letzter Zeit das Versichern eines privat gekauften Fahrzeugs dar, da Reisende im Prinzip keinen festen Wohnsitz und keine längerfristige Aufenthaltserlaubnis besitzen. Der Käufer sollte auf die noch verbliebene „Registration" achten (Kfz-Zulassung einschließlich Haftpflichtversicherung für Personenschäden). Je länger diese noch gilt, desto besser beim Wiederverkauf. Das Erneuern der Registration (um jeweils ein Jahr) kostet je nach Bundesstaat A$ 500 bis A$ 1000 und ist meist mit zusätzlichen Reparaturen verbunden. In jedem Fall ist auf das sog. *Road Worthy Certificate* zu achten, das die Straßentauglichkeit des Fahrzeugs bescheinigt. Nur mit dieser Bescheinigung kann der Wagen beim jeweiligen *Department of Motor Transport* umgeschrieben werden. Der Käufer erhält vom Verkäufer das Fahrzeugpapier mit Fahrzeugdaten. Auf der Rückseite werden der neue Käufer und der Kaufpreis eingetragen. Der eingetragene Kaufpreis bestimmt die Gebühr (ca. 3 % des Kaufpreises) beim Ummelden (spätestens 10 Tage später).

Beim Kauf von Privat sollte man sich vorher darüber informieren, ob der Wagen nicht gestohlen ist oder noch Schulden auf ihm lasten. Der örtliche Automobilclub erteilt über die zuständigen Stellen Auskunft. Empfehlenswert ist auch der Abschluss einer *Third Party Property Insurance*, die Sachschäden anderer deckt. In jedem Fall sollte das Fahrzeug genau unter die Lupe genommen werden. Kein Tourist investiert gerne in Reparaturen und Wartung! Ältere, großvolumige Fahrzeuge vom Typ Ford Falcon oder Holden Commodore gelten als äußerst robust und ziemlich trinkfreudig, haben den Kontinent wohl schon zigfach umrundet und sind entsprechend verschlissen. Ihr größter Vorteil ist, dass fast jede Werkstatt Teile vorrätig hat. Bei angestaubten japanischen Autos ist die Ersatzteilbeschaffung meist schwierig. Wer wirklich überall fahren möchte, sollte ohnehin einen Geländewagen kaufen oder mieten.

Autohändler geben verkauften Fahrzeugen manchmal eine Garantie, die allerdings wenig nützt, wenn das Auto 500 km weiter den Geist aufgibt (Merke: Touristen sind leichte Beute!). Ein klassischer Automarkt für Reisende befindet sich in Sydney (*Kings Cross Carmarket*). Daneben hat jede größere Stadt ihre typische Verkaufsmeile mit zahlreichen Auto- und Gebrauchtwagenhändlern.

Mietkauf: Der **Autokauf mit garantiertem Rückkauf** (*Buy Back*) bietet auf den ersten Blick vor allem den Vorteil, dass der Zeit raubende Verkauf des Autos entfällt. Preislich lohnen die Angebote ab ca. 4 Monaten Reisedauer im Vergleich zu Mietwagen. Der Käufer muss mit ca. 50 Prozent Verlust des Kaufpreises rechnen. Amtliche Formalitäten werden für Sie geregelt. Achten Sie auf die Nebenkosten (Steuern, Versicherungsprämien, evtl. Einweggebühren). Im Falle eines Defekts muss allerdings mit dem Verlust wertvoller Reisezeit gerechnet werden, da der Verkäufer, im Gegensatz zu einer großen Mietfirma, kein Ersatzfahrzeug stellt. Bei den alten Fahrzeugen sind Defekte leider nicht selten und Reparaturen müssen i.d.R. vom Käufer übernommen werden. Ein wirklich empfehlenswerter Buy Back-Anbieter ist dem Autor leider nicht bekannt.

Empfehlenswerter erscheinen daher spezielle **Langzeitmieten.** Fordern Sie bei Ihrem Reiseveranstalter hierfür ein Angebot an. Häufig unterbreiten die bekannten Vermieter hierfür attraktive Angebote, bei denen beispielsweise die Versicherungskosten auf einen bestimmten Maximalbetrag „gedeckelt" werden. Sie haben dann die Sicherheit, ein neuwertiges, gut gewartetes und voll versichertes Fahrzeug zu erhalten. Im Falle eines Defekts erhalten Sie in kürzester Zeit ein Ersatzauto.

▶   **Automobilclubs**

Jeder Bundesstaat hat seinen eigenen Automobilclub, der in jeder größeren Stadt eine Geschäftsstelle unterhält. Vertragswerkstätten im ganzen Land helfen im Fall einer Panne. Die Automobilclubs beraten außerdem beim Autokauf und halten in den Geschäftsstellen sehr gutes Kartenmaterial, Unterkunftsverzeichnisse und sonstige Informationen bereit. Die Adressen der einzelnen Büros finden Sie in den Regionalen Reisetipps (ab S. 155) oder im Internet unter www.racv.com, www.aant.com.au, www.mynrma.com.au.

Mietwagen- und Campervermieter sind i.d.R. Mitglied im Automobilclub, und die Pannendienste dürfen in Anspruch genommen werden (bitte bei Anmietung klären!).

☞ **Tipp**
Bringen Sie die Mitgliedskarte Ihres eigenen Autoclubs (z.B. ADAC) mit, um Kartenmaterial sowie Unterkunftsverzeichnisse zu günstigen Mitgliederpreisen zu erhalten. Natürlich können Sie bei einem längeren Australienaufenthalt auch selbst Mitglied im australischen Autoclub werden.

▶ **Autostopp**

Hitch-Hiking ist die billigste Form des Reisens, aber nicht unbedingt weit verbreitet. Probleme entstehen meistens beim Herauskommen aus großen Städten und in entlegenen Gebieten, wo kaum Autos fahren. Dort sollte man sich auf stundenlanges Warten in der Hitze einrichten. Die Chance, einmal in einem *Road Train* mitfahren zu dürfen, ist als äußerst gering einzustufen, da es den Fahrern der großen Lastwagen meist verboten ist, Anhalter mitzunehmen. In Victoria ist Autostopp verboten. Mitfahrgelegenheiten gegen Benzinbeteiligung werden in Jugendherbergen und Hostels angeboten.

▶ **Autovermietung – Automiete**

Autovermietungen gibt es in allen größeren Städten, an Urlaubsorten und an den Flughäfen. Bei den großen Anbietern kann man sicher sein, neuwertige und gepflegte Fahrzeuge zu erhalten. Daneben gibt es eine Vielzahl regionaler und lokaler Vermieter, deren Fahrzeuge jedoch meist Gebiets- und Kilometerbeschränkungen unterliegen. Vorteil der großen Anbieter: Im Falle einer Panne ist das nächstgelegene Depot und damit ein Ersatzwagen nicht weit! Da lässt sich ein evtl. etwas höherer Preis leicht verschmerzen.

Buchung: Buchen Sie den Mietwagen vorab über Ihren Reiseveranstalter bei einem renommierten Anbieter. Namhafte Vermieter sind z.B. *Hertz, Thrifty, Avis*. Dank deren australienweiter Verbreitung mit vielen Stationen können Sie sicher sein, im Fall einer schwerwiegenden Panne (z.B. Motorschaden) schnell ein neues Auto gestellt zu bekommen. Die Übernahme und Abgabezeiten sollten exakt auf Ihre Flüge abgestimmt werden. Ein Miettag bei Mietwagen beträgt immer 24 Stunden, d. h., eine Abholung um 9 Uhr bedingt eine Abgabe um 9 Uhr. „Überstunden" werden schnell als ein zusätzlicher Miettag berechnet. Bei Campern gilt die Kalendertag-Regel – jeder Miettag, auch der Anmiet- und Abgabetag, zählen als jeweils voller Tag (so ist eine Abholung um 9 und eine Abgabe um 16 Uhr möglich).

Mindestmietalter: Fahrzeuge werden an Personen ab 21 oder ab 23 Jahren abgegeben. Für Mieter unter 25 Jahren wird bei den großen Vermietern (*Hertz, Avis, Europcar, Thrifty*) ein Zuschlag verlangt. Die Campervermieter *Britz/Maui* und *Apollo*, welche ebenfalls über eine Mietwagenflotte verfügen, sind hier meist die bessere Wahl.

Führerschein: Ein gültiger nationaler und internationaler Führerschein muss bei der Anmietung von jedem Fahrer vorgelegt werden. Der rosa EU-Führerschein und auch die neuen EU-Führerscheine ersetzen die internationalen Führerscheine nicht! Entscheidend ist nicht, was das Depot des Vermieters akzeptiert. Entscheidend ist die Notwendigkeit, bei Verkehrskontrollen oder Unfällen einen englischsprachigen Führerschein vorweisen zu können. Tipp: Kontrollieren Sie die Gültigkeit des internationalen Führerscheins vor Ihrer Abreise! Beachten Sie, dass bei Beantragung des internationalen Führerscheins seit September 2002 immer der **neue EU-Kartenführerschein** beantragt werden muss! Dies kann zu Wartezeiten führen. Alle Fahrer müssen in den Mietvertrag eingetragen werden.

Versicherung: Der Versicherungsschutz ist bei normalen Pkw (2-WD = zweiradgetrieben) auf geteerte Straßen begrenzt! Schäden, die durch das Befahren von ungeteerten

Pisten entstehen, sind nicht gedeckt! Im Reisealltag ist das Befahren von kurzen unbefestigten Straßenabschnitten (z.B. Baustellenumleitung) oft unvermeidbar und wird in Maßen auch von den Vermietern geduldet (Empfehlung: Reinigung des Fahrzeugs vor Abgabe, um Ärger zu vermeiden!). Diese Versicherungseinschränkung gilt nicht für Geländewagen (4-WD = *Four Wheel Drive*), allerdings ist auch hier für bestimmte Outback-Regionen die Erlaubnis des Vermieters einzuholen.

Versicherungsrecht in Australien: Die gesetzlich vorgeschriebene Haftpflichtversicherung deckt nur Schäden an Personen, nicht an Sachen! Das bedeutet in der Praxis: Sollten Sie einen Unfall verursachen, so haften Sie in der Höhe der abgeschlossenen Versicherung für Sachschäden an Ihrem und am gegnerischen Fahrzeug. Sollte Ihnen jemand Ihr Fahrzeug beschädigen und derjenige ist nicht versichert, so tragen Sie auch in diesem Fall die Schäden an Ihrem Fahrzeug bis zur Höhe des Selbstbehalts der jeweils abgeschlossenen Versicherung.

Es empfiehlt sich daher, die angebotenen **Zusatzversicherungen** (je nach Vermieter unterschiedlich benannt) abzuschließen, um die Selbstbeteiligung bei selbst und nicht selbst verschuldeten Unfällen auf ein verantwortbares Maß zu reduzieren. Dies ist immens wichtig, um nicht mit bis zu A$ 7.500 (übliche Standard-Selbstbeteiligung bei Campern, wenn keine Zusatzversicherung bezahlt wird) bei einem Schadensfall zur Kasse gebeten zu werden. Die jeweils geltende Selbstbeteiligung muss beim Vermieter als Kaution hinterlegt werden.

Mietpreise: Die Mietpreise schwanken je nach Vermieter, Saisonzeit und Kategorie, sodass Durchschnittspreise nur schwer anzugeben sind. Ein Kompaktwagen ist bereits ab € 24/Tag erhältlich, wobei Zusatzversicherungen separat bezahlt werden müssen. Die Mindestmietdauer beträgt i.d.R. drei Tage, bei Einwegmieten 5 bis 14 Tage (je nach Entfernung). Bei Einwegmieten (*Oneway Rental*) wird bei einigen Vermietern eine hohe Rückführgebühr (*Drop Off Charge*) verlangt. Einen Überblick über die aktuellen Mietwagenkategorien und Preise erhalten Sie in den Katalogen der Reiseveranstalter.

Kilometerbegrenzung: Aufgrund der großen Entfernungen empfiehlt es sich immer, das Fahrzeug mit unbegrenzten Kilometern (*Unlimited Km*) zu buchen. Bei Anmietungen in ländlichen Gebieten (*Country Areas*) und entlegenen Gegenden (*Remote Areas* wie NT oder Nord-WA) genehmigen manche Vermieter nur 100 oder 200 Freikilometer pro Tag. Jeder Extrakilometer kostet dann, und das kann in Australien teuer werden! Für Einwegmieten (*One Way Rentals*) ist eine Vorausreservierung sinnvoll.

Mietvertrag: Bei Abholung unterzeichnen Sie einen rechtsgültigen Mietvertrag mit dem Vermieter. Zusatzversicherungen zur Reduktion der Selbstbeteiligung werden vor Ort oder bereits bei Buchung abgeschlossen. Eine Kaution, meist in Höhe des noch anfallenden Selbstbehalts, wird per Kreditkarte (Visa, Mastercard) hinterlegt. Bei manchen Vermietern erfolgt eine tatsächliche Abbuchung des Betrages, bei anderen wird nur ein Abzug der Karte genommen. Eventuelle Rückbuchungen können zu Währungsverlusten zu Ungunsten des Mieters führen. Die örtlichen Steuern (*Stamp Duty*, ca. 2 % des Mietpreises) werden manchmal noch separat berechnet, während die Mehrwertsteuer (*GST*) bereits im Preis enthalten ist. Lesen Sie den Mietvertrag bei Übernahme genau durch, auch wenn es dem Angestellten offenkundig zu lange dauert.

Fahrzeugübernahme: Vor der Übernahme sollte das Fahrzeug zusammen mit dem Personal **genauestens** auf Schäden (auch Glasschäden und Unterboden) untersucht werden. Eventuelle Schäden sollten schriftlich festgehalten werden! Weitere Fahrer müssen im Mietvertrag notiert werden. Achten Sie auf intakte, neuwertige Reifen (auch Reserverad kontrollieren!). Kontrollieren Sie, ob der Wagen voll getankt ist! Lassen Sie sich bei Geländewagen den Allradantrieb genau erklären. Bei Campern lassen Sie sich die Campingausrüstung, Funktion von Dusche/WC, Abwassereinrichtungen, Klimaanlage und Bettenbau erklären. Und schließlich: Beachten Sie den Linksverkehr beim Losfahren!

Fahrzeugtypen: Lange Fahrstrecken können eine Qual sein. Buchen Sie daher lieber eine Fahrzeugkategorie größer – Ihr Rücken wird es Ihnen danken.
• **Für 2–3 Reisende:** Toyota Corolla (2–4-türig), Toyota Camry (Limousine, 4-türig), Toyota RAV4 (Kompakter Geländewagen)
• **Für 4–5 Reisende:** Toyota Camry (Limousine, 4-türig), Ford Falcon Station Wagon (großer Kombi) oder Toyota Tarago (Minivan), Toyota RAV4 (kleiner Geländewagen), Toyota Landcruiser (großer Geländewagen). Alle Mietwagen, bis auf die großen Geländewagen (Toyota Landcruiser), sind Benzinfahrzeuge.

Tipps
• Buchen Sie Ihr Fahrzeug am besten bereits in Europa! Die Reiseveranstalter haben i.d.R. günstigere Preise ausgehandelt, und Sie vermeiden ein Währungsrisiko. Das Auto steht dann auch am gewünschten Ort zur gewünschten Zeit zur Verfügung. Einwegmieten und mögliche Zuschläge sind ebenfalls vorab geregelt. Einige Anbieter bieten die Hotelanlieferung des Mietwagens an – leider funktioniert dies in den seltensten Fällen reibungslos. Besser ist daher die Übernahme im Stadtbüro, wo man zusätzlich auf einen Tausch des Autos bestehen kann.
• Lieber eine Mietwagenkategorie höher wählen – der zusätzliche Komfort ist den geringen Aufpreis wert!
• Fast alle Mietwagen haben jetzt CD-Spieler eingebaut. Ob die CD-Spieler auch MP3-fähig sind, kann nicht garantiert werden.
• Verzichten Sie in Großstädten (Sydney, Melbourne) auf einen Mietwagen – es herrscht permanente Parkplatznot!
• Mietpreise und Einweggebühren sind im Northern Territory und in Westaustralien bei Mietwagen immer deutlich teurer. Vergleichen Sie: Oft ist dort ein kleiner Camper oder ein Allrad-Camper günstiger als ein Mietwagen!
• Weitere Tipps und Hinweise finden Sie beim Stichwort „Camper".

▶ **Autoverschiffung**

Ob sich die Verschiffung des eigenen Autos oder Wohnmobils tatsächlich lohnt, erfordert eine umfangreiche Berechung unter Einbeziehung aller Nebenkosten und Unwägbarkeiten:
• Was kostet ein Mietauto/Mietcamper im Vergleich zur Verschiffung?
• Wie lange ist mein Fahrzeug unterwegs?
• Erhalte ich vor Ort Ersatzteile für mein Modell?
Angebote für die Verschiffung holen Sie sich am besten bei den großen Speditionen wie *Hapag Lloyd u.a.* ein.

B

▶ **Backpacker**

Jugendhotels oder **„Backpacker Hostels"** sind preiswerte, unabhängige Herbergen mit offener und gastfreundlicher Atmosphäre für junge und jung gebliebene Rucksacktouristen. Die praktisch in jedem Ort vorhandenen Hostels sind im Vergleich zu Jugendherbergen weniger restriktiv, was z.B. Öffnungszeiten angeht. Es stehen Mehrbettzimmer (*Dormitories*), Doppel- und Einzelzimmer zur Verfügung. Die Preise schwanken zwischen A\$ 15 und A\$ 40, je nach Ausstattung, Lage und Zimmerkategorie. Eine Selbstkocherküche und Waschmaschinen sind vorhanden, Bettzeug kann geliehen werden, ein eigener Schlafsack sollte vorhanden sein.

Da der Standard der einzelnen Hostels je nach Eigner und Mitarbeiterstab stark schwankt, sollte man sich vor der Bezahlung die Zimmer zeigen lassen! Achten Sie auf Ihre Wertsachen in den Hostels. In Mehrbettzimmern herrscht eine offene Atmosphäre, und Langzeitreisende sind eher knapp bei Kasse!

ℹ️ *Information*
Ein gutes Netzwerk geprüfter Backpacker-Hostels pflegt Nomads (www.nomadsworld. com).

vgl. auch Stichwörter „BUSREISEN", „JUGENDHERBERGEN"

▶ **Ballonfahren**

Ballonfahrten sind in Australien erstaunlich günstig und werden in vielen Bundesstaaten angeboten, insbesondere in Alice Springs.

▶ **Banken**

Die großen Banken Australiens – *ANZ*, *Westpac*, *Commonwealth* und *National* – unterhalten Filialen in fast allen Städten und Orten des Landes.

> • *Öffnungszeiten:* Mo–Do von 9.30–16 Uhr, Fr von 9.30–17 Uhr
> • *Geldumtausch:* Ausländische Währung und Reiseschecks werden in Banken gegen Bargeld umgetauscht (Kursverluste bei ausländischer Währung sind einzukalkulieren).
> • *Kreditkarten:* An Geldautomaten kann mit gängigen Kreditkarten (Visa, Master/ Eurocard, American Express) und Ihrer Geheimzahl Bargeld abgehoben werden. Dies ist jedoch meist, je nach Kartenvertrag, mit erheblichen Gebühren verbunden. Kreditkarten werden fast überall als Zahlungsmittel anerkannt.
> • *EC-Karte:* An praktisch allen Bankautomaten kann mit der EC-Karte (+ Geheimzahl) Geld abgehoben werden. Drücken Sie am Automat nach der Eingabe der Geheimzahl CR (für Credit-Card), obwohl die EC-Karte an sich ja keine solche ist. Die Gebühren sind mit ca. € 5 pro Abhebung deutlich günstiger als bei Kreditkarten-Abhebungen. Man sollte aus Kostengründen allerdings darauf verzichten, häufig kleinere Beträge abzuheben! Das Geld wird sofort dem heimischen Girokonto belastet.

> • **Reiseschecks:** *Austral-Dollar-Reiseschecks werden kaum noch gehandelt. Sie können in Banken gegen eine geringe Gebühr in Bargeld eingewechselt werden.*
> • **Sparbuch:** *Bei einem längeren Aufenthalt wird die Einrichtung eines Sparbuchs (Passbook Savings Account) interessant. Geld kann dann von Deutschland auf dieses Konto überwiesen und landesweit bei allen Filialen der Bank abgehoben werden. Bei der ANZ-Bank (www.anz.com.au) ist die Einrichtung eines Sparbuchs inklusive Bankkarte und Internet-Banking beispielsweise kostenlos.*

vgl. auch Stichworte „DEVISEN", „GELD", „KREDITKARTEN" und „WÄHRUNG"

▶ **Behinderte**

Behindertengerechte Einrichtungen sind in ganz Australien vorhanden, dies betrifft sowohl Hotels, Restaurants sowie Wanderwege in vielen Nationalparks. Fluggesellschaften müssen auf die Art der Behinderung hingewiesen werden, um bestmögliche Unterstützung zu gewährleisten. Hertz und Avis bieten Fahrzeuge mit Handbedienung auf besondere Anfrage.

Detaillierte Informationen für Rollstuhlfahrer enthält das Handbuch *Easy Access Australia – A Travel Guide to Australia* sowie die von Städten und Regionen herausgegebenen *Mobility Maps* mit Behinderten-Wegen und -Einrichtungen (erhältlich von den Touristeninformationen).

Weitere Hinweise
Bed-&-Breakfast-Häuser *mit behindertengerechten Einrichtungen:* www.babs.com.au
Hotels: www.wheelchair.stay.com.au
Touren: www.wheeltours.com.au

▶ **Benzin**

Die Benzinversorgung ist landesweit sehr gut, kaum jemals liegen zwischen einzelnen Tankstellen oder sonstigen Versorgungsstationen mehr als 200 km, sieht man einmal von klassischen Outback-Pisten ab. Einzig auf der Canning-Stock-Route müssen beispielsweise Spritdepots angelegt werden.

Benzin (Bleifrei *Unleaded*) und Diesel (oft noch *Distillate* genannt) kostet zwischen A$ 1,30/Liter und 2,20/Liter. In entlegenen Gebieten ist der Sprit teurer und Tankstellen seltener. Denken Sie stets daran, rechtzeitig zu tanken! An praktisch allen Tankstellen, außer entlegenen *Outback Stations* (genug Bargeld für Outback-Touren mitnehmen!), werden Kreditkarten akzeptiert. Die „Roadhouses" an den Highways verfügen zudem oft über Restaurants, Lebensmittelverkauf und Werkstätten. Aktuelle Benzinpreise finden Sie im Internet: www.fuelwatch.com.au oder www.racv.com.au.

▶ **Bootsausflüge**

• **Flusskreuzfahrten auf dem Murray River:** Auf dem fünftlängsten Fluss der Erde werden mehrtägige Flusskreuzfahrten mit komfortablen Schaufelraddampfern angeboten. Der Murray und Umgebung zählen zu den touristisch eher unbekannten Gebieten und sollten ggf. Beachtung in Ihrer Reiseplanung finden.

• **Hausboote:** Der Hausboottourismus ist besonders unter Australiern populär. In Südaustralien können entlang des Murray in zahlreichen Orten Hausboote gemietet werden. Zum Führen eines Hausboots sind keine besonderen Vorkenntnisse erforderlich, lediglich ein Autoführerschein wird verlangt. Motorboote können auch in der Inselwelt der Whitsundays (QLD) gemietet werden, auch hier sind keine Vorkenntnisse erforderlich.

• **Kreuzfahrten:** Viele Kreuzfahrtschiffe legen auf ihren Routen um die Welt auch in Australien an, dabei erreichen sie Australien ungefähr im März/April. Mehrtägige Kreuzfahrten mit kleineren Schiffen (ca. 30–70 Passagiere) führen durch das Great Barrier Reef in Queensland. Die komfortablen Schiffe ankern unterwegs, um den Passagieren die Gelegenheit zu geben, durch die faszinierende Korallenwelt zu schnorcheln und zu tauchen. Die beliebteste Route führt von Cairns nach Townsville (und umgekehrt). Sehr gefragt sind Kreuzfahrten entlang der abgelegenen Kimberley-Küste in Westaustralien, z.B. von Broome nach Darwin (unbedingt frühzeitig buchen!).

• **Tagesausflüge:** Das Dorado für Tagesausflüge an das Great Barrier Reef ist Cairns. Vom einfachen Boot bis zum superschnellen Luxuskatamaran wird tagtäglich eine Vielzahl an Touren angeboten. Die Schnorchelausrüstung ist meist im Preis eingeschlossen.

• **Bootsausflüge** werden auch auf vielen Flüssen und Seen des Landes angeboten. Berühmt sind z.B. Kakadu Nationalpark/NT, Katherine Gorge/NT, Lake Argyle/WA, Hafenrundfahrt in Sydney/NSW und Hobart/TAS und Swan River in Perth/WA.

• **Segeln:** Segelyachten können im Inselgebiet der Whitsundays gechartert werden – sowohl mit Skipper als auch ohne, Segelkenntnisse sind wünschenswert, ein Schein wird nicht verlangt. An vielen Stränden werden Hobbycat-Katamarane verliehen.

▶ **Botschaften**

!!! **Wichtig**
Für Australien benötigen Sie ein Einreisevisum (vgl. Stichwort „EINREISE")!

• **In Deutschland:** Australische Botschaft, Wallstr. 76–79, 10179 Berlin, Tel. 030-8800880, Fax 030-8800 88351, www.germany.embassy.gov.au
• **In der Schweiz:** Für die Schweiz ist die Botschaft in Berlin zuständig.
• **In Österreich:** Australische Botschaft in Österreich, Mattiellistraße 2/III, A-1040 Wien, Tel. (01) 512 85 80, Fax (01) 513 16 56, Konsularabt.: Tel. (01) 512 97 10, www.austria.embassy.gov.au
• **In Australien:**
- **Deutsche Botschaft in Australien,** 119 Empire Circuit, Yarralumla, AU-Canberra, ACT 2600 Tel. (02) 62 70 19 11. Fax (02) 62 70 19 51, www.germanembassy.org.au. Generalkonsulate in Melbourne und Sydney. Honorarkonsulate in Adelaide, Brisbane, Cairns, Darwin und Perth
- **Österreichische Botschaft in Australien,** 12 Talbot Street, Forrest, ACT 2603, Canberra Tel. (02) 62 95 15 33, 62 95 13 76. Fax (02) 62 39 67 51, www.austria.org.au. Generalkonsulate in Brisbane, Melbourne und Sydney. Honorarkonsulate in Adelaide, Cairns, Hobart und Perth
- **Schweizer Botschaft in Australien,** 7 Melbourne Ave., Forrest, ACT 2603, Canberra Tel. (02) 62 73 39 77, Fax (02) 62 73 34 28, www.eda.admin.ch. Generalkonsulate in Melbourne und Sydney. Konsulate in Adelaide, Brisbane, Darwin, Hobart und Perth

▶ **Busreisen**

Mit dem Bus reist man in Australien recht preiswert, allerdings ist die Konkurrenz durch Billigflüge immens groß geworden. Die Busse verfügen alle über Klimaanlage, Liegesitze, DVD-Player und Toilette. In allen Bussen herrscht Rauchverbot. Lange Strecken werden häufig nachts zurückgelegt und können leicht über 20 Stunden dauern.

Das größte Busunternehmen Australiens ist *Greyhound*. Angeboten werden landesweite, tägliche Verbindungen zu allen wichtigen Orten Australiens. Rundreisepässe und Kilometerpässe ermöglichen freie Planung bei günstigen Preisen. Ergänzt wird das Angebot durch Ausflüge, z.B. zum Ayers Rock oder in den Kakadu National Park sowie Pässe, welche Übernachtungen in Jugendherbergen (YHA) einschließen. Regionale Busunternehmen vervollständigen das Angebot, sodass fast jeder Teil des Landes per Bus erreicht werden kann. Preisvergleiche auf viel befahrenen Strecken (z.B. Sydney–Melbourne) lohnen sich! Das Bussystem Australiens ist sehr verlässlich und pünktlich. Der größte Nachteil ist, dass meist nur größere Orte angefahren und z.B. Nationalparks links liegen gelassen werden.

Einzelfahrten (*Mini Traveller*): Jede Strecke und Verbindung kann einzeln gebucht werden. Auf populären „Rennstrecken", wie z.B. Sydney – Melbourne, lohnt der Preisvergleich mit regionalem Flugverkehr und Billigfliegern (siehe „Inlandsflüge")!

Rundreisepässe (*Oz Flexi Travel Explorer Pass*): Für bestimmte Regionen oder ganze Landesteile (z.B. Ostküste + Zentrum; Westaustralien von Perth bis Darwin; Rund um Australien) werden Rundreisepässe angeboten. Sie ermöglichen innerhalb einer bestimmten Geltungsdauer (6 oder 12 Monate) das Busfahren in einer Richtung mit unbegrenzten Stopps (*Hop on hop off*). Die Pässe können je nach Anbieter auch in Verbindung mit Übernachtungen in Jugendherbergen oder Backpacker-Hostels gebucht werden.
Beispiele:

All Australian	A$ 2.288
Best of the West	A$ 1.508
Best of the East	A$ 1.140

Kilometerpässe (*Kilometre Pass*): Für flexibles Reisen eignen sich auch Kilometerpässe, die von 2.000 bis 20.000 km angeboten werden. Die Zahl der gefahrenen Kilometer wird jeweils abgezogen, bis nichts mehr übrig bleibt.
Beispiele:

5.000 km	A$ 769
10.000 km	A$ 1.352
20.000 km	A$ 2.209

Buchung und Information: im Internet unter www.greyhound.com.au, vor Ort in allen Backpacker-Hostels; Streckenreservierung unter Tel. 132030.

Für Backpacker interessant sind auch die **Touren von OZ Experience**: Der Veranstalter bietet flexible Rundreisepässe mit Routen, bei denen die wichtigsten Sehenswürdigkeiten angefahren und besucht werden. Bei dieser Mischung aus Linienbus und Sightseeing-Bus kann ebenfalls fast täglich ein- und ausgestiegen werden. Information und Buchung bei guten Reiseveranstaltern oder unter www.ozexperience.com.au.

Tipps für Busreisen
• *Sitzplatzreservierungen müssen 24 bis 48 Stunden vor Abreise telefonisch oder im Internet getätigt werden!. Sollte der eigene Namen nicht auf der Liste des Busfahrers stehen, so wird man normalerweise nicht mitgenommen!*
• *Die Busse sind durch die Klimaanlagen chronisch unterkühlt. Am besten man nimmt, vor allem nachts, immer eine warme Jacke, eine Decke oder einen Schlafsack mit an Bord.*
• *Inhaber eines Jugendherbergsausweises (Concession) erhalten 10 Prozent Ermäßigung auf die Fahrten und Pässe!*

C

▶ **Camper**

Mit dem gemieteten Wohnmobil (der Einfachheit halber „Camper" genannt) zu reisen, stellt eine der angenehmsten Möglichkeiten dar, Australien kennen zu lernen. Die Campingplätze liegen oft in den schönsten Gegenden und bieten gute bis sehr gute sanitäre Anlagen. Nur mit dem Camper können Sie auch in Nationalparks (am „Busen der Natur") nächtigen!

• **Camperübernahme:** Die Camperübernahme und -abgabe findet ausnahmslos in den größeren Städten statt (Sydney, Melbourne, Adelaide, Alice Springs, Darwin, Cairns, Brisbane, Perth, teilweise auch in Broome). Die Depots befinden sich i.d.R. zwischen Flughafen und Innenstadt. Es sind keine Transfers im Mietpreis enthalten. An besten nehmen Sie nach Ankunft ein Taxi oder den Flughafen-Shuttlebus zum Depot (bitte Depotadresse bereithalten!).

• **Fahrzeugfunktionen/-ausstattung:** Lassen Sie sich das Fahrzeug genau erklären. Bei Allradfahrzeugen betrifft dies die Inbetriebnahme des Allradantriebs (Freilaufnaben sperren, Allradantrieb mit/ohne Untersetzung einschalten), Reserverad ausbauen, Werkzeug, Aufbau von Dachzelten, Funktion von Hubdächern, Kühlboxen, Kochern. Bei Campern und Motorhomes lassen Sie sich zudem die Funktion von Dusche, Toilette, Abwassersystem, Klimaanlage/Heizung und Gastanks erklären. Üblicherweise ist im Mietpreis die komplette Fahrzeugausstattung (Geschirr, Kochgeschirr, Besteck, Leintücher, Bettdecken oder Schlafsäcke) enthalten. Einige Vermieter gehen jedoch nach amerikanischem Vorbild dazu über, für diese Erstausstattung und für die Meldung zusätzlicher Fahrer eine Zusatzgebühr zu erheben. Prüfen Sie diese eventuellen Nebenkosten vorab – ein günstiger Grundpreis sagt oft nur die halbe Wahrheit.

• **Preise und Versicherungen:** Man unterscheidet Standard-Raten, Flex-Raten, All-Inclusive-Raten, Mieten mit unbegrenzten Kilometern und limitierten Kilometern. Hinzu kommen pro Anbieter ca. 5 verschiedene Modelle. Das alles ist zunächst reichlich verwirrend. Sollten Sie bei Buchung des Fahrzeugs einen **All-Inclusive-Mietpreis** gewählt haben, so entfallen bei der Anmietung Diskussionen und Überlegungen, welche Versicherung die beste ist. Sie sind dann immer bestmöglich versichert (geringst möglicher Selbstbehalt). Einweggebühren (außer Zusatzgebühren für Mieten von/nach und ab/bis Broome), lokale Steuern (2% des Mietpreises), Campingtisch und Campingstühle sind im All-Inclusive-Preis bereits enthalten. Sie zahlen vor Ort tatsächlich nur den Treibstoff!

• **Standardmietpreise** indes enthalten nur eine Basisversicherung mit i.d.R. A$ 7.500 Selbstbeteiligung (SB). Einweggebühren, lokale Steuern, Campingtisch/-stühle müssen extra bezahlt werden, ebenso bei einigen Anbietern zusätzliche Fahrer oder Teile der

Fahrzeugausstattung. Zur Reduktion der sehr hohen SB werden vor Ort Zusatzversicherungen in zwei Varianten angeboten:
- *Option 1 (CDW-Versicherung)* kostet zwischen A$ 20 und A$ 35 und reduziert die SB auf A$ 2.000 bis A$ 2.500.
- *Option 2 (Full Cover)* kostet zwischen A$ 35 und A$ 50 und reduziert die SB auf A$ 0,00. Die Full Cover schließt meist auch Reifen- und Windschutzscheibenschäden ein. Für beide Versicherungsarten gelten ab ca. 50 Tagen Mietdauer Maximalsätze.

!!! Wichtig

Die SB fällt in jedem Fall an – egal ob Sie schuld am Unfall sind oder nicht. Man kann sich in Australien nicht darauf verlassen, dass der Unfallgegner versichert ist. Im eigenen Interesse sollte man daher eine Zusatzversicherung abschließen, welche die SB auf ein erträgliches Maß reduziert. Die Deckungssummen der Personen-Haftpflichtversicherung, welche in Australien Pflicht ist, variieren von Staat zu Staat.

Achtung! Wird keine Zusatzversicherung abgeschlossen, so bucht der Vermieter den maximalen Selbstbehalt (volle A$ 7.500) von der Kreditkarte ab, bei mehreren Mieten ggf. sogar bei jeder Miete erneut. Eine Rückbuchung erfolgt erst bei unversehrter Rückgabe des Fahrzeugs. Hierbei kann durch Währungsschwankungen zu Gewinnen oder Verlusten kommen. Die meisten Kreditkarten sind mit diesem Limit bereits überfordert – nicht selten stellt man bei Fahrzeugübernahme im Depot oder spätestens beim zweiten Tanken fest, dass der Verfügungsrahmen der Karte überschritten ist.*

Empfehlung: All-Inclusive Rate gleich bei Buchung abschließen! Sie sind damit bestmöglich mit 0,00 Selbstbehalt versichert und bezahlen vor Ort nur noch den Treibstoff.

• **Flex-Raten** werden von einigen Anbietern zusätzlich (oder anstatt) zu den Standard-Raten angeboten. Flex-Raten können sich bis zu Ihrer verbindlichen Buchung wöchentlich ändern, je nach Auslastung und Verfügbarkeit der Fahrzeugflotte. Bei frühzeitiger Buchung können Flex-Raten außergewöhnlich günstig sein! Fragen Sie Ihren Reiseveranstalter nach den bestmöglichen Angeboten!

> **Führerschein**
>
> *Ein gültiger internationaler Führerschein ist neben dem gültigen nationalen Führerschein für alle Fahrer Pflicht.* Beachten Sie, dass bei Beantragung des internationalen Führerscheins immer der neue EU-Kartenführerschein beantragt werden muss! Dies kann zu Wartezeiten führen.

• Die **Kumulation mehrerer Mieten** ist bei fast allen Vermietern bei Anwendung der Standard-Raten möglich. Beispiel: Man mietet für 14 Tage ein Fahrzeug A von Brisbane nach Cairns und für 10 Tage ein Fahrzeug B von Alice Springs nach Darwin. Die Gesamtmiete addiert sich zu 24 Tagen, d. h. für beide Mieten kann der günstigere Mietpreis ab 21 Tage Mietdauer herangezogen werden. Bei Vermietern, welche in Australien und in Neuseeland Flotten betreiben, lassen sich sogar die Mieten aus beiden Ländern kumulieren!

• **Kaution:** Bei der Abholung des Fahrzeugs *muss* bei fast allen Vermietern eine **Kreditkarte** zur Hinterlegung einer Kaution (= Höhe des anfallenden Selbstbehalts) vorgelegt werden. Sie erhalten diese Kaution zurück, wenn das Fahrzeug vollgetankt und zum vereinbarten Zeitpunkt unbeschädigt zurückgeben. Wird keine Zusatzversicherung abgeschlossen, wird der maximale Selbstbehalt von Ihrer Kreditkarte tatsächlich abgebucht.

• **Schadensüberprüfung:** Überprüfen Sie das Fahrzeug bei der Übernahme sehr genau auf Schäden (Windschutzscheibe, Dach, Beulen, Reifen) und halten Sie vorhandene Mängel schriftlich fest!

Achten Sie auf intakte, neuwertige Reifen (auch Reserverad kontrollieren!). Kontrollieren Sie, ob der Wagen voll getankt ist!

• **Kilometerbegrenzung:** Die Fahrzeuge werden mit unbegrenzten Freikilometern angeboten. Bei Langzeitmieten genügen u.U. auch 150 km/Tag, wie es von manchen Vermietern angeboten oder verhandelt werden kann.

• **Einwegmieten** sind gegen Gebühr (A$ 200–250) bei allen Vermietern möglich. Einige Vermieter erlassen die Einweggebühr bei Mieten über 21 Tage Dauer und bei Buchung des All-Inclusive Pakets. Die Abgabe und/oder Annahme eines Campers in Broome kostet immer zwischen A$ 500 und A$ 750 Aufpreis. Für viele Einwegstrecken gilt eine Mindestmietdauer (z.B. Perth-Darwin 21 Tage, Sydney-Cairns 14 Tage).

Fahrzeugtypen

Camper und Motorhomes (2-WD): Man unterscheidet Camper/Campervans (ausgebaute Kleinbusse mit Hoch- oder Aufstelldach, für 2–3 Personen, mit oder ohne Dusche/WC) und Motorhomes (Alkovenfahrzeuge mit Bett über dem Führerhaus, immer mit Dusche/WC, für 2–6 Personen). Bei Fahrzeugen mit Dusche/WC und Klimaanlage im Wohnbereich muss auf Campingplätzen immer eine „Powered Site" angefahren

werden, da 240 V Außenstrom für die Elektrikfunktionen erforderlich ist. Diese zweiradgetriebenen Fahrzeuge (2-WD) dürfen nicht auf unbefestigten Straßen gefahren werden. Da die Wassertanks oft am Unterboden befestigt sind, werden diese leicht beschädigt.

- HiTop Campervan (2–3 Berth): Kleinbus mit Hochdach oder Aufstelldach, meist auf Toyota-Basis, Benzin- oder Dieselmotor, Schaltgetriebe, Klimaanlage (nur während der Fahrt), zwei bis drei Schlafplätze, festes Hochdach oder Aufstelldach, ohne Dusche/WC, empfohlen für zwei Erwachsene (je nach Sitzplatzzahl).

- 2 Berth Campervan: Kleinbus (Ford Transit oder Mercedes Sprinter-Basis), Turbo-Dieselmotor, Schaltgetriebe oder Automatik, Klimaanlage (auch im Stand bei Außenstrom), Dusche/WC, empfohlen für zwei Erwachsene.

- 2–6-Berth Motorhome: Geräumiges Alkovenfahrzeug (Ford oder Mercedes-Basis) mit 2 bis 6 Schlafplätzen, Turbo-Dieselmotor, Schaltgetriebe oder Automatik, mit Dusche/WC, Klimaanlage (auch im Stand bei Außenstrom), empfohlen für 2 bis 6 Personen.

Allrad-Camper (4-WD): Reisende, die das Outback Australiens in seiner ganzen Vielfalt kennen lernen wollen, sei die Anmietung eines 4-WD-Campers (auf Basis des Toyota Landcruiser oder Toyota

HiLux) empfohlen. Diese Fahrzeuge dürfen auf allen üblichen Straßen und Pisten genutzt werden (außer Simpson Desert und Canning Stock Route. Teilen Sie Ihrem Veranstalter Ihre geplante Route bei Buchung mit! Die Fahrzeuge werden mit festem Campinghochdach, Aufstelldach oder Dachzelt angeboten. Letztere sind günstiger, da luftiger und mit niedrigerem Schwerpunkt versehen (z.B. Kea 4-WD-Camper, Maui Spirit 4WD, Britz Adventurer). Die komfortable Variante sind Allradcamper auf Pick-Up-Basis (z.B. Apollo Adventurer), welche auch über eine Klimaanlage im Wohnbereich verfügen.

Ein sinnvolles Extra bei den Allrad-Campern ist ein „**Satellite Beacon**" (offizieller Name: Emergency Position Indicating Radio Beacon, kurz EPIRB), der bei Aktivierung (im äußersten Notfall) ein Ortungssignal sendet. Manche Anbieter bieten auch ein UHF-Radio (Funk) zur Miete.

Allradcamper eignen sich meist nur für zwei Personen. 3–4 Personen können im Prinzip nur gemeinsam reisen, wenn ein normaler 4-türiger Toyota Landcruiser mit Dachzelt sowie zusätzlichem Zelt genutzt wird (z.B. Britz Adventurer). Die meisten Allrad-Camper haben sparsame und robuste Dieselmotoren. Achten Sie auf eine gute Tankkapazität: 140 bis 180 Liter dürfen es ruhig sein. Der Allradantrieb ist i.d.R. zuschaltbar, ebenso wie eine Untersetzung in schwerem Gelände. Lassen Sie sich den Allradantrieb bei Übernahme genau erklären.

 Tipps zur Reise mit dem Camper
• *Lassen Sie sich angesichts der Anbieter-, Raten-, und Modellvielfalt von einem kompetenten Reiseveranstalter beraten. Er kennt am besten die Tricks und Feinheiten der Campermiete sowie auch das richtige Fahrzeug für Ihre Bedürfnisse. Namhafte und gute Vermieter sind Britz/ Maui, Kea, Apollo. Aufgrund der begrenzten Verfügbarkeit ist eine Vorabreservierung über Ihren Reiseveranstalter unbedingt empfehlenswert Dies hilft auch im Falle von Reklamationen und Sie erhalten dort auch die günstigeren Preise.*
• *Wegen der besseren Unterbringung im Campmobil sind weiche Reisetaschen den sperrigen Hartschalenkoffern vorzuziehen. Packen Sie ein paar wichtige Dinge ein: Wäscheleine, etwas Waschpulver, ein paar Wäscheklammern, Taschenlampe, Taschenmesser, Verbandspäckchen.*
• *Das Leben spielt sich draußen ab: Vergessen Sie im Camperdepot bei der Übernahme nicht, einen Tisch und Campingstühle einzupacken, sofern nicht im Mietpreis enthalten. Die*

Schlafsäcke der Camper taugen kaum für kalte Outback-Nächte im australischen Winter – besser dann den eigenen Schlafsack mitnehmen oder sich zusätzliche Decken geben lassen!
• Ein paar der Lieblings-Musikkassetten für lange Etappen sollten mit ins Gepäck – ein Radioempfang ist in vielen Gebieten nicht möglich. Achtung: Die meisten Camper verfügen über CD-Spieler. Bewährt hat sich die Mitnahme eines kleinen MP3-Spielers, der mittels eines FM-Transmitters (zusätzlich besorgen!) über eine freie UKW-Frequenz die Musik abspielt. Reisende mit Kindern berichten zufrieden über „ruhig gestellte Kinder", wenn ein tragbarer DVD-Spieler und einige DVD-Filme mitgenommen werden.
• Meiden Sie irgendwelche Billigvermieter, die Sie nirgendwo in den Katalogen der Reiseveranstalter finden. Dort werden die abgenutzten Fahrzeuge der bekannten Vermieter noch gefahren, bis sie vollends zusammenbrechen. Wartungsmängel (Bremsen, Lenkung) und Pannen sind gefährlich und ärgerlich. Ersatzfahrzeuge können nicht gestellt werden.
• Beachten Sie den Linksverkehr beim Losfahren! Vermeiden Sie unbedingt Nachtfahrten – die Gefahr von Tierkollisionen ist immens!
• Reisen Sie nicht unter Zeitdruck! Tagesetappen von 250 km sind meist mehr als genug, wenn Sie unterwegs auch was sehen möchten! Planen Sie für den Fall einer Panne auch einen Puffertag ein!

Was tun im Pannenfall?

Als Mieter haben Sie eine Sorgfaltspflicht! Ölstand, Kühlwasser, Keilriemenspannung sowie Reifendruck und Reifenzustand sollten regelmäßig kontrolliert werden. Einige Vermieter verlangen, dass für die üblichen Inspektionen (z.B. alle 10.000 km) eine Vertragswerkstatt angefahren werden muss. Dies wird Ihnen bei Fahrzeugübernahme erklärt und sollte tunlichst beachtet werden. Doch selbst bei bester Wartung können Pannen vorkommen. Halten Sie möglichst immer Rücksprache mit dem Vermieter, falls Reparaturen erforderlich sind.
Kümmern Sie sich umgehend, falls etwas nicht richtig funktioniert! Eine Reklamation, dass z.B. der Kühlschrank nicht richtig funktionierte, hat nach 4 Wochen Mietdauer wenig Sinn (und Erfolg). Meist kann das nächste Depot des Vermieters oder eine Vertragswerkstatt angefahren werden. Bewahren Sie sämtliche Reparaturbelege zur Erstattung bei Camperabgabe auf. Alle namhaften Vermieter sind Mitglied im Automobilclub, d. h., Pannenhilfe wird Ihnen i.d.R. gewährt, sofern man sich nicht vollkommen abseits üblicher Routen befindet.
Sollte gar nichts mehr gehen, so bewahren Sie zunächst Ruhe. In entlegenen Gebieten bleiben Sie immer beim Fahrzeug und gehen Sie nicht auf Wanderschaft. Warten Sie auf Hilfe oder andere Fahrzeuge. Benachrichtigen Sie den Vermieter. Dieser ist bemüht, Ihnen ein Ersatzfahrzeug zu besorgen. Das kann im großen Australien jedoch mal ein paar Tage dauern. Bewahren Sie deshalb Ruhe und versuchen Sie in einem solchen Fall auf eigene Faust ein Ersatzprogramm zu organisieren (z.B. Teilnahme an einer organisierten Tour).

▶   **Camping**

• **„Wildes Campen"** ist offiziell nicht erlaubt, wird aber außerhalb von Städten und besiedelten Gebieten gestattet. Oft genügt es, kurz um Erlaubnis zu fragen – falls jemand in der Nähe ist. Lagerfeuer sollten wegen der Buschbrandgefahr äußerst umsichtig entfacht werden. Lose herumliegendes Holz darf nur außerhalb der Nationalparks gesammelt werden.
• **Campingplätze in Nationalparks** (*NP-Campgrounds*) bieten keine oder nur einfache sanitäre Anlagen, die aber i.d.R. gut gepflegt sind. Die Plätze sind meist gegen geringe

Gebühr (A\$ 5–10/Stellplatz) benutzbar. Wer in der freien Natur oder in Nationalparks kampiert, sollte immer einen Kocher mitnehmen!

• **Caravan Parks:** Der Wunsch nach einer Dusche treibt die meisten Camper auf die kommerziellen Caravan Parks oder Holiday Parks, die zahlreich vorhanden sind. Ihre Ausstattung ist mit Zeltplätzen, elektrischen Anschlüssen, Grills, Waschmaschinen, Schwimmbädern und Kiosk meist komplett. Die sanitären Anlagen (*Ammenities*) sind fast immer sehr sauber und gepflegt. In den größeren Städten liegen die Caravan Parks nicht selten weit außerhalb des Zentrums und haben nur eine begrenzte Zahl von Stellplätzen. Man unterscheidet *Unpowered Sites* (Stellplätze ohne Strom) und *Powered Sites* (Stellplätze mit Strom), welche von größeren Wohnmobilen benötigt werden. Für Mietwagenreisende interessant sind auch die komfortablen *Cabins* auf den Caravan Parks. Es handelt sich hierbei um feststehende Bungalows mit Klimaanlage und Dusche/WC. In der Budgetversion nutzt man die sanitären Anlagen des Campingplatzes. Die Preise liegen zwischen A\$ 15–25/Stellplatz ohne Strom, A\$ 30–45/Stellplatz mit Strom. Auf vielen Plätzen können *Cabins* (mit oder ohne eigene Dusche/WC) gemietet werden (ca. A\$ 60–120 pro Cabin/Nacht). Die Caravan Parks der Ketten "Big4" und "Top Tourist Park" bieten einen hohen Standard und sind i.d.R. bedenkenlos zu empfehlen. Ein umfassendes Verzeichnis der Campingplätze ist über die Automobilclubs des jeweiligen Bundesstaates und die Tourist-Informationen erhältlich.

• **Zelten:** Die günstigste Art zu reisen ist per Mietwagen plus Zelt. Zelten ist angesichts der meist warmen Witterung auf dem Festland kein Problem. Angst vor Spinnen oder Schlangen braucht man keine haben, allerdings sollte das Zelt immer verschlossen werden. Beim Zelt ist das Moskitonetz das Wichtigste, außerdem sollte das Überzelt regendicht sein. Im Outback und im Gebirge kann es im Winter empfindlich kühl werden, deshalb sollte der Schlafsack einigermaßen warm sein und eine Iso-Matte darunter liegen. Gaskartuschen für Kocher sind in größeren Orten erhältlich, für entlegene Gebiete oder längere Reisen empfiehlt sich ein Benzinkocher. Gasflaschen können an Tankstellen, "Hardware"-Läden und Caravan Parks nachgefüllt werden. Reisen Sie mit dem Auto, so sollten Sie sich einen *Esky* (Kühlbox) zulegen. Eisblocks zur Kühlung gibt es z.B. an Tankstellen. In entlegenen Gebieten dürfen Wasserkanister und Essensvorräte nicht fehlen.

> **Hinweis**
> *Eine **Reservierung der Campingplätze** ist normalerweise nicht erforderlich. Ausnahme sind die stadtnahen Nationalparks (z.B. Wilsons Promontory NP bei Melbourne) in der Ferienzeit sowie an „Long Weekends" sowie sehr populäre Ferienziele (z.B. Monkey Mia und Broome in Westaustralien von Apr.–Okt.).*

D

▶ **Devisen**

Die nach bzw. von Australien eingeführten Geldbeträge unterliegen keiner Beschränkung. Werden über A\$ 5.000 als Bargeld und/oder Devisen eingeführt, muss dies bei der Einreise angegeben werden.

vgl. auch Stichwörter „BANKEN", „GELD", „KREDITKARTEN" und „WÄHRUNG"

E

▶   **Einkaufen**

Kaufhäuser, Einkaufsarkaden und Fußgängerzonen gibt es in allen größeren Städten. Lohnende und schöne Andenken sind Edelsteine (Opale, Diamanten), Lederwaren (Känguruleder), Kunstwerke der Aborigines und Buschkleidung (Akubra-Hüte, Dryza-Bone-Mäntel) – vgl. auch „SOUVENIRS". **Dutyfree-Läden** für zollfreien Einkauf gibt es an Flughäfen und in Großstädten. Beim Einkauf müssen der Reisepass und das Flugticket gezeigt werden. Der Kauf in diesen Läden ist nur möglich, wenn die Abreise innerhalb 4 Wochen liegt. **Supermärkte** (z.B. *Woolworth, Coles*) sind in den größeren Städten vorhanden, sehr gut bestückt und preisgünstig. Die Versorgung abgelegener Regionen wird durch kleinere Lebensmittelläden oder Rasthäuser (*Roadhouses*) gewährleistet.

Geschäftszeiten: Mo–Fr 9–17 Uhr, Sa 9–12 Uhr; je nach Stadt kann Do oder Fr bis 21 Uhr eingekauft werden. Viele Läden, insbesondere kleine Lebensmittelgeschäfte und große Supermärkte, haben auch sonntags und bis spät abends geöffnet – es gibt keinen festgelegten Ladenschluss. Nur am 25. Dezember (Weihnachten) ist wirklich fast alles dicht!

Tipp: Tourist Refund Scheme oder „So gibt's Geld zurück"
Zeitgleich mit der Einführung der GST-Steuer (Mehrwertsteuer) im Juli 2000 wurde das Tourist Refund Scheme (TRS) eingeführt. Auf Güter, die mindestens A$ 300 kosten und in einem Geschäft (!) höchstens 30 Tage (!) vor Verlassen Australiens gekauft wurden, erfolgen Rückerstattungen der GST-Steuer.
Wichtig: Verlangen Sie vom Händler eine „Tax Invoice" (Steuerrechnung), wenn Sie Waren von A$ 300 und mehr einkaufen. Diese Steuerrechnung muss zusammen mit den Waren am Flughafen bei der Ausreise vorgewiesen werden. Sie erhalten dort eine Rückerstattung der GST (10 %) und der WET (Wine Equalisation Tax, 14,5 %) auf Weineinkäufe. Die gekauften Güter können vor Abreise aus Australien benutzt werden. Die Rückerstattung bezieht sich jedoch nur auf Güter, die beim Verlassen des Landes als Handgepäck mitgenommen werden.

▶   **Einreise**

!!! Wichtig
Für Australien benötigen Sie ein Einreisevisum! Der Reisepass muss noch mindestens 6 Monate gültig sein!

Für die Einreise nach Australien sind ein **Reisepass** (Mindestgültigkeit: 6 Monate sowie über das Rückreisedatum hinaus) und ein **Visum** erforderlich. Kinder sollten im Reisepass der Eltern eingetragen sein und müssen über einen Kinderausweis verfügen. Bei Flügen via USA oder Thailand benötigen Kinder ebenfalls einen richtigen Reisepass mit Lichtbild!

Das reguläre **Touristenvisum** für Aufenthalte bis zu drei Monate ist kostenlos und gilt 12 Monate für mehrmalige Einreise. Reiseveranstalter bieten bei Buchung einen kostenlosen Visa-Service für das Besuchervisum an. Dies geschieht zusammen mit Ihrer Flugbuchung auf elektronischem Weg, d. h., anhand der Reisepassnummer wird das Visum über das Reservierungssystem der Fluggesellschaft zugeteilt. Die Visaeinholung kann auch selbst über die Internetseite der Botschaft getätigt werden.

Langzeit Touristenvisa *(Long-Stay)* für Aufenthalte bis zu 6 Monaten, Geltungsdauer maximal 4 Jahre für mehrmalige Einreise, sind gebührenpflichtig. Der Antrag kann im Internet runtergeladen werden. Der Reisepass mit vollständig ausgefülltem Visaantrag, der Überweisungsbeleg mit Bankstempel und ein frankierter Rückumschlag müssen beigefügt sein.

Visaverlängerung in Australien: Soll das Visum in Australien verlängert werden, müssen Sie sich an das *Department of Immigration and Ethnic Affairs* (in allen Großstädten) wenden. Visaverlängerungen können langwierig sein und kosten A$ 200.

Working Holiday Visum

Das Working Holiday Visum ist für junge Leute, die in Australien reisen und arbeiten möchten. Mit dem Working Holiday Visa dürfen Reisende bis zu 1 Jahr in Australien leben und arbeiten. Ein 2. Working Holiday Visa ist möglich sofern man über 3 Monate auf regionalen Farmen arbeitet. Working Holiday Maker können für jeweils 6 Monate für den gleichen Arbeitgeber arbeiten. Wer länger als 6 Monate arbeiten will, muss den Arbeitgeber wechseln. Um ein Working Holiday Visum zu erhalten, müssen Reisende z.B. deutsche Staatsbürger sein. Antragsteller müssen zwischen 18 und 30 Jahre alt sein und können den Antrag bis zu einem Tag vor dem 31. Geburtstag stellen. Zudem müssen genügend Geldmittel vorhanden sein, um die Reise nach und die Rückreise von Australien zu finanzieren zu können. Der Visumsantrag sollte spätestens 4 Wochen vor dem vorgesehenen Ausreisetermin beantragt werden. Die Einreise muss nach Erteilung innerhalb eines Jahres erfolgen. Das Visum wird nur einmal im Leben genehmigt!

Während Ihres Aufenthaltes ist ein kürzeres Studium wie der Besuch einer Sprachschule bis zu 4 Monaten erlaubt, jedoch ein längeres Studium verboten! Für diesen Fall ist ein Student Visa erforderlich.

Der Visumsantrag muss online beantragt werden und ist mit einer Kreditkarte zu bezahlen. Nach Ankunft in Australien muss unverzüglich ein Büro der Einwanderungsbehörde aufgesucht werden, ansonsten kann keine Arbeitsgenehmigung vorgewiesen werden.

Weitere Informationen: siehe Stichwort „Botschaften"

Tipp
Machen Sie von allen wichtigen Dokumenten (Reisepass, Führerschein, Kreditkarte, Flugticket) eine Kopie und bewahren Sie diese getrennt auf!

Hinweis
Offiziell muss der Reisepass nur bis über das Rückreisedatum hinaus gültig sein. Bei **Stopover-Programmen in Asien** *oder* **Flügen via Asien** *müssen jedoch die unterschiedlichen Pass- und Einreisebestimmungen der besuchten Länder beachtet werden. So muss der Reisepass fast in allen asiatischen Ländern noch mindestens 6 Monate gültig sein. Viele asiatische Fluggesellschaften verweigern ansonsten die Beförderung!*

vgl. auch Stichwörter „BOTSCHAFTEN" und „QUARANTÄNE"

▶ **Eisenbahn**

Die **Fernreisezüge der *Great Southern Railway* (GSR)** tragen klangvolle Namen: *The Ghan, The Indian Pacific, The Overlander* u.a. Passagiere reisen mit ihnen sehr komfortabel: In der **ersten Klasse** (*Gold Kangaroo Service*) sind auf den Langstrecken geräumige Schlafwagen und mehrgängige Mahlzeiten inklusive. Günstiger und auch für den schmalen Geldbeutel empfehlenswert sind die Schlafwagen der **zweiten Klasse** (*Red Kangaroo Service*) bzw. Sitzwagen der 2. Klasse (teilweise sehr eng!, *Red Kangaroo Daynighter Seat*). Bei einigen Fahrstrecken werden auf Anfrage auch Autos befördert (Motorail). Relativ dichte Bahnnetze bestehen in New South Wales (*Countrylink*), Victoria (*V-Line*) und Südwestaustralien (*Westrail*).

Wichtige Bahnstrecken im Überblick
(alle Angaben für einfache Fahrt, Änderungen vorbehalten):

- <u>Fernzüge</u>
- **Sydney – Melbourne:** *XPT/Sydney-Melbourne-Express*; 961 km; 10,5 Std.; täglich; 1. und 2. Klasse.
- **Sydney – Perth:** *The Indian Pacific* über Broken Hill, Adelaide, Kalgoorlie; 4.352 km. Schlafwagen und Sitzwagen.
- **Sydney – Canberra:** *XPlorer*; 326 km; 4,5 Std.; täglich, 1. und 2. Klasse.
- **Brisbane – Cairns:** *Tilt Train und Queenslander*; 1.681 km; Schlafwagen 1. Klasse.
- **Brisbane – Longreach:** *Spirit of the Outback*, 1.326 km; Schlafwagen und Sitzwagen.
- **Melbourne – Adelaide:** *The Overlander*; 774 km; 12 Std.; Schlafwagen und Sitzwagen.
- **Adelaide – Alice Springs:** *The Ghan*; 1.555 km; 20 Std.; Schlafwagen und Sitzwagen.
- **Alice Springs – Darwin:** *The Ghan,* 1.290 km, 18 Std.; Schlafwagen und Sitzwagen.
- **Adelaide – Perth:** *The Indian Pacific*; 2.659 km; Schlafwagen und Sitzwagen.

Die genauen **Fahrzeiten/Fahrpläne** der Fernzüge sowie Informationen zu den Abteil-Kategorien finden Sie auf der Internetseite www.gsr.com.au.

- <u>Nostalgiezüge im Outback</u>
- **Cairns – Forsayth:** *Savannahlander*
- **Croydon – Normanton:** *Gulflander*

- <u>Ausflugsfahrten</u>
- **Cairns – Kuranda:** *Kuranda Scenic Railway*, spektakulär durch den Regenwald, täglich.
- In den Bundesstatten VIC und SA gibt es ferner einige **Dampfeisenbahnen**, die an Wochenenden verkehren (siehe Reiseteil ab Kap. 5).

Reservierungen für die klassischen Fernzüge sind unerlässlich und sollten bereits vor Reisebeginn bei Ihrem Reiseveranstalter in Europa vorgenommen werden. Buchungen werden bis 6 Monate im Voraus angenommen. Zentrale Reservierungsnummer in Australien: Tel. 13 22 32; Internet: www.gsr.com.au, www.railaustralia.com.au.

▶   **Elektrizität**

Die Stromspannung beträgt 240/250 Volt, Wechselstrom 50 Hz. Die Steckdosen haben drei längliche Schlitze, die Stecker entsprechend drei längliche Pole. Deshalb benötigen Sie einen Adapter. Europäische Geräte können problemlos benutzt werden. Handys und Videoakkus lädt man am besten unterwegs per Adapter am Zigarettenanzünder des Fahrzeugs (Ausstecken nicht vergessen!) oder im Hotelzimmer.

▶   **Ermäßigungen**

• **Kindern** unter 12 Jahren werden bei Transportunternehmen, Unterkünften (im Zimmer der Eltern) und Eintrittsgeldern Preisnachlässe gewährt. Kinder unter zwei Jahren erhalten bei internationalen und nationalen Flügen 90 Prozent Ermäßigung (kein Anspruch auf Sitzplatz und Freigepäck!), im Land reisen Kinder unter 4 Jahren häufig gratis.
• **Jugendliche und Studenten** erhalten bei Vorlage eines internationalen Studentenausweises Ermäßigungen bei Eintrittsgeldern und Transportunternehmen. Die Vorlage eines Jugendherbergsausweises verhilft auch manchmal zu Preisreduktionen, z.B. bei Busfahrten.
• Für australische **Senioren** gibt es oft *Senior Discounts*, die teilweise auch von Ausländern beansprucht werden können (den Versuch ist's wert).

▶   **Essen**

Eine typisch *australische* Küche, so wie man z.B. *italienische* oder *französische* Küchen kennt, hat sich nie entwickelt. Vielmehr erinnert die Landesküche an die englische – was angesichts der Einwanderersituation auch nicht verwunderlich ist. Die Briten waren die ersten, die ihre Essgewohnheiten über den Kontinent ausbreiten konnten. Zu diesen Gewohnheiten zählt zum Beispiel ein ausgesprochen reichhaltiges Frühstück mit *Bacon & Eggs* (gebratener Speck und Spiegelei), wahlweise Bohnen (*Beans*) oder *Hash Browns* (Kartoffel-Rösti) dazu. Richtig lecker wird es, wenn Australier bereits zum Frühstück Spagetti verzehren. Nun, der Tag wird lang, und eine ordentliche Grundlage hat noch niemandem geschadet. Wer es gern europäischer hätte, dem werden Toast, Marmelade, Honig oder eine große Auswahl an so genannten *Cereals* (Müsli, Cornflakes) serviert. Für unseren Geschmack gewöhnungsbedürftig ist der sehr beliebte Brotaufstrich *Vegemite*, ein braunes Hefeextrakt, dessen Geschmack an einen Suppenwürfel erinnert. Die Krönung ist ein Vegemite-Toast mit Marmelade.

Mittags zum *Lunch* genügt den Aussies leichte Kost, wie z.B. ein Sandwich oder Salate. In den großen Städten und Metropolen empfiehlt sich dazu der Besuch einer *Food Mall* – Imbisshallen in Kaufhäusern mit einer Unzahl von Ständen und Gerichten verschiedenster Herkunft und Nationalität: Vom chinesischen Reisgericht über italienische Pasta ist dort alles zu bekommen. In den Küstenstädten besuchen Sie ruhig einmal die Fish-&-Chips-Bude an der Strandpromenade, um sich an frittiertem Fisch (meist frisch) und Pommes Frites, eingewickelt in Zeitungspapier, satt zu essen. Überall zu finden sind selbstverständlich Fast-Food-Ketten, allen voran McDonald's.

Die wichtigste Mahlzeit des Tages ist das Abendessen (*Dinner*), das fast immer ein mehr oder weniger großes Stück Fleisch (Rind oder Lamm) beinhaltet. Kängurufleisch wird

Friday

Suggested wines to complement this menu

Tahbilk Cabernet Sauvignon (VIC) $43.50 a bottle

Knappstein Gewürztraminer (SA) $38.50 a bottle

Entrees

PUMPKIN, HONEY & CHILLI SOUP
garnished with macadamia, parsley & tomato

SMOKED SALMON ROLL
rolled in nori & served with wasabi tobiko,
pickled ginger & soy sauce

LAYERED TERRINE OF CHICKEN
set with truffle and pistachio over a bed of spinach,
wild mushrooms & paw paw mango chutney

Our evening cuisine is freshly prepared,
so please allow time between courses

Mains

SLOW ROASTED LAMB RUMP
*cooked medium, rested onto eggplant with preserved lemon,
baba ghanoush & red wine jus*

GRILLED PORK CHOP
*rested onto buttered savoy cabbage,
creamy mashed potato & balsamic quinces*

REEF FISH IN COCONUT & BESAN FLOUR
served under a leaf salad with a garlic aïoli & lime wedges

POTATO CURRY PARCELS
*bound with filo pastry & baked brown,
served with a lentil dhal & onion marmalade*

Dessert

LEMON & WILD LIME TART
*topped with vanilla cream
finished with pistachio anglaise*

CHOCOLATE BREAD & BUTTER PUDDING
served warm with dark chocolate sauce

TROPICAL FRUIT SALAD

Please help yourself to a selection of teas & plunger coffee

kaum verzehrt, der Australier verschmäht das eigene Wappentier. Auf den Speisekarten findet man zunehmend auch Kamelfleisch und Krokodilfleisch (aus Farmbeständen). Beilagen sind traditionell Kartoffeln, Gemüse und Zwiebeln. An den Küsten werden Ihnen köstliche Meeresfrüchte serviert: Speisefische, Austern, Krabben (Crabs), Hummer (Lobster) und Garnelen (Prawns) werden schmackhaft zubereitet.

Die obligatorische Teepause, morgens gegen 10 Uhr und nachmittags um 17 Uhr, wurde bis Mitte des 20. Jahrhunderts peinlich genau eingehalten. Dazu zählte auch, dass man die Arbeit zur Teatime unterbrach. Heute ist der Tee immer mehr dem Kaffee gewichen, wobei auch italienischer Espresso und Cappuccino gerne getrunken werden.

Durch die Einwanderung verschiedenster Nationalitäten veränderte sich die kulinarische Landschaft entscheidend: Seit dem Zweiten Weltkrieg führten Chinesen, Vietnamesen, Italiener, Griechen, Ungarn, Deutsche und viele andere Nationalitäten zu einer echten Bereicherung der Restaurant-Szene. Nicht nur, dass es vor allem in den Großstädten zur Gründung vieler Spezialitätenrestaurants kam – auch die Möglichkeit, Zutaten und Gewürze zu erstehen, verbesserte sich dadurch enorm.

Alkoholische Getränke dürfen nur von Gaststätten (Pubs, Hotels, Restaurants, Nachtklubs) mit Alkohollizenz ausgeschenkt werden (Licenced Restaurant). Gaststätten ohne Lizenz tragen das Schild **BYO** (= Bring Your Own), was bedeutet, dass der Gast seine alkoholischen Getränke selbst mitbringen darf, um sie im Lokal zu konsumieren. Vor Ort ist dann häufig eine „Entkork-Gebühr" (Corkage) zu bezahlen.

Die Öffnungszeiten der Pubs (oft auch Hotel genannt) sind relativ strikt: Abends wird um 22 oder 23 Uhr geschlossen, sonntags bleiben lizenzierte Restaurants oder Bars oft ganz geschlossen.

Überblick:
• **Schneller Imbiss:** Die Amerikanisierung hat auch bei den Essgewohnheiten der Australier nicht halt gemacht. In den Städten sind Fast-Food-Ketten (McDonalds usw.) wie Pilze aus dem Boden geschossen. Imbissbuden (Takeaways) bieten neben den englischen Fish and Chips (Fisch und Pommes Frites) auch Pies (gefüllte Teigtaschen), Sandwiches und Hamburger mit allem Drum und Dran (...with a lot).
• **Zum Sattwerden:** In den Kaufhäusern und Einkaufspassagen der Großstädte befinden sich im Untergeschoss meist Food Malls, eine Aneinanderreihung verschiedener Restaurants oder Imbissstände. Bekannte amerikanische Steakhäuser findet man nur in den Hauptstädten.
• **Pubs und Hotels** bieten Counter Lunches an: preiswerte und gute Mittagessen, die direkt am Tresen eingenommen werden.
• **Internationale Küche:** Die verschiedenen Einwandererkulturen spiegeln sich in den vielen guten Restaurants wider, die vornehmlich asiatische und europäische Gerichte anbieten.
• **Seafood:** Hervorragende Fischgerichte und Meeresfrüchte (Langusten, Krabben, Austern, Sushi) können sowohl in kleinen Küstenorten als auch in den Hauptstädten (zu allerdings recht hohen Preisen) geordert werden.
• **Für Selbstversorger:** Die Auswahl an frischen Lebensmitteln (Obst und Gemüse) ist in Supermärkten und auch an Straßenständen sehr gut. Die Preise können zumindest

in den Küstenregionen als günstig gelten. Im Landesinnern muss der Reisende häufiger auf Konserven und haltbare Produkte (*Longlife Products*) zurückgreifen und z.T. deutlich höhere Preise bezahlen. Die günstigen Fleischpreise haben Australier zu leidenschaftlichen Barbecue-Fans werden lassen. Fast jeder Park und Campingplatz bietet Münzgrills, wo ein zünftiges *Barbie* (BBQ) veranstaltet werden kann.

Hummer an Australiens Südküste

Tipps

Dress Code: In guten Restaurants wird sehr wohl auf gepflegte Kleidung geachtet. Kurze Hosen, staubige Outback-Klamotten, Sandalen oder Wanderstiefel sind fehl am Platze! Andererseits ist es keinesfalls erforderlich, mit Anzug und Krawatte aufzutreten. Ein gepflegtes Polohemd, Hemd oder Bluse genügen im Reisegepäck, um „ordnungsgemäß" gekleidet zu sein. Zu Geschäftsessen oder Einladungen sollte der Dress Code auf der Einladung beachtet werden. Ein Black Tie Dinner erfordert zwingend einen dunklen Anzug mit Krawatte für den Herrn und ein schickes Abendkleid für die Dame.

Aktuelle Szenetipps: Die neuesten kulinarischen Tipps, aktuelle Szenekneipen und -restaurants entnimmt man am besten der lokalen Tagespresse (z.B. Sydney Morning Herald, The Melbourne Age usw.) oder speziellen Veröffentlichungen (z.B. This Week in Melbourne usw.). In den Metropolen ist eine Tischreservierung unbedingt empfehlenswert. Die Telefonnummern finden Sie in den o. g. Publikationen oder in den Yellow Pages.

F

▶ **Fahrrad fahren**

„Diese verrückten Radler ..." entfährt es einem unwillkürlich, begegnet man einem Radfahrer in der glühenden Hitze des Outbacks. Um Australien mit dem Fahrrad zu bereisen, bedarf es aufgrund der Hitze und der Entfernungen einer guten Kondition, zuverlässiger Ausrüstung

Wichtig

In Australien gilt **Helmpflicht** *für Fahrradfahrer!*

und nicht zuletzt eines starken Willens. In ein solches Abenteuer sollten sich nur erfahrene und wohl vorbereitete Pedalritter stürzen. Die Küstenregionen im Südosten, die Ostküste und Tasmanien eignen sich sicher noch am besten für Radtouren. Autofahrer nehmen relativ gut Rücksicht auf Radfahrer. An den Highways ist meist ein 1–2 m breiter Randstreifen vorhanden, in den Städten existieren vielerorts Radwege.

• **Beförderung:** Fahrräder werden im Flugzeug innerhalb der Freigepäckgrenzen (20 kg, bei US-Airlines bzw. Flüge via USA 64 kg!) nach Australien befördert (Inlandsflüge 20 kg). Ein stabiler Karton (vom heimischen Radhändler) ist von Vorteil. Der Transport in Überlandbussen ist gegen geringe Gebühr (A$ 10–20) möglich, sollte aber angemeldet werden. Nicht immer ist garantiert, dass das Fahrrad im gleichen Bus mitfährt.

• **Fahrradverleih:** In vielen Städten können Fahrräder (*Push-Bikes*) für Stadtrundfahrten und Ausflüge gemietet werden.

• Ein Anbieter organisierter **Mountainbike-Touren** mit Begleitfahrzeug ist *Remote Outback Cycle Tours* (www.bike-reisen.de, www.cycletours.com.au). Ein Highlight des Anbieters ist die Tour über die Gibb River Road und durch die Nullarbor Plain.

▶ **Fahrzeiten**

Take it easy – nehmen Sie's leicht und muten Sie sich nicht zu viel zu! Lassen Sie sich trotz der weiten Entfernungen nicht zu Mammutetappen verleiten. Es ist zwar generell möglich, auf einem gut ausgebauten Highway 800 bis 1.000 km am Tag abzuspulen, das Reiseerlebnis kommt jedoch dabei zu kurz. Mit Fotostopps, Rastpausen und Sehenswürdigkeiten erscheinen 250 bis 400 km realistisch. Planen Sie auf jeden Fall auch Ausflugs- und Erholtage ein.

▶ **Feiertage**

1. Januar	New Years Day
26. Januar	Australia Day (oder letzter Montag im Jan.)
Good Friday	Karfreitag
Ostermontag	Easter Monday
Osterdienstag	nur in Victoria
25. April	ANZAC-Day (Kriegsveteranentag)
2. Montag im Juni (in WA variabel)	Queen's Birthday
07. Oktober	Tag der Arbeit (Labour Day, nur ACT und NSW)
25. Dezember	Weihnachtsfeiertag
26. Dezember	Weihnachtsfeiertag (Boxing Day)

Daneben gibt es in den Bundesstaaten zusätzliche, regionale Feiertage. Fällt ein Feiertag auf einen Sonntag, wird er am darauf folgenden Montag nachgeholt. Nur am 25. Dezember ist wirklich alles geschlossen, an den übrigen Feiertagen kann immer irgendwo eingekauft oder etwas besichtigt werden.

▶ **Ferien**

Australische Sommerferien finden zwischen Dezember und Januar (6 Wochen) statt, dazu kommen zwei Wochen Osterferien, zwei Wochen im Juli sowie zwei Wochen im September/Oktober. Hinzu kommen einige „Long Weekends", z.B. rund um die o. g. Feiertage.

Hinweis
In den Ferien und an langen Wochenenden, insbesondere in Großstadtnähe, muss mit vollen Unterkünften/Campingplätzen und Transportmitteln gerechnet werden – deshalb rechtzeitig reservieren! Australische Familien reisen leidenschaftlich gerne, an die Gold Coast ebenso wie ins Outback oder nach Tasmanien – viele freundschaftliche Begegnungen sind die Folge!

▶ **Flüge**

Flugpreise: Die Flugpreise schwanken je nach Saisonzeit, Zielflughafen, Fluggesellschaft, Gültigkeit, Flugklasse (Economy-, Business-, First-Class) erheblich. Erkundigen Sie sich bei Ihrem Reiseveranstalter über die aktuell gültigen Tarife und Sondertarife, z.B. günstige Fly&Drive-Angebote! Lockvogelangebote in Tageszeitungen sind mit Vorsicht zu genießen – der supergünstige Flug ist meist ausgebucht, führt nicht zum gewünschten Zielort oder ist nur zu wenigen Terminen verfügbar. Auch sollte die Wahl der Fluggesellschaft mit Bedacht gewählt werden: Was nützt der supergünstige Flug, wenn man aufgrund schlechter Flugverbindungen völlig gerädert oder mit zig Stunden Verspätung ankommt? Last-Minute-Preise sind im Linienflugbereich i.d.R. nicht verfügbar. Echte Schnäppchenpreise erhalten Sie in der *Low Season* von April (nach Ostern) bis Ende Juni. Als renommierte und zuverlässige Fluggesellschaften mit guten Verbindungen gelten u.a. *Qantas/Jetstar, Malaysia Airlines, Singapore Airlines, Thai Airways, Cathay Pacific, Emirates, Etihad und Korean Air.*

Anreise/Flughäfen: Australien hat 7 internationale Flughäfen: Sydney, Melbourne, Adelaide, Perth, Darwin, Cairns und Brisbane. Nicht jeder Flughafen wird von jeder Airline angeflogen: Darwin z.B. nur noch von *Qantas/Jetstar.* Grundsätzlich gibt es zwei Möglichkeiten, nach Australien zu fliegen: entweder über *Asien* oder über *Nordamerika.* Eine Kombination beider Flugrouten ist das so genannte *Round The World*-Ticket, welches mit einem deutlichen Aufpreis verbunden ist.

• **Über Asien:** Dies ist der übliche Weg (ca. 20–22 Std. Flugzeit). Je nach Zeit und Interesse können **Zwischenstopps** (sog. Stopover) in Dubai, Bangkok, Singapur, Kuala Lumpur, Den Pasar (Bali), Hongkong oder anderen asiatischen Städten eingelegt werden. Wichtig: Beachten Sie die Pass- und Visabestimmungen der asiatischen Länder! So genannte **Gabelflüge** sind möglich, d. h., der Ankunftsort muss nicht gleich Abflugort sein (z.B. Hinflug nach Melbourne, Rückflug von Cairns).
Die schnellste Verbindung nach Australien bietet zurzeit Emirates für Frankfurt – Dubai – Perth in rund 16 Stunden reiner Flugzeit. **Fluggesellschaften:** *Qantas, British Airways, Emirates, Singapore Airlines, Cathay Pacific, Malaysia Airlines, Etihad, Thai Airways, Korean* u. a.
• **Über Nordamerika:** Diese Route stellt den längeren Weg dar. Auch hier bieten sich attraktive Stopover-Möglichkeiten an: USA (Los Angeles), Südseeinseln (Fiji, Tonga, Samoa, Tahiti, Cook Inseln), Neuseeland. Vorteil: höhere Freigepäcksgrenzen mit 2x23 kg pro Person. Das Umsteigen in den USA erfordert durch die aufwändigen Kontrollen Geduld und Gelassenheit. Auch Kinder müssen einen maschinenlesbaren Reisepass haben (kein Kinderausweis erlaubt!). **Fluggesellschaften**: *Air New Zealand (nur via Neuseeland), British Airways/Qantas.*
• **Über Afrika:** Ein schneller Weg führt über Südafrika nach Australien (*British Airways/Qantas, SAA*).
• **Round The World (RTW – Weltreiseflüge)**: Ausgetüftelte Kombinationen mit verschiedenen Fluggesellschaften ermöglichen beispielsweise den Hinflug über Asien und den Rückflug via Neuseeland, Tahiti, Osterinsel, Chile (z.B. *OneWorld Explorer Pass*). Die Gültigkeit eines RTW-Tickets beträgt ein Jahr, die Anzahl der Unterbrechungen ist begrenzt. **Fluggesellschaften:** *Qantas/British Airways/Cathay Pacific/Lan Chile* (OneWorld Allianz), *Air New Zealand/Singapore Airlines/Lufthansa* (Star Alliance)

Buchung: Alle Fluggesellschaften haben Büros in Deutschland (Frankfurt) und in Australien (Sydney, Melbourne, Adelaide, Brisbane, Perth). Günstige Raten, die nur im Paket mit Landleistungen (z.B. Fly&Drive-Angebote) verkauft werden dürfen, vermitteln Ihnen die namhaften Reiseveranstalter (z.B. Veranstalterkooperation Best of Australia, www.best-of-australia.de). Internetbuchungen funktionieren bislang nur, wenn Anflug- und Abflugort in Australien identisch sind (was in der Praxis sinnvoller Weise kaum der Fall sein dürfte). Eine frühzeitige Buchung ist empfehlenswert, vor allem für die Sommerferien (Juli/August/September) und die Winterferien (Dez./Jan.). Flüge können 330 Tage im Voraus gebucht werden!

Flugsteuern und -gebühren: Alle anfallenden „Gebühren" (Sicherheitsgebühren, Ausreisesteuern, Lärmsteuern, Treibstoffzuschläge, Abflugsteuern etc.) werden bereits in das Ticket inkludiert (zuzüglich zum reinen Flugpreis). Vor Ort ist in Australien also nichts mehr zu bezahlen. Nicht erschrecken: Die „Nebenkosten" können sich leicht auf EUR 400 pro Person und Ticket addieren (je nach Zahl der Flüge und angeflogenen Länder und Flughäfen). Kinder zahlen dieselben „Taxes" wie Erwachsene.

Vielflieger-Programme: Jede Airline hat ein Vielflieger-Programm. Werden Sie dort Mitglied (am besten vor der Abreise) und sammeln Sie die Meilen – es verhilft Ihnen vielleicht früher oder später zu einem Freiflug oder einem Upgrade in die Business-Class. Meilenprogramme sind in erster Linie ein Knebelinstrument zur Kundenbindung. Wählen Sie immer die Airline, die Ihnen die beste Verbindung, einen guten Preis und Ihre gewünschten Zielflughäfen bietet! Die Mitgliedschaft erwerben Sie am besten online im Internet bei den Airlines (z.B. www.qantas.com.au, www.emirates.de, www.asiamiles.com). Lassen Sie Ihre Vielfliegernummer danach gleich in Ihre Buchung eintragen.

Rückbestätigung: Vergessen Sie nicht, Ihren internationalen Rückflug 72 Stunden vor Abflug rückzubestätigen. Dies verlangen zwar nicht mehr alle Fluggesellschaften, aber im Falle von Flugzeitenänderungen ist es garantiert hilfreich! Inlandsflüge müssen nicht rückbestätigt werden.

Gepäck: Beachten Sie unbedingt die strenger gewordenen Gepäcklimits (via Asien und generell auf Inlandsflügen 20 kg pro Person, via USA 2 x 23 kg pro Person). Das Handgepäck (1 Stück pro Person!) darf die Maße 48 x 42 x 25 cm (zusammen max. 115 cm) und 5 kg Gewicht nicht überschreiten! Es dürfen keine Messer oder Scheren in das Handgepäck. Gaskartuschen oder Benzinflaschen (für Kocher) werden nicht befördert.

Sitzplatzreservierungen: Viele Fluggesellschaften bieten die Möglichkeit, Sitzplätze ohne Aufpreis vorab zu reservieren. Fragen Sie Ihren Reiseveranstalter nach der Sitzplatzkonfiguration des Fluggeräts. Die beliebten Sitzplätze mit mehr Beinfreiheit an den Notausgängen können jedoch erst beim Check-In am Flughafen reserviert werden. Bei einigen Airlines ist eine Sitzplatzreservierung nur möglich, wenn zuvor die Mitgliedschaft im Vielfliegerprogramm (online) beantragt wurde (z.B. Emirates).

Thrombosegefahr auf Langstreckenflügen: siehe Stichwort „GESUNDHEIT"

Online Check-In: Viele Fluggesellschaften bieten mittlerweile die Möglichkeit des Online-Check-Ins. 24 bis 48h vor Abflug können Sie über die Homepage der Airline den Bordpass inklusive Sitzplatzwahl ausdrucken. Das Gepäck kann am Flughafen dann an einem speziellen Schalter mit weniger Wartezeit abgegeben werden.

Kindersitze im Flugzeug: Dass Kleinkinder während Start und Landung auf dem Schoß der Eltern mit einem Zusatzgurt festgeschnallt werden müssen, ist nachgewiesenermaßen lebensgefährlich. Die Kinder werden im Falle eines Aufpralls von den Eltern buchstäblich zerquetscht.

Bei Qantas werden Kindersitze nur dann gestattet, wenn sie „Australian Standards" entsprechen und vorab von der Fluggesellschaft schriftlich genehmigt werden. Andere Airlines sind hier kulanter und gestatten selbst mitgebrachte Babyschalen oder Kindersitze auf freien Sitzplätzen ohne Murren.

Der TÜV Rheinland hat nun Autokindersitze auf ihre Flugtauglichkeit getestet und für den Gebrauch in Flugzeugen freigegeben. Auf den Babyschalen von Maxi Cosy Citi/Mico/Cabrio, Storchenmühle Maximum, Römer Baby Safe/King und Luftkid prangt nun ein Sticker „For Use in Aircraft". Das bringt natürlich nur etwas, wenn es die Australier genauso sehen und wenn ein freier Platz für den mitgebrachten Kindersitz vorhanden ist bzw. als eigenes Kinder-Ticket erkauft wird. Infants (Kleinkinder unter 2 Jahren) haben nach wie vor bei Zahlung von nur 10 % des Flugpreises keinen Sitzplatzanspruch. Sollte das Flugzeug vollkommen ausgebucht sein, muss das Kleinkind wohl oder übel auf dem Schoß der Eltern mitfliegen.

Mahlzeiten: Melden Sie Sonderwünsche, wie vegetarisches Essen, vorher an.

Inneraustralische Flüge
vgl. Stichwort „INLANDSFLÜGE"

▶   **Flugsafaris**

Eine Besonderheit sind mehrtägige, exklusive Flugsafaris in kleinen Gruppen. Mit dem „eigenen" Flugzeug werden die Highlights des Kontinents angeflogen. Mehrere Programme von einem bis 14 Tagen sind im Angebot der Anbieter. Genial sind die Flugsafaris in alten DC3-Maschinen von *Discovery Air Tours*. Buchung über Ihren Reiseveranstalter oder www.aircruising.com.au, www.dc3.com.au.

▶   **Fotografieren/Filmen**

Digitalbilder können in vielen Internetcafés nach Hause versandt oder in Online-Archiven abgelegt werden. Fotoläden drucken Bilder aus oder brennen Ihnen eine CD-ROM, sodass die Speicherkarten wieder frei werden. Trotzdem die Empfehlung: Nehmen Sie genügend Speicherkarten mit! Laden Sie die Akkus immer rechtzeitig (Fahrzeugadapter und Steckdosenadapter mitnehmen!) und nehmen Sie Ersatzakkus mit. Günstige Angebote hierfür sind bei Ebay erhältlich. Bewährt haben sich zum Abspeichern der Karten außerdem tragbare Festplattenspeicher (z.B. von Jobo, www.jobo.com), die daneben ein komfortables Betrachten auf einem etwas größeren LCD-Schirm ermöglichen.

Es versteht sich von selbst, dass Menschen, insbesondere die Ureinwohner des Landes, nur nach vorherigem Fragen fotografiert oder gefilmt werden dürfen – Voyeurismus mit der Kamera ist fehl am Platze!

▶   **Frachtschiffreisen**

Für Reisende mit wirklich viel Reisezeit oder ausgeprägter Flugangst besteht per Frachtschiff die Möglichkeit, auf dem Seeweg nach Australien zu gelangen. Allerdings sind

Frachtschiffpassagen keine Billigreisen – der Tagessatz liegt bei rund 100 bis 300 €. Auf einem Frachter dürfen maximal 12 Passagiere reisen, denn es ist kein Arzt an Bord. Um die erforderlichen Visa muss sich der Passagier selbst kümmern. Der Zeitplan der Reise kann nicht immer garantiert werden, häufig verzögert sich die Reise aufgrund von Streikaktionen in Häfen u.Ä.

 Informationen sind bei folgenden Stellen erhältlich:
www.nsb-frachtschiffreisen.de, www.internaves.de und andere

▶ **Fußgänger**

Fußgänger (*Pedestrians*) haben in Australien an Zebrastreifen grundsätzlich Vorrecht, und jeder Autofahrer hält sich daran. In allen größeren Städten gibt es Fußgängerzonen, die gleichzeitig auch die Haupteinkaufsstraßen darstellen.

> **Merke!**
> *Zuerst rechts schauen, dann links!*

vgl. auch Stichwort „WANDERN"

G

▶ **Gästefarmen**

Wer das typisch australische Landleben kennen lernen und dem Trubel der Stadt entfliehen will, für den mag der Aufenthalt auf einer bewirtschafteten Farm (als *Farmhost*) das Richtige sein. Gäste müssen natürlich nicht arbeiten und leben in komfortablen Zimmern. Die Palette erstreckt sich von einfachen bis zu recht komfortablen Unterkünften, in der Größe von kleinen Höfen in den Küstenregionen bis zu riesigen Outback-Stations. Viele der Farmen bieten ihren Besuchern ein breites Programm an Urlaubsaktivitäten: Reiten, Buschwanderungen, Tierbeobachtungen, Angeln, Tennis usw. Der Tagespreis liegt bei 70 bis 180 A$ pro Person und schließt Unterkunft, Verpflegung und Aktivitäten ein. Die Anreise bzw. der Transfer können auf Anfrage meist organisiert werden.

Die Möglichkeit, als Gast in einer Familie zu wohnen, gibt es ebenfalls. Normalerweise ähnelt das dem aus Großbritannien bekannten *Bed-&-Breakfast-Häusern*.

 Information
www.australiafarmhost.com, www.bnbnq.com.au

▶ **Geld**

Welche Geldmittel sind empfehlenswert?
• **Bargeld:** Ein geringer Geldbetrag sollte bereits in Europa in Australische Dollar (A$) getauscht werden, um nach Ankunft in Australien „flüssig" zu sein (Taxi oder Bustransfer vom Flughafen zum Hotel).
• **Kreditkarte:** Für die Anmietung von Mietwagen und Camper ist eine Kreditkarte zwingend notwendig. Diese kann auch für Einkäufe aller Art (Supermärkte, Tankstellen,

Hotels, Restaurants etc.) verwandt werden. Die am meisten verbreiteten Kreditkarten sind Visa und Mastercard/Eurocard. An Bankautomaten kann mit der Kreditkarte plus Geheimzahl Geld abgehoben werden, was meist mit Gebühren verbunden ist. Bei Zahlung mit Kreditkarte wird man meist gefragt: *Credit or Savings?* Sie müssen dann *Credit* antworten, da Sie ja über kein Guthabenkonto (Sparbuch) in Australien verfügen.

- **Maestro-Karte (EC-Karte):** An fast allen Bankautomaten kann mit der EC-Karte + Geheimzahl Bargeld abgehoben werden. Dazu muss meist die Taste „Credit Card" gedrückt werden, obwohl es sich nicht um eine solche handelt. Die Gebühren sind günstiger als beim Bargeldabheben mit einer Kreditkarte, allerdings erfolgt die Belastung des Kontos sofort. Es empfiehlt sich, immer gleich größere Beträge abzuheben, da die Gebühren pro Abhebung anfallen. Kunden der *Deutschen Bank* heben bei *Westpac* ohne Gebühren ab.
- **Reiseschecks:** Weitere Geldmittel können in Form von A$-Reiseschecks mitgeführt werden – sie können jederzeit in Banken zu Bargeld getauscht werden. Reiseschecks werden bei Verlust ersetzt und stellen deshalb ein sichereres Zahlungsmittel als Bargeld dar. Die Einlösung von Reiseschecks in Banken ist meist mit einer Gebühr verbunden, die Post tauscht teilweise ohne Gebühren ein. Aufgrund dieser Einschränkungen und der Möglichkeit, Bargeld per Maestro-Karte zu holen, ist der Reisescheck an sich ein Auslaufmodell.

vgl. auch Stichwörter „BANKEN", „DEVISEN", „KREDITKARTEN" und „WÄHRUNG"

▶ **Gesundheit**

Die **medizinische Versorgung** ist modern und flächendeckend. Ärzte und Zahnärzte sind hoch qualifiziert, und die Krankenhäuser sind gut ausgerüstet. In den abgelegenen Gebieten hilft der gemeinnützige *Royal Flying Doctor Service*, der den Arzt per Flugzeug zum Kranken befördert. Die Australier sind durch die staatliche Gesundheitsorganisation *Medicare* versichert.

- **Krankenversicherung:** Leider besteht zwischen *Medicare* und den deutschen Krankenversicherern kein Abkommen, d. h., der Abschluss einer **Reisekranken- und Reiseunfallversicherung** ist notwendig und empfehlenswert! Für nicht Versicherte kann der Besuch beim Arzt oder der Aufenthalt in einem Krankenhaus zur kostspieligen Angelegenheit werden.
- **Medikamente** sind in den Apotheken (*Chemists, Pharmacies*), teilweise auch in Supermärkten erhältlich. Bestimmte Medikamente werden nur auf Rezept eines zugelassenen australischen Arztes ausgegeben.
- **Mückenschutz:** Schützen Sie sich vor Stechmücken (Moskitos, Sandfliegen), da diese möglicherweise Krankheiten übertragen können. Hotelzimmer und Wohnmobile verfügen meist über fest installierte Moskitonetze, Zelte ebenfalls. Tragen Sie in der Dämmerung langärmelige, helle Kleidung und tragen Sie Insektenschutzmittel auf freie Hautflächen auf. *Insect Repellants* sind in jedem Supermarkt und Drogerien erhältlich (gut und wirksam ist das Produkt *Rid*). Gegen die Fliegen im Outback hilft entweder das Mittel *Aerogard* oder ein Fliegennetz, das man sich über den Kopf streift.
- **Sonnenschutz:** Die UV-Strahlung der Sonne wirkt aufgrund des südpolaren Ozonlochs selbst bei bedecktem Himmel in erhöhtem Maße. Wegen seiner hellhäutigen Bevölkerung hat Australien zusammen mit Neuseeland die höchste Hautkrebsrate der

Welt. Sonnenschutzmittel ist ein absolutes Muss in Australien und sollte stets reichlich und regelmäßig aufgetragen werden. Sonnencreme mit dem hohen Schutzfaktor 15+ ist in Australien preisgünstiger als in Europa. Zusätzlich sind bedeckende Kleidung (T-Shirt oder bei empfindlicher Haut langarmiges Hemd), Sonnenhut mit breiter Krempe (ideal ist der australische Akubra-Hut) und eine gute Sonnenbrille ratsam.

• **Wasser:** Wegen der großen Hitze und des entstehenden Flüssigkeitsverlustes muss viel getrunken werden. Auf Wanderungen und auch im Auto sollte stets ein ausreichender Wasservorrat mitgeführt werden. Wasser kann fast überall, wo nicht ausdrückliche Hinweise dies verbieten, aus der Leitung getrunken werden.

• **Rauchen** ist in öffentlichen Gebäuden häufig verboten, ebenso auf Inlandflügen und in Bussen. Zuwiderhandlungen kosten bis zu A$ 500 Strafe. Auch die Langstreckenflüge nach Australien sind bei den meisten Airlines rauchfrei. Starken Rauchern sei die Mitnahme von Nikotinpräparaten empfohlen (Pflaster, Kaugummi).

• **Schlangen:** In Australien leben einige der giftigsten Schlangenarten der Welt. Die Gefahr, gebissen zu werden, wird jedoch meist überschätzt. Schlangen sind sehr scheue Tiere und fliehen aufgrund der Bodenerschütterung vor den Menschen. Sollte es trotzdem zu einer Begegnung oder gar einem Biss kommen: Prägen Sie sich das Aussehen der Schlange ein, desinfizieren Sie die Wunde (nicht aussaugen!), Bissregion (Arm, Bein) ruhig stellen und möglichst schnell ärztliche Hilfe aufsuchen. Bei Wanderungen gilt: Festes Schuhwerk tragen, laut und damit fest auftreten und Vorsicht bei Felsspalten, dunklen Wegen und Steinhaufen walten lassen. Nachts sollte eine Taschenlampe benutzt werden.

> ☞ **Achtung!**
> Bisswunde nicht aussaugen!

• **Umgang mit der Hitze:** Der menschliche Körper benötigt eine gewisse Zeit, um sich den klimatischen Bedingungen in Australien anzupassen. Mit der Zeit werden die Schweißdrüsen trainiert, mehr zu produzieren und Salz zu sparen. Der Kreislauf lernt, größere Mengen Wasser aus dem Magen-Darm-Trakt aufzunehmen und es zu den Schweißdrüsen zu transportieren, wo es zur Kühlung des Körpers verdunstet. Untrainierte, dicke Menschen vertragen Hitze i.d.R. schlechter und brauchen eine längere Zeit der Anpassung. Die durch das Schwitzen verlorene Flüssigkeit muss unbedingt wieder ersetzt werden. Durst ist dabei nur ein unvollständiger Hinweis auf den tatsächlichen Wasserbedarf. Trinken Sie über den Durst hinaus, bis eine deutliche Hellfärbung des Urins zu beobachten ist. Dunkler, konzentrierter Urin ist ein Anzeichen für unzureichende Wasserversorgung. Vor dem Genuss von Alkohol ist in den Tropen zu warnen, da dieser zusätzlich dehydriert.

• **Impfempfehlung:** Generell ist eine Auffrischung von Tetanus, Diphtherie und Polio zu empfehlen, falls dies nicht innerhalb der letzten 10 Jahre erfolgte. Bei ausgedehnten Rundreisen sollte eine Hepatitis A Impfung durchgeführt werden. Infektionen durch das Denguefieber, einer durch Moskitos übertragenen Arbovirus-Erkrankung, haben in den letzten Jahren zugenommen. Ross-River-Fieber kommt in Westaustralien vor, gehäuft in den Monaten Mai und Juni. Bei dieser Erkrankung handelt es sich wie beim Denguefieber um eine Arbovirus-Infektion mit guter Prognose. Bei Unwohlsein und Fieber suchen Sie in den tropischen Regionen Australiens möglichst schnell einen Arzt auf. Aktuelle Hinweise: www.travelmed.de.

• **Thrombosegefahr auf Langstreckenflügen:** Raucher, Übergewichtige, Bluthochdruck-Patienten und Frauen, welche die Pille einnehmen, sind gefährdete Zielgruppen. Einfache Vorsichtsmaßnahmen helfen, die Gefahr von Beinthrombosen zu vermeiden: viel Flüssigkeit während des Fluges trinken (Wasser), möglichst wenig Alkohol, möglichst viel

Bewegung (Aufstehen, Anspannungsübungen der Muskulatur), evtl. Kompressionsstrümpfe tragen. Weitere Prophylaxemaßnahmen (z.B. Einnahme von Blut verdünnenden Medikamenten) sollten Sie mit Ihrem Hausarzt besprechen.

• **Ohrendruck:** Während des Fluges herrscht in der Kabine ein Luftdruck wie in 2.500 bis 3.000 Meter ü.d.M. Linderung für empfindliche Ohren bei der Landung verschaffen „Earplanes": Die Ohrstöpsel werden ein halbe Stunde vor der Landung eingesetzt und haben ein Ventil, welches Luftdruckveränderungen ausgleicht. Erhältlich in Apotheken für € 7,98, www.earplanes.de.

INFO **Jet Lag**

Jeder Mensch folgt seiner inneren Uhr. Der Organismus des Menschen ist in vielen Bereichen so aufgebaut, dass er einem bestimmten Rhythmus folgt, der sich jeden Tag wiederholt. Bei einem Flug über mehrere Zeitzonen wird der biologische Rhythmus deutlich durcheinander gebracht. Die gesundheitlichen Auswirkungen haben sogar einen eigenen Namen, denn Jet Lag. „Lag" heißt übersetzt so viel wie „Zeitunterschied, Rückstand oder Verzögerung". Bei Flugreisen, bei denen Reisende an ihrem Zielort einen anderen Hell-Dunkel-Rhythmus haben, kommt es deshalb in den meisten Fällen zu „Meinungsverschiedenheiten" zwischen der inneren Uhr und dem örtlichen Tagesablauf. Bei einem Flug nach Australien rechnet man mit 4–7 Tagen Anpassung, bis sich ein normaler Tagesrhythmus wieder eingestellt hat. Typisch in dieser Zeit: Mitten am Tag ist man müde und nachts hellwach. Der Appetit stellt sich nicht zu den ortsüblichen Essenszeiten ein. Verdauungsprobleme (auch eine Folge des langen Sitzens!), Konzentrationsschwäche und Gereiztheit können weitere Symptome sein. Interessant ist, dass bei Flügen nach Osten die Jet-Lag-Symptome stärker auftreten als bei Flügen nach Westen. Das liegt daran, dass bei Westflügen (z.B. Deutschland – USA) der Tag verlängert wird. Damit wird die innere Uhr leichter fertig als mit einer Verkürzung des Tages.

Linderung verschaffen folgende Tipps: Vor dem Abflug in Richtung Osten einige Tage vorher ein bis zwei Stunden früher zu Bett gehen als üblich. Das verschiebt die Schlafphase nach vorne. In Australien das Sonnenlicht nutzen: Gehen Sie tagsüber so lange wie möglich nach draußen. Das senkt den Melatoninspiegel wirksam ab und hilft, die Tagesmüdigkeit zu bewältigen. Verzichten Sie in der Umstellungszeit auf den Mittagsschlaf und bleiben Sie wach, auch wenn Sie müde sind. Legen Sie dafür eine Erholungspause ein. Stellen Sie schon während des Fluges Ihre Uhr auf die Ortszeit des Zielortes ein. Passen Sie auch Ihre Mahlzeiten schon während des Fluges an die am Zielort übliche Abfolge an. Ein umfangreiches Essen im Flugzeug nur dann einnehmen, wenn auch am Zielort „Essenszeit" ist. Wer außer der Reihe Hunger verspürt, sollte nur einen kleinen Happen essen und lieber mehr Wasser (keinen Alkohol) trinken. Von Medikamenten, welche die Auswirkungen der Zeitverschiebung verhindern oder abmildern sollen, muss abgeraten werden. Künstlich hergestellte Müdigkeit oder Wachheit bringt keinen nachhaltigen Erfolg.

▶   **Getränke**

• **Bier** ist *das* Nationalgetränk der Australier. Jeder Staat hat *seine* Marke, dementsprechend wird es verteidigt und getrunken: Die Australier stehen den Deutschen im Bierkonsum in nichts nach, er scheint wegen der massenhaft anfallenden Bierdosen sogar noch offensichtlicher. Bekannte Biersorten sind *Fosters* (überregional), *Victoria Bitter* („VB" aus VIC), *XXXX* (*Four Ex* aus QLD), *Swans* (WA), *Tooheys* (NSW), *Emu* (SA) und viele Sorten mehr. Bier wird zumeist in Kartons zu 12 oder 24 Dosen oder Flaschen verkauft. Kleine Flaschen heißen *Stubbies* und haben einen abdrehbaren Kronkorken.

> ☞ **Alkohol**
>
> *Alkoholische Getränke sind nur in lizensierten Restaurants, Pubs und Bottle Shops erhältlich.*

• **Australischer Wein** kommt aus den traditionellen Weinanbaugebieten Südaustralien (Barossa Valley), New South Wales (Hunter Valley), Victoria (Yarra Valley), Western Australia (Swan Valley) und Tasmanien (Huon Valley). In rund 500 Betrieben werden Rot- und Weißweine, Portweine und Sekt gekeltert. Kostenlose Weinproben werden bei vielen Weinbaubetrieben (*Winery* oder *Vineyard*) angeboten. Neben den traditionellen Weinen gibt es den bekannten Apfelwein (*Cider*), der mit oder ohne Alkohol hergestellt wird.

• An **nichtalkoholischen Getränken** werden Säfte (Zitrusfrüchte, Mango, Apfel, Trauben), Limonaden und Cola angeboten. Erwähnenswert ist Fruchtsirup (*Cordial*) in verschiedenen Geschmacksrichtungen, der mit Wasser verdünnt wird. Getränkepulver eignet sich ebenfalls hervorragend zum geschmacklichen Aufpeppen von Wasser.

Ein Pfandsystem für Getränkedosen existiert bislang nur in South Australia (5 Cent pro Dose). Recycling oder Mehrweg sind ansonsten Fremdwörter.

▶   **Golf**

Golf ist Volkssport in Australien und dementsprechend verbreitet. Auf zahlreichen öffentlichen Golfplätzen kann gegen eine geringe *Green Fees* gespielt werden und Ausrüstung geliehen werden. Mit einem Mitgliedsausweis oder Schreiben des heimischen Clubs erhält man zuweilen auch in private oder exklusive Clubs Zutritt. Speziell in Queensland gibt es hervorragende Anlagen. Informationen erteilen lokale Fremdenverkehrsämter oder Reiseveranstalter.

H

▶   **Heiraten**

Die Australienreise mit Hochzeit und *Honeymoon* zu verbinden, wird immer populärer. Das Prozedere zum Heiraten in Australien ist relativ einfach. Jeder anerkannte *Celebrant of Marriage* kann in Australien Hochzeiten auch für Ausländer vornehmen. Er muss dazu mindestens 4 Wochen im Voraus kontaktiert werden. Eine Liste der *Celebrants* ist gegen Rückporto über die Botschaft oder das Fremdenverkehrsamt der jeweiligen Stadt erhältlich. Gute Reiseveranstalter schnüren Ihnen Ihr individuelles Hochzeitspaket und übernehmen den „Papierkram" für Sie.

I

▶ **Inlandsflüge**

Ohne das dichte inneraustralische Flugnetz wäre so manche Australienreise kaum durchzuführen. Fast alle größeren und kleineren Städte sind miteinander regelmäßig, oft sogar mehrmals pro Tag verbunden. **Qantas** mit der Tochtergesellschaft **Jetstar** hat auf bestimmten Strecken ein „Fast-Monopol". Daraus resultieren Engpässe am Flugmarkt, insbesondere auf den bei Touristen beliebten Strecken in Richtung Rotes Zentrum (Sydney – Alice Springs/Ayers Rock – Cairns). Die Fluggesellschaft **Virgin Blue** hat sich auf vielen Strecken zu einem ernsthaften Konkurrenten der Qantas entwickelt.

In Zusammenhang mit einem internationalen Flugschein von Qantas oder dem Allianzpartner Cathay Pacific werden vergünstigte Inlandsflüge angeboten. Hierbei muss die Buchung aller Strecken vorab und zusammen mit dem Langstreckenticket erfolgen.

Internet-Buchung: Qantas, Jetstar und Virgin Blue bieten im Internet teilweise sehr günstige Tarife für typische „Rennstrecken" (z.B. Sydney – Melbourne) an. Doch Vorsicht: Die billigsten Tarife sind nicht umbuchbar und nicht erstattungsfähig. Der Betrag wird sofort von Ihrer Kreditkarte abgebucht! Änderungen sind nicht möglich, d. h., Ihr Ticket verfällt (100 % Stornokosten) bei einer Änderung oder einem verpassten Flug. Allzu leicht geht hier Geld verloren! Es empfiehlt sich die Reservierung aller Strecken *vor Abflug* nach Australien.

Reservierung: **Qantas**   Tel. 13 13 13, www.qantas.com.au
                    Jetstar   Tel. 13 15 38, www.jetstar.com
                    Virgin Blue Tel. 13 67 89, www.virginblue.com.au

Hinweise
• *Die Flughäfen von* **Sydney, Melbourne, Brisbane und Perth** *verfügen über einen internationalen und nationalen Terminal, die voneinander getrennt liegen. Dem Taxi- oder Busfahrer muss deshalb angegeben werden, um welchen Flug es sich handelt. Qantas-Flugnummern QF 001 bis QF 399 sind internationale Flüge (Abflug und Ankunft beim „International Terminal"), QF 400 und darüber sind nationale Flüge (Abflug und Ankunft beim „Domestic Terminal"). Der Wechsel von Domestic zu International und umgekehrt sollte mit mindestens 90 Minuten kalkuliert werden (inkl. Check-in-Zeit).*
Jetstar Flüge (Qantas-Tochter) können national oder international sein. **Virgin Blue** *Flüge starten immer von den Domestic Terminals.*
• *Finden Sie sich 60 bis 90 Minuten vor Abflug am Flughafen ein. Insbesondere in den Metropolen Sydney und Melbourne muss beim Check-in teilweise mit erheblichen Wartezeiten gerechnet werden!*
• *Auch wenn eine Rückbestätigung (Reconfirmation) nicht zwingend gefordert ist: Im Falle von Flugzeitänderungen ist sie garantiert hilfreich.*
Nutzen Sie die praktischen **Check-In Automaten.** *Geben Sie dort Ihren Namen und Buchungscode („Filekey" der Buchung) ein und Sie erhalten daraufhin Ihre Bordkarte. Ihr Gepäck geben Sie an einem speziellen Gepäckschalter auf. Sie ersparen sich dadurch das Warten an den regulären Check-In-Schaltern.*

Inlandsflüge

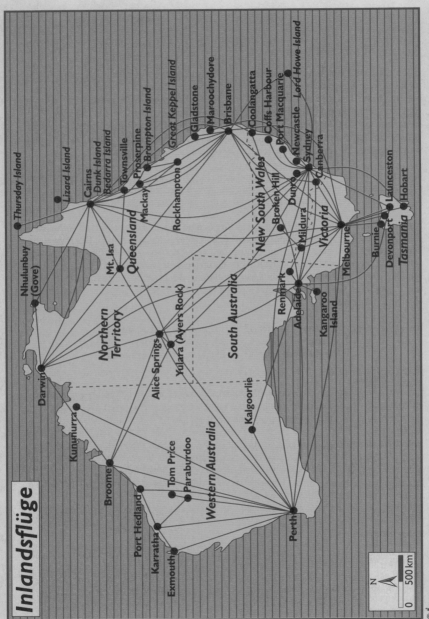

▶   **Internet**

Australien ist im World Wide Web mit Millionen von Seiten präsent. Zur ergänzenden Reiseplanung (z.B. „Wie lautet das Programm der Sydney Opera im Juli?") empfiehlt sich der Blick in das Internet. Im allgemeinen Teil dieses Reise-Handbuchs finden Sie die wichtigsten Internetadressen von Fremdenverkehrsämtern, Informationsstellen, Autoclubs usw. aufgeführt.

Buchung und Zahlung über das Internet:
Bitte beachten Sie, dass Sie bei der Buchung von Reiseleistungen über das Internet *Risiken bezüglich der Zahlungsabwicklung* eingehen. Dies gilt vor allem dann, wenn Sie Reiseleistungen direkt in Australien buchen. Meist wird Ihnen der komplette Betrag von der Kreditkarte *sofort abgebucht*, egal ob Sie morgen oder in 10 Monaten reisen. Im Falle einer Stornierung kann es dann schwer oder gar unmöglich werden, das Geld zurückzuerhalten. Wer seine Kreditkartendaten leichtfertig über das Internet übermittelt, handelt immer dann riskant, wenn die Daten nicht verschlüsselt versendet werden.

☞ *Tipp*
Nutzen Sie das Internet in erster Linie als Informationsquelle. Der heimische Reiseveranstalter bucht Ihnen gerne die gewünschte Leistung. Ihr Geld ist dann gemäß den strengen europäischen Reisegesetzen abgesichert.
*Verlangen Sie zusammen mit jeder Bestätigung einen **Reisepreis-Sicherungsschein**. Dieser sichert Ihre Zahlung im Falle der Insolvenz des Reiseveranstalters.*
Falls Sie trotzdem gerne direkt im Internet buchen: Fragen Sie Ihren australischen Leistungsträger ruhig einmal, wie Ihre Zahlung „in case of bankruptcy" (Insolvenz) abgesichert ist! Australische Anbieter haben keinerlei Sicherungsverpflichtung wie beispielsweise deutsche, österreichische oder Schweizer Reiseveranstalter!

E-Mail: Die meisten Hotels verfügen mittlerweile über einen Internetzugang für die Gäste, teilweise auf jedem Zimmer. Höchst populär (und deutlich günstiger) sind Internetcafés in den Städten. Von dort kann jeder den Lieben daheim seine Eindrücke von Down Under mailen. Preis pro Stunde: ca. A\$ 6. Eine Gratis-E-Mail-Adresse können Sie sich z.B. unter www.web.de oder www.gmx.de anlegen.

Nachrichten aus der Heimat erhalten Sie unter www.spiegel.de, www.networld.at, www.swissinfo.org und anderen Nachrichtenportalen.

J

▶   **Jobben**

Ohne offizielles *Work Permit* oder *Working Holiday Visa* (siehe Stichwort „Einreise") darf nicht gearbeitet werden. Beliebte Beschäftigungen sind die des Erntehelfers (Wein, Obst usw.) oder Kellners in den Touristenzentren. Die besten Tipps kursieren üblicherweise in den Backpacker-Hostels und Jugendherbergen *(s.a. Literaturverzeichnis)*.

▶   **Jugendherbergen**

Es gibt 152 **Youth Hostels** in Australien, die der *Youth Hostel Association* (**YHA**) angegliedert sind. Um zu übernachten, benötigt man die Mitgliedschaft im Internationalen Jugendherbergswerk. Wer über keinen JH-Ausweis verfügt, kann in Australien eine YHA-Mitgliedschaft in jeder Jugendherberge erwerben. Das Alter spielt dabei keine Rolle. Mit einem Jugendherbergsausweis kommt man außerdem in den Genuss von Preisnachlässen, z.B. bei Bustickets. Übernachtungen kosten für Mitglieder 18 bis 50 A$ (je nach Lage und Zimmerkategorie), Nichtmitglieder zahlen ein paar Dollar mehr. Die Ausstattung der Häuser ist mittlerweile sehr gut: Mehrbett-, Doppel- und Einzelzimmer, Küche, gemeinschaftliche Sanitärräume und Waschmaschinen sind die Regel. Die Öffnungszeiten sind flexibel geregelt, eine Folge der starken Backpacker-Hostel-Konkurrenz.

> **ℹ   Information**
>
> *Ein Verzeichnis der australischen Jugendherbergen ist be YHA Australia (www.yha.com.au) oder in jeder australischen Jugendherberge erhältlich.*

Neben der YHA unterhalten die **YMCA** (*Young Men's Christian Association*) und die **YWCA** (*Young Women's Christian Association*) Herbergen in den größeren Städten. Mitgliedern werden günstigere Übernachtungstarife geboten.

vgl. auch Stichwörter „BACKPACKER" und „BUSREISEN"

K

▶   **Karten und Navigation**

Eine grobe Übersichtskarte ist diesem Reisehandbuch beigefügt. Detailliertes Kartenmaterial und Reiseatlanten von *Hema Maps* (www.hemamaps.com.au, in Deutschland: www.hemamaps.de) sind in Buchläden, Fremdenverkehrsämtern und bei den Büros der Automobilklubs erhältlich. Mitglieder des ADAC, ÖAMTC und TCS erhalten gegen Vorlage des gültigen Mitgliedsausweises bei den Filialen des Autoklubs kostenlose bzw. reduzierte Landkarten und Atlanten.

Ein GPS-System (Global-Positioning-System) mit allen Outbackpisten und Routen wird ebenfalls von Hema angeboten. Der Reiseveranstalter Karawane Reisen (www.karawane.de) bietet dieses zur Miete an. Die in vielen Mietwagen und Wohnmobilen installierten Navis zeigen indes nur die Hauptrouten und Stadtpläne an, was natürlich für viele Reisende auch ausreichend ist. Eventuell kann auch Ihr eigenes und tragbares Navigationssystem mit australischen Landkarten gefüttert werden.

▶   **Kinder**

Australien lässt sich mit Kindern ausgezeichnet bereisen und erleben, wenn man einige Hinweise zum **Reisen mit Kindern** beachtet:
•   Den Langstreckenflug verkraften die Kleinen meist besser als Erwachsene. Achten Sie auf kurze Flug- und Umsteigezeiten. Ein Flug nach Perth oder Darwin ist mit 12 plus

4,5 Stunden nicht unbedingt lang! Die Zeiten, in den man 30 Stunden unterwegs war, sind bei guter Planung vorbei. Kinder finden den Flug dank der Unterhaltungsprogramme an jedem Sitzplatz (*inseat-video*, mittlerweile bei Qantas, Malaysia Airlines, Cathay Pacific, Singapore Airlines, Lauda Air und Emirates Standard) recht kurzweilig.

• Kinder erhalten bei Langstreckenflügen bis zum Alter von zwei Jahren 90 Prozent Ermäßigung (ohne Sitzplatzanspruch!), von 2 bis 12 Jahren 25–33 Prozent Ermäßigung.

• Die Zeitumstellung wird dann am besten verkraftet, wenn man seinen normalen Tagesrhythmus weiterlebt. Dazu muss man die Kinder am ersten Tag „zwingen", wach zu bleiben und trotz heftiger Müdigkeit erst z.B. um 20 Uhr (australischer Zeit) ins Bett zu gehen.

• In Hotels schlafen Kinder bis 12 oder 14 Jahren im Zimmer der Eltern meist kostenlos.

• Reisen im Wohnmobil macht Kindern Freude. Ein täglicher „Ortswechsel" wird vermieden und die Kinder gewöhnen sich schnell an diese Art des Reisens. Tagesetappen sollten 300 km nicht überschreiten! Reisende berichten von guten Erfolgen über „ruhiggestellte Kinder" durch die Mitnahme von tragbaren DVD-Spielern und einigen DVD-Filmen.

• Englischsprachig geführte Touren helfen Schulkindern, ihre Englischkenntnisse zu verbessern!

• Kleine Kinder sollten nicht unbeaufsichtigt „in die Büsche" gehen. Sie könnten dabei über Schlangen stolpern, die ihre leichten Schritte nicht wahrgenommen haben.

• Kinder lieben australische Tierparks mit Koalas, Kängurus und Krokodilen!

• Das Gesundheitswesen und die Nahrungsmittel sind mit unseren vergleichbar. Es gibt in Australien nichts, was es bei uns nicht auch geben würde (und umgekehrt), inklusive Nutella.

▶ **Kleidung**

• **Kleidung:** Reisen Sie in den australischen Sommer, so sollte Ihre Kleidung leicht und leger sein. Am besten eignet sich luftige Baumwollbekleidung. Synthetikkleidung (sog. Funktionswäsche) trocknet zwar schnell, neigt aber zu unangenehmer Geruchsbildung. Kurze Hosen sind in der Hitze fast unumgänglich. Praktisch sind sog. Zip-off-Hosen, bei denen sich die Hosenbeine

> **Tipp**
>
> *Ein guter Outdoor-Ausrüster ist z.B. Globetrotter in Hamburg (www.globetrotter.de).*

per Reißverschluss abnehmen lassen. Ein leichter Regenschutz sollte nicht fehlen. Im australischen Winter und im Süden gehören ein warmer Pullover und eine wind- und wasserfeste Jacke in das Reisegepäck. Moskitodichtes Gewebe für Hosen und Hemden (z.B. G1000-Gewebe von Fjällräven) ist ein sagenhafter Mückenschutz. Eine besondere **Abendgarderobe** ist in Australien kaum jemals notwendig, jedoch sollten in Restaurants lange Hosen und Halbschuhe getragen werden. In guten Restaurants, Casinos, der Sydney Oper, Bars und Nachtklubs ist gepflegte Kleidung Pflicht. Mit kurzen Hosen, verstaubter Outback-Kleidung und Sandalen sind Sie fehl am Platze.

• **Schuhe:** Für Wanderungen genügen normalerweise leichte Wanderschuhe. Lassen Sie Ihre schweren Trekkingstiefel daheim, wenn Sie nicht gerade einen Fernwanderweg auf Tasmanien in Angriff nehmen wollen! Wenn es warm ist, sind bequeme Sandalen, Laufschuhe oder Badeschlappen das häufiger gebrauchte Schuhwerk.

• **Sonnenschutz:** Vor der Sonne schützt ein breitkrempiger Hut, wie z.B. der australische Akubra Hat, am besten – er ist außerdem ein beliebtes Souvenir.

▶   **Kreditkarten**

Sperrung von Karten:
Wer Kreditkarte, ec-Karte oder das Handy verliert, kann seit 1. Juli 2005 die zentrale Sperrnummer 116116 anrufen. Aus dem Ausland ist die Nummer mit der internationalen Landesvorwahl erreichbar. Der Service gilt rund um die Uhr. Die Anrufe werden von Callcenter-Mitarbeitern entgegen genommen. Zunächst erstellen sie gemeinsam mit dem Anrufer eine Liste der gestohlenen oder verlorenen Karten. Anschließend verbinden sie den Anrufer nacheinander mit den Sperrdiensten der Kartenherausgeber. Damit ein Missbrauch ausgeschlossen ist, müssen sich die Anrufer gegenüber den jeweiligen Kartenherausgebern legitimieren. Das geschieht durch dort gespeicherte persönliche Daten.

Bislang haben sich nur die Sparkassen, American Express sowie die Volks- und Raiffeisenbanken dem neuen Service angeschlossen. Die privaten Banken warten zunächst noch ab. Kunden von Banken wie der Dresdner Bank, SEB Bank oder der Deutschen Bank nützt der neue Service daher noch nichts. Sie können ihre ec-Karten weiter unter der einheitlichen Nummer 01805/021021 sperren lassen. Für Kreditkarten und Handy gelten je nach Unternehmen unterschiedliche Sperrnummern.

Im Falle des Kartenverlustes sollte sofort eine der folgenden Nummern benachrichtigt werden:
American Express Tel. 1-800 230 100   Visa   Tel. 1-800 805 341
Mastercard   Tel. 1-800 120 113   Diners Club   Tel. 1-300 360 060

Hinterlegen Sie für alle Fälle daheim eine Kopie Ihrer Kreditkarte, der Reisepässe und Handy-Daten. So können Bekannte notfalls von daheim aus weiterhelfen.

Tipp
Geben Sie Ihre Kreditkarte nie unbeaufsichtigt aus Ihren Händen. Dies gilt vor allem für die Bezahlung in Restaurants – weltweit, auch in Australien, sind dadurch Betrugsfälle bekannt geworden. Ebenso sorgsam sollte die Kreditkarte im Internet eingesetzt werden (achten Sie hier auf die verschlüsselte Übertragung der Daten!).

M

▶   **Maßeinheiten**

Australien verwendet das metrische System, d. h., Kilometer-, Gewichts-, Mengen- und Temperaturangaben sind uns geläufig. Im Sprachgebrauch werden aber teilweise noch die alten Einheiten *feet, miles, pounds, pints* und *Fahrenheit* verwendet.

1 Meter = 3,28 feet   1 Liter = 1,8 pints
1 Kilometer = 0,62 miles   0° Celsius = 32° Fahrenheit
1 Kilogramm = 2,2 pounds

▶ Motorräder

Reisen mit dem Motorrad erfreut sich in Australien zunehmender Beliebtheit. Dabei ist grundsätzlich eine geländegängige Enduro dem reinen Straßenmotorrad vorzuziehen. Die persönliche Ausrüstung (Helm, Bekleidung, Tankrucksack) sollte von zu Hause mitgenommen werden. Erfahrung im Umgang mit Motorrädern (technisches Verständnis, Fahrpraxis etc.) muss vorhanden sein.

• **Kauf:** Für den Kauf eines Motorrads gilt im Wesentlichen dasselbe wie für den „AUTOKAUF". Hierzu bieten Händler und der private Markt in den großen Städten ein gutes Angebot. Beim Kauf von anderen Reisenden können evtl. Ausrüstungsgegenstände vom Vorbesitzer übernommen werden.

• **Mieten:** Leihmotorräder sind relativ selten, unterliegen meist einem Kilometerlimit und müssen bei der Ausgangsstation zurückgegeben werden. Einwegmieten werden nur von wenigen Vermietern angeboten und sind mit hohen Rückführgebühren verbunden. Normalerweise sind Mietmotorräder teurer als der günstigste Mietwagen. Ihr Zustand sollte genau geprüft werden, insbesondere Reifen, Bremsen, Kette, Ölstand und Batterie.

• **Verschiffung:** Die billigste Möglichkeit, sein eigenes Motorrad nach Australien zu bringen, ist die Verschiffung. Sie dauert i.d.R. 6 Wochen. Neben dem internationalen Führerschein und der Zulassung benötigt man ein *Carnet de Passage*, das der ADAC (bei Mitgliedschaft) für ca. € 200 ausstellt. Das Motorrad muss zum Schutz vor Diebstahl und Beschädigung möglichst kompakt in eine Holzkiste verpackt werden. Der Frachtpreis richtet sich nach dem Volumen der Kiste. Bei geschickter Zerlegung kann z.B. eine BMW R 100 GS auf 1,5 m³ reduziert werden!

Über Tarife und Einzelheiten informieren die großen Speditionen, wie z.B. Hapag Lloyd oder Danzas. Tipps zum Motorradfahren in Australien findet man auf der umfassenden Website www.outback-guide.de.

N

▶ Nachtleben

Ein ausgeprägtes Nachtleben mit Theatern, Kinos, Musicals, Restaurants, Kneipen und Nachtklubs ist nur in den großen Metropolen des Landes zu finden. Die Nächte mit dem meisten Trubel sind freitags und samstags. Selbst in entlegenen Outback-Regionen sind dann die Pubs voll. Die Öffnungszeiten der Pubs sind von 11 Uhr bis 23 Uhr, sonntags wird früher geschlossen. Eine Fortsetzung des Nachtlebens findet in den Nachtklubs statt, die meist bis 4 Uhr geöffnet sind.

▶ Nationalparks

Der erste Nationalpark Australiens wurde bereits 1879 eröffnet (Royal National Park, NSW). Heute existieren über 2.000 Nationalparks, Wilderness Areas, State Parks, State Forests und State Reserves. Damit stehen insgesamt 814.000 km² unter Naturschutz (10,6 % der Landfläche). Viele davon sind weit von den großen Städten entfernt und können nur mit dem eigenen Fahrzeug angesteuert werden.

Im Schutzstatus steht der Nationalpark an oberster Stelle, wobei es auch hier unterschiedliche Einstufungen gibt und das System teilweise löchrig ist. So wird beispielsweise im Kakadu Nationalpark (NT) eine Uranmine betrieben, im D´Entrecasteaux NP (WA) industriell Sand gefördert. Untergeordnet sind z.B. State Forests, wo kontrollierter Holzabbau betrieben wird. Wilderness Areas bleiben vollkommen sich selbst überlassen, selbst Zufahrtsstraßen gibt es nur in sehr begrenztem Umfang.

Die bekanntesten Nationalparks im Überblick

New South Wales
- *Blue Mountain NP: Bergkette, Eukalyptuswälder (westlich von Sydney).*
- *Koskiusko NP: Alpines Hochland (südwestlich von Sydney).*
- *Mungo NP: Wüstenlandschaft, Aborigine-Archäologie (südlich von Broken Hill).*
- *Mutawintji NP: Wüstenlandschaft, Aborigine-Felsgravuren (nördl. von Broken Hill).*

Victoria
- *Alpine NP und Buffalo NP: Alpines Hochland (nordöstlich von Melbourne).*
- *Gariwerd NP (Grampians): Sandsteingebirge, Aborigine-Kultur (nordwestlich von Melbourne).*
- *Port Campbell NP (Great Ocean Rd.): Steilküste (südwestlich von Melbourne).*
- *Wilsons Promontory NP: Granitfelsen, Strände (südöstlich von Melbourne).*

Queensland
- *Great Barrier Reef Marine Park: Korallenriffe, Inseln und Tierwelt.*
- *Fraser Island NP: Sandinsel, Regenwälder, Strände (nördlich von Brisbane)*
- *Lamington NP: Gemäßigte Regenwälder (südwestlich von Brisbane).*
- *Eungella NP: Regenwälder, Tierwelt (nordwestlich von Mackay).*
- *Cape Tribulation NP: Tropische Regenwälder (nördlich von Cairns).*

Northern Territory
- *Uluru-Kata Tjuta NP (Ayers Rock und Olgas): Sandsteinfelsen, Aborigine-Kultur.*
- *West MacDonnell NP: Felsschluchten, Bergkette (westlich von Alice Springs).*
- *Nitmiluk NP (Katherine Gorge): Felsschlucht, Aborigine-Kultur (östlich von Katherine).*
- *Kakadu NP: Tierwelt, Aborigine-Kultur (westlich von Darwin).*

South Australia
- *Flinders Chase NP (Kangaroo Island): Küstenlandschaft, Tierwelt (südlich von Adelaide).*
- *Flinders Ranges NP: Berg- und Wüstenlandschaft, Tierwelt (nordöstlich von Port Augusta).*
- *Witjira NP: Artesische Quellen (südöstlich von Alice Springs).*

Western Australia
- *Cape Le Grande NP: Granitfelsen, Strände (westlich von Esperance)*
- *Walpole-Nornalup NP: Karriwälder (südöstlich von Perth).*
- *Nambung NP (Pinnacles): Kalksteinformationen, Dünen (nördlich von Perth).*
- *Kalbarri NP: Küstenlandschaft, Schluchten (nördlich von Geraldton).*
- *Cape Range NP/Ningaloo Marine Park: Korallenriff, Tierwelt (westlich von Exmouth).*
- *Karijini NP: Felsschluchten, Aborigine-Kultur (südlich von Port Hedland).*
- *Purnululu (Bungle Bungle NP): Felsformationen (südlich von Kununurra).*

Tasmania
- *Cradle Mt.-Lake St. Clair NP: Alpine Bergregion (westlich von Launceston).*
- *South West NP: Kühle Regenwälder, Wildnisgebiet (westlich von Hobart).*
- *Franklin-Lower Gordon Wild Rivers NP: Wildnisgebiet, Rafting (westlich von Hobart).*
- *Mt. William NP: Tierwelt, Strände (östlich von Launceston).*

12 Gebiete sind als **Welterbe der UNESCO** (*World Heritage Area*) ausgewiesen. Dies sind Willandra Lakes (NSW), Tasmanian Wilderness (TAS), Kakadu NP (NT), Uluru NP (NT), Lord Howe Island Group (NSW), Great Barrier Reef (QLD), Wet Tropics of Queensland (QLD), Central Eastern Rainforest Reserves (NSW u. QLD), Purnululu NP (WA), Shark Bay (WA), Fraser Island (QLD), Australian Fossil Mammal Sites Riversleigh (QLD) und Naracoorte (SA).

Der Zweck eines geschützten Gebiets liegt dabei nicht nur im Naturschutz, sondern auch in der gezielten Steuerung von Touristenströmen zur Bewahrung von Flora, Fauna und Kultur.

Informationen und Karten sind in den einzelnen Besucherzentren der Nationalparks (*Visitor Centre*) oder über folgende Adressen erhältlich:

NSW: www.npws.nsw.gov.au
QLD: www.envqld.gov.au
SA: www.dehaa.sa.gov.au
VIC: www.parkweb.vic.gov.au

NT: www.nt.gov.au
WA: www.calm.wa.gov.au
TAS: www.parks.tas.gov.au

▶ **Notfall**

Die landesweite Notrufnummer lautet 000 für Kran-
kenwagen, Feuerwehr und Polizei.

O

▶ **Outback-Safaris**

Als *Outback-Safari* oder *Camping-Safari* werden geführte Rundreisen in geländegängigen Fahrzeugen bezeichnet. In kleinen Gruppen reisen Sie unter einheimischer Führung in die entlegenen Gebiete des Kontinents. Das Angebot reicht von Tagesausflügen bis zu mehrwöchigen Expeditionen, wobei Reisen mit Hotel- oder Zeltübernachtung angeboten werden. Von den Teilnehmern werden gute Laune und, bei Zeltsafaris, eine Portion Eigeninitiative erwartet. Besonders beliebt sind Safaris im Zentrum (Red Centre), in Nordaustralien (Kimberley-Region, Darwin/Kakadu Nationalpark) und nach Cape York/QLD. Gefahren wird je nach Gruppengröße in Fahrzeugen vom Typ Toyota Landcruiser oder Allradbussen. Anbieter: *Sahara Outback Tours, Adventure Tours* u. a.

Tipp
Aufgrund der kleinen Gruppengröße und einer begrenzten Zahl von Abfahrtstermi-nen sollten Outback-Safaris bereits im Voraus gebucht werden.

P

▶   Post/Porto

Jede Stadt verfügt über ein Postamt, das i.d.R. von Montag bis Freitag von 9 bis 17 Uhr geöffnet ist. In kleinen Orten übernimmt oft ein Ladengeschäft die Aufgaben der Post. Die Hauptpostämter in den größeren Städten heißen *General Post Office* (GPO). Am Schalter erhalten Sie aktuelle Sondermarken. Eine portogünstige Alternative zu Brief und Postkarte sind Aerogramme (Luftpostbriefe).

Porto (Luftpost): Postkarte A$ 1,35, Briefe ab A$ 2,05. Laufzeit ca. 3-6 Tage nach Europa.

Postaufbewahrung: Die Hauptpostämter der Städte bewahren Post für Reisende bis zu 4 Wochen auf und senden diese dann zurück an den Absender. Per Nachsendeauftrag wird die Post aber auch zu einem anderen Postamt geschickt. In Zeiten von Internet und E-Mail wird dieser Service jedoch kaum noch genutzt.
Weitere Infos über www.auspost.com.au.

▶   Pubs

Pubs (oft auch „Hotel" genannt) sind die Kneipen Australiens und *der* Treffpunkt der Bevölkerung. Im Inneren steht meist eine Riesentheke, an der sich alle versammeln. Von morgens ab 11 Uhr bis 22 oder 23 Uhr bekommt man dort kaltes Bier (am liebsten in Krügen = *Jugs*), um die Mittagszeit warme Mahlzeiten (*Counter Lunches*) und viel Gesellschaft.

In der „Happy Hour" am Spätnachmittag werden in manchen Pubs Getränke zum halben Preis angeboten. Viele Pubs verfügen auch über einfache Zimmer, in denen übernachtet werden kann.

Q

▶   Quarantäne

Da es in Australien keine exotischen Krankheiten (z.B. Tollwut) gibt, wird die Einfuhr von frischen Lebensmitteln, Tieren und Pflanzen streng überwacht (Tiere müssen normalerweise 6 Monate in Quarantäne).

Bitte teilen Sie den Behörden bei der Einreise alle Waren mit, die möglicherweise unter die Quarantäne fallen könnten. Zuwiderhandlungen werden mit sofortigen Geldbußen geahndet. Nähere Informationen erteilt der *Australian Quarantine Inspection Service (AQIS)*, www.aqis.gov.au.

R

▸ **Radio**

Ein Radioempfang ist in entlegenen Regionen praktisch nicht möglich, allenfalls am Abend lassen sich die Sender des staatlichen Rundfunks ABC über Mittelwelle (AM) empfangen. In den Städten gibt es zahlreiche Privatsender, die viel Musik und Werbung über den Äther bringen. *Deutsche Welle* ist mit einem guten Weltempfänger auf Kurzwelle zu empfangen – die Frequenzen können kostenlos bei der Deutschen Welle bestellt werden. Die Rundfunk- und Fernsehgesellschaft SBS sendet allmorgendlich eine halbe Stunde Nachrichten in deutscher Sprache.

Aufgrund der Empfangsproblematik unterwegs empfiehlt sich die Mitnahme einiger Musikkassetten, wenn mit einem Mietwagen gereist wird. Diese verfügen fast immer über einen eingebauten Kassettenspieler, neuerdings jedoch oft durch CD-Spieler ersetzt.

▸ **Reiseveranstalter**

Ein ausführliches Verzeichnis der deutschen, österreichischen und Schweizer Reiseveranstalter, die Australien in ihren Programmen haben, ist vom Fremdenverkehrsamt *Tourism Australia* erhältlich. Die Veranstalterkooperation *Best of Australia* produziert einen der umfangreichsten Kataloge auf dem deutschsprachigen Markt (Tel. 0700-5272 9263, www.best-of-australia.de) und berät umfassend mit günstigen Angeboten.

Die Vorteile der Buchung über Reiseveranstalter liegen auf der Hand:
• Erleichterung des Organisationsaufwands.
• Kompetente Beratung und aktuelles Know-how durch regelmäßige Reisen und Messebesuche.
• Preiswerte Hotels, Mietwagen und Camper.
• Günstige Flugpreise und Fly&Drive-Angebote mit speziellen Veranstalterraten.
• Kein eigenes Währungsrisiko durch Zahlung in Euro oder SFR.
• Ganz wichtig: Reisepreis-Sicherungsschein (= Kundengeldabsicherung) bei Firmenpleiten und kulante Stornogebühren im Fall der Reiseabsage. Im Falle von Rechtsstreitigkeiten oder Reklamationen haben Sie Ihren Vertragspartner im eigenen Land. Einen Prozess in Australien zu führen ist langwierig und mit hohen Kosten verbunden.

▸ **Rundreisen**

Verschiedene europäische und australische Reiseveranstalter haben sich auf Rundreisen bzw. Gruppenreisen spezialisiert. Da für eine Rundreise nur begrenzt Zeit zur Verfügung steht und die Teilnehmerzahlen limitiert sind, sollte eine solche Reise bereits in Europa bei einem bewährten Reiseveranstalter gebucht werden. Natürlich kann eine Rundreise nur einen Teil des Landes abdecken, auch werden je nach Route erhebliche Distanzen zurückgelegt. Jedoch ist das Reisen in der Gruppe ungleich unterhaltsamer und eine mit den örtlichen Gegebenheiten vertraute Reiseleitung wesentlich informativer als eine Individualreise. Nicht zuletzt reduziert sich der eigene Organisationsaufwand auf ein Minimum.

Man kann in Australien die folgenden Rundreisearten unterscheiden:
- **Busrundreisen:** Von Tagesausflügen bis zu über 30-tägigen Australienumrundungen hat der Markt praktisch alles zu bieten. Unterschiede gibt es im Komfort der Hotels, in der Qualität der Reiseleitung (deutsch/englischsprachig), der Gruppengröße und in der Zahl der Stopps und inkludierten Ausflüge. Mehrere Busreisen, auch in Verbindung mit Neuseeland, können kombiniert werden. Anbieter: AAT Kings, Austours u. a.
- **Studienreisen:** Zu einer Busrundreise kommen hier eine qualitativ hochwertige, deutschsprachige Reiseleitung, die Ihnen viel von Australien vermitteln kann, und eine kleine Gruppengröße. Die täglichen Fahrstrecken sind geringer, da lange Strecken mit dem Flugzeug zurückgelegt werden bzw. die Begrenzung auf einen Landesteil festgesetzt ist. Studienreisen gehen ab/bis Europa zu einem festen Preis. Spezialisten wie Karawane Reisen (www.karawane.de) stellen auch Sondergruppen für Freundeskreise, Volkshochschulen oder spezielle Interessengruppen zusammen.
- **Flugsafaris:** vgl. Stichwort „FLUGSAFARIS"
- **Outback-Safaris:** vgl. Stichwort „OUTBACK-SAFARIS"
- **Tagesausflüge:** Für den Reisenden in Australien ist die Teilnahme an Tagesausflügen interessant, die in großer Zahl angeboten werden und die vor Ort bei lokalen Reiseveranstaltern gebucht werden können. Das Ausflugsangebot ist groß – man sollte deshalb stets das Preis-Leistungs-Verhältnis genau prüfen. Die Führungen sind ausschließlich in englischer Sprache, die Teilnehmerzahlen begrenzt.

S

▶ **Souvenirs**

In den Souvenirshops der Touristenhochburgen türmen sich Plüschkoalas, T-Shirts, Hüte und vieles mehr. Eine Spezialität sind Aborigine-Kunstgegenstände und Opale:

Aborigine-Kunst: Galerien und Geschäfte mit Aborigine-Kunstgegenständen findet man in allen größeren Städten, vor allem aber im NT und SA. Kunstvoll verzierte Bumerangs, Malereien, Schnitzereien, Didjeridus und Schlaghölzer sind die beliebtesten Souvenirs. Die Gemälde, entweder auf Rinde oder auf Canvas gemalt, erzielen inzwischen sehr hohe Preise. Jedes Bild hat seine eigene Geschichte, die man am besten vom Künstler selbst erzählt bekommt, sofern er in der Nähe ist. Fragen Sie ruhig nach der Herkunft der Gegenstände und wem der Verkaufserlös zugute kommt – es gibt mittlerweile auch schon Fernostprodukte (insbesondere bei Stoffen und T-Shirts).

Opale: Wie bei allen Edelsteinen, so bestimmt auch bei Opalen die Qualität den Preis. Der Preis für ein Karat Opal schwankt zwischen A\$ 20 und A\$ 2.000! Grundsätzlich gilt: Je mehr Farbe ein Opal hat und je klarer er ist, desto wertvoller ist er. Die wertvollsten sind jedoch die seltenen schwarzen Opale aus Lightning Ridge (NSW). In den meisten Fällen finden Sie bunte Opale aus Coober Pedy (SA). Opalkauf ist Vertrauenssache: Nur der *Solid Opal* ist wirklich wertvoll und haltbar, da er durch und durch Opal ist. Bei der *Doublette* wird hinter eine dünne Opalschicht eine Schicht Glas oder Onyx geklebt. Die *Triplette* ist zusätzlich auf der Oberschicht des hauchdünnen Opals mit Kristallquarz überzogen. Dies lässt sich bei losen Steinen gut erkennen, nicht aber bei eingefassten!

Fragt man einen australischen Verkäufer, ist der Opal eine ausgezeichnete Wertanlage – wenn man ihn nicht in einem trockenen Safe liegen lässt. Opale brauchen Luftfeuchtigkeit, sonst werden sie brüchig. Wer selbst nach Opalen suchen möchte, sollte sein Glück in Coober Pedy versuchen.

▶ **Strände**

Entlang der über 36.000 km langen Küstenlinie liegen unzählige Strände und Badebuchten. Der Zugang ist fast nirgendwo eingeschränkt bzw. kostet Eintritt. Wo die schönsten Strände liegen, lässt sich kaum sagen. Die einsamsten finden sich im kaum besiedelten Westaustralien. Fast jede Großstadt hat „ihre" Strände: Berühmt sind z.B. die Strände Sydneys (Bondi-Beach, Manly-Beach). Viele Strände werden von Rettungsschwimmern (*Surf Rescue*) überwacht und durch Fähnchen markiert. Innerhalb der gelben Markierungen ist der Strand bewacht, und ein gefahrloses Baden ist i.d.R. möglich. Sturmwarnungen sollten beachtet werden! An einsamen und abgelegenen „Beaches" sollte man sich vorsichtig ins Wasser begeben, da Strömungen und Wellen gefährlich werden können. Einheimische geben oft die besten Tipps über „Traumstrände". Und: Wo die „Locals" baden, kann es der Tourist normalerweise auch.

Der beliebteste Wassersport ist das Wellenreiten (*Surfen*). In vielen Küstenorten kann man sich in Surf-Shops ein Brett ausleihen. Spaß bereitet Anfängern das „Body-Board", bei dem auf dem Bauch liegend der Wellenkamm hinuntergesurft wird. Stehend surfen ist eine Kunst für sich und erfordert jahrelanges Training.

FKK ist im britisch prüden Australien nicht üblich, „oben ohne" zieht meist eine umgehende Verwarnung nach sich. Wer FKK mag, sollte sich dazu außerhalb der „Family Beaches" begeben. Vielerorts hat man ohnehin den ganzen Strand für sich alleine, wenn man außerhalb der Städte die Küste anfährt oder ein paar hundert Meter geht.

Von Oktober bis April kann an der Nord- und Nordostküste wegen der dort auftretenden, giftigen Quallenarten (*Box Jelly Fish*) nicht gebadet werden. Dies trifft nicht auf das vor der Küste gelegene äußere Great Barrier Reef zu.

T

▶ **Tauchen**

Australien ist ein Eldorado für Taucher. An erster Stelle steht das 2.000 km lange Great Barrier Reef an der Ostküste. Aber auch das Ningaloo Reef in Westaustralien, Höhlen, Riffe und unzählige Schiffswracks im Süden locken Taucher aus aller Welt an. Tauchkurse werden vor allem in Cairns und Townsville (Queensland) und in Exmouth (Westaustralien) angeboten. Ausrüstung kann vor Ort geliehen werden. Wem die Zeit oder die Lizenz zum Tauchen fehlt, sollte auf jeden Fall einmal zum Schnorcheln gehen – die Unterwasserwelt ist beeindruckend! Bitte beachten Sie, dass bei Tauchanfängern eine medizinische Untersuchung vorgeschrieben ist. Es empfiehlt sich, diese bereits im Heimatland bei einem anerkannten Tauchmediziner vornehmen zu lassen. Siehe auch Kapitel 14 „Great Barrier Reef".

▶ **Taxis**

In allen Städten gibt es Taxis. Taxistände befinden sich an Bahnhöfen, Flughäfen, größeren Hotels und Einkaufszentren. Die Telefonnummern der Taxigesellschaften sind in den „Gelben Seiten" verzeichnet. Im Allgemeinen wird eine Grundgebühr erhoben, die zum Fahrgeld (per Taxameter) gerechnet wird. Taxis sind relativ günstig, für längere Fahrten sollte vor Fahrtantritt ein Festpreis ausgehandelt werden. Taxifahrer erwarten kein Trinkgeld, nehmen es aber gern.

▶ **Telefonieren**

Die größte australische Telefongesellschaft ist *Telstra*. Das vollständig privatisierte Kommunikationsunternehmen ist technisch auf dem neuesten Stand, sodass selbst Ferngespräche aus dem tiefsten Outback glasklar in Übersee ankommen. Im ganzen Land sind Transmitter-Masten aufgestellt worden, sodass eine flächendeckende Festnetzkommunikation erreicht wurde. *Optus* ist der Telstra-Konkurrent und vor allem in den Städten und im Mobilfunksektor stark im Kommen.

!!! Wichtig: Telefonnummern-Reform
Alle Rufnummern sind 8-stellig. Für das ganze Land gibt es 4 Vorwahlen (Erklärung der Abkürzungen s. S. 94):

02	NSW	07	QLD
03	VIC, TAS, Süd-NSW	08	SA, WA, NT, West-NSW

Telefonzellen: Moderne Telefonzellen nehmen sowohl Münzen als auch Telefonkarten. Diese werden überall dort verkauft, wo ein kleines Fähnchen (*Phone Cards Sold Here*) flattert. Alte Apparate nehmen nur Münzgeld. Mit beiden Arten sind internationale Selbstwählanrufe (*IDD – International Direct Dial*) möglich. **Kreditkartentelefone** sind relativ selten. Akzeptiert werden Visa, American Express, Diners Club. In Hotels und Restaurants stehen orangefarbene Telefone, die nur Münzgeld nehmen, aber auch internationale Gespräche ermöglichen.

Telefonkarten: Man unterscheidet die Telstra Smart Phone Card (Wert A$ 5/10/20/50) für die Nutzung an Telefonzellen und die Phone Away Card (Wert A$ 10/20/50/100). Bei letzterer erhalten Sie eine kostenlose Zugangsnummer plus Kartennummer, mit der Sie z.B. auch von Hotelapparaten preisgünstig telefonieren können.

Günstig telefonieren: Ähnlich wie in Deutschland ist auch der australische Telefonmarkt geöffnet worden. Mit einer *Telekom Holiday Card* (in Deutschland erhältlich), *EZI Phone Call Card, Banana Card, Global Gossip Card* u.a. telefoniert man ab A$ 0,16/Minute nach Deutschland und hat kostenlose Zugangsnummern, welche besonders bei Hotelapparaten sinnvoll sind (meist wird dann nur die Gebühr für ein Ortsgespräch berechnet). Erhältlich sind die Karten z.B. in Internetcafés und Zeitungsläden. Von Deutschland aus telefonieren Sie sehr günstig nach Australien, indem Sie z.B. die Vorwahl 01051 vor die Rufnummer setzen (ab € 0,08/Min.). Aktuelle Infos und Tarife unter www.billiger-telefonieren.de.

Teuer telefonieren: Vermeiden Sie Überseegespräche vom Hotel aus. Das geht richtig ins Geld! Kaufen Sie vorher eine der o. g. Telefonkarten, sodass Sie kostenlose Zugangsnummern nutzen können. Auch das Telefonieren mit heimischen Handys sowie das Mailboxabhören ist sehr teuer. Am besten Sie legen die Mailbox vor Ihrer Abreise still.

Funktioniert mein Handy in Australien? D1, D2-Vodafone- und E-Plus-Handys funktionieren in den größeren Städten und entlang der Küsten relativ zuverlässig. Sobald Sie jedoch in unbesiedelte Gebiete gelangen, ist es vorbei mit der Kommunikationsfähigkeit. Auch australische Handys funktionieren im Outback nicht. Ausnahmen: teure Satellitentelefone und Telefonzellen an Roadhouses.

Mobilfunk-Tipps

• *Vermeiden Sie häufiges Telefonieren mit dem eigenen Handy! Das sog.* **Roaming** *(Telefonieren in ausländischen Netzen) ist die mit Abstand teuerste Variante. Sie bezahlen in diesem Fall die Gebühren des australischen Funknetzes plus Auslandsaufschlag des deutschen Netzbetreibers (ca. + 25 %). Eine Liste der Roaming-Preise findet man auf den Homepages der einzelnen Mobilfunkbetreiber. Achtung auch bei Anrufen auf Ihr Handy in Australien: Der Anrufer bezahlt nur die Kosten für das Telefonat in das deutsche Mobilfunknetz. Die Gebühren für das australische Netz gehen auf Ihre Rechnung.*

• *Legen Sie sich deshalb bei einem längeren Aufenthalt eine* **Prepaid-Card** *zu und tauschen Sie diese gegen die SIM-Karte in Ihrem Handy. Sie sind so ohne hohe Roaming-Kosten erreichbar. Die australischen Gesellschaften Optus, Vodafone und Telstra verkaufen diese Karten für A$ 30 bis A$ 100 Gesprächsguthaben. Die Gültigkeit ist auf wenige Monate beschränkt, danach verfällt das Guthaben. Telstra bietet eine Touristen-Pre-Paid-Karte (Communic) an. Das Paket besteht aus einer SIM-Karte und einer Nachladekarte. SMS-Versand ist möglich.*

• *Die* **Mailbox** *sollte ausgeschaltet werden, sonst wird es teuer! Da der Anruf erst zum Handy geleitet wird und dann wieder zurück nach Deutschland zum Anrufbeantworter des Netzbetreibers, fallen auch hier Roaming-Gebühren an. Auch das Abhören der Mailbox ist mit einem Auslandsgespräch verbunden.*

• *Nehmen Sie die Betriebsanleitung Ihres Handys mit. Für den Fall eines Diebstahls notieren Sie sich die eigene Rufnummer, Kartennummer, Kundenkontonummer, das vereinbarte Geheimwort und die Hotline-Nummer des Betreibers (eventuell zu Hause einer Vertrauensperson geben, die man dann im Notfall aus dem Festnetz anrufen kann). Diese Angaben werden für eine Sperrung des Anschlusses benötigt.*

• *Speichern Sie Rufnummern immer mit der Landesvorwahl +49 für Deutschland, +43 für Österreich, +41 für die Schweiz. So entfällt das Wählen von 0011 49 etc. vor jeder Rufnummer. Die erste Ziffer der Ortsvorwahl (meist die 0) entfällt dann.*

E-Mail: Die meisten Hotels verfügen mittlerweile über einen Internetzugang für die Gäste, teilweise auf jedem Zimmer. Höchst populär (und deutlich günstiger) sind Internetcafés in den Städten. Von dort kann jeder den Lieben daheim seine Eindrücke von Down Under mailen. Preis pro Stunde: ca. A$ 6. Eine Gratis-E-Mail-Adresse können Sie sich z. B. unter www.web.de oder www.gmx.de anlegen. Siehe auch Stichwort „Internet".

Internationale Durchwahl: für Deutschland: 0011 49, für Österreich: 0011 43, für die Schweiz: 0011 41 Dann die Ortsnetzkennzahl ohne 0.

Gebühren: Ein **internationales Gespräch** kostet ca. A$ 1,60/Minute (an Wochenenden günstiger). **Ortsgespräche** kosten mindestens A$ 0,50 (unbegrenzte Zeitdauer).

> **Wichtige Nummern**
> - *Notruf für Polizei, Krankenwagen und Feuerwehr: 000*
> - *1-800-Nummern sind kostenlose Servicenummern (Tollfree Numbers).*
> - *13 xx xx-Nummern kosten den Ortstarif.*
> - *Lokale Auskunft: 013, internationale Auskunft: 0103, nationale Auskunft: 0175*

Bequeme **R-Gespräche** (Gebühr bezahlt Empfänger) sind über folgende Nummern möglich: für Deutschland: 1-800 881 490, für die Schweiz: 1-800 881 041, für Österreich: 1-800 881 430. Es meldet sich jeweils die Telefongesellschaft des angerufenen Landes in der Landessprache. Das Verfahren heißt *Country Direct*.

Satellitentelefonie: Reisende, welche unter allen Umständen und überall, auch im tiefsten Outback erreichbar sein wollen oder im Notfall mit 100 %iger Sicherheit einen Notruf senden möchten, sollten sich ein Satellitentelefon mieten. Dies kann bereits in Deutschland bei folgendem Anbieter geschehen: *GSM Profi*, Andreas Meier, Tel. 0651 12190, www.gsm1900.de.
In Australien liefern verschiedene Anbieter die Sat-Telefone an jeden gewünschten Ort – lassen Sie sich direkt ein Angebot unterbreiten, z.B. von *Landwide Satellite Solutions* (www.landwide.com.au). Für eine 3-Wochen-Miete ist mit ca. A$ 900 zu rechnen.

▶ **Trinkgeld**

Trinkgelder sind in Australien nicht üblich, werden aber in der Regel dankend, manchenorts mit etwas Verwunderung angenommen. Sind Sie mit dem gebotenen Service zufrieden, so geben Sie ein Trinkgeld, sind Sie es nicht, so lassen Sie es.

U

▶ **Unterkünfte**

Die Unterkunftsmöglichkeiten umfassen eine breite Palette – vom Luxushotel bis zur Herberge für Rucksackreisende ist das Angebot breit gefächert. Die Verfügbarkeit stellt höchstens in der australischen Urlaubssaison (Dez./Jan.) und an den so genannten *Long Weekends* (Wochenenden mit Feiertagen im Anschluss) ein Problem dar, dann kann es heißen *Sorry, No Vacancies*, wir sind leider ausgebucht. Ansonsten ist es für den Reisenden meist kein Problem, ein Zimmer zu bekommen.

Zimmerausstattung: Hotelzimmer verfügen i.d.R. über Klimaanlage, Tee-/Kaffeekocheinrichtungen (Wasserkocher), Bügeleisen, Bügelbrett, Fön, TV, Radio, Telefon. Außerdem kann man fast überall Wäsche waschen lassen (*Laundry Service*). Apartments sind mit einem, zwei oder drei Schlafzimmern deutlich größer und haben eine vollständig ausgestattete Küchenzeile, oft auch eine Waschmaschine und Trockner.

Unterkunfts-kategorien

• **Luxushotels**: In den Metropolen des Landes findet man die Namen bekannter Luxushotel-ketten (*Sheraton, Hilton, Hyatt* u. a.). Daneben existieren klassische Luxus-hotels, wie z.B. das Wind-sor in Melbourne oder das Observatory Hotel in Sydney, die jedoch meist auch großen Hotelketten angegliedert sind. Luxus-hotels liegen preislich bei A$ 250 bis A$ 400 DZ/ Nacht. Dafür wird dann auch der erstklassige Ser-vice eines 5-Sterne-Hau-ses mit internationalem Niveau geboten. Wenn schon Luxus, dann sollte auch auf die richtige Lage

Preisklassifizierung der Unterkunftsempfehlungen
(Preis pro Person im Doppelzimmer):

$	unter A$ 50	Budgetunterkunft, z.T. Mehrbettzimmer (Hostel, Jugendherberge)
$$	A$ 50–100	günstiges Motel, einfaches Hotel oder Bed-&-Breakfast-Haus
$$$	A$ 100–180	Mittelklasse-Hotel/Motel
$$$$	A$ 180–300	gute bis sehr gute Hotels und Resorts
$$$$$	über A$ 300	Luxushotels, Inselresorts, exklusive Lodges

☞ *Hinweise*

Diese Preisklassifizierung stellt einen groben Richtwert dar, da die Preisgestaltung der einzelnen Hotels durch Zimmer-einrichtung, Lage, Ausstattung und Saisonzeiten/Veranstaltungen/ Messen variabel ist.

Die Klassifizierung der Hotels und Motels durch Sterne (1–5) ist in Australien nicht einheitlich geregelt, die Einstufung erfolgt jedoch meist nach den Grundsätzen des australischen Auto-clubs. Dennoch: Preise und Qualität innerhalb einer Klassifizie-rungsgruppe können erheblich schwanken!

des Zimmers geachtet werden: Nichts ist schöner (und teurer) als z.B. ein Zimmer mit Opera View in Sydney!

• **Badehotels und Ferienresorts:** Auf den Inseln des Great Barrier Reef sowie an den Küsten des nordischen Queensland und Westaustraliens findet man ausgesuchte, sehr luxuriöse Badehotels und Ferienanlagen, die höchsten Ansprüchen genügen (ab A$ 250 DZ/Nacht). Hier kann sich der Reisende, der das Land auf (meist anstrengen-den) Rundreisen erfahren hat, hervorragend entspannen, bevor es zurück nach Europa geht. Die Wettersicherheit ist groß, allein in der Regenzeit muss in der tropischen Zone mit kurzen, starken Regenfällen und seltenen Wirbelstürmen gerechnet werden.

• **Hotels**: Preisgünstiger und weit verbreitet sind Hotels der gehobenen Mittelklasse (A$ 120–250 DZ/Nacht): *Novotel, Parkroyal, Travelodge, Holiday Inn, Quality Hotels, Comfort Inn Hotels* u.a. In den Städten liegen viele Häuser zentral und verkehrsgünstig. Die Hotels bieten mit Restaurants, Bars, Klimaanlagen, Pools und Wäscheservice einen ho-hen Komfortstandard. Bei preisgünstigeren Unterkünften müssen Abstriche hinsichtlich der Ausstattung und Lage gemacht werden.

• **Motels:** In allen Städten, Kleinstädten und selbst entlegenen Dörfern gibt es preis-werte Motels. Sie haben sich ganz auf die Bedürfnisse der Pkw-Reisenden eingestellt, d. h., man kann mit dem Auto meist bis vor die Tür fahren. Nachteil: Sie liegen meist an viel befahrenen Ein- und Ausfallstraßen. Restaurant, Swimming-Pool, Teeküchen (*Tea and coffee making facilities*), Fernseher und Klimaanlagen sind ein weit verbreiteter Standard. Billige Motels sind meist eine gute Alternative zu Doppelzimmern in Backpacker-Hostels – preislich gibt es kaum noch einen Unterschied.

• **Apartments:** Apartments gibt es in den Hauptstädten und Touristenzentren. Die fast immer als Selbstversorger-Ferienwohnungen (*self contained*) ausgelegten Häuser sind im Regelfall komplett mit Küchenzeile, TV, Radio, Klimaanlage ausgestattet, dazu werden in Ferienresorts sportliche Aktivitäten (z.B. Golf oder Tennis) gegen Aufpreis angeboten. Für den Touristen, der durch das Land reist, kommen Selbstversorger-Apartments erst ab ca. drei Nächten in Frage, da meist eine Mindestmietdauer vorgeschrieben wird. Bei mehreren, gemeinsam Reisenden oder Familien werden Mehrbett-Apartments (2–3 Schlafzimmer) preislich interessant, nicht zuletzt durch die Möglichkeit, sich selbst zu kochen und dadurch die Reisekasse zu schonen.

• **Cabins:** Für preisbewusste Reisende oder Familien, die ohne Wohnmobil oder Zelt unterwegs sind, lohnt sich der Weg auf die Caravan Parks. Fast alle verfügen über feststehende Hütten oder Bungalows (*Cabins*), die mit 4 bis 6 Schlafplätzen (inkl. Bettwäsche), Klimaanlage, Küche und Dusche/WC ausgestattet sind. Der Zustand der Cabins ist bei den bekannten Ketten Big 4 und Top Tourist Park gut und man kann von gepflegter Sauberkeit ausgehen. Bei den günstigeren Budget-Cabins werden die sanitären Anlagen des Campingplatzes genutzt. Meiden Sie On-Site Vans – alte Wohnwagen, die auf Campingplätzen manchmal noch vermietet werden, aber meist ziemlich runtergekommen sind und deshalb langsam aussterben. Der Preis für eine Cabin liegt bei ca. A$ 40 bis A$ 90 pro Nacht.

INFO Wie funktioniert ein Hotelpass?

• Anhand der Reiseroute sollte zunächst überlegt werden, für wie viele Nächte eine Unterkunft benötigt wird. Dementsprechend sollte die passende Zahl an Hotelgutscheinen bereits in Europa gekauft werden. Sie erhalten diese vor Abreise mit Ihren Reiseunterlagen.

• Im Reiseland wählen Sie dann anhand des Unterkunftsverzeichnisses der angeschlossenen Hotels/Motels das gewünschte aus, rufen ein bis zwei Tage vorher (wenn die Ankunft absehbar ist) an und reservieren das Zimmer.

• Bei Ankunft im Hotel/Motel legen Sie einen Gutschein vor. Nicht genutzte Gutscheine können gegen eine geringe Gebühr beim Reiseveranstalter zurückgegeben werden.

Tipp: Kaufen Sie nicht für jede Nacht einen Hotelgutschein! Bei einer 14-Tage-Mietwagentour genügt es meiner Meinung nach für ca. 7 Tage Gutscheine zu kaufen. Die übrigen Nächte suchen Sie vor Ort oder spontan nach einer Unterkunft, die dann evtl. nicht unbedingt ein Flag-Hotel ist.

Die bekanntesten Hotelpässe im Überblick:

• **Flag-Choice-Hotelpass:** Die Flag-Gruppe vereinigt rund 450 Hotels und Motels unter ihrer „Flagge", gegliedert in 6 unterschiedliche Kategorien: von Gelb = preiswert (€ 48 DZ/Nacht) bis Silber = Luxus (€ 160 DZ/Nacht).

Flag hat neben den „gewöhnlichen" Hotels/Motels auch so genannte „Heritage Hotels and Country Houses" unter Vertrag: alte, herrschaftliche Unterkünfte, die mit viel Liebe gepflegt werden und zu den Highlights der australischen Hotelpalette zählen.

• **Best-Western-Hotelpass:** Die bekannte Motelkette Best Western hat rund 260 eigenständige Hotels und Motels unter Vertrag. Es gibt blaue, rote und goldene Hotelgutscheine (von € 48 bis € 120 DZ/Nacht).

• **Hotelgutscheine/Hotelpässe:** Hotelgutscheine eignen sich sehr gut für Individualreisende. Anbieter von Hotelpässen ist **Flag-Choice** und **Best Western**. Sie reisen kreuz und quer durch den Kontinent und bezahlen ihr Hotelzimmer mit im Voraus erworbenen Hotelgutscheinen. Der Übernachtungspreis ermäßigt sich durch einen solchen Hotelpass erheblich.

Tipps

• *Ausgezeichnete und äußerst umfangreiche Unterkunftsverzeichnisse (Accomodation Guides) werden von den Automobilclubs der einzelnen Bundesstaaten herausgegeben (nur in Australien erhältlich). Die Fremdenverkehrsämter der Bundesstaaten verfügen ebenso wie die lokalen Tourist Offices über verlässliches Informationsmaterial.*

• *Reisen Sie ohne vorgebuchte Hotels durch das Land, so rufen Sie wenigstens ein oder zwei Tage vorher bei einem Hotel an, um eine Reservierung zu tätigen. Dies vermeidet eine Sucherei am Ankunftsort und beugt der Gefahr vor, ganz ohne „Bett" dazustehen. Bei einer telefonischen Reservierung wird häufig eine Kreditkartennummer erfragt.*

• *Wenn alle Stricke reißen und Sie abends noch keine Unterkunft haben: Checken Sie den nächsten Campingplatz und fragen Sie nach einer freien Cabin oder einem freien Stellplatz, sodass notfalls im Auto übernachtet werden kann!*

• *Bei begrenzter Reisezeit ist es ratsam, die Unterkunft vorab zu buchen. Dies gilt insbesondere für den Tag nach Ankunft im Land (oder nach einem Inlandsflug in einer Stadt) und wenn die Orientierung in der fremden Umgebung noch fehlt. In Städten sollte eine zentrumsnahe Unterkunft gewählt werden, sind doch die meisten Sehenswürdigkeiten der Städte auch dort angesiedelt.*

• *Sind Sie über den Zimmerstandard oder die Sauberkeit eines Hotels/Motels im Zweifel, scheuen Sie sich nicht, das Zimmer vor Bezug zu begutachten. Viele Hotels laden dazu geradezu ein („Inspections Welcome").*

V

▶ **Veranstaltungen**

Der Sport spielt bei den Veranstaltungen die Hauptrolle. Ob Cricket, Football, Rugby, Pferderennen, Tennis, Surfen oder Regatten – die Australier sind eine sportbegeisterte Nation. Kunst- und Kulturveranstaltungen finden in den Metropolen statt. Landwirtschaftsausstellungen (*Country Fairs, Field Days, Royal Shows*) sind als Familienereignisse in ganz Australien beliebte Ausflugsziele. Nachfolgend die wichtigsten Veranstaltungen (die genauen Daten sollten von den Fremdenverkehrsämtern erfragt werden):

Januar: 26. Januar, Australia Day (Veranstaltungen und Festlichkeiten im ganzen Land), Australian Tennis Open (Melbourne), Solar Challenge (Solar-Autorennen von Darwin nach Alice Springs), Perth Cup (Pferderennen), Surf-Carnivals der Lebensretter (entlang der Ostküste), Festival of Sydney (Kunst- und Kulturfestival), Schützenfest in Hahndorf (South Australia).

Februar: Cricket World Cup (nur für Mannschaften aus den Commonwealth-Staaten), Royal Hobart Regatta (Tasmanien), Perth Festival (Kulturfestival).

März: Adelaide Festival (Kunst und Kultur, alle 2 Jahre/gerade Jahreszahl), Barossa Valley Weinfest (alle 2 Jahre/ungerade Jahreszahl), Blue Gum Festival (Kultur und Sport, Tasmanien), Begonia-Festival (Blumenfest in Ballarat/Victoria), Vintage-Festival (Weinfest, Hunter Valley/New South Wales), Canberra-Festival (Sport- und Kulturveranstaltung), Melbourne Moomba (Kunst- und Kulturtage), Formel 1 Grand Prix (Melbourne).

April: Sydney Cup (Regatta), Motorrad Grand Prix (Sydney oder Phillip Island), Royal Easter Agricultural Show (Sydney).

Mai: Camel Cup (Rodeo und Kamelrennen in Alice Springs), Adelaide Cup (Pferderennen).

Juni: Sydney Film Festival, Pacific Festival (Kunst und Kultur, Townsville), Finke Desert Race (Automobilrallye, Northern Terri-tory).

Juli: Beer Can Regatta (Bierdosenregatta, Darwin), Doomben Ten Thousand (Pferderennen, Brisbane).

August: Australische Skimeisterschaften (Thredbo, New South Wales), Mt. Isa-Rodeo (Queensland), Royal Agriculture Show (Bris-bane).

September: Birdsville-Race (Pferderennen, Birdsville/Queensland), Grand Final Australian Football (Finalspiele in Melbourne), Henley On Todd Regatta (Trocken-Segeln in Alice Springs), Shinju Mat-suri (Perlen-Festival in Broome/Western Australia).

Oktober: Jacaranda Festival (Blumenfest, Grafton/New South Wales), Horse Racing Carnivals (Sydney und Melbourne), Trout Season (Eröffnung der Forellensaison, Snowy Mountains/New South Wales).

November: Australian Open Golf (Melbourne), Melbourne Cup Week (Pferderennen „Race of the Nation").

Dezember: Sydney-Hobart (Yacht Regatta), Carols by Candlelight (Weihnachten bei Kerzenschein im ganzen Land), Hopman-Tennis-Cup (Perth).

W

▶ **Währung**

Währungseinheit ist der Australische Dollar (1 A$ = 100 Cents). Es gibt 100-, 50-, 20-, 10- und 5-Dollar-Scheine, 2- und 1-Dollar-Münzen 10-, 20-, 50-Cent-Münzen.
Aktueller Kurs: s. grüne Seiten.

vgl. Stichwort „DEVISEN" und „BANKEN"

▶ **Wandern**

Wandern oder *Bushwalking*, wie es die Australier nennen, ist praktisch in allen Nationalparks und State Parks auf ausgewiesenen Routen möglich. Meist wird neben der Kilometerangabe eines Wanderpfads auch die ungefähre Gehzeit angegeben, die recht großzügig errechnet wurde.

In Tasmanien, New South Wales, Victoria und Südwestaustralien sind Wanderungen wegen des gemäßigten Klimas das ganze Jahr über möglich. Im Outback und im tropischen Norden sollte man sich im Sommer auf kürzere Spaziergänge beschränken.

Tipps
- *Starten Sie zu Wanderungen am frühen Morgen. Dies hat den Vorteil gemäßigter Temperaturen und besserer Chancen zur Wildbeobachtung.*
- *Wichtig: Führen Sie stets ausreichend Wasser (mind. 1 Liter pro Person pro Stunde) und Sonnenschutz (Sonnencreme, Hut, Sonnenbrille) mit.*
- *Bei Tages- oder Mehrtageswanderungen wird zu Ihrer Sicherheit oft ein An- und Abmelden beim Ranger bzw. Nationalparksbüro verlangt. Vergessen Sie dann das Rückmelden nicht, sonst wird u. U. eine teure Suchaktion gestartet.*

► **Waschen**

Angesichts der Gepäck- und Platzlimits kann kein Mensch Wäsche für mehrere Wochen mitnehmen. Es muss also zwischendurch mal gewaschen werden: Die meisten Motels, Caravan Parks, Jugendherbergen und Backpacker-Hostels bieten die Möglichkeit, an Münzwaschautomaten in der so genannten *Laundry* selbst Wäsche zu waschen. Wäschetrockner und Wäscheleinen tun das Übrige. Ein paar Wäscheklammern im Gepäck sind hilfreich. Gute Hotels bieten üblicherweise einen Wäscheservice an.

► **Wasser**

Im trockenheißen Outback sollten pro Person und Tag *mindestens* 5 Liter Trinkwasser gerechnet werden. Bei Touren abseits der Zivilisation muss zusätzlich eine Reserve von 20 Liter pro Person und für Fahrzeuge einige Liter Ersatzkühlwasser eingeplant werden. Jedes Jahr verdursten im Outback einige Menschen qualvoll. Auch wenn Sie keine Outback-Durchquerung planen: Ein 5-Liter-Kanister Wasser im Auto ist immer ratsam, selbst wenn man damit nur einem Radler *in the middle of no where* hilft, seine Trinkflaschen zu füllen. Auch bei einer Panne am Highway können Wartezeiten lang werden! Verlassen Sie im Notfall niemals das Fahrzeug, und warten Sie, bis Hilfe kommt (bei einer Suche aus der Luft kann ein Auto entdeckt werden – eine einzelne Person jedoch nicht!). Bei Wanderungen ebenfalls *immer* Wasser mitführen! Wasser ist in vielen Regionen Australiens wertvoller als Gold. Hinweise zum Wassersparen sollten daher bei der Körper- und Kleiderwäsche berücksichtigt werden.

Tipp
Als ideale Wasserbehälter haben sich Cola-Plastikflaschen erwiesen – sie sind nahezu unzerstörbar und zudem sehr leicht. So kann die unförmige Wasserflasche daheim bleiben. Wasserkanister mit 5 oder 10 Litern Fassungsvermögen sind in großen Supermärkten erhältlich.

Wasserqualität: Leitungswasser kann zwar fast überall getrunken werden, ist aber manchmal kaum genießbar. Oft ist es extrem chloriert oder schmeckt sehr mineralisch, wenn es aus unterirdischen Reservoirs stammt. Wasser aus Brunnen, Seen oder Bächen sollte im Zweifelsfall mit *Micropur* oder einem *Katadyn-Filter* entkeimt werden. *Bore Water* aus artesischen Quellen ist nicht zum Trinken geeignet.

Z

▶ **Zeitungen**

Jede Stadt hat „ihre" Zeitung. Die größeren Städte haben neben der Tageszeitung noch Boulevardpresse und Abendzeitungen. Die bekanntesten Tageszeitungen sind *Sydney Morning Herald*, *Melbourne Age*, *West Australian* und die einzige überregional erscheinende Zeitung *The Australian*. Gute Nachrichtenmagazine sind *Time* und *Bulletin*. Internationale Presse ist i.d.R. schwer zu bekommen. Die Büchereien der Großstädte verfügen meist über mindestens eine aktuelle deutschsprachige Zeitung, wie z.B. die Frankfurter Allgemeine Zeitung. Die deutschsprachige Zeitung *Die Woche* liefert zwar nicht unbedingt hochkarätigen Journalismus, aber immerhin die neuesten Nachrichten (und Fußballergebnisse) aus Deutschland, Österreich und der Schweiz. Ausgewanderte Bäcker und Metzger werben in ihr ebenso wie Gasthäuser, Reisebüros und deutsche Klubs.

Aktueller informiert man sich heutzutage im **Internetcafé**. Die Seiten von www.spiegel.de oder www.tagesschau.de halten Sie auf dem Laufenden über die Ereignisse in der Heimat.

▶ **Zeitzonen**

Der Kontinent ist in drei verschiedene Zeitzonen eingeteilt:
1. Eastern Standard Time (EST): NSW, ACT, VIC, QLD, TAS (+10 Std. MEZ)
2. Central Standard Time (CST): SA, NT = - 0,5 Std. zur EST
3. Western Standard Time (WST): WA = - 2 Std. zur EST

Von Oktober/November bis März gilt in allen Staaten außer NT, QLD und WA Sommerzeit – die Uhren werden dann um eine Stunde vorgestellt. Die Zeitverschiebungen bringen auch einige Kuriositäten mit sich: So muss z.B. bei Durchquerung der Nullarbor Plain die Uhr zweimal um je 45 Minuten verstellt werden. Broken Hill hat, obwohl in New South Wales gelegen, die Zeit von South Australia. Da das Ganze einigermaßen verwirrend ist, sollten Sie sich nach Überqueren einer Staatsgrenze oder nach der Flugankunft in einer neuen Stadt zunächst über die gerade geltende Uhrzeit informieren! Flugzeiten werden immer mit den jeweils geltenden lokalen Uhrzeiten angegeben.

▶ **Zoll**

• Persönliches Eigentum darf zollfrei nach Australien eingeführt werden. Dazu zählen 250 g Zigaretten oder Tabak, ein Liter Alkohol und Waren im Wert von A$ 400. Kinder unter 18 Jahren dürfen bis zu A$ 200 zollfrei einführen.
• Nicht eingeführt werden dürfen Drogen, geschützte Tiere und Pflanzen und Lebensmittel jeglicher Art. Geben Sie bei der Einreise unbedingt alle Waren an, bei denen Sie sich nicht sicher sind. Zuwiderhandlungen kosten sofort A$ 100 Geldbuße.
• Keine Beschränkungen gibt es für die Reisekasse, allerdings müssen Beträge über A$ 5.000 in australischer oder anderer Währung bei Ein- oder Ausfuhr angegeben werden.

siehe auch Stichwörter „EINKAUFEN" und „QUARANTÄNE"

Regionale Reisetipps von A–Z

Im Folgenden finden Sie reisepraktische Hinweise und regionale Reisetipps für die genannten Städte und Orte (in alphabetischer Reihenfolge mit dem zugehörigen Bundesstaat).
Allgemeine Informationen im Internet *über Städte, Orte, Routen, Unterkünfte, Veranstaltungen und mehr findet man unter:*
www.wotif.com.au, www.walkabout.com.au, www.citysearch.com.au, www.travelmate.com.au, www.mynrma.com.au, www.exploroz.com.au, www.overlander.com.au und anderen.

Preisklassifizierung der Unterkünfte s. S. 149

(Erklärung der Abkürzungen s. S. 94)

A Adelaide/SA (S. 372)

ℹ️ Informationen

South Australia Travel Centre, 18 King William St. (Ecke zur North Tce.), Tel. 1300655276; geöffnet Mo–Fr 9–17 Uhr; Sa/So 9–14 Uhr; umfassende und freundliche Beratung über Adelaide und Südaustralien. Empfehlenswert ist die Broschüre „This Week in Adelaide" mit Veranstaltungen, Restaurant-Tipps etc. In der Rundle Mall befindet sich ein kleiner Stand mit Touristeninformationen.

Internet: www.adelaide.citysearch.com.au oder www.adelaide.southaustralia.com

National Wine Centre of Australia, Ecke Botanic/Hackney Rd., täglich 10–18 Uhr, A$ 12, www.wineaustralia.com.au. Exzellente Ausstellung über den Weinbau und die Weine Australiens.

National Park and Wildlife SA Information Centre, 77 Grenfell St, Tel. 82041910; www.environment.sa.gov.au; Informationen über die NPs Südaustraliens und Ausgabe des NP Park Pass (Jahrespass: A$99 pro Fahrzeug exkl.. Desert Park Pass)

🚗 Automobilclub

Royal Automobile Association of South Australia (RAA), 41 Hindmarsh Square, Tel. 8202 4600, www.raa.net, geöffnet Mo–Fr 9–17 Uhr; Sa 9–12 Uhr; gutes Kartenmaterial und Informationen (auch Straßenzustandsberichte!) für Autotouristen. Pannenhilfe (Emergency Road Service) unter Tel. 13 11 11; Straßenberichte auch unter www.transport.sa.gov.au

📞 Wichtige Telefonnummern

Vorwahl für Adelaide und Südaustralien: 08

Telefonauskunft: 013

Polizei, Feuerwehr, Notruf: 000 (gebührenfrei)

Krankenhaus: Royal Adelaide Hospital, North Terrace, Tel. 8223 9211

Behindertenhilfe: Disability Information, 195 Gilles St., Tel. 8223 7522

✈️ Fluggesellschaften

Qantas, Tel. 13 13 13 (national), Tel. 13 12 11 (international)

Air New Zealand, Tel. 13 24 76

British Airways, Tel. 8238 2138

Singapore Airlines, Tel. 13 10 11

Cathay Pacific, Tel. 13 17 47

Malaysia Airlines, Tel. 13 26 27

Emu Airways, Tel. 8234 3711

Virgin Blue, Tel. 13 67 89

Der recht überschaubare **Flughafen** mit je einem Terminal für nationale und internationale Flüge liegt 6 km westlich der Innenstadt.

🚆 Öffentliche Verkehrsmittel

Flughafenbus: Vom Flughafen Adelaide in die Innenstadt (mit Abholung direkt vom Hotel) und zwischen den Terminals verkehrt der **Skylink Airport Shuttle** (Tel. 8332 0528) täglich in regelmäßigen Abständen. Die Reservierung für die Abholung vom Hotel wird von der Hotelrezeption vorgenommen.

Taxis vom/zum Flughafen kosten ca. A$ 26.

Öffentlicher Nahverkehr: *Das Netz der öffentlichen Verkehrsmittel Adelaides ist gut ausgebaut. Die* **State Transport Authority (STA)** *unterhält Busse und noch eine Straßenbahn, die vom Victoria Square in den Vorort Glenelg fährt. Die Stadt ist in 3 Tarifzonen eingeteilt. Ein Einzelticket über 2 Sektionen (ohne Umsteigen) kostet A$ 2,50, über mehrere Zonen (mit Umsteigen) A$ 4,10. Für häufigere Fahrten ist das Day Trip Ticket ideal. Es gilt einen Tag lang und kostet A$ 7,70. Sowohl Einzel- als auch Tagesticket sind im Bus bzw. in der Straßenbahn erhältlich.*

Die beinahe schon nostalgisch wirkende **Straßenbahn Glenelg Tram** *vom Victoria Square in den Küstenvorort Glenelg fährt, je nach Tageszeit, alle 15 bis 30 Minuten.*

Während der Geschäftszeit fahren die **Beeline Busse** *(Linie 99B und 99C) kostenlos und auf fixem Kurs durch die Innenstadt.*

Information: *STA City Service Centre, Ecke King William/Currie St. Hier erhalten Sie Fahrpläne und Übersichtskarten, geöffnet Mo–Fr 8–16, Sa 9–17, So 11-16 Uhr; www.adelaidemetro.com.au.*

Stadtrundfahrten: *Der* **Adelaide Explorer Bus***, eine Straßenbahn-Replika auf Rädern, fährt zu insgesamt 16 Sehenswürdigkeiten, darunter auch zum historischen Vorort Glenelg. Für A$ 30 kann man aus- und einsteigen, wo man möchte, den ganzen Tag lang. Abfahrt um 9, 10,30 und 13.30 Uhr am SA Travel Centre oder am Bus Terminal, 101 Franklin St.*

Einen geführten Stadtrundgang bieten die ehrenamtlichen **Adelaide Greeters** *kostenlos an. Die einheimischen Führer sind im Voraus unter www.adelaidegreeters.asn.au oder Tel. 8203 7168 zu buchen.*

Taxis
Adelaide Independent, Tel. 13 22 11
Access Cabs (für Behinderte): Tel. 1 300 360 940

Überlandbusse
Die meisten Überlandbusse fahren von der **Central Bus Station** *(111 Franklin St) ab. Von dort aus werden Melbourne, Sydney, Alice Springs und Darwin angefahren. Auf den von mehreren Firmen befahrenen Routen lohnt ein Preisvergleich zwischen Greyhound und regionalen Gesellschaften (Stateliner, Premier Roadlines, Mount Barker u. a.).*
Greyhound, 101 Franklin St., Tel. 13 20 30
Firefly, 185 Victoria Square, Tel. 8231 1488
V-Line Coach/Rail Service, 296 Hindley St., Tel. 8231 7620

Züge
Vom **County & Interstate Rail Terminal** *in Keswick (2 km südöstlich des Zentrums) fahren alle zwischenstaatlichen Züge ab, z.B.* **The Ghan** *oder der* **Indian Pacific***. Der Bahnhof an der North Terrace dient dem lokalen Zugverkehr in die Vororte.*
Information: *Booking Office, Keswick Station und Great Southern Railway (GSR), Tel. 8213 4523, www.gsr.com.au*
Zugverbindungen: siehe Kapitel 3, Stichwort „Eisenbahn"
Innerhalb Südaustraliens verkehren Züge nach Port Augusta und Mt. Gambier.

Fähren
vgl. „Kangaroo Island"

A

Fahrradverleih

Die großen Parks und die Ufer des Torrence River eignen sich hervorragend zum Radfahren: Linear Park Bike Hire, River Torrens, Elder Park, Tel. 0400 596 065

Konsulate

Deutsches Konsulat, 23 Peel St, Tel. 8231 6320
Österreichisches Konsulat, 101 Port Wakefield Rd, Cavan, Tel. 8139 7336
Schweizer Konsulat, 64 Castle St, Parkside, Tel. 8271 8854

Post

General Post Office (GPO), Ecke King William/Franklin St., Tel. 9216 2222, Adelaide SA 5000; geöffnet von Mo–Fr 8 –18 Uhr, Sa 8.30–12 Uhr. „Poste Restante" wird nur Mo–Fr ausgegeben.

Autovermietung

Alle großen Autovermieter haben neben den Stadtbüros auch Stationen am Flughafen. Die Überfahrt nach Kangaroo Island wird i.d.R. gestattet.
Avis, 136 North Tce., Tel. 8410 5727 oder 1-800 225533
Hertz, 233 Morphett St., Tel. 8231 2856
Thrifty, 296 Hindley St., Tel. 8211 8788
Neben den großen Vermietern gibt es eine Reihe lokaler Billiganbieter, die aufgrund älterer Fahrzeuge günstigere Tarife gewähren können.

Camper

Britz/Maui, 376 Sir Donald Bradman Drive, Brooklyn Park, Tel. 8234 4701
Apollo Camper, 969 Port Road, Cheltenham, Tel. 8268 4079
Kea Campers, 1019 South Road, Melrose Park, Tel. 8277 4787

Strände

Adelaide besitzt einige schöne und erstaunlich saubere Strände, wenngleich die Wassertemperatur meist recht niedrig ist. Entlang des Golf St Vincent liegen im Norden **Largs Beach**, **Semaphore Beach** und **Henley Beach**. Der Stadt am nächsten ist der **West Beach**, gleich hinter dem Campingplatz West Beach. Ein weiterer beliebter Strand ist der **Glenelg Beach**, der bequem mit der Straßenbahn zu erreichen ist. Die populären Surfstrände liegen etwas weiter südlich an der „Midsouth Coast" (ca. 30 km) und an der „Far South Coast" (50 km).

Hotels/Motels

Durch das Adelaide Festival und den bis 1995 in Adelaide stattgefunden Formel 1 Grand-Prix hat sich das Übernachtungsangebot der Stadt stark vergrößert. Neben den großen Hotelketten (Hyatt, Hilton) gibt es zahlreiche angenehme Mittelklasse-Hotels, aber auch Budgetunterkünfte.
Hyatt Regency $$$$$ (1), North Tce., Tel. 8231 1234; luxuriöses, modernes Spitzenhotel.
Thorngrove Manor $$$$$, Stirling/Adelaide Hills, Tel. 8339 6748; herrschaftliches Luxushotel außerhalb Adelaides, das zu den besten Häusern der Welt zählt.
Stamfort Grand Glenelg $$$$, Moseley Square, Glenelg, Tel. 8376 1222; modernes Luxushotel mit Pub und Restaurant, direkt an der Promenade.

Grand Mercure Mount Lofty House $$$$, Adelaide Hills, 74 Summit Road, Crafers, Tel. 1300 302 736; stilvolles Boutique-Hotel, ca. 30 Fahrminuten außerhalb der Stadt.
Holiday Inn Adelaide $$$ (2), 65 Hindley St., Tel. 8231 5552; komfortables Mittelklasse-Hotel mit zentraler Lage, üblicher Holiday Inn-Standard.
Rockford Adelaide Hotel $$$ (3), Ecke Hindley/Morphett St., Tel. 8211 8255; empfehlenswertes, komfortables Hotel mit großen Zimmern, sehr zentral in der lebhaften Hindley Street gelegen.

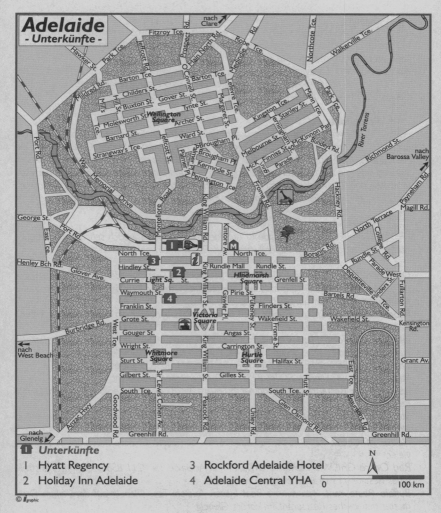

Adelaide
- Unterkünfte -

🏨 Unterkünfte

1	Hyatt Regency	3	Rockford Adelaide Hotel
2	Holiday Inn Adelaide	4	Adelaide Central YHA

0   100 km

© *graphic*

A

 Jugendherbergen und Hostels

Die Bettenkapazität für Rucksackreisende ist begrenzt. Je nach Management wird eine Voranmeldung akzeptiert (oder auch nicht).

Adelaide Central YHA (4), 135 Waymouth St., Tel. 8414 3001; neue zentral am Light Square gelegene Jugendherberge.

Glenelg Beach Resort $, 1–7 Mosley St., Tel. 8376 0007; persönlich geführtes Hostel im Vorort Glenelg.

 Camping

Nach der internationalen Ankunft in Adelaide kann problemlos sofort ein Camper übernommen und die kurze Entfernung an den folgenden CP gefahren werden. Die Stadt kann dann per öffentlichen Bus (Linie 278) besichtigt werden.

Adelaide Shores Caravan Resort (Big4), Military Rd., West Beach (ca. 10 km westlich der Innenstadt), Tel. 8356 7654; großer gepflegter Platz, direkt am schmalen West Beach; auch Cabins/On-Site Vans und ein Schlafsaal; Tennisplätze und Golfplatz gegenüber.

Restaurants

Die Auswahl an guten Restaurants und Einkehrmöglichkeiten ist groß, gleichwohl kann die Stadt im Angebot nicht mit Sydney oder Melbourne mithalten. Qualitativ sind die Restaurants, Cafés und Bistros erster Güte, was nicht zuletzt an den ausgezeichneten Weinen liegt, die aus nächster Umgebung kommen und auf den Weinkarten in großer Zahl vertreten sind. Einwanderer verschiedener Nationalitäten haben sich ebenfalls niedergelassen: Griechen und Italiener vor allem in der Hindley St., Chinesen in der Moonta St.

Hinweis

Das Trinkwasser in Adelaide ist unbedenklich, schmeckt jedoch sehr gewöhnungsbedürftig. Deshalb am besten Mineralwasser aus Flaschen trinken!

Die Broschüren des Tourist Office und die Beilage „The Guide" in der Donnerstagsausgabe des „Advertiser" enthält die aktuellen Restaurantempfehlungen. Im Internet unter www.adelaide.citysearch.com.au. Nachfolgend eine Auswahl:

Food Malls, Myer Centre, Rundle Mall; internationales Angebot an verschiedenen Imbissständen für den Mittagstisch.

International Food Plaza, Central Markets, zwischen Gouger und Grote St.; Imbissstände aus 12 Nationen.

The Original Barbecue Inn, 196 Hindley St., Tel. 8231 3033; Steakrestaurant.

Pasta Palace, 100 Hindley St., Tel. 8231 9500; italienisches Restaurant.

Jasmin Indian Restaurant, 31 Hindmarsh Square, Tel. 8223 7837; hervorragendes indisches Restaurant.

Stanley's, 76 Gouger St., Tel. 8410 0909; empfehlenswertes Fischrestaurant, Nähe Hilton Hotel.

House of Chow, 82 Hutt St., Tel. 8223 6181; der beste Chinese Adelaides lt. Meinung vieler.

Red Ochre Grill, War Memorial Drive, North Adelaide, Tel. 8211 8555; sehr gutes australisches Restaurant mit angenehmer Atmosphäre.

Buffalo Restaurant, Patawalonga Boat Haven, Adelphi Tce., Glenelg; auf dem altem Dreimaster befindliches Restaurant, im Vorort Glenelg.

Einkaufen

Geschäftszeiten: Mo–Do 9–17 Uhr, Fr 9–21 Uhr, Sa 9–12 Uhr

Dreh- und Angelpunkt ist die **Rundle Mall**, *die Fußgängerzone der Stadt mit den großen Kaufhäusern* Myers *und* David Jones. *Daneben existiert eine Menge kleiner Boutiquen, Schuhgeschäfte und Ramschläden. Die Rundle Mall setzt sich in die Rundle St fort, mit vielen Cafés und Outdoorläden.*

Zwischen den Hauptstraßen befinden sich einige einladende Einkaufsarkaden, so z.B. die **Rundle Arcade** *(zwischen North Tce. und Rundle Mall), die* **Regent Arcade** *(zwischen Rundle Mall und Grenfell St.), die* **Adelaide Arcade** *aus dem Jahre 1885 (ebenfalls zwischen Rundle Mall und Grenfell St. – eine der schönsten Arkaden) und die* **Southern Cross Arcade** *(zwischen James Place und King William St.).*

MÄRKTE:

Auf dem **Central Market** *bietet sich ein großes Angebot an frischen Lebensmitteln (Obst, Gemüse, Fleisch, Fisch). Das bunte Treiben erinnert an einen Großmarkt. In der benachbarten Food Plaza werden günstige Imbisse angeboten (zwischen Gouger und Grote St., geöffnet Di 7–17.30 Uhr, Do 11–17.30 Uhr, Fr 7–21 Uhr und Sa 7–13 Uhr). Benachbart ist die kleine Chinatown der Grote St.*

Am Ort der 1850er-Märkte wurden die **East End Markets** *restauriert (Rundle St. East). Dort findet man frisches Obst und Gemüse, Künstler und Straßenartisten und gute Imbissstände (geöffnet Fr–So 9–18 Uhr). Im Stadtteil St Peter steht die* **Jam Factory** *(169 Payneham Rd.), ein altes Fabrikgebäude mit 2 Galerien und vielen Künstlerständen.*

Landkarten: Map Shop, 16A Peel St. *(zwischen Hindley und Currie St.), Tel. 9231 2033*

SOUVENIRS:

Opale: Immerhin 80 % aller weltweit geförderten Opale stammen aus Australien, davon die meisten aus Südaustralien. In Adelaide steht eine große und relativ preiswerte Auswahl zum Verkauf: Adelaide Gem Centre *(12 Hindley St.),* Opal Field Gems *(33 King William St.),* Southern Cross Opal *(114 King William St.) und einige andere (vgl. auch Kapitel 3 „Souvenirs").*

Aborigine-Kunst: Neben Opalen bieten sich als Mitbringsel kunsthandwerkliche Gegenstände der Aborigines an. Eine große Auswahl haben z.B. **Adella Gallery** *(12–14 Hindley St.),* **Gallerie Australis** *(im Hyatt Hotel, North Tce.) und vor allem das sehenswerte* **Tandanya National Aboriginal Cultural Institute** *(253 Grenfell St., www.tandanya.com.au). Dort erfährt man auch politische Hintergründe zur Situation der Aborigines.*

Outback-Kleidung: Typische Outback-Kleidung wie Akubra-Hüte, Driza-Bone-Mäntel und Wollpullover kaufen Sie am besten bei Bonnetts *(242 Hutt St.) oder* Morrisons *(203 Rundle St.).*

Freizeit

Cricket und Aussie Rules Football *finden im Adelaide Oval bzw. Football Park statt. Besonders Letzteres ist ein Erlebnis, jedoch muss man sich früh um Karten bemühen.*

Das traditionelle **Pferderennen Adelaide Cup**, *der allerdings nicht den Stellenwert des Melbourne Cup hat, geht alljährlich im Mai in Morphettville vonstatten.*

Die Parkanlagen und die Ufer des Torrens River laden zum Spazieren, Joggen und Radfahren ein. Darüber hinaus kann in unmittelbarer Stadtnähe **Golf** *gespielt werden. Am nördlichen Torrens-Ufer und rings um North Adelaide befinden sich zwei 18-Loch-Plätze (Strangways Tce.) und ein Par-3-Kurs (Off War Memorial Drive). Ein öffentlicher 18-Loch-Platz befindet sich auch an der Military Rd./West Beach (Patawalonga Golf Course).*

A

Ein Gag besonderer Art ist der **Snowdome** *(25 East Tce.)*, eine Hallen-Skipiste und Eisbahn!
Ein modernes **Hallenbad** ist das Aquatic Centre *(Jeffcott Rd., North Adelaide)*. In Glenelg befindet sich der Fun-Pool **Magic Mountain** *(Uferpromenade)*.

▼ Unterhaltung und Nachtleben

Über das reiche Veranstaltungsangebot informiert die Beilage „**The Guide**" der Donnerstagsausgabe des „**Advertisers**" und weitere unabhängige Publikationen, wie z.B. „**The Adelaide Review**" oder „**The Core**".

THEATER UND OPER:

Das **Adelaide Festival** findet alle 2 Jahre (mit gerader Jahreszahl) statt und ist das größte aller australischen Kunst- und Kulturevents. Die Aufführungen in den 3 Konzertsälen des Festival Centre bieten für jeden etwas, allerdings sollte man sich rechtzeitig nach Karten erkundigen. Immerhin nehmen rund eine Million Besucher an den Festspielen teil. Außerhalb des Festivals finden vornehmlich an Wochenenden Veranstaltungen statt. Mehrere Konzert- und Theatersäle sind vorhanden.
Adelaide Festival Centre, King William Rd. (südlich des Torrens Lake), Tel. 8216 8600; Ticketkauf über BASS, Tel. 131 246 oder 8205 2300, online: www.bass.net.au.
Mehr Kultur in Form von Theater und Oper gibt es in **Her Majesty's Theatre** *(58 Grote St., Tel. 8216 8600)* und im **Arts Theatre** *(53 Angas St., Tel. 8221 5644)*.

CASINO:

Das schöne **Skycity Adelaide Casino (North Terrace)** ist ein Teil der alten Bahnstation an der North Terrace. Das Innere versetzt den Besucher – zumindest im Erdgeschoss – um ein Jahrhundert zurück. Tagsüber wird der Zutritt im Touristen-Outfit gewährt, abends sind Krawatte und Jackett Pflicht! Die freundlichen Bediensteten weisen Besucher gerne in die Feinheiten australischer Glücksspiele ein. Das Obergeschoss ist mit Spielautomaten voll gestopft. An insgesamt 5 Bars und einem Buffetrestaurant *(The Pullman)* kann man sich vom Spielstress erholen. Geöffnet Mo–Fr bis 10–4 Uhr, an Wochenenden rund um die Uhr.

LIVEMUSIK:

In vielen Pubs und Hotels treten in regelmäßigen Abständen Livebands auf. Ein Zentrum der Aktivitäten ist die Hindley St., wo sich ein umfangreiches und gutes Kneipenangebot befindet. Nachtclubs der edleren Art findet man vor allem in den großen Hotels (z.B. im Hyatt oder Hilton Hotel).
The Austral, 205 Rundle St., Tel. 8223 4660; gute Atmosphäre mit Livemusik Do–So.
The Exeter Hotel, 246 Rundle St., gut etablierter Treffpunkt für Jung und Alt, Di–So mit Livemusik.
Rio's Bar, 111 Hindley St.; lebhafter 24-Std.-Treff mit Café, Bistro und Discothek.
Cargo Club, 213 Hindley St.; Jazz und Blues-Musik.

KINO:

Die großen Kinozentren der Stadt sind Greater Union *(128 Hindley St.)*, Academy *(Hindmarsh Square)* und Hoyts Regent Cinema *(Regent Arcade, 101 Rundle Mall)* mit aktuellen Filmen. Alternative Programmkinos sind Mercury Cinema *(13 Morphett St.)* oder New Trak Cinema *(375 Greenhill Rd., Toorak Gardens)*.

Organisierte Ausflüge

Viele Veranstalter bieten Halb- oder Ganztagesausflüge in Adelaide und der näheren Umgebung an. Das Barossa Valley, der Murray River und Kangaroo Island stehen dabei an erster Stelle. Buchung über das South Australia Travel Centre. Ausflüge nach Kangaroo Island siehe auch unter „Kangaroo Island".

Port Adelaide River Cruises mit MV Port Princess, 176 Trimmer Parade, Seaton, Hafenrundfahrten auf dem Port River; nur So 11, 13.30 und 15.30 Uhr.

Wayward Bus Touring Company, Tel. 1-800 882 823; Budgetbusreisen in Kleingruppen, z.B. Adelaide–Melbourne in 5 Tagen über die Great Ocean Road, nach Kangaroo Island und Outback-Touren nach Alice Springs.

KI Sealink Tours, Tel. 13 13 01; Bustouren in großen Gruppen nach Kangaroo Island.

Adventure Charter of KI, Tel. 8553 9119; empfehlenswerte Kleingruppentouren nach Kangaroo Island, 1–4 Tage Dauer.

Adelaide Sightseeing, 440 King William St., Tel. 8231 4144, großes Tagesausflugsprogramm-.

Tauchen mit Weißen Haien (im Käfig): www.rodneyfox.com.au

Aireys Inlet/VIC (S. 344)

i **Information**
Aireys Inlet Tourist Information, Tel. 5289 6230, www.aireysinlet.org.au

Übernachten
Lighthouse Keeper's Cottages $$$$$, Federal St. (neben dem Leuchtturm); sehr teure und dennoch einfache Unterkunft, unbedingt vorher reservieren!

The Lightkeepers Inn $$$, 64 Great Ocean Rd., Tel. 5289 6666; Stadt-Motel.

Airlie Beach/QLD (S. 506)

i **Information**
Whitsunday Tourism Association, Ecke Shute Harbour/Manadalay Rd., Tel. 4945 3711 oder Tel. 1-800 801 252. Neben der offiziellen Informationsstelle existieren viele private Vermittler, bei denen Bootsausflüge gebucht werden können. **Internet:** www.whitsundaytourism.com, www.airliebeach.com

National Park Service (QPWS), Shute Harbour Rd, ca. 3 km südlich von Airlie Beach, Tel. 4946 7022; hier erhält man die notwendigen Camping-Permits und Kartenmaterial für den Küstennationalpark Cape Conway und für die Inseln.

Übernachten
Airlie Beach hat in den letzten 10 Jahren einen Boom ohnegleichen erlebt. An Unterkünften besteht kein Mangel und die Auswahl ist groß.

Hinweis: Die Inseln sind unter dem Stichwort „Whitsunday Islands" aufgeführt!

Coral Sea Resort $$$$, Oceanview Ave., Airlie Beach, Tel. 4946 6458, herrlich gelegenes Hotel auf einer kleinen Halbinsel.

Club Crocodile Airlie Beach $$$, Shute Harbour Rd., Cannonvale (2 km nördlich), Tel. 49467155; großzügig gestaltetes, jedoch sehr lebhaftes (lautes) Resort mit Restaurant.

A

Whitsunday Wanderers Resort $$$, Shute Harbour Rd., Airlie Beach, Tel. 4946 6446; komfortables Resort mit großem tropischen Garten. Polynesische Hütten, Swimming-Pools, Restaurant.

Airlie Beach YHA $, 394 Shute Harbour Rd., Airlie Beach, Tel. 1 800 247251; lebhafte Jugendherberge in zentraler Lage.

 Camping

Adventure Whitsunday Resort CP (Big4), 25–29 Shute Harbour Rd., Airlie Beach; großzügiger Platz.

Island Gateway CP, Shute Harbour Rd. (1 km von Airlie Beach), Tel. 4946 6228; ebenfalls ein schöner 4-Sterne-Campingplatz.

Restaurants

Sie werden kaum Probleme haben, entlang der Shute Harbour Road oder der Esplanade ein gutes Restaurant zu finden. Das Angebot ist wirklich riesig!

KC's Bar & Grill, 282 Shute Harbour Rd., Steak- und Fischrestaurant mit eher lauter Atmosphäre.

Airlie Thai, Beach Plaza, Esplanade, Thai-Restaurant.

Paddy Shenanigans, 352 Shute Harbour Rd., Irish Pub mit Livemusik an Wochenenden.

Bootsausflüge

Mehr als 100 Bootseigner bieten entweder organisierte Ausflüge an (von 1–7 Tage Dauer) oder stellen ihre Schiffe zu Charterzwecken zur Verfügung. Besonders beliebt sind 3-Tage/2-Nächte-Ausflüge unter dem Motto „Island Hopping". Dabei steht nicht immer jedes Boot am jeweiligen Ankunftstag zur Verfügung, so bucht man die längeren Kreuzfahrten am besten im Voraus, wenn die Reisezeit knapp ist.

Eine Touristenattraktion ist das **Boom Netting**: Zwischen die Bootsrümpfe eines Segelkatamarans wird ein Netz gespannt, in das während der Fahrt gesprungen wird – ein feuchtfröhliches Vergnügen! Beginn der Ausflüge ist meistens die **Abel Point Marina** (1 km nördlich von Airlie Beach) oder die **Shute Harbour Jetty** in Shute Harbour (10 km südlich von Airlie Beach).

Buchen Sie Ihren Tagesausflug am besten bei den o.g. Informationsstellen, im Hotel oder am Campingplatz. Die Kosten für einen Tagesausflug liegen bei ca. A$ 80, die für ein 3-Tage-Paket ab A$ 320 (inkl. Mahlzeiten). In Shute Harbour gibt es ein großes Parkhaus. Viele Anbieter holen Sie auch direkt am Hotel oder Campingplatz ab.

Tagesausflüge mit Segelschiffen werden von vielen Booten angeboten. Buchung genügt i.d.R. einen Tag im Voraus.

Tagesausflüge und Inseltransfers mit Motoryachten: z.B. mit **Fantasea Cruises** (bietet auch eine 2-tägige Tour mit Übernachtung auf der Riff-Plattform an!).

3-Tage/2-Nächte-Ausflüge: Ein breites Angebot mit vielen Booten ist z.B. buchbar über Aussie Adventure Sailing (Tel. 1-800 777 820, www.aussiesailing.com.au). Barefoot Cruises (Tel. 1-800 075 042) unternimmt mit dem herrlichen Segelschoner „Coral Trekker" 2-, 3- oder 6-tägige Kreuzfahrten ab Airlie Beach oder Shute Harbour – dank Mehrbettkabinen auch etwas für den kleineren Geldbeutel. Komfortabler ist die „Windjammer" mit Doppelkabinen.

Wassertaxi

Whitsunday Water Taxi (ex Shute Harbour Jetty, Tel. 4946 9499; fährt zu allen Inseln, auch für Tagesausflüge interessant. In Shute Harbour stehen ausreichend Parkplätze und ein Parkhaus zur Verfügung für einen längeren Aufenthalt.

Fantasea Cruises (Tel. 4946 5111) unternimmt Tagesausflüge und Reeftouren, z.B. nach Whitsunday Island. Special: Auf der Riff-Plattform kann sogar übernachtet werden!

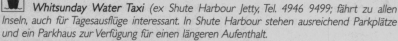 **Boots-Charter**

Passionierte Segler werden es schätzen, mit dem „eigenen" Boot flexibel und unabhängig auf Entdeckungsfahrt zu gehen. Es besteht die Möglichkeit, **Segelboote** mit Skipper (Crewed Charters) oder ohne Skipper (Bareboat Charters) zu mieten. Die meisten Boote werden nur wochenweise abgegeben – Segelkenntnisse sind zumindest beim Bareboat Charter sehr empfehlenswert. Kosten ab A\$ 300/Tag für Yachten mit 4–8 Kojen. Vorausbuchung unbedingt empfehlenswert! Alternativ werden auch **Motoryachten** vermietet – hier genügt ein gültiger Autoführerschein zur Anmietung (ab A\$ 400/Tag für Boote mit 4–8 Betten). Buchung z.B. bei **Australian Bareboat Charters**, www. rentayacht.com.au, Tel. 1-800 075 000.

 Tauchen

Dive Queensland, Tel. 4946 1067, www.scubacentre.com.au; Tauchanbieter, der z.B. 3-Tage/2-Nächte-Tauchfahrten und Tauchkurse anbietet.

 Rundflüge

HeliReef Whitsunday, Tel. 4946 8249; empfehlenswerte Helikopterrundflüge über die Inseln und das Riff..

Albany/WA (S. 619)

 Information

Albany Tourist Bureau, Old Railway Station, Proudlove Pde., Tel. 9842 1490; www.albanytourist.com.au **Department of Conservation (CALM)**, 120 Albany Hwy, Tel. 9842 4500; Informationen über die NPs der Umgebung.

Bus

Westrail bietet regelmäßige Busverbindungen von und nach Perth. Abfahrt und Fahrkartenverkauf an der Old Railway Station.

Übernachten

The Esplanade Hotel \$\$\$\$, Flinders Pde., Middleton Beach, Tel. 9842 1711; sehr gutes Hotel mit guter Lage.

Comfort Inn Albany \$\$\$, 191 Albany Hwy, Tel. 9841 4144; Mittelklasse-Hotel.

Emu Point Motel \$\$, Emu Point, Tel. 9844 1001; preiswertes Strandhotel.

Beulah Downs Farm \$\$, Kojaneeruup, Many Peaks, Tel. 9847 7032; große Schaf- und Weizenfarm in der Nähe der Stirling Ranges. Empfehlenswert sind ein paar Tage Aufenthalt, um das Farmleben bei den Arnolds kennen zu lernen. An- und Abreise mit dem Mietwagen.

Bayview YHA \$, 49 Duke St., Tel. 9842 3388; Jugendherberge (400 m zur Bahnstation).

A

 Camping

Middleton Beach CP (Big4), 28 Flinders Pde., Middleton Beach (3 km östlich), Tel. 9841 3593; gut ausgestatteter Big4-Campingplatz mit Cabins.

Alice Springs/NT (S. 417)

Information

Tourist Information, Ecke Hartley St./Gregory Tce., Tel. 8952 5199 oder 8952 5800; Informationen über die Stadt und Umgebung; Buchung von Ausflügen und Ausgabe des Mereenie Tour Pass. Im Internet: www.nt.citysearch.com.au, www.northern-territory.de, www.centralaustraliantourism.com.

Central Lands Council, 33 Stuart Hwy., Tel. 8951 6320, Fax 8953 4345; www.clc.org.au. Ausgabe von Permits zur Durchquerung von Aborigine-Reservaten. Diese sind i.d.R. direkt vor Ort erhältlich. Besser ist jedoch eine Beantragung ca. 3 Wochen vor Reisebeginn.

Parks & Wildlife Commission, Stuart Hwy. (nördlich des Flughafens), Tel. 8951 8211; Informationen über die Nationalparks im Northern Territory.

Wichtige Telefonnummern

Vorwahl von Alice Springs: 08

Notruf: 000 (gebührenfrei)

Polizei: Parson St., Tel. 8951 8888

Alice Springs Hospital: 8951 7777

Notarzt: 8952 2200.

Fluggesellschaften

Qantas, Tel. 13 13 13 (national) und 13 12 11 (international)

Alice Springs verfügt über keinen internationalen Flughafen. Das Rote Zentrum hat traditionell einen Flugengpass. Deshalb unbedingt die Flüge nach Alice Springs und Ayers Rock frühzeitig buchen!

Autovermietung

Im NT sind die meisten Automieten bis 2 Tage Mietdauer mit einer Kilometerbeschränkung versehen. Einwegmieten nach Darwin, Perth oder Adelaide sollten generell im Voraus gebucht werden und sind meist sehr teuer. Für viele Strecken bzw. Abstecher empfiehlt sich ein 4-WD. Alle großen Vermieter haben neben dem Stadtbüro auch eine Station am Flughafen. **Tipp:** „Never never go – without H2O" – immer genügend Wasser mitnehmen!

Avis NT, 52 Hartley St., Tel. 8953 5533

Hertz (NT Outback Adventure Rentals), 76 Hartley St., Tel. 8952 2644

Territory/Thrifty, Ecke Stott Tce./Hartley St., Tel. 8952 9999

Camper

Britz/Maui, Ecke Stuart Hwy./Power St., Tel. 8952 8814

Apollo Camper, 40 Stuart Hwy, Tel. 1800 777 779

Kea Campers, 7 Kidman St., Tel. 8955 5525

Öffentliche Verkehrsmittel

Der *Flughafen* befindet sich 15 km südlich der Stadt. Der in regelmäßigen Abständen verkehrende Airport-Shuttle (Tel. 8953 0310) kostet A$ 12, ein Taxi ca. A$ 30.
In die Vororte der Stadt verkehren öffentliche Busse ab dem Yeperenye Shopping Centre (Hartley St., gegenüber der Tourist Information).
Der Alice Springs Wanderer führt Stadtrundfahrten zu den Hauptsehenswürdigkeiten durch. Der Bus hält u.a. beim Royal Flying Doctor Service und der School Of The Air. Abfahrt an gekennzeichneten Haltestellen alle 70 Minuten, Fahrpreis A$ 18 (Ganztagsticket).
Fast alle Hotels/Motels/Hostels bieten Transfers von der Unterkunft in das Stadtzentrum und zum Flughafen an. Nimmt man an einem Ausflug teil, so wird man direkt von der Unterkunft abgeholt.

Fahrrad fahren

Ein 17 km langer Radweg führt von Alice Springs nach Simpsons Gap (Beginn bei John Flynn's Grab, 7 km außerhalb auf dem Larapinta Drive). Viele Hostels verleihen Fahrräder.

Taxis
Alice Springs Taxis, Tel. 8952 1877

Busse

Die Busse von Greyhound Pioneer fahren Alice Springs auf ihrer Route von Adelaide – Darwin an. Die Fahrt von Adelaide nach Alice Springs dauert 23 Std., nach Darwin 20 Std.
Greyhound, Haltestelle an der Melanka Lodge, Todd St., Tel. 13 20 30

Züge

Der *Bahnhof* von Alice Springs liegt an der Railway Terrace westlich des Zentrums. Einziger Zug, der die Stadt anfährt, ist der berühmte „Ghan", der nach afghanischen Kameltreibern benannt wurde. Die Fahrzeit von Adelaide beträgt 22 Std. Die Bahnverbindung nach Darwin mit dem Ghan besteht seit Februar 2004.
Weitere Hinweise und Fahrplan in Kapitel 3 „Eisenbahn" bzw. www.gsr.com.au

Post
General Post Office (GPO), Hartley St., Alice Springs NT 0870

Aussichtspunkt

Der Anzac Hill am Nordende des Stadtzentrums kann per Auto oder zu Fuß erklommen werden. Von oben genießt man einen schönen Blick auf die Stadt und die südlichen MacDonnell Ranges mit der Heavitree-Gap, die den Einschnitt für den Todd River und den Stuart Highway darstellt.

Übernachten

Die Unterkunftsmöglichkeiten in Alice Springs sind breit gefächert und reichen vom komfortablen 4-Sterne-Hotel bis zu einfachen Backpacker-Unterkünften. Die größte Auswahl an Hotels/Motels befindet sich in der Gap Road.
Alice Springs Resort $$$$ (1), 34 Stott Tce., Tel. 8951 4545; bestes Hotel der Stadt mit Restaurant.

A Aurora Alice Springs
$$$ (2), Leichhardt Tce.,
Tel. 8952 7829; Mittel-
klasse-Hotel mit Flugha-
fen-Transfers.

Desert Palms Resort
$$$ (3), Barrett Drive,
Tel. 8952 5977; preiswer-
te Bungalow-Anlage.

Melanka Lodge und
Hostel $$ (4), 94 Todd
St., Tel. 1-800 896 110;
sehr zentral gelegene,
lebhafte Budgetunter-
kunft. Man kann zwi-
schen Hostel und Motel
auswählen. Das Motel ist
bei weitem die bessere
Unterkunft bei nur ge-
ringem Mehrpreis!

Bond Springs Station
$$, Tel. 8952 9888; Rinderfarm mit einfachen
Unterkünften, 24 km
nördlich von Alice – die
Alternative für Selbstfahrer! Outback pur erwar-
tet Sie! Anfahrt: Nach
der Brücke über den
Colyer Creek sind es
noch genau 2 km, da-
nach biegen Sie rechts
ab zur Bond Springs Sta-
tion (keine Markierung!), von dort noch 6,5 km bis zur Farm. Leider recht hohe Nebenkosten für Mahlzeiten und Ausflüge!

Toddy's (5), 41 Gap Road, Tel. 1-800 806 240; sehr gute Backpacker-Unterkunft, buchbar
über Sahara Tours.

Alice Springs
- Unterkünfte -

🏨 **Unterkünfte**
1 Alice Springs Resort
2 Aurora Red Centre Resort
3 Desert Palms Resort
4 Melanka Lodge + Hostel
5 Toddy's Backpackers

© Lgraphic

Camping

Das Angebot an Campingplätzen in und um Alice Springs ist groß, da die Stadt
während des Winters auch bevorzugtes Ziel von Dauercampern ist.

Stuart Caravan Park, Larapinta Drive (2,5 km westlich), Tel. 8952 2547
MacDonnell Range Holiday Park (Big4), 3 Palm Place (2 km südlich), Tel. 8952 6111; gut
ausgestatteter CP, auch Cabins.

Restaurants und Unterhaltung

Alice Springs verfügt über ein paar typische Aussie-Kneipen und Restaurants. Neben den unabhängigen Restaurants besitzt fast jedes Hotel/Motel eine Einkehrmöglichkeit, die sich preislich dem Niveau der Übernachtungskosten anpasst.

Red Ochre Grill, Todd Mall (Territory Inn), Tel. 8952 2066; hervorragendes Restaurant mit australischer Küche.

Bojangles, 80 Todd St., Tel. 8952 2873; Restaurant im Saloon-Stil – ziemlich touristisch. Die Speisekarte wartet mit Spezialitäten auf (Kamel, Känguru, Emu usw.).

Chateau Hornsby, Petrick Rd. (15 km südlich), Tel. 8955 5133; einziges Weingut des australischen Zentrums, mit regelmäßiger Livemusik.

Lasseter's Casino, 93 Barrett St.; Spielcasino der Stadt – gute Stimmung, ausgefallene Glücksspiele. Herren sollten Hemd und Krawatte tragen. Nebenbei ist Lasseter's auch ein sehr gutes Hotel!

The Camp Oven Kitchen, Tel. 1-800 659 574; ein typisches uraustralisches Erlebnis: mitten im Busch wird über dem offenen Feuer ein Abendessen stilvoll über offenem Feuer bereitet. Die A$ 69 pro Person sollten Sie investieren!

Einkaufen

Geschäftszeiten: Mo–Fr 9–17.30 Uhr, Do 9–21 Uhr, Sa 9–13 Uhr (Abweichungen möglich). Haupteinkaufstraße ist die Todd Mall mit Souvenirläden, Plaza und Arkaden.

Lebensmittel sind im NT aufgrund der Transportkosten stets etwas teurer als z.B. an der dichter besiedelten Küste. Die Supermärkte von Woolworth und Coles sind trotzdem immer gut bestückt.

Aborigine-Kunst: Alice Springs bietet mit das umfassendste Angebot Australiens an Aborigine-Kunst, die käuflich erworben werden kann. Vorteil ist, dass die Eigentümer der Galerien i.d.R. Aborigines sind und der Erlös der Kunstgegenstände direkt den Gemeinden, Stämmen oder Familien zufließt. Lassen Sie sich beim Kauf eines Bildes etwas über dessen Bedeutung erklären! Die „Dot-Paintings" auf Leinwand, die aus vielen Pinsel-Tupfern bestehen, haben ihren Ursprung in Zentralaustralien. Didjeridoos und Rindenmalereien hingegen stammen aus Nordaustralien und können dort günstiger erworben werden. Manche Galerien bieten einen Versand-Service nach Europa an.

Aboriginal Art & Culture Centre, 86–88 Todd St.; sehr ausführliches und gut aufgemachtes Kulturzentrum – unbedingt sehenswert!

Märkte: Jeden Donnerstagabend und jeden 2. Sonntag im Monat findet in der Fußgängerzone ein kleiner Kunstmarkt statt.

Landkarten: Department of Infrastructure and Planning, Alice Plaza (1. OG); umfangreiches Kartenmaterial.

Outback-Ausrüstung: Alice Springs Disposals, Todd Mall (Südende) hat vom Fliegennetz bis zum Wasserkanister alles Notwendige für Outback-Fahrten.

Bücher: Arid Lands Environment Centre, Gregory Tce.; neben dem Buchverkauf informiert eine Umweltausstellung über die Tier- und Pflanzenwelt des Outback.

Veranstaltungen

Die Gaudi-Regatta **Henley-On-Todd** findet alljährlich Ende September/Anfang Oktober statt. Im ausgetrockneten Flussbett wird mit selbst gebauten Booten um die Wette „gelaufen" – bierseliges Spektakel! Der **Camel Cup** wird seit 1972 im Mai ausgetragen. Bei den Kamelrennen hat sich zwischen den USA und Australien eine besondere Rivalität entwickelt.

A

Organisierte Ausflüge

Die Auswahl der in Alice Springs angebotenen Ausflüge ist fast unüberschaubar. Sie reicht von geführten Bustouren über Outback-Safaris bis zu Ballonflügen. Für viele Touren ist die Teilnehmerzahl begrenzt, daher ist eine Vorausbuchung empfehlenswert. An Ort und Stelle informiert das Tourist Office.

Outback-Safaris in kleinen Gruppen mit flexibler Streckengestaltung werden in vielen Varianten von folgenden Veranstaltern angeboten:

Sahara Outback Tours, Tel. 8953 0881; gutes Programm an 3- oder 5-tägigen Campingsafaris im Red Centre, erhält immer beste Kritiken! Dank fest stehender Safari-Camps mit komfortablen Zelten auch für Nicht-Camper gut geeignet.

Adventure Tours Australia, Tel. 1-800 063 838; Camping-Safaris im Roten Zentrum, aber auch Alice Springs-Darwin und Darwin-Broome. Die meisten Touren sind Backpacker-Touren. Komfortabler sind die „Camping-In-Style"-Touren.

Frontier Camel Tours, Ross Hwy., Tel. 8953 0444; Tages- oder Mehrtagesausflüge auf Kamelen durch das Outback – ein einmaliges Erlebnis!

Outback Balloning, Tel. 1800 809 790; Ballonflüge über das Outback am Morgen oder Abend (warm anziehen!). Ideal für alle, die noch einen halben Tag in Alice Springs übrig haben. Die Preise für eine Ballonfahrt sind im Vergleich zu Europa sehr günstig!

Anglesea/VIC (S. 344)

Übernachten

Surfcoast Resort $$$, 105 Great Ocean Rd., Tel. 5263 3363; Mittelklasse-Hotel.

Camping

Anglesea Family CP, Cameron Rd. (800 m südöstlich), Tel. 5263 1583; Campingplatz am Strand, auch Cabins.

Apollo Bay/VIC (S. 345)

Information

Great Ocean Road Visitor Centre, Great Ocean Rd., Tel. 5237 6529; Karten und Wandertipps über den Otway National Park, die Great Ocean Road und den Fernwanderweg Great Ocean Walk (von Apollo Bay bis Princetown). Internet: www.greatoceanrd.org.au

Übernachten

Achtung: In den Ferien und an „langen Wochenenden" kommt es zu Engpässen bei den Unterkünften. Frühzeitig buchen bzw. vor Ort auf Alternativen einstellen!

Great Ocean View Motel $$$$, 1 Great Ocean Rd., Tel. 5237 7049; komfortables Hotel mit hervorragenden Meerblick-Zimmern (1. Stock).

Comfort Inn The International $$$, 37 Great Ocean Rd., Tel. 5237 6100; gutes Hotel im Zentrum.

Apollo Bay Beachfront Motel $$$, 163 Great Ocean Rd., Tel. 5237 6437; Mittelklasse-Motel.

Surfside Backpackers YHA $, Ecke Great Ocean Rd./Gambier St., Tel. 5237 7263; Jugendherberge.

Camping

Kooringal Tourist Park, 27 Cawood St. (1 km nördlich), Tel. 5237 7111; sehr guter Campingplatz mit Cabins.

Marengo Headland Holiday Park, Tel. 5237 6162; Campingplatz mit Strandlage, 2,5 km südlich.

Pisces Caravan Resort, 311 Great Ocean Rd., Tel. 5237 6749; www.greatoceanroad.org/ pisces; herrlich gelegener CP, 1,4 km nordöstlich.

Restaurants und Unterhaltung

Bay Leaf Cafe, 131 Great Ocean Rd. Restaurant mit asiatischer Küche.

Apollo Bay Fishermen's Cooperation, Breakwater Road; hier wird der fangfrische Fisch angeboten.

Augusta/WA (S. 624)

Übernachten

Augusta Georgiana Molloy Motel Best Western $$$, 84 Blackwood Ave., Tel. 9758 1255; komfortables Mittelklasse-Motel.

Baywatch-Manor YHA $, 88 Blackwood Ave., Tel. 9758 1290; Jugendherberge.

Camping

Flinders Bay CP, Albany Tce. (4 km südlich), Tel. 9758 1380; direkt am Meer gelegener Campingplatz.

Hamelin Bay CP, Tel. 9758 5540; 20 km nördlich von Augusta gelegener Campingplatz, direkt am Meer; auch Cabins.

Ayers Rock (Uluru-Kata Tjuta NP)/NT (S. 407)

Information

Visitor Centre, Yulara Drive (beim Desert Gardens Hotel), geöffnet täglich 8.30–19.30 Uhr; Eintritt frei. Informatives Besucherzentrum mit interessanten Lichtbildervorträgen im Auditorium. Eine „Ayers Rock Resort Tour" (Mo–Fr 10 Uhr) führt u.a. zu den Sonnenkollektoren und zur Wasserentsalzungsanlage.

Booking Centre, Shopping Centre: Buchung von Ausflügen, Rundflügen, Mietwagen aller Art.

Der **Parkeintritt** (A$ 25 pro Person, 3 Tage Gültigkeit) ist im Visitor Centre oder am Parkeingang zu entrichten. Kinder unter 16 Jahren sind frei. Internet: www.ayersrockresort. com.au.

Einkaufen

Das **Shopping Centre** verfügt über eine ANZ-Bank, einen großen Supermarkt, Post, Reisebüro (Booking Centre), Restaurants und Souvenirgeschäfte. Geld kann auch in den Hotels gewechselt werden.

Im **Uluru-Kata Tjuta Cultural Centre** (nach dem NP-Parkeingang) werden schöne Kunstgegenstände der Ureinwohner verkauft.

Wichtige Telefonnummern
Medical Centre/Arzt: 8956 2286
Polizei: 8956 2166
Taxis (zum Flughafen u. Ayers Rock) 8956 2140

 Verkehrsverbindungen
Flug: *Der Ayers Rock Airport kann von Sydney, Melbourne, Adelaide und Alice Springs angeflogen werden. Der kleine Flughafen liegt 6 km nördlich des Resorts. Für alle Gäste, die einen Übernachtungsvoucher im Resort haben, ist der Transfer mit dem Shuttlebus zum Resort kostenlos.*
Bus: *Alle Überlandlinien haben den Ayers Rock im Fahrplan, ein Ausflug in den NP kann gleich dazugebucht werden.*

 Autovermieter
Hertz NT, Tel. 8956 2244
Avis NT, Tel. 8956 2266
Territory Rent A Car, Tel. 8956 2030
Alle Vermieter außer Territory haben Stationen im Resort und am Flughafen. Es gibt keine Station von Wohnmobilvermietern in Ayers Rock, sondern nur in Alice Springs!

Übernachten
Sails in the Desert $$$$$, Tel. 08-8957 7417; *das Luxus-Hotel im Ayers Rock Komplex.*
Longitude 131° $$$$$, Tel. 08-8957 7131; *die einzigen Unterkünfte mit direktem Blick auf den Ayers Rock, im Stile afrikanischer Luxus-Camps erbaut.*
Desert Gardens Hotel $$$$, Tel. 08-8957 7417; *Hotel der gehobenen Mittelklasse, wird gerne von Busgruppen genutzt.*
Emu Walk Apartments $$$, Tel. 08-8957 77399; *Selbstversorger-Apartments mit zweckmäßiger, steriler Ausstattung.*
Outback Pioneer Hotel & Budgetlodge $$$, Tel. 08-8957 7605; *Mittelklasse-Hotel mit Standardzimmer und Backpacker-Budgetzimmern. Mit Restaurant, Bar und Schwimmbad.*
Curtin Springs $$, Lasseter Hwy (80 km östlich), Tel. 08-8956 2906, www.curtinsprings.com; *preiswerte Farm-Alternative zu den Unterkünften im Ayers Rock Resort. Campingplätze und Motelzimmer (auch für Familien geeignet).*

Camping
Ayers Rock Campground, Tel. 08-8957 7001; *großer Campingplatz, vielleicht der teuerste in ganz Australien. Cabins vorhanden. Buchung einige Tage vor Ankunft empfehlenswert!*

Essen und Trinken
Das Ayers Rock Resort bietet in den verschiedenen Unterkünften und im Shopping Centre eine Vielzahl an Restaurants, Imbissständen und Bistros – für jeden Geschmack und Geldbeutel. Besonders gut sind die Restaurants im Sails of the Desert Hotel.
Empfehlenswert, jedoch recht „touristisch", ist das im Outback stattfindende Abendessen **Sounds of Silence Dinner**. *Discovery Eco Tour bietet ähnliche Dinner, jedoch in kleineren Gruppen an.*

Organisierte Ausflüge

Das Ausflugsangebot ist fast unüberschaubar. Alle Ausflüge in den Uluru NP haben ihren Ausgangspunkt im Ayers Rock Resort oder in Alice Springs. Nähere Informationen mit Abholzeiten und Ausflugsdauer sind im Booking Centre des Resorts erhältlich. Zu bestimmten Themengebieten gibt es auch deutsche Übersetzungen.

AAT Kings, Tel. 8952 1700; größter Operator im Ayers-Rock-Gebiet mit Tages- und Mehrtagestouren.

Discovery Ecotours (Uluru Pass), Tel. 8956 2563; Kleingruppentouren – sehr empfehlenswert.

Anangu Tours, Tel. 8956 2123; von Aborigines geführte Halbtagestouren.

Ayers Rock Scenic Flights, Tel. 8956 2345; Rundflüge über Ayers Rock, Olgas und Kings Canyon

Uluru Motorcycle Tours, Tel. 8956 2019; mit der Harley zum Ayers Rock – wem´s gefällt ...

Sonstige Ausflüge und Aktivitäten

Nukanya Dreaming. Tanz- und Gesangsvorführung der Ureinwohner im Inmapiti-Amphitheater (neben dem Sails in the Desert Hotel).

Im **Ayers Rock Observatory** kann der einzigartige Sternenhimmel in der Night Sky Show beobachtet werden. Beginn um 20.30, 21.30 oder 22.15 Uhr. Voranmeldung unter Tel. 8956 2563 erforderlich.

Ballarat/VIC (S. 356)

Information

Ballarat Visitor Information, Ecke Sturt/Albert St., Ballarat, Tel. 5332 2694; www.ballarat.com

Übernachten

Cardigan Lodge Motel $$$, Avenue of Honour, Tel. 5344 8302; ruhiges Motel mit Restaurant und Swimming-Pool.

Sovereign Hill Lodge YHA $, Magpie St., Tel. 5333 3409; Budgetunterkunft mit Blick auf das Goldgräberdorf Sovereign Hills.

Camping

Ballarat Windmill Holiday Park, Western Hwy., Tel. 5334 1686; gut ausgestatteter Campingplatz mit Cabins.

Lake Wendouree CP, Gillies St. (2 km nördlich), Tel. 5338 1381; Campingplatz am See. Dieser war Schauplatz der olympischen Ruderregatten von 1956.

B

Barmera/SA (S. 369)

Information
Barmera Travel Centre, Barwell Ave., Barmera, Tel. 8588 2289, www.murray-river.net

Übernachten
Lake Bonney Resort Motel $$$, Lakeside Drive, Barmera, Tel. 8588 2555; direkt am See gelegenes Motel mit Restaurant.

Camping
Lake Bonney CP, Lakeside Drive, Barmera, Tel. 8588 2234

Barossa Valley/SA (S. 379)

Information
Barossa Wine Information & Interpretation Centre, 66–68 Murray St., Tanunda; alles über den Weinbau und das Tal, www.barossa-region.org

Übernachten
The Lodge Country House $$$$$; Seppeltsfield, Tel. 8562 8277; historische Unterkunft mit 4 luxuriösen, stilvollen Zimmern.
Seppelt Winery $$$$, Seppeltsfield, Tel 8562 8028; dem Weingut sind auch Gästebungalows angeschlossen. Weinproben möglich.
Novotel Barossa Valley Resort $$$, Golf Links Rd, Rowland Flat (neben Tanunda Golf Club, Tel. 8524 0000; schön gelegene, neu erbautes Apartment-Hotel mit 18-Loch-Golfplatz.
Barossa Valley Farmhouse YHA, Sandy Creek Conservation Park (2 km westlich von Lyndoch), Tel. 8414 3000; inmitten der Natur gelegene Jugendherberge.

Camping
Tanunda CP, Barossa Valley Way, Tel. 8563 2784

Weingüter
Eine Vielzahl an Weingütern bietet – unübersehbar – Weinproben zu jeder Jahreszeit an.
Chateau Dorrien Winery, Ecke Seppeltsfield Rd/Barossa Way; Tanunda; pseudo-antikes Schloss mit Weinproben und Bistro-Restaurant, geöffnet täglich von 10–17 Uhr.
Chateau Tanunda Estate, Tanunda; gehobenes Restaurant mit Weinkeller. Luxuriöse Unterkünfte sind ebenfalls vorhanden.

Batemans Bay/NSW (S. 598)

ℹ Information
Tourist Information Centre, Ecke Prince Hwy./Beach Rd., Tel. 4472 6900; www.
bayinfo.com.au, www.southcoast.com.au

🏨 Übernachten
Von allen südöstlichen Küstenstädten hat Batemans Bay das größte Übernachtungsangebot. In der Ferienzeit und an langen Wochenenden sind Unterkünfte oft ausgebucht!
Esplanade Motor Inn $$$$, 23 Beach Rd., Lincoln Downs Country Resort, Tel. 4472 0200;
komfortables Hotel/Motel mit Restaurant.
Shady Willows YHA $, Ecke Old Princes Hwy./South St., Tel. 4472 4972; Jugendherberge
mit angeschlossenem Campingplatz.

🚐 Camping
East Riverside Tourist Park, Wharf Rd., Tel. 4472 4048; gut ausgestatteter Campingplatz am Ufer des Clyde River. Cabins vorhanden.
Murramarang Resort, Banyandah St., South Durras (10 km nördlich), Tel. 4478 6355;
großzügiger Campingplatz direkt am Strand mit Kängurus und Possums, Pool, Mountain-
bike-Verleih und Restaurant.

Beachport und Robe/SA (S. 355)

🏨 Übernachten
Beachport Motor Inn $$$, Railway Tce., Tel. 8735 8070; Mittelklasse-Motel im
Stadtzentrum.
Robe Longe Beach YHA $, 70–80 Esplanade; Tel. 8768 2237; Jugendherberge direkt am
Strand.

🚐 Camping
Southern Ocean Tourist Park, Somerville St., Beachport, Tel. 8735 8153; grüner
Campingplatz am Rand der Bucht.

Bendigo/VIC (S. 358)

ℹ Information
Bendigo Visitor Centre, Pall Mall (im alten Post-Office), Tel. 5444 4445; www.
bendigotourism.com;
eine außergewöhnliche Möglichkeit, die Stadt kennen zu lernen, ist die Talking Tram, die
stündlich zwischen der Alexandra Fountain und der Central Deborah Gold Mine verkehrt.

🏨 Übernachten
Shamrock Hotel $$$, Pall Mall, Tel. 5443 0333; stilvolles Hotel der Jahrhundertwen-
de mit schönem Restaurant; auch Budgetunterkünfte.
Bendigo Colonial Motor Inn $$$, 483–485 High St., Tel. 5447 0122; zentral gelegenes
Motel.

B

Camping
Ascot Holiday Park, 15 Heinz St., White Hills (4 km nördlich), Tel. 5448 4421; gepflegter Campingplatz, auch mit Cabins.

Restaurants
Bendigo verfügt über einige sehr schöne Pubs und Restaurants, die in alten Gebäuden untergebracht sind. Dies sind z.B. das Goldmines Historic Café (Marong Rd.) in einem viktorianischen Haus von 1857 oder der Rifle Brigade Pub mit eigener Bierbrauerei (View St.).

Bicheno/TAS (S. 714)

Information
Tourist Office, Tasman Hwy., Tel. 6375 1333

Übernachten
Silver Sands Resort $$$, Burgess St., Tel. 6375 1266; gepflegte Ferienanlage für Selbstversorger.
Bicheno Backpackers Hostel $, 11 Morrison St, Tel. 6375 1651; kleines Hostel im Zentrum.

Camping
Bicheno Cabins & Tourist Park, 30 Tasman Hwy, Tel. 6375 1117; gepflegter Campingplatz mit Cabins.

Organisierte Ausflüge
Bicheno Penguin & Adventure Tours, Foster St., Tel. 6375 1333; breites Angebot an Freizeitaktivitäten; empfehlenswert: die Pinguinwanderungen nach Diamond Island.
Bicheno Dive Centre, 4 Tasman Hwy., Tel. 6375 1138; Tauchexkursionen vor der Küste.

Blue Mountains–Katoomba/NSW (S. 575)

Information
Katoomba Visitor Centre, Echo Point, Katoomba, Tel. 1300 653 408, tägl. 9-17 Uhr geöffnet.
Internet: www.visitbluemountains.com.au.

Übernachten
Katoomba und Umgebung bieten schöne Hotels, Motels und B&Bs mit kolonialem Charme. Für 2 oder mehr Übernachtungen wird häufig eine Ermäßigung gewährt. Oft fällt ein Wochenendzuschlag an (Fr–So).
Lilianfels Hotel $$$$, Lilianfels Ave., Echo Point, Tel. 4780 1200; elegantes Landhotel in herrlicher Lage über dem Jamison Valley.
Hydro Majestic Hotel $$$$, Great Western Hwy., Medlow Bath, Tel. 4788 1002. Die „Grand Old Lady" der Blue Mts. wurde von 1880 bis 1903 erbaut und in den 1990er-Jahren mit großem Aufwand renoviert.

Eagle View Escape $$$$, 12 Sandalls Drive, 20 km nordwestlich von Hartley, Tel. 6355 6311, www.eagleview.com.au; wunderbar gelegene Bushcabins mit grandiosen Ausblicken.
The Mountain Heritage $$$$, Apex St., Katoomba, Tel. 4782 2155; Hotel mit toller Lage und Panoramablicken. Auch der Besuch im Jamison View Restaurant lohnt.
Megalong Valley Wilderness Lodge $$$, Megalong Road, Tel. 4787 8188; 2.000 ha große Farm mit Gästehaus, Museum und Restaurant.
Blue Mountains YHA $, 207 Katoomba St, Katoomba, Tel. 4782 1416; zentral gelegene Jugendherberge.

Camping
Katoomba Falls CP, Katoomba Falls Rd., Tel. 4782 1835; bei den Wasserfällen gelegener Campingplatz mit Cabins.
Weitere CPs befinden sich in **Blackheath** (Blackheath CP, Prince Edward St., Tel. 4787 8101), **Oberon** (Jenolan CP, Tel. 6336 0344) und in **Lithgow** (Lithgow Tourist Park, Tel. 6351 4350).

Restaurants
The Paragon Café, Katoomba St.; berühmtes Café-Restaurant im Art-Déco-Stil.
Das **Hydro Majestic Hotel** und das **Lilianfels Hotel** bieten sehr gute Gourmetrestaurants mit wohl sortierten Weinkellern.

Unterhaltung
The Edge Cinema, 225 Great Western Hwy., Katoomba; Naturfilme auf einer gigantischen Leinwand, auch mit deutschsprachiger Übersetzung.

Organisierte Ausflüge
Fantastic Aussie Tours (Tel. 1-300 300 915): Ideal für diejenigen, die per Zug nach Katoomba fahren. Der Bus fährt stündlich (ab 283 Main St.) 17 Punkte an, an denen nach Belieben ein- und ausgestiegen werden kann. Abfahrtsort ist der Bahnhof von Katoomba. Ebenso werden Ausflüge zu den Jenolan Caves unternommen und 4-WD-Ausflüge angeboten.
Katoomba Adventure Centre, 1 Katoomba St., Katoomba, Tel. 4782 4009; großes Aktivprogramm mit Abseiling, Mountainbiken, Canyoning, Caving und Klettern.
Mountain Aviation, Katoomba Airfield, Tel. 4782 2892; Rundflüge über die Blauen Berge und Umgebung.

Bright/VIC (S. 592)

Information
Bight Visitor Centre, 119 Gavan St, Tel. 1300551117, www.brightescapes.com.au.
Mount Buffalo NP: www.parkweb.vic.gov.au.

Übernachten
Bright Chalet $$$$, 113 Great Alpine Rd., Tel. 5755 1833; schöne „europäische" Unterkunft mit guten Restaurant.
High Country Motor Inn $$$, 13–17 Great Alpine Rd., Tel. 5755 1244; Mittelklasse-Hotel.

B

 Camping
Alpine Cabins Holiday Park (Big4), 1 Mountbatten Ave., Tel. 575 1064; großzügiger CP, mit Cabins.

Brisbane/QLD (S. 530)

Information
Brisbane Tourist Information, City Hall Foyer und Queens Street Mall (Fußgängerzone). Daneben gibt es einen Informationsstand am Flughafen und im Transit Centre. Im Internet: www.ourbrisbane.com.au, www.south-bank.net.au, www.brisbane.citysearch.com.au
Queensland Government Travel Centre, Ecke Adelaide/Edward St., Informationen über Brisbane und den Staat QLD.
National Park and Wildlife Service (Naturally Queensland Centre), 160 Ann St., Tel. 3227 8186; Informationen über die 200 Nationalparks des Staates. Dort werden auch notwendige Permits erteilt, z.B. für die Wanderung auf Hinchinbrook Island.

Automobilclub
Royal Automobile Club of Queensland (RACQ), 261 Queen St., www.racq.com.au; Kartenmaterial und Informationen für Autotouristen; Pannendienst unter Tel. 3340 1122.

Wichtige Telefonnummern
Vorwahl für Queensland: 07
Notruf: 000 (gebührenfrei)
Polizei: 100 Roma St., Tel. 3364 6464
Krankenhaus: Royal Brisbane Hospital, Herston Rd., Herston, Tel. 3253 8111

Fluggesellschaften
Brisbane wird von vielen internationalen Fluggesellschaften angeflogen, was die Stadt zu einem „Major Gateway" des Kontinents macht. Zu den großen internationalen und nationalen Airlines kommen einige regionale Anbieter, die auch die kleineren Städte Queenslands anfliegen.

Hinweis: Der Flughafen verfügt über einen nationalen und einen internationalen Terminal, die 2 km auseinander liegen. Bitte bei Umsteigeverbindungen unbedingt berücksichtigen! Flughafen-Info: www.bne.com.au.

Malaysia Airlines, Tel. 13 26 27
British Airways, Tel. 3223 3123
Air New Zealand, Tel. 13 24 76
Cathay Pacific, Tel. 13 17 47
Singapore Airlines, Tel. 13 10 11
Garuda Indonesia, Tel. 3210 0031
Qantas, Tel. 13 13 13 (national) und 13 12 11 (international)
Thai International, Tel. 1-300 651 960
Royal Air Brunei, Tel. 9321 8757
Emirates, Tel. 1-300 303 777
Virgin Blue, Tel. 13 67 89

B

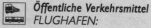 **Öffentliche Verkehrsmittel**
FLUGHAFEN:

*Vom Flughafen der Stadt, der 16 km (International Terminal) bzw. 18 km (Domestic Terminal) nordöstlich des Zentrums liegt, fahren regelmäßig **Flughafenbusse** zum Transit Centre (Roma St.) bzw. zum Hotel. Fahrpreis A$ 14 pro Weg.*
*Ein **Taxi** vom Flughafen ins Stadtzentrum kostet ca. A$ 35.*
*Neu und bequem ist die **Zugverbindung Airtrain** vom Flughafen direkt in die Innenstadt. Wer will, kann sogar gleich weiter an die Gold Coast fahren!*

ÖFFENTLICHER NAHVERKEHR:

Busse, Züge, Fähren und Taxis sorgen in Brisbane für reibungslose Verbindungen. Information über das Brisbane Public Transport Centre, 69 Ann St., Tel. 13 12 30.
*Das **Busnetz** ist gut. Die Linie 333 (City Circle) fährt immer einen Rundkurs durch die Innenstadt. Busse verkehren von 5.30–23 Uhr, an Wochenenden seltener. Eine Einzelfahrt kostet A$ 2,20. Günstig ist das Day Dover Ticket für A$ 10, das den ganzen Tag auf allen Strecken gilt. Wichtigste Busstation ist die **Queen Street Bus Station** (unterhalb von Myers) mit Informationsstand.*
*Nahverkehrszüge (**City Trains**) fahren von der **Central Railway Station** (Ann St.) in alle Vororte, an die Küsten und zum Flughafen. Am Bahnhof erhält man Fahrkarten und Fahrpläne.*
***Internet:** www.translink.qld.gov.au*

Fähren, *die den Brisbane River queren und den Südteil mit dem Nordteil der Stadt verbinden, legen von folgenden Stellen ab: Edward St. (Botanischer Garten), Waterfront Place/Eagle St. und Riverside Centre/Eagle St. Die Schiffe, die vom Stadtzentrum in die Bucht und auf die Moreton Bay Islands fahren, sind unter „Organisierte Ausflüge" beschrieben.*

STADTRUNDFAHRTEN:

***Brisbane City Sight Tours** fährt mit 19 Zwischenstopps und Kommentar viele Sehenswürdigkeiten der Stadt an. Aus- und Einstieg sind überall möglich. Die Fahrten in den Tram-Bussen sind, wie in den anderen Großstädten Australiens, sehr empfehlenswert, da man in kurzer Zeit einen guten Überblick erhält. Die Haltestellen sind besonders gekennzeichnet.*
***Information:** **Brisbane City Sights**, Abfahrt z.B. am Post Office Square alle 45 Minuten von 9–16 Uhr, A$ 20*

Taxis
Blue & White, Tel. 3238 1000
Brisbane Cabs, Tel. 3360 0000

Busse
*Alle großen Überlandbuslinien fahren auf ihrer Ostküstenroute Brisbane an. Zentraler Busterminal mit Fahrkartenverkauf ist das **Transit Centre** (Roma St.). Dort befinden sich auch ein kleines Einkaufszentrum und gegenüber, das Transcontinental Hotel. Preisvergleiche unter den großen Busfirmen lohnen, da der Konkurrenzkampf auf den Hauptstrecken und entlang der Ostküste groß ist. Neben den bekannten Gesellschaften verbinden regionale Busse (**Kirklands, Brisbane Bus Lines** u. a.) Brisbane mit der Goldcoast und der Sunshine Coast.*
Greyhound Australia, Tel. 13 20 30

B

Züge

Brisbane ist mit Sydney durch den Schnellzug XPT und mit Cairns durch die luxuriösen Fernzüge Sunlander, Queenslander und Spirit of the Tropics verbunden. Die Fahrzeiten und -tage finden Sie in Kapitel 3 „Eisenbahn". Regionale Züge fahren außerdem an die Sunshine Coast und an die Gold Coast. Bahnhöfe sind die Roma-St.-Station (Fernzüge) und Central Station (Nahverkehrszüge).
Information: **City Booking Office**, 208 Adelaide St., Tel. 3235 1122

Autovermietung

Alle renommierten Vermieter haben neben den Stadtbüros auch Schalter am Flughafen (nationaler und internationaler Terminal). Neben den großen Vermietern gibt es eine Reihe lokaler Firmen (Ideal Rental Cars, Allcar Rentals u. a.), die aufgrund älterer Fahrzeuge und/oder Kilometereinschränkungen günstigere Preise gewähren.
Avis, 133 Albert St., Tel. 3221 2900
Hertz, 55 Charlotte St., Tel. 3221 6166
Thrifty, 49 Barry Pde., Tel. 30056 3255

Camper

Britz/Maui, 647 Kingsford Smith Drive, Eagle Farm, Tel. 3216 5953
Apollo Camper, 698 Nudgee Rd, Northgate, Tel. 3260 5466
Kea Campers, 348 Nudgee Rd., Hendra, Tel. 3868 4500
4WD Hire Service, 280 Newmarket Rd., Wilston, 1-800 077 353

Konsulate

Deutsches Konsulat, 10 Eagle St., Tel. 3221 7819
Österreichisches Konsulat, 81 Yabba St, Ascot, Tel. 32628955
Schweizer Konsulat, 25 Buchanan Rd., Au-Banyo, Tel. 3621 8099

Post

General Post Office (GPO), 261 Queen St., Brisbane QLD 4000, geöffnet Mo–Fr 7–19 Uhr.

Freizeit

Sport steht auch bei den Brisbanites ganz oben auf der Liste der Freizeitbeschäftigungen. Der populärste Zuschauersport in Queensland ist Rugby (nicht zu verwechseln mit Aussie Rules Football). Die „Brisbane Broncos" spielen im Jubilee Sport Centre in Nathan, Cricket wird in The Gabba (Vulture St) gespielt.
Schwimmen: Viele Weltklasseschwimmer haben ihre Wiege in Brisbane. In Ermangelung städtischer Strände muss man auch als Besucher die Schwimmbäder aufsuchen, z.B. Centenary Pool (Gregory Terrace) oder Valley Olympic Pool (432 Wickham Tce.).
Windhundrennen (Greyhound Races) veranstaltet der Gabba Greyhound Racing Club (Stanley St., Wooloongabba) jeden Donnerstagabend.
Rad fahren kann man z.B. rund um den Botanischen Garten. Brisbane Bike Sales & Hires (87 Albert St.) verleiht Fahrräder.
Tennis auf Rasen oder Asphalt ist für Jedermann für A$ 18 im Royal Queensland Tennis Club (Milton Rd., Milton) möglich.

Hotels/Motels

Brisbane bietet ein großes Angebot an guten Hotels und Motels. Das Preisniveau liegt dabei auf dem anderer Großstädte und ist etwa vergleichbar mit Melbourne. Eine gute Auswahl hat man im nördlich des City Centre gelegenen Stadtteil Spring Hill, der auch für seine schönen Altbauten bekannt ist.

Sheraton Brisbane $$$$$ (1), 249 Turbot St., Tel. 3835 3535; Luxushotel im Herzen der Stadt.

Novotel Brisbane $$$$ (2), 200 Creek St., Tel. 3309 3309; internationales First-Class-Hotel mit guten Restaurants, Nachtclubs und Bars.

Parkroyal $$$$ (3), Ecke Alice St./Albert St., Tel. 3221 3411; gepflegtes, eher kleines Hotel der gehobenen Kategorie mit Blick auf den Botanischen Garten.

Rydges South Bank $$$$ (4), 9 Glenelg St., South Bank, Tel. 3255 0822; am Südufer des Brisbane River gelegenes Hotel mit sehr gutem Standard. Eher ein Hotel für Geschäftsreisende mit Messeterminen.

Chifleys at Lennons $$$ (5), 66 Queen St. Mall, Tel. 3222 3222; superzentral in der Fußgängerzone gelegenes Mittelklasse-Hotel. Zimmer eher klein.

Balmoral House $$, 33 Amelia St., Fortitude Valley; preiswerte Budgetunterkunft mit Doppel- und Einzelzimmern.

Jugendherbergen/ Backpacker-Hostels

Brisbane verfügt über ein großes Angebot an günstigen Hostels, von denen die meisten auf die Stadtteile verteilt sind. Vom Busterminal Transit Centre bieten einige einen Transferservice nach Ankunft der Überlandbusse an. Die meisten Billigunterkünfte befinden sich im Stadtteil New Farm, Petrie Terrace und Fortitude Valley.

Brisbane City YHA (6), 392 Upper Roma Street, Tel. 3236 1004; moderne, gut ausgestattete Jugendherberge im Zentrum.

Somewhere to Stay, Ecke Brighton Rd./Franklin St., Highgate Hill, Tel. 3844 6093.

Banana Benders Backpackers $, 118 Petrie Tce., Tel. 3367 1157; gepflegtes Hostel in Gehdistanz zur Innenstadt.

Brisbane
- Unterkünfte -

Unterkünfte
1 Sheraton Brisbane
2 Novotel Brisbane
3 Parkroyal
4 Rydges South Bank
5 Chifleys on Lennon
6 Brisbane City YHA

0 200 m

© Igraphic

B

Camping

Die meisten Campingplätze liegen ziemlich weit außerhalb. Für den Stadtbesuch empfiehlt sich deshalb die Übernachtung im Hotel.

Newmarket Gardens CP, 199 Ashgrove Ave., Ashgrove (4 km nördlich), Tel. 3356 1458; der stadtnächste Campingplatz, allerdings keine Zeltplätze!

Gateway Village CP, 200 School Rd., Rochedale (19 km südlich), Tel. 1-800 442 444; guter Big4-Campingplatz.

Restaurants

Aufgrund der zahlreichen Immigranten gibt es eine äußerst bunte Palette an Restaurants, Pubs, Bistros und Cafés. Internationale Gerichte kommen vor allem aus dem asiatischen Raum, aber auch europäische Häuser sind vertreten. Schmackhaft und vielfältig ist außerdem das Angebot an Meeresfrüchten und Fisch, vor allem die Moreton Bay Bugs und Mud Crabs (hummerähnliche Krabben) sind eine Versuchung wert.

Für den kleinen Hunger bieten sich **Food Malls** an, wie sie z.B. im Kaufhaus Myers zu finden sind.

Gute Restaurants befinden sich an der **Eagle Street Pier** und in der **Breakfast Creek Wharf**. Brisbanes **Chinatown** befindet sich im Stadtteil Fortitude Valley. Im Stadtteil **New Farm** befindet sich eine Reihe kleiner Restaurants und Bistros, ebenso wie in der **Caxton Street** im Stadtteil Petrie Terrace.

Myers „The Eatery", Queen St. Mall; zahlreiche Imbissstände laden zum Mittagstisch ein.

South Bank Parklands: Im Erlebniszentrum South Bank befinden sich 20 Restaurants und Cafés – tagsüber eine gute Möglichkeit für einen Imbiss oder das Mittagessen.

Eagle Street Pier: An der Uferpromenade der Eagle Street befindet sich die Pier mit 13 Restaurants, 9 Bars und einem Nachtclub. In der toll gelegenen Anlage direkt am Flussufer findet bestimmt jeder etwas für seinen Geschmack. Tipp für Seafood: **Pier Nine Restaurant** (Tel. 3229 2194).

Oxley´s on the River, 330 Coronation Drive, Milton; ausgezeichnetes Restaurant direkt am Brisbane River.

Breakfast Creek Wharf Seafood, 192 Breakfast Creek, Newstead (8 km nördlich); eine breite Auswahl an Restaurants am schönen Boardwalk. Der benachbarte Fischmarkt ist sehenswert.

Kookaburra Queen, Eagle St./Waterfront Pier, Tel. 3221 1300; Lunch- und Dinner-Kreuzfahrten auf einem alten Raddampfer, Abfahrt 12.45 oder 19.30 Uhr (So 18.30 Uhr).

Einkaufen

Geschäftszeiten: Mo–Do 9–17.30 Uhr, Fr 9–21 Uhr, Sa 9–17 Uhr, Sonntag 10.30–16 Uhr (gilt nur für das Stadtzentrum). Banken: Mo–Do 9.30–16 Uhr, Fr 9.30–17 Uhr.

Als Großstadt bietet Brisbane natürlich ausgezeichnete Einkaufsmöglichkeiten. Kleine Boutiquen und Ladengalerien ergänzen die großen Kaufhäuser. Haupteinkaufsstraßen sind die **Queen Street** mit Fußgängerzone und die benachbarten Straßen **Elisabeth Street**, **Charlotte Street**, **Adelaide Street** und **Edward Street**.

Große Einkaufszentren sind das **Queen Adelaide Building**, das **Wintergarden Centre**, **Myers Centre** und **Broadway on the Mall**. Eine Mischung aus alter Architektur und modernen Läden findet man in der **Rowes Arcade** (Edward St./Post Office Square).

Souvenirs: Qualitativ hochwertige Produkte australischer Herkunft, darunter attraktive Lederwaren, werden bei **M. E. Humfress** (26 Market St.) und im **National Trust Gift Shop** (The Mansions, 40 George St) verkauft. Alle möglichen Produkte aus Schafwolle erhält man in der **Australian Woolshed** (148 Samford Rd., Ferny Hills). Aborigine-Kunst wird von **Wiumilli Arts** (Queensland Cultural Centre) und **Queensland Aboriginal Creations** (135 George St.) vertrieben. Sehenswert ist die Opalwand bei **Quilpie Opals** (Lennons Plaza, 68 Queens St.).

Märkte: Jeden Sonntag von 8–16 Uhr findet im **Riverside Centre** (Eagle St.) ein lebhafter Kunstmarkt statt. Gleich nebenan, an der **Eagle Street Pier**, setzt sich der Markt fort. In den **South Bank Parklands** gibt es jeden Fr von 17–22 Uhr das schöne **Lantern Village** oder Sa/So von 11–17 Uhr den Craft Village Market.

▼ Unterhaltung und Nachtleben

Die Tageszeitung Courier Mail und die wöchentlich erscheinenden Szeneblätter **Time Off, Rave, The Bug** u.a. informieren über stattfindende Ereignisse. Brisbanes Kulturszene ist mit Theatern und Konzerten reichhaltig, dazu gibt es ein breites Musikangebot in Pubs und Discotheken.

THEATER UND MUSIK:

Freunde der klassischen Musik kommen im **Queensland Cultural Centre** auf ihre en. Das Performing Arts Centre hat 3 Theater- und Konzertsäle verschiedener Größe und ist Heimstätte von Opern, Komödien und Dramen (Information unter www.qpac.com.au, Tickets unter Tel. 136246).

Weitere Theater sind das **Brisbane Arts Theatre** (210 Petrie Terrace), das **La Boite Theatre** (57 Hale St.) und das **Princess Theatre** (8 Annerley St., Wooloongabba). Kostenlose Konzerte finden oft in den Parks der Stadt statt, beispielsweise im Botanischen Garten, aber auch in der City Hall.

LIVEMUSIK UND PUBS:

In vielen Pubs und Hotels treten regelmäßig Livebands auf, die Bandbreite reicht von Jazz und Blues bis zu heißer Rockmusik. Fragen Sie vor Ort nach aktuellen Szene-Tipps!

Caxton Hotel, 38 Caxton St., Petrie Terrace; schönes altes Hotel von 1884, ab und zu mit Jazzmusik.

Disorient Club (Orient Hotel), 560 Queen St.; Discothek mit australischer Rockmusik.

Brisbane Jazz Club, Annie St., Kangaroo Point, Tel. 358 2799; Jazzclub mit wechselndem Programm, vorher erkundigen!

Story Bridge Hotel, 200 Main St., Kangaroo Point, Treffpunkt junger Leute mit täglicher Livemusik im Bomb-Shelter-Keller.

Port Office Hotel, 38 Edward St., alter Pub mit Biergarten.

Paddington Hotel, 186 GivenTce., Petrie Terrace; beliebter Pub mit Biergarten und Livemusik am Freitagabend.

Shamrock Hotel, 186 Brunswick, Fortitude Valley; Irish Pub mit eher rauer Atmosphäre.

Organisierte Ausflüge

Die Ausflugsmöglichkeiten in und um Brisbane konzentrieren sich hauptsächlich auf Fahrten zur Sunshine Coast und Gold Coast. Einige Veranstalter bieten jedoch auch interessante Fahrten in das subtropische Hinterland oder auf die vorgelagerten Inseln an. Weniger empfehlenswert ist der **Lone Pine Koala Park**, seit er an asiatische Eigner verkauft wurde!

Club Croc River Queens, Eagle Street Pier, Tel. 3221-1300; Lunch und Dinner Cruises auf dem Brisbane River, täglich.

B

Brisbane City Ferries veranstaltet 3-stündige Fahrten flussaufwärts nach St. Lucia und flussabwärts nach Hamilton Reach. Abfahrt am Südende der Edward St., nur Sa und So um 13.30 Uhr.
Never Never Safaris, Tel. 02-6679 1575; Touren in den Bald Rock NP und Border Ranges NP – sehr empfehlenswert!
Moreton Bay Whalewatching, Tel. 3880 0477; von Juni bis Ende Oktober Walbeobachtung in der Moreton Bay.

Broken Hill/NSW (S. 364)

Information
Broken Hill Tourist Centre, Ecke Blende/Bromide St., Tel. 8087 6077, www.brokenhill. nsw.go.au, www.visitbrokenhill.com.au
NPWS Office, 183 Argent St., Tel. 8080 3200, www.npsw.nsw.gov.au; Informationen über die NPs der Umgebung

Übernachten
Royal Exchange Hotel $$$$, 320 Argent St., Tel. 80878 2308; zweifellos das beste Hotel der Stadt.
Comfort Inn Hilltop $$, 271 Kaolin St., Tel. 8088 2999; Mittelklasse-Motel.
Tourist Lodge YHA $, 100 Argent St., Tel. 8088 2086; Jugendherberge.

Camping
Lake View CP, 1 Mann St., Tel. 8088 2250; Campingplatz, ca. 3 km außerhalb des Zentrums.

Postflüge
Crittenden Air (Tel. 8088 5702) führt Postflüge zu entlegenen Outback Stations durch und nimmt auch Passagiere mit. Voranmeldung unbedingt erforderlich.

Organisierte Ausflüge
Broken Hill Outback Tours, 166-170 Crystal St., Tel. 8087 7800; breites Ausflugsangebot, auch deutschsprachig, in die Nationalparks der Region; komplette Pakete, genau auf den „Indian Pacific" abgestimmt, sind buchbar.

Broome/WA (S. 657)

Information
Broome Tourist Bureau, Great Northern Hwy., Tel. 9192 2222; Buchung von Ausflügen, Informationen über Straßenzustände etc. Internet: www.broome.wa.gov.au, www. broomevisitorcentre.com.au
CALM District Office, Herbert St. (nähe Townbeach), Tel. 9192 1036; Informationen über die NPs der Kimberley-Region.
Straßenberichte: www.racwa.com.au

Verkehrsverbindungen

Qantas, Air North, Virgin Blue und *Skywest* fliegen Broome an, entweder von Darwin, Perth, Adelaide, Melbourne, Sydney oder Kununurra. Der Flughafen liegt nur 2 km von Broome´s Chinatown entfernt, Taxis, ein Airport-Shuttle oder Hotelbusse stehen für Ankömmlinge bereit.

Greyhound Pioneer fährt Broome auf der Westküstenroute täglich an.

Von der Innenstadt/Chinatown fährt halbstündlich ein Bus zum Cable Beach oder zum Boulevard Shopping Centre.

Mietwagen

Zahlreiche Straßen der Kimberleys machen einen 4-WD vonnöten (vor allem nach der Regenzeit und für die Gibb River Road). Vorher buchen und die Konditionen kennen! Bei Anmietung vor Ort fallen bei allen Vermietern Kilometergelder und meist auch hohe Einweggebühren an.

Avis, 14–16 Coghlan St., Tel. 9193 5980

Thrifty/Territory, Tel. 8924 0000

Hertz Kimberley, Airport., Tel. 9192 1428

Camper

Apollo Camper (Tel. 9193 7788), **Kea Campers** (Tel. 9192 1250) und **Britz/Maui** (Tel. 9192 2647), bieten Broome als Anmiet- und Abgabestation an, allerdings ist dann eine Extra-Gebühr in Höhe von A$ 300–500 zu bezahlen. Plant man, die Gibb River Road zu fahren (nur Mai–Okt.) ist es deshalb meist günstiger, für die Gesamtstrecke Perth – Darwin einen Allrad-Camper zu nehmen anstatt den Versuch zu unternehmen, das Fahrzeug in Broome zu wechseln.

Übernachten

Broome erlebt in den letzten Jahren einen wahren Boom. Zahlreiche neue Hotels zeugen davon. Von Juli bis Oktober kommt es stellenweise zu Engpässen (gilt auch für Campingplätze!). Schöner als in der Stadt wohnt man auf jeden Fall am Cable Beach! Das Preisniveau in den Kimberleys ist aufgrund der kurzen Saison generell hoch.

Cable Beach Club $$$$$, Cable Beach Rd., Tel. 9192 0400; luxuriöse Ferienanlage oberhalb des Strandes, ausgezeichnete Restaurants und Bars (z.B. Lord MacAlpines Bar während des Sonnenuntergangs).

McAlpine House $$$$, 84 Herbert St.; kleines, feines, sehr persönlich geführtes Gästehaus.

Seashells Resort $$$, 4–6 Challenor Drive, Tel. 1-800 623 999; sehr schöne Apartment-Anlage.

Broome Beach Resort $$$, Murray Rd./Cable Beach, Tel. 9158 3300; modernes Ferienresort am Cable Beach.

The Kimberley Club $, Frederick St., Tel. 9192 3233; modernes Backpacker-Resort.

Self Drive Kimberley Safari Pass, Tel. 1-800 804 005; preiswerte, permanente Safari-Camps entlang der Gibb River Road (Mai–Okt) – unbedingt im Voraus buchen!

Eco Beach Wilderness Retreat, Cape Villaret (100 km südlich von Broome), Tel. 9193 8015; herrliche gelegene Lodge, auf Wunsch mit Bootstransfer ab/bis Broome (inkl. Walbeobachtung von Juni – September).

B

Camping

Cable Beach CP (Big4), 8 Millington Rd/Cable Beach, Tel. 9192 2066; gepflegter Campingplatz in Strandnähe, auch Cabins. Im Juli/August unbedingt vorab reservieren!

Palm Grove Caravan Resor (Top Tourist Park), Ecke Cable Beach Rd./Murray Drive, Tel. 9192 3336; schön gelegener CP, mit Cabins. Von Juli bis August Reservierung empfehlenswert!

Essen und Trinken

Zahlreiche China-Restaurants laden in Broomes Chinatown zu Lunch und Dinner ein. Im „klassischen" Roebuck Bay Hotel geht es bei viel Bier laut und lebhaft zu.

Einkaufen

Broome verfügt über zwei größere Einkaufszentren: **Paspalays Shopping Centre** (Carnavon St./Chinatown) mit **Post** und Supermarkt und **Boulevard Shopping Centre** (Frederick St.) mit Supermarkt und zahlreichen Geschäften. Daneben reihen sich viele Boutiquen und Souvenirläden in Chinatown aneinander.

Berühmt ist Broome natürlich für seine **Perlen**. Diese können u.a. bei **Paspalay Pearls** (2 Short St.), Broome Pearls (Dampier Tce.) oder **Willie Creek Pearls** (Lullfitz Drive) erstanden werden. Eine gute Auswahl an **Aborigine-Kunst** wird in Matso´s Gallery (60 Hamersley St.) angeboten.

Tauchen

300 km vor der Küste befindet sich das **Rowley Shoals** Atoll, das mit einer Unterwassersichtweite von bis zu 70 m zu den zehn besten Tauchspots der Welt zählt. Die erstmals von Captain Josias Rowley im Jahr 1800 entdeckten Korallenschelfe sind nur per Boots-Charter erreichbar.

Organisierte Ausflüge

Broome bietet ein großes Angebot an Tages- und Mehrtagesausflügen, sei es in die Kimberleys oder einfach nur in der näheren Umgebung. Immer populärer werden Flugsafaris, die auf den kleinen Airstrips der Rinderfarmen zwischenlanden und weite Teile der Kimberleys (King Sound, Buccaneer Archipel, Prince Regent Nature Reserve) überfliegen.

Willie Creek Pearl Farm Tours, Tel. 9193 6000; Ausflüge zur Perlenfarm Willie Creek.

Red Sun Camel Safaris, Tel. 9193 7423; Kamelritte am Cable Beach.

Kimberley Wilderness Adventures, Tel. 1-800 675222 oder 03-92778444; 4-WD-Touren ab Broome oder Kununurra mit permanenten Camps oder Übernachtung auf Farmen.

Australian Adventure Travel, Tel. 1-800 621625; Allradtouren durch die Kimberley.

King Leopold Air, Tel. 9193 7155 und Broome Seair (Tel. 9192 6208, www.seairbroome.com.au); spektakuläre Rundflüge über die Kimberleys und die Küste oder zu entfernten Outback Stations.

Kreuzfahrten entlang der Kimberley-Küste werden z.B. mit der „Kimberley Quest", „True North" oder der „Coral Princess" angeboten. Frühzeitige Buchung erforderlich, am besten ein Jahr im Voraus!

Bruny Island/TAS (S. 689)

Information
Bruny Island Visitor Centre, am Hafen des Dorfes Kettering (38 km südlich von Hobart), Tel. 6267 4494.

Fähre
Mehrmals täglich überquert eine Autofähre den D´Entrecasteaux Channel von Kettering nach Roberts Point: Mo–Sa von 7.15–18.30 Uhr; So 8–18.30 Uhr.

Übernachten
Adventure Bay Holiday Home $$$, *Lorkin Rd., Adventure Bay, Tel. 6243 6169; komfortable Cottages.*
Lumeah YHA Hostel, *Main Rd., Adventure Bay, Tel. 6293 1265; Jugendherberge.*
Weitere Übernachtungsmöglichkeiten bestehen in Barnes Bay und Lunawanna.

Camping
Adventure Bay Caravan Park, *Adventure Bay, Tel. 6293 1270; Campingplatz, On-Site Vans, Cabins.*

Bunbury/WA (S. 625)

Information
Tourist Bureau, Carmody Place (Old Railway Station), Tel. 1-800 2862879, www.visitbunbury.com.au; das Büro befindet sich in der 1904 erbauten Old Railway Station.

Übernachten
Welcome Inn Motel $$$, *Ocean Drive, Tel. 9721 3100; direkt am Meer gelegenes Motel mit großzügigen Motel-Units.*
Cifton Beach Motel $$, *2 Molloy St., Tel. 9721 4300; gepflegtes Motel.*

Camping
Bunbury Glade CP, *Timberley Rd./Bussell Hwy., Tel. 9721 3848; großer Cam ping-platz, auch Cabins.*

Essen und Trinken
Spezialität in Bunbury sind die „Blue Manna Crabs", die in vielen Seafood-Restaurants der Stadt erhältlich sind.

Bundaberg/QLD (S. 518)

Information
Tourist Information, 190 Bourbong St., Tel. 1-800 308888; u.a. Information über Ausflüge nach Lady Musgrave Island und Lady Elliott Island. Außerdem Buchung von „Whale Watching Tours" von Juli bis Oktober – je nachdem, wann die Buckelwale im jeweiligen Jahr erscheinen. Internet: www.bundabergregion.info, www.ladyelliot.com.au.

B)

Hinweis
Reisende, die von Bundaberg Airport nach Lady Elliott Island fliegen, sollen ihr Fahrzeug bewacht unterstellen (Hertz Vehicle Storage, Mobiltankstelle). Offenbar ist das Auto am Flughafen nicht sicher!

Übernachten
In den Orten **Bargara, Elliot Heads** *und* **Burnett Heads** *mangelt es nicht an Unterkünften. Zahlreiche Motels und Campingplätze befinden sich meist direkt am Strand und haben sich auf die Bedürfnisse der sonnenhungrigen Touristen eingestellt.*
Kelly Beach Resort $$$, *6 Trevors Rd. (3 km südlich von Bargara), Tel. 4154 7200; gepflegtes Urlaubsresort mit Selbstversorger-Bungalows nahe zum Strand.*

Camping
Bargara Beach Caravan Park, *The Esplanade, Bargara (14 km östlich von Bundaberg), Tel. 4159 2228; Campingplatz mit Strandzugang.*

Byron Bay/NSW (S. 544)

Information
Tourist Information, *80 Jonson St. (neben dem Bahnhof), Tel. 6685 8558, www.visitbyronbay.com, www.bshp.com.au*

Übernachten
Byron Bay ist in letzten Jahren von der Backpacker-Metropole auch zum Yuppie-Treffpunkt aufgestiegen – mit der Folge, dass die Zahl der Unterkünfte und das Preisniveau kräftig gestiegen sind (während der Schulferien um 30–50 % höhere Preise!). Zahlreiche Hotels wurden neu gebaut, Hostels gibt es reichlich.
Bayshore Drive Resort $$$, *Bayshore Drive, Tel. 6685 8000; großzügig gestaltete Ferienanlage, 3 km außerhalb der Stadt, direkt am Strand mit 9-Loch-Golfplatz.*
Lord Byron Resort $$$, *120 Jonson St., Tel. 6685 7444; ordentliches Hotel in zentraler Lage..*
Cape Byron Resort Motel $$$, *16 Lawson St., Tel. 6685 7663; komfortable Zimmer mit Selbstversorger-Einrichtungen.*
Backpackers Inn $, *29 Shirley St. (Belongil Beach), Tel. 6685 8231; gut ausgestattetes Hostel, ebenfalls etwas außerhalb, aber direkt am Strand gelegen.*
Cape Byron YHA $, *Ecke Byron /Middleton St., Tel. 6685 8788; Jugendherberge, nur 100 m zum Strand.*

Camping
Clarkes Beach CP, *Lighthouse Rd (1 km zum Zentrum), Tel. 6685 6496; direkt am Strand gelegener Campingplatz mit schattigen Stellplätzen.*
First Sun CP, *Lawson St., Tel. 6685 6544; sehr zentral gelegener Campingplatz am Main Beach, leider oft überfüllt und sehr windig. Reservierung empfehlenswert!*
Suffolk CP, *Alcorn St., Suffolk Park (5 km südlich), Tel. 6685 3353; sehr schön am Tallow Beach gelegener Campingplatz.*
Byron Bay Tourist Park, *Broken Head Rd (3 km südlich), Tel. 6685 6751; recht kleiner CP mit Strandzugang.*

🍽 Restaurants
Zahlreiche Restaurants und Cafes befinden sich in der Jonson und Fletcher Street. Direkt mit Blick auf das Meer speist man bei Fisheads Restaurant and Takeaway, Jonson St, Tel. 6680 7632.

🎵 Unterhaltung
Die neuesten Tipps hält die Lokalzeitung **The Byron Shire Echo** bereit. Im Januar findet das große **Byron Arts Festival** mit Musik, Theater und Tanz statt. Ansonsten ist in den Pubs und Hotels der Jonson St. fast immer was los!

Cairns/QLD (S. 467)

ℹ Information
Tourism Tropical North, 51 Esplanade. Im Internet: www.tq.com.au, www.tnq.org.au, www.cairnsconnect.com.
Department of Environment & Heritage, 10–12 McLeod St., Tel. 4046 6600, www.epa.qld. gov.au; Informationen über die umliegenden Nationalparks und den Great Barrier Reef Marine Park.

📞 Wichtige Telefonnummern
Vorwahl: 07
Notruf: 000 (gebührenfrei)
Polizei: 5 Sheridan St., Tel. 4030 7000
Krankenhaus: Base Hospital, Esplanade (Nord), Tel. 4050 6333

🚗 Automobilclub
Royal Automobil Club Queensland (RACQ), Stockland Shopping Centre (Earlville), Pannendienst Tel. 4051 6543, Straßenbericht 4051 6711, www.racq.com.au. Hier erhalten Sie gutes Kartenmaterial, Unterkunfts- und Campingverzeichnisse.

✈ Fluggesellschaften
Flughafen Cairns: www.cairnsport.com.au
Qantas, Tel. 13 13 13 (nat.), Tel. 1312 11 (internat.)
Australian Airlines, Tel. 1-300 799 798
Garuda Indonesia, Tel. 1-300 365 330
Air Niugini, Tel. 1-300 361 380
Cathay Pacific, Tel. 13 17 47
Virgin Blue, Tel. 13 67 89
Air New Zealand, Tel. 13 24 76

🚌 Busse
Der Busterminal und die Büros der Busfirmen befinden sich am Reef Fleet Terminal (beim The Pier Shopping Centre) St.). Die Greyhoundbusse fahren Cairns auf ihrer Ostküstenroute täglich an, hinzu kommen einige regionale Firmen.
Greyhound Australia, Tel. 13 20 30

C

 Autovermietung

Die großen Mietwagenfirmen besitzen neben den Stadtbüros zusätzlich Schalter am Flughafen. Lokale Vermieter sind oft günstiger, die Fahrzeuge unterliegen aber meist Kilometer- und Gebietseinschränkungen.

Avis, 135 Lake St., Tel. 4051 5911
Thrifty, Ecke Sheridan/Aplin St., Tel. 4051 8099
Hertz, 147 Lake St., Tel. 4051 6399

 Camper

Britz/Maui, 411 Sheridan St., Tel. 4032 2611
Apollo Camper, 51 McLeod St., Tel. 4031 2477
KEA-Campers, 54 Fernley St., Tel. 4051 1989

 Taxi

Black & White Taxis, Tel. 13 10 08

 Züge

Der Bahnhof befindet sich in der **Bunda St.**, direkt im riesigen Cairns Central Shopping Centre. Fahrplanauskünfte unter Tel. 13 22 32.

Cairns ist mit Brisbane durch **The Sunlander**, **Spirit of the Tropics**, **The Queenslander** und den neuen Luxuszug **Great South Pacific Express** verbunden.

In das Touristenstädtchen in den Atherton Tablelands fährt zweimal täglich die **Kuranda Scenic Railway** (Abfahrt 8.30 Uhr und 9.30 Uhr; Rückfahrt von Kuranda 14 Uhr und 15.30 Uhr). Die reizvolle Bahnfahrt, die durch tiefe Täler und über haarsträubende Brücken führt, ist am besten im Rahmen eines Tagesausflugs nach Kuranda zu buchen. Die Rückfahrt erfolgt dann mit der Gondelbahn Skyrail.

🚆 Öffentliche Verkehrsmittel

Der **Flughafen** mit nationalem und internationalem Terminal liegt 5 km nördlich am Cook Hwy. Ein **Airport Shuttle Bus** verkehrt in regelmäßigen Abständen in die Innenstadt (A$ 10). Bei Abflug ex Cairns kann eine Abholung vom Hotel organisiert werden.
Die **Taxifahrt** vom/zum Flughafen kostet ca. A$ 20. In die Vororte der Stadt verkehren lokale Busse (Informationen am City Place, 87 Lake St.), ebenso an die nördlich gelegenen Strände der Marlin Coast (**Coral Coaches**, Abfahrt an der Lake St. Mall). Einige Hotels holen Gäste auch direkt am Flughafen ab.

📞 Post

General Post Office (GPO), 13 Grafton St., Cairns QLD 4870; geöffnet Mo–Fr 8.30–17.30 Uhr.

🏖 Strände

Cairns verfügt direkt vor der Esplanade über einen neu aufgefüllten, künstlichen Strand mit schönen Freizeiteinrichtungen (Barbecue, Spielplätze usw).
Sehr schöne Strände liegen nördlich der Stadt an der **Marlin Coast (sog. Northern Beaches): Trinity Beach, Clifton Beach, Kewarra Beach, Palm Cove, Ellis Beach.**
Warnung! Im tropischen Nord-Queensland gilt die Warnung vor den giftigen Quallen (Box Jelly Fish oder Marine Stinger). Sicherer Badespaß ist von Oktober bis April nur innerhalb der Stinger-Netze möglich. Die Quallen kommen nur in Küstennähe vor – an den Korallenriffen des Great Barrier Reef kann unbedenklich und ganzjährig gebadet werden!
Schwimmen kann man ganzjährig im **Tobruk-Freibad**, 370 Sheridan St. Dort finden auch viele Tauchkurse statt.

🏨 Übernachten

Als Urlaubsdestination „par excellence" bietet Cairns, gemessen an der Einwohnerzahl, Übernachtungsmöglichkeiten wie keine andere Stadt Australiens. Neben Luxushotels finden Sie eine breite Palette von Hotels und Motels (Esplanade, Lake Street, Sheridan Street) in gehobenen und gemäßigten Preiskategorien. Sie sind komfortabel ausgestattet und verfügen über klimatisierte Zimmer und Swimming-Pools.
Seit Jahren lockt die Tropenstadt natürlich auch Rucksackreisende aus aller Welt an. In den vielen Backpacker-Hostels, die um die Gunst der Budgetreisenden buhlen, lässt es sich auch billig nächtigen. Entlang der südlichen Esplanade findet sich die größte Auswahl an Budgetunterkünften. Werfen Sie zuvor einen Blick in das angebotene Zimmer!
Northern Beaches: Wer baden will, sollte dort nächtigen. Bei den Unterkünften entlang der Marlin Coast (Trinity Beach, Clifton Beach, Kewarra, Palm Cove, Ellis Beach) ist häufig ein Flughafentransfer im Übernachtungspreis eingeschlossen. Fast alle Veranstalter von Tagesausflügen holen ihre Gäste auch von den Hotels an den nördlichen Stränden ab! Aus Platzgründen können hier nur einige der vielen guten Anlagen genannt werden.

UNTERKÜNFTE IN CAIRNS:

Shangri-La Hotel The Marina $$$$$, Pier Market Place, Tel. 4031 1411; First-Class-Hotel mit Blick auf die Marlin Marina und kolonialem Ambiente. Viele Einkehrmöglichkeiten im Pier Market Place.
Colonial Club Resort $$$, 18–26 Cannon St., Tel. 4053 5111; tropisch anmutende Resortanlage mit großem Garten, 6 km zum Zentrum, inkl. Flughafenbus.

C

Bay Village Tropical Retreat $$$, Ecke Lake St./Gattons St., Tel. 4051 4622; preiswertes, zentral gelegenes Mittelklasse-Hotel, inkl. Flughafenbus, deutschsprachig geführt, sehr empfehlenswert.

Serpent Hostel $, 341 Lake Street, Tel. 4040 7777 oder 1-800 737 736; eines von vielen Hostels der Stadt mit guten Kritiken, aber die Qualität schwankt.

Cairns Central YHA $ (20–24 McLeod St., Tel. 4051 0772) und **YHA On the Esplanade** (93 Esplanade, Tel. 4031 1919); 2 Jugendherbergen mit guter Ausstattung.

UNTERKÜNFTE NÖRDLICH VON CAIRNS (NORTHERN BEACHES):

Marlin Cove Quest Resort, Trinity Beach $$$$, 2 Keem Street, Trinity Beach (15 km nördlich), Tel. 4057 8299; sehr empfehlenswerte Apartment-Anlage (vollständig mit Küche ausgestattet), ideal für Familien. Von Trinity Beach verkehrt ein 24-Std.-Bus nach Cairns. Sehr gut: das Restaurant L'Unico Trattoria, gleich daneben.

Kewarra Beach Resort $$$$, Kewarra Beach (20 km nördlich), Tel. 4057 6666; der „Klassiker" unter den guten Strand-Resorts mit Bungalows im Südsee-Stil und „eigenem Strand". Inklusive Flughafentransfer.

Sebel Reef House $$$$, Williams Esplanade, Palm Cove, Tel. 4055 3633; Das Resort schlechthin – es gibt wohl niemanden, dem's dort nicht gefallen hat. Ausgestattet mit liebevoll und komplett eingerichteten Zimmern oder Suiten, einem guten Restaurant und direktem Strandzugang.

Auf dem Weg von Cairns nach Townsville gibt es außerdem zahlreiche Bed&Breakfast-Häuser, die über www.bnbnq.com.au gebucht werden können.

Camping

Die Campingplätze rund um Cairns sind eine erwägenswerte Alternative für Budgetreisende und Wohnmobilreisende, wobei besonders die nördlichen Strände empfehlenswert sind:

Cairns Coconut Caravan Resort, Ecke Bruce Hwy./Anderson Rd. (6 km südlich), Tel. 4054 6644; einer der schönsten Plätze der Stadt mit kompletter Ausstattung.

Cairns Holiday Park, Ecke Little/James St., Tel. 4051 1467; der dem Stadtzentrum nächstgelegene Platz.

Ellis Beach CP, Captain Cook Hwy., Ellis Beach, Tel. 4055 3538; direkt am Strand gelegener Campingplatz, ca. 25 km nördlich von Cairns.

Restaurants

Die Auswahl an Restaurant ist in **Cairns** sehr gut. Wer Wert auf internationale Küche legt, einschließlich der europäischen, ist hier richtig. Günstige Food Courts mit Imbissständen befinden sich auch entlang der Esplanade – hier kommt das tropische Flair der Stadt besonders gut zur Geltung. In **Palm Cove** empfiehlt sich ein Bummel über die Strandpromenade mit netten Restaurants.

The Pier Market Place und **Trinity Wharf**; für einen gepflegten Imbiss sind die Food Mall oder das Restaurant Harbourview ideal.

Red Ochre Grill, 43 Shield St., Tel. 4051 0100; kreative australische Küche, recht touristische Einrichtung!

Barnacle Bill´s Seafood, 65 Esplanade, Tel. 4051 2241; ausgezeichneter Fisch erwartet Sie hier – unbedingt einen Tisch reservieren!

Dundee's Licensed Grill, 29 Spence Street, Cairns, Tel. 4051 0399, www.dundees.com.au; ausgezeichnetes Steak- und Seafood-Restaurant.

Wool Shed, 24 Shield St.; günstige Counter-Meals in lebhafter Pub-Atmosphäre.
Cape York Hotel, Ecke Spence/Bunda St.; fast täglich Livemusik, zu früher Stunde erhält man auch noch ein günstiges Abendessen.

Einkaufen

Geschäftszeiten: Mo–Do 9–17 Uhr; Fr 9–20 Uhr; Sa 9–13 Uhr. Allerdings haben sich die meisten Läden den Touristen angepasst und auch sonntags geöffnet. Haupteinkaufsstraßen sind die Straßen um den City Place (Lake St., Shields St., Abbott St.).

In der tropischen Hitze tut Abkühlung in einem der großen klimatisierten Shopping-Komplexe manchmal gut:

Das riesige **Cairns Central Shopping Centre** (mit Imbissständen und Supermärkten) steht in der Bunda Street, wo sich gleichzeitig auch der Bahnhof befindet. Parkmöglichkeiten direkt in der Tiefgarage bzw. auf dem Parkdeck.

Der Einkaufskomplex **Pier Marketplace** (mit Restaurants und Imbissständen) an der Marlin Marina dürfte so ziemlich jeden Souvenirwunsch erfüllen. Ein weiterer Touristentreffpunkt ist das **Trinity Wharf Centre**.

Außerhalb der Stadt, im Vorort Earlville, befindet sich das **Stockland Earlville** (Mulgrave Rd.). Das riesige Einkaufszentrum (44.000 qm) mit mehreren Kaufhäusern ist täglich geöffnet und verfügt außerdem über eine Food Mall und Supermärkte.

Aborigine-Kunst und Neuguinea-Exponate kaufen Sie am besten in der **Gallery Primitive** (1. Stock, 26 Abbott St.). Der Inhaber Ed Boylan gilt als Experte der melanesischen Kunst. Empfehlenswert ist auch **The Original Dreamtime Gallery** (Orchid Plaza, Abbott St.) mit einem guten Angebot an Didgeridoos. Das gekaufte Instrument kann man gratis nach Europa schicken lassen.

Landkarten: Sunmap Centre, 36 Shields St.

Märkte: Rusty's Bazaar Market (Grafton St.) bietet jeden Sa und So ein buntes Mischmasch, das von Tropenfrüchten bis Kunsthandwerk reicht. The Mud Markets findet ebenfalls Sa und So statt. Über 100 Verkaufsstände präsentieren ein breites Warenangebot mit Schwerpunkt auf kunsthandwerklichen Gegenständen (Pierpoint Rd. am Pier Market Place).

Organisierte Ausflüge

TAGESAUSFLÜGE AN DAS GREAT BARRIER REEF:

Bei den unzähligen Tagesausflügen, die von Cairns aus angeboten werden, wird jeder fündig. Vor allem Ausflüge an das Great Barrier Reef sind ein großartiges Erlebnis. Alle Tagesfahrten und mehrtägigen Kreuzfahrten bieten die Gelegenheit zum Schnorcheln und zu Einführungstauchgängen.

Verschiedene Veranstalter haben auch Glasboote im Einsatz, von denen aus die Unterwasserwelt trockenen Fußes erlebt werden kann. Die meisten Veranstalter holen Sie direkt am Hotel in Cairns oder den Northern Beaches ab. Die Reef-Tax (Schutzgebühr für den Marine Park) muss meist direkt an Bord bezahlt werden (pro Person und Tag A$ 4,50).

Tipp: Das Riff ist nördlich von Cairns (Touren ex Port Douglas) wesentlich schöner und unverbrauchter. Einige Port-Douglas-Anbieter (z.B. Poseidon Outer Reef Cruises, Quicksilver) holen auch in Cairns und Northern Beaches ab, die Transferzeit ist dann allerdings recht lang.

Ansonsten gibt es im Wesentlichen 2 Preiskategorien:

1.) Bis A$ 100 für Touren auf kleinen Booten, mit einfacherem Mittagessen, ohne Riff-Plattform und ohne Glasbodenboot – geeignet für Schnorchler und eher junges Publikum.

C

2.) Bis A$ 150 für Touren mit modernen Katamaranen, opulentem Mittagsbuffet, Plattform am Riff und Glasbodenboot – geeignet auch für Nicht-Schnorchler.
Sunlover Cruises (Tel. 4031 1055): Tägliche Ausflüge nach Fitzroy Island und an das Moore Reef und Arlington Reef. Feste Plattform, Einführungstauchgänge, Glasbodenboote, Führungen mit Meeresbiologen usw.
Ocean Spirit Cruises (Tel. 4031 2920): Segeltörns auf großen Segelkatamaranen – sehr empfehlenswert! Tägliche Fahrten zum Michaelman Cay (Sandbank mit vielen Seevogelarten und umgebenden Korallenriffen) oder Upolu Cay (Korallenriff). Zur Brutzeit ist Michaelman Cay nur für wahre Vogelfreunde empfehlenswert!
Reef Magic Cruises (Tel. 4031 1588): 22-m-Katamaran, mit Glasbodenboot und Gratis-Einführungstauchgängen.
Poseidon Outer Reef Cruises, Port Douglas, Tel. 4099 4772, nicht die billigsten, aber sehr gut: Outer Reef-Trips ex Port Douglas, auch mit Abholung in Cairns, angenehm kleines Schiff, mit Tauchmöglichkeiten.

MEHRTÄGIGE KREUZFAHRTEN:

Coral Princess Cruises (Tel. 4721 1673): 4-Tage-Kreuzfahrten von Cairns nach Townsville oder 5-Tage-Kreuzfahrt bis Lizard Island (ab/bis Cairns) an Bord der komfortablen „Coral Princess I/II". Die ca. 35 m langen Katamarane haben 27 moderne Kabinen (mit Klimaanlage) und befördern max. 54 Passagiere. Die tägliche Fahrtdauer beträgt nur 4 Stunden, nachts liegt das Schiff vor Anker. Unterwegs bieten sich Gelegenheiten zum Schnorcheln und zu Inselbesuchen. Insgesamt sehr empfehlenswert!

OUTBACK-SAFARIS
(CAPE YORK-HALBINSEL, REGENWÄLDER, QUINKAN RESERVE):

Billy Tea Bush Safaris (Tel. 4032 0077): Kleingruppen-Allradtouren nach Cape Trip und Cape York – sehr empfehlenswert.
Adventure Connection Australia (ACA), deutschsprachige Tagestouren und Cape-York-Touren.

TAGESTOUREN:

Scenic Train & Skyrail: Der beliebte Tagesausflug nach Kuranda mit Hinfahrt per Zug und Rückfahrt per Gondelbahn wird von einer Vielzahl von Anbietern verkauft.
R'n'R-Rafting (Tel. 4035 3555, www.raft.com.au): Wildwasserrafting auf dem Tully-River, Barron River und North Johnston River sowie Kanutouren (Sea Kayaking) durch tropische Inselparadiese.

RUNDFLÜGE:

Cape York Air Services (Tel. 4035 9399, www.capeyorkair.com.au): bietet u.a. Mitfluggelegenheit beim „Postboten", der die Outback-Farmen beliefert. Mo–Fr, ab A$ 300 pro Person, je nach Flugroute.
Reefwatch Air Tours (Tel. 1-800 659 808, www.reefwatch.com): Rundflüge über Riff und Regenwald.
Hot Air Ballooning (Tel. 4039 9900): Fahrten mit dem Heißluftballon – vielleicht die beste Möglichkeit, um die interessante Lage Cairns' zwischen Riff und Regenwald zu erfassen.
Cairns Tiger Moth Scenic Flights (Tel. 4035 9400): Rundflüge in alten, offenen Doppeldeckern vom Typ „Tiger Moth".

C

TAUCHSCHULEN:
Von den vielen Tauchschulen in Cairns seien folgende genannt:
Pro Dive Cairns, Tel. 4031 5255
Deep Sea Divers Den, 319 Draper St., Tel. 4046 7333

TAUCHEXKURSIONEN:
Neben o. a. Anbietern haben sich folgende Veranstalter auf Tauchexkursionen spezialisiert:
Taka Dive, Tel. 1-800 241 7690; **Tusa Dive**, Tel. 4031 1248 und **Mike Ball**, Tel. 4053 0500.
Tauchern sei die Vorführung „Reef Touch" in der Spence Street als Einstimmung empfohlen.

Canberra/ACT (S. 582)

ℹ️ Information
Visitor Information Centre, 330 Northbourne Ave., Tel. 6205 0044; www.canberratourism.com.au.
Environment Centre, Kingsley St., Acton; Umweltschutzbehörde mit Informationen zu Nationalparks, Projekten, Problemen usw.

📞 Wichtige Telefonnummern
Vorwahl NSW/ACT: 02
Notruf: Tel. 000 (gebührenfrei)
Polizei: Tel. 6256 7777
Woden Valley Hospital, Yamba Drive, Garran, Tel. 6244 2222

🚗 Automobilclub
NRMA, 92 Northbourne Ave., Braddon, Tel. 6243 8800 oder 13 11 11; www.nrma.com.au

☞ Botschaften
Deutsche Botschaft, 119 Empire Court, Yarralumla, Tel. 6270 1911
Österreichische Botschaft, 12 Talbot St., Forrest, Tel. 6295 1533
Schweizer Botschaft, 7 Melbourne Ave., Forrest, Tel. 6273 3977

✈️ Fluggesellschaften
Qantas, Jolimont Centre, Tel. 13 13 13

🚕 Mietwagen
Alle großen Mietwagen-Firmen haben neben den Stadtbüros auch Stationen am Flughafen. Camper-Depots gibt es nicht in Canberra.
Avis, 17 Lonsdale St., Tel. 6249 6088
Hertz, 32 Mort St., Tel. 6257 4877
Thrifty, 29 Lonsdale St., Tel. 6247 7422

🚆 Öffentliche Verkehrsmittel
Vom **nationalen Flughafen Canberra** gibt es Direktflüge in alle anderen Großstädte des Landes. Der Flughafenbus in das 7 km entfernte Stadtzentrum kostet A$ 14, ein Taxi ca. A$ 28.

C

Busse des städtischen Verkehrsverbandes Action verbinden das Stadtzentrum mit allen Stadtteilen – abends und an Wochenenden nur sehr selten. Der Busbahnhof befindet sich an der Ecke East Row/Alinga St. Dort sind auch Fahrplanauskünfte erhältlich. Buslinien, die eine 900-Nummer tragen, sind besondere „Sightseeing-Lines", für die ein Extra-Ticket benötigt wird.

Stadtrundfahrt: Der Murrays Canberra **Explorer Bus** (Tel. 6295 3611, A$ 35) fährt täglich von 10.15- 16.15 Uhr auf einer 24 km langen Runde 19 Sehenswürdigkeiten an. Abfahrtspunkt ist das Jolimont Tourist Centre. Ganz nach Belieben kann ausgestiegen und mit einem der nächsten Busse weitergefahren werden.

Überlandbusse
Der zentrale Busterminal mit Buchungsbüros ist das **Jolimont Centre/ 65 Northbourne Ave**. Alle Überlandbusse, die von Sydney nach Melbourne/Adelaide fahren, halten in Canberra.

Züge
Vom **Bahnhof im Stadtteil Kingston** (4 km südöstlich) fahren zweimal täglich Züge (**Countrylink Express**, **Southern Highlands Express**) nach Sydney. Kombinierte Bus-Zug-Verbindungen (**Capital Link**, **Canberra Link**) bestehen nach Melbourne.
Information: **Countrylink Travel Centre** (Jolimont Centre, Tel. 6239 0133)

Post
General Post Office (GPO), Alinga St., Canberra ACT 2600, geöffn. Mo–Fr 9–17 Uhr.

Übernachten
Für eine Landeshauptstadt bietet Canberra relativ günstige Unterkünfte und eine gute Auswahl, wenngleich das Angebot an echten Budgetunterkünften mager ist. Wochenendtarife mit 2–3 Übernachtungen sind häufig günstiger. Hochhausbauten und Bettenburgen sucht man in Canberra vergeblich – alle Gebäude sind der Landschaft angepasst.

Hyatt Canberra $$$$, Commonwealth Ave., Yarralumla, Tel. 6270 1234; Hotel der Luxusklasse, im Botschaftsviertel gelegen.

Olims Canberra Hotel $$$, Ecke Ainslie St./Limestone Ave. (1 km nordöstlich), Tel. 6248 5511; großzügiges Mittelklasse-Hotel mit Restaurant und Bar.

Canberra YHA $, 191 Dryandra St., O'Connor (6 km nördlich, Bus 380 ab Millers St.); komfortable Jugendherberge, auch Doppel- und Einzelzimmer.

Comfort Inn Downtown, 82 Northbourne Ave., Tel. 6249 1388, Mitteklasse-Hotel mit zentraler Lage.

Camping
Canberra South Motor Park, Ecke Monaro Hwy./Canberra Ave., Fyshwick (5 km südöstlich), Tel. 6280 6176; Campingplatz mit Motelzimmern, Cabins, Zeltplätzen.

Restaurants
Wohl um die vielen Botschaftsangehörigen entsprechend zu versorgen, wird Canberra von einer internationalen Küche beherrscht. Dabei sind die Restaurants über die ganze Stadt verteilt – Schwerpunkte liegen im Stadtzentrum (Civic Centre) in den Straßen East Row, Alinga St., Northbourne Ave./Garema Place (Fußgängerzone), Woolley St./Dickson und im Universitätsviertel Acton (2 km westlich).

Glebe Park Food Court, 15 Coranderrk St., Civic Centre; reich bestückte Food Mall mit Imbissständen. Eingang am National Convention Centre.

Gundaroo Pub, Cork St., Gundaroo; australisches Restaurant mit typischen Gerichten.

The Pancake Parlor, Ecke East Row/Alinga St.; Do–So 24 Std. geöffnetes Café-Restaurant, an übrigen Tagen von 7–24 Uhr.

Public Dining Room, Parliament House; Parlamentscaféteria, geöffnet täglich 9–17 Uhr, Lunch von 11–14 Uhr.

The Tower Restaurant, Telstra-Tower, Black Mountain (3 km westlich), Tel. 6248 6162; Drehrestaurant – nicht billig; Superblick von der Aussichtsplattform (bis 22 Uhr).

Canberra Dinner Cruises, Acton Ferry Terminal, Tel. 6295 3244; abendliche Bootsausflüge auf dem Lake Burley Griffin – Buchung im Visitor Centre.

Freizeit

Der **Lake Burley Griffin** ist der Mittelpunkt aller Freizeitaktivitäten: Segeln und Rudern stehen im Vordergrund – an den Ufern gepflegte Parks und ein perfektes Radwegenetz. An der Acton Jetty (Nordufer) werden Segelboote, Kanus und Ruderboote verliehen. **Spokes Bicycle Hire** (Lake Ferry Terminal, Acton) verleiht Fahrräder. Mit der Karte „Canberra Cyclemap" können Stadt und Umgebung erkundet werden. Ein **Schwimmbad** und **Tennisplätze** stehen im **Australian Institute Of Sport** der Öffentlichkeit zu Verfügung.

Einkaufen

Das Shopping-Viertel mit großen Kaufhäusern ist eng begrenzt und wenig aufregend. Haupteinkaufsstraßen sind **Alinga St., Petrie St. Akuna St.** und **Ballumbir St.** Dort befindet sich auch das Einkaufszentrum **Canberra Centre** mit über 100 Geschäften.

Unterhaltung

Wegen des fehlenden Stadtzentrums und Canberras großzügiger Stadtarchitektur entsteht leicht das Gefühl einer toten Stadt. Pubs mit Livemusik, Nachtclubs und Theater sind dennoch reichlich vorhanden. Über das Programm informiert die Donnerstagsausgabe der „Canberra Times".

Canberra Theatre Centre, London Circuit, Civic Centre, Tel. 6243 5711; verschiedene Theatersäle, in denen von Ballett bis Rockkonzert alles stattfindet.

King O'Malley Irish Pub, 131 City Walk, klassischer Irish Pub, regelmäßig Livemusik.

PJ O'Reillys, Ecke West Row/Alinga St., Tel. 6230 4752, noch ein Irish Pub in der City.

Veranstaltungen

The Canberra Festival mit Straßenparaden, Ballonflügen, Sportereignissen, Konzerten usw. findet jeden März statt.

Organisierte Ausflüge

Canberra Cruises, Acton Ferry Terminal, Bootsausflüge auf dem Lake Burley Griffin. **Murrays**, Jolimont Centre, Tel. 6295 3611; Stadtrundfahrten und Ausflüge in die Snowy Mountains.

c. Cape Tribulation/QLD (S. 479)

 Information
Rainforest Information Centre (9 km nördl. des Daintree River, Eintritt A$ 25). In unterhaltsamer Form vermittelt das Info-Zentrum dem Besucher die ökologischen Zusammenhänge des Regenwaldes. Entlang eines angelegten Pfads und auf einem 23 m hohen Turm kann die Schönheit des Regenwaldes entdeckt werden.

 Übernachten
Der **Cape Tribulation NP** bietet eine Reihe guter Unterkünfte, die sich hervorragend in den dichten Regenwald einfügen. Es werden nächtliche Regenwaldführungen und Kanutouren an das nahe Reef angeboten.
Silky Oaks Lodge $$$$$, nördlich Port Douglas (vor der Daintree-Fähre), Tel. 13 24 69; herausragende Regenwald-Lodge.
Coconut Beach Rainforest Resort $$$$, Cape Tribulation (32 km nördlich von Daintree); Tel. 4098 0033; in typischer Regenwaldumgebung gelegenes Resort mit eigenem Strand.
Bloomfield Wilderness Lodge $$$$$; 60 km nördlich am Bloomfield River gelegene Edellodge.
Ferntree Rainforest Resort $$$$, Cape Tribulation, Tel. 4098 0000; die bekannteste Lodge mit verstreuten Bungalows und einem berühmten Restaurant liegt inmitten des Regenwalds. Zum Strand sind es 400 m. Aktivitäten wie Regenwaldwanderungen und Ausflüge ans Riff werden angeboten.
Cape Trib Beach House $, Rykers Rd, Tel. 4098-0030; günstige Unterkunft nahe zum Strand mit Cabins.
PKs Hostel $, Cape Tribulation, Tel. 4031 5650; einfache Backpacker-Unterkunft mit Freizeitangebot (Reiten, Wandern, Kanufahren).

Camping
Cape Tribulation Camping, Tel. 07-4098 0077, ca. 4 km südlich vom Kap; ordentlicher Campingplatz mit Strandlage.
PKs Jungle Village, Tel. 4098 0040, 2,5 km südlich vom Kap.
Ein sehr einfacher NP-Campingplatz (nur für Zelte und kleine Camper geeignet) mit dürftigen Toiletten und Duschen befindet sich ca. 8 km südlich von Cape Tribulation am **Noah Beach**. Dort befindet sich auch der **Marrdja Botanical Walk** durch die Mangroven-Sümpfe.

Restaurants
Thornton Beach Café, Cape Tribulation: Essen und Snacks in tropischer Umgebung.
PK's Resort; Cape Tribulation: sehr entspannte Backpacker-Atmosphäre mit günstigen Preisen.

Ausflüge
Australian Natural History Safari, David Armbrust, Tel. 4094 1600. David holt Gäste von Silky Oaks, Port Douglas oder Daintree-Unterkünften ab – der Mann ist ein wahres Phänomen, kennt die Gegend wie kein zweiter und scheint mit den Tieren zu sprechen.

Capricorn Coast-Inseln/QLD (S. 516)

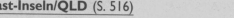

Übernachten

Heron Island Resort $$$$, Tel. 1300 134 044 ; www.voyages.com.au. Schöne Ferienanlage der gehobenen Kategorie für 280 Gäste; Übernachtung in Strandhütten verschiedener Kategorien. Das Resort wird vornehmlich von Tauchern und Schnorchlern geschätzt, denn die Unterwasserwwwelt beginnt direkt vor der Haustür. Von Gladstone per Helikopter oder Katamaran zu erreichen.

Auf der kleinen Insel **Wilson Island** neben Heron Island kann nun ebenfalls in einer einfachen, aber dennoch luxuriösen Anlage gewohnt werden (Luxus-Safari-Zelte) – für Leute, die das Außergewöhnliche suchen! Nur im Paket zusammen mit Heron Island buchbar!

Great Keppel Island Resort $$$, Tel. 4939 5044; www.greatkeppel.com.au. Ferienanlage mit unterschiedlichen Unterkünften für jeden Anspruch. Tennisplätze, ein Golfplatz und reichlich Wassersportaktivitäten werden geboten

Lady Elliott Island Resort $$$, Tel. 4951 6077, www.barrierreef.net. Kleine Ferienanlage mit einfachen Strandhütten und Safarizelten. Unter Tauchern bekannt für Mantarochen. Nur per Flugzeug von Bundaberg und Hervey Bay zu erreichen.

YHA Great Keppel Island $, Great Keppel Island, Tel. 4927 5288; beliebte Jugendherberge (billigste Unterkunft der Insel)

Wapparaburra Haven Campingplatz, Great Keppel Island, Tel. 49391907; Campingplatz in den Dünen von Putney Beach mit Safarizelten (Tent Village) oder fürs eigene Zelt.

Cardwell/QLD (S. 496)

Information

Marine Park Information Centre (NPWS-Office), Bruce Hwy., Tel. 4066 8601; informatives, großes Besucherzentrum mit Regenwaldnachbildungen. Informationen und Permits für Hinchinbrook Island sind hier erhältlich (vgl. Kapitel 3 „Great-Barrier-Reef-Inseln").

Camping

Kookaburra Holiday Park, 175 Bruce Hwy., Cardwell; großer Campingplatz mit Holzbungalows und vielen Stellplätzen. Idealer Ausgangspunkt für den Besuch von Hinchinbrook Island.

Restaurants

Muddy's Seafood Restaurant, Bruce Hwy.; durch eine riesige Mud-Crab ist das Seafood Restaurant & Take-Away nicht zu verfehlen. Einfach, aber lecker.

Fähre

Hinchinbrook Island Ferries, Tel. 4066 8270; Fax 4066 8271, www.hinchinbrookferries.com.au; organisiert die Bootstransfers zur Insel und zurück, auch in das Resort. Auch Tagesausflüge und ein Trekking-&-Camping-Paket (Fähre H/R + Bustransfer zurück zum Ausgangspunkt) werden angeboten.

C

Carnarvon/WA (S. 646)

ℹ️ Information
Tourist Information, Robinson St., Tel. 9941 1146, www.carnarvon.wa.gov.au; Haltestelle der Überlandbusse. Ausflüge werden per Luftkissenboot nach Monkey Mia angeboten.

🏨 Übernachten
Hospitality Inn $$$, West St., Tel. 9941 1600; komfortable Motel-Units.
Backpackers Paradise $, 97 Olivia Tce., Tel. 9941 2966; preiswertes Hostel.

🏕️ Camping
Plantation CP, 589 Robinson St., Tel. 9941 8100; gepflegter Campingplatz.

Charters Towers/QLD (S. 460)

ℹ️ Information
Tourist Office (74 Mossman St., Tel. 4752 0314, www.charterstowers.qld.gov.au.) und National Trust Office (Stock Exchange Arcade) geben Informationen über die Geschichte und Übernachtungsmöglichkeiten.

🏨 Übernachten
Cattleman's Rest Motor Inn $$$, Ecke Bridge St./Plant St., Tel. 4787 3555; modernes Motel mit Restaurant.
Plain Creek Station, Gregory Developmental Road/Belyando Crossing (ca. 180 km südlich von Charter Towers), Tel. 4983 5228; 30.000 ha große Rinderfarm, gepaart mit australischer Gastfreundschaft.

🏕️ Camping
Mexican Tourist Park, 75 Church St., Tel. 4787 1161; kleiner, aber zentraler Campingplatz.

Clare Valley/SA (S. 390)

ℹ️ Information
Clare Valley Tourist Information, 27 Main North Rd., Clare, Tel. 8842 2131; www.clarevalley.com.au. Im Mai, während des Adelaide Cup, findet das Weinfest „Clare Valley Gourmet Weekend" statt. Buchung von Ausflügen zu lokalen Weingütern.

🏨 Übernachten
Clare Country Club Motel $$$, White Hut Rd., Clare, Tel. 8842 1060; komfortables Motel.

🏕️ Camping
Clare CP, Main Road North (Christison Park), 4 km südlich von Clare, Tel. 8842 2724; großer CP, auch Cabins.

Coffs Harbour/NSW (S. 546)

ℹ️ Information
Tourist Centre, Ecke Pacific Hwy./Marcia St., Tel. 1-800 025 650; www. visitcoffsharbour.com. Neben dem Tourist Centre informiert auch das **Environment Centre** (The Mall) über die aktuellen Umweltschutzprojekte der Umgebung.

🏨 Übernachten
Vom internationalen Resort bis zur preiswerten Herberge bietet Coffs Harbour ein breites Angebot. Strandnahe Unterkünfte sind generell etwas teurer als die südlich oder im Zentrum gelegenen Häuser. In den Ferien (Dez./Jan.) sollte reserviert werden.

Aanuka Beach Resort $$$, Firman Drive, Diggers Beach (4 km nördlich), Tel. 6652 7555; schöne Anlage mit Motelzimmern, Apartments und Strandbungalows.

Country Comfort Coffs Harbour $$$, 353 Pacific Hwy., Tel. 6652 8222; Mittelklasse-Hotel.

Surf Beach Motor Inn $$, 25 Ocean Pde., Park Beach (2 km nördlich), Tel. 6652 2055; günstiges, direkt am Strand gelegenes Motel.

YHA $, 110 Albany St., Tel. 6652 6462; Jugendherberge im Stadtzentrum mit Shuttle-Service zum Strand.

🚐 Camping
Park Beach CP, Ocean Pde., Tel. 6652 3204; direkt am Strand gelegener Campingplatz mit Cabins

Darlington Beach Resort, Eggins Drive, Arrawarra (33 km nördlich), Tel. 6649 2480; sehr schöner CP, direkt am Strand, auch Cabins

Emerald Beach Holiday Park, Fishermans Drive, Emerald Beach (18 km nördlich), Tel. 66561521; www.emerald-beach.com; genialer Strand-Campingplatz, auch Cabins.

Coober Pedy/SA (S. 393)

ℹ️ Information
Visitor Centre, Hutchison/Main St. (am Orteingang); nützliche Informationen und Ausflugsangebote. Internet: www.opalcapitaloftheworld.com.au, Tel. 1-800 637 076.

🚆 Verkehrsverbindungen
Die **Greyhoundbusse** halten auf dem Weg von oder nach Alice Springs in Coober Pedy. Per Flugzeug erreicht man Coober Pedy von Adelaide und Alice Springs. Es existiert ferner die Möglichkeit, mit dem Ghan ex Alice Springs nach Süden zu fahren und bei der **Manguri Station** auszusteigen. Von dort erfolgt ein Transfer am frühen Morgen nach Coober Pedy. Dieses Programm muss auf jeden Fall vorher organisiert werden!

🏨 Übernachten
Desert Cave Hotel $$$, Hutchison St., Tel. 8672 5688; bestes Hotel der Stadt mit ober- oder unterirdischen Zimmern, Restaurant und Swimming-Pool.

Desert View Motel $$$, Catacomb Rd., Tel. 86725396; Untergrundhotel.

Radeka Downunder Motel $, Hutchison St., Tel. 8672 5223; Untergrundhostel mit Mehrbett- oder Doppelzimmern.

C)

Camping
Die Stadt bietet 3 staubige Campingplätze: **Stuart Range** (am Ortseingang), **Opal Inn** (Hutchison St.), **Oasis** (Hutchinson St.).
Riba's Camel Mine (5 km südlich an der Straße nach William Creek) ist vielleicht der schönste (einfache) Campingplatz. In der angeschlossenen Mine werden Führungen durchgeführt.

Restaurants
Internationale Küche mit Italienern, Griechen, Serben, Kroaten usw. ist in Coober Pedy vertreten. Die überschaubare Szene mit den wenigen Lokalitäten verändert sich sehr schnell – fragen Sie am besten im Tourist Office nach den aktuellen Empfehlungen.

Organisierte Ausflüge
Ausflüge durch die Stadt und zu den Minenfeldern werden von einer Vielzahl an Anbietern durchgeführt, u.a. **Desert Cave Tours** (8672 5688), **Stuart Range Tours** (Tel. 8672 5179). Buchung am besten über die Tourist Information.
Eine tolle Möglichkeit, das Outback und seine Farmen kennen zu lernen, bietet die Fahrt mit dem Postboten, der zweimal wöchentlich seine 600-km-Runde über Teile des Oodnadatta Tracks absolviert (**Mail Run Tour**, 12 Std. Dauer; Mo und Do, Buchung über den Underground Bookstore, Tel. 8672 5558 oder www.mailrun.com.au).

Cooktown/QLD (S. 481)

Information
Tourist Information, Charlotte St., Tel. 4069 6100; www.cook.qld.gov.au. Anlaufstelle für Rat suchende Touristen, mit Buchungsmöglichkeit für Angel- und Tauchtrips an das Great Barrier Reef sowie Regenwaldsafaris.

Übernachten
Mungumby Lodge $$$$, Helenvale (35 km entfernt), Tel. 4060 3158; herrliche Regenwaldlodge.
Sovereign Resort Hotel $$$, Charlotte St., Tel. 4069 5400; restauriertes Kolonialhotel mit bewegter Geschichte im Herzen von Cooktown; gutes Seafood-Restaurant.

Camping
Cooktown Holiday Park, Ecke Charlotte St./McIvor Rd. (1 km südlich), Tel. 4069 5417

Rundflüge
Ahoy! Plane sailing Seaplanes, Tel. 4069 5232, www.ahoyplane-sailingseaplanes.com.au; Tagesflüge nach Lizard Island – unbedingt empfehlenswert (nur Mai–Okt.). Auf Wunsch wird auch das Camping-, Permit für den Lizard Island NP-Campground besorgt, um dort mehrere Tage zu verbringen.

Coolangatta/QLD und Tweed Heads/NSW (S. 543)

Information
Tweed Head Tourist Information (4 Wharf St., Tel. 5536 4244) oder **Coolangatta Tourist Information** (Beach House, Marine Pde., Tel. 5536 7765) erteilen Informationen über Unterkünfte oder Sehenswürdigkeiten der Umgebung. **Coachtrans-Busse** führen von Coolangatta Airport Transfers nach Surfers Paradise (Gold Coast) und nach Brisbane durch.

Übernachten
Calypso Plaza $$$$, 87-105 Griffith St., Tel. 5599 0000; sehr schönes Hotel an der Strandpromenade von Coolangatta (unbedingt Ocean-View-Zimmer buchen!).

Camping
Tweed River Hacienda Caravan Village, Chinderah Bay Drive, Chinderah, Tel. 6674 1245; direkt am Strand gelegener CP.

Coral Bay/WA (S. 648)

Information
Coral Bay Supermarket & Outdoor Centre: Einkaufs- und Informationszentrum zur Buchung von Ausflügen. Internet: www.coralbay.org

Anreise
Skywest fliegt den Flughafen Learmonth (LEA) bei Exmouth an. Vor dort werden Bustransfers nach Exmouth und nach Coral Bay angeboten. **Greyhound Pioneer** (Tel. 13 20 30) und **Intergrity-Busse** (Perth – Exmouth, Tel. 1-800 226 339) halten auf der Fahrt nach Exmouth auch in Coral Bay.

Übernachten
Ningaloo Reef Resort $$$, Tel. 9942 5934; schmuckes kleines Hotel mit dem sehr guten Shades Restaurant und Bar.
Bayview Coral Bay $$$, Tel. 9942 5932; komfortable Motelunits.
Coral Bay Backpackers $, Tel. 9942 5934; preiswertes Hostel.
Giralia Station und Bullara Station, Burkett Rd., Tel. 9942 5937; arbeitende Schaffarmen – ideal für ein echtes Aussie-Outback-Erlebnis. Unbedingt vorher anrufen und reservieren. Campingplätze vorhanden.

Camping
Bayview Coral Bay, Tel. 9385 7411; großer Campingplatz, auch Cabins.

Restaurants
Fin´s Café, Peoples Park Shopping Centre; bekannt gutes BYO-Restaurant.

Organisierte Ausflüge
Eine Reihe von Anbietern offeriert Bootsausflüge an das Ningaloo Riff – zum Tauchen oder zum Schnorcheln. Information und Buchung im Informationszentrum.

C Cradle Mountain und Lake St. Clair/TAS (S. 695)

Anreise
TAS Redline Coaches und *Tassie Link* fahren sowohl Lake St. Clair als auch Cradle Mountain an.

Information
Lake St. Clair – Cynthia Bay Visitor Centre, Lake St. Clair, Tel. 6289 1172; detaillierte Informationen über Wanderungen, Übernachtungen, Wetterbedingungen usw. Empfehlenswert ist die 1:100.000 Karte für Wanderungen. Anmeldung und Registrierung für den „Overland Track" in Logbooks. Lakeside St. Clair Wilderness Holidays betreibt einen Laden, den Bootsverkehr über den See und verleiht Boote und Angeln.
Cradle Mountain – Visitor Centre, Cradle Valley, Tel. 6492 1133; großes Besucherzentrum mit wichtigen Informationen zum NP: Karten, Übernachten, Wandern, u.a. Anmeldung und Registrierung für den Overland Track. Bei der Lodge befinden sich ein Laden, Tankstelle, Bar und Restaurant.

Übernachten
Egal wo Sie übernachten, in den Sommermonaten (Dez./Jan.) sollte wegen des Andrangs unbedingt eine Unterkunft reserviert werden!
Cradle Mt. Lodge $$$$, Cradle Mountain, 1 km nördlich des Visitor Centre, Tel. 1300 140 044; beste Unterkunft des NP. Transferservice zum Waldheim-Chalet und Lake Dove (für Wanderungen).
Lake St. Clair Wilderness Lodge $$$, Lake St. Clair, Tel. 6289 1137; komfortable Lodge in herrlicher Lage, direkt am Lake St. Clair. Neben den rustikal einrichteten Zimmern gibt es eine preiswerte *Backpacker-Lodge* mit Mehrbettzimmern. Die Lodge bietet Mietkanus und spezielle Fliegenfischer-Ausflüge an. Der See ist eines der besten Forellenreviere der Insel. In den Sommermonaten unbedingt reservieren!
Cosy Cabins Cradle Mountains $$, Cradle Mountain/Waldheim (6 km südlich des Visitor Centre), Tel. 6492 1395; mehrere kleine Cabins mit Selbstversorgereinrichtungen, Campingplätze und Backpackerunterkünften.

Camping
Lake St. Clair CP, Tel. 6289 1137; direkt am Seeufer gelegener Campingplatz, der zur Lodge gehört.
Cradle Mt. Campground, 2 km nördlich des Visitor Centre, Tel. 6492 1395; gut ausgestatteter, großer Campingplatz, zusätzlich 6-Bett-Bunkhouses und Cabins verfügbar.

Bootsausflüge
Lake St. Clair: Von Cynthia Bay nach Narcissus Hut am Nordufer verkehrt die Fähre *Ida Clair* mehrmals täglich – ideal in Verbindung mit einer Tageswanderung (Cuvier Valley Track).

Darwin/NT (S. 442)

D

ℹ️ Information

Darwin Visitor Information Centre, Beagle House, 38 Mitchell Street, Tel. 8981 4300; Informationen über Nationalparks, Veranstaltungen, Hotels und Restaurants in Darwin, außerdem Buchung von Ausflügen.
Internet: www.tourismtopend.com.au, www.northern-territory.de, www.whatsondarwin.com. Nationalparks: www.nt.gov.au
Permits für Aborigine-Reservate im Arnhem Land und auf Melville und Bathurst Island müssen (am besten 2–3 Monate im Voraus) beim *Northern Land Council* (9 Rowling St, Casuarina, Tel. 8920 5100, Fax 8945 2633) schriftlich beantragt werden. Diese Permits erlauben die Durchreise, nicht jedoch den Aufenthalt in den Aborigine-Gemeinden.

🚗 Automobilclub

Automobil Association Of The Northern Territory (AANT), 79–81 Smith St/ MLC Building, Tel. 8981 3837; www.aant.com.au. Hier erhalten Sie gutes und günstiges Kartenmaterial sowie Informationen über Routen und Straßen im NT.
Pannendienst unter Tel. 13 11 11, **Straßenzustand** *(Flood Reports) unter Tel. 8984 3585 und www.transport.sa.gov.au.*

📞 Wichtige Telefonnummern

Vorwahl des Northern Territory: 08
Notruf: *000*
Polizei, *Tel. 8922 3344*
Royal Darwin Hospital, *Rocklands Drive, Casuarina, Tel. 8922 8888*

☞ Konsulate

Deutsches Konsulat, 1824 Berrimah Rd., Berrimah, Tel. 8984 3770
Schweizer Konsulat, *40 Koolinda Crescent, Karama, Tel. 8945 9760*

✈️ Fluggesellschaften

Hinweise: Bitte beachten Sie, dass die Ankunft in Darwin mit einem internationalen Flug meist sehr früh am Morgen geschieht (ca. um 4–5 Uhr). Für Ihre Hotelreservierung bedeutet dies, evtl. zusätzlich ein Tageszimmer (= Zusatznacht) zu buchen oder als Alternative bis zum Zimmerbezug (ab 12 Uhr) am Hotelpool zu dösen.
Mietwagen sind am Flughafen i.d.R. sofort verfügbar, bei Campern erfolgt die Übernahme erst ab ca. 8 Uhr. Die Zeit kann man sich z.B. am Darwin Transit Centre vertreiben, dort öffnet der Kiosk um 6 Uhr, und man kann das Gepäck deponieren.
Qantas, *Tel. 13 13 13 (national), Tel. 13 12 11 (international)*
Australian Airlines, *Tel. 1-300 799 798*
Royal Air Brunei, *Tel. 8941 0966 – Flüge bitte unbedingt rückbestätigen!*
Garuda Indonesia, *Tel. 1-300 365 330 – Flüge bitte unbedingt rückbestätigen!*
Virgin Blue, *Tel. 13 67 89*

🚗 Autovermietung

Alle großen Autovermietfirmen unterhalten neben dem Stadtbüro einen Schalter am Flughafen. Daneben existieren eine Reihe lokaler Vermieter, deren Bedingungen jedoch großen Einschränkungen im NT unterliegen.

D

Avis, 89 Smith St, Tel. 8981 9922
Hertz NT, Ecke Smith/Daly St., Tel. 8941 0944
Territory/Thrifty, 64 Stuart Hwy., Tel. 8981 8400

Camper
Britz/Maui, 17 Bombing Rd, Winnellie, Tel. 8981 2081
Apollo Camper, 75 McMinn St., Tel. 8981 4796
KEA-Campers, 1ß Catterthun St, Winnellie, Tel. 8947 1935

Öffentliche Verkehrsmittel
Der **Flughafen von Darwin** *liegt 12 km nordöstlich des Stadtzentrums. Vom Flughafen verkehrt in regelmäßigen Abständen der* **Darwin Airport Bus Service** *(A$ 12, Tel. 8945 3332), der seine Fahrgäste bis vor die Hoteltür oder zum Transit Centre bringt. Bei Abflug von Darwin muss der Flughafenbus am Vortag geordert werden. Ein Taxi vom Flughafen ins Zentrum kostet ca. A$ 24.*
In Darwin besteht ein kleines **Busnetz**, *welches das Zentrum mit den Vororten verbindet. Innerhalb des Stadtkerns lässt sich fast alles zu Fuß erreichen. Nähere Informationen im* **Main City Terminal**, *Harry Chan Avenue (am Ende der Smith St. Mall). Nähere Informationen unter Tel. 8989 6540.*
Der **Darwin Shuttle Bus** *ist ein Kleinbus, der für A$ 5 überall in der Stadt fährt, auch zum Mindil Beach oder zur Wharf. Anruf genügt.*

Taxi
Darwin Radio Taxi, Tel. 13 10 08

Überlandbusse
Die großen Überlandlinien fahren Darwin auf der Route Alice Springs–Katherine–Darwin oder Perth – Broome – Katherine – Darwin an. Der Busterminal befindet sich beim Transit Centre (Mitchell St.).
Greyhound, Tel. 13 20 30

Zug
Seit Februar 2004 verbindet der „Ghan" Darwin wieder zweimal wöchentlich mit Alice Springs bzw. Adelaide. Informationen: www.gsr.com.au

Fahrradverleih
Einige Hotels und Backpacker-Unterkünfte verleihen Fahrräder. Sie werden jedoch schnell feststellen, dass die tropische Hitze nicht dazu animiert, längere Strecken per Velo zurückzulegen.

Post
General Post Office (GPO), 48 Cavenagh St./Ecke Edmund St., Darwin NT 0800; geöffnet Mo–Fr 9–17 Uhr, Sa. 9-12.30 Uhr.

Strände
Darwin verfügt zwar über sehr schöne, teilweise außerhalb der Stadt gelegene Strände. Beachten Sie Folgendes:
• *Im Meer kann von Oktober bis Mai wegen der* **Box Jelly Fish** *nicht gebadet werden.*

Der Kontakt mit den giftigen Tentakeln dieser Quallenart kann zu Lähmungserscheinungen und u.U. zum Tod führen. An allen Stränden stehen deshalb unübersehbare Warntafeln. Kommt man mit den Quallen in Berührung, so sollte man die Stelle sofort mit Essig behandeln und einen Arzt aufsuchen.

• Die zweite Gefahr sind die bis zu 7 m langen Leistenkrokodile (**Saltwater Crocodiles**), die sich in vielen Flüssen und Seen, aber auch im Bereich von Darwins Hafen aufhalten. Im Bereich von Flussläufen schwimmen sie manchmal bis in das Meer hinaus. Obwohl Attacken auf Menschen selten sind, sollte man Warntafeln beachten und im Zweifel auf ein Bad verzichten. Rund um Darwin werden Krokodile regelmäßig eingefangen und an weit entfernter Stelle ausgesetzt bzw. auf Krokodilfarmen gebracht.

• Von Juni bis September kann man am besten an den Stränden der **Fannie Bay** baden. Attraktive Strände befinden sich auch in der **Casuarina Coastal Reserve** (nördlicher Vorort). Wer ganz sicher gehen möchte, sucht die öffentlichen **Schwimmbäder** von Darwin auf. Gut ist z.B. das Freibad in der Ross Smith Ave. im Vorort Parap. Eine Autostunde südlich der Stadt lädt der **Lake Bennett Holiday Park** zum sicheren Bade (mit sehr empfehlenswerter Übernachtungsmöglichkeit Lake Bennett Resort und CP).

Freizeit

Golf: Unweit des Zentrums befindet sich der **Garden Park Golf Course**, ein öffentlicher 9-Loch-Platz, der als Besonderheit sogar Nachtgolfen anbietet (am letzten Freitag im Monat).

Angeln: Das Fischen nach den bis zu 20 kg schweren Barramundis ist absolut populär im Top End und wird von diversen Veranstaltern in Darwin angeboten. Wer es nur einmal probieren möchte, sollte an einer Tagestour zum Barramundi Fishing Park (Tel. 1-800-805 627) teilnehmen. Dort ist ein Fang (fast) garantiert!

Übernachten

Das Angebot an Unterkünften ist in Qualität und Quantität gut. In der Regel verfügen auch einfachste Hotels/Motels über Klimaanlage und Swimmingpool – was in der schwülen Hitze Darwins äußerst angenehm ist.

Holiday Inn Esplanade $$$$ (1), 166 The Esplanade, Tel. 8980 0800; eines der besten Hotels der Stadt, zentral gelegen.

Novotel Atrium Darwin $$$$ (2), 100 The Esplanade, Tel. 8941 0755; gleichfalls ein sehr gutes Hotel an der beliebten Esplanade.

Karte S. 208

Mirambeena Tourist Resort $$$ (3), 64 Cavenagh St., Tel. 8946 0111; beliebtes Motel mit großem Garten und Pool – empfehlenswert!

Palms City Resort $$$ (4), 64 Esplanade, Tel. 8982 9200; TIPP: super zentral gelegene Anlage mit Bungalows (Villas) und Motelzimmern.

Melaleuca on Mitchell $ (5), 52 Mitchell St., Tel. 8941 7800; große Backpacker-Unterkunft, auch mit Doppel- und Einzelzimmern.

Youthshack Darwin (6), Transit Centre, 69 Mitchell St., Tel. 8923 9790; lebhafte Jugendherberge.

Lake Bennett Wilderness Resort, Chinner Rd., Lake Bennett, Tel. 8976 0960; auf dem Weg in den Litchfield NP gelegenes Resort, mit Bungalows und Campingplatz. Sehr schöne Lage!

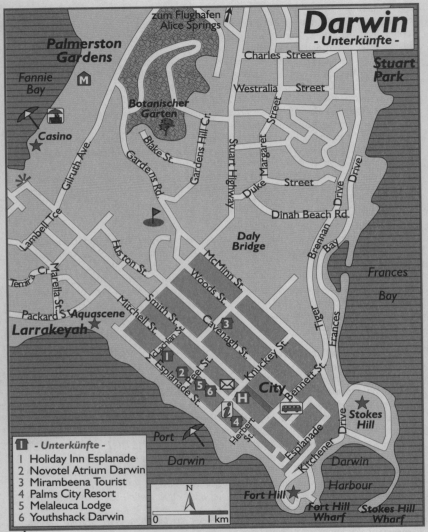

Darwin
- Unterkünfte -

- Unterkünfte -
1 Holiday Inn Esplanade
2 Novotel Atrium Darwin
3 Mirambeena Tourist
4 Palms City Resort
5 Melaleuca Lodge
6 Youthshack Darwin

© igraphic

Camping

Es gibt Campingplätze, jedoch liegen diese weit außerhalb, sodass ein Fahrzeug notwendig ist. Der Stadt am nächsten liegen

Shady Glen CP, Ecke Stuart Hwy./Farrell Crescent, Winnellie (ca. 10 km nordwestlich), Tel. 8984 3330; www.shadyglen.com.au, gepflegter CP, mit Cabins.

Palms Village Resort, 907 Stuart Hwy., Berrimah, Tel. 8935 0888; großer CP, mit Cabins.

Restaurants

Darwins Küche ist ein Schmelztiegel von über 40 Nationalitäten. Die Auswahl ist nicht unbedingt riesig zu nennen, dafür stimmen die Preise und das Angebot. Ganz abgesehen vom Bier, das in der Hitze Darwins nicht nur auf die Einwohner eine besondere Anziehungskraft ausübt. Ein Großteil der Restaurants hat sich im **Stadtzentrum** und an der **Darwin Wharf Precinct (Stokes Hill Wharf)** angesiedelt. Aber auch in den Vororten **Fannie Bay**, **East Point** und **Nightcliff** findet man gute Restaurants – dort dominiert die asiatische Küche.

Nachfolgend eine kleine Auswahl:

Banyan Junction Markets, Transit Centre, 69 Mitchell St.; täglich gibt es hier neben einem Markt auch verschiedene preiswerte Imbissstände.

Galleria Restaurant/Galleria Mall, Smith St. Mall; gute Auswahl an Cafés und Schnellimbissen – geöffnet während der Geschäftszeiten.

Fisherman's Eatery, Fisherman´s Wharf, Frances Bay Drive; gute Auswahl an Fischspezialitäten.

Sailing-Dinner, Cullen Bay Marina: Abendlicher Segeltörn mit Imbiss – eine schöne Art, den Sonnenuntergang und die tropische Atmosphäre Darwins zu erleben.

Unterhaltung

Darwins Nachtleben spielt sich hauptsächlich in den Pubs ab. Fragen Sie z.B. im Transit Centre nach den aktuellen Tipps.

THEATER:

Unter den Theatern ist das Performing Arts Centre hervorzuheben (93 Mitchell St., Tel. 8981 1222), in dem Theaterstücke, Opern, Konzerte und Ballett aufgeführt werden, z. T. mit internationaler Besetzung.

CASINO:

Elegante Atmosphäre vermittelt das MGM Grand Darwin Casino Hotel (Gilruth Ave., Mindel Beach, Tel. 8943 8888) mit First-Class-Hotel, Restaurants, Casino und Discothek.

LIVEMUSIK, PUBS UND BARS:

Hotel Victoria (The Mall): immer noch ein traditioneller Treffpunkt für Touristen und Einheimische

Shenanigans, Mitchell Street: Irish Pub mit 6 x pro Woche Livemusik.

Blue Heeler Bar, Herbert St Ecke Mitchell Street: Kneipe mit Livemusik.

MGM Casino: Sonntagnachmittag Jazz (Mai–Okt.).

KINO:

Das Darwin Cinema Centre (Mitchell St.) zeigt aktuelle Kinofilme. Im Liegestuhl lässt sich Open-Air-Kino zwischen Parliament House und Hafen genießen (nur Apr.–Okt.).

D

Einkaufen

Geschäftszeiten: Mo–Fr 9–17 Uhr; Samstag 9–13 Uhr

Hauptgeschäftsstraße ist die Smith St. mit der Fußgängerzone **The Mall**. Große Einkaufszentren befinden sich in den Vororten Palmerston, Nightcliff, Fannie Bay, Karama und Parap.

Das alte Hafenviertel im Süden der Stadt wurde mit großem Aufwand restauriert und heißt heute **Stokes Hill Wharf** oder **Darwin Wharf Precinct**. Dort befinden sich reichlich Souvenirläden und Restaurants.

Lebensmittel kauft man am besten bei **Woolworth** (56 Smith St) ein.

Outback-Ausrüstung: The N. T. General Store (42 Cavenagh St.) hat alles, was der Territory-Reisende braucht – Moskitonetze, Hüte, Landkarten, Zelte, Wasserkanister usw.

MÄRKTE:

Sehenswert ist der jeden Samstag von 8–14 Uhr stattfindende **Parap-Market** (Stadtteil Parap), auf dem allerlei Kunsthandwerkliches feilgeboten wird.

Sehr schön ist der **Mindil Beach Market** (Do und So, ab 17 Uhr; von Mai–Okt.) im Stadtteil Mindil – ein bunter Spezialitätenmarkt, der nicht nur für Touristen veranstaltet wird. Vorher genießt man am Strand ein kühles Bier beim Sonnenuntergang.

Darwins ältester Markt ist der **Rapid Creek Market**, der jeden Sonntagvormittag im Rapid Creek Shopping Village (Trower Rd., Nightcliff) stattfindet. Auch hier werden Kunsthandwerk, kleine Imbisse und tropische Pflanzen und Früchte feilgeboten. Zentral in der Mitchell Street gibt es allabendlich den kleinen **Night Market** (gegenüber Transit Centre).

SOUVENIRS:

Ähnlich wie in Alice Springs gibt es in Darwin eine gute Auswahl an Galerien und Läden, die Aborigine-Kunst verkaufen: z.B. **Indigenous Creations**, Smith St. Mall, **Framed – The Darwin Gallery**, 55 Stuart Hwy./Stuart Park

Veranstaltungen

Höhepunkt des Jahres ist die **Beer Can Regatta** im Juli, in der mit aus Bierdosen „gebastelten" Booten um die Wette gefahren wird. Mit den Pferderennen **Darwin Cup Carnival** (im Juli) und **Winfield Cup** (im August) hat auch Darwin seine national bedeutenden Ereignisse.

Die **World Solar Challenge** findet im Oktober/November statt. Es handelt sich dabei um das Solarmobilrennen von Adelaide nach Darwin. Die High-Tech-Flundern erreichen dabei einen Schnitt von 90 km/h auf 3.000 km! Kleinere Volksfeste mit Musik und Sport finden fast ausschließlich im australischen Winter statt, wenn kein Gewitter das Vergnügen trübt, www.wsc.org.au

Organisierte Ausflüge

Darwin ist der Ausgangspunkt vieler Ausflüge in den Kakadu NP und Litchfield NP. Außerdem bieten einige Veranstalter Touren in die Aborigine-Reservate des Arnhem Land, nach Bathurst Island und Melville Island an. Der Zugang in die Reservate ist streng limitiert. Mit einer geführten Tour kann die zeitaufwendige Permit-Beschaffung umgangen werden. Viele Ausflüge finden nur von April/Mai bis November statt!

BOOTSAUSFLÜGE:

City of Darwin Cruises, Stokes Hill Wharf, Tel. 0418480095; Hafenrundfahrten mit einem Segelkatamaran

AUSFLÜGE IN DEN KAKADU NP/ARNHEM LAND:

Beachten Sie, dass die Entfernung von Darwin zum Eingang des Kakadu NP rund 250 km beträgt. Der Ausflug sollte deshalb mindestens eine Übernachtung beinhalten. Man unterscheidet dabei zwischen „Accommodated Tours" (mit Hotelübernachtung) oder „Camping-Safaris" (Übernachtung in Zelten oder feststehenden Safari-Camps), die durchaus komfortabel sind. Billige Backpackertouren verlangen von den Teilnehmern Eigeninitiative beim Kochen, Zeltaufbau etc.

Odyssey Safaris, *Tel. 8948 0091; Kleingruppentouren mit gehobenem Standard.*

Adventure Tours Australia, *Tel. 1-800 063 838; preiswerte Allradtouren in kleinen Gruppen in den Kakadu NP oder auch nach Alice Springs und Broome.*

Tiwi Tours, *Tel. 1-800 183 630; Ausflüge auf die Tiwi Islands (Melville und Bathurst Island) mit starkem Aborigine-Background.*

Billy Can Tours, *Tel. 8981 9813; Camping- und Hoteltouren (auch deutschsprachig) – einer der erfahrenen Tourunternehmer im Top End.*

Davidson's Arnhem Land Safaris, *Tel. 8927 5240; einer der wenigen Anbieter mit Programmen nach Arnhem Land. Max verfügt dort über ein eigenes Safari-Camp und führt Gäste zu hervorragenden Felsmalereien. Nicht billig, aber einmalig! Unbedingt im Voraus beim Reiseveranstalter buchen!*

Brookes Australia Tours, *Tel. 8948 1306; ausgezeichnete Tagesausflüge (per Flugzeug) ab Jabiru Airport bzw. ab Darwin in das Arnhemland. Mehrtägige Touren Kakadu-Arnhemland ebenfalls im Angebot.*

Denmark/WA (S. 620)

ℹ️ Information
Tourist Information, Ecke South Coast Hwy/Ocean Beach Rd., Tel. 9848 2055, www.denmarkwa.asu.au;. Informationen über Denmark, die Karriwälder und den William Bay NP. Vermittlung von Kajaktouren auf dem Denmark River.

🏨 Übernachten
Denmark Observatory Resort $$$$ Mt. Shadforth Rd. (4 km westlich), Tel. 9848 2233, www.denmarkobservatoryresort.com.au; herrlich gelegene, luxuriöse Anlage mit preisgekröntem Restaurant.

Denmark Hotel & River Motel $$$, Holling Rd., Tel. 9848 2206; gepflegte Hotelanlage.

Denmark Waterfront Motel $$, 63 Inlet Drive, Tel. 9848 1147; preiswertes Motel, auch mit Backpackerbetten.

Valley of the Giants Hostel $, Dingo Flat Rd. (16 km nordwestlich von Peaceful Bay), Tel. 9840 8073; idyllisch gelegenes Hostel.

🚐 Camping
Ocean Beach CP, Ocean Beach Rd. (8 km südlich), Tel. 9848 1105; Campingplatz mit Cabins.

D) ## Derby/WA (S. 662)

ℹ Information
Derby Tourist Information, Clarendon St., Tel. 9191 1426, www.derbytourism.com.au.
CALM Local Office, 26 Delaware St., Tel. 9193 1411; www.calm.wa.gov.au; Informationen
über NPs.

Übernachten
King Sound Resort Hotel $$$, Loch St., Tel. 9193 1044; bestes Motel der Stadt.
Spinifex Hotel $, Clarendon St., Tel. 9191 1233; günstige Motel- und Backpackerunter-
kunft.

Camping
Kimberly Entrance CP, Rowan St., Tel. 9193 1055

Devonport/TAS (S. 707)

ℹ Information
Tasmanian Travel Centre, 92 Formby Rd., Tel. 6424 4466, www.devonporttasmania.
com

Fähren
Das **Bass Strait Ferry Terminal** (TT-Terminal) befindet sich an der Esplanade, East-
Devonport. Nähere Informationen zur **Fährverbindung Melbourne – Devonport** und
Sydney – Devonport mit der Spirit of Tasmania (Tel. 13 20 10, www.spiritoftasmania.com.au).
Merry River Ferrys verbindet beide Stadtteile und quert den Fluss alle 15 Minuten.

Autovermietung
Avis, Ferry Terminal East, Tel. 6427 9797
Hertz, 26 Oldaker St, Flughafen u. Flughafen, Tel. 6424 1013
Thrifty, 10 Esplanade, Tel. 6427 9119

Busse
Tasmanian Redline Coaches (9 Edward St., Tel. 6233 9466 oder 1-800 030 033)
hat Direktverbindungen nach Burnie, Launceston und Hobart.
Tassie Link (14 King St., Tel. 1-300 300 520, www.tassielink.com.au, Buchung über TAS
Travel Centre) fährt nach Cradle Mountain, Lake St. Clair und Strahan – Fahrpläne be-
achten!

Öffentliche Verkehrsmittel
Busse bedienen die Stadt mit Vororten und verkehren auch zum Fährterminal.
Direkte Busverbindungen bestehen von der Fähre nach Launceston und Hobart.

Übernachten
Rannoch House B&B $$$$, 5 Cedar Crt, East Devonport (2 km südöstlich des
Fährterminals), Tel. 6427 9818; elegante B&B-Unterkunft.

Sunrise Motor Inn $$$, 140 North Fenton St. (2 km nordwestlich), Tel. 6424 8411; komfortables Motel in Strand- und Zentrumsnähe.
Devonport YHA MacWright House, 115 Middle Rd., Tel. 6424 5696; Jugendherberge (Bus Nr. 40 ins Zentrum).
Tasman House Backpackers, 169 Steele St., Tel. 6423 2335; empfehlenswerte Backpacker-Unterkunft, leider nicht sehr zentral gelegen.

Camping
Abel Tasman CP, 6 Wright St. (1 km östlich), Tel. 6427 8794; am East-Devonport-Strand gelegener Caravan Park mit Cabins; nicht weit zum Fährterminal.
Mersey Bluff CP, Tel. 6424 8655; schöner Campingplatz an der Halbinsel von Mersey Bluff (3 km nördlich).

Restaurants
Devonport hat zahlreiche Nationalitätenrestaurants, darunter viele Chinesen. Ein Großteil der Hotels und Pubs bieten günstige „Counter-Meals" an.
The Greendoor, 10 Oldaker St.; europäische und asiatische Küche in gutem Restaurant.
Rialto Gallery Restaurant, 159 Rooke St.; italienisches Restaurant.
Molly Malones Irish Pub, 34 Best St. Irish Pub mit guter Speisekarte.

Einkaufen
Kunsthandwerkliche Läden und Coffee Shops finden Sie in The Showcase of Devonport, 5 Best St. (täglich geöffnet).

Echuca–Moama/NSW (S. 359)

Information
Echuca Tourist Information, Heygarth St., Tel. 5480 7555; www.echucamoama.com; Informationen über Tages- und Ausflugsfahrten mit alten Raddampfern (z.B. P.S. Emmylou), Hausboot- und Kanuvermietungen.

Übernachten
Nirebo Motel $$$, 251 Hare St., Echuca, Tel. 5482 2033; Motel-Units, teilweise mit Blick auf den Murray.
Echuca Gardens B&B $$, 103 Mitchell St., Tel. 5480 6522; gepflegte Frühstückspension.
River Country Inn, Meninya St., Moama, Tel. 5482 5511; Mittelklasse-Motel.
Bella Casa Houseboats, Tel. 5480 6211; Hausboot-Vermietung.

Camping
Shady River Holiday Park (Big4), Moama, 2 km nördlich der Echuca Bridge, Tel. 5482 5500; Caravan Park mit Cabins.

E

Esperance/WA (S. 616)

Information

Tourist Bureau, Dempster St., Tel. 9071 2330; das Tourist Bureau ist Teil des Museum Village mit alten Gebäuden, in denen kleine Läden untergebracht sind. Das **Municipal Museum** enthält Teile des 1979 nahe Esperance zur Erde gestürzten Satelliten Skylab. Internet: www.visitesperance.com

CALM (Department of Conservation & Land Management), 92 Dempster St., Tel. 9071 3733,; www.calm.wa.gov.au. Informationen über die Nationalparks der Umgebung.

Übernachten

Bay of Isles Motel $$$, 32 The Esplanade, Tel. 9071 3999; direkt an der Uferpromenade gelegenes Motel.

BW Hospitality Inn $$$, The Esplanade, Tel. 9071 1999, Motel mit Meerblick, Restaurant.

Blue Waters Lodge YHA $, 299 Goldfields Rd. (2 km östlich), Tel. 9071 1040; Jugendherberge, mit Meerblick.

Merivale Farm, Merivale Rd., Tel. 9075 9020; Gästefarm mit Restaurant, auf der Sie nach Voranmeldung ein herzlich empfangener Gast sind (Übernachtungen möglich).

Camping

Esperance Seafront CP Holiday Units, Norsemand Rd. (2 km nördlich), Tel. 9071 1251; www.esperanceseafront.com; Campingplatz mit Cabins.

Esperance Bay CP, 162 Dempster St. (1 km südlich), Tel. 9071 2237; kleiner Campingplatz, zentral zur Stadt gelegen.

Crokers Resort CP (Big4), 629 Harbour Rd., Tel. 9071 4100; gepflegter Platz, auch Cabins.

Restaurants und Unterhaltung

Bonaparte Seafood Restaurant, 51 Esplanade, Tel. 9071 7727, hervorragendes Seafood-Restaurant.

Ocean Blues Restaurant, 19 Esplanade; preisgünstiges BYO-Restaurant.

Eungella National Park/QLD (S. 509)

Information

NP Visitor Centre, Broken River, Tel. 4958 4552 oder 4958 4255, www.epa.qld.gov.au. Die Ranger erteilen Informationen über den NP und die besten Beobachtungsplätze für Schnabeltiere. Ein Kiosk ist ebenfalls vorhanden.

Übernachten

Eungella Chalet Mountain Lodge $$; Eungella NP; Tel. 4958 4509; am Ende der Serpentinen liegt linkerhand die historische und etwas abgewohnte Lodge. Dort befindet sich eine Drachenfliegerrampe, gleich neben dem Swimming-Pool.

Broken River Mountain Retreat $$, Broken River, Tel. 4958 4528; gleich neben der Ranger-Station gelegene Lodge mit Motelzimmern oder Cabins und einem Restaurant.

Camping

Der NP-Campground (mit Duschen und Toiletten) kann im Voraus leider nicht reserviert werden – die Chancen, dort einen Platz zu bekommen, sind an Wochenenden eher gering. Als Alternative gibt es im Ort Eungella einen privaten CP mit toller Aussicht auf das Pioneer Valley.

Exmouth/WA (S. 650)

Information
Exmouth Tourist Bureau, Murat Rd., Tel. 9949 1176 oder 1-800 287 328; u.a. Buchung von Tauchexkursionen, Rundflügen, Ausflügen in den Cape Range NP. Internet: www.exmouthwa.com.au

Anreise
Skywest fliegt den Flughafen Learmonth (LEA), 37 km südlich von Exmouth, an. Von dort werden Bustransfers nach Exmouth und nach Coral Bay angeboten. Greyhound Pioneer (Tel. 13 20 30) und Intergrity-Busse (Perth – Exmouth, Tel. 1-800 226 339) halten auf der Fahrt nach Exmouth auch in Coral Bay.

Übernachten
BW Seabreeze Resort $$$, Tel. 9949 1800; auf der ehemaligen US Navy Base gelegenes, sehr empfehlenswertes Hotel mit deutscher Leitung. Sehr gute Tauch-Tipps erhältlich. Gratis-Shuttle-Bus in die Stadt.
Potshot Hotel Resort $$$, Murat Rd , Tel. 9949 1200; komfortables Hotel.
Excape Backpackers, Murat Rd, Tel. 9949 1200; Jugendherberge auf dem Gelände des Potshot Hotels.
Ningaloo Reef Retreat $$, Yardie Creek Rd/Mandu Mandu Gorge Rd., Cape Range NP, Tel. 9949 1776; Safari-Camp, direkt am Strand; auch Kanu-Ausfahrten zur Blue Lagoon; Übernachtungspreise inkl. Vollpension und Transfers ab/bis Exmouth – ein echtes Busch-Erlebnis!
Yardie Homestead $$, Yardie Creek Rd, Cape Range NP, Tel. 9949 1389; an der Westküste (auf dem Weg in den Cape Range NP) gelegene Farm mit komfortabler Übernachtungsmöglichkeit, auch Zeltplätze.

Camping
Exmouth Cape Tourist Village $, Murat Rd., Tel. 9949 1101; großer Caravan Park, auch Backpackerunterkünfte; günstiger Mietwagenverleih (Suzuki 4WDs, nur ab/bis Exmouth).
Lighthouse CP, Vlamingh Head (19 km nordwestlich), Tel. 9949 1478; gepflegter Campingplatz am Fuße des alten Leuchtturms.

Mietwagen
Avis und Hertz haben Mietwagenstationen in Exmouth. Einwegmieten in andere Westküstenorte sind jedoch mit hohen Rückführgebühren und Meilenbeschränkungen verbunden! Viel günstiger ist es, einen Mietwagen von Perth bis Broome bzw. von Perth bis Darwin zu mieten.

Restaurants
Whalers Restaurant, 5 Kennedy St., Tel. 9949 2416; empfehlenswertes Restaurant mit australischer Küche.
Sailfish Bar & Restaurant, auf der Naval Base nördlich der Stadt im Seabreeze Hotel; schöner Garten und gute Speisen.

E

F

Organisierte Ausflüge
Exmouth Air Charter, Tel. 9949 2492; Rundflüge.
Exmouth Dive Centre, Buchung im Seabreeze Resort.
Sea Kajaking Blue Lagoon, Tel. 9949 1776; Kanu-Ausflüge mit/ohne Übernachtung.

Fitzroy Crossing/WA (S. 663)

Information
Fitzroy River Tourist Bureau, Flynn Drive, Tel. 9191 5355

Übernachten und Camping
Fitzroy River Lodge/CP $$, Great Northern Hwy. (2 km östlich), Tel. 9191 5141;
Standard-Motel und Campingplatz, Swimming-Pool.
The Crossing Inn $$, Tel. 9191 5080; alter Pub mit einfachen Zimmern.

Flinders Ranges National Park:
Wilpena Pound und Arkaroola/SA (S. 398)

Information
Ranger Office, Wilpena Pound; Information über Wanderwege, Buchung von Rund-
flügen. Für engagierte Wanderer empfiehlt sich die Broschüre „Bushwalking in the Flinders
Ranges". Internet: www.flinders.outback.on.net

Übernachten
Wilpena Pound Resort; Wilpena, Tel. 8648 0004; einziges Motel im NP – frühzeitig
reservieren! Das Resort veranstaltet auch 4-WD-Touren und Rundflüge.
Rawnsley Park Station, Wilpena Road, südlich der Nationalparkgrenze, Tel. 8648 0030,
www.rawnsleypark.com.au; Auf der Farm werden Motelzimmer, Bungalows mit Sternen-
blick und Campingplätze angeboten.
Arkaroola Wildlife Sancturary (Mawson Lodge), Tel. 8648 4848; www.arkaroola.con.au;
Motel, Campingplatz und Sternwarte in den nördlichen Flinders Ranges.

Camping
Dem *Wilpena Pound Resort* ist ein großer CP angeschlossen. Von der Lage her
schöner erscheint jedoch der CP von *Rawnsley Park* (s.o.). Bushcamping ist bei Brachina
Gorge, Bunyeroo Gorge, Dingley Dell Water und Chambers Gorge auf NP-Campgrounds
möglich. In *Arkaroola* gibt es einen Campingplatz, der zum Resort gehört.

Fraser Island/QLD (S. 521)

Information
Informationen über die Insel erhalten Sie in Hervey Bay. Beachten Sie, dass für
Selbstfahrer ein NP-Permit eingeholt werden muss. Für die Insel ist zwingend ein Allradfahr-
zeug notwendig. Nicht alle Vermieter gestatten die Mitnahme des Fahrzeugs nach Fraser
Island (Gefahren: Salzwasser am Strand, Ebbe und Flut). Internet: www.seefraserisland.com.

Übernachten
Neben den NP-Campgrounds gibt es einige Hotels und Ferienanlagen:
Kingfisher Bay Resort $$$$, Kingfisher Bay (Westküste), Tel. 1-800 072 555; sehr gutes „Eco-Resort". Vom Resort aus werden Wanderungen, Allradtouren, 4-WD-Mietwagen und Wassersportaktivitäten angeboten. Direkte Schiffsverbindung mit dem Festland. Leider auf der „Mangrovenseite" der Insel.
Eurong Beach Resort $$$, Eurong, Tel. 4127 9122; zentral gelegenes Hotel/Motel mit Laden, Tankstelle und 4-WD-Touren.
Fraser Island Retreat $$$, Happy Valley, Tel. 4124 1789; Lodge mit Selbstversorgereinrichtungen.
Cathedral Beach Resort & Camping Park $$, Cathedral Beach, Tel. 4127 9177; einfachere Unterkunft in Strandnähe.

 Camping
Einfache Campgrounds befinden sich an der **Central Station**, am **Lake Boomanjin**, **Lake McKenzie**, **Allom Lake** sowie an der Ostküste in **Dilli Village** und **Cathedral Beach**. Verlockend ist es auch, sich einfach ein Plätzchen in den strandnahen Dünen zu suchen – solange man dabei nicht die empfindliche Vegetation zerstört. In den Abendstunden werden Moskitos und Bremsen zur Plage – Mückenschutz nicht vergessen!
Achtung: Dingos keinesfalls füttern – sie sind wilde Tiere, und es kam in letzter Zeit auch zu Attacken auf Menschen.

Freycinet National Park/Coles Bay/TAS (S. 715)

Information
Visitor Reception, am Parkeingang, Tel. 6257 0107; eine NP-Gebühr für Pkw und Besucher wird am Parkeingang erhoben. Internet: www.freycinetcolesbay.com

Übernachten
Sicherlich zählt die edle Freycinet Lodge zur ersten Wahl, da sie sich bereits im NP befindet. Jedoch ist diese häufig ausgebucht und macht ein Ausweichen auf die Unterkünfte in Coles Bay notwendig. Vorausbuchen ist im Dez./Jan. ratsam!
Freycinet Lodge $$$$$, Coles Bay, Tel. 6257 0101; herrlich gelegene, recht exklusive Lodge unterhalb der „Hazards". Komfortable Zimmer oder frei stehende Bungalows, gutes Restaurant, geführte Ausflüge in den NP. Oft ausgebucht, deshalb frühzeitig reservieren!
Coles Bay Holiday Villas $$$, Coles Bay Rd., Hepburn Pt., Tel. 6257 0102; komfortable Apartments.
Coles Bay YHA, Freycinet NP, Tel. 6234 9617; Jugendherberge, direkt im NP gelegen – sehr einfache Ausstattung. Betten werden in der Hochsaison per Losverfahren vergeben. Alternative: Iluka Backpackers YHA in Coles Bay (Tel. 6257 0115).

Camping
Der große NP-Campground am Parkeingang verfügt über viele Stellplätze und ist mit dem Auto anzufahren. Nur zu Fuß sind die **NP-Campgrounds** bei Wineglass Bay, Hazards Beach und Cooks Beach zu erreichen (Permit des Rangers einholen!). Die Campingplätze von Coles Bay erscheinen die bessere Alternative zum reichlich engen und überfüllten Freycinet NP-Campground!

F

Iluka Holiday Centre (Big4), Esplanade, Coles Bay, Tel. 6257 0115; schön gelegene Anlage, auch Cabins und Backpacker-Betten (Bunkhouse).

 G

Organisierte Ausflüge
Freycinet Sea Charters, Coles Bay, Tel. 6375 1461; Bootsausflüge zur Walbeobachtung (je nach Saison) und nach Schouten Island.

Geraldton/WA (S. 640)

Information
Tourist Bureau, Old Victoria District Hospital, Chapman Rd., Tel. 1 800 818881; das schöne Gebäude am nördlichen Stadtausgang stammt aus dem Jahr 1884 und wurde bis 1985 als kleines Stadtgefängnis genutzt. Ein „Heritage Trail" beschreibt 30 denkmalgeschützte Gebäude. Internet: www.geraldtontourist.com.au.

Übernachten
BW Hospitality Inn $$$, Cathedral Ave., Tel. 9921 1422; komfortables Motel im Stadtzentrum.
Comfort Inn Geraldton $$$, Brand Hwy., Tel. 9964 4777; Mittelklasse-Hotel.
Foreshore Backpackers YHA, 172 Marine Tce., Tel. 9921 3275; zentral in der Hauptstraße gelegene Jugendherberge.

Camping
Sunset Beach Holiday Park (Big4), Bosley St., Sunset Beach (3 km nördlich), Tel. 9938 1655; schön gelegener Campingplatz direkt am Strand, auch Cabins.

Gladstone/Tannum Sands/Town of 1770/QLD (S. 516)

Information
Tourist Information, Bryan Jordan Drive, Gladstone Marina Ferry Terminal, Tel. 4972 9000: www.gladstoneregion.org.au; Informationen über die Stadt und Umgebung. Die Fähre nach Heron Island legt an der Gladstone Marina ab. Dort gibt es auch abschließbare Parkmöglichkeiten für Mietwagen und Camper.
Wer nicht nach Heron Island will, sollte lieber in Tannum Sands oder in Agnes Waters / Town of 1770 übernachten – dort ist es einfach schöner.

Mietwagen
*Die großen Autovermieter (**Hertz, Avis, Thrifty**) haben ein Depot in Gladstone. So kann das Fahrzeug für den Aufenthalt auf Heron Island abgegeben werden.

Übernachten
Sundowner Chain Motor Inn $$$, Far Street/Dawson Hwy., Gladstone, Tel. 4971 3000; Mittelklasse-Hotel.
Captain Cook Holiday Village $$$, Town of 1770, Tel. 4974 9219, Cabins und Bungalows.
Palm Valley Motel $$$, Tannum Sands, Tel. 4973 7512; Mittelklasse-Motel.

Camping
 Barney Beach Seabreeze CP, Barney Point (2 km südlich), Tel. 4972 1366; kleiner Campingplatz am schmalen Barney Point-Strand.
Tannum Beach CP, Tel. 1-800 684 003; 25 km südlich von Gladstone in Tannum Sands (Boyne-Tannum) gelegener CP, direkt am Strand – auf jeden Fall schöner als die Industrie-stadt Gladstone!

Organisierte Ausflüge
 Sehr empfehlenswerte Tagesausflüge nach **Lady Musgrave Island** werden von Town of 1770 oder Bundaberg durchgeführt. Lady Musgrave Barrier Reef Cruises, Tel. 1-800 072 110: www.imcruises.com.au oder www.1770reefcruises.com.

Gold Coast/QLD (S. 538)

Information
 Gold Coast Tourism Bureau, Level 2, 64 Ferny Ave., Surfers Paradise, Tel. 5592 2699; Übernachtungsinformationen sind außerdem in jedem Ort der Gold Coast und in zahlreichen Broschüren zu finden. Im Internet: www.goldcoasttourism.com.au.
National Park Service (Burleigh Information Centre), Gold Coast Hwy., Burleigh Heads, Tel. 5535 3855; Informationen über die Nationalparks des Hinterlandes.

Verkehrsverbindungen
 Surfside Buslines (Tel. 13 12 30) verbinden die Städte der Küste miteinander.
Active Tours fährt mehrmals täglich von vielen Hotels zu den wichtigsten Attraktionen der Gold Coast (Tel. 5597 0344).
Coachtrans Airporter Service (Tel. 5588 8777) betreibt einen Flughafentransfer vom Brisbane Airport zur Gold Coast und fährt ebenso zu den beliebten „Theme Parks", wie die Freizeitparks auch genannt werden. Von Brisbane fahren auch Züge bis nach Coolan-gatta.
Alle Überlandbuslinien von **Greyhound**, fahren die Goldküste an. Hauptstation ist die Surfers Paradise Bus Station (Beach Rd.).
Der Flughafen **Gold Coast Airport** ist eigentlich der von Coolangatta. Von dort verkehrt ein Airport Bus nach Surfers Paradise und in die anderen nördlich gelegenen Orte (ab A$ 15).

Übernachten
 Während die Apartments in den großen Bettenburgen manchmal nur wochenweise vermietet werden, sind die kleinen Motels froh über jeden zahlenden Gast. In der Hochsai-son (Ferienzeit der Australier im Dez/Jan) kann es trotzdem schwierig werden, ein Zimmer zu bekommen. Es empfiehlt sich dann, die außerhalb des Zentrums gelegenenen Orte Coolangatta und Tweed Heads (siehe auch unter „Coolangatta") an der Grenze zu NSW anzufahren. Schöner als die endlos langen, verbauten und ampelbewehrten Straßen der Gold Coast ist ohnehin die Fahrt durch das Hinterland.
Marriott Surfers Paradise $$$$$, 158 Ferny Ave., Surfers Paradise, Tel. 5592 9800; Luxushotel mit allen Einrichtungen, Restaurants und Bars.
Royal Pines Resort $$$$, Ross St., Ashmore, Tel. 1-800 886 880; etwas von der Küste entferntes Golfresort mit Shuttle-Bus zum eigenen Strand und 36-Loch-Golfplatz.

G

Couran Cove Island Resort $$$$, South Stradbroke Island, Tel. 1-800 268 726, www. couran.com; weitläufige Anlage mit Sportanlagen und verschiedenen Unterkünften. Nur per Fähre zu erreichen!

Paradise Resort Gold Coast $$$, 122 Ferny Ave., Surfers Paradise, Tel. 5579 4444; komfortables und zentral gelegenes Mittelklasse-Hotel.

British Arms International YHA, Mariners Cove, 70 Seaworld Drive, Main Beach, Tel. 5571 1776; Jugendherberge.

Camping

Gold Coast Tourist Parks (www.gctp.com.au) sind gut ausgestattete Caravan Parks mit Stellplätzen für Zelte und Wohnmobile. Sie befinden sich (von Nord nach Süd) in **Broadwater, Main Beach, Ocean Beach, Burleigh Beach** und **Kirra Beach**. Weitere Caravan Parks sind vorhanden, verfügen aber nicht immer über Zeltplätze bzw. sind sehr klein und direkt an lauten Highways gelegen.

Restaurants

An Restaurants und Imbissmöglichkeiten mangelt es nicht in Australiens Urlaubsregion Nr. 1. Schlendern Sie entlang der Strandpromenaden, durch große Einkaufszentren oder werfen Sie einen Blick in die eleganten Hotels und Sie werden bestimmt fündig. Die Restaurant-Szene ist einem ständigen Wechsel unterworfen, und es fällt schwer, den einen oder anderen verbindlichen Tipp zu geben.

Fisherman's Wharf, The Spit/Main Beach (Landzunge nördlich von Surfers Paradise); Shopping-Komplex mit Imbissständen und Restaurants.

Bavarian Steakhouse, Ecke Cavill Ave./Gold Coast Hwy., Restaurant auf mehreren Ebenen.

Rusty Pelican, Orchid Ave., Tel. 5539 8699; günstige Mahlzeiten zu Mittag, abends teurer mit hauptsächlich Fischgerichten.

Jupiters Casino, Gold Coast Hwy., Broadbeach. Neben den Casinos von Cairns und Townsville ist dies das populärste und meistbesuchte. Elegante Kleidung ist Pflicht.

Unterhaltung

Über die aktuellen Tipps und Programme informieren die Szeneblätter **Wot's On** und **Point Out**. In Surfers Paradise ist das **Arts Centre** (135 Bundall Rd.) mit Theater, Galerie und Restaurant eine gute Quelle gehobener Unterhaltung. Bars, Clubs und Discotheken bilden den Schwerpunkt allabendlicher Aktivitäten. Urlaub an der Gold Coast und im besonderen Surfers Paradise heißt für Australier buchstäblich „die Sau rauslassen" und feuchtfröhlich zu feiern. Die lebhaftesten Straßen und Viertel befinden sich um **Orchid Avenue** und **Cavill Avenue** in Surfers Paradise. Der Main Beach ist in den frühen Morgenstunden der letzte Fluchtpunkt, und aufreibende Nächte enden bei einem herrlichen Sonnenaufgang.

Einmal im Jahr findet auf einem Straßenkurs durch die Häuserschluchten ein Autorennen der Indy-Car Series statt. Weitere Veranstaltungen sind Surf-Carnivals (Wettbewerbe der Lebensretter), Triathlons, Golf-Turniere, Bootsrennen und vieles mehr.

Einkaufen

Pacific Fair Shopping Centre, Hooker Blvd., Broadbeach. Mit über 260 Geschäften, 6 Kaufhäusern, 5.000 Parkplätzen, Restaurants, Bars und Cafés ist das Einkaufszentrum eines der größten Australiens.

*Weitere Zentren sind **Australia Fair** (Southport), **Marina Mirage** (The Spit), **Paradise Centre** (Surfers Paradise) und **Robina Town Centre** (Robina).*

G

Golf

Der Golfsport ist extrem populär entlang der Gold Coast. Die meisten Plätze stehen Besuchern offen, Ausrüstung wird gegen Gebühr verliehen.
Robian Woods, *Ron Penhaligon Way, Robina; hügeliger, teilweise bewaldeter Golfplatz.*
Palm Meadows, *Palm Meadows Drive, Carrara; 240 ha große 18-Loch-Anlage.*
Royal Pines Resort, *Ross St., Ashmore, dem Luxus-Resort angeschlossener 36-Loch-Golfplatz.*
Kooralbyn Valley Resort, *Mt. Lindesay Hwy., Beaudesert; Australiens erstes echtes Golf-Resort mit herrlich gelegener Anlage.*

Great Barrier Reef-Inseln/QLD (S. 473)

Übernachten und Anreisehinweise

Voyages Lizard Island $$$$$, *Tel. 02-8296 8010; im Übernachtungspreis sind alle Mahlzeiten enthalten. Tauchexkursionen müssen separat bezahlt werden. Die Anreise erfolgt per Linienflugzeug von Cairns.*
Green Island Resort $$$$$, *Tel. 4031 3300; Luxus-Resort, das vor allem von Asiaten gebucht wird. Great Adventures führt Tagesausflüge nach Green Island ab/bis Cairns durch.*
**Bedarra Island Resorts $$$$$**, *Tel. 4068 8233; im Übernachtungspreis sind alle Aktivitäten und Mahlzeiten eingeschlossen. Die Anreise erfolgt mit der Fähre von Dunk Island (A$ 80 H/R).*
**Orpheus Island Resort $$$$$**, *Tel. 4777 3775; zusammen mit Lizard Island das teuerste Resort im Great Barrier Reef. Im Übernachtungspreis ist alles enthalten, Kinder unter 15 Jahren sind nicht erwünscht. Die Anreise zum Resort erfolgt per Wasserflugzeug von Cairns oder Townsville (A$ 270–420 H/R).*
Dunk Island Resort $$$$, *Tel. 4068 8199; im Übernachtungspreis sind Frühstück und viele Aktivitäten eingeschlossen. Die Anreise erfolgt per Flugzeug von Cairns oder Townsville. Alternativ ist ein regelmäßiger Bootstransfer mit dem Dunk Island Watertaxi von Mission Beach möglich. Anschlussverbindungen nach Bedarra Island sind ebenfalls möglich.*
Fitzroy Island Resort $$, *Tel. 4051 9588. Das Insel-Resort bietet neben der Ferienanlage (Beach Cabins) auch preiswerte Backpacker-Unterkünfte (Bunk House) und eine Campingmöglichkeit. **Great Adventures** und **Sunlover Cruises** führen täglich Ausflüge zur Insel durch.*
Dunk Island NP-Campground: *An der Anlegestelle befinden sich ein Kiosk und der kleine Campground. Ein Permit muss vorher beim NP-Service in Mission Beach besorgt werden.*
Lizard Island NP-Campground: *Gegen Voranmeldung beim NP-Service in Cairns kann auf dem kleinen NP-Campground übernachtet werden, praktisch direkt am Strand und ideal zum Schnorcheln. Ein Gaskocher ist stationär vorhanden. Transferflüge werden in Cooktown und Cairns angeboten (siehe auch Cooktown).*

HINCHINBROOK ISLAND
Information: QLD Department of Environment & Heritage, 79 Victoria St., Cardwell, Tel. 4066 8601, oder in Ingham, 11–13 Lannercost St., Tel. 4776 1700, Fax 4776 3770, www.hinchinbrookferries.com.au.

Für die Wanderung ist rechtzeitig ein Permit bei den zuständigen NP-Büros in Cardwell oder Ingham zu beantragen! Dieses sollte am besten 3 Monate im Voraus unter Angabe der geplanten Wanderdaten geschehen. Die NP-Büros halten auch detaillierte Informationsblätter über den Thorsborne Trail bereit. Die Bootstransfers werden in Cardwell von Hinchinbrook Island Ferries (Tel. 4066 8585) organisiert.
**Übernachten: Hinchinbrook Island Resort $$$$$**, *Tel. 4066 8270; All-inclusive-Lodge. Anreise per Boot von Cardwell zweimal täglich um 10 Uhr und 15 Uhr (Sa/So/Mo/Do), zurück um 9 Uhr und 14 Uhr (A$ 90 H/R). Anschlusstransfers nach Townsville oder Cairns möglich.*

Halls Creek/WA (S. 663)

Information
Halls Creek Tourist Centre, Tel. 9168 6262; u.a. Buchung von Rundflügen und 4-WD-Touren in die Bungle Bungles. Für Selbstfahrer ohne Allradfahrzeug gibt es ab dem Roadhouse Turkey Creek einen eintägigen Ausflug in die Bungle Bungles (East Kimberley Tours, Tel. 9168 2213).

Übernachten
Kimberley Hotel $$, *Roberta Ave., Tel. 9168 6101; Hotel/Motel und Backpacker-Unterkunft.*

Camping
Halls Creek CP, Roberta Ave., Tel. 9168 6169; Campingplatz.

Halls Gap/Grampians NP/Dunkeld/VIC (S. 349)

Information
Halls Gap Tourist Information, Grampians Rd., Tel. 5358 2314; Kartenmaterial und Routenvorschläge, u.a. zu Felsmalereien (mehr als 100 sind dokumentiert). **Internet:** *www.visithallsgap.com.au*
Brambuk Living Culture Centre, *Grampians Rd., interessante Ausstellungen und Vorführungen der Koori-Aborigines; geöffnet täglich 10–17 Uhr; Eintritt A$ 7,50.*

Übernachten
In den Sommerferien sind die begrenzten Kapazitäten von Halls Gap dem Besucheransturm oft nicht gewachsen. Reservieren Sie deshalb im Voraus oder weichen Sie nach **Dunkeld** *(südliche Grampians) bzw. auf einen der vielen NP-Campgrounds aus.*
Colonial Motor Inn $$$, *Grampians Rd., Halls Gap, Tel. 5356 4344; gut gelegenes Motel.*
Pinnacle Holiday Lodge $$$, *Heath St., Halls Gap, Tel. 5356 4249; komfortable Lodge.*
Royal Mail Hotel $$$, *Dunkeld, Tel. 5577 2241, www.royalmail.com.au; altes Postgebäude, welches modern und komfortabel umgebaut wurde. Am Südrand des Grampians NP gelegen.*
Mt. Sturgeon Cottages $$$, *Dunkeld, Tel. 5577 2558;; gemütliche alte Sandsteinhäuser, auf einer alten Schaffarm gelegen – sehr empfehlenswert!*

Grampians YHA Eco Hostel $, Ecke Buckler/Grampians Rd., Halls Gap, Tel. 5356 4544; schön gelegene, moderne Jugendherberge.
Southern Grampians Log Cabins, Victoria Valley Rd., Dunkeld, Tel. 5577 2457; komfortable Selbstversorgerhütten am Fuße der Grampians.

Camping

Halls Gap CP, Grampians Rd., Tel. 5356 4251; Campingplatz mit Cabins.
Halls Gap Lakeside CP, Tymna Drive (am Lake Bellfield), Tel. 5356 4281; sehr schön am See gelegener Campingplatz mit Cabins.
Insgesamt 18 einfache **NP-Campgrounds** sind über den gesamten Park verteilt. Die meisten davon sind auch per Auto erreichbar.

Organisierte Ausflüge

Grampian National Park Tours (Tel. 5356 6330): Ausflüge mit Aborigine-Background.
Spectacular Grampians Flights, Pomonal Airfield, Halls Gap Rd., Tel. 5356 6399; Rundflüge über den NP.
Horse Riding Halls Gap (Tel. 5356 4327) führt Reitausflüge im NP durch.

Hervey Bay/QLD (S. 519)

Information

Entlang der Uferpromenade reihen sich etliche Buchungsstellen für Ausflüge nach Fraser Island aneinander. Wenn die Buckelwale von Juli bis Oktober (saisonal schwankend) an der Küste vorbeiziehen, bieten Tourveranstalter **Walbeobachtungstouren** an.
Hervey Bay Tourist Information, Urraween/Maryborough Rd., Tel. 4124 1300; offizielles Tourist Office. Internet: www.hervey.com.au.
Adventure Travel Centre, 410 Esplanade, Tel. 4125 9288; empfehlenswerte Buchungsagentur.
National Park Service, Ecke Tavistock/Exeter St., Torquay, Tel. 4125 0222 oder **River Heads General Store**, 10 Ariadne St., River Heads: Wollen Sie mit dem eigenen Fahrzeug Fraser Island (Great Sandy NP) besuchen, benötigen Sie für das Auto ein separates **Permit** (A$ 36/Fahrzeug), das in diesen Büros erhältlich ist. Auch die Campinggebühren für NP-Campgrounds (A$ 4,50 p.Pers/Nacht) müssen im Voraus bezahlt werden.

Hinweis

Reisende, die von Hervey Bay Airport nach Lady Elliott Island fliegen, sollen ihr Fahrzeug bewacht unterstellen (Fraser Coast Vehicle Storage, 629 Esplanade, Hervey Bay). Offenbar ist das Auto am Flughafen nicht sicher!

Mietwagen

Die großen Autovermieter (**Hertz, Avis, Thrifty**) haben ein Depot in Hervey Bay. So kann das Fahrzeug bei einem längeren Aufenthalt auf Fraser Island abgegeben werden. Zahlreiche Allrad-Anbieter bieten Fahrzeuge für die Insel an und besorgen das notwendige NP-Permit.
Aussie Trax, 56 Boat Harbour Drive, Tel. 1-800 062 275; Landrover-Vermietung mit Campingausrüstung – sehr klassisch, mit toller Geländetauglichkeit.

H

Bay 4-WD Centre, 54 Boat Harbour Drive, Tel. 4128 2981; Vermietung von Geländewagen aller Art, u.a. Backpacker-Touren.

Übernachten
Kondari Resort $$$, *49-63 Elisabeth Rd., Urangan, Tel. 4128 9702; empfehlenswertes Resort mit tropischem Garten, Motelzimmern, Selbstversorger-Cabins, Restaurant, Bar und Pool.*
Ambassador Motor Lodge $$$, *296 Esplanade, Hervey Bay, Tel. 4124 0044, zentral gelegenes Motel.*
Colonial Log Cabin Resort $, *820 Harbour Dve, Urangan, Tel. 1800 818 280; großes Hostel mit schönem Garten.*

Camping
Harbour Views CP, *Jetty Rd., Urangan, Tel. 4128 9374; idealer Campingplatz am Strand von Urangan, um morgens die erste Fähre nach Fraser Island zu bekommen.*
Fraser Lodge Holiday Park, *Fraser St., Torquay, Tel. 4125 1502 oder 1-800 641 444; gut ausgestatteter Campingplatz mit Cabins und Pool.*

Organisierte Ausflüge
Fraser Island Company, *Tel. 1-800 063 933; Tages- und Mehrtagesausflüge in Allradbussen*
Mimi Macphersons Whale Watching, *Tel. 4125 3240; Bootsausflüge zur Walbeobachtung.*

Fähren
Angesichts der Kosten (ca. A$ 100 für ein Fahrzeug mit 2 Personen für H/R-Passage), die für die Fährpassage anfallen, zuzüglich den NP-Gebühren, lohnt sich die Überfahrt gegenüber einem geführten Tagesausflug nur, wenn der Inselaufenthalt mindestens 2 Tage beträgt. Buchen Sie Ihre Fährpassage, sofern ein Fahrzeug mitgenommen wird, rechtzeitig unter den o.g. Telefonnummern!

AUTOFÄHRE
River Heads – Wanggoolba Creek, Tel. 4125 4444

PERSONENFÄHRE
River Heads – Kingfisher Bay, Tel. 4125 5155 oder 1-800 072 555
*Eine weitere **Autofähre (Rainbow Venture)** gibt es von **Inskip Point/Rainbow Beach (Great Sandy NP)** nach **Hook Point (Südküste Fraser Island)**. Tel. 5486 3120.*

Hobart/TAS (S. 682)

Information
Tasmanian Travel Centre (TTIC), *Ecke Davey/Elisabeth St., Tel. 6230 8233, Mo–Fr 8.45–17 Uhr; Sa–So 8.45–12 Uhr; Informationen über Hobart und ganz Tasmanien. Magazine wie „Tasmanian Travelways", „Let's talk about…" geben die neuesten Tipps. **Internet:** www.Discovertasmania.com.au, www.hobartcity.com.au.*
Department of Parks, Wildlife & Heritage, *134 Macquarie St., Tel. 6233 6197, www.parks.tas.gov.au; Informationen über alle Nationalparks; im gleichen Gebäude: das*

Tasmap Centre, ein bestens sortierter Landkartenladen (u.a. auch topografische Wanderkarten).
National Trust, Galeria 33, Salamanca Place, Mo–Fr 9–17 Uhr, Sa 9–12 Uhr; die Broschüre
„Architectural Guide" beschreibt die historischen Gebäude der Stadt; außerdem werden
geführte Rundgänge angeboten.

Wichtige Telefonnummern
Notruf: 000 (gebührenfrei)
Polizei, Tel. 6230 2111
Krankenhaus: Royal Hobart Hospital, Liverpool St., Tel. 6222 8308

Fluggesellschaften
Qantas/Jetstar, 77 The Mall Elisabeth St., Tel. 13 13 13
Virgin Blue, Tel. 13 67 89
Airlines of Tasmania, Hobart Airport, Tel. 6248 5030: Flüge nach King Island und Flinders
Island.

Automobilclub
Royal Automobil Club of Tasmania (RACT), Ecke Murray St./Patrick St., Tel. 6232
6300; www.ract.com.au; Kartenmaterial und Straßeninformationen, ausführliches Unterkunfts-
verzeichnis „Tasmania Accommodation & Touring Guide".

Taxi
City Cabs, Tel. 13 10 08 oder 13 22 27

Busse
Der Busterminal von **Tasmanian Redline Coaches (TRC)** und **Tassie Link** ist das
Hobart Transit Centre, 199 Collins Street.
TRC bedient die Hauptrouten der Inseln und verbindet die Städte miteinander. *Tassie Link*
fährt auch kleinere Orte und Nationalparks an. Die Fahrpreise können als günstig gelten:
z.B. Hobart-Devonport ab A$ 49, Hobart-Launceston ab A$ 39. Buspässe mit unterschied-
licher Gültigkeitsdauer sowie Flexi-Pässe sind ebenfalls im Angebot.
Tasmania Redline Coaches, Tel. 1-800 030 033
Tassie Link, Tel. 1-300 300 520, www.tassielink.com.au

Autovermietung
Die großen Vermieter haben neben den Stadtbüros auch Schalter am Flughafen.
Zahlreiche Billigvermieter, mit z. T. bis zu 15 Jahre alten Autos, vermieten zu Dumpingprei-
sen (ab A$ 25/Tag). Leider brechen diese Fahrzeuge oft genug nieder – bei einem kurzen
Tasmanienbesuch reine Zeitverschwendung. Die Straßen sind gut ausgebaut. Geländewa-
gen werden praktisch nicht angeboten und sind auch kaum notwendig.
Hertz, 122 Harrington St., Tel. 6237 1111 oder Airport, Tel. 6237 1155
Thrifty, 11-17 Argyle St., Tel. 6234 1341 oder 1-300 367 227

Camper
Die Übernahme/Abgabe ist auf Hobart beschränkt. Einzig Hertz bietet auch Launces-
ton als Station an. Bei fast allen Vermietern dürfen jedoch mittlerweile auch die auf dem
Festland angemieteten Camper auf der Fähre nach Tasmanien überführt werden (eine

H

Abgabe ist dort allerdings nicht möglich). Die Fährgesellschaft „Spirit of Tasmania" bietet hierfür günstige Preise, insbesondere in der Nebensaison.
Britz/Maui, Hobart International Airport, Holyman Ave., Tel. 03-6248 4168
Apollo, 1 Llanherne Drive, Hobart Airport, Cambridge, Tel. 1800 777 779
Auto Rent Hertz, Hobart City, Tel. 1-800 067 222 oder 6237 1111

🚌 Öffentliche Verkehrsmittel
Flughafenbus: Der Flughafen liegt 20 km östlich des Stadtzentrums. Flughafenbusse verkehren regelmäßig nach Hobart (direkt zum Hotel) und kosten A$ 14, Taxis ca. A$ 30.
Metro Transport Trust (MTT, 18 Elisabeth St, Tel. 13 22 01) betreibt ein gut ausgebautes lokales Busnetz, das alle Vororte bis Mitternacht bedient. Fast alle Busse fahren ab/bis Elisabeth St (gegenüber dem General Post Office). Empfehlenswert und günstig ist das Tagesticket (**Day Rover Ticket**), das von 9–16.30 Uhr und wieder ab 18 Uhr gilt und A$ 4 kostet. Fahrkarten sind bei den Busfahrern erhältlich.

📮 Post
General Post Office (GPO), Ecke Macquarie St./Elisabeth St., Hobart 7000 TAS; geöffnet Mo–Fr von 8–16 Uhr.

🏨 Übernachten
Hobart hat ein gutes Angebot an Hotels, Motels und Budgetunterkünften, die ein erstaunlich günstiges Preisniveau aufweisen und dabei sehr sauber und gut geführt sind. Eine Besonderheit sind die Bed & Breakfast-Häuser, die in historischen Gebäuden untergebracht sind (Colonial Accommodation). Besonders Ende Dezember/Anfang Januar zur Zeit der Sydney-Hobart-Regatta sollte unbedingt frühzeitig reserviert werden – ansonsten besteht keine Chance auf eine Unterkunft!
Henry Jones Art Hotel $$$$$, 25 Hunter Street Hobart, Tel.(03) 62107700; herausragendes 5-Sterne Hotel mit herrlich eingerichteten Zimmern
Wrest Point Hotel Casino $$$$, 410 Sandy Bay Rd. (3 km südlich), Tel. 6225 0112; eines der besten Hotels der Stadt, gute Restaurants, Australiens erstes Casino.
Rydges Hobart Hotel $$$$, Ecke Argyle/Lewis St., Tel. 6231 1916; stilvolles Kolonialhotel.
Battery Point Guesthouse $$$$ (2), 7 McGregor St., Tel. 6224 2111; komfortables Bed-&-Breakfast-Haus als Alternative zum Hotel.
Lenna´s of Hobart $$$ (3), 20 Runnymede St., Battery Point, Tel. 6232 3900; koloniale Villa über dem Salamanca Place.
YHA Adelphi Court $, 17 Stoke St., New Town (3 km nördlich), Tel. 6228 4829; gute Jugendherberge, der auch ein Guest House mit EZ und DZ angegliedert ist.

🏕 Camping
Barilla Holiday Village, 75 Richmond Rd., Cambridge (14 km östlich von Hobart, 5 km vom Airport), Tel. 6248 5453; einer der stadtnächsten Campingplätze mit guter Ausstattung, auch Cabins.

🍽 Restaurants
Im Vergleich zu anderen Hauptstädten des Landes ist Hobart eher klein und beinahe provinziell geblieben. Das Angebot an frischen Meeresfrüchten (besonders die großen Tasmanian Crabs) und Fisch könnte kaum besser sein. Fast alle Restaurants sind licenced. Sonntags haben viele Pubs und Restaurants geschlossen. Für den kleinen Imbiss bieten sich

H

Coffee Shops an vielen Ecken an. Günstige Counter-Meals sind in den Pubs erhältlich. Auch bietet sich eine Hafenrundfahrt mit inkludiertem Mittag- oder Abend-essen an! Rund um den Salamanca Place und auch am Hafen wird jeder fündig!
Constitution Dock, *Franklin Wharf; günstige Imbissstände am Hafen.*
Salamanca Place: *vielfältiges Angebot an Restaurants und Cafés.*

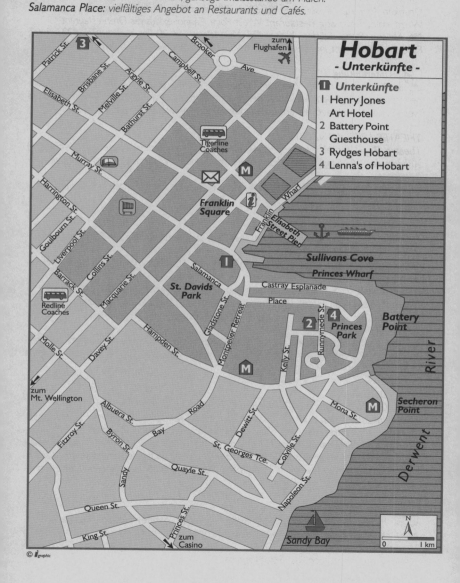

Hobart
- Unterkünfte -

🏨 Unterkünfte
1. Henry Jones Art Hotel
2. Battery Point Guesthouse
3. Rydges Hobart
4. Lenna's of Hobart

© graphic

H

Salamanca Inn, Beef & Seafood Grill, *10 Gladstone St; Tel. 6223 5422; frische Fischgerichte und gute Steaks, Künstleratmosphäre.*
The Cove Seafood Buffet & Oyster Bar, *im Hotel Grand Chancellor gelegenes Restaurant mit hervorragenden Fischgerichten.*
Drunken Admiral, *17 Hunter St, Tel. 6234 1903; populäres Seafood Restaurant*
Wrest Point Revolving Restaurant, *Wrest Point Casino; exklusives Drehrestaurant*
Mt. Nelson Signal Station, *Nelson Rd, Mt. Nelson (ca. 20 km südlich), Tel. 6223 3407; Panorama-Restaurant im alten Signalturm von 1811; Superblick bei klarem Wetter!*

♫ Unterhaltung
Die Broschüre **This Week in Tasmania** *und die Tageszeitung* **The Mercury** *(Donnerstagsausgabe) geben Auskunft über Veranstaltungen und Konzerte. Selten allerdings „verirren" sich internationale Ensembles oder Gruppen nach Hobart.*

THEATER UND KONZERTE:
Theatre Royal Hotel, *29 Campbell St; elegantes viktorianisches Theater (750 Sitzplätze) aus dem Jahr 1837; tägl. 10 Uhr Führungen; wechselndes Programm, z. T. mit internationaler Besetzung.*
Salamanca Arts Centre, *77 Salamanca Place; wechselnde Vorstellungen (Musik, Tanz, Theater) und Kunstausstellungen*

LIVEMUSIK UND PUBS:
Livemusik mit lokalen Bands findet in vielen Pubs statt und ist mit guter Stimmung verbunden.
Shipswright´s Arms Hotel, *Ecke Colville/Trumpeter St, Battery Point; beliebte Seglerkneipe mit günstigen Gerichten.*
Irish Murphys, *21 Salamanca Place, Irish Pub mit Live Musik von Mittwoch bis Sonntag*
Duke of Wellington Hotel, *192 Macquarie St; beliebter Pub, Do–Sa Livemusik.*

CASINO:
Weitere Nachtclubs, Bars und Discotheken gibt es in den großen Hotels und im Unterhaltungskomplex Wrest Point Casino (410 Sandy Bay Rd). Das Casino war das erste in Australien.

Einkaufen
Geschäftszeiten: Mo–Do 9–18 Uhr, Fr 9–21 Uhr, Sa 9–12 Uhr
Haupteinkaufsstraßen *sind die Elisabeth Street Mall (zwischen Collins und Liverpool St). Zur Murray St erstreckt sich die Cat and Fiddle Arcade mit kleinen Geschäften.*
Rund um den **Salamanca Place** *haben sich zahlreiche kleine Boutiquen, Galerien, Restaurants und Cafés niedergelassen. Jeden Samstag 9–14 Uhr findet der sehenswerte Salamanca Market statt, ein großartiger Künstlermarkt. Besonders schön sind Souvenirs und Schnitzereien aus einheimischen Hölzern.*

📢 Veranstaltungen
Höhepunkt ist die am 26. Dezember startende **„Sydney-Hobart-Regatta"**. *Rechtzeitig zur Ankunft der Yachten verwandelt sich der Hafen am Constitution Dock (Franklin Wharf) in ein einziges Volksfest. Immer wieder kommt es zu tragischen Unfällen, wenn Boote in der stürmischen Bass Strait kentern.*

Das **Hobart Summer Festival** *voller Musik, Kunst, Kino und anderen kulturellen Ereignissen findet von Ende Dezember bis Mitte Januar statt. Höhepunkt ist das Gourmettreffen „Taste of Tasmania", das zu dieser Zeit am Hafen stattfindet.*

Organisierte Ausflüge

Mehrere Anbieter bieten von den Anlegestellen am Constitution Dock **Hafenrundfahrten** *an. Lunch und Dinner Cruises beinhalten Mittag- bzw. Abendessen.*
Tassie Link und Redline Travel: geführte Tagestouren und Ausflüge
Par Avion Wilderness Flights *(Tel. 6248 5390): Flüge nach Melaleuca im South West NP als Ausgangspunkt für den South West Coast Track, auch Tagesausflüge und Rundflüge in den Südwesten – sehr empfehlenswert bei gutem Wetter!*
Trout Fishing Safaris of Tasmania, *45 Lansdowne Cres., West-Hobart, Tel. 6234 7286; Spezialangelveranstalter, u.a. mehrtägige persönlich geführte Angelausflüge.*

Hunter Valley/NSW (S. 551)

Information

Cessnock Visitor Centre, *Abedare Rd., Cessnock, Tel. 4990 4477; Informationen über Weingüter und Übernachtungsmöglichkeiten. Internet: www.huntertourism.com*
Hunter Valley Wine Country Society, *4 Wollombi Rd., Cessnock, Tel. 4990 6699; hier präsentieren sich 38 Weingüter unter einem Dach – eine kleine Straßenkarte weist den Weg für einen Rundfahrt.*

Übernachten

Cessnock Comfort Inn Cumberland $$$, *57 Cumberland St., Cessnock, Tel. 4990 6633; gutes Mittelklasse-Hotels; idealer Ausgangspunkt für Touren durch das Weinbaugebiet.*

Camping

Valley Vinyard CP, *Mount View Rd., Cessnock, Tel. 4990 2573; Campingplatz mit Blick auf das Hunter Valley.*

Weingüter

Mehr als 60 kleinere und größere Weinbaubetriebe sind über das Hunter Valley verteilt. Fast alle bieten die Möglichkeit zur Weinprobe. Nachfolgend eine kleine Auswahl:
Darytons *(Oakey Crekk, Pokolbin): altes Familienunternehmen, das auch hervorragenden Portwein herstellt.*
Lindemans *(McDonalds Rd., Pokolbin): größtes und erstes Weingut des Tals von 1842. Das Museum zeigt eine Sammlung typischer Herstellungswerkzeuge.*
Tyrrells Vineyard *(Broke Rd., Pokolbin): eines der ältesten unabhängigen Weingüter des Tals in schöner Lage am Rande der Brokenback Range.*

Innisfail/QLD (S. 494)

Übernachten
Carefree Motel $$, 14 Owen St., Tel. 4061 2266; im Stadtzentrum gelegenes, preiswertes Motel.

Camping
Mango Tree CP, 6 Couche St. (2 km südlich), Tel. 4071 1656

Jindabyne/NSW (S. 589)

Information
Snowy Mountains Visitor Centre, Jindabyne, Tel. 6456 2633 oder 1-800 020 622, www.snowymountains.com.au; ganzjährig besetzte Informations- und Buchungsstelle, die die gesamten Snowy Mountains betreut. Internet: www.kos.com.au

Übernachten
Novotel Lake Crackenback Resort $$$$, Alpine Way, Lake Crackenback (15 Min. Fahrzeit von Jindabyne in Richtung Thredbo), Tel. 6456 2960; sehr gutes und direkt am See gelegenes Hotel – idealer Ausgangspunkt für Bergtouren rund um Thredbo.
Alpine Gables $$$, Ecke Kosciusko Rd./Kalkite St. (1 km westlich), Tel. 6456 2555; ganzjährig geöffnete Ski-Lodge im alpinen Stil.

Camping
Jindabyne Holiday Park, Lake Jindabyne, Tel. 6456 2249; direkt am See gelegener Campingplatz, auch Cabins. Im Sommer werden zahlreiche Wassersportaktivitäten geboten.

Kakadu National Park (Gagudju) /NT (S. 449)

Information
Jabiru, die Hauptstadt des Parks (1.800 Ew.), entstand als Stützpunkt der Minengesellschaften, die seit den 1970er-Jahren Uran abbauen. Hier kann man sich mit Vorräten eindecken, tanken, übernachten und informieren. Der Ort hat ein erfrischendes Schwimmbad.
Windows of the Wetlands: sehr schönes Besucherzentrum am Arnhem Highway, auf dem Weg in den Kakadu NP, unübersehbar auf einem Hügel gebaut.
Park Headquarter/Bowali Visitor Centre, Kakadu Hwy., Jabiru, Tel. 8979 2101, geöffnet 8–17 Uhr. Das ausgezeichnete und mehrfach preisgekrönte Besucherzentrum stimmt hervorragend auf den NP ein. Die Ranger sind mit Routenauswahl und Wandervorschlägen behilflich. Außerdem wissen sie in der Regenzeit über evtl. überflutete Straßenabschnitte Bescheid. Eine Diashow und verschiedene Videos (z.B. „Twilight of the Dreamtime" von Bill Neidje, einem der bekanntesten Gagudju-Aborigines) stimmen auf die Höhepunkte des NP ein.
Warradjan Aboriginal Cultural Centre, Cooinda. Das Kulturzentrum birgt eine interessante Ausstellung über die Geschichte und die Kultur der Ureinwohner der Region.

Der **Park** *kostete jahrelang keinen Eintritt – ab 2009 wird nach Beschluss der Labour Regierung die Zugangsgebühr mit A$ 25 pro Person wieder eingeführt. Ausgenommen sind Bewohner des NT.*

Verkehrsverbindungen

Tägliche Busverbindungen bestehen u.a. mit **Greyhound** *von Darwin nach Jabiru und Cooinda. Innerhalb des Parks (ab Jabiru und Cooinda) führt* **Kakadu Park Link** *Ausflüge zu den wichtigsten Sehenswürdigkeiten durch, z.B. per Allrad zu den Jim Jim Falls/ Twin Falls – ideal für alle, die selbst ohne Allrad-Fahrzeug unterwegs sind.*
Achtung: Nicht alle Fahrzeugvermieter gestatten es, zu den Jim Jim/Twin Falls mit den Allradwagen zu fahren. Flughafen bzw. eine Landebahn existieren in Jabiru und Cooinda. Von dort aus werden Rundflüge in kleinen Chartermaschinen veranstaltet. Für viele Abstecher innerhalb des NP werden Geländewagen benötigt.

Übernachten

Als Stützpunkt für Ausflüge empfehlen sich entweder die Stadt **Jabiru** *oder der Ort* **Cooinda** *(60 km südlich). Aufgrund der begrenzten Kapazitäten sollten die Hotels vorreserviert werden. Hauptsaison ist von Juli bis Oktober.*
Gagudju Crocodile Hotel $$$$, *Flinders St., Jabiru, Tel. 8979 2800; das in Krokodilform gebaute Hotel verfügt über eine komplette Ausstattung und gilt als die beste Unterkunft im Park. In der Lobby findet man ein großes ausgestopftes Krokodil und schöne Aborigine-Bilder. Das Restaurant bietet gute Buffet-Dinner.*
Aurora Kakadu $$$, *South Alligator, Arnhem Hwy. (2,5 km westlich der South-Alligator-Brücke), Jabiru, Tel. 8979 0166; komfortable, großzügige Anlage mit Pool, Restaurant und weiteren Annehmlichkeiten.*
Kakadu Lodge $$$ *und CP, Jabiru Drive, Jabiru, Tel. 8979 2422; Mittelklasse-Hotel und benachbarter Campingplatz.*
Kakadu Hostel $, *Ubirr, East Alligator River/Border Store, Tel. 8979 2985; kleines Hostel, etwas abseits im Nordosten des Parks gelegen.*
Gagudju Cooinda Lodge und Caravan Park, *Cooinda, Tel. 8979 0145; angenehme Motel-Units und Budgetzimmer an der Yellow Waters Lagune mit Swimming-Pool, Tankstelle, Laden, Park-Rangern. Ein Campingplatz mit Cabins liegt nebenan.*

Camping

Neben den o.g. Caravan Parks der **Aurora Kakadu Lodge** *und* **Gagudju Cooinda Lodge** *verfügt der Park über 17 verstreut liegende, meist einfache NP-Campgrounds. Empfehlenswert sind hier* **Mardugal** *(bei Cooinda),* **Merl** *(bei Ubirr),* **Gunlom** *und* **Muirella Park** *(bei Nourlangie). Nur per Allrad erreichbar ist der* **Jim Jim Falls NP-Campground***.*

Organisierte Ausflüge

Kakadu Park Link, *Jabiru, Tel. 1-800 089 113; Ganztagesausflüge durch den Kakadu NP, z.B. zu den Jim Jim Falls oder in das Arnhem Land, mit Abholung vom Hotel in Jabiru. Alle anderen Touren: siehe Darwin.*
Brookes Australia Tours, *Tel. 8948 1306; ausgezeichnete Tagesausflüge (per Flugzeug) ab Jabiru Airport bzw. ab Darwin in das Arnhemland. Mehrtägige Touren Kakadu-Arnhemland ebenfalls im Angebot.*

Kalbarri/WA (S. 641)

ℹ️ Information
Tourist Bureau, Grey St., Tel. 9937 1104; es werden 4-WD-Touren, Kanu-Safaris und Bootsausflüge in die Murchison-Schlucht angeboten. Internet: www.kalbarri.com.

🏨 Übernachten
Kalbarri Palm Resort Motel **$$$**; Porter St., Tel. 9937 2333; gutes Motel.
YHA Kalbarri **$**, 2 Mortimer St., Tel. 9937 1430; Jugendherberge.

🚐 Camping
Anchorage CP, Anchorage Lane, Tel. 9937 1181; Campingplatz an der Flussmündung.
Murchison Park CP, Ecke Woods/Grey St., Tel. 9937 1415; zentral gelegener CP.

🍽️ Restaurants
Probieren Sie frischen Fisch bei **Finlay's Fresh Fish BBQ** (Magee Crescent), einem rustikalen, aber exzellenten BYO-Restaurant.

Kalgoorlie-Boulder/WA (S. 613)

ℹ️ Information
Tourist Information, 250 Hannan St., Tel. 9021 1966; informatives Besucherzentrum; Buchung von Ausflügen und Goldminen-Führungen. Internet: www.kalgoorlie.com

🏨 Übernachten
Für die rund 120.000 Besucher im Jahr und die Minenarbeiter bietet Kalgoorlie-Boulder ein breites Übernachtungsangebot. Engpässe entstehen während des **Great Gold Festival** im Juli und der **Goldfields Mining Expo** im September.
BW Hospitality Inn Motel **$$$**, Ecke Hannan St./Throssell St., Tel. 9021 2888; modernes, gut ausgestattetes Hotel, 3 km zum Zentrum.

🚐 Camping
Prospector Holiday Park, Lower Hannan St. (Great Eastern Hwy., 3 km westlich), Tel. 9021 2524; Campingplatz mit Cabins.
Boulder Village CP, Lane St. (2 km südlich), Tel. 9093 2780; Campingplatz mit Cabins.

🍽️ Essen und Trinken
Die alten Hotels, wie z.B. **The York Hotel** oder **The Exchange Hotel**, bieten günstige Counter Meals und gute Atmosphäre.
Bush 2 Up ist das einzige Casino der Stadt, in dem es täglich ab 15.30 Uhr hoch hergeht (7 km nördlich). Besucher werden in die Glücksspiele eingewiesen. Kein Alkohol!

〰️ Organisierte Ausflüge
Empfehlenswert sind Ausflüge mit **Gold Rush Tours** (Tel. 9021 2954) und **Geoff Smith's Bush Tours** (Tel. 9021 2669) zu den Goldminen und in die Geisterstädte der Umgebung: Broad Arrow und Ora Banda (Kookynie und Gwalia liegen schon über 200 km entfernt!).

Kangaroo Island/SA (S. 386)

Information

National Parks & Wildlife Service, 37 Dauncey St., Kingscote, umfangreiche Informationen über alle NPs der Insel.

Visitor Centre Rocky River; Flinders Chase NP, mit einfachem Campingplatz. Bushcamping ist auch erlaubt, erfordert aber ein Permit des Rangers. Wanderkarten für Tages- und Mehrtagestouren sind erhältlich. Internet: www.kangaroo-island-au.com

Öffentliche Verkehrsmittel

Kangaroo Island (kurz „KI") ist per Schiff (ab Adelaide oder ab Cape Jervis) oder per Flugzeug (ab Adelaide) erreichbar. Auf der Insel selbst verkehren Ausflugsbusse zwischen Penneshaw, American River, Kingscote, Seal Bay, Vivon Bay, Kelly Hill Caves, und Flinders Chase.

Fähren

Von Adelaide nach Cape Jervis, dem Abfahrtspunkt der KI Sealink Ferry, verkehrt **zweimal** täglich (7.30–16.30 Uhr) „The KI Connection-Bus" (101 Franklin St., Adelaide, Tel. 13 13 01).

KI Sealink (Tel. 13 13 01, www.sealink.com.au): Die moderne Auto- und Personenfähre „Sealion 2000" verkehrt bis zu zweimal täglich von Cape Jervis nach Penneshaw (9 Uhr und 18 Uhr – Fahrzeit 40 Min.). Die Rückfahrt erfolgt um 10.30 Uhr und 19.30 Uhr. Von Adelaide nach Cape Jervis und zurück wird ein Bustransfer angeboten (Abfahrt in Adelaide um 7 Uhr und 15.45 Uhr). Fahrpreis A$ 80 H/R + Bustransfer A$ 40 H/R. KI Sealink bietet zudem ein breites Ausflugsprogramm ab/bis Adelaide.

Achtung: Wer mit dem Wohnmobil (alle Vermieter erlauben es mittlerweile!) bzw. Mietwagen (vorher Erlaubnis prüfen) auf die Insel will, sollte die Fähre vorher reservieren. Insbesondere an Wochenenden gibt es von Oktober bis März immer Engpässe! Die Preise für den Fahrzeugtransport variieren je nach Größe und Saisonzeit ab A$ 80.

Flugverbindungen

In 30 Minuten erreicht man von Adelaide Inselflughafen von Kingscote. Regelmäßige Verbindungen bietet Regional Express Tel. 131713 oder 8553 2938 www.regionalexpress.com.au und Air South 1800 339 629 or (08) 8234 4988 www.airsouth.com.au

Autovermietung

Wichtiger Hinweis: Die meisten Straßen der Insel sind asphaltiert. Deshalb erlauben auch die meisten Mietwagenfirmen und praktisch alle Camperfirmen, das Fahrzeug vom Festland auf die Insel zu nehmen. Eine Anmietung auf der Insel kommt deshalb nur selten infrage.

Budget, Tel. 8553 3133
Hertz, Tel. 1800088296 oder 8553 2390

Nationalparks

Der Islands Park Pass beinhaltet die Eintrittsgebühr für alle Nationalparks und Reserves der Insel. Im Preis von A$ 45 pro Person sind Eintrittsgelder, Campinggebühren (NP-Campgrounds) und Ranger-Führungen enthalten. Der Pass ist an den NP-Büros der einzelnen Nationalparks erhältlich. Führungen werden an folgenden Orten angeboten: Seal

K

Bay (Seehunde, 9–16.30 Uhr), Kelly Hill (Höhlen, 10–15 Uhr), Cape Borda und Cape Willoughby (Leuchttürme, 10–16 Uhr). Der Zugang zur Seal Bay kostet extra A$ 27 pro Person!

Organisierte Ausflüge

Wer wirklich die Tierwelt auf KI sehen will, sollte einen geführten Ausflug in kleinen Gruppen machen. Nur die „Locals" kennen die Geheimplätze, wo sich die Koalas im Dutzend aufhalten.

KI Sealink (Tel. 13 13 01): breites Ausflugsangebot ab Adelaide, allerdings in großen Gruppen.

KI Odysseys (Tel. 8553 0386): Empfehlung für individuelle bzw. Kleingruppentouren.

Adventure Tours Australia, Tel. 1300 654 604; Budget-Touren für junge Leute.

Tauchen

Rund um die Insel sind seit 1847 mehr als 40 Schiffe untergegangen. Auf Tauchsafaris (**Adventureland Diving**, Penneshaw, Tel. 8553 1072) können Wracks und Unterwasserwelt erforscht werden.

Übernachten

KI bietet neben Hotels und Motels sehr schöne Bed-&-Breakfast-Unterkünfte an. Hinzu kommen einige Caravan Parks und einfache NP-Campgrounds.

Wilderness Lighthouse Accomodation $$$$ (Tel. 8559 7235), Flinders Chase NP, bei den Leuchttürmen von Cape Couedic und Cape Borda und in der „Old Homestead" von Rocky River. Einzige Übernachtungsmöglichkeit im Nationalpark. Einfach, aber teuer! Alternativ sind Mehrbettunterkünfte (Backpacker Huts) vorhanden. Unbedingt reservieren!

KI Wilderness Retreat $$$, 1 South Coast Rd., Karatta, Tel. 8559 7275, am Rande des Flinders Chase NP, ideal gelegene Unterkunft.

Ozone Seafront Hotel $$$, The Foreshore, Kingscote, Tel. 8553 2011; klassisches Hotel an der Promenade. Abends können davor Pinguine beobachtet werden.

Kangaroo Island Seafront Hotel $$$, North Tce., Penneshaw, Tel. 8553 1028; gepflegte, sehr schöne Ferienanlage.

Kangaroo Island YHA $, 33 Middle Tce., Penneshaw, Tel. 8553 1344; Jugendherberge, Nähe Fähranleger.

Camping: Flinders Chase Nationalpark

Einfache NP-Campgrounds sind an folgenden Stellen vorhanden: Rocky River, Snake Lagoon, West Bay, Harveys Return.

Katherine mit Katherine Gorge NP (Nitmiluk)/NT (S. 436)

Information

Katherine Visitor Centre, Ecke Stuart Hwy./Lindsay St., Tel. 8972 265, www.krta.com.au; u.a. Buchung von Ausflügen, Rundflügen und Wanderungen in den Katherine Gorge NP.

Parks & Wildlife Commission, Giles St., Tel. 8973 8770; Informationen über die Nationalparks der Umgebung: Nitmiluk, Keep River und Gregory NP.

Parks Visitor Centre/Ranger Station, am Parkeingang (32 km nordöstlich von Katherine), geöffnet täglich 8–18 Uhr; Tel. 8972 1886; interessante Ausstellungen, Informationen und Kartenmaterial über den NP.

Übernachten

Verfügen Sie über einen Camper oder ein Zelt, so sollten Sie unbedingt auf dem schönen Caravan Park im National Park übernachten. Er liegt in unmittelbarer Nähe der Schlucht. In der Stadt gibt es eine Reihe von günstigen Motel- und Backpacker-Unterkünften, die z. T. auch Transfers zur 32 km entfernten Schlucht anbieten.

Nitmiluk Chalets, Gorge Rd., Tel. 1300 146 743; neue Lodge, direkt an der Schlucht gelegen. Empfehlenswerteste Unterkunft, besser als in der Stadt.

Springvale Homestead $$$, Shadforth Rd. (8 km westlich am Katherine River), Tel. 8972 1355; ältestes Homestead des NT von 1884 – Führungen auf Anfrage werden angeboten. Motelzimmer und CP vorhanden.

Pine Tree Motel $$$, 3 Third St., Tel. 8972 2533; Mittelklasse-Motel und Backpacker-Hostel.

Palm Court Backpackers YHA $, Ecke Third St./Giles St., Tel. 8972 2722; Jugendherberge.

Camping

Katherine Low Level CP, 3694 Shadforth Rd. (südlich von Katherine), Tel. 8972 3962; im Low Level Nature Reserve gelegener CP mit schattigen Plätzen und Leihkanus.

Nitmiluk Gorge CP & Chalets, Gorge Rd., Tel. 8972 1253; direkt an der Schlucht gelegener CP (32 km von Katherine). Abends und nachts ist er von unzähligen Wallabies bevölkert. Für „Bushcamps" im NP ist ein Ranger-Permit erforderlich. Das erste offizielle Bushcamp befindet sich in der 4. Schlucht bei Smith´s Rock.

Organisierte Ausflüge

Travel North, 6 Katherine Tce., Tel. 8972 1044; großes Angebot an Ausflügen in der Katherine Region, bis hinauf in den Kakadu NP.

Manyallaluk The Dreaming Place; von Aborigines geführte Tagestouren – Buchung über Travel North.

Kings Canyon (Watarrka NP) / NT (S. 413)

Übernachten und Camping

Die Übernachtungskapazitäten am Kings Canyon sind sehr begrenzt (es gibt nur ein Hotel!), daher empfiehlt sich eine vorherige Reservierung.

Kings Canyon Resort $$$$, 10 km nördlich des Canyons, Tel. 8956 7442; modernes und teures Motel/Hotel, Backpacker-Unterkunft und Campingplatz. Laden und Tankstelle sind vorhanden.

Kings Canyon Wilderness Lodge $$$, Tel. 1300 656 985; neues Zeltcamp von APT – sehr schön gelegen und eine gute Alternative zum Resort

Kings Creek Station $$, 35 km südöstlich, Tel. 8956 7474; sehr empfehlenswerte Campingplatz-Alternative.

K **Organisierte Ausflüge**
Kurkara Tours, Tel. 8956 7865; von Aborigines der Lila-Gemeinde geführte Ausflüge im Kings Canyon-Gebiet.

Kununurra/WA (S. 665)

Information
Kununurra Visitor Centre, Coolibah Drive, Tel. 9168 1177, www.kununurratourism. com; sehr gutes Informationszentrum; Videos über die Region; Buchung von Ausflügen, 4-WD-Touren, Rundflügen in den Bungle Bungle NP; Bootstouren auf dem Lake Argyle. Internet: www.westaustralien.de
CALM (Conservation & Land Management), Messmate Way, Tel. 9168 0200; Informationen über die NPs der Umgebung.

Übernachten
Faraway Bay Bush Camp $$$$$ (www.farawaybay.com.au): nur per Flugzeug (300 km nordwestlich von Kununurra) zu erreichen. Absolute Einsamkeit, grandiose Landschaften, Super-Service (nur Mai bis Oktober, unbedingt vorbuchen!).
El Questro Station $$$$, Gibb River Rd., ca. 100 km westlich (Tel. 9169 1777); die Kimberley-Farm gehört mit ihren Unterkünften in der (teuren) Homestead und dem sehr guten Emma Gorge Safari Camp zu den 5 besten Wilderness Resorts der Welt.
Country Club Hotel $$$, Coolibah Drive, Tel. 9168 1024; moderne Motel-Units.
Kimberley Croc Backpackers YHA $, 120 Konkerberry Dve, Tel. 9168 2702; Jugendherberge.
Gibb River Road: fest stehende *Safarizelte* für Selbstfahrer (inkl. Frühstück und Abendessen) sind über Kimberley Wilderness Adventures entlang der Gibb River Road buchbar.
Bullo River Station, 200 km östlich von Kununurra, Tel. 08-9168 7375, www.bulloriver.com; Marlee Ranache, Tochter der berühmten Outback-Australierin Sara Henderson, bewirtschaftet gemeinsam mit ihrem Mann Franz aus Österreich die Farm. Sehenswert ist die Bullo River Gorge mit Aborigine-Malereien. Angelausflüge, Helikopterrundflüge, Reiten und Cattle-Mustering sind einige der angebotenen Aktivitäten – allesamt im All-Inclusive-Preis von ca. A$ 700/Nacht drin.

Camping
Lake Argyle Tourist Village CP, 72 km südlich, Tel. 9168 7360; direkt am Seeufer gelegener Campingplatz. Häufig sind Krokodile im Wasser zu beobachten!

 Restaurants
Gullivers Tavern: gutes Essen, gepflegte Atmosphäre. Livemusik am Freitag.

Einkaufen
Kimberley Fine Diamonds (553 Papuana St.) ist der autorisierte Händler der Argyle-Diamanten. Preislich sollte man eine ungefähre Vorstellung über das Preisniveau von Diamanten haben.

Organisierte Ausflüge

Kimberley Wilderness Adventures, Tel. 9168 1711 und **East Kimberley Tours** (9168 2213) z.B. 3-tägige Bungle-Bungle-Safaris ab/bis Kununurra. Der Veranstalter verfügt über ein festes Camp im Bungle Bungle NP, ebenso wie **East Kimberley Tours** (www.ekt. com.au).

Triple J Boat Cruises, Tel. 9168 2682; Lake-Argyle- und Ord-River-Bootstouren – sehr empfehlenswert! Pullover oder Jacke mitnehmen – abends wird's kühl!

Slingair/Heliwork, Tel. 9169 1300; großes Rundflugprogramm, auch mit Helikoptern über die Bungles oder das Mitchell Plateau.

Alligator Airways/Belray Diamond Tours, Tel. 9168 1014 und 9168 1333; Rundflüge über Lake Argyle, Diamantenmine und Bungle Bungle NP.

Lakes Entrance/VIC (S. 601)

Information

Tourist Office, Ecke Marine Parade/Esplanade, Tel. 5155 1966. Neben vielfältigen Möglichkeiten für Angler und „Boaties" kann man auch selbst Segelschiffe und Motoryachten anmieten (z.B. Riviera Nautic, Metung, Tel. 5156 2243). Internet: www.lakes-entrance.com.

Übernachten

Quality Inn Bellevue $$$, 191 Esplanade, Tel. 5155 3055; Mittelklasse-Motel an der Flusspromenade.

Camping

Echo Beach CP, 31 - 33 Roadknight St, Tel. 5155 2238, zentral gelegener Campingplatz, auch Cabins – einer von vielen in Lakes Entrance.

Lamington National Park/QLD (S. 541)

Information

Rangerstation Binna Burra (2 km vor der Lodge, Tel. 5533 3584) und **Rangerstation Green Mountain** (bei O´Reilly´s, Tel. 5544 0634); die Ranger und Faltblätter informieren über die ausgedehnten Wanderwege durch den NP.

Busverbindung

Der NP wird von Brisbane oder von der Gold Coast auf Tagesausflügen angefahren, z.B. von Mountain Coaches (Tel. 1-800 074 260).

Übernachtung

Binna Burra Mountain Lodge $$$ und Campsite, Tel. 5533 3622. Die Holz-Cabins verfügen über zwei Kategorien (mit Dusche/WC oder mit sanitären Gemeinschaftseinrichtungen). Der Campingplatz liegt etwas höher und verfügt neben Stellplätzen für Zelte und Fahrzeuge über günstige fest stehende Zelte. Sowohl Lodge als auch Campingplatz überblicken das dicht bewachsene Numinbah Tal. Die Lodge bietet ein großes Freizeitangebot mit geführten Wanderungen, Reitausflügen und Abseilen. Übernachtungen in der Lodge sollten reserviert werden! Nicht so viel Trubel und Tagesausflügler wie in O´Reillys!

K
L

L **O'Reilly's Resort $$$ & NP-Campground**, Green Mountain (südwestlich von Binna Burra, über Canungra zu erreichen), Tel. 5544 0644. Das komfortable Gästehaus mit Laden und Restaurant wurde schon 1926 eröffnet. Ein NP-Campground (mit Toiletten und Duschen) ist vorhanden, sollte aber ebenso wie die Lodge vorab gebucht werden.

Launceston/TAS (S. 708)

 Information
Tasmanian Travel Centre (TTIC), Ecke St. John St./Paterson St., Tel. 6336 3133; www.launceston.tas.gov.au
National Park Service und Kartenladen **Tasmap Centre**, Civic Square; Tel. 6336 2339; bestens sortierter Landkartenladen, auch topografische Wanderkarten für die NPs.

Wichtige Telefonnummern
Notruf: 000 (gebührenfrei)
Krankenhaus: General Hospital, Charles St., Tel. 6332 7111

Automobilclub
Royal Automobilclub of Tasmania (RACT), Ecke George St./York St., Tel. 6335 5601

Fluggesellschaften
Direktflüge sind von/nach Melbourne und Sydney möglich. Der **Flughafen Evandale** liegt 20 km südlich der Stadt. Der Flughafenbus Tasmanian Shuttle Bus Services (Tel. 0500 512 009) verkehrt regelmäßig in die Stadt (A$ 12), ein Taxi kostet ca. A$ 28.
Qantas/Jetstar, Ecke Brisbane/George St., Tel. 13 13 13
Airlines of Tasmania, Tel. 1-800 030 550
Virgin Blue, Tel. 13 67 89

Autovermietung
Alle großen Autovermieter betreiben neben den Stadtbüros auch Flughafenschalter – sehr zweckmäßig, wenn in Launceston an- oder abgeflogen wird.
Avis, Ecke Brisbane/Wellington St., Tel. 6334 4222
Hertz, 58 Paterson St., Tel. 6335 1111
Thrifty, 151 John St., Tel. 6333 0911

Camper
Autorent Hertz, Western Junction (Nähe Flughafen), Tel. 6391 8677

Busse
TAS Redline Coaches (TRC), 16–18 Charles St., Tel. 6233 9466 o. 1-800 030 033
Tassie Link, 101 George St., Tel. 6334 4442 oder 1-300 300 520

Öffentliche Verkehrsmittel
Die lokalen Verkehrsbetriebe MTT (Tel. 6331 9911) bieten ein gut ausgebautes Nahverkehrsnetz. Busse fahren im Stadtzentrum ab Metro Central Station, St. John St. Ein Tagesticket (Day Rover Pass) kostet für Fahrten von 9 bis 16.30 Uhr A$ 10. Die meisten

Sehenswürdigkeiten liegen jedoch dicht beieinander und können gut zu Fuß bewältigt werden.

 Post
General Post Office, St. John St./Ecke Cameron St., Launceston TAS.

 Fahrradverleih
Rent A Cycle, Launceston YHA, Tel. 6344 9779; verleiht auch Tourenfahrräder und Mountainbikes.

 Übernachten
Launceston hat ein gutes Übernachtungsangebot. Ähnlich wie in Hobart gibt es auch hier gut erhaltene bzw. restaurierte Kolonialbauten, die zu Bed-&-Breakfast Häusern umgebaut wurden. Günstige Unterkünfte sind relativ selten.
Clarion Country Club Resort $$$$, Prospect Vale (8 km südwestlich), Tel. 6335 5777; komfortables Landhotel mit herrlicher Lage
Mercure Hotel $$$$, 3 Earl St., Tel. 6331 9999; modernes Hotel im Zentrum, empfehlenswert.
Quality Inn Prince Albert $$$$, 22 Tamar St., Tel. 6331 7633; koloniale Unterkunft (1855) mit luxuriös-originellen Zimmern.
Colonial on Elizabeth $$$, 31 Elizabeth St., Tel. 6331 6588; elegantes Innkeepers-Hotel von 1847.
Metro Backpackers YHA $ 16 Brisbane St., Tel. 6334 4505, Jugendherberge mit Radverleih.

Camping
Treasure Island CP, 94 Glen Dhu St. (2 km S), Tel. 6344 2600; Campingplatz in ungünstiger, lauter Lage an der Autobahn, aber der einzige CP der Stadt, im Sommer oft ausgebucht!

Restaurants
In vielen victorianischen Restaurants, Hotels und Cafés können Sie gut speisen oder einen Imbiss einnehmen. Günstige Counter-Meals werden in fast allen Pubs (oder „Hotels") angeboten. Viele Restaurants sind sonntags geschlossen.
Konditorei-Café Manfred, 106 George St., Café und Imbiss-Restaurant.
Calabrisella Restaurant, 56 Wellington St.; empfehlenswerter Italiener
Fee & Me Restaurant, 190 Charles St., Tel. 6331 3195; elegantes, ausgezeichnetes Restaurant.

Einkaufen
Jeden Sonntag findet auf dem Yorktown Square der Village Market statt. Verkauft werden lokales Kunsthandwerk, Souvenirs und allerlei Kulinarisches.

Unterhaltung
Man kann sicher nicht behaupten, dass Launcestons Nachtleben besonders lebhaft sei. Die wenigen Pubs und Kneipen, in denen etwas los ist, sind schon seit Jahren die gleichen. Und sollte etwas Neues besonders gut sein, spricht es sich garantiert schnell herum.

Die Tageszeitung Examiner informiert in ihrer Donnerstagsausgabe über das Unterhaltungsangebot am Wochenende. In vielen Pubs und Clubs spielen Livebands.
Empfehlenswert sind Batman Faulkner Inn (35 Cameron St.), Launceston „Lonnie" Hotel (107 Brisbane St.), Royal Hotel (90 George St.), Irish Murphys (Irish Pub, 2111 Brisbane St.).
Im Princess Theatre finden von Zeit zu Zeit Konzerte oder Theateraufführungen statt.
Das Country Club Casino (mit hervorragendem Hotel) befindet sich 8 km südwestlich des Zentrums im Stadtteil Prospect Vale. Dort gibt es zwar mittlerweile keinen Krawattenzwang mehr, aber Halbschuhe und saubere Bekleidung sollten schon sein. Der Eintritt ist frei.

Organisierte Ausflüge

Bootsfahrten auf dem Tamar River und dem South Esk River (Cataract Gorge) werden an verschiedenen Veranstaltern angeboten. Buchung über das TAS Travel Centre.
Halbtages- und Tagesausflüge in die Umgebung von Launceston:
Tasmanian Redline Coaches (TRC), Tel. 6431 3233; umfassendes Ausflugsangebot: Nordwestküste, Tamar Valley, Mole Creek Höhlen, Cradle Mountains u. a.
Tasmanian Expeditions, Tel. 6334 3477; Outdoor- und Soft-Adventure-Touren (Wandern, Raften, Mountainbiken).
Cradle Mountain Huts, Tel. 6331 2006; einziger Veranstalter, der geführte Overland-Track Touren mit eigenen Hütten im Cradle Mountain NP anbietet. Außerdem: Touren im Mt. William NP mit Übernachtung in der herausragenden Bay of Fire Lodge (Bay of Fires Walk).
Ausprey's Tours, Tel. 6330 2612; Spezialangelveranstalter mit Touren auf das Central Plateau und zu den Western Lakes.

Lavers Hill/Cape Otway NP/VIC (S. 346)

Hinweis

Die Straße zum Cape Otway Lighthouse ist gut ausgebaut und befestigt. Der Leuchtturm selbst hat täglich geöffnet. Beim Lavers Hill Roadhouse befindet sich ein Campingplatz.

Übernachten

Otway Junction Motor Inn $$, Great Ocean Rd., Tel. 5237 3295; Motel mit gutem Restaurant und mit herrlichem Blick auf die Otway Ranges.
Melba Gully Cottage B&B, 20 Melba Gully (3 km westlich), Tel. 5237 3208; edles Bed-&-Breakfast-Haus.

Litchfield National Park/NT (S. 439)

Information
Ein **Visitor Centre** gibt es noch nicht. Am Parkeingang hinter Batchelor informieren zahlreiche Schautafeln und Faltblätter über den Nationalpark. Auch das Büro der **Parks & Wildlife Commission (Tourist Office)** in Darwin hält Informationsmaterial bereit. Internet: www.nt.gov.au.
Bootstouren: An den Wangi Falls (Kiosk) beginnt dreimal täglich eine Bootstour mit vorheriger Anfahrt im Allradfahrzeug – sehr empfehlenswert!

Übernachten
Die NP-Campingplätze im Litchfield Park sind durchweg einfacherer Machart, befinden sich aber in reizvoller Umgebung. Komfortabler lässt es sich in Batchelor nächtigen:
Batchelor Resort and Caravan Park $$$, 220 Rum Jungle Rd., Tel. 8976 0123, gut ausgestattete Ferienanlage mit Hotel und Campingplatz.
Lake Bennett Wilderness Resort $$$, Stuart Hwy. (86 km südlich von Darwin), Tel 8976 0256; gute Übernachtungsalternative in der Nähe des Litchfield NP. Im See ist baden möglich. Außerdem Kanuverleih, Restaurant, Campingplatz, Motel und Backpacker-Betten.

Camping
Batchelor Caravillage CP, Rum Jungle Rd., Tel. 8976 0166; Campingplatz. Schöner „Biergarten" mit einer großen Würgefeige.

Lorne/VIC (S. 344)

Übernachten
Die Übernachtungsmöglichkeiten sind zahlreich, jedoch wird während der Schulferien (Dez.–Jan.) sehr häufig ein Mindestaufenthalt gefordert, und es ist häufig ausgebucht. Infos auch unter www.greatoceanroad.org.
Comfort Inn Lorneview Apartments $$$, 3 Bay St., Tel. 5289 1199; Mittelklasse-Hotel.
Erskine On the Beach $$$, Mountjoy Pde., Tel. 5289 1209, www.erskinehouse.com.au; empfehlenswerte Art-déco-Unterkunft.
Grand Pacific Hotel $$, 268 Mountjoy Pde., Tel. 5289 1609; architektonisch interessantes Hotel von 1870, vielleicht schon etwas abgegriffen.
Great Ocean Road Backpackers YHA $, 10 Erskine Ave., Tel. 5289 1809; sehr schön gelegene Backpacker-Unterkunft.

Camping
Lorne Foreshore Reserve CP, Great Ocean Rd. (neben der Brücke), Tel. 5289 1382; Campingplatz mit guter Lage und verschiedenen Sektoren – zentral zur Stadt und zum kontrollierten Surf-Strand.

Restaurants
Probieren Sie einmal eines der günstigen Counter-Meals im **Lorne Hotel** (Mountjoy Pde.) – der Speiseraum blickt direkt auf das Meer. Als Imbiss sind natürlich Fish & Chips immer eine Versuchung wert.

M Mackay/QLD (S. 511)

ℹ️ Information

Tourist Information, 320 Nebo Rd. (Richmond Sugar Mill), Tel. 4952 2677, www.mackayregion.com; Besucherzentrum mit wertvollen Informationen über Mackay und zu Ausflügen auf die Inseln.

National Park Service, Ecke River/Woods St., Tel. 4951 8788; Informationen über die Nationalparks der Umgebung.

🏨 Übernachten

Neben den Hotels/Motels in der Innenstadt dürfte es kein Problem sein, ein Zimmer in den nördlich gelegenen Ferienorten **Slade Point**, **Blacks Beach**, **Dolphins Head**, **Eimeo** und **Bucasia Beach** zu bekommen. Südlich schließen sich die Ferienorte **Salonika Beach**, **Sarina Beach** und **Armstrong Beach** an.

Comfort Inn Marco Polol $$$; 46 Nebo Rd. (3 km zum Stadtzentrum), Tel. 4951 2700, Standard-Motel in der Stadt – schöner lässt es sich in Badeorten (siehe oben) nächtigen.

Whitsunday Waters Resort $$$, Beach Rd., Dolphin Heads (15 km nördlich), Tel. 4954 9666; sehr schönes Resort, mit Golfplatz, fast direkt am Strand. Shuttle-Service nach Mackay.

Larrikin Lodge YHA, 32 Peel St., Tel. 4951 3728; Jugendherberge.

🏕️ Camping

Beach Tourist Park, 8 Petrie St. (3 km östlich), Tel. 4957 4021, stadtnaher Campingplatz der Big4-Kette, mit Strandzugang, auch Cabins.

Bucasia Beach Caravan Resort, Bucasia Beach (10 km nördlich), Tel. 4954 6375; erstklassiger Campingplatz direkt am Strand, schattige Plätze.

🛒 Einkaufen

Das große Caneland Shopping Centre befindet sich am westlichen Ende der River St. Darin finden Sie in Supermärkten und Kaufhäusern alles Notwendige.

🗺️ Organisierte Ausflüge

Das Ausflugsangebot reicht von Tagesausflügen und mehrtägigen Bootstouren ans Riff bis zu Regenwald-Exkursionen im Hinterland. Die Bootsausflüge zum Great Barrier Reef und auf die südlichen Whitsunday-Inseln beginnen am Tourist Jetty des Outer Harbour (6 km nördlich der Stadt).

Magnetic Island/QLD (S. 501)

ℹ️ Information

Informationen und Kartenmaterial erhält man im **NP-Büro im „Reef HQ" in Townsville**. Dort ist die Karte mit den Wanderwegen der Insel erhältlich. Ein kleines Visitor Centre befindet sich gleich neben der Anlegestelle in Nelly Bay. Dort ist man auch mit Übernachtungsbuchungen behilflich. Internet: www.magnetic-island.com.au.

Fährverbindung

Die Fähre **Sunferries** (Auto-und Personenfähre) pendelt Mo–Fr von 6–17.15 Uhr (Sa/So 8–15.15 Uhr) von Townsville (Breakwater Ferry Terminal) nach Magnetic Island in den neuen Hafen Nelly Bay. Eine Buchung ist nicht notwendig, man bezahlt den Fahrpreis an Bord. Ein genauer Fahrplan liegt im Visitor Centre in Townsville aus. Der Fahrpreis beträgt A$ 25 H/R. Die Autofähre lohnt nur dann, wenn ein mehrtägiger Aufenthalt auf der Insel geplant ist und das eigene Auto mitgenommen wird.

Öffentliche Verkehrsmittel auf der Insel

Lokale Busse (Magnetic Island Bus Service) treffen jede Fähre und beginnen außerdem täglich um 9 und 13 Uhr eine 3-stündige Inselrundfahrt. Nach Rücksprache mit den freundlichen Fahrern, die gerne ein paar Witze zum besten geben, kann man aussteigen, wo man möchte. Es gibt Kombitickets für Fähre und Bus (A$ 36).

Autovermietung

Offene Mietwagen der Gattung Mini-Moke sind sehr populär und preisgünstig. Sie werden von mehreren Anbietern in Nelly Bay und Picnic Bay angeboten (ca. A$ 50/Tag – Führerschein und Kreditkarte nicht vergessen!). Außerdem werden Motorroller (Scooter) und Fahrräder verliehen.

Übernachten

Obwohl Magnetic Island für einen Tagesausflug geradezu prädestiniert ist, ziehen es viele Reisende vor, noch einen Tag „dranzuhängen".

Magnetic Island International Resort $$$$, Mandalay Ave., Nelly Bay, Tel. 4778 5200; komfortables Hotel mit Restaurant.

Sails on Horseshoe $$$$, 13 Pacific Drive, Horseshoe Bay, Tel. 4778 5177; gut ausgestattete Selbstversorger-Apartments.

Geoff's Place YHA $, 40 Horseshoe Bay Rd., Horseshoe Bay, Tel. 4778 5577 oder 1-800 285 577; populäres Backpacker-Hostel mit Transferservice zur Fähre.

Aktivitäten

Sea Kayaking, Jet-Ski (einmal rund um die Insel!), Tauchen, Schnorcheln oder Hobbycat-Segeln sind nur einige der Aktivtäten, die auf der Insel angeboten werden.

Mallacoota–Croajingolong National Park (S. 599)

Information

Mallacoota Tourist Information, 57 Maurice Ave., Tel. 5158 0788, www.mallacoota. com.au

Department of Conservation, Princess Hwy., Cann River, Tel. 5158 6351; Informationen über den Croajingolong NP und Reservierung von Campingplätzen. Internet: www.parkweb. vic.gov.au.

Übernachten

Melaleuca Grove $$$, Ecke Genoa/Mirrabooka Rd., Tel. 5158 0407; kleines Mittelklasse-Motel.

Mallacoota Hotel/Motel $$, Maurice Ave., Tel. 5158 0455; eher einfach ausgestattetes Motel.
Point Hicks Lighthouse $$, Point Hicks (im NP, ca. 20 km Schotterstraße ab Cann River), Tel. 5158 4268; großartiger Küstenabschnitt mit NP-Campground und Möglichkeit, unterhalb des Leuchtturms zu nächtigen. Reservierung erforderlich.

 Camping
Beachcomber CP, 85 Betka Rd., Tel. 5158 0233; Campingplatz in Strandnähe mit Cabins und On-Site Vans.
Diverse **NP-Campgrounds** innerhalb des Nationalparks.

Margaret River/WA (S. 624)

Information
Tourist Bureau, 100 Bussell Hwy., Tel. 9780 5911, www.margaretriverwa.com

Übernachten
Man sollte sich in Margaret River schon ein Zimmer mit Meerblick gönnen – zu schön ist die Aussicht auf den Indischen Ozean! Unterkünfte, auch kleine persönliche B&Bs gibt es in ausreichender Zahl. In Ferienzeiten und an „langen Wochenenden" unbedingt vorbuchen.
Margarets Beach Resort $$$$, Wllcliffe Rd, Gnarabup Beach, Tel. 9757 1227; 4-Sterne-Hotel mit Meerblick-Zimmern.
Prevelly Villas $$$, Prevelly Park (10 km westlich), Tel. 9757 2277; Selbstversorgerunterkunft.
Margaret River Lodge YHA $, 220 Railway Terrace, Tel. 9757 2532; günstiges Hostel.

Camping
Gracetown CP, Cowaramup Bay Rd., Tel. 9755 5301; nur 2,5 km vom Strand entfernt gelegener CP, auch mit sehr schönen Cabins.

Weingut
Chateau Xanadu, Terry Rd. (3 km südwestlich), Tel. 9757 2581; eines von mehreren Weingütern der Umgebung, in denen auch Weinproben durchgeführt werden.

Maroochydore/QLD (S. 527)

Übernachten
Beach Motor Inn $$$, Ecke Sixth Ave./Kingsford Smith Pde, Tel. 5443 7004; das Motel liegt nur 100 m vom Strand entfernt..
Maroochydore YHA Backpackers $, 24 Schirman Drive, Tel. 5443 3151; gute Jugendherberge am Maroochy River.

Camping
Coolumn Beach CP, David Low Way, Coolumn, Tel. 5446 1474;

Mary River National Park/NT (S. 449)

Übernachten
Bamurru Plains Luxury Lodge $$$$$; 1300 790 561, Luxus-Lodge westlich des Kakadu NP
Point Stuart Wilderness Lodge $$$, Point Stuart Rd., Tel. 8978 8914; schöne Motel-Units und Mehrbettunterkünfte. Außerdem sind ein Campingplatz, Restaurant und Swimming-Pool vorhanden. Buchung von Bootstouren und Angelausflügen.
Mary River YHA $, Arnhem Hwy./Mary River, Tel. 8978 8877; Jugendherberge als Teil der Mary River Park Lodge, am Highway gelegen.
Shady Camp und *Wild Plains Safari Camp* sind weitere Unterkünfte im nördlichen Mary River NP, die vor allem von Anglern gebucht werden.

Bootsausflüge
Mary River Wetland Cruises, Buchung über die Lodges, März bis Dezember zweimal täglich, Abfahrt bei Rockhole; A$ 39. Sehr empfehlenswerte Bootsfahrt durch die Lagunen und Feuchtgebiete des Mary River mit artenreicher Vogelwelt und Krokodilen. Nicht so überlaufen wie die Yellow Water Cruise im Kakadu NP.

Mataranka/NT (S. 435)

Tipp
Von Darwin kommend, gleich nach dem Ortschild Mataranka zu den heißen Quellen *Bitter Springs* abzweigen (asphaltierte Straße). Dort ist es nicht ganz so überlaufen wie in Mataranka. Es gibt einen Picknickplatz und Toiletten.

Übernachten
Mataranka Homestead Tourist Resort $$, Homestead Rd., Tel. 8975 4544 oder Tel. 1-800 754 544; inmitten eines tropischen Gartens gelegene Bungalow-Anlage, auch Backpacker-Hostel und Campingplatz. **Hinweis:** Wegen einer Fledermausplage musste der Thermalpool in den letzten Jahren immer wieder mal geschlossen werden.
Territory Manor $$, Martins Rd., Tel. 8975 4516; ordentliches Hotel/Motel.

Bootsausflüge
Brolga Tours, Tel. 8975 4538; 4-stündige Bootsfahrten auf dem Roper River (Mai–Okt.).

Melbourne/VIC (S. 324)

Informationen
Tourist Information, Federation Square, Tel. 9817 7700; Informationen über die Stadt, Veranstaltungen, Restaurants und Hotels. Täglich 9–17 Uhr geöffnet.
Empfehlenswerte Broschüren sind: *Melbourne Official Visitor Guide*, *This Week in Melbourne*, *Shopping in Melbourne* und die Tageszeitung „The Age" (www.theage.com.au).
Internet: www.melbourne.citysearch.com.au, www.melbourne.org, www.melbournetoday.com.au

Department of Conservation and Environment, 240 Victoria Pde., Tel. 9412 4011, www.parkweb.vic.gov.au; Informationen über die Nationalparks Victorias.
Weitere Informationsstellen: City Square (Ecke Swanston Walk/Collins St.); Bourke St. Mall (Infostand); Rialto Tower Plaza (525 Collins St.).

Automobilclub
Royal Automobil Club of Victoria (**RACV**), 123 Queen St. (Ecke Little Collins St), Tel. 9607 2222 oder 1-800 337 743, www.racv.com.au; gutes Kartenmaterial und Informationen für Autotouristen.

Wichtige Telefonnummern
Vorwahl von Victoria: 03
Telefonauskunft: 013 für Melbourne, 0175 für Australien, 0103 International
Notruf: 000 (gebührenfrei)
Krankenhaus: Royal Melbourne Hospital, Grattan St., Parkville, Tel. 9342 7000
Behindertenhilfe: Disabled Support Centre, 169 Swanston St., Tel. 9654 2600.

Fluggesellschaften
Fast alle Fluggesellschaften fliegen neben Sydney auch Melbourne an.
Qantas/Jetstar, Tel. 13 13 13 (national) oder Tel. 13 12 11 (international)
Cathay Pacific, Tel. 13 17 47
Thai Airways, Tel. 1-300 651 960
Malaysia Airlines, Tel. 13 26 27
Singapore Airlines, Tel. 13 10 11
United Airlines, Tel. 13 17 77
Air New Zealand, Tel. 13 24 76
Emirates, Tel. 1-300 303 777
Virgin Blue, Tel. 13 67 89

Flughäfen
Vom internationalen Flughafen **Tullamarine Airport** (22 km nordwestlich der Stadt, www.melair.com.au) landen und starten sowohl internationale als auch nationale Flüge. Die Flughäfen **Essendon Airport** und **Moorabbin Airport** haben nur regionale Bedeutung.

Öffentliche Verkehrsmittel
Flughafenbus: Der **Skybus** (Reservierung unter Tel. 9670 7992) verkehrt rund um die Uhr von verschiedenen Haltestellen in der Stadt, meist unweit der Hotels. Haupthaltestelle ist der Coach Terminal in der Spencer Street/Southern Cross Station. Preis A$ 16 einfach.
Ein **Taxi in die Innenstadt** kostet ca. A$ 40–60 – je nach Rushhour (Ankunft morgens) kann es auch mehr werden!!

NAHVERKEHR:
Melbournes öffentliches Nahverkehrssystem ist eines der besten Australiens. Innerhalb der Stadt sind die Straßenbahnen, Züge und Busse der „MET" die günstigste und ökonomischste Möglichkeit der Fortbewegung, auf einen Mietwagen sollte mangels Parkplätzen verzichtet werden. Die MET-Verkehrsmittel fahren Mo–Sa von 5 bis 24 Uhr; So von 8 bis 23 Uhr. Ein „Night Rider Bus" fährt außerdem stündlich von 0.30 bis 4.30 Uhr an Wochenenden.

Die **Straßenbahn** ist der ganze Stolz der Melbournians. Die grünen und silbernen Wagen (die alten noch mit Holzsitzen) verkehren öfter als Busse, werden aber an Wochenenden teilweise von diesen ersetzt (unter gleicher Nummer und Streckenführung). Normalerweise kommt alle 12–18 Minuten eine Bahn, je nach Tageszeit.

Um das Tram-System kennen zu lernen, empfiehlt sich die **City Circle Tram** (CC-Tram, burgund-gold gestrichen), die den ganzen Tag um das gesamte Stadtzentrum (CBD=Central Business District) fährt, gratis von 10 bis 18 Uhr. Die Gratistour wurde zudem bis in die Docklands verlängert. Kommentar über Sehenswürdigkeiten unterwegs ist ebenfalls vorhanden.

Die Vororte sind durch Busse und Züge mit der Innenstadt verbunden.

FAHRKARTEN:

MET-Tickets sind für Straßenbahnen, Busse und Züge gültig. Die Fahrpreise richten sich nach der Zone. Zone 1 ist die Innenstadt, Zone 2 sind die Vororte. Der reguläre Fahrschein (2-Hour-Ticket) kann im Verkehrsmittel (am Automaten) gekauft werden und gilt 2 Stunden (ab 18 Uhr 6 Std.), Preis Zone 1 A$ 3,30 (beide Zonen A$ 5,30. Das empfehlenswerte Tagesticket (Daily Ticket) kostet für den Innenstadtbereich A$ 6,50. Ab 5 Tagen Aufenthalt lohnt der Kauf einer Wochenkarte (Weekly Ticket). Ermäßigte Tarife für Studenten (Concession Fares) gelten nur für Studenten von Victoria.
Information: The MET Shop (Metropolitan Transit Authority), 103 Elisabeth St., Tel. 617 0900; geöffnet täglich von 9–17 Uhr; Tel. 13 16 38; www.metlinkmelbourne.com.au.

Stadtrundfahrten

Der kostenlose Melbourne City Tourist Shuttle Bus stoppt an 11 Sehenswürdigkeiten der Stadt. Die Hop On, Hop Off-Busse fahren täglich alle 15-20 Minuten von 9.30 bis 16.30 Uhr. Haltestellen befinden sich unter anderem am Federation Square, William St, bei der Universität, beim Melbourne Museum. Ein Fahrplan ist im Visitor Centre oder im Internet unter www.thatsmelbourne.com.au zu finden, Tel. 9658 9658.

Stadtrundgang

Die Gratisbroschüre **Walking Tours of Melbourne** wird vom National Trust Bookshop, 6 Tasma Terrace, Parliament Place (Tel. 9654 4711), herausgegeben und führt zu den historisch interessanten Gebäuden und Plätzen.

Taxis

Black Cabs: Tel. 13 22 27
Silver Top: Tel. 13 10 08
Embassy: Tel. 13 17 55

Aussichtspunkte

Eureka Tower, 7 Riverside Quay; gigantischer Blick aus einer Höhe von 285 m Höhe auf die gesamte Stadt; geöffnet täglich von 10-22 Uhr; A$ 16,50.
Melbourne Observation Deck - Rialtos, 525 Collins St.; Rundumblick vom 55. Stock des Rialto South Tower über die Stadt, geöffnet täglich 10–22 Uhr; A$ 15.

Überlandbusse

Die meisten Überlandbusse fahren ab **Spencer Street Coach Terminal** (Spencer St. Station). Bei den vielbefahrenen Strecken zwischen Melbourne und Sydney/Canberra/

Adelaide lohnt ein Vergleich zwischen den großen Buslinien und regionalen Anbietern (V/ Line, Firefly etc.).

Greyhoundbusse fahren vom **Melbourne Transit Centre** (58 Franklin St.).

Rund 300 Orte im Staat Victoria werden von V-Line per Bus oder Zug angefahren. Der Victoria Pass ermöglicht unbegrenztes Fahren mit Verkehrsmitteln der V/Line ab A$ 150.

Information: Das **Bus Booking Centre** (Spencer Street Coach Terminal) informiert über Preise und Fahrpläne aller Busunternehmen.

Greyhound: Tel. 9663 3299 oder 13 20 30

V/Line: Tel. 9619 8080 oder 13 22 32

 Züge

Die **Southern Cross Station** (ehemals **Spencer St. Station**) ist der Hauptbahnhof für die Fernzüge.

The Overlander: Melbourne-Adelaide: täglich außer Mi/Sa

Sydney Link: Melbourne-Sydney: täglich

Sydney Express: Melbourne-Sydney: täglich über Nacht

Canberra Link: Melbourne-Canberra: täglich

Innerhalb Victorias verkehrt VicRail u.a. mit dem **Gippslander** (nach Bairnsdale, Ballarat, Ararata) und **Great Northlander** (Bendigo, Northland).

Lokale und regionale Züge fahren ab/bis Flinders Street Station.

Fähre nach Tasmanien

Von Melbourne nach Tasmanien gibt es eine regelmäßige Fährverbindung:

Spirit of Tasmania 1 und 2: Die beiden Autofähren Spirit of Tasmania 1 und 2 (je 194 m lang, 600 Passagiere, 300 Fahrzeuge) verkehren in der Hochsaison (Nov.–März) täglich von Melbourne (Station Pier, Port Melbourne) nach Devonport (Bass Strait Terminal, The Esplanade, East Devonport). Fahrzeit ca. 10 Std. Reservierungen sind in den Sommermonaten unbedingt notwendig!

Die Abfahrt in Melbourne und Devonport erfolgt jeweils um 21 Uhr bzw. 9 Uhr. Die Fahrpreise schwanken je nach Kabinentyp, Fahrzeugtyp und Saisonzeit. In der Nebensaison werden Fahrzeuge sogar gratis mitgenommen. Mit dem Camper-/Mietwagenvermieter vorher die Mitnahme klären!

Transfer in Melbourne: Der Skybus bringt Passagiere vom Busterminal Spencer Street zum Fährhafen (Station Pier, Port Melbourne).

Information und Buchung: www.spiritoftasmania.com.au

Fahrradverleih

Auf Fahrrädern (in Australien **Push-Bike** genannt) können die Innenstadt, die Flussufer des Yarra und die Parks der Stadt erkundet werden. Eine Vermietstation befindet sich in St. Kilda (11 Carlisle St.).

Konsulate

Deutsches Konsulat: 480 Punt Rd., South Yarra, Tel. 9864 6888

Österreichisches Konsulat: 93 Nicholson St., Carlton, Tel. 9349 5999

Schweizer Konsulat: 697 Toorak Rd, Kooyong, Tel. 9824 7527

Post
General Post Office (GPO), 250 Elisabeth St., Melbourne VIC 3000, Tel. 13 13 18;
geöffnet Mo–Fr 8.15–17.30 Uhr; Sa 9–16 Uhr; So. 10-16 Uhr.
Postlagernde Sendungen (Poste Restante) müssen vor Abholung zunächst im Computer
abgerufen werden (Vor- und Nachname überprüfen!).

Autoverleih
Alle großen Autovermieter haben Stationen in der Stadt und am Flughafen. Hinzu
kommen noch einige lokale Anbieter, deren Einsatzbereich auf das Stadtgebiet beschränkt
ist.
Avis, 20–24 Franklin St., Tel. 9663 6366 oder 1-800 22 55 33
Hertz, 97 Franklin St., Tel. 9663 6244
Thrifty, 390 Elisabeth St., Tel. 9663 5200 oder 1-800 652 008

!!! Autofahrer aufgepasst!
Melbourne Innenstadt: Abbiegen
Beim Rechtsabbiegen gilt in der Innenstadt (z.B. Elisabeth St.) eine Sonderregelung. Da die
Straßenbahn fast immer Vorfahrt hat, muss an gekennzeichneten Kreuzungen beim Rechts-
abbiegen zunächst am linken Fahrbahnrand gewartet werden. Ist der geradeaus fahrende
Verkehr vorbeigefahren, kann nach rechts abgebogen werden.
Melbourne City Link Tollway: Mautpflicht
Wer mit dem Mietwagen/Camper nach Melbourne einfährt oder Melbourne verlässt, stößt
auf der Autobahn (South Eastern Freeway und West Gate Freeway) zwangsläufig auf
„mautpflichtige" Abschnitte. Australische Autofahrer werden elektronisch per „E-Tag" ab-
kassiert. Touristen sollten einen Day-Pass kaufen (ca. A$ 9), erhältlich bei der Post oder
besser: telefonisch unter Tel. 13 26 29. Die Gebühr wird dann direkt von Ihrer Kreditkarte
abgebucht. Es gibt keine Zahlstationen am Highway! Bei Nichtbeachten muss ein Bußgeld
von A$ 40 (zuzüglich A$ 50 Bearbeitungsgebühr des Vermieter!) an den Vermieter bezahlt
werden.

Camper
Britz/Maui, Central West Industry Park, Building 24, South Rd., Braybrook, Tel. 8379
8866
Apollo Camper, 11 Mareno Rd, Tullamarine, Tel. 9330 3877
Kea Camper, 11 Aerolink Dve, Tullamarine, Tel. 8336 1810

Strände
Als Hafenstadt hat Melbourne außer dem Strand von St. Kilda nur wenig schöne
Beaches zu bieten. Wer über ein Fahrzeug verfügt, sollte gen Süden auf die Mornington-
Halbinsel fahren.

Hotels/Motels
Als Finanz- und Handelsmetropole Australiens hat Melbourne eine sehr große
Auswahl an Hotels und Motels aller Kategorien. Während es am Wochenende i.d.R. keine
Kapazitätsprobleme gibt, kann es unter der Woche aufgrund von Kongressen oder Messen
zu Engpässen kommen. Wie in allen Großstädten Australiens empfiehlt sich eine Vorausbu-
chung. Sehenswert sind vor allem die altehrwürdigen Luxushotels der Stadt (**The Windsor**,
Le Meridien at Rialto), die neben der Architektur auch besten Service bieten. In den

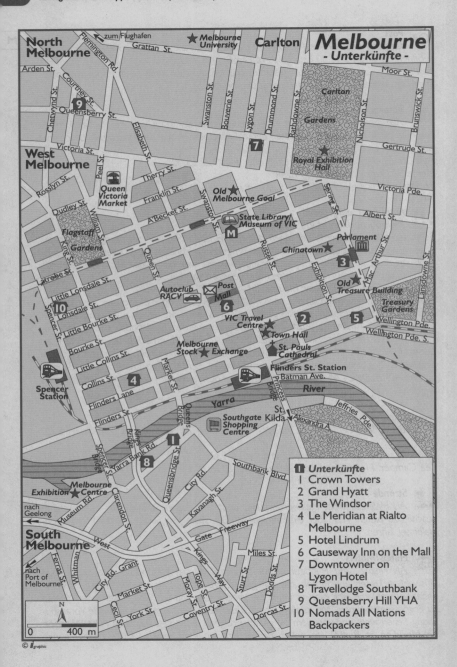

Melbourne
- Unterkünfte -

North Melbourne
Carlton
West Melbourne
South Melbourne

zum Flughafen

Flemington Rd.
Grattan St.
Arden St.
Moor St.
Courtney St.
Queensberry St.
Chetwynd St.
Swanston St.
Bouverie St.
Lygon St.
Drummond St.
Rathdowne St.
Cardigan St.
Nicholson St.
Brunswick St.
Carlton Gardens
Gertrude St.
Victoria St.
Elisabeth St.
Royal Exhibition Hall
Victoria Pde.
West Melbourne
Peel St.
Therry St.
Franklin St.
A'Becket St.
Albert St.
Rosslyn St.
William St.
Queen St.
Queen Victoria Market
Old Melbourne Goal
State Library / Museum of VIC
Parlament
Mac Arthur St.
Dudley St.
King St.
Flagstaff Gardens
Russel St.
Chinatown
Albert St.
Spring St.
Exhibition St.
Lansdowne St.
Latrobe St.
Little Lonsdale St.
Autoclub RACV
Post Mall
Old Treasure Building
Treasury Gardens
Lonsdale St.
VIC Travel Centre
Wellington Pde.
Little Bourke St.
Town Hall
Wellington Pde. S.
Bourke St.
Melbourne Stock Exchange
St. Pauls Cathedral
Little Collins St.
Flinders St. Station
Spencer Station
Collins St.
Flinders Lane
Batman Ave.
Flinders St.
Princess Bridge
River
Yarra
St. Kilda
Jeffries Pde.
Queens Bridge
Southgate Shopping Centre
Alexandra A
Kings Bridge
Yarra Bank Rd.
Spencer St.
Southbank Blvd.
Exhibition Centre
Melbourne Centre
City Rd.
Southbank St.
Museum Rd.
Clarendon St.
Kavanagh St.
nach Geelong
West
Gate
Kings Way
Miles St.
Freeway
nach Port of Melbourne
Whitman
City Rd. Grant
Market St.
Moray St.
Tope St.
Sturt St.
Dodds St.
Ferras St.
Cecil St.
York St.
Coventry St.
Dorcas St.

★ Melbourne University
★ Carlton

N
0 — 400 m
© i graphic

❶ Unterkünfte
1 Crown Towers
2 Grand Hyatt
3 The Windsor
4 Le Meridian at Rialto Melbourne
5 Hotel Lindrum
6 Causeway Inn on the Mall
7 Downtowner on Lygon Hotel
8 Travellodge Southbank
9 Queensberry Hill YHA
10 Nomads All Nations Backpackers

Stadtteilen Carlton, St. Kilda und South Yarra kann im Allgemeinen mit günstigeren Über-
nachtungspreisen als im Stadtzentrum gerechnet werden. In Melbourne gibt es eine breite
Auswahl an Budgetunterkünften (Innenstadt, St. Kilda). Von St. Kilda werden von vielen
Hostels Transfers in die Stadt angeboten. Alle Hotels der gehobenen Kategorie verfügen
über Restaurants und Bars.

☞ **Hinweis**
Deutlich höhere Übernachtungspreise (bis zu 100 % Zuschlag) gelten während der
Australian Tennis Open (Jan.) und zum Formel 1 Grand Prix (März). Buchen Sie Ihr Hotel
rechtzeitig, wenn Sie an diesen Top-Ereignissen teilnehmen wollen!

Crown Towers $$$$$ (1), 8 Whiteman St., Southbank, Tel. 9292 6666; Luxushotel ober-
halb des Casino-Komplexes.
Grand Hyatt $$$$$ (2), 123 Collins St., Tel. 9657 1234; Luxushotel im Herzen der Stadt.
The Windsor $$$$$ (3), 103 Spring St., Tel. 9653 0653; das 1883 eröffnete Haus gehört
zu den ersten Adressen in Melbourne – bester viktorianischer Stil.
Le Meridien at Rialto Melbourne $$$$$ (4), 495 Collins St., Tel. 9620 9111; „Melbourne's
Finest Hotel" wurde unter Aufsicht des National Trust gebaut. Zwei Gebäude aus dem 19.
Jahrhundert sind durch ein Glasatrium miteinander verbunden und bieten modernsten
Komfort.
Hotel Lindrum $$$$ (5), 26 Flinders St., Tel. 9668 111; schönes Boutique-Hotel in
zentraler Lage.
Causeway Inn on the Mall $$$ (6), 327 Bourke St., Tel. 9650 0688; in der Fußgängerzone
gelegenes Hotel – nicht für Autofahrer geeignet, da keine Parkplätze vorhanden.
Downtowner on Lygon Hotel $$$ (7), 66 Lygon St., Carlton, Tel. 9662 5555; gutes
Mittelklasse-Hotel im Herzen der Lygon St.
Travellodge Soutbank $$$ (8), Ecke Southgate Ave./Riverside Quay, Southbank, Tel. 8996
9600; neues Mittelklasse-Hotel in bekannt guter Qualität am Südufer des Yarra.

IN ST. KILDA
Novotel St. Kilda $$$$, 16 Esplanade, Tel. 9525 5522; ein Strandhotel der gehobenen
Kategorie.

🛏 **Jugendherbergen/Backpacker-Hostels**
Melbourne Metro YHA, 78 Howard St., North Melbourne, Tel. 9329 8599; moder-
ne Jugendherberge mit Doppel-, Einzel- und Mehrbettzimmern; ca. 10 Gehminuten zum
Melbourne Busterminal.
Melbourne Oasis YHA, 76 Chapman St., Tel. 9328 3595; saubere Jugendherberge im
Norden der Stadt
Im Strandvorort **St. Kilda** haben sich die meisten Backpacker-Hostels angesiedelt. Die
Preise beginnen bereits bei A$ 15 pro Nacht für ein Bett, Doppelzimmer können jedoch
leicht bis A$ 50 kosten. Die Szene verändert sich durch Neueröffnungen und Besitzer-
wechsel sehr schnell.
All Nations Backpackers (10), 2 Spence St, Tel. 9620 1022
Nomads Industry Melbourne, 196-198 A'Beckett St, Tel. 9328 4383; trendiges Hostel
St. Kilda Coffee Palace Backpackers Inn, 24 Grey St., Tel. 9534 5283

M

Camping

Melbourne Holiday Park (Big4), 265 Elisabeth St., Coburg East (ca. 10 km nördlich, nahe der Furzer St – ja, die heißt tatsächlich so), Tel. 9354 3533, 1-800 802 678; sauberer CP mit Pool, auch Cabins. Bus- und Straßenbahnverbindung in die Innenstadt. Zur Zeit von Großereignissen (z.B. Formel 1 Grand Prix) empfiehlt sich auch für den Campingplatz eine frühzeitige Reservierung.

Restaurants

Nur in wenigen Städten der Welt findet man eine derart große und internationale Auswahl an Restaurants wie in Melbourne. Die Gastronomie der Stadt umfasst über 3.200 Einkehrmöglichkeiten, die über 70 verschiedene Länder repräsentieren. Dabei haben sich die Restaurants entsprechend den Nationalitäten in verschiedenen Straßen bzw. Stadtvierteln angesiedelt (wobei mit den Jahren eine immer stärkere Vermischung eingetreten ist): **Chinesen** in der Little Bourke St. (Melbournes Chinatown), **Italiener** in der Lygon St. (Stadtteil Carlton), **Griechen** in der Lonsdale St. und Swan St., **Spanier und Portugiesen** in der Johnston St. (Stadtteil Fitzroy), **Asiaten** in Richmond (Victoria St. zwischen Church St. und Hoodle St.). Fisch und Meeresfrüchte erhält man in bester Auswahl im Stadtteil **St. Kilda**, für den Mittagsimbiss bieten sich „Food Malls" in Kaufhäusern an.
Sehr gut ist die Auswahl entlang der **Southbank**. Wer vom Casino am Abend die Uferpromenade des Yarra (Südufer) entlangschlendert, findet garantiert ein passendes Restaurant.

Bei der Restaurantwahl helfen vor allem die Tagespresse (The Age, Herald Sun) in der Donnerstags- und Sonntagsausgabe sowie das Internet (www.melbourne.citysearch.com.au). Beachten Sie, dass einige Restaurants immer noch **BYO** („Bring Deinen eigenen Alkohol mit") sind und dann eine Entkorkgebühr (Corkage) für mitgebrachte Weinflaschen von 1 bis 2 A$ verlangen. Viele Restaurants sind sonntags geschlossen!

Myers World Of Food, 314 Bourke St.; Imbissstände im pompösen Myers-Kaufhaus.
Colonial Tramcar Restaurant, Tel. 9696 4000; Restaurantwagen einer Straßenbahn von 1927 mit guter Küche, Reservierung notwendig.
Blue Train, South Gate Shopping Centre, preiswertes Restaurant in guter Lage, direkt am Yarra River.
Pellegrini's, 66 Bourke St.; Espressobar und Pasta-Restaurant.
Mietta's, 7 Albert Place, Tel. 9654 2366; exzellente französische Küche.
Florentino's, 80 Bourke St., Tel. 9662 1811; vielseitiges italienisch-französisches Restaurant-.
Flower Drum, 17 Market Lane, Tel. 9662 3655; nach Ansicht von Gourmets das beste Chinarestaurant der Stadt – eine Reservierung ist zwingend nötig!
Young & Jackson's Hotel, 1 Swanston St. (gegenüber Flinders St. Station); günstige Mahlzeiten und gute Pub-Atmosphäre am Abend.
Donovans, 40 Jacka Boulevard, St. Kilda; hervorragendes Seafood-Restaurant mit Blick auf die Port Phillip Bay.

Einkaufen

Geschäftszeiten: Mo–Do/Sa/So 10–18 Uhr, Fr 10–21 Uhr; Banken Mo–Fr 9.30–16.30 Uhr

EINKAUFSZENTREN:

Die Haupteinkaufsstraßen sind die **Bourke St., Elisabeth St.** und **Swanston St.** im Herzen der Stadt. Zwischen Elisabeth und Swanston St befindet sich die **Bourke St Mall** – die Fußgängerzone Melbournes mit den großen Kaufhäusern **David Jones** und **Myers**. Gegenüber der Post befindet sich die Galleria Shopping Plaza mit weiteren Geschäften.

Sehenswert ist auch das große Einkaufszentrum **Melbourne Central** mit einer riesigen Glaskuppel und 170 Geschäften (2 Blocks von Lonsdale bis Latrobe St.).

Das **Southgate Shopping Centre** am Südufer des Yarra ist Teil des großen Hotel- und Casinokomplexes und bietet Tag und Nacht eine Fülle von Einkaufs- und Einkehrmöglichkeiten.

Einkaufsarkaden mit hübschen kleinen Läden sind die **Block Arcade** (zwischen Little Collins St. und Elisabeth St.), die **Royal Arcade** (zwischen Little Collins St. und Bourke St. Mall).

MÄRKTE:

Über den historischen **Queen Victoria Market**, der ein ganzes Straßenviertel im Nordwesten (Queen St./Franklin St.) einnimmt, kann vorzüglich gebummelt werden. An Wochentagen werden frische Lebensmittel (Obst, Gemüse, Fleisch, Fisch usw.), an Wochenenden Souvenirs und allerlei Waren an 600 Ständen feilgeboten. Vor den Hallen treffen sich Straßenkünstler und Musikanten. Geöffnet Di–Do 6–14 Uhr; Fr 6–18 Uhr; Sa 6–15 Uhr; So 9–16 Uhr.

SOUVENIRS:

Aborigine-Kunst ist im Süden des Kontinents eher Mangelware. Die beste Adresse ist die **Aboriginal Gallery of Dreamings** (73 Bourke St.). Eine bessere Auswahl findet man eher in Alice Springs, Darwin oder Cairns.

Mode-Boutiquen namhafter australischer Designer findet man im Einkaufszentrum **Australia On Collins** (121–260 Collins St.) und im Nobelviertel **South Yarra**. Im **Como Centre** (Ecke Toorak/Chapel St.) und der **Jam Factory** (500 Chapel St., South Yarra) gibt es eine Riesenauswahl an kleinen Spezialgeschäften – Einheimische nennen den Ostteil der Stadt wegen seiner vielen Boutiquen auch „Paris End".

Freizeit

Tennis: Wer auf den Spuren von Boris Becker und Steffi Graf im **Flinders Park National Tennis Centre** (Batman Ave. /Yarra Ufer, Tel. 9655 1244) wandeln möchte, darf dies zwar nicht auf dem Centre Court tun, dafür aber auf den 20 öffentlichen Plätzen nebenan (nach Anmeldung). Die **Australian Tennis Open** (www.ausopen.org) finden dort alljährlich im Januar statt.

Football: Die Footballspiele der AFL-Liga (**Australian Football League**, www.afl.com.au) finden von März bis September im neuen **Telstra Dome** statt und enden mit dem „Grand Final" in Melbourne am letzten Samstag im September – für echte Fans ein Nationalfeiertag.

Cricket: Der andere Nationalsport kann von November bis März im großartigen **Melbourne Cricket Ground** („The G", Yarra Park) verfolgt werden. Dem Stadion ist die **Gallery of Sport and Olympic Museum** angeschlossen, das von allerlei Trophäenjägern und den Olympischen Spielen 1956 zu berichten weiß. Das Museum ist täglich 10–16 Uhr geöffnet, Eintritt A$ 8. Geführte Touren in das Stadion (MCG-Komplex) werden ebenfalls angeboten.

M

Pferderennen: *Das berühmteste Pferderennen des Kontinents, der* **Melbourne Cup***, findet jedes Jahr am ersten Dienstag im November statt – in Victoria ein offizieller Nationalfeiertag! Am Schauplatz* **Caulfield Racecourse** *informiert das Victorian Racing Museum (geöffnet nur Di, Do und an Renntagen, 10–16 Uhr) über die Geschichte des australischen Pferdesports.*

Formel 1: *Im März lockt in* **Albert Park** *der* **Formel 1 Grand Prix** *(www.grandprix.com.au) über 100.000 Besucher an, die nicht nur die schnellen Flitzer sehen wollen, sondern auch ein 3-tägiges Motorsport-Festival mit großem Rahmenprogramm genießen möchten.*

Y Unterhaltung

Über Veranstaltungen und Vorführungen gibt Melbournes größte Tageszeitung **The Age** *in der Freitagsausgabe Auskunft,* **Herald Sun** *in der Donnerstagsausgabe. Daneben liefert die Gratisbroschüre* **Melbourne Official Visitors Guide** *und das* **Internet** *(www. melbourne.citysearch.com.au) aktuelle Informationen.*

Theater- und Konzertkarten *sind telefonisch (mit Kreditkarte bei späterer Abholung) über Ticketmaster (Tel. 13 61 22/Sportereignisse, 13 61 66/Theater und Musik) oder bei* **Half Tix** *(nur Karten für Vorstellung am gleichen Abend, Melbourne Town Hall, Eingang Swanston St.) erhältlich.*

THEATER:

Melbournes „Arts Precinct" befindet sich am **Südufer des Yarra an der St. Kilda Road:**
Victorian Arts Centre *(100 St. Kilda Rd) ist das Zentrum des kulturellen Lebens. Es besteht aus vier Theatern (Melbourne Concert Hall, State Theatre, Playhouse, George Fairfax Studio) und der* **National Gallery of Victoria***. Von weitem ist das Arts Centre schon an seinem charakteristischen, 115 m hohen Turm zu erkennen, der 1984 gebaut wurde. Geführte Rundgänge finden täglich außer Sa und So von 11–15 Uhr statt. Im Komplex befinden sich außerdem die* **Melbourne Concert Hall** *und das* **Theatres Building***.*

The Princess Theatre *(165 Spring St./gegenüber dem Parlament, Tel. 9663 3300): Das 1886 erbaute Gebäude war und ist Schauplatz von Musicals.*

Her Majesty's Theatre *(219 Exhibition St., Tel. 9663 3211) wurde nach einem Brand 1928 wieder aufgebaut und hatte mit Cats (1988) seinen größten Erfolg.*

Sidney Myer Music Bowl *(King's Domain, Alexandra Ave.): Das offene Rund des Stifters und Kaufhausmagnaten Myer wurde 1959 eröffnet. Es finden Konzerte aller Art darin statt, zwischen November und April auch Gratisvorstellungen.*

KINO UND FILM:

Während des **Melbourne Film Festival** *im Juni schlagen die Herzen der Kinofans höher. Die großen* **Kinozentren der Stadt** *befinden sich in der* **Bourke St.** *(Hoyts Cinema Centre, Village Cinema Centre, Midcity Cinema) und der* **Russell St.** *(Russel St Cinema). Daneben existiert eine Fülle kleinerer Theater und Programmkinos.*

BARS, PUBS UND LIVEMUSIK:

sind in allen Stadtteilen zu finden, vor allem in North Melbourne, Carlton, Fitzroy und St. Kilda. Das ausführliche Programm der vielen Auftritte erfährt man aus der Tagespresse oder Szeneblättern, wie z.B. Beat, Inpress und Storm. Empfehlenswert sind (je nach Programm):

Charles Dickens Tavern*, 290 Collins St.; altenglischer Pub.*

The Club, 132 Smith St., Collingwood; Livemusik mit Aussie-Bands Fr + Sa.
The Redback Brewery, 75 Flemington St., North Melbourne, Pub mit eigener Brauerei.-
DBs Food Court and Bars, Sportsgirl Centre, Collins St., Freitagabend-Treffpunkt.
Bridge Hotel, 642 Bridge Rd., Richmond; klassischer Jazz-Pub.
Limericks Arms Hotel, 364 Clarendon St.; Pub von 1855.

FESTIVAL:

Alljährlich im März findet das **Momba-Festival** statt, Australiens größtes Outdoor-Festival mit kostenlosen Veranstaltungen in den Alexandra Gardens am Yarra River.

CASINO:

Das **Crown Resort & Casino** (Southbank) ist das größte Casino Australiens und täglich 24 Stunden geöffnet. Am Südufer des Yarra (South Banks) befinden sich neben dem Kasino große Kongresseinrichtungen (Convention Centre), ein 5-Sterne-Hotel und das Einkaufszentrum **Southgate Shopping Centre**.

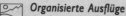 **Organisierte Ausflüge**

Ausflüge in die Umgebung Melbournes und Victorias werden u.a. von folgenden australischen Veranstaltern angeboten:
AAT King's, Tel. 9663 3377; großes Angebot an Tages- und Mehrtagesausflügen
Bunyip Tours, Tel. 9650-9680, 570 Flinders Street; großes Angebot an Tagestouren und mehrtägigen Touren in Kleingruppen, z.B. Great Ocean Road, Philipp Island, Wilsons Prom
Magic Tours, Tel. 5342 0527; deutschsprachige Kleingruppentouren Melbourne–Adelaide (6 Tage) – sehr empfehlenswert, buchbar auch über Reiseveranstalter.y

Mildura/VIC (S. 361)

 Information

Sunraysia Tourist Information, 180–190 Deakin Ave., Tel. 5018 8380; Informationen über die Stadt und die Region (The Region of Contrast), Weingüter und Hausbootvermietungen. Internet: www.visitmildura.com.au
Department of Conservation, 253 Eleventh St., Tel. 5022 3000, www.parks.nsw.gov.au. Informationen über die nördlich, in Richtung Broken Hill gelegenen NPs.

Übernachten

Inlander Sun Resort $$$, 373 Deakin Ave., Tel. 5023 3823; großzügiges, modernes Motel.
Mildura City Backpacker $, Tel. 5022 792250 Lemon Ave.

Camping

Golden River CP, Flora Ave., Tel. 5021 2299; schöner Campingplatz am Murray, auch mit Cabins.

Bootsausflüge

Die **PS Melbourne** (Mildura Wharf) ist einer der letzten verbliebenen Raddampfer in Mildura und fährt täglich bis zur Schleuse 11. Das Schiff wurde 1912 gebaut und fährt angeblich immer noch mit der ersten Dampfmaschine.

Mission Beach/QLD (S. 495)

Hinweis
Mission Beach setzt sich aus Bingil Bay, Mission Beach, Wongaling Beach und South Mission Beach zusammen. Alle Ortsteile liegen voneinander getrennt und lassen sich nur über eine Straße, die durch das Hinterland führt (nicht am Strand entlang), erreichen.

Information
Tourist Information, Porter Pde., Tel. 4068 7099. www.missionbeach.com.au

Übernachten
The Elandra Resort at Mission Beach $$$$, Explorer Drive Mission Beach South, Tel. 4068 8154; eines der besten Häuser in Mission Beach.
Castaway on the Beach Resort $$$, Seaview St., Mission Beach, www.castaways.com.au, Tel. 4068 7444; gut gelegenes Mittelklasse-Hotel.
YHA Treehouse Hostel $, Bingil Bay Rd., Tel. 4068 7137; im Regenwald gelegenes, sehr naturnahes Hostel. Regenwaldwanderungen, Leihfahrräder und Ausflüge werden angeboten. Vielleicht die schönstgelegene YHA in Australien!

Camping
Hideaway CP, Porter Pde./Mission Beach, Tel. 4068 7104; Campingplatz mit schattigen Zeltplätzen und Cabins.

Bootsausflüge
Quick Cat Cruises, Clump Point Jetty/Mission Beach, Tel. 4068 7289; Schnorchel- und Tauchfahrten zum Beaver Sand Cay mit Zwischenstopp auf Dunk Island.
Dunk Island Water Taxi, Banfield Parade/Wongaling Beach, Tel. 4068 8333; mehrmals täglich Bootstransfers nach Dunk Island.
Jet Ski Tours, South Mission Beach (Tel. 4068 8699); mit rasend schnellen Jet-Skis nach Dunk Island.
Edmund Kennedy River Cruises, Tel. 4068 7250; nächtliche Krokodilbeobachtung auf dem Hull River.

Mole Creek/TAS (S. 705)

Übernachten
Mole Creek Guest House $$$, Pioneer Drive, Tel. 6363 1399; schönes Gästehaus aus dem 19. Jh.
Mole Creek Holiday Village $$, Mole Creek Rd., Tel. 6363 6124; komfortable Selbstversorgereinheiten

Camping
Mole Creek CP, Sassfras Creek (4 km westlich), Tel. 6363 1150; Campingplatz.

Organisierte Ausflüge
Wild Cave Tours, Mole Creek, Tel. 6367 8142; ausgedehnte Höhlentouren mit kompletter Ausrüstung, ganz- oder halbtägig in bis zu 4 Höhlen.

Monkey Mia–Denham/WA (S. 645)

i **Information**
Shark Bay Tourist Information, 71 Knight Tce., Tel. 9948 1253; www.monkeymia.com.au
CALM-District Office, Knight Tce., Tel. 9948 1208; Informationen über die NPs der Region.

Übernachten
Tradewinds Holiday Village $$$, Knight Tce., Denham, Tel. 9948 1222; neue Apartment-Anlage, direkt am Wasser.
Bay Lodge Denham $$$, 95 Knight Tce., Tel. 9948 1278, gute Selbstversorger-Apartments.
Nanga Bay Resort $$, Shell Beach/Nanga Station, Tel. 9948 3992; südlich von Denham gelegene Schaffarm mit schöner Ferienanlage mit Motel, Campingplatz und Cabins.
Monkey Mia Dolphin Resort, Monkey Mia, Tel. 9948 1320; Hotelzimmer, Cabins, Backpacker-Unterkunft und Caravan Park direkt am Strand; Swimming-Pool, Tennisplätze, Restaurant. In den Schulferien ist das Monkey Mia Resort oft ausgebucht, und es muss nach Denham ausgewichen werden. Der Eintritt zu den Delfinen kostet A$ 10 pro Person.
Dirk Hartog Island Homestead, Tel. 9948 1211; Unterkunft auf der Dirk Hartog Island Schaffarm. Reservierung erforderlich.

Camping
Denham Seaside CP, Denham, Knight Tce., Tel. 9948 1242; direkt an der Strandpromenade gelegener Campingplatz, Alternative, falls Monkey Mia voll.

Ausflüge
Monkey Mia Wildlife Sailing (Shotover), Tel. 1-800 241 481; empfehlenswerte Segeltörns, um Dugongs und Delfine zu beobachten.

Moreton Island/QLD (S. 535)

Fährverbindung
Die Fähre **Moreton Venturer** (Tel. 3895 1000, www.moretonventure.com.au) oder die Autofähre **Combie Trader** (Tel. 3203 6399) verbinden Scarborough (Redcliffe) mit Bulwer. Genaue Fahrzeiten bitte telefonisch erfragen.

Übernachten
Tangalooma Island Resort $$$, Moreton Island, Tel. 3268 6333; Strand-Resort mit garantierten Delfinbesuchen. Wird täglich von der **MV Tangalooma** von Brisbane (Holt St. Wharf) angesteuert (inkl. Hotelabholung). Auf Wunsch ist auch ein Helikoptertransfer direkt ab/bis Flughafen oder City möglich. Der Tipp für einen erholsamen Aufenthalt nach Ankunft oder vor Abflug in Brisbane. Ideal auch für Kinder, leider auch mit vielen Tagesgästen. Restaurant und Hotelzimmer könnten besser sein, deshalb eher die „Villas" buchen. Möglichkeiten zu Allradausflügen, Sand-Boarding von den Dünen und mehr.

Mornington-Halbinsel/VIC (S. 334)

ℹ️ **Information**
Tourist Information, 320 Elisabeth St., Mornington, Tel. 5975 1644, www.peninsulapages.com

🏨 **Übernachten**
Hilltonia Homestead $$$$, Browns Rd., Rye/Sorrento, Tel. 5985 2654; stilvolle Bed-&-Breakfast-Unterkunft – empfehlenswert!
Koonya Hotel $$, I The Esp, Sorrento Tel. 5984 5767; stilvolles Pub-Hotel von 1875; Bed & Breakfast.
Sorrento Backpackers Hostel $, 3 Miranda Rd., Sorrento, Tel. 5984 4323.

🚐 **Camping**
Kangerong Holiday Park, 105 Point Nepean Rd, Dromana, Tel. 5987 2080

🐎 **Reiten**
Ace-Hi Ranch, Boneo Rd., Cape Schanck, Tel. 5988 6262; 200 ha große Pferde-ranch. Reitausflüge werden angeboten, ebenso Übernachtungen in Pferdewagen.

Mount Buffalo National Park/VIC (S. 592)

🏨 **Übernachten**
Mt. Buffalo Chalet Resort $$$$, Tel. 1-800 037 038, www.mtbuffalochalet.com.au. Das 1910 erbaute Chalet, das mit seinem Stil und seiner Lage zu den schönen Natur-Resorts zählt, eignet sich gut für ein paar Tage erholsamen Bergurlaubs. Die Zimmer sind teilweise etwas heruntergekommen, vor Bezug bitte ansehen. Mountainbike- und Reittou-ren werden angeboten. Weitere Unterkünfte finden sich in **Bright** oder **Myrtleford**.
Mount Buffalo NP: www.parkweb.vic.gov.au

🚐 **Camping**
Ein NP-Campground befindet sich am **Lake Catani** (in den Ferien unter Tel. 131963 oder online s.o. reservieren!). Ansonsten in Bright auf den offiziellen Caravan Parks campieren (siehe „Bright").

Mount Field National Park/TAS (S. 692)

ℹ️ **Information**
Park Office, National Park, Tel. 6288 1159, www.parks.tas.gov.au; Informationen über Wanderungen, Kartenmaterial.

🏨 **Übernachten**
Russel Falls Holiday Cottages $$$, Lake Dobson Rd., (8 km westlich), National Park, Tel. 6288 1198; gepflegte, recht einfach ausgestattete Hütten.
Mount Field National Park YHA $, Main Road, National Park, Tel. 6288 1369; Jugend-herberge.

Camping
Ein großer **NP-Campground** befindet sich im Ort National Park am Tyenna River (Parkeingang).

Mount Gambier/SA (S. 353)

Information
Lady Nelson Discovery & Visitor Centre; Jubilee Hwy. East, Tel. 1-800 087 187, großes Besucherzentrum mit interaktiver Ausstellung. Internet: www.mountgambiertourism.com.au.

Übernachten
Southgate Motel $$$$, *175 Commercial St., Tel. 8723 1175; modernes Motel.*
Mid City Motel $$$, *15 Helen St., Tel. 8725 7277; Mittelklasse-Motel in der Stadt.*

Camping
Kalganyi Holiday Park, *Ecke Penola/Bishop Rd., Tel. 8723 0220 oder 1800 651 746; schön gelegener Campingplatz, auch Cabins.*

Mount Isa/QLD (S. 457)

Information
Mount Isa Visitor Centre, 19 Marian St., Tel. 4749 1555; großes Besucherzentrum mit einer großen Fossilienausstellung aus Riversleigh. Buchung von Bergwerksführungen. Internet: www.outbackatisa.com.au

Verkehrsverbindungen
Bus: *Alle großen Überlandbuslinien halten in Mount Isa. Der Busterminal liegt in der Hauptstraße Miles St im Stadtzentrum.*
Flug: *Qantas sowie einige regionale Fluggesellschaften fliegen Mount Isa an.* **Air Mount Isa** *(Tel. 4743 2844) bietet als Spezialität Flüge mit dem Postboten zu entlegenen Outback Stations an.*
Eisenbahn: *Auf der Strecke Mount Isa-Townsville fährt* **The Inlander** *zweimal wöchentlich auf der ansonsten nur von Güterzügen benutzten Route.*
Straße: *295 km südlich von Mount Isa (**Diamantina Hwy.**) liegt Boulia, nach weiteren 385 km (**Eyre Developmental Rd.**) ist der berühmte Outback-Ort Birdsville im sog. Corner Country (SA/QLD/NT) erreicht. Die Strecke birgt außer ein paar verschlafenen Outback-Nestern kaum Sehenswürdigkeiten. Der Auto- und Campervermieter* **4WD Hire Service** *hat ein Depot in Mt. Isa (7 Simpson St, Tel. 1-800 077 353).*

Übernachten
Burke & Wills Resort $$$, *Ecke Grace/Camooweal St., Tel. 4743 8000; Mittelklasse-Motel.*
Overlander Motel $$$, *119 Marian St., Tel. 4743 5011; gutes, in Stadtnähe gelegenes Hotel.*
Traveller's Haven $, *Ecke Spence/Pamela St., Tel. 4743 0313; Backpacker-Unterkunft mit Transferbus vom Busterminal.*

M

N

Camping
Riverside Tourist CP, 195 West St., Tel. 4743 3904

Restaurants
In der Arbeiterstadt fällt es nicht schwer, ein günstiges **Counter Meal** in einem Pub oder Hotel zu finden.
Hotel Boyd, Ecke West/Marian St.; hervorragende Steakgerichte, an Wochenenden Liveunterhaltung.
Mt. Isa Taverrn, Isa St., günstige Gerichte im Pub, edler geht es im benachbarten Bistro zu.
Mt. Isa Irish Club, Ecke Buckley/Nineteenth Ave.; im Süden der Stadt gelegen, gutes Essen, Fr–Sa Livebands.

Murray Bridge/SA (S. 371)

Information
Tourist Information, 3 South Tce., Tel. 8539 1142

Übernachten
Murray Bridge Motor Inn $$$, 212 Adelaide Rd., Tel. 8532 1144; Mittelklasse-Motel.

Camping
Avoca Dell CP, 199 Murray Drive (6 km östlich), Tel. 8532 2095, gepflegter, großer Platz, auch Cabins.

Nambung National Park/WA (S. 639)

Information
Shell Station Cervantes, Tel. 9652 7041; täglich um 13 Uhr werden Halbtagesausflüge in den NP angeboten. Zahlreiche Tagesausflüge ab Perth verwenden Allradfahrzeuge und führen entlang der Küste über spektakuläre Sanddünen in den Nationalpark. Infos im Internet: www.calm.wa.gov.au

Übernachten
Cervantes Pinnacles Motel $$$, 7 Aragon St. Cervantes, Tel. 9652 7145; einziges Motel im Ort, einfach und ordentlich
Pinnacle Beach Backpackers $, 91 Seville St., Tel. 9652 7377; preiswerte Backpacker-Unterkunft – organisiert Touren in den NP.

Camping
Pinnacles CP, Aragon St., Beachfront, Cervantes, Tel. 9652 7060; Campingplatz, auch Cabins. Im Nationalpark darf nicht campiert werden!

Nelson/VIC (S. 353)

ℹ️ Information

    Nelson Visitor Centre, Leake St., *Tel. 08-8738 4051; Informationen über den Nationalpark und Kanu-Verleih. Nelson verfügt über Hotel-/Motelunterkünfte und über einen Caravan Park. Internet: www.thelimestonecoast.com*
Für die NP-Campgrounds müssen im **Lower Glenelg National Park Information Centre** *(North Nelson Rd., Tel. 08-8738 4051) Permits eingeholt werden. Obwohl Nelson noch in Victoria liegt, gilt hier schon die Vorwahl von South Australia (08).*

🚢 Bootsausflüge

    Nelson Endeavour River Cruises, *Tel. 08-8738 4191; 3 ½-stündige Bootstour durch die Glenelg-Schlucht; Sept.–Mai täglich 13 Uhr; Juni–Aug. nur Mi–Sa 13 Uhr. Vor Ort gibt es auch einen Kanuverleih.*

Noosa/QLD (S. 526)

ℹ️ Information

    Noosa Information Centre, *Hastings St. (Kreisverkehr in Noosa Heads), Tel. 5447 4988,; www.sunshinecoast.org; eines von mehreren Informations- und Buchungsbüros der Stadt.*

🏨 Übernachten

    Die meisten Hotels/Motels befinden sich an der Gympie Terrace, Noosa Parade und am Sunshine Beach (Hastings St.). In den australischen Schulferien ist Hochsaison und Noosa fast komplett ausgebucht! Dutzende Apartmenthäuser säumen die Strandpromenaden.
Netanya Noosa $$$$, *75 Hastings Rd., Noosa Heads, Tel. 5447 4722; komfortables Strandhotel.*
The French Quarter Resort $$$, *Hastings St., Noosa Heads, Tel. 5430 7100; tropische Hotelanlage mit mehreren Pools und Selbstversorgerzimmern.*
Halse Lodge Guesthouse YHA $, *2 Halse Lane, Noosa Heads, Tel. 1-800 242 567; Jugendherberge in historischem Gebäude von 1880, nur 100 m zum Strand.*

⛺ Camping

    Achtung! Nicht alle Caravan Parks an der Sunshine Coast verfügen über Zeltplätze, sondern sind für Dauercamper eingerichtet. Campingplätze sind angesichts steigender Immobilienpreise rar an der Küste, so auch in Noosa. Direkten Strandzugang gibt´s praktisch kaum noch.
Noosa River CP, *Russell St, Munna Point (1,5 km nordwestlich), Tel. 5449 7050*
Tipp: weiter nach Süden fahren nach Coolum Beach:
Coolum Beach Caravan Park, *David Low Way, Coolum Beach, Tel. 5446 1474; preiswert und direkt am Strand gelegener CP – keine Cabins, nur Stellplätze für Wohnmobile und Zelte.*

Organisierte Ausflüge
4-WD-Safaris nach Fraser Island: Fraser Island Adventure Tours, Tel. 5447 2411,
Fraser Island Getaway Tours, Tel. 5474 0777
Bootsausflüge in die „Everglades": Everglades Water Bus, Noosaville, Tel. 5447 1838

Norseman/WA (S. 615)

i Information
Tourist Information, Roberts St., Tel. 9039 1071

Übernachten
Great Western Motel $$$, Prinsep St., Tel. 9039 1633; klassisches Hotel.

Camping
Gateway Caravan Park, Prinsep St., Tel. 9039 1500; Campingplatz, auch Cabins.

North Stradbroke Island/QLD (S. 536)

i Information
Die Insel verfügt über einige Motels, Hostels und Campingplätze. Nähere Informa-
tionen erteilt das Tourist-Office in Brisbane. North Stradbroke Island eignet sich gut für
einen Tagesausflug auf der Reise nach Süden. Am besten, Sie lassen Ihr Fahrzeug an der
Fähre in Cleveland stehen, nehmen das Wassertaxi auf die Insel und benutzen dort den
Inselbus.

Verkehrsverbindungen
Busverbindung vom Transit Centre/Brisbane nach Cleveland (Straddie Bus).
Autofähre Stradbroke Ferries und **Wassertaxi** (Tel. 3286 2666) verbinden Cleveland
(Toondah Harbour) mit Dunwich bis zu 11-mal täglich. Ein lokaler Bus verbindet die Orte
Dunwich, Myora, Amity Point und Point Lookout.

Übernachten
Anchorage Village Resort $$$, Point Lookout, Tel. 3409 8266; beste Unterkunft
der Insel.
Straddie Hostel $, Point Lookout, Tel. 3409 8679; Backpacker-Hostel.

Omeo/VIC (S. 593)

i Information
Omeo Region Visitor Centre, 152 Day Ave, Tel. 05-087 7477 und im kleinen
Buchladen sowie einem NP-Büro an der Hauptstraße erhalten Sie nähere Informationen
über den Alpine NP und die Great Alpine Road. Internet: www.omeoregion.com.au.

Übernachten
Colonial Motel Omeo $$$, 159 Day Ave., Tel. 5159 1388; Mittelklasse-Hotel

Camping
Omeo Caravan Park, Old Omeo Hwy. (1 km nordöstlich), Tel. 5159 1351; Campingplatz mit On-Site Vans.

Pemberton/WA (S. 623)

 Information
Karri Forest Discovery Centre/Visitor Centre, Tel. 9776 1133, www.pembertontourist.com.au

 Übernachten
Karri Valley Resort $$$, Vasse Hwy. (20 km westlich), Tel. 9776 2020; herrlich gelegene Lodge am Seeufer.

Camping
Pemberton CP, 1 Pump Hill Rd., Tel. 9776 1300; Campingplatz

Perth/WA (S. 627)

Information
Western Australian Tourist Centre, Forrest Place (Albert Facey House), Tel. 1-300 361 351; geöffnet Mo–Fr 8.30–17 Uhr, Sa 8.30–16.30 Uhr, So 10–15 Uhr; das freundliche Personal berät eingehend über die Stadt und die Vielzahl der angebotenen Ausflüge.
Internet: *www.perth.citysearch.com.au, www.westernaustralia.com, www.Travelmate.com.au, www.westaustralien.de, www.caravan-wa.com.au, www.western-australia.net. Aborigine-Tourismus: www.waitoc.com*
Department Of Conservation And Landmanagement (CALM), *50 Hayman Rd., Como WA, Tel. 9334 0333, www.calm.wa.gov.au; Informationen über die Nationalparks des Staates (außerhalb im Vorort Como gelegenes Verwaltungszentrum). Der einmalige Eintritt in einen NP kostet A$ 9 pro Fahrzeug, ein Holiday Park Pass (vier Wochen gültig) für alle NPs in WA kostet A$ 22,50, der Jahrespass A$ 51 pro Fahrzeug, zzgl. Campinggebühren. Die Pässe können in fast allen NPs erworben werden.*
National Trust, *139 St. Georges Tce. (Old Perth Boys School); Herausgeber einer Broschüre, die die historischen Gebäude der Stadt beschreibt.*
Aboriginal Affairs Planning Authority, *197 St. Georges Tce., Tel. 9235 8000, Fax 9235 8088; www.aad.wa.gov.au oder www. dia.wa.gov.au; Erteilung von Fahr-Permits zur Durchquerung von Aborigine-Land (z.B. Warburton-Laverton Road = Great Central Road).*

Automobilclub
Royal Automobilclub Of WA (RACWA), 832 Wellington St, Tel. 131703; www.racwa.com.au; gutes Kartenmaterial, Unterkunftsverzeichnisse und Informationen. Straßenzustand: www.mrwa.wa.gov.au

Wichtige Telefonnummern
Vorwahl Perth und Westaustralien: 08
Notruf: 000 (gebührenfrei)
Polizei: 2 Adelaide Tce., Tel. 9222 1111
Krankenhaus: Royal Perth Hospital, Wellington St., Tel. 9224 2244

Fluggesellschaften
Qantas/Jetstar, Tel. 13 12 11 (international), Tel. 13 13 13 (national)
Virgin Blue, Tel. 13 67 89
British Airways, Tel. 9481 7711
Singapore Airlines, Tel. 13 10 11
Cathay Pacific, Tel. 13 17 47
Malaysia Airlines, Tel. 13 26 27
Emirates, Tel. 1-300 303 777
Northwest Regional Airlines, Tel. 1-300 136 629 (regionale Flüge)
Skywest, Tel. 13 13 00 (regionale Flüge, z.B. nach Exmouth)

Öffentliche Verkehrsmittel
Flughafen: Der Flughafen ist zweigeteilt: Der **Domestic Terminal** (Inlandsflüge) liegt 12 km nördöstlich des Zentrums, der **International Terminal** nochmals 5 km weiter.
Der **Airport-City-Shuttle** kostet A$ 14 und bringt die Fahrgäste bis zum Hotel. Unter Tel. 9479 4131 kann die Abholung arrangiert werden.
Ein **Taxi** kostet ca. A$ 35 pro Strecke.
Der **öffentliche Nahverkehr** ist gut ausgebaut: Der Busbahnhof **Transperth City Busport** befindet sich in der Wellington St gleich neben dem Stadtbahnhof **City Railway Station**. Busse und Züge fahren regelmäßig in die Vororte. Ein Einzelticket kostet je nach Zone ab A$ 2,20, eine Tageskarte A$ 9.
Information: Transperth Information, im Busbahnhof, Tel. 13 22 13, www.transperth.wa.gov.au

Eine Besonderheit stellen die **kostenlosen** City Clipper Busse (CAT = Central Area Transport) dar, die in kurzen Zeitabständen auf festgelegten Routen operieren: Mo–Fr 7–18 Uhr, Sa von 8.30–13 Uhr, So 10–17 Uhr (mit Einschränkungen).

Blue CAT: Barrack St. Jetty – Northbridge (Nord-Süd-Route); **Red CAT:** East Perth – West Perth; Yellow Cat: Wellington Bus Station – Claisebrook Station; **Fremantle Orange CAT:** innerhalb Fremantles.
Die Bahnfahrt nach Fremantle ist alle 15 Min. möglich und kostet A$ 4 einfach.

In der Innenstadt von Perth

Die **Fähren** *und* **Ausflugsschiffe** *(Transperth Ferries, Captain Cook Cruises, Boat Torque Cruises u. a.) nach South Perth (Zoo), Fremantle und Rottnest Island legen an der Barrack Square Jetty (Südende der Barrack St.) ab. Eine Fahrt nach Fremantle kostet A\$ 14 einfach, A\$ 22 H/R. An der Jetty befindet sich eine Reihe hübscher Cafés und Imbissstände direkt am Wasser.*

Stadtrundfahrten *führt* **The Perth Tram** *durch. Der Bus in Form einer umgebauten Straßenbahn fährt täglich ab 565 Hay St., 306 Murray St. oder Barrack St. Jetty in regelmä-ßigen Abständen zu den wichtigsten Sehenswürdigkeiten. Fahrtdauer ca. 90 Min.*

Taxis
Black & White Taxis, Tel. 13 10 08
Swan Taxis, Tel. 13 13 30

Überlandbusse
Bevor man in Perth den Bus besteigt, sollte man sich der immensen Dauer einer Busfahrt bewusst werden: Perth – Darwin 56 Std., Perth – Adelaide 35 Std.! Für Teilstrek-ken ist der Bus dennoch ein günstiges und zuverlässiges Verkehrsmittel.
Westrail *hat ein umfassendes Bus- und Bahnnetz in Westaustralien und fährt auch kleinere Städte, vor allem im Südwesten, an.* **Greyhound** *bedient die Langstrecken (Perth – Ade-laide, Perth – Darwin via Monkey Mia, Exmouth, Broome).*
Greyhound, 250 Great Eastern Hwy., Belmont, Tel. 13 20 30 oder 9328 6677
Integrity, Wellington Bus Station, Tel. 9226 1339; Bus-Service bis Exmouth.
Westrail, East Perth Railway Station (Westrail Centre), Tel. 9326 2222
Nullarbor Traveller, Tel.1-800 816 858; Backpacker-Bus Perth – Adelaide.

Züge
Transperth *fährt mit modernen Vorortzügen von der* **City Railway Station** *(Wel-lington St) nach Fremantle, Midland und Armadale.* **Westrail** *bedient mit täglichen Verbin-dungen Bunbury (**The Australind**) und Kalgoorlie (**The Prospector**).*
Berühmtester Fernreisezug ist der **Indian Pacific** *(Great Southern Railway), der bis Sydney am Pazifischen Ozean fährt. Die Fahrtstrecke beträgt 4.352 km, die in 64 Std. zurückgelegt werden. Rechtzeitige Buchung ist unerlässlich! Der Zug verlässt Perth vom* **Bahnhof East Perth Terminal**, *Mi und So um 11.55 Uhr (Ankunft Adelaide Fr und Di 7.20 Uhr).*
Information: *Westrail, Tel. 13 10 53 und Great Southern Railway, www.gsr.com.au*

Konsulate
Deutsches Konsulat, 16 George Tc, Perth, Tel. 9325 8851
Schweizer Konsulat, 40 Hillway, Nedlands Tel. 9389 7097
Österreichisches Konsulat, 168 St Georges Tce, Perth, Tel. 9261 7035

Post
General Post Office (GPO), Forrest Chase Mall, Perth WA 6000, Tel. 13 13 18, geöffnet Mo–Fr 8–17.30 Uhr, Sa 9–12.30 Uhr.

Autovermietung
Da WA von den Vermietern in weiten Teilen als Country- (Land) oder Remote Area (abgelegenes Gebiet) eingestuft ist, gelten besondere Regelungen: Einwegmieten,

P

unbegrenzte Freikilometer und Fahrten in andere Bundesstaaten sind bei Buchung vor Ort stark eingeschränkt. Alle großen Autovermieter haben Stationen in der Stadt und an beiden Flughafenterminals.

Avis, 46 Hill St, Tel. 9325 7677

Hertz, 39 Milligan St, Tel. 9321 7777

Thrifty, 198 Adelaide Tce., Tel. Tel. 9464 7444 und 1-800 999 206

South Perth 4-WD Rentals, South Perth, Tel. 9362 5444; Allradfahrzeuge und Camper, nur Westaustralien.

Camper
Britz/Maui, 471 Great Eastern Hwy., Redcliffe, Tel. 9478 3488

Apollo Camper, 266 Great Eastern Hwy, Belmont, Tel. 1-800 777 779

Kea Camper, 135 Welshpool Rd, Welshpool, Tel. 1-800 252 5555

Strände
Insgesamt hat Perth 19 Strände, die sich entlang des Indischen Ozeans über 30 km erstrecken – von Mullaloo bis Fremantle. Die besten Strände in Stadtnähe sind **Scarborough Beach** (beliebt unter Surfern), **North Cottesloe Beach**, **City Beach** und **Swanbourne Beach**. Außer im Winter werden die Strände täglich von der Surf Guard überwacht. Alle genannten Strände sind mit öffentlichen Verkehrsmitteln erreichbar.

© i graphic

Fahrradverleih
Der Swan River eignet sich mit seinen Uferwegen hervorragend für einen Radausflug: Wer möchte, kann bis Fremantle radeln (Nordufer hin, Südufer zurück). Außerdem bietet sich der hügelige Kings Park zum Radfahren an. Verleihstationen befinden sich an der Barrack St. Jetty und im Kings Park.

Hotels/Motels
Als Millionenstadt hat Perth sehr gute Hotels und Motels aller Kategorien zu bieten. Die meisten befinden sich im Stadtzentrum, Northbridge oder entlang der Strände. Am Great Eastern Hwy. (in Richtung Flughafen) liegen die meisten günstigen Motels.

Burswood Hotel $$$$$, Great Eastern Hwy., Tel. 9362 7777; luxuriöses Hotel, dem Casino angeschlossen und damit etwas außerhalb der Stadt gelegen.

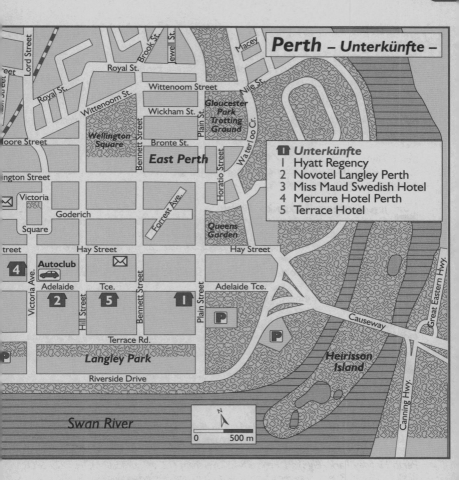

Hyatt Regency $$$$$ (1), 99 Adelaide Tce., Tel. 9225 1234; eines der besten Häuser der Stadt, zentral gelegen.

Seashells Resort Scarborough Beach $$$$, 178 Esplanade, Tel. 9341 6644; schönes Apartment-Hotel – unbedingt Meerblick-Zimmer nehmen!

Sunmoon Resort $$$$, Scarborough Beach, 200 Westcoast Hwy., Tel. 9245 8000; komfortable Hotel- und Apartment-Anlage, nur ein kurzer Fußweg zum Strand.

Esplanade Hotel Fremantle $$$$, Ecke Marine Tce./Essex St., Tel. 9432 4000; klassisch aufgemachtes Hotel – lohnt auch für einen Restaurantbesuch beim Besuch von Fremantle.

Novotel Langley Perth $$$ (2), Ecke Adelaide Tce./Hill St.; Tel. 9221 1200; empfehlenswertes, sehr zentral gelegenes Mittelklasse-Hotel mit großen Zimmern und viel Komfort.

Miss Maud Swedish Hotel $$$ (3), 97 Murray St., Tel. 9325 3900; freundliches, etwas älteres Hotel in der Innenstadt, hervorragendes Restaurant, u.a. Smorgasbord-Frühstück.

P

Mercure Hotel Perth $$$ (4), 10 Irwin St., Tel. 9325 0481; komfortabel, zentral gelegen.
Mandarin Gardens Scarborough Beach $$$, 20 Wheatcroft St., Scarborough, Tel. 9341 5431; preiswertes Hotel, auch Backpacker-Betten. Das Hotel bietet einen Gratis-Flughafen-Transfer.
Terrace Hotel $$$ (5), 195 Adelaide Tce., Tel. 9323 7799; preisgünstiges Standard-Hotel im Zentrum.
Bel Eyre Airport Motel $$, 285 Great Eastern Hwy., Tel. 9277 2733; Flughafenhotel mit Shuttle-Service.

Karte
S. 266/267

Tipp
Wer in Perth am Ende der Reise ein paar Tage entspannen möchte, sollte sich in Scarborough Beach einquartieren.

JH Jugendherbergen/Backpacker Hostels
Das Angebot an Budgetunterkünften ist im Laufe der Jahre sehr gut geworden. Das größte Angebot findet sich im Stadtteil Northbridge und im Zentrum.
Perth City YHA $, 300 Wellington St, Tel. 9287 3333; neue, zentral gelegene Jugendherberge mit Doppel- und Familienzimmer.
Billabong Backpackers Resort $, 381 Beaufort St., Tel. 9328 7720; gepflegtes Backpacker-Hostel.
Kingstown Barracks Rottnest Island YHA $, Tel. 9372 9780; von Stränden umgebene Jugendherberge auf Rottnest Island – auch ideal für einen erholsamen Abschluss der Reise.
Nomads Sundancer Resort, 80 High St, Fremantle, Tel. 9336 6080
Indigo Lodge $, 256 West Coast Hwy., Scarborough, Tel. 9245 3388; Hostel in Strandnähe.

Camping
Alle Campingplätze liegen außerhalb des Stadtzentrums.
Perth Central CP (Top Tourist Park), 34 Central Ave., Ascot (7 km östlich), Tel. 9277 1704; der stadtnächste Campingplatz, auch günstig zum Flughafen gelegen, jedoch relativ klein und eng. Busverbindung in die City.
Perth International Tourist Park (Big4), 186 Hale Rd., Forrestfield, Tel. 1 800 626 677, 18 km östlich des Stadtzentrums (Nähe Flughafen), mit Busverbindungen in die Stadt. Auch Cabins.
Perth Holiday Park (Big4), 91 Benara Rd., Caversham (12 km nordöstlich), Tel. 9279 6700; direkt am Swan River gelegener Campingplatz, Zug- und Busverbindung.
Karrinyup Waters Resort CP, 467 North Beach Rd., Gwelup (13 km nördlich), Tel. 9447 6665, www.kwr.net.au; angenehmer und sauberer Top-Tourist-Campingplatz in Strandnähe (5 Min.), auch Cabins.

Restaurants
Das kulinarische Angebot Perths hält dem Vergleich mit anderen Großstädten des Landes zweifellos stand. Für eine exotische Bandbreite sorgen die vielen Einwanderer, darunter Chinesen, Vietnamesen, Japaner, Griechen und Italiener. Lokale Spezialität sind Meeresfrüchte aller Art (Fisch, Krabben, Hummer). Zu einem guten Essen gehört ein guter Wein (oder ein gutes Bier). Der westaustralische Wein stammt aus dem Swan Valley und der Margaret River Region, das Bier (Swan und Emu) aus der lokalen Swan Brewery.

Northbridge ist das Restaurantviertel der Stadt. Allein im Bereich der Lake St., James St. und William St. reihen sich 46 Restaurants aneinander.

Überall in der Stadt finden Sie kleine Imbissläden und Bistros, in denen auch Frühstück serviert wird. Die neuesten Tipps stehen in der Tagespresse oder im kostenlosen „Dining and Restaurant Guide".

City Arcade Food Mall, zwischen Hay St. Mall und Murray St. Mall; idealer Treffpunkt für einen Imbiss zwischendurch.

Victoria Station Steakhouse, Burswood Casino, Victoria Park, Tel. 9362 7551; empfehlenswertes Steakhouse im Casinokomplex.

Fast Eddy's Café Restaurant, Ecke Murray St./Milligan St.; berühmtes Hamburger-Restaurant, 24 Std. geöffnet.

The Fishy Affair, 132 James St., Northbridge, Tel. 9328 3939; ausgezeichnetes Seafood-Restaurant.

Frasers Restaurant, Kings Park, Tel. 9481 7100; toller Blick auf die Stadt, auch Frühstück erhältlich.

Royal India, 1134 Hay Street, West Perth, Tel. 9327 1368; bekannt als gutes indisches Restaurant.

Miss Maud Swedish Restaurant, Ecke Murray St./Pier St.; schwedisches Restaurant mit Smorgasbord, Lunch und Dinner, gehört zum gleichnamigen Hotel.

Millioncino, Ecke Murray St./Milligan St., Tel. 9480 3884; sehr gutes italienisches Restaurant.

Einkaufen
Geschäftszeiten: Mo–Fr 9–17.30 Uhr, Fr bis 21 Uhr (City), Sa 9–16 Uhr, So 12–17 Uhr (nur City).

Haupteinkaufsstraßen sind die **Murray Street** und **Hay Street** mit den parallel verlaufenden **Fußgängerzonen**. Dazu sind beide Straßen durch Arkaden miteinander verbunden (City Arcade mit Food Mall, Piccadilly Arcade). Von der Hay St. Mall zweigt der **London Court** ab, eine im altenglischen Stil gehaltene Einkaufsgasse.

Souvenirs: An Souvenirläden fehlt es in der Innenstadt nicht. Qualitativ hochwertige Waren erhält man bei Purely Australian Clothing (Murray St. Mall), Country Leather (75 Barrack St.), Done Design (Forrest Place/Myer Shopping Centre) u. a.

Diamanten und Gold: Was Opale für Südaustralien sind, sind Diamanten und Gold für den Westen: Diamanten aus der Argyle-Mine in den Kimberleys, darunter auch die seltenen „Pink Diamonds", werden z.B. bei Rosendorff´s (673 Hay St. Mall) feilgeboten. Goldschmuck ist z.B. bei Exclusive Gold (Plaza Arcade/Hay St. Mall) zu kaufen. **Aborigine-Kunst:** Eine gute Auswahl ist Aboriginal Art & Artifacts (32 King St) erhältlich.

Märkte: In den Perth Central Markets (100 Roe St., Northbridge) werden frische Lebensmittel angeboten. Der Galleria Art & Craft Market findet jeden Sa und So von 9 bis 17 Uhr im Perth Cultural Centre statt (zwischen dem WA Museum und der WA Art Gallery). Im Vorort Subiaco findet Fr–So von 9–17 Uhr der Station Street Market mit Kunsthandwerk statt. An der South Terrace in Fremantle wird der schöne Fremantle Market am Fr 9–21 Uhr, Sa/So 9–17 Uhr abgehalten.

Landkarten: Mapworld, 900 Hay Street.

Unterhaltung und Kultur
Rock, Pop, Folk, Country, Jazz, Klassik, Kino und Theater – es gibt nichts, was das Unterhaltungsangebot von Perth nicht bietet. Über die stattfindenden Veranstaltungen informieren die Tagespresse **The West Australian** (Donnerstagsausgabe) und die Broschüre

This Week in Perth. In Kneipen und Plattenläden liegt **X-Press** aus, ein Infoblatt der Rockszene. Die Atmosphäre ist auch in Theatern und Konzertsälen „easy going", d.h. ausgesprochen locker. Nur Nachtclubs und das Burswood Casino bestehen auf formeller Kleidung (Hemd und Jacket für den Herrn, keine Shorts oder Sandalen).

Tickets: Konzert- und Theaterkarten können telefonisch, unter Angabe einer Kreditkartennummer, bei BOCS, Tel. 1-800 193 300 oder www.bocsticketing.com.au bestellt werden. Sie werden an der Abendkasse hinterlegt.

THEATER UND KONZERTE:

Perth Concert Hall, 5 St George's Tce., Tel. 9325 9944; moderner Flachdachbau für Opern und Konzerte.

His Majesty's Theatre, Ecke Hay St/King St., Tel. 9484 1133; altehrwürdiges Theater aus der Goldgräberzeit. Das Theater war ursprünglich mit Veranden geschmückt, die nach einem Umbau 1948 abgetragen wurden. Es finden vorwiegend Opern und Ballettaufführungen statt. Führungen Mo–Fr 10.30 und 15.30 Uhr.

Playhouse Theatre, 3 Pier St., Tel. 9325 3500; kleines Theater, Heimstatt der WA Theatre Company.

Perth Entertainment Centre, Wellington St., Tel. 9321 1575; großes Unterhaltungszentrum für Rockkonzerte etc.

CASINO:

Burswood Casino, Great Eastern Hwy., Riverdale (über die Causway-Brücke zu erreichen): riesiger Casino-, Hotel- und Kongresskomplex, 24 Std. geöffnet.

KINO:

Die großen Kinozentren sind **Hoyts Cinema Centre** *(Barrack St),* **Greater Union Cine-Center** *(Murray St),* **Piccadilly Cinemas** *(Hay St. Mall),* **Lumiere Cinema** *(Perth Entertainment Centre, Wellington St.). Außerdem gibt es ein IMAX-Kino im* **Omni Theatre** *(City West Complex, Sutherland St., West Perth).*

LIVEMUSIK UND CLUBS:

Auch hier ist der Stadtteil Northbridge der Hauptanziehungspunkt bei Nacht. Zahlreiche Pubs, Bars und Nachtclubs bieten ein breites Angebot an Unterhaltung. Die o.g. Presse informiert über das aktuelle Programm und die heißesten Tipps.

Brannigans, *Mercuer Hotel, 10 Irwin St.; Pub mit moderner Musik und internationalem Publikum.*

Brass Monkey Bar, *Ecke William St./James St., Northbridge; populäre Kneipe mit Livemusik.*

Fenians, *Ecke Hill St./Adelaide Tce.; Irish Pub mit häufiger Livemusik, zentral zu vielen Hotels gelegen.*

◀))) Freizeit

Viele Westaustralier haben sich dem **Wassersport** *verschrieben. Der Swan River wird tagtäglich von Seglern genutzt, an den Stränden tummeln sich zahllose Surfer. Fremantle wurde nach dem Gewinn des America's Cup der Segler 1983 weltbekannt. Im Vergleich zu Rest-Australien hat auch das Windsurfen eine gewisse Bedeutung. Die Schwimm-WM fand bereits zweimal in Perth statt (1991 und 1998), jeweils mit einem 25 km Langstreckenwettbewerb im Swan River. Ein guter Pool befindet sich in Northbridge (Ecke Vincent St./Charles St.). Daneben sind natürlich auch die 30 Strandkilometer nördlich der Swan River Mündung erwähnenswert.*

Football, Cricket und Rugby *sind Zuschauermagnete – über die Spielpläne informiert die Tageszeitung The West Australian.*

Tennis: *Im Januar findet der Hopman Cup in Perth statt, ein internationales Tennis-Mixed-Turnier.*

Golf *kann auf dem öffentlichen* **Burswood Park Golf Course** *(beim Burswood Casino/Hotel, Great Eastern Hwy.) gespielt werden.*

Organisierte Ausflüge

Tagesausflüge *werden u.a. zum Wave Rock, zu den Pinnacles, in das Swan Valley und in den Südwesten (Albany, Karriwälder und Margaret River) angeboten. Information und Buchung vor Ort am besten über das WA Travel Centre.*

WA-NT Tours, *Bayswater, Tel. 9471 9930; deutschsprachige Touren durch Westaustralien, auch Tagestouren und Kurztouren – sehr empfehlenswert*

Pinnacle Tours, *Tel. 9483 1111; führt auch mehrtägige Touren durch, z.B. komfortable Hotel-Allradtouren entlang der Westküste.*

Mehrtägige Fahrten, *z.B. entlang der Westküste bis Broome oder in den Südwesten, sollten wegen der begrenzten Teilnehmerzahl im Voraus gebucht werden.*

Western X-Posure, *Tel. 9244 1200; rustikale Allradsafaris in kleinen Gruppen durch Westaustralien, z.B. Perth–Darwin.*

Hafenrundfahrten:

Captain Cook Cruises, Boat Torque Cruises *u.a. Barrack St. Jetty; Ausflüge (River Cruises) auf dem Swan River bis Fremantle am Tage und am Abend. Der Blick auf die erleuchtete Skyline lohnt sich – nicht umsonst wird Perth „The City Of Lights" genannt.*

P

Phillip Island/VIC (S. 338)

 Information
Phillip Island Information Centre, Newhaven, Tel. 5956 7447, www.penguins.org.au.

Hinweis
Es besteht ein absolutes Fotografierverbot während der Pinguinparade.

Übernachten
Banfields Hotel $$$$, 192 Thompson Ave., Tel. 5952 2486; gepflegtes, großzügig angelegtes Hotel.
The Continental Hotel $$$, Esplanade, Tel. 5952 2316; Mittelklasse-Motel.

 Camping
Beach Park Tourist CP, 2 McKenzie Rd., Tel. 5952 2113; großer, gut ausgestatteter Campingplatz mit On-Site Vans und Cabins.

Pine Creek/NT (S. 438)

 Übernachten
Bonrook Lodge $$$, Stuart Hwy., Tel. 8976 1232, www.bonrook.com; das 50.000 ha große Wildpferdereservat des Schweizers Franz Weber ist einzigartig und nicht nur für Pferdeliebhaber ein Erlebnis.
Pine Creek Motel $$, Tel. 8976 1288; einfache Motelunterkunft.

 Camping
Pine Creek CP, 44 Moule St., Tel. 8976 1217.

Port Arthur/TAS (S. 687)

Information
Port Arthur Historic Site; Eintritt A$ 25; Führungen über das historische Gelände tägl. 9-17 Uhr bei Anmeldung am Informationszentrum. Die Bootsfahrt zu den Gefängnisinseln geht ebenfalls mehrmals täglich, Buchung am Informationszentrum. Internet: www.portarthur.org.au

Übernachten
Port Arthur Motor Inn $$, Tel. 6250 2101; einzige Unterkunft auf dem historischen Gelände, mit Blick auf die Ruinen; lizenziertes Restaurant.
Port Arthur YHA $, Champ St., Roseview, Tel. 6250 2311; Jugendherberge.

 Camping
Garden Point CP, Port Arthur (3 km nördlich), Tel. 6250 2340

Organisierte Ausflüge
Von Hobart werden täglich preisgünstige Tagesausflüge nach Port Arthur angeboten (ab A$ 35). Empfehlenswert ist die nächtliche **Ghost Tour**, ein Rundgang zu nächtlicher Geisterstunde, bei dem allerhand Schabernack mit den Besuchern getrieben wird.

Port Augusta/SA (S. 391)

Information
Wadlata Outback Centre, 41 Flinders Tce., Tel. 8642 4511; hervorragendes Visitor Centre mit Informationen über Outback und Ureinwohner. Internet: www.portaugusta.sa.gov.au

Übernachten
Comfort Inn Port Augusta Westside $$$, 3 Loudon Rd. (1 km westlich), Tel. 8642 2488; bestes Hotel im Ort.
Standpipe Golf Motor Inn $$, Ecke Eyre/Stuart Hwy., Tel. 8642 4033; Mittelklasse-Motel.

Camping
Port Augusta Holiday Park (Big4), Ecke Hwy.1/Stokes Tce., Tel. 1-800 833 144; großer CP mit schattigen Plätzen und Swimming-Pool.

Port Campbell/VIC (S. 348)

Information
Port Campbell NP Visitor Centre, 26 Morris St., Tel. 5598 6089; Informationen zum NP.

Übernachten
Port Campbell Motor Inn $$$, 12 Great Ocean Rd., Tel. 5598 6222; Motel im Zentrum.
Port Campbell YHA $, 18 Tregea St., 5598 6305; Jugendherberge.
Kangaroobie Farm, Great Ocean Rd., Princetown, Tel. 5598 8151; arbeitende Schaffarm, nur 6 km von den Zwölf Aposteln entfernt – ideal, um australische Landluft zu schnuppern. Unbedingt vorher reservieren!

Camping
Port Campbell CP, Morris St., Tel. 5598 6492; Campingplatz mit Cabins.

Port Douglas/QLD (S. 478)

Information
Port Douglas Tourist Information, 23 Macrossan St., Tel. 4099 5070; www.tropicalaustralia.com, www.pddt.com.au. Transfers nach Cairns werden von **Coral Coaches** (Tel. 4099 5351) durchgeführt.

P

 Übernachten

Nachfolgend ein Auszug der vielen guten und sehr schönen Resorts in Port Douglas:

Sheraton Mirage $$$$$, Davidson St., Tel. 4099 5888; Luxus-Resort mit eindrucksvoller Architektur, 18-Loch-Golfplatz und eigenem Strandabschnitt.

Silky Oaks Lodge $$$$$, nördlich Port Douglas (vor der Daintree-Fähre), Tel. 13 24 69; herausragende Regenwald-Lodge.

Mantra Treetops Resort $$$$, Port Douglas Rd., Tel. 4099 3333

Whispering Palms Resort $$$, Langley Rd., Tel. 4098 5128; Selbstversorger-Apartments, mit Strandzugang.

 Camping

Pinnacle Village Holiday Park, Wonga Beach (wenige Kilometer südlich der Daintree-Fähre); großer Platz mit direktem Strandzugang – empfehlenswert.

Organisierte Ausflüge

Quicksilver und Poseidon Cruises bieten Ausflüge ans Riff ex Port Douglas. Das nördliche Riff ist in besserem Zustand als bei Touren ex Cairns! Es lohnt sich deshalb, an diesen Touren, auch ab/bis Cairns (Transfers werden angeboten), teilzunehmen. Quicksilver ist der Anbieter mit den größten Katamaranen und den meisten Gästen, angenehmer ist daher Poseidon Cruises.

Alle „Regenwald-Touren" ex Cairns holen Gäste auch in Port Douglas ab.

Restaurants

Ein außergewöhnliches Abendessen inmitten des Regenwaldes bietet das **Flames of the Forest Dinner** bei Mossman. Buchungstelefon 4098 3971, www.flamesoftheforest.com.au

Port Fairy/VIC (S. 351)

Information

Port Fairy Tourist Information, Bank St., Tel. 5568 2682, www.portfairy.com

 Übernachten

Skye Beachfront Retreat Apartment $$$$, 72 Griffith St. (1 km nordöstlich), Tel. 5568 1181; www.skye-retreat.com.au; herrliche Strandapartments.

Comfort Inn Port Fairy $$$, 22 Sackville St., Tel. 5568 1082; bestes Motel im Ort.

Port Fairy YHA $, 8 Cox St., Tel. 5568 2468; Jugendherberge in historischen Gemäuern.

Camping

Gardens CP, 111 Griffith St., Tel. 5568 1060; Campingplatz, auch Cabins.

Port Hedland/WA (S. 655)

Information

Port Hedland Tourist Bureau, 13 Wedge St., Tel. 9173 1711; es werden Führungen auf das BHP-Gelände, Ausflüge in die Hamersley Range und Walsichtungsfahrten (Juni–Sept.) durchgeführt. Im Internet: www.pilbara.com, www.porthedlandtouristbureau.com.

P

 Übernachten
All Seasons Port Hedland $$$, Ecke Lukis/McGregor St., Tel. 9173 1511; Mittel-klasse-Hotel.
BW Hospitality Inn $$$, Webster St. (4 km östlich), Tel. 9173 1044; Mittelklasse-Hotel.
Pardoo Station $$, Abzweig (13 km Schotter) vom Great Northern Hwy. ca. 120 km nordöstlich von Port Hedland, Tel. 9176 4930; Farmerlebnis – Doppelzimmer und Cam-pingplatz vorhanden.
Port Hedland Backpackers $, 20 Richardson St., Tel. 9173 3282; Backpacker-Hostel.

 Camping
Cooke Point Ocean Beach CP, Athol St. (nahe Pretty Pool, 4 km östlich), Tel. 9173 1271; direkt am Strand „Pretty Pool" gelegen; auch Backpacker-Unterkünfte.
Eighty Mile Beach CP, Tel. 9176 5941; auf halber Strecke zwischen Port Hedland und Broome gelegener, eher einfacher CP – aber eben mit direktem Strandzugang! Auch Cabins vorhanden.

 Einkaufen
Ein großes Einkaufszentrum befindet sich in der Wohnstadt South Hedland (14 km südlich).

Portland/VIC (S. 352)

 Information
Portland Tourist Information, Cliff St., Portland, Tel. 5523 2671, www.greatoceanroad.org
Department of Conservation, 8–12 Julia St., Tel. 5523 3232; Information über die landein-wärts gelegenen NPs und die Vogelinsel Griffith Island.

 Übernachten
Heritage Hotel Bentinck $$$$, Ecke Bentinck/Gawler St., Tel. 5523 2188; schönes Kolonialhotel von 1850.
Comfort Inn Richmond Henty $$$, 101 Bentinck St., Tel. 5523 1032; gepflegtes Motel mit Meerblick.
Whalers Rest Motor Inn $$$, 8 Henty Hwy., Tel. 5523 4077; Mittelklasse-Motel.

 Camping
Henty Bay Beach Front CP, 342 Dutton Way (6 km nordöstlich), Tel. 5523 3716; Campingplatz mit schöner Strandlage, auch Cabins.

Port Macquarie/NSW (S. 548)

 Information
Visitor Information, Ecke Clarence/Hay St., Tel. 6583 1293. Internet: www.port-macquarie.net

P

Übernachten

Die Strände haben Port Macquarie als Ferienort immer populärer werden lassen, was sich nicht zuletzt im Übernachtungsangebot niederschlägt.

Rydges Port Macquarie $$$$, 2 Hay St., Tel. 6589 2888; eines der besten Hotels der Stadt.

HW Motor Inn $$$$, 1 Stewart St., Town Beach, Tel. 6583 1200, www.hwmotorinn.com.au; Strandhotel mit herausragenden Meerblick-Zimmern.

Aquatic Motel $$$, 253 Hastings River Drive (3 km westlich), Tel. 6583 7388; sehr schön am Hastings River gelegenes Motel mit Selbstversorgereinrichtungen.

Bermuda Breezes Resort $$$, Cathie Rd., Lighthouse Beach (6 km südlich), Tel. 6582 0957; 5 ha große Anlage, deren Gärten auch von Koalas besucht werden.

Country Comfort Port Macquarie $$$, Ecke Buller/Hollingworth St., Tel. 6583 2955; komfortables Motel, direkt am sauberen Hastings River Strand.

Beachside Backpackers YHA $, 40 Church St., Tel. 6583 5512; Jugendherberge in Strandnähe.

Ozzie Pozzie Backpackers, 36 Waugh St., Tel. 6583 8133; gute Budgetherberge mit gratis Mountainbike-Verleih.

Camping

Lighthouse Beach Holiday Village, Matthew Flinders Drive, Tel. 6582 0581; schöner Platz in Strandnähe

Sundowner Breakwall Tourist Park (Big4), 1 Munster St., Town Beach, Tel. 6583 2755; großer und sehr gut ausgestatteter Campingplatz am Town Beach.

Flynns Beach CP, 42 Flynn St., Flynn Beach (2 km südlich), Tel. 6583 1747; Campingplatz mit schönen Cabins, nur 5 Gehminuten zum Strand.

Restaurants

Whalebone Wharf Restaurant, Hastings River Drive; sehr gutes Fischrestaurant mit schöner Lage am Hastings River.

Port Stephens Bay/NSW (S. 551)

Information

Port Stephens Visitor Centre, Victoria Pde, Nelson Bay, Tel. 1-800 808 900, www.portstephens.org.au

Übernachten

Die gesamte Port Stephens Bucht bietet ein vorzügliches Übernachtungsangebot in allen Preiskategorien.

Peppers Anchorage Port Stephens $$$$, Corlette Point Rd. (4 km westlich von Nelson Bay); eines der besten Hotels der Region.

Shoal Bay Motel $$$, 59 Shoal Bay Rd., Tel. 4981 1744; preisgünstiges Motel in Strandnähe.

Shoal Bay Backpackers YHA $, 59 Shoal Bay Beachfront Rd., Tel. 4981 0982, direkt am Strand gelegene Jugendherberge.

Beachside Holiday Parks, Soldiers Point (Tel. 1-800-600 204), **Shoal Bay** (Tel. 1-800 600 200), **Fingal Bay** (Tel. 1-800 600 203), **Halifax** (1-800 600 201): Feriensiedlungen mit

Bungalows und/oder Hütten für Selbstversorger an verschiedenen Stränden der Port Stephens Bay. Stellplätze für Camper und Wohnmobile ebenso vorhanden. Internet: www. beachsideholidays.com.au

 Camping
Halifax Holiday Park, Beach Rd., Little Beach/Nelson Bay (2 km nördlich), Tel. 1-800 600 201; *direkt am Strand gelegener Campingplatz mit Cabin-Sektion.*
One Mile Beach Holiday Park, Gan Gan Rd., Fingal Bay, Tel. 4982 1112, www.onemilebeach. com; *weitläufiger Strand-Campingplatz, auch Cabins.*
Koala Shores CP, 2 Oyster Farm Rd., Lemon Tree Passage, Tel. 4982 4401; www.koalashores. com.au; *direkt am Strand gelegener CP, auch Cabins.*

Queenscliff/VIC (S. 343)

ℹ️ Information
Fähre: Queenscliff–Sorrento-Autofähre, Tel. 5258 3244, www.searoad.com.au

🏨 Übernachten
Vue Grand Hotel $$$$, 46 Hesse St., Tel. 5258 1544; *restauriertes Luxushotel aus dem Jahre 1864.*
Ozone-Hotel $$, 42 Gellibrand St., Tel. 5258 1011; *altes Grandhotel, das nach dem Dampfer „Ozone" benannt wurde, der 1925 bei St. Leonhards (nördlich von Queenscliff) gesunken ist.*

Camping
Beacon Resort Motel & CP (Big4), 78 Bellarine Hwy., Tel. 1-800 351 152; *Campingplatz*

Queenstown/TAS (S. 699)

ℹ️ Information
Visitor Information/Lyell Tours, Tel. 6471 2388; *veranstaltet auch Führungen und Rundfahrten durch die historische Bergbaustadt.*

🏨 Übernachten
Queenstown ist sicherlich nicht so attraktiv, als dass man hier unbedingt übernachten müsste. Ist noch genügend Zeit, sollte bis Strahan weitergefahren werden.
Silver Hills Motel $$$, Penghana Rd., Tel. 6471 1755; *gutes Motel, direkt am Murchison Hwy.*

 Camping
Queenstown CP, 17 Grafton St., Tel. 6471 1332

R

Renmark/SA (S. 366)

 Information
Renmark Tourist Centre, 84 Murray Ave., Tel. 8586 6704, www.murray-river.net

 Übernachten
Renmark Hotel/Motel $$$, Murray Ave., Tel. 8586 6755

 Camping
Renmark Riverfront CP, Sturt Hwy., Tel. 8586 6315; Campingplatz am Flussufer mit Kanuvermietung.

Rockhampton/QLD (S. 512)

 Information
Capricorn Region Information Centre, Gladstone Rd., Tel. 4927 2055. Informationen über Rockhampton und die Städte der Capricorn-Küste. Internet: www.capricorncoast.com.au, www.rockhampton.qld.gov.au
National Park Service, Ecke Yeppon/Norman Rd., Tel. 4936 5011, www.epa.qld.gov.au

 Mietwagen/Camper
Die großen Autovermieter (**Hertz, Avis, Thrifty**) haben ein Depot in Rockhampton.

 Übernachten
Anstatt in Rockhampton zu übernachten, empfiehlt es sich, an die Küste nach Yeppoon, Mulambin Beach, Kinka Beach oder Emu Park zu fahren.
Rydges Capricorn Resort $$$$, Yeppoon, Farnborough Rd., Tel. 4939 5111, www.capricornresort.com; schönes, weitläufiges Resort mit herrlichem Strand und Dünenlandschaft.
Travelodge Rockhampton $$$, 86 Victoria Pde. (1 km westlich), Tel. 4927 9933; zentral gelegenes, gut ausgestattetes Motel.
Rockhampton YHA $, 60 MacFarlane St., North Rockhampton, Tel. 4927 5288
Kroombit Lochenbar Station, Biloela (ca. 160 km südwestlich von Rockhampton, ca. 115 km westlich von Gladstone), Tel. 4992 2186; Rinderfarm im Outback, die Reittouren, 4-WD-Ausflüge etc. anbietet.

 Camping
Municipal Riverside CP, Reaney St. (an der Fitzroy Bridge), North Rockhampton, Tel. 4922 3779; Stadtcampingplatz.
Capricorn Palms Holiday Village (Big4), Mulambin Beach (8 km südlich von Yeppoon), Tel. 4933 6144; Campingplatz in Strandnähe, auch Cabins.
Island View CP (Top Tourist), Scenic Hwy., Kinka Beach (13 km südlich von Yeppon), Tel. 4939 6284; ausgezeichneter Campingplatz, auch Cabins.

Rottnest Island/WA (S. 635)

 Information
Rottnest Information, Main Jetty (Schiffsanlegestelle), Tel. 9372 9732, www. rottnestisland.com

 Fähren
Boat Torque Cruises (Tel. 9221 5844) betreibt mit mehreren Schiffen regelmäßige Verbindungen zur Insel (keine Autofähren). Abfahrtsorte sind in Perth (Barrack St. Jetty), Fremantle (Northport) und Hillarys Boat Harbour. Ab Perth 9.45 Uhr; Rückfahrt 16.45 Uhr.

 Fahrradverleih
Rottnest Bike Hire, Bedford Ave. verleiht stunden- und tageweise Fahrräder

 Übernachten
Quokka Arms Hotel $$$$, Thomson Bay Settlement, Tel. 9292 5011; gepflegtes Hotel mit Restaurant.
Kingstown Barracks Rottnest Island YHA $, Tel. 9372 9780; von Stränden umgebene Jugendherberge – auch ideal für einen erholsamen Abschluss der Reise.

Stanley/TAS (S. 703)

 Information
The Plough Inn, Church St.; kleine Tourist Information im historischen Pub von 1843.

 Übernachten
Stanley Motel $$, Dovecote Rd., Tel. 6458 1300; komfortable Motel-Units mit Blick auf „The Nut".
Stanley YHA $, Wharf Rd., Tel. 6458 1266; Jugendherberge.

 Camping
Stanley CP, Wharf Rd., Tel. 6458 1266; Campingplatz neben der Jugendherberge.

St. Helens/TAS (S. 713)

Übernachten
Es gibt zahlreiche Hotels, Motels und Selbstversorger-Apartments – außer in den Ferienmonaten sollte man eigentlich immer eine Unterkunft finden.
Queechy Cottages $$$, Ecke Jason St./Tasman Hwy., Tel. 6376 1321; Selbstversorger-Cabins.
Bayside Inn $$$, 2 Cecilia St., Tel. 6376 1466; direkt an der Bucht gelegenes Motel, gut ausgestattet, gepflegte Zimmer.
St. Helens YHA Hostel, 5 Cameron St., Tel. 6376 1661; Jugendherberge.

S **Camping**
St. Helens Caravan Park, Penelope St. (1,5 km südlich), Tel. 6376 1290; ausgezeichneter Campingplatz, auch Cabins.

Stirling Range National Park/WA (S. 618)

i **Information**
Ranger Office, Chester Pass Rd. (Amelup via Borden), Tel. 9827 9230. Siehe auch „Albany". Internet: www.calm.wa.gov.au

Übernachten
The Lily Stirling Range $$$$, Chester Pass Rd., Tel. 9827 9205; Selbstversorger-Chalets mit gehobener Ausstattung.
Stirling Range Caravan & Chalet Park, Chester Pass Rd., Tel. 9827 9229; an der Nordgrenze gelegener Campingplatz, mit Chalets und Cabins.

Strahan/TAS (S. 699)

i **Information**
Strahan Wharf Centre; großartiges Informationszentrum mit einer Nachbildung der tasmanischen Naturgeschichte. Internet: www.strahanvillage.com.au

Übernachten
Franklin Manor $$$$, The Esplanade, Tel. 6471 7311; elegantes B&B-Haus von 1889 mit ausgezeichnetem, preisgekröntem Restaurant.
Strahan Inn $$$, Jolly St., Tel. 6471 7160; komfortables Motel mit Blick auf den Macquarie Harbour.
Strahan YHA $, Harvey St., Tel. 6471 7255; gemütliche Jugendherberge.

 Camping
Strahan Caravan & Tourist Park, Ecke Andrews/Innes St., Tel. 6471 7239; Strand-Campingplatz.
Macquarie Heads Campground, 17 km südwestlich; einfacher Campingplatz.

Restaurants
Ormiston House, 3 Bay St.; nicht nur ein gemütliches und hochpreisiges Hotel, sondern auch ein sehr gutes Restaurant befinden sich im Ormiston House.

Swan Hill/VIC (S. 360)

i **Information**
Swan Hill Tourist Office, 306 Campbell St., Swan Hill, Tel. 5032 3033

Übernachten
BW Burke & Wills Motor Inn $$$, 370 Campbell St., Tel. 5032 9788; Mittelklasse-Motel mit Swimming-Pool.

 Camping
Swan Hill Riverside CP, Monash Drive, Tel. 5032 4112; Campingplatz direkt am Flussufer, mit Cabins.

Sydney/NSW (S. 561)

Information
Mehrere Broschüren mit aktuellen Tipps (z.B. **This Week in Sydney** oder **Where Magazine**) liegen in Hotels und Informationsbüros und sogar bereits am Flughafen aus. Informationen über Sehenswürdigkeiten und Veranstaltungen erteilen daneben folgende Stellen:
Sydney Visitor Centre (The Rocks Information Centre), The Rocks, 106 George St., Tel. 9255 1788 oder 1-800 067 676, geöffnet Mo–Fr 9–17 Uhr, Sa/So 10–17 Uhr.
Im Internet: www.cityofsydney.nsw.gov.au, www.sydney.citysearch.com.au
Tourism New South Wales, 55 Harrington St., The Rocks, Tel. Tel. 13 20 77, www.visitnsw.com.au; Informationen über Sydney und den Bundesstaat NSW.
National Park & Wildlife Service, Cadman's Cottage, The Rocks, 110 George St., Tel. 9247 8861, www.npsw.nsw.gov.au; Informationen, Karten und Camping-Permits für alle NSW-Nationalparks.

 Automobilclub
National Roads And Motorists Association (NRMA), 74-76King St., Tel. 13 21 32, www.nrma.com.au, www.mynrma.com.au. Kartenmaterial und Unterkunfts- und Campingplatzverzeichnisse werden an Mitglieder eines europäischen Automobilclubs (z.B. ADAC) kostenlos bzw. ermäßigt abgegeben. Der NRMA vermittelt auch Versicherungen für den Autokauf und ist bei der technischen Begutachtung von Gebrauchtfahrzeugen behilflich.
Autokauf: In der Parramatta Rd. reiht sich ein Autohändler an den anderen. Reisende kaufen/verkaufen Fahrzeuge auch auf dem **Backpackers Car Market** in der Kings-Cross-Tiefgarage (Ecke Ward Ave./Elisabeth Bay Rd.).

Wichtige Telefonnummern
Vorwahl von New South Wales: 02
Telefonauskunft: 013 für Sydney, 0175 für Australien, 0103 International
Notruf: 000 (gebührenfrei)
Krankenhaus: u.a. Sydney Hospital, Macquarie St., Tel. 9228 2111

Fluggesellschaften
Achten Sie darauf, dass einige Fluggesellschaften noch zwingend eine Rückbestätigung (Reconfirmation) 72 Std. vor dem Flug verlangen. Dies ist auch in Ihrem eigenen Interessen im Fall von Flugzeitenänderungen. Die jeweils aktuellen Adressen der Büros entnehmen Sie bitte den Flugplänen der Airlines.
Qantas, Tel. 13 13 13 (national) oder 13 12 11 (international)
Jetstar, Tel. 13 15 38

S

Virgin Blue, Tel. 13 67 89
Malaysia Airlines, Tel. 13 26 27
Singapore Airlines, Tel. 13 10 11
Cathay Pacific, Tel. 13 17 47
Air Niugini, Tel. 1-300 361 380
Thai Airways, Tel. 1-300 651 960
Emirates, Tel. 1-300 303 777
Korean Air, Tel. 9262 6000
Japan Airlines, Tel. 9272 1111

Öffentliche Verkehrsmittel

Flughafen: Der 9 km südlich gelegene Flughafen **Mascot Airport** (= Kingford Smith Airport) verfügt über einen **nationalen und internationalen Terminal**.

Sydney Airporter (KST Sydney Airport Shuttle), Tel. 9666 9988, www.kst.com.au; Flughafenbus, der Reisende direkt zum Hotel bringt und dort auch wieder abholt (gilt nur für Stadthotels), A$ 13 pro Person und Strecke.

Bahnverbindung Airport Link: Die Bahnverbindung führt vom Flughafen (Domestic und International Terminal) in die Stadt. Haltestellen sind dort Central Station, St. James, Circular Quay, Wynyard und Town Hall. Die Züge fahren von 5 bis 24 Uhr, alle 15 Minuten. Fahrpreis A$ 15 pro Strecke.

Achtung! Je nach Verbindung muss an der Central Station umgestiegen werden – das ist Zeit raubend und nervig, besonders, wenn man nach 20 Std. Flug schnell zum Hotel möchte. Deshalb im Zweifel eher ein Taxi nehmen, was kaum teurer ist.

Taxi: Ein Taxi vom Flughafen in die City kostet ca. A$ 40

ÖFFENTLICHER NAHVERKEHR:

Tipp: Einzelne Fahr- und Fährtickets sind teuer. Besser ist es, bei einem mindestens 3-tägigen Aufenthalt den **Sydney Pass** vorab zu erwerben (siehe unten).

Das städtische Nahverkehrssystem der **State Transit** funktioniert mit seinen Bussen, Fähren und Zügen ausgezeichnet. Vororte werden von den Zügen der CityRail bedient. Dreh- und Angelpunkt ist der **Circular Quay** im Herzen der Innenstadt.

Die **Nahverkehrszüge** fahren auf 8 verschiedenen, farblich markierten Routen. Alle Strecken beginnen im innerstädtischen U-Bahn-Netz. Die Tickets müssen vor der Abfahrt gelöst werden.

Die Mehrzahl aller **Fähren** beginnen ihre Fahrt am **Circular Quay** (am Nordende von Pitt St, George St, Philipp St). State Transit Ferries fahren nach Darling Harbour, Taronga Zoo, Kirribilli, Mosman, Manly und Neutral Bay; **JetCats** (Tragflächenboote) nach Manly.

Tickets: Ein Einzelfahrschein (Single Ticket) kostet je nach Zone ab A$ 2,80, ein Tagesticket ab A$ 14. Bei einem längeren Aufenthalt (z.B. zum Arbeiten oder Sprachkurs) lohnt der Kauf des eine Woche gültigen Travelpass, z.B. **Green Travelpass** (für Busse, Züge und Fähren) ab A$ 35 pro Woche.

Information: Tel. 13 15 00, www.sydneytransport.net.au

Monorail: Die Einschienenhochbahn Monorail wurde anlässlich der 200-Jahr-Feier eingeweiht. Unbeeindruckt vom dichten Straßenverkehr schwebt sie in lichten Höhen auf einem Rundkurs von der Innenstadt über Haymarket nach Darling Harbour. Fahrpreis A$ 4,50

pro Fahrt, Tagesticket A$ 11. Folgende Haltestellen werden angefahren: Pitt St., Darling Harbour, Convention Centre, Exhibition Centre, Haymerket, Capital Square, World Square.
Metro Light Rail: Die Straßenbahn fährt von der Central Station über Chinatown und Darling Harbour zum Star City Casino/Hotel, 24 Std. am Tag. Auch ein Halt am schönen Fischmarkt ist möglich. Haltestellen: Central Station, Capital Square, Haymarket Station, Exhibition Station, Convention Centre, Darling Harbour, Pyrmont Bay, Star City Casino, John Street Square, Fish Market, Wentworth Station.
Infos: www.metromonorail.com.au

SydneyPass: Für einen kurzen Besuch bietet sich der SydneyPass an. Er erlaubt unbegrenzte Benutzung von Bussen und Fähren, die JetCat-Fähre nach Manly, eine Hafenrundfahrt, den Sydney Explorer Bus und den Zug Airport Link. Er ist vorab bei guten Reiseveranstaltern, im Visitor Centre, Sydney Explorer Bus und überall, wo das SydneyPass-Zeichen steht, erhältlich. Information: www.sydneypass.info.

Sydney Explorer Bus: eine der besten Möglichkeiten, die Sehenswürdigkeiten der Stadt zu sehen. Die roten Busse (**Nr. 111 Red Sydney Explorer**) verkehren täglich von 9 bis 19 Uhr auf einem 22 km langen Kurs und halten an 26 Haltestellen. Aus- und Einstieg nach Belieben, der nächste Bus kommt nach ca. 20 Min. Die blauen Busse (**Nr. 222, Blue Bondi & Bay Explorer**) verkehren alle 30 Min. von 9 bis18 Uhr auf einer 35-km-Runde nach Kings Cross, Paddington, Double Bay, Vaucluse und zu den Stränden Bondi, Bronte, Clovelly und Coogee. Das Tagesticket für einen der beiden Busse kostet A$ 39, 2-Tage-Pass für beide Busse A$ 68, Familien-Pass A$ 97 und ist direkt beim Fahrer erhältlich. Im Ticket sind Stadtplan und Beschreibung der Sehenswürdigkeiten enthalten.
Wer nur zum **Bondi Beach** möchte, nimmt die Buslinie 380 oder 382.

Taxis
Legion Cabs, Tel. 13 14 51
RSL, Tel. 13 22 11
Wasser-Taxis, Tel. 9555 3222 – eine edle (teure) und ausgefallene Art des Transports.

Aussichtspunkte
Sydney Tower (AMP-Tower) at Centrepoint (Eingang in der Market St, A$ 25, geöffnet täglich 9-22.30 Uhr). Vom 320 m hohen Turm mit Drehrestaurant hat man einen hervorragenden Blick auf die Stadt (vgl. auch Restaurants). Das Essen sowie das Ambiente sind hingegen eher mittelmäßig, gemessen an den hohen Preisen.
Harbour Bridge Pylon Lookout (geöffnet täglich 9–17 Uhr, A$ 12). Die Aussichtsplattform der Harbour Bridge kann nur zu Fuß bestiegen werden, bietet dafür aber einen tollen Blick auf die Oper.
Sydney Bridge Climb (5 Cumberland St., The Rocks, Tel. 8274 7777, www.bridgeclimb.com, A$ 180–300, je nach Wochentag und Tageszeit): Äußerst spektakulär, absolut empfehlenswert und nichts für Höhenängstliche ist der „Bridge Climb". Hierbei klettern Sie angeseilt auf den Eisentreppen und -verstrebungen der Harbour Bridge bis auf den höchsten Punkt. Dauer insgesamt 3 Stunden – unbedingt vorher die Toilette aufsuchen! Anmeldung unbedingt erforderlich, da die Touren praktisch immer voll gebucht sind! Pünktlich 20 Minuten vorher dort sein!

Überlandbusse

Da die preisgünstigen Überlandbusse ab Sydney häufig voll belegt sind, empfiehlt sich eine rechtzeitige Reservierung und Rückbestätigung des Sitzplatzes. Die meisten Busse fahren vom **Sydney Coach Terminal** an der **Central Station** (Ecke Eddy Ave./Pitt St.). Dort befindet sich auch der Traveller's Information Service (Tel. 9281 9366), wo Sie garantiert die billigste Fahrt verkauft bekommen. Preisvergleiche auf den populären „Rennstrecken" Sydney–Melbourne, Sydney-Adelaide und Sydney-Brisbane lohnen sich!

Greyhound, Ecke Oxford St./Riley St., Tel. 13 20 30, www.greyhound.com.au

Züge

Vom Bahnhof **Central Station** (Pitt St., Tel. 9217 8812) fahren alle regionalen und Interstate-Züge ab. Eine frühzeitige Reservierung des klassischen Überlandzugs Indian Pacific von Sydney nach Adelaide/Perth oder des Ghan sind unerlässlich. Fahrzeiten vgl. Kap. 3 „Eisenbahn".

Indian Pacific: zweimal wöchentlich Sydney–Perth via Broken Hill und Adelaide
Canberra Express: täglich Sydney–Canberra
XPT/Countrylink: täglich Sydney–Brisbane
The Overland: täglich Sydney–Melbourne

Konsulate

Deutsches Konsulat, Tel. 9328 7733
Österreichisches Konsulat, Tel. 9251 3363
Schweizer Konsulat, Tel. 8388 3400

Post

General Post Office (GPO), 130 Pitt St., Sydney NSW 2000, geöffnet Mo–Fr 8.30–17.30 Uhr, Sa 8.30–12 Uhr.

Autoverleih

Die großen Autovermietungen haben auch Büros am Flughafen. Lokale Billigvermieter bieten konkurrenzlose Preise, solange man sich nicht außerhalb der Stadtgrenzen bewegt. Im Falle eines Unfallschadens sind die Versicherungsbedingungen bei diesen Billiganbietern häufig nicht klar geregelt und verursachen Probleme. Während des Aufenthalts in Sydney sollten Sie auf ein Auto verzichten (Großstadthektik, keine Parkplätze, Linksverkehr). Mieten Sie erst an, wenn Sie die Stadt verlassen!

Avis, 30 Pitt St., Tel. 13 63 33
Hertz, Ecke William St./Riley St., Tel. 13 30 39 oder 9360 6621
Thrifty, 75 William St., Tel. 1-300 367 227

Camper

Die Vermietfirmen haben nur ein Büro, das außerhalb des Zentrums und auch nicht direkt am Flughafen liegt. Nehmen Sie am besten ein Taxi zur Vermietstation oder öffentliche Verkehrsmittel – oftmals holen die Vermieter auf freiwilliger Basis dann von der nächstgelegenen Zugstation ab, was vorher telefonisch abgeklärt werden sollte. Verzichten Sie auf ausgedehnte und unnötige Stadtfahrten mit Campmobilen: Camper übernehmen und die Reise „raus aus der Stadt" beginnen!

Britz/Maui, 653 Gardeners Rd., Mascot, Tel. 9700 8799
Apollo Camper, 1356 Botany Rd., Botany, Tel. 9556 3550
Kea Camper, 106–108 Ashford Ave., Milpera, Tel. 8707 5500

Strände

Sydney verfügt über ausgezeichnete Pazifik- und Hafenstrände, deren Ruf durch eine zunehmende Wasserverschmutzung allerdings gelitten hat. Die wenigsten Sydneysider lassen sich jedoch von ihrem Wochenendvergnügen abhalten und bevölkern die Strände in Scharen. Die Strände werden von „Life Guards" und Haipatrouillen überwacht. „Oben ohne" wird geduldet.

Hafenstrände werden wegen ihrer sanften Wellen und Strömungsfreiheit vor allem von Familien geschätzt.

Camp Cove: Kleiner Strand, bei Vaucluse, südlich des Hafeneingangs und des Sydney Harbour National Parks. Hier landete Captain Arthur Philipp mit der First Fleet 1788 zum ersten Mal.

Nielsen Park: Beliebter Strand bei Vaucluse, an einem bewaldeten Park gelegen, ideale Picknickmöglichkeiten.

Balmoral Beach: Sandstrand auf der Nordseite der Port Jackson Bucht.

Pazifikstrände sind ein Paradies für Surfer. Aufgrund der Strömungen sollten Schwimmer vorsichtig sein.

Bondi Beach: Berühmtester Strand Sydneys; Anfahrt mit U-Bahn bis Bondi Junction, dann mit dem Bus Nr. 380 bis Bondi Beach; **Tamarama Beach** (Bus Nr. 391) und **Bronte Beach** (Bus Nr. 378) liegen südlich von Bondi.

Manly besitzt einen kleinen Hafenstrand und Ozeanstrände (Manly Beach, Curl Curl, Dee Why, Coolaroy). Anfahrt mit der Fähre Nr. 3 oder JetCat ab Circular Quay.

Hotels/Motels

Sydney bietet ein wirklich großes Angebot an Unterkünften jeder Kategorie. Große Hotelketten sind im Zentrum angesiedelt, während die meisten Motels etwas außerhalb, vor allem rund um Kings Cross, liegen. Empfehlenswert ist jedoch eher ein Aufenthalt Downtown (Nähe Oper) oder im Darling Harbour Bezirk, da dann die Hauptsehenswürdigkeiten besser zu Fuß bzw. auch mit der Monorail erreicht werden können. Um die Reise reibungslos zu gestalten, empfiehlt sich unbedingt die Vorausbuchung der Unterkunft.

Observatory Hotel $$$$$ (1), 89 Kent St. (oberhalb der Rocks), Tel. 9256 2222. Das architektonisch interessante Luxushotel hat mit Abstand die schönsten Zimmer Sydneys und einen fabelhaften Swimming-Pool

Hotel Intercontinental $$$$$ (2), 117 Macquaire St. (Zentrum), Tel. 9230 0200. Das alte Treasury Building von 1849 wurde um einen modernen Hotelbau ergänzt. Zusammen bilden beide Gebäude das Luxushotel Intercontinental. Die Suiten sind vom Feinsten.

☞ **Karte**
S. 286

Quay West Sydney $$$$$ (3), 98 Gloucester St., The Rocks; luxuriöses Apartment-Hotel mit 1-, 2- oder 3-Schlafzimmer-Suiten. Beste Lage, hohe Preise.

Park Hyatt Sydney $$$$$ (4), 7 Hickson St., The Rocks, Tel. 9241 1234; Luxushotel unterhalb der Brücke, eines der besten Hotels in Sydney.

The Sebel Pier One $$$$$ (5), 11 Hickson St., Pier One, Walsh Bay, Tel. 8298 9999; einzigartiges „Overwater-Hotel" der Spitzenklasse, gleich neben der Harbour Bridge. Es gibt Zimmer mit Glasboden über dem Wasser, moderne und klassische Designerzimmer.

The Westin Sydney $$$$ (6), 1 Martin Place, Tel. 8223 1111; hervorragendes First-Class-Hotel mit zentraler Lage.

Old Sydney Holiday Inn $$$$ (7), 55 George St., The Rocks, Tel. 9252 0524; Komfort-Hotel mit toller Lage in den oberen Rocks.

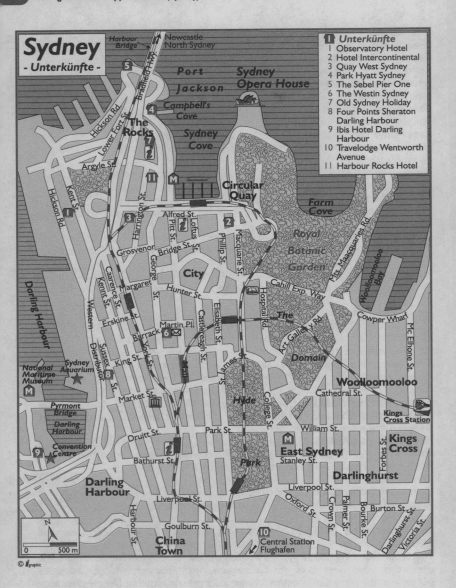

Sydney
- Unterkünfte -

Unterkünfte

1 Observatory Hotel
2 Hotel Intercontinental
3 Quay West Sydney
4 Park Hyatt Sydney
5 The Sebel Pier One
6 The Westin Sydney
7 Old Sydney Holiday
8 Four Points Sheraton Darling Harbour
9 Ibis Hotel Darling Harbour
10 Travelodge Wentworth Avenue
11 Harbour Rocks Hotel

© graphic

Four Points Sheraton Darling Harbour $$$$ (8), 161 Sussex St., Tel. 9290 4000; First-Class-Hotel mit ausgezeichneter Lage am Darling Harbour.

Ibis Hotel Darling Harbour $$$$ (9), 70 Murray St./Pyrmont, Darling Harbour, Tel. 9563 0888; Hotel mit ausgezeichneter Lage am Darling Harbour, leider sehr kleine Zimmer.

Swiss Grand Hotel Bondi Beach $$$$, Campbell Pde./Beach Rd., Tel. 9365 5666; bestes Hotel am Bondi Beach.

Travelodge Wentworth Avenue $$$ (10), Ecke Wentworth Ave./Gouburn St., Tel. 1-300 728 628; preiswertes Hotel mit guter, noch zentraler Lage.

Arts Hotel (ehemals Sullivans Hotel) $$$, 21 Oxford St., Paddington, Tel. 9361 0211; persönlich geführtes Mittelklasse-Hotel im schönen Stadtteil Paddington; Gratis-Parkplätze, Gratis-Mietfahrräder, Gratis Internet und W-Lan.

Harbour Rocks Hotel $$$ (11), 34-52 Harrington St. (The Rocks), Tel. 9251 8944; altes Gebäude (ohne Aufzug) in toller Lage direkt in den Rocks, aber leider sehr wenige Zimmer

Manly Paradise Motel & Apartments $$$, 54 North Steyne, Manly, Tel. 9977 5799; in nur 14 Minuten mit dem Jetcat ist Manly erreicht – und man wohnt dann direkt am Pazifikstrand!

Hinweis: Hotelpreise in Sydney

An Silvester/Neujahr und zum Mardi Gras (Homosexuellen-Festival, Ende Febr.) steigen die Übernachtungspreise um 50 bis 250 Prozent. Generell herrscht in Sydney ein für australische Verhältnisse sehr hohes Preisniveau. Dies betrifft vor allem die mittleren Hotelkategorien (2–4 Sterne). Im 5-Sterne-Bereich indes gibt es faktisch ein Überangebot – zu viele Hotels wurden für die Olympischen Spiele gebaut. Für den Reisenden bedeutet dies, dass er oft für ein paar Dollar mehr ein wesentlich besseres Hotel erhält!

Jugendherbergen/Backpacker-Hostels

Auch für Budgetreisende bietet Sydney ein breites Angebot an günstigen Unterkünften. Während die Jugendherbergen etwas verstreut liegen, befinden sich die meisten Backpacker-Hostels in der Umgebung von Kings Cross (Victoria St., Orwell St.). Wie immer gilt: Lassen Sie sich das Zimmer vor Bezahlung zeigen!

Travellers Rest Hostel $, 156 Victoria St., Kings Cross, Tel. 9358 4606; typisches Beispiel für Sydneys Backpacker-Unterkünfte bei Kings Cross.

YHA Central, 11 Rawson Place (Central Station), Tel. 9281 9111. Super-Jugendherberge, zentrale Lage, alle Einrichtungen, Einzel-, Doppel- und Mehrbettzimmer. Mit Pool und Sauna. Reservierung empfehlenswert.

Glebe Point YHA, 262 Glebe Point Road, Glebe, Tel. 9692 8418; ebenfalls sehr gute Jugendherberge im Stadtteil Glebe.

Sydney Beachhouse, 4 Collaroy St., Collaroy Beach (nördlich von Manly), Tel. 9981 1177; die einzige Jugendherberge Sydneys direkt am Strand – tolle Lage! Bus Nr. L90 vom Queen Vict. Building oder Bus 151/155/157 von Manly.

Camping

Wer gerne campt, sollte dies auf den Campingplätzen der Nationalparks rund um die **Broken Bay** (40 km nördlich), im **Royal NP** (30 km südlich) oder in **Katoomba** (Blue Mountains) tun. Sydney selbst hat nur wenige Plätze, die einigermaßen stadtnah liegen:

Dural Village CP, 269 New Line Rd., Tel. 9651 2555; im Stadtteil Dural Village (ca. 30 km nördlich); Bus/Zugverbindungen in die Stadt.

S **Lane Cove CP**, Plassey Rd., North Ryde (ca. 20 km nordwestlich, Richtung Chatswood), Tel. 9888 9133; relativ nah zur Innenstadt gelegener CP, von dem es per Bus und Bahn in ca. 30 Minuten in die Innenstadt geht.

Restaurants

Für Ihr leibliches Wohl sorgt in Sydney eine Fülle guter Restaurants. Als Spezialitäten gelten Meeresfrüchte. Berühmt sind die **Sydney Rock Oysters** (Muscheln), **Balmain Bugs** (Hummer), Krabben und Fisch – alles frisch aus dem Pazifik. Die multikulturelle Bevölkerung der Stadt sorgt für eine fassettenreiche Menüpalette. Sydney hat wahrscheinlich die größte Auswahl asiatischer Küche in Australien.

In guten Restaurants wird durchaus Wert auf gepflegte Kleidung gelegt. Besonders in den Szenerestaurants (siehe örtliche Tagespresse) der Sydney High Society sollten die Herren mit Jackett erscheinen, um nicht deplatziert zu wirken.

Trinkgelder (Tips) sind mittlerweile üblich, insbesondere, wenn die Speisekarte den Hinweis „Service not included" trägt. Um die Mittagszeit haben viele Restaurants günstige Festpreise für ihre Menüs. In den „Food Courts" bieten viele Imbissstände eine große Auswahl, und für A$ 8–12 wird man schon satt. Preiswert sind auch asiatische Restaurants (Oxford St.) und das Universitätsviertel Newtown (King St.). Bei der Auswahl aktueller Restaurants und Pubs hilft die Tagespresse mit regelmäßigen Beilagen (z.B. „Good Living" im **Sydney Morning Herald**) oder das Internet unter www.sydney.citysearch.com.au, www.eatability.com.au, www.bestrestaurants.com.au.

Nachfolgend eine kleine Auswahl:

Queen Victoria Building, Market St., im Untergeschoss reiche Auswahl an Imbissständen und günstigen Restaurants.

Harbourside Marketplace und Cockle Bay Wharf, Darling Harbour; reiche Auswahl an Restaurants und Imbissständen im lebhaften und schönen Darling Harbour. Die Cockle Bay Wharf ist eine Spur edler und eleganter, z.B. Nicks (Tel. 9264 1212).

Sydney Fish Markets, Pyrmont Bridge Road, Pyrmont. Hier gibt's den frischesten Fisch zu kaufen und in Restaurants zu essen (bis 16 Uhr geöffnet). Am besten die Light Rail-Straßenbahn nehmen!

Campbells Storehouse, The Rocks: Hier befinden sich 4 Restaurants unter einem Dach. Im Sommer sitzt man draußen und genießt den Blick auf die Oper. Hervorragende Fischgerichte offeriert das **Waterfront Restaurant**.

Harbour View Hotel, 18 Lower Fort St., The Rocks, Tel. 9252 4111; edles Pub-Restaurant am südlichen Ende der Harbour Bridge.

Captain Cook Cruises (und andere Anbieter) bieten morgens, mittags und abends die Möglichkeit, während einer Hafenrundfahrt zu speisen – je nach Zahl der Teilnehmer oft eine Massenveranstaltung. Abfahrt am Circular Quay

Sydney AMP Tower, 100 Market St. (Centrepoint Shopping Centre), Tel. 9233 3722; fantastische Aussicht vom höchsten Gebäude Sydneys. Das Level-II-Drehrestaurant (2. Stock) ist teurer als das Level I-Restaurant (1. Stock). Für den Abend unbedingt reservieren! Zu teuer für das Gebotene.

Botanic Gardens Restaurant, in den Royal Botanic Gardens. Inmitten des Botanischen Gartens lässt sich gut zu Mittag essen

Golden Century, 393 Sussex St., Haymarket. Ausgezeichnetes Seafood-Restaurant in Sydneys Chinatown

Customs House, **Circular Quay**, direkt gegenüber dem Circular Quay befindet sich im Dachgeschoss des historischen Gebäudes ein schönes Café/Restaurant.

Manly Pier Seafood Restaurant, Commonwealth Parade, Manly, Tel. 9949 2677; hervorragende Küche mit Blick auf den Hafen

Lord Nelson Brewery, Ecke Kent St./Argyle St., The Rocks. Seit 1842 wird hier Bier gebraut. Restaurant und Pub befinden sich auf zwei Ebenen und sind abends ein beliebter Treffpunkt.

Einkaufen

Geschäftszeiten: Mo–Fr 9–17.30 Uhr, Do/Fr bis 21 Uhr, Sa 9–16 Uhr; So (nur im Zentrum) 10–16 Uhr. Im überschaubaren **Innenstadtbereich südlich des Circular Quay** kann nach Lust und Laune eingekauft werden. Haupteinkaufsstraßen sind die **George Street**, **Pitt Street** und **Market Street**. Hier stehen auch die großen Kaufhäuser David Jones und Grace Bros.

EINKAUFSZENTREN:

sind das **Centrepoint** (am Fuße des Sydney Tower, Ecke Pitt St./Market St.), das **Mid City Centre** (Ecke George St./King St.) und das **MLC Centre** (Ecke Castlereigh St./King St.). Sehenswert ist das **Queen Victoria Building** (QVB), das einen ganzen Häuserblock im Stadtzentrum (Ecke George St./Market St.) einnimmt. Die über 200 Geschäfte im Inneren sind 7 Tage die Woche geöffnet. Edle Boutiquen und Geschäfte sucht man am besten im Nobelvorort **Double Bay**. **Secondhandmode** und studentische Szeneläden trifft man hingegen in der Oxford St. (**Paddington**) und der Glebe Point Rd. (**Glebe**) an.

SOUVENIRS:

Eine hübsche Einkaufspassage ist die **Strand Arcade** (zwischen George St. und Pitt St.) aus dem Jahr 1892. Kleine Boutiquen und Andenkenläden findet man im historischen Viertel **The Rocks**, während der **Darling Harbour Marketplace** ein Überangebot an touristischem Allerlei bietet. Schön ist dort das **Northern Territory Outback Centre** (Darling Harbour).

GALERIEN UND ABORIGINE-KUNST:

Sehenswert sind z.B. die Galerien **Original Australian Art Gallery** (Argyle Centre, The Rocks) und **Aboriginal Artist Gallery** (477 Kent St.). Mehr Auswahl und bessere Preise erhalten Sie jedoch im Zentrum des Landes (z.B. Alice Springs).

BÜCHER:

The Australian Geographic Shop mit naturkundlicher Literatur (Harbourside Shopping Centre/Darling Harbour) und **The ABC Shop** (Queen Victoria Building) mit australischen Büchern, Videos und CDs bieten anspruchsvolle Literatur.

LANDKARTEN:

The Map Shop, 1 Prince Albert Rd.

WEINE

aus ganz Australian verkauft das **Australian Wine Centre** (1 Alfred St.). Weinproben sind möglich.

S

FACTORY OUTLET:

Kleidung namhafter Hersteller (Sportsgirl, Esprit u. a.) kann günstig im Fabrikverkauf im **Birkenhead Point Shopping Centre** (Cary St., mit der Fähre nach Birkenhead zu erreichen) erworben werden. Täglich geöffnet.

MÄRKTE:

Paddy´s Market (Haymarket und Flemington): Fr–So 10–16.30 Uhr; großer Markt mit Souveniers, Kleidung, Lebensmitteln und Kunsthandwerk.
The Rocks Market (George St., The Rocks): kunsthandwerklicher Markt, jeden Sa/So 9–16 Uhr.

DUTYFREE-GESCHÄFTE:

Zollfreier Einkauf ist bereits in der Stadt möglich, wenn Sie Ihren Reisepass und Ihren Flugschein vorweisen. Filme dürfen bereits benutzt werden, wenn die Abreise (intern. Flug) innerhalb von 4 Wochen stattfindet. Andere Ware muss bis zum Abflug verschlossen bleiben (Zollkontrolle beim Abflug).

Unterhaltung und Kultur

Unter den vielen Schauplätzen von Theater, Musicals und Konzerten seien im Folgenden die wichtigsten genannt. Die Tagespresse (Freitagsausgabe des **Sydney Morning Herald**, Donnerstagsausgabe des **Daily Telegraph**) und die kostenlosen Broschüren (z.B. Drum Media, 3-D World u. a.) helfen bei der Auswahl. Aktuelle Tipps natürlich auch im Internet: www.streetsofsydney.com.au, www.citysearch.com.au und andere.
Am **Halftix-Schalter** (201 Sussex St./Darling Harbour/Cockle Bay Wharf, Tel. 9286 3310, www.halftix.com.au) können Restkarten für die Show am selben Abend zum halben Preis erworben werden (geöffnet Mo–Fr 12–17.30 Uhr, Sa 12–17 Uhr). Tickets zum vollen Preis gibt es bereits ab 9 Uhr.

THEATER UND OPER:

Sydney Opera House (Bennenong Point, www.soh.nsw.gov.au oder www.sydneyoperahouse.com). Opern, Tanz, Ballett, Theater und Konzerte finden in 4 verschiedenen Sälen statt. Die Ensembles sind hochkarätig besetzt – ein Muss für Opernfreunde! Die Eintrittskarten sind auf den guten Plätzen teuer und müssen frühzeitig vorbestellt werden.
Karten können telefonisch am **Opera House Box Office** bestellt (Tel. 9250 7250) oder im Internet bestellt werden. Abholung bei Nennung des Namens und der Kreditkartennummer abends 1 Std. vor Vorstellungsbeginn am Ticket-Office der Oper.
Weitere bekannte Theater, in denen vornehmlich Musicals gespielt werden, sind **Her Majesty's Theatre** (107 Quay St., Tel. 9212 3411) und das Theatre Royal (MLC Centre, King St., Tel. 9224 8444).
Im **Wharf Theatre** (Pier 4, Hickson Rd./Walsh Bay, The Rocks, www.sydneytheatre.com.au) sind die **Sydney Dance Company** und **Sydney Theatre Company** zu Hause.

SPORT:

Informationen zu Sportveranstaltungen im **Olympiastadion**, vor allem Rugby: www.stadiumaustralia.com.au

KINO:

Die großen Kinozentren befinden sich in der George St. (**Hoyts Cinema Centre**, **Village Cinema**, **Greater Union**) und Pitt St. (**Pitt Cinema Centre**). Daneben existiert eine Fülle kleinerer Theater und Programmkinos. Die neueste Attraktion ist das **IMAX-Kino** im Darling Harbour.

CASINO:

Das **Sydney Harbour Casino** (Pirrana Rd., Darling Harbour) ist ein ultramoderner Unterhaltungskomplex, der rund um die Uhr für Zocker (und Zuschauer) geöffnet ist.

LIVEMUSIK UND PUBS:

Wie in allen Großstädten des Landes trifft sich die Geschäftswelt auch in Sydney allabendlich zum Bier in Pubs und Kneipen. Livemusik gehört dazu. Freitagabend sind fast alle Pubs brechend voll.

Hard Rock Café, 121–129 Crown St., Darlinghurst. Der Klassiker mit Restaurant und Rockmusik.

Lord Nelson Brewery Hotel, Ecke Kent St./Argyle St., The Rocks. Der älteste Pub Australiens verfügt über eine hauseigene Brauerei – sehr stilvoll und empfehlenswert!

Pumphouse Tavern, 17 Little Pier St., Darling Harbour. Guter Pub mit Biergarten.

Bourbon & Beefsteak Bar, 24 Darlinghurst Rd., Kings Cross. Auf mehreren Ebenen kann gegessen, getrunken oder getanzt werden. 24 Std. geöffnet.

Friend in Hand Pub, 58 Cowper St., Glebe. Einer der besten Pubs der Stadt, tolle Einrichtung und Stimmung; nebenan das Restaurant „No Names" mit preiswerten Nudelgerichten. Von Zeit zu Zeit wird Irish Folk gespielt.

Greenwood Plaza, 90 Pacific Hwy. (gegenüber North Sydney Railwaystation); alte Kirche, die zum Pub umgebaut wurde.

Kinsela's, 383 Bourke St., Darlinghurst. Großer Unterhaltungskomplex mit Nachtclub, Restaurant, Bars, Cafés und Discothek.

🔊 Veranstaltungen

Kaum ein Monat vergeht, in dem nicht irgendein Festival stattfindet. Höhepunkt ist das **Festival of Sydney** im Januar, das genau in die europäische Hauptreisezeit fällt. Einen ganzen Monat lang wird ein Programm mit Musicals, Konzerten (u.a. Freiluftkonzerte im Domain-Park), Straßentheatern, Oldtimerparaden und vielem mehr geboten. Am **26. Januar (Australia Day)** ist schließlich die ganze Stadt auf den Beinen.

Im Februar findet das 2-wöchige Homosexuellen-Festival **Mardi Gras** statt, das in einer farbenprächtigen, ausgeflippten Parade gipfelt.

Organisierte Ausflüge
HAFENRUNDFAHRTEN:

Captain Cook Cruises, Matilda Cruises und **Majistic Cruises** veranstalten zu unterschiedlichen Tageszeiten verschiedene Hafenrundfahrten. An Bord der **Bounty** (Anlegestelle bei The Rocks) haben Sie Gelegenheit, auf einem historischen Dreimaster durch den Hafen zu segeln. Sehr persönlich und empfehlenswert: die deutschsprachig geführten Hafenrundfahrten auf der **Enigma** (Waratah Tours, Tel. 9908 4697, unbedingt vorab buchen!).

S

T

BUSAUSFLÜGE:
Ausflüge nach Canberra, Hunter Valley, Blue Mountains, Hawkesbury River, zum Olympiage-
lände (Homebush Bay) usw. werden von vielen Veranstaltern angeboten.
Australia Pacific Tours *und* **AAT Kings** *bieten mit großen Bussen Touren in die Blue*
Mountains an.
Waratah Tours*, Tel. 9908 4697; deutschsprachige Touren in kleinen Gruppen in Sydney*
und Umgebung. Auf eigene Faust unternehmen Sie eine **Stadtrundfahrt** *am besten mit*
dem Sydney Explorer Bus (vgl. „Öffentliche Verkehrsmittel").

RUNDFLÜGE:
Helikopterrundflüge mit Sydney Helicopters *(Tel. 9637 4455). Spektakuläre Rundflüge*
über Sydney, bis in die Blue Mountains – empfehlenswert und ein krönender Abschluss
einer Australienreise!

Tamworth/NSW (S. 559)

ℹ️ Information
Tourist Centre*, Ecke Kable Ave./Bridge St., Tel. 6768 4461, www.visittamworth.*
com.au. Zur Zeit des Country Music-Festivals muss die Unterkunft monatelang im Voraus
gebucht werden!

🏨 Übernachten
Quality Hotel Powerhouse $$$$*, Armidale Rd., New England Hwy., Tel. 6766*
7000; eines der besten Hotels der Stadt.
Best Western Sanctuary Inn $$$*, 293 Marius Street, Tel. 6766 2903, Mittelklasse Hotel*
mit Pool und Bar.

 Camping
Paradise CP*, Peel Street, Tel. 6766 3120; großer Big4-Campingplatz.*

Tennant Creek/NT (S. 434)

ℹ️ Information
Visitor Centre*, Peko Rd., Battery Hill, Tel. 8962 3388, www.barkleytourism.com.au*

🏨 Übernachten
Bluestone Motor Inn $$$*, Paterson St., Tel. 8962 2617; gepflegtes Mittelklasse-*
Motel.
Safari Lodge Motel und YHA $$*, 12 Davidson St., Tel. 8962 2207; einfaches Motel mit*
angeschlossener Jugendherberge.

Camping
Outback Caravan Park*, 13282 Peko Rd., Tel. 8962 2459; Campingplatz mit schatti-*
gen Plätzen, Cabins, Swimming-Pool und Kiosk.
Ein einfacher **NP-Campground** *befindet sich bei den* **Devil Marbles***!*

Thredbo/NSW (S. 590)

Information
Thredbo Accommodation Service, Tel. 1-800 020 589; www.thredbo.com.au, www.snowymountains.com.au Unterkunftsbuchung im Sommer und Winter.

Übernachten
Thredbo Alpine Hotel $$$, Tel. 6457 6333; komfortables Hotel mit Restaurant.
Thredbo YHA Lodge $, Tel. 6457 6376; Doppel- und Mehrbettzimmer – im Winter teurer.
Das sehr schön gelegene **Novotel Lake Crackenback** ist unter „Jindabyne" beschrieben.

Tom Price/WA (S. 652)

Information
Karijini Visitor Centre, innerhalb des Karijini NP, Tel. 9189 8121; www.tompricewa. com.au; hervorragendes, neues Besucherzentrum mit Ausstellungen, Aborigine-Kultur, interaktiven Displays etc.

Übernachten
Die Stadt Tom Price ist nach der Schließung der Stadt Wittenom der wichtigste Versorgungsstützpunkt neben der Minenstadt Paraburdoo. Das Tom Price Motel ist nur sehr bedingt empfehlenwert!
Karijini Eco Retreat $$$; Tel. 9425 5591; die beste Unterkunft, direkt im Nationalpark gelegen. Komfortable Zelte mit Du/WC, im Stil von Afrikas Lodges.
Windawarri Lodge $$$, Stadium Road, Tom Price, Tel. 9189 1110; bestes Hotel der Stadt.
Mt. Florance Station $$, zwischen Karijini und Millstream NP gelegen, Tel. 9189 8151; ruhige Outback-Farm, nur von April bis Oktober geöffnet. Mit Campingmöglichkeit.

Camping
Tom Price CP (4 km westlich), Tel. 9189 1515; Campingplatz.
Näher der Natur lässt es sich auf den Campgrounds im Karinjini NP nächtigen.

Ausflüge
Lestok Tours, Tel. 9189 2032, veranstaltet Tagestouren in den NP und zu den Minen.

Torquay/VIC (S. 342)

Übernachten
Surf City Motel $$$, The Esplanade, Tel. 6261 3492; eines der besten Hotels der Stadt mit zentraler Lage.

Camping
Bernell CP, 55 Surfcoast Hwy., Tel. 5261 2493; großzügig ausgestatteter Campingplatz, auch Cabins.

Wandern

In Torquay beginnt der South Coast Walk, der über 25 km bis nach Aireys Inlet führt. Die erste Etappe endet am 3 km entfernten Bells Beach.

Rundflüge

Spektakuläre Rundflüge in offenen Tiger Mooth-Doppeldeckern werden ab Torquay zu den Zwölf Aposteln angeboten (Tel. 5261 5100, www.tigermothworld.com).

Townsville/QLD (S. 498)

Information

Townsville Mall Information Centre, Flinders Mall, Tel. 4721 3660, www.townsvilleholidays.info, www.magnetic-island.com.au, Informationen und Tipps über die Stadt. **Reef HQ**, Flinders St., East: Ein Muss ist der Besuch der Reef „Headquarters" (HQ) mit dem Museum of Tropical Queensland, dem IMAX-Kino und vor allem dem sehenswerten Aquarium. Informationen vorab: www.reefHQ.com.au.

Wichtige Telefonnummern

Vorwahl Queensland: 07
Notruf: 000
Krankenhaus: General Hospital, Eyre St., Tel. 4781 9211

Automobilclub

Royal Automobile Club Of Queensland (RACQ), 202 Ross River Rd., Aitkenvale, Tel. 4775 3999 oder 13 11 11, www.racq.com.au

Fluggesellschaften

Qantas, Tel. 13 13 13
Flight West, Tel. 4727 3666; u.a. Flüge nach Mt. Isa.

Busse

Der moderne Busterminal **Transit Centre** befindet sich an der Ecke Plume St./Palmer St. in South Townsville (über der Victoria Bridge). Townsville wird von den großen Busgesellschaften auf der klassischen Ostküstenroute angefahren.
Greyhound, Tel. 13 20 30

Autovermietung

Die meisten großen Vermieter haben neben dem Stadtbüro auch Schalter am Flughafen. Die Ankunfts-/Abflugzeit muss für die Übernahme/Abgabe des Fahrzeugs bekannt sein! Es gibt keine überregionalen Camper-Vermieter in Townsville.

Taxi

Standard White Cabs, Tel. 13 10 08

Züge

Der Bahnhof befindet sich in 502 Flinders St., Fahrplaninformationen Tel. 4772 8305. Die Züge, die Brisbane mit Cairns verbinden, halten auch in Townsville (vgl. Kapitel 3,

Stichwort „Eisenbahn"). **The Inlander** fährt **zweimal** wöchentlich auf der Güterbahnstrecke nach Mt. Isa.

Öffentliche Verkehrsmittel

Der **Flughafen Garbutt** liegt 5 km nordwestlich des Stadtzentrums. Der Airport Bus Service (Tel. 4775 5544) verkehrt vom/zum Flughafen für A$ 12. Bei Abflug aus Townsville kann man den Bus vorher reservieren und sich am Hotel abholen lassen. Die Taxifahrt vom/zum Flughafen kostet ca. A$ 20.

Busse verbinden das Stadtzentrum mit den Vororten. Um die Umgebung kennen zu lernen, empfiehlt sich ein Mietwagen.

Post

General Post Office (GPO), Flinders Mall, Townsville QLD 4810; geöffnet Mo–Fr 9–17 Uhr.

Strände

Townsville hat entlang der neu gestalteten Promende **The Strand** einen schönen Sandstrand. Ein Stinger-Netz und ein felsummauerter **Rockpool** (am Aussichtspunkt „Kissing Point") schützen vor den giftigen Quallen (Box Jelly Fish), die von Oktober bis April die Küste bevölkern.

Magnetic Island hat in seinen vielen Buchten außerordentlich schöne Strände, die (je nach Strömung) nicht von den Quallen befallen sind.

Alternativ kann der Tobruk Memorial Pool aufgesucht werden, in dem z. T. auch Tauchkurse stattfinden (Ecke The Strand/Fryer St.).

Übernachten

Die Stadt bietet ein weites Spektrum an Übernachtungsmöglichkeiten – vom Luxushotel bis zur Backpacker-Unterkunft ist alles vorhanden. Hotels/Motels findet man vornehmlich entlang der Uferpromenade The Strand, Hostels in der Flinders St. und in South Townsville (Palmer St., Plume St.).

Jupiters Hotel & Casino $$$$$, Sir Leslie Thiess Drive, Tel. 4722 2333; Luxushotel am Hafeneingang mit elegantem Casino.

Seagulls Resort $$$, 74 Esplanade, Rowes Bay, Tel. 4721 3111; ansprechendes Hotel mit tropischem Garten und Pool, Busverbindung ins Stadtzentrum.

Historic Yongala Motel & Restaurant $$$, 11 Fryer St./The Strand, Tel. 4772 4633; das komfortable Motel ist mit einem 1884 gebauten Restaurant verbunden

Adventurers Backpacker Resort, 79 Palmer St, Tel. 4721 1522; großes Hostel nahe zum Transitcentre.

Camping

Rowes Bay CP, Heatley's Pde., Rowes Bay (3 km nördlich), Tel. 4771 3576; großer, gepflegter Platz, der dem Meer am nächsten liegt (gleich über der Sraße), Cabins vorhanden.

Restaurants

Die größte Auswahl an guten Restaurants hat man entlang The Strand und der Flinders Street East sowie in South Townsville. Innerhalb des Great Barrier Reef Wonderland und an der Fisherman's Wharf befinden sich ein paar Imbissstände für den Snack zwischendurch.

T

V

W

Yongala Restaurant, 11 Fryer St., Tel. 4772 4633; griechisches Restaurant mit herrlicher alter Atmosphäre.
Heritage Café, 137 Flinders St. East, gemütliches Café-Restaurant.
Spinnakers Breakwater Restaurant, Palmer St. (South Townsville); ausgezeichnetes Seafood-Restaurant.
Jupiter Breakwater Casino, Townsville Harbour; elegantes Casino und edles Restaurant. Strandlook ist fehl am Platze, wenn möglich mit Halbschuhen und Hemd bzw. Bluse.

 Organisierte Ausflüge
Sun Sea Cruises, Tel. 4771 3855; tägliche Ausflugsfahrten mit großen Katamaranen zum Schnorcheln und Tauchen an das Great Barrier Reef. Abfahrt 9 Uhr ab Reef HQ.
Magnetic Island Fähren: siehe „Magnetic Island"
Coral Princess Cruises: 4-tägige Kreuzfahrten Cairns – Townsville (und umgekehrt) – sehr empfehlenswert.

 Tauchen
Tauchkurse und -ausfahrten schließen meist auch einen Tauchgang am Yongala-Wrack ein.
Pro Dive Townsville, 252 Walker St, Tel. 47211760; Tauchkurse und -exkursionen, u.a. zum Wrack der berühmten SS Yongala und an das äußere Riff.

Victor Harbor/SA (S. 384)

 Information
Victor Harbor Tourist Information, The Causeway, Tel. 8552 5738, www.tourismvictorharbor.com.au

Übernachten
Hotel Victor Harbor $$$, The Esplanade, Tel. 8552 1288; kleines, im Zentrum gelegenes Hotel.
Comfort Inn Colonial $$$, 2 Victoria St., Tel. 8552 1822; Mittelklasse-Motel.

 Camping
Beachfront CP (Top Tourist Park), 114 Victoria St., Tel. 8552 1111 oder 1-800 620100; großer Campingplatz mit Cabins.

Warrnambool/VIC (S. 348)

Information
Warrnambool Tourist Information, Merri Hill/Flagstaff Hill, Warrnambool, Tel. 5564 7837, www.visitwarrnambool.com

Übernachtung
Comfort Inn Central Court $$$, 581 Raglan Pde. (Princes Hwy.), Tel. 5562 8555; Mittelklasse-Hotel.

Gallery Apartments $$$; 206 Lava St., Tel. 5560 5503; persönlich geführte, kleine Unterkunft mit großen Apartments.

Camping

Ocean Beach Holiday Village (Big4), Pertobe St., Tel. 5561 4222; Campingplatz in Strandnähe, auch Cabins.
Warrnambool Holiday Park, Ecke Raglan Pde./Simpson St., Tel. 1-800 650 441; großer CP mit Cabins.

Whitsunday Islands/QLD (S. 506)

Information

siehe Airlie Beach. Internet: www.airliebeach.com, www.thewhitsundays.com

Wassertaxi

Whitsunday All Over (ex Shute Harbour Jetty, Tel. 4946 9499, www.whitsundayallover.com.au) fährt zu allen Inseln, auch für Tagesausflüge interessant. In Shute Harbour stehen ausreichend Parkplätze und ein Parkhaus zur Verfügung für einen längeren Aufenthalt.
Fantasea Cruises (Tel. 4946 5111) unternimmt Tagesausflüge und Reeftouren, z.B. nach Whitsunday Island.

Übernachten in Insel-Resorts

*Hayman Island Resort $$$$$*, Hayman Island, Tel. 4940 1234. Luxus pur wird in Australiens exklusivstem Inselresort geboten. Ein großes Wassersportangebot und ein 18-Loch-Golfplatz vertreiben die Langeweile. Trotz der Hochpreisigkeit (ab A$ 420/Nacht) ist das Resort stets gut gebucht, deshalb ist eine Reservierung ratsam. Keine Kinder.
South Molle Island Resort $$$$, South Molle Island, Tel. 4946 9433; Resort der gehobenen Preiskategorie. Das große Ausflugs- und Wassersportangebot, die Benutzung des 9-Loch-Golfplatzes und Mahlzeiten sind im Preis eingeschlossen.
Club Crocodile Long Island $$$$; Long Island, Tel. 1-800 075125; großzügige und gepflegte Clubanlage mit akzeptablem Preisniveau und großem Aktivprogramm. In der Happy Bay auf Long Island gibt es ein Korallenriff zum Schnorcheln und Tauchen.
Whitsunday Wilderness Lodge $$$$, Long Island (Südteil), Tel. 4946 9777; einfach ausgestattete, sehr naturverbundene Lodge mit exklusiver und privater Atmosphäre. Die 8 Cabins liegen direkt am Strand (max. 16 Gäste).
Club Med Village Lindeman Island $$$$, Lindeman Island, Tel. 1-800 258 2633, www.clubmed.com.au. Der Club pflegt seine Traditionen auch in Australien: legere Atmosphäre, großes Sportangebot (u.a. 9-Loch-Golfplatz), eher einfach gehaltene Unterkünfte und opulente Buffets.
Brampton Island Resort $$$$, Brampton Island, Tel. 4951 4499; komfortable Ferienanlage für Familien und Paare, mit 6-Loch-Golfplatz und Wassersportaktivitäten.
Palm Bay Hideaway Long Island $$$, Long Island, Tel. 1-800 095 025; in der palmengesäumten Palm Bay Lagune gelegenes Resort. Die Ausstattung der Bungalows ist recht einfach – insgesamt geht es ruhiger zu als im Club Crocodile.
Hamilton Island Resort $$$, Hamilton Island, Tel. 4946 9999; das größte Inselresort im Südpazifik bietet Unterkünfte in mehreren Preis- und Ausstattungskategorien: Vom Hotelzimmer im Hochhaus (optisch eher abstoßend) bis zu einzelnen Bures im polynesischen

Stil ist alles verfügbar. Aufgrund des Jet-Flughafens auf der Insel geht es teilweise recht lebhaft zu. Großes Aktivitätsprogramm für Familien mit Kindern.

Hook Island Wilderness Resort $$, Hook Island, Tel. 4946 9470; relativ preisgünstiges und einfaches Resort mit Cabins (auch Mehrbettunterkünfte) an der Südostspitze der Insel. Ein Campingplatz ist ebenfalls vorhanden (Resorteinrichtungen dürfen genutzt werden).

Hook Island NP-Campgrounds befinden sich in Curlew Beach und Stonehaven Beach – nur per Boot zugänglich!

Daydream Island Resort, Daydream Island, Tel. 4948 8488; luxuriöse Hotelanlage auf einer (leider) nicht sehr attraktiven Insel.

Wilsons Promontory National Park (S. 602)

Information

Visitor Centre, Tidal River, Tel. 5680 9555, www.parkweb.vic.gov.au. Im Besucherzentrum erhalten Sie Informationen über Flora und Fauna des Parks sowie Wanderkarten. Die nächste öffentliche Verkehrsanbindung besteht durch Busse der V/Line in Foster. Internet: www.parkweb.vic.gov.au.

Der **Parkeintritt und die Campingplatzgebühren** sind an der Zufahrtsstraße zu entrichten.

Übernachten

In den Schulferien (Dez./Jan., Osterferien und an „Long Weekends") ist es nur schwer möglich, eine Unterkunft auf dem riesigen Campingplatz (500 Stellplätze) in Tidal River zu bekommen. Auch der Lärm der Familien und Kinder ist nicht jedermanns Sache. Eine frühzeitige Reservierung ist in der Ferienzeit unbedingt erforderlich! Außerhalb der Ferien ist eine Reservierung ebenfalls ratsam!

Comfort Inn Foster $$$, South Gippsland Hwy., Foster, Tel. 1-800 036 140; das dem NP nächstgelegene Städtchen mit Motel.

Cabins und Flats (2–6 Personen), Tidal River, Tel. 5680 9500

Campingplatz Tidal River, Tel. 5680 9555. Außerdem existieren entlang der Wanderwege einfache NP-Campgrounds (nur zu Fuß erreichbar).

Waratah Bay Country House, Thomason Rd. (12 km südlich von Fish Creek), Waratah Bay, Tel. 5683 2575; ca. 50 km vom NP entfernt liegende B&B-Unterkunft.

Yanakie Caravan Park, 390 Foley Rd., Yanakie, Tel. 5687 1295; dem NP vorgelagerter Campingplatz, auch Cabins.

Wyndham/WA (S. 665)

Information

Tourist Information Centre, Old Post Office, Tel. 9161 1054.

Übernachten

Wyndham Town Hotel $$$, O'Donnell St., Tel. 9161 1202; ordentliches Hotel.

Wyndham Caravan Park, Baker St, Tel. 9161 1064; einfacher Campingplatz.

Für Ihre Notizen

IWANOWSKI'S
Das kostet Sie Australien

- Stand: August 2009 -

Auf den Grünen Seiten können Sie sich anhand der dargestellten Preisbeispiele ein Bild von den Kosten Ihrer Reise nach Australien und Ihres Aufenthalts im Land machen. Sie sollten diese Preise als Orientierung verstehen. Viele Preise schwanken natürlich, weshalb hier eine Preisspanne angegeben ist, die als Richtschnur dienen soll.

Währung: I Austral-Dollar (AUD oder A$) = 0,58 €

News im Web:
www.iwanowski.de

Beförderungskosten

Internationale Flüge

- Gabelflug „Point to Point", z.B. mit Qantas Airways ab € 790 zzgl. Steuern (Saisonzeit Mai/Juni) bis € 1.290 (Saisonzeit Dezember/Weihnachten)
- Gabelflug inkl. 2 inneraustralischer Flugstrecken, z.B. mit *Qantas*: ab € 980 zzgl. Steuern

Die Flughafensteuern, Gebühren sowie Treibstoffzuschläge belaufen sich zur Zeit auf ca. € 240–420 pro Person, je nach Zahl der Flüge und angeflogenen Flughäfen. Die Höhe der **Treibstoffkostenzuschläge** wird von den Fluggesellschaften sehr variabel gehandhabt, abhängig von den jeweils geltenden Rohölpreisen.

Sonderangebote: Australien zum Schnäppchenpreis

Bei Buchung von Flug + Landprogramm sind spezialisierte Australienveranstalter in der Lage, supergünstige Flugtarife anzuwenden, die als solche nicht veröffentlicht oder solo verkauft werden dürfen. So werden z.B. Flug + 21 Tage Camper schon ab € 1.599 pro Person (bei 2 Reisenden) angeboten. Preislich besonders interessant sind die Reisemonate April bis Juni – hier können Reisende noch echte „Schnäppchen" buchen. Insgesamt sind die „billigen" Zeiten für eine Australienreise jedoch vorbei.

Inlandsflüge

Inlandsflüge bucht man am besten zusammen mit dem internationalen Langstreckenflug. Qantas und Cathay Pacific haben hierfür die besten Preise. Einen speziellen Flugpass, der die Inlandsflüge im Vorfeld kalkulierbar macht, gibt es leider nicht mehr, d.h. jeder Flug muss einzeln kalkuliert werden. Der Flugpreis ist von der Strecke, vom Buchungsdatum und von den Tarifkonditionen abhängig.
Günstige Inlandsflüge, allerdings nicht umbuchbar und nicht erstattungsfähig, findet man im Internet unter www.qantas.com.au, www.jetstar.com und www.virginblue.com.au. Der Flugpreis wird sofort von der Kreditkarte abgebucht.

Mietwagen

Kategorie Compact (z.B. Toyota Corolla, inkl. unbegrenzte km): ab € 34/Tag. Es empfiehlt sich, die Kaskoversicherung gleich bei Buchung in Deutschland zu bezahlen, da diese dann günstiger ist.

Camper

- *High Top Camper* (Kleinbus mit festem Hochdach inkl. unbegrenzter km): € 59–119/Tag je nach Saisonzeit und Mietdauer zzgl. Versicherung.
- *4-Berth Motorhome* (Alkoven-Wohnmobil inkl. unbegrenzte km): € 99–298/Tag je nach Saisonzeit und Mietdauer zzgl. Versicherung.

Bei Campern empfiehlt es sich generell gleich das „All-Inclusive"-Paket zu buchen. Darin sind alle Nebenkosten, die bestmögliche Versicherung mit 0,00 Selbstbehalt und Einweggebühren enthalten. Sie bezahlen vor Ort dann nur noch den Treibstoff und vermeiden jegliche Diskussionen.

Allrad-Camper

4-WD Camper (Toyota Landcruiser mit Aufstelldach oder festem Hochdach inkl. unbegrenzter km): € 99–249/Tag je nach Saison und Mietdauer zzgl. Versicherung.

Geführte Rundreisen

- *Klassische Australien* (24-Tage-Hotel-Busrundreise mit 4-Sterne Hotels und deutschsprechender Reiseleitung, inkl. Flüge ab/bis Deutschland): ab ca. € 6.800 pro Person im DZ
- *Tropical Queensland* (13-Tage-Busrundreise ab Sydney/bis Cairns mit englischsprachiger Reiseleitung): ab ca. € 2.190 pro Person
- *Great Eastlander Adventure* (30-Tage-Zelt-Safari ab Sydney/bis Melbourne mit deutsch-/englischsprachiger Reiseleitung): ab ca. € 2.850 pro Person

Bausteinprogramme

4 Tage *Red Centre Camping Safari* ab/bis Alice Springs: € 398 pro Person
3 Tage *Kakadu Camping Safari* ab/bis Darwin: € 369 pro Person

Taxifahrt

Flughafen – Stadt: A$ 30–80 (je nach Entfernung und Verkehrsaufkommen). Es empfiehlt sich in den allermeisten Fällen, den Flughafenbus zu nehmen, da dieser deutlich günstiger ist!

Bahnfahrt

Sydney – Perth (*Indian-Pacific*): Holiday Class-Schlafwagen: € 690 pro Person
Adelaide – Alice Springs (*The Ghan*): Coach Class-Sitzwagen: € 220 pro Person

Flughafen-Shuttle-Bus

Flughafen – Stadt: A$ 12–20 pro Person und Strecke (je nach Stadt)

Buspässe

Kilometerpässe, z.B. 5.000 km für € 380, 10.000 km für € 650

Öffentliche Verkehrsmittel

Busse und Straßenbahnen/U-Bahnen in Großstädten: Einzelticket A$ 2,50–4,20, Tagesticket A$ 12–18

Aufenthaltskosten

Übernachten

- Campingplätze: A$ 20–30 (2 Personen + Zelt); A$ 25–40 (2 Personen + Wohnmobil)
- NP-Campground: A$ 5–15 pro Fahrzeug
- Jugendherbergen/Hostels: A$ 20–30 p.P./Nacht im Mehrbettzimmer
- Mittelklasse-Hotels: Doppelzimmer A$ 80–250 pro Person
- Luxushotels: Doppelzimmer A$ 200–600 pro Person
- Ferienresorts: Doppelzimmer A$ 150–450 pro Person

Benzin

Großstädte und Umgebung: A$ 1,35–1,75 pro Liter
Entlegene Gebiete: A$ 1,60–2,50 pro Liter
Infos: www.fuelwatch.com.au, www.travelmate.com.au

Lebensmittel

1 Liter Milch: A$ 1,20–2,40
1 Liter Cola: A$ 1,50–2,50
6 Dosen Bier: A$ 8,00–14,00
1 Flasche südaustralischer Wein: A$ 8–25
1 Kilo Äpfel: A$ 2,50–4,50
1 T-Bone Steak: A$ 6-9
1 Packung Toastbrot: A$ 0,90–2,40
1 Pfund Butter: A$ 1,20–2,50
1 Beutel Eis (für Kühlbox): A$ 1,50–2,50

Eintrittsgelder

Nationalparks: A$ 0–35
Museen: A$ 0–25
Freizeiteinrichtungen (z.B. Zoos, Aquarien, Themenparks): A$ 20–40

Steuern

Auf alle Waren und Dienstleistungen (außer Grundnahrungsmittel) wird vor Ort die Goods & Sales Tax (GST) in Höhe von 10 Prozent erhoben. Die Steuer ist bereits in allen Preisen, die ausgewiesen sind, enthalten.
Als Tourist hat man die Möglichkeit, im Rahmen des TRS (Tourist Refund Scheme) einen Teil der bezahlten GST zurückzuerhalten.

Für Ihre Notizen

4. REISEN IN AUSTRALIEN

Als Europäer hat man bei dem ersten Australienbesuch kaum eine Vorstellung von der Größe und der Weite des Landes. Noch einmal zum Vergleich: Australien ist so groß wie Kontinental-USA (ohne Alaska), und kein Mensch würde versuchen, die USA in drei Wochen zu umrunden. Dies sollte auch in Australien tunlichst unterlassen werden. Bei der begrenzten Urlaubszeit, die zur Verfügung steht, erhebt sich die Frage, wie denn dieser riesige Kontinent überhaupt in 3, 4, 5 oder 6 Wochen erkundet werden soll, einem Zeitraum, welcher der üblichen Urlaubzeit entspricht. Insbesondere die Reisenden, die mit dem Fahrzeug unterwegs sind (egal ob Camper, Mietwagen oder eigenes Fahrzeug), sollten sich eine ungefähre Routenplanung zurechtlegen. Es ist sicherlich nicht immer erforderlich, die Tagesetappen im Einzelnen und en détail im Voraus festzulegen, doch meist ergibt sich durch Flugtermine für Inlands- und Langstreckenflüge und die Anmietage der Fahrzeuge ein „Beinahe-Zwang" zur Routenplanung. Die nachfolgend aufgelisteten und in den folgenden Kapiteln näher beschriebenen Punkte sollen dazu beitragen, die Planung der Reise zu erleichtern und den Verlauf so reibungslos wie möglich zu gestalten.

*Reise-
planung*

Streckenbeschreibungen: Das Reise-Handbuch Australien richtet sich vornehmlich an den Individualtouristen, der mit einem gemieteten Fahrzeug (Wohnmobil oder Mietwagen) unterwegs ist. Anhand einer „Klassischen Australienrundreise" werden **Strecken**, **Sehenswürdigkeiten** und **Städte** im Osten und im Zentrum des Kontinents beschrieben. Auf der „Großen Australienrundreise" wird dieses Gebiet um Westaustralien und Tasmanien erweitert.

Zusätzlich zu der vorgeschlagenen Route werden mögliche **Alternativrouten** beschrieben. Diese verlaufen entweder parallel oder eignen sich als Abstecher oder Abkürzungen. Oft sind sie genauso interessant, aus verschiedenen Gründen aber nicht von allen Reisenden durchführbar. Sei es, dass die zur Verfügung stehende Zeit nicht ausreicht, sei es, dass man sonst ein anderes Teilstück doppelt fahren müsste, oder sei es, dass aufgrund der Straßen- oder Wetterverhältnisse ein Allradfahrzeug (4-WD) notwendig wäre, aber nicht zur Verfügung steht.

Die **Kombinationsmöglichkeiten verschiedener Verkehrsmittel** sind in Australien beinahe unbegrenzt. Flugzeug, Auto, Eisenbahn, Bus und Schiff stehen oft in unmittelbarer Konkurrenz zueinander, sodass letztendlich persönlicher Geschmack, Zeit und Geldbeutel entscheiden.

Reisezeit: Aufgrund der verschiedenen Klimazonen, die Australien durchziehen, gelten für unterschiedliche Gebiete auch unterschiedlich günstige Reisezeiten. Diese sollten bei der Reiseplanung beachtet werden.

Zeiteinteilung und touristische Interessen

Gebiet	Unternehmung/Ausflugsziel	Tage	ca. km	Touristische Interessen
Melbourne und Umgebung	Stadtbesichtigung - Mornington Peninsula - Yarra Valley - Dandenongs - Phillip Island - Bellarine Peninsula	2–4	250	Kultur - Architektur - Stadtleben - Natur - Flora und Fauna
Südaustralien: Südküste	Great Ocean Road - Port Campbell NP	4–10	1.400 (2.000)	Strände - Naturschutzgebiete - Küste - Seevögel
Alternativ: Goldfelder, Murray River	Alternativ: Ballarat - Bendigo - Echuca - Riverland			Alternativ: Geschichte - Goldgräbersiedlungen - Flusskreuzfahrt - Hausboote - Weinproben
Adelaide und Umgebung	Stadtbesichtigung - Barossa Valley - Fleurieu Peninsula - Kangaroo Island	2–4	300	Kultur - Stadtleben - Architektur - Weinproben - Geschichte - Natur - Seehunde - Wandern - Strände
Zentrum: Stuart Highway (Explorer's Way)	Adelaide - Port Augusta - Coober Pedy - Alice Springs	4–14	1.400 (1.800)	Landschaft - Nationalparks - Wandern - Opalsuchen
Alternativ: Outback Südaustralien	Alternativ: Flinders Ranges - Witjira NP			Alternativ: Outback - Geologie - Natur
Zentrum: Red Centre	Uluru National Park - Ayers Rock - Olgas - Kings Canyon	3–7	770	Landschaft - Geologie - Tier- und Pflanzenwelt - Wandern - Aboriginal-Kultur - Rundflüge - Outback-Safaris
Red Centre: Alice Springs und Umgebung	Stadtbesichtigung - MacDonnell Ranges	3–6	600	Landschaft - Geologie - Aboriginal-Kultur - Wandern - Safaris - Rundflüge
Zentrum: Stuart Highway: Alice Springs - Darwin	Tennant Creek - Mataranka - Katherine - Litchfield NP	4–7	1.800	Landschaft - Thermalquellen - Schluchten - Wasserfälle - Geologie - Bootsfahrt - Wandern - Rundflüge - Aboriginal-Kultur - Kanufahren - Baden
Tropischer Norden: Darwin und Umgebung	Stadtbesichtigung - Kakadu National Park - Melville Island - Bathurst Island - Arnhemland	4–7	600	Stadtleben - Pubs - Aboriginal-Kultur - Regenwald - Krokodile - Vogelwelt - Wasserfälle - Felsmalereien - Wandern - Bootsausflüge - Aboriginal-Kultur
Darwin–Cairns: Barkly Highway	Three Ways - Mt.Isa - Hughenden - Atherton Tablelands	3–5	1.600	Outback-Landschaft - Bergwerksbesichtigung - Schluchten - Badestellen - Vulkanseen - Wasserfälle - Wandern
Alternativ: Savannah Way (Gulf Track)				Alternativ: Outback-Städte – Flüsse

Ostküste: Cairns und Umgebung - Great Barrier Reef/Outback QLD	Stadtbesichtigung - Inseln des Great Barrier Reef - Cape Tribulation - (Abstecher Cape York-Halbinsel) - Atherton Tablelands/Matilda Highway - Outback	4–14	300 (1.400)	Stadtleben - Strände - Bootsausflüge - Kreuzfahrten - Tauchen - Schnorcheln - Wandern - Regenwaldflora und -fauna - Outback - Rundflüge
Ostküste: Cairns–Brisbane	Cairns - Townsville - Whitsunday Islands - Fraser Island - Sunshine Coast	10–18	1.800	Stadtleben - Sandstrände - Kreuzfahrten - Bootsausflüge - Baden - Schnorcheln - Tauchen - Tiere und Pflanzen
Ostküste: Brisbane–Sydney	Brisbane - Stradbroke Island - Gold Coast - Byron Bay - Port Macquarie - Newcastle - Sydney	5–7	1.100	Stadtbesichtigung - Strandleben - Landschaft - Landleben - Kolonialstädte - Wandern - Sandstrände - Surfen - Kunst und Kultur
Sydney und Umgebung	Stadtbesichtigung - Blue Mountains - Royal National Park	3–5	200	Kultur - Architektur - Stadtbummel - Hafenrundfahrt - Geschichte - Landschaft - Wandern - Strände - Surfen - Tierparks
Südostaustralien: Sydney–Melbourne (Küstenroute)	Bateman's Bay - Lakes Entrance - Wilson Promontory NP	3–6	1.200 (1.500)	Baden - Wandern
Alternativ: Canberra–Snowy Mountains–Alpine High Country	Alternativ: Canberra - Kosciusko NP - Mt. Buffalo			Alternativ: Geschichte - Museen - Bergwandern - Skifahren - Flora und Fauna
Südwestaustralien: Nullarbor Plain–Südwestküste	Nullarbor Plain - Kalgoorlie - Esperance - Albany - Margaret River - Bunbury	1.700	8–10	Landschaft - Goldstädte - Geschichte - Küstenlandschaft - Wandern - Tier- und Pflanzenwelt - Wale - Delfine - Wildblumen - Karri-Bäume - Strände - Hochseeangeln
Perth und Umgebung	Stadtbesichtigung Perth - Fremantle - Rottnest Island - (Wave Rock)	2–4	80 (700)	Kunst und Kultur - Architektur - Stadtleben - Strände - Bootsausflüge - Landschaft
Westaustralien: Perth–Broome–Darwin	Pinnacles - Kalbarri NP - Monkey Mia/Shark Bay - North West Cape - Pilbarra - Broome - Kimberleys - Bungle Bungles - Kununurra	14–28	4.300	Geologie - Wandern - Küstenlandschaft - Aboriginal-Kultur - Tiere und Pflanzen - Delfine - Strände - Baden - Bergwerke - Schluchten - Diamanten - Rundflüge
Tasmanien	Hobart und Umgebung - Strathgordon - Cradle Mountains - Queenstown - Stanley - Marrawah - Devonport - Launceston - St Helens - Port Arthur	8–21	1.800	Stadtbesichtigung - Geschichte/Politik - Sträflingskolonien - Bootsausflüge - Bergwandern - Rafting - Geologie - Regenwälder - Strände - Kunst und Kultur - Geschichte - Baden - Flora und Fauna

Reiseplanung und -vorschläge

Wie plane ich meine Reise?

You need exactly six month to see Australia – mit diesen Worten empfing mich bei meinem ersten Australienbesuch ein armenischer Taxifahrer in Sydney. Dass man selbst in sechs Monaten nicht alles gesehen haben kann, ist zweifellos keine neue Erkenntnis. Der Kontinent ist riesig und würde selbst bei unbegrenzter Reisezeit immer Neues bereithalten und Unbekanntes zu Tage fördern. Je nach Saisonzeit kann eine solche Rundreise auch im Norden (Darwin, Cairns) beginnen oder enden. Stopover in Asien lassen sich natürlich ebenfalls einbauen, kosten aber die entsprechenden Extratage an Reisezeit.

Reisebeispiele

Inner-australische Flüge nutzen!

Bei üblichen 3 bis 4 Wochen Reisezeit sollten Sie sich auf wenige Gebiete konzentrieren und mit Flugverbindungen innerhalb des Landes operieren. Zusätzlich sollte die Möglichkeit eines Gabelfluges in Betracht gezogen werden, um nicht am gleichen Ort ein- und auszureisen. An den jeweiligen Orten können Mietwagen/Geländefahrzeuge/Camper oder kürzere Bausteinprogramme oder Ausflüge gebucht werden, um die Umgebung mit lokaler Reiseleitung kennen zu lernen.

Klassische Erstbesucher-Tour
▶ Hinflug nach Sydney
▶ 2–4 Übernachtungen Sydney mit Citytour und Hafenrundfahrt
▶ Flug Sydney–Alice Springs
▶ 3–5 Tage Camping-Safari oder Hotelrundreise im Roten Zentrum, alternativ Mietwagen- oder Campertour
▶ Flug Alice Springs–Cairns
▶ 3–5 Tage (Bade-)Aufenthalt in Trinity Beach, Palm Cove oder Port Douglas mit Riff- und Regenwaldausflügen, evtl. Allradtour nach Cape York (6–12 Tage Dauer)
▶ 10–20 Tage Mietwagen/Campertour oder geführte Hotel-Bus-Rundreise von Cairns nach Brisbane entlang der Ostküste von Cairns nach Brisbane
▶ Rückflug von Brisbane

Hinweis
Ganzjährig mögliche Tour („Reef, Rock and Opera"). Von November bis März herrscht jedoch im tropischen Norden Regenzeit (kurze heftige Regenfälle, gelegentlich Wirbelstürme, tropische Hitze) und im Zentrum muss mit sehr großer Hitze gerechnet werden. Die Reise kann um einen Abstecher in das Top End (ab/bis Darwin mit Kakadu Nationalpark) sowie eine Reise entlang der Great Ocean Rd. (Melbourne–Adelaide) erweitert werden.

Südosten und Tasmanien
▶ Hinflug nach Sydney
▶ 3 Übernachtungen Sydney mit Citytour und Hafenrundfahrt
▶ 10–20 Tage Mietwagen/Campertour von Sydney über Melbourne (Australische Alpen) und die Great Ocean Road nach Adelaide. Abstecher nach Kangaroo Island. Alternativ: geführte Hotel-Bus-Tour.
▶ Flug von Adelaide nach Hobart
▶ 7–14 Tage Tasmanien-Rundreise: geführt oder mit Mietwagen/Camper
▶ Rückflug Hobart–Melbourne–Europa

Hinweis

Die ideale Tour für den australischen Sommer (Oktober bis April). Ein Bade-aufenthalt kann z.B. an der Sunshine Coast (nördlich von Brisbane) erfolgen.

Outback-Tour (Explorer's Way)

▶ Hinflug nach Adelaide
▶ 18–30 Tage Allrad-Campertour von Adelaide nach Darwin: Flinders Ranges, Arkaroola, Oodnadatta Track, Coober Pedy (Opale), Witjira NP (heiße Quellen), Uluru–Kata Tjuta NP (Ayers Rock, Olgas), Kings Canyon, westliche MacDonnell Ranges, Alice Springs, Tennant Creek, Katherine, Litchfield NP, Darwin
▶ Rückflug von Darwin oder evtl. anschließender Badeaufenthalt in Cairns

Hinweis

Eine reine Outback-Tour sollte aufgrund der klimatischen Verhältnisse nur von April bis Oktober in Angriff genommen werden. Für die Routen durch das südaustralische Outback (viele nicht asphaltierte Pisten) ist ein Allradfahrzeug erforderlich. Für die Nord-Süd-Durchquerung auf dem Stuart Hwy. reicht ein Mietwagen aus.

Bis Ende der 1920er Jahre gehörten Kamelkarawanen und ihre aus Afghanistan stammenden Treiber zum gewohnten Bild im Outback Australiens (Aborigine-Zeichnung)

Westaustralien-Reise

▶ Hinflug nach Perth
▶ 2–4 Übernachtungen in Perth
▶ 21–40 Tage Mietwagen/Campertour oder geführte Hotel-Bus-Rundreise von Perth über Kalbarri, Monkey Mia, Coral Bay/Exmouth (Ningaloo Reef), Broome, Gibb River Road, Kununurra, Katherine, Kakadu NP nach Darwin
▶ Rückflug von Darwin oder evtl. Badeaufenthalt in Cairns

Hinweis

Die klassische Westaustralienreise sollte aufgrund der Regenzeit im tropischen Norden am besten von März bis November unternommen werden. Die Gibb River Rd. von Broome nach Kununurra kann nur mit Allradfahrzeugen von Mai bis Oktober befahren werden. Walhaie lassen sich am Ningaloo Reef von März bis Juni beobachten. Der Südwesten ist am besten von Oktober bis März zu bereisen.

Tipps

• Planen Sie Ihre Rundreise großzügig und nicht auf die Minute genau. Es kommt immer wieder vor, dass man an besonders schönen Plätzen einen Tag länger verweilt, einen attraktiven Tagesausflug entdeckt oder wegen einer Panne eine Zwangspause einlegen muss.

• Unterschätzen Sie die Entfernungen nicht und planen Sie die Reise mit Inlandsflügen! Die Flugfrequenzen der australischen Gesellschaften sind im Allgemeinen gut. Engpässe gibt es bei den Flügen in und aus dem Roten Zentrum (z.B. Alice Springs–Cairns) – hier hilft nur eine frühzeitige Buchung!

• In den Metropolen benötigen Sie kein Fahrzeug. Dort herrscht viel (Links-)Verkehr und, wie bei uns, chronische Parkplatznot. Mit den öffentlichen Verkehrsmitteln und zu Fuß erreichen Sie fast alles!

• Denken Sie daran, es ist Ihr Urlaub! Versuchen Sie nicht, alle Highlights des Kontinents in Ihre knapp bemessene Reisezeit zu packen. Hier und da sollten ein paar freie Tage zum Entspannen und Erholen eingeplant werden. Kilometer-Weltmeister sollen andere werden!

INFO   ## Stopover-Programme

Wer sich den Langstreckenflug von Europa nach Australien (oder umgekehrt) in zwei Etappen aufteilen möchte, sollte die Möglichkeit des Stopovers in Betracht ziehen. Ohne Aufpreis gestatten es die meisten Fluggesellschaften, den Flug pro Strecke einmal zu unterbrechen. Beliebte Stopover-Ziele sind Singapur, Kuala Lumpur (Malaysia), Bali (Indonesien), Hongkong oder Dubai (Vereinigte Arabische Emirate). Je nach gewünschtem Stopover-Ziel sollte die Fluggesellschaft gewählt werden (z.B. *Cathay Pacific* für Hongkong, *Malaysia Airlines* für Kuala Lumpur, *Qantas* oder *Singapore Airlines* für Singapur, *Emirates* für Dubai).

Qantas/British Airways bietet die Möglichkeit, über Johannesburg (Südafrika) nach Perth zu fliegen – mit zwei Flügen unter Stunden sogar eine der schnellsten Verbindungen nach Australien! Mit *Air Mauritius* kann der Rückflug von Perth

Straßenszene in Singapur

über die Insel Mauritius (Indischer Ozean) angetreten werden – gleichfalls eine reizvolle Kombination.

Die passenden, durchaus günstigen Stopover-Programme sollten vorab mit dem übrigen Arrangement gebucht werden: Im Preis eingeschlossen sind dann neben den Hotelübernachtungen auch die Transfers vom Flughafen zum Hotel – dies vermeidet einige Aufregung in den hektischen asiatischen Metropolen.

Die detaillierten **Routenbeschreibungen und Sehenswürdigkeiten** beginnen
mit Kapitel 5.
Die **regionalen Reisetipps** und **reisepraktischen Hinweise** zu den jeweiligen Orten finden Sie im gelben Teil des Buches (Kapitel 3), z.B. Hotels, Restaurants, organisierte Ausflüge etc.

Kombination verschiedener Verkehrsmittel und Ausflüge

Als Reisender werden Sie über die Fülle der angebotenen Ausflüge und Kombinationsmöglichkeiten staunen. Um Ihnen vorab die Reiseplanung zu erleichtern, sind
nachfolgend Touren und Tipps aufgeführt:

Inneraustralische Flüge sind für den Reisenden mit begrenzter Zeit nahezu
unumgänglich, um die großen Distanzen zu überwinden. Empfehlenswert sind
Flüge von der Küste in das Zentrum (z.B. Alice Springs, Ayers Rock), nach Western Australia (z.B. Perth, Broome),
in den tropischen Norden (Darwin)
oder an die Ostküste (Cairns).

**Mietwagen und Camper
(Wohnmobile)** können in allen
großen Städten angemietet und abgegeben werden. Sie sind das indi-
viduellste Reisemittel, da auch abgelegene Gebiete besucht werden
können. Selbstfahrer sollten für
Outback-Routen sicherheitshalber
ein bis zwei Tage länger als empfohlen rechnen. Die Durchschnitts-
geschwindigkeit fällt im Outback

Qantas-Jet

rapide ab, und manchmal wird man durch höhere Gewalt (Pannen, Überschwemmungen) aufgehalten. Für Reisen auf den gängigen, asphaltierten Highways empfehlen sich Pkws oder Camper (Wohnmobile), für nicht geteerte Outback-Pisten.

*Individuell
unterwegs*

INFO **Wohnmobil oder Mietwagen?**

Diese viel diskutierte Frage steht für viele Reisende am Anfang der Reiseplanungen.
Vor- und Nachteile gibt es für jede Fahrzeug- und Reiseart:

Wohnmobil-Reisende sind in ihrer Reiseplanung äußerst flexibel, denn das eigene
„Bett" ist stets dabei. Campingplätze sind überall vorhanden, nur in den seltensten
Fällen ist eine Reservierung erforderlich. „Wildes Campen" und Übernachten auf
einfachen NP-Campgrounds ist häufig möglich. Camper-Touren sind relativ preiswert, da Caravan Parks preiswert sind und Selbstverpflegung möglich ist. Das tägliche Koffer ein- und auspacken entfällt. Mögliche Einweggebühren entfallen z.T. bei
längeren Mieten Die meisten Campmobile (außer Hi-Top Camper) verfügen über
sparsame Dieselmotoren. Nachteilig ist natürlich, dass Camper im Grundpreis und

den Versicherungskosten deutlich teurer sind als Mietwagen. Große „Motorhomes" sind vor allem in den Städten unhandlich. Campingplätze bieten nur sanitäre Gemeinschaftsanlagen, hier leidet die Privatsphäre. Campertouren sind mit mehr Arbeit verbunden: Fahrzeug aufräumen, Abwasser/Wasser auffüllen/ablassen, selbst kochen und abspülen.

4-WD Camper

Mietwagen: Die Tagespreise für Mietwagen sind für Mieten an der Ost- und Südküste (Metropolitan Areas) sehr günstig. Wer mit dem Mietwagen plus Zelt reist, hat eine unschlagbar preiswerte Kombination gewählt. Bei vorgebuchten Hotels entfallen jegliche Unwägbarkeiten und die Frage „Wo übernachte ich heute?". Hotels bieten zudem einen komfortablen Übernachtungsstandard. Nachteilig sind folgende Faktoren: Zu den reinen Mietwagenkosten addieren sich Übernachtungskosten in Hotels sowie die Kosten für Restaurantbesuche. Selbstverpflegung ist nur bedingt möglich. Eine Mietwagentour führt meist von Stadt zu Stadt. Übernachtungen innerhalb von Nationalparks (mit Tierbeobachtungen in den Morgen- und Abendstunden) entfallen daher. Täglicher Hotel Check-In/Check-Out sowie Koffer ein- und auspacken nerven auf Dauer. Mietwagen werden meist nur mit Benzinmotoren angeboten (Ausnahme: große Allradfahrzeuge) – bei größeren Fahrzeugkategorien sind diese nicht unbedingt sparsam. Mietwagen im Northern Territory und in Westaustralien (Remote Area) sind teurer und häufig mit hohen Einweggebühren verbunden.

Kosten: Die Kostendifferenzen zwischen Mietwagen (plus Hotel plus Essengehen) gegenüber Camper (plus Campingplatzkosten plus Selbstverpflegung) lassen sich nicht in Heller und Cent beziffern. Dazu sind die Unterschiede mit Saisonzeiten, Fahrzeugmodellen, Hotelkategorien und Nebenkosten zu unterschiedlich. Es ist letztlich eine „Glaubensfrage". Wer bereits in anderen Ländern mit dem Wohnmobil unterwegs war und gerne campt, sollte dies in Australien genauso tun. Das Land ist mit seinen unzähligen Campingplätzen bestens darauf eingerichtet (Australier selbst sind leidenschaftliche Camper!). Wer gerne komfortabel nächtigt und bequem reist, sollte diese mit dem Mietwagen und vorgebuchten Hotels tun. Die Infrastruktur ist auch hierfür ausgezeichnet.

Zugverbindungen: Eisenbahnfans und Sammler berühmter Bahnstrecken werden nicht darum herumkommen, mit mindestens einem der Klassiker zu fahren. Das endlose Australien kommt besonders gut im *Indian Pacific* von Sydney bis Perth (3.961 km, 65 Std.) zur Geltung. Dabei wird auch das längste gerade Schienenstück der Welt – 478 km ohne eine einzige Kurve – unter die Räder genommen!
The Ghan (559 km, 22 Std.) von Adelaide nach Darwin gehört ebenfalls zu den Zügen mit internationaler Bedeutung. Vgl. Kapitel 3 „Eisenbahn".

Überlandbusse: Das Reisen per „Linienbus" gehört zu den preisgünstigsten und flexibelsten Möglichkeiten, Australien kennen zu lernen. Regelmäßige Verbindungen und komfortable Busse trösten über die zuweilen endlos langen Fahrten hinweg. Vgl. Kapitel 3 „Busse".

Geführte Bus-Rundreisen werden von vielen australischen Reiseveranstaltern angeboten. Bei Gruppenreisen sollte auf kleine Gruppengröße und evtl. deutschsprachige Reiseleitung geachtet werden. Rundreisen reichen von Tagestouren,

Komfortabler Reisebus

mehrtägigen Bausteinprogrammen bis zu 34-tägigen Reisen, die beinahe den gesamten Kontinent abdecken. Jegliche organisatorische Arbeit wird Ihnen abgenommen, und Sie können sich ganz auf das Reiseerlebnis konzentrieren. Ein weiterer Vorteil liegt in der landeskundigen Reiseleitung, die Ihnen das eine oder andere versteckte Highlight zeigt. Empfehlenswert sind die Reisen von AAT Kings.

Reisen mit Reiseleitung

Flugsafaris: Sie wollen in möglichst wenig Zeit möglichst viel sehen? Dann empfehlen sich 3- bis 14-tägige Flugsafaris, wie sie von ausgesuchten Veranstaltern angeboten werden. Im „eigenen" Flugzeug fliegen Sie in kleinen Gruppen zu den Höhepunkten des Kontinents. Die zugegeben nicht ganz billige Art des Reisens schließt jeglichen Komfort und Luxus ein. Vgl. Kapitel 3 „Flugsafaris".

Kreuzfahrten: Flusskreuzfahrten werden auf dem längsten Fluss Australiens, dem Murray River, angeboten. Kreuzfahrtschiffe, die durch das Great Barrier Reef kreuzen und verschiedene Inseln anlaufen, legen meist in Cairns ab. Auch entlang der Kimberley-Küste (Nordwestaustralien) werden interessante Kreuzfahrten entlang der wilden Küste angeboten. Vgl. Kapitel 3 „Kreuzfahrten".

Flussschiff auf dem Murray

Badeaufenthalte: Weil sich durch die klimatischen Bedingungen und die großen Entfernungen Strapazen kaum vermeiden lassen, kann im Anschluss ein Badeaufenthalt an der Küste Queenslands gebucht werden. In den luxuriösen Ferienanlagen (z.B. Lizard Island, Heron Island) können Sie sich hervorragend entspannen und erholen – gutes Wetter ist fast garantiert!

Outback-Safaris: Eine geführte Outback-Safari im Geländefahrzeug dauert je nach Umfang 2–15 Tage. Ausgangspunkte sind meist Alice Springs oder Darwin. Sie übernachten in einfachen Bushcamps oder Safarizelten. Für längere Touren gilt, dass eine Mindestteilnehmerzahl erreicht werden muss bzw. nur zu bestimm-

Outback-Safari in Westaustralien

ten Terminen gestartet wird. Das Risiko ausgebuchter Touren lässt sich umgehen, indem bereits in Europa für einen bestimmten Termin gebucht wird – bei kurzem Aufenthalt in Australien unbedingt empfehlenswert. Für Outdoor-Fans werden auch Kamelsafaris mit Übernachtung unter freiem Himmel angeboten.

Rundflüge werden in vielen Gegenden Australiens angeboten. Besonders eindrucksvoll und empfehlenswert sind sie über Ayers Rock, Olgas, Bungle Bungles oder Sydney. Preiswerte Ballonfahrten werden in Alice Springs und in Cairns angeboten. Wegen des starken Andrangs sollten sie im Voraus bzw. gleich nach Ankunft gebucht werden.

Stadtrundfahrten: In den Metropolen des Landes werden Stadtrundfahrten mit „Explorer Bussen" angeboten. Sie verkehren den ganzen Tag auf einer bestimmten Route, die an den jeweiligen Sehenswürdigkeiten vorbeiführt. Fahrgäste können nach Belieben aus- und einsteigen.

> **Hinweis**
> *Reservierungen für Hotels, Mietwagen, Inlandsflüge usw. tragen dazu bei, Wartezeiten oder Suchereien zu vermeiden. Gerade bei knapp bemessener Reisezeit empfiehlt sich das beratende Gespräch und die Buchung über Ihren Reiseveranstalter oder Ihr Reisebüro. Überlassen Sie den Profis die Planung!*

Reisezeit

Wann ist welche Region empfehlenswert?

Entsprechend der geografischen Lage Australiens gelten für unterschiedliche Gebiete unterschiedlich gute Reisezeiten. Bitte beachten Sie hierzu auch die Informationen zu den **Klimazonen und die Klimatabelle** in Kapitel 4.

Ostküste und Westküste

Die Küsten haben im Prinzip ganzjährig Reisezeit. Für die nördlichen Küsten in Ost (z.B. Brisbane–Cairns) und West (Perth–Darwin) gilt die Zeit von April bis Oktober als die beste Zeit. Von Dezember bis März drohen Regenzeit (*Wet Season*) und tropische Hitze. Die Grenze in den gemäßigten Bereich markiert der Wendekreis des Steinbocks (*Tropic of Capricorn*), welcher auf allen Karten verzeichnet ist. Die südliche Ostküste (z.B. Sydney–Brisbane) lässt sich am besten im Sommer (Okt.–März) bereisen.

Südküste

Im Süden des Kontinents (z.B. Melbourne–Adelaide) ist der australische Sommer (Okt.–März) die beste Reisezeit. Im Herbst und Winter (Mai–Sept.) kann es kühl und windig werden, in den Australischen Alpen und auf Tasmanien fällt auch Schnee.

Tropischer Norden

Die beste Reisezeit für den tropischen Norden ist die Zeit von April bis Oktober/November, also außerhalb der Regenzeit. Das Klima ist eher gemäßigt, die Temperaturen erträglich. Nachts ist eine Abkühlung spürbar. Mit tropischen Regengüssen, Wirbelstürmen, Straßensperrungen ist nicht zu rechnen. Trotzdem klettern die Temperaturen auf angenehme 25–30 Grad.

Die Regenzeit im tropischen Norden (*Wet Season*) reicht von November/Dezember bis März/April. Das Klima ist während dieser Zeit feuchtheiß, Gewitter und heftige, kurze Regenfälle sind an der Tagesordnung. Von Zeit zu Zeit kommt es sogar zu Wirbelstürmen (*Cyclones*). Straßen können nach starkem Regen durch *Floodways* unpassierbar werden. Informieren Sie sich deshalb immer über den Straßenzustand, bevor Sie eine abgelegene Wegstrecke in Angriff nehmen. Auskünfte erteilen lokale Polizeibehörden, Ranger und Roadhouses.

Regenzeit im tropischen Norden

An der Nord- und Nordostküste (nördl. von Rockhampton) treten von Dezember bis März giftige Quallen (*Box Jelly Fish, Marine Stinger*) auf, die das Baden in unmittelbarer Küstennähe vereiteln. Bei Schnorchel- und Tauchexkursionen am äußeren Great Barrier Reef (*Outer Reef*) und auf Inseln besteht diese Gefahr nicht.

Ist die zur Verfügung stehende Reisezeit begrenzt und die Flexibilität klein, so sollte man möglichen Unwägbarkeiten aus dem Weg gehen und die Route so legen, dass die *Wet Season* entweder kurz bevorsteht oder bereits vorüber ist.

Outback/Zentralaustralien

Die Trockenzeit (*Dry Season*) im australischen Winter (April–Okt.) eignet sich am besten für Outback-Reisen. Die Temperaturen sind tagsüber immer noch angenehm hoch, nachts kann es aber empfindlich kühl werden.

Im Winter ins Outback

Kein Australier bereist das Outback im australischen Sommer von November bis Februar – es ist einfach viel zu heiß! Dass es unter Europäern dennoch beliebt ist, in dieser Zeit zu reisen, liegt wohl daran, dass es einfach noch zu viele falsch Informierte gibt.

Zusammenfassend muss gesagt werden, dass Australien ganzjährig Reisezeit hat – es kommt nur darauf an, in welches Gebiet man reist. Leider ist das Wetter auch in Australien nicht immer vorhersehbar, d.h., Regen- und Trockenzeit können sich auch um einige Wochen verschieben (z.B. durch das zyklisch wiederkehrende El-Niño Klimaphänomen). Für den Reisenden bedeutet dies, dass er mit einem gewissen „Restrisiko" hinsichtlich der Planung leben muss.

Reisezeit						
Monat	Süd-küste	Outback/ Zentrum	Trop. Norden	Ostküste	West-küste	TAS
Dez/Jan	+	-	-	o	o	+
Feb/März	+	o	o	o	o	+
April/Mai	o	+	+	+	+	o
Juni/Juli	-	+	+	+	+	-
Aug/Sep	o	+	+	+	+	o
Okt/Nov	+	o	o	+	o	+
+ ... gut geeignet o ... bedingt geeignet - ... weniger geeignet						

Entfernungstabelle

Entfernungen in km	Sydney	Port Hedland	Perth	Melbourne	Kununurra	Hobart	Darwin	Canberra	Cairns	Brisbane	Ayers Rock	Alice Springs	Albany	Adelaide
Adelaide	1412	3783	2781	731	3219	1001	3022	1196	3352	2045	1578	1533	2673	-
Albany	3970	2057	409	3404	3787	3674	4614	3846	5656	4349	3633	3588	-	2673
Alice Springs	2830	3416	3696	2264	1686	2534	1489	2706	2457	3038	443	-	3588	1533
Ayers Rock	2875	3859	3741	2309	2129	2579	1932	2751	2900	3254	-	443	3633	1578
Brisbane	1001	5390	4457	1674	3660	1944	3463	1261	1716	-	3254	3038	4349	2045
Cairns	2495	4809	5764	2981	3079	3251	2882	2568	-	1716	2900	2457	5656	3352
Canberra	286	4956	3954	648	4392	918	4195	-	2568	1261	2751	2706	3846	1196
Darwin	4034	2557	4205	3753	827	4023	-	4195	2882	3463	1932	1489	4614	3022
Hobart	1142	5338	4205	270	4220	-	4023	918	3251	1944	2579	2534	3674	1001
Kununurra	4516	1730	3378	3950	-	4220	827	4392	3079	3660	2129	1686	3787	3219
Melbourne	872	4514	3512	-	3950	270	3753	648	2981	1674	2309	2264	3404	731
Perth	4073	1648	-	3512	3378	3782	4205	3954	5764	4457	3741	3696	409	2781
Port Hedland	5080	-	1648	4514	1730	5338	2557	4956	4809	5390	3859	3416	2057	3783
Sydney	-	5080	4073	872	4516	1142	4034	286	2495	1001	2875	2830	3970	1412

Das Outback

... wo freier Raum der Freiheit Raum lässt ...

Fragt man einen Australier nach dem „Outback", so kann es passieren, dass er mit einer ausholenden Handbewegung landeinwärts deutet. In der Hauptsache steht „Outback" für die ausgedehnten Wüsten- und Buschlandschaften im Inneren des Kontinents. Obwohl es sich dabei um keinen genau definierten Raum handelt, weiß doch jeder, was damit gemeint ist. *Wüstenhafte Landschaften im Zentrum*

Das Zentrum wird wegen der roten Erde als das **Red Centre** bezeichnet. Vielleicht spielte bei der Namensgebung auch die Backofenhitze im Sommer eine Rolle. Das Outback ist in seinen Landschaftsformen außerordentlich vielschichtig. Neben den reinen Sandwüsten trifft man auf spärlich bewachsene Steppen und Savannen, grüne Schluchten und Wasserlöcher, faszinierende Bergketten (*Ranges*) und Tafelberge. Nicht zu vergessen sind die ausufernden **Regenwaldzonen** des tropischen Nordens, die ebenfalls unter den Begriff „Outback" fallen.

Die wirtschaftliche Nutzung des Landesinneren ist sehr eingeschränkt. Nur durch extensive Weidewirtschaft ist ein Ertrag erzielbar. Dabei steht der Aufwand in keinem Verhältnis zum Gewinn. Die Kosten sind aufgrund der Entfernungen enorm, und der Lebensstandart bleibt durch die schwierige Versorgung relativ niedrig. Nicht selten hängt das Überleben der Bevölkerung von staatlichen Subventionen ab. Die Wirtschaftsrezession hat auch vor dem Outback nicht Halt gemacht: Die Zeiten, in denen jeder Farmer über ein eigenes Flugzeug verfügte, um kurz in die Stadt zu fliegen, sind längst vorbei. Im Gegenteil, viele Farmer kämpfen aufgrund von Dürreperioden und sinkenden Preisen (z.B. bei Schafswolle) seit Jahren um das Überleben. *Extensive Weidewirtschaft*

Im Outback leben weniger als 1 Prozent der Bevölkerung, davon wiederum prozentual mehr Aborigines. Das Leben ist hart und entbehrungsreich: Soziale Kontakte und Kulturleben sind nur bei Besuchen in den wenigen Zentren des Outbacks möglich, allein die technische Entwicklung (Funk, Fernsehen, Telefon, Internet) brachte ein wenig Abhilfe.

Reisen im Outback

Für Reisende galt bis in die 1970er-Jahre selbst das Befahren der Hauptrouten als Abenteuer. So wurde z.B. der Eyre-Highway durch die Nullarbor Plain nach Westaustralien erst 1976 geteert, der Stuart Hwy. nach Alice Springs war bis 1987 eine raue Piste. Es existiert eine Unmenge von Pisten, Tracks und Wegen, die in entlegene Gebiete führen. Zum Teil handelt es sich dabei um längst vergessene Viehtriebspfade (*Stock Routes*) aus der Kolonialzeit, die man als Reisender meiden sollte. Die für den Autotouristen interessanten Routen werden zumeist in regelmäßigen Abständen gepflegt und beschildert. Diese Aufgabe übernehmen entweder der Staat, Privatbesitzer oder Roadhouse-Eigner.

Die Erforschung des Outbacks mit dem eigenen Fahrzeug übt auf viele einen außerordentlichen Reiz aus. Das Gefühl der Freiheit in der menschenleeren Wei-

*Unterwegs
als
Selbst-
fahrer*

te und die Herausforderung, ganz auf sich allein gestellt zu sein, eröffnet uns Mitteleuropäern, die wir aus dicht besiedelten Landstrichen stammen, ganz neue Perspektiven. Weil aber da draußen im Notfall keine „gelben Engel" zur Stelle sind, sollten Sie sich gewissenhaft vorbereiten und einige Vorsichtsregeln beachten. Neben der notwendigen Reisevorbereitung werden nachfolgend auch die wichtigsten Outback-Routen vorgestellt.

Reisevorbereitungen

Reisezeit

*Outback-
Reisezeit*

Die beste Zeit, um im Outback zu reisen, ist von April bis Oktober, d.h. im australischen Winter. Die Tagestemperaturen sind erträglich, und wettermäßige Unwägbarkeiten (Überschwemmungen durch Monsunregenfälle) werden weitestgehend ausgeschlossen. Allerdings sollte wegen der kalten Nachttemperaturen für Zelt oder Campmobil ein warmer Schlafsack im Gepäck sein. Manche Routen (z.B. Gibb River Rd.) sind gar nur von Mai/Juni bis Oktober geöffnet. Vgl. auch „Klima" und Klimatabelle.

Camping

Camping unterliegt im Outback kaum Beschränkungen und gehört zu den besonderen Erlebnissen einer Australienreise. Die Geräusche der Natur und der unglaubliche Sternenhimmel der südlichen Hemisphäre sind nachts die einzigen Wahrnehmungen in dieser faszinierenden Landschaft.

Reisevorbereitung

• **Straßenzustand:** Grundsätzlich sollten Sie sich vor der Abfahrt über den Straßenzustand der zu befahrenden Piste erkundigen. Häufig können kurze Strecken auch mit herkömmlichen Fahrzeugen (d.h. ohne Allradantrieb) gemeistert werden.

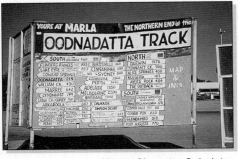

Hinweistafeln an einer Outbackpiste

• **Fahrzeug:** Planen Sie Fahrten auf nicht asphaltierten Pisten (*unsealed roads*) und Strecken in abgelegene, vom Verkehr unberührte Gebiete, so sollte ein 4-WD-Fahrzeug benutzt werden. Dies ist in Ihrem eigenen Interesse: Ein Geländewagen ist aufgrund seiner Konstruktion (Allrad, Bodenfreiheit, robuste Reifen und Stoßdämpfer) für Sand- und Schotterpisten sowie für Schlamm- und Wasserdurchfahrten schlichtweg unerlässlich.

*Gute
Vorberei-
tung ist
wichtig!*

• **Permits:** Für einige Streckenabschnitte durch Aborigine-Reservate ist ein Permit, d.h. eine Durchquerungserlaubnis, erforderlich. Diese sollte mindestens zwei Monate im Voraus beantragt werden, kann aber (z.B. in Alice Springs) für bestimmte Strecken auch sofort ausgestellt werden (vorher anrufen!). Die Gebiete und zuständigen Stellen stehen im Reiseteil (Kapitel 4).

• **An- und Abmeldung:** Eine Meldung beim zuständigen Polizei- oder Nationalparkbüro wird sowohl Wanderern als auch Autotouristen empfohlen, in manchen Gebieten ist sie Pflicht.

INFO **Regeln für ein „Bushcamp"**

Campieren ist grundsätzlich überall erlaubt, wo es sich um kein Privatland handelt. Auf privatem Farmland wird wildes campieren meist geduldet – kein Farmer wird etwas dagegen haben, dass Sie auf seinem Land links oder rechts der Piste übernachten. Dennoch: falls möglich, fragen Sie um Erlaubnis. Fäkalien sollten vergraben werden. In Nationalparks darf nur auf ausgewiesenen Campgrounds übernachtet werden. Dort müssen die sanitären Anlagen in Anspruch genommen werden, selbst wenn die Plumpsklos zunächst gewöhnungsbedürftig erscheinen. In Aborigine-Gebieten kann, sofern kein Permit für die Durchfahrt verlangt wird, ebenfalls links und rechts der Piste übernachtet werden. Besser ist es, die der Urbevölkerung zugesprochenen Gebiete zu umfahren bzw. zügig zu verlassen. Vielen Road-

Bushcamp im Outback

houses ist ein Campingplatz angeschlossen, der zwar manchmal recht einfach ausgestattet ist, aber für eine Dusche und etwas Komfort gerne angefahren wird. Wegen der Erosionsgefahr ausgetrockneter Böden sollten die Pisten nicht verlassen bzw. die Übernachtungsstelle unweit der Piste eingerichtet werden.

Lagerfeuer sollten wegen der Buschbrandgefahr vorsichtig entfacht werden – ganz nach dem Motto: *The bigger the fire, the bigger the fool* („Je größer das Feuer, desto größer der Idiot"). In vielen Nationalparks ist es grundsätzlich verboten, offene Feuerstellen einzurichten. Dann muss mit einem Gas- oder Benzinkocher das Essen zubereitet werden. Oft ist auch das Sammeln von Holz in den Nationalparks verboten. Nehmen Sie dann schon unterwegs das eine oder andere herumliegende Gehölz am Straßenrand mit.

Die **Lagerstelle** darf wegen plötzlich auftretender Springfluten nicht in ausgetrockneten Flussbetten angelegt werden (Regenfälle können hunderte Kilometer entfernt vonstatten gehen!). Es sind schon Leute in der Wüste ertrunken! Selbstverständlich wird der Lagerplatz so verlassen, wie man ihn aufgefunden hat (oder wünscht, ihn aufzufinden), d.h., aller Müll muss mitgenommen und in entsprechende Müllbehälter entsorgt werden.

Regeln

Wichtig: Vergessen Sie die Rückmeldung nicht! Für eine gestartete Suchaktion tragen Sie die Kosten! Als Grundregel gilt: Bleiben Sie auf den Pisten! Querfeldeinfahren schadet nicht nur der sensiblen Vegetation und trägt zur Bodenerosion bei – im Notfall findet Sie in der „Pampa" keiner.
• **Ausrüstung:** Wer vorhat, eine oder mehrere Outback-Routen mit dem Fahrzeug zu erkunden, sollte dies mit einem 4-WD-Geländewagen tun. Für bestimmte

Strecken sind Genehmigungen (auch bei 4-WD) des Fahrzeugvermieters notwendig. Mit 2-WD-Mietwagen ist es nicht erlaubt, auf *Unsealed Roads* zu fahren.

• **Ersatzteile:** Folgende Ersatzteile sollten für (extreme) Outbackunternehmungen abseits der üblichen Pisten an Bord sein (eine gewisse Kenntnis im Umgang damit wird vorausgesetzt): Ersatzrad (evtl. 2), Flickzeug, ein guter Wagenheber (HiJack), Luftpumpe oder Kompressor, Keilriemen, Kühlwasserschlauch, Sicherungen, Kraftstoff- und Luftfilter, Abschleppseil und sog. „Snatch Straps" (Bergungsgurte), Klappspaten, Werkzeug, Feuerlöscher, Verbandskasten. Ferner dürfen Kanister für Wasser und Benzin nicht fehlen. Diese Liste beschreibt den Idealfall, erhebt aber keinen Anspruch auf Vollständigkeit. Entsprechend dem Umfang der geplanten Unternehmung müssen weitere Ersatzteile ergänzt werden.

Mietfahrzeuge und ihre Outback-Tauglichkeit
• **Allradmietwagen und Allrad-Campern** fehlt i. d. R. eine gute „Outback-Ausrüstung", da extreme Unternehmungen nicht im Sinne der Vermieter sind. Jedoch sind die Fahrzeuge so robust und gut gewartet, dass mit etwas Vorsicht kaum Schwierigkeiten zu erwarten sein dürften. Expeditionsreife Pisten (z.B. Canning-Stock-Route, Simpson Desert) sind von vielen Vermietern ohnehin vom Fahrtgebiet ausgeschlossen. Auf den gängigen Outback-Pisten ist möglicherweise mit mehreren Stunden oder (im schlimmsten Fall) einigen Tagen Wartezeit zu rechnen. Bei einer Panne müssen der Autoklub oder eben besser ausgerüstete Outback-Reisende aushelfen – so jedenfalls ist die Philosophie der Fahrzeugvermieter, die sich weit gehend bewährt hat. Abseits der Zivilisation müssen Sie ein gewisses, nicht auszuschließendes Restrisiko in Kauf nehmen.

Wer auf Nummer sicher gehen will, ordert zum Fahrzeug einen *Satellite Beacon*, einen **Notfallsender**, der (nur im echten Notfall!) aktiviert werden darf. Kosten für Rettungsaktionen, ob gewollt oder ungewollt, gehen zu Lasten des Fahrers. Doch keine Angst: Auf den üblichen Outback-Routen ist von April bis Oktober mit regelmäßigem Verkehr zu rechnen, sodass Hilfe im Falle einer Panne meist schnell verfügbar ist. Vorsichtige Naturen schließen sich zudem einem anderen Fahrzeug an oder vereinbaren einen Treffpunkt am späten Nachmittag.

Das eine oder andere Ausrüstungsteil kann man sich bei Bedarf noch selbst besorgen: Preiswerte Teile (z.B. Kanister, Zelte, Kühlboxen usw.) findet man beispielsweise in sog. *Army Disposal Shops*. Die notwendige Beschaffungszeit sollte in den Zeitplan einkalkuliert werden.

• **Kommunikation:** Handys funktionieren im Outback nicht! Wer möchte, kann sich in Australien ein **Satellitentelefon** mieten. Die Gesprächsgebühren sind allerdings horrend hoch, aber es dient der Sicherheit. Einige Vermieter bieten auch ein **UHF-Radio** (Funk) zur Miete an – ein sinnvolles und unterhaltsames Extra, da damit auch der Trucker-Funk mitgehört werden kann.

• **Karten:** Unerlässlich sind gute Karten. Das in Australien (von den staatlichen Automobilklubs) erhältliche Kartenmaterial genügt für populäre Pisten. Für bestimmte Strecken halten Autoclubs, Roadhouses oder Touristenbüros handgeschriebene, kopierte Blätter bereit (*Mud-Maps*), die den aktuellen Pistenverlauf mit Sehenswürdigkeiten erst skizzieren. Ein **Kompass** ist in abgelegenen Gebieten stets eine wertvolle Hilfe. Wer es ganz genau wissen will, kann sich ein **GPS** (*Global Positioning System*) kaufen oder ausleihen, das per Satellit den Standort metergenau bestimmt. Dies setzt allerdings Erfahrung im Umgang mit solchen Geräten und entsprechenden Karten mit Skalierung voraus. Es sollte nur nach gründlicher vorheriger Einweisung verwendet werden.

Detaillierte Karten in Australien besorgen

Generell gilt: Spezielle Outback-Unternehmungen, die den Rahmen des Üblichen sprengen, sollten nicht allein unternommen werden. Sofern Sie auf den gängigen Outback-Pisten bleiben, dürften Sie keine Probleme haben.

Fahren im Outback

Das **Fahrverhalten** wird bei Geländefahrzeugen durch den hohen Schwerpunkt *Fahren im* entscheidend verändert. Auf Pisten sollte ständig mit Überraschungen gerechnet *Outback* werden: Eine einzige zu forsch überfahrene Bodenwelle kann bereits zum Achsenbruch oder Überschlag führen. Auf häufiger befahrenen Routen warnen manchmal kleine Fähnchen oder Warntafeln vor möglichen Gefahrenquellen. Auf deren Vollständigkeit kann man sich leider nicht verlassen. Straßenränder fallen manchmal stark ab und sind weichsandig (*soft shoulder*). Fahren Sie deshalb eher etwas in der Mitte und reduzieren Sie vor Kurven das Tempo entscheidend! **Wasserdurchfahrten** sollten erst nach Kenntnis der Wassertiefe und des Untergrundes (evtl. durchwaten) in Angriff genommen werden. Auf extremen **Sandpisten** ist es empfehlenswert, den Luftdruck zur Verbesserung der Traktion zu vermindern.

Durchquerung einer Wasserfurt

Allerdings sollte, sobald der Untergrund wieder fest ist, die fehlende Luft nachgefüllt werden, ansonsten wird das Fahrverhalten gefährlich schwammig, und die Pannenanfälligkeit steigt (ein Kompressor sollte hierfür an Bord sein).

Einsatz des Vierradantriebs: Die Freilaufnaben sollten bei losem Untergrund rechtzeitig auf „Lock" umgeschaltet werden (sofern dies nicht automatisch passiert). Der zuschaltbare Allradantrieb kann dann jederzeit aktiviert werden. Auf *Allrad-* Pisten sollte generell im 4-WD-Modus gefahren werden – das Fahrverhalten wird *Einsatz* dadurch stabilisiert. Die Getriebeuntersetzung muss nur bei äußerst steilen oder sandigen Passagen aktiviert werden. Probieren Sie die Handhabung und das Einschalten des Allradantriebs einmal auf einem verkehrsarmen Wegstück. Schonen Sie die Kupplung! Die großvolumigen Dieselmotoren können äußerst drehzahlarm gefahren werden. Ein solcher Motor kann kaum jemals abgewürgt werden. Lassen Sie sich bei Fahrzeugübernahme den Allradantrieb und Ersatzreifenmontage erklären sowie vorhandenes Bordwerkzeug zeigen!

Nachtfahrten sollten grundsätzlich unterlassen werden, da die Gefahr einer Kollision mit Tieren (Kängurus, Rinder) enorm groß ist.

Versorgung im Outback

Sie sollten immer so viel Verpflegung und Wasser mitnehmen, um im Fall einer Panne einige Tage am Rastplatz/Fahrzeug verbringen zu können. Der Wasservorrat sollte deshalb, wo immer möglich, aufgefüllt werden. Das Gleiche gilt für Treibstoff: Die Versorgung stellt i. d. R. selbst in entlegenen Gebieten kein Problem *Treibstoff-* dar, vor großen „trockenen" Etappen stehen Warnschilder. Die Öffnungszeiten *versorgung* der Versorgungsstellen entlang bestimmter Tracks und Pisten (Roadhouses, Aborigine-Gemeinden) sind teilweise unzuverlässig. Deshalb immer auf einen ausreichenden Treibstoffvorrat achten! Außerdem werden dort draußen nicht überall Kreditkarten und Reiseschecks akzeptiert – also genügend Bargeld mitnehmen!

Verhalten im Notfall

Nicht vom Fahrzeug entfernen!

Sollte der unverhoffte und gefürchtete Fall der Panne eintreten, die nicht behoben werden kann, bleiben Sie beim Fahrzeug, und schützen Sie sich vor der Sonne! Versuchen Sie nicht, durch Gewaltmärsche querfeldein Hilfe zu finden! So mancher ist dabei schon verdurstet und hätte nur ausharren müssen, bis ein anderes Auto entlang kommt.

Routen

This is big country and no Sunday drive, schreibt eine Broschüre der South Australian Tourism Commission einleitend. In der Tat handelt es sich bei der Mehrzahl der bekannten Outback-Routen um keine sonntägliche Spazierfahrt. Alle Routen bedürfen sorgfältiger Planung und guter Ausrüstung. Der Reisende wird durch die atemberaubenden Landschaften des grenzenlosen Outback für alle Mühen entschädigt. All diejenigen, die beim Wort „Outback" an trostlose und langweilige Einöde denken, werden beim Erlebnis des australischen „Bush" eines Besseren belehrt, denn er ist vielfältiger und variantenreicher, als viele glauben.

> **!!! Wichtig**
> *Der Zustand der Pisten ist immer stark wetterabhängig (heftige Regenfälle verwüsten gute Pisten im Nu) und abhängig davon, wann der letzte „Grader"-Trupp sie mit Bulldozern maschinell geglättet hat. Ein 4-WD ist deshalb immer von Nutzen und verleiht ein sicheres Gefühl.*

Die wichtigsten und interessantesten Outbackrouten im Überblick:

Outback-Routen

• **Birdsville Track:** Verläuft von Marree (SA) nach Norden bis Birdsville (QLD), 514 km. In Birdsville findet alljährlich am ersten Septemberwochenende das Birdsville-Pferderennen statt, das die Massen aus nah und fern anlockt. Die bekannte Piste, die früher dem Viehtrieb diente, ist im australischen Winterhalbjahr (Apr.–Nov.) relativ einfach zu befahren.

• **Oodnadatta Track:** Der Track beginnt in Marree (SA). Vorbei am Lake Eyre South, einem ausgetrockneten Salzsee, führt er zunächst nach William Creek (Abzweig nach Coober Pedy möglich) und dann nach Oodnadatta, einer Bahnstation des *Old Ghan*. Die Piste endet in Marla am *Stuart Hwy*. Die Gesamtlänge von Marree bis Marla beträgt 619 km (vgl. Kapitel 9).

Auf dem Weg von Oodnadatta in den Witjira Nationalpark

• **Strzelecki Track:** In Lyndhurst (südlich von Marree) beginnt der *Strzelecki-Track* und führt nach Innamincka an der QLD-Grenze (459 km). Die Piste wurde durch die Erschließung der Moomba-Gasfelder vor Innamincka immer weiter verbessert. Von Innamincka, wo Burke und Wills bei ihrer schicksalhaften Expedition

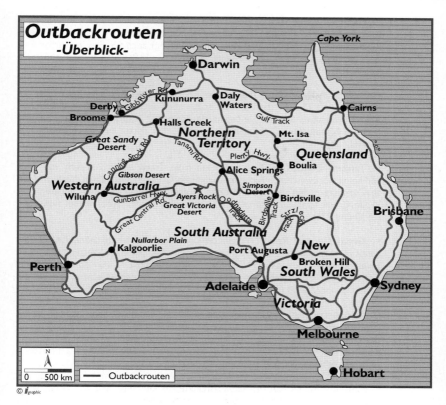

Outbackrouten
-Überblick-

Cape York

Darwin

Kununurra
Daly Waters
Derby
Broome
Gibb River Rd.
Halls Creek
Cairns
Gulf Track

Great Sandy Desert
Northern Territory
Mt. Isa
Tanami Rd.
Canning Stock Rd.
Plenty Hwy.
Queensland

Gibson Desert
Alice Springs
Boulia

Western Australia
Wiluna
Gunbarrel Hwy.
Ayers Rock
Simpson Desert
Birdsville
Oodnadatta Track
Great Central Rd.
Great Victoria Desert
Birdsville Track
Strzelecki Track
Brisbane

South Australia

Nullarbor Plain
Kalgoorlie
Port Augusta
New
Broken Hill
South Wales

Perth
Adelaide
Sydney

Victoria

Melbourne

N
0   500 km   ▬ Outbackrouten

Hobart

© Ilgraphic

starben, kann entweder nordwärts nach Birdsville oder in südlicher Richtung nach Milparinka (NSW) gefahren werden.

- **Simpson Desert:** Die Durchquerung der Simpson Desert vom *Stuart Hwy.* (ab Marla über Oodnadatta–Hamilton–Dalhousie Springs) nach Birdsville ist als schwer einzustufen. Die in großen Teilen aus Sand und Dünen bestehende „Piste" (mehrere Routen sind möglich) ist 4-WD-pflichtig und am besten zusammen mit anderen Fahrzeugen zu befahren. Die Streckenlänge variiert je nach Route zwischen 930 und 1.200 km. Von vielen Vermietern wird eine „Simpson Desert Crossing" nicht genehmigt!

Outback-Routen

- **Plenty Highway:** 70 km nördlich von Alice Springs zweigt der *Plenty Hwy.* nach Osten in Richtung QLD-Grenze ab. Die Piste ist einsam und stellenweise rau. Deshalb ist, genauso für den *Sandover Hwy.*, ein guter 4-WD notwendig. Der *Plenty Hwy.* setzt sich nach rund 800 km in Boulia in der *Kennedy Developmental Road* nach Hughenden fort. Die weitere Strecke nach Ravenshoe im Atherton Tableland stellt zumindest in der Trockenzeit kein Problem dar. Der **Sandover Hwy.** zweigt vom *Plenty Hwy.* nach Norden ab und endet südlich von Camooweal bzw. Mount Isa (vgl. Kapitel 10).

- **Outback Queensland:** Viele Pisten und Highways im Outback von Queensland, wie z.B. der **Matilda Highway** (vgl. Kapitel 14) sind aufgrund der vielen Rinderfarmen gut gepflegt und (mit Einschränkung) auch für Pkw befahrbar. Passiert werden historisch interessante Stätten, wie z.B. der Qantas-Geburtsort Longreach.

- **Savannah Way (Gulf Track):** Die Route ist eine exzellente Alternative für die Fahrt von Darwin nach Cairns, sollte aber auch nur mit einem 4-WD in Angriff genommen werden. Sie beginnt in Roper Bar (östlich von Mataranka) und endet in Normanton (Gulf Savannah Country), mit Fortsetzung nach Cairns (vgl. Kapitel 13b).

- **Tanami Road:** Der über 1.000 km lange Track zweigt nördlich von Alice Springs in nordwestlicher Richtung nach Halls Creek/WA am *Great Northern Hwy.* ab. Die Piste ist gut gepflegt und führt an geologisch interessanten Punkten (z.B. Wolfe Creek Crater, zweitgrößter Meteoritenkrater der Welt) vorbei (vgl. Kapitel 10 und 22a).

- **Great Central Road** (Warburton–Laverton Road, fälschlicherweise oft *Gunbarrel Hwy.* genannt): Er führt von Ayers Rock über die Giles-Wetterstation nach Laverton in Westaustralien (1.200 km). Fortsetzungen sind von dort nach Perth oder Kalgoorlie möglich. Die Piste führt durch Aborigine-Gebiete, für die ein Permit benötigt wird (vgl. Kapitel 9b).

- **Gunbarrel Highway:** Schwieriger zu fahren, weil nicht mehr gepflegt, ist der *Gunbarrel Hwy.*, der ab Warburton weiter nördlich verläuft und in Wiluna/WA am *Great Northern Hwy.* endet – 1.450 km ab Ayers Rock (vgl. Kapitel 9b) – diese Route ist für 4-WD-Mietwagen mit schlechter Ausrüstung (z.B. kein 2. Ersatzrad) nicht empfehlenswert und genehmigungspflichtig.

- **Canning Stock Route:** Ausgangspunkte zur Durchquerung der Great Sandy Desert und der Gibson Desert auf der alten Viehroute sind je nach Richtung Halls Creek in Nordwestaustralien oder Wiluna in Westaustralien. Die extrem schwere Route sollte nur mit erstklassigen Navigationskenntnissen und im Konvoi mehrerer Fahrzeuge in Angriff genommen werden. Von vielen Vermietern wird das Befahren der Canning-Stock-Route nicht genehmigt. Veranstalter bieten geführte Touren an.

- **Cape-York-Halbinsel:** In der Trockenzeit kann das erste geteerte Teilstück (Cairns bis Cape Tribulation, dichter Regenwald) auch mit einem Pkw befahren werden. Die Ausblicke auf den Pazifik und die Strände entlang der Küste gehören zu den schönsten Australiens. Ab Cape Trib ist eine Weiterfahrt nach Norden zur historischen Stadt Cooktown nur noch mit 4-WD möglich. Die gut befahrbare Piste (Flussdurchquerungen teilweise mit Fähren) führt von Lakeland über Laura (Felsmalereien), Musgrave, Coen und Bamaga (Aborigine-Community) bis Cape York, dem nördlichsten Punkt des Kontinents. Die Routen nach Cape York sind nur in der Trockenzeit (Mai bis Oktober) fahrbar. Sobald der Regen einsetzt, sind viele Flüsse unpassierbar. Die Old Telegraph Rd. wird von Vermietern i. d. R. nicht genehmigt und ist nicht empfehlenswert. Nachteil aller Cape-York-Selbstfahrertouren ist, dass derselbe Weg zurückgefahren werden muss (vgl. Kapitel 14).

• **Gibb River Road:** Wer von Broome (WA) nach Darwin (NT) oder umge- *Outback-*
kehrt unterwegs ist, kann alternativ zum geteerten *Great Northern Hwy.* die *Gibb* *Routen*
River Rd. von Derby bis Kununurra fah-
ren (667 km). Die abwechslungsreiche
Route durch die Kimberley-Region ist
in der Trockenzeit (Mai–Okt.) gut fahr-
bar. Für Abstecher (z.B. Mitchell Plateau/
Kalumburu Mission) ist unbedingt ein 4-
WD erforderlich, ebenso für die Bungle
Bungles (Purnululu NP) (vgl. Kapitel 22b).

• **Alice Springs und Rotes Zentrum:** Die Routen im Red Centre mit
Kings Canyon und MacDonnell Ranges
werden im Kapitel 10 beschrieben. Für
nicht asphaltierte Straßen empfiehlt sich
auch hier wegen der höheren Robust-
Gibb River Road

heit der Fahrzeuge ein 4-WD. Die Hauptrouten (z.B. Ayers Rock, Kings Canyon,
Teile der West MacDonnell Ranges) sind geteert.

INFO **Von Fliegen und anderen Outback-Plagen**

Fliegen sind, obwohl es so scheint, keine Plage. Denn Plagen kommen und gehen.
Die Fliegen indes sind irgendwann gekommen und nie wieder gegangen. Für die
ganz besonders ärgerlichen Momente ist es dann gut, wenn man ein Fliegennetz
dabei hat, das man sich über den Hut stülpen kann. Im australischen Sommer ist es
besonders schlimm, angenehmer ist der Winter, sobald die Nächte kalt werden.

Moskitos (*Mozzies*) weiten sich im tropischen Norden an Gewässern zu echten Plagen aus, sobald die Dämmerung einsetzt. Schutz bieten dicht gewebte Jacken und
Hosen sowie Insektenschutzmittel. Zimmer, Zelt oder Fahrzeug sollten abends peinlich genau untersucht werden, um nicht auch während des Schlafs ein Opfer der
Blutsauger zu werden. Auch wenn offiziell keine Gefahr der Krankheitsübertragung
besteht: Schützen Sie sich entsprechend, denn eine Garantie gibt es nie.

Von ganz anderer Natur ist der **Bulldust** – feiner Outback-Staub, der markante
kilometerlange Staubfahnen hinter den Fahrzeugen herzieht. Dieser kriecht in jede
Fuge und bedeckt allmählich alles mit einer rotbraunen Schicht. Der Kampf dagegen
ist zwecklos und sollte erst gar nicht angetreten werden – der Staub gehört zum
Outback wie die Kängurus.

5. ROUTENBESCHREIBUNGEN UND SEHENSWÜRDIGKEITEN

Die Klassische Australien-Rundreise

Die **Klassische Rundreise**, die dem ersten Teil des Buches zu Grunde liegt, führt durch den Ostteil des Kontinents: Dies schließt den Süden, das Zentrum, den Norden und die Ostküste ein. Die vorgeschlagene Fahrtroute führt durch die interessantesten Gebiete und schönsten Landschaften.

Die **Reise- und Ortsbeschreibungen** beginnen in **Melbourne** (Kapitel 6) und verlaufen dem Uhrzeigersinn entsprechend entlang der Südküste nach **Adelaide**. Die Reiseroute führt dann über den Explorer Hwy. (Stuart Hwy.) nach Norden- über **Coober Pedy** wird der **Uluru Nationalpark** und **Alice Springs** erreicht. Von dort führt die Reise entweder weiter in den tropischen Norden nach **Darwin** oder richtet sich ostwärts an die Queensland-Küste. Über **Cairns**, **Townsville**, **Brisbane** folgt die Route der Küste bis **Sydney**. Der abschließende Teil der „Klassischen Rundreise" beschreibt das Teilstück von Sydney über **Canberra** nach **Melbourne**.

Die Rundreise kann selbstverständlich auch in anderer Richtung, in Teilstrecken oder mit anderen Ausgangspunkten unternommen werden.

Die Große Australien-Rundreise

Die **Große Rundreise** beschreibt zusätzlich zur „Klassischen Rundreise" die Staaten **Westaustralien** (ab Kapitel 19) und **Tasmanien** (Kapitel 23). Diese Teile des Landes werden von vielen Reisenden bei einem Zweit- oder Drittbesuch bereist und erfreuen sich zunehmender Popularität. Ergänzend werden in Kapitel 24 einige außergewöhnliche australische Inseln (**Lord Howe Island, Norfolk Island, Christmas Island, Coco Island u.a.**) beschrieben.

Hinweis

*Die **regionalen Reisetipps** und **reisepraktischen Hinweise** zu den jeweiligen Orten finden Sie im gelben Teil des Buches (Kapitel 3), z.B. Hotels, Restaurants, organisierte Ausflüge etc.*

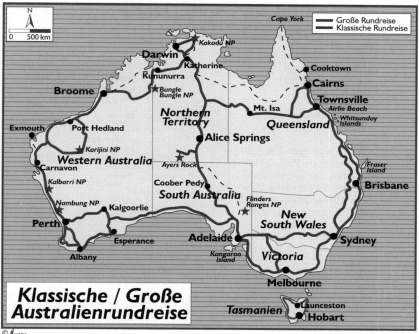

Klassische / Große Australienrundreise

6. MELBOURNE UND UMGEBUNG

Melbourne

(ⓘ s. S. 155)

Zur Geschichte der Stadt

Bereits vor über 150 Jahren begann die Planung Melbournes. Der Gründungsvater *John Batman* kaufte 1835 von den halbsesshaften *Koories* (südöstlicher Aborigine-Stamm) das Land und gründete die Gemeinde Melbourne. Die Besiedlung erfolgte im Gegensatz zu NSW nicht durch Sträflinge, sondern durch freie Einwanderer (davon viele Bauern). In den Folgejahren herrschten raue Sitten im südlichen Victoria: Spekulantentum und Betrügereien waren in der durch den Goldrausch boomenden Stadt an der Tagesordnung.

Goldrausch in Victoria

1851 wurde Melbourne zur Hauptstadt der Kolonie Victoria ernannt. Die Goldfunde von Ballarat und Bendigo in der Hügellandschaft Victorias führten zu einem massiven Bevölkerungsanstieg. Bereits 1860 wurden über eine halbe Million Einwohner gezählt. Erst 10 Jahre später, nach dem Ende des Goldrauschs, fiel die Bevölkerungszahl unter die von Sydney.

In der geschützten Port Philipp Bay und der Mündung des Yarra wurde das großzügige Stadtzentrum mit seinem schachbrettartigen Straßenmuster angelegt. Die Errichtung vieler Grünanlagen und Parks im englischen Stil hat Melbourne den Namen „Gartenstadt" gegeben. Es heißt sogar, dass die Stadtplaner damals entschieden haben, die Stra-

Redaktions-Tipps

- An einem schönen Sonnentag Fahrt mit der Straßenbahn nach **St. Kilda**, dem Badevorort von Melbourne. Rund um das Stadtzentrum fährt eine Gratis-Straßenbahn (City Circle Tram Route).

- Besuch der **National Gallery of Victoria** (S. 330) und des **Melbourne Museum** (S. 328) – für Kunstliebhaber und Freunde moderner Architektur ein Muss!

- Am Abend einen Bummel über die lebhafte **Lygon Street** (S. 332) oder spielerisches Vergnügen im beeindruckenden **Crown Casino-Komplex** (S. 330) an der South Bank des Yarra River. An Bord der Straßenbahn (Colonial Tram Restaurant) lässt es sich außergewöhnlich zu Abend essen.

- Zu Zeiten der **großen Sportereignisse** „Australian Tennis Open" und „Formel 1" ist mit hohen Preisen für Übernachtungen und ausgebuchten Hotels zu rechnen!

ßen so breit zu bauen, dass Schafe darauf weiden können. Zumindest haben die weitläufigen Straßen die Einführung der Straßenbahn (*Tram*) sehr begünstigt, sie ist bis heute das beliebteste Verkehrsmittel der Einwohner.

Viele von Melbournes alten Gebäuden entstanden infolge des Goldrausches. Der damalige Profit sorgte für die nötigen Geldmittel, und viele im viktorianischen Stil erbauten Besitztümer befinden sich noch heute in den Händen der Nachfahren. Die Vororte St. Kilda, South Yarra und Toorak zeigen besonders schöne Beispiele der damaligen Baukunst.

Blick auf Melbourne/Yarra River

Im Vergleich mit Sydney hat Melbourne den Status der ewigen Zweiten nie ablegen können, und das, obwohl sie von 1901 bis 1927 als Hauptstadt Australiens fungierte – ein Tatbestand, der Sydney niemals vergönnt war. Die konservative Haltung Melbournes hat die Stadt zu einem verlässlichen Partner der Bankenwelt werden lassen – Melbourne ist heute neben Sydney das wichtigste Finanz- und Handelszentrum Australiens. Dies merkt man als Besucher an der hektischen Betriebsamkeit auf den *Finanz- und Handelszentrum* Straßen: Die lockere Lebenshaltung, die die Aussies gerne als *easy going* bezeichnen, ist Melbourne eher fremd – das geschäftige Treiben erinnert vielmehr an London oder New York. Einen erfreulichen Lichtblick bilden die Einwanderer, die ganze Stadtteile für sich vereinnahmen. Als drittgrößte griechische Gemeinde der Welt (ca. 200.000 Ew.) und mit einer großen Anzahl an Italienern, Chinesen, Vietnamesen und Maltesern erhält Melbourne ein internationales Flair. Die Einwohnerschaft setzt sich insgesamt aus über 140 Nationen zusammen.

!!! Achtung

*Bei der Ein- und Ausfahrt von Melbourne muss auf verschiedenen Routen eine **Autobahngebühr (City Link Tollway)** per Telefon und Kreditkarte bezahlt werden (Tel. 13 26 29), da Mietwagen und Camper nicht über die elektronische Erfassungsplakette verfügen. Also unbedingt vorher anrufen, das Kennzeichen registrieren lassen und per Kreditkarte bezahlen, damit hinterher kein Bußgeld (plus Bearbeitungsgebühr des Vermieters) droht.*

Melbourne hat sich im Laufe der Jahre zu einer Kunst- und Kulturmetropole *Kunst- und* entwickelt. Als Beispiel sei neben den Theatern und Galerien das Arts Centre *Kulturstadt* genannt, das schon allein durch seinen enormen Umfang beeindruckt. Melbournes Sportbegeisterung findet am ersten Dienstag im November ihren alljährlichen Höhepunkt: Dann nämlich finden die Pferderennen um den Melbourne Cup statt. Der **Formel 1 Grand Prix** wird seit 1996 mit großem Erfolg und der entsprechenden Publicity alljährlich im März ausgetragen. 1956 war die Stadt Schauplatz der 16. Olympischen Sommerspiele. Es waren die ersten Spiele in der südlichen Hemisphäre, bis Sydney im Jahr 2000 folgte. Zusammen mit dem großen Casino- und Kongresszentrum ist Melbourne die Stadt der großen Veranstaltungen geworden – keine andere Stadt Australiens kann eine ähnliche Mischung aus Kunst, Kultur, Sport, Einkaufsmöglichkeiten, Restaurants und Festivals bieten. Um Melbourne herum bietet Victoria „Australien im Kleinformat": Viele der touristisch interessanten Gebiete lassen sich in wenigen Autostunden erreichen. Die fasset-

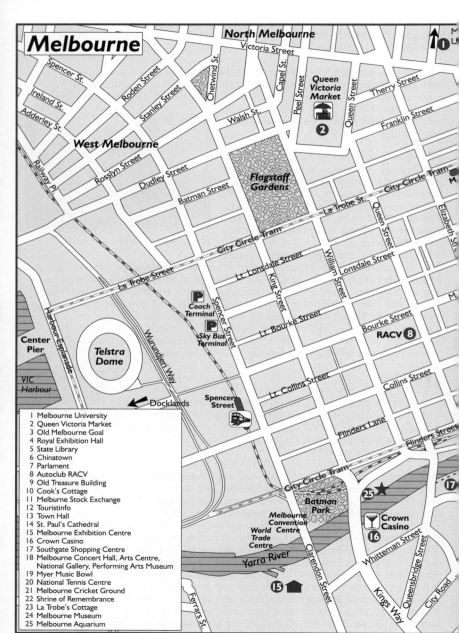

Melbourne

North Melbourne

West Melbourne

Center Pier

VIC Harbour

Telstra Dome

Docklands

Flagstaff Gardens

City Circle Tram

Coach Terminal

Sky Bus Terminal

Spencer Street

Queen Victoria Market **2**

RACV **8**

City Circle Tram

Batman Park

Melbourne Convention Centre
World Trade Centre

Crown Casino **16**

25 ★

Yarra River

15

17

1 Melbourne University
2 Queen Victoria Market
3 Old Melbourne Goal
4 Royal Exhibition Hall
5 State Library
6 Chinatown
7 Parlament
8 Autoclub RACV
9 Old Treasure Building
10 Cook's Cottage
11 Melburne Stock Exchange
12 Touristinfo
13 Town Hall
14 St. Paul's Cathedral
15 Melbourne Exhibition Centre
16 Crown Casino
17 Southgate Shopping Centre
18 Melbourne Concert Hall, Arts Centre,
    National Gallery, Performing Arts Museum
19 Myer Music Bowl
20 National Tennis Centre
21 Melbourne Cricket Ground
22 Shrine of Remembrance
23 La Trobe's Cottage
24 Melbourne Museum
25 Melbourne Aquarium

© igraphic

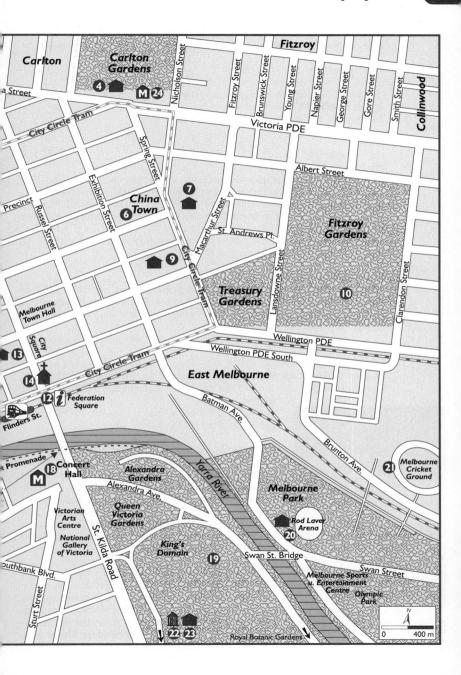

tenreiche Stadt ist der ideale Ausgangspunkt, um Australien kennen zu lernen – vielleicht, um die Reise mit dem mondänen und offenen Sydney zu beenden …

Sehenswürdigkeiten

Melbourne ist durch die rechtwinklig angelegten Straßen in der Innenstadt recht einfach aufgebaut. Die meisten Sehenswürdigkeiten sind zu Fuß erreichbar – für die Stadtteile sind die Straßenbahnen eine wertvolle Hilfe.

Innenstadt

Melbourne Museum (24)

Natur und Geschichte

Der größte Museumskomplex der südlichen Hemisphäre wurde im Jahr 2000 eröffnet. Der architektonisch eindrucksvolle Bau hat 80.000 Quadratmeter Ausstellungsfläche. Attraktionen sind die 30 Meter Forrest Gallery mit 82 Pflanzen- und 25 Tierarten, ein 19 m langes Blauwalskelett und das ausgestopfte legendäre Rennpferd Phar Lap.

Melbourne Museum, *Carlton Gardens (nördlich des Stadtzentrums), Carlton, www. melbourne.museum.vic.gov.au, geöffnet täglich 10–17 Uhr*

State Library (5)

Zentral in der Innenstadt befindet sich die **State Library** von 1856, die über den enormen Bestand von 12 Millionen Büchern, Manuskripten, Drucken und Zeitungen verfügt. Ausländische Zeitungen liegen ebenfalls aus. Sehenswert: die gigantische Kuppel des Lesesaals.

State Library, *328 Swanston St., täglich 10–17 Uhr geöffnet, Mo + Mi bis 21 Uhr*

Old Melbourne Gaol (3)

Im alten Gefängnis der Stadt, das von 1841–1862 aus Basaltstein erbaut wurde, können das Leben und der Tod des berühmten Bushrangers *Ned Kelly* verfolgt werden.

Old Melbourne Gaol, *Russel St. (gegenüber der Polizei), geöffnet täglich 9.30–16.30 Uhr*

Ein Abstecher sollte zu den **Queen-Victoria-Märkten (2)** unternommen werden, die sich nördlich an die Innenstadt anschließen. Besonders an Wochenenden ist viel los, wenn Straßenmusikanten und Künstler für Stimmung vor der großen Markthalle sorgen. Am Südende der Swanston Street liegt der moderne **City Square**. Dort finden immer wieder Veranstaltungen und Demonstrationen statt. Das markante Gebäude am Platz ist die **Town Hall (13)** aus dem Jahre 1870.

An der Ecke Swanston St./Flinders St. steht die schöne **St. Paul's Cathedral (14)**. Der neugotische Bau wurde 1891 fertig gestellt. Leider geht der 95 m hohe Turm, wie so oft in Großstädten, zwischen den Hochhäusern regelrecht unter. Unübersehbar, schräg gegenüber der Kathedrale, befindet sich die imposante **Flinders Street Station**, von der aus Züge in die nähere Umgebung fahren.

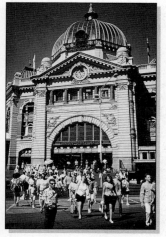

Flinders Street Station

Der bekannteste (und mit der älteste) Pub der Stadt, *Young and Jackson's Hotel*, liegt gegenüber dem Bahnhof.

Gegenüber der Bahnstation befindet sich der im Jahr 2003 eingeweihte **Federation Square** (www.fedsq.com). Die vom Melbourner Architekturbüro Bates & Smart entworfene Bebauung sticht optisch durch ihre silbernen Flächen und Winkelstellungen hervor. Die 45.000 km² große Fläche besteht aus mehreren Gebäuden und überdeckt die ehemals dort vorhandenen Schienen-

Federation Square

stränge. Unter der öffentlichen Plaza befindet sich ein großes Glasatrium. Am Federation Square befinden sich die **Tourist Information (12)**, Restaurants, Bars und Kinos.

Die **Flinders Street** wird – obwohl sie völlig gerade ist – wegen des gebogenen Verlaufs des Yarra River auch *Banana Alley* genannt. Sie begrenzt das eigentliche Stadtzentrum nach Süden.

Melbourne Aquarium (25)

Folgt man der Flinders Street in Richtung Westen, so überqueren mehrere Brücken den Yarra River. Man gelangt auf Höhe des **Crown Casino (16)** (am südlichen Yarra-Ufer gelegen) zum Melbourne Aquarium, in dem Haie, Rochen und viele weitere Meerestiere zu sehen sind.

Melbourne Aquarium, *Ecke Queenswharf Rd./King St. (Yarra River), geöffnet täglich 9–18 Uhr; www.melbourneaquarium.com.au*

Melbourne Stock Exchange (11)

Etwas abseits des Rundgangs, in der parallel zur Flinders St. verlaufenden Collins St, kann man an der Börse das Finanzgeschehen Australiens beobachten.

Melbourne Stock Exchange, *351 Collins St., für Besucher Mo–Fr 9–12 Uhr und 14–17 Uhr geöffnet.*

Am anderen Ende der Collins St. (Ecke Spring St.) steht das elegante **Old Treasury Building (9)**, ein neoklassizistischer Ziegelbau aus dem Jahre 1857. Die Ausstellung „Melbourne Exhibition" informiert über die Entwicklung der Stadt und wagt einen Blick in die Zukunft.

Chinatown (6)

Wer die Chinatowns in den USA kennt, wird von der relativ kurzen und schmalen **Little Bourke Street** enttäuscht sein, in der sich Melbournes Chinesen zusammenfinden. Dennoch gibt es hier einige gute und preiswerte Restaurants sowie Geschäfte mit typischen Chinaimporten. Interessant im Zusammenhang mit der Einwanderung und dem latent vorhandenen Rassismus gegenüber den Chinesen ist das **Museum Of Chinese-Australian History** (22 Cohen Place, geöffnet täglich 10–16.30 Uhr). Das **Ancient Times House** (116 Little Bourke St.) dokumentiert Ausgrabungen aus dem asiatischen Raum. In der **Bourke Street** befinden sich neben den unzähligen Geschäften der Fußgängerzone Bourke St.

Melbournes kleine Chinatown

Mall das **Geological Museum** (140 Bourke St., geöffnet Mo–Fr 8.30–16.30 Uhr), das imposante **General Post Office** (Ecke Bourke/Elisabeth St.) und die hübsche Einkaufspassage **Royal Arcade** (Eingang Fußgängerzone).

State Parliament House (7)

Markantes Parlamentsgebäude

Am östlichen, höher gelegenen Ende der Bourke St. prangt das Landesparlament. Erbaut von 1856 bis 1892, war es von 1901 bis 1927 Sitz des Bundesparlaments, bevor dieses nach Canberra umzog. Heute tagt darin das Landesparlament Victorias (Ober- und Unterhaus). Das Gebäude gilt als eines der schönsten neoklassizistischen Bauten Australiens und beeindruckt den Betrachter allein durch seine erdrückenden Ausmaße. Das reich verzierte Innere kann auf einer Führung besichtigt werden, ebenso können Sie Sitzungen des Unterhauses beiwohnen, die oft bis tief in die Nacht andauern.

Parliament House, *Spring St., Führungen Mo–Fr 10, 11, 14, 15 Uhr (wenn nicht getagt wird), www.parliament.vic.gov.au*

Weitere Museen

Die **Historic Royal Mint** (280 William St.) ist eine dokumentarische Ausstellung über die königliche Börse des späten 19. Jahrhunderts. Das **ANZ Banking Museum** (380 Collins St) weist Interessenten in die Bankgeschichte Australiens ein. Philatelisten schließlich sollten sich **The Postmaster Gallery** (321 Exhibition St./Eingang La Trobe St.) mit ihrer großen Briefmarkenausstellung ansehen.

Rund um das Stadtzentrum

South Banks

Casino

Überquert man eine der Yarra-Brücken, so gelangt man zum Südufer des Yarra River, auf die **South Banks** mit ihren zahlreichen Restaurants, Einkaufszentren und dem imposanten *Crown Entertainment Complex*. Dort befinden sich das Casino, das 5-Sterne-Crown-Hotel (Whiteman Street) und Konferenzzentren. Eindrucksvoll sind allabendlich zu jeder vollen Stunden die mächtigen Feuersäulen vor dem Casino! Den besten Blick genießt man vom **Eureka Tower**. Attraktion des Gebäudes ist in der 88. Etage ein gläserner Würfel, der bis zu 3 m vor die Fassade gefahren werden kann, so dass man fast 300 m über dem Erdboden steht, einen phantastischen Ausblick und dabei das Gefühl hat, keinen Boden unter den Füßen zu haben. Zum Beweis, dass man sich tatsächlich in 'The Edge' getraut hat, kann man sich bei dieser Mutprobe fotografieren lassen.

National Gallery Of Victoria und Arts Centre (18)

Eines der besten Museen Australiens

Folgt man der St. Kilda Rd. ein Stück nach Süden, fällt der markante Turm des Victoria Arts Centre ins Auge. Der Komplex umfasst die vom australischen Architekten *Sir Roy Grounds* entworfene Nationalgalerie von 1968 und das große Kunst- und Kulturzentrum. Beeindruckend ist das größte Glasdach der Welt, das als Anbau nachträglich von *Leonard French* entworfen wurde. Kenner beschreiben das Museum als das beste und umfassendste der südlichen Hemisphäre. Es verfügt über eine umfangreiche Sammlung an Aborigine- und kolonialaustralischer Kunst. Sehenswert sind auch die Gemälde australischer Maler (*Sidney Nolan, Russell Drysdale, Arthur Streeton*), Werke von *Henry Moore* sowie Bilder von *Picasso* und *Dürer*.

National Gallery Of Victoria/Arts Centre, *180 St Kilda Rd., geöffnet täglich 10–17 Uhr; geführte Rundgänge jeweils zur vollen Stunde, www.vicartscentre.com.au*

INFO **Weihnachten in Melbourne –**
Carols by Candlelight

Können Sie sich das Christfest bei 38 Grad im Schatten vorstellen? Schwitzen und dabei Lieder singen? Bestimmt nicht daheim in der eigenen Wohnung, aber vielleicht mit vielen anderen im Stadtpark? Australiens Klima und der australische Volkscharakter haben in Melbourne eine ganz neue Art des Weihnachtsfestes entstehen lassen: **Carols by Candlelight** – das Singen von Weihnachtsliedern bei Kerzenschein im Freien.

Fast die gesamte Bevölkerung macht sich mit Kind und Kegel, Bier, Wein und Picknickkörben in die Stadtparks auf, um dort gemäß dem australischen Charakter zu singen und zu tanzen. Sobald es dunkel wird, ertönt eine Lautsprecherstimme und befiehlt „Light your candles now!" – „Zündet jetzt eure Kerzen an!" Und auf einen Schlag erleuchten tausende von Lichtern die Parkfläche, vom Fernsehen ins ganze Land übertragen. Im weiteren Verlauf stimmen Orchester, Chöre und Solisten ein Konzert der Extraklasse an. Weihnachten einmal anders? In Melbourne ganz bestimmt!

Im benachbarten **Performing Arts Museum (18)** (Arts Centre) wird eine umfangreiche Sammlung an Theaterrequisiten zur Schau gestellt. Jeden Sonntag findet ein großer Freiluftmarkt am Arts Centre statt.

Royal Botanic Gardens
Der botanische Garten wurde bereits 1846, u.a. von dem deutschen Einwanderer *Dr. Ferdinand Müller*, angelegt. Mit einer Fläche von 35 ha und über 10.000 Pflanzenarten zählt der Park zu den größten der Welt und ist ein beliebtes Naherholungsgebiet für die Melburnians. Eine „Australian Collection" zeigt die wichtigsten australischen Pflanzen.
Botanischer Garten

Royal Botanic Gardens, *Birdswood Ave, South Yarra; geführte Rundgänge beginnen täglich (außer Mo und Sa) um 10 und 11 Uhr am Visitor Centre, www.rbg.vic.gov.au*

Aborigine Walk in Melbourne
Im Botanischen Garten von Melbourne wird auf dem neuen Aborigine Heritage Walk die Geschichte der südlichen Aborigines anschaulich erklärt. Ursprünglich lebten auf dem heutigen Gelände des Botanischen Gartens die Stämme der Bunurong und Woiwurrong.
Weitere Informationen über die Aborigines im Gebiet des heutigen Melbourne vermittelt das Melbourne Museum mit „Bunjilaka", der Abteilung über Aborigine People. Die sensible Thematik der jahrzehntelangen Zwangsadoptionen wird dabei nicht ausgespart.

Im benachbarten **King's Domain Garden** (St Kilda Rd.) steht der **Shrine of Remembrance (22)**, ein tempelartiger Bau, der an die Opfer der Weltkriege, des Korea- und Vietnamkrieges erinnert. Der Turm kann bestiegen werden und bietet einen guten Blick auf die Stadt. Ebenfalls im King's Domain steht **La Trobe's Cottage (23)**, das Haus des ersten Gouverneurs von Victoria. Das gesamte Haus wurde in Einzelteilen aus England 1839 per Schiff angeliefert. Das vom National Trust verwaltete Gebäude wurde 1964 komplett restauriert.

Captain Cook's Cottage

Olympic Park

Die Swan-St.-Bridge führt zum Ostufer des Yarra in das sportliche Viertel Melbournes (Stadtteil Jolimont). Im Olympic Park befinden sich zahlreiche Sportstätten und Stadien sowie der **Melbourne Cricket Ground (21)** (mit dem Museum *Australian Gallery of Sports*) und das **National Tennis Centre (20)**. Der neue **Telstra Dome**, das *Aussie Rules Football Stadion (AFL)*, befindet sich bei der Spencer Street Station.

In den **Fitzroy Gardens** wurde das Elternhaus von James Cook – **Captain Cook's Cottage (10)** – nach seinem Abbau in England originalgetreu wieder aufgebaut.

Docklands

Docklands

Im alten Hafen, nur einen Kilometer westlich des Stadtzentrums (CBD = Central Business Distrikt) gelegen, entstand unter dem Namen Docklands ein völlig neuer Stadtteil, der das Gesicht der Stadt verändert hat. Auf einer Fläche von 200 ha entstand ein modernes Viertel aus Apartmenthäusern und Bürogebäuden. Die Docklands sowie die Einkaufsstraßen des Harbour Town Shopping Centre (Waterfront City) sind mit kostenlosen Straßenbahn „City Circle Line" gut erschlossen. Die Attraktion des neuen Gebiets ist das mächtige Riesenrad „Southern Star". Information: www.docklands.com.

Stadtteile

St. Kilda

Badevorort Melbournes

In St. Kilda (Straßenbahn 15 und 16 ab Flinders Street Station) befindet sich der einzig gute Strand in unmittelbarer City-Nähe, was den südlichen Stadtteil zu einem beliebten Ausflugsziel an Wochenenden macht. Zum anderen haben sich die Jugend und das Nachtleben nach St. Kilda verlagert. Viele Backpacker-Hostels sind an der Esplanade angesiedelt, und im Verbund mit dem sonntäglich stattfindenden *Art and Craft Market*, Konzerten im Luna Park und dem *St. Kilda Festival* (im Febr.) ist die Szene ausgelassen und lebensfroh. Ein Bummel entlang der St. Kilda Beach Promenade sollte bei keinem Melbourne-Besuch fehlen. Auch in den Abendstunden, verbunden mit dem Besuch eines guten Restaurants in Strandnähe, lohnt der Besuch St. Kildas. Information: www.stkilda.com.au.

Carlton

Im nördlich an die Innenstadt anschließenden Stadtteil Carlton befindet sich das **Royal Exhibition Building (4)** (Carlton Gardens), das 1880 erbaut wurde. Am 1. Januar 1901 wurde hier von dem späteren König Georg V. das erste Bundesparlament Australiens eröffnet, welches später in die Spring St. umzog. Von 1901 bis 1927 tagte in den Exhibition Buildings das viktorianische Landesparlament. Heute wird die Holzkonstruktion nur noch für Messen und Ausstellungen verwandt und ist nicht für die Öffentlichkeit zugänglich. In der lebhaften **Lygon Street** findet im Dezember eine Woche lang das Straßenfest „Lygon Street Festa" statt. Schmuckstücke kolonialer Architektur findet man auch an den Parallel- und Querstraßen der Lygon St. Das berühmte „Foster's"-Bier wird in der *Carlton & Unity Brewery* (16 Bourverie St., Tel. 9342 5511, www.fosters.com.au) gebraut. Besichtigungen (mit Bierprobe) sind gegen Voranmeldung möglich.

Empfeh-lenswert für Speis und Trank

Parkville

Rund drei Kilometer nördlich des Stadtzentrums befindet sich der große Melbourner Zoo im grünen Stadtteil Parkville. Der **Royal Melbourne Zoo** ist einer der ältesten der Welt, eröffnet im Jahre 1862. Der Besuch lohnt, da auf 22 ha Fläche u.a Schnabeltiere, Koalas, Kängurus, Wombats, Schmetterlinge und viele Vogelarten gehegt und gepflegt werden – sowohl eine gute Einstimmung als auch ein guter Ausklang einer Australienreise!

Zoo

Royal Zoological Gardens, Elliott Ave, Parkville, geöffnet täglich 9–17 Uhr; www. zoo.org.au

---

Übernachten im Zoo von Melbourne

Schlafen Emus nachts im Stehen? Schnarchen Koalas wirklich so laut? Wer´s genau wissen will, kann im Melbourne Zoo zwischen September und Mai übernachten. Unter dem Motto „Roar n Snoar" erleben Sie einen nächtlichen Zoorundgang und sehen den Tierpflegern bei ihrer Arbeit über die Schulter. Am nächsten Morgen erleben die Zoo-Camper die Tierfütterung und werfen einen Blick hinter die Kulissen. Im Preis von A$ 185 pro Person eingeschlossen sind die Zeltübernachtung, Barbecue und Frühstück, Rundgang und der Eintrittspreis für den nächsten Tag. Schlafsäcke können im Zoo gegen eine geringe Gebühr ausgeliehen werden. Mehr Infos unter www.zoo.org.au.

South Yarra und Toorak

Die Stadtteile South Yarra (Straßenbahn 6, 8, 72) und Toorak (Straßenbahn 8) bilden das Südufer des Yarra. Zum Bummeln und Einkaufen laden viele exklusive Boutiquen und Geschäfte in der **Chapel St.** und **Toorak St.** ein. Auch die Restaurants und Cafés gehören durchweg der eleganteren Kategorie an. Das **Como House** (Como Avenue) ist Hauptsitz des National Trust und zählt zu den besten Beispielen kolonialer Architektur im 19. Jahrhundert. Der älteste Teil des Hauses stammt aus dem Jahre 1847. Der extravagante, in Weiß und Gold gehaltene „Ballroom" war der gesellschaftliche Mittelpunkt des alten Adels.

Noble Geschäfte

Cheltenham

Im **Air Museum** auf dem **Moorabbin Airport** im 19 km südöstlich gelegenen Stadtteil Cheltenham ist eine schöne Sammlung alter Flugzeuge des frühen 20. Jahrhunderts ausgestellt (geöffnet Mo–Fr 9.30–16.15 Uhr und Sa + So 12–17 Uhr).

Williamstown

An der Mündung des Yarra River, rund 13 km westlich der City, liegt der älteste Stadtteil Melbournes. Schön renovierte Häuserzeilen, breite, baumgesäumte Alleen und schmucke Geschäfte machen den Besuch zu einer lohnenden Sache. Am Nelson Place findet jeden dritten Sonntag im Monat ein Kunstmarkt statt. Mehrere Galerien und Museen, wie z.B. das **Spotswood Railway Museum** (Champions Rd, nur So 12–16 Uhr), sind sehenswert. Information: www.williamstown. com.au.

Umgebung von Melbourne

Mornington-Halbinsel (1) (ⓘ s. S. 155)

Umgebung von Melbourne

| 1 Mornington Halbinsel | 2 Yarray Valley | 4 Phillip Island |
| 3 Dandenong Ranges | | 5 Bellarine Halbinsel |

© **ℐ**graphic

Im Osten der Port Phillip Bay

Die Halbinsel im Süden Melbournes bildet die Ostküste der Port Phillip Bay. Sie ist ein wichtiges Naherholungsgebiet für die Melburnians an Wochenenden und in den Ferien. Beide Seiten der Halbinsel verfügen über schöne Strände: Die an der Port Phillip Bay sind eher ruhig (und leider auch schmutziger), die der Western Port Bay und an der Bass Strait verwöhnen Surfer mit guter Brandung.

Mornington

Mornington (55 km südlich von Melbourne) entstand bereits sehr früh, als die ersten Städter ihre Feriendomizile außerhalb Melbournes errichteten. Viele der alten Häuser, z.B. das Old Post Office Museum von 1863, sind heute zu besichtigen und unterstehen dem Denkmalschutz des National Trust.

Arthur's Seat

📷 Aussichtspunkt

Der beste Aussichtspunkt der Halbinsel ist Arthur's Seat (305 m). Der Berg kann entweder zu Fuß, mit einem Sessellift oder mit dem eigenen Fahrzeug von Dromana aus erklommen werden.

Das Innere der Halbinsel ist von Weidewirtschaft und Weinanbau geprägt. Deshalb gilt den kleinen Straßen, die in die Hügellandschaft der Halbinsel führen, die besondere Empfehlung. Immer wieder entdeckt man links und rechts der Straßen hübsche Gärten mit alten Backstein-Cottages. Übernachtungen sind in Bed & Breakfast-Häusern möglich.

Der Süden der Halbinsel

Die „Schleife" in den Süden lohnt in zweierlei Hinsicht: Zum einen tangiert man die Western Port Bay mit der **Coolart Reserve** (sehenswerte Gärten und Häuser), zum anderen erreicht man Cape Schanck am Südzipfel und den **Point Nepean National Park**. Die Dünen- und Klippenlandschaft wurde aufgrund der Erosionsgefährdung zum NP erklärt, Besucher müssen sich an die gut beschilderten Wanderpfade halten. Empfehlenswert ist der *Bushrangers Bay Track* (ab Cape Schanck) und der *Coppins Track* (ab Sorrento Ocean Beach). Der Leuchtturm von Cape Schanck steht in den Sommermonaten zur Besteigung offen und beherbergt ein kleines Museum. Wer will, kann in den Cottages am Fuße des Leuchtturms gemütlich übernachten (www.lighthouse.net.au).

Dünen und Klippen

Sorrento

Sorrento ist die älteste Ansiedlung der Halbinsel. Bereits 1803 gingen hier die ersten Siedler an Land. Die Stelle ist als „Collins Settlement Historic Site" markiert und mit einigen Schautafeln versehen. Sorrento ist mit seinen guten Stränden heute ein populärer Badeort. Mit dem **Marine Aquarium** verfügt die Feriensiedlung über eine echte Attraktion.

Koloniale Siedlungen

Zum Aquarium gehören ein Badestrand sowie ein Wasserbecken mit über 200 Fischarten und Seehunden (Fütterung täglich 15 Uhr). Mit dem Schiff „Moonraker" werden Fahrten zu den Delfinen vor der Küste angeboten (*Swim With The Dolphins*) – sofern welche da sind.

Sorrento Marine Aquarium, *St. Aubin's Way*, geöffnet täglich von 9–17 Uhr

Portsea

Der äußerste Westen der Mornington Peninsula lockt noch einmal mit tollen Stränden und guten „Surfs". Es sei dabei jedoch warnend an den früheren Prime Minister *Harold Holt* erinnert, der 1967 am Cheviot Beach in eine Strömung geriet und ertrank. Das Gebiet an der Westspitze mit dem **Fort Nepean** ist zum Nationalpark erklärt worden. Die Festungsanlagen am Eingang der Port Phillip Bay können entweder von Portsea zu Fuß (ca. 6 km) oder mit Fahrzeugen der Park-Behörde besucht werden. Die Befestigungsanlagen wurden bereits Mitte des 19. Jahrhunderts zum Schutz der Stadt Melbourne errichtet. Im Ersten Weltkrieg wurde das deutsche Frachtschiff *Pfalz* von dort aus beschossen, kurz nachdem Australien (im Gefolge Englands) den Deutschen den Krieg erklärt hatte. Der Ausflug lohnt, da die Festung noch relativ gut erhalten ist und man eine solch intakte Küsten- und Dünenlandschaft selten so nahe einer Großstadt erleben kann. Die Meerenge zwischen Portsea und Queenscliff auf der anderen Seite der Bucht wird wegen ihrer nicht immer einfachen Strömungsverhältnisse auch *The Rip* genannt. Zwischen November und März können vom Strand aus häufig Delfine beim Spiel mit den Wellen beobachtet werden.

Fähre

Die moderne Autofähre MV Queenscliff fährt täglich im 2-Stunden-Rhythmus von Sorrento nach Queenscliff (siehe Bellarine Peninsula, Kapitel 7).

Fähre von Sorrento nach Queenscliff

Tipp
Über die Mornington Peninsula in Richtung Great Ocean Road

Wer von Melbourne in Richtung Adelaide unterwegs ist, sollte bei genügend Zeit folgende Fahrtroute in Erwägung ziehen: Melbourne–Mornington-Halbinsel–Sorren-

to–Fähre nach Queenscliff–Geelong–Great Ocean Road. Landschaftlich ist diese Strecke um einiges reizvoller als der Princes Freeway, der Melbourne auf direktem Wege mit Geelong verbindet.

Yarra Valley (2)

Bekannt für gute Weine

60 km nordöstlich von Melbourne liegen einige der bekanntesten Weinanbaugebiete Victorias: Die besten Güter befinden sich im Bereich von **Yarra Glen**, **Healesville**, **Marysville**, **Seville** und **Lilydale**. Als Tagesausflug sollte man sich auf das Yarra Valley entlang des *Maroondah Hwy.* beschränken.

Healesville Sanctuary
Im gleichnamigen Distrikt ist ein Stopp im bekannten Healesville Sanctuary empfehlenswert. Der 1921 von *Sir Colin Mackenzie* gegründete Wild- und Naturpark beeindruckt durch seine Größe und Vielfalt. Die Freigehege bieten einen hervorragenden Anschauungsunterricht in australischer Flora und Fauna. Der Park hat sich als eine wichtige Bastion in der Erhaltung bedrohter Arten erwiesen.

Healesville Wildlife Sanctuary, *Badger Creek Rd., Healesville, geöffnet täglich 9–17 Uhr, www.healesville.com.au. Auf vielen Tagesausflügen gehört der Park zum Programm.*

INFO **Weingüter in Victoria**

Der Anbau von Wein hat im Bundesstaat Victoria bereits eine lange Tradition. Auf der Mornington Halbinsel und rund um Geelong begannen Siedler bereits Mitte des 19. Jahrhunderts damit, Reben zu pflanzen. Weitere Gebiete folgten: das Yarra Valley, die Macedon Ranges, das victorianische Hochland (High Country), das Gebiet um die Grampians oder das nördliche Goulbourn Valley blicken zwar auf eine kurze Geschichte zurück, produzieren jedoch hervorragende Weine. Neben den beliebten Shiraz-Rotweinen werden vor allem Cabernet- und Chardonnay-Weine produziert. Im noch relativ jungen Weinbaugebiet am Murray River, das sich die Staaten South Australia, New South Wales und Victoria teilen, wird bereits über die Hälfte der australischen Trauben ge-

Weinanbau im Yarra Valley

erntet. In vielen Weingütern Victorias kann der Reisende nicht nur Wein kosten, sondern auch in traditionsreicher Atmosphäre speisen und schlafen. Ein Beispiel dafür ist die Cleveland Winery in den Macedon Ranges. Das Haus von 1890 ist umgeben von Reben. Sonntags kann man auf dem Hof zu Mittag essen, Abendessen wird im historischen „Woolshed"-Restaurant des Cleveland Manor-Hauses mit einer Auswahl ausgezeichneter Qualitätsweine serviert. In einer recht einfach gehaltenen Bed & Breakfast-Unterkunft wird dann übernachtet.

Cleveland Winery, *Lancefield (55 km nördlich von Melbourne), Shannons Rd, Tel. 5429 1449*

Weinbau im Yarra Valley

In der landschaftlich schönen Gegend mit bewaldeten Hügeln, Buschland und gepflegten Parks haben sich über 80 Winzer der Rebenzucht verschrieben. Berühmt ist z.B. *DeBortoli* (Pinnacle Lane, Dixons Creek), *Fergusson's Winery* (Wills Rd, Yarra Glen), *Domaine Chandon* (Green Point, Maroondah Hwy., Coldstream) oder *Eyton on Yarra* (Maroondah Hwy., Coldstream). Die meisten der Weingüter führen auch hervorragende Speiserestaurants.

Abstecher nach Warburton

Alternativ zur Healesville-Route kann der Ausflug nach Osten ausgedehnt werden: Der *Warburton Hwy.* führt nach **Seville, Woori Yallock, Yarra Junction** und **Warburton.** Das Städtchen zählt bereits zu den Wintersportorten Victorias. Von Mitte Juni bis Anfang September herrscht bei genügend Schnee am nördlich gelegenen *Mt. Donna Buang/Cement Creek* Skibetrieb. Die Wanderung in der bergigen Region zu den *La La Falls* ist empfehlenswert.

Auf dem Weg in die Berge Victorias

Dandenong Ranges (3)

Ein weiterer Tagesausflug bietet sich in den **Dandenong Ranges National Park** an. Das relativ überschaubare Gebiet stellt eine Berg- und Hügellandschaft 35 km östlich von Melbourne dar. Auf Wanderungen in den Wäldern der Dandenongs lassen sich Koalas, Wombats, Leierschwänze, Kookaburras und andere Vogelarten beobachten. Viele Ortschaften haben sich ganz auf den Ausflugstourismus eingestellt und bieten eine breite Palette an Andenkenläden und Restaurants. Die Region hat unter den verheerenden Buschbränden vom Januar 2009 schwer gelitten.

Östlich von Melbourne

Streckenhinweis

Die Fahrt in die **Blue Dandenongs** *führt über den* Burwood Hwy. (Hwy. 26) *nach Osten. Zunächst passiert man den* **Ferntree Gully National Park** *(Ferntree Gullies = farnbewachsene, kleine Schluchten) und den* **Sherbrooke Forest***, wo einige der größten Hartholzbäume der Welt (*Mountain Ash Tree, Mountain Grey Gum, Sassafra *und* Blackwood*) wachsen. Die Straße führt direkt durch die Baumriesen hindurch.*

Belgrave und Emerald

Der kleine Ort Belgrave ist als die Heimat Australiens ältester Dampflokomotive, die den berühmten *Puffing Billy*-Zug (Fahrplan-Tel. 1-900-937 069) antreibt, weit über seine Grenzen hinaus bekannt. Die Schmalspur-Dampfeisenbahn beginnt ihre 13 km lange Tour an der **Belgrave Station**, dann geht es durch tiefgrüne Farnwälder und über Holzbrücken (vorbei am Cardinia Reservoir) nach **Emerald Lake Park**. Dort befindet sich ein Modelleisenbahnmuseum. Rund um

Unterwegs in der Puffing Billy Railway

Emerald wird Lavendel angebaut. Ein hervorragendes Golf-Resort mit gutem Restaurant ist das *Emerald Golf & Country Resort* (48 Lakeside Drive, Emerald, Tel. 5968 4211).

Dandenong Ranges National Park

Auf dem Rückweg über die *Maroondah Tourist Rd.* lohnt bei gutem Wetter die Fahrt auf den 630 m hohen Mt. Dandenong, der Teil des Dandenong Ranges NP ist. Der kleine NP ist ein beliebtes Ausflugsziel und verfügt über einige sehr gute (rollstuhltaugliche) Wanderwege. Vom Berg aus genießt man bei klarem Wetter den Blick auf die Skyline Melbournes und die Port Phillip Bay. Empfehlenswert ist das Sky-High-Restaurant auf dem Gipfel. Im Nationalpark gibt es Picknick-Einrichtungen. Kein Camping.

Olinda

Das Bergdorf Olinda ist ebenfalls ein beliebtes Ausflugsziel. Sehenswert sind die 40 Hektar großen *Rhododendron Gardens*. Besonders beeindruckend sind die Pflanzen während ihrer Blütezeit von September bis Dezember. Im Städtchen kann nach Herzenslust in Kunstgalerien und Souvenirshops gestöbert werden, viele kleine Cafés laden zum Verweilen ein. Das **William Rickett Sanctuary** (Mt. Dandenong Rd., geöffnet täglich 10–16.30 Uhr) stellt die Ton- und Holz-Skulpturen des Bildhauers Rickett aus, der sich vorzugsweise Aborigine-Motive zum Vorbild nahm.

Phillip Island (4) (ⓘ s. S. 155)

Pinguine von Phillip Island

📇 **Tipp**
Wer auf günstigem Wege Phillip Island und die obligatorische Pinguinparade kennen lernen möchte, sollte einen der vielen angebotenen Tagesausflüge ab/bis Melbourne buchen. Diese werden auch mit Übernachtung angeboten.

🚗 **Anfahrt**
Mit dem Auto folgt man von Melbourne dem South Eastern Freeway (Hwy. 1) in Richtung Dandenong und weiter auf dem Hwy. 180/181 über **Cranbourne**, **Tooradin**, **Bass** und **San Remo** nach **Phillip Island** – insgesamt 137 km Autokilometer und ca. 2 Stunden Fahrzeit. Auf der Strecke liegt der Tierpark Wildlife Wonderland (Bass Hwy.), der in Form eines überdimensionalen Regenwurms gebaut wurde. Kängurus, Wombats und Weltrekord-Regenwürmer von 3 m Länge werden gezeigt. Folgt man dem Bass Hwy. (181) weiter nach Süden, erreicht man die historische Kohlenmine von **Wonthaggi**, die besichtigt werden kann.
Vom Küstenort **San Remo** führt eine 640 m lange Brücke auf die Insel zum Eingangsort **Newhaven**.
Alternativ ist die Insel mit der Fähre von **Stony Point** auf der Mornington-Halbinsel, per Flugzeug oder Zug (ab Flinders Station/Melbourne) oder mit regionalen Bussen (V/Line) erreichbar.

Phillip Island

Die 101 km² große Insel (129 km südöstlich) stellt wegen ihrer besonderen Flora und Fauna sowie guten Stränden ein beliebtes Ausflugsziel dar, ist aber auch aufgrund der bestehenden Motorrad-Rennstrecke sehr populär (Super Moto GP im April). Phillip Island wurde nach dem Vizeadmiral *Arthur Phillip* benannt, der die Insel gemeinsam mit *George Bass* im Jahr 1798 entdeckte. Bis 1820 war die Insel ein wichtiger Militärstützpunkt, später ein Ort für Seehund- und Walfänger. Bis in die heutige Zeit werden Schafe gezüchtet.

Auf der Insel angekommen, erreicht man über eine Brücke die nordwestlich von Newhaven gelegene Insel **Churchill Island**, deren Vogelwelt von den Wanderwegen gut zu beobachten ist. Der südlichste und mit 109 m höchste Punkt, **Cape Woolami**, bietet großartige Aussichten auf die Insel und die Bass Strait. Von dem Felsvorsprung sind von September bis Februar auch Sturmvögel (*Mutton Birds*) zu beobachten. Am Westzipfel **Point Grant** liegen zwei Felsgruppen im Meer: The Nobbies und die *Sealrocks* (im Dezember mit bis zu 6.000 Seehunden). **Cowes** ist die Hauptstadt der Insel. Die Stadt an der Nordküste besitzt ein gutes Angebot an Übernachtungsmöglichkeiten und Restaurants. Ein weiterer Tierpark ist der *Phillip Island Wildlife Park* (Thompson Ave., geöffnet täglich 9–21 Uhr) mit Wombats, Wallabies, Schlangen, Tasmanischen Teufeln, Dingos und Koalas.

Hauptstadt der Insel

INFO **Die Pinguine von Phillip Island**

Hauptattraktion der Insel ist und bleibt die allabendliche **Pinguinparad**e – am besten zu sehen im Phillip Island Nature Park. Am **Summerland Beach** im Süden der Insel spült es im Sommer nach Sonnenuntergang dutzende der kleinen *Fairy Penguins* an Land. Die Betrachter des Naturschauspiels warten auf die Pinguine, die über den Strand zu ihren Nestern watscheln. Fotografieren mit Blitz ist streng verboten – das Visitors Centre bietet auch gute Kaufbilder an. Da die Pinguine erst nach Sonnenuntergang aufkreuzen, erfolgt die Rückkehr nach Melbourne (erst) spät am Abend. Anstatt selbst zu fahren, schließt man sich deshalb besser einer geführten (halbtägigen) Tour an.

 Tipp
Die letzten Besucher werden gegen 20 Uhr eingelassen, die Pinguine selbst erscheinen bei fast völliger Dunkelheit

Phillip Island: Pinguine

gegen 21.15 Uhr. Es kann abends empfindlich kühl werden, auch ein Sitzkissen ist auf den Betonstufen kein Luxus!

7. MELBOURNE – ADELAIDE: VON VICTORIA NACH SOUTH AUSTRALIA

Mögliche Strecken-varianten

📷 *Zwei Streckenvari-anten bieten sich von Melbourne nach Adelaide an:*
a) *Entlang der spektaku-lären Küstenstraße* Great Ocean Road *werden die berühmten „Zwölf Apostel" im* Port Campbell NP *pas-siert. Der Abstecher in den* Grampians NP *ist ausge-sprochen lohnend. Von* Warrnambool *bis* Murray Bridge *geht die Fahrt ent-lang der Küste – mit Abste-chern in verschiedene Küs-ten- und Inlandsnational-parks.*

b) *Über die Goldfelder des Landes mit den Städten* **Ballarat** *und* **Bendigo** *führt die Fahrt zum* **Murray River**. *Der längste Fluss des Kontinents bestimmt mit seiner abwechslungsreichen Land-schaft den weiteren Verlauf der Fahrt:* **Echuca, Swan Hill, Mildura** *und* **Renmark** *sind nur ein paar der vielen Stationen auf dem Weg nach Adelaide. Von Mildura bietet sich auch ein Abste-cher nach* **Broken Hill** *im Outback von NSW an.*

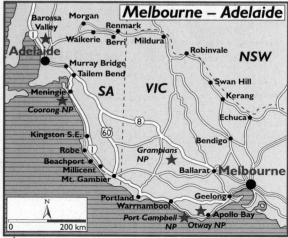

a) Über die Great Ocean Road

Entfernungen
*Melbourne–
Geelong: 75 km
Geelong–Apollo Bay:
120 km
Apollo Bay–Port
Campbell: 100 km
Port Campbell–
Warrnambool:
65 km
Warrnambool–Mt.
Gambier: 220 km
Mt. Gambier–Murray
Bridge: 374 km
Murray Bridge–Adelaide: 83 km*

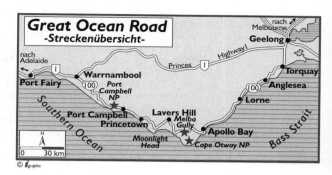

**Routenvorschlag: in 10 Tagen von Melbourne nach Adelaide
(mit Kangaroo Island)**
1. Tag: Melbourne–Geelong–Torquay
2. Tag: Torquay–Apollo Bay–Great Ocean Road–Port Campbell
3. Tag: Port Campbell–Halls Gap oder Dunkeld
4. Tag: Grampians NP – Aufenthalt
5. Tag: Grampians NP–Mt. Gambier–Beachport
6. Tag: Beachport–Coorong NP–Victor Harbor
7. Tag: Victor Harbor–Cape Jervis–Fähre Kangaroo Island
8. Tag: Kangaroo Island
9. Tag: Fähre Kangaroo Island–Cape Jervis–Victor Harbour–Adelaide
10. Tag: Adelaide

Aus Melbourne führt die West Gate Bridge auf dem *Princes Hwy.* nach Geelong. *Ausfahrt*
Ab Geelong zweigt der *Surfcoast Hwy.* (Hwy. 100) nach Süden ab. *aus*
Melbourne

In Torquay beginnt die insgesamt 300 km lange *Great Ocean Rd.*, die erst in Warrnambool wieder in den *Princes Hwy.* übergeht. Sie bietet über weite Strecken, besonders aber zwischen Apollo Bay und Port Campbell, atemberaubende Küstenformationen, die ihre Höhepunkte in den Zwölf Aposteln, Loch Ard Gorge und der London Bridge haben. Nicht umsonst wird die Great Ocean Road eine der schönsten Küstenstraßen der Welt genannt. Erlebt man die Küste bei Sturm, wird deutlich, warum sie auch *Shipwreck Coast* genannt wird.

Wandern
*Nach dem Vorbild der tasmanischen Fernwanderwege wurde der **Great Ocean Walking Track** angelegt. Dieser führt von Cape Otway bis Princetown über 60 km und wird bis Apollo Bay ausgebaut. Nähere Informationen dazu erteilt das Department of Conservation in Melbourne. Die Veranstalter Bothfeet (www.bothfeet. com.au) und Auswalk (www.greatoceanwalk.com.au) bieten organisierte Wanderungen entlang der Great Ocean Road an.*

Die Stadt **Werribee** (35 km südlich von Melbourne) ist vor allem durch den *Werribee Zoo* bekannt. Neben den typisch australischen Beuteltieren sind auf dem Gelände auch afrikanische Arten (Giraffen, Zebras, Nashörner) vertreten. Durch das große Freigehege fährt ein Bus. An den Tierpark grenzt das aristokratische Anwesen *Werribee Park* mit einem imposanten Gebäude der Kolonialzeit. Ein paar Kilometer östlich liegt **Point Cook Coastal Park**, ein Feuchtgebiet mit einer Vogelbeobachtungswarte am Spectacle Lake. Ein Gegensatz hierzu das *RAAF Airforce Museum* (RAAF Williams Point Cook) mit ausrangierten Kriegsflugzeugen. Der Ort **Anakie** und der **Brisbane Ranges NP** liegen ca. 25 km westlich. Die Hauptsehenswürdigkeit ist *Steiglitz Historical Park*, eine historische Goldgräberstadt aus den 1860ern, die zu ihrer Blütezeit 4 Kirchen, 8 Hotels und 2 Saloons besaß. In **Lara** (20 km südlich) bieten das *Serendip Sanctuary* ein einzigartiges Vogelfreigehege mit vielen Arten, die sonst kaum noch in Australien vorkommen.

Geelong

Die 152.000-Einwohner-Stadt an der **Corio Bay** (75 km südwestlich von Melbourne) wird als einstiger Rivale Melbournes auch *The Pivot* genannt. Mit der Schaffung einer Eisenbahnverbindung zwischen beiden Städten (1840) verlagerten sich schon früh Verwaltung und Handel nach Melbourne. Geelong aber bot zur Zeit des Goldrausches den Neuankömmlingen einen besseren Zugang zu den Goldfeldern von Ballarat und Bendigo. Diese Vormachtstellung konnte indes nur wenige Jahre gehalten werden. Melbourne erwies sich als einflussreicher und übernahm die Stellung der Hauptstadt. Geelong hat sich zum wichtigsten Frachthafen Victorias entwickelt und ist ein bedeutender Industriestandort, u. a. produziert der Autohersteller Ford seit den 1970er-Jahren hier. Der Stadtkern ist durch seine historischen Gebäude und gepflegten Parks sehenswert. Der „National Trust" (34 High St.) gibt eine Informationsbroschüre über die wichtigsten Gebäude heraus. Das alte Gefängnis *Geelong Gaol* und das *Customs House* am Hafen (ältestes Gebäude der Stadt von 1855) sollte man sich anschauen.

Geelong – einst bedeutender als Melbourne

Die Hauptsehenswürdigkeit ist das **National Wool Museum**, (Ecke Moorabool/ Brougham St., geöffnet täglich 10–17 Uhr) das wie viele andere Gebäude in Geelong aus viktorianischem *Blue Stone* (blauer Tonsandstein) erbaut wurde. In seinem Inneren informieren verschiedene Ausstellungen über Schafzucht, Wollproduktion und -verarbeitung – einem der wichtigsten und ursprünglichsten Wirtschaftszweige des jungen Landes.

Die **Geelong Art Gallery** (Little Malop St., geöffnet Di–Fr 10–17 Uhr, Sa–So 13–17 Uhr) mit den Gemälden australischer Maler sollte bei ausreichender Zeit Bestandteil des Besuchsprogramms sein.

Außerhalb der Stadt hat man vom *Brownhill-Lookout* an der Barrabool Rd einen schönen Blick auf die Stadt und das Meer. **Eastern Beach**, das zu Geelong gehörende Seebad, wurde in den 1930ern im Art-Déco-Stil erbaut und ist nach seiner Restauration ein architektonisches Schmuckstück.

Torquay (ⓘ s. S. 155)

Die Stadt Torquay ist zweifellos *die* Surf-Metropole Australiens. Obwohl sie mit gerade einmal 5.800 Einwohnern recht klein ist, wird der *Torquay Surf Club* mit

INFO **Die Bellarine Peninsula** (s. Karte S. 334)

Streckenhinweis
Wer von Melbourne in Richtung Adelaide unterwegs ist, sollte bei genügend Zeit folgende Fahrtroute in Erwägung ziehen: Melbourne–Mornington-Halbinsel–Sorrento–Fähre nach Queenscliff–Geelong–Great Ocean Road. Landschaftlich ist diese Strecke um einiges reizvoller als der Princes Freeway, der Melbourne auf direktem Wege mit Geelong verbindet.

Fähre
Die moderne Autofähre MV Queenscliff fährt täglich im 2-Stunden-Rhythmus von Queenscliff nach Sorrento und verkehrt bei jedem Wetter.

Ocean Grove und Barwon Heads
Die benachbarten Ferienorte sind nur durch den Barwon River voneinander getrennt. Die schönen Strände mit guter Brandung stehen bei Surfern hoch im Kurs. Alljährlich im März findet ein hoch dotiertes Pferderennen am Strand statt. Die raue See wurde vielen Schiffen zum Verhängnis, deren Wracks nun vor der Küste liegen. In Barwon Heads befindet sich das *Jirrahlinga Sancturary,* ein Tierhospital für verletzte und erkrankte Kängurus, Koalas, Wombats und Echidnas.

Queenscliff (ⓘ s. S. 155)
Queenscliff liegt am östlichen Ende der Bellarine-Halbinsel. Der Ort erlangte erste Bekanntheit, als 1882 das *Fort Queenscliff* zur Sicherung der Port Phillip Bay ge-

baut wurde. Dass es die Angst vor den Russen war, die den Bau antrieb, wird heute nicht mehr gerne erwähnt. Das Fort und der auf der Landzunge stehende Leuchtturm *(Black Lighthouse)* sind auf Führungen täglich um 12 und 15 Uhr zu besichtigen. Im letzten Jahrhundert entwickelte sich Queenscliff zum Badeort des Melbourner Geldadels, der per Dampfschiff herüberkam. Aus dieser Zeit stammt auch eine Reihe historischer Gebäude, von denen viele restauriert

Queenscliff Hotel

wurden. Sehenswert ist das Queenscliff Hotel (16 Gellibrand St.). Die alte Dampfeisenbahn *Bellarine Peninsula Railway* fährt 16 km von Queenscliff nach Drysdale und zurück (mehrmals täglich an Sonn- und Feiertagen ab Queenscliff Station).

Unterhalb der Landspitze *The Rip* befindet sich **Buckley's Cave**, wo sich ein Sträfling namens *William Buckley* 32 Jahre unter Eingeborenen aufhielt, nachdem er 1803 aus dem Gefängnis ausgebrochen war. Noch heute steht das australische Sprichwort *Buckley's Chance* für eine Chance unter hunderttausend.

schöner Regelmäßigkeit australischer Meister. An zwei Stränden können die Artisten auf dem Brett in den Wellen beobachtet werden: *Bells Beach* und *Jan Juc Beach*. Am Bells Beach finden an Ostern die *Rip Curl Easter Classics* statt, ein Surfwettbewerb der Weltklasse. Im *Surfworld Surfing Museum* an der

Surf-Metropole neuen Surfcoast Plaza kann man sich näher über den akrobatischen Sport informieren. In den Shops erhalten *Surfies* die typischen Szene-Accessoires mit den Kultmarken *Billabong, Rip Curl, Hot Tuna, Quiksilver*, und wie sie alle heißen.

Streckenhinweis
Nach Passieren des Torquay Golf Club beginnt offiziell die Great Ocean Rd. Mit jeder Kurve entdeckt man neue Strände mit toller Brandung, und es bieten sich aufregende Fotomotive.

Anglesea (ⓘ s. S. 155)

Beginn der Great Ocean Road

Am Ortseingang beherrscht zunächst eine hässliche Braunkohlemine das Bild. Das dazugehörige Kraftwerk liefert Energie für die Alcoa-Aluminiumschmelze in Geelong. In Anglesea selbst sollte man einen Blick auf den Golfplatz werfen, auf dem fast immer grasende Kängurus zu sehen sind, die sich von den umherfliegenden Golfbällen nicht beeindrucken lassen. Der

Der berühmte Golfplatz von Anglesea

Kängurus auf dem Golfplatz Strand von Point Roadknight ist gut geschützt und eignet sich gut zum Baden oder für Strandspaziergänge. Gute Thermik wird von Drachenfliegern genutzt, die sich über der Küste emporschrauben.

Aireys Inlet (ⓘ s. S. 155)

Sehenswerter Leuchtturm

Nur wenige Kilometer westlich (die Straße verabschiedet sich zeitweilig von der Küste) erkennt man das *Split Point Lighthouse*, das zum beschaulichen Urlaubsort Aireys Inlet gehört. Dieser ist eine der ältesten Siedlungen entlang der Great Ocean Rd. Interessant ist die Möglichkeit, in den alten Unterkünften der Leuchtturmwärter zu nächtigen.

Lorne (ⓘ s. S. 155)

Das populäre Ferienstädtchen Lorne ist im Sommer heftig frequentiert. In den Hotels entlang der Promenade können tausende von Urlaubern untergebracht werden – in der Hochsaison kommt es sogar zu Engpässen. Vor der Promenade (Mountjoy Parade) erstreckt sich ein guter Sandstrand, und einige gut erhaltene Kolonialbauten, wie z.B. das *Grand Pacific Hotel* von 1870, erinnern an die Vergangenheit.

Über rund 50 km erstreckt sich der bewaldete **Angahook-Lorne Statepark** von Aireys Inlet nach Westen. Er reicht weit in das Hinterland und geht schließlich in die Otway Ranges über. Von Lorne aus lässt sich eine gute Rundfahrt durch dichte Regenwälder und farnbewachsene Schluchten in den westlichen Teil des Stateparks unternehmen. Mehrere Wanderwege sind ausgeschildert. Hauptattraktion sind die 30 m hohen **Erskine-Wasserfälle,** zu denen eine 8 km lange Straße führt. Wer möchte, kann auch von Lorne über einen 7,5 km langen Wanderweg zu den malerisch gelegenen Fällen wandern (ab Erskine River Caravan Park). Gleichfalls sehenswert sind die Cora-Lynn-Wasserfälle, die in mehreren Kaskaden hinunterstürzen. Ein hervorragender Blick auf die gewundene Great Ocean Rd. bietet sich von **Teddy´s Lookout** (Queens Park, 3 km landeinwärts über die Otway St.) – ein klassisches Fotomotiv!

Hinterland der Great Ocean Road

16 km südwestlich von Lorne befindet sich an der Great Ocean Rd. in **Wye River** der schön gelegene und komfortable *Wye River Valley Tourist Park* (Tel. 5289 0241), der für seine reiche Tierwelt bekannt ist. Auf der kurvenreichen Straße bieten sich immer wieder herrliche Blicke auf die offene See – spätestens jetzt beginnt man zu verstehen, warum die *Great Ocean Rd.* als einer der besten „Coastal Drives" der Welt gilt. Nicht verpassen: **Cape Patton Lookout** (nach Kennett River).

Apollo Bay (ⓘ s. S. 155)

Vorbei an den kleinen Küstenorten Kennett River, Wongarra und Skenes Creek erreicht man *The Paradise by the Sea* Apollo Bay, einen Ferienort, der in geschützter Lage gute Strände und mit den Otway Ranges ein bergiges Hinterland bietet. Apollo Bay wurde 1840 von den Kenty-Brüdern als Walfangstation gegründet (dort, wo sich heute der Golfklub befindet). In den Flussniederungen siedelten die ersten Farmer um 1860. Eine Fischfangflotte existiert noch heute und sorgt für ausgezeichnete Fischgerichte in den lokalen Restaurants.

Schöne Ausblicke auf die Küste

Der Panoramablick vom **Mariner's Lookout** (3 km nördlich, Wasserfälle Mariners Falls 11 km nördlich) oder **Crows Nest Lookout** (Tuxion Rd., 6 km nördlich) spiegelt die Vielfalt dieser Landschaft wider: unterhalb das gemütliche Apollo Bay und die zerklüftete Küste, links und rechts die dicht bewachsenen Hügel der Otways. Apollo Bay bietet eine Fülle von Hotels/Motels und Campingplätzen. Trotzdem gilt auch hier der Anfangs erwähnte Tipp, in der Ferienzeit die Unterkunft frühzeitig zu reservieren.

Otway National Park

Die Great Ocean Rd verabschiedet sich für kurze Zeit in das bergige Hinterland der Otways, es bleibt das südliche Kap, das den Otway National Park bildet. Kühlgemäßigte Regenwälder, dicht und mit baumhohen Farnen bewachsen, sind ein Merkmal des 12.800 ha großen

Cape Otway

Einsame NPs. Das andere sind einsame Strände, steile Klippen und eine reiche Tierwelt
Strände (Wallabies, Possums, Koalas, Wale). Mehrere Wanderwege von 2 bis 14 km Länge
und durchziehen den NP, teilweise verlaufen diese entlang der Küste (z.B. Cape Ot-
Regen- way–Aire River, 11 km) oder durch den Regenwald (z.B. Elliott River Walk, 4 km
wälder ab Shelly-Beach Parkplatz).

Sehenswert ist der schöne Leuchtturm **Cape Otway Lighthouse** von 1848
(täglich 9–17 Uhr geöffnet, Führungen 11, 14 und 15 Uhr), der über die 14 km
lange *Cape Otway Lighthouse Rd.* direkt von der Great Ocean Rd. angefahren
werden kann. Ein Wanderweg führt von hier auch nach **Point Franklin**. In
Hordern Vale zweigt eine kleine Straße nach **Aire River West** ab. Vorbei an dem
Binnensee Lake Craven kann man zum Meer und in die Dünen wandern. An dem
Inlet haben sich viele Vögel angesiedelt – mit etwas Glück sieht man hier Dingos.

Johanna Beach liegt bereits etwas außerhalb des eigentlichen NP. Der populäre
Surfstrand verfügt über einen relativ großen Campground, der sich hinter den
Sanddünen befindet. Der Veranstalter Bothfeet betreibt hier eine eigene Lodge,
allerdings nur im Rahmen der geführten Wandertouren nutzbar.

🛏 *Übernachtungsmöglichkeiten*

*bieten sich in den Cape Otway Cottages (Hordern Vale Rd., Tel. 5237 9256)
– einfach eingerichteten Steinhäusern und einer Gästefarm oder auf einfachen NP-
Campgrounds. Diese befinden sich in **Blanket Bay** (Zufahrt über Cape Otway*
Ideal für *Lighthouse Rd. und Blanket Bay Rd.), **Aire River East** (am Fluss) und **Aire River***
Camper ***West** (an der Flussmündung), **Johanna Beach**, **Parker Hill** (nur zu Fuß erreichbar)
und **Point Franklin**. Bimbi Park ist der einzige kommerzielle Campingplatz innerhalb
des NP (Lighthouse Rd., Tel. 5237 9246). Die Eigner bieten auch Reitausflüge am
Strand und durch die Wälder an.*

Lavers Hill (ⓘ s. S. 155)

Bei **Castle Cove** befindet sich ein weiterer Aussichtspunkt, bevor sich die Great
Ocean Rd landeinwärts in Richtung **Lavers Hill** auf ihren höchsten Punkt windet. Die kleine Ortschaft verfügt über in dieser Region typische „Tearooms", in
denen vorzüglicher Devonshire Tee angeboten wird. Der **Otway-Fly Tree Top
Walk** (geöffnet 9–15.30 Uhr, Eintritt A$ 12,50, Anfahrt über den Phillips Track,

ausgeschildert, www.otwayfly.com.
au), ein 600 m langer Laufsteg in
luftiger Baumwipfelhöhe, befindet
sich nahe der Triplet Falls, ca. 15 Autominuten östlich von Lavers Hill.
Ein Besucherzentrum informiert
über die Regenwälder der Umgebung.

Melba Gully State Park

Melba Gully State Park

3 km westlich liegt der **Melba Gul-
ly Statepark** – ein 48 ha großes
Naturschutzgebiet mit grandioser
Regenwaldvegetation, u.a. dem *Big*

Tree, einem 300 Jahre alten, moosbewachsenen Baumveteranen. Nachts sind Glühwürmchen ein häufiger Anblick. In den Bächen sollen sich auch Schnabeltiere aufhalten.

Riesenfarne und Glühwürmchen

Moonlight Head und Shipwreck Coast

Eine Schotterstraße (Abzweig nach Wattle Hill) und ein kurzer Fußmarsch führen zu den höchsten Klippen des australischen Festlands. Moonlight Head stellt auch den Beginn eines besonders schicksalsträchtigen Abschnitts der Küste dar: Die *Shipwreck Coast* wurde nach den vielen Schiffswracks benannt, die in den trügerischen Strömungen und bei schwerer See havariert sind. Insgesamt wurden über 100 Wracks (auf 120 km Küstenlänge) gezählt. Die Anker der *Maria Gabriella* (gesunken 1869) und der *Fiji* (1891) sind zuweilen noch sichtbar. Der *Historic Shipwreck Trail* von Lavers Hill bis Port Fairy markiert an der Straße 25 Stellen, an denen Schiffe untergegangen sind.

Höchste Klippen Australiens

INFO „The Hinterland"

Interessanterweise verwenden die Australier für das Landesinnere sehr häufig den anglikanisierten Begriff *Hinterland*. Ein solches existiert fast überall, auch nördlich der Great Ocean Rd. Aufgrund der fruchtbaren Böden haben sich die Bewohner ganz der Landwirtschaft mit Viehzucht, Obst-, Wein- und Gemüseanbau verschrieben. Große Molkereibetriebe (z.B. in Cobden) versorgen Victoria und Teile Südaustraliens. Das Hinterland ist geschichtsträchtig und reich an Kolonialarchitektur, wie in Colac, der größten der Hinterlandstädte, zu sehen ist.

Geographisch ist das Hinterland von einigen erloschenen Vulkanen und Seen geprägt. Der riesige Lake Corangamite ist Australiens größter Salzwasser-Binnensee und für seine reiche Vogelwelt bekannt. Gleichwohl werden nur wenige Besucher den Weg in das Hinterland der Great Ocean Rd. finden – die Küstenstraße ist einfach der bekanntere und wohl auch kurzweiligere Reiseabschnitt.

Princetown

Die kleine Stadt Princetown an der Mündung des Gellibrand River ist für ihren Vogelreichtum bekannt. Vor der Küste, westlich von Loch Ard, liegt **Mutton Bird Island**, ein wichtiger Nistplatz für Sturmtaucher, die über den Nordsommer bis in die 25.000 km entfernte Beringstraße fliegen. Von September bis April können sie an ihren Nistplätzen in der Bass Strait beobachtet werden.

Zugvögel von September bis April

Port Campbell National Park

Der NP beschränkt sich auf einen relativ schmalen Küstenstreifen und endet nach ca. 20 km in Peterborough. Die Great Ocean Rd. wurde durch die zerklüftete und bizarr anmutende Felsküste in diesem Abschnitt zu einer Hauptsehenswürdigkeit Australiens. Sämtliche „Attraktionen" sind gut beschildert. Aussichts-

Hauptattraktionen der Great Ocean Road

Zwölf Apostel

punkte und Parkplätze sind vorhanden. Die Motive wirken bei Sonnenuntergang besonders reizvoll.

• *Gipson Steps*: Den (recht rutschigen) Stufen durch die steilen Klippen folgt ein schöner Strand, von dem aus der weitere Küstenverlauf ersichtlich ist.

• *Zwölf Apostel*: Spektakuläre, steil aufragende Felsnadeln.

• *Loch Ard Gorge*: Eine Felsschlucht, in der 1878 der Segelschoner „Loch Ard" sein Ende fand.

• *London Bridge*: Die wasserumtoste Felsbrücke war bis zum 15. Januar 1990 mit dem Festland verbunden. Als sie unvermittelt einstürzte, mussten zwei Menschen, die sich noch auf dem Felsen befanden, mit dem Hubschrauber gerettet werden. Eine weitere Landverbindung brach 2009 ab – ein Zeichen, dass die Natur den fragilen Kalksteinsäulen ständig zusetzt.

• *The Grotto* – verschiedene Felseinschnitte und Grotten, durch die das Meer rauscht.

Port Campbell (ⓘ s. S. 155)

Der liebliche Ort verfügt über einen kleinen Hafen mit Krabbenfischerflotte und einen sicheren Badestrand in der Two Mile Bay. Ein Wanderweg (*Discovery Walk*, ca. 1,5 Std.) führt auf einen Aussichtspunkt. Guten Tauchern werden vom lokalen Anbieter *Schomberg Diving* Wracktauchgänge angeboten. Die Küste und die Buchten bei der 210 Einwohner großen Gemeinde **Peterborough** tragen so klangvolle Namen wie *Bay of Martyrs* oder *Massacre Bay* – die Schiffswracks haben ihre Spuren hinterlassen! Beide Buchten verfügen jedoch über schöne Strände.

Relikte versunkener Schiffe

Warrnambool (ⓘ s. S. 155)

Warrnambool ist heute eine Mischung aus Ferienort und Industriestadt. 12 km vor dem Ortseingang befindet sich die Käsefabrik *Allansford Cheeseworld* (mit Verkauf). An die Geschichte der historischen Hafenstadt Warrnambool, die heute mit 25.500 Einwohnern die fünftgrößte in Victoria ist, erinnert das *Flagstaff Hill Maritime Museum* (geöffnet täglich 9–17 Uhr). Es informiert über die Seefahrervergangenheit der ersten Viktorianer, u.a. sind restaurierte Segelschiffe ausgestellt. Im angeschlossenen *Shipwreck Museum* erfährt man Näheres über die 28 Schiffe, die allein vor Warrnambool gesunken sind. Lady Bay ist eine geschützte Bucht und wurde schon 1840 als Walfangstation genutzt. Heute werden keine Wale mehr gejagt. Dafür kann man sie von Mai bis Oktober von einer Aussichtsplattform am Logan Beach beobachten. Sie kalben während dieser Zeit in den flachen Wassern der Lady Bay.

Seefahrergeschichte im Museum

Auf dem Weg nach Port Fairy (14 km westlich) erreicht man das **Tower Hill Game Reserve**, das sich direkt an einem vor 25.000 Jahren erloschenen Vulkan befindet. Der Krater kann mit dem Auto angefahren werden. Die Insel im Kratersee ist ein Wildreservat mit zahlreichen einheimischen Tierarten (geöffnet täglich 8–17 Uhr), von denen einige leider erst in der Dämmerung aktiv werden. Ein

Vulkankrater

Info-Zentrum auf der Insel gibt nähere Auskünfte. Nur wenige Kilometer nördlich liegt die Stadt **Koroit** mit dem prozentual höchsten Anteil an irischen Auswanderern in Australien. Die Gegend erinnert mit ihren grünen Wiesen tatsächlich stark an Irland.

Abstecher zum Grampians National Park (Gariwerd) (ⓘ s. S. 155)

Streckenhinweis
In Warrnambool bzw. Killarney Fahrt über schmale Nebenstraßen meist schnurgerade nach Norden.

Dunkeld ist der südliche Zugangsort des Grampians NP und verfügt über ein kleines Besucherzentrum. Die östliche Umgebung der Grampians mit den Städten Ararat, Avoca, Moonambel und Redbank wird *The Pyrenees* genannt und ist für ihre hervorragenden Weingüter bekannt. Sind die Unterkünfte im Hauptort Halls Gap ausgebucht, empfiehlt sich der Aufenthalt in Dunkeld, z.B. im sehr schönen *Royal Mail Hotel* oder in den exklusiven *Mount Sturgeon Cottages*.

Der 167.000 ha große **Grampians NP**, der in der Sprache der Koori-Aborigines *Gariwerd* heißt, wurde 1836 von *Major Thomas Mitchell* entdeckt. Er benannte die Berge nach den schottischen Grampians in den dortigen Highlands. Die markanten Sandsteinerhebungen wurden in Millionen Jahren geschaffen und bilden heute die westlichsten Ausläufer der Great Dividing Range. Die Bergketten beeindrucken durch ihre besondere Form: Vom flachen Westen her steigen sie sanft an, um dann umso steiler im Osten abzufallen. Die rampenähnlichen Berge erreichen dabei Höhen bis 1.168 m (Mt. William). Dazwischen liegen große Seen, tiefe Schluchten und ausgedehnte Eukalyptuswälder (*Red Gum Woodlands*).

Markante Berge mit guten Wandermöglichkeiten

Eines der herausragenden Merkmale des NP ist seine überaus reiche Pflanzen- und Tierwelt. Das Visitor Centre spricht von fast 900 verschiedenen Pflanzenarten und 200 Vogelgattungen. Vieles davon kann man auf den ausgezeichneten Wanderpfaden erleben, die von wenigen Stunden bis mehrere Tage dauern und bestens markiert sind.

Halls Gap (ⓘ s. S. 155)

Die überschaubare Stadt **Halls Gap** ist der Hauptort der Grampians. Sie bietet gute Einkaufsmöglichkeiten, eine Tankstelle und Ausflugsangebote (Wandern, Klettern, Reiten, Rundflüge). Man findet im Informationszentrum alle Infos, die man für kurze oder lange Wandertouren benötigt. Wären die Leihfahrräder in besserem Zustand, so könnten im Nationalpark ideale Touren unternommen werden. Gerade Mountainbiker finden hier hervorragendes Terrain.

Hauptort der Grampians

Ausflüge und Wandern im Nationalpark
Insgesamt sind über 160 km Wanderpfade angelegt und markiert. Für längere Wanderungen sollte man sich im Visitor Centre detailliertes Kartenmaterial besorgen (empfehlenswert: *The Grampians*, CFL-Maßstab 1:125.000). Aufgrund der z.T. recht beachtlichen Höhen kann es zu kurzfristigen Wetterumschwüngen kommen. Die meisten Straßen innerhalb des Parks sind geteert und bieten ausgeschilderte *Scenic Drives*. Im Park befinden sich noch einige wenige Pisten, die nur per 4-WD befahren werden können.

Ausflüge und Wanderungen im Grampians Nationalpark

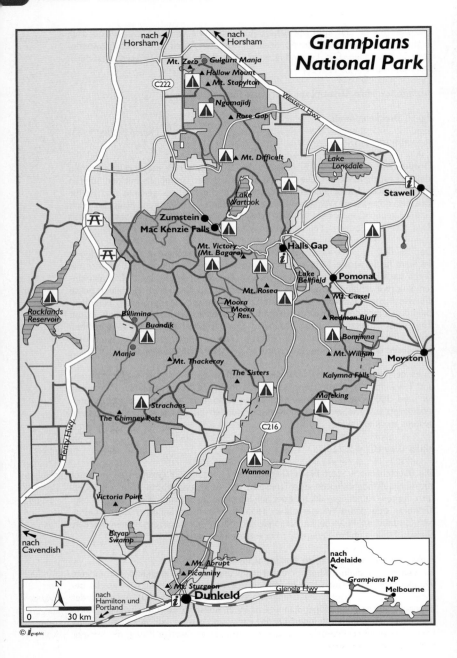

Grampians National Park

nach Horsham

nach Horsham

C222

Mt. Zero   ○ Gulgurn Manja
▲ Hollow Mount
▲ Mt. Stapylton

▲ Ngamajidj

▲ Rose Gap

Western Hwy

▲ Mt. Difficult

Lake Lonsdale

Stawell

Lake Wartook

Zumstein
Mac Kenzie Falls

Mt. Victory
(Mt. Bagara) ▲

Halls Gap

Lake Bellfield   ● **Pomonal**

▲ Mt. Cassel

Mt. Rosea ▲

Moora Moora Res.

▲ Redman Bluff

Rocklands Reservoir

Billimina
Buandik

▲ Bonjinna

▲ Mt. William

Moyston

Manja

▲ Mt. Thackeray

The Sisters ▲

Kalymna Falls

Strachans
The Chimney Pots

Mafeking

C216

Wannon

Victoria Point ▲

Bryan Swamp

nach Cavendish

Henty Hwy

▲ Mt. Abrupt
▲ Picaninny
▲ Mt. Sturgeon   ● **Dunkeld**

Glenelg Hwy

N

0   30 km

nach Hamilton und Portland

nach Adelaide

Grampians NP

Melbourne

© igraphic

- *Gipfel des Mt. William* (1.168 m), erreichbar über die Mt. William Rd.; vom Parkplatz muss auf der Straße den Berg hinaufgelaufen werden – die grandiose Aussicht entschädigt für die Strapazen. Gehzeit ca. 1,5 Stunden.
- *MacKenzie Falls*, Ausgangspunkt ist der Ort Zumstein (erreichbar über die Mt. Victory Rd.) – einer der schönsten Wasserfälle Victorias. Gehzeit ca. 2 Stunden.
- *Reid Lookout/The Balconies*, ab Parkplatz Reed Lookout – schöne Aussicht. Gehzeit ca. 1 Stunde.

Grampians National Park

- *The Pinnacle/Wonderland Ranges*, über Mt. Victory Rd., Wonderland Car Park – vielleicht der spektakulärste Walk mit tollen Felsformationen und wunderbarer Aussicht auf Halls Gap und Umgebung. Gehzeit ca. 2 Stunden.

Streckenhinweis

*Von **Horsham** (nördlicher Parkausgang) führt der Western Hwy. nach Dimboola, vorbei am **Little Desert National Park** an die Grenze zu Südaustralien. Die Strecke ist recht eintönig und bietet kaum Höhepunkte. Allein der relativ unbekannte Little-Desert-Nationalpark mag für diejenigen interessant sein, welche die übliche Küstenroute bereits kennen.*

Fortsetzung der Great Ocean Road in Richtung Adelaide

Port Fairy (ⓘ s. S. 155)

Weiß getünchte Cottages säumen die breiten Straßen von Port Fairy noch genauso, wie sie das zur Zeit der großen Seefahrer und Walfänger um die Jahrhundertwende getan haben. Heute werden im Mündungsgebiet des Moyne River nur noch Flusskrebse und Fische gefangen. Die Port-Fairy-Portland-Küste ist die Brutstätte der *Mutton Birds*, die auf ihrem Weg, von Alaska kommend hier brüten (Sept.–Apr.), rund 15.000 allein auf Griffith Island (mit Aussichtsplattform).

Fischerdorf mit interessantem Hinterland

Von Port Fairy führt ein Abstecher in den **Mount Eccles NP** (50 km nordwestlich, www.parkweb.vic.gov.au). Das Gebiet ist vulkanischen Ursprungs und mit dem klaren Lake Surprise ein beliebtes Ausflugsziel mit markierten Wanderwegen. Ein einfacher NP-Campground sowie ein Besucherzentrum sind vorhanden. Der NP verfügt neben Kangaroo Island über die höchste Koala-Population in Australien. Ihr Bestand wird auf fast 10.000 Tiere geschätzt. Problematisch ist die Fresssucht der Beuteltiere: Rund 70 Prozent der Eukalypten fehlen die Baumkronen. Da den Koalas dadurch bereits der Hungertod droht, wird den Weibchen nun eine Art Antibabyhormonimplantat eingesetzt.

Mount Eccles NP

Im weiteren Verlauf des *Princes Hwy.* bieten sich immer wieder Bademöglichkeiten an einsamen Stränden. Da der Highway sich des Öfteren von der Küste in das Hinterland verabschiedet, ist es wichtig, auf die kleinen, oft kaum sichtbaren Hinweisschilder zu achten.

INFO   Outback Victoria

Nur eine Tagesreise von Melbourne entfernt und als Alternativroute in Richtung Adelaide möglich, liegt im Nordwesten Victorias die **Desert Wilderness**. Das Gebiet, das von Einheimischen wegen seiner unwirtlichen Verhältnisse „Dead Men´s Graves" (Gräber der toten Männer) genannt wird, beeindruckt durch eine Flora, die sich in Jahrtausenden den extremen Dürrebedingungen angepasst hat. Das Gebiet besteht im Wesentlichen aus zwei großen Nationalparks: **Little Desert NP (Wimmera Region)** und **Wyperfield NP (Mallee Region)**, wobei ersterer günstig entlang dem *Western Hwy.* liegt und durchaus einen Abstecher wert ist.

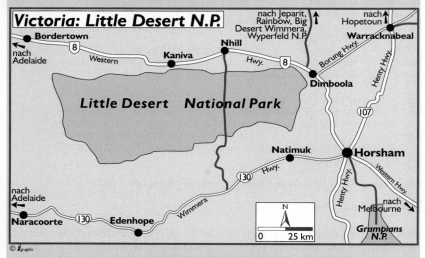

Obwohl sein Name Wüste verspricht, verblüfft der **Little Desert NP** (132.000 ha) im Outback von Victoria mit einer dort nie vermuteten Pflanzen- und Tiervielfalt. Eingangspforten in den südlich des *Western Hwy.* gelegenen Park sind die Städtchen Dimboola und Nhill (mit Informationsbüros). Voraussetzung für die Erkundung ist ein Allradfahrzeug, gutes Kartenmaterial und ein Wasservorrat. Tagesausflüge in den NP werden in der Ortschaft Nhill angeboten.

Portland (ⓘ s. S. 155)

Hafenstadt

Eine Stadt mit dem Namen Portland ist jedem englischsprachigen Land eine Hafenstadt, so auch hier. Sie wurde bereits 1834 von *Edward Henty* gegründet und rühmt sich, die älteste Siedlung Victorias zu sein. Das Haus des Gründers, das *Burswood Cottage*, kann neben vielen anderen historischen Gebäuden besichtigt werden. Nach dem Stadtgründer wurde auch der nach Norden führende *Henty Hwy.* bezeichnet. Heute ist Portland ein bedeutender Frachthafen, insbesondere für den Export von Wolle und Schafen (z.B. in den Nahen Osten) und den Import von Koks für die nahe *Portland Smelter*, eine Aluminiumfabrik.

Die Landzunge **Cape Nelson** (12 km südwestlich von Portland) im gleichnamigen State Park ist wegen ihrer eindrucksvollen Küstenlandschaft sehenswert. Auf kurzen *Walks* können Seevögel beobachtet werden. Der aus Granit erbaute Leuchtturm von 1883 kann nach Absprache mit dem Tourist Office in Port Fairy besucht werden. 30 km westlich von Portland ist das **Cape Bridgewater** mit seinen 120 m hohen Felsklippen einer der höchsten Punkte der südlichen Küste. Vom Aussichtspunkt *Stoney Hill* sind Seehundkolonien und Wale zu sehen. Der nahe Shelley Beach ist ein Paradies für Muschelsammler, am Bridgewater Bay Beach (einer der schönsten Strände in Victoria!) ist sicheres Baden möglich.
Blauwale vor der Küste: Der Veranstalter Heli Explore (www.heliexplore.com.au) organisiert sensationelle Rundflüge zur Beobachtung von Blauwalen, den größten Lebewesen auf Erden. Sie ziehen von November bis April (manchmal bis Mitte Mai) entlang der Küste.

Discovery Bay Coastal Park

Von Portland bis Nelson an der Grenze zu South Australia erstreckt sich über rund 55 km der Discovery Bay Coastal Park: Weiße Strände, raue See, Seehundkolonien, Felspools, Sanddünen, Lagunen und Feuchtgebiete bestimmen das Bild. Allerdings sind nur wenige Stellen per Fahrzeug zugänglich. Stichstraßen führen zum **Swan Lake**, **Lake Mombeong** und **Noble Rocks**. Nur der abwechslungsreiche Fernwanderweg *Great South-West Walk*, der bis an die Grenze Südaustraliens und zurück führt (Portland-Nelson-Portland), erschließt die gesamte Küste!

Bislang kaum erschlossener Nationalpark

Nelson (ⓘ s. S. 155)

69 km westlich von Portland liegt die 200-Einwohner-Gemeinde Nelson an der Mündung des Glenelg River. Nelson ist Ausgangspunkt für Besuche des nördlich gelegenen **Lower Glenelg National Park**. Sehenswert ist vor allem die rund 15 km lange und stellenweise bis zu 50 m tiefe Kalksteinschlucht *Glenelg River Gorge*. Der Glenelg River entspringt 400 km nordöstlich in den Grampians und fließt durch den ländlichen *Western District* Victorias. Ausflüge in die Schlucht werden mit dem Schiff *Nelson Endeavour* angeboten, alternativ können auch Kanus geliehen werden. In Jahrtausenden hat die Natur Tropfsteinhöhlen geformt, die schönste von diesen ist *Princess Margaret Rose Cave*, die per Führungen besichtigt werden kann. Im Nationalpark leben Graue Kängurus, Wallabies, Possums, Koalas und Echidnas. Wer sie sehen will, sollte früh aufstehen oder auf einem der 10 NP-Campgrounds nächtigen (z.B. bei der Princess Margaret-Höhle). Nelson ist die letzte Siedlung der *Great Ocean Rd.* und gleichzeitig der letzte Ort vor Erreichen der südaustralischen Grenze.

Sehenswerte Schlucht des Glenelg River

Mount Gambier (ⓘ s. S. 155)

 Telefon
Telefonvorwahl für South Australia: 08

Kurz hinter Nelson verlässt man den Staat Victoria und erreicht als nächstgrößere Stadt das Landwirtschaftszentrum Mt. Gambier (480 km östlich von Adelaide). Die 21.500 Einwohner zählende Stadt ist am Ufer eines Vulkankegels gebaut worden, von dessen drei Kraterseen der **Blue Lake** der schönste und größte (204 m tief) der Gegend ist. Er versorgt *The Blue Lake City* mit Trinkwasser und

Der Bundesstaat South Australia ist erreicht

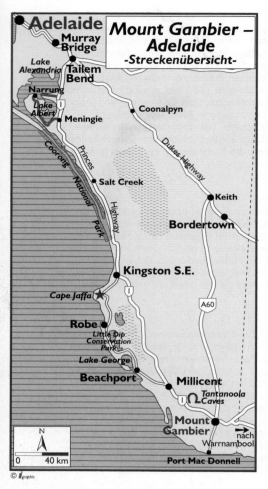

kann auf einer 5 km langen Straße umfahren werden. Im Sommer leuchtet er in türkisblauen Farben. In der Stadt sind einige historische Gebäude zu sehen, darunter das *Old Court House*, das als kleines Museum fungiert. Sehenswert auch die *State Saw Mill*, ein interessantes Beispiel für die vielen Sägewerke und Holz verarbeitenden Betriebe der Umgebung. Zum Stadtgebiet gehören die Tropfsteinhöhlen Umpherston Cave und Engelbrecht Cave, die beide gegen Voranmeldung besichtigt werden können. Für Höhlentaucher bieten sich einzigartige Gelegenheiten, in den *Ponds* und *Sinkholes* zu tauchen (Information über das Tourist Office).

28 km südlich liegt das beschauliche Fischerdorf **Port MacDonnell**. Auf dem Weg dorthin kann der Vulkan *Mt. Schank* erklommen werden, der das letzte Mal vor 8.000 Jahren ausgebrochen ist. Der Blick auf Küste und Inland ist lohnend! Eine weitere Stichstraße führt zu den Felsformationen der Carpenter Rocks.

Die Tropfsteinhöhlen des **Tantanoola Caves Conservation Park** liegen zwischen Mt. Gambier und Millicent. Melden Sie Ihr Interesse an einer Führung bereits bei der Tourist Information in Mt. Gambier oder Millicent an (geöffnet 9–16 Uhr).

Millicent

Millicent ist das Herz der holzverarbeitenden Industrie (*Timber Country*). Grundlage dafür sind die reichen Pinienwälder des Mt. Burr und Tantanoola. Die Millicent Tourist Information (1 Mt. Gambier Rd.) erteilt Informationen über den Canunda National Park (12 km südwestlich) oder die Tantanoola-Höhlen (21 km südöstlich).

Der **Canunda NP** befindet sich westlich der Stadt und erstreckt sich über 40 km an der Küste. Sanddünen und sanfte Klippen sind seine wichtigsten Merkmale. Der NP ist über das Fischerdorf **Southend** (am Nordende des Parks gelegen) und einige Sandpisten (z.B. ab Millicent über den Bevelaqua Ford Track) nur teilweise erschlossen. Ein NP-Campground bei Southend ist vorhanden.

Beachport und Robe (ⓘ s. S. 155)

Beachport („alter" Hwy. 1) ist ein kleines Fischerdorf am Ende der Rivoli Bay, wo einstmals Walfänger lebten. Der Walfang und die Geschichte der Stadt sind im *National Trust Museum* im *Wool and Grain Store* dargestellt. Heute ist Beachport ein Zentrum des Hummerfangs (Okt.–Apr.). Angler nutzen die zweitlängste Jetty Südaustraliens gerne für ihr Hobby. Am Rand der Stadt liegt der *Pool of Siloam*, der einen 6-mal höheren Salzgehalt aufweist als das Meerwasser. *Beliebte Ferienorte*

Robe ist ein beliebter und in der Urlaubszeit überquellender Ferienort, dessen Geschichte bis in das 19. Jh. zurückgeht. 1857 gingen hier 16.000 Gold suchende Chinesen an Land, die die £ 10 Einreisesteuer Victorias sparen wollten. Heute locken vor allem die schönen Strände (Long Beach) und die (salzigen) Binnenseen die Touristen an. Am Town Beach können zuweilen Pinguine beobachtet werden.

Südlich von Robe liegt der **Little Dip Conservation Park** – ein Eldorado für Allradfahrer. Durch die Dünenlandschaft (evtl. Luft in den Reifen ablassen!) erreicht man auf verschiedenen ausgeschilderten Tracks das Meer. Entlang des Strandes kann über Stinky Bay (hier werden tatsächlich stinkende Algen angeschwemmt) weiter nach Süden und über einen Loop zurück zum Highway gefahren werden. Nähere Infos über das Tourist Office in Robe.

Kingston S. E.

Kingston S. E. (= „South East") hat sich ganz dem Hummerfang verschrieben – wie man schon an überdimensionalen Stahlhummer am Ortsausgang sieht. Das Informationszentrum (*Big Lobster Tourist Complex*) am Fuße des Hummers erteilt Auskünfte über die Stadt und Umgebung. Ist genug Zeit, dann sind die historischen Gebäude einen Blick wert, z.B. das **National Trust Museum** (15 Cooke St.). Schöne Strände gibt es an der **Lacepede Bay**. Am nahen **Cape Jaffa** kann der Leuchtturm besucht werden (geöffnet täglich von 14–17 Uhr). *Der „Big Lobster" grüßt*

48 km nordöstlich liegt der **Jip Jip Conservation Park**, der durch seine monumentalen Granitfelsen beeindruckt.

Coorong National Park

Der parallel zum *Princes Hwy.* verlaufende NP erstreckt sich auf eine Länge von 145 km. Die lang gestreckte Salzwasserlagune mit den vorgelagerten Sanddünen der **Younghusband Peninsula** (oder *The Hummocks*) trennen die Straße

Coorong National Park

vom Ozean. Der Nationalpark hat sich zu einem Refugium für Wasservögel entwickelt, die dort weit gehend ungestört von menschlichen Ansiedlungen leben können. Der Coorong ist besonders bekannt für seine großen Pelikane, Schwäne und Kormorane. Ein ausführliches Faltblatt über den NP ist in Meningie, Salt Creek (Shell- + Mobil-Tankstelle) und Kingston S. E. erhältlich. Es gibt nur zwei *Langgestreckter Küstennationalpark*

Möglichkeiten, an den **Ninety Mile Beach** (Ozeanstrand) hinter der Salzwasser-lagune zu gelangen: entweder bei **Salt Creek** (nur mit Allrad) oder bei **42-Mile Crossing** – hier ist ein 1,3 km langer Fußmarsch über die Sanddünen zum Meer notwendig (oder per 4-WD). Bei Allrad-Abenteuern auf Sandpisten fahren Sie besser zu zweit oder schließen sich einem anderen Fahrzeug an!

Meningie

Ferienort am Lake Alexan-drina — Der *Hwy. 1* verabschiedet sich im weiteren Verlauf von der Küste und erreicht im Straßendorf Meningie die riesigen Mündungsseen des Murray River: Lake Albert und Lake Alexandrina. Der Ort ist für die Adelaider Bevölkerung ein beliebter Ferienort, wo Wassersport aller Art betrieben wird.

Streckenhinweis
*54 km nördlich von Meningie ist **Tailem Bend** und kurz darauf **Murray Bridge** (vgl. Kapitel 7b) erreicht. Von dort sind es bis nach Adelaide nurmehr 80 km über den gut ausgebauten South Eastern Freeway.*
*Empfehlenswert ist ein Abstecher ab Mount Barker durch die liebliche Hügelland-schaft der Adelaide Hills (Mt. Lofty Range) oder in das **Barossa Valley** mit der deutschstämmigen Stadt Hahndorf (vgl. Kapitel 8). Alternativ kann natürlich auch nach Süden auf die **Fleurieu-Halbinsel** zur schönen Stadt **Victor Harbour** oder nach **Cape Jervis** (Fähre nach Kangaroo Island, vgl. Kapitel 8) abgezweigt werden.*

b) Alternativroute:
Über die Goldfelder und den Murray River

 Entfernungen

Melbourne–Ballarat:	113 km	Echuca–Swan Hill:	157 km
Ballarat–Bendigo:	103 km	Swan Hill–Mildura:	250 km
Bendigo–Echuca:	92 km	Mildura–Adelaide:	391 km

1 **Zeiteinteilung**
6–10 Tage

Erstes Teilziel der Etappe sind die Orte, an denen das erste Gold Australiens im Jahre 1851 gefunden wurde. Verlassen Sie Melbourne über den *Western Hwy*. Bald werden die Apfelplantagen von **Bacchus Marsh** passiert. An vielen Straßenstän-den kann man sich mit Reiseproviant eindecken. Dank der „kurzen" Distanzen im Staate Victoria ist Ballarat schnell erreicht.

Ballarat (ⓘ s. S. 155)

Berühmte Gold-gräberstadt — In Ballarat spricht die Geschichte des Goldrausches für sich, wie man bereits an den reich verzierten und extravaganten Gebäuden entlang der Hauptstraßen (Sturt St. und Lydiard St.) sieht. Zur Blütezeit hatte die Stadt mehr als 70.000 Einwohner. Sagenhafte Goldfunde (z.B. der 1858 gefundene *Welcome Nugget* mit 58 kg) hatten ganze Heerscharen von Glücksjägern nach Victoria gelockt. Aus dem einstigen Zentrum des Goldbooms ist eine florierende Stadt mit 80.000 Einwohnern geworden – im Gegensatz zu vielen anderen Städten im Westen

Victorias, die jäh als Geisterstädte endeten, nachdem die Goldminen erschöpft waren. 1918 wurde die letzte Goldmine Ballarats geschlossen.

Neben dem **Goldgräberdorf Sovereign Hill** ist der 116 ha große **Ballarat Wildlife Park** (Ecke Fussel/York St.) mit einheimischen Beuteltieren und Reptilien sehenswert.

INFO Eureka Stockade

Von geschichtlicher Bedeutung ist die *Eureka Stockade* von 1854: Eine Gruppe von Goldgräbern unter Führung eines Iren und zweier Deutscher zettelte einen Aufstand gegen die ihrer Meinung nach ungerechtfertigten Schürfgebühren und das fehlende

Wahlrecht an. Dem Aufstand wurde von der brutal vorgehenden Polizei ein schnelles Ende bereitet, insgesamt 35 Menschen verloren ihr Leben.

Die britischen Verwalter änderten daraufhin das geltende Recht und führten das *Miner's Right* ein, das eine gerechte Claimverteilung zu angemessenen Preisen ermöglichte. Der Aufstand war, sieht man von vereinzelten Aktionen der Aborigines ab, bis heute der einzige Bürgerkampf in der Geschichte Australiens.

Goldsucher mit Nuggets

Über den genauen Ablauf und die damaligen Zustände erinnern die **Eureka Exhibition** (602 Eureka St., geöffnet täglich 9–17 Uhr) und ein Denkmal in der Stawell St. Vom Glanz vergangener Tage zeugt neben den schmucken Häusern die Hauptattraktion der Stadt, die hervorragend rekonstruierte Museumsstadt Sovereign Hill.

Sovereign Hill

Sovereign Hill Goldmining Township
Ein Muss ist der Besuch von **Sovereign Hill** (3 km südlich), der einzigartigen Rekonstruktion einer Goldgräbersiedlung der Periode von 1854 bis 1861. Die Stadt besteht aus verschiedenen Teilen: der Goldgräberstadt, den Goldfeldern von Red Hill Gully, dem chinesischen Dorf und einem Bergbaumuseum. Viele Gebäude, wie Hotels, Banken, Geschäfte, Schule, Bücherei und Handwerksbetriebe, sind originalgetreu aufgebaut worden. Den realistischen Eindruck verstärken ungefähr 100 Schausteller, die in Originalkostümen die Stadt beleben. Kurzum, das Leben der damaligen Zeit wird in den buntesten Farben geschildert. Am Abend folgt die sehenswerte *Sound and Light*-Vorführung *Blood on the Southern Cross*.

Originalgetreues Freilichtmuseum

Als Besucher können Sie sich auch selbst im **Goldwaschen** (*Pan for real gold!*) versuchen. Die Führung durch die unterirdische Mine dauert ca. 45 Minuten, für das gesamte Gelände sollten rund zwei Stunden gerechnet werden. Das zum Komplex gehörige Goldmuseum liegt im Eingangsbereich, kann aber auch separat besucht werden.

Sovereign Hill Goldmining Township, *Main St; www.sovereignhill.com.au*

Gold-graberstädte der Umgebung
Wer am intensiveren Studium der Goldgräberzeit interessiert ist, findet in den Städten **Creswick** (18 km nördlich, historisches Museum), **Clunes** (34 km nord-westlich, erste Goldfunde anno 1851), **Avoca** (48 km nordwestlich) weiteres Anschauungsmaterial.

Spa Country

Östlich liegen die Städte **Daylesford** und **Hepburn Springs** – die Zentren des australischen Spa Country. Hunderte Mineralquellen, manche davon bereits 1895 entdeckt, befinden sich innerhalb eines 50-km-Umkreises. Das Daylesford Visitor Centre (www.daylesford.net.au) versorgt Sie mit umfassenden Informationen. Zahl-reiche Bed-&-Breakfast-Häuser bieten in der populären Feriensiedlung eine Unter-kunft. Gleich südlich von Daylesford liegt der Lake Daylesford mit Wanderwegen und Mineralquellen, aus denen direkt getrunken werden kann. Auf der Tuki Trout Farm (in Smeaton, 17 km entfernt) können Sie Ihre Forelle selbst fangen und dann zubereiten lassen. Der Ort Hepburn Springs ist aus den zahlreichen Mineralquel-len heraus entstanden und bietet viele Gästehäuser und B&B-Untekünfte. Nehmen Sie ein (Mineral-)Bad im schicken Hepburn Spa Resort (www.hepburnspa.com.au).

Die Fahrt nach Norden führt von Ballarat über den *Midland Hwy.* – ländliche Regionen, in den heute, 150 Jahre nach dem Goldrausch, vor allem Landwirtschaft betrieben wird. 75 km nördlich erreicht man die Stadt **Castlemaine** (www.castlemaine.org.au). Innerhalb eines Jahres nach den ersten Goldfunden schnellte hier die Bevölkerungszahl auf 25.000 Einwohner hoch. Heute sind davon noch 5.000 übrig geblieben. Auf dem berühmten *Market Place* (heute ein Museum) wurden damals Lebensmittel zu allen anderen Goldgräberstädten verteilt. Das berühmte Bier „Castlemaine XXXX" wurde hier erstmals während der Goldgrä-berzeit gebraut. 30 Autominuten westlich liegt **Maryborough**, eine der bekann-testen Goldgräberstädte. Dutzende historischer, weit gehend gut erhaltener Ge-bäude säumen die Straßen. Eines davon ist der Bahnhof, von dem schon Mark Twain bei einem Besuch 1895 schrieb.

Nur wenige Kilometer nördlich von Castlemaine liegt **Maldon** (www.maldon.org.au), eine der schönsten und besterhaltenen Goldgräberstädte Victorias. Schon die Namen der umliegenden Hügel, *Nuggetty Hills*, deuten auf die reichen Funde hin. Die bis in die heutige Zeit gut erhaltenen Gebäude (*Post Office, Dabb's General Store* u. a.) sind sehenswert. Eventuell entschließen Sie sich sogar, in einem der historischen Hotels zu übernachten. Das **Calder House** (44 High St., Tel. 5475 2912) ist eine solche *Grand Residence*, die heute als Bed & Breakfast betrieben wird.

Bendigo (ⓘ s. S. 155)

1851 wurde in **Bendigo** (80.000 Einwohner) zum ersten Mal Gold gefunden. In den folgenden 100 Jahren wurden insgesamt rund 25 Millionen Unzen (rund

714 t) Edelmetall abgebaut. Damit überdauerte Bendigo die meisten anderen Goldstädte, deren Vorkommen viel früher erschöpft waren. Die Stadt war und ist ein Handelszentrum im geografischen Mittelpunkt Victorias. Tatsächlich zählt Bendigo zu den schönsten und prächtigsten Städten Victorias. In kaum einer anderen Stadt stehen noch so viele Gebäude der Gründerzeit in einem derart gut erhaltenen Zustand. Die meisten der historischen Gebäude befinden sich entlang der **Pall Mall**. So ist das renovierte *Shamrock Hotel* wegen seines überladenen Inneren und Äußeren ebenso sehenswert wie das Post Office und das alte Gerichtsgebäude (*Law Courts*). In der **Bridge Street** steht das kleine *Golden Dragon Museum*, welches über die chinesischen Einwanderer und Goldsucher berichtet, die im alten Victoria zu den geknechteten, aber willigen Arbeitern gehörten. Die *Bendigo Art Gallery* (42 View St., geöffnet Mo–Fr 10–17 Uhr, Sa/So 14–17 Uhr) ist eine der ältesten Kunstsammlungen Victorias mit internationalen Ausstellungen.

Kolonialstadt mit gut erhaltenen Gebäuden

Die **Central Deborah Gold Mine** befindet sich ca. 2 km außerhalb des Zentrums. Sie können entweder das oberirdische Gelände erkunden (*Surface Tour*) oder bis in 61 m Tiefe fahren, um sich in die Einzelheiten des Goldabbaus einweihen zu lassen (*Underground Tour*). Die Mine reicht bis auf eine Gesamttiefe von 422 m!

Besichtigung einer Goldmine

Central Deborah Gold Mine, *Violet St.; geöffnet täglich 9–17 Uhr*

Sandhurst Town (Eaglehawk, 12 km nördlich) ist Sovereign Hill (Ballarat) im Kleinformat. In zwei rekonstruierten Städten kommt Leben in den Alltag der alten Goldsucher. Der Zug *Red Rattler* verbindet beide Städte.

Über den *Midland Hwy.* führt die Reiseroute nach Echuca an der Grenze zu NSW. Neben intensiver Viehwirtschaft ist das Gebiet auch Zentrum des Obstanbaus. Das Dreieck der sich in Echuca treffenden Flüsse **Campaspe**, **Goulbourn** und **Murray** trägt nicht unwesentlich zur Fruchtbarkeit der Böden bei, die größtenteils künstlich bewässert werden. So sind allein in der Rochester-Region rund 800 km² Anbaufläche aus dem Campaspe River und dem Waranga Reservoir bewässert. Die *Murray-Goulbourn Factory* ist der größte Erzeuger von Molkereiprodukten in Victoria.

Fahrt an den Murray River

Echuca (ⓘ s. S. 155)

Echuca oder **Echuca-Moama** (nach der benachbarten Stadt in NSW) bewahrt sich seinen Ruf als einst größter Binnenhafen Australiens durch die auf dem Murray River verkehrenden Raddampfer. Sie sind noch heute ein herrlicher Anblick, wenn sie, von großen Schaufelrädern angetrieben, um die Flussbiegungen dampfen. Zu Zeiten, als die Landverbindungen noch wenig entwickelt waren, galt Echuca als wichtiger Umschlagplatz für landwirtschaftliche Erzeugnisse zwischen den Staaten NSW, VIC und SA. Über 80 Hotels hatten sich zu jener Zeit etabliert.

Stadt am Murray River

Sehenswert sind im restaurierten Hafenviertel **Old Port** das *Star Hotel*, *Bridge Hotel* und das historische Museum. Von den Verwaltungsgebäuden (*Customs House*, *Old Goal*), Hafenanlagen (*Red Gum Wharf*) und Lagerhallen ist ein beträchtlicher Teil noch in erfreulich gutem Zustand. Alljährlich im Oktober findet das 9-tägige *Rich River Festival* und im Februar das Wasserskirennen *Southern Ski Race* statt. Autoliebhaber finden im National Holden Museum (Warren St.) über 40 restaurierte australische Oldtimer.

Raddampfer auf dem Murray River

🚢 Bootsausflüge

Kein Besuch von Echuca ist komplett ohne die Fahrt auf einem der historischen Raddampfer, wie z.B. die Port of Echuca, *die* PS Emmylou *oder* MV Mary Ann. *Informationen und Abfahrtszeiten erfährt man im historischen Viertel Old Port.*

Umgebung von Echuca

Nordöstlich von Echuca (über den *Forest Drive*) liegen ausgedehnte Eukalyptuswälder (mit der Baumart *River Red Gum*) und die Feuchtgebiete des **Barmah State Forest**. Im Dharnya Visitor Centre erhält man einen Einblick in die Entstehungsgeschichte der Wälder und die Kultur der Koorie-Aborigines der Region. Von Barmah aus können Fahrten mit *Kingfisher Wetland Cruises* unternommen werden, die in die Barmah Wetlands und Barmah Lakes schippert.

Der Abschnitt des Murray zwischen Cobram und Koondrook (jeweils ca. 60 km westlich und östlich von Echuca) wird auch als das **Golden River Country** bezeichnet. Dutzende von Stränden, Billabongs (Wasserlöcher) und Picknickplätzen entlang des Flussufers laden zum Fischen, Campen und Verweilen ein. Die Städte und Bootsstege wurden allesamt aus dem Holz des lokalen *Red Gum* gebaut, das mit den Raddampfern flussauf- und -abwärts transportiert wurde.

🚗 Streckenhinweis

Bis Mildura folgt der Murray Valley Hwy. *praktisch dem Fluss, entfernt sich aber von diesem zumeist und geht den direkten Weg, anstatt den unzähligen Windungen des Flusses zu folgen.*

Kerang

Die Stadt am Loddon River (6.500 Ew.) wird 103 km nach Echuca erreicht. Das Interessante an dem ansonsten durch Agrarwirtschaft geprägten Ort sind die Brutplätze riesiger Ibis-Kolonien an der nördlich gelegenen Seenplatte mit dem Kangaroo Lake, Lake Charm, Lake Cullen, Reedy Lake und Lake Tuchewup. Ein fester Beobachtungsverschlag befindet sich 9 km nördlich von Kerang am *Murray Hwy.* (ausgeschildert).

Ibis-Kolonien

Swan Hill (ⓘ s. S. 155)

Die Stadt erhielt ihren Namen 1836 von dem Forscher *Major Thomas Mitchell*, der sich durch das Geschrei der Schwarzen Schwäne auf dem Murray gestört fühlte. Die Entwicklung zur Stadt wurde im Wesentlichen durch die Raddampfer vorangetrieben, die den Murray auf und ab fuhren. Die Geschichte und das damalige Leben der heute rund 10.000 Einwohner zählenden Stadt kann im *Swan Hill Pioneer Settlement Museum* verfolgt werden. Besuchern wird auch eine Fahrt mit dem Raddampfer *PS Pyap* angeboten. Außerhalb des Freilichtmuseums befindet sich der schon etwas ramponierte Raddampfer *PS Gem.* Zwei historische Farmen befinden sich ganz in der Nähe von Swan Hill: **Tyntyndyer Homestead** (16 km

Ruhige Kleinstadt

nördlich) und **Murray Downs Sheep Station** (2 km östlich). Beide sind sehenswerte Beispiele der kolonialen Pionierzeit mit historischen Ausstellungsstücken.

Robinvale (135 km nordöstlich von Swan Hill) ist einer der ersten Weinbauorte entlang des Murray.

Der **Hattah Kulkyne Nationalpark** (72 km südöstlich von Mildura) scheint sich auf den ersten Blick kaum von der Mallee-Scrub-Landschaft zu unterscheiden, die typisch für die südlich des Murray gelegenen Gebiete ist – vielleicht ein gutes Beispiel dafür, wie das ganze Land einmal ohne den rodenden Eingriff weißer Siedler ausgesehen haben mag: trockene, rote Erde mit kleinen, vielstämmigen Malleebüschen. Rund um den See des NP erheben sich jedoch große Eukalypten (*River Red Gum* und *Black Box*), die Heimat von über 200 Vogelarten sind. Ein paar Wanderpfade sind angelegt, gerade genug, um in der Dämmerung eine reiche Tierwelt mit Emus, Kakadus und Kookaburras beobachten zu können. Informationen sind über ein Visitor

Im Nationalpark Hattah Kulkyne

Centre am Parkeingang erhältlich. Einfache NP-Campgrounds sind direkt am Lake Hattah oder am Lake Mournpool vorhanden. Wegen einer giftigen grünen Algenart darf manchmal nicht in den Seen gebadet werden – bitte Warnschilder beachten!

Mildura (ⓘ s. S. 155)

In der stets warmen und sonnigen Stadt Mildura (20.700 Ew.) wurden im Jahre 1887 die kanadischen Brüder *George und William Benjamin Chaffey* von *Alfred Deakin*, einem Mitglied des Landesparlaments, eingeladen, um ihre Kenntnisse der Bewässerungstechnik auf Mildura zu übertragen. So wurde in mühsamer und jahrelanger Arbeit aus der einst trockenen Wüste ein fruchtbares Gebiet geschaffen.

Einer der Ersten, die mit dem Weinbau begonnen haben, war dann auch *William B. Chaffey*. Er legte den Grundstein für die bis in die heutige Zeit erfolgreiche „Weinbauindustrie" mit bekannten Namen wie *Lindemans, Mildara* oder *Trentham Estate*. Der *Chaffey Clan*, der aus Kalifornien emigrierte, hat die Stadt ganz im amerikanischen Stil angelegt, d. h. im Straßenraster verlaufen die *Avenues* von Nord nach Süd und die nummerierten *Streets* von West nach Ost. Das Wohnhaus der Chaffey-Familie kann als Teil des *Mildura Arts Centre* (199 Cureton Ave.) besichtigt werden. Im Vorgarten steht die Originalpumpe, die Chaffey dazu verwendet hat, die Felder mit Murraywasser zu tränken. Neben dem Wein wird ein Großteil der Zitrusfrüchte in Mildura angebaut, die später zu Trockenobst verarbeitet werden. Die Trocknung des Obstes hat einen geschichtlichen Hintergrund: Die frühen Siedler Milduras waren damals noch nicht in der Lage, frisches Obst bis Melbourne (544 km südöstlich) zu transportieren, ohne dass es verdarb.

Ideales Klima für den Weinbau

Anbau von Zitrusfrüchten

Einige der landwirtschaftlichen Produktionsbetriebe sind zu besichtigen (Information im Tourist Office).

Die Stadt im sonnigen *Sunraysia*-Gebiet ist mit ihrem stets angenehmen Klima zu einem beliebten Urlaubsort geworden. Nicht wenige Melburnians kommen über das verlängerte Wochenende her, um in der Sonne zu sitzen. Motorboot- und Hausbootfahren auf dem Murray ist dabei eine der Hauptaktivitäten.

☞ Hinweis

Planungen sehen vor, nahe Mildura den höchsten Turm der Welt zu bauen. Es handelt sich dabei um ein Aufwindkraftwerk (Thermikkraftwerk Buronga) mit deutscher Technologie des Stuttgarter Ingenieurs Jörg Schlaich. Eine Art Kamin mit einem Umfang von 130 m und über 1.000 m Höhe saugt die erwärmte Luft aus der großflächig verglasten Umgebung an und treibt dadurch Turbinen an, welche ca. 200 Megawatt Strom erzeugen sollen. Der Baubeginn ist nach etlichen Verschiebungen für 2010 geplant. Man darf gespannt sein, ob dieses Projekt jemals realisiert wird!

Umgebung von Mildura

Wenig erschlossener Nationalpark

Südwestlich von Mildura wird der **Murray Sunset NP** gestreift. Zufahrt in den 6.330 km² großen NP ist über mehrere Pisten vom Sturt oder Calder Hwy. möglich. Mehrere Aborigine-Fundstätten, alte Schafschererhütten und die kommerzielle Salzgewinnung an den Pink Lakes bis 1916 haben die Region ebenso schützenswert werden lassen wie riesige, unberührte Gebiete mit typischen Malleebüschen auf Sanddünen. Nähere Informationen erteilt das Ranger-Büro in Underbool oder das NP-Büro in Mildura.

Zusammenfluss von Darling und Murray River

Beim Städtchen **Wentworth** (32 km nordwestlich, im Staat NSW) vereinigen sich der Murray und der Darling River, die beiden größten Flüsse des Kontinents. An diesem „Verkehrsknoten" können eine Reihe historischer Gebäude besichtigt werden, das alte Gefängnis Wentworth Gaol von 1879 (Beverly St.). *Harry Nanya Tours* (Tel. 03-5027 2076) unternimmt Aborigine-Touren in den Mungo NP.

▬▬▬ Abstecher nach Broken Hill – Outback von New South Wales

Outback von New South Wales

Von Wentworth führt der *Silver City Hwy.* über 266 km auf direktem Weg nach Broken Hill. Reizvoller ist es jedoch, wenigstens eine Strecke über die östlich gelegenen Nationalparks zu fahren.

Mungo Nationalpark

ℹ Information

Visitor Centre, am Südwestende des NP, Tel. 5023 1278; www. npws.nsw.gov.au

Faszinierende Sandsteinformationen

110 km östlich von Wentworth ist der Mungo NP mit der *Wall of China* der vielleicht spektakulärste Nationalpark (27.847 ha) der Region. Dort, wo während der letzten Eis-

Great Wall of China

zeit der Willandra Creek den Lake Mungo gebildet hatte, findet sich heute in den Dünen am einstigen Ostufer eine faszinierende erodierte, sehr fragile Sandsteinformation von 30 km Länge. Die Chinesen, die auf der (heute längst verlassenen) Mungo Station arbeiteten, erinnerte diese an die Chinesische Mauer. Das zum Willandra Lakes Weltkulturerbe gehörende Gebiet ist zudem die Fundstätte von über 40.000 Jahre alten Aborigine-Relikten, mithin die ältesten Australiens (Ranger-Führungen zu den Fundstellen werden auf Anfrage angeboten).

Übernachtungen sind in der **Mungo Lodge** (Motel und Restaurant, Tel. 5029 7297), einem einfachen NP-Campground oder auf Stockbetten in den alten Schafschererhütten möglich. Rund um die *Wall of China* führt eine 60 km lange Piste.

Nach Regenfällen sollten Sie sich über den Zustand der innerhalb oder den Park führenden Straßen erkundigen. Für die Weiterfahrt nach **Pooncarrie** in den **Kinche-**

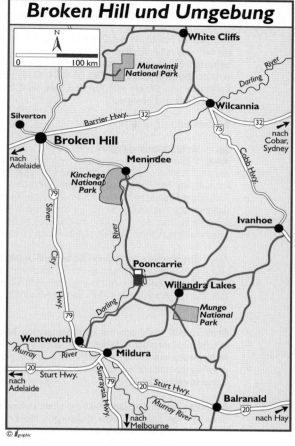

Broken Hill und Umgebung

ga NP sollte dieser Hinweis im Besonderen beherzigt werden, da Regen die Piste für alle Autos unpassierbar macht!

Immer wieder erstaunlich ist die reiche Tierwelt (Kängurus, Emus, Wallabies) im Vergleich zu weiter nördlich gelegenen Regionen. Die Ursache ist in der Existenz des Dingo-Zauns zu sehen, der erst nördlich von Broken Hill verläuft.

Kinchega Nationalpark

Die riesige Menindee-Seenplatte, die den größten Teil des **Kinchega NP** (214 km nördlich des Mungo NP) ausmacht, wird vom Darling River gespeist. Je nach Stärke der Regenfälle (in Queensland, wo der **Darling River** seinen Ursprung hat) sind die Seen mehr oder weniger wasserreich. Über Pipelines wird Broken Hill mit Wasser aus Menindee versorgt. Der NP ist eine Oase für viele Wasservögel, aber

Seenplatte mit vielen Wasservögeln

Kängurus und Emus sind der häufigere Anblick in der roten Buschlandschaft. Das Besucherzentrum befindet sich bei der historischen Schaffarm von 1850.

Von Broken Hill bis in die Ortschaft **Menindee** (110 km) ist die Straße geteert, im NP sind alle Straßen staubig und sandig, bei trockenem Wetter mit Pkw befahrbar. Menindee ist ein verschlafenes Outback-Dorf mit Übernachtungsmöglichkeit (*Burke & Wills Hotel*, Tel. 08-8091 4313) und beliebter Ausflugsort für die Bewohner von Broken Hill. Auf den Seen wird Motorboot und Wasserski gefahren, gesegelt und geangelt.

Broken Hill (ⓘ s. S. 155)

🚆 Verkehrsverbindungen

Zentrum im Outback

Wer nicht auf der vorgeschlagenen Route unterwegs ist, hat viele Möglichkeiten, das Outback von NSW und Broken Hill kennen zu lernen. Die Stadt liegt 1.160 km westlich von Sydney und 508 km nordöstlich von Adelaide. Regelmäßige Bus- und Flugverbindungen bestehen nach Adelaide, Sydney, Melbourne und Mildura. Für Bahnreisende des „Indian Pacific" ist der Stopp in Broken Hill obligatorisch: Zweimal pro Woche hält der Zug hier an und bietet den Passagieren die Möglichkeit zu einem mehrstündigen bis mehrtägigen Stopp.

⛟ Streckenhinweis: Sydney–Broken Hill–Adelaide

Von Sydney kommend, sieht die Fahrtroute mit dem Auto wie folgt aus: Sydney-Katoomba (Blue Mountains)-Bathurst-Dubbo (Great Western Hwy.)-Nyngan (Mitchell Hwy.)-Broken Hill (Barrier Hwy.). Nach Adelaide geht es weiter über den Barrier Hwy..

Broken Hill, die Stadt mit dem klangvollen Namen, ist vor allem durch ihre reichen Bodenschätze (Silber, Zink, Blei, Zinn) berühmt geworden. Die Bergwerksgesellschaft *Broken Hill Proprietary* (BHP), gegründet 1885, hat auf Australiens Weg zur Industrienation die Hauptrolle gespielt und ist heute das wichtigste Firmenimperium im Land.

Minen, Fliegende Ärzte und Künster

An erster Stelle der Sehenswürdigkeiten stehen Besuche unterirdischer Minen. Besucher von *Delprat´s Mine* (Führungen Mo–Fr 10.30 Uhr, Sa 14 Uhr) werden bis in 120 m Tiefe geführt. Andere Minen erreichen Tiefen bis 1.500 m. In der Stadt fällt die Vielzahl der gut erhaltenen historischen Gebäude auf. Lohnend ist der Besuch des *Railway and Historical Museum* (Ecke Blende/Bromide St.), das die Entwicklung der Region darstellt. Im *Gladstone Mining Museum* (Ecke South/Morris St.) wurde eine alte Mine rekonstruiert. Auch der Besuch des *Royal Flying Doctor Service* (Broken Hill Airport) und der *School of the Air* sind lohnend. Geologisch Interessierte finden im *Albert Kersten Geocentre* (Ecke Bromide/Crystal St.) eine schöne Mineralienausstellung.

Kurios, dass sich gerade in Broken Hill zahlreiche Künstler niedergelassen haben. Die *Brushmen of the Bush* haben ihre Werke in vielen Galerien ausgestellt, u. a. in der *Broken Hill City Art Gallery* (Chloride St.), *Pro Hart Gallery* (108 Wyman St.), *Hugh Schulz Gallery* (51 Morgan St.) und vielen anderen. Die Moschee *Afghan Mosque* im Stadtzentrum (Ecke William/Buck St.) wurde 1891 für afghanische Kameltreiber gebaut, die einst durch Australien zogen und die Versorgung der Farmen sicherstellten.

5 km nordwestlich der Stadt befindet sich der 1993 angelegte Naturpark **Living Desert** mit Künstlerskulpturen auf einem Hügel. Besonders im Licht der untergehenden Sonne sehr sehenswert. Wer das Gelände besuchen möchte, muss sich vorher beim Visitor Centre in Broken Hill gegen eine geringe Gebühr den Schlüssel für das Gatter besorgen!

Living Desert – Freiluft-Galerie

Silverton (25 km westlich von Broken Hill) ist heute quasi eine Geisterstadt. Die wenigen Einwohner leben vom Tourismus, der ihnen durch die in einigen Filmen bekannt gewordene Kulissenstadt beschert wird (z.B. *Mad Max, A Town like Alice* u.a.). Im alten Gefängnis sind Hinterlassenschaften der Vergangenheit ausgestellt, und die *Peter Browne Art Gallery* stellt allerlei seltsam anmutendes Kunsthandwerk aus.

Kulissenstadt

Mutawintji (Mootwingee) Nationalpark

130 km nordöstlich von Broken Hill erstreckt sich die Bergkette der Bynguano Range, vor vielen tausend Jahren schon Heimat der Aborigines, die in den Schluchten und Wasserlöchern Schutz und Nahrung fanden. Ein Kulturzentrum und Pfade zu Felsgravuren sind nur mit Rangern bzw. lizenzierten Führern zu begehen. Die Schluchten können auf markierten Wanderwegen selbst erkundet werden. Ein NP-Campground ist vorhanden. Nähere Informationen erteilt das NPWS-Büro in Broken Hill.

Aborigine-Kultur

Whitecliffs

Ein harter Kern von Opalsuchern sprengt und gräbt heute noch in Whitecliffs (300 km nordöstlich von Broken Hill) nach den kostbaren Steinen. Die Dug-Outs (Wohnhöhlen) der Miner und ein paar echte Outback-Originale (wie z.B. *Bill Finney*, der dort die erste Solaranlage der Welt erklärt) machen den Besuch dennoch lohnend, insbesondere wenn die Gelegenheit zum Besuch einer anderen Opalstadt fehlt. Empfehlenswert ist die (unterirdische) Übernachtung im *Underground Motel*.

Opalstadt

Sonnenkraftwerk in Whitecliffs

Sturt National Park

Am Dreistaateneck (*Cameron Corner*) von NSW, QLD und SA befindet sich der 3.500 km² große Wüstennationalpark Sturt (450 km nördlich von Broken Hill). Nur von wenigen Outback-Enthusiasten besucht, grenzt er an die roten Sanddünen der Strzelecki-Wüste im Westen und an die Gibber Plains (Ebenen mit „eingebackenen" Steinen) im Osten. So genannte *Jump Ups*, flache Hügel der Grey Range, teilen den NP. 1844 erforschte *Charles Sturt* die Region erstmals auf der Suche nach dem großen Binnenmeer. 1880 waren es Goldfunde, die über 2.000 Glücksritter anlockten. Rote und Graue Kängurus, Fächerschwanzadler

Wüsten-Nationalpark

und Emus sind häufige Anblicke in der ansonsten wüstenhaften Umgebung. Der Dingo-Zaun verläuft durch den Park. 4-WD-Fahrer können nach Westen auf den *Strzelecki Track* stoßen, der im Süden in die Flinders Ranges übergeht oder weiter nördlich auf den *Birdsville Track* trifft.

Fortsetzung der Murray River Route nach Adelaide

Riverland of South Australia

Nach Adelaide entlang des Murray River

Der *Sturt Hwy.* verläuft bis Renmark (147 km westlich von Mildura) schnurgerade und vom Ufer des Murray entfernt. Das eintönige Teilstück sollte man deshalb möglichst rasch hinter sich bringen. Kurz vor Paringa passiert man die Grenze zu South Australia und fährt in das so genannte *Riverland Of South Australia* ein. Wie an anderen Staatsgrenzen findet auch hier, zur Eindämmung der Fruchtfliege, eine strenge Straßenkontrolle statt. Frisches Gemüse und Obst müssen an der Grenze abgegeben oder auf der Stelle verzehrt werden.

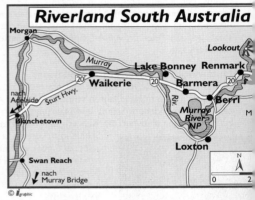

In dem Gebiet erfährt der Hausboottourismus seinen Höhepunkt: In den Städten **Renmark**, **Berri**, **Loxton**, **Barmera** und **Waikerie** können Sie Hausboote mieten. Darüber hinaus fahren auch in diesem Abschnitt des Murray alte Raddampfer zu Ausflugszwecken. Wer im bisherigen Verlauf des Murray noch keine Gelegenheit zu einer Dampferfahrt hatte, sollte dies hier nachholen. Interessant ist auch der Betrieb der zum Teil sehr alten Schleusen (*Locks*).

Paringa

Paringa (143 km westlich von Mildura) ist die erste Stadt des Riverlands und hängt quasi mit Renmark zusammen. Die Wirtschaft der Gegend basiert vor allem auf Schafzucht, Landwirtschaft und Obstanbau. Kennzeichen der Stadt ist die aus dem Jahre 1927 stammende „Paringa Suspension Bridge", die sich für große Hausboote und Flussdampfer öffnet. Über sie führt der *Sturt Hwy.* in Richtung Paringa. Vom **Headings Cliff Lookout** bietet sich ein hervorragender Blick auf Stadt, Land und Fluss.

Renmark (ⓘ s. S. 155)

Bewässerung der Felder durch den Murray

Die Stadt ist die am schnellsten gewachsene der „Riverland Towns". Der Name bedeutet in der Sprache der Aborigines „Roter Schlamm". Nach ihrer Arbeit in Mildura machten sich die Gebrüder *Chaffey* in Renmark daran, künstliche Bewässerungsprojekte zu entwerfen. So wurde hier der Anbau von Wein, Zitrusfrüch-

INFO Der Murray River

Die Geschichte der Flusserkundung nahm eigentlich in New South Wales ihren Anfang. Am 16. November 1824 wurde der Murray erstmals von den Forschern *Hume* und *Howell* gesichtet und beim Hume Dam im heutigen Albury (NSW) überquert. 1830 erreichte *Charles Sturt* nach einer Fahrt über den Murrumbidgee River und Darling River den Murray und benannte ihn nach dem damaligen Kolonialsekretär *Sir George Murray*.

Im Jahre 1836 war ein weiterer Abenteurer unterwegs: *Major Thomas Mitchell*. Er „taufte" verschiedene Stellen, deren Namen später von den Städten übernommen wurden, z.B. Swan Hill. 1852 wurde von *Sir Henry Fox Young*, dem Gouverneur von South Australia, eine Belohnung für denjenigen Dampfer ausgesetzt, der als erster den Murray bis Swan Hill bezwingen würde. Gleich zwei Schiffe, die „Mary Ann"

Murray River

und die „Lady Augusta", schafften es und lagen nur wenige Stunden auseinander. Der Schiffsverkehr auf dem Murray war damit eröffnet und ermöglichte durch den Transport von Baumaterial und Lebensmitteln die Gründung von Städten entlang des Flusses.

Der Murray entspringt am Mt. Pilot in den Australischen Alpen am Fuße des Mt. Koskiusko (2.228 m). Er hat eine Gesamtlänge von 2.560 km (Luftlinie 830 km) und fällt anfangs mit 150 mm/km, am Ende nur noch mit 25 mm/km. Von Albury bis zur Mündung benötigt ein Wassertropfen rund 4 Wochen! Obwohl sich der Fluss mit seiner Länge in die ganz großen Ströme der Welt einreiht, führt er nur einen Bruchteil deren Wassermassen. Zum Vergleich: Der Murray hat einen durchschnittlichen jährlichen Wasserfluss von 15 Millionen Megalitern, die Donau (2.850 km Länge) hat 202 Millionen Megaliter! Damit wird eines deutlich: Der Murray führt viel zu wenig Wasser, um über seine direkte Umgebung hinaus für eine umfassende Bewässerung zu sorgen. Nur aufgrund technischer Einrichtungen (Pipelines, Pumpen etc.) und der geringen Bevölkerungsdichte kann sich z.B. South Australia zu 77 Prozent mit Trinkwasser aus dem Murray versorgen. Allein Adelaide bezieht, je nach Jahreszeit, zwischen 20 Prozent und 80 Prozent seines Trinkwassers aus dem Fluss.

Wenn die Reservoirs in den Snowy Mountains (Dartmouth Dam), die den Murray speisen, in Dürreperioden geleert sind, kommt es in dem trockenen Land zwangsläufig zu dramatischen Wasserengpässen. Ganz zu schweigen von Wasserverunreinigungen durch giftige Algen, die sich durch Trockenheit und Überdüngung bilden und dann die gesamte Wasserversorgung Südaustraliens infrage stellen. Die Organisation *River Watch* hat es sich zur Aufgabe gemacht, den Fluss in seiner Natürlichkeit zu erhalten.

ten, Kernobst (für Trockenfrüchte) und Gemüse zur wirtschaftlichen Stütze. Renmark besitzt zwei bekannte Weingüter: *Renmano* und *Angoves*. Das Zuhause der Chaffeys ist das *Olivewood Homestead*, das unter dem Schutze des National Trust steht und heute ein kleines historisches Museum ist. An Bord der *PS Industry*, einem Dampfer von 1911, ist eine interessante Ausstellung und Sammlung aus der Blüte der Murray-Flussschifffahrt zu sehen.

INFO **Hausboote auf dem Murray River**

Der Murray scheint für diese gemächliche Art des Reisens wie geschaffen. Ohne Hektik und ganz nach Belieben lassen sich z.B. kleine Sandbuchten anlaufen, um den Abend am Lagerfeuer zu verbringen. Die Boote bieten Platz und Betten für 2 bis 10 Personen. Ein spezieller Bootsführerschein ist nicht notwendig, jedoch ein gültiger Auto-Führerschein. Die Broschüre „Houseboats SA", die von der SA Tourist Commission herausgegeben wird, enthält eine Fülle wertvoller Informationen und Adressen. In fast allen Städten entlang des Murray werden Hausboote vermietet – rechtzeitige Reservierung wird empfohlen.

Obststände entlang der Straße

Viele der im Verlauf folgenden Obst verarbeitenden Betriebe bieten ihre Ware (meist Trockenobst) in Läden und an Straßenständen an. Berühmt sind auch die Weine und Spirituosen, die in einigen Destillen direkt verkauft werden (z.B. *Berri Estate Wine Makers* oder *Angoves Distillers* in Renmark). Rund um Berri bieten einige Weingüter auch Weinproben an.

Berri

Die Stadt in der großen Murray-Schleife hat sich zum Verwaltungs- und Handelszentrum des Riverland entwickelt. Ein Beispiel von „Australian Kitsch" befindet sich gleich am Ortseingang, wo eine riesige Orange mit Aussichtsplattform auf die Bedeutung der Zitrusfrüchte in der Gegend aufmerksam macht. Ein schöner Aussichtspunkt ist der Lookout-Tower (Ecke Vaughan Tce./Sturt Hwy.). Im *Cobdogla Irrigation Museum* steht eine alte Humphrey-Wasserpumpe, die einst die Felder bewässerte. Außerdem fährt eine alte Dampfeisenbahn auf dem Gelände (nur an Wochenenden).

Loxton

Nachbildung eines historischen Stadtteils

Auf der anderen Flussseite und mit der Fähre *Twin Ferries* (24 Std. Dienst) erreichbar, liegt die kleine Stadt Loxton. Hauptattraktion ist das *Loxton Historical Village*, ein rekonstruierter Stadtteil mit schönen alten Häusern, Autos und Maschinen aus der Zeit von 1900 bis 1930 (täglich 10–16 Uhr). Wer selbst einmal auf dem Murray paddeln will, kann Kanus ausleihen.

Der **Murray River NP** (ehemals Katarapko Game Reserve) besteht aus großen Flächen ursprünglicher Flusslandschaften, die von regelmäßigen Überflutungen genährt werden – ein beliebtes Ziel für Camper und Angler. Die Zufahrt erfolgt zwischen Berri und Barmera (Abzweig nach Winkie).

Barmera (ⓘ s. S. 155)

Die Stadt wird auch *Aquatic Playground* (Wasserspielplatz) genannt, da der benachbarte **Lake Bonney** ein Mekka der Wassersportler ist. Der See wurde 1838 von *Joseph Hawdonn* entdeckt, als er Vieh von NSW nach Adelaide trieb. Er benannte ihn nach seinem Kompagnon *Charles Bonney*. Der 16,8 km² große See ist im Schnitt nur 3 bis 4 m tief und damit ein idealer Badesee. Dank geringer Umweltauflagen wird gerne und laut mit „Speed Boats" und Jet Skis gefahren. Trotzdem gibt es auch ruhige Ecken, der Campingplatz am Seeufer ist sehr empfehlenswert, nur in Ferienzeiten kann es eng werden. Sogar Nacktbaden am *Pelikan Point* ist erlaubt. Veranstaltungen wie das

Am Lake Bonney

Milk Carton Race und das *Dragon Boat Race* locken Besucher aus nah und fern an. Im Juni findet in Barmera das *Country Music Festival* statt. In der Monash Rd befindet sich die kleine *Country Music Hall of Fame*.

Beliebter Ferienort der Südaustralier

16 km westlich von Barmera befindet sich am nördlichen Murray Ufer das **Overland Corner Hotel** von 1859, ein wichtiger Kreuzungs- und Treffpunkt der Viehtreiber, die einst Rinder und Schafe von NSW nach Westen brachten. Heute ist ein kleines Museum im Inneren des Hotels untergebracht. Ein 8 km langer Wanderweg führt zu historischen Stätten und Aussichtspunkten von den Uferklippen.

Waikerie

Waikerie (45 km westlich von Barmera, 175 km östlich von Adelaide) bedeutet in der Sprache der Aborigines „viele Flügel". In den Lagunen und an den Ufern des Murray um Waikerie tummeln sich in der Tat außergewöhnlich viele Vögel. Doch auch der Mensch geht in die Lüfte. Die Stadt ist das Segelflugmekka Australiens. Wer mitfliegen möchte, informiere sich im *Waikerie Gliding Club* (Sturt Hwy., Tel. 8541 2644). Die Stadt wurde 1894 gemeinsam mit 10 anderen Siedlungen auf Geheiß des damaligen Premiers Charles Kingston gegründet, der Arbeitslosen zu einer Tätigkeit verhelfen wollte. Bereits am Stadteingang passiert man den *Orange Tree*, einen Informations- und Verkaufsstand der Zitrusindustrie. Eine der größten bewässerten Zitrusplantagen Australiens, die *Golden Heights & Sunland Irrigation Area*, kann besichtigt werden. In der Umgebung Waikeries werden zudem Honigmelonen, Tomaten und Wein angebaut, die nach ganz Australien verschickt werden. Mehr als eine Million Zitrusbäume erstrahlen im September in herrlicher Blütenpracht. Waikerie ist ein weiterer Stützpunkt der Hausbootvermieter. Informationen dazu erteilt das Tourist Office (www.waikerie.org.au).

Lagunen des Murray

🚗 Streckenhinweis

Vor Morgan muss mit der regelmäßig verkehrenden Autofähre der Murray überquert werden.

Morgan und Blanchetown

Morgan (früherer Name: „North West Bend" oder „Great Elbow") am Flussbogen des Murray ist eine ruhige Stadt. Man glaubt kaum, in einer ehemals lebhaften Binnenhafenstadt zu sein. Entlang der Railway Terrace erinnern noch einige Gebäude an die alten „Riverboat Days". Das *Port of Morgan Museum* ist im Gebäude der alten Bahnstation untergebracht. Von 1878 an bestand eine Bahnverbindung mit Adelaide, die jedoch mittlerweile eingestellt ist. 1940 wurde die Whyalla Pumping Station gebaut, die Murraywasser bis Adelaide pumpt. Die moderne Filteranlage wurde erst 1986 fertig gestellt.

Kleinstädte mit historischer Bedeutung

Blanchetown gilt als der westlich gelegene Eintritt in das „Riverland". Das Städtchen wurde bereits 1850 geplant und 1863 zum Hafen erklärt. 1922 wurde hier die erste der sechs Murray-Schleusen („Lock 1") eröffnet. Sehenswert ist auch das *Blanchetown Hotel* aus dem Jahre 1858. Empfehlenswert ist ein Aufenthalt auf der Schaffarm **Portee Station** (www.porteestation.com.au), welche gemütliche Zimmer und Einblick in das australische Farmleben bietet.

Hinweis

Von Blanchetown nach Adelaide (Sturt Hwy.) empfiehlt sich ab Nurioopta die Fahrt durch das Weinbaugebiet Barossa Valley.

Der Lower Murray River: Von Blanchetown nach Murray Bridge

Der Abschnitt des Murray von Blanchetown bis Murray Bridge wird *Lower Murray* genannt. Er zählt zu den schönsten Teilen des gesamten Stroms. Größere Lagunen und Feuchtgebiete (*Swamps*) sind Heimat unzähliger Wasservögel. Interessanterweise liegt das Flussbett in manchen Bereichen tiefer als der Meeresspiegel, d. h., dass sich der sehr langsam fließende Fluss eigentlich „bergauf" bewegt. Der weitere Straßenverlauf weist immer wieder auf Aussichtspunkte hin, von denen man einen guten Blick auf den Fluss werfen kann. An Wochenenden wird der Murray dort, wo Bootsrampen und Campingplätze vorhanden sind, zum Freizeitmekka PS-protzender Motorboote für Wasserskifahrer. Ruhe finden da am ehesten die Hausbootmieter oder Kreuzfahrer, die auch in einsamere Uferregionen vorstoßen und ruhige Abende genießen können.

Schönster Abschnitt des Murray

Swan Reach

– ein kleiner Ferienort 84 km nördlich von Murray Bridge. Die Attraktion sind die hochaufragenden, gelben Sandsteinfelsen des Flussufers bei der großen Schleife „Big Bend" (5 km südlich), wo sich hunderte weißer Kakadus in den Bäumen aufhalten. Am Flussufer befinden sich einige Campingplätze, wie z.B. *Punyelroo CP* (7 km südlich der Stadt am rechten Murray-Ufer).

Steile Sandsteinklippen bei „Big Bend"

Mannum liegt 32 km südlich. Die Stadt erlangte durch den 1853 gebauten Raddampfer *Mary Ann*, der erstmals den Murray stromaufwärts fuhr, geschichtlichen Ruhm. Im Ort kann außerdem der Raddampfer *Marion* besichtigt werden, der auch Ausflugsfahrten durchführt. Mit ihr hat einst *Captain W. R. Randell* den Fluss befahren und Mannum gegründet. Der komfortable Raddampfer *Murray Princess* (Captain Cook Cruises) führt ab Mannum mehrtägige Flusskreuzfahrten durch.

Murray Bridge (ⓘ s. S. 155)

Murray Bridge (9.000 Ew.) zählt zusammen mit Waikerie, Loxton, Berri und Renmark zu den wichtigsten Orten entlang des Murray River, der knapp 40 km südlich in den Lake Alexandrina und von dort aus in die **Encounter Bay** mündet. Die Stadt ist Ausgangspunkt für einige Flusskreuzfahrten: Tagesfahrten mit der *MV Kookaburra* und mehrtägige Kreuzfahrten mit der schönen *P.S. Proud Mary*. Murray Bridge ist für die Adelaider Bevölkerung ein beliebtes Ausflugsziel. Im Sommer wird auf dem Fluss gesegelt, Wasserski und Hausboot gefahren und natürlich geangelt. Ansonsten ist die Stadt mehr oder weniger eine Durchgangsstation auf dem Weg nach Adelaide oder zur Küste.

Mündung des Murray in den Lake Alexandrina

INFO **Flusskreuzfahrten auf dem Murray**

Die herrlich rustikale und dennoch komfortable *Murray Expedition* (ehemals MV Proud Mary) bringt Sie in abgelegene Gebiete des Murray (Lower Murray), dessen unberührte Uferlandschaft begeistern kann. Entlang des windungsreichen Murray wechseln sich breite Seen und ruhige Teiche ab, Trauerweiden und hochaufragende Felsufer bestimmen das Bild in weiten Teilen. Eine Flusskreuzfahrt auf dem Murray zählt zu den besonderen, wenngleich auch sehr geruhsamen Erlebnissen einer Australienreise. Die *Murray Expedition* zählt äußerlich zu den klassischen Flussdampfern, ist im Inneren recht elegant ausgestattet und bietet maximal 40 Passagieren Platz.

Proud Mary

Die unter dem Motto „Eco Cruising" laufenden Kreuzfahrten dauern 3, 4 oder 6 Tage, wobei Bustransfers ab und bis Adelaide möglich sind. Tagsüber werden Ausflüge zu Aborigine-Fundstätten unternommen sowie Flora und Fauna beobachtet und erklärt. Jeder Passagier erhält umfangreiches Informationsmaterial über die Tiere und Pflanzen der Region. Abends wird direkt am Flussufer vor Anker gegangen, und auf Sandbänken werden Lagerfeuer eingerichtet.

Information: Murray River Expedition, www.riverofaustralia.com

---

Streckenhinweis

Von Murray Bridge nach Adelaide sind es nur mehr rund 80 km über den gut ausgebauten South Eastern Fwy. Empfehlenswert ist ein Abstecher ab **Mount Barker** durch die liebliche Hügellandschaft der **Adelaide Hills** und in die deutschstämmige Stadt **Hahndorf** (vgl. Kapitel 8).

8. ADELAIDE UND UMGEBUNG

Adelaide

(ⓘ s. S. 155)

Zur Geschichte des Staates und der Stadt

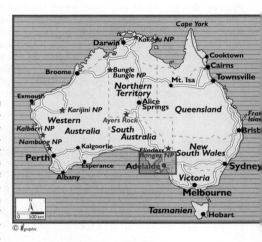

Der Erste, der die Küste Südaustraliens zu sehen bekam und teilweise kartografierte, war 1627 der Holländer Peter Nuyts. Näher erforscht wurden die Küsten durch *Matthew Flinders* und *Nicholas Baudin* im Jahre 1802, das Inland durch *Charles Sturt* 1829/30 (über den Murray). Von den positiven Berichten angeregt,

Sträflings-freie Vergangen-heit

entschloss sich die britische Regierung, das Land durch freie Siedler zu erschließen. Damit ist Südaustralien der einzige Staat, der nicht als Sträflingskolonie seinen Anfang nahm. Auf diese sträflingsfreie Vergangenheit sind die Südaustralier sehr stolz.

Der erste Gouverneur Südaustraliens, *Captain John Hindmarsh*, gelangte am 28. Dezember 1836 in der Holdfast Bay (im heutigen Glenelg) an Land und proklamierte den neuen Staat unter einem noch heute existierenden Eukalyptusbaum. Die Stadtgründung Adelaides ließ nicht lange auf sich warten. Der Landvermesser *General William Light* plante eine Hauptstadt für den südlichen Staat, die den Namen der damaligen Queen Adelaide tragen sollte. Sie sollte im Westen vom Meer (Golf St. Vincent) und im Osten von den Adelaide Hills begrenzt werden.

Redaktions-Tipps

- Fahren Sie mit der alten Straßenbahn **Glenelg Tram** in das historische Strandbad Glenelg (S. 378).

- Bummeln Sie abends über die **Rundle Mall** (S. 376) mit ihren vielen Cafés und Restaurants.

- Unternehmen Sie einen Tagesausflug in das **Barossa Valley** (S. 379) mit Weinprobe in einem der zahlreichen Weingüter. Zumindest einen Tagesausflug sollten Sie auch nach **Kangaroo Island** (S. 386) unternehmen (per Flugzeug hin und zurück).

- Besuchen Sie das **Tandanya Aborigine Centre** (S. 377) – eine Galerie mit eindrucksvollen Kunstwerken der Ureinwohner.

Unter den ersten Siedlern, die 1837 den Süden Australiens erreichten, waren bereits viele Deutsche – Protestanten aus Schlesien, die unter der Herrschaft König Friedrichs III. zu leiden hatten. Zunächst wurden Teile von Kangaroo Island urbar gemacht, später begann die landwirtschaftliche Nutzung im Gebiet des heutigen Adelaide. Bis 1850 waren schon 7.000 Deutsche angekommen und gründeten Städte wie Klemzig und

Hahndorf. Die in den 1860ern gekommenen Lutheraner begannen im Barossa Valley, Wein anzubauen, da das Klima für den eigentlich geplanten Tabakanbau ungünstig war. Andere Lutheraner, wie *Friedrich Kempe* oder *Wilhelm Schwarz*, zog es in das Landesinnere: Sie gründeten dort die Missionsstation Hermannsburg (heute im Northern Territory, nahe Alice Springs).

Die Erschließung von Bodenschätzen begann 1841/42 mit der Entdeckung von Silber-, Blei- und Kupfervorkommen. Besonders das Kupfer aus Kapunda und der Yorke Peninsula begünstigte den wirtschaftlichen Aufschwung der jungen Kolonie, die 1857 ihr eigenes Parlament eröffnete.

Adelaide heute

Adelaide zählt unter den Großstädten Australiens, ähnlich wie Perth im Westen, zu den weniger bekannten und auch weniger besuchten Metropolen des Kontinents. „Adelheid", wie die Stadt von deutschen Immigranten genannt wird, gilt deshalb noch ein wenig als touristischer Geheimtipp. Wegen ihres alle zwei Jahre im März/April (gerade Jahreszahl) stattfindenden Kunst- und Kulturevents *Adelaide Festival* wird die Stadt auch „The Festival City" genannt.

Europäisch anmutende Metropole

Mit ihrer großzügigen und strengen Planung erinnert vieles in Adelaide an die europäischen Einwanderer. Breite, baumgesäumte Straßen, großzügige Gehwege, erhabene viktorianische Gebäude und geschäftiges Treiben stehen in wohltuendem Kontrast zu den weitläufigen Parks rings um die Stadt. Der damalige Planer *William Light* hatte den Stadtkern auf eine Quadratmeile begrenzt und rings um die Stadt einen breiten Parkgürtel gelegt. Als die Innenstadt an die Grenze ihrer Kapazität gelangte, mussten sich neue Wohn- und Geschäftsbezirke außerhalb der Parkanlagen ansiedeln. Was damals nicht gerne getan wurde und auf teilweise heftigen Widerstand der Bevölkerung gestoßen war, wird heute dankbar akzeptiert. Einen Großteil der Freizeit verbringen die Adelaider in den Parks, in denen es Sportanlagen, Golfplätze, Reitwege und viele freie Flächen gibt. Selbst die Fahrt zur Arbeit führt für viele Adelaider aus den Vororten durch den Grünstreifen in die City.

Große Parks rund um die Stadt

Adelaide University

Das Leben in Adelaide läuft, im Vergleich zu Sydney oder Melbourne, ruhiger ab. Hektik scheint den meisten Südaustraliern fremd. Selbst in der *rush hour* versinkt die Millionenstadt in kein Verkehrschaos. Natürlich ist Adelaide wegen der hervorragenden Weine seiner Umgebung bekannt geworden. Im bestens geeigneten südaustralischen Klima begannen deutsche Siedler mit dem Anbau von Weintrauben und der Herstellung von Wein. Der Wein aus dem Barossa Valley, Clare Valley und Southern Vale hat im Laufe der Jahre Qualität von Weltgeltung erlangt. Zwei Drittel aller australischen Weine stammen aus South Australia, davon liegen viele Anbaugebiete in unmittelbarer Nähe Adelaides. Interessierte (und nicht nur Weinkenner) sollten das moderne **National Wine Centre** (Ecke North Tce./Hackney Rd.) besuchen.

Berühmte Weinbaugebiete in der Umgebung

Sehenswürdigkeiten

Klar gegliederter Stadtkern

Orientierung: Sämtliche Sehenswürdigkeiten im Stadtzentrum Adelaides liegen recht nahe beieinander und lassen sich bequem zu Fuß erreichen. Die beispielhafte Stadtplanung macht die Orientierung äußerst einfach: Zentrale Straße (von Nord nach Süd) ist die King William St. mit dem großen Victoria Square in der Mitte. Begrenzt wird die Quadratmeile des Zentrums von der North, South, East und West Terrace, außen herum nichts als Parks und Grünflächen. Einzige Ausnahme ist das Gebiet nördlich der North Terrace, wo sich Festival Centre, Parlament, Museen, Universität und Krankenhaus anschließen.

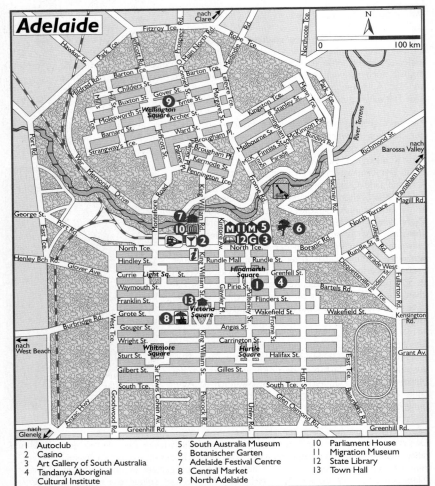

I Autoclub	5 South Australia Museum	10 Parliament House
2 Casino	6 Botanischer Garten	11 Migration Museum
3 Art Gallery of South Australia	7 Adelaide Festival Centre	12 State Library
4 Tandanya Aboriginal Cultural Institute	8 Central Market	13 Town Hall
	9 North Adelaide	

© *i*graphic

Stadtrundgang: Ausgangspunkt für einen Stadtrundgang ist am besten die North Terrace, wo sich die meisten Sehenswürdigkeiten befinden. Im westlichen Teil der North Terrace befindet sich das **Lion Art Centre** (Ecke North Tce/Morphett St.), das im Gebäude der alten Fowler Factory von 1906 untergebracht ist. Eine bunte Mischung aus Kunstausstellungen, Musik und Theater macht den Besuch lohnend. Die Öffnungszeiten variieren je nach Ausstellung.

Das **Adelaide Casino (2)** (North Tce.) wurde einst nur als Bahnhof verwendet. Das aus „blauem" Sandstein erstellte Gebäude stammt aus dem Jahre 1929 und ist sowohl am Tage als auch bei Nacht einen Kurzbesuch wert.

Adelaide Casino und Railway Station

Festival Centre (7)

Gleich hinter dem Casino schließt sich das Kulturzentrum an. Es zählt zu den besten Konzert- und Theaterstätten Australiens. Kenner behaupten, die Akustik sei besser als die der Sydney Opera. Das moderne Festival Centre besteht aus verschiedenen Theatern (*Playhouse, Amphitheater, Experimentaltheater*) und einem großen Konzertsaal (*Festival Theatre*) und fasst insgesamt 5.000 Besucher. Immer wieder gelingt es der Stadt Adelaide, auch außerhalb der Festivalzeit (alle 2 Jahre), bedeutende Künstler und Ensembles zu verpflichten. Das Festival Centre kann Mo–Sa 11–14 Uhr besichtigt werden. Nördlich davon liegen die ruhigen Ufer des Torrens River mit dem **Elder Park** und dem Cricketstadion **Adelaide Oval**.

Umfassendes Kulturangebot

🚢 *Bootsfahrt auf dem Torrens River*

Vom Elder Park aus kann mit Ausflugsschiffen eine 6 km lange Fahrt auf dem Torrens River bis zum Zoo und zurück unternommen werden. Die Fahrt führt in zahlreichen Windungen durch eine schöne Parklandschaft.

Parliament House (10)

An der Ecke North Tce./King William St. fällt sofort das alte Parlament ins Auge. Der erste Teil des prachtvollen und mit korinthischen Säulen bewehrten Baus entstand bereits 1889, während der östliche Teil erst 1939 fertig gestellt wurde. Als Baumaterialien wurden Marmor aus Kapunda und Granit aus Victor Harbour verwendet. Besichtigungen außerhalb der Parlamentssitzungen sind täglich um 10 und 14 Uhr möglich. Eine *Sight and Sound Show* erweckt Adelaides Geschichte zum Leben. Der Gouverneur von South Australia muss zu seiner Arbeitsstelle nur die Straße überqueren, denn das **Government House** liegt gleich gegenüber.

Im östlichen Teil der North Tce. liegen das Universitätsviertel und div. Museen:

Migration Museum (11)

Zunächst passiert man das Einwanderungsmuseum. Von der ersten Sträflingslandung 1788 bis heute kann man die gesamte Geschichte der Einwanderung verfolgen – unbedingt sehenswert!
Migration Museum, 82 Kintore Ave; geöffnet Mo–Fr 10–7 Uhr; Sa/So 13–17 Uhr

Museen an der North Terrace

State Library (12)
Im weiteren Verlauf der North Tce. liegen die Staatsbücherei und die Mortlock Library. Während erstere die größte öffentliche Bibliothek des Staates ist und auch ausländische Zeitungen bereithält, ist letztere auf die historische Entwicklung SA's spezialisiert und unterhält eine umfassende Ahnenforschungsabteilung.
State Library/Mortlock Library; geöffnet Mo/Di/Mi/Fr 9.30–20 Uhr, Do 9.30–17 Uhr, Sa/So 12–17 Uhr

Museen an der North Terrace

South Australian Museum (5)
Gleich daneben liegt das südaustralische Museum. Zu sehen sind naturgeschichtliche Sammlungen (Dinosaurierskelette, Mineralien, Meteoriten, Flora und Fauna) und eine sehenswerte Aborigine-Abteilung.
South Australian Museum, North Tce., geöffnet täglich 10–17 Uhr

Hinter dem South Australian Museum ist das kleine **Police Museum** in den alten Polizeikasernen untergebracht. Die Ausstellungsstücke, alte Uniformen, Waffen, Fotos etc., gehen bis in das Jahr 1838 zurück.

Art Gallery of South Australia (3)
Benachbart folgt die große Kunstgalerie des Staates. Sie zeigt eine Menge internationaler Exponate, darunter australische, europäische und asiatische Malereien, Zeichnungen und Skulpturen.
Art Gallery of SA, North Tce., geöffnet Mo–Sa 10–17 Uhr, So 13.30–17 Uhr

Gegenüber dem Krankenhaus (**Royal Adelaide Hospital**) liegt das schöne **Ayers House**. In dem 1846 gebauten Haus lebte *Sir Henry Ayer*, der sieben Legislaturperioden (1855–1897) Premierminister von SA war. Das aus blauem Tonsandstein erbaute Haus ist heute Museum, Sitz des National Trust SA und Restaurant. Ein Blick in das prunkvolle Innere ist täglich außer montags möglich. Geologisch Interessierte finden im **Tate Museum** eine große Sammlung an Fossilien und Mineralien (Ecke Frome St./Victoria Drive, im Erdgeschoss der Universität, geöffnet Mo–Fr 9–17 Uhr).

Botanical Gardens (6) und Bicentennial Conservatory
Wie jede andere Metropole Australiens besitzt auch Adelaide einen botanischen Garten. Er wurde bereits 1855 entworfen und gegründet. Man findet darin eine Fülle subtropischer und mediterraner Pflanzen. Besonders eindrucksvoll ist das größte Treibhaus der südlichen Hemisphäre, das eine Zusammenstellung tropischer Pflanzen und Regenwaldflora beherbergt (North Tce., geöffnet täglich von 10–16 Uhr, im Sommer bis 17 Uhr).

Hervorragender Botanischer Garten

Zoological Gardens
Nördlich, an der Frome Rd., liegt der große Zoo, der zu den schönsten seiner Art zählt. Viele einheimische Tiere, darunter auch gefährdete Arten, sind hier zu sehen. Daneben werden auch afrikanische und asiatische Tierarten gezüchtet.
Zoological Gardens, Frome Rd., geöffnet täglich 9.30–17 Uhr, Fütterungszeiten je nach Tierart unterschiedlich

Über die **Eastern Terrace** gelangt man in die **Rundle Street** und die daran anschließende Fußgängerzone **Rundle Mall**, Haupteinkaufsstraße der Stadt. Sie ist Australiens älteste Fußgängerzone und wurde vom damals wie heute politisch umstrittenen Premier Don Dunstan durchgesetzt. Für viele ist die Rundle Mall das einzig Positive, was er zu Stande gebracht hat.

Tandanya Aborigine Cultural Institute (4)

Parallel zur Rundle Mall verläuft die Grenfell St. Dort sollte das Aborigine-Kulturzentrum der Tandanya besichtigt werden. Es vermittelt Kunst, Kultur und Leben der Ureinwohner – heute wie damals. Filme und gelegentliche Vorführungen werden ebenfalls angeboten.

Aborigine-Kulturzentrum

Tandanya Aborigine Cultural Institute, 253 Grenfell St.; geöffnet täglich 10–17 Uhr; www.tandanya.com.au

King William Street

In der von Nord nach Süd verlaufenden Zentralstraße befinden sich weitere sehenswerte Bauten. Das prachtvolle **Edmund Wright House** (59 King William St.) im Renaissancestil wurde 1876 von dem Architekten *Edmund Wright* für den südaustralischen Bischof gebaut. Besonders die Eingangshalle ist für ihre reichen Deckenverzierungen bekannt. Nachdem das Gebäude lange Jahre der Bank of SA gehörte, befinden sich heute Regierungsbüros und Verwaltungsämter darin. Südlich davon befinden sich die **Town Hall (13)**, ebenfalls im Renaissancestil erbaut, und die **Hauptpost (GPO)**. Neben der Post liegt das **Telecommunication Museum** (Electra House, 131 King William St.), eine kleine Ausstellung mit alten Kommunikationsge-

Monumentale Gebäude in der King William Street

räten. Um die Ecke befindet sich das kleine **SA Postal Museum**, das über die Geschichte der südaustralischen Post berichtet (2 Franklin St., Erdgeschoss).

Victoria Square ist von neuen und alten Häusern gesäumt. In der Mitte sprudelt ein großer Springbrunnen. Vom Südende des Platzes fährt die einzige

Victoria Square

Straßenbahn Adelaides zum historischen Küstenort Glenelg. Über die Grote St. gelangt man vom Victoria Square zum **Central Market (8)** – ideal zum Einkauf von frischen Lebensmitteln oder zur Einnahme eines kleinen Imbisses.

Hauptplatz Victoria Square

Außerhalb des Stadtzentrums

North Adelaide (9)

North Adelaide ist der dem Zentrum nächste Stadtteil. Er liegt nördlich des Torrens River und ist am besten über die King William St. oder die Montefiore Rd. per Bus erreichbar. North Adelaide zählt zu den ältesten Stadtteilen. Deutlich

Stadtteile

wird dies durch hübsch restaurierte „Bluestone-Gebäude", alte Hotels und Gebäude mit schmiedeeisernen Verzierungen, Kunstgalerien und edle Restaurants. Die **Melbourne Street** gehört zu Adelaides feinsten Einkaufsstraßen.

Sehenswert ist außerdem **St. Peter's Cathedral** in der Pennington Terrace. Die Kathedrale wurde nach 7-jähriger Bauzeit 1876 fertig gestellt. Die Ecke Pennington Tce./Montefiore Rd. wird *Light's Vision* genannt. Man sagt, dass der Stadtplaner *William Light* von hier aus die Parklandschaft entlang des Torrens River entworfen hat. Heute erinnert ein kleines Denkmal an ihn.

Mit der Straßenbahn nach Glenelg

Glenelg

Mit der alten Straßenbahn gelangt man vom südlichen Ende des Victoria Square in einer halben Stunde in den alten Küstenort Glenelg – nicht nur wegen der netten

Glenelg Tram

Straßenbahn ein lohnender Ausflug. Die Holdfast-Bay und Glenelg gelten als der Geburtsort South Australias. Am *Old Gum Tree* (MacFarlane St.) wurde 1836 die Unabhängigkeit des Staates proklamiert. Für den Besuch Glenelgs sollte bei gutem Wetter die Badekleidung nicht vergessen werden. Der Strand zählt zu den beliebtesten der Stadt. Die Promenade und Jetty wurden neu gestaltet und laden zum Flanieren ein. In Glenelg und näherer Umgebung finden sich viele Hotels, Motels und Apartments. Die Straßen-

Strandbad der Stadt

bahn hat ihre Endstation in der Jetty St. Auf dem Weg zur Strandpromenade passiert man die alte **Town Hall** und gegenüber das moderne Luxushotel (Stamford Glenelg). Bei der Town Hall befindet sich die Tourist Information.

Im **Patawalonga Boat Haven** liegt die *HMS Buffalo*, ein originalgetreuer Nachbau des Schiffes, das 1836 die ersten Siedler nach Südaustralien gebracht hat. Heute befinden sich auf dem Schiff ein kleines Maritime Museum (geöffnet täglich 9–17 Uhr) und ein Restaurant.

Port Adelaide

Liebevoll restaurierter Hafen

Der ehemals florierende Handelshafen von Adelaide (13 km nördlich, über die Port Rd. erreichbar) hatte im Laufe der Jahre viel von seinem Glanz und seiner Bedeutung verloren. An die gute alte Zeit in dem heute beschaulichen Hafen erinnern noch sehenswerte Gebäude und Museen. In aufwändigen Restaurationsarbeiten wurde ein Teil des Port Adelaide wiederhergestellt und ist so zu einer kleinen Touristenattraktion geworden. Mittlerweile legen jedes Jahr zahlreiche Kreuzfahrtschiffe in Adelaide an.

Entlang der **Fisherman's Wharf** ist ein Vergnügungskomplex in den alten Lagerhäusern mit vielen Geschäften und Restaurants entstanden. Fischverkauf findet direkt von den Booten statt (nur So 9–17 Uhr). Mehrere historische Segelschiffe liegen im Hafen und können z. T. besichtigt werden. Die *MV Foxy's Lady* führt sonntags Bootsfahrten auf dem Port River durch. Das interessante **South Australian Maritime Museum** umfasst als „Living Museum" vier restaurierte Gebäude, alte Schiffe und eine historische Sammlung. Der alte Leuchtturm von 1869, **The Port Lighthouse**, kann bestiegen werden. Ebenfalls in der Lipson St. befindet sich das **Port Dock Station Railway Museum**, ein Eisenbahnmuseum, in dem allein 26 Lokomotiven ausgestellt sind.

Umgebung von Adelaide

Barossa Valley (ⓘ s. S. 155)

Anfahrt

Für einen Tagesausflug von Adelaide scheint das Barossa Valley wie geschaffen. Es beginnt 49 km nordöstlich der Stadt und ist am schnellsten über den Industrievorort Elisabeth (u. a. Holden Automobilfabrik), North Rd. (Hwy. 20), Gawler und den Barossa Valley Hwy. erreichbar.

Auf ausgeschilderten Tourist Drives kann das Barossa Valley über die Torrens Gorge angefahren werden, und zwar über die Payneham Rd. und die sich anschließende Gorge Rd., die in vielen Windungen in das Upper Valley und die Mount Lofty Ranges führt. In Cudlee Creek passiert man den sehenswerten Gorge Wildlife Park.

Ausflug in das bekannteste Weinbaugebiet Australiens

Zwischen Williamstown und Sandy Creek befindet sich der Stausee „Barossa Reservoir" mit der einmaligen „Whispering Wall": Flüstert man von einer Seite an die Mauer, so kann es auf der anderen Seite (gut 100 m entfernt) gehört werden. Wer über kein eigenes Fahrzeug verfügt, dem seien organisierte Tagesausflüge in das Barossa Valley empfohlen. Der Besuch von Weingütern samt Weinproben ist im Preis eingeschlossen.

Zur Geschichte des Tals

Das Barossa Valley ist die bekannteste und auch bedeutendste Weinbauregion Australiens. Der Name Barossa stammt von Adelaides Stadtvater *William Light*, der das Tal mit dem südspanischen *Valle del Bar Rosa* (Rosenhügel) verglich.

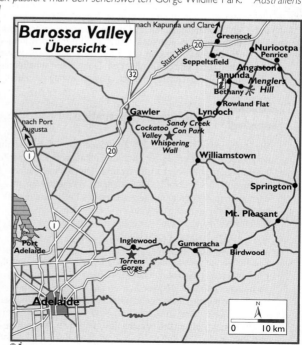

Barossa Valley – Übersicht –

© **i**graphic

Im Barossa Valley

Die Geschichte des Barossa Valley muss in Verbindung mit dem lutheranischen Pastor *Ludwig Kavel* aus Klemzig (Mark Brandenburg) gesehen werden, der 1838 zusammen mit deutschstämmigen Auswanderern nach Australien gelangte. Fast alle waren religiös Verfolgte aus Preußen, die unter den Repressalien des Königs *Friedrich Wilhelm III.* zu leiden hatten. Er plante, Lutheraner und Reformierte in der „Preußisch Unierten Landeskirche" zu vereinen. Daraufhin entschloss sich Kavel, nach Australien auszuwandern.

Deutsche Wurzeln

Eine der ersten Siedlungen (heute ein Vorort Adelaides) wurde nach dem Namen der preußischen Stadt Klemzig benannt. Der Streit, wer den „wahren" Glauben hat, entzweite in den Folgejahren auch verschiedene religiöse Gruppierungen in Südaustralien, sodass es allein in Tanunda für 150 Familien 4 Kirchen mit 4 verschiedenen Bekenntnissen gab.

Traditionen werden gepflegt

Die ersten Siedler ließen sich im Barossa Valley nieder, um Tabak anzubauen. Der Schlesier *Dr. Johann Menge* erkannte die Eignung des Tals zum Weinbau und nannte es nach seiner Erkundung „Neu-Schlesien". Bereits 1850 wurde der erste Wein von *Johann Gramp* (heute Weingut Orlando) und kurze Zeit später von *Joseph Seppelt* (heute Weingut Seppeltsfield) gekeltert. Der Name „Neu-Schlesien" konnte sich mit zunehmender, auch internationaler Besiedlung nicht halten und wurde in „Barossa Valley" geändert. Noch immer aber erkennt man bei den 36 Weinbaubetrieben und rund 50 Weinkellern typisch deutsche Traditionen. Wo man auch hinschaut, die den Deutschen anhaftenden Klischees von Sauberkeit und Gründlichkeit scheinen allgegenwärtig. In vielen Namen und Bezeichnungen

---

INFO **Weinbau in Australien**

Bis in die erste Hälfte des 20. Jahrhunderts wurden australische Weine nur für den heimischen Markt produziert, und das auch nur in kleinen Mengen. Mitte der 1960er-Jahre begann ein erster Aufschwung. Die Weine wurden in ihrer Qualität immer besser und dies, obwohl es an strengen Weingesetzen mangelte. Die Anbauflächen expandierten, wodurch ein ausgezeichnetes Preis-Leistungs-Verhältnis zu Stande kam. Im Jahr 2001 avancierte Australien nach den klassischen Weinländern Frankreich, Italien und Spanien zum viertgrößten Weinexporteur weltweit. Deutschland ist dabei eines der wichtigsten Exportländer.

Die Rebsorten entstammen ursprünglich alle europäischen Ländern und wurden von Einwanderern eingeführt. Die wichtigsten Rebsorten Australiens sind heute bei den Rotweinen *Shiraz, Cabernet Sauvignon, Pinot Noir, Ruby Cabernet* und *Merlot*, bei den Weißweinen *Chardonnay, Semillon, Riesling, Sauvignon Blanc, Traminer* und *Chenin Blanc*. Eine Besonderheit sind kreative Kompositionen: Die sog. Cuvees (oder *Blends*), eigentlich Verschnitte, haben in Australien keinesfalls einen negativen Ruf.

blieben die deutschen Ursprünge bis heute erhalten. Obwohl nur noch wenige Einwohner fließend deutsch sprechen, wird die Sprache durch Lieder und Folklore gepflegt. Bedeutendstes Festival ist das *Barossa Vintage Festival*, das alle zwei Jahre (ungerade Jahreszahl) an Ostern stattfindet. Die Weinlese beginnt ungefähr Mitte Februar und dauert zwei Monate. In dieser Zeit herrscht überall lebendiges Treiben, und man bekommt als Besucher neben Weinkellern und den üblichen Weinproben einiges zu sehen. Der angebaute Wein wird nach der Traubensorte bezeichnet (z.B. Chardonnay, Semillon, Pinot Noir, Cabernet) und nicht – wie in Europa – nach dem Anbaugebiet.

Das weitläufige Barossa Valley verläuft über eine Länge von 29 km und eine Breite von 8 km. Drei Hauptorte bestimmen das „Tal": **Lyndoch, Tanunda** und **Nuriootpa**. Dazwischen liegen unzählige Ortsnamen, die aber in den meisten Fällen nur ein bestimmtes Weingut bezeichnen. Für denjenigen, der den Aufenthalt im *Wine Country* ausdehnen möchte, bieten sich Motels, Hotels und Campingplätze, aber auch Weingüter als Unterkunft an.

Nachfolgend eine Routenbeschreibung durch das Barossa Valley von Südwesten nach Nordosten. Die Anzahl der Weingüter ist jedoch so groß, dass kaum alle aufgeführt werden können. Die Broschüren von SA Tourism seien hier als Ergänzung empfohlen.

Jeder Ort im Barossa Valley hat viele Weingüter

Gawler

Auf dem Weg nach Lyndoch liegt links das *Chateau Yaldara* (Gomersal Rd., Lyndoch) – ein im französischen Barock nachgebildetes Schloss, in dem sich zahlreiche europäische Antiquitäten befinden. Führungen und Weinproben werden täglich von 9–17 Uhr angeboten.

Lyndoch

Die Stadt zählt zu den ältesten des Tals. Sie wurde 1847 gegründet, nachdem das ursprüngliche Dorf Hoffnungsthal von heftigen Regenfällen überflutet worden war. Das Weingut *Hoffnungsthal* ist heute in Williamstown ansässig. In der Ebene Rowland Flat wurde der erste Wein überhaupt angebaut. Das von *Johann Gramp* im Jahre 1847 gegründete Weingut heißt heute *Orlando Wines* (Rowland Flat) und zählt zu den größten des Tals. Weinproben werden täglich angeboten.

Bethany

Einige Weingüter entfernt liegt Bethany. Sehenswert ist das alte Landhaus, das von schlesischen Siedlern gebaut wurde. Bethany (1842) ist neben Tanunda (1843) die älteste Siedlung des Barossa Valley. Auf dem Friedhof Pioneer Cemetery zeugen Grabinschriften von der europäischen Besiedlung. Von Bethany führt der *Tourist Drive 5* auf den **Mengler's Hill**. Von oben bietet sich eine wunderbare Aussicht auf das Tal. Aufgrund des warmen Klimas können die Reben auf relativ flachem Gelände angebaut werden – steile Hänge zur Verstärkung der Sonneneinstrahlung sind nicht notwendig. Eindrucksvoll sind die großen Flächen, die der Weinbau einnimmt – in Australien herrscht kein Platzmangel!

Ausblick auf das Tal

Tanunda

Mit annähernd 4.000 Einwohnern zählt Tanunda zu den größten Städten des Tals. Der frühere Name *Langmeil* wurde im Laufe des Ersten Weltkriegs, wie übrigens viele andere auch, anglikanisiert oder umgewandelt. Tanunda gilt heute als Zentrum des Barossa Valley. Das offizielle Besucherzentrum (**Visitor & Wine Centre**) des Barossa Valley befindet sich hier. In der Stadt deuten ein „Wursthaus" und andere Geschäfte auf die deutsche Vergangenheit hin. Das **Barossa Historical Museum** (im Postgebäude von 1865, 47 Murray St.) und das historische **Tanunda Hotel** sind einen Besuch wert. Die Kirchen Langmeil Church, Tabor Church und St. John's Church bezeugen den lutherischen Glauben der Bevölkerung. In der Hauptstraße informiert das unscheinbare Barossa Valley Museum (47 Murray St.) über die Geschichte der Region. Von hier aus werden auch Ballonflüge über das Tal angeboten (Buchung über die Tourist Information).

Im Gebiet um Tanunda entsteht der Eindruck, dass die Namen der Weingüter immer „deutschere" Züge annehmen: *Peter Lehmann Wines* (Para Rd., Tanunda), *Krondorf Wines* (Krondorf Rd/Tanunda), *Gnadenfrei Estate* (Seppeltsfield Rd., Marananga) und andere können ihre Herkunft nicht verleugnen.

Eines der bekanntesten Weingüter des Barossa Valley

Seppeltsfield

Der Schlesier *Joseph Seppelt* kaufte das Land 1851, um Tabak anzubauen. Wie man weiß, war dieser Versuch wenig erfolgreich, und Seppelt wandte sich als einer der ersten Siedler dem Weinbau zu. Noch heute können in dem von Palmen gesäumten Gut 100-jährige Weine erstanden werden, allerdings zu horrenden Preisen. Seppelt exportiert in 44 Länder, vor allem in die USA. Die Wohn- und Lagerhäuser der *Seppelt Winery* zählen zu den schönsten des Tals.

Fahrt nach Seppeltsfield

Nuriootpa

Nuriootpa (3.200 Ew.) gilt als die Stadt mit Australiens führenden Weinproduzenten: *Wolf Blass Wines* (97 Sturt Hwy.), *Penfolds Winery* (Tanunda Rd.), *Kaesler Wines* (Barossa Valley Way) und viele andere.

Bei lauter Weinbau fällt kaum auf, dass die Destillerie *Tarac Australia* (Tanunda Rd.) zum größten Spirituosenhersteller Australiens aufgestiegen ist. Produziert wird u.a. Brandy, Rum, Gin, Wodka und Bourbon (geöffnet Mo–Fr 8.30–16.30 Uhr).

Angaston

Angaston liegt bereits etwas außerhalb des eigentlichen Barossa Valley und wurde von dem Briten *George Angas* gegründet. Die Residenz der Angas Familie, das *Collingrove House* (Eden Valley Rd.), ist eine typische „British Mansion". Neben diversen alteingesessenen Weinerzeugern sind in Angaston zwei Trockenobstfabriken angesiedelt: *Angas Park Fruits* (Murray St.) und *Gawler Park Fruit* (Valley Rd.).

Streckenhinweis

*Von Angaston kann die Rundfahrt nach Süden ausdehnt werden: Folgen Sie der Eden Valley Rd. durch die **Mt. Lofty Ranges** nach **Mt. Pleasant**. Von dort führen schmale Straßen nach **Hahndorf** (ausgeschildert).*

Adelaide Hills und Hahndorf

Anfahrt
*Die kürzeste Verbindung von Adelaide nach Hahndorf führt über die A1/M1 (Glen Osmond Rd.), die im weiteren Verlauf Mt. Barker Rd. und Princes South Eastern Freeway heißt. Dabei kann man auch den mit 711 m höchsten Berg der Umgebung, den **Mount Lofty**, anfahren, von dem aus man eine hervorragende Aussicht auf Adelaide und seine meist trocken-dürre, aber dennoch liebliche Landschaft hat.*
*Das **Adelaide Hills Visitor Centre** (41 Main St., Hahndorf, www. visitadelaidehills.com.au) verfügt über reichlich Information zu B&B-Unterkünften der Region.*

Über die *Scenic Road 51* gelangt man in die Adelaide Hills und in den **Belair National Park**. Dort lassen sich schöne Wanderungen von bis zu 3 Stunden Dauer unternehmen, wobei Koala-Sichtungen mit ziemlicher Sicherheit erfolgen.

Weiter westlich zählt das Städtchen **Hahndorf** zu den bekanntesten Sehenswürdigkeiten in der Umgebung von Adelaide. Der Name Hahndorf stammt von Kapitän *Dirk Hahn*, der eine Gruppe lutheranischer Siedler 1839 sicher an die Küste Adelaides gebracht hatte. Berühmtester Sohn Hahndorfs ist der Maler *Hans Heysen*, der 1910 nach Australien emigrierte und in Hahndorf eine zwei-

Schützenfest in Hahndorf

te Heimat fand. Heysens Werke können u.a. in der *Hahndorf Academy* (Princes Hwy.) betrachtet werden. Hahndorfs Fachwerkhäuser, Cafés und Restaurants wirken für unsere Augen vertraut und dennoch befremdlich, bedenkt man, dass man sich ja eigentlich am anderen Ende der Welt befindet. Auf japanische Touristen scheint Hahndorf eine magische Wirkung auszuüben.

Beliebte Touristen-attraktion

In **Birdwood** (38 km nordöstlich) befindet sich das *National Motor Museum*, eine der besten Oldtimer-Sammlungen des Kontinents mit über 300 Fahrzeugen (geöffnet täglich 9–17 Uhr).

Auto-museum

Yorke Peninsula

Auf der anderen Seite des **Gulf St. Vincent** befindet sich die **Yorke Peninsula**, die in ihrer geografischen Form ein wenig an Italien erinnert. Touristisch ist das Gebiet wenig erschlossen, wenngleich doch viele Adelaider auf der Halbinsel ihre Ferien verbringen, vor allem natürlich zum Angeln. Das Land ist flach und von einem großflächigen Getreideanbau geprägt. Interessant sind die vielen Fischerstädtchen an den Küsten – mit Bewohnern, die ihre englische Herkunft nicht verleugnen. In den 1850ern kam ein ganzer Schwung Siedler aus Cornwall, um Kupfer abzubauen. Die drei Städte **Kadina**, **Moonta** und **Walloroo** bildeten damals ein *Little Cornwall*. Der **Innes NP** nimmt die Südostspitze der Halbinsel

Westlich von Adelaide

ein. Der Bewuchs besteht hauptsächlich aus niedrig wachsendem Mallee Scrub. An den Binnenseen lebt eine reiche Tier- und Vogelwelt, während die Küste mit einer abwechslungsreichen Szenerie und Traumstränden verwöhnt. Der alte Minenort **Inneston** ist heute eine Geisterstadt. Per Auto lässt sich der Park auf einer Ringstraße erkunden, und schöne Campingplätze befinden sich in den Buchten

Pondalowie Bay/Yorke Peninsula

Stenhouse Bay, **Pondalowie Bay** und **Dolphin Bay** an herausragenden Surfstränden.

Fleurieu Peninsula

Auf dem Weg nach Kangaroo Island

Entscheidet man sich dafür, Kangaroo Island mit dem eigenen Auto zu besuchen, führt die Fahrt über die Fleurieu Peninsula südlich von Adelaide. Die Halbinsel dient der Adelaider Bevölkerung bevorzugt als Ferien- und Wochenendziel. Besonders hervorzuheben sind dabei die Strände am Golf St. Vincent (*Christies Beach, Seaford Beach, Sellicks Beach*), die ruhig und sauber sind. Surfer bevorzugen die brandungsreichen Strände der Südküste (z.B. *Waitpinga Beach*). Das Wetter ist, besonders im Süden der Halbinsel, deutlich wechselhafter als in Adelaide. In Victor Harbor wie auch auf Kangaroo Island muss stets mit kühleren Temperaturen und Regen gerechnet werden.

Streckenhinweis: Über das McLaren Vale nach Süden

Folgt man der Main South Rd. aus Adelaide, sollte ein Abstecher in das **McLaren Vale (Southern Vale)** *unternommen werden, wo es über 70 Weingüter gibt. Die ersten Weingüter befinden sich beim Ort* **Reynella**, *eigentlich noch einem Vorort von Adelaide. Fast jeder Betrieb bietet auch Weinproben an, sodass ohne weiteres länger im McLaren Vale, auch für eine kulinarische Pause, verweilt werden kann. Im Vergleich zum Barossa Valley sind die Winzer noch dichter gedrängt, sodass das Anbaugebiet überschaubar bleibt. Vom* **Wilunga Hill** *(ausgeschildert) hat man einen schönen Blick auf das Anbaugebiet.*

Entlang des **Gulf St. Vincent** *(„The Wine Coast", parallel zum McLaren Vale verlaufend) passiert man zahlreiche Strände mit* **O 'Sullivans Beach** *im Norden bis* **Sellicks Beach** *im Süden. Alle Strände können auch mit öffentlichen Verkehrsmitteln (Bus Nr. 750/751 ab Adelaide) erreicht werden. In* **Maslin Beach** *verfügt der Strand über einen FKK-Abschnitt am südlichen Ende.*

Vorgelagerte Insel als Hauptattraktion

Victor Harbor (ⓘ s. S. 155) an der Encounter Bay ist ein kleiner Ferienort, dessen Geschichte bis in das Jahr 1802 zurückreicht, als *Matthew Flinders* dort Land betreten hat. Bis Mitte des 20. Jahrhundert wurden hier Wale gejagt. Von der Stadt bietet sich ein Ausflug auf das vorgelagerte **Granite Island** an. Die kleine Insel gilt mit ihren Pinguinen und der Möglichkeit zu Walbeobachtungen als Naturparadies und kann nur über eine schmale Landverbindung per Pferdekutsche oder zu Fuß erreicht werden. Den zentral gelegenen Inselberg kann man per

Sesselbahn oder zu Fuß erklimmen. Von Mai bis Oktober sind von Granite Island und „The Bluff" Wale zu beobachten. Das **South Australian Whale Centre** (Railway Tce.) ist eine interessante Ausstellung über Wale und weist auf aktuelle Walsichtungen hin. Meist werden *Southern Right Wales* gesichtet. Schiffsausflüge werden nach **Page Island** zur größten Seehundkolonie Südaustraliens angeboten (Tel. 08-8552 7555).

Die historische Dampfeisenbahn **Cockle Train** verkehrt sonntags (in den Schulferien täglich) von Victor Harbor nach Goolwa im Osten der Encounter Bay – ein lohnender Ausflug! Dazwischen liegt der alte Hafen Port Elliott mit guten Badestränden. Wenige Kilometer landeinwärts liegt *Crow's Nest Lookout*, ein Aussichtspunkt mit tollem Blick auf die Küstenlinie. Die Fahrstrecke entlang der Küste ist reizvoll: Strahlend weiße Strände wechseln sich ab mit rauen Felsklippen.

Historischer Dampfzug

Goolwa mit seinem historischen Murrayhafen liegt in der westlichen Ecke des Lake Alexandrina und der schmalen Mündung des Murray am nächsten. Der Strom, der sich zunächst in den **Lake Alexandrina** ergießt, hat nur diesen einzigen Ausgang (*Murray Mouth*) zur offenen See. Die erste australische Eisenbahn, der heutige *Cockle Train*, entstand 1854 auch nur deshalb zwischen Port Elliott und Goolwa (11 km), weil die Sandbänke des Murray Mouth für den Schiffsverkehr zu gefährlich waren. Von Goolwa beginnen Ausflugsschiffe ihre Fahrt stromaufwärts oder in den Küstennationalpark Coorong (Seevögel, Dünenlandschaft). Beliebt ist auch, mit einem Kanu durch den weit verzweigten Lake Alexandrina zu paddeln. Das **Signal Point Interpretive Centre** (The Wharf) ist eine gut gemachte Videoshow und vermittelt Wissenswertes über die Geschichte des Murray. Weitere Fragen beantwortet das Goolwa Tourist Office (www.alexandria.sa.gov.au).

Auf der Fahrt nach Cape Jervis führen immer wieder Stichstraßen zur Küste, die an einsamen Stränden enden (*Waitpinga Beach, Parsons Beach, Tunkalilla Beach*). Östlich von Cape Jervis befindet sich der **Deep Creek Conservation Park** mit idealen Wandermöglichkeiten und Blicken auf Küste und nach Kangaroo Island. So kann z.B. auf einer ca. 7 Stunden-Tour nach Deep Creek Cove und zum Deep-Creek-Wasserfall gewandert werden. Die Zufahrt erfolgt über Schotter- und Sandpisten. Die NP-Campground müssen beim Ranger am Parkeingang reserviert werden. **Cape Jervis** ist Ausgangspunkt der meisten Kangaroo-Island-Ausflüge, da dort die einzige Autofähre auf die Insel übersetzt. Die Meeresstraße

Fähre nach Kangaroo Island Backstairs Passage ist nur 14 km breit, und die Insel ist vom Festland schon mit bloßem Auge zu sehen. In Cape Jervis beginnt auch der „ewig lange" Heysen Walking Track, der bis in die nördlichen Flinders Ranges führt.

Kangaroo Island (ⓘ s. S. 155)

Streckenhinweis

Die Fähre Cape Jervis–Penneshaw–Cape Jervis sollte immer vorab gebucht werden – insbesondere in der lebhaften Ferienzeit der Australier und an Wochenenden. Als Fahrzeit Adelaide–Cape Jervis müssen ca. 2 Stunden gerechnet werden. Da die meisten Straßen auf KI mittlerweile geteert sind, erlauben praktisch alle Vermieter die Mitnahme der Leihwagen/-camper.

Nationalpark-Gebühren

Empfehlenswert ist der Kauf des Island Pass für A$ 59 pro Person. Viel Geld, doch ist darin neben den NP-Gebühren auch der Eintritt für die Seehundkolonie Seal Bay (A$ 27) als auch das Gebühr für die Kelly Hill Höhlen enthalten. Nach wie vor fallen Campingplatzgebühren an.

Einzigartige Tier- und Pflanzen- welt Australiens drittgrößte Insel (156 km Länge, 57 km Breite, kurz „KI" genannt) befindet sich 110 km südwestlich von Adelaide. Die Natur der Insel ist einzigartig. Der gesamte Westteil besteht aus dem Flinders Chase National Park, dazu kommen etliche kleinere Nationalparks und Naturschutzgebiete (Reserves, Conservation Parks). KI war bis vor 9.500 Jahren noch mit dem Festland verbunden. Nach dem Anstieg des Wasserpegels in der Backstairs Passage trennte sich die Insel, und die nachweisliche Besiedlung durch Aborigines verschwand durch Aussterben der Stämme. Durch die Trennung konnte sich auf KI eine einzigartige Tier- und Pflanzenwelt entwickeln. Biologen haben allein 40 Pflanzenarten entdeckt, die sonst nirgendwo anders auf der Welt vorkommen. Die einzigen „eingeführten" Tiere waren Wildschweine, die von dem französischen Entdecker *Nicholas Baudin* als Nahrungsquelle für Schiffbrüchige ausgesetzt wurden. Die südliche Lage bedingt durch antarktische Brisen ein deutlich kühleres Klima als z.B. in Adelaide. Deshalb ist warme, wind- und regendichte Kleidung stets ratsam!

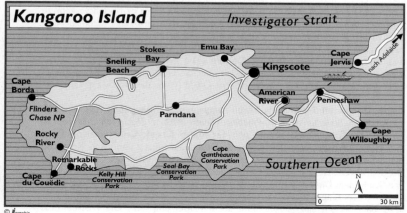

© Igraphic

Kingscote ist der zweite Fährhafen der Insel und gleichzeitig die Hauptstadt. *Hauptstadt*
Einige historische Bauten, wie das Post Office und das Hope Cottage Museum *der Insel*
(1859), sind sehenswert. In „Old Kingscote" an Reeves Point (über steile Stufen
des Heritage Trail erreichbar) begann 1836 die Besiedlung Südaustraliens. Das
Denkmal „Pioneer Memorial" erinnert an die Ankunft der „Duke of York" am 27.
Juli 1836. Die „KI Eucalyptus Company" mit ihrer Destille exportierte bereits
1906 das wohltuende Öl (einer der ersten Exportartikel des Kontinents!). Die
Stadt hat heute 2.000 Einwohner und ist das Handels- und Geschäftszentrum von
KI, wenngleich es für unsere Augen sehr ruhig und beschaulich zugeht und außer
ein paar Geschäften nicht wirklich viel los ist. Vor dem empfehlenswerten *Ozone
Seafront Hotel* können abends Feenpinguine (*Fairy Penguins*) beobachtet werden.

Von Kingscote empfiehlt sich eine Fahrt in die nahe **Emu Bay** (12 km nordwest- *Nordküste*
lich), wo sich ein herrlicher Sandstrand befindet. Weiter westlich bietet **Stokes
Bay** den nächsten schönen Strand und große Felspools, die ideal zum Baden sind
(erreichbar durch einen Felstunnel). Ein Beach-Campground ist vorhanden. Um
zügig in den Westteil der Insel zu gelangen, bietet sich der im Inselinneren verlaufende *Playford Hwy.* an. In **Parndana** befindet sich der *Parndana Wildlife Park*.

Koalas: Obwohl KI über die höchste Koala-Population Australiens verfügt, sieht *Koalas in*
man die trägen Tiere nur an wenigen, oft nur den Einheimischen bekannten *großer*
Plätzen. Tatsächlich ist die Zahl der Koalas (man spricht von rund 10.000 Tieren) *Zahl*
so groß, dass die Nahrung knapp wird. Ein ausgewachsener Koala verzehrt pro
Tag ein Kilo Eukalyptusblätter! Aus diesem Grund werden Koalas auf KI seit
mehreren Jahren sterilisiert, weil sie sich zu stark vermehrten.

Höhepunkt im Westen der Insel ist der **Flinders Chase Nationalpark**, der als
größter NP des Staates Südaustralien genau 73.622 ha einnimmt! Ungestört von
Eindringlingen haben sich hier ausgesprochen seltene und vielfältige Pflanzenarten *Arten-*
entwickeln können. Auch Kängurus, Kassuaries, Cape Barren Gänse und Koalas *reicher*
haben wenig Scheu vor Menschen und Kameras und verhalten sich überaus *National-*
freundlich. An den Lagunen der Südwestküste präsentieren sich Australische Peli- *park im*
kane (schwarz-weiß, mit rosa Seihschnäbeln), und mit etwas Glück bekommt man *Westen*
auch seltene Schnabeltiere (*Platypus*), scheue Ameisenigel (*Echidna*) oder Beutelratten zu Gesicht. Im Park gibt es einige ausgeschilderte Wanderwege (z.B. Platypus Waterhole Walking Track 3 km). Für lange Touren sollte der Ranger in Rocky
River kontaktiert werden. Der NP-
Campground befindet sich in Rocky
River (Buchungen über das Flinders
Chase Visitor Centre, Tel. 08-8559
7235).

Cape Borda im Norden ist über
die Verlängerung des Playford Hwy. erreichbar. Ein Ranger-Büro erteilt Auskünfte über den Fernwanderweg, der
durch die „Ravine des Casoars Wilderness Protection Area" nach Süden
führt. Der Leuchtturm kann von 11
bis 15 Uhr bestiegen werden (Anmeldung beim Ranger).

Remarkable Rocks

Ein Muss ist der Abstecher nach Süden: Ein schnurgerades Asphaltband windet sich über zahlreiche Hügel bis zum Meer. Am **Cape du Couedic** steht malerisch der Leuchtturm, und bei **Admirals Arch** können neuseeländische Pelzrobbenkolonien beobachtet werden. Folgt man dem Boxer Drive einige Kilometer nach *Bizarre* Osten, endet die Piste an den spektakulären **Remarkable Rocks**, einer bizarr *Felsen* anmutenden Felsformation, die durch Wind- und Wassererosion ihre kuriosen Formen erhalten hat.

Entlang der Auf der *South Coast Rd.* erreicht man den Abzweig zu den **Kelly-Hill-Tropfstein-** *Südküste* **höhlen.** Die größte der Höhlen ist der Öffentlichkeit zugänglich (geführte Touren täglich 10–15.30 Uhr). Gelegenheit zum Picknick und Faulenzen bietet der Strand *Berühmte* von **Vivonne Bay.** Er liegt westlich der Seal Bay und ist ebenfalls über die *South* *Seehund-* *Coast Rd.* anzufahren. Im kleinen Laden an der Hauptstraße kann auch Verpflegung *kolonien* besorgt werden. Vor Erreichen der **Seal Bay** passiert man die **Little Sahara,** eine kaum zugängliche Dünenlandschaft. Die berühmte Seelöwenbucht schließlich wird über die *Seal Bay Rd.* angefahren. Bis zu 600 Tiere aalen sich hier faul in der Sonne. Ein informatives Besucherzentrum ist oberhalb des Strandes erbaut worden. Führungen direkt zu den Seelöwen werden von 9 bis 16 Uhr von Rangern durchgeführt, alternativ kann man die (nicht gerade geruchsarmen) Tiere von einem Holzsteg aus der Ferne beobachten.

Der größte See der Insel, **Murray Lagoon,** ist bereits Teil des Cape Gantheaume Conservation Parks. Um die prachtvolle Vogelwelt der Lagune in vollem Ausmaß zu sehen, sollte der Besuch in die Morgen- oder Abendstunden gelegt werden. Ein einfacher Campground ist vorhanden.

Der **Osten**: Da die Höhepunkte von KI im Westen liegen, sollte man nicht zu viel Zeit auf die Erkundung des Ostens verwenden. Sehenswert sind vor allem der

Seehunde in der Seal Bay

Leuchtturm von Cape Willoughby an der Ostspitze und die raue Felsküste mit dem viel sagenden Namen *Fährhafen* „Devil's Kitchen". Die Umgebung des Fährhafens **Penneshaw** auf der Dudley *Penneshaw* Peninsula im Osten erinnert mit seinen grünen Hügeln an Landschaften, wie man sie auch von Cornwall in Südengland kennt. Von dem Fischerort aus hat man einen guten Blick auf die Backstairs Passage und – bei klarem Wetter – auf das Festland. Zwischen der Hog Bay (schöne Strände) und Christmas Cove kommen allabendlich *Fairy Penguins* zu ihren Nestern an Land. Die Granitfelsen der Christmas Cove stammen von urzeitlichen Gletschern, deren Alter auf rund 200 Millionen Jahre geschätzt wird. Der Prospect Hill, den schon Matthew Flinders bestiegen hatte, belohnt mit einer grandiosen Aussicht für den Aufstieg. **American River** ist eine kleine Feriensiedlung. Die Entdeckung des gleichnamigen Flusses ist Matthew Flinders im Jahr 1902 zuzuschreiben. Ein Jahr später segelte ein amerikanischer Schoner vorbei und erbaute die „Independence" in 4-monatiger Arbeit.

Hinweis
*Die **Eyre Peninsula** ist auf dem Weg nach Westaustralien (Nullarbor Plain) in Kapitel 19 beschrieben.*

9. ADELAIDE – ALICE SPRINGS: DAS SÜDAUSTRALISCHE OUTBACK

Die direkte Fahrtroute zwischen Adelaide und Coober Pedy führt über den durchgängig geteerten *Stuart Hwy.* (auch **Explorer's Way** genannt) und beträgt 875 km. Mit dem Teilstück bis Coober Pedy beginnen die „langen Strecken" gen Norden. Die zu fahrenden Distanzen wirken zunächst abschreckend – auf der anderen Seite verdeutlichen sie die beeindruckende Weite des Kontinents. Alternativ bietet sich ab Port Augusta bzw. über das Clare Valley die abwechslungsreiche **Outback-Route über die Flinders Ranges** an.

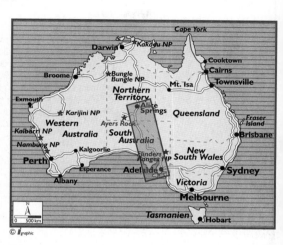

© *graphic*

a) Adelaide – Coober Pedy auf dem Stuart Highway (Explorer's Way)

🚗 **Entfernungen**

Adelaide–Gawler:	45 km	Wilmington–Port Augusta:	44 km
Gawler–Clare Valley:	92 km	Port Augusta–Coober Pedy:	500 km
Clare Valley–Wilmington:	158 km		

☞ **Hinweis**
Alle größeren und kleineren Ortschaften sowie auch die Roadhouses bieten unterwegs die Möglichkeit zum Tanken, Übernachten und Campieren.

📋 **Routenvorschlag**
Von Adelaide nach Alice Springs (via Stuart Highway)

1. Tag: Adelaide–Clare Valley
2. Tag: Clare Valley–Port Augusta
3. Tag: Port Augusta–Coober Pedy
4. Tag: Coober Pedy – Aufenthalt

5. Tag: Coober Pedy–Ayers Rock
6. Tag: Ayers Rock / Olgas – Aufenthalt
7. Tag: Ayers Rock–Alice Springs

Tipp: R.M. Williams Heritage Museum
Folgt man der A1 nach Norden, sollte man das sehenswerte R.M. Williams Heritage Museum besuchen. Seit 1932 stellt R.M. Williams typische Busch- und Outback-Kleidung her. Zu seinem Sortiment zählen z.B. Sattelzeug und die typischen Stiefel („Working Boots") der Viehtreiber. Der Firmengründer verstarb 2005 im stattlichen Alter von 95 Jahren. Das Museum erklärt die Geschichte der weltweit

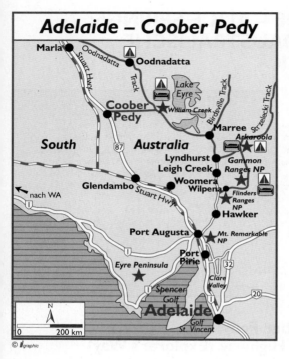

Adelaide – Coober Pedy

Marla · Oodnadatta Track · Stuart Hwy · Oodnadatta · Lake Eyre · Coober Pedy · William Creek · Birdsville Track · Marree · Arkaroola · Strzelecki Track · South · Australia · 87 · Lyndhurst · Gammon Ranges NP · Leigh Creek · Woomera · Wilpena · Glendambo · Stuart Hwy · Flinders Ranges NP · nach WA · Hawker · Port Augusta · Mt. Remarkable NP · Port Pirie · Eyre Peninsula · Spencer Golf · Clare Valley · 32 · 20 · Adelaide · Golf St. Vincent · N · 0   200 km

© i graphic

beliebten Marke und bietet mit dem angeschlossenen Laden eine etwas günstigere Einkaufsquelle der hochpreisigen Artikel.

R.M. Williams Heritage Museum, Prospect, 5 Percy St (A1 in Richtung Norden, kurz nach Nailsworth links abbiegen); www.rmwilliams.com.au

Streckenhinweis

Nördlich von Adelaide trennt der Hwy. 1 die fruchtbaren Ebenen (Adelaide Plains) im Westen von den steilen Flanken der Mount Lofty Ranges und South Flinders Ranges im Osten. Der Gulf St. Vincent im Westen stellt ein tiefes Tal eiszeitlichen Ursprungs dar. Dass die geologische Faltenbildung der Gebirge noch nicht abgeschlossen ist, beweisen immer wieder auftretende Erdbeben (z.B. 1954 in Adelaide, Richterskala 5,5). Noch vor 150 Jahren war das Gebiet dicht bewaldet. Zur Förderung intensiver Landwirtschaft wurden die Wälder abgeholzt, ohne eine Wiederaufforstung zu betreiben. Nach Adelaide zweigt der Hwy. 20 in Richtung **Elisabeth** und **Gawler** ab. Bei Interesse kann ein weiterer Abstecher in die alte Bergbaustadt **Kapunda** unternommen werden, wo bereits 1844 reiche Kupfervorkommen den Wohlstand der südaustralischen Bevölkerung sicherten.

Clare Valley (ⓘ s. S. 155)

Weinbaugebiet Clare Valley

Der Eingangsort in das Clare Valley ist **Auburn** (120 km nördlich von Adelaide), einst Zwischenstation für die mit Kupfererz beladenen Kutschen, die von Burra nach Port Adelaide fuhren. Das *Rising Sun Hotel* von 1850 hat ein gutes Restaurant und einfache Zimmer. Das Weinbaugebiet hat seine Ursprünge durch die Besiedlung irischer Siedler, konnte sich aber nie aus dem Schatten des berühmten Barossa Valley lösen. Die ersten Weingüter sieht man in Auburn. Im Bereich Leasingham–Watervale–Mintaro–Sevenhill–Clare teilen sich rund 30 Betriebe den fruchtbaren Boden. Zu den ältesten und sehenswertesten Gütern zählen die *Sevenhill Cellars* (1851, von Jesuiten gegründet; College Rd., Sevenhill), *Wendouree Cellars* (1895, Wendouree Rd., Clare) und *Leasingham Wines* (1893, 7 Dominic St., Clare).

Ein Stück nördlich folgt das Städtchen **Melrose** mit dem toll renovierten *North Star Hotel* (www.northstarhotel.com.au) mit hervorragender Küche. Geführte Mountainbike-Touren in dieser abwechslungsreichen Gegend bietet der bestens ausgestattete Radladen „Over the Edge" (www.otesports.com.au).

Mount Remarkable National Park

Der 8.648 ha große Nationalpark (50 km südlich von Port Augusta) deckt einen beachtlichen Teil der südlichen Flinders Ranges ab, die sich rund 800 km nach Nordosten ziehen. Der zweistündige Aufstieg zum 969 m hohen Mt. Remarkable ist über Melrose erreichbar. Der Park selbst ist in Mambray Creek (45 km nördlich von Port Pirie/Hwy. 1) oder Wilmington (158 km nördlich von Clare/ Main North Rd.) zugänglich. An beiden Parkeingängen befinden sich Ranger-Stationen, die über die zahlreichen Wandermöglichkeiten im Park informieren. Charakteristisch für den Park sind seine rotbraunen Sandsteinfelsen und tiefen Täler. Geografisch liegt er zwischen dem trockenen Norden und dem feuchteren Süden Südaustraliens. Dadurch bekommt der Park noch so viel Regen ab, dass große Gebiete mit verschiedensten Eukalyptusarten und einheimischen Pinien bedeckt sind. Über Wilmington führt eine Straße in die sehenswerte **Alligator Gorge**, eine tief eingeschnittene Schlucht, die über einen kurzen Wanderweg erreichbar ist. NP-Campgrounds befinden sich an der Alligator Gorge und am Mambray Creek, an anderen Orten sind Bushcamps gestattet. Von Wilmington führt der *Horrocks Pass* in Richtung **Spencer Gulf**. Dabei passiert man **Hancocks Lookout** (527 m) mit grandiosem Blick auf die Küste.

Sandstein- felsen und tiefe Schluchten

⚐ Streckenhinweis

Führt der Weg in die Flinders Ranges, dann folgen Sie von Wilmington den Wegweisern nach Quorn und Hawker. In der Ferne erkennt man bereits die Gebirgshügel, die sich aus der weiten Ebene erheben. Weitere Informationen über die Nationalparks: www.dehaa.sa.gov.au

Port Augusta (ⓘ s. S. 155)

Die Lage der Stadt wird auch *Crossroad of Australia* genannt. Jeder, der die Nullarbor Plain in Richtung Westen oder den Kontinent auf dem Stuart Hwy. in Richtung Norden in Angriff nehmen will, muss hier durch. Was heute einfach klingt, war für die ersten Forscher und Siedler ein gefährliches Unterfangen, das nicht wenige mit dem Leben bezahlen mussten. Port Augusta an der Spitze des Spencer Gulf wurde 1852 als Hafen eines neu gegründeten Landwirtschaftsdistrikts auserwählt. Bereits 1841 startete *John Eyre* seine Ost-West-Expedition in Port Augusta, noch im Glauben, dass der Norden wegen großer Salzseen unpassierbar sei. Die ersten Wollexporte verließen den Hafen schon 1854, Kupfer aus Blinman folgte kurze Zeit später. Das *Liverpool of the South* hatte als Hafenstadt und später als Eisenbahnknotenpunkt 1862 immerhin 6.000 Einwohner – heute sind es rund 16.500. Erste Anlaufstation sollte das **Wadlata Outback Centre** mit seinen interessanten Ausstellungen über Flora, Fauna und Aborigine-Kultur sein.

Wichtige Hafenstadt am Rande des Outbacks

Ansonsten ist die Stadt für Reisende eine Durchgangsstation, allenfalls einer der 14 Stützpunkte des **Royal Flying Doctor Service** (4 Vincent St., Tel. 8642 2044, Führungen Mo–Fr um 10 und 15 Uhr) und die Funkschule **School Of The Air** (Flinders Terrace, Tel. 8642 2695, Führungen auf Anfrage) sind sehenswert. Der **Arid Lands Botanical Garden** stellt auf einer großen Fläche die Vielfalt der Outback-Vegetation dar (Stuart Hwy., Tel. 8641 1049). In der Mitchell Terrace hat man vom alten Wasserturm einen guten Ausblick auf Hafen und Umgebung. 6 km südlich der Stadt befindet sich das riesige Kraftwerk ETSA Augusta Power Station, das die Braunkohle aus Leigh Creek (261 km nördlich) verarbeitet. Die

Stuart Highway

ergiebigen Kohlevorkommen und Eisenerz aus Iron Knob (68 km westlich) sichern wohl noch für Jahrzehnte Port Augustas Bedeutung als Industriehafen.

Stuart Highway (Explorer's Way)

Von Port Augusta führt der Stuart Hwy. direkt nach Norden. Touristisch wird die Langstrecke zwischen Adelaide und Darwin als „Explorer's Way" vermarktet. Sie finden entsprechende Hinweis- und Straßenschilder überall am Wegesrand. Nach 160 km erreicht man die Hochfläche des Arcoona Plateaus. Von Bernards Hill (links des Hwy.) blickt man auf das einstmals riesige Flusssystem der Island Lagoon, deren Seen heute ausnahmslos versandet und versalzen sind. 550 km nördlich von Port Augusta kann eine Farmübernachtung auf **Wirraminna Station** (Tel. 08-8672 1992, www.wirraminna.com) eingelegt werden.

INFO **John McDouall Stuart**

„... a country as such I firmly believe has no parallel on earth´s surface."

Der aus Schottland stammende Stuart kam 1838 nach Südaustralien, um als Maschinenbauer zu arbeiten. Schon bald erwachte sein Ehrgeiz, einen Weg in den Norden des Kontinents zu erforschen. Seine frühen Expeditionen wurden u. a. von seinen Glaubensbrüdern, den Gebrüdern Chamber und William Finke, unterstützt, nach denen er auch geografische Merkmale benannte. Erst seine sechste Reise, diesmal vom South Australia Government bezahlt, wurde zum Erfolg. Der Staat versprach sich vom unbekannten Norden fruchtbare und ertragreiche Landwirtschaftszonen. Nach beschwerlicher Reise erreichte Stuart 1862 die nördliche Arafura-See – es war geschafft. Der erschöpfte Stuart kehrte 1863 nach Großbritannien zurück. Aufgrund der erlittenen Strapazen starb er bereits 1866. Was blieb, war die Nord-Süd-Route, die seinen Namen bis heute trägt.

Woomera ist erst seit 1982 öffentlich zugänglich. In dem Gebiet veranstaltete die Australian/US-Joint Defense Facility Nurrungar seit 1947 Raketentests, später wurde das Gebiet von der Luftwaffe zu Übungszwecken genutzt. Ein paar Raketen aus dieser Zeit können in der Stadt besichtigt werden. Bis 1999 unterhielten die USA einen Horchposten und führten Manöver durch. Für die Zukunft sind Satellitenstarts der USA und Japans (*Kistler Aeropace*) geplant.

Raketen-tests in Südaus-tralien

Mehrmals pro Jahr finden Manöver der australischen und singapulesischen Streitkräfte statt. Interessant ist das Besucherzentrum der Stadt. Woomera (und die australische Howard-Regierung) geriet durch die dort mitten in der Wüste erbauten Flüchtlingscamps für südostasiatische „Boatpeople" in den letzten Jahren negativ in die Schlagzeilen. Wer möchte, kann im Rahmen einer Tour auf dem gesperrten Gelände alte Abschussrampen und das Grab *Len Beadells* besichtigen.

INFO **Atombombenversuche in Südaustralien**

Woomera liegt am Rande eines militärischen Sperrgebiets, das über 127.000 km² bis nach Maralinga (600 km westlich) reicht. Von 1953 bis 1964 fanden hier und in Emu britische Atombombenversuche statt – insgesamt wurden 9 Bomben gezündet. Die Maralinga Tjarutja Aborigines, die damals ungehindert durch ihr Land zogen, sowie viele australische Soldaten erlagen sofort oder später ihren Strahlenschäden bzw. trugen genetische Defekte davon. Viel von dem, was tatsächlich passierte, wurde verschwiegen und vertuscht. Erst in den letzten Jahren erzielten die Maralinga Aborigines mit der britischen Regierung ein Abkommen über finanzielle Entschädigung und die Reinigung des Geländes.

Was nur wenige wissen: Auch vor der Küste Westaustralien, auf den Montebello Islands vor Dampier, fanden Atombombenversuche in den 1950er-Jahren statt. Auch diese Gebiete sind bis heute für Reisende gesperrt. Viele Pisten (*Bomb Roads* genannt) wurden eigens für die damaligen Versuche als auch zur Überwachung von Langstreckenraketenversuchen angelegt. Der bekannteste Straßenbauer war dabei der Ingenieur *Len Beadell*, der u. a. den Gunbarrel Hwy. plante und vermaß. Sinn und Zweck des Blue Streak Missile Programms war damals, akkurate Vermessungspunkte festzulegen, um Rakententests zu überwachen. Beadells Bücher sind ausgesprochen lesenswert (z.B. *Too long in the Bush*). Zwei seiner „Highways" benannte er nach seiner Frau *Anne Beadell* und seiner Tochter *Conny Sue Beadell*. Len Beadell, einer der letzten Pioniere des Kontinents, starb 1995.

80 km nordöstlich liegt die moderne Minenstadt **Roxby Downs** und die riesige Uranmine **Olympic Dam** (*Olympic Dam Tours*, März–Nov., Tel. 08-8671 0788). Roxby Downs hat rund 4.000 Einwohner und verfügt über ein modernes Shoppingcenter und mit dem *Roxby Downs Motel* über ein gutes Hotel. In der mittlerweile leicht heruntergekommenen, aber kurios anmutenden Opalstadt **Andamooka** (28 km östlich, Piste) am Salzsee Lake Torrens wurden 1930 die ersten Edelsteine gefunden. Der Ort hat aufgrund seiner abgelegenen Lage nie die Bedeutung von Coober Pedy erlangt. Sehenswert sind die Untergrundwohnung Opal Gleam Dugout und das Tuckerbox Restaurant. In regenreichen Jahren lohnt der Abstecher zum Salzsee **Lake Torrens**, der sich dann schlagartig zu einem Vogelparadies verwandelt.

Streckenhinweis
*200 km nördlich von **Glendambo** (Roadhouse mit Motel und Campingplatz) sind bereits die Stuart Ranges, die im Volksmund „Breakaways" genannt werden, zu erkennen. Die flachen Tafelberge, die aus der Ebene ragen, sind Überbleibsel ehemaliger Hochflächen und im Laufe der Zeit „abgebrochen".*
*Kurz vor Coober Pedy zweigt eine Piste nach **William Creek** (170 km) zum Oodnadatta Track ab (vgl. Kapitel 9b).*

Coober Pedy (ⓘ s. S. 155)

Die Opalstadt Coober Pedy zählt sicher zu den seltsamsten Plätzen Australiens. Die Stadt (so man von „Stadt" sprechen kann), der die meisten Besucher bei einem kurzen Aufenthalt nur wenig abgewinnen können, ist in gewisser Weise

Opalstadt mit buntem Völkergemisch

unbeschreiblich. Weil es wohl so komisch war, nannten die Aborigines den Ort *kupa piti* (= „Weißer Mann im Loch"), und die 5.000 Einwohner sind es auch, die das Outback-Nest so einzigartig machen. Sie stammen aus 45 Nationen und verleihen Coober *bloody* Pedy ein besonderes Flair, das man erst bei längerem Aufenthalt erfühlen kann. Schräge Typen, Glücksritter und Lebenskünstler sind hier dem Opalfieber verfallen. Zum Schutz vor der glühenden Hitze wohnen sie in *Dug Outs*, unterirdischen Wohnhöhlen, deren Sandstein die Temperatur sommers wie winters bei ca. 22 Grad hält. Bei zusätzlichem Raumbedarf sprengt man sich einfach ein Zimmer dazu.

Seit 1915 wird in Coober Pedy Opal gefördert, bis heute hat sich an der Schürftechnik wenig geändert: Nur wenige Minen können überirdisch ausgebeutet werden – meist werden Löcher in die Erde gesprengt, aus denen der Abraum per „Staubsauger" zu den charakteristischen Maulwurfshügeln aufgehäuft wird. Die Löcher

(*Deep Shafts*) sind tief und werden nicht wieder aufgefüllt. Achten Sie deshalb bei einem Rundgang auf diese tiefen Löcher!

Geologen erklären die reichen Opalvorkommen in Coober Pedy mit Sedimentablagerungen von 100 bis 130 Millionen Jahre alten Meeren, an deren Ufer sich so genannte *Bulldog Shales* gebildet haben. In die-

Die typischen „Maulwurfshügel" von Coober Pedy

Weltweit größter Opalproduzent

sen Sandsteinfelsen formte sich aus Siliziumrestbeständen, die der sinkende Wasserspegel hinterließ, der wertvolle Edelstein. Für die Meerestheorie sprechen Opale, die in versteinerten Muscheln sitzen. Optimisten schätzen, dass erst rund 15 Prozent aller vorhandenen Opale gefördert wurden. 80 Prozent aller weltweit produzierten Opale stammen aus Coober Pedy, ihr Wert schwankt zwischen 20 und 40 Millionen Dollar. Keiner weiß es genau, ein erfolgreicher Miner fällt meist nur auf, wenn er in einem neuen Geländewagen durch die Gegend fährt. Neben Coober Pedy werden Opale auch in Lightning Ridge (NSW), Whitecliffs (NSW) und Andamooka (SA) gefördert.

Unterirdische Wohnungen

Der Aussichtspunkt **Big Winch Lookout** verschafft einen guten Überblick. Die Orientierung fällt leicht, da es nur eine Hauptstraße (Hutchison Rd.) und wenige Nebenstraßen gibt. Die meisten Bewohner bekommt man selten zu Gesicht, da sie unterirdisch leben und arbeiten. Der Besuch einer Mine bzw. Teilnahme an einer Mining-Tour sollte nicht fehlen. Empfehlenswert sind die **Old Timers Mine**, die von 1918 stammt (mit Museum) und die **Umoona Mine & Museum** (Hutchison Rd.). Insgesamt gruben sich die Gläubigen drei unterirdische Kirchen in die Erde (St. Peter & St. Paul's, Catacomb Church, Assembly of God Church). Viele

Souvenirläden, in denen das Handeln zur Tagesordnung zählt, bestimmen das Stadtbild. „Direkt vom Erzeuger" lässt sich so das eine oder andere Schnäppchen machen.

Ein Besuch bei **Crocodile Harry's Dugout** (5 km nordwestlich, 17 Mile Rd.), dem lettischen Baron von Blumenthal, ist sicherlich unvergesslich. Glaubt man seinen Erzählungen, so diente er dem Filmhelden „Crocodile Dundee" als Vorbild und hat während der „Mad Max"-Dreharbeiten in seiner farbenfrohen Höhle mit Tina Turner geflirtet.

Skurile
Charaktere

☞ Tipp: Opale selbst suchen

Wer selbst einmal im Abraum der Minen nach Opalen suchen möchte, kann sich Siebe leihen und mit dem Noodling beginnen. Die besten Chancen, etwas zu finden, bestehen dort, wo gerade gearbeitet wird, oder wo „noodling-erfahrene" Aborigines suchen. Höflicherweise sollte der Miner um Erlaubnis gefragt werden, denn es ist sein Claim. Beim Betreten oder Befahren der Minenfelder ist Vorsicht angesagt: Die tiefen Löcher werden nicht wieder zugeschüttet!

🚗 Streckenhinweis

*32 km nördlich von Coober Pedy befinden sich die **Breakaways**, Sandstein-abbrüche der Stuart Range. Sie können auf einer Rundfahrt, die teilweise über Mlnenfelder und zu Aussichtspunkten führt, besichtigt werden (Abzweig 23 km nördlich von Coober Pedy).*

b) Alternativroute: Adelaide – Coober Pedy durch das Outback South Australia: Über die Flinders Ranges nach Norden

🚗 Entfernungen

Port Augusta–Marree: 380–600 km (je nach Fahrtroute)

Marree–William Creek:	205 km	Oodnadatta–Marla:	210 km
William Creek–Coober Pedy:	170 km	Oodnadatta–Witjira NP:	380 km
William Creek–Oodnadatta:	205 km	Witjira NP–Kulgara	180 km

Flinders Ranges: herausra- gendes geographi- sches Merkmal

🚗 Routenvorschlag für Allradfahrer: Von Adelaide nach Alice Springs über die Flinders Ranges

1. Tag: Adelaide–Clare Valley
2. Tag: Clare Valley–Wilpena (Flinders Ranges)
3. Tag: Aufenthalt Wilpena/ Flinders Ranges NP
4. Tag: Flinders Ranges–Arkaroola
5. Tag: Aufenthalt Arkaroola (Ridge Top Tour, Sternwarte)
6. Tag: Arkaroola–Marree–William Creek
7. Tag: William Creek–Oodnadatta– Witjira NP

8. Tag: Witjira NP–Finke–Kulgera
9. Tag: Kulgera–Ayers Rock
10. Tag: Aufenthalt Ayers Rock/Olgas
11. Tag: Ayers Rock–Kings Canyon
12. Tag: Kings Canyon–Mereenie Loop Road–West MacDonnell Ranges
13. Tag: West MacDonnell Ranges
14. Tag: West MacDonnell Ranges– Alice Springs

Streckenhinweise

Der Hwy. 47 ist von Port Augusta bis Lyndhurst (300 km nördlich) geteert und geht dann in eine gepflegte Piste über. Die Zufahrt zum Flinders Ranges NP bis Wilpena ist geteert, alle anderen Straßen sind Gravel Roads. Der Pistenzustand ist im Allgemeinen gut – nach (seltenen) Regenfällen sollten Sie sich bei örtlichen Behörden oder Tel. 1-300-361 033 informieren. Für alle Straßen und Pisten nördlich von Wilpena bzw. Lyndhurst empfiehlt sich ein 4-WD. Für die Wüsten-Nationalparks (Innamincka Reserve, Lake Eyre NP, Witjira NP, Simpson Desert) ist der **Desert Parks Pass**, www.desertaccess.com.au, Tel. 1-800-816078) erforderlich. Für den o. g. Routenvorschlag genügt es, vor Ort die erforderlichen Campingpermits zu kaufen.

Der Höhenzug der Flinders Ranges beginnt südöstlich von Port Augusta und reicht rund 800 km nach Norden. In diesem touristisch sehenswerten Gebiet sind es vor allem der Flinders Ranges NP, Gammon Ranges NP und das Arkaroola Resort, die mit ihren rauen Gebirgszügen für ein einzigartiges Outback-Erlebnis sorgen. Fantastische Gesteinsformationen, tiefe Schluchten und weite Täler formen gewaltige Urlandschaften.

Geologisch zählen die Flinders Ranges zu den ältesten Gebieten der Erde. Vor Jahrmillionen ragten sie als Inselberge aus dem umgebenden Meer empor. Aus den Meeren wurden riesige Salzseen – Lake Torrens im Westen, Lake Frome im Osten und Lake Eyre im Norden zeugen davon. Unter diesen Seen befinden sich immense artesische Becken, deren Wasservorräte an manchen Stellen als sprudelnde Quellen an die Oberfläche treten.

Quorn

Von Port Augusta gelangt man über den *Pichi-Richi-Pass* nach Quorn, einem historischen Eisenbahnstädtchen, durch das bis 1937 sowohl die Ost-West-Linien, als auch die *Great Northern Railway* fuhren. Wurde zuvor der Mt. Remarkable NP besucht, ist die direkte Anfahrt von Wilmington über eine geteerte Straße möglich. Die alte *Railway Station* (1917) und das *Transcontinental Hotel* (1878) sollte man sich ansehen. Die alte Dampfeisenbahn der *Pichi-Richi-Railway Company* fährt von März bis November noch regelmäßig (Fahrplanauskünfte unter Tel. 8276 6232) über den Pass nach Woolshed Flat und zurück. In der Umgebung liegen die Felsschluchten Warren Gorge und Buckarina Gorge. Am Hwy. 47 (11 km vor Hawker) findet man in den Yourambulla Caves Felsmalereien der Ureinwohner. Eine gute Übernachtungsmöglichkeit bietet das *Quorn Mill Hotel* in einem alten National Trust-Gebäude (2 Railway Tce., Tel. 8648 6016).

Alte Bahn- station

Hawker

> **ℹ️ Information**
> *Hawker Motors (Mobil Tankstelle) im Stadtzentrum (Tel. 8648 4014) ist die beste Informationsquelle weit und breit und hat sogar ein kleines Museum.*

> **🛏️ Übernachten/Camping**
> *The Hawker Hotel/Motel $$, Ecke Elder/Wonoka Tce., Tel. 8648 4102; koloniales Hotel im Stadtzentrum*
> *Hawker CP, Tel. 8648 4006; Campingplatz mit schattigen Plätzen.*

Hawker (66 km nördlich von Quorn) ist der wichtigste Service-Stützpunkt für den Flinders Ranges NP. Auch durch diese Outback-Städtchen fuhr einstmals der „Ghan" auf seiner alten Route. 19 km nördlich von Hawker passiert man die historische Schaffarm **Arkaba Station**. Das Hauptgebäude wurde zu einer Luxus-Unterkunft umgebaut. In der Lodge werden max. 6 Gäste vom Ehepaar Rasheed betreut. Zahlreiche Aktivitäten werden angeboten, u.a. mehrtägige Wanderungen auf dem Arkaba Trail. Selbstfahrer müssen sich ein Permit besorgen, um das Gelände zu erkunden. Am Moralana Scenic Drive (5 km nördlich) ist Camping möglich. Die Piste führt über 28 km zwischen der Elder Range und dem Südwall des Wilpena Pound hindurch (die Fahrt bitte in Arkaba melden). Die Arkaba Station bietet Touren und Rundflüge über das Farmgelände an. Information: Arkaba Station, Wild Bush Luxury, Tel. 1300 790 561, www.arkabastation.com.au.

> **🏕️ Routenvorschlag**
> *Empfohlene Fahrtroute durch die Flinders*
> *Nicht alle Sehenswürdigkeiten der Flinders Ranges lassen sich auf einer Rundfahrt erleben, ohne das eine oder andere Teilstück doppelt zu fahren. Die Höhepunkte sind auf folgender Route aufgeführt:*
> *Hawker–Rawnsley Park–Wilpena (Flinder Ranges NP)–Bunyeroo Gorge–Brachina Gorge–Parachilna Gorge–Blinman–Wearing Gorge–Balcanoona (Gammon Ranges NP)–Arkaroola–Copley/Leigh Creek*

Rawnsley Park (10 km nördlich) ist eine 3.000 ha große Schaffarm und verfügt über einen guten Caravan Park, Cabins und neu erbaute, sehr komfortable Eco Villas. Die 4-Sterne Unterkünfte bieten einen 360-Grad-Blick auf die Umgebung:

Tolle Wande- rung zum Lookout!

Die Lage am Südwall des Wilpena Pound ist fantastisch. Die steile Wanderung zum **Wilpena Lookout** (4 Std. H/R) ist frühmorgens im Bergschatten am besten zu unternehmen! Insgesamt sind 7 Trails von 30 Minuten bis 5 Std. Dauer markiert). Zusätzlich werden Reitausflüge, Rundflüge, MTB-Touren und Allradtouren angeboten. Das rustikale Woolshed Restaurant im Wellblech-Stil steht allen Gästen, auch den Campern, zur Verfügung. Nähere Informationen im CP-Büro,

Wanderung auf den Wilpena Lookout

Tel. 8648 0030. Kurz vor Erreichen des Abzweigs nach Wilpena führt eine einstündige Wanderung zu den Felsmalereien von **Arkaroo Rock**. Die „Hill People", wie die Adnyamathanha-Aborigines genannt werden, besiedelten seit 6.000 Jahren die Flinders und haben fast alle geologischen Formationen in ihre Mythologien aufgenommen. Neben den (wenigen) Felsmalereien sind es vor allem die Felsgravuren, die auf die Wanderungen der Hill People hinweisen, z.B. am **Sacred Canyon**.

Flinders Ranges National Park (ⓘ s. S. 155)

Zentrum des Nationalparks

Wilpena ist das Herz des 78.400 ha großen National Parks. Der Park deckt damit einen Großteil der Central Flinders ab. Wilpena ist Ausgangs- und Informationspunkt für Ausflüge und Unternehmungen in den NP.

Ausflüge und Wanderungen

• *Wilpena Pound:* Das 17 km lange und 7 km breite Felsbecken, das wegen seiner Form auch „Natural Amphitheatre" genannt wird, ist die Hauptattraktion des NP. Die steil aufragenden Felswände fallen im Inneren des Tals sanft ab. Dort haben Pflanzen und Tiere ein geschütztes Zuhause gefunden. Der einzige Zugang führt über einen schmalen Pfad durch eine Schlucht oberhalb des Sliding Rock. Wanderern wird dringend empfohlen, sich an die ausgeschilderten Pfade des „Pound" zu halten. Zu den absoluten Highlights zählen Rundflüge über den Pound!
• *Wangara Lookout:* Empfehlenswerte Wanderung (2 Std.). Von oben Blick auf die gesamte Felsschüssel.
• *St. Mary's Peak* (1190 m): Der höchste Gipfel kann auf einer 6–8-Stunden-Wanderung erklommen werden.
Für die komplette Rundwanderung um den Pound sollten mindestens 8 Stunden veranschlagt werden.

Fahrt nach Norden

Nördlich von Wilpena beginnt eine gute Piste, die mit eindrucksvollen Blicken auf die Heysen Range und ABC Range durch das **Bunyeroo Valley** und das Flussbett des Bunyeroo Creek führt (Bushcamping möglich). Interessant sind die Veränderungen der Vegetation, wenn die (meist trockenen) Flussbetten verlassen werden. Einer der interessantesten Abschnitte der Flinders ist die Fahrt durch die **Brachina Gorge**: hohe Felswände mit Jahrmillionen altem Quarzgestein flankieren die Straße. Schautafeln erklären die geologische Entstehung dieser Urlandschaft. Brachina Gorge hat einige schöne NP-Campgrounds (Permit vorher in Wilpena besorgen). Nach einem kurzen Stück auf dem Hwy. 47 ist die kleine Siedlung

Parachilna erreicht. Das historische *Prairie Hotel* (Tel. 8648 4895) von 1876 bietet Übernachtungsmöglichkeiten und ein vielfach ausgezeichnetes Gourmetrestaurant (unbedingt reservieren!). Geradewegs nach Westen zweigt dann wieder eine Piste durch die **Parachilna Gorge** ab. Auch hier gibt es wieder schöne Campgrounds am Flussufer. In **Anchorichina**, das auf halbem Weg nach Blinman liegt, befindet sich ein kleines Resort mit Cabins und einer Campingmöglichkeit sowie einer Tankstelle. Die Eigner bieten auf Anfrage Touren in die Umgebung an.

Der heutige Ort **Blinman** besteht aus dem *North Blinman Hotel*, einer Tankstelle und einem kleinen Laden. Im Hotel freut man sich über jeden Gast, der vorbeischaut, und hält kühle Getränke bereit. 1859 entdeckte *Robert Blinman* Kupfer in der Region, und wenig später lebten hier sage und schreibe fast 1.000 Menschen! Nach 1874 wurde nur noch sporadisch an der Mine gearbeitet, und die Stadt, das ursprüngliche, südlich gelegene Blinman, verfiel zunehmend. 35 km östlich von Blinman ist ein Abzweig am Homestead von Wirrealpa nach Norden erreicht. Folgen Sie der Piste an der T-Kreuzung nach links. Nach weiteren 29 km ist eine 4-WD-Piste zur **Chambers Gorge** erreicht, einer der spektakulärsten Schluchten der Region. Zu Fuß kann bis tief in die Schlucht gewandert werden, die von hochaufragenden roten Sandsteinwänden begrenzt wird. Weiterhin sind gut erhaltene Aborigine-Felsgravuren zu bewundern. Camping ist gestattet, und in einigen Wasserlöchern kann gebadet werden.

Alte Minenstadt

Spektakuläre Schlucht

Die eher unscheinbare **Wearing Gorge** wird auf der Hauptpiste, die weiter nach Norden in den Gammon Ranges Nationalpark führt, durchquert. Die 14 km lange Zufahrt in die **Big Moro Gorge** ist ausgesprochen rau. In der Schlucht finden sich einige permanente Wasserlöcher.

Gammon Ranges

Gammon Ranges National Park

Der größte Teil des NP ist vollkommen unerschlossen. Auf der Hauptpiste in Richtung Copley/Leigh Creek wird die Italowie Gorge (mit Campground) durchquert. Für Allradfahrer ist die Route über Arkaroola und Yankaninna wesentlich schöner. Der Illinawortina Pound ist über eine extrem raue 4-WD-Piste, die weit gehend durch ein ausgetrocknetes Flussbett führt, erreichbar. Rund um die Senke besteht ein weiterer fahrbarer Track. Ein einfacherer Weg auf die Balcoonana Range besteht über die Weetooltla Gorge mit anschließendem Fußmarsch zu Grindells Hut. Das **National Park Office** in Balcanoona erteilt nähere Auskünfte über fahrbare Tracks und Pisten, außerdem sind interessante Informationen über Flora und Fauna zusammengetragen.

Raue Pisten

Arkaroola (ⓘ s. S. 155)

Arkaroola (33 km nördlich von Balcanoona) ist als *Sancturary* zwar ein geschütztes Gebiet, aber kein NP. Das Gebiet bedeckt mit rund 60.000 ha das Nordende

Geologisch hoch interessante Region

der „Flinders". Ähnlich dem südlich gelegenen Flinders NP haben uralte geologische Entwicklungen als schroffe Bergketten und faszinierende Schluchten hier ihr vorläufiges Endstadium erreicht. Tatsächlich jedoch ist das Gestein hier noch wesentlich älter als weiter südlich – bis zu 2 Mrd. Jahre alt! Das **Arkaroola Resort** (Tel. 8648 4848, www.arkaroola.com.au) verfügt über ein Motel und einen Campingplatz. Bushcamping ist an verschiedenen Stellen des Gebiets mit Erlaubnis der Eigner möglich. Ausgangspunkt für Ausflüge und Wanderungen ist stets das Resort. Ein interessantes Besucherzentrum und die Ausstellungen im Restaurant geben Aufschluss über eine der ältesten Landschaften unseres Planeten.

INFO   ## Wer gründete Arkaroola?

Reginald „Reg" Sprigg, einer der bedeutendsten Geologen Australiens, ist der 1994 verstorbene Gründer von Arkaroola. In den 1930er-Jahren führte er als Student erste Exkursionen in das Gebiet. *Douglas Mawson*, sein Professor, hatte dort schon 1910 Uranerz gefunden und an der Förderung von Radium für medizinische Zwecke mit-

gewirkt. Nur mit Mühe – man denke an die bescheidenen Mittel der Fortbewegung in damaliger Zeit – wurden die Reisen in diese abgelegenen und unzugänglichen Gebiete durchgeführt. Die Uranvorkommen ruhen aus eben jenen Gründen noch unter der Erde – zu arbeitsintensiv wäre ein Abbau.

1968 erwarb *Reg Sprigg* die einstige Schaffarm Arkaroola und war mit dem Aufbau des Touristen-Resorts einer der Vorreiter des modernen

Doug Sprigg

Ökotourismus. Schafe, Ziegen, Füchse und Wildkatzen wurden weitgehend entfernt und das Gelände eingezäunt. So konnte sich im Laufe der Jahre eine ursprüngliche Flora und Fauna ausbreiten, die seinesgleichen im Outback sucht. Z.B. konnten sich die raren Yellow Footed Rock Wallabies in ihren Beständen erholen. Aufmerksame Tierbeobachter werden sie in den Felsen der Schluchten entdecken, wenn sie flink über die Felsen springen.

Douglas Sprigg, der Sohn von Reg, ist heute der Macher auf Arkaroola – ein Tourguide mit immensem Wissen über die Geologie der Ranges, Astronom der resorteigenen Sternwarte und Pilot für Rundflüge. Im Hangar hat er noch eine alte „Auster" von 1956 stehen, mit der er ab und zu noch über sein „Grundstück" fliegt.

Unterwegs zum Siller's Lookout

Hauptattraktion von Arkaroola ist die *Ridgetop Tour*, die mit Allradfahrzeugen über haarsträubende Steigungen zum sagenhaften **Siller's Lookout** führt (Dauer 4 Std.). Selbstfahren ist auf dieser Strecke nicht gestattet. Über die möglichen Selbstfahrertouren zu verschiedenen Schluchten und Wasserlöchern informiert die Rezeption des Resorts. Am Abend sollte der Sternenhimmel beobachtet werden. Genial sind die Starchairs, eine Art Zahnarztstuhl mit vormontiertem Teleskop zum bequemen Betrachten der Sternenwelt.

Streckenhinweis
Um von Arkaroola auf den Hwy. 83 zu gelangen gibt es zwei Möglichkeiten:
1. Über eine Nordschleife durch die Yudnamatana-Berge nach Westen (150 km)
2. Oder zurück über Balcanoona und durch die Italowie Gorge nach Westen (132 km)
Beide Routen enden in **Copley** *(Hwy. 83), einem Vorort von Leigh Creek.*

Leigh Creek

Die moderne Stadt **Leigh Creek** ist auf dem Reißbrett entstanden und wurde erst 1981 als Versorgungs- und Wohnort für die Arbeiter der riesigen Kohleminen gegründet. Seit 1943 wird hier Kohle abgebaut (das alte Leigh Creek liegt weiter südlich). Die größte Mine, „Lobe B", kann ca. 18 km nördlich von Leigh Creek betrachtet werden. Bei Voranmeldung werden auch Führungen unternommen. Für Reisende ist Leigh Creek eine willkommene Stadt mit günstigem Treibstoff und gut bestückten Supermärkten vor der langen Outback-Etappe nach Norden. In **Lyndhurst**, einer alten Eisenbahnsiedlung, beginnt der nach Nordosten führende *Strzelecki Track*, der u. a. zu den Gasfeldern von Moomba und nach Innamincka führt (459 km). 25 km nördlich existiert ein schattiger, einfacher Campground bei den Ruinen der alten Eisenbahnersiedlung **Farina**. **Marree** schließlich ist der letzte Außenposten der Zivilisation – mittlerweile jedoch ziemlich verfallen –, bevor es auf den Oodnadatta Track geht.

Moderne Kohlestadt

Information
Versorgungsstützpunkte unterwegs sind die folgenden Rasthäuser/Outback-Siedlungen:
Marree Outback Roadhouse, *Tel. 8675 8360*, **William Creek Hotel**, *Tel. 8670 7880*, **Pink Roadhouse Oodnadatta**, *Tel. 8670 7822*, **Marla Travellers Rest**, *Tel. 8670 7001*

INFO **Desert Parks Pass South Australia**

Fahrten in die Wüstenregionen Südaustraliens sollten aufgrund des extremen Klimas nicht im Sommer unternommen werden. Für folgende Gebiete wurde ein Desert Parks Pass eingeführt: Witjira NP, Simpson Desert, Innamincka Reserve, Lake Eyre North NP. Der Pass ist 12 Monate lang gültig, kostet A$ 95 pro Fahrzeug und erlaubt freies Campieren und Fahren in den o.g. Gebieten. Für diejenigen, die nur eine oder zwei Nächte z.B. in Dalhousie Springs bleiben, ist ein vor Ort erhältliches Campingpermit ausreichend. Pass, Permit und Informationen sind in Adelaide (NPWS), Port Augusta (NPWS), Mt. Dare Homestead, Innamincka Trading Post, Marree General Store, William Creek Hotel oder Oodnadatta Pink Roadhouse erhältlich. Information: www.desertaccess.com.au.

Oodnadatta Track

Alternative zum Stuart Highway

Seit der *Stuart Hwy.* geteert ist, gilt der *Oodnadatta Track* als die Alternative für Outback-Enthusiasten. Der Track ist nicht nur landschaftlich abwechslungsreich, sondern wegen der alten Bahnstrecke auch historisch bedeutend. Der *Old Ghan* fuhr zunächst von Adelaide nach Oodnadatta (1884), später bis Alice Springs (1929). 1981 schließlich wurde die alte Strecke durch eine neue, witterungsbeständigere Trasse ersetzt, die weiter westlich verläuft. Ein 26 km langes Stück der ehemaligen Verbindung wurde in Alice Springs restauriert. Auf der Fahrt erinnern die alten „Railway Sidings" an die Stellen, wo die Dampfloks Wasser nachfüllen

Marree

mussten. Tausende alter Schienenschwellern (*Sleepers*) liegen noch herum (gut für ein abendliches Lagerfeuer).

Der Track beginnt in **Marree** (118 km nördlich von Leigh Creek), einer alten Viehverladestation, wo u.a. auch der *Birdsville Track* (514 km bis Birdsville) seinen Ausgangspunkt hat. Die Route lässt sich zumindest bei Trockenheit mit Pkw bewältigen. Vorsicht ist nach Regenfällen geboten. Sicherheitshalber sollten Sie sich in Marree über den Zustand der Pisten informieren. Der alte Name von Marree lautet übrigens „Herrgott Springs". Viele Punkte entlang der Piste wurden schon von *James Stuart* kartografiert – Grundlage für die Overland-Telegraph-Line, die 1872 fertig gestellt wurde.

INFO Der Birdsville Track

Die Piste verbindet Marree (SA) und Birdsville (QLD) über 514 km miteinander. In den 1880ern zogen Viehtreiber von den fruchtbaren Weidegründen Südwest-Queenslands zur Eisenbahn nach Marree. Legendäre Mail-Truck Geschichten schrieb *Tom Kruse* im Filmklassiker „Back of Beyond" (1955), als die Piste noch unberechenbar war und die Postauslieferung Wochen dauerte. Heute ist der Track so gut beschaffen, dass selbst Pkw ihn bewältigen können. Durchquert werden trockene Wüstenlandschaften im so genannten **Corner Country**, wo drei Bundesstaaten aufeinander treffen: South Australia, New South Wales und Queensland.

Das Outback-Städtchen Birdsville ist vor allem durch die jährlich stattfindenden Pferderennen des *Birdville Race* berühmt. Im September jeden Jahres machen sich tausende von Zuschauern auf, um an dem Spektakel teilzuhaben.

Hinweisschilder in Pink

Auf sehenswerte Punkte entlang des Oodnadatta Track weisen u.a. kleine, selbst gemalte Hinweisschilder hin, die vom Eigner des Pink Roadhouse in Oodnadatta aufgestellt wurden (auf der Homepage www.pinkroadhouse.com.au können Detailkarten heruntergeladen werden). 40 km nordwestlich von Marree passiert man den **Dog Fence**, der auf einer Länge von 9.600 km die wilden Hunde von South Australia fernhalten soll – mit ein Grund dafür, dass die Tierwelt weiter nördlich deutlich rarer wird! Der **Lake Eyre South** stellt mit -12 m NN die tiefste Stelle des Kontinents dar.

INFO ## Curdimurka Outback Ball – Musikfestival im Outback

Viele Jahre lang ein Highlight im Outback: Nur Australier konnten auf die Idee kommen, dort ein Event zu zelebrieren, das dort niemand vermutet hätte: Der Curdimurka Outback Ball, ein Country-Musik-Festival, fand bis vor einigen Jahren alle zwei Jahre in Curdimurka statt. Wohlgemerkt, in Curdimurka wohnte schon lange kein Mensch mehr. Ein halbverfallenes Gebäude und ein paar Schilder sind bis heute alles, was geblieben ist. Das jedoch hielt die rund

Curdimurka Bahnstation

2.000 Gäste nicht davon ab, im Allradauto oder Privatflugzeug anzureisen, sich in Smoking und Abendkleid zu werfen und den Country-Bands zu lauschen. Natürlich floss reichlich Bier, getanzt wurde draußen, und schnell waren alle betrunken. Mittlerweile findet der Outback Ball bei den Lavahöhlen von Undara im Outback Queenslands statt (ca. 80 km westlich von Cairns).

73 km vor William Creek liegen verschiedene **Mound Springs**. Hier tritt das Wasser aus dem **Great Artesian Basin** (GAB), dem „Großen Artesischen Becken, das sich tief unter der Erde befindet, an die Oberfläche. Im Bereich dieser natürlichen Quellen bilden sich wahre Grüngürtel. Viele Quellen wurden zur Bewässerung oder für die Eisenbahn von Menschen angebohrt und nicht wieder verschlossen. So sprudelt seit Jahrzehnten wertvolles Wasser nutzlos in die Landschaft. Dies führt möglicherweise dazu, dass eines Tages der Druck des GAB nicht mehr ausreicht, um überhaupt Wasser an die Oberfläche zu befördern. Leichtsinnig begangene Fehler von Menschenhand ... *Artesische Quellen*

William Creek

In William Creek ist der Besuch des Roadhouse Pflicht, denn es ist praktisch das einzige Gebäude des Ortes. Dieser hatte in seiner Geschichte nie mehr als 10 Einwohner! Das Roadhouse ist Pub, Restaurant, Tankstelle und Hotel zugleich (Tel. 8670 7880) – ein außergewöhnlicher und kurioser Treffpunkt. Ein simpler Campingplatz ist angeschlossen. Die Eigner bieten auch Rundflüge über den 8.430 km² großen Salzsee Lake Eyre an! *Berühmtes Roadhouse*

Streckenhinweis

Von William Creek kann nun entweder über die größte Rinderfarm Australiens – Anna Creek (30.027 km², keine Besichtigungsmöglichkeit) – nach Coober Pedy (170 km) gefahren werden oder weiter nach Norden, Fortsetzung des Oodnadatta Track (Oodnadatta 203 km).

Oodnadatta

Von 1891 bis 1929 war die Stadt der Endpunkt der Eisenbahnstrecke – die weitere Strecke bis Alice Springs wurde mit Kamelen zurückgelegt. Seit der Einstellung der alten „Ghan"-Strecke ist die Stadt ein Zwischenstopp für Outback-Motoristen. Das **Pink Roadhouse** (Tel. 8670 7822, www.pinkroadhouse. com.au) ist dabei nicht nur Laden und Tankstelle, sondern auch Anlaufpunkt für Fragen aller Art. Der Schlüssel für das kleine Eisenbahnmuseum ist im Roadhouse erhältlich. Übernachtungen sind in einfachen Zimmern möglich.

Witjira Nationalpark

Raue Pisten! Von Oodnadatta sind es über Hamilton 173 km bis **Dalhousie Springs**. Die Piste ist stellenweise sandig, meist jedoch rau und steinig und führt über „Gibber Country", das in seiner Erscheinungsform in Sand eingebackenen Steinen gleicht. Wilde Kamele sind hier kein seltener Anblick. Der 776.900 ha große NP deckt eine Wüstenlandschaft in vielen Erscheinungsformen ab: Sanddünen, Salzseen, stei-

niges Tafelland (*Gibber Tableland*) und artesische Quellen (*Mound Springs*) sind vorhanden. Rund um eine der aktivsten artesischen Quellen, Dalhousie Springs, grünt die Vegetation gar mit Palmen und Schilfrohr! Aborigines, afghanische Kameltreiber und frühe Entdecker schätzten schon früh die rund 80 Quellen, die sich über ein Gebiet von rund 70 km² verteilen. Die Ruinen von **Dalhousie** (1872–1885) sind Zeugnis davon. An der größten Quelle gibt es einen großen Badepool

Heiße Quellen im Witjira Nationalpark

Warme Badeseen mit 38 Grad warmem Wasser – nicht gerade eine Erfrischung im Outback! Ein einfacher Campingplatz ist vorhanden (Permit notwendig – erhältlich im Pink Roadhouse). Weitere Mound Springs können zu Fuß oder in Begleitung der Aborigine-Ranger besichtigt werden. Die Ranger sind von März bis Oktober vor Ort.

Hinweis: Simpson Desert Crossing

*Der Witjira NP liegt bereits am Westrand der **Simpson Desert**. Hier beginnt die French Line, eine der Pisten, die schnurgerade nach Osten führen. Die Durchquerung der Simpson Desert mit ihren schweren Sanddünen gehört zu den großen Abenteuern Australiens und sollte nur im Konvoi von erfahrenen 4-WD-Fahrern unternommen werden. Mietwagenfirmen gestatten eine Simpson Desert Crossing i.d.R. nicht. Die Durchquerung sollte von West nach Ost unternommen werden, da dann die Dünenkämme leichter zu bezwingen sind. Während der heißen Sommermonate ist die Simpson Desert gesperrt!*

Mt. Dare Homestead (100 km nordwestlich von Dalhousie, Tel. 8670 7835) ist Laden, Pub, Tankstelle und Campingplatz in einem. Die Piste in Richtung **Finke**

wird immer besser. Die alte Eisenbahnsiedlung ist heute eine Aborigine Community (Aputala) und gibt leider, obwohl Alkohol verboten ist, ein trauriges Bild ab. Ein Laden verkauft Kunstgegenstände (geöffnet Mo–Fr). Zum *Stuart Hwy.* sind es 150 km auf guter Piste. Man passiert **Lambert Centre**, den exakt berechneten geografischen Mittelpunkt Australiens.

Aborigine-Gemeinde

Nach Osten führt eine sandige 4-WD-Piste (*Old South Road*) nach **Old Andado Homestead** (118 km, Tel. 8956 0812, www.pioneerwomen.com.au) am Westrand der Simpson Desert. Die Farm wird vom Outback-Original *Molly Clark* bewirtschaftet und verfügt über einen Campingplatz. Der *Old Andado Track* (steinigsandige Piste) führt in einer weiten Schleife nach Norden und endet in Alice Springs.

Von Finke nach Norden führt eine raue Piste entlang der alten „Ghan"-Strecke. Sehenswert sind hier die **Chambers Pillars** (45 km Abstecher), Sandsteinfelsen von 60 m Höhe, die Stuart bereits 1860 auf seiner ersten Süd-Nord-Durchquerung entdeckte (168 km nördlich von Finke). Die Piste setzt sich fort bis Alice Springs, vorbei an der einfachen Outback-Unterkunft **Ooramina Bush Camp** (nur Apr.–Nov., 50 Betten, Tel. 8953 0170) und den Felsgravuren von **Ewaninga** (26 km südlich von Alice Springs).

Der Weg nach Alice Springs

c) Coober Pedy – Alice Springs

> *„You'll never never know if you never never go."*

Um die Jahrhundertwende war das **Northern Territory** das einsamste und abgelegenste Bundesland Australiens. Erst als die südlichen und östlichen Küsten des Kontinents längst besiedelt waren, entstanden die Städte Alice Springs und Darwin. Bis heute leben nur rund 150.000 Menschen in einem Gebiet, das so groß ist wie Deutschland, Holland, Belgien, Frankreich und Italien zusammen.

Seit 1978 hatte das Parlament in Canberra Regierungsgewalt im NT, seitdem ist es durch die **Hauptstadt Darwin** selbstverwaltet. Große Teile des Landes sind jedoch im Besitz des Staates Australien. Verwaltungsrechtlich hat ein „Territory" nicht den Status eines Bundesstaates. Das NT soll jedoch im Jahr 2001 zum siebten Bundesstaat proklamiert werden – ein Schritt, der vor allem von den Aborigines nicht unbedingt gerne gesehen wird. Sie fürchten um den Schutz ihrer Landgebiete.

Mit seiner relativen Unberührtheit ist das Northern Territory, das auch das Never Never Land genannt wird, ein gewaltiges Natur- und Wildnisgebiet mit einzigartigen Naturschönheiten, extremen Landschaften und Klimazonen – wie geschaffen für naturbegeisterte und entdeckungshungrige Reisende. Neben den bekannten Touristenattraktionen wie Ayers Rock oder Olgas, die wahre Massen anlocken, bieten sich viele Gelegenheiten, unberührte Plätze auf eigene Faust zu entdecken. Besondere Vorteile genießt dabei der, der mit einem Geländefahrzeug unterwegs ist und wirklich da Halt machen kann, wo es ihm gefällt.

Weitgehend unbesiedeltes Land

Sehenswürdigkeiten unterwegs

🚗 **Entfernungen**
Stuart Highway:
Coober Pedy–Marla
 (Roadhouse): 236 km
Marla–Erldunda (Road-
 house): 233 km
Erldunda–Alice Springs:
 200 km
Lasseter Highway:
Erldunda–Ayers Rock:
 247 km

Marla

Am Stuart Highway

Das Roadhouse ist der nördliche Ausgangspunkt des Oodnadatta Track, auf den ein großes, selbst gemaltes Schild hinweist. Die Opalfelder von Mintabie können über eine 35 km lange Piste in Richtung Westen erreicht werden. Sie haben aber bei weitem nicht die Bedeutung derer von Coober Pedy.

☞ **Hinweis**
Die Vorräte an Wasser und Benzin sollten bei den durchweg langen Etappen von Roadhouse zu Roadhouse nie auf ein Minimum absinken und rechtzeitig aufge-füllt werden.

Das NT beginnt nördlich von Marla. Beliebter Stopp für Pkw- und Bustouristen sind die Roadhouses von **Kulgera** (Abzweig zur Piste nach Finke), **Erldunda** (Abzweig Lasseter Hwy. zum Ayers Rock mit Motel und CP, Tel. 8956 0984) und **Mt. Ebenezer** (56 km westlich, Aborigine-Roadhouse mit Galerie). Erldunda zählt mit 6.705 km² zu den großen Rinderfarmen im NT.

🗺 **Routenvorschlag**
Rundfahrt im Roten Zentrum *(mit Allradfahrzeug ab/bis Alice Springs)*
1. Tag: Alice Springs (Besichtigung)
2. Tag: Alice Springs–West MacDonnell Ranges–Glen Helen
3. Tag: Glen Helen–Aufenthalt und Ausflug Palm Valley
4. Tag: Glen Helen–Mereenie Loop Road–Kings Canyon
5. Tag: Kings Canyon–Uluru NP
6. Tag: Uluru–Kata Tjuta NP (Ayers Rock und Olgas)
7. Tag: Abflug Ayers Rock oder Rückfahrt Alice Springs via Stuart Hwy.

Hinweis
Ohne Allradfahrzeug muss auf die Mereenie Loop Road und das Palm Valley verzichtet und geteerte Highways befahren werden. Die Mereenie Loop Road soll allerdings in den nächsten Jahren komplett geteert werden.

Streckenhinweis: Fahrt zum Ayers Rock
*Vom Roadhouse **Erldunda** führt der Lasseter Hwy. geradewegs zum Ayers Rock (ingesamt 247 km). Nach 110 km folgt ein Abzweig auf die Laritja Rd zum Kings Canyon (ebenfalls geteert).*

Mount Connor

Was nach rund 150 km wie der berühmte Ayers Rock aussieht, ist in Wahrheit **Mt. Connor** (350 m Höhe, 863 m NN). In der Sprache der Aborigines wird er *Atila* genannt. Mit Zustimmung der Eigner des **Curtin Springs Roadhouse/ Motel** (155 km westlich von Erldunda, 90 km zum Ayers Rock, Tel. 8956 2278) kann der Berg besucht und auch bestiegen werden. Camping ist möglich.

Tafelberg Mount Connor

Besteigt man den Ayers Rock, liegen die Olgas und Mt. Connor in einer Linie, was den Verdacht nahe legt, dass alle Formationen zu gleicher Zeit entstanden sind. Tatsächlich hat der Tafelberg Mt. Connor eine geologisch eigenständige Entwicklung durchlaufen. Während der Ayers Rock ein monolithischer Felsen ist, baut sich Mt. Connor aus vertikalen Sandsteinschichten auf. Sein Alter wird auf 700 Millionen Jahre geschätzt (rund 100 Mio. Jahre älter als der Ayers Rock).

Das gesamte Gebiet nordöstlich des Ayers Rock (einschließlich Kings Canyon) wird das **Große Amadeus-Becken** genannt. In dem Gebiet werden riesige Ergas- und Erdölvorkommen vermutet, die z.T. auch schon gefördert werden.

Uluru Kata Tjuta National Park

Der **Ayers Rock** stellt für die meisten Australienbesucher den Hauptgrund für den Besuch des Landesinneren dar. Mit dem aufkommenden Tourismus begann 1976 ein zäher Kampf zwischen der Regierung und den Ureinwohnern, die den Berg als ihr traditionelles Eigentum betrachten. Schließlich kam es zu einer Einigung: Das Gebiet um den Ayers Rock und der Felsen selbst wurden am 26. Oktober 1985 an die Aborigines (*Anangu*) zurückgegeben. Daher lautet der offizielle Name (in der Spra-

Redaktions-Tipps Ayers Rock – Red Centre

- Das **Ayers Rock Resort** (S. 408) ist immer gut gebucht – reservieren Sie unbedingt ein Zimmer im Voraus! Der **Campingplatz** ist riesig und verfügt in der Regel über freie Stellplätze. Trotzdem kann es auch hier nicht schaden, ein paar Tage vor Ankunft eine Reservierung telefonisch vorzunehmen. Die Übernachtungspreise sind in allen Kategorien hoch – ein Umstand, der mangels Alternativen akzeptiert werden muss. Wer sich das Besondere gönnen möchte, bucht ein Zimmer im Luxushotel **Longitude 131** – das einzige Hotel des Resorts mit Zimmern, die einen direkten Blick auf den Ayers Rock ermöglichen.

- Nehmen Sie sich die Zeit für die *Valley of the Winds*-Wanderung durch die **Olgas** (S. 410) – etwas abseits erleben Sie den Nationalpark in ungekannter Ruhe!

- Auf einer Tages- oder Halbtagestour zeigen Ihnen die Ureinwohner die Geheimnisse des Überlebens in der Wüste.

Uluru National Park

Connellan Airport

Lasseter Hwy.

H Ayers Rock Resort · nach Erldunda

Parkeingang

Uluru (Ayers Rock)

Kata Tjuta (Olgas)

Great Central Road

N

0   5 km

© igraphic

che des Stammes der Pitjantjatjara) *Uluru* – was allerdings den geläufigen Namen „Ayers Rock" nicht verdrängen konnte (*Sir Henry Ayer* war von 1855–1897 Premierminister von South Australia). Im Gegenzug haben die Ureinwohner den Felsen für 99 Jahre an den Direktor des *Australian National Park & Wildlife Service* zur touristischen Nutzung „verliehen". Seitdem wird der 1.325 km² große NP gemein-

Touristen-magnet Ayers Rock

schaftlich vom Park Service und den Vertretern der Ureinwohner (*Uluru/Kata Tjuta Board of Management*) verwaltet. Für die Aborigines hat der „Tausch" einen eher traurigen Ausgang gefunden: Von den ursprünglich über 2.000 dort lebenden Ureinwohnern sind die meisten verschwunden bzw. leben in den so genannten *Outstations* (entlegenen Kommunen) und haben kaum Anteil am einträglichen Touristengeschäft. Die mit dem Berg verbundenen Mythen und Glaubensvorstellungen sind hinter die Interessen des Tourismus zurückgetreten.

Sehens-wertes Kultur-zentrum

Das **Uluru – Kata Tjuta Cultural Centre** liegt nur einen Kilometer vom mächtigen Felsen entfernt. Das in der Form zweier Schlangen gebaute Kulturzentrum fördert das Verständnis für die Kunst und Kultur der Ureinwohner. Sowohl Ayers Rock (Uluru) als auch die Olgas (Kata Tjuta) befinden sich im **Uluru NP**. 1987 hat die UNO den Park in die *World Heritage* Liste (Weltkulturerbe) aufgenommen, d. h. er genießt durch seine einzigartigen Naturdenkmäler sowie seinen Tier- und Pflanzenreichtum weltweiten Schutz.

Ayers Rock Resort (ⓘ s. S. 155)

Verschie-dene Unter-künfte im Resort

Für alle Besucher gilt eines: Sie müssen während des Besuchs des Ayers Rock in einer der Resort-Unterkünfte nächtigen. Man spricht offiziell von Ayers Rock Resort (mit verschiedenen Unterkunftskategorien). Meist wird jedoch noch der alte Name **Yulara** („Platz des heulenden Dingos") benutzt. Das Multi-Millionen-Dollarprojekt des australischen Architekten *Philipp Cox* wurde 1984 eröffnet. Es fügt sich durch seine durchdachte Bauweise und Farbgebung recht gut in die Landschaft ein. Kein Gebäude ist höher als die höchste Sanddüne. Charakteristisch sind die weißen Sonnensegel, die als willkommene Schattenspender dienen. Im Laufe der Jahre hat sich Yulara zur viertgrößten Stadt des NT entwickelt. Jährlich verzeichnet das Touristendorf einen Andrang von 350.000 Besuchern – mit steigender Tendenz. Was einerseits bedrohlich erscheint, hat System: Das alte Hotel und die Campingplätze, die einstmals rings um den Ayers Rock verstreut lagen, wurden durch Yulara an einem Ort zusammengefasst und „bündeln" quasi den Touristenansturm. So wird versucht, den NP in seinem ursprünglichen Zustand zu erhalten. Die Versorgung ist durch Sonnenkollektoren und eine Wasserentsalzungsanlage nahezu autark.

Als Reisender, der frühmorgens aufsteht, um den Sonnenaufgang zu beobachten und eventuell den Berg zu besteigen, lernt man die Annehmlichkeiten des Resorts schnell zu schätzen. Wenn das Thermometer über 40 Grad steigt, verkriechen sich die meisten in irgendeinen klimatisierten Raum oder warten am Swimming-Pool auf lauere Abendlüfte.

Der Ayers Rock (Uluru)

Betrachtet man den riesigen Felsklotz (16 km vom Resort entfernt, 348 m hoch (863 m NN), Umfang 8,8 km, Länge 3,4 km, größte Breite 2,4 km) aus der Ferne, so meint man, dass er so geradewegs vom Himmel gefallen sei. Dass dem nicht so ist, beweist seine geologische Entstehungsgeschichte: Die Felsen, die Uluru und *Monolith* Kata Tjuta bilden, sind sedimentäre Gesteine, die stark zementiert und deshalb *oder nicht?* härter als die umgebenden Schichten sind. Im Laufe der Jahrtausende hob sich das Gebiet und wurde gleichzeitig durch Wind-, Wasser- und Temperaturerosion abgetragen. Übrig blieben massive Felsen. Der Uluru weist keinerlei durchgehende Spalten auf und gilt daher bei vielen Experten als echter Monolith, während, streng geologisch betrachtet, der Ayers Rock kein Monolith ist, da er nur die Spitze eines unterirdischen Sockels darstellt. Bei Kata Tjuta führten Verwerfungen zu mehreren kleineren Erhebungen. Geologische Schätzungen gehen davon aus, dass nur die Spitze der Inselberge emporragt und sie sich 4 bis 5 km unter der Erde fortsetzen.

Die ersten Weißen, die den Ayers Rock erblickten, waren *Ernest Giles* (1872) und *W. E. Gosse* (1873). Diesen Forschern folgten schon bald die Rinderfarmer, die weite Teile des „Roten

Ayers Rock

Zentrums" für sich vereinnahmten. Dadurch kam es immer wieder zu Zusammenstößen zwischen Weißen und Ureinwohnern, u.a. weil die Rinder die ohnehin spärliche Vegetation (und Lebensgrundlage der Ureinwohner) wegfraßen.

Fotografieren

Der Ayers Rock bietet für Fotografen einzigartige Möglichkeiten. Aufgrund des Eisengehalts im Stein schimmert der Fels stets rötlich und verändert seinen Farbton besonders dramatisch mit der auf- und untergehenden Sonne. Von der Sunset Viewing Area kann das Farbenspiel am Abend am besten betrachtet werden. *Foto-* *Allerdings muss man sich auf einen gewissen Rummel gefasst machen!* *perspek-* *Nur wenige haben das Glück, Ayers Rock bei Regen zu erleben. Dann aber bieten* *tiven* *sich eindrucksvolle Bilder, wenn Sturzbäche den Felsen hinunterlaufen. Kaum glaublich: Alle paar Jahre schneit es auch mal!* **Achtung!** *Das Fotografieren heiliger Stätten auf dem Uluru Circuit Walk ist verboten. Bei Missachtung drohen Geldstrafen.*

Wandern

Bei großer Hitze über 36 Grad, auch außerhalb der ohnehin heißen Sommermonate, werden Wanderwege im Nationalpark gesperrt!

Besteigung des Ayers Rock: ja oder nein?

• **The Climb**: Für die Ureinwohner ist das Besteigen ihres heiligen Felsen ein Tabu. Sie diskutieren seit geraumer Zeit über ein Aufstiegsverbot. Wer den Aborigines Respekt erweisen möchte, lässt den Aufstieg sein. Wer dennoch hinauf möchte: Noch gehört er für das Gros der Touristen zum „Pflichtprogramm". Von oben hat man einen tollen Blick auf die Weite des Outbacks und auf das Felsmassiv, das dann zu Füßen liegt. Mit jedem Blick scheinen sich neue Perspektiven zu eröffnen. Der Marsch zur Spitze dauert ca. eine Stunde. Rutschfestes, stabiles Schuhwerk ist uner-

Aufstieg auf den Ayers Rock

lässlich. Ebenso empfiehlt sich ein Wasservorrat von wenigstens einem Liter. Der Aufstieg ist morgens bei Sonnenaufgang und abends vor Sonnenuntergang am schönsten. Oben ist es in den Morgenstunden empfindlich kühl, bisweilen fegen starke Windböen über die Oberfläche hinweg. Bei zu starkem Wind oder großer Hitze wird der Fels für Besteigungen geschlossen.

Bevor Sie sich aufmachen, den Berg zu besteigen, seien einige Vorsichtsmaßnahmen vorausgeschickt: Bis zur Spitze sind es zwar nur 1,6 km, doch der Fels ist höher als das Empire State Building! Nur an einer einzigen Stelle, die ähnlich einem Klettersteig durch eine Kette gesichert ist, ist der Aufstieg möglich. Die Anfangspassage ist extrem steil, und so mancher hat schon hier seine Kräfte überschätzt. Höhenangst spielt beim Auf- und Abstieg eine nicht zu unterschätzende Gefahrenquelle. Seien Sie sich also Ihrer körperlichen Verfassung bewusst – nur weil es „alle" tun, muss es längst nicht für „jeden" richtig sein.

• **Uluru Circuit Walk**: Der Rundweg am Fuße des Uluru hat eine Gesamtlänge von 10 km. Die Gehzeit beträgt rund 4 Stunden (Wasservorrat mitnehmen!). Dabei passiert man einige den Anangu heiligen Stätten, z.B. Höhlen (Kantju Gorge, Mala Gorge), Wasserlöcher (Mutitjulu/Maggie Springs) und Felsformationen („The Brain", Little Ayers Rock), die teilweise auch per Fahrzeug (auf der Rundstraße) angefahren werden können.

Die Olgas

Die Olgas (Kata Tjuta)

Die zerklüfteten Inselberge der Olgas befinden sich 32 km westlich des Ayers Rock und sind über eine seit 1990 geteerte Straße erreichbar. Das Felsengebirge ist mit rund 40 km² ungleich größer als der Ayers Rock. Mt. Olga markiert mit 546 m (1.069 m NN) den höchsten Punkt. Bei näherer Betrachtung erscheinen die insgesamt 36 Felskuppeln wesentlich interessanter als der Ayers Rock, vielleicht auch deshalb, weil sie in weiten Teilen nicht so überlaufen sind. Für Fotografen wurde ein Sunset Viewing Point eingerichtet.

Wanderungen

Planen Sie Wanderungen, so ist es immens wichtig, dass Sie eine Karte und viel Wasser mit sich führen. Das Gelände gleicht sich stark, und allzu leicht wird die Orientierung verloren. Neben den bekannten, ausgeschilderten Wanderwegen können erheblich längere, aber auch sehr beschwerliche Touren unternommen werden – Permit und Informationen im Visitor Centre oder bei der Ranger-Station einholen!

Empfehlenswerte Wanderungen in den Olgas

• *The Olga Gorge Walk, 2 km, 1 Std.; einfacher Spaziergang durch eine tief ausgeschnittene Schlucht; häufig großer Andrang.*

• *Valley Of The Winds Walk, 8 km, 3 Std., anspruchsvolle Wanderung vom nördlich gelegenen Parkplatz durch verschiedene Felstäler.*

Outback-Routen nach Westaustralien

Am Westende des Uluru National Park beginnt die **Great Central Road** (ehemals **Warburton–Laverton Road** genannt) bzw. der **Gunbarrel Hwy.**, die „zwischen" den Wüsten Great Victorian Desert und Gibson Desert nach Westaustralien führen. Beide Strecken gehören zu den klassischen Outback-Routen des Kontinents. Die Gesamtstrecke von Alice Springs nach Perth beträgt 2.533 km über die Great Central Road, auf dem Gunbarrel Hwy. sind es gar 2.730 km.

Hinweis

*Die für die Durchfahrt der **Aborigine-Gebiete** benötigten Permits müssen im Voraus vom Central Lands Council in Alice Springs oder Aborigine Affairs Authority in Perth beantragt werden (vgl. Kapitel 3 „Alice Springs" und „Perth"). In Alice Springs werden die Permits sofort vor Ort ausgestellt (Mo–Fr).*

Great Central Road (Warburton–Laverton Road)

Die Piste endet nach 1.132 km in Laverton (361 km nordwestlich von Kalgoorlie). Tankstellen gibt es in Docker River (231 km), Warakurna Roadhouse (334 km), Warburton Roadhouse (565 km) und Tjukayirla Roadhouse (820 km, www.tjulyuru.com). Die Warburton–Laverton Road wird regelmäßig gepflegt und ist i.d.R. problemlos befahrbar. Trotzdem empfiehlt sich aufgrund teilweise sandiger Passagen ein Allradfahrzeug. Fälschlicherweise wird diese Piste oft als *Gunbarrel Hwy.* bezeichnet, in neuen Karten wird sie nur noch *Great Central Road* genannt.

Route nach Westaustralien

Die Route im Überblick

km 0: Ayers Rock Resort

km 48: Uluru-Nationalpark, Abzweig

km 190: **Lasseters Cave** (keine Campingmöglichkeit!). Mit etwas Glück sieht man hier am Abend sehr viele wilde Kamele. Hier wartete einst Harold Lasseter wochenlang auf Hilfe.

km 231: **Docker River**. Aborigine-Gemeinde mit Möglichkeit zum Tanken und Einkaufen.

km 334: **Warakurna Roadhouse** (mit Übernachtungsmöglichkeit) und Giles Meteorological Station. Die Station kann auf Anfrage besichtigt werden. Sie spielt heute eine wichtige Rolle für Wettervorhersagen in Zentralaustralien, wurde aber in den 1950er-Jahren zur Überprüfung der Windverhältnisse bei den Atombombentests von Emu und Maralinga erstellt. Der nach 16 km folgende Abzweig auf den ursprünglichen Gunbarrel Hwy. ist gesperrt.

km 565: **Warburton**. Aborigine-Gemeinde mit Roadhouse und Campingplatz.

km 605: Steptoe's Turn-off. Abzweig zum *Heather Hwy.* bzw. Original *Gunbarrel Hwy.*

km 820: **Tjukayirla Roadhouse.**

km 1132: **Laverton**. Minenstadt mit Einkaufs- und Übernachtungsmöglichkeiten. Ende der Warburton Piste, ab hier geht´s auf geteerter Straße weiter.

km 1256: **Leonora-Gwalia**. Ehemalige Goldgräberstadt. Nach weiteren 237 km ist die berühmte Goldgräberstadt Kalgoorlie erreicht (vgl. Kapitel 19).

INFO Harold Lasseter

Der *Lasseter Hwy.* wurde nach dem Abenteurer **Lewis Harold Bell Lasseter** benannt, der 1930 auf einer (missglückten) Expedition ein legendäres Goldriff suchte, dessen Wert damals sagenhafte 60 Millionen Pfund betragen sollte. Die Lasseter-Route verlief rund 350 km nördlich, d. h. parallel zum heutigen Highway. Das Unternehmen war aufgrund von Fehlplanungen, schlechten Karten und lückenhaften Vorbereitungen von Anfang an zum Scheitern verurteilt.

Lasseter erkrankte und harrte 25 Tage in *Lasseter´s Cave* aus und machte sich dann auf den Weg nach Osten. Er starb trotz der Fürsorge von Aborigines in den Petermann Ranges (südwestlich des Ayers Rock) im Januar 1931. Das Gold blieb bis heute Legende. Lasseters letzte Worte klingen denn auch ziemlich ernüchternd:

„What good a reef worth millions?
I would give it all for a loaf of bread
I am paying the penalty with my life
May it be a lesson for others."

Gunbarrel Highway

Ab Steptoe's Turnoff (Warburton–Laverton Road km 605) kann alternativ der weiter nördlich verlaufende „echte" *Gunbarrel Hwy.* befahren werden, davon die ersten 125 km auf dem *Heather Hwy.* Er endet nach 843 km in **Wiluna (WA)** bzw. nach 1.297 km in Paynes Find (*Great Northern Hwy.*). Tankstellen gibt in *Carnegie Homestead* (492 km) und Wiluna (843 km). Der *Gunbarrel Hwy.* ist kaum frequentiert und erfordert einen sehr gut ausgerüsteten 4-WD (mindestens 2 Reserveräder, Werkzeug, Ersatzteile, UHF-Radio/Funk oder Satellitentelefon). Die ersten 180 km sind extrem rau! Seit den Tagen der legendären *Gunbarrel Construction Party* unter *Len Beadell*, der die Piste anlegte, wurde keinerlei Pflege mehr vorgenommen. Die Geschichte des Straßenbaus lässt sich am besten in Beadells Buch *Too long in the bush* nachlesen. Informationen. www.mynrma.com.au, www.exploreoz.com.au, www.outback-guide.de.

Kings Canyon (ⓘ s. S. 155)

🚗 **Entfernungen**
*Ayers Rock Resort–Kings Canyon: 307 km
Kings Canyon–Alice Springs: 330 km*

Streckenhinweis
Von Ayers Rock kommend, zweigt nach 135 km auf dem Lasseter Hwy. *die* Luritja Rd *(geteert) nach Norden ab, vorbei an der Rinderfarm Angas Downs. Auch die folgenden 168 km ab Stock Yard Home-stead (ehemals Wallara Ranch) auf der* Ernest Giles Rd. *sind in Richtung* **Kings Canyon** *geteert. Achtung: Weiter-hin nicht geteert und recht rau ist die Piste nach Osten zum Stu-art Hwy. bzw. Henbu-ry Meteoritenkrater!*

Vor Erreichen des Kings Canyon passiert man die **Kings Creek Station**, wo sich ein einfacher Caravan Park und eine Tank-

Kings Canyon

stelle befinden. 33 km südlich der Einfahrt in den Watarrka NP befindet sich bei **Kathleen Springs** ein permanentes Wasserloch (2,5 km Wanderung).

Der **Kings Canyon** ist die größte und bizarrste Schlucht Australiens. Er ist Teil des 72.200 ha großen Watarrka NP in der George Gill Range. Mit seinen steilen, über 200 m hohen Felswänden und tiefen, farnbewachsenen Tälern stellt der Canyon einen faszinierenden Einschnitt in der ansonsten trockenen Landschaft dar. Permanente Wasserlöcher und eine einzigartige Pflanzenwelt machen den NP zu einem beliebten Ausflugsziel, dessen Popularität stetig zunimmt. Von Alice Springs aus wird eine Vielzahl von Ausflügen angeboten, die den Ayers Rock und Watarrka NP enthalten. Ein Besucherzentrum befindet sich am Parkeingang (22 km südöstlich des Canyons). Informationen über Wanderpfade sind auch in der Kings Canyon Frontier Lodge und am Parkplatz der Schlucht auf Schautafeln erhältlich.

Grand Canyon Australiens

Wandern
Um die Schlucht kennen zu lernen, bieten sich gute, nicht immer einfache Wanderpfade an. Ausgangspunkt ist der Parkplatz am Eingang des Canyons. Wasser, Sonnenschutz und festes Schuhwerk nicht vergessen!
• *„The Kings Canyon Walk" (Rundwanderweg, 6 km, ca. 3–4 Std.) führt über steile Stufen zur Nordflanke der Felsklippen. Überquerung des Kings Creek, Bade-möglichkeit beim grün bewachsenen „Garden of Eden". Rückweg auf der Südseite durch die Sandsteinkuppeln von „Lost City". Spektakuläre Ausblicke auf die senk-*

Wandern am Kings Canyon

rechten Felswände sind garantiert! Keine leichte Wanderung, schon gar nicht bei Hitze!
• *"The Kings Creek Walk"* (1,5 km, 1 Std. hin und zurück): Einfacher und kürzer als der Canyon Walk, führt durch das Bachbett und dann hinauf zu einem Look-Out am Kings Creek. Am Anfang ist der Weg rollstuhltauglich ausgebaut.

Kings Canyon – Alice Springs

Streckenhinweise

Um vom Kings Canyon nach Alice Springs zu gelangen, bieten sich drei Möglichkeiten:

Highway-Route
• *1. Über die* **Luritja Rd.** *zurück auf den Lasseter Hwy. und dann auf dem Stuart Hwy. nach Alice Springs. Mit rund 475 km ist diese Version die längste. Gleichwohl ist man wahrscheinlich am schnellsten, da alle Straßen geteert sind. Für Mietwagen- und Wohnmobilfahrer (2-WD) bleibt aus versicherungstechnischen Gründen keine andere Wahl.*
• *2. Über die* **Ernest Giles Rd.** *zurück auf den Stuart Hwy. (Besichtigung des Henbury-Meteoritenkraters) und dann nach Alice Springs. Achtung: Die Ernest Giles Rd. ist nicht geteert und kann nach Regen unpassierbar werden (insgesamt 316 km).*
• *3. Über die* **Mereenie Loop Rd.** *und die* **Western MacDonnell Ranges** *nach Alice Springs – die interessanteste Route, für die aufgrund einiger sandiger Passagen ein 4WD empfehlenswert ist (bei Trockenheit auch mit Pkw zu bewältigen). Dank dieser Verbindung, die 1995 eröffnet wurde, lassen sich die Sehenswürdigkeiten im*

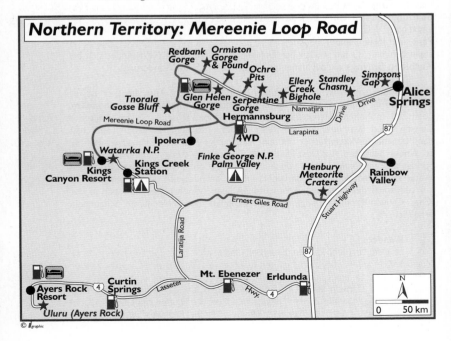

Red Centre so verbinden, dass keine Strecke doppelt befahren werden muss. Je   *Outback-*
nach Abstechern, z.B. in das Palm Valley, ergeben sich so ca. 270 bis 440 km. Die   *Route*
Western MacDonnell Ranges mit ihren Sehenswürdigkeiten sind in Kapitel 10 „Um-
gebung von Alice Springs" beschrieben.
Achtung: *Das Befahren der* Mereenie Loop Rd. *erfordert ein Permit der traditionel-*
*len Eigentümer des Landes. Diese Fahrerlaubnis (***Mereenie Tour Pass***) ist in Alice*
Springs (Visitor Centre) oder im Kings Canyon Resort erhältlich.

Stuart Highway

16 km westlich des Stuart Hwy. (69 km nördlich von Erldunda) liegen die **Hen-bury-Meteoritenkrater**. Die Krater können auf einer kurzen Wanderung be-sichtigt werden. Der größte von ihnen erreicht einen Durchmesser von 180 m und ist 15 m tief. Eine einfache Campingmöglichkeit besteht.

Die *Hugh River Stock Route* (4-WD) führt nach weiteren 29 km nach Osten und   *Auf dem*
endet an der „Old South Road" (insgesamt 61 km). Entlang der alten Gleise des   *Stuart*
„Ghan" ist eine Alternativroute nach Alice Springs möglich.   *Highway*
   nach Alice
Der Abstecher in den 22 km östlich der Straße gelegenen **Rainbow Valley**   *Springs*
Conservation Park befindet sich 77 km südlich von Alice Springs. Die Piste hat mehrere tiefsandige Abschnitte, aber das Ziel lohnt unbedingt. Die Sandsteinklip-pen des Tals schimmern in der Dämmerung in allen möglichen Rot- und Beigetö-nen. In den umgebenden Ebenen (sog. *Claypans*) sammelt sich nach Regenfällen Wasser und ergibt sensationelle Spiegelungen. Der Park verfügt über einen einfa-chen Campground.

70 km südlich von Alice Springs schließlich folgt die **Kamelfarm** *Camels of Australia* mit der Möglichkeit zu einer kurzen Rast.

10. ALICE SPRINGS UND UMGEBUNG: DAS ROTE ZENTRUM AUSTRALIENS

Alice Springs

(ⓘ s. S. 155)

Von seinen Bewohnern wird Alice Springs nur schlicht „The Alice" genannt. War der Ort noch vor zwei Jahrzehnten ein verschlafenes Outback-Nest, so wie es Nevil Shute in *A Town like Alice* beschrieben hat, so ist die Stadt heute der wichtigste Ausgangspunkt für Ausflüge im „Red Centre", dem Roten Zentrum des Landes. Dabei hat die rund 50.000-Einwohner-Stadt eine gewisse Provinzialität noch nicht abgelegt – das Leben in „Alice" ist einfach und anspruchslos. Wer es länger als ein paar Jahre aushält, ist vom Outback-Fieber ergriffen und bleibt oft das ganze Leben, wird erzählt.

Größte Stadt im Roten Zentrum

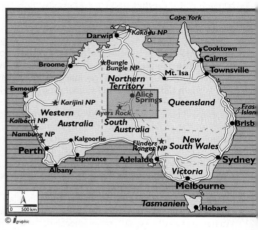

Offenkundigstes Problem der Stadt sind der Alkoholismus und die Arbeitslosigkeit unter den Aborigines, deren Bevölkerungsanteil bei über 25 Prozent liegt. Aus dem Stadtzentrum werden betrunkene Schwarze bewusst fern gehalten, indem sie mit Polizeifahrzeugen abtransportiert werden. Beim Blick auf das zumeist ausgetrocknete Flussbett des Todd River wird die trostlose Lage der Ureinwohner besonders deutlich. Mangels sinnvoller Tätigkeiten und dank der finanziellen Unterstützung des Staates fristen viele ein bedauernswertes Dasein.

In Alice Springs wird durch strikte Alkoholabgabegesetze und verstärkte Sozialarbeit versucht, die Lage der Aborigine-Bevölkerung zu verbessern. Auch der Trend zur Rückkehr in angestammte Gemeinden und damit zu einer traditionellen Lebensweise soll eine positive Entwicklung bewirken.

Redaktions-Tipps

- Besuchen Sie die sehenswerte **Royal Flying Doctor Basis** (S. 418) („Fliegende Ärzte") und die interessante **School of the Air** (S. 419) (Fernunterricht für Outback-Schüler).
- Unternehmen Sie einen Ausflug zu den Schluchten der **Western MacDonnell Ranges** (S. 421). Mit einem Allradfahrzeug erleben Sie eine aufregende Fahrt in das **Palm Valley** (S. 425). Die **East MacDonnell Ranges** (S. 426) sind dagegen fast noch einsamer und mit einigen abgelegenen Campgrounds versehen.

Zur Geschichte der Stadt

Mit dem Bau der „Overland Telegraph Line" kamen die ersten Europäer 1871 nach Zentralaustralien. Dort entdeckten sie ein Wasserloch im Todd River, das sie „Alice Spring" nannten. 1872 wurde die Telegrafenleitung von Adelaide bis Darwin vollendet, und Alice Springs wurde ein wichtiger Stützpunkt für Missionsreisende und Goldsucher. 1888 entschied die südaustralische Regierung, eine Stadt zu gründen. Sie wurde zunächst „Stuart" genannt. 20 Jahre später hatte die Siedlung erst 10 Gebäude und weniger als 30 Einwohner. Erst 1929, als die Eisenbahn, der „Ghan", die Stadt erreichte, erfolgte ein nennenswerter Aufschwung. 1933 wurde „Stuart" in „Alice Springs" umgetauft. Während des Zweiten Weltkriegs und der Evakuierung Darwins war Alice Springs ein wichtiger Armeestützpunkt. Zum Erstaunen der Regierung ging die Bevölkerungszahl nach dem Krieg aber nicht mehr zurück, sondern nahm zu. Rund um den Todd River breiteten sich Vororte um den Stadtkern aus, und Alice Springs entwickelte sich zu einer modernen Stadt.

Telegrafenleitung als Ursprung der Stadt

Sehenswürdigkeiten

Alice Springs hat trotz seiner geringen Größe allerhand Sehenswürdigkeiten zu bieten – allerdings liegen sie z.T. außerhalb des Stadtzentrums und sind nur per Auto erreichbar. Die Straßen im Zentrum sind rechtwinklig angelegt – Hauptstraße ist die Todd Street mit der Fußgängerzone Todd Mall.

Hartley Street

Von Süden kommend, passiert man in Richtung Innenstadt **Old Hartley Street School (3)** (1929), die den typischen Baustil der 1930er-Jahre dokumentiert. Heute ist die einstmals erste Schule von Alice Springs der Sitz des National Trust. *Geöffnet Mo–Fr 10.30–14.30 Uhr*

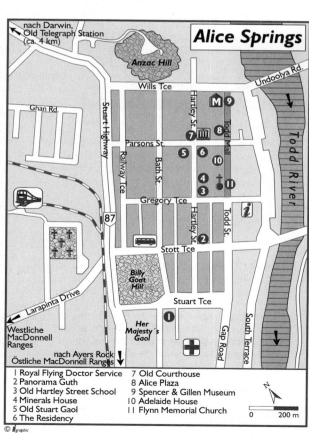

Alice Springs

nach Darwin, Old Telegraph Station (ca. 4 km)

Anzac Hill

Wills Tce

Ghan Rd.

Stuart Highway

Undoolya Rd.

Hartley St.

Parsons St.

Railway Tce

Bath St.

Todd Mall

Todd River

Gregory Tce

Hartley St.

Todd St.

87

Stott Tce

Billy Goat Hill

Larapinta Drive

Stuart Tce

Westliche MacDonnell Ranges

Her Majesty's Gaol

Gap Road

South Terrace

nach Ayers Rock Östliche MacDonnell Ranges

1 Royal Flying Doctor Service
2 Panorama Guth
3 Old Hartley Street School
4 Minerals House
5 Old Stuart Gaol
6 The Residency
7 Old Courthouse
8 Alice Plaza
9 Spencer & Gillen Museum
10 Adelaide House
11 Flynn Memorial Church

0   200 m

© i graphic

INFO **Royal Flying Doctor Service**

„If you start an idea, nothing can stop it"
John Flynn, 1919

Die „Fliegenden Ärzte" sind vielen aus der gleichnamigen Fernsehserie bekannt und haben eine lange Geschichte. Die Gründung geht auf die Idee des Missionars *John Flynn* zurück, der davon träumte, Australien flächendeckend medizinisch zu versorgen. Die Gründungsbasis in Alice Springs wurde 1939 eröffnet. Der erste Flug fand allerdings schon viel früher statt: Am 15. Mai 1928 flog erstmals eine Maschine der neu gegründeten *Qantas (Queensland and Northern Territory Aerial Service)* in medizinischem Auftrag. Die Kommunikation zwischen Patient und Basis wurde erst

durch das so genannte „Pedalradio" des emigrierten deutschen Technikers *Alfred Traeger* möglich.

Heute verfügt der Royal Flying Doctor Service (RFDS) über 16 Stützpunkte und 32 eigene Flugzeuge und ist der bestorganisierte Luftrettungsdienst der Welt. Kein Patient muss im Notfall länger als zwei Stunden auf Hilfe warten. Bei den jährlich rund 6.500 Einsätzen für über 140.000 Menschen geht es aber nicht nur um Notfälle, sondern auch um

Royal Flying Doctor Service Basis

routinemäßige Sprechstunden in entlegenen Gebieten. In vielen Fällen genügt auch eine Beratung der Patienten über Funk. Finanziert wird der RFDS zu einem Drittel aus Spenden und privaten Zuwendungen. Die Basis des RFDS kann in Alice Springs zu folgenden Zeiten besichtigt werden:

Royal Flying Doctor Service, Stuart Tce., geöffnet Mo–Sa 9–16 Uhr; So 13–16 Uhr; Führungen alle 30 Minuten, www.flyingdoctors.org. Auf Wunsch wird eine deutschsprachige Videopräsentation gezeigt.

Sehenswürdigkeiten im Stadtzentrum

Das **Minerals House (4)** zeigt eine Ausstellung über die Geologie und den Mineralienabbau Zentralaustraliens. Hier werden auch die Permits für die Suche nach Mineralien und Edelsteinen ausgestellt (58 Hartley St.).

Das älteste Gebäude der Stadt ist das kleine **Old Stuart Gaol (5)**. Es stammt aus dem Jahr 1907/08 und wurde ab 1909 als Gefängnis genutzt (Ecke Parsons/ Hartley St.). Gleich gegenüber befindet sich **The Residency (6)**, der erste Sitz eines Gouverneurs (*John Charles Cawood*, 1926) in Alice Springs – heute ein kleines Museum, das über die „Territory"-Geschichte berichtet.

Todd Street/Todd Mall

In der Todd Mall ist das **Adelaide House Museum (10)** (neben der **Flynn-Memorial-Kirche (11)**) sehenswert. Von 1920 bis 1926 diente das Gebäude als

Krankenhaus. Mittels eines durchdachten Systems von Luftröhren und feuchten Tüchern erzeugte John Flynn, der sich hier als Architekt versuchte, eine Art Klimaanlage. Bis 1961 war das Haus ein Erholungsheim für Farmerfrauen und Kinder. Heute ist das Adelaide House ein Nationalmuseum mit Ausstellungen aus der Gründerzeit.

Im **Old Court House (7)** befindet sich die **Pioneer Women Hall of Fame**. Die Ausstellung widmet sich den verdienstvollen Frauen, die im Outback und in den Pioniertagen „ihren Mann gestanden haben" (Ecke Hartley St./Parson St.).

Old Telegraph Station

Die alte Telegrafenstation zählt zu den besonders sehenswerten und historisch bedeutenden Gebäuden. In der Station wird die Geschichte durch alte Ausstellungsstücke dokumentiert. Der große Park um das Gebäude ist im Winter ein beliebter Picknickplatz. *Historische Telegrafenstation*

Old Telegraph Station, *North Stuart Hwy. (3 km nördlich); geöffnet täglich 8–17 Uhr; Führungen stündlich ab 10 Uhr*

School of the Air

Die Funkschulen sind eine typische Erfindung der Australier, die aus der Not heraus geboren wurde. Über das Funknetz der fliegenden Ärzte und neuerdings über Internet und E-Mail werden die Kinder auf entlegenen Farmen unterrichtet. Auch Nachbarn treffen sich am Funk zum „Kaffeeklatsch". *Funkschule für Outback-Kinder*

School Of The Air, *80 Head St., Tel. 8951 6800, geöffnet Mo–Sa 8.30–16.30 Uhr; So 13.30–16.30 Uhr; www.assoa.nt.edu.au*

Alice Springs Cultural Precinct

Westlich des Zentrums befinden sich mehrere Sehenswürdigkeiten, welche im Alice Springs Cultural Precinct (www.dcdsca.nt.gov.au) zusammengefasst sind. Folgen Sie den Beschilderungen in Richtung Larapinta Drive.

1. Das moderne **Strehlow Research Centre** (Larapinta Drive/Memorial Ave.) wurde zu Ehren der völkerkundlichen Arbeit des Missionars Theodor George Henry Strehlow bei den Aranda-Aborigines erbaut. Eine Ausstellung informiert über Leben und Kultur der Ureinwohner. Mehr über Strehlow und seine Arbeit bei den Aranda erfährt man in Hermannsburg (vgl. „Westliche MacDonnell Ranges"), wo der Vater Strehlows als Missionar tätig war. *Aborigine-kultur und Forschung*

2. Nebenan beherbergt das kleine **Aviation Museum** in einem Hangar der *Connellan-Airways* eine Reihe von Ausstellungsstücken aus den ersten Tagen.

3. Die modernen **Araluen Galleries** (Larapinta Drive) wurde 1984 fertig gestellt. In seinem Inneren befinden sich ein Konzertsaal und zwei Galerien (u.a. Aquarelle von *Albert Namatjira*).

4. Das **Museum of Central Australia** beherbergt eine umfassende Sammlung an Aborigine-Kunst- und Kultur, Fauna und Flora.

5. Auf dem **Memorial Cemetery**, dem alten Friedhof der Stadt, wurden viele Pioniere und bekannte Persönlichkeiten bestattet, u.a. *Harold Lasseter (Lasseter Gold Reef)*, *Albert Namatjira* (Aborigine-Maler) und *E. J. Connellan* (Gründer der ersten Fluggesellschaft des NT).

Alice Springs Desert Park

Auf einer mehrere Hektar großen Fläche sind mit Glück und Geduld über 400 Tierarten zu sehen, davon viele bedrohte Arten. Ein 1,6 km langer Rundweg führt *Aufwändig gestalteter Naturpark* vorbei an trockenen Flussbetten, Sanddünen, spärlich bewachsenen Wäldern und Salzpfannen – praktisch alle Landschaftsformen, die in den ariden Gebieten des Zentrums vorkommen. Ein Besucherzentrum, mehrere Vogelfreigehege und ein Nachthaus sind vorhanden.

Alice Springs Desert Park, Larapinta Drive, geöffnet täglich 9–16 Uhr, www. alicespringsdesertpark.com.au

Flug mit dem Heißluftballon

Südlich des Zentrums

Folgt man dem Stuart Hwy. in Richtung Süden, so durchquert man **Heavitree Gap**, einen Einschnitt inmitten der von Ost nach West verlaufenden MacDonnell Ranges. Am *Ross Hwy.* (6 km östlich) liegt die **Frontier Camel Farm**. Das Eintrittsgeld schließt einen Kamelritt, das Kamelmuseum und das benachbarte Reptilienmuseum ein. Frontier Camel Tours bietet darüber hinaus Kamelritte an.

Historische Bahnverbindung

Eine Fahrt mit dem **Old Ghan** kann auf einem 26 km langen Teilstück der alten Bahnstrecke unternommen werden. Es wurde 1988 wieder eröffnet und verbindet die Bahnstation MacDonnell Siding mit Mt. Ertiva oder Ewaninga Siding. Die Strecke folgt der alten Telegrafenleitung, die ebenfalls wieder hergestellt wurde. Bedenkt man die frühere Schienenlänge von 1.522 km, so erscheinen 26 km als unbedeutend. Die Fahrt war auf der alten, von Wettereinflüssen ständig gestörten Verbindung von Adelaide nach Alice Springs allerdings so unberechenbar, dass sie zwischen drei Tagen und zwei Wochen gedauert hat. Die *Ghan Preservation Society* unterhält ein Museum mit restaurierten Dampfloks und Waggons. Daneben befindet sich die **National Road Transport Hall of Fame**, eine Ausstellung über alte Verkehrsmittel.

Old Ghan Preservation Society, Norris Bell Ave (südlich von Alice Springs), Tel. 8955 5047; Museum geöffnet täglich 9–17 Uhr; Zugfahrten von November bis April nach vorheriger Buchung

Umgebung von Alice Springs

Westliche und östliche MacDonnell Ranges

Die Landschaft um Alice Springs wird wesentlich durch die Bergkette der **Mac-Donnell Ranges** geprägt. Dabei unterscheidet man die östlichen und die westlichen Ranges. Typisch für die MacDonnell Ranges sind die roten Felsen, die häufig von Tälern und Schluchten unterbrochen werden, in denen sich permanente Wasserlöcher gebildet haben. Geschützt vor äußeren Einflüssen, hat sich um diese „Water Holes" eine einzigartige Pflanzenwelt gebildet, wie man sie sonst nirgendwo in Australien oder der Welt findet. Das Zusammenspiel von Sonne, roter Erde und Pflanzen ergibt faszinierende Farbenspiele, die sich noch verstärken, wenn (seltener) Regen alles grün und bunt erblühen lässt.

Die geologische Entwicklungsgeschichte der MacDonnell Ranges begann vor rund 850 Millionen Jahren. Uralte Gesteinsschichten wurden vom Sand eines riesigen

Die Umgebung von Alice Springs

Legende:
Teerstraße
Ungeteerte Straße
nur mit 4WD
National Parks
Nature Parks

nach W.A.
nach Darwin
nach QLD
Tilmouth Roadhause
Aileron
Plenty Hwy
Gemtree
Ormiston Gorge & Pound
Tanami Rd.
Arltunga Tourist Drive
Serpentine Gorge
Redbank Gorge
Ochre Pits
Alice Springs
Arltunga
Trephina Gorge
Arltunga Pub
Ruby Gap
Telegraph Station
Ellery Creek
Standley Chasm
Glen Helen Gorge
Bighole
Ross River Homestead
Namatjira Dr.
Mereenie Loop Rd.
Tnorala Gosse Bluff
Hermannsburg
N'Dhala Gorge
Corroboree Rock
Watarrka
Ipolera
Wallace Rockhole
Larapinta Drive
Airport
Emily & Jessie Gaps
Kings Canyon Resort
Finke Gorge National Park (Palm Valley)
Stuarts Well
Ewaninga Rock Carvings
Kings Creek Station
Henbury Meteorite Craters
Rainbow Valley
Maryvale Station
Chambers Pillar
Mt. Ebenezer
Erldunda
Stuart Highway
N
0   100 km
Ayers Rock Resort
Curtin Springs
Uluru-Kata Tjuta (Ayers Rock - Mt. Olga)
nach Adelaide
© i graphic

Binnenmeeres bedeckt. Mit der Zeit trocknete das Meer aus und hinterließ weiches Schlick- und Kalkgestein, das sich aus den Ablagerungen gebildet hatte, und die Sandkörner verbanden sich zu Quarzit. Vor 350 Millionen Jahren entstand durch Erdbewegungen eine Reihe von Bergen, die wahrscheinlich mehrere Kilometer hoch waren – die ursprünglichen MacDonnell Ranges. Ihre Höhe entsprach wohl jener der nordamerikanischen Rocky Mountains. In den weicheren Gesteinsschichten bildeten sich Falten und Brüche, während das härtere Quarzit dem Druck besser standhielt. Es ließ sich nicht zusammenpressen, schob sich in die Höhe und über eine Breite von vielen Kilometern. Als Folge der Erosion durch Wind, Wasser und Temperatur blieb von dem alten Gebirge nur noch der Kern stehen – die heutigen MacDonnell Ranges.

West MacDonnell National Park

🚗 Entfernungen
0463

Namatjira Drive: *Alice Springs–Simpsons Gap (22 km)–Standley Chasm (32 km)–Ellery Creek (43 km)–Serpentine Gorge (11 km)–Ormiston Gorge (28 km)–Glen Helen Gorge (4 km)–Redbank Nature Park (37 km). Die Straße ist bis Glen Helen geteert und geht dann in eine Piste über. Die Zufahrten in die Schluchten Serpentine Gorge und Redbank Gorge sind ebenfalls nicht geteert. Kurz nach Standley Chasm zweigt der* Larapinta Drive *nach Hermannsburg ab (83 km). Weitere 23 km sind es bis in den Finke Gorge NP (Palm Valley).*

> **Hinweis**
> *Die Rundfahrt durch die „West Macs" kann auf der* Mereenie Loop Rd *in Richtung Kings Canyon fortgesetzt werden (vgl. Kapitel 9).*

Hoch interessante Outback-Landschaften

Westlich von Alice Springs spannt sich der massive Block der **Western MacDonnell Ranges** rund 160 km nach Westen. Der NP wurde 1992 gegründet, nachdem die Regierung des NT 170.000 ha Landanteile von fünf umliegenden Rinderfarmen gekauft hatte, die ehemals die Sehenswürdigkeiten des Parks getrennt hatten. Mächtige Felsszenarien eröffnen sich dem Besucher, der die Schluchten von Simpsons Gap, Ellery Creek, Serpentine Gorge, Glen Helen Gorge und Redbank Gorge betrachtet und erwandert.

> **Streckenhinweis**
> *Von Alice Springs zunächst auf der Larapinta Drive aus der Stadt nach Westen. Nach 7 km passiert man das Grabmal John Flynns, dem Gründer des Royal Flying Doctor Service und der Australischen Inlandsmission. Von Alice Springs (Start bei Flynns Grab) nach Simpsons Gap wurde ein Radweg angelegt (17 km), der abseits der Asphaltstraße verläuft. Leihräder sind in Alice Springs erhältlich.*

Simpsons Gap

Die faszinierende Schlucht gehört zu den größten Attraktionen in der unmittelbaren Nähe von Alice Springs. Das Bachbett des Roe Creek hat sich im Laufe der Jahrtausende durch immer wiederkehrende Hochwasserfluten tief in die Quarzfelsen der Rungutjiba Ridge gegraben. Rund um Simpsons Gap existieren verschiedene Wanderwege. Mit etwas Glück können die schwarzfüßigen Felswallabies (*Black Footed Rock Wallabies*) beobachtet werden, die sich im Bereich der Schlucht angesiedelt haben. Ein kleines Visitor Centre am Parkeingang informiert über die markierten Wanderwege, Flora und Fauna. Simpsons Gap ist von 8 bis 19 Uhr geöffnet, kein Camping.

INFO **Larapinta Trail**

Nicht alle der landschaftlichen Höhepunkte der MacDonnell Ranges lassen sich mit dem Auto anfahren. Reisenden mit Wandererfahrung und einer guten Ausrüstung (Wasservorrat!) sei der Larapinta Trail empfohlen. Der Fernwanderweg ist mittlerweile vollständig ausgebaut und misst stolze 223 km. Ziel ist Mount Sonder im Westen des NP. Von den Bergrücken, die teilweise über 1.000 m hoch sind, ergeben sich faszinierende Ausblicke. Auf den detaillierten Faltblättern sind die jeweiligen Etappen beschrieben. Es versteht sich von selbst, dass diese Wanderungen im trockenheißen Klima des Zentrums nur von erfahrenen, gut ausgerüsteten Personen angegangen werden sollten und dies auch nicht im Hochsommer! Für jede der 12 Etappen gibt es unter www.nt.gov.au detaillierte Faltblätter. An- und Abmeldung in Alice Springs beim NP-Office zwingend erforderlich. Geführte Wanderungen von bis zu 16 Tagen Dauer organisiert *Walking Country* (www.walkingcountry.com.au).

Standley Chasm

Benannt nach Ida Standley, der ersten Lehrerin in Alice Springs, ist diese Schlucht einer der Höhepunkte der „West Macs". Die Wände der 9 m breiten Felsspalte ragen zu beiden Seiten hoch auf. Fotografen schätzen die Schlucht besonders, wenn die Sonne fast senkrecht steht und die Wände in rotbraunen Farbtönen erleuchten lässt. Der Park ist von 7.30 bis 19 Uhr geöffnet und kostet separat Eintritt. Standley Chasm zählt zu den beliebtesten Ausflugszielen von Alice Springs und ist dementsprechend frequentiert. Vom Parkplatz führt ein steiniger Pfad zur 15 Minuten entfernten Schlucht. Keine Campingmöglichkeit. Standley Chasm gehört zum Land der Iwupataka-Aborigines und ist nicht Teil des NP.

Westliche MacDonnell Ranges

Nach Standley Chasm gabelt sich die Straße: Rechts geht es zur Ormiston Gorge und nach Glen Helen (*Namatjira Drive*), geradeaus nach Hermannsburg und zum Finke Gorge NP (*Larapinta Drive*).

Zunächst weiter auf dem *Namatjira Drive*:

Ellery Creek Big Hole
Ein beliebter Picknick- und Campingplatz, dessen Hauptattraktionen eindrucksvolle Felsverwerfungen und ein ständig wasserführender Teich (Bademöglichkeit) sind. Einfacher Campground.

Serpentine Gorge
Die tiefe und windungsreiche Schlucht kann nur über eine raue Piste angefahren werden. Die Zufahrt ist nicht bis zur Schlucht möglich (ca. 3 km Wanderung). Zwei im Sommer oft ausgetrocknete Wasserlöcher begrenzen das Tal an beiden Enden. Ist das erste Wasserloch voll, kann es durchschwommen werden (oder u.U. zu Fuß umgangen werden), um in die spektakuläre Schlucht zu gelangen. Camping ist 3 km westlich an den **Serpentine Chalet-Ruinen** von 1960 möglich (teilweise nur per 4-WD erreichbar), eines der ersten (fehlgeschlagenen) Tourismusprojekte der West Macs. Auch von hier sind einige Wanderungen entlang des Hauptkammes möglich.

Ormiston Gorge

Auf dem *Namatjira Drive* folgt nach wenigen Kilometern der Abzweig zu **Ochre Pits**. Hierbei handelt es sich um eine heilige Stätte der Ureinwohner. Schautafeln informieren über die Bedeutung des rotgelben Ockers (*ochre*), der von den Aborigines für zeremonielle und medizinische Zwecke gewonnen wurde. Ein 3-stündiger Fußmarsch führt zum Inarlanga Pass am Fuß der Heavitree Range und zurück.

Ormiston Gorge and Ormiston Pound
Der 4.655 ha große NP wird von vielen Besuchern als der schönste und spektakulärste Teil der MacDonnell Ranges bezeichnet. Im Sommer locken kühle Wasserlöcher zum Baden (wasserstandsabhängig), im Winter eher die zahlreichen Wandermöglichkeiten um den „Kegel" des Ormiston Pound: Empfehlenswert ist der *Ghost Gum Walk* (4 km, 1 Std.), der zunächst oberhalb der Felsklippen, dann zurück ins Flussbett des Ormiston Creek (Bademöglichkeit) führt. Ambitionierte Wanderer können von Ormiston den Mt. Giles, höchster Gipfel mit 1.389 m erwandern, dort übernachten (warmen Schlafsack und Bekleidung mitneh-

men!) und am Morgen den Sonnenaufgang über der Range betrachten. Besorgen Sie sich dazu eine Detailkarte in Alice Springs! Einfache Schautafeln und Übersichtskarten sind am Eingang vorhanden, ebenso ein einfacher Campingplatz.

Glen Helen Gorge
Nur 5 km westlich liegt die Glen Helen-Schlucht. Hier durchschneidet der Finke River die Range und bildet hohe Felswände. Der Fluss gilt als einer der ältesten und längsten Wasserwege der Erde. Er führt nur an wenigen Stellen ständig Wasser, das z. T. völlig zu versiegen scheint und dann urplötzlich wieder an die Oberfläche tritt. Die Mündung befindet sich am Lake Eyre North in South Australia.

Von der schön gelegenen **Glen Helen Lodge** Hotel/Pub (Tel. 8956 7489), die an der Stelle der alten Glen Helen Homestead steht, sind es nur 5 Gehminuten zur Felsschlucht. Rundflüge werden in halb offenen Hubschraubern angeboten. Teil der einfach ausgestatteten Lodge ist ein gutes Restaurant mit einer toll gelegenen Terrasse, außerdem verfügt sie über einen Campingplatz und eine Tankstelle. Das Gebiet der Glen Helen-Schlucht wurde 1996 an die Aborigines zurückgegeben.

Streckenhinweis
Ab Glen Helen ist die Straße nicht mehr geteert – ein Umstand, der sich in deutlich weniger Bustouristen und Tagesausflüglern äußert.

Redbank Gorge
Die Zufahrtsstraße zur Red Bank Gorge ist 4-WD empfohlen. Die an ihrer schmalsten Stelle nur wenige Meter breite Schlucht führt ganzjährig (eiskaltes) Wasser und ist vom Parkplatz über einen halbstündigen Fußmarsch am Flussbett des Redbank Creek zu erreichen. Mithilfe von Luftmatratzen oder eines Autoschlauchs kann das Wasserloch durchschwommen werden – ein einmaliges Erlebnis, wenn sich die Felsüberhänge quasi über einem schließen! Vorsicht: Die Felsen sind sehr glatt und rutschig! Einfache Campingplätze sind vorhanden.

Von der Redbank Gorge führt die Piste nun nach Hermannsburg (100 km). Dabei wird der **Tylers Pass** überquert. Man passiert den riesigen Krater **Goose Bluff (Tnorala)**, der vor rund 130 Millionen Jahren durch den Einschlag eines Kometen entstanden ist. Die Sprengkraft soll der von einer Million Hiroshima-Bomben entsprochen haben. Der Umfang des Kraters beträgt sagenhafte 5 km! Für den Besuch des **Tnorala Conservation Park** ist das Mereenie Loop Permit ausreichend. Die Wanderung auf den Kraterrand ist markiert. Kein Camping.

Hermannsburg
In Hermannsburg können die historischen Gebäude der alten Missionsstation besichtigt werden. Die Gründung erfolgte 1877 durch die Lutheraner *Friedrich Kempe* und *Wilhelm Schwarz* aus Hermannsburg in Norddeutschland. Hier sollten Aborigines zivilisiert und christianisiert werden, u. a. lehrte man sie Ackerbau und Viehzucht. Der Missionar Carl Strehlow war deshalb einigermaßen erfolgreich, weil er die Sprache und Dialekte der Arunta-Aborigines lernte. Zwischen 1926 und 1930 erlebte die Siedlung eine schwere Zeit, als eine Seuche einen Teil der Bewohner, besonders Kinder, dahinraffte. Bekanntester Abkömmling von Hermannsburg ist der Aborigine-Maler *Albert Namatjira*. Er ist, ganz untypisch für die Malerei der Ureinwohner, mit Aquarellen berühmt geworden. Heute leben noch

rund 200 Arrente-Aborigines in der kleinen Stadt. 11 Gebäude sind restauriert und zur Besichtigung geöffnet. In den schönen Kata Anga Tea Rooms erhält man von 9–16 Uhr Tee/Kaffee oder ein leichtes Mittagessen. Ob es Strehlow und seinem Vorgänger Kempe gelungen ist, sie zum christlichen Glauben nach europäischen Wertmaßstäben zu bekehren, lässt sich heute kaum mehr feststellen, sind doch viele Ureinwohner längst in ihre angestammten Gebiete zurückgekehrt. Hermannsburg versorgt heute 35 so genannter „Outstations", kleine unabhängige Aborigine-Gemeinden mitten im Outback. Hermannsburg verfügt über einen Supermarkt und eine Tankstelle, allerdings wird nur Bargeld akzeptiert! Jedes Jahr vom 20. Dez. bis 20. Jan. ist die Missionsstation geschlossen!

Die Nachbarkommunen **Ipolera** (58 km westlich, Tel. 8956 7466) und **Wallace Rockhole** (51 km östlich, Tel. 8956 7415) können zeitweise besucht werden, allerdings ist unbedingt eine vorherige Anmeldung notwendig. In Wallace Rockhole werden zudem Aborigine-Führungen zu Felsmalereien und in den Busch durchgeführt. Ein Laden mit Kunstgegenständen und ein Campingplatz sind vorhanden. In Ipolera werden, für Männer und Frauen getrennt, Führungen der Malbunka Familie angeboten, die einen tiefen Einblick in die Aborigine-Kultur gewähren.

Streckenhinweis

In Hermannsburg beginnt ein Allrad-Track, der über Illamurta Springs und die Boggy Hole Police Station Ruinen (Campground) auf die Ernest Giles Rd. führt. Dieser so genannte **Boggy Hole Track** *verläuft entlang des Ellery Creek und im tiefsandigen Flussbett des Finke River und sollte nur im Konvoi und gut ausgerüstet befahren werden. Ob der Vermieter die Piste gestattet, sollte vorab geklärt werden!*

Finke Gorge National Park

16 km südlich von Hermannsburg beginnt der Finke Gorge NP (46.000 ha), der über das teils sandige, teils steinige Flussbett des Finke River angefahren wird (nur 4-WD!). Über eine Distanz von 24 km begleitet der Fluss den NP. Ein kurzer Pfad führt hinauf zum **Kalarranga Lookout** („Initiation Rock"), von dem aus in ein natürliches Amphitheater geblickt wird. 4 km vor der Einfahrt in das Palm Valley wird **Cycad Gorge** erreicht, wo Cycaden-Palmen an der Felswand emporwachsen. Die letzten Kilometer zum Parkplatz des Palm Valley werden felsig-rau, so mancher Unterboden hat hier schon seine Schrammen davongetragen. Fahren Sie sehr langsam und vorsichtig! Problematisch kann es werden, wenn die Allradbusse der Tourveranstalter entgegenkommen. Die Hauptattraktion, das einer Wüstenoase gleichende **Palm Valley**, entschädigt für die

Fahrt durch das Flussbett des Finke River

Im Palm Valley

ruppige Anfahrt. In einzigartiger Weise haben hier 14.000 Palmen (*Red Cabbage Palms*) als „Relikte" des einst tropischen Klimas über Jahrtausende überlebt. Ein komfortabler NP-Campground mit Duschen und Toiletten ist vorhanden. Die Ranger vor Ort bieten abends Führungen an.

▬▬▬▬ Über die Mereenie Loop Road zum Kings Canyon

Verbin-
dungsstra-
ße zum
Kings
Canyon

Im Jahr 1994 wurde die Verbindungsstraße zum Kings Canyon eröffnet. Erst dadurch wurde eine echte „Rundfahrt" im Red Centre möglich: Alice Springs–Western MacDonnell Ranges–Kings Canyon–Ayers Rock und zurück auf dem Stuart Hwy. Die komplette Runde umfasst mit allen möglichen Abstechern rund 800 km. Um alle Attraktionen ausführlich zu erleben, sind ein 4-WD und mindestens 5 Tage Reisezeit notwendig. Es gibt Pläne, die teils sehr sandige Piste in den nächsten Jahren zu asphaltieren. Die Strecke von Hermannsburg nach Kings Canyon beträgt rund 200 km, mit Abstechern ins Palm Valley, Goose Bluff und Ipolera gut 150 km mehr. Die Piste ist gut gepflegt, aber stellenweise sehr sandig. Übernachten ist entlang der Strecke nicht erlaubt, ebensowenig ist Treibstoff erhältlich.

Das **Permit** für die *Mereenie Loop Rd.* (der sog. *Mereenie Tour Pass*) ist in Alice Springs im Tourist Office oder im Kings Canyon Resort erhältlich.

East MacDonnell Ranges

Östlich
von Alice
Springs

| 🚗 | **Entfernungen** |
| 046.3 | *Alice Springs–Emily und Jessie Gap (13/18 km)–Corroboree Rock (30 km)– Trephina Gorge (32 km)–Ross River Homestead (14 km)–N'Dhala Gorge (10 km)– Arltunga Historical Reserve (54 km)–Ruby Gap (47 km).* |

| 🏕 | **Routenvorschlag** |
| 48 | *Rundfahrt durch die East MacDonnell Ranges für Allradfahrer* |

1. Tag: Alice Springs–Plenty Hwy.–Gemtree CP
2- Tag: Gemtree CP–Cattlewater Pass–Trephina Gorge
3. Tag: Aufenthalt East MacDonnell Ranges
4. Tag: East MacDonnell Ranges–Alice Springs
Fahrt auf dem Stuart Hwy. nach Norden. Nach 140 km Abzweig auf den **Plenty Hwy**. *Übernachtung auf dem einfachen* **Gemtree Caravan Park** *(mit Tankstelle, Tel. 8956 9855). Die Betreiber verkaufen Edel- und Halbedelsteine und führen „Fossicking"-Touren durch, d. h. Sie können selbst unter Anleitung nach Edelsteinen suchen! Per Allrad geht es dann über den rauen* **Cattlewater Pass** *(4WD für 60 km) durch hügelige und abwechslungsreiche Outback-Landschaften in die East MacDonnell Ranges. Die Piste endet bei den Ruinen von Arltunga.*

Wesentlich ruhiger und infrastrukturell weniger entwickelt als der West MacDonnell Nationalpark, gelten die östlichen Ranges als Geheimtipp mit idyllischen Campingplätzen und einer Reihe bemerkenswerter geografischer und geologischer Merkmale. Die Flüsse und Bäche, die von der Bergkette nach Süden in Richtung Simpson Desert fließen, haben einige tiefe Schluchten geformt. Aborigines des Arrente-Stammes lebten hier schon lange vor der Ankunft der weißen Siedler und hinterließen ihre Spuren in Form von Felsgravuren und -malereien.

Emily and Jessie Gap Nature Park

Südlich von Alice Springs zweigt der *Ross Hwy.* nach Durchquerung von Heavitree Gap nach Osten ab. Auf der bis zur Arltunga-Kreuzung asphaltierten Straße erreicht man zunächst die beiden tief eingeschnittenen Wasserlöcher des Emily and Jessie Gaps Nature Parks (695 ha). Eine Wanderung (8 km) führt über die

Kuppe der Range von einem Teich zum anderen. Für die Aborigines besaßen beide Stellen mythische Bedeutung. Sehenswert sind die Felszeichnungen bei Emily Gap. Für die Einwohner von Alice Springs sind die „Gaps" beliebte Picknickplätze am Wochenende. Kein Camping.

Corroboree Rock Nature Park
Der nur 7 ha große Naturpark besteht aus einer Felsformation, die den Arrente-Aborigines heilig ist. Ein Spaziergang führt zu einer kleinen Höhle, die einst genutzt wurde, um heilige Gegenstände aufzubewahren. Kein Camping.

Trephina Gorge Nature Park
Typische MacDonnell-Szenerie erwartet den Besucher im Trephina Gorge Nature Park (1.771 ha): abwechslungsreiche Landschaften mit Eukalyptusbäumen (*River Red Gums*), dem sandigen Flussbett des Trephina Creek und turmhohen Felswänden. Mehrere Wanderwege von 30 Minuten bis 5 Stunden ausgeschildert. Eine Ranger-Station und ein größerer NP-Campground befinden sich im Zentrum des Parks. Per Allrad (oder auf einer längeren Wanderung) gelangt man zu Jack Hayes Rockhole, wo schwarzfüßige Felswallabies beobachtet werden können. Dort existiert am Ende der Straße auch ein kleiner NP-Campground. Auf dem Kamm der Hauptkette erstreckt sich der lange *Ridgetop Walk* über mehrere Stunden.

East MacDonnell Ranges

Ross River Homestead
Ein Abzweig vom „Highway" führt zum 9 km entfernten Ross River Homestead, einer alten Rinderfarm, die bereits 1898 gegründet wurde. Die Farm gilt als typisches Beispiel für eine frühe Outback-Ansiedlung Die Ross River Homestead ist leider seit 2002 geschlossen und die Einfahrt ist verboten. Sollte eine Wiedereröffnung erfolgen, so bieten sich dort hervorragende Möglichkeiten zu Wanderungen und Wildbeobachtungen.

Outbackfarm mit Unterkunftsmöglichkeit

N'Dhala Gorge Nature Park
Von Ross River Homestead zur N'Dhala-Schlucht gelangt man über eine 11 km lange, teils sandige 4-WD-Piste, die entlang des Ross River nach Süden führt. Steile Felswände schützen alte Aborigine-Malereien, die sich auf großen Felsbrocken am Fuße der Schlucht befinden, vor Verwitterung. Ein Wanderweg (1,5 km) führt in die Schlucht, und ein einfacher Campingplatz befindet sich am Parkeingang.

Arltunga Historical Reserve
Auf dem *Ross Hwy.* gelangt man nach 35 km zum – leider ebenfalls seit 2002 geschlossenen – Arltunga Pub (über eine Wiedereröffnung wird allerdings gesprochen) und der Ruinenstadt Arltunga Historical Reserve. Die Goldsuche in den White Ranges im Herzen Australiens war nur rund 25 Jahre lang aktuell – von 1887 bis 1913. Die Mühsal der damaligen Goldsuche wird in einem Visitor Centre dargestellt.

Östliche MacDonnell Ranges

Per Allrad lässt sich nun nach Norden über den Cattlewater Pass (siehe o.g. Routenvorschlag) zum Plenty Hwy. fahren. Vorher bereits zweigt die **Arltunga Tourist Road** (auch *Garden Road* genannt) ab und führt zurück zum Stuart Hwy. (111 km, Piste) – ebenfalls eine einsame, aber lohnende Piste.

Ruby Gap Nature Park

Am Ende des *Ross Hwy.* (und insgesamt 140 km von Alice Springs entfernt) liegt der Abzweig nach Ruby Gap. Die letzten 23 km lassen sich auf einem sehr ruppigen Track nur langsam bewältigen. In Ruby Gap glaubte man 1886, Rubine gefunden zu haben, die sich aber später als wertlose Granatsteine herausstellten. Die Schlucht des Hale River mit Ruby Gap und Glen Annie Gorge, die sich durch den Park windet, ist ausgesprochen reizvoll und zählt zu den schönsten Stellen der Range. Ein einfacher Campground ohne Einrichtungen ist vorhanden. Lohnend ist es, morgens oder nachmittags auf den Bergkamm zu steigen und dort den Sonnenauf- bzw. -untergang zu beobachten!

Outback-Routen im Zentrum

ℹ️ **Information**
Folgende Stellen erteilen Ihnen Informationen über evtl. notwendige Permits, wobei für Tanami Track, Sandover Hwy., Plenty Hwy. keine Permits erforderlich sind. **Central Land Council**, *Tel. 08-8951 6320, www.clc.org.au;* **Western Australia, Ngaanyatjarra Council**, *Tel. 08-8950 1711, www.tjulyuru.com;* **Straßenzustand:** *Tel. 1-800 246 199;* **Autoclub AANT**, *Alice Springs, Tel. 8952 1087, www.aant.com.au*

Tanami Road

Nur 20 km nördlich von Alice Springs zweigt der **Tanami Track** (offiziell *Tanami Rd.* genannt) nach Nordwestaustralien ab. Er führt durch eine der trockensten Wüstenregionen Australiens – vom Zentrum bis an den Südrand der Kimberleys im Nordwesten. Die ersten Weißen, die im Jahr 1886 die Tanami-Wüste durchquerten, waren Viehtreiber unter Leitung von *Nat Buchanan*. Mangelnde Wasserstellen verhinderten indes, dass die Route jemals als solche genutzt wurde. Einzig das Gelände von Suptle Jack und Tanami Downs, beide nördlich von Rabbit Flat, werden bis heute als Rinderfarmen bewirtschaftet. Solange man auf der Piste bleibt, ist kein Permit für die Durchfahrt der Walpiri-Aborigine-Gebiete erforderlich. Für die Fahrt empfiehlt sich ein 4-WD aufgrund teilweise sandiger Abschnitte.

Von Alice Springs nach Halls Creek im Nordwesten

Der Tanami Track im Überblick (ab Alice Springs)

km 19: Abzweig am *Stuart Hwy.*

km 40: Radio Receiver Station. Kurz danach folgt die **Hamilton Downs Station**, und im weiteren Verlauf wird die **Amburla Station** durchfahren.

km 190: Tilmouth Well Roadhouse. Das Rasthaus (Tel. 8956 8777) liegt am ausgetrockneten Napperby Creek. Im Folgenden passiert man die Stuart Bluff Range.

km 275: Grenze des Yalpirankinu Aborigine Land. Hier erfolgt ein Abzweig zum 31 km entfernten *Yeualamu Dreaming Art Gallery & Museum* am Mt. Allan (Voranmeldung unter Tel. 8951 1520 erforderlich).

km 294: Yuendumu Aborigine Community (Tankmöglichkeit, Tel. 8956 4006). Die Gemeinde, in der ausgezeichnete Künstler leben, kann leider nicht besucht werden. Der Tanami Track geht nun durch das Central Desert Aborigine Land, eines der größten zusammenhängenden Aborigine-Gebiete Australiens.

km 559: The Granites Gold Mine. 1986 wurde die Goldmine nach zaghaften Anfängen in den frühen 1900er-Jahren wieder eröffnet. Besuchern steht die Mine nicht offen.

km 593: Rabbit Flat Road-house. Wichtigster Versorgungsstützpunkt unterwegs (Tel. 8956 8744). Bei Fragen hilft auch die lokale Polizeistation weiter. Achtung: Nur von Freitag bis Montag geöffnet!!! An anderen Tagen gibt es keinen Sprit oder sonst was.

km 637: Tanami Mine. Ähnlich der Granit Gold Mine wurde auch diese Mine wieder eröffnet, 1994 jedoch abermals geschlossen. Nach wenigen

Unterwegs auf dem Tanami Track

Kilometern zweigt die *Lajamanu Rd.* nach Norden ab. Sie endet nach 231 (teils sehr sandigen) km in **Lajamanu**. Dort befindet sich eine kleine Tankstelle mit Laden. Nach weiteren 10 km ist der *Buchanan Hwy.* erreicht (einspurig geteert), der in das Victoria-River-Gebiet führt (vgl. Kapitel 22).

km 671: WA/NT-Grenze

km 829: Billiluna Aborigine Community. Hier endet die aus Westen kommende *Canning Stock Route*.

km 870: Carranya Roadhouse (Ruine, geschlossen!) und Abzweig zum 20 km entfernten **Wolfe Creek Meteorite Crater**, dem zweitgrößten Meteoritenkrater der Welt. Eine erste Vermessung des Kraters erfolgte erst 1947! Der Durchmesser des Kraters beträgt 850 m und erhebt sich rund 35 m über der Umgebung, während die Innenwand sogar bis 50 m hoch ist.

km 997: Halls Creek. Die Goldgräberstadt am Great Northern Hwy. ist in Kapitel 22 beschrieben.

Plenty Highway

70 km nördlich von Alice Springs zweigt der *Plenty Hwy.* nach **Boulia** in Queensland ab – insgesamt 742 km. Er führt, praktisch am Nordrand der Simpson Desert, durch sehr trockene und vor allem einsame Gebiete. Menschliche Ansiedlungen sind ausgesprochen rar, deshalb ist ein gut gewartetes Fahrzeug von höchster Notwendigkeit! *Ludwig Leichhardt* war 1846 wohl der erste Forscher dieser menschenleeren Einöde. Über sein Schicksal ist jedoch bis heute wenig bekannt – allein ein paar markierte Bäume weisen auf seine Expeditionen hin. Den Namen „Plenty" erhielt der Highway von *Vere Barclay*, der 1878 auf der Suche nach

Von Alice Springs nach Queensland

Wasser ein Loch in ein versandetes Flussbett grub und so das kostbare Nass fand. Den Fluss nannte er daraufhin „Plenty River". Die ersten 103 km der 1960 als Rinderstraße gebauten Piste sind geteert, danach wird der Highway zur Piste, insbesondere die QLD-Seite ist wenig gepflegt und teilweise sandig. Treibstoff und Verpflegung sind (gerechnet ab Alice Springs) in **Gemtree Caravan Park** (140 km), **Harts Range Store** (225 km), **Jervois Homestead** (356 km), **Urandangi Hotel** (670 km), **Mt. Isa** (853 km) und schließlich in **Boulia** (809 km) erhältlich. In Gemtree werden täglich Ausflüge für Edelstein- und Mineraliensammler angeboten (*Fossicking*, vgl. Rundfahrt East MacDonnell Ranges Kap. 10).

Sandover Highway

Der *Sandover Hwy.* ist eine mögliche Abkürzung für abenteuerlustige Reisende, die vom Zentrum nach Nordwest-QLD fahren wollen. Absolute Einsamkeit ist garantiert, denn auch hier fehlen Zeichen menschlicher Ansiedlung fast völlig. Die Straßenbedingungen der Piste variieren je nach Wetterbedingungen – ein guter 4-WD ist auf jeden Fall empfehlenswert. Heftige Regenfälle können zu wochenlanger Unpassierbarkeit führen! Weite Teile des Landes sind in Besitz der Aborigines. Eine Erlaubnis für die Durchquerung ist jedoch bislang nicht notwendig. Beachten Sie, wie bei allen entlegenen Gebieten, die aktuellen Warntafeln und Hinweise, insbesondere was den Besuch der Aborigine-Gemeinden angeht. Normalerweise ist eine Durchquerung, nicht jedoch ein Aufenthalt gestattet. Camping darf am Straßenrand erfolgen.

Der *Sandover Hwy.* beginnt nach 26 km auf dem *Plenty Hwy.*, 96 km nördlich von Alice Springs. Treibstoff ist in **Arlparra Store** (210 km), **Ammaroo Station** (312 km), **Alpurrurulam Community** (524 km) und **Camooweal** (712 km) erhältlich. Das offizielle Ende der Piste befindet sich an der riesigen Rinderfarm **Lake Nash**, die sich über 13.000 m² ausdehnt. Von dort sind es 183 km bis **Camooweal** (*Barkly Hwy.*) oder 205 km bis **Mt. Isa** (vgl. Kapitel 13a).

Buchanan Highway

Von Dunmarra nach Westen

6 km nördlich des **Dunmarra Roadhouse** beginnt der *Buchanan Hwy.* – eine einspurig geteerte Straßenverbindung, die nach **Halls Creek/WA** am *Great Northern Hwy.* (773 km) bzw. **Timber Creek** am *Victoria Hwy.* (432 km) führt. Tankmöglichkeiten sind im **Top Springs Roadhouse** (184 km) und in **Kalkarindji** (354 km) vorhanden.

Carpentaria Highway

Fortsetzung als Gulf Track

Am **Hiway Inn Roadhouse** (4 km südlich von Daly Waters) beginnt der *Carpentaria Hwy.* seine lange Reise nach Osten. Die Straße ist bis Borroloola durchgehend asphaltiert und versorgt die ausdehnten Rinderfarmen im Osten des NT und im Westen von QLD. Das riesige Gebiet des Barkly Tablelands wurde zu Beginn des 20. Jahrhunderts erschlossen, als große Viehherden aus dem Norden und der Kimberley-Region nach Osten getrieben wurden. Wichtigste Versorgungspunkte unterwegs sind das **Cape Crawford Roadhouse** (270 km) und die Kleinstadt **Borroloola** (379 km). In Borroloola geht der Highway in den *Gulf Track (Savannah Way)* über, der seinen Anfang in Mataranka (als *Roper Hwy.*) hat. Dies ist die bei weitem interessanteste Verbindung an die Ostküste (vgl. Kapitel 13b)! Der öde *Tablelands Hwy.*, der praktisch parallel zum *Stuart Hwy.* verläuft und an der **Barkly Homestead** endet, ist in erster Linie für die Versorgung der extrem großen und weit auseinander liegenden Rinderfarmen interessant.

11. ALICE SPRINGS – DARWIN: DURCH DAS NORTHERN TERRITORY

Der Stuart Highway von Alice Springs nach Darwin

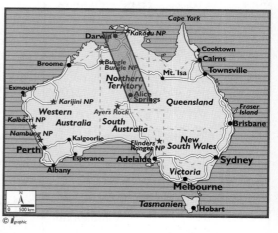

Die kürzeste und auch schnellste Verbindung zwischen Alice Springs und Darwin besteht über den gut ausgebauten *Stuart Hwy. (Explorer Hwy.).* Doch so monoton, wie sich 1.489 Straßenkilometer anhören, ist es zum Glück nicht. Immer wieder laden Rasthäuser zur Einkehr ein, in Städten wie Tennant Creek und Katherine können Sie sich mit notwendigen Vorräten eindecken. Abwechslung bieten kleinere Nationalparks und geologische Sehenswürdigkeiten am Wegesrand. Die Benzinversorgung stellt kein Problem dar, spätestens alle 200 km taucht wieder ein Roadhouse in der flimmernden Hitze auf. Die bedeutendste Straßenkreuzung auf dem Weg heißt treffend „Three Ways". Dort zweigt der durchgehend geteerte *Barkly Hwy.* nach Queensland ab.

Auf dem Stuart Highway nach Norden

Klimatisch verlässt man das heiße, wüstengleiche Outback Zentralaustraliens und nähert sich dem tropischen, feuchtheißen **Top End**. Weil der Übergang recht gleichmäßig vonstatten geht, wird er während der (klimatisierten) Autofahrt kaum wahrgenommen – erst in Darwin wird man sich vollends der veränderten geografischen Lage bewusst.

 Entfernungen
Alice Springs–Barrow Creek (Roadhouse): 283 km
Barrow Creek–Tennant Creek: 220 km
Tennant Creek–Three Ways (Roadhouse): 25 km
Three Ways–Elliott (Roadhouse): 226 km
Elliott–Mataranka: 305 km
Mataranka–Katherine: 109 km
Katherine–Darwin: 321 km

 Routenvorschlag
In 8 Tagen von Alice Springs nach Darwin (mit Kakadu NP)
1. Tag: Alice Springs–Devils Marbles–Tennant Creek
2. Tag: Tennant Creek–Mataranka–Katherine
3. Tag: Aufenthalt Katherine Gorge (Nitmiluk NP)

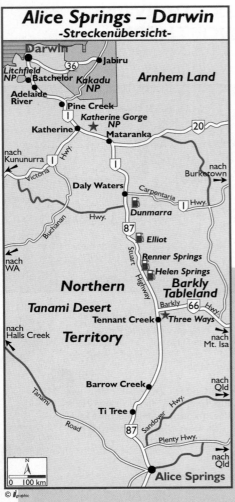

Alice Springs – Darwin
-Streckenübersicht-

4. Tag: Katherine–Pine Creek–Kakadu NP (Cooinda)
5. Tag: Aufenthalt Kakadu NP (Gagudju)
6. Tag: Kakadu NP–Litchfield NP
7. Tag: Aufenthalt Litchfield NP
8. Tag: Litchfield NP–Darwin

🛏 Übernachten

Roadhouses (mit Übernachtungsmöglichkeit) folgen in regelmäßigen Abständen ab Alice Springs. An die Zimmer dürfen keine allzu hohen Ansprüche gestellt werden, dienen sie doch vornehmlich Truckern als Unterkunft.
km 133: Aileron Roadhouse & Hotel, Tel. 8956 9703; **km 194:** Ti Tree Roadhouse $, Tel. 8956 9741; **km 283:** Barrow Creek Hotel $, Tel. 8956 9753; **km 375:** Wycliffe Well Holiday Park CP, Tel. 8964 1966 („Ufo Centre of Australia"); **km 393:** Wauchope Well Hotel $$, Tel. 8964 1963

INFO Central Mount Stuart

Kurz nach dem Roadhouse Ti Tree folgt **Central Mount Stuart Historical Reserve**. *John MacDouall Stuart* achtete bei seiner Süd-Nord-Durchquerung darauf, eine weitestgehend zentrale Route zu finden. Am 22. April 1860 erreichte er den später nach ihm benannten „Central Mount Stuart". Nach seinen Berechnungen, die er mit einem Sextanten anhand von Längen- und Breitengraden vornahm, war dies der geografische Mittelpunkt des Kontinents. *Stuart* markierte den Hügel mit einer kleinen Flasche und einer britischen Flagge. Dass er mit seinen „Schätzungen" gar nicht so falsch lag, belegen neuere Messungen: Der tatsächliche Mittelpunkt des Kontinents befindet sich nur einige hundert Meilen südwestlich.

Der Gravitationsschwerpunkt des Kontinents wurde erst 1988 in komplizierten Messreihen festgestellt: Er befindet sich weiter südlich an Lambert Centre (20 km westlich von Finke). Die genauen Koordinaten lauten 2536´36,4´´ südlicher Breite, 13421´17,3´´ Länge. Auch dieser Punkt wurde bereits 1930 von dem Forscher *C.T. Madigan* festgestellt, indem er einfach von einem Modell Australiens ein Lot fällte.

INFO **The Ghan – eine Eisenbahnlegende**

Seit seiner ersten Fahrt im Jahr 1929 zählt der Ghan zu den großen Eisenbahnlegenden weltweit. Seit dem 8. Februar 2004 können Reisende den Kontinent erstmals in Nord-Süd-Richtung komplett durchqueren: Die Strecke des Ghan ist **von Alice Springs bis Darwin** verlängert worden. Die Vision hierfür gab es bereits 1870, als Güter noch mithilfe von Kamelkarawanen transportiert wurden. Angetrieben wurden die Kamele von Afghanen, Persern und Türken. Um 1900 war die Strecke von Darwin bis Pine Creek gebaut worden, im Süden bis Oodnadatta. In beiden Fällen waren Bodenschätze die treibende Kraft: Gold, Opale und Kupfer konnten per Bahn leichter abtransportiert werden. 1929 wurde schließlich Alice Springs erreicht, auch im Norden wurde noch ein Teilstück angehängt. Einen Boom erlangte der Ghan während des Zweiten Weltkriegs. Bis zu 150 Züge pro Woche beförderten Truppen und Material an die gefährdete Nordküste. 1975 wurde eine neue Trasse im Süden in Betrieb genommen – Orte wie Oodnadatta an der alten Ghan Linie haben seitdem den Charakter von Beinahe-Geisterstädten. Auf einem alten Schienenstrang in Alice Springs finden heute Nostalgiefahrten statt. 1976 stellte der nördliche Teil seinen Betrieb ein. In Pine Creek verfiel die Bahnstation von 1888 in einen Dornröschenschlaf.

Die transkontinentale Eisenbahnverbindung (Adelaide–Darwin) ist mit dem Neubau nun insgesamt 2.979 km lang. Die gesamte Fahrzeit beträgt 47 Stunden. Fahrtunterbrechungen sind in Port Augusta, bedingt in Coober Pedy/Manguri Station, Alice Springs und Katherine möglich. Für die Neubaustrecke Alice Springs–Darwin wurden 97 Brücken und 1.420 km Bahntrasse neu erbaut. Problematisch sind im Norden vor allem die Regenzeit und die Gefahr von Überschwemmungen. Die Trasse ist daher breit geschottert und leicht erhöht worden. Zwei Millionen Bahnschwellen wurden für den Neubau benötigt!

Der „neue" Ghan verkehrt nun zweimal wöchentlich zwischen Adelaide und Darwin. Für die Passagiere stehen drei Klassen zur Verfügung: der Gold Kangaroo Service (First-Class), Red Kangaroo Sleeper (Schlafkabinen 2. Klasse) und die Daynighter Seats (Liegesitze). Auf Wunsch werden Fahrzeuge transportiert.

24 km nördlich von Alice Springs liegt rechterhand die **Bond Springs Station** – ein Beispiel dafür, wie in den gerne genannten *early days* auf einer Rinderfarm gearbeitet wurde. Ein typisches Outback-Mittagessen ist erhältlich, ebenso sind Übernachtungen in recht luxuriösen Unterkünften möglich (Tel. 8952 9888, Anmeldung erforderlich). Leider ist der Abzweig nicht markiert – der Kilometerzähler muss genau beachtet werden! Die Farmtouren und die Mahlzeiten müssen (teuer) extra bezahlt werden. Die weitere Fahrt führt am Rande der Tanami Desert durch typisches Buschland, das von Spinifex-Gräsern bewachsen ist. Die **Barrow Creek Telegraph Station** wurde 1872, während der ersten Bauphase der Telegrafenleitung, erstellt. Auch der Barrow Creek Pub blickt schon auf eine lange Geschichte zurück – ein geeigneter Ort für einen kurzen Stopp! 43 km nördlich von Barrow Creek zweigt eine 4-WD-Piste in den **Davenport-Murchison NP** ab. Wichtigstes Merkmal des NP sind einsam gelegene, permanente Was-

Weit-
läufiger
Abstecher
nach
Osten

serlöcher, um die herum sich eine schützenswerte Flora und Fauna gebildet hat. Das einzige zugängliche Reservoir ist bislang das *Old Police Station Waterhole* mit Bade- und Campingmöglichkeit. Auf einer 327 km langen Rundfahrt durchquert man die Rinderfarm **Murray Downs** (mit Tankstelle), das Land der Anurreta Aborigines, **Epenarra Station** (mit Tankstelle) und **Kurrundi Station**. Bei Bonney Well, nördlich der Devil Marbles, trifft die Piste wieder auf den *Stuart Hwy*.

*Im
Abendlicht
interessant
für
Fotografen!*

Devils Marbles

10 km nördlich von **Wauchope** befinden sich die berühmten **Devils Marbles**. Die gigantischen Felskugeln liegen nur unweit des Highways und sind Teil der Davenport Ranges. Für die Ureinwohner stellen die „Murmeln" die Eier der Regenbogenschlange dar. Obwohl die Landschaft mehr als trocken aussieht, gehören die Hügel der Range zu den wasserreichsten Gebieten Zentralaustraliens – über 50 Wasserlöcher, in denen z.T. sogar Fische leben, befinden sich hier. Camper übernachten gerne hier, um am Abend oder frühen Morgen gute Fotos zu machen!

Devils Marbles

Tennant Creek (ⓘ s. S. 155)

Die Stadt am Westrand der MacDonnell Range hatte ihren Ursprung im Jahr 1933, als in der Nähe Gold gefunden wurde. Dieser „letzte Goldrausch" zog bis 1935 über 700 Glücksritter an und verdrängte die Warumungu-Aborigines nach Osten. Heute ist die 3.500 Einwohner Stadt ein eher verschlafener Versorgungsstützpunkt für Farmer der Barkly-Region und durchreisende Touristen. Eine Reihe historischer Goldminen ist für Besucher geöffnet, darunter *The Dot*, die noch arbeitenden Minen *Nobles Nob Mine* und *Peko Mine*. Interessant ist auch das *National Trust Museum*, ein Gebäude, das die australische Armee 1942 als Hospital gebaut hatte (geöffnet täglich 15.30–17.30 Uhr). Minentouren können vor Ort im Visitor Centre gebucht werden. Das Kulturzentrum **Nyinkka Nyunyu** wird von Aborigines vom Stamm der Warumungu geleitet und zeigt neben historischen Ausstellungsstücken auch Kunsthandwerk der Ureinwohner. Eine Badegelegenheit bietet der **Mary-Ann-Staudamm** (6 km nördlich, mit Picknickeinrichtungen).

*Historische
Goldgrä-
berstadt*

Die **Devils Pebbles** (10 km nördlich von Tennant Creek) sind weitere große Felskugeln, die über ein größeres Gebiet verstreut liegen. Sie leuchten am schönsten im Licht der untergehenden Sonne.

*Granit-
murmeln*

Three Ways

Obwohl auf allen Karten verzeichnet, ist **Three Ways** (25 km nördlich von Tennant Creek) nicht mehr als das

Three Ways Roadhouse

Roadhouse am wichtigen Kreuzungspunkt von Stuart und Barkly Hwy.. Das Rasthaus ist ein beliebter Trucker-Stützpunkt und verfügt über einen Campingplatz und einfache Motelzimmer (Tel. 8962 2744). Ein Denkmal *John Flynns* steht gleich neben der Straße.

Streckenhinweis
Vom Stuart Hwy. *zweigt der* Barkly Hwy. *nach Queensland ab (649 km bis Mt. Isa, 1.535 km bis Townsville) – siehe Kapitel 13. Der* Stuart Hwy. *setzt sich bis Darwin fort (960 km).*

Im weiteren Verlauf des *Stuart Hwy.* nach Norden passiert man den **Attack Creek**, wo einstmals Stuart und seine Gefährten in ein Scharmützel mit Warumungu-Aborigines verwickelt waren. Den Abzweig zu **Churchills Head**, einem Felsen, der dem Kopf des britischen Premiers ähnlich sehen soll, ist über eine Stichstraße erreichbar, jedoch wenig eindrucksvoll.

Übernachten
Wieder bieten die Roadhouses am Highway auf den nächsten Kilometern (Not-)Unterkünfte. Nicht immer geht es dabei in den von den Lastwagenfahrern genutzten Zimmern sehr sauber zu.
km 134: *Renner Springs Desert Hotel/Motel $$, Tel. 8964 4505*
km 226: *Elliott Hotel $$, Tel. 8969 2069*
km 326: *Dunmarra Wayside Inn $$, Tel. 8975 9922*
km 370: *Daly Waters Pub $, Tel. 8975 9927; sehenswerter historischer Pub!*
km 459: *Larrimah Wayside Inn Hotel $$, Tel. 8975 9931; in Larrimah endete die 1976 durch den Zyklon Tracy zerstörte Bahnlinie Darwin Railway. Heute ist es ein typischer Bush-Pub mit Übernachtungsmöglichkeit.*

*Rast-
häuser
folgen in
regel-
mäßigen
Abständen*

Langsam beginnt die tropische Zone: Eukalyptusbäume lösen die bislang vorhandenen Akazien ab, wüstenartige Ebenen gehen in dichter bewachsene Flächen über. Die Niederschlagsmenge in der *Wet Season* (Regenzeit) ist deutlich höher als im Süden.

Mataranka und Elsey Nationalpark (ⓘ s. S. 155)

Das Gebiet um Mataranka wurde vor allem durch das 1908 von *Jeannie Gunn* geschriebene Buch *We of the Never Never* bekannt. Sie beschreibt darin ihr einziges, aber glückliches Jahr auf der Elsey Station bei Mataranka. Die Farm wurde 1982 für die Verfilmung des Buches originalgetreu wieder aufgebaut. Führungen über das Gelände von **Elsey's Station** finden täglich statt.
Hauptattraktion von Mataranka sind die **Hot Springs** – heiße Quellen (7 km südlich der Stadt), die inmitten eines tropisch anmutenden Regenwalds liegen. In einem kleinen Pool können Sie baden, allerdings hat das Wasser konstant 34 Grad und dient kaum der Erfrischung. Problematisch sind – je nach Jahreszeit – tausende von Fledermäusen, welche sich in den Bäumen rund um den Pool niederlassen. Dies führt teilweise zur Schließung der Badeanlage.

Mataranka Thermalpool

Einfahrt in das Never Never Land

Bei genügend Zeit sollte eine Fahrt auf dem *John Hauser Drive* (Abzweig von der *Homestead Rd*) in Erwägung gezogen werden. Die Piste führt 18 km nach Osten in den 13.840 ha großen **Elsey NP**. Am Ende der Straße befindet sich der *Jalmurark Campground* (mit kleinem Kiosk und Kanuverleih), von wo aus eine kurze Wanderung zu den schönen Mataranka Falls am Roper River unternommen werden kann. **Achtung:** Der Roper River ist nicht krokodilfrei!

> **Streckenhinweis**
> *Der nach Osten führende Roper Hwy. geht in Roper Bar in den Gulf Track über (vgl. Kapitel 13b).*
> *Gleich nach dem nördlichen Ortsschild von Mataranka folgt ein Abzweig zu den heißen Quellen von* **Bitter Springs** *(mit Picknickplatz und Toiletten), welche weniger überlaufen sind.*

Cutta und Tindal Caves

Kalkstein-höhlen

Die großen Kalksteinhöhlen (24 km südlich von Katherine) von **Cutta** und **Tindal** stellen einen wichtigen Lebensraum für seltene Fledermausarten dar. Die Ranger vor Ort bieten von April bis Oktober Führungen von 9 bis 11 Uhr und 13 bis 15 Uhr an. Vor Katherine liegt linkerhand des Highways das ausgedehnte Gebiet der *Tindal RAAF Base*. Der Luftwaffenstützpunkt der *Royal Australian Airforce* wurde in den 60er-Jahren gebaut und wird noch heute genutzt.

Katherine (ⓘ s. S. 155)

Ausgangs-ort für den Besuch des groß-artigen National-parks

Die Katherine-Region wurde erstmals vom deutschen Abenteurer und Forscher *Ludwig Leichhardt* im Jahre 1844 erforscht. Heute zählt die Stadt Katherine 5.000 Einwohner und ist Zentrum eines Gebiets, das von Rinderfarmen, Tourismus und der RAAF-Base lebt. Die Stadt selbst hat nicht übermäßig viel zu bieten und dient den meisten Touristen als Durchgangsstation auf dem Weg zum **Katherine Gorge National Park**. Entlang der Hauptstraße Katherine Tce (der durch die Stadt führende *Stuart Hwy.*) bieten große Supermärkte alles Notwendige zur Versorgung, ebenso sind Banken und eine Post vorhanden. Sehenswert ist die **School Of The Air** von Katherine (Giles St., Tel. 8972 1044, Führung Mo–Fr 11 Uhr, während der Schulferien geschlossen). Das **Katherine Museum** (Giles St., täglich geöffnet) erläutert Näheres über die Geschichte der Stadt, z.B. über die große Flut im Jahr 1999.

Katherine Gorge National Park (Nitmiluk)

Die Schlucht, die 32 km nordöstlich der Stadt liegt, zählt nach Ayers Rock und Kakadu National Park zur drittgrößten Attraktion des NT. Der Nationalpark, der offiziell nach dem dort lebenden Aborigine-Stamm **Nitmiluk** heißt, hat eine Größe von 180.352 ha und besteht im Wesentlichen aus einer tiefen, 12 km langen Schlucht, die der Katherine River tief in das Arnhem Plateau eingeschnitten hat. Die Katherine Gorge wiederum ist unterteilt in 13 Teilschluchten, die wie Staustufen voneinander getrennt sind. Die raue und zerklüftete Landschaft kann man sich sowohl vom Wasser als auch vom Land aus ansehen.

Camping-platz direkt an der Schlucht

Der *Nitmiluk Gorge CP* und die *Nitmiluk Chalets* liegen direkt an der Schlucht. Abends und nachts ist der Campingplatz von unzähligen Wallabies bevölkert, während in der Dämmerung Fliegende Hunde in Heerscharen darüber hinwegfliegen. Für „Bushcamps" innerhalb des NP, z.B. für Wanderer, ist ein Ranger-Permit erforderlich.

Wandern

Insgesamt sind über 100 km Wanderwege ausgeschildert. Die längste Wanderung dauert 5 Tage und führt bis zu den Edith Falls (76 km, Edith Falls Wilderness Walk). An- und Abmeldung bei der Ranger-Station unbedingt erforderlich! Kürzere Wanderungen sind der Windolf Walk (8 km Rundweg) und der Butterfly Gorge Walk (8 km, gleicher Weg zurück).

Kanu fahren

Katherine Gorge

Eine Möglichkeit für unternehmungslustige Zeitgenossen ist das Mieten eines Kanus, um auf eigene Faust den Fluss zu befahren. Ein Kanuverleih (direkt am Anlegesteg, Reservierung unter Tel. 8972 3604) vermietet Ein- oder Zweimann-Kanus halb- oder ganztags. Mehrtägige Mieten sind ebenfalls möglich, dabei sollte jedoch der Wasserstand des Flusses beachtet werden: Steht das Wasser sehr niedrig, so muss das Kanu von einer Schlucht in die nächste über die Steine getragen oder gezogen werden. Am besten geht das Kanufahren kurz nach der Regenzeit, wenn viel Wasser und kleinere Wasserfälle die Länge der Gehabschnitte reduzieren.

Baden

Im Fluss kann man baden – die dort lebenden „Freshies" (Johnston-Krokodile) gelten als scheu und ungefährlich. Sandige Uferstellen sind oft als Brutstätten gesperrt.

Bootsausflüge

Wer es gemütlicher liebt, kann an einer kommentierten Bootsfahrt durch die Schlucht teilnehmen: Travel North (Tel. 8972 1044) bietet Touren von unterschiedlicher Dauer, z.B. eine zweistündige Fahrt bis zur zweiten Schlucht, eine 4-stündige Fahrt bis in die dritten Schlucht. Eine Tagestour schließt zusätzlich Wanderungen und ein Mittagessen ein. Die Schiffe müssen beim Wechsel von einer in die andere Schlucht gewechselt werden.

Edith Falls

Edith Falls

40 km nördlich von Katherine zweigt ein geteerter Zufahrtsweg zu den **Edith Falls** (Leliyn Area) ab, welche Teil des Nitmiluk NP sind. Lohnende Wanderungen sind der Leliyn Loop Walk (ca. 2,6 km Rundwanderweg) auf das Plateau mit Blick auf die Schluchten oder der nicht ganz einfache Jatbula Trail (9 km Rundwanderung) über das Plateau, entlang des Edith River flussaufwärts zum Sweetwater Pool (steiler Abstieg), einer guten Bademöglichkeit mit 60 m Wasserfall. In der „Green Season" (nach der Regenzeit) wirkt die Landschaft durch die

Schöne Badestelle

üppige Vegetation besonders schön. Am Parkplatz befindet sich ein kleiner Campground und ein Kiosk. Der *Edith Falls Wilderness Walk* (76 km) hat hier seinen Ausgang zur Katherine Gorge.

Umbrawarra Gorge
22 km westlich von Pine Creek führt eine Piste zur Umbrawarra Gorge. Nach einer kurzen Wanderung vom Campground sind schattige, ganzjährig wasserführende Pools erreicht. Hoch an den Felsen der Schlucht befinden sich Felsmalereien.

Pine Creek (① s. S. 155)
Die 390-Seelen-Gemeinde an der Kreuzung *Stuart Hwy./Kakadu Hwy.* hat viel von ihrem alten Goldgräbercharme bewahrt. Während der Arbeiten an der Telegrafenlinie von Darwin nach Alice Springs trafen Arbeiter 1871 zufällig auf Gold. Ein kleiner Goldrausch setzte ein – Pech war, dass das Gold im Fels gebunden war und nicht in irgendwelchen Flüssen auf die altherkömmliche Art gewaschen werden konnte. Dies setzte teure Maschinen voraus, welche die meisten Glücksritter nicht hatten. Statt dessen wurden bis 1888 chinesische Hilfskräfte eingesetzt. In der *Gum Alley Gold Mine* arbeiten eine restaurierte Dampfmaschine und ein Erzzerkleinerer (täglich 9–15 Uhr). Vom Mine Lookout bietet sich ein Blick auf die Tagebaugrube. Viele der Gebäude sind noch gut erhalten, so z.B. das *Old Playford Hotel* oder die *Old Bakery*. Im alten Bahnhofsgebäude ist ein kleines Museum untergebracht. Im Wildpferdereservat **Bonrook Station** (Tel. 8976 1232) des Schweizers Franz Weber kann nahe Pine Creek ebenfalls übernachtet werden (Achtung: in 2004 vorübergehend geschlossen, evtl. länger).

Von Pine Creek direkt in den Kakadu Nationalpark

 Streckenhinweis
Auf dem Kakadu Highway in den Kakadu National Park
*In Pine Creek kann auf dem Kakadu Highway direkt nach **Cooinda** im Kakadu National Park gefahren werden. Die Straße ist durchgehend geteert – mit partiellen Überschwemmungen während der Regenzeit muss trotzdem gerechnet werden. Rund 100 km nach Pine Creek passiert man den 100 m hohen Wasserfall **Waterfall Creek**.*

Hinweis
Der Kakadu NP mit all seine Sehenswürdigkeiten ist in Kapitel 12 beschrieben.

Alternativroute: Auf der Old Stuart Road nach Norden

Alternativroute westlich des Stuart Highway

Vom *Stuart Hwy.* zweigt beim **Hayes Creek Roadhouse** (54 km nördlich von Pine Creek, mit Campingplatz) die *Old Stuart Rd* nach Nordwesten ab. Über 75 km bietet die Straße etwas Abwechslung zum eintönigen *Stuart Hwy.* Der Hinweis „Historic Hotel" weist auf das 16 km entfernte *Grove Hill Hotel* hin, das in den 1930ern gebaut wurde – ein für die Tropenregion typischer, weil praktischer Wellblechbau, der mit alten Minenrelikten bestückt ist.
Südwärts führt eine Piste zu den heißen Quellen des **Douglas Hot Springs Nature Park** (36 km). Dort entspringt 40 °C warmes Wasser einem sandigen Bachbett – ideal für ein Bad. Campingplatz vorhanden. Weitere 17 km sind es auf einem schmalen Track zur abgeschiedenen **Butterfly Gorge**. Vom Ende der Straße folgt ein Fußweg dem Bachbett und führt in eine einsame, von gelben Sandsteinwänden gesäumte Schlucht mit Sandstränden und Felspools. Schwimmt man durch den ersten Pool, gelangt man zu weiteren Badestellen (kein Camping).

40 km westlich befindet sich in **Oolloo Crossing** der *Douglas Daly Park* (Tel. 8978 2479), ein abgelegener Caravan Park, der inmitten eines tropischen Gartens liegt.

Die **Daly River-Region**, die sich 120 km südwestlich von Adelaide River nach Westen erstreckt, ist vor allem ein Paradies für Barramundi-Fischer. Geschichtlich war es in der Gegend nicht immer so friedlich. 1884 gerieten vier Arbeiter einer Kupfermine in ein Scharmützel mit Aborigines und kamen dabei ums Leben. Was folgte, war eine Strafaktion der Territory-Verwaltung, die zum Exitus der Wilwonga-Aborigines führte. Übernachten ist an verschiedenen Stellen entlang der *Daly River Rd.* möglich, so z.B. im *Daly River Roadside Inn* (Tel. 8978 2418) oder im *Woolianna Tourist CP* (Tel. 8978 2478). In Letzterem werden auch Boote und Angelausrüstung vermietet. Auf einer schmalen Piste lässt sich der Litchfield NP via Surprise Creek anfahren. Der Veranstalter *Aussie Overlander* (www.aussieoverlanders.com) bietet mehrtägige Touren zu den Palumpa-Aborigines an, die weitere 172 km westlich von Daly River leben – ein ursprüngliches und eindrückliches Erlebnis.

Barramundi-Fischen am Daly River

Die *Old Stuart Rd* trifft in Adelaide River wieder auf den *Stuart Hwy.*.

Adelaide River

Einzige Sehenswürdigkeit des Ortes ist ein großer Soldatenfriedhof aus dem Zweiten Weltkrieg. Die Stadt galt als ein sicherer Versorgungsstützpunkt für Darwin, wurde aber dennoch von den Japanern im Jahr 1942 bombardiert. Dabei verloren 242 Menschen ihr Leben. Eine Möglichkeit, das Outback-Leben auf einer Farm kennen zu lernen (und dort zu übernachten), bietet Mt. Bundy Station (Haynes Rd., Tel. 8976 7009). Die Farm verfügt über einfache Zimmer und einen Campingplatz.

Litchfield National Park
(ⓘ s. S. 155)

Batchelor (100 km südlich von Darwin) ist Ausgangspunkt für den Besuch des immer populärer werdenden Litchfield NP. In **Rum Jungle** (11 km nördlich) wurde 1949 zum ersten Mal Uran in Australien abgebaut.

Litchfield National Park

🅰 Anfahrt
Üblicherweise erfolgt die Zufahrt über eine geteerte Straße von Batchelor. Alternativ kann von Norden über die Cox Peninsula Rd. (4-WD-Piste) über Berry Springs oder von Süden über die Daly River Rd. (4-WD-Piste) in den Park gefahren werden. Von Oktober bis April kann es zu Schließungen einzelner Zufahrtsstraßen oder Pisten innerhalb des Parks kommen. Von Vermietern wird grundsätzlich die Fahrt auf dem schweren Lost City Track *innerhalb des NP verboten.*

Der **Litchfield NP** (143.000 ha) besticht durch seine relative Unberührtheit. Benannt wurde der Park nach *Frederick Henry Litchfield*, Mitglied der 1864er

Expedition unter *J. Finniss*. Das Gebiet war bis 1985 eine kaum erschlossene Farm, wurde dann von der NT-Regierung gekauft und zum Nationalpark erklärt. Der Park liegt im Bereich der Tabletop Range, durch die sich mehrere „Creeks" ihr Flussbett gegraben haben. Zahlreiche Wasserfälle laden gefahrlos (keine Krokodile!) zum Baden ein.

Ausflüge im Nationalpark

Noch immer liegt der NP etwas abseits der üblichen Touristenrouten. Und dies, obwohl mittlerweile eine geteerte Straße zu Florence, Tolmer und Wangi Falls, den Hauptsehenswürdigkeiten des Parks, führt. Die angelegten Wanderwege sind durchweg relativ kurz und beschränken sich auf die Zugangswege zu den Wasserfällen. Wer über kein eigenes Fahrzeug verfügt, um den Park zu entdecken, sollte sich einem organisierten Tagesausflug ab Darwin anschließen.

Herrliche Wasserfälle mit Badegelegenheiten

• 15 km nach Einfahrt in den Park zweigt eine Straße, die durch dichten Regenwald führt, zu den **Florence Falls** (Campingplatz, Bademöglichkeit). Ein Fußweg führt hinab zum paradiesisch gelegenen Plunge Pool – leider häufig recht überlaufen. Der 30 Minuten Spaziergang (Shady Creek Walk) führt durch Monsunregenwald zurück zum Parkplatz. Von Florence Falls kann direkt zu **Buley Rockhole** (1,6 km) gewandert werden. Alternativ existiert dort auch ein Parkplatz. An den kaskadenartig fallenden Wasserfällen kann gebadet werden.

• Nur mit einem 4-WD lässt sich der Abstecher zu den bizarren Sandsteinformationen von **Lost City** bewältigen (wird i.d.R. nicht von Fahrzeugvermietern erlaubt). Südlich befindet sich die 1929 erbaute **Blyth Homestead**. Sie ist im Originalzustand belassen und ein Zeugnis schwerer Pioniertage.

• Auf der geteerten *Litchfield Park Rd.* geht es direkt zu den **Tolmer Falls**. Ein Fußweg führt zur Aussichtsplattform. Keine Bademöglichkeit wegen der in der Schlucht lebenden Fledermäuse.

Litchfield National Park

Immer wieder entdeckt man am Straßenrand riesige Termitenhügel. Es handelt sich dabei um sog. Kompasstermiten (*Magnetic Anthills*), die ihren Bau streng nach der Sonnenstrahlung (in Nord-Süd-Richtung) ausrichten und nur oberirdisch gebaut sind – im Gegensatz zu den ansonsten sichtbaren Termitenhügeln, welche noch einmal genauso weit in die Erde hineinreichen.

• An der *Wangi Rd.*, die nach Norden führt, liegen die **Wangi Falls**, denen ein großer See und ein NP-Campground (mit Kiosk) vorgelagert ist. Die Fälle liegen nachmittags am schönsten in der Sonne. Ein Wanderweg führt rund um den Billabong (teilweise steil, ca. 1,6 km).

Der *Wangi Tourist Park* (4 km nördlich) ist die komfortable Alternative zum einfachen NP-Campground.

Empfehlenswerte 3-stündige Bootsfahrten auf dem Reynolds River führt *Wangi Wildlife Cruises* durch (Abfahrt 9 und 14 Uhr, Buchung und Abholung am Wangi Tourist Park oder am Monsoon Cafe Kiosk).

• Wer über einen 4-WD verfügt, hat die Möglichkeit, nach Norden auf die *Cox Peninsula Rd.* zu fahren. Dabei besteht bei **Walker Creek** eine weitere Camping- und Bademöglichkeit. Der Finniss River muss gequert werden, und man bekommt die bis zu 4 m hohen Termitenhügel *Cathedral Mounds* zu sehen.

• Nach Süden führt der sog. *Southern Access Track* auf die *Daly River Rd.* (nur 4-WD). Hier beginnt der einsame, ruhige Teil des Litchfield NP. Sehenswert sind dabei die **Tjaynera Falls** (Sandy Creek Falls) mit NP-Campground und der verschwiegene **Surprise Creek** mit Camping- und Bademöglichkeit.

Südlich von Darwin

Berry Springs Nature Park

Nach der Ausfahrt aus dem Litchfield NP nach Norden folgt nach rund 50 km **Berry Springs** (*Cox Peninsula Rd.*). Der Park liegt inmitten tropischer Regenwaldvegetation und wird von einem Bach durchzogen, der in einem erfrischenden Naturpool endet. Keine Campingmöglichkeit, aber ein netter Ort für ein Picknick (geöffnet täglich 8–18.30 Uhr). Die Zufahrt ist auch vom *Stuart Hwy.* möglich.

Erfrischender Badepool

Östlich liegt das schöne **Lake Bennett Wilderness Resort** (Abzweig vom Stuart Hwy., Tel. 8976 0960) mit Restaurant, Bungalows, Hostel und Campingplatz. Der künstlich geschaffene See ist das Resultat eines gescheiterten Reisanbau-Projekts. Im See kann geschwommen werden, und ein Kanuverleih ist vorhanden.

Streckenhinweis
*Nördlich von Lake Bennett zweigt die **Marrakai Rd.**, eine nicht markierte Piste, vom Stuart Hwy. in den Kakadu NP ab. Die Piste endet am Arnhem Hwy..*
34 km südlich von Darwin zweigt der **Arnhem Hwy.** zum Kakadu NP ab (vgl. Kapitel 12).

Territory Wildlife Park

Benachbart liegt der sehenswerte **Territory Wildlife Park**. Auf über 400 ha kann die typische Pflanzen- und Tierwelt des tropischen NT besichtigt werden. Hauptattraktion ist ein begehbares Terrarium mit Krokodilen und ein Gebäude für nachtaktive Vögel und Reptilien (geöffnet täglich 8.30–18 Uhr, www.territorywildlifepark.com.au). Von Darwin aus werden Touren angeboten.

Sehenswerter Tierpark

Krokodilfarm

Zurück auf dem *Stuart Hwy.*, bietet sich die Gelegenheit zum Besuch der **Darwin Crocodile Farm** (40 km südlich von Darwin bei Noonamah). Dort werden Krokodile zum Zwecke der Lederverwertung gezüchtet und z.T. auch wieder in die freie Wildbahn ausgesetzt. Insgesamt können über 7.000 „Salties" und „Freshies" in verschiedenen Entwicklungsstadien gesehen werden (geöffnet täglich von 9–17 Uhr, Fütterung um 14 Uhr, www.crocfarm.com.au).

Howard Springs

Ein weiterer Abstecher vom *Stuart Hwy.* führt nach Howard Springs (24 km südlich von Darwin, geöffnet täglich 8–20 Uhr). Bei dem im Regenwald liegenden Pool können oft Wallabies und Ibisse

Jungkrokodile

bei der Nahrungssuche beobachtet werden. Zum Baden ist Berry Springs aber wesentlich besser geeignet.

12. DARWIN UND UMGEBUNG

Darwin (ⓘ s. S. 155)

*Internatio-
nales
Eingangs-
tor des
Northern
Territory*

Darwin ist die nördlichste Stadt Australiens und zugleich **Hauptstadt des Northern Territory**. Am äußersten Ende Australiens platziert, kann man die Stadt nicht unbedingt „verkehrsgünstig gelegen" nennen. Der Ausbau des *Stuart Hwy.* sowie die allgemeine Expansion des Flugverkehrs haben einer Reise nach Darwin aber viel von den früheren Strapazen genommen. Darwin hat sich in den letzten Jahren für die asiatischen Länder zum Eingangstor Australiens entwickelt. Dadurch hat die Stadt auch einen Teil ihrer „intimen" Atmosphäre verloren, ist weltoffener und vor allem größer geworden. Heute zählt sie rund 80.000 Einwohner – im Vergleich zu anderen Hauptstädten Australiens zwar unbedeutend wenig, in den Augen der Einwohner jedoch längst genug!

*Tropisches
Top End
Australiens*

Darwin nennt sich auch *The Most Different City*. Tatsächlich scheint das Leben im „Top End" Australiens nach anderen Regeln abzulaufen: Durchschnittstemperaturen von 30–35 °C in feuchtheißer Luft sind die Regel, nachts bleibt die erhoffte Abkühlung zumindest im Sommer fast aus! Dem haben sich die Darwinesen angepasst: Ihr Lebensstil scheint betont langsam und schweißsparend zu sein. Nicht-Einheimische sollen vor allem daran erkannt werden, dass sie viel zu schnell laufen und sich überhaupt draußen aufhalten! Der typische Darwin-Australier bewegt sich von einem klimatisierten Raum in den anderen und geht, wenn überhaupt, erst abends ins Freie.

Charakteristisch für Darwin ist der unglaublich hohe Bierkonsum der Einwohner. Sie bezeichnen sich mit einem Verbrauch von über 240 Liter pro Kopf als die wahren Weltmeister. Um wenigstens der Trunkenheit am Steuer Herr zu

Darwin heute

werden, verhängt die Polizei mittlerweile drastische Strafen.

Die Geschichte der Stadt

Am 9. September 1839 landeten *John Stokes* und *John Clements Wickham* mit der „HMS Beagle" in der Bucht des späteren Port Darwin. Sie hatten auf ihrer Forschungsreise an Adelaide River und den Victoria River erkundet. *Stokes* benannte den Ankerplatz nach dem jungen Biologen *Charles Darwin*, der von 1831 bis 1836 an Bord der „HMS Beagle" mitsegelte. Die Stadt wuchs nur sehr langsam, erst mit dem Bau der Telegrafenleitung und den ersten Einwanderungswellen aus China stellte sich ein nennenswertes Bevölkerungswachstum ein. 1911 wurde Darwin die Hauptstadt des bis 1978 nichtselbstständigen Northern Territory.

Redaktions-Tipps

- Besuchen Sie den **Mindil Beach Sunset Market** (S. 444, jeden Donnerstag und Sonntag ab 17 Uhr von Mai bis Oktober), mit Sonnenuntergang am schönen Strand. Ein stilvoller Abend lässt sich an der **Cullen Bay Marina** (S. 445) in den schönen Restaurants oder an Bord einer DinnerCruise erleben.
- Schrecken Sie nicht vollkommen vor der **Regenzeit** (November bis März) zurück! Die Gewitter in der Regenzeit (*Electric Storms*) sind fürwahr ein unvergessliches Erlebnis!

Darwins Bedeutung wuchs im Zweiten Weltkrieg. Aus Furcht vor einer japanischen Invasion wurde die Bevölkerung evakuiert, und über 32.000 Soldaten wurden rings um die Stadt stationiert. Viele *Air Strips* – Landebahnen der Alliierten – wurden entlang des Stuart Hwy. angelegt. Was folgte, war ein Luftkrieg: Am 19. Februar 1942 wurde Darwin von japanischen Bombern in 64 Angriffen fast vollständig zerstört.

In Weltkrieg-Wirren verwickelt

Drei tropische Wirbelstürme – 1897, 1937 und zuletzt am Weihnachtsabend 1974 – zerstörten die Stadt jedes Mal fast völlig. Sieht man die Bilder der Verwüstungen, die der **Zyklon Tracy** 1974 anrichtete, nachdem er mit 280 km/h über die Stadt raste, so grenzt es an ein Wunder, in welch kurzer Zeit den Bewohnern der Wiederaufbau gelungen ist. Nicht zuletzt war dies durch die finanzkräftige Hilfe der australischen Bundesregierung möglich geworden. Auch die schweren Monsunregenfälle der Regenzeit haben Darwin schon so manche Härten beschert. Schon oft war Darwin für Wochen von der Außenwelt abgeschnitten – die Zufahrtsstraßen waren allesamt überflutet!

Zerstörung durch den Wirbelsturm „Tracy"

Sehenswürdigkeiten

Hinweis
Der Territory Wildlife Park, Berry Springs, die Darwin Crocodile Farm und Howard Springs liegen südlich von Darwin und sind in Kapitel 11 beschrieben.

Innenstadt

Im Stadtzentrum, das klar eingegrenzt ist, lassen sich alle wichtigen Sehenswürdigkeiten bequem zu Fuß erreichen. Auch der südlich gelegene, schön restaurierte Hafen (Wharf Precinct) ist noch per pedes zu besichtigen. Die außerhalb des Zentrums gelegenen Besichtigungspunkte sind mit öffentlichen Verkehrsmitteln (Bus) oder auf einer organisierten Tagestour am günstigsten zu erleben.

Übersichtliches Stadtzentrum

Darwin

zum Flughafen
Alice Springs

⑪ **Palmerston Gardens**

Fannie Bay

Ⓜ⑩

Botanischer Garten

⑬

Casino

Charles Street

Stuart Park

Westralia Street

Gardens Hill Cr.

Blake St.

Gilruth Ave.

Gardens Rd.

Stuart Highway

Duke Margaret Street

Street

Dinah Beach Rd.

Lambell Tce

Huston St.

Marella St.

Temira Cr

Packard St. **Aquascene**

Larrakeyah ★

Daly Bridge

McMinn St.

Woods St.

Mitchell St.

Smith St.

McLachlan St.

Cavenagh St.

Knuckey St.

Bennett St.

Brennan Dr.

Bay

Tiger

Frances

Frances Bay

Peel St.

Esplanade St.

❶

✉

⑧

ⓘ

❼

Ⓗ❷ **City**

❸

❹

❺

Herbert St.

Port

Darwin

Esplanade

Kitchener Drive

★⑫

Stokes Hill

⑨

Darwin

Fort Hill ★

Harbour

Fort Hill Wharf

Stokes Hill Wharf

❻

1 Autoclub AANT
2 Victoria Hotel
3 Old Townhall
4 Browns Mart
5 Old Courthouse
6 Government House
7 Old Admiralty House
8 Lyons Cottage
9 Indo Pacific Museum
10 Museum and Art Gallery of
   the Northern Territory
11 Fanny Bay Gaol
12 Deckchair Cinema
13 Mindil Beach Market

N

0   1 km

© *i*graphic

In der **Smith Street Mall** steht *The Vic*, das alte **Victoria Hotel (2)**, das 1894 erbaut und in seiner Geschichte dreimal durch Wirbelstürme zerstört wurde. Heute ist es immer noch ein beliebter *drinking spot* für die durstigen Darwinesen. Gegenüber wurde das alte Kino Star Village zu einem Einkaufszentrum umgebaut. Am Ende der Fußgängerzone befindet sich das Gebäude der Commercial Bank, dessen Fassade in alter Schönheit restauriert wurde.

Ebenfalls in der Smith Street (weiter südlich): die **Old Town Hall (3)** von 1883. Hinter den Überresten des Gebäudes finden Open Air-Theateraufführungen statt. Gegenüber (Ecke Smith St./Harry Chan Ave) steht **Brown's Mart (4)** – ursprünglich eine Aktienbörse der Minengesellschaften, dann ein Obst- und Gemüsemarkt und heute ein beliebtes Theater, in dem vorwiegend kleinere Volksstücke aufgeführt werden.

Brown's Mart

Die **Esplanade** spannt sich in einem Bogen entlang der Seepromenade. An ihrem nördlichen Ende, an der Kreuzung zur Daly St., beginnt quasi der Stuart Hwy.: Gut 3.000 km sind es von dort bis Adelaide!

Die **Christ Church Cathedral** (Ecke Smith St./Esplanade) erstrahlt heute in moderner Architektur. Für den Neubau wurde ein Teil der Ruinen verwendet, die von der 1902 gebauten und 1974 zerstörten Kirche übrig geblieben waren. Das **Old Courthouse (5)** (gegenüber) wurde 1884 für die südaustralische Regierung erbaut und ist ein schönes Beispiel kolonialer Architektur. Das ehemalige Gerichtsgebäude ist heute Sitz der Northern Territory Verwaltung. Folgt man der Esplanade ein Stück nach Süden, gelangt man zum **Government House (6)** (oder *The Residency*). Das heute noch gut erhaltene Steinhaus ersetzte 1883 das alte Holzhaus, das von weißen Termiten attackiert und zerstört wurde. Auch dieses Gebäude drückt den kolonialen Stil mit großzügigen Veranden und tropischen Gärten aus. *Nur wenige koloniale Gebäude erhalten*

Im **Old Admiralty House (7)** (Ecke Knuckey St./Esplanade) lebte einst der nordaustralische Flottenkommandant. Im typischen Stil der Tropen wurde das Gebäude auf Holzstelzen gebaut und widerstand als eines der wenigen Häuser den Verwüstungen von 1974. Heute befinden sich darin eine kleine Kunstgalerie (Shades of Ochre) und ein Café.

Der Bungalow gegenüber heißt **Lyons Cottage (8)** und wurde 1925 für einen Offizier der British-Australia Telegraph Company gebaut. Von 1948 bis 1960 lebte hier Darwins Bürgermeister *John Lyons*. Heute befindet sich darin ein Museum, das die Geschichte des Northern Territory anschaulich widerspiegelt (geöffnet 10–17 Uhr, Eintritt frei).

Stokes Hill Wharf

Die alten Hafenanlagen am südlichen Ende der Stadt wurden in den 1990er-Jahren aufwändig und mit viel Liebe zum Detail restauriert. Den Anstoß dazu gab *Christo's Seafood Restaurant*, welches in eine alte Lagerhalle am Ende der Stokes Hill Wharf umzog. Zahlreiche Geschäfte, weitere Restaurants und sogar ein saisonal aufgebauter Bungee-Turm folgten. So wurde aus dem lange Jahre vergessenen Hafenbezirk eine beliebte Touristenattraktion. *Restauriertes Hafenviertel*

Eine der Besonderheiten des Wharf-Komplexes sind die unterirdischen Öltank-Tunnel („**WW II Oil Storage Tunnels**") aus dem Zweiten Weltkrieg. Mit dem Bau wurde versucht, wichtige Treibstoff-Reserven vor den japanischen Eindringlingen zu verstecken. Leider gelang es nicht, die Tunnel vor Ende des Krieges fertig zu stellen. Geöffnet 9–17 Uhr (Apr.–Okt.) bzw. 10–14 Uhr (Nov.–März).

Indo Pacific Marine Aquarium (9)

Selbst das einst kaum beachtete Indo Pacific Marine Museum zog an die Wharf und erfährt nun die gebührende Beachtung. In dem sehenswerten Aquarium ist die Unterwasserwelt des Northern Territory dargestellt. Insbesondere die Korallen der Timor-See sind ausgesprochen arten- und farbenreich.

Sehens-
wertes
Aquarium

Indo Pacific Marine, Wharf Precinct (Eingang zur Stokes Hill Wharf); geöffnet täglich 9–13 Uhr (Nov.–März) und 10–17 Uhr (Apr. –Okt.)

Australian Pearling Exhibition

Im gleichen Gebäude wie das Indo Pacific Marine ist die Australian Pearling Exhibition untergebracht. Die Ausstellung beschreibt Darwins Rolle in der Perlenzucht – von den alten Tagen, als wagemutige Taucher mit schweren Taucherglocken in die Tiefe gingen, bis in die heutige Zeit der modernen Perlenfarmen.

Australian Pearling Exhibition, Wharf Precinct; geöffnet täglich 10–17 Uhr

Außerhalb des Stadtzentrums

Aquascene

Eine halbe Stunde Fußmarsch (oder 5 Autominuten) nördlich des Zentrums befindet sich Darwins populärste Attraktion – das Aquascene. Jeden Tag kommen

Fisch-
fütterung

mit der Flut hunderte von Fischen, darunter auch größere Arten, um eine „freie" Mahlzeit zu bekommen. Als Besucher kann man unmittelbar an der Fütterung teilnehmen (Badezeug nicht vergessen!).

Aquascene, 28 Doctors Gully Rd. (nördliche Esplanade); Tel. 8981 7837. Vor dem Besuch sollten unbedingt die Gezeiten bzw. Fütterungszeiten erfragt werden.

Cullen Bay Marina und Fannie Bay

Folgt man der Smith Street nach Norden (am besten per Auto oder Bus), so gelangt man zur Cullen Bay Marina, einem Nobelvorort von Darwin. Edle Yachten und Strandhäuser sowie gute Restaurants befinden sich hier. Am Abend kann von hier aus ein Segeltörn (*Dinner Sail Cruise*) unternommen werden. Die Schiffe fahren aufgrund des gewaltigen Tidenhubs zunächst durch eine Schleuse in das offene Meer. Vor Darwins Hafen sieht man häufig illegal eingereiste indonesische Fischerboote, die von der Küstenwache aufgegriffen wurden.

Botanical Gardens

Weiter nördlich, an der Gilruth Ave., erstreckt sich der Botanische Garten, der vor über einem Jahrhundert vom deutschen Auswanderer Dr. Holtze angelegt wurde. In ihm finden sich mehr als 400 tropische Palmenarten, eine Orchideenfarm und tropischer Regenwald. Geöffnet täglich 7–19 Uhr, Eintritt frei.

Museum and Art Gallery of the Northern Territory (10)

Das Museum besitzt eine hervorragende Ausstellung von Aborigine- und Tiwi-Kultur, südostasiatischen und polynesischen Kunstgegenständen sowie tropischer Flora und Fauna. Das ausgestopfte Krokodil „Sweetheart" ist das größte jemals im NT gefangene. Das Museum besitzt auch einen hohen Stellenwert als biologisches Forschungsinstitut, um neu entdeckte Pflanzen- und Tierarten zu katalogisieren. Interessant auch die Darstellung des Wirbelsturms Tracy von 1974.

Museum and Art Gallery of the NT, *Conacher St. (Bullocky Point/Fannie Bay); Aborigine-* *geöffnet Mo–Fr 9–17 Uhr, Sa/So 10–17 Uhr, Eintritt frei* *kultur*

Fannie Bay Gaol (11)
Im 1883 erbauten und bis 1979 genutzten Gefängnis in der gleichnamigen Bucht können noch heute alte Galgen besichtigt werden.
Fannie Bay Gaol, East Point Rd. (5 km nördlich des Zentrums), geöffnet täglich 10–17 Uhr, Eintritt frei

East Point Reserve
Das natürliche Buschland der Halbinsel (Verlängerung der Fannie Bay) lohnt *Zum* gleich in mehrfacher Hinsicht den Besuch: Rund 2.000 Wallabies bevölkern die *Sonnen-* Grasflächen – ein Anblick, den in Darwin, so nahe beim Stadtzentrum, kaum *untergang* jemand vermutet. **Lake Alexander** ist ein kleiner Binnensee (Salzwasser), der *nach East* sich ganzjährig zum Baden eignet. Auf einem Rundweg *(Mangrove Boardwalk)* er- *Point!* lebt man die typischen Mangrovenufer der Nordküste. Am Ende der Straße schließlich befindet sich das **East Point Military Museum** (geöffnet täglich 9.30–17 Uhr) mit einer umfassenden Ausstellung über die japanischen Bombardements im denkwürdigen Jahr 1942. Schöner Sonnenuntergang von diesem Punkt aus!

Darwin Crocodylus Park
Die wissenschaftliche Forschungseinrichtung des anerkannten Krokodilexperten Dr. Graham Webb ist auch Besuchern zugänglich. Im Gegensatz zu kommerziellen Krokodilfarmen erfahren Sie hier viel Wissenswertes über die urzeitlichen Tiere.
Crocodylus Park, McMillan Rd., Karama (Stuart Hwy.-Abzweig an der Kreuzung nach Berrimah); Führungen 11 und 14 Uhr täglich, Eintritt A$ 30, www.crocodyluspark.com.

Flugmuseum
Darwins Geschichte ist reich an Erinnerungen an den Zweiten Weltkrieg, was nicht zuletzt ein trauriger Verdienst der japanischen Bombardierungen ist. 10 km südlich von Darwin befindet sich das **Australian Aviation Heritage Centre**, das als Leihgabe der Amerikaner einen B-52-Bomber birgt.
Geöffnet täglich von 8.30–17 Uhr.

Umgebung von Darwin

Streckenhinweis
Der Arnhem Hwy. zweigt 34 km südlich von Darwin zum Kakadu NP ab. Bis zur Stadt Jabiru, dem Zentrum des Parks, sind es weitere 217 km.

Der originelle Pub **Humpty Doo** liegt nur 11 km von der Highway-Kreuzung entfernt – für australische Verhältnisse ein Katzensprung und entsprechend be- liebt (besonders die Sunday Session). Benachbart liegt das *Hard Croc Cafe Road- house.*
Fahrt *in den* *Kakadu*
Fogg Dam Conservation Reserve
16 km hinter Humpty Doo zweigt eine Teerstraße zum Fogg Dam ab. Links und *National-* rechts des Damms können in der von Wasserlilien übersäten Seenlandschaft *park*

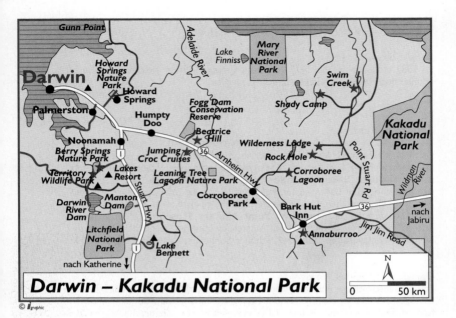

Darwin – Kakadu National Park

0   50 km

© Igraphic

Tropisches Feuchtgebiet mit Wasservögeln   unzählige Vogelarten beobachtet werden. In den 1950er-Jahren war der Fogg Dam als landwirtschaftliches Versuchsfeld für die Baumwoll- und Reiszucht geplant gewesen. Durch die ausgesäten Samen wurde jedoch eine Unzahl Vögel angelockt, die das Biotop als ihren Lebensraum auserkoren. Die beste Beobachtungszeit ist frühmorgens oder in der Abenddämmerung. Ein 3,6 km langer Wanderweg in den Monsunregenwald ist ausgeschildert.

Besucherzentrum zur Einstimmung   **Window of the Wetlands**
Am Beatrice Hill (60 km von Darwin), mit Blick auf die Sumpfebenen des Adelaide River, befindet sich das sehr gute Besucherzentrum **Window of the Wetland** mit interaktiven Ausstellungen. Geöffnet 7.30–19.30 Uhr.

Adelaide River
An Bord der *Adelaide River Queen* können Sie an einer Krokodilfütterung teilnehmen. Die Tiere springen dabei bis zur Schwanzflosse aus dem Wasser (*Famous Jumping Crocodiles*) – eine zweifelhafte Art der Tierschau, aber nichtsdestotrotz sehr spektakulär. Die Bootsfahrt beginnt 5-mal täglich und dauert 90 Minuten.

> **Tipp**
> *Warten Sie bis zum Kakadu NP und nehmen Sie dort an einer Bootsfahrt teil, die Ihnen die Krokodile so zeigt, wie sie wirklich leben.*

Das Roadhouse **Bark Hut Inn** (Tel. 8978 8988) verfügt über einen kleinen Campingplatz und einen Schatten spendenden Pub. Dort kehren auch Wasserbüffeljäger nach getaner Arbeit ein.

12 km nach dem Pub zweigt die *Old Darwin Road* (*Jim Jim Rd.*) in den Kakadu NP ab – eine ideale Abkürzung, wenn man nach Cooinda möchte (die Piste endet am *Kakadu Hwy.* bei Cooinda). Aufgrund einer Flussdurchquerung sollte man über ein 4-WD-Fahrzeug verfügen.

Mary River National Park (ⓘ s. S. 155)

 Streckenhinweis
19 km östlich der Bark Hut Inn zweigt die zunächst geteerte **Point Stuart Road** *in den Mary River National Park ab. Nach 8 km geht die Straße in eine Piste über.*

Der **Mary River NP** besteht aus mehreren, bislang nicht zusammenhängenden Sektionen. Alle Gebiete verfügen über großflächige tropische Feuchtbiotope, die unter Naturschutz gestellt worden sind. Eine Vereinheitlichung bzw. Ausdehnung des NP ist geplant, aber noch nicht realisiert. Die Naturlandschaften mit ihrer großartigen Tierwelt machen das Mary-River-Gebiet zu einer echten (vor allem weniger überlaufenen) Alternative zum Kakadu NP. Die angebotenen Bootstouren sind kaum weniger eindrucksvoll als beispielsweise die bekannte Yellow Water Cruise im Kakadu NP.

Mary River Wetlands

Basis für Ausflüge im NP ist die Point Stuart Wilderness Lodge (19 km vom Highway bei North Rock Hole). Weiter nördlich bei km 40 befindet sich Shady Camp, ein beliebter Angeltreffpunkt mit einfachem Campingplatz, Bootsverleih und einer Vogelbeobachtungsplattform. Eine der besten Unterkünfte im Top End ist **Bamurru Plains**. Die Luxuslodge der gleichnamige Rinderfarm befindet sich fast in Küstennähe am Westrand des Kakadu NP. Selbstfahrer werden am Gate nach Anmeldung erwartet. Für alle anderen empfiehlt sich der Flugtransfers ab/bis Darwin. Information: Bamurru Plains, Tel. 1300 790 561.

!!! Vorsicht
Krokodile sind auch in den Flusssystemen des Mary River allgegenwärtig!

Kakadu Nationalpark (Gagudju) (ⓘ s. S. 155)

210 km östlich von Darwin passiert man auf dem *Arnhem Hwy.* den Eingang zum NP. An der **Park Entry Station** muss die **Parkeintrittsgebühr** (A$ 25) entrichtet werden. Als Basis für Ausflüge können die Orte Jabiru oder Cooinda gewählt werden.

Der Kakadu NP ist mit 19.500 km² der größte Nationalpark Australiens. Durch die *Gagudju Association* wird der Park von den traditionellen Aborigine-Eigentümern, die das Gebiet 1978 zurückerhielten, und dem *Australian National Parks and Wildlife Service* gemeinsam verwaltet. Der NP, der nach einem der Eignerclans

Bekanntester Nationalpark im tropischen Norden

Gagudju heißt, ist von der UNESCO als Weltkulturerbe (*World Heritage Site*) eingestuft. Das Gebiet beeindruckt nicht nur durch seine Größe. Eine schier unglaubliche Pflanzenvielfalt und natürlich die Tiere, allen voran die Furcht einflößenden Krokodile, haben den Kakadu NP zu einer immer beliebteren Touristenattraktion werden lassen. Die große Anziehungskraft des Parks liegt u.a. in den Filmen des *Crocodile Dundee* begründet, die hier gedreht wurden. Um wenigstens einen Teil der Artenvielfalt zu erleben, empfiehlt sich z.B. eine frühmorgendliche Bootsfahrt auf dem Yellow River. Morgens und abends sind die besten Zeitpunkte für Tierbeobachtungen, während tagsüber die meisten verschwunden sind.

Nicht vergessen werden sollte die **Kultur der Ureinwohner**, die das Arnhem Land als eines der ersten überhaupt besiedelt haben. Eindrucksvolle Felsmalereien, die in Höhlen und Felsüberhängen am Rande des Sandsteinplateaus des Arnhem Lands noch außerordentlich gut erhalten sind, können besichtigt werden – geschätztes Alter: rund 25.000 Jahre. Probleme werden der sensiblen Natur durch Wasserbüffel, Schweine und die fetten Aga-Kröten (*Cane Toad*) bereitet, welche sich bereits bis in das Top End „vorgearbeitet" haben.

Uranabbau führt zu Konflikten mit den Ureinwohnern

Der **Uranabbau** im Ostteil des Parks führt immer wieder zu Konflikten mit den Ureinwohnern, aber auch Teilen der weißen Bevölkerung – speziell, seit die Öffnung einer zweiten Uranmine zur Debatte steht. 15 Prozent der weltweiten Uranvorräte sollen auf dem Gebiet lagern! Um eine Vorstellung vom Wert der Bodenschätze zu bekommen, sei diese Zahl genannt: Allein die Ranger Uranium Mine, der Betreiber der vorhandenen Mine, gibt aus seinen Gewinnen jährlich 10 Millionen A$ an die Gagudju Association ab. Von Jabiru aus kann die **Ranger Uranium Mine** (beim Flughafen Jabiru, 7 km östlich) besucht werden. Im Tagebau wird hier seit 1981 der umstrittene *Yellow Cake* abgebaut. Weitere Abbaugebiete stehen ständig zur Diskussion. Die australische Regierung hat sich dabei ein Vetorecht offen gehalten. Geführte Touren beginnen täglich am Jabiru East Air Terminal um 10.30 und 13.30 Uhr. Wer einen Flug in das Arnhem-Land unternimmt (ab Jabiru Airport) kann die Mine von oben sehen.

Ubirr und Guluyambi
Mehr als 1.000 Felsmalereien der Aborigines wurden bislang im Kakadu NP verzeichnet. Die schönsten befinden sich 43 km nördlich von Jabiru in **Ubirr (Obiri Rock)** und auf dem Weg nach Cooinda (31 km südlich von Jabiru) am **Nourlangie Rock**. Beide Stellen können mit dem Fahrzeug über geteerte Straßen angefahren werden, danach folgen kurze Wanderungen. Die Aussicht von den höher gelegenen Aussichtspunkten auf die weiten Ebenen des Landes ist faszinierend. Über die Bedeutung der Malereien erteilen ausführliche Schautafeln Auskunft. Bitte berühren Sie die Malereien nicht!
Bei **Ubirr** bietet der Aussichtspunkt einen guten Blick auf den East Alligator River zur einen Seite und auf das Arnhem Land Plateau zur anderen. Der 6 km lange Rockholes Walk zählt schon zu den längeren Wandertouren im NP und bietet die Möglichkeit, sich fernab möglicher Touristenströme zu bewegen.
Nach Border Store beginnt die **Guluyambi Cruise** auf dem East Alligator River. Die Bootstour ist zwar weniger bekannt als die (teils sehr stark frequentierte) Yellow Water Cruise bei Cooinda, bietet aber dennoch hervorragende Möglichkeiten zur Tierbeobachtung. Im East Alligator River, der gut 50 km nördlich ins Meer mündet, treffen Salz- und Süßwasser aufeinander und sorgen für eine artenreiche Flora und Fauna. Die Ausflüge werden von Aborigines der Djabulukgu Association begleitet und man erhält zusätzlich sehr gute Informationen über die Kultur der Ureinwohner.
Abfahrten täglich von Mai–Okt. um 9, 11, 13 und 15 Uhr. In der Regenzeit werden die Touren auf Anfrage durchgeführt.

Nourlangie Rock
Nourlangie hat die meistbesuchten und vielleicht schönsten Felsmalereien des NP. Aus der Ferne sieht man das Felsmassiv am besten vom **Anbangbang Billabong** (mit 2,5 km Rundwanderweg und Picknicktischen). Auf einem gut ausgebauten Fußweg erreicht man vom Nourlangie-Parkplatz verschiedene Felsgalerien (*Nawurlandja Lookout Walk*, ca. 600 m) mit gut 20.000 Jahre alten Kunstwerken. Vom Aussichtspunkt bietet sich ein toller Blick in die Weiten des Arnhem Land. Der *Nanguluwur Walk* (ca. 3,4 km) führt durch lichte Wälder zu weiteren, eher abgelegenen Felsmalereien. Fährt man vom Parkplatz 9 km weiter, so beginnt dort der *Gubara Pools Walk* (6 km), der entlang hoher Sandsteinklippen zu schattigen Pools führt. Der 12 km lange, gut

Nourlangie Rock

markierte *Barrk Walk* führt vom Nourlangie Lookout in das einsame Hinterland (6–8 Std. Gehzeit, unbedingt einen ausreichenden Wasservorrat mitnehmen)!

Jim Jim und Twin Falls
Zwischen Jabiru und Cooinda zweigt die 60 km lange, teils sehr schmale 4-WD-Piste zu den **Jim Jim Falls** ab. Die Piste ist nur von Mai bis Oktober (Schwankungen möglich) geöffnet. Am Ende der *Dry Season* (Sept./Okt.) sind die Wasserfälle fast trocken und wenig sehenswert, um so eindrucksvoller dagegen im Mai und Juni.

Sehenswerte Wasserfälle

Jim Jim Falls

Die **Jim Jim Falls** entspringen eindrucksvoll vom 215 m höher gelegenen Arnhem Land Plateau. Ein ein Kilometer langer Pfad führt zum Fuß des Wasserfalls. Baden ist möglich. Auf dem mittlerweilse sehr großzügig ausgebauten NP-Campingplatz kann campiert werden (es gilt *first come first serve* – wer zuerst kommt, erhält einen Platz). Empfehlenswert der Budjmi Lookout Walk (ca. 1 km), der beim Campground beginnt und einen großartigen Blick auf das Escarpment, die Abbruchkante des Arnhem-Land bietet.

Zu den **Twin Falls** sind es weitere 10 km auf schmaler Piste. Zuvor muss der Jim Jim Creek mit dem Fahrzeug durchquert werden. Die Durchfahrt ist durch Markierungen und Pflastersteine gesichert, jedoch gab es auch hier schon Fahrzeugverluste durch allzu draufgängerische Fahrweise. In manchen Mietverträgen gibt es deshalb ein eindeutiges Verbot, überhaupt hierher zu fahren. Das Wasser schwappt bei der Flussdurchquerung schon mal über die Motorhaube! Wer bis ganz zu den Wasserfällen möchte, muss vom Parkplatz zunächst ca. einen Kilometer wandern und eventuell ein Stückchen schwimmen. Touranbieter nehmen ihren Gästen hierzu Luftmatratzen mit. Es gab allerdings auch schon Jahre, in denen das Schwimmen aufgrund von Krokodilsichtungen nicht möglich war (Warnschilder beachten!).

Cooinda und die Yellow Waters Cruise

Cooinda bietet mit der *Gagudju Cooinda Lodge*, einem Campingplatz, Tankstelle und Laden alle Annehmlichkeiten. Das nahe gelegene **Warradjan Aborigine Cultural Centre** zeigt eine hervorragende Ausstellung an Kunst und Kultur der Kakadu-Ureinwohner.

Boots-touren zur Krokodil-beobach-tung

In Cooinda empfiehlt sich die Teilnahme an einer Bootsfahrt auf der **Yellow Waters Lagune**. Höhepunkt der Fahrt sind natürlich die gefährlichen Leistenkrokodile („Salties"). Auch die faszinierende Vogelwelt und das weitläufige Buschland machen die Fahrt lohnend. Die zweistündige Tour wird dreimal täglich durchgeführt und kostet A\$ 40 pro Person. Von den angebotenen Touren sollte die erste (6.45 Uhr) oder die letzte (16.30 Uhr) gebucht werden, da die Tierwelt um diese Uhrzeiten aktiver ist. In der Regenzeit ist die Chance, Krokodile zu sehen, deutlich kleiner, da das gesamte Gebiet von Wasser überflutet ist und die Tiere einen wesentlich größeren Aktionsradius haben. Von Mai bis Oktober halten sich die Tiere eher an Land auf, um sich aufzuwärmen.

Von der Bootsrampe kann man eine schöne Rundwanderung unternehmen, die am Campingplatz

Yellow Waters Lagune

von Cooinda endet. Wer einsamer campieren möchte, sollte den NP-Campground von **Mardugal** (am gleichnamigen Billabong, ca. 6 km südlich von Cooinda) aufsuchen.

Gunlom Falls (Mary River Area)

Die *Mary River Area* bildet den Südteil des NP. Zunächst wird der Abzweig zur 4-WD-Piste nach **Maguk** erreicht. Nach 12 km erreicht man einen Wanderpfad (2 km), der zu einem schönen Felspool führt.

Bei den populären **Gunlom Falls** befindet sich ein großer NP-Campground (mit Toilette und Duschen). Der Spaziergang zum Wasserfall mit Badegelegenheit ist eine willkommene Erfrischung. Vom Aussichtspunkt oben am Berg bietet sich ein Blick auf den südlichen Kakadu NP.

Die einsame **Koolpin Gorge** (*Jarrangbarnmi*) östlich der Gunlom Falls darf am Tag nur von 40 Personen besucht werden. Hierfür muss zwingend ein Permit beim Ranger besorgt werden (Tel. 8938 1140).

Wandern

Wandern zählt aufgrund der tropischen Hitze nicht unbedingt zu den populären Aktivitäten im NP, d.h., Sie sind meist allein unterwegs. Bleiben Sie deshalb auf den markierten Pfaden und nehmen Sie genug Wasser mit! Kleinere Wanderungen durch das Buschland lassen sich von vielen Stellen unternehmen. Interessant sind der Bubba Walk (5 km, vom Muirella Park Campground), die Wanderung zum Mirrai Lookout (1 km, ab Kakadu Hwy.) und die o.g. längeren Wanderungen in Ubirr und Nourlangie.

INFO **Bathurst und Melville Island**

Beide Inseln liegen vor der Küste Darwins und sind voneinander nur durch die schmale Meerenge der Apsley Strait getrennt. Zusammen bilden sie eine Fläche von rund 8.000 km². Seit Jahrtausenden sind die Inseln von den **Ureinwohnern des Tiwi-Stammes** besiedelt. Bis in das späte 19. Jahrhundert hatten sie nachweislich keinen Kontakt zu kontinentalen Aborigines. „Tiwi" bedeutet in ihrer Sprache einfach nur „Volk". Ihre Kultur unterscheidet sich wesentlich von der anderer Ureinwohner: So entwickelten die Tiwi eine gewisse Art der Sesshaftigkeit und standen den Kolonialherren relativ aufgeschlossen gegenüber. 1911 wurde eine katholische Mission in Nguiu (Bathurst Island) gegründet. Die Aktivitäten der Missionare wurden ein wichtiger Bestandteil des Lebens der Tiwi.

Die **Nguiu-Community** pflegt bis heute ihre Kunst, die Mal- und Töpferarbeiten sind weltberühmt. Die Malereien bestehen, anders als auf dem Festland, aus einer Vielzahl feiner Striche und Fragmente.

Milikapiti und **Pularumpi** sind die wichtigsten Siedlungen auf Melville Island. Pularumpi entstand aus dem 1824 gegründeten Fort Dundas, dem Ort der ersten europäischen Besiedlung in Nordaustralien.

Ausflüge

auf die Inseln werden ab/bis Darwin veranstaltet (vgl. Kapitel 3 „Darwin").

Streckenhinweis

*Die **Ausfahrt aus dem Kakadu NP** ist entweder über den Arnhem Hwy. (also auf gleichem Wege zurück) oder über den Kakadu Hwy. in **Richtung Pine Creek/Stuart Hwy.** möglich. Letzterer ist seit 1994 vollständig asphaltiert. Trotzdem können nach Regenfällen unpassierbare Furten entstehen. Informieren Sie sich spätestens in Cooinda!*

Arnhem Land

Tipp

Aufgrund der Hochpreisigkeit sämtlicher Touren, welche in das Arnhem Land führen, muss leider der unschöne Satz vorausgeschickt werden: „Wer es sich leisten kann", sollte einen Tages- oder Mehrtagesausflug in das Arnhem Land unternehmen. Man erlebt dort eine fantastische Unberührtheit und die außerordentliche Faszina-

Riesiges Aborigine-Gebiet

tion der Aborigine-Kultur, wie sonst nirgendwo in Australien. Es gibt wohl niemanden, der seine Entscheidung diesbezüglich je bereut hat. Wenn Sie das tatsächlich Besondere suchen: Gönnen Sie sich eine Tour in das Arnhem Land!

Meine Empfehlung gilt den Touren von Max Davidson (Davidson´s Arnhemland Safaris), dem Pionier des Arnhem Land und einem Top-End-Original, der sein Camp schon viele Jahre betreibt. Seinen Aussagen zufolge findet er heute noch jedes Jahr neue Felsmalereien in den versteckten Winkeln und Gebirgszügen. Das Camp besteht aus fest stehenden Safarizelten (mit richtigen Betten, jedoch ohne Klimaanlage), die saisonal von Mai bis Oktober installiert sind. Hervorragende Tagestouren bietet auch der Experte Brian Rooke (Brookes Australia Tours) ab Jabiru oder Darwin an. Mehrtagestouren werden in Kombination mit dem Kakadu NP angeboten. Bei allen Touren wird in das Arnhem Land geflogen. Eine günstige, indes nicht vergleichbare Alternative stellt der Arnhemlander-Tagesausflug von Kakadu Park Link (ab Jabiru) dar.

Individualreisenden *werden durch eine relativ langwierige Permit-Beschaffung, weit reichende Routenbeschränkungen*

Reisen nur mit Permit möglich

und eine kaum entwickelte Infrastruktur sehr viele Steine in den Weg gelegt. Und: Es bringt auch nichts! So erlaubt ein Permit zwar die Durchquerung der Aborigine-Ländereien, nicht jedoch den Aufenthalt in einer der Gemeinden. Die vorhandenen Camps nehmen Selbstfahrer kaum an, da diese den Weg mangels Beschilderung gar nicht finden würden. Die großen Art Galleries mit den fantastischen Felsmalereien findet man auch nicht auf eigene Faust. Allenfalls ein Trip auf die Gurig Peninsula wäre (mit Permit) möglich: Vom Border Store

Unterwegs im Arnhem Land

(Kakadu) nach Smith Point (Chalets, Camping) sind es 260 km, Sprit gibt es beim Ranger in Black Point. Der Rückweg ist derselbe.

Die riesige Nordostecke des NT stellt eines der größten Aborigine-Gebiete Australiens dar und ist weit gehend unerschlossen. Der Grund für die überaus alte Aborigine-Historie liegt in den besonders günstigen Lebensumständen der Region. Das charakteristische Escarpment, die steile Abbruchkante, welche das Arnhem Land von den Kakadu-

Brian, der Tourguide

Feuchtgebieten trennt, zieht sich über hunderte Kilometer hinweg von Nord nach Süd. In der Regenzeit haben sich die Bewohner in die höher gelegenen Felsgebiete des Plateaus zurückgezogen und waren dort sicher vor den Überschwemmungen in den tiefer gelegenen Sumpf- und Savannengebieten. In der Trockenzeit boten die Feuchtgebiete nahrhaften Fisch- und Pflanzenreichtum.

Östlich von Darwin befindet sich der **Gurig NP** und die Halbinsel **Cape Don**, ein Teil des Arnhem Land. Im Haus der früheren Leuchtturmwärter-Familie wurden für 12 Gäste ein kleines Resort errichtet, das den Namen *Cape Don Lodge* trägt. Hauptaktivität der Gäste ist Hochsee- und Küstenangeln – also vornehmlich etwas für die angelbegeisterten Australier. Die exklusive Lodge *Seven Spirit* *Exklusive Wildnis-Lodge im Arnhem Land*

Bay im Gurig NP zählt zu den besonderen Übernachtungsstätten in der urwüchsigen Natur des Arnhem Land. Gäste erwartet vor allem Natur und absolute Ruhe und Entspannung vom Alltag. Die Möglichkeit zu vielen Aktivitäten ist jedoch begrenzt: Es werden Buschwanderungen und Angelausflüge angeboten. Die Küstenregion ist von tropischen Regenwäldern und Mangrovensümpfen gekennzeichnet.

Die *Mainoru Rd.* führt von Katherine über rund 1.000 km hinauf auf die **Gove Peninsula**. Dort, im äußersten

Seven Spirit Bay

Osten befindet sich die Siedlung **Nhulunbuy**, die immerhin 3.500 Einwohner hat. Der Grund für diese Ansammlung von Menschen *in the middle of nowhere* ist eine ergiebige Bauxitmine und der Hafen, von dem aus der Rohstoff verschifft wird. Auf der Halbinsel leben 13 Aborigine-Stämme, davon die meisten in Yirrkala und Drimmie Head. Im Umland entstehen viele der typischen Rindenmalereien, die u.a. im *Yirrkala Arts And Craft Centre* zum Verkauf angeboten werden. Mit steigender Tendenz ziehen einzelne Menschen oder ganze Familien wieder in die Wildnis, um im Stile der Vorfahren zu leben. In Nhulunbuy befindet sich die *Walkabout Lodge* mit guten Zimmern und hervorragenden Möglichkeiten für Angler. Viele Qantas-Flüge von Cairns nach Darwin (und umgekehrt) machen eine Zwischenlandung in Gove, sodass die Möglichkeit zu einem Stopp problemlos gegeben ist.

13. THREE WAYS – MOUNT ISA – CAIRNS: VOM ZENTRUM AN DIE OSTKÜSTE

🚗 Entfernungen

`0463` Tennant Creek–
Three Ways 24 km
Three Ways–Barkly
Homestead 187 km
Barkley Homestead–
Camooweal: 262 km
Camooweal–Mt. Isa: 188 km
Mt. Isa–Cloncurry: 117 km
Cloncurry–Hughenden:
390 km
Hughenden–Cairns (über
Atherton Tablelands):
610 km
Alternativ:
Hughenden–Charter-
towers: 139 km
Chartertowers–Townsville:
135 km
Townsville–Cairns: 374 km

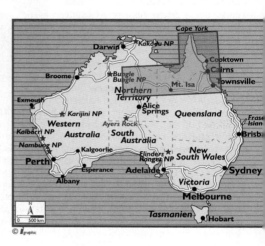

© *i*graphic

🗺 Streckenhinweis

Ist man aufgrund des zur Verfügung stehenden Fahrzeugs darauf angewiesen, auf asphaltierten Straßen an die Ostküste zu gelangen, muss von Darwin auf dem Stuart Hwy. bis zur Highway-Kreuzung **Three Ways** zurückzugefahren werden (vgl. Kapitel 13a). Von dort zweigt der Barkly Hwy. nach Osten ab. Dieser ist bis an die Küste gut ausgebaut, teilweise besteht er (noch) nur aus einer Fahrbahn. Vorsicht also bei entgegenkommenden Roadtrains: Diese beanspruchen den Fahrstreifen für sich. Da hilft nur links ranfahren und hoffen, dass kein Stein die Windschutzscheibe durchschlägt. Ab Mt. Isa heißt die Straße Flinders Hwy.

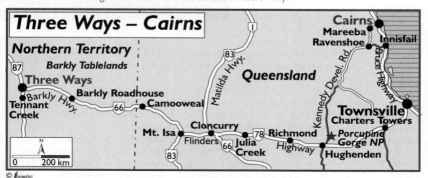

© *i*graphic

Hinweis
Alternativ lässt sich die Strecke Darwin–Cairns über den abwechslungsreichen Gulf Track (vgl. Kap. 13b) zurücklegen.

Zivilisationsstützpunkt in der von großen Rinderfarmen geprägten Gegend ist die
Bergwerkstadt **Mount Isa**. In Hughenden empfiehlt sich, als Abkürzung (außerhalb der Regenzeit) die *Kennedy Developmental Rd.* in die **Atherton Tablelands**
mit Fortsetzung nach Cairns zu fahren. Ist diese Straße unpassierbar, was relativ
selten vorkommt, muss zwangsläufig bis Townsville auf dem *Flinders Hwy.* geblieben werden.

a) Highway-Route (Overlander's Highway)

Der *Barkly Hwy.* und die schier endlos
erscheinende Weidelandschaft der **Barkly Tablelands** zählen bestimmt zu den
langweiligsten Streckenabschnitten einer
Australienreise. Ein Grund mehr, ihn so
schnell wie möglich zurückzulegen.

Auf dem Barkly Highway

Erster wichtiger Versorgungsstützpunkt
(188 km östlich von Three Ways) auf
dem Weg nach Osten ist **Barkly Homestead** an der Kreuzung zum *Tablelands*   *Flaches*
Hwy. Dieser führt durch ödes, flaches Land 376 km nach Norden und endet am   *Weideland*
Heartbreak Hotel von **Cape Crawford** (vgl. Kap. 13b). Barkly Homestead bietet
Übernachtungsmöglichkeiten in einfach eingerichteten Zimmern (Tel. 8964 4549).

Camooweal
15 km vor dem trostlosen Outback-Nest **Camooweal** überquert man die NT/
QLD-Grenze. Zum Auftanken genügt das Roadhouse. Nur 10 km südlich auf der
Urandangi Rd. beginnt der **Camooweal Caves NP**, der im Wesentlichen aus
einem Tunnelsystem von 9 Höhlen besteht. Der Eingangsbereich kann erforscht
werden, dann jedoch fallen bis zu 75 m tiefe Schächte in die Tiefe ab. Achtung: In
der Regenzeit füllen sich die Höhlen schlagartig mit Wasser!

Overlander's Highway
Reef to Outback

 Streckenhinweis
220 km nördlich liegt Gregory Downs, Eingangsort zum *Lawn
Hill NP* und dem *Gulf Track* (vgl. Kap. 13b).

Mount Isa (ⓘ s. S. 155)

1923 entdeckte *John Campbell Miles* die ersten Erzvorkommen im westlichen   *Bedeu-*
Queensland. Dies geschah eher zufällig, denn das Gebiet lag dicht an der alten   *tende*
Postroute, die von Duchess nach Camooweal führte. Campbell nahm sich den   *Bergbau-*
Namen des Goldfeldes Mount Ida/WA zum Vorbild und nannte den Ort fortan   *stadt*
Mount Isa. Bereits ein Jahr später wurde die erste Minengesellschaft, die noch
heute operierende *Mount Isa Mining Limited (MIM)*, gegründet. Die Stadt bzw. die

Minengesellschaft zählt heute zu den größten Produzenten von Kupfer, Blei, Silber und Zink. Täglich werden 35.000 Tonnen Gestein aus der Mount Isa Mine gefördert, dabei werden Tiefen von bis zu 1.800 m erreicht. Die Förderung in der 1987 erschlossene Hilton Mine (20 km nördlich) läuft seit 1990 auf vollen Touren. Eine eigens gebaute Eisenbahnlinie transportiert die Rohstoffe von Mount Isa nach Townsville, wo sie weiterverarbeitet und verschifft werden.

In Mt. Isa

Die rund 22.000 Einwohner leben fast alle vom Bergbau, 70 Prozent der Bevölkerung arbeiten untertage. Mount Isa rühmt sich, mit rund 40.000 km² die größte Flächenstadt der Welt zu sein. Die Stadt bietet ihren Bewohnern mit Einkaufszentren, Kinos und Sporteinrichtungen alle Annehmlichkeiten und kann als Zivilisationsoase in Outback Queensland bezeichnet werden. Tatsächlich prägen Schornsteine, Förderbänder und Abraumhalden das

Die meisten Einwohner arbeiten untertage Stadtbild, und als Tourist bleibt man kaum länger als nötig. Wehen ungünstige Winde, reizt beißender Gestank Augen und Schleimhäute. Was also kann man unternehmen? Bergwerksführung, Museumsbesuche, Vorräte auffüllen und einmal übernachten, um möglichst schnell zur Küste zu gelangen – viel mehr Möglichkeiten bieten sich nicht. Im August findet Australiens größtes Rodeo in Mt. Isa statt.

Mount Isa Mines (MIM) betreibt das **John Middlin Mining Display** (Church St., täglich 9–16 Uhr). In einer nachgebildeten Mine und einem Film erfährt man viel über Abbau, Transport und Verarbeitung der Bodenschätze. Gleich nebenan befindet sich das Schwimmbad der Stadt, vielleicht hat man nach langen Outback-

Bergwerks-führungen möglich Etappen ja Lust auf etwas Bewegung. Die informativen **Bergwerksführungen** (Underground Mining Tours) sollten unbedingt (telefonisch) bei der Tourist Information reserviert werden, da die Kapazitäten begrenzt sind. Faszinierende und weltberühmte Fossilienfunde sind im **Riversleigh Fossils Centre** (Marian St., Mo–Fr 8.30–16.30, Sa/So 9–14 Uhr, www.riversleigh.qld.gov.au) ausgestellt. Die Funde stammen aus dem 400 km nördlich gelegenen Gregory River bei der Riversleigh Station.

Eine Basis des **Royal Flying Doctor Service (RFDS)** befindet sich am *Barkly Hwy.* (Ecke Camooweal Rd./Grace St., Mo–Sa 9–15 Uhr). Besichtigungen der benachbarten **School Of Distance Education** (Abel Smith Pde., Tel. 4743 5157) finden nur an Schultagen um 10 und 11 Uhr statt. Aborigine-Kultur ist im **Kalkadoon Tribal Council Office** (Centenary Park, neben Riversleigh Fossils Centre, Mo–Fr 9–17Uhr) ausgestellt. Die Mitglieder des Stammes galten als sehr kriegerisch, als es darum ging, ihr Territorium gegen die weiße Besiedlung zu verteidigen. Auf Wunsch werden Führungen angeboten.

20 km nördlich liegt der **Lake Moondarra**, an dem sich Pelikane, Kormorane und Galahs angesiedelt haben. Der See eignet sich gut zum Baden. Picknickeinrichtungen und ein Kiosk sind vorhanden.

Streckenhinweis
Der Highway nach Osten heißt nun Flinders Hwy. Nach 55 km führt eine schmale Straße nach **Mary Kathleen**. Dabei handelt es sich um eine ehemalige Uranmine, deren Vorkommen durch Zufall entdeckt wurden. Im Jahr 1954 hatte ein Ehepaar eine Autopanne, begann aus Langeweile mit der Mineraliensuche und fand dabei zufällig Uranerz. Benannt nach der Gattin entstand zwei Jahre später die kleine Minensiedlung „Mary K", in der bis 1984 Uran gefördert wurde.

Auf dem Flinders Highway

Cloncurry

Die 2.200-Einwohner-Stadt (117 km westlich von Mount Isa) war im Jahre 1916 größter Kupferproduzent des Britischen Empire. Ein kleines Museum beherbergt neben alten Gerätschaften auch Überbleibsel der Burke-&-Wills-Expedition. Der Royal Flying Doctor Service unterhält auch hier eine seiner 14 Basen.

Einzige echte Sehenswürdigkeit ist **John Flynn Place**, ein Museum zu Ehren des Gründers des Royal Flying Doctor Service (Daintree St., geöffnet Mo–Fr 7–16 Uhr, Sa/So 9–15 Uhr). Ein uralter Hangar der *Queensland and Northern Territory Aerial Services* (Qantas) ist noch erhalten. Cloncurry war der Endpunkt der Luftpostverbindung Charleville–Longreach–Cloncurry, die 1922 begann. Das Haus der **Tourist Information** (Mary Kathleen Memorial Park) ist ein Originalgebäude aus der ehemaligen Minenstadt Mary Kathleen und beherbergt ein kleines Museum.

Hinweis
Der Matilda Hwy., der von Cloncurry entweder nach Normanton (nördlich) oder nach Cunnamulla (südlich) führt, ist in Kap. 14 beschrieben.

Hughenden

Das QLD-Hinterland ist von Rinder- und Schaffarmen geprägt. Kleinere Städte wie **Julia Creek, Richmond** und **Hughenden** sind Versorgungs- und Verladestützpunkte der umliegenden Farmen.

Im Visitor Centre von Hughenden befindet sich eine Dinosaurier-Ausstellung mit einem dort gefundenen 14 m großen Muttaburrasaurus-Skelett. Aufgrund der reichen Fossilienfunde um Hughenden wird angenommen, dass sich das Ufer des einstigen Inlandmeers genau dort befand, wo die Fairlight Range und die Basalt Tablelands aufeinander treffen.

Dinosaurier-Funde

Streckenhinweis: Auf direktem Weg nach Cairns
Informieren Sie sich in Hughenden beim Flinders Shire Council (Gray St., Tel. 4741 1288), ob die nach Norden führende, nicht durchgängig asphaltierte Kennedy

Von Hughenden nach Cairns

Developmental Rd. *(Hann Hwy.) befahrbar ist. In der Regenzeit kann es hier Probleme durch Überschwemmungen geben. 257 km nördlich von Hughenden, in **Lynd Junction**, bessert sich der Zustand der Straße. Sie heißt fortan Kennedy Hwy. Je weiter man nach Nordosten gelangt, desto tropischer wird die Vegetation. Eukalyptuswälder lösen die weiten, kahlen Ebenen ab. Einstige Vulkane prägen mit ihren typischen Kegeln die Landschaft. Nach 91 km auf dem Kennedy Hwy. folgt der Abzweig nach Georgetown* (Gulf Developmental Rd.). *In **Ravenshoe** erreicht der Kennedy Hwy. die **Atherton Tablelands**. Zur Fortsetzung der Reiseroute durch die Atherton Tablelands vgl. Kapitel 14.*

Sind Sie in der Regenzeit unterwegs und möchten jedes Risiko vermeiden, so bleiben Sie auf dem *Flinders Hwy.* Dieser hat, bedingt durch den Nord-Süd-Verlauf der Great Dividing Range, einen recht hügeligen Verlauf, sodass vorsichtig überholt werden muss. 135 km westlich von Townsville liegt die hübsche Goldgräberstadt Charters Towers.

Porcupine Gorge National Park

Kaum erschlossener Nationalpark

Bush at its best: 70 km nördlich von Hughenden gelegen, zieht die malerische Sandsteinschlucht des Porcupine Gorge NP nur wenige Touristen an. In der äußerst wasserarmen Umgebung führt nur ein durch die Schlucht fließender Bach ganzjährig Wasser. Baden in den Felspools ist im Mai/Juni nach der Regenzeit am ehesten möglich. Dementsprechend halten sich viele Tiere in der Schlucht auf – besonders Kängurus, Felswallabies und Vögel. Die Zufahrt zum Park ist ausgeschildert. Ein Visitor Centre gibt es nicht, jedoch informieren Schautafeln über die markierten Wanderwege in das tief eingeschnittene Tal, das auch *Australia's Little Grand Canyon* genannt wird. Die Felswände ragen bis zu 120 m hoch auf. Ein NP-Campingplatz (mit Toiletten und Wasser) ist oberhalb der Schlucht vorhanden. In der Dämmerung sind Wildbeobachtungen bei Wanderung in die steile Schlucht gut möglich. Vorsicht: Teilweise sind die Felsen lose und geröllartig.

Charters Towers (ⓘ s. S. 155)

1872 wurde in Charter Towers erstmals Gold entdeckt. In wenigen Jahren schwoll die Bevölkerung auf über 30.000 Menschen an, und 100 Minen waren in Betrieb. Auffällig ist zunächst das angenehm trockene Klima in der heute noch 6.800 Einwohner zählenden Stadt.

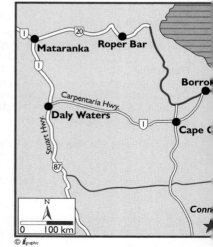

Schöne Kolonialbauten in der Gill Street

Sehenswert sind die Geschäftsstraßen **Gill Street** und **Mosman Street**, die praktisch das Stadtzentrum bilden. Schlendert man durch die Einkaufsarkaden der Gill St. und die **Stock Exchange Arcade** (am Ende der Gill St.), so lässt sich das Leben der einst boomenden Goldstadt leicht nachvollziehen. Ein Relikt aus alten Tagen ist die interessante Kassiervorrichtung in *Stan Pollard's Store* in der Gill St. Viele der alten Gebäude, darunter die *City Hall* (1891), die *Bank Of NSW* (1880) und das *Post Office* (1892), wurden liebevoll restauriert und stehen unter Denkmalschutz. Ein *Mining Museum* berichtet über die Blütezeit der Stadt. Ein Sammelsurium alter Gegenstände ist das *Zara Clark Museum* (Ecke Mosman/Mary St.).

Charters Towers

Streckenhinweis

Der Flinders Hwy. *setzt sich bis Townsville fort. Ein Abzweig bei Mingela führt zur einstigen Goldgräberstadt* **Ravenswood** *(40 km südlich). In der Geisterstadt können noch Reste alter Kolonialhotels und längst verlassene Minen besichtigt werden.*

b) Alternativroute: Von Darwin nach Cairns über den Gulf Track (Savannah Way)

SAVANNAH WAY

Entfernungen

Darwin–Mataranka:	438 km	Wollogorang–Burketown:	232 km
Mataranka–Roper Bar:	182 km	Burketown–Normanton:	233 km
Roper Bar–Cape Crawford:	309 km	Normanton–Georgetown:	300 km
Cape Crawford–Borroloola:	109 km	Georgetown–Cairns:	370 km
Borroloola–Wollogorang:	258 km		

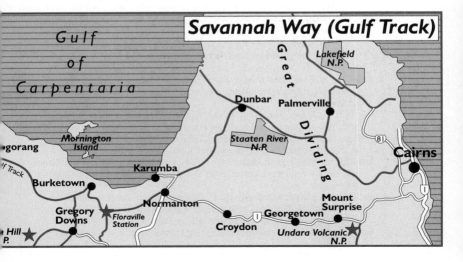

ℹ Information
Eine ausgezeichnete Website für diese Region ist unter *www.gulf-savannah. com.au* zu finden.

Outback-route entlang des Gulf of Carpentaria

Alternativ zur eher eintönigen Straßenverbindung über den *Barkly Hwy.* lässt sich mit einem 4-WD in den Wintermonaten (Mai–Okt.) der reizvolle **Gulf Track (Savannah Way)** von Darwin nach Cairns befahren. Als eine der landschaftlich abwechslungsreichsten Pisten Australiens beginnt dieser im Top End des Northern Territory und endet in Normanton im Nordwesten Queenslands. Abstecher in „krokodilverseuchte" Uferregionen locken den Outback-Reisenden ebenso wie ruhig dahinfließende Flüsse mit traumhaften Möglichkeiten zum Angeln oder Nächten in einsamen Bushcamps.

Vorsicht Regenzeit!

Die Tierwelt der Golf-Region ist vielfältig: Vögel, Dingos, fliegende Hunde und Fledermäuse, aber auch Krokodile und reichlich Moskitos sind vorhanden. Das Befahren des *Gulf Track* empfiehlt sich ausschließlich während der Trockenzeit, also von Mai bis Oktober. Gänzlich abzuraten ist der Track von Dezember bis April: Extreme Hitze und heftige Regenfälle machen ein Vorankommen zu einem Ding der Unmöglichkeit. Der Pistenzustand in der Trockenzeit ist im Allgemeinen gut. Die zahlreichen Flussdurchquerungen sind größtenteils durch einbetonierte Pisten entschärft worden. Gleichwohl ist Vorsicht geboten, wenn die Pegel nach Regenfällen gestiegen sind. Wer noch nie echten *Bull Dust* (jenen feinen Outback-Staub, der durch alle Ritzen dringt) erlebt hat, wird dies spätestens auf dem Gulf Track tun. Mitunter kaschiert dieser tiefe Löcher in der Piste – auch deshalb sei vor allzu forschem Vorwärtsdrang gewarnt.

Ludwig Leichhardt war auch schon hier

Geschichtlich interessant ist der *Gulf Track* durch den unbändigen Forscherdrang des Deutschen *Ludwig Leichhardt*. Im Jahr 1845 fand er einen Weg von Brisbane nach Port Essington (nahe Darwin) und folgte dabei weit gehend der später entstandenen Route entlang dem Golf von Carpentaria. Viehtreiber wie *D´Arcy Uhr* oder *Nat Buchanan* folgten Leichhardt erst viele Jahre später, und auch Burketown, heute einer der wichtigsten Orte am Golf, wurde erst 1865 gegründet.

Der Gulf Track im Überblick

km 0: Vom *Stuart Hwy.* (6 km südlich von **Mataranka**) führt der geteerte *Roper Hwy.* nach Osten – zunächst durch wenig spektakuläres Farmland.

km 182: **Roper Bar**. Per Boot lässt sich die Mündung des Roper River erreichen, ein populäres Angelgebiet für Barramundi-Fischer. Der *Roper Bar Store* (Tel. 8975 4636) ist mit Motel, CP, Tankstelle und Supermarkt der wichtigste Anlaufpunkt für die weitere Reise.

km 252: **St. Vidgeon Homestead Ruins**. Die Ruinen der alten Farm liegen nahe der **Lormaieum Lagoon**, einer von Wasserlilien überzogenen Lagune mit reichem Vogelleben.

km 360: **Limmen Bight River**. Flussabwärts liegen ein permanentes Angel-Camp und schöne Campgrounds. Kurz darauf folgt der Abzweig zur historischen **Nathan River Homestead** (geschlossen).

km 408: Abzweig nach **Lorella Springs Homestead** in der Tarwallah Range. Bushcamping an einem schönen Pool möglich. Nach weiteren 83 km auf dem *Gulf Track* ist bei **Cape Crawford** der geteerte *Carpentaria Hwy.* erreicht. Dort werden von der *Savannah Guide Station* spektakuläre Helikopter-Rundflüge (*Lost City Scenic Flights*, Tel. 8975 9928) angeboten. Die "verlorenen Städte" sind in diesen Fällen bizarr anmutende Steinformationen, die per Fahrzeug nicht zu erreichen sind. Im *Heartbreak Hotel*, dem Roadhouse von Cape Crawford, kann übernachtet werden.

km 555: **Borroloola**. Bis 1886 gab es keinerlei Ansiedlungen zwischen Roper Bar und dem kleinen Hafen Burketown. Dank dem Goldrausch in den Kimberleys entstand eine kleine Stadt am McArthur River, einem der größten Flüsse der Golf-Region.

1984 wurde die Verwaltungsstadt, die heute immerhin 800 Einwohner zählt, vom verheerenden Zyklon Tracy dem Erdboden gleichgemacht. Eines der wenigen erhaltenen Gebäude ist die Polizeistation von 1886 mit einem kleinen Museum (geöffnet Mo–Fr 12– 15 Uhr). An den *Stuart Hwy.* besteht eine schnelle, durchgehend geteerte Verbindung durch den *Carpentaria Hwy.*

Die alte Borroloola Police Station

Größtes Event ist ein alljährlich an Ostern durchgeführter Angelwettbewerb, die sog. *Borroloola Fishing Classics*, der viele Besucher in eine ansonsten verlassene Gegend führt. Für Touristen werden zahlreiche Angelausflüge und Bootsausflüge zur Krokodilbeobachtung in den 40 km entfernten Mündungsbereich angeboten (*Croc Spot Tours*, Tel. 8975 8734). Auch der an der Küste vorgelagerte **Barranyi Nationalpark** mit den **Sir Edward Pellew Islands** ist ein gerne besuchtes Ziel der Angler. Übernachten ist u.a. im komfortablen *Borroloola Inn* (Tel. 8975 8766) oder auf dem *McArthur River CP* (Tel. 8975 8734) möglich. Ansonsten ist mit Banken, Supermarkt, Post, Autowerkstätten und Ärzten alles vorhanden, was eventuell benötigt wird.

km 611: **Wearyan River**. Idyllischer Rastplatz am Flussufer und einem Campground flussaufwärts.

km 660: **Robinson River**. Auch hier befindet sich ein einfacher Campground am Flussufer.

km 730: **Calvert River** – einer der schönsten Streckenabschnitte mit reichlich Pflanzenbewuchs. Die Piste windet sich nun hinauf auf die Calvert Range.

km 813: **Wollogorang Station** (Tel. 8975 9944). Die Rinderfarm verfügt über ein Roadhouse mit Restaurant, Motel und CP. Interessenten wird die Möglichkeit geboten, bis zur 80 km entfernten Küste zu fahren (vor allem für Angler interessant). Die Landschaft wird im weiteren Verlauf eher eintönig und flach.

km 871: **Hell´s Gate Roadhouse** (Tel. 4745 8258) mit B&B-Unterkunft und Restaurant. Die Eigner führen Tagestouren zur 120 km entfernten Küste und den dort lebenden Aborigines durch. 50 km später erfolgt ein Abzweig zum Kingfisher Camp, einem idyllischen Campingplatz am Flussufer. Von hier kann über die Bowthorne Station auch direkt in den Lawn Hill NP gefahren werden.

> **km 951:** **Doomadgee Aborigine Community**. Mit über 1.000 Einwohnern ist Doomadgee eine der größten Aborigine-Gemeinden der Golf-Region. Ein Laden für kleinere Einkäufe ist vorhanden. Wenig später folgt die Querung des Nicholson River (Vorsicht Salzwasserkrokodile!).
>
> **km 1008:** **Gregory River**. Idyllisches, tropisch bewachsenes Flussbett. Die durch den Fluss verlegte Betonpiste macht einen Knick und muss deshalb mit Vorsicht befahren werden. Ein letzter Stopp vor Burketown ist das **Tirranna Roadhouse**.
>
> **km 1045:** **Burketown**. Keine Stadt der Golf-Region liegt direkt am Meer, auch Burketown nicht. Zu weit reichend sind die Sumpfgebiete, zu groß ist

INFO **Lawn Hill Nationalpark**

Anfahrt
Von Burketown bis Gregory Downs sind es 117 km auf einer recht ordentlichen Piste. Von Camooweal im Süden dauert die Fahrt für die 220 km fast doppelt so lange. Der eigentliche NP-Eingang liegt weitere 100 km westlich. Ein Ranger vor Ort vergibt die Camping-Permits.

Auf dem Weg von Burketown nach Lawn Hill wird das historische **Gregory Downs Hotel** passiert, in dem auch heute noch übernachtet werden kann (mit Tankstelle). Camping ist hier ebenso möglich wie in **Adel's Grove**, dem Eingangstor des Nationalparks. Dort befindet sich ein etwas gelegener Caravan Park (Tel. 4748 5502). Die Hauptattraktion des NP ist eine vom **Lawn Hill Creek** gegrabene 40 m tiefe Schlucht, deren Grund von Regenwald und permanenten Wasserlöchern gekennzeichnet ist. Der NP-Campground (mit Duschen und Toiletten) ist relativ klein, deshalb empfiehlt sich eine Reservierung beim Ranger (Tel. 4747 5572). Am Fluss werden Kanus zur Miete angeboten. So kann man von der mittleren Schlucht bis an die **Inari Falls** paddeln.

In der **Lower Gorge** leben einige harmlose Freshwater-Krokodile, die sich aber kaum zeigen, seit die Popularität des Parks und damit die Besucherzahl zugenommen hat. Im und am Fluss lebt eine Menge Vögel, und sogar Schildkröten können beobachtet werden. Vom Aussichtspunkt Island Stack (steile 20-Mi-

Lawn Hill Nationalpark

nuten-Wanderung vom Campground) bietet sich ein guter Blick in die Schlucht. Der Park ist reich an Aborigine-Funden, die bis zu 17.000 Jahre alt sind. Einige Felszeichnungen befinden sich an den Uferwänden der Lower Gorge.

Im südlich gelegenen **Riversleigh** befinden sich berühmte Fossilienfunde, von denen man allerdings nur ein paar Ausstellungsstücke zu sehen bekommt. Das interessante Museum befindet sich in Mt. Isa.

der auftretende Tidenhub. Die Bucht und der Fluss Albert River wurden von *Captain John Stokes* an Bord der „HMS Beagle" im Jahr 1841 entdeckt. Benannt wurde die 1865 gegründete Stadt nach den berühmten Forschern *Wills* und *Burke*, obgleich die niemals durch gerade diesen Landstrich kamen. Für Reisende und für die ausgedehnten Rinderfarmen der Golf-Region, egal ob von Westen, Osten oder Süden kommend, stellt die Stadt einen wichtigen Versorgungsstützpunkt dar. Die *Regional Tourist Information* (Tel. 4745 5177) erteilt alle wichtigen Auskünfte. Das *Albert Hotel/ Motel* (Tel. 4745 5104) oder der *Burketown CP* (Tel. 4745 5010) bieten Übernachtungsmöglichkeiten.

Auf dem *Gulf Track* (jetzt auf manchen Karten *Top Road* genannt) in Richtung Normanton wird das Gelände zunehmend flach – die weit reichenden Ebenen der zahlreich mündenden Flüsse sind erreicht. Die Piste wird sehr staubig, und Vorsicht ist beim Überfahren tiefer Löcher oder Rinnen geboten.

km 1118: Abzweig zur historischen, immer noch betriebenen **Floraville Station**. Hier weist eine Plakette auf den 1866 gestorbenen *Frederick Walker* hin, der sich auf die Suche nach den vermissten Forschern *Burke* und *Wills* gemacht hatte.

km 1120: Abzweig zu den **Leichhardt Falls**. Herrlicher Campground auf dem Felsplateau am Leichhardt River und ein kurzer Spaziergang zu den Wasserfällen und Sanddünen.

km 1208: **Inverleigh Station** und Abzweig zum *Matilda Hwy*.

km 1278: **Normanton**. Die 1.150 Einwohner zählende Stadt ist der Endpunkt des *Gulf Track* und Zentrum des **Gulf Savannah Territory**. Einige historische Gebäude, die auf einem Rundgang besichtigt werden können, weisen auf Normantons Bedeutung als einst wichtiger Hafen hin. Das im späten 19. Jahrhundert erbaute Penitentiary ist ein Gefängnis, das den Auswüchsen des Croydon-Goldrausches Einhalt gebot.

Aus dieser Zeit stammt auch die bis in die heutige Zeit betriebene Bahnverbindung des *Gulflanders*. Der Zug transportierte Gold und Goldgräber von **Croydon** in die Hafenstadt. Er verlässt Normanton immer mittwochs, zurück geht´s donnerstags. Auf den 152 km hält er bei allen wesentlichen und (manchmal unwesentlich erscheinenden) Sehenswürdigkeiten unterwegs. Übernachtet werden kann in Normanton im *Gulfland Hotel* (Tel. 4745 1290) und auf dem *Council CP* (Tel. 4745 1121).

Wer möchte, kann von Normanton noch einen Abstecher nach Norden in die Hafenstadt **Karumba** unternehmen, bekannt für die „Karumba Prawns", schmackhafte Krabben. Von Karumba existiert eine Fähr- und Frachtschiffverbindung nach Weipa (Cape York-Halbinsel).

Streckenhinweis

*Auf der Gulf Developmental Rd. sind es von Normanton noch einmal gut 300 km bis **Georgetown** bzw. 684 km bis **Cairns**. Wichtigste Stadt unterwegs ist **Croydon**, berühmt durch einen 1886 ausgebrochenen Goldrausch. Hauptattraktion jedoch im küstennahen Outback ist der Undara Volcanic NP.*

*50 km westlich von **Mt. Surprise** und knapp 60 km östlich von Georgetown befinden sich die heißen Quellen **Tallaroo Hot Springs** (Baden möglich).*

Die genaue Routenbeschreibung in den Undara Volcanic NP entnehmen Sie bitte Kapitel 14 „Outback Queensland" bzw. „Atherton Tablelands".

14.   CAIRNS – BRISBANE, QUEENSLAND

Die Geschichte Queenslands

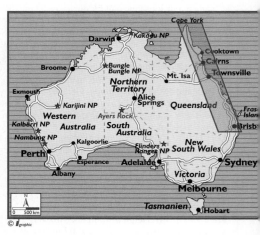

Der erste Weiße, der Kontakt mit der Küste Queenslands hatte und eine Seepassage durch das Great Barrier Reef fand, war *Matthew Flinders* im Jahre 1802. Bis 1859 war Queensland ein Teil der Gründungskolonie New South Wales. Die Erschließung des Staates begann allmählich von Süd nach Nord: Die Entwicklung der Stadt Brisbane geht auf die Siedlungsgründung *John Oxleys* im Jahre 1824 zurück, Goldfunde in Charters Towers 1871 lösten eine erste Bevölkerungsexplosion aus und führten zur Gründung von Townsville. Die nördlichen Regionen galten lange Zeit als nicht erschließbares, undurchdringliches Dickicht. Erst mit den Goldfunden am Palmer River (Cape-York-Halbinsel) im Jahr 1873 verschlug es die ersten Abenteurer in den tropischen Norden. Cairns wurde 1876 als Seehafen und Versorgungsstützpunkt für die Goldfelder von Hodgkinson gegründet, Port Douglas folgte wenig später.

Überblick von Nord nach Süd: Sehenswürdigkeiten in Queensland

Ein Schwerpunkt vieler Australienreisen ist ohne Zweifel die Ostküste – an vorderster Stelle der **Sonnenstaat Queensland**. Der Urlaub im fast ganzjährig mit Sonnenschein verwöhnten Bundesstaat eröffnet ungemein vielfältige Möglichkeiten:

Riff und Regenwald

• Die **Cape-York-Halbinsel** mit der historischen Stadt **Cooktown** – tropisches Outback für Abenteuerlustige.
• **Cairns**, das Urlaubsmekka in *Far North Queensland*. Regenwald und Riff reichen sich hier die Hand.
• Eines der sieben Weltwunder und ein Paradies für Taucher: das **Great Barrier Reef** mit großem Ausflugsangebot. Exklusive **Ferienresorts** mit vielfältigen Wassersportmöglichkeiten findet man auf den **Inseln des Great Barrier Reef**.
• Im Hinterland die immergrünen Hügel der **Atherton Tablelands** und das unbekannte Outback mit dem **Gulf Savannah Territory**.
• Südliches Eingangstor nach Nord-Queensland ist die Handelsmetropole **Townsville** mit Schnorchel- und Tauchtouren an das Great Barrier Reef.
• Die Inselgruppe der **Whitsunday Islands** für die unterschiedlichsten Urlaubsaktivitäten – Ausgangspunkt ist Airlie Beach.

- Unendlich weite Zuckerrohrfelder mit den „Sugar Towns" **Mackay** und **Rockhampton**.
- **Hervey Bay** als Ausgangspunkt für Ausflüge nach **Fraser Island**, der größten Sandinsel der Welt.
- Nördlich der Queensland-Metropole **Brisbane**: die **Sunshine Coast**. Und südlich davon: die berühmte **Gold Coast** und das Hinterland mit dichten grünen Regenwäldern.

Cairns (ⓘ s. S. 155)

Cairns war die in den letzten Jahrzehnten am schnellsten gewachsene Stadt Australiens (heute ca. 120.00 Ew.), was vor allem ein Verdienst des boomenden Tourismus ist. Der internationale Flughafen von Cairns, der 1984 eröffnet wurde, hat in seiner Bedeutung dem einst internationalen Flughafen von Townsville längst den Rang abgelaufen.

Beschauliches Tropenflair vermitteln noch die im kolonialen Stil auf Pfählen errichteten und mit hübschen Veranden versehenen Wohnhäuser. Einige wenige alte Hotels und Pubs haben sich bis heute gehalten. Moderne Einkaufszentren (Cairns Central mit Bahnhof) und die neu gestaltete Wharf, an der die Ausflugskatamarane ablegen, bilden dazu einen interessanten Kontrast. Ohne sich auffällig zu bemühen, schaffen die Australier mit ihrer lässigen Art trotz des Trubels (täglich beginnen rund 200 Ausflüge aller Art in Cairns!) eine entspannte Urlaubsatmosphäre. Nach dem *No Worries*-Prinzip geht alles seinen Gang – und das erstaunlich gut.

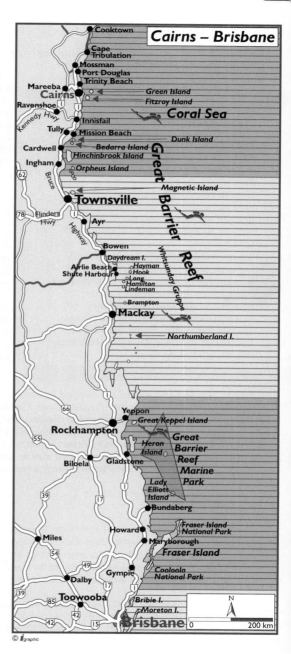

© **i**graphic

Trinity Bay wurde von James Cook entdeckt

Zur Geschichte der Stadt

Die Bucht, in der das heutige Cairns liegt, wurde von *Captain James Cook* mit dem Namen **Trinity Bay** versehen. Man schrieb das Jahr 1770, und Cook befand sich nach seiner ersten Entdeckerfahrt auf der Heimreise nach England. Als unbedeutende Siedlung führte Cairns bis 1876 eher ein Schattendasein, da die Lebensbedingungen im tropischen Klima Queenslands als der Gesundheit wenig zuträglich galten. Mit der Proklamation zur Hafenstadt änderte sich dies im Jahr 1876: Cairns war dazu auserkoren, die Goldfelder im Inland zu versorgen. Innerhalb von zwei Jahren wuchs jedoch die Bedeutung von Port Douglas derart, dass Cairns wieder in Vergessenheit geriet. Erst mit der Anbindung an die Eisenbahn im Jahre 1885 wurde die Stadt wieder zum wichtigsten Küstenort im „fernen Norden". Als die Goldfelder nach und nach ausgebeutet waren, übernahm der Anbau von Zuckerrohr die wirtschaftliche Basis.

Redaktions-Tipps

- Nehmen Sie sich wenigstens 2 Tage Zeit, um die Highlights kennen zu lernen: das **Great Barrier Reef** auf einem Bootsausflug und den **Regenwald**, egal ob auf einer Fahrt nach Kuranda (S. 471) oder auf einer Tour in die Daintree-Regenwälder im Norden (S. 477).

- Einen längeren Hotelaufenthalt verbringen Sie am besten an den **Northern Beaches**: Trinity Beach (S. 471) oder Palm Cove (S. 471) – herrliche Badestrände und ein tropischrelaxtes Urlaubsambiente!

Bei einem **abendlichen Bummel** entlang der Esplanade lässt es sich vielerorts gut speisen. Klimatisiertes Shopping ist im Pier Marketplace oder im Cairns Central bestens möglich.

Besuchen Sie das **Aquarium** im Pier (S. 469), zwar etwas kleiner als in Sydney oder Townsville, aber eine schöne Einstimmung auf die Korallenwelt im offenen Meer. Die Haifütterung kann live mitgemacht werden.

Zuckerrohr-Anbau als landwirtschaftliche Grundlage

Die ersten Siedler waren vom Pioniergeist beseelt und schufen die Grundlage für den zukünftigen Reichtum Queenslands. Berühmte Namen waren *Richard Ash Kingsford* (erster Bürgermeister von Cairns), sein Enkel, der Flugpionier *Charles Kingsford Smith* (Sydneys Flughafen trägt heute seinen Namen) und der Mühlenbesitzer *Thomas Swallow*. Im Zweiten Weltkrieg wurde das „House on the Hills" zur geheimen Zentrale der Alliierten, und in der Trinity Bay begann 1942 die erfolgreiche „Schlacht der Korallensee", in der die Japaner unter US-Führung zurückgeschlagen wurden. Die ersten Touristen wurden in den 1960er-Jahren von der Marlin-Fischerei angelockt.

Sehenswürdigkeiten

Die Besucherprospekte haben nicht Unrecht, wenn sie das Umland von Cairns mit dem Great Barrier Reef und den tropischen Regenwäldern in den Vordergrund stellen. Cairns selbst bietet wenige Sehenswürdigkeiten. Von diesen befinden sich die meisten im klar definierten Zentrum der Stadt, das aus dem südlichen Straßenviertel zwischen Florence St und Sheridan St gebildet wird.

Wer sich für die Stadtgeschichte interessiert, sollte dem **Historischen Museum (5)** am **City Place (4)** (Ecke Lake St./Shields St.) einen Besuch abstatten. Dort befindet sich auch die kleine Fußgängerzone der Stadt. Überall bieten sich Shopping-Möglichkeiten: An T-Shirts, Bumerangs, Plüschkoalas, Muscheln und Abo-

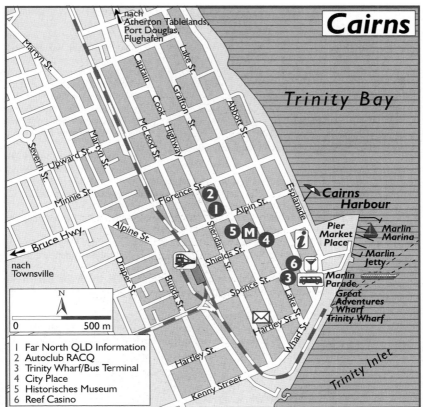

Cairns

Trinity Bay

nach
Atherton Tablelands,
Port Douglas,
Flughafen

Martyn St.

Captain

Lake St.

Cook

Grafton St.

Highway

McLeod St.

Abbott St.

Severin St.

Upward St.

Martyn St.

Minnie St.

Florence St.

Alpin St.

Esplanade

Cairns
Harbour

Bruce Hwy

Alpine St.

Sheridan St.

Draper St.

Shields St.

Spence St.

Bunda St.

Hartley St.

Wharf St.

Hartley St.

Kenny Street

nach
Townsville

Pier
Market
Place

Marlin
Marina

Marlin
Jetty

Marlin
Parade

Great
Adventures
Wharf
Trinity Wharf

Trinity Inlet

N

0 ──────── 500 m

1	Far North QLD Information
2	Autoclub RACQ
3	Trinity Wharf/Bus Terminal
4	City Place
5	Historisches Museum
6	Reef Casino

© graphic

rigine-Kunst herrscht kein Mangel. Wohl dem, der von Cairns aus seinen Heimflug antreten kann.

Entlang der **Esplanade** bummeln allabendlich alle, die von Ausflügen zurückkehren, sich zum Essen begeben oder sich an einer der lebhaften Bars treffen. Täglich findet ab 17 Uhr ein nächtlicher Markt zwischen Esplanade und Abbott Street statt. Der Bummel führt zu **The Pier**. Dort befinden sich ein Aquarium (8–20 Uhr), viele Läden und im Obergeschoss Restaurants. Die *Jabiru-Aborigi-*

Auf der Esplanade in Cairns

ne-Tänzer tanzen Mo–Fr um 17.30 Uhr und freuen sich über eine kleine Spende. Das moderne **Reef Casino (6)** (gegenüber The Pier) mit seinem unübersehba-

Straßenszene in Cairns

ren Glasdom lockt vor allem asiatische Gäste zum Glücksspiel. Die **Trinity Wharf (3)** und das **Cruise Terminal**, wo die meisten Ausflugsboote und Segler an- und ablegen, vermittelt viel vom berühmten Urlaubsflair der Stadt. Alle Veranstalter hier ihre Buchungsstellen. Das alte *Barrier Reef Hotel* gegenüber zeigt, wie es früher ausgesehen hat.

Urlaubsflair an der Esplanade

Der neu gestaltete, künstliche Strand ist an Stelle der ehemaligen *Mud Flats* entstanden und wurde im Jahr 2002 eröffnet. Obwohl das Projekt damals heftig umstritten war, mag man heute kaum mehr darauf verzichten

Verfügen Sie über kein Fahrzeug, ist die Fahrt mit dem *Cairns Explorer Bus* das Richtige. Besichtigungspunkte unterwegs sind u.a.:
• **Royal Flying Doctor Basis** (1 Junction Rd.): Die Basis der Fliegenden Ärzte kann in Cairns Mo–Sa 9–17 Uhr besichtigt werden. Führungen finden alle 30 Minuten statt.
• **School of Distance Education** (Hoare St., Tel. 4051 0155): Ein Besuch der Funkschule in Australien sollte nicht fehlen. Besichtigungen sind von 10 bis 12 Uhr außerhalb der Schulferien gegen Voranmeldung möglich.
• **Botanical Garden** (Collins Ave.): Der Botanische Garten verfügt über eine sehenswerte Sammlung tropischer Pflanzen und Farne. Benachbart befindet sich der ruhige **Mount Whitfield Conservation Park**, durch den zwei Regenwaldpfade führen.

Umgebung von Cairns

Skyrail
Die Gondelbahn Skyrail ist eine der großen Attraktionen von Cairns. Der Schutz der Regenwälder hat sich in diesem Fall durchsetzen können – die Alternative wäre ein neuer Highway gewesen. Auf einer 7,5 km langen Strecke schwebt man über den tropischen Regenwald nach Kuranda. Von oben öffnet sich der Regenwald in neuen Perspektiven.

Mit der Gondel über den Regenwald

Die Bahn hat ihren Ausgangspunkt am Fuß der McAllister Range (Smithfield Terminal Building, 5 Min. vom Flughafen entfernt) und macht unterwegs zweimal Halt: Gelegenheit, um den Regenwald auf kurzen Wanderwegen (Red Peak Station und Barron Falls Station) zu erkunden. Für Europäer relativiert sich das „spektakuläre" Erlebnis der Gondelfahrt etwas. Australier oder Amerikaner, die noch nie eine Gondel gesehen haben, geschweige denn in einer solchen gesessen haben, schwärmen von der neuen „Erfahrung".
Skyrail, Ecke Kamerunga Rd./Cook Hwy.; Kombinationen mit Tjapukai und Zugfahrt sind am besten im Pauschalpaket („Kuranda All-Inclusive Tour") buchbar. www.skyrail.com.au.

Tjapukai Aborigine Cultural Park

Eine durchdachte und professionelle Mischung aus Show und Information präsentiert sich dem Besucher im Tjapukai-Aborigine-Kulturzentrum. Programmpunkte sind u.a. Bumerang-Werfen, Feuermachen, Tanz, Gesang, Mystik und einiges mehr (6 verschiedene Aufführungen). Idealerweise befindet sich das Zentrum direkt neben der Skyrail Station. Viele Kuranda-Touren schließen den Besuch von Tjapukai und die Fahrt mit Skyrail und Bahnfahrt ein – man bucht aus Preis- und Organisationsgründen am besten gleich das Gesamtpaket *Kuranda All-Inclusive*.

Aborigine-Kultur

Tjapukai Aborigine Cultural Park, *Ecke Kamerunga Rd./Cook Hwy.; geöffnet täglich 9–17 Uhr; www.tjapukai.com.au*

Marlin Coast und Northern Beaches

Der Küstenabschnitt von Cairns bis Ellis Beach heißt **Marlin Coast**. Auf dem 26 km langen Abschnitt, der gleich nördlich des Flughafens beginnt, kann zu einem der schönen Strände abgezweigt werden, die offiziell noch zum Stadtgebiet von Cairns gehören.

Die Stadt selbst verfügt über keine Strände, deshalb muss zum Baden an die so genannten **Northern Beaches** ausgewichen werden. In **Machans Beach**, **Holloways Beach**, **Yorkeys Knob**, **Trinity Beach**, **Kewarra Beach**, **Clifton Beach**, **Palm Cove** und **Ellis Beach** befinden sich sehr schöne Strände, die noch in Reichweite zur Stadt liegen. Alle Strände verfügen über Stinger-Netze, sodass auch während der Quallenzeit gebadet werden kann. Regelmäßige Busverbindungen zwischen Cairns und den einzelnen Stränden machen die Entscheidung schwer, ob man nun besser im lebendigen Cairns oder in einem Strandvorort sein Quartier bucht (vgl. auch „Nördlich von Cairns" sowie Unterkünfte im Kapitel 3 „Cairns").

Die Strände liegen nördlich von Cairns

Insbesondere in **Palm Cove** (und weiter nördlich in Port Douglas) hat sich eine Reihe sehr guter, mit viel Liebe zum Detail erbauter Ferienresorts angesiedelt. Günstiger und etwas weniger exklusiv sind die Hotels, Motels und Caravan Parks bei **Ellis Beach** und **Trinity Beach**. Eine Auswahl an Unterkünften finden Sie in Kapitel 3 „Cairns". An Aktivitäten wird beispielsweise **Bungee Jumping** (15 km nördlich von Cairns) oder **Wildwasser-Rafting** in der Barron Gorge angeboten.

Kuranda

Die Stadt, die sich nur 30 km nordwestlich von Cairns befindet, ist zwar äußerlich das Dorf geblieben, das es schon seit 100 Jahren ist, in seinem Wesen aber durch den gewachsenen Tourismus völlig verändert worden. Besucher kommen in Bussen, per Gondelbahn *Skyrail* oder mit dem Zug (*Kuranda Scenic Railway*). Aufgrund der Nähe zu Cairns, seiner reizvollen Lage inmitten des Regenwalds und dem lebhaften **Kuranda Market** (Mi, Fr, So 8.30–15 Uhr, einige Stände auch täg-

Kuranda Market

Ausflugs-
ziel
Kuranda

lich) hat sich das Städtchen zu einem beliebten Tagesausflugsziel entwickelt. An den Verkaufsständen, wo mit allerhand Kunsthandwerk und Souvenirs gehandelt wird, herrscht ein buntes Treiben. Die Orientierung in Kuranda fällt leicht: Hauptstraßen sind die *Coondoo St.* und die *Therwine St.* mit dem Markt; die nett anzusehende Bahnstation befindet sich am Barron River in der *Arara St.* Zu Fuß oder mit dem Auto gelangt man über die *Barron River Rd* zum **Wrights Lookout**, von wo aus man einen schönen Blick auf die Wasserfälle der **Barron Gorge** genießt.

Schmetter-
linge

Sehenswert in Kuranda ist das **Butterfly Sanctuary** (täglich 10–15 Uhr), ein großes Schmetterlings-Freiluftgehege, in dem über 2.000 Schmetterlinge munter herumfliegen. Das **Noctarium** mit verschiedenen nachtaktiven Tieren liegt gleich nebenan. **Aviary** und **Birdworld** sind ein Freiluftgehege für 40 Vogelarten, wie sie im tropischen Regenwald heimisch sind (täglich 10–15 Uhr).

Per
Eisenbahn
oder
Gondel
nach
Kuranda

Kuranda Scenic Railway

Die Möglichkeit, von Cairns nach Kuranda mit der historischen **Kuranda Railway** auf der 1891 fertig gestellten Bahnlinie zu fahren, sollte man sich nicht entgehen lassen. Die Fahrt führt zunächst durch weitläufige Zuckerrohrfelder, dann hinauf durch dichten Regenwald, über hölzerne Brücken und zahlreiche Tunnels zur Barron Gorge. An den Wasserfällen der Schlucht legt der Touristenzug einen Fotostopp ein, um schließlich weiter nach Kuranda zu fahren. Zurück geht es dann entweder per Bus, per Gondelbahn (*Skyrail*) oder wieder per Zug – je nachdem, ob man die Fahrt in eigener Regie unternimmt oder sich einem organisierten Ausflug anschließt.

Kuranda Railway

Rainforestation Centre

Ein weiterer Touristenmagnet Kurandas ist das **Rainforestation Centre** mit gleich drei Attraktionen: Das **Pamagirri Cultural Centre** bietet ähnlich dem Tjapukai Centre (wenngleich nicht ganz so technisiert) eine Mischung aus mystischem Tanz und lehrreichen Vorführungen wie Bumerang werfen oder Didjeridoo-Blasen. Das kleine Dorf zeigt die verschiedenen Lebensformen der australischen Ureinwohner. Ein großer **Koala & Wildlife Park** zeigt in natürlicher Umgebung die Pflanzen und Tiere Australiens. Und schließlich haben Sie die Möglichkeit, in Amphibienfahrzeugen aus dem Zweiten Weltkrieg (*Army Ducks*, gebaut zwischen 1942 und 1944 in Detroit) durch ein 40 ha großes Regenwaldgebiet zu tuckern. Der Lärm der Fahrzeuge verscheucht leider jegliches Getier.

Regenwald
und
Aborigine-
Kultur

Rainforestation Centre, Kuranda, mit Restaurant, www.rainforestation.com.au. Von der Skyrail-Station oder von Kuranda (beim Butterfly-Sancturary) fährt regelmäßig ein Shuttle-Bus nach Rainforestation.

☞ **Hinweis**
Die übrigen Regionen und Städte der Atherton Tablelands sind in Kapitel 14 beschrieben.

Das Great Barrier Reef (ⓘ s. S. 155)

Für *Matthew Flinders*, der 1802 eine Seepassage durch die tückischen Gewässer Queenslands suchte, war es schlicht die „Große Barriere" – „The Great Barrier". Von den tatsächlichen Ausmaßen dieses weltgrößten Korallenriffs hat sich Flinders allerdings keine Vorstellung gemacht. Über eine Länge von rund 2.000 km dehnt sich das Riff von Papua-Neuguinea bis Gladstone an der Küste Queenslands aus. Dabei besteht es nicht aus einer einzigen Meereserhebung, sondern aus rund 2.600 Einzelriffs und 300 Inseln, wobei nur drei Inseln als reine Koralleninseln (Green Island, Lady Elliot Island und Heron Island) gelten. Das als „Achtes Weltwunder" bezeichnete Naturparadies umfasst eine Gesamtfläche von über einer Viertelmillion Quadratkilometern. *Das achte Weltwunder*

Das Great Barrier Reef wurde in tausenden von Jahren von Korallenpolypen, lebenden Organismen, gebaut. Es ist das größte, von Lebewesen geschaffene „Bauwerk" unserer Erde. Nur unter optimalen Lebensbedingungen, d.h. mindestens 20 Grad Wassertemperatur und hoher Kalziumgehalt, können sich Korallen vermehren. Die absterbenden mineralischen Bestandteile (Kalkstein) haben Riffe gebildet, die immer höher bis zu ihrem heutigen Niveau wuchsen. Die bislang bekannten, rund 400 verschiedenen Korallenarten benötigen für ihr Wachstum Licht. Die maximale Tiefe, in der sie vorgefunden werden können, beträgt daher nicht mehr als 20 m. *Entstehung*

Das Great Barrier Reef ist die Heimat unzähliger tropischer, farbenprächtiger Fische, die in einträchtiger Symbiose mit den Korallen leben. Die Vielfalt lässt sich dabei nur erahnen – befindet man sich einmal unter Wasser, entdeckt man ständig neue Arten und Formen. Dazu zählen auch Seesterne, Krustentiere (Krebse und Krabben), Meeresschildkröten, Muscheln, Schnecken, Rochen und Haie. Letztere zählen in den warmen Gewässern zu den kleineren und meist ungefährlichen Arten. Ist man mit den verschiedenen Korallen- und Fischarten nicht vertraut, sollte man sie nur mit Handschuhen oder besser gar nicht berühren. *Artenreichtum*

Faszinierende Unterwasserwelt

Buckelwale (*Humpback Whales*) wandern von August bis Oktober entlang der QLD-Küste. Sie können am besten von Hervey Bay/Fraser Island oder der Bunker Reef Gruppe (Heron Island) beobachtet werden.

Die Inseln des nördlichen Great Barrier Reef

Auf den in Nord-Queensland gelegenen Inseln befinden sich überall mehr oder weniger exklusive Ferien-Resorts. Mit ihrer Nähe zu den Korallenriffen eröffnen sie beste Ausflugsmöglichkeiten und verfügen über traumhafte Strände. Preislich

Lizard Island

schweben sie in den obersten Kategorien. Selten werden Sie Australier auf den Inseln finden – für die meisten sind und bleiben sie ein unerschwinglicher Traum.

Von Nord nach Süd
(ⓘ s. S. 155)

Lizard Island
Die nördlichste der bewohnten Inseln liegt nördlich von Cooktown rund 26 km vom Festland entfernt und ist in einer halben Flugstunde von Cairns aus erreichbar. Der Name *lizard* stammt von den dort lebenden Echsen. Die 1.000 ha große Insel ist als Nationalpark ausgewiesen. Vom 359 m hohen Cook-Lookout bietet sich ein toller Blick auf die türkisblauen Lagunen. Von September bis Dezember wird die Jagd auf die *Black Marlins* (Schwertfische) eröffnet. Berühmtestes Tauchrevier in der Nähe ist das *Cod Hole*, wo riesige Zackenbarsche mit der Hand gefüttert werden. Eindrucksvolle Riffe umgeben die Insel und laden zum Schnorcheln ein. Das *Lizard Island Resort* ist eine sehr exklusive 5-Sterne-Ferien-

Inseln des nördlichen Riffs

INFO ## Korallenriffe brauchen Schutz

Das Great Barrier Reef ist 1976 zum Marine Park erklärt worden. Im Status entspricht das einem geschützten Nationalpark. Damit sollten die Pläne, in dem äußerst sensiblen Gebiet nach Öl zu bohren, endgültig auf Eis gelegt werden. In jüngster Zeit jedoch wurden wieder Bohrvorhaben bekannt, gegen die die australische Öffentlichkeit heftig protestierte. Biologen sehen noch ganz andere Gefahren auf das Great Barrier Reef zukommen. Schnorcheltouristen beschädigen auf ihren Exkursionen, oft unabsichtlich, die zarten Korallenarme durch Zertreten oder Abbrechen. Schäden, die durch das Ankern von Ausflugsbooten an den Korallenstöcken hervorgerufen werden, sollen durch festgelegte Ankerplätze und die Einrichtung von Plattformen eingeschränkt werden. Jährlich besuchen rund 2,5 Millionen Menschen die Riffe von Heron Island bis Cairns!

Weit größere Schäden richten jedoch Umweltgifte an: Düngemittel und Phosphate, die aus den Zuckerrohrfeldern ins Meer geschwemmt werden, sowie Abfälle vergiften das sensible Ökosystem regelrecht. Algen vermehren sich so stark, dass Korallen daran ersticken. Große Seesterne, so genannte Dornenkronen, sind ebenfalls zu einer gefährlichen Bedrohung geworden. Ungefähr alle 5 Jahre treten sie in großer Zahl auf, weil ihr natürlicher Feind, die bis zu 50 cm lange Tritonshorn-Schnecke, als Sammelobjekt so begehrt ist. Schon kleinste Veränderungen, wie sie z.B. durch das Ausbaggern eines Hafenbeckens entstehen, hat für die Korallen zerstörerische Folgen. Sie werden vom aufgewirbelten Sand quasi zugedeckt und in ihrer Atmung behindert. Die australische Regierung hat deshalb einen 25-Jahres-Plan geschmiedet, um Natur, Tourismus und Umwelt in Einklang zu bringen.

INFO **Tauchen am Great Barrier Reef**

Ein **Tauchkurs für Anfänger** bzw. **Tauchexkursionen für erfahrene Taucher** zählen zu den empfehlenswerten Aktivitäten während eines Australienaufenthalts. Denn nur unter Wasser kann die faszinierende Meereswelt in aller Ruhe betrachtet und genossen werden. Die beste Zeit ist von August bis Januar, jedoch herrschen auch in den übrigen Monaten gute Bedingungen. Die Tauchtiefen betragen selten mehr als 20 m, und schon in geringen Tiefen wachsen die schönsten Korallenformationen.

Vorkenntnisse werden nicht benötigt – wer sich unsicher ist, sollte evtl. bereits zu Hause einen Schnorchel- oder Tauchkurs beginnen. Mittlerweile verlangen alle Tauchschulen in Australien eine medizinische Untersuchung (*Medical Certificate*). Bei Zweifeln an der eigenen Tauglichkeit sollten Sie sich eventuell schon daheim untersuchen lassen und eine Bestätigung des Arztes mit nach Australien nehmen. Die Kurse dauern i.d.R. 5 Tage: 2 Tage im Schwimmbad und begleitende Theorie (auch in deutscher Sprache möglich), danach 3 Tage Tauchen. Es gibt Kurse, bei denen man täglich an Land zurückkehrt, und Kurse, bei denen man auf dem Boot übernachtet (*Liveaboard*). Letztere haben den Vorteil, dass mehr Riffe angefahren werden, die Tauchplätze wechseln und weniger Fahrzeit aufgewendet werden muss. Im Preis für einen Anfängertauchkurs sind zwischen 5 und 8 Tauchgänge eingeschlossen. Inklusive ist auch die komplette Leihausrüstung. Kurzsichtigen sei der Kauf einer optischen Taucherbrille vor Ort empfohlen, da die Tauchschulen die passende Brillenstärke selten vorrätig haben. Tauchzubehör ist in Australien billiger als in Deutschland.

Beim Abtauchen

Die Prüfungsabnahme erfolgt meist nach den Regeln des Tauchverbandes PADI. Mit bestandener Prüfung und dem Logbuch kann daraufhin überall auf der Welt im Rahmen der erlernten Fähigkeiten getaucht werden. 3- bis 7-tägige Tauchexkursionen werden für zertifizierte Taucher von vielen Anbietern (*ProDive, Tusa, Taka, Mike Ball* etc.) angeboten. Erfahrene Taucher werden von den 1.200 Wracks angelockt, die z.T. vor der Jahrhundertwende untergegangen sind: Berühmtestes Wrack ist die „Yongala", die 1911 vor Townsville sank. Das Osprey Reef im Norden (östlich von Lizard Island) zählt zu den besten Riffen. Hier bricht die Riffkante 1.000 m in die Tiefe. Wale, Hammerhaie und riesige Barsche sind hier zu sehen.

Tauchschulen und Anbieter von Tauchexkursionen finden Sie in Kapitel 3 „Cairns".

!!! Achtung!
Beachten Sie, dass zwischen dem letzten Tauchgang und einem Flug mindestens 24 Stunden liegen müssen.

anlage mit komfortablen Bungalows, die sich perfekt der Landschaft anpassen, und einem Weltklasse-Restaurant.

Low Isles

Die Koralleninseln der Low Isles liegen vor Port Douglas und sind von dort zu erreichen. Die Inseln sind unbewohnt und verfügen höchstens über einen Leuchtturm. Tagesausflüge von Port Douglas (z.B. mit *Quicksilver*) beinhalten meist ein Mittagessen, Schnorchelausrüstung und Fahrten mit einem Glasbodenboot. Die Korallenbänke liegen direkt vor der Küste.

Green Island

Die nur 13 ha kleine Insel liegt 25 km nordöstlich von Cairns und eignet sich für einen Tagesausflug. Als echte Koralleninsel findet man rund um die Insel Schnor-

chelreviere, allerdings ist das Wasser sehr viel trüber als am *Outer Reef*. Am Landungssteg befindet sich ein kleines Unterwasserobservatorium. Das Resort der Insel verfügt über 5 Sterne und leidet etwas unter der großen Zahl der Tagesausflügler.

Fitzroy Island

Ebenfalls vor Cairns gelegen und durch täglichen Bootsverkehr mit der Stadt verbunden, zeigt die fast 900 ha große Insel ein ganz ande-

Green Island aus der Vogelperspektive

res Gesicht: Üppiger Regenwald und Buschland bedecken die Insel. Sie kann auf ausgeschilderten Wanderwegen erforscht werden. Von den schönen Stränden an der Nordwestseite (Welcome Bay) kann man unmittelbar die Unterwasserwelt entdecken.

Dunk Island

Die Aborigines nannten das Eiland *Coonanglebah* – Insel des Reichtums und Friedens. Die 890 ha große Insel vor Mission Beach ist durchweg von tropischem Regenwald bedeckt und beeindruckt den Besucher durch ihre vielfältige Tier- und Pflanzenwelt. Es lassen sich hervorragende Wanderungen in grüne Schluchten und auf den höchsten Berg, den Mt. Kootaloo (271 m), unternehmen. Das Resort liegt an den weißen Stränden der Brammo Bay im Nordwesten. Camping- und Wassersportmöglichkeiten sind vorhanden. Aufgrund der guten Schiffsverbindungen mit Mission Beach lohnt auch ein Tagesausflug. Vor Ort werden Segelboote, Kanus und Jetski ausgeliehen.

Bedarra Island

Gleich neben Dunk Island zählt Bedarra Island zu den einsamsten bewohnten Plätzen im Barrier Reef. Im 5-Sterne-Resort geht es luxuriös zu. Damit es auch wirklich ruhig bleibt, sind Kinder unter 15 Jahren nicht erwünscht. Auch findet man hier nur wenige Tagesausflügler, die von Dunk Island herüberkommen. In der Vegetation erinnert das Eiland an Dunk Island: Ausgedehnte Regenwälder, palmengesäumte Strände und einsame Wanderwege machen den Aufenthalt zu einem besonderen Erlebnis.

Hinchinbrook Island

Die 39.350 ha große Insel ist in ihrer Gesamtheit als Nationalpark ausgewiesen. Sie zählt landschaftlich zu den reizvollsten und unberührtesten der Ostküste. Die Küstenlandschaft ist im Westen von Mangrovensümpfen (Moskitos und Krokodile!) und im Osten von Felsen und Sandstränden durchzogen. Das Inselinnere wird von tropischen Regenwäldern und hohen Bergen (Mt. Pitt 721 m, Mt. Bowen 1.142 m, Mt. Stralock 920 m) beherrscht. So liegt auch das feine 5-Sterne-Resort an der Nordspitze Cape Richards inmitten dichter Regenwälder – absolute Ruhe ist garantiert.

Interessant ist die großartige Wanderung auf dem **Thorsborne Trail** entlang der Ostküste – ein Highlight der australischen Fernwanderwege. Für die Wanderung von **Ramsay Bay** bis **George Point** (Nord nach Süd oder umgekehrt) benötigt man 4 bis 5 Tage. Die besten Monate für die Wanderung sind von April bis September. Eine gute Ausrüstung ist Pflicht: Verpflegung, Campingausrüstung, Kocher (keine offenen Feuer!) und ein Wasservorrat müssen selbst getragen werden. Frischwasser kann unterwegs verschiedenen Bächen entnommen werden.

Orpheus Island

Die 1.300 ha große Insel liegt bereits im Einzugsbereich von Townsville und ist von dort mit dem Wasserflugzeug zu erreichen. Das kleine und sehr exklusive Resort befindet sich in der malerischen Hazard Bay und ist vor allem unter Flitterwöchlern beliebt. Auf der Insel werden die vielfältigsten Aktivitäten rund ums Wasser angeboten. Gäste erhalten beispielsweise kostenlose Dinghis (kleine Boote), mit denen sie verschwiegene Buchten ansteuern können. Die Insel inmitten des Great Barrier Reef ist zum Nationalpark erklärt worden. Im Inselinneren befinden sich tropische Regenwälder, während die Korallenriffe direkt vom Strand aus erreicht werden. Neben dem Resort sind einfache NP-Campgrounds (kein Wasser) auf der Insel vorhanden.

Die benachbarte Insel **Great Palm Island** ist Aborigine-Land und darf nicht betreten werden. Hingegen kann das kleine **Pelorus Island** per Charterboot von Lucinda angesteuert werden (Camping möglich).

> **Hinweis**
> Die *Whitsunday Islands* und die *Inseln der Capricorn-Küste* (*Great Keppel Island, Heron Island, Lady Musgrave Island und Lady Elliott Island*) finden Sie in Kapitel 14.

Tropical North Queensland: Port Douglas, Daintree, Cape Tribulation und Cape York

Der Ausflug von Cairns nach Cape Tribulation kann von Frühaufstehern als Tagestour geplant werden, aufgrund der zahlreichen Sehenswürdigkeiten unterwegs erscheinen aber zwei Tage ratsamer. Möchten Sie weiter nach Cooktown, so benötigen Sie außer einem geländegängigen Fahrzeug weitere ein bis zwei Tage. Für die entbehrungsreiche Fahrt zur Nordspitze des Kontinents, Cape York, müssen für Hin- und Rückfahrt rund zwei Wochen gerechnet werden. Nicht umsonst wird die Cape York-Halbinsel als eines der letzten Abenteuer des Kontinents bezeichnet.

Überblick

Entfernungen

Cairns–Port Douglas: 65 km   Mossman–Cape Tribulation: 70 km
Port Douglas–Mossman: 25 km   Cape Tribulation–Cooktown: 105 km

Hinweis

Die nördlich von Cairns gelegenen Strände der **Marlin Coast** sind auf S. 471 beschrieben.

Streckenhinweis

Der Cook Hwy wird in Richtung **Port Douglas** immer kurvenreicher und führt oft direkt am Meeresufer und verlockenden Stränden entlang. Am Aussichtspunkt **Rex Lookout** sollten Sie einen Halt einlegen, um den Blick auf die Küste zu genießen. Kurz vor dem Abzweig nach Port Douglas passiert man die Krokodilfarm Hartley's Creek (geöffnet täglich 9–17 Uhr; Fütterung um 15 Uhr).

Port Douglas
(ⓘ s. S. 155)

Nobler Badeort

Vom Cook Hwy führt ein Abzweig in das 5 km entfernte Port Douglas. Die 1877 gegründete Hafenstadt erlebt seit der Fertigstellung des Multimillionen-Dollar-Projekts Sheraton Mirage einen zweiten Frühling. Wie ein Wasserschloss liegen die einzelnen Hotelflügel inmitten von künstlichen Lagunen und Seen – Ansehen lohnt sich! Doch keine Angst, es gibt auch günstigere Hotels und vor allem ein breites Restaurantangebot. Das herrlich lässige, tropische Urlaubsflair erhält man gratis dazu.

Das ursprüngliche Port Douglas erfuhr durch den Bau eines schicken Hafenkomplexes, der **Marina Mirage**, ebenfalls eine Aufwertung. Die Bewohner jedoch scheinen sich von dem Touristenboom nicht beirren zu lassen und betreiben weiterhin ihre kleinen Geschäfte und kleinen Restaurants. Die Hauptstraße hat ein herrlich lässiges Tropenflair.

Ein paar Stunden am wirklich schönen Four-Mile-Beach sollten Sie sich gönnen! Sehenswert ist außerdem **Ben Cropp's Shipwreck Museum** (geöffnet täglich 9–17 Uhr), dessen Schiffswracks und Unterwasserfilme von der tückischen Riffküste erzählen. Jeden Sonntag findet in der Stadt ein kleiner Freiluftmarkt statt.

Rainforest Habitat Port Douglas

Der aufwändig angelegte Tierpark befindet sich auf einem drei Hektar großen tropischen Regenwaldgelände und beherbergt 65 Vogelarten, Koalas und Emus – sehenswert!
Rainforest Habitat, Cook Hwy., geöffnet täglich von 8–17 Uhr

Tipp

"Breakfast with the Birds" – zum Frühstück ab 8 Uhr einkehren.

Zugang in den Daintree National- park

Mossman

Nur wenige Kilometer nördlich von Port Douglas liegt Mossman. Bereits 1896 wurde hier zum erstenmal Zuckerrohr angebaut, die alte Zuckermühle kann besichtigt werden. Ein beliebter Ausflugsort für Einheimische und Touristen ist die **Mossman Gorge**, ein Teil des **Daintree River National Parks**. Am Fuße des

1.158 m hohen Mt. Demi gelegen, kann man in dem erfrischenden Adeline Creek zwischen Felsbrocken faulenzen oder auf Rundwanderwegen den tropischen Regenwald erforschen.

Daintree River

Nach Mossman muss der Daintree River mit einer Fähre überquert werden. Am Fähranleger gibt es ein Informationszentrum und ein Restaurant. Im Fluss leben die gefährlichen Salzwasserkrokodile (unübersehbare Warntafeln!), und auf einer Bootsfahrt mit dem *Daintree Rainforest River Train* hat man meist das Glück, welche zu sehen (Buchung im alten Ort Daintree oder am Fähranleger). Beliebt ist außerdem die Barramundi-Fischerei auf dem Daintree River.

Vorsicht Krokodile!

 Routenvorschlag für Allradfahrzeuge:
"Tropical North Queensland"
Ohne den weiten Weg bis an das Cape York zu fahren, bietet sich folgende moderate und abwechslungsreiche Allrad-Tour an:
1. Tag: Cairns–Mossman–Mount Molloy–Palmer River Roadhouse–Lakeland–Laura (ca. 330 km)
2. Tag: Laura–Lakefield NP (Übernachtung z.B. am Twelve Mile Waterhole oder Kalpowar Crossing (CP mit Dusche/WC). 150 km
3. Tag: Rundfahrt im NP
4. Tag: Lakefield NP–Old Laura–Battlecamp Road–Cooktown (100 km)
5. Tag: Cooktown: Möglichkeit zum Tagesflug nach Lizard Island
6. Tag: Cooktown–Coastal Road (Bloomfield Track)–Cape Tribulation–Daintree Fähre–Port Douglas (160 km)
7. Tag: Port Douglas–Cairns

Cape Tribulation (ⓘ s. S. 155)

 Streckenhinweis
*Nach dem Übersetzen mit der Fähre beginnt eine 35 km lange Straße (geteert), die durch scheinbar undurchdringlichen Regenwald bis Cape Tribulation führt. Während linkerhand Berge bis zu 1.375 m (Thornton Peak) aufragen, liegen rechterhand die schönsten Strände, die sich allerdings nur an wenigen Stellen unmittelbar an der Straße befinden. In **Floraville**, **Cow Bay** und **Thornton Beach** befinden sich erste Unterkünfte, die zumeist mitten im Regenwald liegen und von der Straße aus nicht zu sehen sind.*

i **Information**
Im Daintree Environmental Centre sollten das Info-Centre und der Aussichtsturm bestiegen werden.

Das „Cape Trib", die Tropenzone nördlich von Cairns, ist eine der feuchtesten Regionen Australiens. Über 4.500 mm Niederschlag fallen durchschnittlich pro Jahr, davon der größte Teil in der Regenzeit von Dezember bis März. Dann prasseln heftige Schauer nieder und lassen Flüsse

Traumstrand bei Cape Tribulation

Übernachten im Regenwald

- Eine der schönsten Regenwaldunterkünfte Australiens ist zweifelsohne die **Silky Oaks Wilderness Lodge** (Finlay Vale Rd, Mossman River Gorge). Inmitten einer tropischen Flora

Silky Oaks Lodge

und Fauna wird Ihnen ein hautnahes Naturerlebnis vermittelt. Direkt vor Ihrem Balkon beginnt ein geheimnisvoller, undurchdringlicher Dschungel aus meterhohen Farnen, Lianen und Schlingpflanzen, und am Abend begleiten Sie die Geräusche des Waldes in den Schlaf. Von der Lodge werden Wanderungen oder 4-WD-Ausflüge angeboten.

- Eine weitere luxuriöse Unterkunft ist die **Daintree Eco Lodge** (3,5 km südlich von Daintree) mit einem empfehlenswerten Restaurant.

über die Ufer treten. Im feuchtheißen Regenwald steht man vor einem Dickicht aus Farnen, Schlingpflanzen und Luftwurzeln, die auf einem modrigen, moosbewachsenen Untergrund Halt suchen. Scheinbar Millionen von Vögeln machen sich durch ihr Kreischen und Singen bemerkbar, und Fledermäuse flattern abends wie Gespenster durch die Lüfte. Hingegen bekommt man viele nachtaktive Kleinbeuteltiere nie zu sehen.

Den Namen *Tribulation* (= Leiden) erhielt das Kap von *Captain James Cook*, dessen Schiff, die „HMS Endeavour", 1770 vor der Küste des späteren Cooktown auf ein Riff auflief und nur unter Verlust einiger Ausrüstungsgegenstände wieder flott gemacht werden konnte.

Die Siedlung am Fuße des Mt. Sorrow bietet mit Regenwald-Resort, Backpacker-Hostel und Campingplatz für alle Reisende etwas.

Im Cape Tribulation National Park

Der Bloomfield Track nach Cooktown

Die Weiterfahrt nach Cooktown kann nur mit einem 4-WD in Angriff genommen werden. Während

Raue Piste bis Cooktown

und nach der Regenzeit wird der Bloomfield Track durch die angeschwollenen Flüsse unpassierbar, und auch in der übrigen Zeit ist die Straße durch steile Passagen nicht unbedingt *easy*. 30 km nördlich von Cape Trib, vor der Aborigine-Gemeinde **Wujal-Wujal**, muss der **Bloomfield River** durchquert werden. Dank der betonierten Furt ist dies normalerweise kein Problem.

In **Helenvale**, an der Abzweigung nach Lakeland, lädt der legendäre *Lions-Den-Pub* von 1875 zu einem Zwischenstopp ein. An derselben Kreuzung liegt auch der

Black Mountain NP, eine Ansammlung flechtenbewachsener, schwarzer Granit-felsen, in deren Spalten und Höhlen angeblich schon dutzende von Menschen für immer verschollen sind. Cooktown ist schließlich nach 104 km ab Cape Tribu-lation erreicht.

Cooktown (ⓘ s. S. 155)

Anreise
Neben der Möglichkeit, im eigenen 4-WD nach Cooktown zu fahren, bieten diverse Veranstalter (vgl. Kapitel 3 „Cairns") Touren in den Norden an. Oft sind diese Touren günstiger (und sicherer), als es auf eigene Faust zu versuchen. Außer-dem existieren Linien- und Charterflüge ab Cairns (z.B. Cape York Air Services), und auch einige Kreuzfahrtschiffe fahren Cooktown an.

Streckenhinweis
*Die **Inlandsroute** führt über Helenvale, Lakeland, das Palmer River Road-house und Mount Molloy (insgesamt rund 340 km). Die Piste ist witterungsmäßig beständiger als die Küstenroute, vollständig geteert und bietet Regenwald pur. Sie berührt einige historische Versorgungsstützpunkte der Goldsucher.*

Goldfunde führten zur Gründung der Stadt

Nach der eher unfreiwilligen Landung durch James Cook im Jahre 1770 dauerte es über 100 Jahre, bis wieder Weiße in das Gebiet der Stadt Cooktown kamen. 1873 waren es die **Goldfunde** am **Palmer River**, die gleich Tausende von Glückrit-tern in die damals wie heute ur-wüchsigen Regenwälder lockten. Als wichtiger Verladehafen erlebte Cooktown einen Bevölkerungs-boom sondergleichen: Innerhalb weniger Jahre lebten rund 35.000 Menschen, davon allein 20.000 Chi-nesen, in der Stadt am Endeavour River. Doch der Ruhm war von kur-zer Dauer. Mit dem Abebben der Goldfunde und der Zerstörung durch einen Großbrand 1918 ver-schwanden die meisten so schnell, wie sie gekommen waren. Im Zwei-ten Weltkrieg wurde die Stadt kom-

Cooktown

plett evakuiert. Von den einst 65 Pubs ist gerade ein Dutzend übrig geblieben. Die heute rund 1.000 Einwohner zählende Stadt hat, abseits der Touristenströme, ihr charakteristisches Tropenflair noch nicht verloren. Sie gilt als ein „Außenposten der Zivilisation" in der sonst – zum Glück – so unberührten Natur. Entgegen der landläufigen Meinung handelt es sich bei der Umgebung Cooktowns und dem benachbarten **Endeavour National Park** aber nicht nur um tropischen Dschun-gel, sondern auch um trockene Tropenwälder, die von großen Flüssen durchzogen werden.

Sehenswürdigkeiten

• **Charlotte Street** mit kolonialen Bauwerken, die im typischen Tropenstil mit großen Veranden gebaut sind.

- **James Cook Historical Museum** (Helen St., geöffnet täglich 9–16 Uhr): Hier erfährt man Näheres über den Goldrausch und seine negativen Folgen für die Ureinwohner der Region, die in grausamen Gemetzeln den rücksichtslosen Goldsuchern zum Opfer fielen.
- Das **Cooktown Marine Museum** (Ecke Walker/Helen St.) ist eine reiche Sammlung an Treibgut, die die verheerenden Zyklone Mahina und Nachon im Jahr 1899 hinterließen. Damals sanken 76 Schiffe nördlich von Cooktown!
- Spaziergang zum **Leuchtturm von Grassy Hill** und zu den schönen Stränden von Cooktown.
- Im **Botanischen Garten** (Walker St.) entspannen Sie sich unter Mangobäumen und Palmen.

Cape-York-Halbinsel

Hinweise

Nur per Allrad ist Cape York erreichbar

Für Selbstfahrer stellt die Halbinsel mit ihren zahlreichen Wasserfurten eine Herausforderung dar, obwohl die Peninsula Development Rd. im Laufe der Jahre immer weiter verbessert wurde. Die Piste beginnt in Lakeland und führt in großen Teilen fast schnurgerade nach Norden. Trotzdem: es ist und bleibt eine Reise mit Expeditionscharakter. Die Hin- und Rückfahrt nach Cairns führt über mehr als 2.300 km, viele davon über raue Outback-Pisten. Sie sollten sich dafür mindestens 10 bis 14 Tage Zeit nehmen.

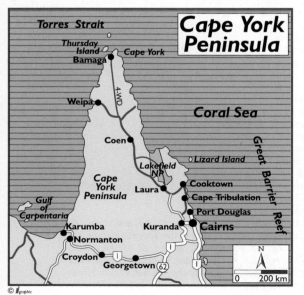

*Die **beste Reisezeit** ist während der Trockenzeit von Juni bis Oktober. Ansonsten ist die Gefahr von Überschwemmungen und extremen Niederschlägen zu groß. Buschfeuer können jedoch zu jeder Jahreszeit vorkommen. Erfahrung im Umgang mit Allradfahrzeugen sollte vorhanden sein!*

*Der **Vorteil einer geführten Tour** zeigt sich bei Cape York Reisen deutlich: Während Allradfahrer mehr oder weniger denselben Weg zurückfahren müssen, können Tour-Teilnehmer den Rückweg bequem per Flugzeug antreten – was insgesamt deutlich erholsamer ist. Eine Mietwagenabgabe am Kap ist nicht möglich.*

*Der **Frachter** MV Trinity Bay verkehrt wöchentlich von Cairns nach Cape York bzw. Thursday Island und retour (max. 38 Passagiere, www.seaswift.com.au). Das Schiff kann in Zusammenhang mit Cape York Touren von OZ Tours gebucht werden.*

Tankstellen
gibt es in Cooktown, Musgrave Roadhouse, Coen, Weipa, Archer River Roadhouse und Bamaga, wobei die Benzinversorgung nicht garantiert ist (rechtzeitig und immer voll tanken). Unbedingt genügend Bargeld mitnehmen!

Informationen
Der **Automobilclub RACQ** (Cairns) informiert über Routenplanung und Straßenzustände der Cape York Halbinsel und gibt ein Faltblatt heraus.
Internet: www.racq.com.au, www.mynrma.com.au

Was sich wie ein ausgestreckter Daumen gen Norden reckt, wird von den Aussies gern als „The Last Frontier" bezeichnet. Die Halbinsel umfasst über 200.000 km² und erstreckt sich auf einer Länge von fast 1.000 km. Dabei besteht das Gebiet fast ausschließlich aus unberührter Wildnis und ist in vielen Bereichen als Nationalpark ausgewiesen: Unergründete Regenwälder wechseln sich ab mit weitläufigen Mangrovensümpfen und lichten Wäldern. Dazwischen stehen riesige Termitenhügel und Felsmalereien der Aborigines, die von der frühen Besiedlung zeugen.

Der Bloomfield River

Laura und das Quinkan Reserve

12 km südlich von **Laura** führt ein kurzer Fußmarsch zu den Felsmalereien von **Split Rock** – ein Vorgeschmack dessen, was das Quinkan Reserve sonst noch zu bieten hat. Entdeckt, erforscht und kartografiert wurde das Gebiet von Percy Trezise in den 1960er-Jahren gemeinsam mit Aborigines (lesenswert sein Buch „Dreamroads").

Hervorragende Felsmalereien

Das **Quinkan Reserve** unterteilt sich in mehrere kleinere Regionen, die durch ihre Vielfalt an Felsmalereien und Gravuren ihresgleichen in Australien suchen.

Laura Camp

Für interessierte Besucher gibt es in Laura geführte Touren. Das schön gelegen **Jowalbinna Bush Camp** wurde leider 2009 wegen Unstimmigkeiten über die Nutzung geschlossen. In Laura sollte das Quinkan Cultural Centre besucht werden (www.quinkancc.com.au).

Übernachten ist im einfachen Quinkan Hotel (Tel. 4060 3393) oder auf dem Caravan Park möglich. Ein kleiner Laden und eine Tankstelle sind ebenfalls vorhanden.

Lakefield National Park

*Zweit-
größter
National-
park
Queens-
lands*

Der östlich der Hauptroute gelegene Lakefield NP ist der zweitgrößte NP Queenslands und relativ gut erschlossen. Die Landschaft reicht von trockenem Buschland bis zu dichtem Regenwald mit breiten Flüssen und ausgedehnten Sümpfen. Typisch sind die großen Termitenhügel, die auffällig in der Steppe stehen. Eine reiche Vogelwelt animiert zur Tierbeobachtung. Baden ist nicht möglich: Sowohl Salz- als auch Süßwasserkrokodile befinden sich in den Wasserläufen! Die Zufahrt erfolgt kurz nach Laura zur **Old Laura Homestead**. Für Übernachtungen auf einem der 21 NP-Campgrounds ist eine Erlaubnis der Ranger erforderlich. Der Park ist unter Anglern sehr beliebt. Der Pistenzustand ist zumindest in der Trockenzeit recht gut. Die nördliche Ausfahrt nach Musgrave kann wetterbedingt bis in den Juni hinein gesperrt sein. Eine Ranger-Station zur Buchung der Campgrounds findet man in **New Laura**.

Lakefield NP–Cooktown: Von Old Laura führt die *Battlecamp Rd.* nach Osten bis Cooktown – eine landschaftlich abwechslungsreiche Piste mit teilweise tiefen Auswaschungen. Die Querung des Normanby River stellt höchstens kurz nach der Regenzeit ein Problem dar. Vor Cooktown passiert man den mit 800 Palmen gesäumten *Endeavour Falls Caravan Park*.

*Rasthaus
unterwegs*

Das einzige Gebäude in **Musgrave** ist die alte Telegrafenstation von 1887, die zu einem kleinen Roadhouse umfunktioniert wurde.

Der Weg zum Kap

Coen (110 km nördlich von Musgrave) ist eine alte Goldgräbersiedlung und mittlerweile fast zur Geisterstadt mutiert (Pub, Laden und Tankstelle vorhanden). 110 km nördlich von Coen zweigt eine Piste nach **Weipa** ab, einer immerhin 3.000 Einwohner zählenden Stadt am **Golf von Carpentaria**, die fast ausschließlich von der Nutzung einer ergiebigen Bauxitmine lebt. Von Weipa nach Karumba fährt eine unregelmäßig verkehrende Fähre (*Gulf Freight Services*, Tel. 07-3358 2122). Weipa verfügt über einen Caravan Park.

Viele der im weiteren Verlauf folgenden Landschaften gehören zum **Munkan Kaanju NP** (ehemals Rokeby NP). Obwohl dieser sich von der übrigen Geografie kaum unterscheidet, sind solche Gebiete von großer Bedeutung: Je mehr unter Naturschutz stehen, desto besser für den Erhalt der Halbinsel. Der NP verfügt über sehr schöne Campingplätze, die sich an idyllischen Lagunen und Ufern des **Archer River** befinden. Das *Archer River Roadhouse* bietet einfache Zimmer und einen Campingplatz. Die Stichstraßen zur westlich und östlich gelegenen Küste führen zumeist in Aborigine-Reservate und kleine Gemeinden.

Über den Archer River führt eine Brücke. Die *Peninsula Development Rd.* führt weiter nach Weipa. Die Alternativstrecke führt über die **Old Telegraph Road (OTT)** zum Wenlock River. Dort befinden sich bei der Moreton Telegraph schattige Stellplätze (und ein Telefon ist auch vorhanden). Nach weiteren 41 km teilt sich der Weg. Der Old Telegraph Track (OTT) links ist sehr schmal und mit steilen, glitschigen Uferböschungen versehen. Ein schöner Campingspot befindet sich am **Dulhunty River**. Nach 3 km folgt der Abzweig zur *Heathland Ranger Station* – bitte diesen Umweg fahren, um die schwere Flussquerung am Gunshot Creek zu vermeiden. Bald trifft die OTT wieder auf den **Southern Bypass** (wer

sich nicht sicher ist, sollte besser gleich die Southern Bypass Route fahren!).
Schöne Spots befinden sich in der Folge entlang der OTT bei **Fruit Bat Falls**
(Badegelegenheit) und bei **Eliot Falls** (Camping). Inmitten von Eukalyptuswäldern und Monsunregenwäldern befinden sich die **Twin Falls**, ein Paradies mit
Wasserfällen, Felspools und seltenen Fleisch fressenden Pflanzen (*Pitcher Plants*).
Nach 5 km folgt links der Abzweig zur **Northern Bypass Road**. Entlang der
OTT gilt es, bei den Flussdurchquerungen äußerste Vorsicht walten zu lassen –
sicherer ist der Northern Bypass. Dieser erreicht den **Jardine River**, der von
einer Fähre bedient wird. Die Gebühr (A$ 98 pro Auto H/R!) muss bar bezahlt
werden.

Die Fahrt nach **Bamaga** (BP Tankstelle) dauert nur mehr eine Stunde. Rechts
geht es nach Punsand Bay und zum Kap. Die Piste führt über 33 km durch den
Lockerbie Scrub Rainforest bis zum Pajinka Reserve Parkplatz. Ein Wanderpfad
führt durch Regenwald zum Strand zum Cape York. Gratulation – *you've made it,
mate!*

🛏 Übernachtungen

sind in der *Punsand Bay Lodge (Tel. 4069 1722, www.punsand.com.au)* in
feststehenden Safari-Zelten oder Camping möglich. Die Eigner bieten neben Unterkünften vor allem Angelausflüge an. Ein Abstecher führt vom Kap nach **Somerset**, *Unterkünfte
das Verwaltungszentrum der* Torres Strait Islander. Am Strand gibt es dort gute *künfte
Campingspots. Von Bamaga führt eine Piste nach **Seisia** mit herrlichem vollausgestattetem Caravan Park. Man sollte mindestens einen Tag lang verweilen! Rundflüge an der
und Bootstouren werden von Seisia u.a. nach Thursday Island angeboten (Peddell's spitze
Ferry Service).

INFO **Inseln der Torres Strait**

Ausflüge auf das 39 km nördlich gelegene **Thursday Island** sind per Fähre von
Seisia möglich. Auf der Insel befinden sich immerhin vier Hotels und ein Motel
(kein Campingplatz).

Am Strand von Punsand Bay

Thursday Island ist das Verwaltungzentrum
der Torres-Inseln, die aus **Princes of Wales
Island, Hammond Island, Wednesday Island, Horn Island, Possession Island** und
einigen kleineren Eilanden bestehen. Auf
20 Inseln leben rund 25.000 Menschen. Die
größten davon werden von Cairns aus mit
kleineren, regionalen Fluggesellschaften
oder im Charter angeflogen.

Die Bevölkerung setzt sich aus einem bunten Gemisch aus Ureinwohnern polynesischer und melanesischer Abstammung zusammen – ihre Haupteinkunftsquelle sind
der Fischfang und, in bescheidenem Maße, der Tourismus.

Atherton Tablelands

Das Hinterland von Cairns

Die Tafelberge, die das unmittelbare Hinterland westlich von Cairns bilden, sind Teil der nordöstlichen Great Dividing Range und erstrecken sich über eine Länge von 100 km und eine Breite von 60 bis 90 km. Auf einer Reiseroute, die vom trockenen, eintönigen Outback auf das Hochplateau der Atherton Tablelands führt, ist man vom satten Grün der Landschaft verblüfft. Selbst wenn man von der Küste kommt und die Höhen der Bellenden Ker Range auf den gut ausgebauten, aber kurvenreichen Straßen erklimmt, staunt man über die abwechslungsreiche Vegetation, in der sich Weiden und Regenwald die Hand reichen. Die Hügel haben die typische Kegelform erloschener Vulkane, oft mit Kraterseen und Wasserfällen, die sich bestens zum Baden eignen.

Typische Atherton-Landschaft

Zum Schutz der sensiblen und artenreichen Regenwälder sind insgesamt 13 Gebiete als National oder State Parks ausgewiesen. Das **Klima** ist bei durchschnittlichen Höhen von über 700 m angenehm kühl und ein echter Kontrast zur feuchtheißen Küste oder zum trockenheißen

Angenehm mildes Klima

Outback. Selbst die an der Küste allgegenwärtigen Moskitos machen sich rar. Die von Osten wehenden Winde bringen Wolken, die sich als Steigungsregen an der natürlichen Barriere der Great Dividing Range entladen und so für die Fruchtbarkeit der Böden sorgen.

Für Queensland haben die Tablelands eine wichtige wirtschaftliche Bedeutung: Der größte Molkereibetrieb des Staates beliefert von Malanda aus ganz Queensland. Außerdem werden Bananen, Mangos, Papayas und Tabak angebaut.

🛏 Übernachten

Übernachtungsmöglichkeiten gibt es in großer Zahl, meist sind es preisgünstige, kleine Motels, Bed & Breakfast-Unterkünfte oder Campingplätze. Jedes kleine Städtchen hat seine eigene Touristeninformation, die mit Rat und Tat zur Seite steht.

Mareeba

Mareeba ist das Zentrum des Tabakanbaus. Das 8.000-Seelen-Städtchen wurde schon 1877 von *John Atherton*, einem der ersten Erforscher der Tablelands, gegründet und ist heute der größte Ort der Region. 7 km nördlich von Mareeba folgt der Abzweig zu den **Mareeba Wetlands** in der Kleinstadt Biboorha. Dort kann eine 2-Stunden-Tour mit einem Savannah Guide durch die Sumpf- und Buschlandschaft gebucht werden.

12 km südwestlich liegt **Granit Gorge** (Chewko Rd.), eine ruhige Schlucht mit Bade- und Campingmöglichkeit. Nördlich von Mareeba beginnt die *Peninsula Development Rd.*, die über Mount Molloy, Palmer River und Lakeland nach Norden führt und schließlich am Cape York endet.

150 km landeinwärts (*Burke Developmental Rd.*) liegt das Outback-Nest **Chillagoe**, eine ehemalige Kupferstadt von 1887, die von der Zeit überholt wurde. Attraktion sind bis heute die Kalksteinhöhlen (*Chillagoe Mungana Caves NP*), die aus ehemaligen Korallenriffen entstanden sind. Für Besucher geöffnet sind die Höhlen Royal Arch, Donna und Trezkinn (Ranger-Führungen beim Ranger in Chillagoe anmelden, Tel. 4094 7163). Die *Burke Developmental Rd.* beschreibt von nun an einen 500 km langen, absolut einsamen Bogen und endet in Normanton.

Atherton
Nach 30 km in südlicher Richtung gelangt man in das Herz der Tablelands – nach Atherton. Die 6.000 Einwohner zählende Stadt ist vor allem Zentrum der Landwirtschaft (Maisanbau). Sie wurde 1885 als Holzfällerstützpunkt gegründet. In den *Crystal Caves* (Main St.) sind Mineralien aus aller Welt zusammengetragen worden.

Der Abstecher zum Stausee **Lake Tinaroo** lohnt nur für diejenigen, die gerne Wasserski fahren möchten, ansonsten sind die kleineren Kraterseen Lake Eacham und Lake Barrine wesentlich schöner.

Yungaburra
Auf der Fahrt von Atherton nach Yungaburra (13 km) zweigt eine ausgeschilderte Straße zum **Curtain Fig Tree** ab, einer Würgefeige, die durch ihre verschlungenen Luftwurzeln, die eine Art Vorhang bilden, berühmt geworden ist. Übrigens: Yungaburra ist das Aborigine-Wort für Feigenbaum.

Große Würfelfeige

Der *Gillies Hwy.* führt von Yungaburra in zahlreichen Serpentinen hinunter zur Küste nach Gordonvale. Dabei passiert man nach 8 km den **Lake Barrine**, einen beschaulichen Kratersee, der inmitten eines tropischen Dschungels liegt. Rund um den See ist ein 6 km langer Wanderweg angelegt, sehenswert sind dort die für den Regenwald typischen Kauribäume. Im Uferrestaurant ist hinterher eine Stärkung angesagt.

Lake Eacham
Wer das Tafelland intensiver erleben möchte, der sollte von Yungaburra zum Lake Eacham NP fahren. Der See ist vulkanischen Ursprungs und ein beliebtes Ausflugsziel. Auch um diesen See führt ein Wanderpfad durch lianen- und farnreichen Regenwald. Unternehmen Sie einen Spaziergang in der Dämmerung – Sie werden über die vielen Geräusche des Regenwalds staunen! Der **Lake Eacham Caravan Park** (2 km südlich des Sees) ist ein sehr empfehlenswerter Campingplatz, dem ein kleiner Privatzoo mit einheimischen Tieren angeschlossen ist. Cabins sind ebenfalls verfügbar. Der Eigner weist auch auf einige versteckte Wanderwege in den Regenwald hin!

Am Lake Eacham

*Zentrum
der
Milchwirt-
schaft*
Malanda
20 km südlich von Yungaburra gelangt man nach Malanda, dem Zentrum der Milchwirtschaft und Sitz der größten Molkerei des Landes. Der Betrieb kann Mo–Fr um 10 Uhr besichtigt werden. Aufgrund der weiten Verbreitung der Malanda-Milch wird auch mit dem Slogan *The longest milk run in Australia* geworben.

*Vulkan-
krater*
Von Malanda bietet sich ein Ausflug über die *Upper Barron Rd.* in den nahen **Mt. Hypipamie NP** an. Vom Parkplatz gelangt man nach einer kurzen Wanderung zu

einem zylindrischen Krater mit über 60 m Tiefe – entstanden ist er durch eine Gasexplosion. Besucht man den NP in den Morgen- oder Abendstunden, so sieht man vielleicht ein paar Possums, die hier heimisch sind. Ein anderer Fußweg führt hinunter zu den Wasserfällen Dinner Falls.

Ravenshoe
Ravenshoe (83 km südlich von Atherton) markiert die westlichste Stadt der Tablelands und ist mit 920 m die höchstgelegene Stadt Queenslands. In der Vergangenheit war sie Zentrum der Holzindustrie, die Stämme wurden dabei als Flöße zu Tale gebracht. An der Landschaft lässt sich erkennen, dass hier bereits ein Übergang in das karge Outback stattfindet: kaum noch Regenwälder, dafür lichte Eukalyptuswälder und felsige Böden.

Die nahen **Millstream Falls** rühmen sich, die breitesten in ganz Australien zu sein. Steile Wanderpfade führen zu verschiedenen Badestellen. In der Trockenzeit kommt es jedoch vor, dass die Fälle zu einem schmalen Rinnsal werden. Ein einfacher NP-Campground be-

Die Millstream Falls

findet sich 8 km westlich am Millstream-River. 5 km außerhalb der Stadt befindet sich die Windy Hill Farm, eines der größten Windkraftwerke Australiens (20 Windräder mit je 46 m Höhe).

Tully Falls
25 km südlich von Ravenshoe gelangt man zu den beeindruckenden, 270 m hohen **Tully Falls** und zum Stausee **Lake Koombooloomba**. Von Cairns aus werden Rafting-Touren auf dem Tully River angeboten, der zumindest in der Regenzeit (oder kurz danach) ein reißender Strom ist.

Streckenhinweis: Kennedy Highway
Der Kennedy Hwy. *setzt sich in Richtung Südwesten nach* Hughenden *(Flinders Hwy.) fort (vgl. Kapitel 13).*

*Rundfahrt
zu
verschie-
denen
Wasser-
fällen*
Millaa Millaa
In Millaa Millaa, einer Stadt, die ebenfalls von Molkereierzeugnissen lebt, beginnt das Gebiet der Wasserfälle. Der *Waterfall Circuit*, eine 24 km lange Rundfahrt (Beginn am *Palmerston Hwy.* östlich von Millaa Millaa), führt zu wunderschönen Wasserfällen mit Badestellen: **Millaa Millaa Falls** (nach den Wasserschildkröten Ausschau halten), **Zillie Falls** und **Ellinjaa Falls**.

INFO Undara Volcanic Nationalpark

Anfahrt

Von Cairns über die Atherton Tablelands nach Ravenshoe und weiter auf dem Kennedy Hwy. in Richtung Mount Garnet und Mount Surprise. Der Abzweig in den NP erfolgt nach 17 km auf der Gulf Developmental Rd. Insgesamt rund 250 km von Cairns. Die Straßen sind durchgängig geteert.
Im Westen folgen als nächste Orte Georgetown und Normanton.

Von Cairns aus werden Tages- oder Mehrtagesausflüge nach Undara und in das **Gulf Savannah Country** angeboten. Interessant vor allem deshalb, weil dann die Fahrt mit dem historischen **Savannahlander** inbegriffen ist, der von Mt. Surprise nach Forsayth fährt. Unterwegs hält der originelle Zug, der eher einem Schienenbus gleicht, an allen wichtigen Sehenswürdigkeiten und Naturdenkmälern.

Unter lichtem Buschwald versteckt sich eines der größten Lavahöhlensysteme der Welt. Es ist vor 190.000 Jahren beim Ausbruch des Undara-Vulkans

Unterwegs im „Savannahlander"

entstanden. 6 von insgesamt 60 Höhlen mit einer Gesamtlänge von 190 km sind zugänglich und können mit Führer besichtigt werden.

Übernachtung

Undara Lava Lodge $$$, Tel. 4097 1411; originelle Übernachtungsmöglichkeit in ausrangierten Eisenbahnwaggons oder einfacheren Safarizelten. Echtes Outback-Feeling wird abends am Lagerfeuer vermittelt. Im Oktober findet das Festival „Opera of the Outback", im April das „Outback Country & Blues Festival" statt. Internet: www.undara.com.au.

Streckenhinweis: Palmerston Highway

Der gut ausgebaute Palmerston Hwy. endet nach 64 km an der Küste in Innisfail (vgl. Kapitel 14). Linkerhand ist der höchste Berg Queenslands, der 1.622 m hohe Mt. Bartle Frere, allgegenwärtig. An den nach Regenfällen tosenden Flüssen, die nach Osten abfließen, ist das Wild-Water-Rafting populär (z.B. North Johnstone River, Tully River). 26 km vor Innisfail befindet sich die Teeplantage von Nerada. Sie ist die größte Australiens und täglich von 10 bis 16 Uhr für Besichtigungen geöffnet.

Outback Queensland

Der Matilda Highway

Von Nord nach Süd auf dem Matilda Highway

Die wichtigste Straßenverbindung im Hinterland von QLD ist der *Matilda Hwy*, der sich über 1.670 km von Karumba am Golf von Carpentaria bis Cunnamulla unweit der Grenze zu NSW erstreckt. Der Highway ist größtenteils geteilt, jedoch werden für Abstecher und Ost/West-Verbindungen häufig Pisten benutzt, für die sich ein 4-WD besser eignet.

ℹ️ Information

Der Automobilclub RACQ *hat speziell für den Matilda Hwy. einen umfassenden "Motoring Guide to the Matilda Highway" erstellt, der detailliert über alle Straßen und Sehenswürdigkeiten informiert. Entlang der Straße weist der kleine "Swagman" auf Sehenswürdigkeiten hin. Auf manchen Karten ist die Straße teilweise noch als* Burke Developmental Road *und* Landsborough Highway *bezeichnet. Weitere Informationen: www.gulf-savannah.com.au, www.racq.com.au*

Der Matilda Highway im Überblick

km 0: Karumba, am Golf von Carpentaria, ist nördlichster Ausgangspunkt des Matilda Hwy und ein wichtiger Krabbenfischerhafen. Hier landeten einst die Flugboote auf ihren Interkontinentalflügen von Australien nach Europa. Der Küstenbereich und die Flussläufe in das Landesinnere sind Lebensraum gefährlicher Salzwasserkrokodile!

km 72: Normanton: Die historische Stadt ist das Zentrum des **Gulf Savannah Territory** und Endstation des regelmäßig für Touristen verkehrenden, echt antik wirkenden "Gulflander"-Zuges, der bis Croydon fährt.

km 266: Das Burke & Wills Roadhouse ist ein willkommener Zwischenstopp nach endlosen 194 km durch eine steppenartige Savanne.

The „Gulflander"

km 374: Die Kleinstadt **Cloncurry** (vgl. Kap. 13a) liegt am Kreuzungspunkt von *Flinders Hwy.* und *Matilda Hwy.*

km 479: McKinlay – einzig und allein durch das "Walkabout Creek Hotel" des Crocodile Dundee berühmt!

km 553: Kynuna: Die "Waltzing Matilda" – heimliche Nationalhymne Australiens – hat ihren geschichtlichen Ursprung aus dieser Gegend. Am Combo Waterhole fühlte sich *Banjo Paterson* zum Dichten animiert (den Liedtext finden Sie in Kapitel 2). Das Blue Heeler Roadhouse hält bestimmt ein kühles Bier für Sie bereit!

km 719: In **Winton** führte *Paterson* das Lied am 6. April 1895 erstmals einer staunenden Öffentlichkeit vor. Besuchen Sie das Royal Theatre, eines von Australiens ältesten Open-Air Kinos.

km 887: Longreach, eine der bedeutendsten Städte des Outback und Standort der berühmten „Stockman´s Hall of Fame", einer Gedenkstätte früher Pioniere, Entdecker und Siedler. Hier ist der Geburtsort der *Qantas* – der alte Hangar von 1922 ist immer noch in Gebrauch.

km 1015: Die Australische Labour-Partei (ALP) wurde in **Barcaldine** gegründet.

km 1122: Blackall – eine typische Outback-Stadt, die die riesigen Schaffarmen des Umlandes versorgt.

Der Matilda Highway im Überblick

km 1423: Charleville ist mit 3.900 Einwohnern die größte Stadt Südwest-Queenslands und Sitz der ehemaligen Buswerke *Cobb & Co.* Abzweig zum 900 km entfernten Birdsville. Die im Jahr 2003 eröffnete Sternwarte *Cosmos Centre* (www.cosmoscentre.com) zählt zu den modernsten der Erde.

km 1622: Cunnamulla – Ausgangspunkt für die Opalfelder von Yowah und den Currawinya NP. Die Fortsetzung des *Matilda Hwy.* erfolgt in NSW als *Mitchell Hwy.* (Richtung Bourke).

Verbindungen zur Küste bestehen in **Cairns** (nach Normanton über die *Gulf Developmental Rd.*), von **Townsville** (nach Cloncurry über den *Flinders Hwy.*), von **Rockhampton** (nach Longreach über den *Capricorn Hwy.*) und von **Brisbane** (nach Charleville über den *Warrego Hwy.*).

INFO **Abstecher in den Carnavon Gorge National Park**

Viele kleine und kleinste Nationalparks befinden sich fernab der großen Highways und übriger Sehenswürdigkeiten. Sie dienen dem Schutz bestimmter Naturdenkmäler oder besonderen Vorkommnissen an seltenen Pflanzen und Tieren. Häufig sind es auch heilige Stätten der Ureinwohner, die den Schutzstatus eines Nationalparks verliehen bekamen. Vielen gemeinsam ist ein Merkmal: Sie sind kaum oder nur sehr schwer zugänglich, touristische Einrichtungen fehlen meist gänzlich.

Eine Ausnahme bildet der **Carnarvon Gorge NP** in den **Central Highlands** in Südost-Queensland. Der NP ist der größte der Central Highlands, einem Gebiet, das aus einem breiten Plateau verwitterten Sandsteins als Teil der Great Dividing Range besteht. In dieses Plateau haben sich tiefe Schluchten eingegraben, deren spektakulärste die **Carnarvon Gorge** (im Ostteil des NP) darstellt. Hinzu kommen die Landschaftsformationen **Mount Moffatt** (im Süden des NP), **Ka Ka Mundi** und **Salvator Rosa** im Westen des NP. Letztere müssen über die nördliche *Springsure Rolleston Rd.* angefahren werden. Insgesamt existieren 21 km Wanderwege im Park. Nähere Informationen erteilen die Ranger-Büros im NP oder in Brisbane.

 Anfahrt
*Von **Brisbane** über den Warrego Hwy. über Ipswich, Toowoomba, Dalby, Chinchilla, Miles nach **Roma** (rund 490 km). Von dort die Carnavon Developmental Rd. 170 km nach Norden (geteert). Unterwegs folgt nach Injune ein Abstecher in den **Lonesome National Park** für einen spektakulären Blick auf die Carnavon Range im Westen und die Expedition Range im Osten. Bei **Wyseby Homestead** erfolgt der Abzweig (45 km Schotterpiste) in den NP und zur Lodge.*

Übernachten
Carnarvon Gorge Wilderness Lodge $$$, Tel. 4984 4503; die Lodge mit komfortablen Safari-Cabins befindet sich in großartiger Lage am Eingang der Schlucht.

Carnarvon Gorge Wilderness Lodge

*Im Übernachtungspreis sind alle Mahlzeiten und geführte Wanderungen eingeschlossen. Zwei **NP-Campgrounds** sind vorhanden, jedoch nur zu Ferienzeiten geöffnet (Oster- und Sommerferien).*

Cairns – Townsville

Der fruchtbare Küstenstreifen zwischen Cairns und Townsville wird vom Zuckerrohranbau geprägt – über hunderte von Kilometern sieht man nichts als grüne Felder, die von den Schienen der Schmalspurbahnen für die Ernte durchzogen sind. Abwechslung versprechen lange Sandstrände, die vom *Bruce Hwy.* über Stichstraßen zu erreichen sind. Der Highway verläuft meist ein Stück im Landesinneren, was den Vorteil hat, dass man recht schnell zu den von den Berghängen im Westen herabstürzenden Wasserfällen, vielen schönen Picknickplätzen und schattigen Badestellen gelangen kann.

Streckenhinweis
*Von Cairns bis Innisfail bietet sich die Fahrt über die reizvollen **Atherton Tablelands** (vgl. Kapitel 14) an.*

Entfernungen

Cairns–Innisfail:	66 km	Tully–Ingham:	96 km
Innisfail–Tully:	52 km	Ingham–Townsville:	113 km

Routenvorschlag
Cairns–Townsville (via Atherton Tablelands)
1. Tag: Cairns–Port Douglas
2. Tag: Port Douglas–Ausflug Mossman Gorge–Daintree NP
3. Tag: Port Douglas–Mount Molloy–Mareeba–Atherton–Lake Eacham
(eventuell Fortsetzung in Richtung Undara Volcanic NP)
4. Tag: Atherton–Millaa Millaa–Innisfail (Bruce Hwy)–Mission Beach
6. Tag: Mission Beach–Ausflug Dunk Island
7. Tag: Mission Beach–Townsville

Regenwald und hohe Berge im Hinterland

INFO **Die Cassowary-Küste**

Einer der abwechslungsreichsten Abschnitte der Ostküste beginnt bei Cairns und endet in Ingham. Die Küste, die den Namen der farbenprächtigen Straußenvögel trägt, scheint für jeden Geschmack und jede Aktivität etwas zu bieten, wohlgemerkt ohne den faden Beigeschmack eines Massentourismus, wie er in Cairns allgegenwärtig scheint. Die Cassowary Coast hat die höchsten Berge Queenslands, 20 Inseln, davon ein Teil unbewohnt, der andere mit exklusiven Resorts, feinsandige Strände und kleine Ortschaften, die sich ihren Lebensunterhalt durch den Anbau von Zuckerrohr verdienen. Da einfach mit dem Auto durchzufahren, wäre ein Jammer. Nehmen Sie sich die Zeit für ein paar Abstecher oder für den einen oder anderen Ausflug an das Riff, das hier noch näher als in Cairns liegt.

Sehenswürdigkeiten unterwegs

Der *Bruce Hwy.* führt entlang der Regenwälder und Berge des **Wooroonooran NP** nach Süden. Verschiedene Abstecher führen zu malerisch gelegenen Wasserfällen und Felspools.

Babinda Boulders

In **Babinda** zweigt eine schmale Straße zu den **Babinda Boulders** (7 km) ab. Der Babinda Creek bahnt sich hier seinen Weg durch riesige Felsklötze – für die Einheimischen ein beliebter Picknickausflug in den Ferien und an Wochenenden. Bei den Boulders beginnt der *Goldfield Track*, eine 10 km lange Wanderung, die den Spuren ehemaliger Goldsucher folgt und im Mulgrave River Valley nordwestlich endet. Ein NP-Campground ist vorhanden.

Josephine Falls

Badestelle nach der Regenzeit

Der Abzweig zu den erfrischenden Wasserfällen **Josephine Falls** (10 km südlich von Babinda) sollte nicht verpasst werden. Zum einen bietet sich hier erneut eine Badegelegenheit (am besten kurz nach der Regenzeit), zum anderen lassen sich von hier schöne Bergwanderungen im **Wooroonooran NP** unternehmen.

An der Ranger-Station sind Informationen über den 15 km langen Aufstieg auf den 1.622 m hohen **Mt. Bartle Frere** erhältlich. Auf der Tour, für die man zwei Tage einplanen sollte, ist mit schnellen Wetterumschwüngen zu rechnen. Eine 10 km lange Wanderung auf demselben Weg führt zu den steilen Broken Nose Cliffs.

Wildnis-Wanderwege im Tropischen Nord-Queensland

Atemberaubende Wasserfälle, spektakuläre Regenwälder, kristallklare Flüsse und großartige Panoramen sind nur der Anfang. „Misty Mountains" ist Australiens erstes Netz langer Wanderwege im hoch gelegenen Regenwald. Pfade von einer Gesamtlänge von über 130 km wurden bislang von den Councils von Eacham, Herberton, Cardwell und Johnstone angelegt. Jirrbal und Mamu Aborigines sind die traditionellen Besitzer der „Misty Mountains".

Einzelne Wanderwege folgen den Kammlinien, welche die Yabulmbara (Küstenebene) mit Gambilbara (Tafelland) verbinden. Hauptattraktion der „Misty Mountains" sind spektakuläre Ausblicke auf die Elizabeth Grant Falls und Cannabullen Falls sowie kurze Spaziergänge zu abgelegenen Bächen und Badestellen.

Die Zufahrt erfolgt über die Orte South Johnstone, Millaa Millaa oder Ravenshoe.

Nähere Informationen und eine Landkarte ist unter www.mistymountains.com.au erhältlich.

Innisfail (ⓘ s. S. 155)

Innisfail Crocodile Farm

In Innisfail treffen der North Johnstone und der South Johnstone River aufeinander, um wenig später am Flying Fish Point in das Meer zu münden. Seit über einem Jahrhundert lebt die heute 3.500 Einwohner zählende Stadt vom Zuckerrohranbau. Der Distrikt erzeugt immerhin ein Fünftel von Queenslands Zucker. Alljährlich im September findet das *Sugar Festival* statt. Für Reisende aus Cairns ist die Stadt kaum mehr als eine Durchgangsstation. Dennoch unbedingt besuchen: die *Johnstone River Crocodile Farm* (Flying Fish Rd., ausgeschildert). Die Führung durch den Inhaber ist bemerkenswert!

Zwischen Innisfail und **Tully** liegt der kleine Ort **Mena Creek**. Dort befindet sich der in den 1930er-Jahren erbaute spanische Garten **Paronella Park**. Das Schloss und der Park sind mittlerweile stark verfallen, zusammen mit dem botanischen Garten ist das Ganze dennoch sehenswert. Dem Park ist ein schöner Campingplatz angeschlossen.

Streckenhinweis

In El Arish zweigt eine Straße nach Mission Beach ab. Sie führt durch dichten Regenwald, und es kommt von Zeit zu Zeit zu Begegnungen mit den flugunfähigen Cassowaries, vor denen Straßenschilder warnen. Weil diese farbenprächtigen Straußenvögel immer seltener werden, bitten die örtlichen Behörden, eventuelle Sichtungen zu melden.

Weitwanderwege in Queensland

Die Initiative „Great Walks of Queensland" hat sechs Weitwanderwege ausgeschildert. Zu entdecken gibt es schöne Strände, dichte Regenwälder, spektakuläre Felsformationen und eine reiche Tierwelt mit über 230 Vogelarten. Alle Wege können auch in einzelnen Etappen gegangen werden. Sie sind weitgehend gut markiert. Nähere Details erhalten Wanderfreunde in den örtlichen Nationalparkbüros sowie im Internet unter www.epa.qld.gov.au.

Fraser Island Great Walk: 90 km langer Walk, der sich über die größte Sandinsel der Welt windet.

Whitsunday Great Walk: 30 km langer Regenwald- und Küstenpfad von Brandy Creek nach Airlie Beach.

Wet Tropic Walk: 110 km langer Regenwaldweg von den Wallama Falls zu den Blencoe Falls, im Hinterland von Townsville.

Mackay Highlands Great Walk: 50 km langer Wanderweg durch gebirgige Zedernregenwälder, vorbei an tiefen Schluchten und Regenwäldern.

Sunshine Coast Hinterland Great Walk: 45 km langer Track durch die Blackall Range im Hinterland der Sunshine Coast. Imposante Wasserfälle, zahlreiche Tiere (Vögel, Reptilien, Frösche) und herrliche Ausblicke bieten sich dem Wanderer.

Gold Coast Hinterland Great Walk (ab Mitte 2006): Wanderpfad durch das Weltkulturerbe des Lamington NP, Springbrook NP und das Central Eastern Rainforest Reserve. Subtropische Regenwälder und eine seltene wie artenreiche Flora und Fauna lassen sich entdecken.

Mission Beach (ⓘ s. S. 155)

Der Regenwald reicht praktisch bis zur Küste. Mission Beach (2.500 Ew.) und seine benachbarten sieben Küstendörfer sind als Ferienziel in den letzten Jahren immer populärer geworden. Die Siedlung wurde 1916 als Missionsstation (*Hull River Mission*) für die hier ansässigen Aborigines gegründet, hatte aber nur zwei Jahre Bestand, weil ein Zyklon das Dorf zerstörte. Der südlich gelegene **Tam O'Shanter Point** war 1848 Ausgangspunkt der gescheiterten Cape York Expedition von *Edmund Kennedy*. Mission Beach hat nicht nur einen 14 km langen Sandstrand, sondern bietet auch Ausflugsmöglichkeiten zum Riff, nach Dunk Island und Bedarra Island (vgl. Kapitel 14).

Herrliche Strände

6 km nördlich liegt **Bingil Bay**, 5 km bzw. 8 km südlich **Wongaling Beach** und **South Mission Beach** – jeweils kleine Ansiedlungen, in denen es nicht ganz so lebhaft wie im Hauptort zugeht.

Tully

Wildwasser-Rafting auf dem Tully River

In der Umgebung Tullys werden Zuckerrohr und Bananen angebaut. Die Stadt wirbt damit, den höchsten Jahresniederschlag Australiens (4.267 mm) zu haben. Der Ort (3.800 Ew.) ist touristisch vor allem durch den ungezähmten **Tully River** bekannt, auf dem Wildwasserfahrten in großen Schlauchbooten veranstaltet werden (vgl. Kapitel 3 „Cairns") – in der Trockenzeit ein nicht immer ungefährliches Vergnügen, weil dann der Fluss zu wenig Wasser führt und man den Felsen bedrohlich nahe kommt. Die **Tully Sugar Mill** bietet Besuchern dreimal täglich Führungen an (Buchung über das Tourist Office in Tully), wobei Wissenswertes über den Prozess der Zuckerproduktion vermittelt wird.

Die Fahrt zum 36 km entfernten, landeinwärts gelegenen **Cardstone** (z.T. entlang des Tully River) lohnt sich nur bei genügend Zeit. Dort können Wanderungen zu den **Tully Falls** und zum Stausee **Lake Koombooloomba** unternommen werden. Südlich von Tully zweigt eine schmale Straße zu den **Murray River Falls** ab. Vorbei an großflächigen Bananenplantagen gelangt man zu den abgeschiedenen Wasserfällen des Murray River. Neben kühlen Badestellen in den Felspools gibt es einen schattigen NP-Campground.

Cardwell (ⓘ s. S. 155)

Ausgangspunkt für Ausflüge nach Hinchinbrook Island

Die Kleinstadt liegt als eine von wenigen entlang des *Bruce Hwy.* direkt am Meer. Das aus einer lang gezogenen Straße bestehende Cardwell ist Ausgangsort für das vorgelagerte **Hinchinbrook Island** (vgl. Kapitel 18). Man hüte sich davor, in den Gewässern vor Hinchinbrook oder Cardwell zu baden, da die Krokodile auch das offene Meer nicht scheuen. Wer möchte, kann eine ausgeschilderte Rundfahrt ins Hinterland der **Cardwell Range** unternehmen. Von einem Aussichtspunkt bietet sich dann ein guter Blick auf Cardwell und Hinchinbrook Island. Über Ausflüge (und Übernachtungen) im 22 km nordöstlich gelegenen **Edmund Kennedy NP** informiert das Visitor Centre in Cardwell. Die großen Regenwaldzonen und Mangrovensümpfe (Vorsicht: Krokodile!) sind nur durch wenige Wanderwege erschlossen.

Südöstlich von Cardwell

Schmale Straßen führen durch schier endlose Zuckerrohrfelder in Richtung Halifax zur Küste. Während der Erntezeit muss auf die Schmalspurzüge geachtet werden, die oft unvermittelt die Straße kreuzen. In **Lucinda** befindet sich die Zuckermühle Macknade, die älteste noch arbeitende Mühle Australiens. Die Erzeugnisse werden direkt über eine 6 km lange Jetty (Laderampe) auf Frachtschiffe verladen.

Zuckermühle Macknade

Am Nordzipfel der Halbinsel liegt **Dungeness**. Das Fischerdorf ist Ausgangspunkt für Ausflüge auf den südlichen Teil von Hinchinbrook Island. Die Bemühungen, den Hausboot-Tourismus rings um die Insel zu fördern (die sich mit ihren Flussdeltas gut dazu eignen würde), stecken noch in den Kinderschuhen.

Streckenhinweise

Die größte Zuckermühle der südlichen Hemisphäre ist die Victoria Mill. *Sie wird auf der Fahrt nach Ingham passiert. Jährlich werden allein hier zwei Millionen Tonnen Zuckerrohr verarbeitet.*
Auf der Weiterfahrt gen Süden steigt der Highway zum **Bishop Peak** *an. Hier sollten Sie unbedingt am Aussichtspunkt stoppen, denn der Blick auf das grüne Hinchinbrook Island und die Sumpfebenen ist hervorragend.*

Ingham

Die Stadt ist mit 5.000 Einwohnern ein weiteres Zentrum der *Sugar Industry*. Interessanterweise haben sich hier sehr viele Italiener niedergelassen. Von Ingham bietet sich via Trebonne ein Abstecher nach Westen zu den **Wallaman Falls** im **Lumholtz NP** an (48 km Schotterpiste). Die Wasserfälle, die vom Stony Creek gespeist werden, sind mit 279 m die höchsten Australiens – allerdings nur nach der Regenzeit wirklich eindrucksvoll. Ein einfacher NP-Campground ist vorhanden.

Höchste Wasserfälle Australiens

65 km westlich der Stadt liegt der **Mount Fox National Park**. Ein steiler Wanderweg führt auf den Kraterrand des erloschenen Vulkans hinauf.

Jourama Falls

Eine ausgezeichnete Badegelegenheit (nicht in der Trockenzeit!) bieten die **Jourama Falls (Paluma Range NP)** 24 km südlich von Ingham: In mehreren Kaskaden fällt das Wasser über die Granitfelsen herab. Picknick- und Campingeinrichtungen befinden sich am Fuße des Waterview Creek. Über einen ausgeschilderten Wanderpfad gelangt man durch die tropischfeuchte Vegetation zu zwei Aussichtspunkten, von denen man einen guten Blick auf die umgebenden Eukalyptuswälder hat.

Gute Badestelle

Paluma Range National Park (Mount Spec)

Der Park (ehemals Mount Spec NP) liegt auf halber Strecke zwischen Ingham und Townsville. Als Teil der Paluma Range ist er im flachen Teil von Eukalyptuswäldern geprägt, in der kühleren Bergregion dagegen von typischer Regenwaldvegetation. Der erste Abstecher in den Park führt zum **Paradise Waterhole** (mit NP-Campground) und Big Crystal Creek – zwei idyllisch gelegene Flecken, die sich auch gut für einen Zwischenstopp eignen.

Ein zweiter Abzweig vom Highway weist nach **Paluma** (18 km, Ranger-Station). Auf dem Weg befindet sich am **Little Crystal Creek** eine beliebte Badestelle. Wanderwege sind rund um den **McClelland's Lookout** angelegt, von dem sich eine einzigartige Aussicht auf die Halifax Bay und den Crystal Creek eröffnet. Ein weiterer Pfad führt durch den Regenwald zum **Witt's Lookout** (1,5 km).

Die Jourama Falls

Regenwald und Eukalypten

Townsville (ⓘ s. S. 155)

Townsville ist mit rund 91.000 Einwohnern die Hauptstadt Nord-Queenslands und damit nach Brisbane, der Gold Coast, Ipswich und Cairns die fünftgrößte Stadt des Bundesstaates. Geografisch liegt die Stadt zwischen dem 18. und 20. Breitengrad. Damit befindet sie sich noch im Bereich der Tropen und hat ganzjährig warmes bis heißes Wetter. Im Sommer tritt eine ausgeprägte *Wet Season* mit heftigen kurzen Regenfällen ein, während die Winter warm und trocken sind.

Markanter Stadtberg Castle Hill

Im Hinterland dominieren die Berge der Hervey Range und das riesige **Ross River Reservoir**, ein Stausee, der die Stadt auch in Dürreperioden mit genügend Wasser versorgt. Markantester Punkt ist der Granitfelsen **Castle Hill**, der 286 m steil aufragt und zu Fuß oder mit dem Auto erklommen werden kann. Von oben verschafft man sich einen guten Überblick auf die Stadt am Ross River und die südlich gelegene Cleveland Bay.

Frühe Stadtgründung durch Robert Towns

Zur Geschichte der Stadt

Die Gründung der Stadt geht auf den aus Sydney stammenden Geschäftsmann *Robert Towns* zurück, der 1864 den Auftrag zur Gründung eines landwirtschaftlichen Stützpunkts in Nord-Queensland gab. Empfänger dieser „Order" war *John Melton Black*, der tausende von Ureinwohnern von polynesischen Inseln gefangen nahm und nach Queensland verschleppte. Der Sklavenhandel mit den so genannten „Kanaken" wurde in Australien als *Blackbird-Trading* bezeichnet und stellt eines der dunkelsten Kapitel der Kolonialgeschichte dar. In den Jahren nach seiner Gründung entwickelte sich Towns-

Strand von Townsville

ville zur florierenden Hafen- und Handelsmetropole in Nord-Queensland – nicht zuletzt aufgrund der reichen Goldfunde von **Charter Towers** und **Ravenswood**. Nachdem die Vorräte zur Neige gingen, wurde die Rolle des Goldes durch das von **Mount Isa** per Eisenbahn herbeigeschaffte Erz und Kupfer ersetzt, das heute in großen Industriebetrieben verarbeitet wird.

Eisenbahnlinie nach Mount Isa

Townsville heute

Heute versucht Townsville vergeblich, mit den immensen Touristenzahlen von Cairns Schritt zu halten. Mit dem Bau der Strandpromande *The Strand*, dem

Casino und dem großen Museums- und Aquariumkomplex *Reef HQ* (= Headquarter) wurde dennoch viel getan, um für Touristen attraktiv zu bleiben. Zudem bietet Townsville beste Ausflugsmöglichkeiten zum Great Barrier Reef, das zwar rund 60 km vor der Küste liegt (und damit weiter als in Cairns), dafür aber mit klarsten Wasserverhältnissen aufwartet. Außerdem bietet sich ein Ausflug auf das landschaftlich überaus reizvolle **Magnetic Island** an.

Universitätsstadt

Sehenswürdigkeiten

Die Orientierung im kompakten Innenstadtbereich Townsvilles fällt leicht. Hauptverkehrsader ist die **Flinders Street**, die in ihrem Zentrum eine Fußgängerzone (**Flinders Mall**) ist. Dort spielt sich tagsüber das Leben der Stadt ab – von kleinen Boutiquen bis zu großen Kaufhäusern ist alles vorhanden. Sonntags findet hier der Flohmarkt *Cotters Market* statt.

Überschaubarer Stadtkern

Folgt man der Flinders Mall nach Norden, so gelangt man in die **Flinders Street East**, die mit prachtvollen Kolonialgebäuden auf sich aufmerksam macht. Die Pubs entlang der Straße sind auf jeden Fall einen Besuch wert.

Auf der Flinders Street East

Reef HQ (7)

Die Attraktion Townsvilles steht am Ende der Flinders St. East: Der riesige Komplex wurde 1987 fertig gestellt und beherbergt ein Aquarium, ein 360°-Kino (Omnimax-Cinema mit wechselnden Filmen), ein Museum, das National Park Centre und verschiedene Imbissstände und Geschäfte. Das Aquarium zählt zu den größten seiner Art. Ähnlich wie in Sydney wandelt auch hier der Besucher durch Glasröhren und erlebt das authentische Riff hautnah. Selbst Haie und Rochen können bestaunt werden. Im Queensland Museum erfährt man alles über Korallen und das Great Barrier Reef. Vor dem Reef HQ legen die Magnetic-Island-Fähren und Ausflugsschiffe ab.

Interessantes Aquarium

Reef HQ, 2-36 Flinders St. East; geöffnet täglich 9–17 Uhr; www.reefhq.org.au

The Strand

Schön ist auch ein Bummel entlang der Uferpromenade **The Strand** mit dem **Anzac Park**, dem alten **Queens Hotel** (heute mit dem North Queensland Television Centre) und dem **Customs House**. Am nördli-

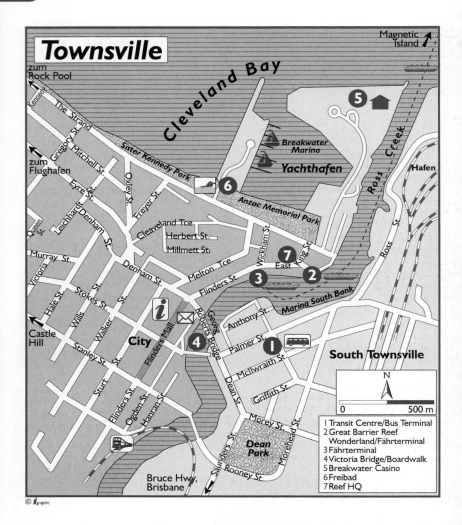

Townsville

zum Rock Pool

Cleveland Bay

Magnetic Island

5

Breakwater Marina

Yachthafen

Ross Creek

Hafen

zum Flughafen

6

Anzac Memorial Park

Sister Kennedy Park

Cleveland Tce

Herbert St.

Millmett St.

Wickham St.

King St.

7

East

3   **2**

Melton Tce.

Flinders St.

Marina South Bank

Ross St.

Denham St.

i

City

4

Roberts Mall

Georg Roberts Bridge

Anthony St.

Palmer St.

1

South Townsville

Castle Hill

McIlwraith St.

Griffith St.

Dean St.

Morey St.

Morehead St.

Dean Park

N

0 ——— 500 m

Saunders St.

Rooney St.

Bruce Hwy, Brisbane

1 Transit Centre/Bus Terminal
2 Great Barrier Reef
  Wonderland/Fährterminal
3 Fährterminal
4 Victoria Bridge/Boardwalk
5 Breakwater Casino
6 Freibad
7 Reef HQ

© *i*graphic

chen Ende der lang gezogenen Straße liegen der City Beach, das geschützte Felsschwimmbad **Rockpool**.

Maritime Museum

Im Museum dreht sich (fast) alles um den 1911 gesunkenen Passagierdampfer SS *Yongala*, der 1958 in rund 22 m Tiefe vor der Küste entdeckt wurde. Das Wrack ist heute einer der bevorzugten Tauch-Spots vor der Küste.

Maritime Museum, 42–68 Palmer St.; geöffnet Mo–Fr 10–16 Uhr; Sa/So 13–16 Uhr; www.townsvillemaritimemuseum.org.au

Castle Hill

Um einen Überblick über Townsville zu bekommen, empfiehlt sich der Aufstieg (am Ende der Stanton St.) auf den 286 m hohen Castle Hill – am besten abends, wenn die Hitze nachlässt. Wem der Aufstieg zu steil ist, der kann auch mit dem Auto hochfahren. Oben befindet sich das elegante Restaurant *Panorama House*.

Aussichts-punkt

Umgebung von Townsville

Magnetic Island (ⓘ s. S. 155)

Die 5.184 ha große Insel, die nur 8 km vor Townsville liegt, wurde schon 1770 von *James Cook* entdeckt. Weil er glaubte, der Kompass seinen Schiffes würde von der Anziehungskraft der Insel verwirrt, nannte er sie Magnetic Island. Die aus Granitfels bestehende Insel ist heute zur Hälfte ein Nationalpark. Die andere Hälfte besteht aus pittoresken Dörfern und einer 40 km langen Küstenlinie, die mit zahlreichen Badebuchten die Tagesausflügler aus Townsville anzieht. Tatsächlich leben mittlerweile auch viele Bürger Townsvilles auf *Maggie* und pendeln täglich zwischen Wohnsitz und Stadt.

🗲 Tipp

Der Verleih der kleinen Mini-Moke-Cabrios ist nach wie vor sehr beliebt und man sieht die kleinen Flitzer überall auf der Insel. Alternativ kann mit dem öffentlichen Bus eine Rundfahrt unternommen werden (Tagesticket lösen). Von Oktober bis April kann wegen der Quallen (Box Jelly Fish) nur in wenigen Buchten gebadet werden, z.B. in Alma Bay. In anderen Buchten sind Netze angebracht.

Alle Fähren (Personen- und Autofähre) kommen im neuen Nelly Bay Harbour an. Mit großem Investitionsaufwand entstand hier eine schicke Siedlung für 2.500 Einwohner. Eine Inselrundfahrt führt über den ehemaligen Hafen Picnic Bay zum schönen Strand von **West Point** (8 km) kann auf der tiefsandigen Piste nur zu Fuß oder per Fahrrad unternommen werden (Mini-Mokes nicht erlaubt).

Ansonsten geht die Fahrt auf der *Magnetic Island Rd.* nach Norden. Bereits vom ersten Hügel hat man einen schönen Blick auf die felsige **Rocky Bay**. Von Nelly Bay nach Arcadia Bay führt ein 6 km langer Wanderpfad, von dem man auch zum 494 m hohen

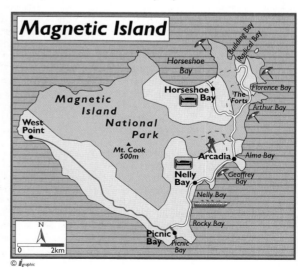

Mt. Cook abzweigen kann. Das gesamte Inselinnere und der Westteil der Insel sind Nationalpark und mit dichten Eukalyptuswäldern bewachsen.

In der folgenden Bucht, **Geoffrey Bay**, können bei Ebbe die Korallenbänke vor der Küste auf einem Pfad erwandert werden. Gleich anschließend gelangt man zum Sandstrand der **Alma Bay**, einer beliebten Badebucht.

Nicht verpassen sollte man den Abzweig zur **Radical Bay** (für Mietwagen gesperrt). Direkt am Abzweig beginnt der Wanderweg zu den **Forts** (2 km), einem

Beobachtungspunkt, der während des Zweiten Weltkriegs erbaut wurde. Der Weg führt durch Eukalyptuswälder, und wache Augen werden bestimmt Koalas in den Bäumen entdecken. Von den Forts geht ein steiler Weg hinunter in die **Florence Bay** mit einem wunderbar einsamen Sandstrand.

Von Radical Bay führt ein bergiger Wanderweg zur abgeschiedenen **Balding Bay** (3 km) oder zur **Horseshoe Bay** (3 km) mit dem längsten Strand der Insel und einigen Geschäften und Hostels. In der

Florence Bay

Süßwasserlagune Horseshoe Bay Lagoon halten sich morgens und abends viele Vögel auf.

Townsville – Brisbane

Entfernungen

Townsville–Airlie Beach:	294 km	Gladstone–Hervey Bay:	270 km
Airlie Beach–Mackay:	150 km	Hervey Bay–Maryborough:	34 km
Mackay–Rockhampton:	351 km	Maryborough–Noosa:	154 km
Rockhampton–Gladstone:	107 km	Noosa–Brisbane:	160 km

Routenvorschlag

1. Tag: Townsville–Airlie Beach
2. Tag: Whitsunday-Inseln – Bootsausflug oder mehrtägiger Segeltörn
3. Tag: Airlie Beach–Eungella NP
4. Tag: Eungella NP–Yeppoon
5. Tag: Badeaufenthalt Yeppoon

Entlang der Küste nach Süden

6. Tag: Yeppoon–Gladstone
7. Tag: Gladstone–Heron Island (Katamaran)
8./9. Tag: Heron Island
10. Tag: Heron Island–Gladstone–Hervey Bay
11. Tag: Tagesausflug Fraser Island
12. Tag: Hervey Bay–Sunshine Coast
13. Tag: Sunshine Coast–Brisbane

Wer einen Segeltörn durch die Whitsunday Islands (ab/bis Airlie Beach) machen möchte, sollte 3–4 Tage zusätzlich einkalkulieren. Mietfahrzeuge (nicht Camper) können bei längeren Touren oder Inselaufenthalten in Airlie Beach, Gladstone und Hervey Bay abgegeben bzw. übernommen werden. Meist macht es aber weniger

Mühe, die Miete weiterlaufen zu lassen und auf das Zeit raubende Abgeben/Übernehmen zu verzichten.

Höhepunkte auf der Fahrt von Townsville nach Brisbane sind die Inselgruppe der **Whitsunday Islands**, das **Great Barrier Reef**, der **Eungella National Park**, **Fraser Island** und die **Sunshine Coast**.

Die Gesamtstrecke bis zur Hauptstadt Queenslands beträgt rund 1.500 km – davon das meiste auf dem *Bruce Hwy*. Er ist durchgängig asphaltiert, allenfalls Stichstraßen zur Küste und in das Landesinnere sind oft nur geschottert. Die Landschaft wird nach Süden hin immer trockener. Die erfrischend grünen Zuckerrohrfelder weichen trockenen, graugelben Böden. Die Weidewirtschaft gewinnt in einer von stetig wiederkehrenden Dürreperioden heimgesuchten Region wieder die Oberhand.

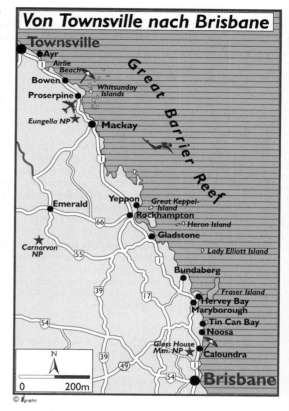

Sehenswürdigkeiten unterwegs

Streckenhinweis
Über die Charters Towers Rd. *und die* Ross River Bridge *gelangt man von Townsville auf den nach Süden führenden* Bruce Hwy *(Hwy 1).*

Billabong Sanctuary
17 km südlich von Townsville sind fast alle typischen Tierarten Australiens im Billabong Sanctuary zu sehen: Koalas, Wombats, Kängurus, Dingos, Emus, Cassowaries und viele Vogelarten. Planen Sie Ihren Besuch so, dass Sie zur Fütterung der gefräßigen Krokodile um 11.30 oder 14 Uhr da sind!
Billabong Sanctuary, *Bruce Hwy. (17 km südlich der Stadt); geöffnet täglich 9–17 Uhr; www.billabongsanctuary.com.au*

Tierpark

Bowling Green National Park
Der Bowling Green Bay NP liegt links und rechts des Bruce Hwy. (Abzweig 28 km südlich von Townsville). Er umfasst vornehmlich große Mangroven- und Sumpfgebiete entlang der Küste. Bis zum **Cape Bowling Green** im Süden erstreckt sich eine lang gezogene Dünenlandschaft mit Süßwasserlagunen – Lebens-

Küsten-nationalpark Bowling Green

raum zahlreicher Wasservögel. In **Alligator Creek** (59 km nördlich von Ayr) befinden sich eine Ranger-Station und ein NP-Campground. Die Wanderung zu den **Alligator Falls** ist mit 17 km H/R (ca. 6 Std.) lang, aber wegen der schönen Badestelle an den Wasserfällen lohnend.

🏃 Wanderungen

auf den markanten 1.342 m hohen Mt. Elliot (westlich des Highways) sind auf markierten Pfaden möglich. An den Hängen des Berges ist ein deutlicher Übergang von trockenen Eukalyptuswäldern zu tropischen Regenwaldzonen erkennbar. Nähere Informationen sind auch im NP-Büro in Townsville erhältlich.

Ayr und Home Hill (Burdekin Region)

Die Städte Ayr und Home Hill werden durch den breiten **Burdekin River** getrennt. Über ihn spannt sich die ein Kilometer lange Burdekin Bridge. Zusammen werden die Städte als *Twin Sugar Towns* bezeichet – hier steht der Anbau von Zuckerrohr im Vordergrund. Außerdem wird dank großflächiger Bewässerungssysteme Reis und Gemüse angebaut. Backpacker schätzen die hiesigen Arbeitsmöglichkeiten als Erntehelfer. Zur Erntezeit (*crushing season*) wird als „besondere Attraktion" nachts das Zuckerrohr großflächig in Brand gesteckt. Die überall zu Boden fallende Asche wird als *Burdekin Snow* bezeichnet. Die Erntesaison auf den Zuckerrohrfeldern dauert von September bis Dezember (je nach Klimazone bzw. Region unterschiedlich). Zahlreiche Stichstraßen führen zu Bootsrampen am Burdekin River und den verzweigten Wasserwegen. Die *Wetlands* sind ein Paradies für Ornithologen. 16 km östlich liegt **Alva Beach**, ein weitläufiger Sandstrand, ebenfalls bei Anglern beliebt.

Bowen

Anbau von Mangos und Tomaten

Auf halbem Wege zwischen Townsville und Mackay liegt die Kleinstadt Bowen. Sie ist für ihren schönen Naturhafen, Sandstrände und Kolonialbauten bekannt. Die schmackhaften Mangos und die Tomaten der umliegenden Plantagen werden nach ganz Australien ausgeliefert. So hat Bowen den Beinamen *Salad Bowl of the North* erhalten. Der schöne **Queens Beach** befindet sich außerhalb der Stadt (mit Caravan Park, Tel. 4785 1313). Mehr über die Geschichte der Kolonialstadt erfährt man im historischen Museum (22 Gordon St.).

Abzweig zu den Whitsunday-Inseln

Proserpine

Proserpine ist das Eingangstor zu den Whitsunday-Inseln und verfügt über den nächstgelegenen Flughafen (PSP). Ein Shuttlebus fährt regelmäßig nach Airlie Beach.

Whitsunday Islands

Am Pfingstsonntag 1770 von James Cook entdeckt

Die Whitsunday Islands haben, wie so vieles in Australien, ihren Namen von *Captain James Cook* erhalten, der hier an einem Pfingstsonntag anno 1770 einen Weg durch die Whitsunday Passage fand und für die Erkundung der Inseln sehr viel Zeit aufwendete. Ähnlich wird es auch Ihnen gehen, wenn Sie in die tropische Inselwelt eintauchen. Die Möglichkeiten, seine Zeit aktiv oder faulenzend zu verbringen, scheinen auf den Whitsundays keine Grenzen zu kennen.

Als Stützpunkte bieten sich die Orte **Airlie Beach** und **Shute Harbour** an. Zusammen tragen sie den Namen *Town of Whitsunday*.

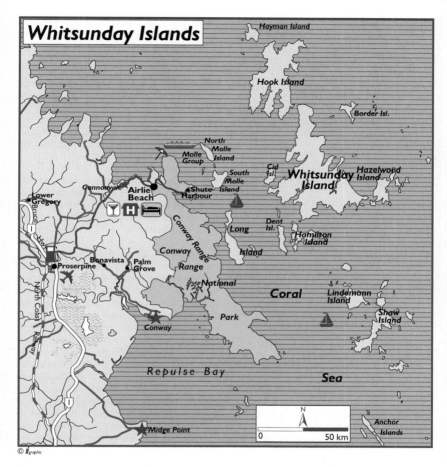

Whitsunday Islands

Hayman Island

Hook Island

Border Isl.

North Molle Island
Molle Group
South Molle Island
Cid Isl.
Whitsunday Island
Hazelwood Island

Cannonvale
Airlie Beach
Shute Harbour

Lower Gregory

Bruce Hwy

Long Island

Dent Isl.
Hamilton Island

Bonavista
Palm Grove
Proserpine

Conway Range

Conway Range

National

Coral

Lindemann Island

Shaw Island

Park

Conway

North Coast Railway

Repulse Bay

Sea

N

Anchor Islands

Midge Point

0   50 km

© **I** graphic

Die Whitsunday Islands gelten als die paradiesischen Perlen des Great Barrier Reef und Queenslands Küste. Strahlend weiße Sandstrände und türkisblaues Wasser sind auf fast allen der 74 Inseln zu finden. Aber nur 7 Inseln sind bewohnt und mit Hotels und Resorts versehen. Diese sind, bis auf wenige Ausnahmen, sehr edler Natur. Für den Reisenden bedeutet die Vielfalt der Inselwelt, dass er auf einem der zahlreich angebotenen Segeltörns und Bootsausflügen viele unberührte Buchten entdecken kann. Zudem besteht die Möglichkeit, sich auf einer Insel „aussetzen" zu lassen und am nächsten Tag wieder abgeholt zu werden – Leben wie Robinson Crusoe ist angesagt!

Rund um die Inseln befinden sich Korallenbänke (z.B. Langford Reef), die aber nicht an die Schönheit und Unversehrtheit weiter nördlich oder östlich liegender Riffe heranreichen. Planen Sie, bei den Whitsundays tauchen zu gehen, so achten Sie darauf, zum *Outer Reef* (z.B. Hook Reef) zu fahren, das 60 bis 80 km vor der

Segeltörn durch die Whitsunday-Inseln

Küste liegt. Das Wasser rund um die Inseln und in Küstennähe ist durch Strömungen und Algenbildung erheblich trüber als weiter draußen.

Buckelwale tummeln sich in den Buchten der Whitsundays von Juli bis Oktober. Die *Humpback Whales* sind auf ihrem Weg von der Antarktis in die warmen Regionen australischer Gewässer, wo sie ihre Jungen gebären. So mancher Bootsausflug wird dann unverhofft zur *Whale Watching Tour*!

Von Prosperpine kommend, durchquert man zunächst die ausufernden Wohnsiedlungen von **Cannonvale** (mit Einkaufszentrum). Vorbei am schönen Yachthafen Abel Point erreicht man Airlie Beach.

Airlie Beach (ⓘ s. S. 155)

Das Straßendorf Airlie Beach ist Tourismus pur – der Ort ist in den letzten 15 Jahren förmlich explodiert. Vor allem junges Publikum fühlt sich von dem Trubel des Ortes angezogen. In den Diskotheken, Restaurants und Pubs links und rechts der Hauptstraße sowie an der Plaza (Esplanade) herrscht je-

Lebhaftes Zentrum der Whitsunday-Küste
den Abend ein lebhaftes Treiben. Alljährlicher Höhepunkt ist das *Great Whitsunday Fun Race* im September, eine Spiel- und Spaßregatta, bei der die barbusigen Galionsfiguren mehr Aufmerksamkeit erregen als das eigentliche Rennen. Airlie Beach selbst hat kaum Strände, außerdem sind die giftigen Quallen auch hier noch von Oktober bis April aktiv. Keine Gefahr droht rund um die Inseln und am äußeren Riff. Bootsausflüge, Heli-Flüge, Segeltörns und Tauchkurse können in den zahlreichen Agenturen gebucht werden. Viele Ausflugschiffe und Segelboote ankern an der **Abel Point Marina**. Mehrtägige Touren sollten vorab reserviert werden. Zahlreiche Hotels und Campingplätze sind vorhanden. Wer es ruhiger möchte, sollte sich nicht unbedingt an der Hauptstraße (Shute Harbour Rd.) einquartieren.

Shute Harbour

10 km südöstlich von Airlie Beach liegt der kleine Ort Shute Harbour, der im Wesentlichen aus der **Shute Harbour Jetty**, einer betriebsamen An- und Ablegestelle der Wassertaxis und einiger Ausflugsboote, sowie einem großen Parkhaus besteht. Im **Conway Küstennationalpark** lohnt der Aufstieg auf den Mt. Rooper (2,4 km) wegen der guten Aussicht auf die Inseln.

▰▰▰▰ Die Whitsunday-Inseln (ⓘ s. S. 155)

Die meisten Inseln sind Teil des Whitsunday NP. Mit einer Größe von 32.217 ha und einer Küstenlänge von rund 500 km ist es der zweitgrößte Inselnationalpark

Queenslands (nach Hinchinbrook Island). Die Natur entlang der kaum besiedelten, oft unbewohnten Inseln ist intakt. Vielerorts sind Wanderwege angelegt, die in das hügelige und bewaldete Inselinnere führen. Da die Inseln unter Naturschutz stehen, dürfen weder Korallen noch irgendwelche Muscheln mitgenommen werden. *Überblick über die Whitsunday-Inseln*

📠 **Tipp**

Freunde des Meeres chartern sich ein Segelboot (mit oder ohne Skipper, sog. bareboat charter) oder eine Motoryacht. Ein Segelschein ist nicht vorgeschrieben, allerdings sind Vorkenntnisse empfehlenswert. Nähere Informationen: Whitsunday Rent A Yacht, www.bareboat.com.au.

South Molle Island

Nur ein kleines Resort im Norden der Insel stört die urwüchsige Vegetation. Die Insel ist von Shute Harbour mit dem Wassertaxi erreichbar. Viele Buchten sowie die Aussichtspunkte *Mt. Jeffrey's* und *Spion Kop* sind über Wanderpfade erreichbar. Das Ferienresort spricht eher junge Leute an.

Daydream Island

Die kleine Insel liegt zwischen North Molle Island und South Molle Island. Durch das zweigeteilte Resort wirkt sie ziemlich verbaut und hat kaum Sandstrände. Die Insel ist mit dem Wassertaxi von Shute Harbour oder Hamilton Island zu erreichen und wird auch von Tagesgästen gerne besucht.

Long Island

Die lang gezogene Insel liegt nur wenige Kilometer vor Shute Harbour. Ein empfehlenswerter Tagesausflug (mit dem Wassertaxi ab Shute Harbour) führt in das *Club Croc Resort* (mit Restaurant, Strand, Aktivitäten). Ruhig und eher exklusiv geht es im *Palm Bay Hideaway Resort* auf der anderen Seite der Insel zu. Auf der Insel ist ein Wanderweg durch den Regenwald nach *Sandy Bay* oder *Humpy Point* markiert. Ein NP-Campground ist vorhanden.

Hamilton Island

Im Herzen der Whitsundays gelegen, vermittelt Hamilton Island das typische *Jet Set Feeling* der Whitsundays. Das weitläufige *Hamilton Island Resort* nimmt fast die gesamte Catseye Bay im Westen der Insel ein – etwas abschreckend wirkt der große Hochhaus-Hotelkomplex, doch auch kleinere Bungalows sind vorhanden. Mit Restaurants, Läden und einem breiten Ausflugsangebot wird der Komfort einer kleinen Stadt geboten. Hamilton ist als einzige Insel (neben Hayman Island) nicht als Nationalpark ausgewiesen – wohl auch ein Grund für das Vorhandensein eines Flughafens, auf dem sogar Düsenjets landen können. Trotzdem findet man auf der 500 ha großen Insel noch ruhige Buchten, ganz zu schweigen von der einsamen Inselmitte. Das Freizeit- und Wassersportangebot ist natürlich sehr groß. Eine Attraktion sind Helikopterflüge von Hamilton Island zur Hardy Lagoon, einem spektakulären Riff am äußeren Riff.

Von Shute Harbour ist die Insel per Wassertaxi erreichbar (auch Tagesausflüge). Per Wassertaxi werden nach der Flugankunft auch andere Inseln bedient.

Hook Island

Nach Whitsunday Island ist Hook Island die zweitgrößte Insel. Das Resort (*Hook Island Wilderness Lodge*) und zwei NP-Campgrounds auf vorgelagerten Inseln (nur

Überblick
über die
Whitsun-
day-Inseln mit Permit) sprechen eher jüngeres Publikum an. Durch den Laden beim Resort, der auch frische Erzeugnisse liefert, sind längere Aufenthalte möglich (Campinggenehmigung vorher besorgen). Das Unterwasserobservatorium mit 9 m Tiefe ist eine gute Beobachtungsstation für all diejenigen, die nicht schnorcheln oder tauchen möchten (beim Resort). Die Anreise nach Hook Island erfolgt per Wassertaxi von Airlie Beach oder Shute Harbour. Die Berge im Inselinneren (*Rocky Hill* 398 m, *Hook Peak* 459 m) können auf schmalen Pfaden erklommen werden. Viele Bootstouren fahren *Nara Inlet* an, um die Aborigine-Zeichnungen an der Decke einer kleinen Höhle zu sehen.

Hayman Island
Nördlich von Hook Island bietet die kleine Insel wunderschöne Sandstrände, einsame Buchten und eine absolut exklusive Ferienanlage (mit Golfplatz), die sich äußerlich jedoch als eher unscheinbar darstellt. Das *Hayman Island Resort* gehört zu den teuersten Hotels der Welt. Film- und Sportstars ziehen sich gerne auf die Insel zurück. Tagesausflüge auf die Insel gibt es nicht, von Zeit zu Zeit machen die Segler an der berühmten Blue Pearl Bay (Westküste) für Tauch- und Schnorcheltrips Halt. Die Anreise nach Hayman Island ist über den Flughafen von Hamilton Island oder per Helikopter möglich.

INFO **Leben wie Robinson Crusoe**

Neben den genannten Inseln existieren viele unbewohnte Inseln. Die größte unter ihnen ist **Whitsunday Island**. Die Insel ist durch den traumhaften Sandstrand *Whitehaven Beach* an der Ostküste berühmt geworden. Man sagt, es sei der weißeste Sandstrand der Welt. Dort machen auch viele Segelschiffe Station. Vier NP-Campgrounds sind über die Insel verteilt.

Andere Inseln mit Campgrounds sind **Haslewood Island**, **Border Island**, **North Molle Island**, **Cid Island**, **Henning Island**, **Shute Island** und **Shaw Island**. Über die Möglichkeiten, auf die Inseln zu gelangen, informieren Sie sich am besten in den Informationsbüros von Airlie Beach. Die Campingerlaubnis muss beim National Park Service eingeholt werden.

Wichtig ist, dass ein verbindlicher Abholtermin ausgemacht wird! Dem Aufenthalt auf einer unbewohnten Insel ist häufig durch den Mangel an Trinkwasser eine natürliche Grenze gesetzt – bedenken Sie bei Ihrer Vorratsplanung den Wasserbedarf bei großer Hitze! Weiterhin dürfen Insektenschutz, Sonnenschutz und ein Kocher (keine offenen Feuer erlaubt) nicht fehlen. Information und Buchung in den örtlichen Agenturen.

Lindeman Island
800 ha Regenwald, Berge, Sandstrände und der erste *Club Med* Australiens liegen am südlichen Eingang der Whitsunday Passage (44 km nördlich von Mackay). Die Pauschalangebote ab Sydney oder Melbourne sind dabei recht günstig. Die Anreise ist nach dem Flug per Schiff von Hamilton Island oder Mackay möglich bzw. per Wasssertaxi von Shute Harbour.

Brampton Island

Mit Fug und Recht gilt sie als eine der schönsten Inseln Queenslands. Sie gehört, rein geografisch betrachtet, nicht mehr zu den Whitsundays. Brampton Island liegt 35 km östlich von Mackay und ist von dort bzw. von Shute Harbour per Schiff oder per Flugzeug zu erreichen. Über einen Wanderweg gelangt man in die herrliche Badebucht *Turtle Bay* mit postkartenreifem, türkisblauem Wasser oder zu 6 weiteren Sandstränden. Im hügeligen Inselinneren mit dem 209 m hohen *Brampton Peak* präsentiert sich eine Mischung aus dichtem Regenwald und offenem Pinienwald. Per Boot lässt sich die unbewohnte Nachbarinsel **Carlisle Island** besuchen. Dort ist Campieren (mit Permit) erlaubt. Zwischen beiden Inseln gibt es gute Schnorchelreviere. Von Brampton Island werden auch Ausflüge an das „Outer Reef" angeboten.

Von Airlie Beach nach Hervey Bay

Cape Hillsborough National Park

Von Airlie Beach gelangt man in Proserpine wieder auf den *Bruce Hwy.* Nach 70 km auf dem Highway passiert man das Städtchen **Mount Ossa** und den Abzweig zum **Cape Hillsborough NP** (18 km, teilweise geschottert). Der NP auf der felsigen Halbinsel begeistert vor allem durch seine hohen Klippen und die schönen Sandstrände dazwischen. Die Ranger-Station mit kleinem Besucherzentrum im Ferienort **Seaforth** gibt ein Faltblatt über die Wanderwege im Park heraus. Bei Ebbe ist die vorgelagerte Insel Wedge Island zu Fuß erreichbar. Übernachtungen sind auf einem einfachen NP-Campground bei Smelley's Creek oder in Seaforth möglich.

Hinweis

Die Angewohnheit, kurz vor der Ernte die Zuckerrohrfelder abzubrennen, ist in Queensland noch immer weit verbreitet. Zweck der Übung ist es, die Blätter vom eigentlichen Zuckerrohr zu trennen und Giftschlangen aus den Feldern zu vertreiben. Nach der Brandrodung können die Farmer gefahrlos und ohne Mühe den Rohstoff schneiden. Die durch den Brand entstehenden Rußschwaden vernebeln oft ganze Highway-Abschnitte. Als Autofahrer sollte man deshalb langsam fahren und die Scheinwerfer einschalten. Während der Erntezeit sollte man ferner auf die kleinen Sugar Cane Trains Acht geben, die die Ernte zu den Zuckermühlen fahren. Die Kreuzungen, an denen sich die Schienen und die Straße treffen, sind selten mit Schranken versehen, und allzu leicht werden die kleinen Züge übersehen.

Streckenhinweis

Wer es sich zeitlich leisten kann, sollte vom Bruce Hwy. nach Westen zum **Eungella NP** *abzweigen. Vom Highway bis* **Eungella Village** *sind es 64 km, von Mackay kommend, 84 km.*

Eungella National Park (ⓘ s. S. 155)

Von Marian führt eine schmale Straße durch den Mirani Shire und das **Pioneer Valley**, wo jährlich über 900.000 Tonnen Zucker in vier Mühlen produziert werden. Die Geschichte des Tals wird in einem kleinen Museum in **Mirani** dokumentiert. Am Fuße des Aufstiegs auf das Hochplateau der Clarke Range passiert man

Weitläufiges Tal

Blick in das Pioneer Valley

die **Finch Hatton Gorge** mit zwei spektakulären Wasserfällen (*Araluen Falls* und *Wheel of Fire Falls* mit Badestelle), die über kurze Wanderungen zu erreichen sind. Ein ordentlicher Campingplatz ist das *Platypus Bush Camp*, das sich am Ende des Tals an der Grenze zum NP befindet. Bei schlechtem Wetter weicht man auf die einfachen *Finch Hatton Gorge Cabins*

Über steile Serpentinen in den Nationalpark

aus. In steilen Serpentinen, in denen sich ein voll beladenes Auto bereits gehörig quälen muss, erreicht man den Eingang des National Parks. Bei guter Fernsicht genießt man vom Aussichtspunkt *Sky Window* einen fantastischen Blick auf das Pioneer Valley bis zum Meer. Häufig aber verderben Wolken im „Land der Wolken" (= Eungella) die Sicht. Vom Aussichtspunkt (*Palm Lookout Track*), an dem sich

---

INFO ## Schnabeltiere

Die seltenen Schnabeltiere gehören zur Gruppe der Kloakentiere (*Monotremata*), den ursprünglichsten Säugetieren, die nur noch in Australien und Tasmanien vorkommen. Überreste eines Platypus haben Wissenschaftler in Südargentinien gefunden – ein Beweis dafür, dass die Kontinente Südamerika und Australien einstmals als Urkontinent Gondwana verbunden waren. Die unterschiedliche klimatische Entwicklung beider Landmassen führte allerdings zum Aussterben der Tiere in Südamerika. Charakteristisch ist ihr Schnabel, der dem einer Ente gleicht, während ihr felltragender Körper eher an einen Fischotter mit Schwimmhäuten erinnert.

Das eigentliche Unikum ist, dass die Tiere Eier ablegen und ausbrüten, später jedoch ihre Jungen säugen. Zur Nahrungssuche tauchen die Tiere bis auf den Grund der Flüsse und Teiche ab und schnüffeln blind über den Schlammboden. Die Nahrung, bevorzugt kleine Krebse und Schnecken, wird in den Backentaschen verstaut und erst an der Wasseroberfläche verzehrt bzw. an die Jungen weitergereicht. Die Höhlen der Schnabeltiere, die auch als Brutkammern dienen, reichen bis zu 18 m weit in die Flussufer hinein.

auch das historische *Eungella Chalet* befindet, starten von 705 m Höhe oft Drachenflieger ins Tal. Die Stadt **Eungella** mit Laden, Post, Ranger-Büro und ein paar Häusern verteilt sich großzügig auf dem Plateau.

Der **Eungella NP** bedeckt rund 49.000 ha und lockt die Besucher vor allem wegen der seltenen Spezies *Ornithorhynchus Paradoxus*, kurz *Platypus*, an (vgl. Info). Die scheuen Schnabeltiere, die wie eine Kreuzung aus Fischottern und Enten aussehen, können von den Aussichtsplattformen am Broken River beobachtet werden – am besten in den frühen Morgenstunden oder am Abend – Geduld ist allerdings notwendig!

Wanderungen durch den tropischen Regenwald, der auf dieser Höhe ein ausgesprochen angenehmes Klima aufweist, sind z.B. auf dem 8 km langen *Broken River Track* möglich. Nachts entdeckt man bisweilen Pflanzen fressende Possums in den Bäumen.

Mackay (ⓘ s. S. 155)

Mackay (68.000 Ew.) nennt sich *The Sugar Capital Of Australia*. Die Stadt ist ein typisches Beispiel relaxter Queensland-Atmosphäre – ruhig und fast verschlafen geht alles seinen Gang in den palmengesäumten Straßen. Alteingesessene Bewohner sprechen einen herrlich breiten Queensland-Slang. Die prachtvollen Kolonialbauten scheinen seit 100 Jahren kaum verändert. Die Geschichte der Stadt begann schon 1859, als der Rinderzüchter *John Mackay* aus NSW nach Norden aufbrach, um neue Weidegründe zu entdecken, an der Mündung des Pioneer River wurde er fündig. Einige restaurierte Gebäude wie das Court House von 1885 sind im Stadtzentrum sehenswert.

Zentrum des Zuckerrohranbaus

Die Einfuhr der Zuckerpflanze aus Java im Jahre 1868 führte zum großflächigen Anbau des Zuckerrohrs und begründet bis heute die Haupteinkunftsquelle der Region. Doch von der industriellen Zuckerproduktion bekommt man als Besucher des Innenstadtbezirks kaum etwas mit, da die Hafenanlagen 6 km nördlich am *Outer Harbour* liegen. Von der weltgrößten Zuckerverladestation (*Bulk Sugar Terminal*) wird der Nährstoff verschifft (keine Besichtigung möglich). Später wurde in Zentral-Queensland damit begonnen, Kohle im Gebiet um Blackwater abzubauen, die im Hafen in **Hay Point** (40 km südlich) verladen wird. Immer stärker tritt heute das Touristengeschäft in den Vordergrund, bei dem sich Mackay seine günstige Lage zu den südlichen Whitsunday Islands zu Nutze macht.

Ein Ausflug nach Norden lohnt vor allem wegen der schönen Strände am **Slade Point** und **Bucasia**, im Süden ist der herrliche **Sarina Beach** (mit Campingplatz) einen Abstecher wert. Die Orientierung fällt in der rechtwinklig angelegten Stadt leicht: Das Zentrum wird von der *River St.* (parallel zum Pioneer River) und der *Sydney St.* eingegrenzt.

Schöne Strände in der Umgebung

Streckenhinweis

Von Mackay nach Rockhampton (332 km) gilt es, einen der langweiligsten Abschnitte der Ostküste rasch zurückzulegen. Beachten Sie jedoch stets das Tempolimit. Fiese Radarfallen können extrem teuer werden. Ein Outback-Abstecher lässt sich alternativ über die Saphirfelder von Emerald unternehmen (siehe Infokasten „Gem Fever").

Die Umgebung von Mackay

© **I**graphic

Vor Erreichen der Stadt Rockhampton sollte man den Abstecher zu den Höhlen **Cammoo Caves** *und* **Olsen's Capricorn Caves** *nicht verpassen (23 km nördlich von Rockhampton). Die schönen Tropfsteinhöhlen sind in Privatbesitz und Heimat hunderter von Fledermäusen. Bei den Führungen wird manchmal klassische Musik abgespielt, um die Akustik hervorzuheben.*

Rockhampton (ⓘ s. S. 155)

Am
Wende-
kreis des
Steinbocks

Rockhampton liegt landeinwärts am Fitzroy River und direkt auf dem Wende-kreis des Steinbocks (*Tropic of Capricorn*), der Australien klimatisch in die tropi-sche und gemäßigt subtropische Zone teilt. Der exakte Punkt ist durch den *Capricorn Spire*, ein 14 m hohes Denkmal, markiert. Die Küstenregion vor Rock-

INFO **Gem Fever im Outback**

Die beschriebene Route eignet sich gut als **Alternative zum Küsten-Highway** Mackay–Rockhampton und verläuft wie folgt: Mackay–Clermont (Peak Downs Hwy)–Emerald/Rubyvale/Sapphire–Blackwater (Capricorn Hwy)–Rockhampton (insgesamt ca. 740 km).

Das Edelsteinfieber packt jeden, der in Central Queensland auf die Suche nach den glitzernden Steinen geht. 263 km westlich von Rockhampton (*Capricorn Hwy.*) liegt die Stadt **Emerald** – Ausgangspunkt für spannende Exkursionen in die Gemfields. Australien produziert rund 80 Prozent aller weltweit geförderten Saphire, davon stammt der größte Teil aus dieser Gegend. Emerald selbst hat nicht viel zu bieten, ist aber dennoch überraschend lebendig. Bei mehreren Bränden, welche die Stadt fast jedes Mal völlig zerstörten, sind leider viele historische Gebäude für immer verloren gegangen.

Besuchen Sie die typischen Saphirstädte **Anakie** (44 km westlich von Emerald), **Rubyvale** und **Sapphire** (ca. 60 km westlich von Emerald) und kaufen Sie sich einen *Bucket Full of Wash*, einen Eimer voll Geröll, den Sie dann selbst auswaschen. Nach Aussagen fleißiger Edelsteinsucher findet man immer ein paar Rohsaphire darunter! Fast jedes Haus dieser Minensiedlungen hat irgendwas mit Edelsteinen zu tun, sei es ein kleiner Schmuckladen, Edelstein-Schleifereien, Minenbesichtigungen oder etwas anderes. Besonders empfehlenswert: *Rubyvale Gem Gallery*. Die Landschaft ist gezeichnet von offenen Minen und abgesteckten Claims.

Ein schöner Punkt zum Übernachten ist der **Lake Maraboon** (20 km südlich von Emerald). Das dortige *Sunlover Resort* verfügt über einen Campingplatz und ausgezeichnete Möglichkeiten zur Vogelbeobachtung. Folgt man von Emerald dem *Gregory Hwy.* nach Süden, besteht von **Springsure** eine Zufahrtsmöglichkeit in den spektakulären **Carnarvon Gorge National Park** (vgl. Kap. 14: Outback Queensland).

Eine hervorragende Internetseite zum Thema Fossicking finden Sie unter www. gemfields.com.

hampton wird dementsprechend **Capricorn Coast** genannt. Der landschaftliche Unterschied ist offensichtlich: Die saftig grünen Zuckerrohrfelder im Tropengürtel weichen weit gehend trockenem Weideland. Besonders im Landesinneren treten immer wieder schwerste Dürreperioden auf, die die Farmer in Existenznöte bringen. Mit 64.000 Einwohnern ist die Stadt die größte zwischen Townsville und Brisbane. Haupteinkunftsquelle der Region ist die Rinderzucht, die bereits 1853 von den Gebrüdern *William und Charles Archer* begonnen wurde. Jeden Montag um 7.30 Uhr findet auf der *Gracemere Cattle Station* (12 km südwestlich) eine riesige Rinderauktion statt.

Das historische Stadtzentrum befindet sich am Südufer des Fitzroy River. Zahlreiche alte Gebäude stehen in der Quay Street, z.B. die *ANZ-Bank* von 1864 und das

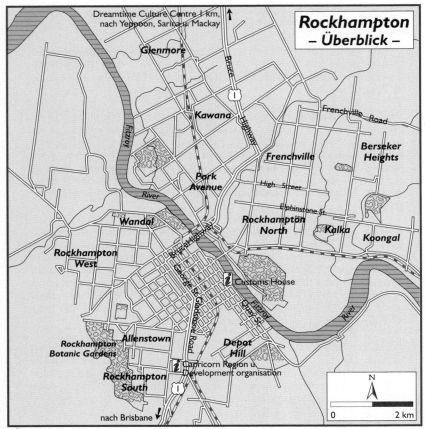

Rockhampton
– Überblick –

© *i*graphic

Customs House von 1901. In der breiten Fußgängerzone **East Street Mall** lässt sich die Mittagshitze unter Schatten spendenden Sonnenschirmen ertragen.

Aborigine-Kultur

Kulturzentrum der Ureinwohner

Der Besuch des **Dreamtime Cultural Centre** gehört zu den wesentlichen Besuchspunkten in Rockhampton. In dem 1988 eröffneten Zentrum werden großflächig Kunst und Kultur der Ureinwohner und Torres-Strait-Insulaner ausgestellt.
Dreamtime Cultural Centre, *Bruce Hwy. (5 km nördlich, am Abzweig nach Yeppon), Tel. 4936 1655; geöffnet Mo–Fr 10–15.30 Uhr; www.dreamtimecentre.com.au*

Umgebung von Rockhampton

Mount Morgan
40 km südlich von Rockhampton (*Burnett Hwy.*) liegt die historische Stadt Mount Morgan. Die tiefen Terrassen der 1880 eröffneten Goldmine sind vom Dee River

Lookout noch immer zu sehen. Während jedoch das Gold in den 1920ern zur Neige ging, wurde Kupfer bis 1981 abgebaut. Bei der Gründung der BHP (Broken Hill Proprietary), dem heute größten Bergbaukonzern Australiens, spielte Mount Morgan eine besondere Rolle: Einer der Gründer, *William D´Arcy*, machte hier sein erstes kleines Vermögen, das er in die BHP einbringen konnte. Das Historische Museum der Stadt zeigt Bilder und Gegenstände aus der Zeit der Goldgräber.

Abstecher in das Landes- innere

Mount Hay Gemstone Tourist Park

Westlich von Rockhampton zieht der Mount Hay Tourist Park erste Edelsteinsu- cher an. Touristen dürfen gegen eine kleine Gebühr auf dem Gelände selbst nach den *Thundereggs* („Donnereiern") graben – 120 Millionen Jahre alte, eiförmige Quarzgesteine, in deren Inneren sich blau schimmernde Edelsteine befinden. Im *Mount Hay Gemstone Tourist Park* (Capricorn Hwy., 37 km westlich von Rock- hampton, Tel. 4934 7183) sind ein Campingplatz und Picknickeinrichtungen vor- handen.

Eiförmige Quarz- gesteine

> **Tipp**
> *Dehnen Sie Ihre Reise bei ausreichend Zeit in die **Central Highlands** und das **Outback Queenslands** aus. Der Capricorn Hwy. führt weiter nach **Longreach**, wo er auf den geschichtsträchtigen Matilda Hwy. trifft (vgl. Kapitel 14).*

Abstecher nach Yeppoon und die Capricorn Coast

Rund um den lebhaften Ferienort **Yeppoon** (40 km nordöstlich von Rockhamp- ton) findet man die schönsten Strände der Umgebung. Das große, aber auch großzügig angelegte *Capricorn Resort* (8 km nördlich von Yeppoon), das manchmal noch nach seinem japanischen Investor Iwasaki's benannt wird, bietet herrliche Strände und Dünen. Yeppoon bietet ferner zwei schöne Caravan Parks: Poinciana Tourist Park (2 km südlich) und Beachside CP (1 km nördlich).

20 km nördlich von Yeppoon beginnt die Byfield Coast, eine fast vollkommen unerschlossene Wildnis mit dem **Byfield NP**. Die sandige Allradpiste endet an der Küste in einer traumhaft einsamen Dünenlandschaft. Weiter nördlich ist die Halbinsel ein militärisches Sperrgebiet.

Südlich von Yeppoon führt eine beeindruckende Küstenstraße (*Scenic Rd.*), vorbei an **Kinka Beach** und **Rosslyn Bay** (mit dem Fährterminal für Bootstransfers nach Keppel Island, mehrmals täglich, Tel. 4933 6744).

Beschau- liche Ferien- orte an der Küste

Entlang der Küstenstraße ist man immer wieder versucht, sein Quartier an einem der ruhigen Strände aufzuschlagen. Ganz im Süden der Halbinsel liegt **Emu Park**, ein ruhiger Ort mit gepflegten Ferienhäusern reicher Queensländer. Dort befin- det sich auch die *Koorana Crocodile Farm*, eine Zuchtfarm für die gefürchteten Salzwasserkrokodile (10 km vor Emu Park in Coowonga, Touren täglich 10.30 und 13 Uhr). Wer's mag, kann sich im Restaurant ein schmackhaftes Croc-Steak servieren lassen.

> **Hinweis**
> ***Great Keppel Island** und die übrigen Inseln der Keppel-Gruppe finden Sie unter den „Inseln der Capricorn Coast" beschrieben.*

Gladstone (ⓘ s. S. 155)

Südlicher Beginn des Great Barrier Reef

Gladstone (28.000 Ew.) ist ein geschäftiger Industriehafen für Kohle und Aluminium. Touristisch ist nicht allzu viel los, sieht man von den Ausflugsmöglichkeiten auf die Inseln ab. Das Great Barrier Reef findet im Bereich Gladstone/Bundaberg sein südliches Ende (oder Anfang, je nachdem, von wo man kommt). Eine Übernachtung lohnt nur, wenn beispielsweise am nächsten Tag der Katamaran nach Heron Island gebucht ist. Ansonsten sollte man eher ein Stück südlich in **Tannum Sands** nächtigen. Der ruhige Ferienort verfügt über einen schönen Strand, Campingplatz und Motels.

Die Inseln der Capricorn Coast (ⓘ s. S. 155)

Great Keppel Island

Erschwingliches Insel-Vergnügen

Die Hauptinsel der **Keppel Island Group** ist ein beliebtes Ferienziel der jungen Generation und all derer, die sich jung fühlen. Mit 17 Sandstränden und einem Durchmesser von 28 km bietet die Insel reichlich Entdeckungsmöglichkeiten und bleibt auch für Budgetreisende erschwinglich. Ausflüge zum Unterwasserobservatorium vor der benachbarten Insel **Middle Island** sowie nach **North Keppel Island** und **Humpy Island** sind mit den Fähren von *Keppel Island Taxis* möglich. Wer übernachten will, kann dies auf auf allen drei Inseln auf einfachen Campingplätzen tun, benötigt aber ein Permit (erhältlich im NP-Büro in Rockhampton). Zu beachten ist, dass die Wasserversorgung auf den Inseln sehr unzuverlässig ist (Vorrat mitnehmen!).

Die Anreise erfolgt per Schiff mit *Keppel Island Tourist Service (Reefseeker)*, Rosslyn Bay Harbour (10 km südlich von Yeppoon, mit ausreichend Parkplätzen). Abfahrt mehrmals täglich.

Die wahrlich paradiesischen Koralleninseln **Heron Island** mit **Wilson Island**, **Lady Musgrave Island** und **Lady Elliott Island** gelten als vorzügliche Tauchreviere und einzigartige Naturreservate.

Heron Island

Ideales Tauch-revier

Als winzig kleiner Fleck mit nur einem Kilometer Länge ist das Eiland (70 km vor Gladstone) kaum auf der Landkarte zu finden. Ähnlich wie Green Island (vor Cairns) ist Heron Island eine reine Koralleninsel, die von schneeweißen Sand-

Heron Island

stränden und Korallenbänken eingerahmt wird. Bereits 1943 wurde die Insel als Nationalpark deklariert, nachdem schon sie schon viele Jahre zuvor als Angel- und Erholungsziel der Australier galt. Meeresschildkröten (*Green Turtles*) legen im Sommer (Okt.–Apr.) ihre Eier ab. Eine große Kolonie Seevögel hat Heron Island im Frühling als Brutplatz auserkoren – mit Belästigungen muss in dieser Zeit gerechnet werden. Die Ranger unternehmen mit Gästen des kleinen Resorts bei Ebbe interessante Riffspaziergänge. Heron Island gilt als ideales Tauch- und Schnorchelrevier, wobei hierbei mit kleinen Booten die nahen Riffe angelaufen werden. Die Insel ist per *Inseln der* Katamaran (ab Gladstone Marina) oder per Helikopter von Gladstone täglich *Capricorn-* erreichbar. Der Heli ist zwar teurer, aber für Flugreisende (Airport Gladstone *Küste* GLT) oft die einzige Möglichkeit, ohne Zwischenübernachtung im langweiligen Gladstone auf die Insel zu gelangen. Der Flug ist absolut lohnend, denn der Blick aus der Luft auf die Korallenriffe ist schlicht spektakulär. Das Heron Island Resort

gehört zur P&O Gruppe und zeichnet sich durch hervorragenden Komfort aus, insbesondere, wenn die mit Meerblick versehenen Reef-Suites gebucht werden.

Heron Island

Auf dem benachbarten **Wilson Island**, welches in der Ferne nur als kleiner Punkt ausgemacht werden kann, kommt ein Robinson Crusoe „Deluxe-Feeling" auf. Man nächtigt in fast offenen Safarizelten und wird von einem kleinen Service-Team mit Speis und Trank versorgt. Schnorcheltouren sind vom Strand aus möglich. Der Aufenthalt ist nur im Paket zusammen mit Heron Island buchbar.

Lady Musgrave Island
Die Insel ist nur unwesentlich größer als Heron Island, unbewohnt und als Nationalpark unter Schutz gestellt. Auf der ebenfalls aus Korallen gebildeten Insel brüten Schildkröten und Wasservögel. Von Juli bis Oktober ziehen Buckelwale (*Humpback Whales*) an der Bunker Reef Group vorbei. Tagesausflüge mit Tauch-/ Schnorcheloption werden ab Bundaberg anboten (*Lady Musgrave Cruises, www. lmcruises.com.au*).

Lady Elliott Island
Rund 50 km südlich von Lady Musgrave Island und 100 km nordöstlich von Bundaberg gelegen, stellt das Eiland den südlichsten Punkt des Great Barrier Reef Marine Park dar. Sie ist die Kleinste der drei Koralleninseln mit guten, aber nicht optimalen Bedingungen für Taucher. Totale Isolation ist im eher einfachen Lady Elliott Island Resort (www.ladyelliot.com.au, www.barrierreef.net) angesagt, das nur per Flugzeug von Bundaberg oder Hervey Bay aus erreicht werden kann.

Die Außenkante des Riffs hat faszinierende Strukturen geschaffen, wie z.B. Hero's Cave, die Tubes, die Docks und das Blowhole – eine Landschaft für einmalige Tauchgänge. Teufelsrochen (*Manta Rays*) leben hier in solcher Menge, dass Taucher ihnen fast immer begegnen. Auch Schildkröten sind keine Seltenheit und Schulen exotischer Fische gleiten durch die Schluchten der Korallen. Tauchen mit der Strömung auf Lady Elliot muss an der Außenkante des inneren Riffs ausgeführt werden. Hier läuft die Strömung parallel mit der Insel vom Leuchtturm zu einigen Bojen am nördlichen Ende. Die beste Zeit ist zwei Stunden nach Hochwasser, dann läuft die Strömung nördlich, während zu anderen Zeiten die Wasserbewegung in die entgegengesetzte Richtung läuft.

Agnes Water und Town of 1770

Eine rund 55 km lange Stichstraße führt vom Bruce Hwy. in die Küstenorte **Agnes Water** und **Town of 1770** (*Seventeen Seventy*). Der Ort erhielt seinen Namen von Captain Cooks erster Landung in Queensland am 24. Mai 1770. In Agnes Waters befindet sich ein Einkaufszentrum, ein Campingplatz und expandierende Neubaugebiete. Über die weitläufigen Sandflächen werden bei Ebbe Fahrten mit Amphibienfahrzeugen angeboten. Folgt man der Straße bis zum Ende, gelangt man bei **Round Hill Head** zu einem schönen Aussichtspunkt über den endlosen Pazifik.

25 km nordwestlich befindet sich der **Eurimbula NP** (weite Sandstrände mit niedrigen Dünen) mit einfachem Campground, erreichbar über eine schmale Piste. Die Wanderung zum *Ganoonga Noonga Lookout* ist sehr steil, entschädigt aber mit einem herrlichen Panorama-Blick über die Dünenlandschaft.

Südlich von Agnes Water liegt der einsame **Deepwater NP** (Sandstrände, Dünen, Tierwelt mit schwarzen Kakadus und Kängurus), über eine 4-WD-Piste anzufahren. Bei Wreck Rock befindet sich ein primitiver NP-Campground. Die Ausfahrt ist nach Süden, ebenfalls auf schmalen Tracks, in Richtung Berajondo möglich, wobei vorher noch ein Abstecher an das Fischerdorf **Rules Beach** unternommen werden kann.

Infos zu den NPs erteilt das Informationszentrum in Agnes Water (Tel. 4974 5428, www.barrierreef.net). Ein weiteres Visitor Centre über die so genannte *Discovery Coast* befindet sich in **Miriam Vale** am Bruce Hwy.

Streckenhinweis
Die Fahrt durch hügelige Wälder von Agnes Waters über Berajondo und Watalgan nach Bundaberg ist kaum länger, aber deutlich abwechslungsreicher als der weiter westlich verlaufende Bruce Hwy.

Bundaberg (ⓘ s. S. 155)

50 km vom Bruce Hwy. entfernt liegt die 50.000 Ew. zählende Stadt Bundaberg. Die Stadt am Burnett River wurde bereits 1867 gegründet. Das Stadtzentrum zeigt noch einige historische Gebäude. Ausflüge nach Lady Musgrave Island und Lady Elliott Island haben hier ihren Ausgangspunkt. Die meisten Australier verbinden den Stadtnamen mit dem hier erzeugten Rum. Die **Bundaberg Rum Distillery** ist die größte des Landes und arbeitet bereits seit 1888. Eine Besichtigung mit genauer Darlegung des Herstellungsprozesses ist interessant (Whittered St., 2 km östlich entlang der Bourbong St., Führungen zu jeder vollen Stunde, www. bundabergrum.com.au).

Berühmter Rum

Sehenswert ist auch das **Flugmuseum** des australischen Flugpioniers *Bert Hinkler*. Er wurde 1892 in Bundaberg geboren und unternahm 1928 den ersten Soloflug von London nach Darwin (Hinkler House, Botanical Garden, 4 km nördlich, täglich 10–16 Uhr).

Mon Repos Beach

An den Strand von Mon Repos (15 km östlich von Bundaberg) kommen alljährlich von November bis März dutzende (manchmal gar hunderte!) **Meeresschildkröten** (*Green Turtles*) zur Eiablage. Die an Land so schwerfälligen Tiere lassen sich auch von den vielen Schaulustigen, die dieses Spektakel verfolgen, nicht beirren. Mittlerweile ist der Zugang zum Strand nur noch unter Führung der örtlichen Ranger möglich. Die Eiablage in den warmen Sand erfolgt meist abends oder nachts. Die Ranger vor Ort erteilen nähere Auskünfte über die genauen Zeiten.

Meeresschildkröten kommen zur Eiablage

Die Küstenregion um **Bargara** (13 km östlich von Bundaberg) ist vor allem wegen ihrer schönen Strände attraktiv.

📠 Streckenhinweis

Wer im Hochsommer an Queenslands Küste kommt, wird dankbar zur Kenntnis nehmen, dass die Küste endlich stinger free ist, d.h. die giftigen Quallen kommen nur mehr weiter nördlich vor.
Der Bruce Hwy von Rockhampton über Childers nach Maryborough verläuft eher eintönig über 220 km weit ab der Küste durch endlose Zuckerrohrfelder und Weideland.

Hervey Bay und Fraser Island

Hervey Bay (ⓘ s. S. 155)

Hervey Bay und die gleichnamige Bucht liegen ca. 30 km östlich des *Bruce Hwy*. Der Ferienort hat sich erst in den letzten 20 Jahren durch das Zusammenwachsen der Dörfer **Point Vernon, Pialba, Scarness, Torquay** und **Urangan** gebildet. Mittlerweile hat die Stadt fast mehr Gästebetten als Einwohner (42.000) und ist einer der Ferienorte der Ostküste, welche vom Boom der 1990 Jahre am meisten profitiert haben. So gibt es praktisch kein Stadtzentrum, alle Geschäfte und die meisten Hotels befinden sich an der Uferpromenade *The Esplanade*, einige der großen Shopping-Zentren und viele Fahrzeugvermieter bereits entlang der breiten Einfahrtstraße.

Ausgangsort für Ausflüge nach Fraser Island

In den Restaurants bekommt man außer Meeresfischen auch ausgezeichneten Barramundi aus dem Mary River auf den Tisch. Vielleicht hat man auch einfach Lust auf Fish & Chips, die frisch zubereitet werden und in Papier verpackt verkauft werden!

Buckelwal beim „breachen"

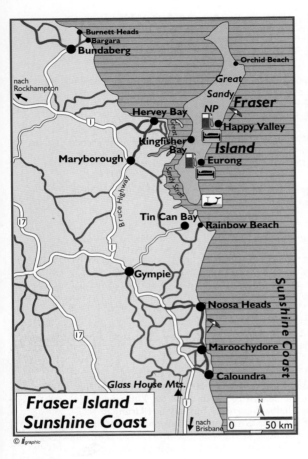

© **i**graphic

In Hervey Bay steht Wassersport hoch im Kurs: Die **Great Sandy Strait**, eine Flachwasserstraße, die das Festland von Fraser Island trennt, stellt mit ihren zahlreichen unbewohnten Inseln ein hervorragendes Ausflugs- und Angelrevier dar. Hinzu kommt einer der besten Golfplätze Queenslands (*Hervey Bay Golf Club*, Tooth St., Pialba).

Im August findet das *Whale Festival* statt – zu Ehren der Buckelwale, deren Bestand sich augenscheinlich seit ihrem Schutz erhöht hat. Man bedenke, dass zu Zeiten des beinahe industriell betriebenen Walfangs nur noch rund 1.000 Tiere überlebt hatten. Ihre Wanderung in nördliche, warme Gefilde führt die Wale von August bis Oktober an Hervey Bay vorbei, manchmal früher, manchmal später. Erkundigen Sie sich vor Ort nach den aktuellen Sichtungen – es werden von mehreren Anbietern Walbeobachtungstouren angeboten, die man nicht verpassen sollte.

Ausflüge nach Fraser Island

Ein Geländewagen ist für die Sandpisten der Insel zwingend notwendig! Daher existieren im Prinzip drei Möglichkeiten, Fraser Island zu besuchen:

Verschiedene Möglichkeiten, Fraser Island kennen zu lernen

• *Mit einem organisierten Ausflug, der in einem geländegängigen Bus unternommen wird. Es gibt 1- bis 5-tägige Touren (mit Aufenthalt auf der Insel), wobei die Gruppengröße je nach Anbieter schwankt. Ein geführter Ausflug ist mittlerweile meist preiswerter als ein Allradmietwagen, zu dem noch Spritkosten, Insel-Permit, Fährkosten und Campinggebühren hinzukommen.*

• *Mit einem gemieteten Allradfahrzeug, wobei bei dem nicht in Hervey Bay gemieteten Fahrzeug das Insel-Permit selbst besorgt werden muss und vorab geprüft werden sollte, ob der Vermieter überhaupt die Fahrerlaubnis für Fraser Island erteilt. Deshalb unbedingt bei Buchung den Wunsch „Fraser Island" angeben. Viele Vermieter und Mieter mussten nämlich die kostspielige Erfahrung machen, dass Fahrzeuge bei Flut im Meer versenkt wurden.*

• Mit einer Kleingruppe (max. 8 Personen), die z.B. von den Backpacker-Hostels zusammengestellt wird und zusammen einen 4-WD inkl. Camping-Ausrüstung mietet.
• Die Idee, zu Fuß durch die Insel zu streifen, ist wenig empfehlenswert. Erstens sind die Entfernungen beträchtlich groß, zweitens ist das Stapfen im Sand sehr ermüdend.

🛳 Fähren

• **Urangan Boat Harbour** nach **Moon Point** (Autofähre)
• **River Heads** (10 km südlich von Hervey Bay) nach **Wanggoolba Creek** (Autofähre)
• **River Heads** nach **Kingfisher Bay** (Personenfähre zum gleichnamigen Resort, bewachte Parkplätze an der Fähre)
Eine weitere Möglichkeit besteht von **Inskip Point/Rainbow Beach** nach **Hook Point** (Autofähre).
Die Fähren sollten im Voraus reserviert werden – dabei sind i.d.R. die Fahrzeugvermieter in Hervey Bay behilflich.

Fraser Island (ⓘ s. S. 155)

Die mit 172.000 ha **größte Sandinsel der Welt** war lange vor ihrer Entdeckung von den Aborigine-Stämmen der Badjala, Ngulungbara und Dulingbara besiedelt. Captain James Cook sah ihre Küste erstmals 1770, aber erst 1822 entdeckte Captain William Edwardson, dass es sich tatsächlich um eine Insel handelte. 1836 strandete die „Stirling Castle" vor Mackay. Ihr Kapitän, ein gewisser John Fraser, und seine Frau trieben auf Wrackteilen tagelang auf See, bis sie schließlich die Küste von Fraser Island erblickten. Zusammen mit fünf anderen Schiffbrüchigen gerieten sie in die Gefangenschaft von Aborigines und verschwanden alle bis auf Mrs. Fraser, die durch ihre Geschichte zu Ruhm gelangte.

Größte Sandinsel der Welt

In den Folgejahren begann die wirtschaftliche Nutzung der Insel. Riesige Wälder wurden abgeholzt und erst Jahre später wieder aufgeforstet. Mit der Entdeckung und Nutzung der Insel begann die Vertreibung und Deportation der Aborigines. 1937 wurde „Banjo" Henry Owens als letzter bekannter Inselbewohner in die Cherbourg Mission Station gebracht. In den 70er-Jahren setzte der Tourismus auf Fraser Island ein. Kontrovers wurde das Thema des industriellen Sandabbaus (Black Mineral Sand Mining) diskutiert – 1976 stellte man die Förderung endgültig ein.

Traumstrand am Lake McKenzie

Der **Great Sandy National Park** nimmt den gesamten Nordteil der Insel ein. Der Südteil ist ein State Forest. Die Grundlage der 123 km langen Insel ist Sand, allerdings größtenteils von Eukalyptuswäldern, Kauri-Fichten und Pinien bewachsen. Eindrucksvoll sind auch die bis zu 70 m hohen Satinays, eine Baumart, die nur auf Fraser Island vorkommt. Von Juli bis September ist die Insel von blühenden

National-park im Norden

Dünen und
Strand
an der
Ostküste
Wildblumen übersät. An der Ostküste findet man kilometerlange Strände und bis zu 240 m hohe Wanderdünen.

Viele Vogelarten, darunter Kakadus, Austernfischer und Pelikane, sind ganzjährig zu beobachten, hinzu kommen unzählige Zugvögel auf ihrem Weg in den Sommer. **Dingos** sind ein häufiger Anblick. Sie halten sich oft an den Abfalleimern und auf Campingplätzen auf. Vom Füttern der Tiere sollte man im eigenen Interesse unbedingt absehen – der zahme Eindruck trügt (es sind wilde Tiere!) und es gab schon Beißattacken, vor allem am Lake McKenzie. Daneben leben Wallabies, Possums, Warane (*Goannas*) und wild lebende Pferde (*Brumbies*) auf der Insel.

INFO **Auto fahren auf der Insel**

Die Pisten, die die Insel durchziehen, sind größtenteils schmal und tiefsandig. Der Vierradantrieb bleibt praktisch ständig eingeschaltet, die Getriebeuntersetzung wird jedoch nur für schwere Passagen gebraucht. Um die Traktion zu verbessern, wird der Luftdruck der Reifen reduziert. Auf den meisten Wegen muss mit Gegenverkehr gerechnet werden, Ausweichstellen sind genügend vorhanden. Großartig ist das Befahren des *Seventy Five Mile Beach* (120 km lang) an der Ostküste. Der Strand kann jeweils drei Stunden vor und drei Stunden nach Ebbe als offizieller Highway benutzt werden. Die Westküste indes ist mit ihren dichten Regenwäldern und Mangrovensümpfen nur an den Anlegestellen der Fähren erschlossen.

Natürlich gibt der ungehemmte 4-WD-Tourismus auch Anlass zur Sorge. Durch tiefe Spurrillen werden der Strand und die wichtigsten Tracks zerstört. Durch zertrampelte Dünen, Fäkalien und Müllberge auf wilden Campingplätzen wurde die Insel bei Naturschützern in die Diskussion gerückt. Achten Sie deshalb bei Ihrem Besuch auf die Naturverträglichkeit Ihres Daseins, damit die Insel nicht eines Tages vollkommen gesperrt wird.

Die Auflagen der Naturschutzbehörde und die Permit-Kosten für Selbstfahrer wurden in den letzten Jahren drastisch erhöht. So dürfen z.B. seit 2002 folgende Routen nicht mehr befahren werden: Sandy Cape Lighthouse nach Rooney Point, Orchid Beach nach Wathumba Lagoon, Waddy Point nach Middle Rock. Im Süden ist die Strandzufahrt bei Dilli Village bis zur Fähre Hook Point gesperrt – eine Alternativroute führt durch das Inselinnere.

Inselrundfahrt

Unterwegs
auf Fraser
Island
Die **Central Station**, eine alte Waldarbeitersiedlung, ist Ausgangspunkt für alle Fahrten. Spaziergänge in das nahe **Pile Valley** mit den großen Satinaybäumen bieten sich an. Der traumhafte **Lake McKenzie** ist der bekannteste Binnensee. Glasklares Süßwasser und schneeweiße Strände muten schon geradezu paradiesisch an. Er ist von der Central Station auch zu Fuß erreichbar. Links vom Hauptstrand findet man einen sehr schönen, einsameren Strand. Nach Süden gelangt man über die Seenplatte mit **Lake Jennings**, **Lake Birrabeen** und **Lake Benaroon** zum größten See der Insel, dem **Lake Boomanjin**, ebenfalls ein

Kingfisher Bay Resort

beliebter Picknick- und Campingplatz. In Dilli Village trifft man auf den Strand. Auf dem „Highway" in Richtung Norden folgt **Eurong**, der Hauptort der Insel mit Tankstelle, Laden, Motel und Ranger-Station.

Die Wanderung zum **Lake Wabby** (ca. 1 Std.) sollte man unbedingt unternehmen. Es ist der tiefste See der Insel, wird aber durch die steil abfallen-

den und wandernden Dünen von Jahr zu Jahr kleiner. Vorbei an verschiedenen Felsformationen führt der Strand-Highway nach **Happy Valley**, einer weiteren kleinen Siedlung mit Unterkünften und Tankstelle.

Auf der Weiterfahrt wird das Wrack der 1933 gesunkenen *Maheno* passiert (Besteigen verboten!). Es grenzt schon an ein Wunder, dass der blühende Rost das Schiff noch nicht gänzlich dahingerafft hat. Die

Auf dem „Strand-Highway"

schönsten Felsen sind **The Pinnacles** und **The Cathedrals**, die sich rot schimmernd vom Strand erheben. Ein Abstecher in den **einsamen Nordteil** der Insel ist ebenfalls möglich.

Die Rückfahrt zur Central Station wird *The Pinnacles* in Angriff genommen. Vorbei das sanfte Dahingleiten auf Sand – schmale und langsame Pisten sind wieder angesagt. Durch das bewaldete Inselinnere, über den **Allom Lake** und die **Boomerang Lakes** (nach Waranen Ausschau halten!) geht die Fahrt auf schmalen Pisten zurück zum Lake McKenzie/Central Station.

The Sunshine Coast

🚗
Entfernungen
Hervey Bay–Maryborough: 34 km
Maryborough–Noosa: 154 km
Noosa–Brisbane: 160 km

Maryborough

Die Stadt an der Mündung des Mary River (34 km südlich von Hervey Bay) wurde schon 1843 gegründet und ist eine der ältesten Siedlungen Queenslands. Ihr Aufschwung begann als Hafen mit der Verschiffung von Schafwolle. Viele der

Nördlich von Brisbane

alten Gebäude sind in ihrer Ursprünglichkeit erhalten. Auf dem *Heritage Walk* lernt man 28 im Zentrum befindliche Häuser näher kennen. Die Region lebt heute von Landwirtschaft (Zuckerrohr, Rinderzucht), Holz- und Maschinenbauindustrie (vorwiegend Landmaschinen). Viele Gebäude zeugen noch von der langen Geschichte der Stadt, und jeden Tag wird ein Schuss aus einer historischen

Sunshine Coast

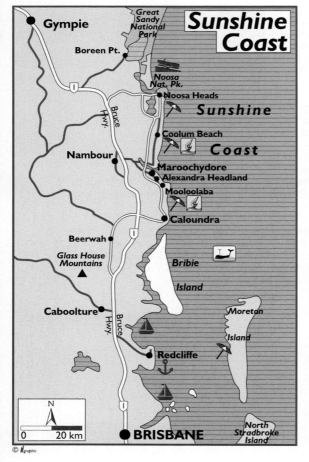

Kanone abgefeuert. Donnerstags findet der *Heritage Market*, ein kleiner Kunstmarkt, im Stadtzentrum statt.

Gympie

Anno 1867 suchte ein Goldrausch die Region um Gympie (11.400 Ew.) heim und bescherte Queensland einen erheblichen Bevölkerungszuwachs. Nach 60 Jahren waren die Goldvorräte ausgebeutet, und es kehrte wieder Ruhe ein. Im *Gold Mining & Historical Museum* (215 Brisbane Rd.) erfährt man Weiteres über die Goldfunde und die damalige Zeit.

Abstecher in den Cooloola National Park und nach Rainbow Beach (Fähre nach Fraser Island)

Von Gympie erreicht man nach gut 60 km in östlicher Richtung eine bezaubernde Küstenregion. Rund um die **Tin Can Bay** und **Wide Bay** gibt es herrliche Sandstrände, die alles andere als übervölkert sind. Beim Parkplatz neben dem kleinen Hafen von Tin Can Bay kommen häufig Delfine bis dicht an das Ufer. 10 km vor Tin Can Bay zweigt die Rainbow Beach Rd. in den gleichnamigen Küstenort ab. Das lokale Tourist Office (8 Rainbow Beach Rd., Tel. 5486 3160) stellt die Permits für Fraser Island aus. Ein schöner Strand-Campingplatz (Rainbow Beach CP, Tel. 1-300 366 596) ist vorhanden.

Für die ausführliche Erkundung der Cooloola-Sektion des **Great Sandy NP**, der sich von Rainbow Beach nach Süden bis an den Noosa River erstreckt, ist ein Allradfahrzeug erforderlich. Dann ist bei Ebbe die 70 km lange Strandroute bis Noosa fahrbar. Dabei sieht man das Wrack der *Cherry Venture* sowie die *Teewah Coloured Sands* – rotgelb eingefärbte Sandflächen. Süßwasserlagunen und Binnenseen liegen etwas landeinwärts. Durch den NP windet sich der Noosa River mit einsamen, mit Eukalypten bewachsenen oder mangrovengesäumten Ufern. Mehrere Wanderwege von bis zu 46 km Länge (*Cooloola Wilderness Walk*) durchziehen den Park. Übernachtungsmöglichkeiten bestehen auf mehreren einfachen NP-Campgrounds, u.a. am Fresh Water Lake. Infos über den NP erhalten Sie in Rainbow Beach oder in Tewantin.

Strandroute nach Noosa

Fähre nach Fraser Island

*Von Noosa gibt es geführte Touren nach Fraser Island, die auch die Fahrt entlang des Strandes beinhalten. Wer selbst fahren will, benötigt ein Allradfahrzeug. Die **Autofähre Rainbow Venture** (Tel. 5486 3227) verbindet Rainbow Beach/Inskip Point (10 km nördlich von Rainbow Beach) mit Hook Point an der Südküste von Fraser Island. Die Verbindung ist gezeitenabhängig, und genaue Abfahrtszeiten müssen erfragt werden. Das notwendige Permit für Selbstfahrer erhält man im NPWS-Büro in Rainbow Beach (geöffnet täglich 7–16 Uhr; Tel. 5486 3160).*

Möglichkeit zur Überfahrt nach Fraser Island

Sunshine Coast

Queensland ist nicht nur der *Sunshine State*, er besitzt auch eine *Sunshine Coast*. Sie erstreckt sich auf eine Länge von 140 km nördlich von Brisbane. Sieht man von den Touristenzentren **Noosa**, **Coolum**, **Maroochydore** und **Caloundra** ab, so findet man dazwischen tatsächlich noch einige einsame Strandabschnitte. Dies ist wohl der größte Unterschied zur durchgängig mit Hochhäusern bepflasterten Gold Coast.

Phantastische Sandstrände – nicht nur für Surfer

Die Strände sind unter Surfern für ihre Brandung berühmt. Zur eigenen Sicherheit empfiehlt sich bei wirklich hohen Wellen, nur dort zu baden, wo auch der *SLSC* (= *Surf Live Savers Club*) Wache hält.

Die Sunshine Coast lebt vom Tourismus und von den zahlreichen Obstplantagen, wo vor allem

Sunshine Coast

An der Sunshine Coast

Zitrusfrüchte und Mangos wachsen. Im südlichen Hinterland (70 km nördlich von Brisbane) erheben sich die elf Vulkankrater der **Glasshouse Mountains**, deren höchster Gipfel der *Mt. Beerwah* (556 m) ist.

Noosa (ⓘ s. S. 155)

In Noosa (24 km östlich des Bruce Hwy) wurde in den 1970er Jahren noch versucht, alternatives Leben und tägliche Surf-Freuden miteinander zu verbinden. Heute sind die Hippies verschwunden und haben finanzkräftigen Australiern Platz gemacht. Ihre edlen Villen (mit der Yacht vor der Haustür) können auf der Anfahrt über den *David Low Way* betrachtet werden. Die Städte **Tewantin** und **Noosa Heads** sind mittlerweile praktisch zusammengewachsen, Hotels und amerikanische Restaurantketten bestimmen das Straßenbild. Noosa markiert das exklusive nördliche Ende der Sunshine Coast und gliedert sich in Noosaville, Noosa Heads und Noosa Junction auf. Das Zentrum von **Noosa Heads** ist die Einkaufsstraße Hastings Street. Fast ganzjährig sind die Straßen chronisch verstopft, und mit einem großen Wohnmobil hat man seine liebe Mühe, einen Parkplatz in der Nähe des *Main Beach* zu erhalten.

Jet-Set Tourismus in Noosa

In den Sommermonaten viel besuchter Nationalpark

Die Nordspitze wird vom 432 ha großen **Noosa Head NP** eingenommen. Das Gebiet ist eines der ältesten Naturreservate Australiens. Es stellt mit seinen Wanderpfaden und Sandbuchten einen wohltuenden Kontrast zur lebhaften Stadt dar. Schon wegen des guten Blicks auf den *Noosa Sound* lohnt der Aufstieg zum Aussichtspunkt *Noosa Hill*.

Die Flusslandschaft des Noosa River zieht sich in einigen Windungen nach Norden zum **Lake Cootharaba**. Die auch als „Everglades Australiens" bezeichnete Landschaft ist für ihre Wassersportmöglichkeiten und den Hausboottourismus bekannt. Ebenso attraktiv sind die Freizeitaktivitäten, die der südlich von Noosa gelegene **Lake Weyba** bietet.

Weitere schöne Strände südlich von Noosa Heads sind **Sunshine Beach**, **Marcus Beach** und **Peregian Beach**. Parkplätze mit Strandzugang sind vielfach vorhanden.

🏷 Streckenhinweis

Der Sunshine Motorway *führt von Noosa schnurstracks und schnell nach Süden. Abwechslungsreicher ist in jedem Fall die Küstenstraße, deren Verlauf im Folgenden beschrieben ist.*

Coolum

Auf dem Weg nach Süden durchfährt man das Feriendorf Coolum (8.000 Ew.). Im Vergleich zu Noosa oder Maroochydore geht es hier schon sehr viel ruhiger zu. Dabei hat der *Coolum Beach* mindestens genauso gute Wellen (a *good rolling surf*).

Mit dem *Novotel Twin Waters Resort* (Ocean Drive, Mudjimba, 8 km südlich von Coolum, Tel. 5448 8000) verfügt die Stadt über eine architektonisch eindrucksvolle Anlage mit Salzwasserlagunen und natürlichem Buschland.

Aufwändige Hotelanlage

🖝 **Tipp**
Zögern Sie nicht, einmal selbst das Wellenreiten (auf einem Leihboard) zu probieren – die schnellsten Erfolge erzielt man mit einem Body Board, *bei dem man, auf dem Surfbrett liegend, die Wellenkämme hinunterdriftet.*

Maroochydore (ⓘ s. S. 155)

Am Maroochy River (24 km südlich von Coolum) und ungefähr in der Mitte der Sunshine Coast liegt der lebhafte Ferienort Maroochydore (24.000 Einwohner), der mit den südlich gelegenen Orten **Alexandra Headland** und **Mooloolaba** eine Einheit bildet. Die Gegend wird daher meist nur „Maroochy" genannt. Auf dem Fluss werden mit der *MV Kilkie II* Ausflüge in dort nie vermutete, unangetastete Wildnisregionen unternommen (Abfahrt von der Cod Hole Jetty).

In der modernen *Mooloolaba Wharf*, einem großen Einkaufs- und Vergnügungszentrum, befindet sich das **Underwater World Aquarium** *(www.underwaterworld. com.au)*, in dem man, ähnlich wie in Townsville oder Sydney, in langen Acrylröhren durch die Unterwasserwelt wandelt. Neben Furcht einflößenden Haien sind Rochen und allerlei Muscheltiere zu sehen. Interessant auch die fluoreszierenden Quallen. Wagemutigen wird die Möglichkeit, täglich um 16 Uhr mit den Haien ins Becken zu gehen, gegeben.

Unterwasser-Aquarium

In **Alexandra Headlands** befindet sich große Vergnügungspark *Olympia Theme Park* mit Wasserrutschen und allerlei mehr.

Caloundra

Die 60.000 Einwohner zählende Stadt wird vornehmlich von den Einwohnern Brisbanes an Wochenenden aufgesucht und spricht in Preisniveau und Angebot eher Normalverbraucher an. Das große Geld scheint an Caloundra vorbeigegangen zu sein. Schöne Strände sind Moffat und Dickie Beach nördlich der Stadt. An der Landsborough Parade (beim Waterfront Hotel) ist eine Replika von *Captain Cooks HMS Endeavour* (geöffnet 10–16 Uhr) zu bewundern, allerdings hat das Schiff nur zwei Drittel der Originalgröße. Weitere Informationen zu Caloundra unter www.caloundratourism.com.au.

Ruhigere Abschnitte im Süden der Sunshine Coast

Das **Queensland Air Museum** (Pathfinder Drive, Caloundra Aerodrome, www.qam.com.au) zeigt eine Anzahl verschiedener Flugzeugtypen und erläutert Näheres ihrer Geschichte.

Übernachtungsmöglichkeiten gibt es in zahlreichen Hotels und Motels oder auf dem Strand-Campingplatz Dickis Beach Caravan Park. Weitere Infos über die Region: www.caloundratourism.com.au.

Der breite **Pumicestone Channel**, der das Festland von der vorgelagerten Insel **Bribie Island** trennt, gilt als beliebtes Angelrevier. Bribie Island ist nur im Süden besiedelt (Bellara und Woorim) und ist über eine Brücke anzufahren.

INFO Golfing in Queensland

Kein anderer Bundesstaat in Australien bietet mehr Golfplätze als Queensland. Eine Platzreife oder ein bestimmtes Handicap werden nicht erwartet, indes ist für viele Plätze eine telefonische Reservierung erforderlich. Die *Green Fees* bewegen sich zwischen A$ 10 (Wochentags) und A$ 70, je nach Ausstattung und Berühmtheit des Platzes.

Die meisten Golfplätze befinden sich entlang rund um Brisbane, entlang der Gold Coast und Sunshine Coast. Aufgrund der idealen klimatischen Bedingungen ist dort ganzjähriges Golfen möglich. Im tropischen Nord-Queensland findet man bei Palm Cove und Port Douglas sehr schöne Golfplätze, die am besten von Mai bis Oktober zu bespielen sind. Eine ausführliche Liste findet man in der Broschüre „Golfing in Queensland", welche von Tourism Queensland herausgegeben wird, oder im Internet unter den Adressen der lokalen Fremdenverkehrsämter.

Langzeiturlaub: Viele europäische Golfer nutzen inzwischen die sehr günstigen Langzeit-Mietbedingungen für Appartements an der Gold Coast oder Sunshine Coast, um dem europäischen Winter zu entfliehen. Ein Mietwagen sollte allerdings immer dazu gemietet werden. Viele Airlines nehmen Golfgepäck (10 kg) gratis mit, meist kann vor Ort auch Ausrüstung geliehen werden.

Golfplatz an der Sunshine Coast

Abstecher in das Hinterland der Sunshine Coast

Hinweis
Die Fahrt durch das Hinterland lohnt insofern, als man sich die südliche Sunshine Coast mit Caloundra eigentlich sparen kann: Die Strände verlieren nach Süden hin deutlich an Reiz.

Ananas-Plantage
10 km westlich von Maroochydore (landeinwärts am *Bruce Hwy.*) befinden sich die **Sunshine Plantations**. Typisch für Australien weist schon von der Ferne eine überdimensionale Ananas (*The Big Pineapple*) auf die Obstplantage hin. Mit einer kleinen Zuckerrohrbahn kann man durch die Felder fahren – vor allem für Kinder ein Vergnügen.

Verträumte Dörfer im Hinterland
Nambour (13.000 Ew.) ist das Handelszentrum der fruchtbaren Region. Obwohl fernab der Küste, ist die Stadt der Verwaltungssitz der Sunshine Coast. Westlich von Nambour erstreckt sich die Bergkette der **Blackall Range** über rund 40 km nach Süden. Einen guten Eindruck der bewaldeten Hügel erhält man, indem

man von Nambour dem *Range Tourist Drive* folgt, der in einem Bogen bis Landsborough führt. Abstecher führen hinein in den **Kondalilla NP** (90 m hohe Wasserfälle) und durch die malerischen Dörfer **Mapleton, Flaxton, Montville** und **Maleny**. Dort befinden sich schöne Läden mit Kunsthandwerk, Antiquitäten und Galerien.

Glasshouse Mountains

Streckenhinweis
Südlich der Blackall Ranges schließen sich die Glasshouse Mountains an. Um diese eigenartig geformten Vulkanberge zu sehen, folgt man am besten der Glasshouse Mountain Tourist Road *(ab Landsborough) nach Süden. Sie verläuft praktisch parallel zum* Bruce Hwy. *Durch die Wälder und Berge führt dann der* Forest Drive.

Glasshouse Mountains

Wie dicke Säulen erheben sich insgesamt 11 Felsberge aus der Ebene. Sie entstanden durch Eruptionen, die Jahrtausende zurückliegen. Die drei höchsten Berge (*Mt. Beerwah* 552 m, *Mt. Coonowrin* 373 m, *Mt. Tibrogargan* 282 m) werden von den Aborigines als heilige Berge angesehen. *James Cook* sollen sie im Licht der gleißenden Sonne an englische Treibhäuser (= Glasshouse) erinnert haben. *Mt. Coonowrin* ist ein beliebter Kletterfelsen, während *Mt. Ngungun* relativ einfach zu erwandern ist. Der Ausblick von oben ist fantastisch und reicht bei klarem Wetter bis zum Meer.

Heilige Berge

Übernachtungsmöglichkeiten bieten sich im kleinen Städtchen, das den Namen **Glass House Mountains** trägt, z.B. im *Glass House Mountains Resort* (Old Bruce Hwy., 2 km südlich von Beerwah, Tel. 5496 9900) oder im komfortablen *Log Cabin Caravan Park* (Old Bruce Hwy., Tel. 5496 9338).

In **Beerwah** lohnt der Besuch des sehr gut aufgemachten **Australia Zoo** (www.australiazoo.com.au). Manch einer hat vielleicht schon den (2006 tödlich verunglückten) Chef des Ladens, einen gewissen Steve Irwin (auch bekannt als *Crocodile Hunter*), im Fernsehen gesehen! Tagesausflüge ab/bis Brisbane werden per Bus oder Zug ebenfalls zum Australia Zoo angeboten.

15. BRISBANE UND UMGEBUNG

Brisbane

(ⓘ s. S. 155)

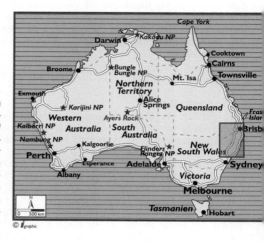

Zur Geschichte der Stadt

Erste Sträflingsdeportationen schon 1824

Die Moreton-Bucht im Mündungsbereich des Brisbane River wurde 1799 erstmals von *Matthew Flinders* näher erforscht. Er suchte nach dem Fluss, den schon Cook 1770 dort vermutet hatte. 1823 beauftragte der Gouverneur von New South Wales, *Sir Thomas Brisbane*, den Landvermesser *John Oxley* damit, die Küste genauer zu untersuchen. Der Fluss erhielt daraufhin den Namen **Brisbane River**. Eigentlicher Zweck der Unternehmung war allerdings, neue Gebiete für Sträflingskolonien ausfindig zu machen. *Oxley* wurde fündig, und bereits 1824 landete der erste Gefangenentransport im nördlich gelegenen **Redcliffe**. Der Mangel an Trinkwasser sowie gewaltsame Auseinandersetzungen mit den dort lebenden Ureinwohnern zwangen dazu, die Siedlung aufzugeben und sie 30 km nach Süden, an den Brisbane River, zu verlegen. 1834 erhielt die Siedlung den Namen **Brisbane**. Freie Siedler wurden bis 1842 von dem Sträflingslager fern gehalten, und das, obwohl der Kommandant *Patrick Logan* (1826–1830) den Plan für eine Stadt bereits in der Schublade hatte.

Schienenverbindung mit Sydney

Die 40er-Jahre des 19. Jahrhunderts brachten der Region den erhofften Bevölkerungsschub, der sich auf die Siedlungen Brisbane und Cleveland verteilte. Streit gab es um die Staatszugehörigkeit der neuen Gebiete. Der Schotte *John Dunmore* setzte sich vehement für eine Unabhängigkeit Queenslands ein, die 1859 erteilt wurde. Den wirtschaftlichen Aufschwung erlebte die Stadt nach der Schienenverbindung mit Sydney im Jahre 1887. Das fruchtbare Land mit seinem landwirtschaftlichen Potenzial tat sein Übriges, um die Bevölkerung des jungen Staates rasch anwachsen zu lassen. 1901 wurde Queensland Mitglied des australischen Commonwealth.

Brisbane heute

Hauptstadt Queenslands

Brisbane ist seit 1859 die **Hauptstadt Queenslands**. Sie hat sich zur Handels- und Finanzmetropole und gleichzeitig zur drittgrößten Stadt Australiens entwickelt. Wirtschaftlich lebt die Stadt von diversen Industriezweigen, u.a. Schwerindustrie und Nahrungsmittelindustrie. Der Hafen gehört zu den umschlagsstärksten des Kontinents. Weltweite Bekanntheit erlangte die Stadt 1988, als anlässlich der 200-Jahr-Feier Australiens die Weltausstellung (*World Expo*) in Brisbane stattfand. Sie war ein voller Erfolg und die Anlagen am Südufer des Brisbane River dienen heute als Messegelände und zur Erholung (South Bank Parklands).

Die Brisbanites, wie sich die Einwohner nennen, lieben vor allem das Klima ihrer Stadt – kaum ein Tag vergeht, an dem nicht die Sonne scheint. Die feuchtschwüle, tropische Hitze des *Tropical North Queensland* ist Brisbane fremd. Die Freizeitmöglichkeiten sind vielfältig: im Norden die Sunshine Coast, im Westen die Berge und Regenwälder der Great Dividing Range, im Süden die Gold Coast und im Osten das Meer mit North Stradbroke Island und Moreton Island. Brisbane selbst verfügt über keinen eigenen Strand, da es rund 20 km landeinwärts liegt.

Stets angenehmes Klima

Brisbane wird durch den Brisbane River praktisch in zwei Teile getrennt. Das Stadtzentrum befindet sich im nördlich gelegenen, vom Fluss umrahmten Viertel. Fünf Brücken und drei Fähren verbinden die Stadthälften miteinander.

Hinweis
☞ *Achtung! Bei der Ein- und Ausfahrt gibt es* **mautpflichtige Straßen** *(Toll Roads): Logan Motorway und Gateway Bridge. Die Bezahlung ist bar oder mit E-Tag machbar. Weitere Informationen: www.qldmotorways.com.au, Tel. 1-300-559940.*

Als Reisender nutzt man Brisbane gerne als vorläufigen Endpunkt einer Australienreise, fliegt nach Sydney oder in eine andere Metropole des Landes. Auch international wird der Brisbane Airport angeflogen. Dank der guten Flugverbindungen lassen sich vielfältige Kombinationsmöglichkeiten erarbeiten. Mietwagen- und Campervermieter haben ebenfalls Stationen in Brisbane.

Internationale Flugverbindungen

Direkt vom Flughafen verbindet der Zug „Airport Link" sowie Busse die Metropole mit den Ferienorten der Gold Coast und Sunshine Coast.

Sehenswürdigkeiten

Innenstadt

Das Stadtzentrum (CBD = Central Business District) liegt am nördlichen Ufer des Brisbane River und wird durch dessen Schleife praktisch eingerahmt. Die Straßen sind schachbrettförmig angelegt, wobei die Parallelstraßen zur Queen Street nach Königinnen (*Ann, Adelaide, Elisabeth, Charlotte, Mary*) und die Querstraßen nach Königen (*George, Albert, Edward*) benannt sind. Die Orientierung stellt also kein Problem dar, und die meisten Sehenswürdigkeiten sind gut zu Fuß erreichbar.

Schachbrettförmig angelegtes Stadtzentrum

King George Square (2)
Ausgangspunkt eines Rundgangs ist der zentrale **King George Square**, der sich zwischen Adelaide St. und Ann St. erstreckt. Auffallendstes Gebäude ist der 91 m hohe Glockenturm der **Brisbane City Hall (3)**, ein Sandsteingebäude, das 1930 fertig gestellt wurde. Ein Blick in das reich verzierte Innere lohnt sich! Die City Hall verfügt über ein Museum, eine Kunstgalerie und eine Bücherei. Schräg gegenüber die **Albert Street Uniting Church** und daran anschließend die **Brisbane School Of Arts**, deren Baumaterial aus Neuseeland stammt.

Ann Street
Folgt man der Ann Street, gelangt man zum viktorianischen **Bahnhof Central Station**. Gegenüber sieht man den **Anzac Place (4)** und das Säulendenkmal

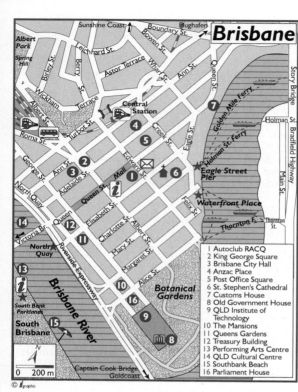

1	Autoclub RACQ
2	King George Square
3	Brisbane City Hall
4	Anzac Place
5	Post Office Square
6	St. Stephen's Cathedral
7	Customs House
8	Old Government House
9	QLD Institute of Technology
10	The Mansions
11	Queens Gardens
12	Treasury Building
13	Performing Arts Centre
14	QLD Cultural Centre
15	Southbank Beach
16	Parliament House

© Ngraphic

Shrine of Remembrance, das die Gefallenen des Ersten Weltkriegs ehrt. Nicht selten stehen einige Kriegsveteranen, so genannte *Anzacs*, Wache. Über den daran anschließenden **Post Office Square (5)** gelangt man zum großartigen **General Post Office**. Es wurde in mehreren Bauabschnitten 1879 fertig gestellt. Im Inneren wird eine ständige Ausstellung mit Briefmarken und alten Telefonapparaten gezeigt.

Durch die Arkaden des Post Office geht man weiter zur **Elisabeth Street** und trifft auf **St. Stephen's Cathedral (6)** und **Old St. Stephen's Church**, die zu den ältesten Kirchen des Landes zählen.

Flusspromenade

Nun ist es nur noch ein Katzensprung zur Eagle Street mit den Fähranlegestellen **Waterfront Place**

Fähranleger am Brisbane River

und **Riverside Centre** – eine gute Gelegenheit für einen Mittagsimbiss. Am Nordende der Riverside steht das alte **Customs House (7)** (1889), das einst als erste Zollstation der Stadt diente.

Botanischer Garten

Sehenswerter Botanischer Garten

Die Südspitze des Zentrums wird von den **Botanical Gardens** eingenommen. Der Park entstand aus dem bereits 1824 angelegten **Government Garden**. Auf einem Wanderweg, der auch als Fahrradweg dient, kann

Am Anzac Square

der gesamte Garten umrundet werden. Alternativ kann man auch mittendurch gehen und trifft dann auf das **Music Bowl**, wo jeden Sonntag Gratiskonzerte stattfinden.

Am Rande des Botanischen Gartens stehen das **Old Government House (8)** und die technische Fakultät der **Universität** (*Queensland Institute of Technology*) **(9)**. Die Gouverneursvilla wurde 1862–1910 von den jeweiligen Regierungschefs bewohnt, heute ist sie Sitz des National Trust.

Parlament
Wiederum nördlich schließt sich das alte **Parliament House (16)** an. Es wurde von dem Architekten *Charles Tiffin* im französischen Renaissancestil entworfen, 1868 eröffnet und dient noch heute den Landespolitikern Queenslands als Tagungsort. Wer möchte, darf den Debatten von der Besuchergalerie aus folgen.

George Street
In der George Street, die zurück zum Stadtzentrum führt, passiert man linkerhand **The Mansions (10)**. Es handelt sich dabei um ein 1890 gebautes, mit Veranden geschmücktes Backsteingebäude, das durch seinen Baustil Schutz vor der tropischen Hitze bietet. Im weiteren Verlauf der George Street fol-

Blick auf die Stadt

gen der Park **Queens Gardens (11)** (Ecke Elisabeth St.) und das **Treasury Building (12)**, das einen ganzen Häuserblock einnimmt (Queen St./George St.). Typische Kennzeichen des Sandsteingebäudes sind sein italienischer Renaissancestil und die säulengeschmückten Veranden, die für einen Kühlungseffekt im Inneren sorgen. Es wurde in mehreren Abschnitten über 40 Jahre lang gebaut (Fertigstellung 1928) und dient bis heute als Finanzministerium.

Um den Rundgang zu vollenden, empfiehlt sich ein Bummel durch die geschäftige **Queen Street** mit der Fußgängerzone Queen Street Mall und ihren zahlreichen Kaufhäusern, die sich zu wahren, mehrstöckigen Shopping-Paradiesen gewandelt haben. Auch hier, wie in allen anderen Städten Australiens stört jedoch der frühe Ladenschluss. Montag bis Donnerstag ist um 17.30 Feierabend, freitags sind die Läden ausnahmsweise bis 21 Uhr geöffnet, Samstag 9–17 Uhr, Sonntag 10.30–16 Uhr.

Südlich des Zentrums

South Bank Parklands (15)
Der südliche Stadtteil ist über die Victoria Bridge erreichbar. Linkerhand liegt das erschlossene Südufer **South Banks**, auf dem 1988 die Weltausstellung stattfand. Das Gelände wurde zu einem Freizeitpark und Messegelände „zurückgebaut". Die **South Bank Parklands** beinhalten vor allem Freizeiteinrichtungen, z.B. einen kleinen Pool mit aufgeschüttetem Strand, mehrere Restaurants und Kioske

Freizeitgelände mit vielen Möglichkeiten

sowie ein IMAX-Kino. Freitag findet der *Lantern Market* von 17 bis 22 Uhr statt, ein Kunstmarkt Samstag und Sonntag. Das Tagungs- und Kongresszentrum **Brisbane Visitor & Exhibition Centre** (BCEC) ist Teil der South Banks.

Queensland Cultural Centre (14)

Gleich an der Victoria Bridge liegt das Kulturzentrum der Stadt, ein flacher Betonbau, der erst im Inneren seine wahren Qualitäten offenbart. Das Multi-Millionen-Dollar Projekt wurde 1985 eröffnet und beherbergt das Performing Arts Centre, die Queensland Arts Gallery, die Staatsbibliothek (*State Library*) und das Queensland Museum.

Kunst und Kultur

• Das **Performing Arts Centre (13)** besteht aus der *Concert Hall* (2.000 Sitzplätze), dem *Lyric Theatre* (2.000 Sitzplätze) und dem *Cremorne* (300 Sitzplätze). Führungen werden Mo–Fr angeboten.

• Die **Queensland Art Gallery** ist vor allem wegen ihrer Portraitgalerie sehenswert. 116 berühmte Australier, vom Forscher bis zum Politiker, sind in einer Dauerausstellung zu sehen. Sehenswert auch die gezeigten Aborigine-Exponate. Die Galerie ist täglich 10–17 Uhr geöffnet, der Eintritt ist frei (außer für Sonderausstellungen). Restaurant und Café sind vorhanden.

• Das **Queensland Museum** behandelt die Bereiche Naturwissenschaften und Technik. Geöffnet täglich 9–17 Uhr.

Information: www.qldculturalcentre.com

Nördlich des Zentrums

Four-Ex-Bierbrauerei

Das Queensland-Bier XXXX (sprich „Four Ex") wird in der Castlemaine Perkins Brewery seit 1878 gebraut. Die berühmten roten Kreuze auf gelbem Grund sind so etwas wie Queenslands Markenzeichen. Kein Ort, selbst im entferntesten Outback, in dem sie nicht zu sehen sind. Im neuen **Alehouse** (auf dem Gelände der Brauerei) lernt man den Kult verstehen.

Castlemaine Perkins Brewery, *Ecke Black St./Paten St.. Milton (4 km nordwestlich), Führungen bei Voranmeldung, www.xxxx.com.au*

Breakfast Creek Boardwalk

Kneipen und Restaurants

Bekannt geworden ist der Stadtteil Breakfast Creek durch das historische Hotel. Viel früher, im Jahr 1823, nahm *John Oxley* hier auf seiner Fahrt flussaufwärts ein Frühstück ein. Der Boardwalk ist heute eine Ansammlung von Kneipen, Restaurants und Pubs, die allabendlich ein lebhafter Treffpunkt der Bevölkerung sind.

Breakfast Creek Boardwalk, *192 Breakfast Creek Rd., Fortitude Valley (4 km nordöstlich)*

Lone Pine Koala Sanctuary

Tierpark mit vielen Koalas

In dem bekannten Tierpark kommen vor allem Koala-Freunde auf ihre Kosten. Die Busgruppen mit asiatischen Besuchern sind jedoch teilweise störend. Der Park ist in vielen Tagestouren inkludiert.

Lone Pine Koala Sanctuary, *Jesmond Rd., Fig Tree Pocket (12 km südwestlich); geöffnet täglich 8.45–17 Uhr, www.koala.net*

The Australian Woolshed

Im wohl umfassendsten Livemuseum zum Thema Schafe erfahren Sie alles über verschiedene Schafgattungen, Schafschur und wirtschaftliche Bedeutung des Wollexports. Selbst das Spinnen der Wolle und die Fähigkeiten der Schäferhunde werden demonstriert. Im Souvenirshop gibt es Schaffelle und Wolle-Erzeugnisse zu kaufen.

The Australian Woolshed, 148 Samford Rd., Ferny Hills (Bahnstation Ferny Grove, 16 km nordwestlich), geöffnet täglich 10–17 Uhr; www.auswoolshed.com.au. Anreise mit regelmäßigen Zugverbindungen von der Central Station nach Ferny Grove.

Mt. Coot-tha

8 km westlich von Brisbane liegt der Mt. Coot-tha, von dem aus man einen schönen Blick auf die Stadt hat. Für das gute *Summit-Restaurant* sollte man einen Tisch reservieren (Tel. 3369 9922). Rund um den 229 m hohen Berg breiten sich die Mt. Coot-tha **Botanic Gardens** mit typischen, einheimischen Pflanzenarten aus. Auch das größte Planetarium des Landes, das **Sir Thomas Brisbane Planetarium**, befindet sich hier. Informationen über das Programm erhält man unter Tel. 3377 8896 oder im Brisbane Tourist Office.

Aussichtspunkt

Die Anfahrt nach Mt. Coot-tha erfolgt von Brisbane über die Milton Rd. (Richtung Toowong).

Umgebung von Brisbane

Moreton Island National Park (ⓘ s. S. 155)

50 km nordöstlich von Brisbane liegt die Sandinsel Moreton Island, die als Nationalpark (19.200 ha) ausgewiesen ist. Sie ist nach Fraser Island die zweitgrößte Sandinsel der Welt. Ihr höchster Punkt ist der 284 m hohe *Mt. Tempest*, eine der höchsten Sanddünen der Welt. Die Fischgründe der Moreton Bay gelten als außerordentlich ertragreich. Am **Cape Moreton** im Norden der Insel werden vorzugsweise Schwarze Marlins und Segelfische gefangen. Die Dörfer der Insel, **Kooringal**, **Tangalooma**, **Bulwer** und **Cowan Cowan**, sind ehemalige Walfängerstationen und dienen den wenigen Touristen und Wochenendurlaubern als Stützpunkte. Da die Insel nur über Sandpisten verfügt, ist für Selbstfahrer zwangsläufig ein Allradauto notwendig.

Regelmäßige Delfinbesuche

Dem Charakter der Insel eher entsprechend ist ein Aufenthalt im *Tangalooma Resort*, einem Mittelklasse-Hotel mit verschiedenen Unterkunftskategorien, einem Restaurant und langem Sandstrand. Dort statten **Delfine**

Moreton Island

dem Strand fast jeden Abend einen Besuch ab. Zur Information wurde ein Dolphin Education Centre erbaut. Walbeobachtungstouren werden von Juni bis Oktober angeboten. Aktive Zeitgenossen probieren auf dem Boogie Board die Sanddünen runterzudriften. Das *Tangalooma Resort* ist insbesondere für Familien, vor Abflug ex Brisbane oder gleich nach der Ankunft in Australien einen erholsamen Besuch wert. Der Transfer erfolgt per Katamaran oder Helikopter.

North Stradbroke Island (ⓘ s. S. 155)

Das südöstlich von Brisbane gelegene, 40 km lange **North Stradbroke Island** besteht hauptsächlich aus Sand, nur am **Point Lookout** an der Nordostspitze findet man Felsen. Von den Einwohnern wird die Insel der Einfachheit halber nur *Straddie* genannt. Das Inselinnere vereint bewachsene Sanddünen mit vielfältiger Flora und Fauna. Kängurus, Wallabies und Koalas sind weit verbreitet, an den Süßwasserlagunen und der Küste leben die verschiedensten Vogelarten.

Seit der Schließung der Walfangstation auf Moreton Island (1962) erholten sich die Buckelwale in ihrem Bestand. Vom Point Lookout (*Whale Rock*) kann man sie von Juni–September (saisonal schwankend) vorbeiziehen sehen. Ein einmaliges Erlebnis sind die zahlreichen Delfine, die man mit etwas Glück als „Wellenreiter" *Langer* beobachten kann. Der **Main Beach** (30 km Länge) ist mit Geländewagen befahr- *Sandstrand* bar und im Norden ein Surf-Paradies. Die Süßwasserlagunen und Binnenseen Brown Lake, Blue Lake und Keyhole Lakes sind traumhaft gelegen, erfordern aber zum Besuch ein Allradfahrzeug.

Die Piste in den Südteil der Insel ist im Besitz der Sandminenfirmen, die im großen Stil Sand abbauen. Zur Verhinderung von Erosion werden die Flächen wieder aufgeforstet. Hierbei werden die Dünen nach Gewinnung der Schwerminerale (Ilemenit, Rutil, Zirkon) wieder vollständig remodelliert und nach scharfen Gesetzesauflagen renaturiert. Die Sandvorräte reichen bis zum Jahr 2020. Eine geführte Besichtigung ist für Interessierte nach Absprache jederzeit möglich.

South Stradbroke Island

Auf South Stradbroke Island, gleich nördlich der Gold Coast gelegen, befindet sich das **Couran Cove Resort**, das von der australischen Langstreckenlegende Ron Clarke konzipiert wurde. Im Resort gibt es verschiedene Unterkunftskategorien, ein sehr gutes Restaurant, Fahrradverleih, Sporteinrichtungen, viel Regenwald rundherum und Zugang zu einem 22 km langen Sandstrand. Eine regelmäßige Fährverbindung besteht von Runaway Bay (Gold Coast). Naturfreunde können sich auf langen Spaziergängen an der reichen Vogelwelt erfreuen. Saisonal gibt es auf der Insel zeitweise ein Moskitoproblem, das nicht verschwiegen werden sollte. *Couran Cove Resort $$$$*, www.courancove.com.au, Tel. 7 5597 9000

North Stradbroke Island

16. BRISBANE – SYDNEY: VON QUEENSLAND NACH NEW SOUTH WALES

Entfernungen
Brisbane–Byron Bay:
195 km
Byron Bay–Coffs Harbour:
253 km
Coffs Harbour–Port Macquarie:
171 km
Port Macquarie–Newcastle:
250 km
Newcastle–Sydney: 170 km

Routenvorschlag
1. Tag: Brisbane–Lamington
NP (Binna Burra Lodge oder
O'Reilly's)

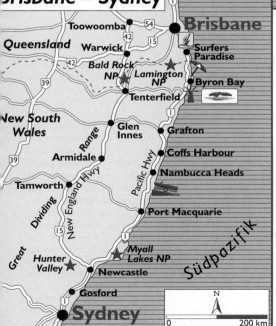

2. Tag: Lamington NP –
Aufenthalt
3. Tag: Lamington–Byron
Bay
4. Tag: Byron Bay–Coffs Auf dem
Harbour Pacific
5. Tag: Coffs Harbour – Highway
Ausflug Dorrigo NP/ nach
New England NP Süden
6. Tag: Coffs Harbour–
Port Macquarie
7. Tag: Port Macquarie–
Port Stephens/Nelson
Bay
8. Tag: Nelson Bay–Hun-
ter Valley–Sydney

Der Pacific Hwy. führt
entlang der Küste zu-
nächst zur **Gold
Coast**, dann über **By-
ron Bay** (östlichster
Punkt des Kontinents),
Coffs Harbour, **Port**

Macquarie nach Port Stevens/Nelson. Von dort bietet sich vor der Fahrt nach Sydney ein Abstecher in das Weinbaugebiet **Hunter Valley** oder eine Rundfahrt durch die **Blue Mountains** an. Auch der Hawkesbury River mit der Mündungsbucht Broken Bay ist einen Besuch wert.

Unterwegs laden unzählige Sandstrände und Buchten zum Baden ein. In den Ferienorten gibt es ein breit gefächertes Angebot an Hotels, Motels und Caravan Parks. Einsame Küstennationalparks locken mit unberührten Stränden und ruhigen Campingplätzen.

Hinweis: *Alternativroute auf dem New England Highway*

Alternativ zur üblichen Route Brisbane–Sydney auf dem Pacific Highway *ist in Kapitel 16b die Fahrt durch das Hinterland auf dem* **New England Highway** *beschrieben. Hierbei lassen sich interessante Abstecher in unberührte Nationalparks unternehmen.*

Streckenhinweis

Der Pacific Hwy *(Hwy 1) beginnt in Brisbane, zunächst als* South East Freeway *(Freeway 3). Der Abzweig zur Gold Coast ist über den* Gold Coast Hwy. *ausgeschildert.*

a) Küstenroute: Von der Goldküste über Byron Bay nach Süden

Gold Coast (ⓘ s. S. 155)

Populäre Ferien-region für die Australier

Mehrere Städte von Southport im Norden bis Coolangatta im Süden sind unter dem Namen Gold Coast zusammengefasst. Die Goldküste ist eine der populärsten Urlaubsdestinationen Australiens. Fürsprecher loben die 300 Tage Sonnenschein im Jahr, zahlreiche Unterhaltungsmöglichkeiten und kilometerlange Sandstrände. Böse Zungen hingegen behaupten, sie sei das „Mallorca Australiens". Für Outback-Australier, Minenarbeiter und Provinzbewohner ist der Trip an die Ostküste eine willkommene Abwechslung zum eintönigen Landleben. Die Fluggesellschaften und Reiseveranstalter des Landes bieten dazu maßgeschneiderte Urlaubspakete von fast jedem Ort Australiens an. Die Apartment- und Hoteltürme stellen über viele Kilometer eine ziemlich unschöne Kulisse dar. Ein herausragendes (teures) Hotel ist das *Palazzo Versace* des verstorbenen Modedesigners (Sea Word Drive, Main Beach). Campingplätze findet man nur noch äußerst weni-

Strandleben an der Gold Coast

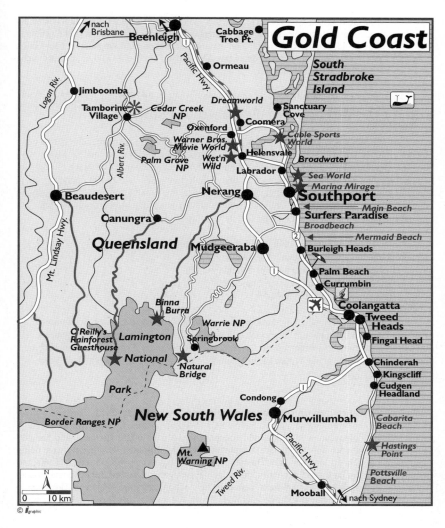

ge – die meisten mussten aufgrund der Immobilienpreise modernen Apartment-blocks weichen. Die verschiedenen Orte, die so klangvolle Namen wie **South Port**, **Surfers Paradise**, **Broadbeach**, **Burleigh Heads**, **Miami** und **Palm Beach** tragen, gehen nahtlos ineinander über. Nur ein neues Ortschild erinnert daran, dass man auf dem von Nord nach Süd führenden *Gold Coast Hwy.* in einen neuen Ort einfährt. Aufgrund zahlreicher Ampelkreuzungen und viel Verkehr durch riesige Einkaufszentren ist die Fahrt eine zähe Angelegenheit. Wer es eilig hat, sollte auf dem Pacific Highway bleiben. Naturverbundene Reisende wählen die Hinterland-Route über den Lamington NP.

Die Gold Coast ist ein teures Pflaster – dies betrifft sowohl die Unterkünfte als auch die Eintrittsgelder der Vergnügungsparks, neudeutsch Themenparks genannt. Auf die Idee, eine Kurtaxe für den Strand zu erheben, sind die Aussies zum Glück noch nicht gekommen! Für den Staat Queensland stellt die Gold Coast eine nicht versiegende Geldquelle dar.

INFO **Was bedeuten die Flaggen am Strand?**

Patrolled Beaches heißen die überwachten Strandabschnitte. Hunderte ehrenamtlicher Helfer kontrollieren als Mitglieder der *Surf Life Saving Association* zur Sicherheit der Urlauber die Badestrände, Wind- und Wellenverhältnisse. Je nach Strand erfolgt die Kontrolle täglich, nur in den Schulferien oder nur an Wochenenden. Zumindest bei starkem Wellengang sollte man sich nur innerhalb der Markierungen ins Wasser begeben. Unkontrollierte Strände sollten gemieden werden, wenn Warntafeln auf heftige Strömungen oder andere Gefahren hinweisen.

Was nun bedeuten die vielfarbigen Flaggen?

Grün	sicheres Baden ohne Gefahr möglich
Rot/Gelb	ständig überwachter Strandabschnitt
Gelb	Baden mit Vorsicht gestattet
Rot	Gefahr! Nicht baden!

Ein rotes Hinweisschild mit durchgestrichenem Schwimmer zeigt an: Schwimmen und Baden verboten! Ein blaues Schild mit Wellenreiter verweist auf bestimmte Strandabschnitte, an denen Surfen erlaubt ist. Dort sollten Schwimmer vorsichtig sein, denn die über die Wellenkämme herangleitenden Boarder sind praktisch kaum zu sehen.

Attraktionen und Sehenswürdigkeiten entlang der Gold Coast

*Sehens-
wertes von
Nord nach
Süd*

Im Folgenden sind einige der touristischen Attraktionen, Themen- und Vergnügungsparks der Goldküste aufgelistet. Die Eintrittsgelder können nur als deftig bezeichnet werden (ein Themenpark kostet zwischen A\$ 35 und A\$ 60 pro Person/Tag), aber das ist in derartigen Vergnügungsparks mittlerweile üblich. Die ersten Sehenswürdigkeiten befinden sich schon auf dem Weg von Brisbane in Richtung Süden am Pacific Highway.

Beenleigh Rum Distillery
In Australiens ältester Rum-Destille werden täglich ab 10 Uhr Führungen angeboten. Auf dem Albert River werden außerdem Flussfahrten durchgeführt.
Beenleigh Rum Distillery, *Beenleigh, Pacific Hwy.*, Tel. 3287 2488

Warner Bros Movie World
Der 1991 eröffnete Themenpark ist das „Hollywood der Goldküste". Geboten werden Stuntvorführungen, Kinogeschichte, Kulissenstadt, Achterbahn und vieles mehr. Der Besuch sollte bei den deftigen Eintrittspreisen schon etwas länger dauern. Regelmäßige Bustransfers von Surfers Paradise werden angeboten. Für

die drei Parks Movie World, Sea World und Wet & Wild wird der „Super Park Pass" für A$ 150 angeboten (www.theme-parks.com.au).
Warner Bros Movie World, Pacific Hwy., südlich von Oxenford, geöffnet 10–17 Uhr

*Attraktio-
nen und
Sehens-
würdig-
keiten*

Wet & Wild
Hier geht es recht nass zur Sache! Eine Reihe von Pools, Wasserrutschen und Schlauchboot-Rampen machen den Besuch bei großer Hitze zu einem erfrischenden Vergnügen.
Wet & Wild, Pacific Hwy., südlich von Movie World, geöffnet 10–16.30 Uhr

Dreamworld
Der Vergnügungspark ist dem amerikanischen Disneyland nachempfunden. Die Attraktionen sind zahlreiche Fahrgeschäfte (u.a. im freien Fall vom „Tower of Terror"), Achterbahnen, Tiershows, 3-D-Kino und einiges mehr. Dennoch, wer das Original kennt, ist vielleicht etwas enttäuscht.
Dreamworld, Pacific Hwy., Coomera, geöffnet 10–17 Uhr

Seaworld
Die große Wassershow bietet Vorführungen mit Seelöwen und Delfinen, außerdem ein Hai-Aquarium, Wasserskivorführungen und Wasserrutschen.
Seaworld, The Spit (Landzunge vor Southport), Main Beach

Ripley's Museum
Believe it or not – Glauben oder nicht glauben? Das ist in Ripley's Museum tatsächlich die Frage. Zahlreiche Kuriositäten und Illusionen machen den Besuch zu einem unvergesslichen Erlebnis. Staunen Sie über den größten Menschen der Welt, verblüffende Filme, Magie und Mystik und weitere unglaubliche Dinge.
Ripley's „Believe it or not" Museum, Raptis Plaza, Cavil Mall, Surfers Paradise, geöffnet täglich 9.30–23 Uhr

Currumbin Sanctuary
Wer bis jetzt auf seiner Reise noch keine Tiere in freier Wildbahn gesehen hat, sollte sich den schönen Tierpark Currumbin ansehen. Viele Vogelarten, Kängurus, Wallabies und Koalas leben auf dem weiträumigen Gelände. Durch den Park fährt auch eine kleine Eisenbahn.
Currumbin Sanctuary, Gold Coast Hwy., Currumbin, geöffnet 8–17 Uhr, www. currumbin-sanctuary.com.au

Abstecher: In das Hinterland zum Lamington National Park
(ⓘ s. S. 155)

Streckenhinweis
Der Lamington NP liegt nur eine knappe Autostunde von der Hektik des Massentourismus entfernt. In **Nerang** *(Pacific Hwy.) zweigt die Straße nach* **Beechmont–Binna Burra** *oder* **Canungra–O´Reilly´s/Green Mountain** *ab.*

Auf sehr kurvenreicher Fahrt in Richtung O´Reilly´s oder Binna Burra bemerkt man einen immer dichter werdenden, subtropischen Regenwald, der mit zunehmender Höhe grüner und feuchter wird. Hier findet man auch die höchsten Bäume australischer Regenwälder, die *Antarctic Beeches*. Bedingt durch seine Lage, bekommt der Norden des Parks deutlich weniger Regen ab als der Südteil und

*Faszinie-
rende
Regen-
wälder im
Hinterland*

weist dadurch andere Vegetationsmerkmale auf. So befindet sich der NP in einem einzigartigen Übergang zweier Klimazonen. Herausragendes Merkmal des Lamington NP ist die überaus reiche Vogelwelt und hervorragende Wandermöglichkeiten. Im 20.000 ha großen NP sind über 160 km Wanderwege angelegt, die zu Wasserfällen, rauschenden Bächen und vulkanischen Klippen führen. Die McPherson Range und das Lamington Plateau bilden dabei den nordwestlichen Kraterrand des Mt. Warning Beckens.

Übernachten in gepflegten Lodges
Als Basis für Ausflüge dienen zwei Unterkünfte: **Binna Burra** im Nordosten (Anfahrt über Beechmont) und **O'Reilly's Guesthouse** in der **Green Mountain** (westlich, Anfahrt über Canungra). Während Binna Burra einen eher einsamen, sehr naturverbunden Charakter vermittelt, wird O´Reilly´s tagsüber vom Rummel zahlreicher Ausflugsbusse beeinträchtigt.

🥾 Wanderungen
Bedenken Sie, dass durch häufige Regenfälle der Zustand der Wege nicht immer der beste ist. Die Abhänge und das Gestein sind teilweise sehr rutschig – festes Schuhwerk und Trittsicherheit sind daher vonnöten! Bushcamps sind mit Permit des Rangers möglich.
Wanderungen ab/bis Binna Burra (alle Wanderungen zurück zur Lodge führen bergauf):
• *Caves Circuit: 5 km Wanderung (leicht) zu den Talangai-Höhlen.*

Wandern im Lamington NP
• *Ballunji Falls: 9 km Wanderung mit gelegentlichen steilen Abstiegen durch dichten Farnwald und hochaufragende Bäume. Die Steinformation Egg*

Binna Burra Lodge

Rock ist vom Bellbird Lookout zu sehen. Die Verlängerung (21 km) führt noch zu Ships Stern mit Blicken auf die Abbruchkanten des einstigen Kraters.
• *Dave´s Creek Circuit: 10 km durch Regenwald und offenes Buschland.*
Wanderungen ab/bis O'Reilly's:
• *Tree Top Walk: 2 km Wanderung zu einer 15 m hohen Hängebrücke mit Aussichtsplattform in Baumwipfelhöhe auf 30 m.*
• *Blue Pool-Canungra Creek: 14 km lange, nicht einfache Wanderung durch dichten, dschungelartigen Regenwald mit Badepools, Wasserfällen und zahlreichen Bachquerungen (ohne Brücken). Im Blue Pool leben Schnabeltiere.*
Beide Unterkünfte sind durch den Wanderweg Border Track, nicht aber durch Straßen miteinander verbunden!

📋 Hinweis
*Die westlich gelegenen NPs **Border Ranges** und **Mt. Barney** sind wesentlich trockener und von lichten Eukalyptuswäldern bedeckt. Die Wanderungen in den kaum erschlossenen Gebieten sind rau und nur mit ausgeprägten „Bush-Walking-Fähigkeiten" zu meistern. Der markante erloschene **Vulkan Mt. Warning** (südlich) kann bestiegen werden (am besten auf einer geführten Tour ex Byron Bay frühmorgens, damit die aufgehende Sonne erlebt wird).*

Streckenhinweis

Da es nicht möglich ist, den Lamington NP auf Straßen zu durchqueren, gibt es folgende Möglichkeiten für die Weiterfahrt:

1. Rückfahrt auf dem gleichen Weg zur Küste (via Canungra/Nerang).

2. Von Beaudesert über den Lindesay Hwy./Lions Track/Summerland Hwy. nach Kyogle, Casino und Lismore zur Küste.

3. Von Beechmont über Numinbah Valley und Natural Bridge nach Murwillumbah zur Küste. Dabei wird der Springbrook NP mit den 109 m hohen Purling Brook-Wasserfällen und dem spektakulären „Best of All Lookouts"-Aussichtspunkt passiert. Ein NP-Campground ist vorhanden.

4. Von Beaudesert über den Lindesay Hwy. zum herausragenden Bald Rock NP und über Tenterfield zum ebenso sehenswerten Girraween NP. Von Tenterfield über den New England Hwy auf der Hinterland-Route nach Sydney (vgl. Kap. 16b).

Coolangatta und Tweed Heads (ⓘ s. S. 155)

In **Coolangatta** endet das internationale Flair der Goldküste. Hier befindet sich der offizielle Flughafen der Gold Coast. Auf der *Boundary Rd.* geht die Stadt nahtlos in den Bundesstaat New South Wales über, wo die Stadt dann **Tweed Heads** heißt. Die beiden Städte werden wegen ihrer Nähe zueinander als Zwillingsstädte (*Twin Cities*) bezeichnet. Verwaltungstechnisch werden sie jedoch getrennt behandelt. Die dadurch entstehenden Gesetzesdifferenzen zwischen beiden Staaten rufen bei der Bevölkerung einen lebhaften „Grenzverkehr" hervor. Wichtigster Unterschied ist das Vorhandensein von *Adult Shops* (Sexshops), die in Queensland nicht erlaubt sind. Bei der Autoversicherung und Steuer kann es billiger sein, das Fahrzeug in New South Wales anzumelden. Am Silvesterabend wird das neue Jahr gleich zweimal begrüßt, da aufgrund der Sommerzeit in Queensland die Uhren um eine Stunde zurückgestellt sind.

Fahrt entlang der Tweed Coast

Entlang der Marine Parade befinden sich die schöne Strände von Coolangatta. In der Ferne erkennt man die Skyline der Gold Coast mit ihren Bettenburgen. Die Staatengrenze verläuft genau durch den östlichen Küstenpunkt **Point Danger** mit dem Captain Cook Lighthouse. **Flagstaff's Beach** am Fuße des Leuchtturm ist für seine Brandung unter Surfern berühmt. Vor der Küste liegt die Insel Cook Island und das Nine Mile Reef – zwei Tauchspots mit einer reichen Tierwelt, u.a. mit Kontakt zu *Grey Nurse Sharks*.

Murwillumbah

Im fruchtbaren **Tweed Valley** am gleichnamigen Fluss werden Zuckerrohr, Tee und Bananen angepflanzt. Die *Madura Teeplantage* und die *Condong Sugar Mill* (nur Juni–Nov.) können besichtigt werden. In **Duranbah** (16 km östlich) gibt es eine, in Australien seltene Avocadoplantage.

Im Hinterland kann der 1.156 m hohe Vulkankrater **Mt. Warning** bestiegen werden (grandiose Aussicht!). Die Wanderung dauert ca. 4 Std. und ist sehr steil. Ausgangspunkt der Wanderung ist der Parkplatz beim Abzweig bei Uki. Der Nationalpark zählt zu vier *World Heritage Areas* der Umgebung. Tagestouren von Byron Bay besuchen den Berg in den frühen Morgenstunden (Aufbruch um Mitternacht), sodass der Sonnenaufgang auf dem Gipfel gesehen wird. Zum Millenium wurde hier das neue Jahrtausend als Erstes begrüßt.

Streckenhinweis
18 km südlich ist **Brunswick Heads** *an der Mündung des Brunswick River erreicht. Der kleine Ferienort verfügt über sichere, familienfreundliche Strände und gute Angelmöglichkeiten. Im Vergleich zu Byron Bay ist das Preisniveau für Übernachtungen niedriger. Das in den 1930er-Jahren erbaute* Brunswick Hotel *hat einen schönen Biergarten mit Livemusik an Wochenenden.*
In **Ewingsdale** *zweigt die Zufahrtsstraße vom* Pacific Highway *nach Byron Bay (6 km) ab.*

Byron Bay (ⓘ s. S. 155)

Byron Bay (35.000 Ew.) hat sich im Laufe der Jahre immer weiter von der Landwirtschaft (Viehwirtschaft, Molkerei) abgewandt und ist zu einem lebendigen, aufstrebenden Ferienort geworden, der zum einen junge Leute, zum anderen *Lockere Urlaubs-stimmung* aufstrebende, reiche Yuppies anzieht. Die Jugend Sydneys liebt Byron und fällt in den Ferien regelrecht über den Ort her. Viele Sydneysider haben sich hier ihre Sommerresidenzen erbaut. Die Strände bieten hervorragende Surfbedingungen, aber auch wer die Ruhe sucht, wird sie finden: Nördlich und südlich des Cape Byron liegen 30 km unberührte Sandstrände, die im Wortsinn vom Feinsten sind.

Der **Watego Beach** (nördlich des Kaps) ist wegen seiner Brandung vor allem unter Surfern bekannt und beliebt (Bretter können in der Stadt geliehen werden). An **Clarkes Beach**, **Main Beach** und **Belongil Beach** (Hauptstrände vor der

Stadt) sind die Wellen etwas ruhiger. **Tallow Beach** schließlich erstreckt sich rund 6 km nach Süden bis Suffolk Park.

Die vorgelagerte Felsinsel **Julian Rocks** eignet sich gut für Tauchexkursionen, welche vor Ort angeboten werden.

Cape Byron – östlichster Punkt des Kontinents

Cape Byron

Kein Punkt auf dem Festland des Kontinents liegt östlicher als das **Cape Byron** (153° östlicher Länge, 28° südlicher Breite). Der Leuchtturm kann per Fahrzeug erreicht werden, besser ist es indes, unten zu parken und ein Stück hochzulaufen, da oben meist sowieso alles belegt ist. Die Wanderung vom Leucht-*Östlichster Punkt des Kontinents* turm zum äußersten Zipfel ist unbedingt lohnend, liegt doch dann nur noch der unendliche Pazifik vor einem. Auf dem *Cape Byron Walk* können Sie zum Watego Beach wandern. Mit etwas Glück entdecken Sie Delfine oder Buckelwale (Juni–Nov.) im Meer. Ein weiterer schöner Spaziergang am Kap ist der *Palm Valley Walk Loop*.

Lennox Head
Von Byron Bay sollten Sie die Küstenstraße nach Süden wählen – der Highway in Richtung Sydney ist zu einem schnurgeraden, vierspurigen Highway aufgeblasen worden. Der herrlich gelegene Ort **Lennox Head** bietet einen der besten Surfstrände der Ostküste. Cafés, Restaurants und ein kleines Einkaufszentrum laden zum Verweilen ein. Der Süßwassersee **Lake Ainsworth** ist nicht weit vom Strand entfernt und für Kinder besser geeignet als die heftige Brandung des Meeres.

Ballina
Durch eine hügelige Küstenlandschaft windet sich die Straße nach **Ballina**. Die große Garnele (*The Big Prawn*) am Stadteingang weist auf die heimische Spezialität hin. Am Richmond River, der hier in das Meer mündet, wurde um die Jahrhundertwende Gold gefunden. Aus dieser Zeit ist allerdings kaum noch etwas zu sehen – die Stadt ist zu einer Feriensiedlung geworden. Ein *Maritime Museum* (Las Balsas Plaza, River St., geöffnet täglich 9–16 Uhr) beherbergt das Holzfloß Atzlan, mit der *Thor Heyerdahl* den Pazifik, von Ecuador kommend, im Jahr 1973 überquert hatte. Im Sommer ist die Stadt recht lebhaft.
Das Angebot an Hotels und Motels ist groß, wobei zwischen **Ballina West** und **Ballina East** unterschieden wird. Beide Stadtteile sind durch eine Brücke miteinander verbunden. Zahlreiche Hotels, Motels und Caravan Parks stehen Urlaubern zur Verfügung. 5 km östlich liegt der *Flat Rock Tent Park* (*the ultimate beach hideaway*, Tel. 02-6686 4848) an der Küstenstraße. Der einfache Campingplatz ist nur für Zelte gedacht (kein Stromanschluss an den Stellplätzen) und verwöhnt mit einer schönen Lage direkt am Strand.

Evans Head, Iluka und Yamba
Die folgenden Orte entlang des *Pacific Hwy.* haben sich, sofern sie am Meer liegen, alle dem Tourismus zugewandt. Selbst Sydneysider scheuen die langen Distanzen nicht und kommen über das Wochenende an die Surfstrände. Abstecher vom Highway zu den Küstendörfern **Evans Head**, **Iluka** und **Yamba** lohnen, sofern genügend Zeit vorhanden ist und die Autobahn gemieden werden kann. Campingplätze findet man in fast jeder Bucht, Hotels und Motels in den etwas größeren Orten.

Kleine Küstenorte mit einsamen Stränden

Die Orte Yamba und Iluka, beide an der Mündung des Clarence River gelegen, sind durch eine Fähre miteinander verbunden. Südlich von Yamba beginnt der **Yuraygir NP**, der über einige sehr idyllisch gelegene NP-Campgrounds verfügt. Nördlich von Iluka schließt sich der **Bujalung NP** an, ein küstennahes Regenwaldgebiet.

Ein typischer Abstecher, unweit des *Pacific Hwy.* (Abzweig bei **Corindi**), führt nach **Red Rock**. In dem verschlafenen Ferienort gibt es einen Campingplatz, der direkt hinter den Dünen liegt und vornehmlich von Einheimischen besucht wird. Reisende haben ihn ob seiner Lage schon als einen der schönsten Plätze auf

Am Strand von Red Rock

Herrlich gelegener Campingplatz ihrer Australienreise bezeichnet. Wanderungen in den südlichen Teil des **Yuraygir NP** sind möglich. Wer die Natur den Städten vorzieht, ist hier richtig! Wem dieser Campingplatz zu einfach ist, findet in Woolgoolga ebenfalls gute Caravan Parks.

10 km nördlich von Woolgoolga befindet sich das **Yarrawarra Aborigine Cultural Centre** (170 Red Rock Rd., Corindi, Tel. 6649 2669). Auf Wunsch werden geführte Touren durchgeführt.

Streckenhinweis
Der Pacific Hwy. wendet sich nun landeinwärts und folgt dem Lauf des Clarence River, an dessen großer Schleife (Big Bend) *die Distrikthauptstadt Grafton liegt.*

Grafton
Angesichts der vielen beschaulichen Küstenstädte fällt es schwer, sein Quartier ausgerechnet im landeinwärts gelegenen Grafton zu suchen. Mit ihren breiten, baumgesäumten Alleen ist die 19.000 Einwohner zählende Stadt ein gutes Beispiel aus der kolonialen Gründerzeit in Nord-New South Wales. Im Frühling erstrahlen die Straßen mit blühenden, farbenprächtigen Jacarandabäumen. Das gleichzeitig abgehaltene *Jacaranda Festival* (letzte Oktober-, erste Novemberwoche) bildet mit zahlreichen Musikveranstaltungen den passenden Rahmen.

Im Hinterland das New England Plateau Landeinwärts führt der *Gwydir Hwy.* zum zusammenhängenden **Washpool NP**, **Gibraltar Range NP** und **Nymboida NP**. Die auf dem New England Plateau gelegenen Schutzgebiete zeichnen sich durch bis zu 1.200 m hohe Granitberge aus, die von zerklüfteten Schluchten unterbrochen sind. Die Zugänglichkeit beschränkt sich auf Wanderpfade und eine Schotterpiste. Der National Park Service in Grafton oder ein Visitor Centre am Highway (Dandahra Picknick Area) informieren über die Naturschutzgebiete.

Folgt man dem *Gwydir Hwy.* weiter nach Westen, so trifft man in **Glen Innes** auf den *New England Hwy.*

Woolgoolga
Indische Gläubige einer Sikh-Gemeinschaft haben sich im Ferienort Woolgoolga niedergelassen. Besuchern stehen sie aufgeschlossen gegenüber und lassen auch einmal in den strahlend weißen Tempel *Guru Nanak* blicken. Ein indisches Restaurant Raj Mahal Emporium und ein schöner Strand mit Campingplätzen laden zum Verweilen ein.

12 km südlich ist das **Moonee Beach Reserve** eine weitere ideale Möglichkeit zum Baden. Der Strand gilt als ruhig und familienfreundlich, wenngleich Unterwasserströmungen beachtet werden müssen. Picknickeinrichtungen, ein Campingplatz und ein Kiosk (mit Fish & Chips) sind vorhanden.

Coffs Harbour (ⓘ s. S. 155)

Auf den Landkarten ist die Stadt eher klein und unscheinbar vermerkt, und das, obwohl sie mit rund 60.000 Einwohnern zu den größeren Orten zwischen Brisbane und Sydney gehört. Schon am Ortseingang fällt die *Big Banana* auf. Innerhalb der riesigen Betonbanane erfahren Sie mehr über den Anbau. Mehrmals täglich werden Besichtigungen der Bananenplantage angeboten (auch per Monorail-Bahn). Zum schnelleren Wachstum der Früchte werden die Stauden häufig in Plastikfolien gepackt, um ein tropisches Klima zu erzeugen.

Bananen- plantage

Sehenswert ist auch der Tierpark **Pet Porpoise Pool** (Orlando St., Tel. 6652 2164 für Fütterungszeiten) mit einer Delfin- und Seehundshow. Aus den frühen Pioniertagen sind im **Historical Museum** (191 High St., geöffnet Di–Do, So von 13.30–16 Uhr) Bilder, Werkzeuge und Erinnerungsstücke ausgestellt. Der **Botanische Garten**, der an den Ufern des Coffs Creek angelegt wurde, zeigt Pflanzen aus subtropischen und gemäßigten Zonen. Das Stadtzentrum ist von der Fußgängerzone High Street Mall und einem großen Einkaufszentrum geprägt. Die Strände der Stadt werden hauptsächlich von der einheimischen Bevölkerung frequentiert, sieht man vom Trubel am **Park Beach** ab, der auch Auswärtige anlockt.

Lebhafter Stadtstrand

Im Hinterland beginnt das ländliche New South Wales. Dort fließen der Nymboida River und Bellinger River durch grüne Hügellandschaften. Floßfahrten, Rafting- und Angeltouren (Forellen) werden im Tourist Centre von Coffs Harbour angeboten. Im wenig erschlossenen **New England NP** erreichen die Berge Höhen von 1.600 m.

Dorrigo National Park

Sehenswert und nicht gleich eine Tagesreise von der Küste entfernt ist der Dorrigo NP (42 km westlich von Raleigh/Pacific Hwy.). Der Park zeigt hier noch in exemplarischer Weise, wie der Regenwald ausgesehen haben mag, bevor ihn

Dorrigo National Park

Siedler großflächig zur landwirtschaftlichen Nutzung abholzten. Ein modernes Besucherzentrum illustriert zudem das Leben der Aborigines in früherer Zeit.

Spektakulär ist der *Skywalk*, ein Laufsteg über dem Regenwald mit ganz neuen „Einsichten". Der Steg ist von 5 bis 22 Uhr geöffnet – so ist es möglich, auch die nächtlichen Tiere und Geräusche wahrzunehmen. Übernachtungsmöglichkeiten sind im *Dorrigo Mountain Resort* (1 Bellingen St., Dorrigo, Tel. 6657 2564) mit Cabins und Campingplatz geboten.

Laufsteg über dem Regenwald

Auf dem Weg nach Süden passiert man die kleinen Ferienorte **Mylestom, Uranga**, **Nambucca Hea**ds, alle mit herrlichen Stränden, Hotels, Motels und Campingplätzen versehen. Der *Pacific Hwy* entfernt sich im weiteren Verlauf immer wieder von der Küste. Wer mit einem Camper oder Zelt reist, sollte die Städte meiden und die Stichstraßen zu den Küstenorten wählen, die über Motels und Caravan Parks (**Scotts Head, Stuarts Point**) verfügen. In **Clybucca** führt eine Stichstraße zu den **South West Rocks** und nach **Arakoon** an der Trial Bay, wo sich eine alte Gefängnisruine befindet. Das Gefängnis wurde Ende des 19. Jahrhunderts gebaut. Ein Museum dokumentiert die Geschichte des Baus. Mit etwas Glück sind vom Leuchtturm aus Walbeobachtungen möglich.

Zahlreiche Abstecher zur Küste möglich

INFO   Die ältesten Urwälder Australiens

Nördlich von Sydney bis kurz hinter der Grenze von Queensland liegen die Nationalparks der *Central Eastern Rainforest Reserves of Australia* (*CERRA*). Hier findet sich der älteste Vegetationstyp Australiens, Urwälder, die seit über 100 Millionen Jahren im Wandel der Evolution existieren. Die Parks sind Rückzugsgebiet der Regenwälder, die einst ganz Australien bedeckten als es noch Bestandteil des südlichen Urkontinents Gondwana war. Auf Grund ihrer Bedeutung als lebende Zeugen der Evolution über Millionen Jahre wurden diese Reservate zum Weltnaturerbe erklärt.

Die Parks erstrecken sich von 100 m bis auf 1550 m über dem Meeresspiegel. Mächtige *Antarctic Beeches* bedecken die höchsten Teile der *CERRA*-Gruppe, während üppiger subtropischer Dschungel die unteren Hänge besiedelt. Größere Teile dieser Parks wurden nie vom Menschen genutzt und lassen ahnen, wie die australische Ostküste vor der europäischen Einwanderung ausgesehen hat.

Ein besonderes Juwel ist der **New England NP**, der auf Grund seiner Ursprünglichkeit zur *Wilderness-Area* erklärt wurde, d.h. es werden keinerlei infrastrukturelle Maßnahmen zum Erhalt, Bau von Wegen usw. ergriffen. Alle Wanderwege oder Zeltplätze befinden sich in den Randzonen des Parks. Ein Vordringen in die Kernbereiche des Parks verlangt Abenteuergeist, gute körperliche Verfassung und die Fähigkeit, sich in unwegsamen Gelände zurechtzufinden. Die Parks liegen zwischen 40 und 100 km landeinwärts vom Pacific Highway und sind daher gut zu erreichen. Bis zu den Eingängen der Parks ist das Wegenetz gut ausgebaut und kann durchgehend mit normalem PKW befahren werden. In den Parks herrscht striktes Autoverbot und alle weiterführenden Wanderwege sind für PKW durch Schranken geschlossen.

Die Parks sind ein ideales Wander- und Trekkinggebiet. Zu fast allen Jahreszeiten ist Wildlife zu beobachten, und die exotische Vielfalt der Pflanzen ist beeindruckend. Dramatische Felsabbrüche eröffnen einen Blick in die Weiten dieses grünen Outbacks, und bei klarem Wetter sieht man bis an den Pazifik. Viele Wanderwege führen an Wildbächen mit wunderschönen Wasserfällen entlang.

Der Spezialist für Tageswanderungen, leichte Mehrtageswanderungen und intensive Erlebnistouren über 7 Tage in der Wildnis der Nationalparks ist der Veranstalter Hinterland Tours in Bellingen, der auch deutschsprachige Touren anbietet (Tel. 02-6655 2957, www.hinterlandtours.com.au).

Südlich davon liegt der **Hat Head NP** mit schöner Dünenlandschaft und einem NP-Campground.

Port Macquarie (ⓘ s. S. 155)

Die Geschichte der Hafenstadt **Port Macquarie** (39.000 Ew.) ist wenig ruhmreich – schon 1821 wurde sie als Sträflingskolonie gegründet. Allerdings währte dieses Schicksal nur bis 1830, Siedler hatten die günstigen Möglichkeiten für

Holz- und Milchwirtschaft entdeckt, woraufhin das *Penal Settlement* aufgelöst wurde. Einen echten Aufschwung erlebte der Hafen nach der Erschließung des fruchtbaren New England Plateaus durch eine Straßenverbindung (heute: *Oxley Hwy.*). Viele Gebäude aus der Jahrhundertwende sind noch gut erhalten. Es kam jedoch so viel Neues hinzu, dass das Alte heute im Straßenbild geradezu gesucht werden muss (*Court House, St. Thomas Church*). Sehenswert sind das *Hastings Historical Museum* (Hastings River Drive) und der Laden *Old World Timber Art* (120 Hastings River Drive), in dem die Familie Cruther geschmackvolle Holzarbeiten fertigt.

Die Stadt an der Mündung des Hastings River, die von ihren Einwohnern nur *Port* genannt wird, ist noch heute Zentrum einer ertragreichen Landwirtschaft (Holz, Milcherzeugnisse, Rinderzucht). Daneben haben sich die schönen Sandstrände als Gold wert erwiesen, insbesondere in den Sommermonaten sind die Unterkünfte von Sydneysidern gut gebucht. Gern besuchte Strände (sofern das Wasser nicht zu kalt ist) sind **Town Beach, Oxley Beach, Flynns Beach, Nobbys Beach** und **Shelley Beach**. Der North Beach befindet sich am anderen Ufer des Hastings River und ist nur über Umwege erreichbar.

Populäre Strände

Die Umgebung ist reich an den putzigen Koalas. Ihre träge Art lässt sie allerdings überdurchschnittlich häufig zu Unfallopfern durch Autokollisionen werden. Am Schwund der Koala-Habitate hat natürlich auch eine rücksichtslose Siedlungspolitik Schuld. Weiterhin leiden Koalas häufig an Infektionskrankheiten, die den Bestand schmälern. Australiens erstes **Koala Hospital** nimmt angefahrene und kranke Koalas auf. Das Hospital (Lord St., Roto) ist täglich von 9 bis 17 Uhr für Besucher geöffnet und nimmt gerne Spenden entgegen. Der **Billabong Koala und Wildlife Park** (233 Oxley Hwy., geöffnet täglich 9.30–16.30 Uhr) ist ein großer Tierpark mit einheimischen Tierarten.

Koala Hospital

Tierpark

Timbertown (23 km westlich, Oxley Hwy. bei Wauchope) ist ein Freilichtmuseum in Form einer nachgebildeten Holzfällersiedlung, durch die eine kleine Eisenbahn fährt.

Die Kleinstadt **Taree** am *Pacific Hwy.* (73 km südlich von Port Macquarie) ist das Herz des ertragreichen Manney River Valley (Milchwirtschaft), das sich nach Westen über Wingham und Mt. George erstreckt. Hauptattraktion des Gebiets sind die 160 m hohen **Ellenborough Falls** (Bulga Forest Drive, Schotterstraße). In **Coopernook** am *Pacific Hwy.* ist ein Abstecher in den Küstennationalpark **Crowdy Bay** möglich – eine Dünenlandschaft mit Lagunen und Wäldern.

Barrington Tops National Park

Eine halbe Tagesreise entfernt liegt der **Barrington Tops NP** mit dem 1.585 m hohen Mt. Barrington. Durch die Temperaturdifferenzen zwischen dem subtropischen Tiefland und dem kühlen Hochplateau bilden sich interessante Vegetationsmerkmale: unten Regenwälder mit dichten Farnen, oben lichte Wälder aus Snow Gums und alpinen Wiesen. Die Anfahrt in den südlichen Teil des Parks erfolgt über den Ort Dungog (Chichester Dam & State Forest, Williams and Allyn River Area), in den nördlichen Teil über den Ort Gloucester (Barrington Tops Plateau, Gloucester River and Tops Area). In beiden Teilen sind viele Wanderwege markiert. Höhepunkt ist der 5-stündige Barrington Tops Walk, der durch eine der

Subtropischer Nationalpark im Hinterland

ursprünglichsten, subalpinen Landschaften des australischen Südostens führt. Camping ist an vielen Stellen auf NP-Campgrounds möglich. Hotels, Lodges und B&Bs findet man in Gloucester, Dungog oder ein Stück südlich im Upper Hunter Valley in Maitland.

Information: NPWS, Gloucester, Church St., Tel. 6538 5300, www.npws.nsw.gov.au

---

INFO   **The Tops to Myall Heritage Trail**

Die subarktischen Hochmoore der Barrington Tops überschneiden sich in diesem Bereich der Ostküste mit den subtropischen Schluchten des Faltengebirges Neu-Englands. Durch diese etwa 2.000 km² große Waldwildnis hat der deutsch-australische Arzt *Dr. Hanns Pacy* mithilfe des *Lions Club* einen 220 km langen Wanderweg geschaffen, der in Australien seinesgleichen sucht. Die Wanderdauer beträgt ca. 11 Tage.

Wanderer, die sich bislang in die Gebirgswälder wagten, verirrten sich nur allzu häufig. Ein reich illustrierter Wanderführer weist nun jedem den richtigen Weg. Alle Lagerplätze sind auch mit Allradfahrzeugen erreichbar. Der Wanderweg bietet die Chance, über 80 Prozent aller in Australien vorkommenden Pflanzen und Tiere zu sehen.

Der Wanderführer und weitere Informationen sind beim *Lions Club of Tea Garden*s, P.O. Box 67, Tea Gardens NSW 2324, erhältlich. Auch die Tourist Offices in Forster, Maitland, Newcastle und Tea Gardens sind mit Rat und Hilfe zur Stelle. Weitere Information: www.npws.nsw. gov.au, www.barringons.com.au

---

■■■■■ **Great Lakes**

Abwechslungsreiches Seengebiet

Südlich von Taree sollten Sie den Highway noch einmal verlassen und zum populären Seengebiet **Great Lakes** abzweigen. Es besteht aus dem **Wallis Lake** und dem **Myall Lake**, die mit ihrer Lage an skandinavische Seenplatten erinnern, wäre da nicht der Pazifik im Hintergrund. Rund um die Seen gibt es Hotels, Motels, Campingplätze, Picknickeinrichtungen und Wanderwege. Bademöglichkeiten bieten sowohl die Seen als auch das Meer. In Forster findet alljährlich im April der australische *Ironman Triathlon* mit einem Weltklasse-Starterfeld statt.

Die Halbinseln, auf denen die Städtchen **Tuncurry** und **Forster** liegen, sind durch eine Brücke miteinander verbunden. Ein paar Kilometer südlich von Forster liegt das **Cape Hawke**. Vom Parkplatz gelangt man zu einem Aussichtspunkt über 450 m Treppen, die jedoch ausgesprochen lohnend sind. Hervorragend der Aussichtspunkt **Cape Hawke** mit herrlichem Blick auf die Küste (Abzweig vom *Lakes Way* gleich südlich von Forster). Weiter südlich, nach einer Fahrt entlang der **Elisabeth Bay (Booti Booti NP)**, führt eine 11 km lange Schotterstraße zum Leuchtturm bei den **Seal Rocks** (mit einfachem Campground) – zweifellos einem der schönsten Punkte entlang der NSW-Küste. Dort führen auch Wanderwege hinein in den **Myall Lakes NP**, der wie eine lang gestreckte Landzunge den Pazifik vom Binnensee trennt. Der *Sugar Loaf Point Leuchtturm* ist zu Fuß schnell erreicht und an manchen Tagen für Besucher geöffnet. Der Myall See hat mit seinen palmengesäumten Ufern ein beinahe tropisches Flair und bietet vielfältige Wassersportmöglichkeiten. Weitere Information: www.greatlakes.org.au

Port Stephens Bay (ⓘ s. S. 155)

Wenige Kilometer vor Newcastle zweigt in Hexham eine Straße nach Nordosten zur **Port Stephens Bay** ab. Wer die Großstadt Newcastle meiden möchte, sollte in einem der kleinen Ferienorte der Bucht übernachten. Der Name Port Stephens fasst dabei die Orte **Nelson Bay**, **Dutchmans Bay**, **Shoals Bay**, **Salamander Bay**, **Cromarty Bay** und **Boat Harbour** zusammen. In der Bucht leben das ganze Jahr über Delfine, die auf zahlreichen Bootsausflügen besucht werden. Segeln, Angeln, Golfen und Wasserskifahren sind weitere Aktivitäten, mit denen sich Australier die Zeit vertreiben. Allradausflüge und spaßige Quad-Touren (4-rädrige Motorräder) nach **Stockton Bight**, zu Australiens größten Sanddünen, sind möglich.

Beliebte Ferienregion für Sydneysider

Newcastle

Die Stadt an der Mündung des Hunter River ist mit rund 585.000 Einwohnern (Region Newcastle/Hunter) die zweitgrößte von NSW. Sie war lange Jahre in erster Linie eine Industriestadt, deren Schwerindustrie (Stahlverarbeitung, Kohle) sich weit in die Vororte ausgebreitet hatte. Doch Newcastle in den letzten Jahren eine erstaunliche Entwicklung vom Kohlerevier zur Lifestyle-Metropole vollzogen. Backsteinsiedlungen im Einheitslook und Kohlenhalden verschwanden aus dem Stadtbild, Fußgängerzonen, Theater und Kinos hielten Einzug. Der Hafen ist der größte und umschlagsstärkste Australiens. Er befindet sich 6 km westlich in **Port Waratah**. Dort beschäftigt das Stahlwerk *BHP (Broken Hill Proprietary)* allein 6.000 Menschen!

Industrie- und Hafenstadt

Ein kleines Viertel im Bereich der Hunter St., die Waterfront und die Halbinsel Nobby's Head, sind liebevoll für Besucher hergerichtet worden. Mit **Nobby's Beach** verfügt die Stadt über einen schönen Strand. Trotzdem bleibt kein Tourist länger als nötig – New-

Newcastle Autoclub

castle ist vor allem Ausgangspunkt für die nördlich gelegenen Great Lakes oder das Hunter Valley. Übernachten sollten Sie eher dort oder in der Port Stephens Bucht mit ihren schönen Stränden. Eine Tourist Information an der *Queens Wharf* gibt nähere Informationen zum Stahlwerk BHP und möglichen Hafenrundfahrten.

Weinbaugebiet Hunter Valley (ⓘ s. S. 155)

Neben dem Barossa Valley in South Australia zählt das Hunter Valley zu den bedeutendsten und ältesten Weinbaugebieten Australiens. Was für die Bauern als

Weinbau-
gebiet

Zeitvertreib begann, entwickelte sich schon bald zu einem ernst zu nehmenden Wirtschaftszweig. Denn trotz des starken Wettbewerbs finden australische Weine im Ausland immer mehr Anklang. Hauptabnehmer sind Schweden, Großbritannien, Neuseeland und Japan. An die Berühmtheit des Barossa Valley in South Australia hat das Hunter Valley indes nicht anknüpfen können. Dessen Weingüter besitzen die klangvolleren Namen und machen mit ihren schlossähnlichen Herrschaftshäusern architektonisch mehr her.

Weingut im Hunter Valley

Wichtiger noch als der Weinbau ist die Devisen bringende Steinkohle, die vorwiegend im **Upper Hunter Valley** abgebaut wird. Die jährliche Förderung beträgt derzeit rund 30 Millionen Tonnen, davon wird rund die Hälfte exportiert. Hauptverbraucher sind die *BHP-Steelworks* in Newcastle, Kraftwerke und die beiden Aluminiumfabriken von Kurri Kurri und Tomago. Der Abtransport der Kohle erfolgt per Eisenbahn nach Newcastle. Weltweit gesehen, ist Australien der siebtgrößte Produzent von Steinkohle und weltgrößter Exporteur.

In **Maitland**, einer mit 40.000 Einwohnern für australische Verhältnisse großen Industriestadt (Kohleabbau, Papiererzeugung), zweigt eine Straße nach **Kurri Kurri** ab. Seit 1969 wird dort in der *Alcan Smelter* Bauxit zu Aluminium verarbeitet. Im Upper Hunter Valley mit den Städten **Singleton** und **Muswellbrook** tritt die industrielle Förderung von Kohle in den Vordergrund.

Cessnock und Pokolbin

Cessnock ist der Mittelpunkt des **Lower Hunter Valley** und gleichzeitig Zentrum des Weinbaus. Rund um Cessnock und seiner Nachbarstadt **Pokolbin** befinden sich rund 60 Weingüter, die normalerweise täglich von 10 bis 16 Uhr Weinproben und Besichtigungstouren anbieten. Üblicherweise wird Weißwein produziert, seltener Rotwein. Ähnlich wie in Südaustralien wird der Wein auf großen Flächen angebaut – steile Weinberge, wie sie von Neckar, Rhein und Mosel bekannt sind, gibt es nicht. Aufgrund der rechtwinklig angeordneten Straßen fällt die Orientierung bei einer Fahrt durch die Umgebung leicht.

60
Weingüter
bieten
Wein-
proben an

30 km südlich von Cessnock liegt das historische **Wollombi Village**, eine originalgetreue Siedlung mit kolonialen Gebäuden.

Tipp: Golf und Wein

Wer das Golfspielen liebt und gleichzeitig die Vielfalt australischer Weine aus der Herkunftsregion kennen lernen möchte, sollte sich für einige Tag im nur 90 Autominuten von Sydney entfernt gelegenen **Cypress Lakes Resort** *im Hunter Valley einquartieren – übrigens auch eine Möglichkeit, den Australien-Urlaub erholsam zu beenden!*

Das 5-Sterne-Resort besteht aus mehreren frei stehenden, sehr komfortablen Villen, die sich an einen Hügel schmiegen. Das Haupthaus verfügt über ein ausgezeichnetes

Restaurant, Bars, Tennisplätzen und Swimming-Pool. Der weitläufige 18-Loch-Golfplatz mit 60 Bunkern zählt zu den schönsten in New South Wales.
Information: *Cypress Lakes Resort, Pokolbin, Tel. 4993 1555, www. cypresslakes.com.au*

The Central Coast

 Streckenhinweis
Der Streckenabschnitt **Newcastle–Sydney** *ist zunächst durch*

Cyprus Lakes Resort

den zunehmenden Verkehr auf dem Sydney-Newcastle Freeway gekennzeichnet. Besonders an Wochenenden oder in den Morgenstunden kann es passieren, dass man in einen der für australische Verhältnisse so seltenen Staus gerät: Es drängt eben alles in die 4-Millionen-Metropole. Wer es weniger eilig hat, sollte die Route entlang der Central Coast nehmen (Abzweig in Richtung Doyalson vom Freeway). Übrigens: Die Central Coast kann auch bequem von Sydney per Zug (Citylink) oder per Fähre (The Fast Ship, Sydney Circular Quay nach Ettalong) besucht werden.

Fahrt auf dem Pacific Highway

Eine weitläufige Seenlandschaft breitet sich mit dem **Lake Macquarie**, **Lake Munmorah**, **Budgewoi Lake** und **Lake Tuggerah** nach Süden aus. Ein schmaler Küstenstreifen und die Pazifikstrände trennen diese Seenplatte vom Meer.

In Richtung **Doyalson** sollten Sie vom *Freeway* auf die Küstenstraße abzweigen: Hier findet man bei **Budgewoi, Noraville** und **Norah Head** immer wieder schöne Strände oder Aussichtspunkte mit guten Ausblicken. Man durchquert den **Wyrrabalong NP** (Tuggerah Beach) und erreicht bei **The Entrance** weitere Strände (Blue Bay, Toowoon Bay, Shelley Beach). Hotels, Motels, B&B und Caravan Parks finden sich in allen Orten.

12 km östlich von Gosford liegen bei **Terrigal** The Skellions, über 100 m hohe Klippen. Eine Bucht weiter folgt **Avoca Beach**, **Copacabana** (gut für ein Foto!), **McMasters Beach** und der **Bouddi NP**. Achtung: Der Rückweg von hier muss über Gosford erfolgen, da der westlich angrenzende Brisbane Water NP keine direkte Durchfahrt ermöglicht.

Gosford

Gosford (39.400 Ew.) ist ein wichtiges wirtschaftliches Zentrum vor Sydney. Die Stadt liegt in einem nördlichen Seitenarm der Broken Bay, in die auch der Hawkesbury River mündet. Gosford wurde bereits 1839 gegründet, erlangte aber aufgrund der ungünstigen Verkehrsverbindungen jenseits der breiten Bucht nie nennenswerte Bedeutung. Über die umliegenden Nationalparks Bouddi und Brisbane Waters informiert der National Park Service in Gosford (207 Albury St.).

Bekannteste Sehenswürdigkeit Gosfords ist **Old Sydney Town**, eine Rekonstruktion Sydneys, wie es im Jahre 1806 aussah. Kostümierte Schausteller, Sträf-

*Original-
getreue
Rekon-
struktion
Sydneys* lingsgefängnisse und Pferdekutschen lassen das Ganze einigermaßen realistisch aussehen. Betrieb ist von November bis März, Mi–So von 10 bis 16 Uhr, in den Schulferien täglich (www.oldsydneytown.com.au). Der **Australian Reptile Park** ist einer der größten Tierparks des Staates: Neben Schlangen, Krokodilen und Eidechsen werden aber auch Koalas, Schnabeltiere und Vögel gezeigt (2 km nördlich von Gosford, geöffnet täglich 9–17 Uhr, www.reptilepark.com.au).

Broken Bay

*Im
Mündungs-
bereich
des
Hawkes-
bury River* Ausgangspunkt vieler Ausflüge im Mündungsbereich des Hawkesbury River ist die alte Stadt **Brooklyn** am Südufer des Flusses. Die Stadt war ursprünglich eine Siedlung amerikanischer Arbeiter, die eine Eisenbahnbrücke über den Fluss bauten. Nach dem US-Vorbild nannten sie ihr Dorf „Brooklyn". Die *Brooklyn Ferries* versorgen auf ihrem *River Boat Mail Run* abgelegene Siedlungen entlang dem Fluss und nehmen auch Touristen mit (Mo–Fr 9.30 Uhr ab Ferry Wharf).

Rings um die Broken Bay liegen verschiedene Nationalparks:

Bouddi National Park
Ein kleiner NP im Nordosten der Broken Bay bzw. auf der Halbinsel südlich von Gosford. Wanderungen zu den Stränden unterhalb der Straße sind möglich. Einfache NP-Campgrounds bei *Putty Beach*, *Little Beach* und *Tallow Beach*.

Brisbane Waters National Park
Südlich von Gosford am Nordufer des Hawkesbury River gelegen. Nur zwei Pkw-taugliche Straßen führen durch den Park: eine zum Aussichtspunkt *Staples Lookout*, die andere im Südteil des Parks zum *Patonga Beach* (einfacher Campingplatz) und *Warrah Lookout*. Wanderungen zu den zerklüfteten Sandsteinfelsen mit Höhen bis zu 250 m sind auf ausgeschilderten Wanderwegen möglich. Sehenswert sind auch die einzigartigen Felsgravuren von *Bulgandry*. Die Anfahrt in den NP erfolgt über die *Woy Woy Rd.*, 6 km westlich von Gosford.

Ku-Ring-Gai Chase National Park
Der bedeutendste NP der Bucht liegt am Südufer des Hawkesbury River. Größtenteils handelt es sich um unerschlossenes, bergiges Gelände, das von einigen Wanderwegen durchzogen ist. Eine schöne Rundfahrt ist der *Coal & Candle Drive* (Zufahrt vom Süden über die *Mona Vale Rd.*) zu den Aussichtspunkten *Cottage Point* und *West Head*.

*Von Palm
Beach nach
Manly ist
es nur ein
Katzen-
sprung* Die östliche Halbinsel, die vom Ku-Ring-Gai Chase NP durch die Pittwater Bay getrennt ist, bietet wunderschöne Strände mit kleinen, z.T. recht exklusiven Feriendörfern und edlen Strandvillen: **Palm Beach, Whale Beach, Avalon, Bilgola, Newport, Mona Vale, Narrabeen, Dee Why und schließlich Manly,** dem pazifischen Vorort Sydneys. Ein Ausflug mit Fähre (Circular Quay–Manly) und öffentlichen Bussen ist von Sydney aus möglich.

Windsor

Die historische Stadt **Windsor** und ihre Schwesterstadt **Richmond** liegen beide am Hawkesbury River, rund 140 km landeinwärts. Sehenswert sind vor allem die alten Gebäude im Zentrum Windsors, wie die 1822 erbaute *St. Matthew's Church*

INFO Der Hawkesbury River

Schon 1770 notierte *James Cook* beim Passieren der Ostküste: „Zerbrochenes Land tauchte auf, um eine Bucht zu formen". Er nannte diese daraufhin **Broken Bay**. 1789 führte der damalige Gouverneur von NSW, *Arthur Phillip,* eine Expedition bis zur Flussmündung über 30 km landeinwärts. Nach einer weiteren Fahrt, die bis in das heutige Richmond führte, nannten sie den Fluss **Hawkesbury**, zu Ehren von *Charles Jenkinson*, dem Baron von Hawkesbury.

Die ersten Siedler kamen 1794 in die fruchtbaren Hügel *Green Hills*, dem späteren Windsor. Der Straßenbau ließ auf sich warten, und die gesamte Ernte, hauptsächlich Getreide und Mais, wurde per Schiff nach Sydney verfrachtet.

1810 plante und gründete Gouverneur *Lachlan Macquarie* die so genannten *Five Macquarie Towns*: **Windsor**, **Richmond**, **Castlereagh**, **Pitt Town** und **Wilberforce**. .Vier sind davon noch heute verblieben – Castlereagh verschwand von der Landkarte. Zum Schutz vor Überflutungen wurden alle Städte auf Hügeln erbaut.

oder das *Macquarie Arms Hotel* von 1815 – der älteste Pub Australiens, in dem Sie noch heute ein Bier bekommen! Im *Hawkesbury River Museum* erfährt man mehr über die Geschichte des Flusses.

Historische Städte am Hawkesbury River

Nördlich von Windsor überquert die **Wisemans Ferry** den Fluss. Die Einrichtung dieser Fährverbindung erfolgte bereits 1827 durch *Solomon Wiseman*, um Sydney mit dem Hunter Valley zu verbinden. Mithilfe dieser Fähre gelingt auch die Zufahrt in den **Dharug NP**, ein weit gehend unerschlossener Park, dessen Aborigine-Stätten nur unter Ranger-Führung besucht werden können. Die *Old Great North Rd.* nach Norden ist nur für Reiter, Radfahrer und Wanderer offen (56 km bis Bucketty).

Hinweis
*Windsor ist auch von **Sydney** oder den **Blue Mountains** leicht zu erreichen: Fahren Sie dazu über den* Great Western Hwy. *(Route 32) bis Parramatta, dann die* Windsor Rd. *(Route 40) bis **Windsor** (insgesamt 56 km).*

b) Alternativroute: auf dem New England Highway

Durch das Hinterland von Brisbane nach Sydney

Der *New England Hwy.* verläuft auf seinem Weg nach Süden praktisch immer auf den Höhen des **New England-Plateaus**, der Hochfläche der Great Dividing Range. Die milde Bergregion im südlichen Hinterland Queenslands und die sanft abfallenden Westhänge (*Western Slopes*) der Great Dividing Range heißen **Darling Downs** oder, wegen ihrer Fruchtbarkeit, Goldener Westen.

Anders als im übrigen Queensland gibt es hier vier tatsächlich unterschiedliche Jahreszeiten. Dabei ist es auf Höhen von durchschnittlich 700 m wesentlich kühler als an der Küste – im Winter fällt sogar manchmal Schnee. Die Täler und Bergrücken der Range sind außerordentlich fruchtbar – nicht umsonst wird das Hinterland von NSW als die „Kornkammer Australiens" bezeichnet.

Bedeutende Städte und Sehenswürdigkeiten unterwegs sind **Ipswich**, **Toowoomba** (Zentrum der Darling Downs), **Warwick**, **Stanthorpe** (Bald Rock NP), **Tenterfield**, **Glen Innes** (Saphire), **Armidale** (Universitätsstadt) und **Tamworth** (Countrymusik-Festival).

🚗 0463 **Entfernungen**

Brisbane–Warwick:	*161 km*	*Tamworth–Newcastle:*	*255 km*
Warwick–Glen Innes:	*207 km*	*Newcastle–Sydney:*	*170 km*
Glen Innes–Tamworth:	*208 km*		

👉 **Tipp**

Wer es nicht unbedingt eilig hat, sollte die Strecke Brisbane–Sydney durch das Hinterland zurücklegen. Lassen Sie den vierspurigen Küsten-Highway rechts liegen und genießen Sie ländliches Australien-Flair.

Sehenswürdigkeiten unterwegs

Ipswich

Einst als Hauptstadt Queenslands im Gespräch

Im 19. Jahrhundert rivalisierte die Stadt mit Brisbane um den Titel der Hauptstadt Queenslands. Hauptargument waren die Kohlevorkommen der nahen Umgebung. An der Seite Brisbanes, praktisch miteinander verschmolzen, führt die Stadt eher ein Schattendasein, und das, obwohl sie die zweitgrößte Stadt des Staates ist. Das Zentrum ist mit einigen historischen Gebäuden geschmückt. Ausflüge an den nördlich gelegenen Stausee **Lake Wivenhoe** sind unter der Bevölkerung sehr beliebt.

Toowoomba

Zentrum der Darling Downs

128 km westlich von Ipswich liegt **Toowoomba**, das Zentrum der agrarorientierten **Darling Downs**. Die Stadt ist im Osten von den Bergen der *Mt. Lofty Range* eingerahmt und wird wegen ihrer vielen Parks und Gärten auch *Garden City* genannt. Neben der Rinder- und Schafzucht lebt die Stadt vor allem vom Getreide- und Baumwollanbau.

Sieht man sich die Felder einmal genauer an, so wird man die dunkelbraune, fast schwarze Erde erkennen, die aus jahrtausendealten, vulkanischen Aktivitäten entstanden ist. Sie ist außerordentlich nährstoffreich. Hinzu kommen die unzähligen Bäche (*Creeks*), die von der Hauptwasserscheide der Great Dividing Range gen Westen fließen.

Main Range Nationalpark

Die Fahrt von Ipswich nach Warwick auf dem *Cunningham Hwy.* führt nach ca. 90 km durch den bergigen **Main Range NP**. *Cunninghams Gap* ist dabei ein tiefer Einschnitt, der den nördlichen vom südlichen Teil des NP trennt. Bergwanderungen sind auf den *Mt. Mitchell* und *Bare Rock* möglich, *Mt. Mistake* im Norden hingegen ist ein kaum zugängliches Wildnisgebiet. In Gap befindet sich ein Ranger-Büro für nähere Informationen. *An der Westkante der Great Dividing Range*

Die Nationalparks Main Range und Mt. Barney beschreiben in ihrer Geografie den westlichen Abbruch der Great Dividing Range. Im Gegensatz zum feuchteren Ostrand ist die Vegetation spärlicher, und subtropische Regenwälder sind nur noch in vereinzelten Niederungen anzutreffen.

Warwick und Stanthorpe

Die Kleinstädte **Warwick** und **Stanthorpe** bilden das Zentrum der südlichen Darling Downs. Von den Granitbergen vor allzu heftigen Witterungseinflüssen geschützt, wird hier sogar Wein angebaut.

Girraween und Bald Rock National Park

An der Grenze zu NSW sind die bewaldeten **Girraween NP** und **Bald Rock NP** wegen ihrer relativen Unberührtheit und eindrucksvollen Felsformationen unbedingt einen Besuch wert.

Die Zufahrt in den **Girraween NP** (Visitor Centre, Tel. 4684 5157) erfolgt über die *Pyramids Rd.* (Tenterfield–Wallangarra–Wyberba). Mehrere gigantische Granitfelsen, die man schon von Ferne erkennt, liegen im Park verstreut. Ausgangspunkt für Wanderungen ist das Info-Zen-

Im Girraween National Park

trum (*Pyramids Rd.*). Dort beginnen die Wanderwege zu Granite Arch (1 km), Pyramids (5 km H/R), Castle Rock (5 km H/R) oder Mt. Norman (10 km H/R). Besteigen lässt sich einer der mächtigen Pyramids-Felsen. Auf dem Gipfel findet man einige *balancing rocks*, die eindrucksvolle Fotomotive abgeben. Vorsicht ist frühmorgens geboten, wenn der steile Fels noch feucht und glatt ist. Die höchsten Berge im NP sind *Castle Rock* (1.122 m) und *Mt. Norman* (1.267 m). Übernachtungsmöglichkeiten bestehen auf dem NP Campground (beim Visitor Centre), in der *Girraween Environmental Lodge* (NP-Einfahrt) oder in Tenterfield. *Riesige Granitfelsen*

Südlich, bei Wallangarra, durchquert die Mt. Norman Road als 4-WD-Piste den Nationalpark. Sie ist kaum befahren – fragen Sie daher vorher nach der Beschaffenheit.

Ideale Wandermöglichkeiten mit tollen Aussichtspunkten

Die Zufahrt in den **Bald Rock NP** erfolgt von Tenterfield über den Mt. Lindesay Hwy. (Tourist Drive No. 7) bzw. von Norden über Stanthorpe. Der Nationalpark, auf dem Gebiet von New South Wales gelegen, birgt einen relativ unbekannten Superlativ: den drittgrößten Monolithen Australiens. Vom 260 m hohen (1.277 m über NN), 750 m langen und 500 m breiten Granitfelsen *Bald Rock* genießt man eine grandiose Aussicht auf die Umgebung, hinüber nach Queensland zur einen Seite und in den Staat New South Wales zur anderen. Der Aufstieg erfolgt an der Nordostseite des Felsens und ist teilweise recht steil (und morgens bisweilen sehr rutschig!).

Ebenfalls sehenswert ist der *South Bald Rock*, der 5 km südlich liegt (nur zu Fuss erreichbar). Ein NP-Campground befindet sich direkt am Bald Rock.

13 km westlich liegt der **Boonoo Boonoo NP** mit den 210 m hohen Wasserfällen Boonoo Falls.

Bald Rock NP

Genaues Kartenmaterial über beide NPs ist im Visitor Centre von Tenterfield erhältlich. Der Campingplatz sollte in der Ferienzeit reserviert werden (NPWS Glen Innes, Tel. 6732 5133, www.npws. nsw.gov.au).

Tenterfield

Ländliche Gemeinden in Neu-England

„New England" ändert sein Gesicht auch nach Übertreten der NSW-Grenze kaum, und die häufig angestellten Vergleiche zu britischen Landschaften und Dörfern treffen durchaus zu: grüne Hügel, wo immer das Auge hinblickt, dazwischen kurvenreiche Straßen und einzelne Farmen oder Siedlungen. Besonders bezaubernd wirkt Neu-England, wenn in den kühlen Morgenstunden noch Nebelschwaden in den Tälern liegen. Tenterfield ist der erste nennenswerte Ort in New South Wales. *Sir Henry Parkes*, dem die *Memorial School Of Arts* gewidmet ist, hielt hier die Rede, die zur Einigung der Kolonien und zur Gründung des Commonwealth of Australia führte. Einige alte Gebäude, die unter dem Denkmalschutz des National Trust stehen, wurden schon vor der Jahrhundertwende von den ersten Siedlern errichtet. Informationen zur Stadt erteilt das lokale Tourist Office (Tel. 6736 1082, www.tenterfield.com).

Glen Innes

Saphire als wichtigste Attraktion

Entlang der Hauptwasserscheide der Great Dividing Range führt der Highway in die Saphirstadt Glen Innes. Wer möchte, kann hier (ähnlich wie in Emerald/QLD) auf die Suche nach den wertvollen Edelsteinen gehen (*Fossicking*). Nähere Informationen dazu erteilt das Tourist Office der Stadt. Sehenswert sind die südlich der Stadt gelegenen Felsformationen *Stonehenge* und *Balancing Rock*. Letzterer liegt auf Privatgelände und kann nur von der Straße aus betrachtet werden.

INFO **Australiens Bushranger**

Wäre man nicht in Australien, könnte man glauben, die Bushranger hätten im Wilden Westen Amerikas ihr Unwesen getrieben. Sie hatten in der Zeit von 1790 bis 1900 ihre Blütezeit und raubten als Wegelagerer Reisende aus. Größtenteils waren sie entflohene Sträflinge. Häufig unter dem Schutz der armen Landbevölkerung, wurden in den Gebirgszügen der Great Dividing Range und im Süden des Landes viele Goldtransporte ein Opfer der Banditen.

Bekannt wurden die Namen ganzer Banden, wie die *Wild Colonial Boys* in New South Wales oder die *Ned Kelly Bande* in Victoria. Letzterer war der wohl berühmteste Bushranger. Vom einfachen Volk wurden er und die anderen Bushranger als Helden verehrt, wohlhabende Bürger sahen in ihnen schlicht Verbrecher und Mörder. In einem Schusswechsel wurde Kelly 1880 verletzt und schließlich in Melbourne vor Gericht gestellt. Sein Richter kannte keine Gnade und verurteilte ihn zum Tode durch Erhängen. Die Ironie der Sache wollte es, dass der Richter selbst kurze Zeit später eines natürlichen Todes starb.

Armidale

Nach dem Städtchen **Guyra**, das immerhin auf 1.320 m liegt, gelangt man nach Armidale, zweifellos eine der schönsten Städte Neu-Englands. Typisch englisch sind hier nicht nur die *University Of New England*, sondern auch die Kathedralen (*St. Mary's Cathedral* und *St. Peter's Cathedral*) und gepflegten Parks.
Obwohl die Stadt nur rund 30.000 Einwohner hat, zählt sie zu den bedeutendsten Universitätsstädten des Staates New South Wales und ist unter Studenten außerordentlich beliebt.

Universitätsstadt

Uralla (22 km südlich von Armidale) ist eine alte Goldgräberstadt und durch das Grab des letzten Bushrangers, *Captain Thunderbolt*, bekannt geworden. In *McCrossin's Mill Museum* erfährt man Einzelheiten über seine Ganovenbande.

Tamworth (ⓘ s. S. 155)

In ganz Australien ist die Stadt (35.000 Ew.) im Tal des *Peel River* als die „Hauptstadt der Country Music" bekannt. Der Country Music Award wird alljährlich während des zweiwöchigen Festivals im Januar vergeben. Zur Zeit des Festivals ist die Stadt vollkommen ausgebucht! Doch auch außerhalb der Festival-Woche wird in den Pubs beinahe täglich Livemusik gespielt.

Hauptstadt der Country-Musik

Bekannte Größen der australischen Country-Szene können im *Country Centre* (Gonoo Gonoo St) in der *Gallery Of Stars* besichtigt werden. Von der Bergkuppe nördlich der Stadt, wo auch ein Planetarium steht, bietet sich ein guter Blick auf die Stadt.

In der Umgebung von Tamworth liegt die ehemalige Goldgräberstadt **Nundle** (50 km südöstlich). Sie ist über die Straße, die zum Stausee *Chaffey Dam* führt, erreichbar. Eine kleine, noch arbeitende Mine und ein historisches Museum sind allerdings die einzigen Überbleibsel vergangener Epochen.

Abstecher: Mt. Kaputar NP und Warrumbungle NP

Einige Autostunden westlich von Tamworth, bei **Narrabri**, liegt der relativ kleine, aber sehr schöne **Mt. Kaputar NP**. Eine 42 km lange Straße (ab Narrabri) führt bis hinauf in die Gipfelregion (1.508 m). Dort gibt es einige abwechslungsreiche, gut markierte Wanderwege und Lookouts.

Weitere 118 km auf dem *Newell Hwy* südlich liegt das Städtchen **Coonabarabran** (*Astronomy Capital of Australia*, Tourist Information Tel. 6842 1441), bekannt für das *Skywatch* Observatorium (2 km westlich auf der National Park Rd.). Besucher können dort jeden Abend mit dem 3,9 m Teleskop die Sterne beobachten.

Eine 50 km lange Schotterstraße durchquert den **Warrumbungle NP**, dessen spektakuläre Felsnadeln und -dome (*Craggy Peaks*) tatsächlich ein wenig an die berühmten Bungle Bungles in WA erinnern. Der 21.000 ha große NP bietet hervorragende Wandermöglichkeiten, u.a. den Grand High Tops Walk (14,5 km) und weitere kürze Wanderungen, davon einige auch rollstuhltauglich. Die Wanderwege im Park sind gut markiert, trotzdem sollte eine Detailkarte (The Warrumbungle NP, 1:30.000, CMA) dabei sein. Permits für den NP-Campground sind beim Ranger vor Ort in Canyon Camp erhältlich. Ein weiteres Observatorium, *Siding Spring*, befindet sich mitten im Nationalpark.

Streckenhinweis
*Die Rundfahrt durch den NP endet bei Tooraweenah am Oxley Hwy. Dieser führt über Gilandra in die Provinzhauptstadt **Dubbo**, bekannt für den großartigen **Western Plains Zoo**, einen Freiluftzoo, der sich um die Aufzucht gefährdeter afrikanischer Tierarten bemüht. Der Barrier Hwy. bringt den Reisenden von Dubbo über Nyngan, Cobar, Wilcannia auf eintöniger Outback-Strecke nach **Broken Hill** (750 km, vgl. Kapitel 7b).*

Auf dem Weg in das Hunter Valley und nach Sydney — Über die ländlichen Kleinstädte **Wallabadah** (sehenswerter Felsmonolith) und **Scone** (Zentrum der Pferdezucht) führt die Reiseroute in das *Upper Hunter-Valley*. Es ist im Bereich der nördlichen Städte **Muswellbrook** und **Singleton** von Kohleabbau und Kohlekraftwerken (liefern 75 % der von NSW benötigten Energie) geprägt. Weiter südlich, im *Lower Hunter Valley* – um **Cessnock** – liegt das zweitwichtigste Weinbaugebiet Australiens.

Hinweis
Das Hunter Valley und die Strecke Newcastle–Sydney sind in Kapitel 16a beschrieben.

17. SYDNEY UND UMGEBUNG

Sydney (ⓘ s. S. 155)

Zur Geschichte der Stadt

Sydneys Bedeutung liegt vor allem in seiner Geschichte begründet: Am 26. Januar 1788 wurde die Sydney Cove, nur 100 m von der heutigen Oper entfernt, als Ankerplatz der ersten Flotte (*First Fleet*) ausgewählt. Allerdings waren die Neuankömmlinge nicht aus freien Stücken gekommen: Unter den 1.030 Passagieren befanden sich 736 Sträflinge, die aus den überfüllten britischen Gefängnissen verbannt worden waren. Flottenführer *Captain Arthur Philips* nannte die erste Sied-

lung **Sydney Cove**. Das Leben in der Sträflingskolonie war hart und entbehrungsreich. Besserung trat erst mit dem fünften Gouverneur, *Lachlan Macquarie*, ein. Er gab den Strafgefangenen eine Chance zur Selbstverwirklichung. *Francis Greenway*, ein Architekt, der wegen minderschwerer Vergehen nach Australien geschickt worden war, entwarf einige der historischen Gebäude, die heute zu den Sehenswürdigkeiten der Stadt zählen.

Ursprünglich eine Sträflingskolonie

Die Siedler, die im 19. Jahrhundert zu Tausenden in das Land strömten, erkannten nach beschwerlichen Reisen die Fruchtbarkeit des Hinterlandes. Die Blue Mountains stellten dabei lange Zeit eine unüberwindbare Hürde dar. Sydney wuchs schnell und wurde von den ehrgeizigen Einwanderern zu dem gemacht, was es heute ist: eine lebendige, farbenfrohe Weltstadt, der es Zeit ihres Bestehens verwehrt geblieben ist, Hauptstadt Australiens zu werden.

Siedler auf dem Weg in die Blue Mountains

Sydney heute

Sydney ist zweifellos ein Höhepunkt jeder Australienreise – die Weltstadt, die anderen Metropolen so fern liegt, wird geliebt und verehrt. Sie erstreckt sich an den nördlichen und südlichen Ufern des Parramatta River, der in der Port-Jackson-Bucht in

Blick auf Sydney

Einmalige Lage am großen Naturhafen

das Meer mündet. Geprägt wird Sydney in erster Linie durch die einmalige Lage des Naturhafens (*Sydney Harbour*). Mit einer Küstenlänge von 240 km stellt dieser den natürlichen Mittelpunkt der Stadt dar. Rings um den Hafen befinden sich die Wohn- und Geschäftsviertel Sydneys. Sydney nimmt einschließlich seiner Vororte 1.730 km² ein und hat mittlerweile rund 4,2 Millionen Einwohner, fast ein Sechstel des gesamten Kontinents, mit steigender Tendenz. Traditionelle Wohngebiete befinden sich vor allem im Südteil der Stadt, am bekanntesten sind die Vororte **Parramatta** im Westen, **Strathfield**, **Leichhardt** und **Paddington** im Süden sowie **Bondi** und **Vaucluse** an der Pazifikküste. In Nord-Sydney liegen das Bankenviertel und die begehrten Wohngebiete rund um **Manly**.

Sydneysider sind sehr lebensfreudige Menschen: Für viele beginnt der Tag erst richtig nach Büroschluss. Wenn die Segelboote nicht nur an Wochenenden, sondern allabendlich im Hafen kreuzen, bekommt das Wort „Freizeit" eine völlig neue Bedeutung, und man beginnt, das Faszinierende an dieser Stadt zu begreifen. Es hat den Anschein, dass Sydneys Einwohner ein gänzlich unbekümmertes Leben führen. Anders als beim viktorianischen „Rivalen" Melbourne geben sich die Bewohner sehr gelöst und freizügig. Mit humorvollen Seitenhieben auf Melbournes konservative Einstellung wird reagiert, wenn sie ob ihres lockeren Umgangstons mit den Nachfahren einer Sträflingskolonie verglichen werden. Der Erfolg gibt Sydney Recht: Die Stadt genießt Australien- und weltweit eine außerordentliche Popularität, welche nicht zuletzt durch die Olympischen Spiele im Jahr 2000 erzeugt wurde.

Als logische Folge hat sich die Stadt zu einem teuren Pflaster für Einwohner und Besucher entwickelt: Die Immobilien- und Mietpreise haben Spitzenniveau, Restaurants, Attraktionen, Hotels, und öffentliche Verkehrsmitteln sind im Vergleich mit anderen australischen Metropolen ebenfalls deutlich teurer.

Das Stadtbild wird, vom Wasser aus gesehen, von der optisch herausragenden **Sydney Oper** und der markanten **Harbour Bridge** geprägt. Dort, im CBD (*Central Business District*), befinden sich die meisten Sehenswürdigkeiten. Vom betriebsamen **Circular Quay** legen Fähren und Ausflugsboote ab. Die Kulisse von *Downtown Sydney* ist durch die gläsernen Hochhaustürme einer flo-

Redaktions-Tipps

- Nach Ankunft am Flughafen von Sydney muss der Transfer in die Innenstadt entweder mit dem **Airport Rail Link** (Zug) oder per **Taxi** erfolgen. Da man nach dem langen Flug meist sehr müde ist, empfiehlt sich ein Taxi.
- Für einen ersten Überblick unternehmen Sie eine geruhsame **Hafenrundfahrt**. Abfahrtspunkt ist Circular Quay oder Darling Harbour. Wählen Sie ein kleineres, persönliches Schiff (z.B. Enigma), das ist insgesamt beschaulicher ist, als mit 200 fernöstlichen Mitreisenden ein Mittagsbuffet teilen zu müssen. Alternativ kann mit der öffentlichen Fähre eine Fahrt nach Manly an den Pazifik unternommen werden – preislich besteht allerdings kaum ein Unterschied.
- Eine geführte, halbtägige **Stadtrundfahrt** ist für die Orientierung eine empfehlenswerte Sache. Flexibler ist die Tour mit dem **Sydney Explorer Bus**: Entlang der 17 km langen Strecke liegen alle wichtigen Sehenswürdigkeiten an Haltestellen – Sie steigen aus und ein, wann und wo Sie wollen.
- Reservieren Sie bei Interesse die Karten für Vorstellungen im **Sydney Opera House** rechtzeitig oder unternehmen Sie tagsüber eine „Backstage"-Tour.
- Der spektakuläre **Bridge Climb** (S. 566) auf die Harbour Bridge ist ein unvergessliches Erlebnis und bietet grandiose Ausblicke. Mittlerweile werden die Touren auch in der Dämmerung und nachts angeboten. Vorausbuchung empfehlenswert!
- Ein Abendessen bei grandioser Aussicht erleben Sie im **Sydney AMP Tower Restaurant**. Auch hier gilt: Am besten einen Tisch reservieren!

rierenden Geschäfts- und Handelsmetropole geprägt. Straßen liegen
wie schattige Schluchten unter diesen Wolkenkratzern und sind vom
emsigen Treiben des Verkehrs und
der Menschen belebt. Dazwischen,
wie Oasen der Ruhe, liegen großzügige Parks verstreut. Historische
Gebäude und Stadtteile, wie das
ehemalige Lagerviertel **The Rocks**,
wurden liebevoll restauriert und
sind nun regelrechte Besucherma-
gneten. Das alte Hafenviertel **Darling Harbour** ist mit Aquarium,

Circular Quay

Marine Museum und Einkaufskomplex ebenfalls ein Touristentreffpunkt. Das Kulturleben findet nicht nur in Sydneys berühmter Oper statt: Unzählige Theater,
Kinos, Kneipen und Nachtclubs sorgen für lange Nächte. Bunte Neonreklamen
und nächtliches Straßenleben erzeugen Stimmung im Rotlichtviertel **Kings Cross**.

*Histori-
sches
Viertel
„The
Rocks"*

Achtung! Mautstraßen in in Sydney
*Folgende Straßen sind gebührenpflichtig: M2 Nordwest (bar oder E-Tag, Tel. 1376269, M4
West (bar oder E-Tag, Tel. 1-300-880 099), M5 South-West (bar oder E-Tag, Tel. 1-300-658
652), M7 North/South (keine Barzahlung, www.westlinkm7.com.au, Tel. 138655), Cross City
Tunnel (keine Barzahlung, www.crosscity.com.au, Tel. 02-9033 3999), Harbour Bridge und
Harbour Tunnel (keine Barzahlung, www.rta.nsw.gov.au, Tel. 131865), Eastern Distributor M1
(bar oder E-Tag, www.easterndistributor.com, Tel. 02-8356 2200), Lane Cove Tunnel und
Falcon Street Gateway (keine Barzahlung, www.connectmotorways.com.au, Tel. 133-111). An
vielen Mautstellen wird also die Möglichkeit zur Barzahlung nicht mehr angeboten!. Verfügen
Sie über ein Navi im Mietwagen, so können Sie die Option einstellen, „Toll Roads" zu
vermeiden. Ansonsten heißt es auf jeden Fall zahlen, da ansonsten der Vermieter Strafgebüh-
ren erlässt.*

Tipp: Besuchsprogramm Sydney in 3 Tagen
*1. Tag: Frühstücken im Hotel oder einem nahen Coffee Shop. Spaziergang
durch den Botanischen Garten zur Sydney Oper. Hafenrundfahrt um die Mittagszeit
(Lunch Cruise). Nachmittags Spaziergang durch „The Rocks". Am späten Nachmittag Bridge Climb.
2. Tag: Vormittags Besuch des Darling Harbour mit Sydney Aquarium. Mittagessen
an der Cockle Wharf. Nachmittags Fähre nach Manly an den Pazifik. Abendessen im
Sydney Tower.
3. Tag: Weitere Stadtbesichtigung oder Tagesausflug in die Blue Mountains.*

Sehenswürdigkeiten

Sydney hat, touristisch gesehen, zwei Schwerpunkte:
• die **City** (Downtown, CBD) mit Oper, Circular Quay, Rocks, Macquarie Street
und dem Downtown-Bezirk,
• den **Darling Harbour**-Bezirk mit vielen Attraktionen und Sehenswürdigkeiten.

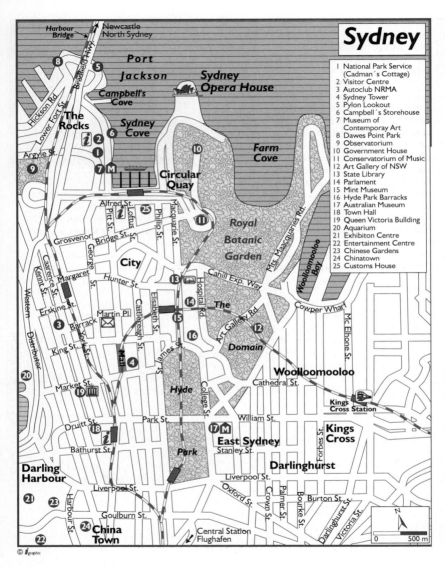

Sydney

1 National Park Service (Cadman´s Cottage)
2 Visitor Centre
3 Autoclub NRMA
4 Sydney Tower
5 Pylon Lookout
6 Campbell´s Storehouse
7 Museum of Contemporay Art
8 Dawes Point Park
9 Observatorium
10 Government House
11 Conservatorium of Music
12 Art Gallery of NSW
13 State Library
14 Parlament
15 Mint Museum
16 Hyde Park Barracks
17 Australian Museum
18 Town Hall
19 Queen Victoria Building
20 Aquarium
21 Exhibiton Centre
22 Entertainment Centre
23 Chinese Gardens
24 Chinatown
25 Customs House

© i graphic

Die meisten Sehenswürdigkeiten Sydneys liegen dicht beieinander und sind gut zu Fuß erreichbar. Hat man nur wenig Zeit, so bietet sich die Fahrt mit dem *Sydney Explorer Bus* an. Ebensowenig sollte eine Hafenrundfahrt in Ihrem Besuchsprogramm fehlen.

City – Downtown

Einen **Stadtrundgang** beginnt man am besten an zentraler Stelle – dem **Circular Quay**. Dies ist der Hauptverkehrsknoten am Hafen für Fähren, Züge und Busse. Die meisten Ausflugsboote beginnen hier ihre Rundfahrten. Im Eingangsbereich treten häufig Straßenkünstler auf und nützen den regen Publikumsverkehr. Gegenüber liegt das aus Sandstein erbaute **Customs House (25)** (31 Alfred St.), ein koloniales Schmuckstück aus dem Jahr 1844. Bis 1990 diente es der Zollbehörde und wurde dann grundlegend saniert. Im Inneren befindet sich eine interessante Ausstellung über die Stadt und im obersten Stockwerk ein gepflegtes Café mit Terrasse und Blick auf den Hafen. Der rote *Sydney Explorer Bus* hat hier die Haltestelle Nr. 1. Ums Eck, an der Stelle des ersten Hauses des Gouverneurs steht heute das informative **Museum of Sydney**, das eine Ausstellung über die Geschichte der Stadt zeigt. (Ecke Bridge St./Phillip St., täglich 9.30–17 Uhr, Explorer-Bus-Stop Nr. 3).

Hafenrundfahrten am Circular Quay

Der **Sydney Harbour** ist ein weit verzweigter Naturhafen. Er umfasst eine Fläche von rund 55 km². In seiner Mitte liegt die kleine Insel **Fort Denison** (*Pinchgut* genannt), eine ehemalige Gefängnisinsel, die Mitte des 19. Jahrhunderts als Verteidigungsbastion gegen mögliche russische Angreifer ausgebaut wurde. Das Fort kann auf speziellen Bootsausflügen (ab Circular Quay) besucht werden. Eine weitere alte Gefängnisinsel ist **Goat Island**, die nur auf Touren mit dem NPWS (National Park & Wildlife Service) besucht werden kann. Die **Homebush Bay** mit dem **Sydney Olympic Park** und den olympischen Stätten liegt einige Kilometer westlich. Sie ist die letzte große Hafenbucht, bevor sich der Parramatta River verengt. Neben den organisierten **Hafenrundfahrten** ist alternativ auch die Fahrt mit einer der Fähren möglich (z.B. zum Badevorort Manly am Pazifik und zurück) – auch so lässt sich die Stadt vom Wasser aus erleben. Der Segler *Bounty*, der vor den Rocks vor Anker liegt, bietet ebenfalls Hafenrundfahrten an.

Sportstätten der Olympischen Spiele

Harbour Bridge und Sydney Opera

Die unübersehbare **Sydney Harbour Bridge** wird wegen ihrer Form liebevoll *Coathanger* (Kleiderbügel) genannt. Sie verbindet den südlichen Innenstadtbezirk mit den nördlich gelegenen Vororten und dem Bankenviertel North Sydney. Nach ihrer Fertigstellung im Jahre 1932 kostete die Überfahrt für Autos 6 Pence, für Pferd und Reiter ganze 3 Pence! Die Brücke erstreckt sich über 1.150 m vom südlichen Dawes Point zum 503 m entfernten Milson Point im Norden. Zur 8-spurigen Straße kommen zwei Bahngleise, eine Fahrrad- und eine Fußgängerspur. Chronische Verkehrsüberlastungen haben den Bau einer zweiten Verbindung notwendig werden lassen – den **Sydney Harbour Tunnel**, der südlich der Oper (Fortsetzung des *Eastern Distributor, Hwy. 1*) unter die Erde geht. Der südöstliche Pfeiler der Brücke heißt *Pylon-Lookout* (5) und ist begehbar. Im oberen Teil befindet sich eine Ausstellung über den Bau und die Geschichte der Brücke. Die Aussicht auf

Markante Hafenbrücke mit Aussichtspfeiler

Hafen, Oper und Innenstadt lohnt die 200 Stufen auf jeden Fall! Der Zugang zum Pfeiler erfolgt über die *Cumberland St.* in den Rocks.

Besser noch (aber natürlich auch teurer) ist der spektakuläre **Bridge Climb**, bei dem Sie (angeseilt) bis hinauf auf den höchsten der Eisenbogen steigen. Am höchsten Punkt wird die Brücke überquert und auf der anderen Seite geht es wieder hinunter. Allen, außer den ganz Höhenängstlichen, sollte dieses Erlebnis die rund 150 Dollar wert sein. Seit der Eröffnung im Jahr 1999 ist der Bridge Climb Sydneys größte Touristenattraktion geworden. Übrigens sind Fotos von oben mit der eigenen Kamera leider nicht erlaubt – es könnte was auf die Fahrbahn fallen. Die gesamte Tour dauert rund drei Stunden (vorher unbedingt die Toilette aufsuchen!) und beginnt 24 Stunden am Tag (auch nachts!) in der Cumberland Street. Vorausbuchungen sind unerlässlich und pünktliches Erscheinen zum gebuchten Termin ist wichtig.

The Rocks

Histori-
sches
Lager-
viertel

Unterhalb der Brücke liegt das historische Viertel **The Rocks**, einst Ursprung der australischen Besiedlung. Die Lager- und Verwaltungshäuser waren Anfang der 1980er-Jahre in einem derart schlechten Zustand, dass sogar von Abriss die Rede war. Rechtzeitig zur 200-Jahr-Feier Australiens besannen sich die Stadtväter eines Bessren und restaurierten die Backsteingebäude originalgetreu. Sie bieten heute eine Vielzahl von Läden, Pubs und Restaurants, und die engen Gassen haben sich zu einer echten Touristenattraktion entwickelt. Die zentrale Straße ist die **George Street**.

The Rocks

Das **Sydney Visitor Centre (2)** befindet sich in 106 George Street (Tel. 9667 6050) im einstigen *Sailor's Home* von 1864. Dort erhalten Sie alle Informationen über Sehenswürdigkeiten, Stadtpläne, Führungen und Verkehrsmittel. Zwei Häuser weiter, in **Cadman's Cottage (1)** (110 George St., Tel. 9247 5033), im ältesten Privatgebäude Sydneys von 1816 befindet sich das **Sydney Harbour National Park Information Centre**. Das **NSW National Park Centre** befindet sich in 102 George St.

Sehens-
wertes im
Viertel
„The
Rocks"

Zeitgenössische Kunstwerke von so bekannten Künstlern wie Andy Warhol, Robert Rauschenberg, Christo sowie Aborigine-Kunstgegenstände sind im **Museum Of Contemporary Art (7)** (MCA, Circular Quay West) ausgestellt. Wechselnde Ausstellungen werden durch bunte Fahnen an der Frontfassade angekündigt.

Am **Circular Quay West** legen heute nur noch selten Ozeanriesen am *Overseas Passenger Terminal* an – es ist zu eng geworden. An Wochenenden ist der untere Abschnitt der George St. von rund 150 Verkaufsständen des **Rocks Market** eingenommen. Im Angebot sind vor allem Schmuck und Kunsthandwerk. Auch im *Argyle Department Store* (Ecke Argyle St./Playfair St.) finden Sie eine Reihe hübscher Boutiquen und Geschäfte. Im **Westpac Museum** (6–8 Playfair St.) zeigt Australiens älteste Bank den Bankalltag anno 1890.

Passiert man den Circular Quay West und folgt der Hickson Rd. in Richtung Hafenbrücke, so gelangt man in die kleine Bucht **Campbell's Cove**. Die alten Lagerhäuser des Händlers *Robert Campbell* wurden zwischen 1838 und 1861 erbaut. In dem restaurierten Gebäude sind heute Restaurants untergebracht. In der zweiten Reihe, wo der Schornstein in die Höhe ragt, befindet sich die 1936 erbaute **George Street Electric Light Station**, ein Kraftwerk, welches nie wirklich in Betrieb genommen wurde. Mehrere Ausflugsboote beginnen ihre Touren am Circular Quay West oder in Campbell's Cove.

Vorbei am schicken Park Hyatt Hotel, einem 5-Sterne-Hotel mit der vielleicht besten Lage (Opera House View Rooms!) in Sydney, erreicht man **Dawes Point Park (8)**, direkt unterhalb der Brücke. Auf den hängenden Stahlstreben unterhalb der Brücke gelangen die Brücken-Kletterer zum ersten Pylonen und damit zum Stahlbogen. Die Stelle war in den 1850er-Jahren als Verteidigungsbastion geplant worden. Heute bietet sich von den leicht erhöhten Platz ein herrlicher Blick auf den Circular Quay und das Opernhaus. Das schicke Boutique-Hotel *Pier One* befindet sich an der Landspitze Dawes Point.

Die Hickson Rd. „unterquert" die Hafenbrücke und führt in die **Walsh Bay** zu den **Finger Wharfs**. Sie wurden als Verladewerften von 1906 bis 1922 von Joseph Walsh erbaut, um Exportprodukte wie Wolle nach England zu verladen. Lange Jahre lagen sie brach, jetzt werden sie nach und nach restauriert und in Wohn-, Geschäfts-, Restaurant- und Theaterbauten (*Theater Wharf*) umgewandelt.

Das **Sydney Observatory (9)** (Watson Rd., Observatory Hill, Tel. 9217 0485) stammt aus dem Jahre 1858. Besichtigungen des astronomischen Museums sind täglich möglich, nachts kann der südliche Sternenhimmel bei vorheriger Anmeldung betrachtet werden. Gleich nebenan liegt das Haus des National Trust mit Buch- und Souvenir-Verkauf.

Sydney Opera House

Vorbei an Australiens umstrittenstem, im Jahr 2000 erbauten Apartment-Block (der aus manchen Perspektiven den Blick auf die Oper versperrt), folgt man dem **East Circular Quay** (zahlreiche Restaurants und Shops) zum **Sydney Opera House**. Das Gebäude zählt zu Australiens größten und sicherlich meistfotografierten Touristenattraktionen. Das Gebäude fasziniert durch seine einzigartige Konstruktion und Farbgebung aus jeder Perspektive. Die ursprünglichen Kosten des vom dänischen Architekten Jørn Utzon entworfenen Gebäudes beliefen sich auf 7 Millionen A$, stiegen aber bis auf 102 Millionen A$ zur Fertigstellung im Jahre 1973 – eine Entwicklung, die schon früh zur Entlassung des Architekten führte.

Das bekannteste Gebäude Australiens

Die Sydney Oper ist mehr als ein einfaches Opernhaus: Zu den vier Konzertsälen kommen fünf Restaurants, sechs Bars, eine Bücherei, Archiv, Foyer und Aufenthaltsräume. Der größte Saal, die *Concert Hall* mit 2.690 Sitzplätzen, ist gleichzeitig der imposanteste Gebäudeteil. 18 verstellbare Acrylringe befinden sich über der Bühne und sorgen für eine hervorragende Akustik bei Opern und Konzerten.

Sydney Opera

Zweitgrößter Saal ist das *Opera Theatre* mit 1.547 Sitzplätzen. Das *Drama Theatre* und das *Playhouse* sind kleinere Säle, in denen Theaterstücke und Dramen gezeigt werden. Jeden Sonntag finden um die Oper herum ein kleiner Markt und kostenlose Vorstellungen statt, von der Highschool-Band bis zum Jongleur ist alles vertreten, was sich nebenbei ein paar Dollar verdienen will – auch für Sydneysider ein beliebter Treffpunkt am Nachmittag.

Sydney Opera House, Bennelong Point. Führungen werden täglich von 9.15–16 Uhr angeboten. Karten für die Oper sollten im Voraus bestellt werden (Tel. 9250 7777) – fast jede Vorstellung ist ausgebucht. Vor Ort können Karten auch telefonisch unter Angabe einer Kreditkartennummer bestellt werden. Sie werden dann bis eine Stunde vor Vorstellungsbeginn an der Kasse hinterlegt (pünktlich sein!). Information: www.soh.nsw.gov.au, Explorer Bus-Stop Nr. 2.

Lebendiges Treiben vor der Oper

Botanischer Garten

Artenreicher Botanischer Garten

Die **Royal Botanic Gardens** erstreckt sich vom Bennelong Point im Norden bis zum Cahill Expressway im Süden. Er bietet eine Fülle einheimischer und exotischer Pflanzen, nicht nur für Blumenfreunde ein schöner Anblick. In zwei pyramidenförmigen Gewächshäusern wachsen tropische Pflanzen. Um die Mittagszeit ist der Park voller Geschäftsleute und Büroangestellter. In der Dämmerung, kurz vor Schließung des Parks, erscheinen hunderte von Fledermäusen (*Fruit Bats*), und auch Possums können beobachtet werden.

Das **Government House (10)** (1838), die Residenz des amtierenden Gouverneurs, befindet sich im Park, ist aber nicht zugänglich.

Folgt man der Küstenlinie um die Farm Cove-Bucht, gelangt man zu *Mrs. Macquarie's Point.* Von dort hat man einen schönen Blick auf die Oper und den Downtownbezirk mit seiner Skyline. Auch Sonnenuntergänge wirken hier besonders gut.

Im **Conservatorium Of Music (11)** an der Macquarie St. gibt es jeden Mittwoch um 12 Uhr kostenlose Konzerte. Der Bau wurde 1914 vom Architekten *Francis Greenway* während seiner Strafgefangenschaft entworfen.

Der Park ist täglich von 7 Uhr bis Sonnenuntergang geöffnet. Führungen durch den Botanischen Garten beginnen am Besucherzentrum (Anmeldung unter Tel. 9231 8125). Information. www.rbgsyd.gov.au, Explorer-Bus-Stop Nr. 3.

Art Gallery of New South Wales

Großartige Kunstsammlung

An den Botanischen Garten schließt sich ein weiterer Park an: **The Domain**. In ihm befindet sich die **Art Gallery of NSW (12)**. Die Kunsthalle zeigt Werke australischer, europäischer und japanischer Künstler sowie Exponate von Aborigine-Künstlern. Das Museum zählt neben den Nationalgalerien von Melbourne und Canberra zu den besten Sammlungen des Kontinents. Im Auditorium befinden sich ein Buchladen und ein ruhiges Café. Im Domain finden im Dezember und Januar Open-Air-Konzerte statt.

Art Gallery of NSW *(Art Gallery Rd., The Domain), geöffnet Mo–Sa 10–17 Uhr, So 12–17 Uhr, Eintritt frei (außer Sonderausstellungen), www.artgallery.nsw.gov.au, Sydney Explorer Bus-Stop Nr. 6*

Macquarie Street

State Library of New South Wales (13)
Die Staatsbibliothek hat einen riesigen Bestand an Büchern, Karten und Berichten. Ergänzt wird das Angebot durch regelmäßige Literaturlesungen und Filme. Erwähnenswert ist das Mosaik in der Eingangshalle, das die *terra australis* in den Darstellungen von Abel Tasman zeigt. Es liegen auch deutschsprachige Zeitungen im Lesesaal aus.
State Library, *Macquarie St, geöffnet Mo–Fr 9–21 Uhr, Sa/So 11–17 Uhr, Eintritt frei*

Parliament House (14)
Das NSW Parliament House ist das älteste Regierungsgebäude Australiens. Der reich verzierte Bau wurde von *Gouverneur Macquarie* gestaltet. Besichtigungen und Führungen werden von Dezember bis Februar (tagungsfreie Zeit) angeboten, das Gebäude selbst ist täglich von 9 bis 16 Uhr geöffnet. An das Parlament schließen sich die verschiedenen Flügel des 1814 aus Sandstein erbauten **Sydney Hospital** an. Das **Old Mint House (15)**, nördlich gelegen, ist Sydneys ältestes öffentliches Gebäude. Das einstige Museum wurde leider geschlossen. Einige Sammlungen (Briefmarken, Münzen) wurden ins Powerhouse Museum verlagert.

Historische Gebäude entlang der Macquarie Street

Die **Hyde Park Barracks (16)** am **Queens Square** wurden 1818 vom Sträflingsarchitekten *Francis Greenway* entworfen. Der Verwendungszweck des im georgischen Stil errichteten Hauses wurde im Laufe der Jahre immer wieder verändert, heute ist es ein Museum, welches das Leben der Strafgefangenen in der Gründerzeit Australiens darstellt (geöffnet täglich 10–17 Uhr).

Der **Hyde Park** ist der zentrale Park der Stadt. Sehenswert ist der Archibald Fountain, ein Brunnen im Art Déco Stil im Nordteil des Parks. Er erinnert an die australisch-französische Allianz im Ersten Weltkrieg. Das Anzac War Memorial, ein Denkmal zu Ehren der Gefallenen des Ersten Weltkriegs, steht im Süden des Parks. Noch heute werden die Kriegsveteranen als *Anzacs* bezeichnet.

Zentral gelegene Parkanlage

Im Hyde Park

Australian Museum (17)
Das Australian Museum ist das größte naturgeschichtliche Museum Australiens. Es bietet eine Fülle an Exponaten und Ausstellungen aus den Bereichen Flora und Fauna, australische Geschichte, Aborigine-Kultur und vieles mehr. Die Möglichkeit einer kostenlosen Museumsführung ist aufgrund des Umfangs des Museums empfehlenswert.
The Australian Museum, *Ecke Williams St./College St.; geöffnet täglich 9.30–17 Uhr, www.austmus.gov.au, Explorer-Bus-Stop Nr. 15*

U.a. Aborigine-Kultur

George Street und Pitt Street

*Geschäfts-
bezirk
„Down-
town"*

Durch den Hyde Park gelangen Sie auf der Park St. in die Innenstadt, den **Central Business District** (*CBD*). Die Straßen George St. und Pitt St. führen nach Norden und sind die beiden wichtigsten Einkaufs- und Geschäftsstraßen. Die **Pitt Street Mall** (zwischen Market St. und King St.) ist die populärste Fußgängerzone der Stadt und verfügt über einige elegante Einkaufsarkaden, z.B. **The Strand** von 1892 (zwischen George St. und Pitt St. Mall). Am **Sydney Square** (Bathurst St./ George St.) steht die **St. Andrews Cathedral** aus dem Jahre 1868. Die im gotischen Stil aus Sandstein erbaute Kirche ist das älteste anglikanische Gotteshaus Australiens.

An der Ecke George St./Park St. befindet sich die imposante **Townhall (18)** von 1889. In dem Gebäude finden noch offizielle Sitzungen des Bürgermeisters (Lord Mayor) statt. Erkundigen Sie sich über die gerade stattfindenden Ausstellungen! Führungen werden auf Anfrage ebenfalls angeboten. Die **Townhall Station** ist ein wichtiger Verkehrsknotenpunkt der U-Bahn.

*Schöne
Geschäfte
im täglich
geöffneten
„QVB"*

Das **Queen Victoria Building (19) (QVB)** ist nicht zu übersehen. Das im romanischen Stil erbaute Haus von 1898 nimmt fast einen ganzen Häuserblock ein und wurde nach umfangreicher und teurer Renovierung 1986 als Shopping Centre wieder eröffnet, nachdem es kurz vor dem Verfall stand. Das QVB bietet auf drei Stockwerken annähernd 200 schmucke Boutiquen, Cafés und Restaurants. Das gewölbte Dach lässt natürliches Licht ins Innere scheinen. Am Südende steht eine Statue von Queen Victoria, und eine verspielte Uhr zeigt jede Stunde eine andere Szene der englischen Geschichte.

*Aussichts-
turm mit
Restau-
rants*

An der Ecke Pitt St./Market St., im **Centrepoint Shopping Centre**, ragt der **Sydney AMP Tower (4)** 325 m in die Höhe – das höchste Gebäude der Stadt und der beste Aussichtspunkt auf die lebhafte Großstadt. Gleich zwei Restaurants laden zum Essen ein: Auf Level 1 ein internationales Drehrestaurant, auf Level 2 ein Selbstbedienungsrestaurant. Tischreservierungen werden für beide Restaurants empfohlen. Kritiker bemerken, die Qualität der Speisen sei den Preisen nicht angepasst – was zählt sei die Aussicht. Die Aussichtsplattform auf 305 m ist täglich 9.30–21.30 Uhr (Sa bis 23.30 Uhr) geöffnet. Bei klarer Sicht sieht man bis in die Blue Mountains.

Nördlich folgt das **General Post Office (GPO)**. Auf dem benachbarten **Martin Place** finden in einem kleinen Amphitheater unter der Woche (12.15 Uhr) Gratiskonzerte und Veranstaltungen statt – ein gern besuchter Treffpunkt der Geschäftswelt während der Mittagspause. Das Treiben an der australischen Börse – **The Australian Stock Exchange** – ist von einer Besuchergalerie aus zu beobachten (nur Mo–Fr 9–17 Uhr, Eingang gegenüber dem Australia Square, 20 Bond St.).

Darling Harbour

> **Tipp**
> *Zum Darling Harbour mit Monorail, Lightrail, Fähre, Bus oder zu Fuß*
> *Mit der Schwebebahn **Monorail** gelangen Sie einfach und bequem vom Innenstadt-Bezirk zur **Station Harbourside**. Die Haltestellen befinden sich in luftiger Höhe in*

der **Pitt Street**. Die Monorail verkehrt Mo–Sa 7–24 Uhr, So 9–20 Uhr. Tickets an den Stationen erhältlich.

Die **Straßenbahn Lightrail** fährt von der Central Station über Haymarket (Chinatown), Exhibition Centre, Convention Centre, Star City Casino zum Fish Market. Tickets in der Bahn oder an den Stationen erhältlich.

Fähren vom Circular Quay fahren an den Aquarium Pier. Der Sydney Explorer Bus fährt Darling Harbour an: Bus-Stops Nr. 17, 18, 19, 20.

Zu Fuß ist der Darling Harbour vom Circular über The Rocks, Dawes Point und die Wharfs von Walsh Bay (ca. 3,6 km) zu erreichen (oder kürzer über die direkte Verbindung Market St.).

Besucher-magnet Darling Harbour

Westlich des Hauptgeschäftsbereichs liegt das ehemalige Industriegebiet Sydneys um die **Darling-Harbour-Bucht**, das durch eine Vielzahl an Attraktionen zu einem Touristenmagneten geworden ist. Die meisten neuen Gebäude wurden erst anlässlich der 200-Jahr-Feier im Jahr 1988 gebaut. Ein zentrales Visitor Centre und mehrere Schautafeln informieren über alle Attraktionen. Informationen: www.darlingharbour.com.au.

Am Darling Harbour

Sydney Aquarium (1)

Gleich unterhalb der Fußgängerbrücke Pyrmont Bridge steht das **Sydney Aquarium**, laut Guinnessbuch das größte der Welt – mit Sicherheit eines der eindrucksvollsten. Von außen wie eine große Welle geformt, beherbergt das Innere ausgedehnte Unterwasseraquarien. Besondere Attraktion ist die „Open Ocean Section", in der die Besucher durch transparente Acrylröhren wandeln und dabei Haien, Rochen und Wasserschildkröten in die Augen blicken. Eine Nachbildung des Great Barrier Reef mit Korallen fehlt ebenso wenig wie ein Becken mit Delfinen und Seelöwen.

Größtes Unter-wasser-aquarium der Welt

Sydney Aquarium, *Darling Harbour East Side*; geöffnet täglich 9.30–21 Uhr; www.sydneyaquarium.com.au

Im Anschluss befindet sich die moderne **Cockle Bay Wharf**, ein Restaurantkomplex mit ausgezeichneten Einkehrmöglichkeiten. Überquert man zu Fuß oder per Monorail die **Pyrmont Bridge** (zum Stadtteil Pyrmont), so gelangt man auf die westliche Seite des Darling Harbour. Hafenrundfahrten legen je nach Anbieter mal auf der einen, mal auf der anderen Seite der Bucht an.

Australian National Maritime Museum (2)

Im See- und Schiffahrtsmuseum, das nördlich des Harbourside Shopping Centre liegt, wird dem Besucher all das nahe gebracht, was Australien mit der Seefahrerei und dem Meer verbindet – Aborigine-Kanus, historische Segler, ein Russen-U-Boot und ein australischer Zerstörer.

Schiff-fahrts-museum

Australian National Maritime Museum, *Darling Harbour*; geöffnet täglich 9.30–17 Uhr; www.anmm.gov.au

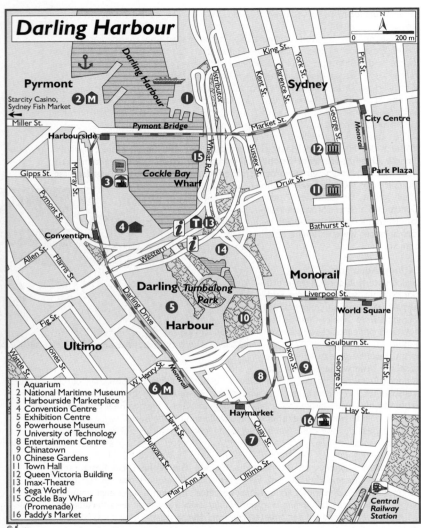

Darling Harbour

Pyrmont

Starcity Casino,
Sydney Fish Market ←

Miller St.

Pymont Bridge

Harbourside

Gipps St.

Cockle Bay
Wharf

Convention

Darling

Harbour

Ultimo

Sydney

City Centre

Market St.

Park Plaza

Druit St.

Bathurst St.

Monorail

Liverpool St.

World Square

Goulburn St.

Haymarket

Hay St.

Tumbalong
Park

Central
Railway
Station

1 Aquarium
2 National Maritime Museum
3 Harbourside Marketplace
4 Convention Centre
5 Exhibition Centre
6 Powerhouse Museum
7 University of Technology
8 Entertainment Centre
9 Chinatown
10 Chinese Gardens
11 Town Hall
12 Queen Victoria Building
13 Imax-Theatre
14 Sega World
15 Cockle Bay Wharf
    (Promenade)
16 Paddy's Market

© i graphic

Harbourside Shopping Centre (3)

*Shopping-
und
Vergnü-
gungs-
zentrum*

Der moderne Gebäudekomplex ist voller Restaurants, Imbissstände und Souve-
nirgeschäfte. Entlang der Uferpromenade finden sich fast täglich Straßenkünstler
ein, um die Touristen zu unterhalten. Die Monorail hält im oberen Stockwerk des
Einkaufszentrums. Im Anschluss daran befinden sich das **Sydney Convention
Centre (4)** und das Kongresszentrum **Exhibition Centre (5)** – beliebte Kon-

zert-, Messe- und Tagungsorte. Im Hintergrund ragen die Hotels Mercure und Ibis empor.

Folgt man der Parkanlage nach Süden, gelangt man in den stets lebhaften, kreisrunden **Tumbalong Park** und zur **Sega World Sydney (14)**. So heißt der welterste Indoor-Themenpark, der für die ganze Familie geplant wurde. Fahrgeschäfte, Kinos, Abenteuer-Spielplätze und natürlich unzählige Videospiele sind vorhanden. Das hochaufragende, ellipsenförmige **IMAX-Kino (13)** liegt unübersehbar direkt am Wasser und hat die größte Leinwand der Welt. Mehr als 8 Stockwerke hoch wird dem Zuschauer das ultimative Filmerlebnis vermittelt (Vorstellungen stündlich ab 10 Uhr).

Unübersehbar auch das **Northern Territory Outback Centre**, ein rundes Gebäude mit einem schönen Ladengeschäft und regelmäßigen Konzerten und Aufführungen – Vorgeschmack auf das Rote Zentrum!

Chinese Gardens of Friendship (10)
Die **chinesischen Gärten** befinden sich im Süden des Darling Harbour Geländes. Der größte chinesische Garten außerhalb Chinas wurde vom chinesischen Landschaftsarchitekten *Guangdong* gestaltet und bildet eine Oase der Ruhe in der hektischen Großstadt (Monorail Station Haymarket).

Südlich davon: Das **Sydney Entertainment Centre (8)** für die großen Rock- und Popkonzerte und Indoor-Events.

Powerhouse Museum (6)
Das gut gelungene Powerhouse Museum behandelt die Bereiche Technik, Verkehr und Wissenschaften. Viele Ausstellungen animieren zum Mitmachen und Experimentieren – selbst Museumsmuffel haben hier ihren Spaß.
Powerhouse Museum, *500 Harris St., Ultimo (Monorail Station Haymarket); geöffnet täglich 10–17 Uhr; www.phm.gov.au*

Museum mit verblüffenden Ausstellungen

Chinatown (9)
Sydneys Chinatown ist keine Berühmtheit, dennoch finden sich im Bereich um die Dixon St. einige asiatische Geschäfte und günstige Restaurants. Chinatown wird von den Straßen George Street, Hay Street, Harbour Street und Goulbourn Street eingerahmt. Der Sydney Explorer Bus hält an Haltestelle Nr. 17.

Kleine Chinatown

Star City Casino
Der große Casino- und Theaterkomplex (Pyrmont St./Pirraama Rd., mit Lightrail Haltestelle) ist rund um die Uhr geöffnet. 200 Spieltische, 1.500 Spielmaschinen, 2 Theater, ein Nachtclub, mehrere Restaurants, Bars und ein Hotel sind dafür da, den Leuten das Geld aus den Taschen zu locken. Information: www.starcity.com.au.

Sydney Fish Market
Im Stadtteil Pyrmont lädt der Fischmarkt zum Mittagessen ein. Am besten am Vormittag besuchen und danach dort essen gehen. Zahlreiche Restaurants servieren *Seafood* vom Feinsten. Zu Fuß ist der Markt über die Union St./Miller St. erreichbar. Die Straßenbahn Light Rail fährt direkt hin. Information: www. sydneyfishmarket.com.au.

■■■■■■■ **Außerhalb des Stadtzentrums**

Kings Cross

Nachtakti-ves Viertel

Das „Sündenbabel" der Stadt liegt 2 km östlich des Zentrums und ist leicht per U-Bahn erreichbar. Die Zustände des nachtaktiven Viertels haben sich durch die Vertreibung von Drogendealern in den letzten Jahren verbessert, gleichwohl lebt hier die Straßenprostitution – selten in Australien. Vorsicht ist in dunklen Nebengassen geboten, sie sind nicht immer sicher! Hauptstraße ist die **Darlinghurst Road**, bis tief in die Nacht ein lebendiger Treffpunkt. *The Cross* bietet einige ausgezeichnete Restaurants. Rucksackreisende schätzen das große Angebot an Hostels in der Victoria St., aber auch eine Reihe guter Hotels (als preiswerte Alternative zur Innenstadt) hat sich etabliert.

Von der **Bahnstation Kings Cross Station** fahren Züge zum bekannten **Bondi Beach**.

Manly

Pazifik-Vorort mit Charme

Der begehrte Vorort ist mit der Schnellfähre *JetCat* nur 12 Minuten vom Circular Quay entfernt. Die Fahrt mit der langsameren Fähre (Pier 2 und 3) ist eine günstige, aber nicht billige Alternative zu den kommerziellen Hafenrundfahrten. Ist das Wetter gut, sollten Sie ihre Badesachen einpacken: Der manchmal wellenreiche Pazifikstrand Manly Beach ist nach einem Spaziergang durch die Fußgängerzone *The Corso* schnell erreicht. Im Shopping-Komplex **New Manly Wharf** gibt es eine gute Auswahl an Seafood-Restaurants.

Für engagierte Wanderer führt der *Manly Scenic Walkway* 8 km nach Süden, teilweise durch das überraschend grüne und unbevölkerte Landesinnere (per Bus geht´s dann zurück in die Stadt). Von Manly aus fahren Busse zu den herrlichen **Northern Beaches** (bis Palm Beach).

Hauptattraktion ist **Manly's Ocean World**, das in das Meer hineingebaut wurde. Von einer Plattform kann man Haie, Rochen, Schildkröten und vieles mehr betrachten. Taucher füttern die Haie im Becken.

Manly Ocean World, *West Esplanade, Manly*; geöffnet täglich 10–17.30 Uhr; *www. oceanwordlmanly.com.au*

Bondi Beach

Der berühmte Bondi Beach, der der Stadt am nächsten gelegen ist, steht für ganze Generationen australischer Strandkultur – kein anderer Strand besitzt

Bondi Beach

diesen legendären Ruf. Der Vorort Bondi war in den 1920er-Jahren ein Arbeiterviertel. Noch heute bestehen einige Gebäude der Strandpromenade **Campbell Parade** aus rotem Backstein, wenngleich sich heute Cafes, Restaurants und Geschäfte darin befinden. Herausragend ist der spanisch anmutende *Bondi Pavillion* von 1928, in dem heute von Zeit zu Zeit Veranstaltungen stattfinden. Der Strand, an dem „oben ohne" bei Frauen offiziell geduldet ist, ist durch die Lebensretter der Life Guard ständig überwacht. Surfer schätzen die gute Brandung. Richtig lebhaft geht es in den Sommermonaten und da besonders an den Wochenenden zu. An Weihnachten verwandelt sich der Strand in eine riesige „Besäufnis-Fete". Fitness-Tipp: Ein offizieller Jogging-Parcour mit Übungsstationen führt entlang der Klippen. Wer möchte, kann den 6 km langen Bondi to Coogee Walk entlang der Küste (nach Süden) unternehmen. Von Coogee fährt ebenfalls der Bondi & Bay Explorer Bus (Stop Nr. 13) zurück in das Zentrum.

Bondi Beach – bekanntester Strand Sydneys

*Die **Anfahrt zum Bondi Beach** erfolgt ab Circular Quay mit dem Bus Nr. 380 oder per Zug zunächst nach Bondi Junction, dann weiter zum Strand mit dem Bus Nr. 380/381. Der Bondi & Bay Explorer Bus hält an Haltestelle Nr. 11.*

Taronga Zoo

Der Taronga Zoo ist einer der schönsten Australiens mit einer großartigen Flora und Fauna. Besonders hervorzuheben sind das Koala-Gehege und das Platypus-Aquarium. Von den Hügeln um den Bradley Head hat man einen guten Blick auf den Hafen. Nehmen Sie sich genügend Zeit für den Besuch, der Park umfasst 30 ha.

Zoo

Taronga Zoo, Bradley Head, Mosman; geöffnet täglich von 9–17 Uhr; www.zoo.nsw. gov.au. Der Zoo-Pass schließt die Fährpassage H/R mit ein.

Featherdale Wildlife Park

Der Tierpark Featherdale (37 km westlich) hat sich ganz auf die australische Tierwelt eingestellt, vor allem aber sind viele der knuddeligen Koalas zu bewundern. Außerdem findet sich hier die größte Privatsammlung australischer Vögel.

Tierpark

Featherdale Wildlife Park, 217 Kildare Rd., Doonside; geöffnet täglich von 9–17 Uhr; Anfahrt über die Parramatta Road nach Penrith oder mit dem Zug bis Blacktown, dann mit dem Bus Nr. 725 nach Doonside. Zahlreiche organisierte Tagesausflüge haben den Tierpark ebenfalls im Programm.

Hinweis
Wer beruflich oder länger in Sydney weilt, sollte sich angesichts der beinahe unendlich scheinenden Ausflugs- und Ausgehmöglichkeiten der 4-Millionen-Metropole einen speziellen Sydney-Städteführer zulegen. Diese werden von einer Reihe von Verlagen angeboten – am besten vor Ort nach der aktuellsten Auflage Ausschau halten.

Umgebung von Sydney

Blue Mountains (① s. S. 155)

Streckenhinweis: Fahrt in die Blue Mountains
*• **Auto:** Über die ständig verstopfte Parramatta Rd. auf den Western Fwy, daran anschließend auf dem Great Western Hwy über Penrith nach Katoomba.*
*• **CityRail** bietet regelmäßige Zugverbindungen von der Sydney Central Station nach Katoomba. Die Fahrzeit beträgt ca. 2 Stunden In Katoomba unternimmt der Blue Mountains Explorer Bus eine geführte Rundfahrt.*

Tipp: Tagesausflüge ab Sydney
Um einen Eindruck der „Blauen Berge" zu bekommen ohne sich dem Großstadtverkehr Sydneys auszusetzen, empfiehlt sich ein organisierter Tagesausflug (vgl.

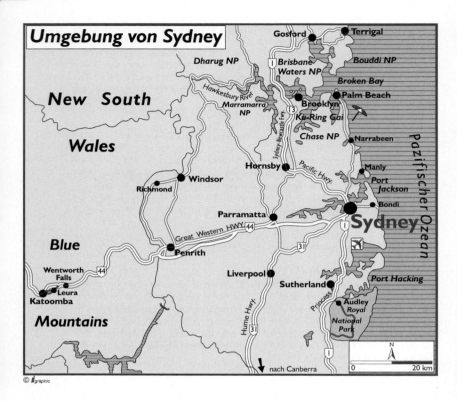

Kapitel 3 „Sydney"). Ratsam ist ein Ausflug in kleinen Gruppen. Bei Allradtouren werden auch entlegenere Regionen der Blue Mountains besucht – fernab des Touristentrubels.

Die Berge der Great Dividing Range waren für die ersten Forscher und Siedler für viele Jahre nach Ankunft der ersten Flotte eine unüberwindliche Barriere auf dem Weg zur Erschließung neuen Weidelandes. Erst 1813 überquerten *William Charles Wendworth* (später Gouverneur von NSW), *Gregory Blaxland* und *William Lawson* die Blue Mountains. Das größte Problem bestand darin, eine geeignete Route zu finden, die dem Höhenzug folgt und nicht an senkrechten Felswänden endet. Die Bäche, die sich in die Landschaft gegraben haben, fließen in alle Himmelsrichtungen, sodass durch sie keine Orientierung möglich war. 1815 schließlich war eine Route in das heutige Bathurst gefunden.

Erfor-schung der Blue Mountains

Den üblichen Erklärungen zufolge stammt der Name *Blue Mountains* (Blaue Berge) von den blauen Dämpfen, die aus den ätherischen Ölen der Eukalyptusbäume entstehen und die Landschaft in einen blauen Dunst hüllen. Tatsächlich sorgen der Staub- und Wassergehalt der Luft, die Höhenlage und der Lichteinfall für einen blauen Dunstschleier. Oben in den Bergen – der **Hauptort Katoomba** liegt immerhin auf 1.017 m Höhe – herrscht im Sommer ein angenehm frisches

Klima. Allerdings kann das Wetter blitzschnell umschlagen, es kommt vor, dass man in Sydney in der Sonne schwitzt und in den Blue Mountains im Nebel friert!

Das nur 65 km von Sydney entfernt gelegene Hochplateau ist für Sydneysider und Touristen ein populäres Ausflugsziel und eignet sich vorzüglich für einen Tagesausflug. In den ruhigen Eukalyptuswäldern, abseits der bekannten Aussichtspunkte, können schöne Wanderungen in Schluchten, Täler und zu Wasserfällen unternommen werden.

Die wichtigsten Städte der Blue Mountains, **Glenbrook**, **Springwood**, **Wentworth**, **Katoomba** und **Blackheath**, liegen auf dem Blue Mountains Kamm, und sind durch den Great Western Highway miteinander verbunden. Zu allen Seiten dehnt sich der **Blue Mountains National Park** aus – der viertgrößte in New South Wales. Auf dem Weg in die Blue Mountains passiert man folgende Orte: **Parramatta** ist ein wichtiger Vorort Sydneys (24 km westlich) und die zweitälteste Siedlung des Kontinents. Zahlreiche Kolonialgebäude sind im Stadtkern erhalten. Zwei Drittel aller Einwohner Sydneys leben übrigens westlich der Harbour Bridge.

Auf dem Great Western Highway

Glenbrook ist das Eingangstor in die Blue Mountains. Im *Blue Mountains Information Centre* (Great Western Hwy) erhalten Sie umfangreiche Informationen und Vorschläge für Rundfahrten und Wanderungen. 11 km weiter westlich liegt der Künstlerort **Springwood**, in dem sich Galerien, Boutiquen und Antiquitätengeschäfte niedergelassen haben. In **Wentworth** (45 km westlich von Sydney) zweigt eine Straße zu den spektakulären **Wentworth Falls** ab, die 300 m in die Tiefe stürzen. Benannt nach ihrem Entdecker *William Wentworth* sind die Wasserfälle auch von der Wentworth Bahnstation über den *Darwin Walk* erreichbar. Mehrere

Spektakuläre Wasserfälle

Wanderwege führen durch das **Wentworth Falls Reserve** und hinein in den Blue Mountains NP, u.a. der *Valley of the Waters Track* (2 Std.) oder der *National Pass* (2,5 Std.). Eine NP-Hütte (Valley Rd.) bietet Schutz und informiert über den Park.

Three Sisters
Folgen Sie in **Leura** (60 km westlich von Sydney), kurz vor Katoomba, dem *Cliff Drive*. Er führt entlang der spektakulären **Prince Henry Cliffs** zum berühmten **Echo Point**. Der Aussichtspunkt bietet einen atemberau-

Three Sisters

benden Blick in das breite, steil abfallende **Jamison Valley** und die dreigeteilte Felsformation **Three Sisters**. Sonnenuntergänge wirken hier besonders stimmungsvoll!

Bekannteste Felsformation

Katoomba
Unter den 26 Ortschaften der Blue Mountains ist **Katoomba** mit 14.000 Einwohnern die größte und wichtigste. Katoomba bildet praktisch mit Leura eine Stadt. Im Visitor Centre am Echo Point ist gutes Kartenmaterial für Wanderungen in der näheren Umgebung und durch die Täler erhältlich.

🚶 Wanderungen im Nationalpark

• Wanderungen in das Tal sind über die supersteile **Giant Stairway** *(916 Stufen) möglich. Über den Wanderweg* **Federal Pass** *gelangt man zur* **Scenic Railway** *(9–17 Uhr), die ihre Passagiere in steiler Fahrt wieder auf die Höhe bringt. Obwohl die Kabelbahn nur 310 m lang ist, überwindet sie 207 m Höhenunterschied! Insgesamt ca. 2,5 Stunden Gehzeit. Die Wanderung lässt sich über den* **Dardanelles Pass** *und den Prince Henry Cliff Walk auf 4 Stunden ausdehnen.*

Ausgezeichnete Wandermöglichkeiten

• *Über dem Taleinschnitt* **Cook's Crossing** *verkehrt die Seilbahn* **Skyway** *in luftiger Höhe. Sie ermöglicht einen fantastischen Blick auf die Felsnadel Orphan Rock und den Katoomba-Wasserfall. Am Westende der Seilbahn, in der Violet St., befindet sich der Scenic World Complex mit Imax-Kino und Restaurant.*

• *Wanderungen durch das* **Jamison Valley** *(südlich von Katoomba), das* **Kanimbla Valley** *(westlich) und das* **Grose Valley** *(nördlich) können auf mehrere Tage ausgedehnt werden. Dann allerdings sollten Sie gut vorbereitet, mit Wasservorrat und guten Karten starten.*

• *Der Historic Six Foot Walk Track ist eine Tages- oder Mehrtageswanderung in die entfernten Winkel des* **Cox's River** *Tals, bis hin zu den* **Jenolan Caves** *(42 km).*

Westlich von Katoomba

Westliche Blue Mountains

Vor der kleinen Stadt **Blackheath** (14 km nordwestlich von Katoomba, auf 1.065 m Höhe gelegen) zweigt eine Straße zum Aussichtspunkt **Evans Lookout** ab. Der Blick schweift von hier über das **Grose Valley**, den „Grand Canyon" der Blue Mountains. Ein weiterer Abstecher führt zum „Viewpoint" **Govetts Leap**, der einen Blick auf das Grose Valley und die **Bridal Veil Falls** eröffnet. Dort befindet sich eine *National Forrest Station* mit Ausstellung. Über eine weitere Straße gelangt man zu **Bennetts Lookout** und den bizarren Anvil-Felsen.

Jenolan Caves und Kanangra Boyd Nationalpark

Tropfsteinhöhlen

42 km südlich des Highways befinden sich die fantastischen Tropfsteinhöhlen **Jenolan Caves** – insgesamt neun verschiedene Höhlen. Sie wurden 1866 erstmals für Besucher geöffnet. Der Jenolan River durchquert die Höhlen unterirdisch. Achtung: Die schmale Straße ist vormittags nur in der „Hin-Richtung" geöffnet (Einbahnstraße), nachmittags nur in der „Rück-Richtung".

Jenolan Caves, Führungen finden täglich 9.30–17 Uhr jede halbe Stunde statt, ab ca. A$ 20 je nach Dauer und Art der Tour

Steile Felswand

Ein paar Kilometer weiter führt eine Piste in den **Kanangra Boyd NP**, der im Süden und Osten an die Blue Mountains NP grenzt. Einzig und allein die steile Felswand der Kanangra Walls ist per Fahrzeug zugänglich, der Rest erschließt sich nur dem tapferen Wanderer. Ein NP-Office in **Oberon** informiert näher über den Park. So ist z.B. eine Wanderung auf dem 42 km langen *Six Foot Walk Track* von den Jenolan Caves durch beide NPs bis nach Katoomba möglich. 2 bis 3 Tage sollten eingeplant werden, es muss ausreichend Wasser mitgeführt werden.

🏞 Streckenhinweis

Über den Great Western Hwy./Mid Western Hwy./Stuart Hwy. erreichen Sie das **Outback von New South Wales und Victoria** *sowie die westlichste Stadt des Staates:* **Broken Hill** *(vgl. Kapitel 7).*

18. SYDNEY – MELBOURNE: VON NEW SOUTH WALES NACH VICTORIA

Zwei Varianten bieten sich im Wesentlichen für die Fahrt von Sydney nach Melbourne an, wobei auch eine Kombination beider möglich ist:

a) Über die Hauptstadt Canberra und die Australischen Alpen. Die Route führt durch eine sehr abwechslungsreiche, weil bergige Landschaft und bringt Sie zu den höchsten Gipfeln des Kontinents. Herrliche Nationalparks und einsame Bergwälder werden unterwegs passiert – ein Paradies für Wanderer und Naturfreunde.

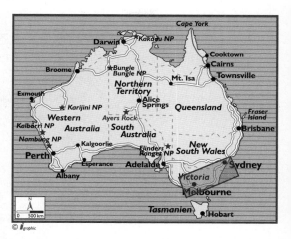

b) Die Reise entlang der Küste, die zwar etwas länger dauert, aber in ihrer Vielfältigkeit zu den schönsten Routen des Kontinents zählt. Verschwiegene Strände und großartige Nationalparks sorgen für eine kurzweilige Fahrt.

Mögliche Streckenvarianten

a) Über Canberra und die Australischen Alpen

 Entfernungen

Sydney–Goulbourn:	197 km	Thredbo–Bright:	340 km
Goulbourn–Canberra:	92 km	Bright–Lakes Entrance:	216 km
Canberra–Thredbo:	240 km	Lakes Entrance–Wilsons Prom NP:	320 km

Routenvorschlag

In 7 Tagen von Sydney nach Melbourne mit Canberra und australischen Alpen

1. Tag: Sydney–Canberra
2. Tag: Canberra und Umgebung
3. Tag: Canberra–Kosciuszko NP (Jindabyne/Thredbo)
4. Tag: Kosciuszko NP
5. Tag: Kosciuszko NP–Alpine Way–Bright
6. Tag: Mt. Buffalo NP
7. Tag: Bright–Melbourne

Die schnelle Variante von Sydney nach Melbourne: Über den gut ausgebauten *Hume Highway* ist die australische Hauptstadt **Canberra** schnell erreicht.

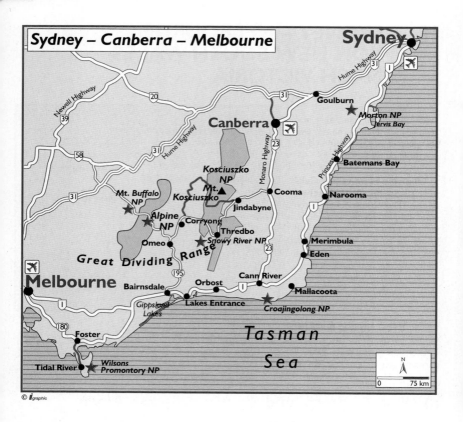

© **i**graphic

Wer es weiterhin eilig hat, folgt dem *Hume Highway* auf direktem Weg nach Melbourne.

Die ausführliche Variante: Weitaus schöner ist es, von Sydney zunächst dem *Princes Hwy* nach Süden zu folgen und dort den **Royal NP** zu besuchen. Dann folgt die Fahrt über den *Hume Hwy./Federal Hwy.* (evtl. mit Abstecher in den **Morton NP**) in das Landesinnere nach **Canberra**. Nach einer ausführlichen Besichtigungsfahrt durch die **Snowy Mountains** und den **Alpine NP** kehren Sie über **Omeo** und **Bairnsdale** zur Südküste zurück (evtl. mit Abstecher über **Bright** und den **Mt. Buffalo NP**). Im Süden sollte der **Wilsons Promontory NP** auf dem Programm stehen – es lohnt sich.

Sehenswürdigkeiten unterwegs

Ausfahrt aus Sydney

Streckenhinweis
Verlassen Sie Sydney über den Highway 31 (Hume Hwy.) *oder Southern Freeway (Hwy. Nr. 1) in Richtung Süden (folgen Sie dabei den Hinweisschildern*

„South Coast" oder *Wollongong).* Nach den Vororten **Bankstown**, **Liverpool** und **Campbelltown** folgt langsam eine lichter werdende Bebauung.

Hinweis
Der Royal National Park ist in Kapitel 18b (Küstenroute) beschrieben.

Morton National Park

Am *Hume Hwy.* folgt bei **Mittagong** die Zufahrt nach **Bundanoon**, einer schottisch angehauchten Gemeinde mit alljährlich stattfindenden Highland-Games. Von hier oder bereits von Vale aus erfolgt die Zufahrt in den 162.386 ha großen **Morton NP** am Wog Wog Entrance. Der Park ist Teil des Southern Highlands. Große Teile sind nicht oder nur wenig erschlossen. Im Ostteil des Parks fallen die **Fitzroy Falls** von einem Sandsteinplateau herab. Bei den Wasserfällen befindet sich auch das Visitor Centre (Fitzroy Falls Visitor Centre, Nowra Rd. Tel. 4887 7270), wo die Campingpermits, auch für Bundanoon, erteilt werden. Ein Wanderweg entlang des Ettrema Creek führt hinein in eine unerschlossene Wildnis voller farnbewachsener Gullies, Schluchten und Berge. Die **Budawang Ranges** im südlichen Teil gehören zu den unberührten *Wilderness Areas.* In ihrem Herzen bauen sich gewaltige Sandsteinformationen und Tafelberge auf. Trekking sollte hier nur von erfahrenen Wanderern mit guten Navigationskenntnissen oder gemeinsam mit einem Führer unternommen werden.

Nach Einbruch der Dunkelheit ist die kleine Glühwürmchenhöhle **Bundanoon Glow Worm Glen** einen Besuch wert (25 Min. zu Fuß von der Stadt, Ausgangspunkt ist das Ende der William St). NP-Campingplätze befinden sich bei Gambell's Rest und den Fitzroy Falls. Bundanoon selbst verfügt über Bed-&-Breakfast-Unterkünfte und eine Jugendherberge.

Die umliegenden Nationalparks

Zahlreiche Abstecher sind möglich

Die Region ist reich an Nationalparks, die mal mehr, mal weniger gut erschlossen sind. In jedem Fall sollten Sie genug Zeit für den Besuch investieren, da allein die Zufahrt über die Pisten sehr Zeit raubend sein kann.
• **Macquarie Pass NP:** Der kleine Park liegt am *Hwy. 48 (Illawara Hwy.)* direkt an der gleichnamigen Passstraße zwischen Wollongong und Vale. Hier wachsen Australiens südlichste, subtropische Regenwälder. Auf einer kurzen Wanderungen zu den Cascade Falls (2 km) erleben Sie die Wälder auf eindrucksvolle Art.
• **Budderoo NP:** Über die *Jamberoo Pass Rd.* (von Kiama kommend) erreichen Sie einen Teil des NPs, der ebenfalls für seine Regenwälder bekannt ist. Ein schöner Spaziergang führt in den Minnamurra Rainforest oder zu den Wasserfällen Carrington Falls (6 km südlich von Robertson).
• **Budawang NP:** Südlich an den Morton NP schließt sich das Wildnisgebiet des Budanwang NP an. Sandsteinfelsen und ein nicht einfacher Wanderweg auf den Mt. Budawang sind die wichtigsten Kennzeichen des Parks. Die Zufahrt über raue Schotterpisten erfolgt auf der Westseite (20 km von Braidwood).

Goulbourn

Goulbourn wurde 1833 von Schafzüchtern gegründet. Die Farmen beherrschen noch heute die Umgebung. Auf der **Pelikan Sheep Farm** (Anmeldung über das lokale Tourist Office) können Interessierte mehr über die Verarbeitung der Wolle

Schafzucht steht im Mittelpunkt

erfahren. Das historische Museum *Garroorigang* von 1857 war früher ein Pub (geöffnet täglich außer Mi).

Streckenhinweis
Von Goulbourn führt der Federal Hwy. *(Highway 23) nach Canberra. Man passiert den meist ausgetrockneten* **Lake George** *mit Picknickeinrichtungen direkt am Seeufer.*

Canberra (ⓘ s. S. 155)

Hauptstadt Australiens

Verglichen mit den meisten anderen Hauptstädten der Erde ist das 1913 gegründete Canberra sehr jung. Nach der Etablierung des *Commonwealth Of Australia* im Jahre 1901 war Melbourne bis 1927 mangels Alternativen Sitz des ersten Bundesparlaments. Die Frage nach einer gemeinsamen Hauptstadt, die frei von jeglichen Rivalitäten war, wurde bereits diskutiert. Zunächst buhlten Sydney und Melbourne um das nationale Parlament. Bald wurde jedoch allen Beteiligten klar, dass nur eine neue, neutrale Hauptstadt die Einigkeit des jungen Staates Australien verwirklichen könnte.

Auf dem Reißbrett entstanden

1908 war der ideale Standort in den sanften Hügeln des NSW-Hinterlandes gefunden. Den weltweiten Architektenwettbewerb gewann 1912 der Amerikaner *Walter Burley Griffin* mit seinen Plänen einer weitläufigen „Gartenstadt". Griffins Plan sah außerdem einen großen, künstlich gestauten See vor. Der Bau der Stadt zog sich bis 1927 hin, das Jahr der Parlamentseröffnung. Der Name „*Canberra*" ist Aborigine und heißt so viel wie „Treffpunkt" (*Meeting Place*). Zunächst zog die Stadt nur zögerlich Bewohner an – erst in den 1950er- und 1960er-Jahren konnte ein nennenswertes Bevölkerungswachstum verzeichnet werden. 1963 wurde der **Lake Burley Griffin**, der den Molonglo River staut, fertig gestellt. Trotz seiner beachtlichen Größe von 11 km² scheint er sich wie selbstverständlich in die „Architektur" der Stadt einzufügen.

Nördlicher und südlicher Stadtteil

Die Stadt teilt sich in zwei Hälften:
• Der **nördliche Stadtteil** bildet das **Civic Centre** (CBD) mit dem City Hill als zentralem Platz. Kerzengerade führt die breite *Northbourne Avenue* als Hauptstraße nach Norden. Sehenswert sind das Stadtzentrum mit Geschäftsstraßen, das **Universitätsviertel**, das War Memorial und die Aussichtspunkte **Black Mountain** (mit Telecom Tower) und **Mt. Ainslie**.
• Der **südliche Stadtteil** ist durch den **Lake Burley Griffin** vom Nordteil getrennt. Die *Commonwealth Avenue* (Verlängerung der Northbourne Ave.) führt

---

INFO **Australian Capital Territory (ACT)**

Das ACT ist mit 2.538 km² Australiens kleinstes Territorium (kein Bundesstaat) und hat 316.000 Einwohner, wovon die meisten in der Hauptstadt Canberra selbst leben. Landschaftlich liegt das ACT westlich der Great Dividing Range. Warme Sommer und kühle Winter prägen das subalpine Klima in einer durchschnittlichen Höhenlage von 600 m.

geradewegs zum Capital Hill, auf welchem das eindrucksvolle neue Parlamentsgebäude thront. Unterhalb, im „Parlamentsdreieck", sind Old Parliament, National Library, National Science & Technology Centre, High Court und National Gallery zu besichtigen.

Sämtliche Straßen sind nach streng geometrischen Maßstäben angelegt worden. Im Laufe der Jahre haben sich die ursprünglichen Stadtteile um weitläufige Wohngebiete erweitert. Alle wichtigen nationalen Organisationen und Verbände haben ihren Sitz in der Hauptstadt. Die Folge ist, dass sich die Bevölkerung fast ausschließlich aus Angestellten und Beamten zusammensetzt. Dies mag auch ein Grund dafür sein, dass Canberra unter der übrigen australischen Bevölkerung nicht immer den besten Ruf genießt. Zu weit sind Stadt und Parlament von den wirklichen Problemen des Kontinents und dessen Menschen entfernt, und zu klein ist der Einfluss der Australier auf die Entscheidungen, die im ACT gefällt werden.

Sehenswürdigkeiten

Hinweis
Wenn Sie über kein Fahrzeug verfügen und nur kurze Zeit in Canberra verweilen, buchen Sie eine geführte Stadtrundfahrt oder benutzen Sie den Explorer Bus. *Eine Stadtbesichtigung zu Fuß wird aufgrund der Entfernungen zum Gewaltmarsch.*

National Museum of Australia (17)
Auf der Landzunge, die in den Lake Burley Griffith hineinragt, wurde im Jahr 2000 das architektonisch eindrucksvolle, riesige neue Nationalmuseum eröffnet. Die Bereiche Geschichte und Technik werden in interaktiven Ausstellungen präsentiert.
National Museum of Australia, Acton Peninsula, www.nma.gov.au.

New Parliament House (3)
Das alles überragende neue Parlament mit dem unübersehbaren, 4-füßigen Fahnenmast liegt im Südteil der Stadt und wurde 1988, anlässlich der 200-Jahr-Feier Australiens, von der Königin von England eröffnet. Tatsächlich war es schon 1912 in den Plänen Griffins am heutigen

Das australische Parlament

Standort vorgesehen. Die Kosten des in 8-jähriger Bauzeit erstellten Regierungsgebäudes betrugen eine Milliarde A$!

Parlamentsgebäude auf dem Capital Hill

Vom Capital Hill blickt man entlang der schnurgeraden Straßen und Alleen in das Stadtzentrum, auf das alte Parlamentsgebäude und das Kriegsdenkmal. Die Flagge auf der anmutigen Edelstahlkonstruktion besitzt die Größe eines Doppeldeckerbusses! Bürgerfreundlich ist das Parlament täglich zur Besichtigung geöffnet, und Führungen finden häufig und kostenlos statt.
New Parliament House, Capital Hill, geöffnet täglich 9–17 Uhr; kostenlose Führungen von 9.30–16.30 Uhr alle halbe Stunde

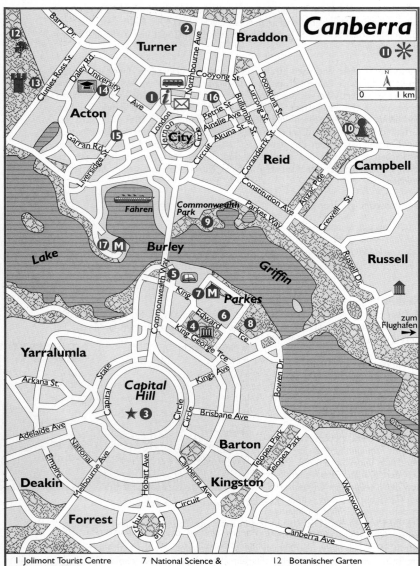

Canberra

1	Jolimont Tourist Centre	7	National Science &
2	Autoclub NRMA		Technology Museum
3	New Parliament House	8	National Gallery
4	Old Parliament House	9	National Capital Exhibition
5	National Library	10	Australian War Memorial
6	Highcourt	11	Mt. Ainslie Lookout
		12	Botanischer Garten
		13	Black Mountain Tower
		14	Australian National University
		15	National Film & Sound Archive
		16	Fußgängerzone / Garema Place
		17	National Museum of Australia

© igraphic

Old Parliament House (4)

Das alte Parlament, weiß getüncht in neoklassizistischem Stil, liegt dem neuen Parlament quasi „zu Füßen" und ist ebenfalls der Öffentlichkeit zugänglich. Von 1927 bis 1988 war es der Sitz des Nationalparlaments. Heute sind darin wechselnde Ausstellungen des **National Museum**, der **National Portrait Gallery**, des **National Film & Sound Archive (15)** und der **Australian Archives Gallery** (Staatsarchiv) untergebracht.

Klassische Architektur des alten Parlaments

1972 erlangte das Gebäude durch eine sechs Monate während Zeltstadt der Aborigines Berühmtheit. Damals wehte erstmals die Aborigine-Flagge (schwarz-rot-gelb) – bis heute ein Symbol der Unabhängigkeit der Ureinwohner.

Old Parliament House, King George Tce., Parkes Place, geöffnet täglich von 9–16 Uhr

Die **Australian National Library (5)** mit einem Bestand von fünf Mio. Büchern und der **High Court (6)**, das höchste Gericht des Landes, liegen links und rechts des Alten Parlaments. Beide Gebäude können kostenlos besichtigt werden.

National Science & Technology Centre (7)

Das National Science & Technology Centre (NSTC) wurde 1988 als australisch-japanisches Projekt erbaut. Viele Ausstellungen des NSTC regen zum Mitmachen an und sprechen deshalb vor allem Kinder und Jugendliche an.

National Science & Technology Centre, King Edward Tce., Parkes Place; geöffnet täglich von 10–17 Uhr

National Gallery of Australia (8)

Dem High Court schließt sich in Richtung Kings Avenue Bridge die National Gallery an. Die eindrucksvolle und überaus sehenswerte Nationalgalerie besteht aus 14 Einzelgalerien, die sich auf drei Stockwerke verteilen. Obwohl es sich bei dem 1982 eröffneten Museum um eine junge Einrichtung handelt, ist durch Käufe und Spenden eine der besten Kunstsammlungen des Landes entstanden. Sie reicht von traditionellen Aborigine-Werken über Künstler des 19. Jahrhunderts bis hin zu internationalen Gemälden unserer Zeit. Im Garten sind Skulpturen ausgestellt.

Umfangreichste Galerie Australiens

National Gallery, Parkes Place/King Edward Tce.; geöffnet täglich 10–17 Uhr; Führungen täglich um 11 und 14 Uhr

National Capital Exhibition (9)

Auf der anderen Seite des Sees, am Regatta Point, ist die **National Capital Exhibition** einen Besuch wert. In Ausstellungen und Filmen werden Planung, Entwicklung und Bau der „künstlichen Stadt" Canberra dokumentiert.

National Capital Exhibition, Commonwealth Park/Regatta Point; geöffnet täglich von 9–17 Uhr

Australian War Memorial (10)

Über die „endlos lange" **Anzac Parade** gelangt man zum **Australian War Memorial**. Wer sich für australische Kriegsbeteiligungen in Gallipoli, den Weltkriegen, Vietnam, Korea und Irak interessiert, sollte sich die Ausstellung ansehen. Für Anzac-Veteranen (*Australia and New Zealand Army Corps*) stellt das War Memorial eine nationale Institution dar (vgl. auch Kapitel 2 „Australische Kriegsbeteiligungen").

Kriegsdenkmal

Australian War Memorial, Anzac Parade; geöffnet täglich 9–16.45 Uhr; Eintritt frei; Führungen Mo–Fr 10.30 und 13.30 Uhr

Aussichtspunkte

Vergessen Sie nicht, einen der beiden Aussichtspunkte zu besuchen. Der Blick auf das industriefreie, großzügig angelegte Canberra und den Lake Burley Griffin entbehrt nicht eines gewissen Reizes.

Aussichts-punkte

• *Mt. Ainslie (11) (842 m; nördlich des War Memorial), über Mt. Ainslie Rd. zu erreichen.*

• *Black Mountain (13) (812 m; 3 km westlich) mit dem 195 m hohen Telstra Tower (über Clunies Ross St/Black Mt. Drive zu erreichen). Der Turm verfügt über ein Drehrestaurant und eine Cafeteria. Aussichtsplattform und Restaurant sind 9–22 Uhr geöffnet.*

National Botanic Gardens (12)

Am Fuße der Black Mountain Rd. liegt der große Botanische Garten mit einer der umfassendsten Pflanzensammlungen des Kontinents in natürlicher Umgebung. *National Botanic Gardens, Clunies Ross St., Black Mountain; geöffnet täglich von 9–17 Uhr*

Australian Institute of Sports

Nördlich des Black Mountain im Stadtteil Bruce befindet sich das legendäre **Australian Institute of Sports**, die Medaillenschmiede der Nation. Das ultra-moderne Sportzentrum mit Anlagen für fast alle Sportarten wurde 1981 eröffnet. Ein Teil des Instituts ist für Besucher geöffnet (Schwimmbad, Sauna, Tennisplätze). *Australian Institute of Sports, Leverrier Crescent, Bruce; Führungen täglich um 11 und 14 Uhr*

Medaillen-schmiede der Nation

Umgebung von Canberra

Die Umgebung Canberras ist von einer weitläufigen Hügellandschaft geprägt, deren zahlreiche Nationalparks einen Großteil des ACT einnehmen. Südlich von Canberra folgt man dem Wasserlauf des Murrumbidgee River und passiert das historische Lanyon Homestead (32 km) – ein Zeugnis früher Kolonialarchitektur der Region. Gleich ist die Galerie des bekannten australischen Malers *Sidney Nolan* sehenswert.

Mt. Stromlo Observatory

15 km südwestlich von Canberra ist das Mt.-Stromlo-Observatorium leider nur tagsüber für Besucher geöffnet. Die High-Tech-Teleskope dienen vornehmlich der wissenschaftlichen Erforschung des Weltalls. Nach dem Observatorium auf Maui/Hawaii zählt Mt. Stromlo zu den weltbesten astronomischen Einrichtungen, was vor allem der klaren Luft, der geringen Bevölkerungsdichte (*„no light pollution"*) und der Höhe zugeschrieben wird.

Sternwarte

Tidbinbilla Nature Reserve

Einige Kilometer südlich befindet sich der Naturpark von Tidbinbilla, auf dessen Wanderwegen Koalas, Kängurus und Wasservögel zu beobachten sind. Ranger bieten geführte Touren an, für individuelle Erforschungen stehen im Visitor Centre Karten zur Verfügung.

In Zusammenarbeit mit der NASA wird die **Tidbinbilla Deep Space Tracking Station** betrieben. Mit hochtechnischen Antennen und Messgeräten hoffen Forscher, Signale aus den Tiefen des Alls aufzufangen. Über aktuelle Erkenntnisse informiert ein kleines Besucherzentrum (geöffnet täglich 9–17 Uhr, Eintritt frei).

Namadgi National Park

Im Süden des ACT nimmt der Namadgi NP fast die Hälfte des gesamten Capital Territory ein. Die Anfahrt erfolgt über das Städtchen Tharwa (27 km südlich von Canberra). Der NP grenzt an den Kosciusko NP, erreicht aber nicht dessen Höhen. Mit einer durchschnittlichen Höhe von 1.900 m ist es dennoch beträchtlich kühler als in Canberra. Die Landschaft besteht aus spärlich bewachsenen Hochebenen und sanften Berghügeln.

Größter National- park des Australian Capital Territory

Eine Stichstraße führt an den Stausee Corin Dam, während eine Piste den Park weiter südlich durchquert. Campingmöglichkeiten bestehen am Ororat Crossing und am Mt. Clear. Informationen über die Wanderwege im Park sind im Namadgi Visitor Centre (3 km südlich von Tharwa) erhältlich.

Snowy Mountains

Die Snowy Mountains sind Teil der **Great Dividing Range**, die sich in ihrem südlichen Teil bis auf über 2.000 m erhebt. Sie werden deshalb auch „Australische Alpen" genannt. Das Gebiet erstreckt sich über eine Länge von rund 160 km in südwestlicher Richtung bis an die Grenze Victorias. Seine Entstehung verdanken die „Snowys" eiszeitlichen Gletschern – erkennbar an den typischen Endmoränen der Täler.

Australi- sche Alpen

Das **Snowy Mountain Hydroelectrical Scheme**, ein gigantisches Wasser- kraftprojekt, umfasst 16 Staudämme, Kraftwerke (eines davon unterirdisch) und riesige Stauseen (Lake Eucumbene, Lake Jindabyne, Dartmouth Dam). Führungen zu den Kraftwerken Tumut I, Tumut II und Murray I sind möglich. Die Berge sind von einem Tunnelsystem durchzogen, das z.T. auch den Skifahrern als Zubringer dient. Nach über 25 Jahren Bauzeit wurde das Projekt 1974 fertig gestellt, und die Wunden der Natur sind oberflächlich wieder verheilt. Die Regen- und Schnee- fälle füllen die Wasserreservoirs im Winter und sorgen für konstanten Wasser- stand der Flüsse, die die wichtige Aufgabe haben, selbst weit entfernte Teile des Kontinents zu bewässern: Der Murray River ist z.B. für die Trinkwasserversorgung Adelaides verantwortlich.

Stau- dämme und Wasser- kraftwerke

Cooma

Der *Monaro Hwy* führt von Canberra nach **Cooma** (114 km südwestlich), dem östlichen Eingangstor in die Snowy Mountains. Die Flaggen im Centennial Park stehen für die 27 Nationalitäten, die am Bau des *Snowy Mountain Scheme* beteiligt waren. Das *Snowy Scheme Information Centre* in Cooma North bietet Führungen an und verdeutlicht in einer Ausstellung den ganzen Gesamtkomplex. Das *Cooma Visitor Centre* (Tel. 6450 1742) ist bei der Buchung von Unterkünften oder Ausflü- gen sehr hilfsbereit.

Streckenhinweis: *Von Cooma zur Küste*

Der Monaro Hwy/Cann Valley Hwy verläuft von Cooma durch waldreiche Gebiete direkt zur Südküste. Kurz nach der NSW/VIC-Grenze zweigt eine Piste in

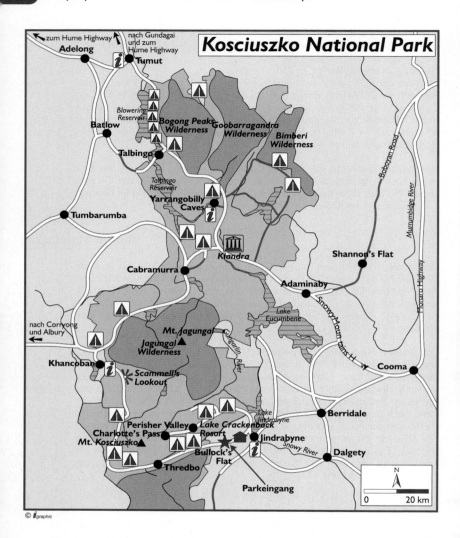

Kosciuszko National Park

zum Hume Highway
nach Gundagai und zum Hume Highway
Adelong
Tumut

Blowering Reservoir
Batlow
Bogong Peaks Wilderness
Goobarragandra Wilderness
Bimberi Wilderness
Talbingo

Talbingo Reservoir
Yarrangobilly Caves

Tumbarumba

Kiandra
Shannon's Flat
Cabramurra
Adaminaby

Lake Eucumbene

nach Corryong und Albury
Mt. Jagungal
Jagungal Wilderness

Geehi River / *Geergarlin River*

Khancoban
Scammell's Lookout
Cooma

Lake Jindabyne
Perisher Valley
Lake Crackenback Resort
Berridale
Charlotte's Pass
Jindabyne
Mt. Kosciuszko
Bullock's Flat
Snowy River
Dalgety
Thredbo

Parkeingang

Murrumbidgee River
Boboyan Road
Monaro Highway
Snowy Mountains Hwy

N
0   20 km

© *i*graphic

Direkte Route von Cooma zur Südküste den **Coopracambra NP** (35.000 ha) ab. Wanderungen sind u.a. in die Sandsteinschluchten des Genoa River und auf den 1.002 m hohen Mt. Kaye möglich. Der größte Teil des NP ist jedoch unerschlossen. In **Cann River**, einem 100-Einwohner-Ort an der Kreuzung Cann Valley Hwy./Princes Hwy. erhalten Sie nähere Informationen über den NP. Der **Croajingolong NP** ist in Kapitel 18b (Küstenroute Sydney–Melbourne) beschrieben.

INFO Ski fahren in Australien

In Höhen von über 2.000 m fällt in den Snowy Mountains im Winter (Juli–Sept.) genug Schnee, um immerhin 75 Skilifte zu betreiben.

Die wichtigsten Skiorte innerhalb des **Kosciusko NP** (westlich von Jindabyne) sind **Sawpit Creek, Smiggin Holes, Perisher Valley** und **Thredbo Village**. Von guten Skigebieten zu sprechen, wäre übertrieben – die Pisten sind relativ flach und kurz. Viele Australier zieht es deshalb nach Neuseeland oder in die USA. Die Snowy Mountains mit ihren sanften Hügeln locken jedoch immer mehr Langläufer (*Cross Country Skiing*) an. Auf Fernwanderwegen oder querfeldein sind tagelange Touren möglich. Die Temperaturen sinken bisweilen weit unter den Gefrierpunkt: Den australischen Minusrekord hält Perisher Village mit -22,3°C!

Unterkünfte in stilvollen Chalets und Motels sind in den genannten Skiorten recht teuer. Günstiger kann man in **Cooma** oder **Jindabyne** übernachten – Busse fahren täglich in die Skigebiete, die erst im Winter so richtig zum Leben erblühen.

Ein besonderer Anblick, auch für Nicht-Skifahrer, sind die verschneiten Eukalyptuswälder im Winter. Immer populärer wird hier das Winterwandern, bei viel Schnee auch mit Schneeschuhen. Für einige Straßen in den Australischen Alpen sind im Winter Schneeketten vorgeschrieben.

Jindabyne (ⓘ s. S. 155)

Jindabyne (65 km westlich von Cooma) ist neu erbaut worden, nachdem der Stausee das alte Jindabyne überflutet hat. Die Kleinstadt ist ein idealer Ausgangsort für Ausflüge in den Kosciusko NP. Die zahlreich vorhandenen Ferienapartments, Motels und Caravan Parks sind meist nur im Winter ausgebucht und im Sommer froh um jeden Gast. Bei der Auswahl ist das moderne Visitor Centre der Stadt behilflich. Dort ist auch ausführliches Kartenmaterial über den Kosciusko NP erhältlich. Eine herrlich gelegene Unterkunft ist das *Novotel Lake Crackenback*, das sich bereits 15 km südwestlich von Jindabyne auf dem Weg in Richtung Thredbo / Kosciuszko NP (Alpine Way) am gleichnamigen See (leider auf manchen Karten nicht verzeichnet) befindet.

Kosciuszko National Park

Der **Kosciuszko NP** nimmt mit 690.000 ha den größten Teil der Gebirgsregion ein und ist der größte Nationalpark von NSW. Höchster Berg Australiens ist der **Mt. Kosciuszko** mit 2.228 m. Weitere 10 Berge sind über 2.000 m hoch. Die Hügel sind sanft geschwungen, und in höheren Regionen ist die Vegetation rar, häufig ist nur der kahle Granit zu sehen. Trotzdem teilen sich viele Pflanzen- und Tierarten den im Winter unwirtlichen Lebensraum. Die längsten und wasserreichsten Flüsse des Kontinents entspringen in den Snowy Mountains: Murray, Murrumbidgee, Tumut und Snowy River.

Höchster Berg Australiens

Der NP ist sommers wie winters ein Tummelplatz für Freiluftsportler: Wandern, Reiten, Wildwasser-Rafting, Ski fahren, Drachenfliegen, Mountainbiken usw. sind die beliebtesten Aktivitäten. **Ausgangspunkt für Touren ist der Skiort Thredbo**.

Die **Summit Road zum Mt. Kosciuszko** zweigt 4 km nach Jindabyne vom *Alpine Way* ab und endet am *Charlotte Pass*. Auf dem Weg werden die Skiorte **Sawpit Creek, Smiggin Holes** und **Perisher Village** passiert. Letztgenannter Ort geriet 1997 in die Schlagzeilen, als ein Erdrutsch eine Lodge begrub. Am Rande des Nationalparks bietet beispielsweise das *Kosciusko Mountain Retreat* (Sawpit Creek, Tel. 1-800 064 224) mit Campingplatz, Cabins und Selbstversorger-Chalets eine preisgünstige Übernachtungsmöglichkeit.

Gute Wander-möglichkei-ten im National-park

Wandern im Nationalpark

• *Detaillierte **Wanderkarten** sind in den Tourist Infos in Jindabyne und Thredbo sowie im NPWS Office in Sawpit Creek (Tel. 6456 1700) erhältlich. Für Fernwanderungen stehen 143 Hütten und 23 NP-Campgrounds zur Verfügung.*
• *Die **Besteigung des Mt. Kosciuszko** ist wegen der grandiosen Aussicht und des Gefühls, auf dem höchsten Berg des Kontinents gestanden zu haben, beinahe ein Muss. Sie stellt selbst ungeübte Wanderer vor keine Probleme, da der Berg mäßig ansteigt und die Wege zum Schutz vor Erosion weitgehend durch Gitterroste befestigt sind. Allerdings muss mit raschen Wetterumschwüngen und frostigen Gipfeltemperaturen gerechnet werden! Getränke und Verpflegung für die Tagestour nicht vergessen!*

Mt. Kosciuszko/Thredbo

• *Ab/bis Thredbo: Die einfachste Gipfelbesteigung (auch mit Kinderwagen möglich!): Sessellift „Kosciuszko Express" (1,8 km, 560 Höhenmeter) besteigen, 15 Minuten bergauf fahren, 6,5 km auf weit gehend gegittertem Weg und zum Schluss befestigtem Weg wandern – schon ist man oben! Gleicher Weg zurück. Die Gitterwege werden bei Nässe ziemlich rutschig.*
• *Ab/bis Charlotte Pass: Der längere und schwerere Main Range Track (The Lakes Walk beginnt in **Charlotte Pass** und ist 32 km lang. Der Abwechslung halber kann der Main Range Track hin (12 km) und der Summit Walk zurück (9 km) gewandert werden.*

Thredbo (ⓘ s. S. 155)

Wichtigs-ter Skiort der Snowy Mountains

Der *Alpine Way* ist durchgängig asphaltiert und durchquert ab Jindabyne den NP und führt bis Khancoban im Westteil des Parks. Auf halbem Weg liegt **Thredbo**, der wichtigste Skiort der Snowy Mountains. Im Sommer ist der Ort ein guter Ausgangspunkt für Wanderungen, u. a. für die leichte „Besteigung" des Mt. Kosciusko (siehe oben). Wunderschön sind auch die Mountainbike Trails im Sommer – der Sessellift darf benutzt werden.

Streckenhinweise: Von Thredbo nach Melbourne
1. Direkt nach Melbourne: Über den Alpine Way nach Westen auf den Murray Valley Hwy. *Dieser trifft in* Albury/Wodonga *auf den gut ausgebauten* Hume Hwy., *der geradewegs nach Melbourne führt – insgesamt 550 km.*
2. Über die Victorian Highlands nach Melbourne: Fahrt über Corryong in den Alpine NP nach Omeo. Von dort ist ein Abstecher in den Mt. Buffalo NP möglich. In Bairnsdale wird über die Great Alpine Road die Südküste erreicht.

Victorian Highlands

Folgen Sie von Thredbo dem *Alpine Way/Murray Valley Hwy.* nach **Corryong** (137 km). Kurz vor der Stadt überqueren Sie die Grenze zum Bundesstaat Victoria. Die Stadt ist das nördliche Eingangstor in das viktorianische Hochland und lebt von der umgebenden Rinder- und Forstwirtschaft.

Die Alpen Victorias

Streckenhinweis
8 km westlich von Corryong zweigt die recht einsame Bergstraße Corryong Rd. in den Alpine NP nach Omeo ab (146 km). Zu Rastpausen laden Parkplätze entlang des Corryong Creek ein. Alternativ, bei ausreichend Reisezeit, sollte ein Abstecher nach Bright und in den herrlichen Mt. Buffalo NP unternommen werden. Die Anfahrt erfolgt über Tallangatta, Kiewa Valley Hwy., Myrtleford.

INFO **Alpine National Park**

Das Hochland Victorias (Victorian Highlands) besteht aus dem dreigeteilten **Alpine National Park** und dem **Mt. Buffalo National Park**. Die südlichsten Ausläufer der Great Dividing Range reichen mit Höhen von knapp 2.000 m bis weit in den Staat Victoria hinein – höchster Berg ist der **Mt. Bogong** mit 1.986 m. Skigebiete, die bei weitem nicht die Bekanntheit und Schneesicherheit der Snowy Mountains besitzen, gibt es in **Mt. Buller**, **Mt. Hotham**, **Mt. Buffalo** und **Falls Creek**.

Jahrelange Debatten haben die Realisierung des Schutzgebietes immer wieder verzögert. Seit der Gründung im Jahr 1989 umfasst der NP 6.460 km², wobei über Ausweitungen ständig diskutiert wird.

Mit einer Kette von Nationalparks (Namadgi, Kosciusko, Snowy River und Alpine NP) ist das Dach des Kontinents abgedeckt, wenngleich längst nicht flächendeckend. Wer die Einsamkeit sucht, wird sie auf den Wanderwegen finden. Bekanntester Fernwanderweg ist der **Alpine Walking Track**, der von Walhalla (40 km nördlich von Morwell) bis an die Grenze NSW führt (nähere Informationen über den National Park Service in Melbourne), allerdings existieren kaum Versorgungsstützpunkte oder Hütten. Für kürzere Wanderungen in abwechslungsreicher Umgebung eignet sich vor allem der Mount Buffalo NP – sommers wie winters ein Genuss für Naturfreunde. Die großen Skiresorts Mt. Buller, Mt. Hothan und Falls Creek sind dagegen im Sommer wie ausgestorben. Sie werden feststellen, dass ein längerer Aufenthalt kaum lohnt – trotzdem erfreut man sich an den herrlichen *Scenic Drives* durch eine einsame Berglandschaft. Empfehlenswert ist hierzu

Zahlreiche Skigebiete

die Landkarte *Australian Alps Tourist Map* mit einer exakten Straßenübersicht. Informationen über die Nationalparks erteilen die NP-Büros in Melbourne, Omeo, Orbost, Bairnsdale, Bright und Cann River. Informationen: www.parks.vic.gov.au.

Reiten in den Victorian Highlands

Bright (ⓘ s. S. 155)

Am Fuße des Mt. Buffalo gelegene Stadt

Die breiten Baum-Alleen der historischen Goldgräberstadt Bright bieten einen erfrischenden Kontrast zu den viel gesehenen Eukalyptuswäldern der Bergregionen. Auch im Sommer herrscht hier, dank angenehmem Klima, ein munteres Treiben. Vor allem Rentner scheinen sich hier wohl zu fühlen. Das Gebiet rund um Bright ist Australiens Eldorado für Rennradfahrer und Mountainbiker und wird bevorzugt für Trainingsaufenthalte genutzt. Ein großartiges Flair bietet Bright im Herbst, wenn sich die Blätter der baumbewachsenen Alleen verfärben und ein *Indian Summer Feeling* vermitteln.

Mount Buffalo National Park (ⓘ s. S. 155)

Den eigentlichen Höhepunkt in den viktorianischen Highlands stellt der kleine **Mt. Buffalo NP** dar, der sich wie eine Insel mit steilen Granitklippen über dem Umland erhebt. Von *Hume* und *Hovell* 1824 erforscht, bieten sich ganzjährig viele Möglichkeiten für Aktivitäten. Als Beispiel seien neben den Wanderungen durch riesige Granitboulder zu steilen Felswänden das Klettern, Abseiling, Drachenfliegen, Reiten, Mountainbiken und im Winter das Skilaufen genannt.

Wandern im Mt. Buffalo National Park

1986 fanden die Weltmeisterschaften der Drachenflieger mit Startpunkt an der 300 m tief abfallenden Gorge statt.

Einmalige Lage am Rande der Klippen

Die Passstraße auf das Plateau ist steil und mit vielen Kehren versehen. Im unteren Bereich sind Wallabies, weiter oben Wombats häufige Anblicke. Auf den vielen Wanderwegen (z.B. zur *Back Wall*, ca. 3–4 Std.) bieten sich grandiose Ausblicke auf die übrigen Berge der Alpen. Das etwas alternde **Mount Buffalo Chalet** liegt traumhaft am Klippenhang, quasi als *Island in the Sky*.

Blick auf das Mt. Buffalo Chalet

Streckenhinweis: Von Mt. Buffalo nach Melbourne

Auf schnellem Wege gelangen Sie über den Hume Hwy. *nach Melbourne. Fahren Sie dazu die folgende Route: Myrtleford–Wangaratta–Seymour–Melbourne (insgesamt 267 km).*

Streckenhinweis: Von Bright nach Omeo

Die Great Alpine Road *(Nr. 156) führt über die Skigebiete* **Dinner Plain** *(Skiort mit moderner Architektur) und* **Mt. Hotham** *(Skigebiet Hotham Hights, 1.868 m) nach* **Bright**. *Die Fahrt führt auf kurvenreicher Strecke zunächst durch herrliche Eukalyptuswälder (Snow Gums), dann über die Hochebenen mit Blick auf eine bewaldete Berglandschaft, bis hin zum Mt. Kosciusko in der Ferne.*

Omeo (ⓘ s. S. 155)

Das kleine Bergdorf **Omeo** wird trotz seiner nur 550 Einwohner *The Capital of the Alps* (Hauptstadt der Alpen) genannt. Umgeben von idyllisch gelegenen Rinder-

Idyllisch gelegenes Bergdorf

farmen und den Eukalyptuswäldern des Hochlands, zeigt das Städtchen jenen kolonialen Charme, den die modernen Ski-Resorts Australiens vermissen lassen. In den 1850er-Jahren zogen Goldvorkommen zahlreiche Goldsucher an. Nicht nur die Gegend, sondern auch der Alltag war einer der rauesten in der damaligen Zeit: Polizei und Straßen suchte man in der Abgeschiedenheit der Berge vergebens.

In Omeo

Die **Oriental Gold Claims** (Alpine Rd., 2 km westlich) weisen mit ihren Klippen auf die Stellen hin, wo chinesische Arbeiter im Fels nach Gold gesucht haben. Das **Log Gaol**, ein Gefängnis von 1858, ist noch in gutem Zustand und birgt eine kleine historische Ausstellung.

8 km nordöstlich an der *Benambra-Corryong Rd.* bietet **McMillans Lookout** mit 933 m Höhe einen guten Rundblick auf das Omeo Valley und die Snowy Mountains. 26 km nordöstlich (Abzweig bei Benambra) ragen *The Brothers* empor, drei fast identische Berggipfel, die nach den Brüdern *Pentergast*, frühen Siedlern, benannt wurden.

Streckenhinweis: Von Omeo zur Küste nach Bairnsdale

Die Great Alpine Road *windet sich von Omeo kurvenreich hinunter zur Küste nach* **Bairnsdale**. *Die Straße ist eines der schönsten Naturerlebnisse im südlichen Australien: Durch dichte Farn- und Eukalyptuswälder begleitet man den* **Tambo River** *auf seinem Weg zur* **Tasman-See**.

b) Alternativroute: Entlang der Küste

🚗 Entfernungen

Küstenrou-te Sydney–Melbourne

Sydney–Royal NP:	30 km	
Royal NP–Wollongong:	45 km	
Wollongong–Nowra:	80 km	
Nowra–Batemans Bay:	120 km	
Batemans Bay–Eden:	139 km	
Eden–Mallacoota:	86 km
Mallacoota–Lakes Entrance:	206 km
Lakes Entrance–Wilsons Prom:	320 km
Wilsons Promontory NP–	
Melbourne:	227 km

🗺 Routenvorschlag
Von Sydney nach Melbourne mit Küste und Bergen in 8 Tagen

1. Tag: Sydney–Royal National Park–Jervis Bay
2. Tag: Jervis Bay–Bega–Cooma–Jindabyne/Thredbo
3. Tag: Kosciuszko NP
4. Tag: Cooma–Monaro Hwy–Cann River–Croajingolong NP (Point Hicks)
5. Tag: Cann River–Orbost–Lakes Entrance
6. Tag: Lakes Entrance–Wilsons Prom NP
7. Tag: Wilsons Promontory NP
8. Tag: Wilsons Prom–Melbourne

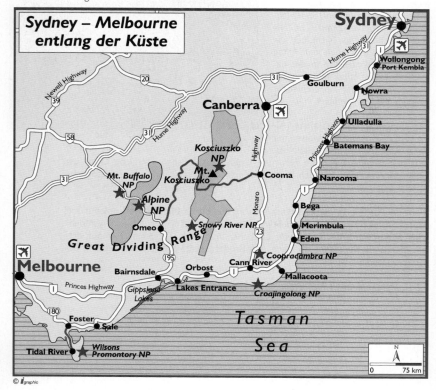

© igraphic

Streckenhinweis

*Verlassen Sie Sydney über den Princes Hwy. in Richtung Süden. Nach den Vororten **Bankstown**, **Liverpool** und **Campbelltown** sind schnell weniger dicht bebaute Vororte erreicht.*

Royal National Park

Australiens ältester Nationalpark (und der Welt zweiter, nach dem Yellowstone NP in USA) wurde bereits 1879 gegründet. Da er nur 30 km südlich von Sydney liegt (Anfahrt über den *Princes Hwy.*), sind seine Picknickplätze an Wochenenden oft von Erholung suchenden Sydneysidern übervölkert. Dank seiner Größe (15.014 ha) bietet er aber noch genug einsame Flecken. Das südliche Plateau, das zum

Ältester National-park Australiens

Meer hin steil abfällt, gehört dabei zu den eher unerschlossenen Teilen. Verheerende Buschbrände zerstören immer wieder große Teile der Vegetation. Erstaunlicherweise ist von den Verwüstungen kaum noch etwas zu sehen – die Natur, die sich in Jahrtausenden an regelmäßig wiederkehrende Feuer gewöhnt hat, erholt sich rasch.

Royal National Park

Der erste Abzweig in den Nationalpark führt nach **Audley** (Farnell Rd., ca. 4 km südlich von Loftus), wo sich auch das Besucherzentrum des NP befindet. Der Park wird abends ab 20.30 Uhr dort abgeriegelt. Im Audley Boat Shed, ein paar Kilometer weiter, werden Fahrräder, Kanus und Ruderboote verliehen. Sieben NP-Campgrounds sind über den ganzen Park verstreut, wobei nur **Bonnie Vale** (nahe Bundeena) mit dem Auto erreichbar ist. Wichtig: Besorgen Sie sich ein Ranger-Permit für die Bushcamps.

Die Rundfahrt durch den Park beginnt auf der *Farnell Rd.*, führt dann auf dem *Bertram Stevens Drive* auf kurvenreicher Straße in Richtung Meer. Die Hauptstraße bleibt auf der erhöhten **Black Gin Ridge**. Von hier aus führen Stichstraßen nach **Wattamolla Beach** und **Garie Beach** hinunter an den Pazifik. Die Ausfahrt erfolgt entweder über die *McKell Rd.* zurück auf den *Princes Hwy.* oder weiter entlang der Küste (*Lady Wakehurst Drive*) in Richtung Stanwell Park. Eine Jugendherberge (*Garie Beach YHA*, Reservierung über YHA Sydney, Tel. 9261 1111) befindet sich am Garie Beach, einem der besten Surfstränden im Park. Die YHA ist für Selbstversorger und alle Verpflegung muss mitgebracht werden. Das Beachhaven B&B (Tel. 9544 1333, 13 Bundeena Drive) liegt in schöner Lage am Port Hacking Inlet. Von Bundeena verkehrt eine Fähre nach Cronulla (CityLink-Bahnverbindung nach Sydney).

Ausflüge und Wanderungen im Park

Zahlreiche, gut ausgeschilderte Wanderwege durchziehen den NP:
Coast Walk: *26 km von Bundeena nach Otford entlang der gesamten Küstenlinie - eine anstrengende 2-Tage-Wanderung.*

Marley Beach: *Der Big Marley Trail führt von der Bundeena Road zum Little Marley Trail und weiter bis an den einsamen, strömungsreichen Marley Beach (6,5 km H/R).*
Wattamolla Beach: *einer der schönsten Strände, der mit dem Auto besucht werden kann, mit vorgelagerter, geschützter Lagune. Ein Kiosk ist an Wochenenden geöffnet.*
Garie Beach: *Surfstrand mit meist guter Brandung, ebenfalls mit dem Auto anfahrbar. Von Garie North Head (2 km H/R) Blick auf die südliche Küstenlinie.*
Geschützte Strände befinden sich in **Bonnie Vale** *und* **Bundeena** *am Port Hacking Inlet (Hacking River). Auf dem Hacking River sind Kanu-Touren möglich.*

ℹ Information
Visitor Centre, Audley, Farnell Rd., Tel. 9542 0648, www.npws.nsw.gov.au

☞ Tipp
Auf einer **Zugfahrt von Sydney nach Nowra** *(Countrylink) erleben Sie den westlichen Rand des Royal NP abschnittsweise aus interessanten Perspektiven. Im weiteren Verlauf hält der Zug in Bombo (nördlich von Kiama) sogar direkt am Strand!*

Stanwell Park
Felsklippen
Der *Princes Hwy.* setzt sich nach Süden fort. Dort liegt **Stanwell Park**. Von den Felsklippen des *Lawrence Hargrave Lookout* stürzen sich wagemutige Drachenflieger herunter. Die Flugschule vor Ort bietet Kurse und Tandemflüge an.

Streckenhinweis
Folgen Sie dem **Grand Pacific Drive** *(www.grandpacificdrive.com.au) über spektakuläre Brückenkonstruktionen entlang der Küste. Es folgen zahlreiche pazifische Badeorte (Coalcliff, Clifton, Scarborough, Austinmer, Thirroul) auf dem Weg nach Wollongong.*

Wollongong
Industrie-stadt
Die Industriestadt „The Gong" mit den Stahlwerken des nahen Port Kembla ist die drittgrößte Stadt von NSW. Wollongongs Hafen mit einer großen Fischfangflotte, einem Fischmarkt und mehreren Restaurants ist dennoch einen Besuch wert. Das Stadtzentrum wird von der Fußgängerzone Crown Mall (mit Tourist Information) geprägt. Als Sehenswürdigkeiten sind die City Gallery (Ecke Kembla St./Burelli St.) mit wechselnden Ausstellungen und der größte australische Buddhistentempel zu nennen.

Streckenhinweis
Bleiben Sie im weiteren Verlauf auf der Küstenstraße (Tourist Drive Nr. 10), dann passieren Sie die Orte **Warrawong,** **Windang** *(am Lake Illawarra),* **Warilla** *und* **Shellharbour.** *Übernachtungsmöglichkeiten bieten sich in allen Ferienorten in Hotels, Motels, Apartments und natürlich Caravan Parks.*

Kiama
Abwechslungsreiche Küsten-szenerie
Die kleine Küstenstadt ist aufgrund ihrer eindrucksvollen Küstenszenerie ein großer Anziehungspunkt. Grüne Hügel prägen die Landschaft, soweit der Blick reicht. Die Tourist Information (Tel. 1-300 654 252, www.kiama.com.au) befindet sich auf der Anhöhe mit Leuchtturm. Von dort spaziert man zu den Blowholes, Felslöchern in den Klippen, wo anlandende Wellen, je nach Tidenhub, meterhoch

in die Luft geschleudert werden. Eine Straße führt in westlicher Richtung hinauf zum *Minnamurra Rainforest Centre*, das Teil des **Budderoo NP** ist. Ein rollstuhltauglicher Weg führt zu den Minnamurra Wasserfällen (2,6 km).

Streckenhinweis
Auf der Fahrt in Richtung Süden passiert man den Seven Mile Beach National Park mit einem herrlichen Sandstrand, sofern man sich vom Princes Hwy. für eine Weile verabschiedet. Ein verzweigtes System aus Buchten, Halbinseln, Flussmündungen folgt in der Shoalhaven Region.

Nowra–Bomaderry (Shoalhaven Region)
Die Zwillingsstädte Bomaderry (nördlich des Shoalhaven River) und Nowra (südlich gelegen) sind die Zentren der **Shoalhaven Holiday Region**. Die breite Flussmündung dient dabei als Wassersportrevier (Windsurfen, Segeln, Angeln). In den Küstenorten **Shoalhaven Heads, Greenwell Point, Culburra Beach** kann auf Caravan Parks übernachtet werden. Für Interessierte bietet sich in Nowra ein Besuch des *Australian Museum of Flight* (8 km südlich, www.museum-of-flight.org.au) mit alten Flugzeugen an.

Information
Shoalhaven Visitor Centre, Nowra, Princes Hwy., Tel. 4421 0778, www. shoalhaven.nsw.gov.au.

Jervis Bay

Die Bucht von Jervis Bay gehört zum Australian Capital Territory (ACT), so dass – korrekterweise – zur Hauptstadt Canberra ein Meereszugang und ein Strand gehören. Das fast geschlossene Inlet mit einer in Teilen zerklüfteten Küstenlinie und geschützten Sandstränden erfreut sich großer Popularität. Caravan Parks, Hotels, Motels und kleinere Cottages und B&Bs befinden sich in den Orten **Currarong**, **Callala Bay** und **Huskisson**, rings um die Bucht (*Tourist Drive Nr. 4*). In letzterem befindet sich der empfehlenswerte *White Sands Holiday Park*, von dessen Strand sich oftmals Delfine beobachten lassen. **Hyams Beach** soll gar den weißesten Sandstrand der Welt besitzen (Zufahrt südlich von Vincentia am Südteil der Bucht). *Der weißeste Sandstrand der Welt?*

Der **Jervis Bay NP** umfasst die südliche Halbinsel (beim Städtchen **Jervis Bay**) und verfügt am Cave Beach (Wreck Bay) über einen einfachen NP-Campground. Die Aborigines der **Wreck Bay Community** führen im Sommer interessante Führungen durch (Wreck Bay Walkabouts, Tel. 4442 1166). Zum NP gehört außerdem ein botanischer Garten (Cave Beach Rd.).

Auf der Fahrt nach Süden durchfahren Sie auf dem *Princes Hwy.* den Ort **Ulladulla**, der in den 1930er-Jahren von italienischen Einwanderern gegründet wurde. Die Deering St. führt hinaus zum *Warden Head Lighthouse*, einem guten Aussichtspunkt. Landeinwärts führt ein Wanderpfad auf den über 700 m hohen **Pidgeon House Mountain**. Bei **Termeil** zweigt eine schmale Straße vom *Princes Hwy.* in den waldreichen **Murramarang Küstennationalpark** ab. In **Bailey Point** befindet sich der schöne *Racecourse CP* direkt am Strand (Tel. 4457 1078). Nicht verpassen: den Abzweig zum herrlichen **Pebbly Beach** (8 km Schotterstraße bis zum Strand, mit NP-Campground). In der Dämmerung sieht man häufig Wallabies *Einsame Buchten* am Strand, die kaum menschenscheu sind. Delfine sind ein häufiger Anblick, wenn man am Strand entlangwandert.

Batemans Bay (Eurobodalla Nature Coast) (ⓘ s. S. 155)

Beliebte Urlaubsstadt im Südosten

Der Ferienort an der Mündung des Clyde River ist, weil von Canberra über den Hwy. 52 schnell erreicht, ein bevorzugtes Urlaubsrefugium der Canberrians. Im Norden der Batemans-Bucht liegen der Stadtteil **Surfside** mit dem gleichnamigen Strand, im Süden, gleich nach der Brücke, das Stadtzentrum und die Ortsteile **Catalina** und **Batehaven**.

Die Strände sind in wenigen Minuten vom Zentrum aus erreichbar, für Golfer mag der herausragende 27-Loch-Kurs des *Catalina Country Club* eine Versuchung wert sein. Natürlich wurde auch an der Australier liebstes Hobby, das Angeln, gedacht: Unzählige Bootsrampen und Angelgeschäfte sind vorhanden. Im *Birdland Animal Park* (55 Beach Rd., geöffnet täglich von 9.30–16 Uhr) leben einheimische Tierarten wie Wombats, Koalas und Kängurus auf einem 8 ha großen Gelände. 10 km südlich von Batemans Bay liegt *Old Mogo Town* (Princes Hwy.), die Rekonstruktion einer Goldgräberstadt aus dem 19. Jahrhundert.

Typische Küstenszenerie im Südosten

Der Küstenabschnitt der **Eurobodalla Nature Coast** ist ungefähr 110 km lang und nach Süden im recht dünn besiedelt. Das Klima ist, zumindest im Sommer, angenehm

Hügellandschaften im Hinterland

warm und ohne allzu kalte Winter. Im Hinterland dehnen sich der **Deua NP** und der **Wadbilliga NP** mit ansteigenden Berglandschaften, verschwiegenen Bächen und tiefgrünen Wäldern aus. Beide Parks sind kaum erschlossen (*One of the wild places*). Nähere Informationen erteilt das NP-Office in Narooma. Weitere Buchten und Strände folgen südlich von **Narooma**. Die vorgelagerte Insel **Montague Island** ist ein geschütztes Gebiet mit Seevögeln, Pinguinen, Seehunden und ein gutes Tauchrevier. Walbeobachtungen von Juli bis November möglich. Führungen werden vom NP-Büro in Narooma (36 Princes Hwy., Tel. 4476 2888) angeboten. Das beschauliche **Tilba Tilba** (21 km südlich von Narooma) ist für die Herstellung berühmter Käsesorten bekannt. In **Central Tilba** kann die *Cheese Factory* besichtigt werden.

Sapphire Coast

Bermagui ist der nächste Küstenort abseits des Highways, der sich in die Bergregionen landeinwärts begibt. Unter Sportfischern hat sich Bermagui einen Namen durch die alljährliche Jagd auf Marlins gemacht. Vorsicht: Die Küstenstraße mit den Strandorten **Bermagui South**, **Tanja** und **Tathra** führt weiter nach Süden. Mit seiner lieblichen Hügellandschaft, den Kuhweiden und den aufragenden Bergen im Hinterland erinnert **Bega** und Umgebung schon fast an das heimische Allgäu. Die Milchwirtschaft ist der Stadt wichtigste Einkunftsquelle.

Versuchen Sie den frischen Käse aus der *Bega Cheese Factory* (Lagoon St.). Meereszugang besteht bei Tathra Beach (18 km).

Merimbula und **Eden** sind die letzten größeren Städte vor Erreichen der NSW/VIC-Grenze. Beide Orte werden auch gerne von Victorians aufgesucht, die ihre Ferien im milden Klima der Ostküste verbringen. Nicht verpassen sollten Sie den Küstennationalpark **Ben Boyd** mit guten Stränden und einer Campingmöglichkeit. 15 km südlich von Eden führt die Passstraße *Mt. Imlay Rd.* (nicht geteert) in den landeinwärts gelegenen **Mt. Imlay NP**. Ein Wanderweg (6 km H/R) führt hinauf auf den Gipfel, von dem sich ein großartiger Panoramablick bietet. Die *Imlay Rd.* (geteert) ermöglicht die Verbindung zum *Monaro Hwy*.

Grenze New South Wales - Victoria

Streckenhinweis
Eine gut ausgebaute Straße führt von **Genoa** *(63 km südlich von Eden, Princes Hwy.) zum Feriendorf* **Mallacoota** *mit Caravan Parks, gutem Strand und Wanderwegen.*

Mallacoota–Croajingolong National Park (ⓘ s. S. 155)

Der 87.500 ha große NP erstreckt sich über 100 km entlang der Südostküste und zählt zu den schönsten NPs Victorias. Die Landschaft hat sich, seit sie *Captain James Cook* 1770 zum ersten Mal sah, kaum verändert: Dicht bewachsene Farnwälder und unberührte Strände, die von felsigen Landvorsprüngen unterbrochen werden, lohnen die Fahrt an das Meer.

Küsten-nationalpark mit verschwiegenen Buchten

Dort, wo die Flüsse **Genoa**, **Wingan**, **Thurra**, **Cann**, **Bemm** und **Snowy River** in den Ozean münden, bilden breite Becken so genannte *Inlets*, die häufig von Menschenhand völlig unberührt sind und mit ihren Granitbouldern großartige Fotomotive abgeben. Die Zufahrten erfolgen jeweils vom *Princes Hwy*. Für zahlreiche Pisten innerhalb des NP sind Allradfahrzeuge erforderlich. NP Campgrounds befinden sich bei Shipwreck Creek (Zufahrt über Mallacoota), Wingan Inlet (Zufahrt über *Princes Hwy.*), Mueller Inlet, Thurra River, Peachtree Creek/Tamboon Hicks (Zufahrt über Cann River).

Wandern
Thurra River Camp: Dunes Walk (Dünenwanderung), 4 km H/R
Beach Walk: *Thurra River–Mueller Inlet Strandwanderung, 4 km H/R*
Point Hicks Lightstation: *4,5 km H/R*
Wilderness Coast Walk: *Fernwanderweg über 100 km von Sydenham Inlet (westlicher Croajingolong NP) nach Wonboyn im Nadgee Nature Reserve (NSW).*

Tipp: Point Hicks Lighthouse
Wer über den Monaro Hwy *in* **Cann River** *ankommt, sollte auf direktem Weg nach Süden die Küste bei* **Point Hicks** *ansteuern. Die*

Point Hicks Lighthouse

Straße ist zwar nicht geteert, aber in gutem Zustand, sofern es nicht tagelang zuvor geregnet hat. Am Strand bei Thurra River befindet sich ein einfacher NP-Campground und der Ranger kassiert am Abend die Gebühren. Eine lohnende Wanderung führt zum Leuchtturm von Point Hicks. Von dort eröffnet sich ein fantastischer Küstenblick. Eine Plakette am Denkmal verweist auf Lieutnant Hicks, der an Bord von Captain Cooks HMS Endeavour als Erster dieses Land entdeckte. Übernachtungen sind direkt am Leuchtturm gegen Voranmeldung zu buchen – gewiss ein unvergessliches Urlaubserlebnis.
Information: *National Parks of Victoria, www.parks.vic.gov.au, Point Hicks Lighthouse Accommodation, Tel. 03-5158 4268*

Streckenhinweis

*In **Bemm River** (Abzweig 64 km westlich von Cann River, mit CP) finden Angler im **Sydenham Inlet** ideale Bedingungen. Ein 76 km westlich von Cann River erfolgt der Abzweig durch lichte Eukalyptuswälder nach **Cape Conran** (herrlicher Strand, mit CP und Cabins). Entlang der Küste gelangt man in das Städtchen **Marlo** (15 km südlich von Orbost/Pinces Hwy., mit CP). Dort mündet der Snowy River in die **Tasman-See.***

INFO Snowy River Nationalpark

Der 95.290 ha große **Snowy River NP** schließt sich südlich an den **Kosciusko NP** (NSW) an, in dessen Gebiet auch der **Snowy River** entspringt. Der Fluss, der bei Marlo ins Meer mündet, prägt den NP durch seine tiefen Schluchten und wilden Zuflüsse. Hauptattraktion ist im Norden die spektakuläre **Little River Gorge** und **McKillops Bridge** (250 m lang), unter der man an weißen Sandstränden baden kann (NP-Campground vorhanden). Die Brücke ist auch Ausgangspunkt für mehrere Wanderwege, die den Park durchziehen. Der Südteil mit den **Raymond Falls** ist von **Buchan** erreichbar (4-WD empfohlen). Bei ausreichendem Wasserstand werden Rafting-Touren auf dem Snowy River angeboten.

Nähere Informationen erteilt das NP-Büro in Orbost (171 Nicholson St., Tel. 5161 1222).

East Gippsland Region

Seenplatte entlang der Küste

Das südöstliche Victoria wird durch die Seenplatte der Gippsland Lakes geprägt. Die zusammenhängenden Binnenseen **Lake King** und **Lake Wellington**, die von etlichen Flüssen aus der Gebirgsregion gespeist werden, sind nur durch den schmalen Küstenstreifen (**The Lakes NP** und **Gippsland Lakes Coastal Park/ Ninety-Mile-Beach**) vom Meer getrennt. Der Landstrich erhielt seinen Namen vom polnischen Forscher *Paul Strzelecki*, der den frühen NSW-Gouverneur *Sir George Gipps* als Namenspaten gewann.

Nicht nur die Küste, auch das Inland ist durch den Steigungsregen im alpinen Hinterland außerordentlich fruchtbar. Rinderzucht und Molkereibetriebe bestimmen das Bild. Von wirtschaftlicher Bedeutung sind aber auch die immensen Braunkohleflöze im **Latrobe-Valley**, das sich von Moe bis Traralgon im Landesinnern erstreckt. Mächtige Kohlekraftwerke verfeuern die mit einem schlechten Brennwert ausgestattete Braunkohle und decken damit rund zwei Drittel von Victorias Energiebedarf.

Lakes Entrance (ⓘ s. S. 155)

Lakes Entrance, ein lang gezogenes „Straßendorf", liegt dort, wo die 400 km² großen Seen ihren einzigen Berührungspunkt mit dem Meer haben. Durch eine Fußgängerbrücke besteht Zugang zum **Ninety Mile Beach**, schier endlosen Sandstränden.

In Lakes Entrance ist Australiens größte Fischfangflotte stationiert. Boots- und Angelausflüge werden von den Anlegestellen an der Esplanade angeboten. Dort befinden sich auch ausgezeichnete Fischrestaurants. Von **Jemmy's Point** (2 km westlich, Ortsausfahrt am *Princes Hwy.*) können die Seen und das Meer überblickt werden. 55 km nördlich befinden sich bei **Buchan** die Buchan-Tropfsteinhöhlen (tägliche Führungen).

Unter Anglern beliebter Ferienort

Im Feriendorf **Metung** (20 km westlich) können Segelboote gemietet werden, um auf eigene Faust das Inlet kennen zu lernen.

Bairnsdale

Neben seiner Funktion für die regionale Landwirtschaft (Schafzucht, Milchwirtschaft, Forstwirtschaft) ist die Stadt (14.600 Ew.) vor allem ein wichtiger Durchgangsort für die Touristen der Gippsland-Seenplatte. Wenige Kilometer südlich mündet der Mitchell River in den Lake King. Seine Flusstäler werden als die schönsten Victorias bezeichnet.

Im *Krowathunkoolong Keeping Place*, einer interessanten Ausstellung über die Gunai-Aborigines der Gippsland-Region, werden Geschichte, Kunst und Kultur dargestellt (37 Dalmahoy St., geöffnet Mo–Fr 9–17 Uhr). Sehenswert ist außerdem die in Schiffsform gebaute und mit Deckengemälden versehene *St. Mary's Church* des italienischen Architekten Floriani.

Südküste Victorias

Paynesville und Koalas auf Raymond Island

Der ruhige Ferienort **Paynesville** liegt 16 km südlich und bietet eine Reihe von Campingplätzen, Bootsrampen und ruhigen Stränden. Vor der Stadt liegt im Lake King die Insel **Raymond Island**, auf der rund 300 Koalas leben. Sie können auf Spaziergängen ohne Probleme in den Eukalypten erspäht werden. Eine Autofähre verkehrt tagsüber ständig zwischen Paynesville und Raymond Island. (Fahrzeit 5 Min.).

Von Bairnsdale aus besteht auch die Möglichkeit, den nahen **Mitchell River NP** (28 km nördlich) zu besuchen. Die Schlucht des Flusses, die sich durch grüne Regenwälder windet, kann auf zahlreichen Wanderwegen erkundet werden. Die eher unscheinbare **Den Of Nargun-Höhle** (mit Wasserfall) wird mit einer Aborigine-Legende in Verbindung gebracht. Nähere Informationen zum NP sind im *Bairnsdale Tourist Office* erhältlich. Ein einfacher NP-Campground ist vorhanden.

Sale

Hauptstadt der Gippsland-Region und westlichster Punkt der Seenplatte. Vom *Port of Sale* werden die Erdöl- und Erdgasfelder vor der Küste von VIC versorgt. Raffinerien und Pipelines sorgen für Aufbereitung und Weitertransport. Im *Central Gippsland Information Centre* (*Princes Hwy.*) erfahren Sie Näheres über die Stadt und die NPs der Umgebung.

Über eine Stichstraße (33 km) erreicht man den lang gestreckten *Ninety Mile Beach*, *Golden Beach* und *Paradise Beach* mit dem Feriendorf **Seaspray**. Ein Teil davon ist wegen der sensiblen Dünenlandschaft und einer reichen Vogelwelt als **Gippsland Lakes Coastal NP** geschützt.

Streckenhinweis
Im weiteren Verlauf bringt Sie der Princes Hwy. *auf direktem Weg nach Melbourne. Dabei werden das „Kohlerevier"* **Latrobe-Valley** *und ausgesprochen ländliche Gemeinden passiert, in denen auch Wein angebaut wird.*

The Grand Ridge Road

Um in den Wilsons Prom NP zu gelangen, ist alternativ zum *South Gippsland Hwy.* die Fahrt über die Grand Ridge Road möglich (*Hyland Hwy.*, Nr.188, Abzweig in Traralgon). Die schmale, kurvenreiche Straße folgt den Holzfällerpfaden von 1880 und führt durch teilweise dichten Regenwald. Der Tarra Bulga NP ist mit seinen mächtigen Eukalypten ebenfalls einen Besuch wert.

Wilsons Promontory National Park (ⓘ s. S. 155)

Anfahrt
Von **Sale** *führt der* South Gippsland Hwy. *nach* **Foster** *(124 km südwestlich). Rechts der wenig frequentierten Straße liegen die grünen Hügel der Strzelecki Range. Von Foster sind es weitere 63 km bis* **Tidal River**, *dem Zentrum des Nationalparks.*

Unterkunft
Sollten die Unterkünfte im Wilsons Prom (in den Ferienmonaten sind Reservierungen unerlässlich) ausgebucht sein, können Sie in Foster (Hotels), Fish Creek/Waratah Bay oder Yannacki (CP) übernachten.

„The Prom", wie der **Wilsons Promontory NP** im Volksmund genannt wird, ist der bekannteste NP Victorias. Er markiert an seiner felsigen Südspitze den südlichsten Punkt des australischen Festlandes. Typisch für den 49.000 ha großen Park sind seine abfallende

Wilsons Promontory National Park

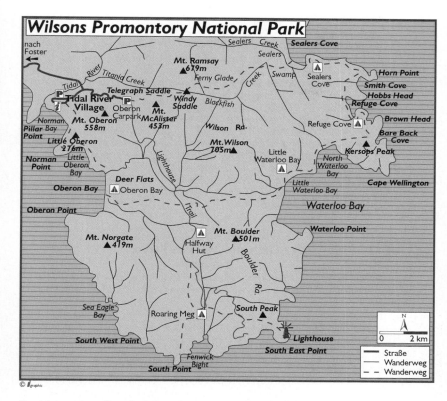

Wilsons Promontory National Park

Granitküste, weite Strände, malerische Buchten und die große Tier- und Pflanzenvielfalt. Auf den zahlreichen Wanderwegen lässt sich trotz der Popularität des Parks eine intakte Natur mit Eukalyptusbäumen, kalt-gemäßigten Regenwäldern, Vögeln, Kängurus, Wombats und vielem mehr beobachten. Die Tiere sollten nicht gefüttert werden – Möwen und Papageien sind ohnehin schon aufdringlich genug. Große Teile des NP sind unerschlossen bzw. können nur auf mehrtägigen Wanderungen erkundet werden.

Die Südspitze des Kontinents

Tidal River ist der „Hauptort" (Visitor Centre, teurer Laden, Post) mit einem riesigen Campingplatz (500 Stellplätze), vielen Hütten und Cabins (mit je 2–6 Betten).

☞ Hinweise

*Bei den Stellplätzen haben nur die allerwenigsten einen Stromanschluss. Sowohl Tagesbesucher als auch Übernachtungsgäste benötigen ein NP-Permit. **Achtung!** Die Ranger kontrollieren die Permits mehrmals täglich auf dem Campingplatz bzw. an den Fahrzeugen der Besucher.*

Ausflüge und Wanderungen

- **Squeaky Beach–Picnic Bay** *(3,6 km H/R): Wanderung von Tidal River an den beliebten Strand mit herrlichen Ausblicken auf die Granitfelsen der Küste. Picnic Bay verfügt auch über eine separate Autozufahrt. Großartige Granitboulder in Picnic Bay.*

Gut markierte Wanderwege
- **Mt. Oberon Walk** *(6,4 km H/R): Bergwanderung ab Mt. Oberon Parkplatz mit bester Aussicht vom 558 m hohen Berg.*
- **Mt. Bishop** *(3,6 km H/R): Bergwanderung ab Lilly Pilly Gully Parkplatz auf den Mt. Bishop (319 m) mit guten Ausblicken auf den Park.*
- **South East Point Walk** *(36,8 km H/R, 5–6 Std. pro Weg): 2-Tage-Wanderung vom Mt. Oberon Parkplatz zum Leuchtturm im Südosten. Die eigentliche Südspitze ist durch den South Point Walking Track (Abzweig bei Roaring Meg Campsite) erschlossen. Der Leuchtturm kann bei Voranmeldung bestiegen werden.*
- **Sealers Cove-Refuge Bay-Waterloo Bay** *(36 km, 2–3 Tage): Rundwanderung in den Ostteil des Parks ab/bis Mt. Oberon Parkplatz. Für die NP-Campgrounds ist ein Permit des Rangers erforderlich.*

INFO **Biddy – der Geist des Wilsons Prom**

Seit Jahrzehnten geistert sie durch die australische Presse, und immer wieder soll sie gesichtet worden sein: Die Rede ist von **Biddy**, einem Geist, der nachts auf Biddy´s Trail nahe Tidal River wandeln soll.

Eine Legende um Biddy besagt, dass sie in den 1850ern aus der tasmanischen Sträflingskolonie geflohen sei und bei Biddy´s Camp (an der Nordostküste des Prom) gefunden wurde, nach Yanakie Homestead gebracht wurde und dort als Haushälterin gearbeitet hat. Eine andere Legende glaubt zu wissen, sie war ein Aborigine-Mädchen, das sich von den Klippen bei Norman Point ins Meer stürzte, dabei am Kopf verwundet wurde und diesen deshalb unter ihrem Arm trägt. Wie dem auch sei – Biddy´s Trail ist bei Nacht ein ziemlich unheimlicher Pfad, der gewiss auch die Fantasie des einen oder anderen anregt ...

Streckenhinweis
Der South Gippsland Hwy. führt auf direktem Weg nach Melbourne (227 km). Die Dandenong Ranges und die Mornington Peninsula sind in Kapitel 6 „Umgebung von Melbourne" beschrieben.

Achtung
*Bei der Einfahrt nach Melbourne muss die **Autobahngebühr (City Link Tollway)** per Telefon und Kreditkarte bezahlt werden (Tel. 13 26 29). Es gibt keine andere Möglichkeit, da Mietwagen und Camper nicht über die elektronische Erfassungsplakette verfügen. Also besser vorher bezahlen, damit hinterher kein Strafzettel blüht.*

19. WESTAUSTRALIEN: DER SÜDWESTEN

Was beim Blick auf die Karte auffällt, ist die unglaubliche Flächenausdehnung Westaustraliens im Vergleich zu den anderen Bundesstaaten. Dabei ist das Land bis auf die Millionenstadt Perth und einige Kleinstädte kaum besiedelt. Die menschenleere Weite im Verbund mit faszinierenden Küsten und abwechslungsreichen Landschaften machen den Reiz Westaustraliens aus.

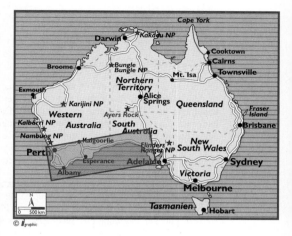

Der Westen wird vom Tourismus gerne vergessen. Zu groß ist der beherrschende Einfluss des magischen Dreiecks *Reef, Rock and Opera* (Queensland, Ayers Rock, Sydney). In jüngster Zeit, vor allem bei Zweit- und Drittbesuchen, steht der unbekannte Westen indes im Vordergrund der Reiseaktivitäten.

Reisezeit

Die beste Reisezeit für den **Südwesten** ist von September bis Mai. Im Winter (Juni–Aug.) wird es schon empfindlich kühl! Die schönste Zeit ist bestimmt der Frühling (Aug.- Nov.), wenn die Wildblumen mit 7.000 verschiedenen Arten die Landschaft in ein einziges Blütenmeer verwandeln. Der Grund für diese Vielfalt liegt in der isolierten Lage des Südwestens. Land- und Seewinde haben die Samen großflächig verteilt. Doch Vorsicht: Das Pflücken der Blumen ist streng verboten! Blumensamen können jedoch gekauft und im heimischen Garten ausgesät werden.

Die **Westküste und den Norden** bereisen Sie am besten von April bis Oktober. Der Sommer

- **Nationalparks** in Westaustralien: Einmal bezahlen für alle Parks
- Die Natur ist es, die den Reiz Westaustraliens ausmacht. Zahlreiche, zum Teil riesige Nationalparks nehmen weite Flächen ein und laden Reisende zum Besuch ein. Für wenigstens 24 der zurzeit 63 vorhandenen NPs in Westaustralien wird von der Naturschutzbehörde CALM (*Conservation and Land Management*) eine **Eintrittsgebühr** erhoben.
- Statt jedes Mal die Gebühren separat zu bezahlen, bieten sich der **4-Wochen-Holiday-Pass** oder der **All Parks Annual Pass** (Jahrespass) an. Die Pässe decken die jeweils fällige Eintrittsgebühr ab, nicht jedoch das Camping-Entgelt. Der Pass ist in praktisch allen CALM-Büros des Staates sowie in vielen Nationalparks im Besucherzentrum (*Visitor Centre*) erhältlich.
- **Information**: www.naturebase.net, www.calm.wa.gov.au (Nationalparks)

*Unter-
schied-
liche Reise-
zeiten
je nach
Region*

(Nov.–März) ist extrem heiß. Im Norden tritt zudem eine Regenzeit mit häufigen Überflutungen und möglichen Wirbelstürmen auf. Besonders schön ist es, nach der Regenzeit (ab April) zu reisen, wenn die Flüsse und Schluchten Wasser führen und alles saftig grün ist. Für Outback-Touren empfiehlt sich der Winter (Juni-Aug.), da alle Straßen passierbar sind und angenehme Temperaturen herrschen.

 Telefon
Vorwahl für ganz Westaustralien: 08

Zur Geschichte des Staates

*Die
Holländer
landeten
als erste an
den
westaus-
tralischen
Küsten*

Die ersten Europäer, die in WA an Land gingen, waren vermutlich die Portugiesen im 16. Jahrhundert. Von ihren Landungen liegen allerdings keine gesicherten Erkenntnisse vor. 1619 ankerte der Holländer *Dirk Hartog* in der Shark Bay und hinterließ dort jene berühmt gewordene Zinntafel, die er an einen Baum nagelte. Seine Berichte von „wüstenhaftem Land" stießen auf wenig Begeisterung, und es dauerte bis 1688, als der Engländer *William Dampier* die Küsten „Neu-Hollands" besegelte – wiederum mit negativer Berichterstattung.

Nach den Kolonialgründungen im Osten des Landes wurde 1826 die Stadt Albany von *Major Lockyer* gegründet, was hauptsächlich aus Furcht vor französischen Expansionsplänen geschah. Wenig später, am 2. Mai 1829, gründete *Captain Charles Fremantle* an der Mündung des Swan River die Westaustralische Kolonie und das spätere Fremantle. Zunächst wuchs die Kolonie nur durch den Zuzug von Sträflingen, am Ende des 19. Jahrhunderts folgte durch die Goldfunde von Kalgoorlie und Coolgardie ein massiver Bevölkerungszuwachs. In diese Jahre fiel auch die Gründung von Perth.

Über die Nullarbor Plain nach Westen

Entfernungen
Port Augusta–Norseman: 1.670 km (Gesamtstrecke)

Port Augusta–Ceduna:	*465 km*	*Cocklebiddy–Balladonia:*	*247 km*
Ceduna–Border Village:	*481 km*	*Balladonia–Norseman:*	*190 km*
Border Village–Cocklebiddy:	*287 km*		

> „If there is any road not previously travelled then that is the one I must take"
> (Edward John Eyre, 1815–1901)

*Baumlose
Ebene*

Großzügige Zeitgenossen bemessen *The Nullarbor* von Hauptstadt zu Hauptstadt (Adelaide bis Perth) und kommen auf 2.700 km! Die baumlose Ebene (von lat. *nullus arbor* = kein Baum) wird vom *Eyre Hwy.* durchzogen und war lange Zeit ein abenteuerliches Stück Weg. *Edward John Eyre* war 1841 der erste Forscher, der die Ost-West-Durchquerung des Kontinents in fünf Monaten erfolgreich bewältigen konnte. 1877 wurde die Telegrafenleitung entlang der später folgenden Straße gelegt. Bis 1924 schafften gerade ein Fahrrad (1896) und drei Autos die Strecke!

*Eyre
Highway*

Erst der Zweite Weltkrieg führte 1941 zur Planung einer Straßenverbindung, die zunächst aus einer üblen Rüttelpiste bestand. 1976 wurde das letzte Teilstück geteert. Damit hat der *Eyre Highway* viel von seinem Schrecken verloren: Die

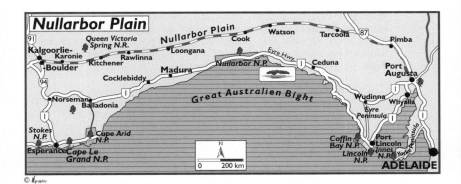

© *i graphic*

INFO **Der *Indian Pacific* und andere Züge**

Der *Indian Pacific* fährt von Sydney über Adelaide nach Perth in 2 Tagen und 3 Nächten. Das ist wohl die Hauptroute, aber nur die halbe Wahrheit, denn viele kleine und kleinste Orte liegen dazwischen. Nur ein Beispiel: die Strecke Kalgoorlie–Port Augusta führt über Randell, Chifley, Coonana, Zanthus, Kitchener, Naretha, Rawlinna, Haig, Nurina, Loongana, Forrest, Reid, Deakin, Cook, Malbooma, Tarcoola, Kingoonya, Wirraminna, Pimba, Oakden Hills, Bookaloo, Hesso, Tent Hill. Kennen Sie nicht? Dann wird es Zeit für eine Fahrt mit dem *Indian Pacific!* Ein

Indian Pacific

einzigartiges Bahnerlebnis, das nicht ohne die Leute an der Strecke funktionieren würde. *The Fettlers* leben in Camps neben der Strecke und ersetzen verbrauchte hölzerne Schwellen, *The Phone People* sind von der Telefongesellschaft und halten die solarbetriebenen Sendestationen entlang der Gleise intakt, *The Townies* leben in den Outback-Nestern der Nullarbor Plain und versorgen den Zug (oder werden von ihm versorgt), *The Modern Explorers* suchen dort draußen nach Mineralien und Erzen, *The Train Crews* bringen dem Zug neues Personal und schließlich *The Royal Flying Doctor Service*, der kranken Zuggästen schnelle Hilfe bringt.

Was nur wenige wissen: Der Güterzug *The Sugar* versorgte bis 1998 die Nullarbor-Siedlungen über die gleichen Gleise mit allem Notwendigen. Nicht nur Zucker und Mehl wurden geliefert – Sozialarbeiter, Zahnärzte, eine Bücherei und sogar der Nikolaus kamen vorbei und sorgten für wichtige soziale Kontakte. *The Sugar* war **die** Institution der Nullarbor Plain!

Versorgungsstützpunkte liegen kaum mehr als 200 km auseinander, allein die Hitze und die trostlose Einöde werden wohl auf ewig ein abwechslungsreiches Reiseerlebnis vereiteln. Der Zugang zur Küste ist nur an wenigen Stellen in Südaustralien möglich. Dort kann die raue Felsküste der **Great Australian Bight** von Aussichtspunkten eingesehen werden.

Hinweis

Auch wenn alle 200 km ein Roadhouse oder eine Tankstelle folgen: Das Fahrzeug sollte in einwandfreiem Zustand sein, wenn die Durchquerung der Nullarbor Plain auf dem Programm steht. Das regelmäßige Auffüllen von Wasser und Sprit ist eine absolute Notwendigkeit!

Tipp

Quasi parallel zum Highway, rund 100 km nördlich, verläuft die Bahnlinie des Indian Pacific, die in der Nullarbor Plain mit 478 km den längsten schnurgeraden Schienenstrang der Welt aufweist. Die Fahrt auf dieser klassischen Eisenbahnverbindung sollte in Ihrer Reiseplanung bedacht werden! Nochmals 260 km nördlich verläuft der Anne Beadell Hwy. von West nach Ost, eine kaum noch zu bewältigende, längst nicht mehr gepflegte Outbackroute des berühmten Straßenbauers Len Beadell.

Der Eyre Highway in der Streckenübersicht

Streckenhinweis

Folgt man dem Eyre Highway von Port Augusta nach Westen (und lässt die südlich gelegene Eyre Peninsula links liegen) erreicht man auf dem schnellsten Wege Westaustralien.

Informationen: *www.nullarbornet.com.au, www.mynrma.com.au, www.west-oz.com*

68 km nach Port Augusta passiert man die Eisenerzminen von **Iron Knob**, einer der Geburtsorte des australischen Bergbaus. Anno 1894 wurde hier das erste Erz gefördert. *BHB Iron Ore Mines* führt auf Anfrage täglich Touren durch (Tel. 8646 2129, ab Tourist Office, Third St.).

Gawler Ranges National Park (South Australia)

Riesige Schaffarmen bestimmen das Bild

Outback-Enthusiasten sollten den nördlich der Eyre-Halbinsel gelegenen, weit gehend unbekannten **Gawler Ranges NP** besuchen. 17.000 km², die auf kaum einer Karte ordentlich verzeichnet sind, riesige Schaffarmen und freies Gelände inmitten von Bergen und Salzseen. Die Pisten sind gepflegt, die Hauptrouten mittlerweile ordentlich markiert. Um alle interessanten Stellen zu sehen, sollte evtl. eine geführte Tour ab/bis Wudinna mit *Gawler Ranges Wilderness Safaris* (in Wudinna, Tel. 8680 2020, www.westaustralien.de) in Betracht gezogen werden.

Die Hauptroute durch den NP führt vorbei an interessanten geologischen Formationen vulkanischen Ursprungs, so z. B. dem riesigen Salzsee **Lake Gairdner** (drittgrößter Salzsee Australiens) oder dem durch einen Meteoriteneinschlag entstandenen **Lake Acraman**. Einsame Farmen zeugen vom Pioniergeist im vorigen Jahrhundert. Sie bieten meist auch eine Übernachtungsmöglichkeit (z. B. *Mount Ive*, mit Tankstelle, Tel. 8648 1817). Die Ausfahrt in Richtung Norden ist über Kingoonya (Ghan-„Bahnhof") nach Glendambo (Roadhouse, Stuart Hwy.) mög-

INFO Eyre Peninsula (South Australia)

Edward John Eyre benötigte in den 1840er-Jahren einige Monate, um die vom Spencer Gulf und dem südlichen Ozean begrenzte Halbinsel zu erkunden. Das Landesinnere wird in Teilen zum Getreideanbau (Weizen) und zur Schafzucht genutzt, während der andere, weitaus größere Teil trockenes, wüstenartiges Buschland darstellt.

Ganz im Süden liegt die Hafenstadt **Port Lincoln**, von der aus Getreide in alle Welt verschifft wird. Die größten Fischfangflotten des Landes beginnen hier ihre Fangzüge – heiß begehrt sind *Souther Rock Lobsters* (Hummer), *King Prawns* (Garnelen) und *Tunfisch*. Dort, an der Südostspitze der Halbinsel, liegt auch der **Lincoln NP** mit einer reichen Tierwelt und geschützten Buchten, Wanderdünen und hohen Klippen. Der Park ist für Wanderer und durch 4-WD-Pisten teilweise erschlossen.

Angler auf der Eyre-Halbinsel

Die Westküste mit ihren steilen Klippen und abgeschiedenen Buchten vermag Besucher in wahre Begeisterung zu versetzen. Die südwestliche Spitze wird vom **Coffin Bay NP** eingenommen, welcher über eine der vielfältigsten Küstenlandschaften des Kontinents verfügt. Im Ort **Coffin Bay** erhält man die für die Übernachtung im NP notwendigen Permits. Auf Wanderwegen, wie z. B. dem *Oyster Walk* (5 km), lernt man sowohl das Buschland als auch die Küste bei Crinolin Point kennen. Die Austernzucht lässt sich auf der berühmten *Oyster-Farm* in Coffin Bay besichtigen. Auf dem *Yangie Trail* ist eine Rundfahrt durch den NP per Auto möglich. Seeadler und Albatrosse sind dabei kein seltener Anblick!

lich. Ein Allradfahrzeug/-Camper ist Pflicht für die Gawler Ranges, ebenso gutes Kartenmaterial und evtl. ein GPS. Nach weiteren 155 km auf dem *Eyre Hwy.* ist das Städtchen **Kimba** erreicht, dessen 800 Einwohner hauptsächlich vom Weizenanbau und der Schafzucht leben. Per Eisenbahn werden die Erzeugnisse in den Hafen von Port Lincoln verfrachtet.

Auf dem Eyre Highway nach Westen

Nördlich der Kleinstadt **Wudinna** wölbt sich der 261 m hohe **Mt. Wudinna** über der Ebene, einer der größten Granitmonolithen Australiens. Er erinnert mit seiner Form an den Ayers Rock im Zentrum und ist der heilige Berg der Kukutha-Aborigines. 35 km südlich (Cocata Rd., Ucontitchie Rd.) befindet sich der markant in der Ebene stehende Granitmonolith **Ucontitchie Hill**, dessen eine Felsflanke an den Wave Rock in WA erinnert. Beide Berge lassen sich leicht besteigen. Die Aussicht ist besonders zur Wildblumenblüte im Frühling (Sept./Okt.) beeindruckend.

Bevor es in Richtung Ceduna geht, sollte ein Abstecher nach Süden nach **Strea-ky Bay** bzw. **Bairds Bay** unternommen werden. Dort hat man auf Bootsausflügen von Oktober bis April die Möglichkeit, mit Seehunden und Delfinen zu schwimmen – ein unvergessliches Erlebnis. Bestehen Sie aufgrund der kühlen Wassertemperaturen der südlichen Gewässer auf einen Neopren-Anzug. Einsame, lange Sandstrände findet man in **Venus Bay** und **Talia Beach**.

Ceduna an der Mural Bay ist die letzte Stadt, bevor die Einsamkeit der Nullarbor beginnt. Ein letztes Mal Proviant fassen, ein letztes Mal tanken – Ceduna ist für die Belange der Fernreisenden bestens gerüstet. Informationen über die Stadt erteilt das Tourist Office (46 Poynton St., Tel. 8625 2780, www.ceduna.yourguide.com.au), zahlreiche Caravan Parks und Motels sind vorhanden. Sehenswert sind die Sonnenuntergänge über der Murat Bay an der Ceduna Jetty. Schöne Strände findet man im *Wittelbee Conservation Park* 10 km südlich der Stadt.

‼️ Achtung: Fruit Control
An der Grenze von South Australia nach Western Australia besteht eine Fruit Control Station zur Eindämmung der Fruchtfliegen. Obst und Gemüse muss hier rigoros abgegeben werden. Also entweder vorher alles verzehren oder nichts einkaufen!

Kleine Orte und Rasthäuser sind die wenigen Abwechslungen auf den nächsten 480 km bis zur westaustralischen Grenze. Zugang zum Meer besteht relativ selten, südlich von **Penong** am *Cactus Beach* und *Point Sinclair* – ein berühmter Surfstrand mit rechts und links brechenden Wellen. Camping ist am Cactus Beach mit Genehmigung des Eigners (Tel. 8625 1036) möglich. Die Windmühlen von Penong dienen der Wasserversorgung der Stadt.

Great Australian Bight

Bei **Nundroo** besteht Zugang zum Meer zur Fowler's Bay – beliebt bei Anglern. Das *Nundroo Motel/Roadhouse* ist ein willkommener Stopp für Reisende.

Am **Head of the Bight** bei **Yalata** ergibt sich von Mai bis September die Gelegenheit zur Walbeobachtung – für die Zufahrt ist ein Permit der *Yalata Community* notwendig (am *Yalata Roadhouse* oder beim Ranger in White Well, 7 km südlich, abholen). Südliche Richtwale kalben genau unterhalb der Klippen im Meer und sind von oben optimal zu be-obachten. Weitere Aussichtspunkte bieten in der Folge großartige Blicke auf die Steilküste der **Great Australian Bight**.

Das famose **Nullarbor Roadhouse** (letzte Tankstelle vor Border Village) besitzt eine Landepiste mit internationaler Kodierung. Tiefe und weit verzweigte Höhlensysteme durchziehen die Nullarbor Plain im Norden. Der Einstieg war jahrelang ohne Einschränkungen durch die Löcher im Boden möglich. Heute ist der Zugang nur noch geführten Höhlenexpeditionen gestattet. Informationen über die Höhlen erteilt CALM in Esperance (Tel. 9071 3733) oder in Ceduna (Tel. 8625 3144).

Das Roadhouse (mit Motel) von **Border Village** markiert die Grenze zwischen Süd- und Westaustralien. Im **Eucla NP** (12 km westlich) fallen die steilen Kalksteinklippen von *Wilson Bluff* ins Meer hinab. Eucla selbst wurde wieder erbaut, nachdem die einst in Küstennähe befindliche Ortschaft von Sanddünen „überrollt" wurde. Ruinen der alten Telegrafenstation sind noch vorhanden. Weitere Übernachtungsmöglichkeiten (und Tankstellen) sind in **Mundrabilla** und **Madura** vorhanden. Eine sandige 4-WD-Piste führt von **Cocklebiddy** zum *Eyre Bird Observatory*, der alten Telegrafenstation mit Vogelwarte und Übernachtungsmöglichkeit (Tel. 9039 3450). Die **Cocklebiddy Cave** ist eines der längsten und tiefsten Unterwasserhöhlensysteme der Welt. Der Taucher *Chris Brown* erreichte eine Tiefe von 6,25 km! 32 km südlich von Cocklebiddy (sandiger 4-WD Track) liegt **Twilight Cove**, eine weitere Möglichkeit zur Walbeobachtung und zum Angeln.

Über 182 km führt der Highway von **Caiguna** nach **Balladonia**, davon sind gut 146 km schnurgerade. *The Ninety Mile Straight* ist einer der längsten geraden (aber gleichwohl welligen) Straßenabschnitte der Erde. Das Straßenschild stellt ein beliebtes Fotomotiv dar. Beide Orte sind mit Motel und Caravan Park ausgestattet. Balladonia erlangte 1979 Berühmtheit, als Teile der *US Skylab*-Raumstation dort niedergingen.

Eine einsame Route (ca. 100 km asphaltiert, 95 km sandiger Track, 4-WD empfohlen) führt südlich bis in den Küstennationalpark **Cape Arid** (120 km östlich von Esperance). Nach weiteren 191 km westlich von Balladonia ist **Norseman** (Beschreibung siehe „Rundreise durch den Südwesten") erreicht: *I crossed the Nullarbor* kann nun voller Stolz berichtet und der Aufkleber auf dem Fahrzeug befestigt werden! *Piste in den Südwesten*

Rundreise durch den Südwesten

🚗 Entfernungen
0463

Perth–Coolgardie:	*559 km*	Kalgoorlie–Norseman:	*168 km*
Coolgardie–Kalgoorlie:	*39 km*	Norseman–Esperance:	*209 km*
Esperance–Albany:	*480 km*	Albany–Walpole:	*120 km*
Walpole–Pemberton:	*125 km*	Pemberton–Margaret River:	*210 km*
Margaret River–Bunbury:	*112 km*	Bunbury–Perth:	*180 km*

 Routenvorschlag: der Südwesten in 10 Tagen
1. Tag: Perth–Hyden (Wave Rock)
2. Tag: Hyden–Kalgoorlie
3. Tag: Kalgoorlie–Norseman–Esperance
4. Tag: Esperance und Umgebung
5. Tag: Esperance–Albany
6. Tag: Albany und Umgebung
7. Tag: Albany–Denmark–Walpole
8. Tag: Walpole–Pemberton–Margaret River
9. Tag: Margaret River und Umgebung
10. Tag: Margaret River–Bunbury–Perth

Rundreise ab/bis Perth

Die Rundfahrt durch den Südwesten beginnt in Perth und führt über den *Great Eastern Hwy.* zunächst in das Gebiet der **Goldfelder** (Kalgoorlie-Boulder), dann über Norseman zur **Südküste** nach Esperance. Entlang der südlichen und westlichen Küste (mit Abstechern in das Hinterland) führt die Reise zurück nach Perth.

Fahrt von Perth gen Osten

Die Fahrt über den *Great Eastern Hwy.* (Hwy 94) ist ohne große Höhepunkte. Das Gebiet ist von großer Trockenheit geprägt. Je weiter man sich von der Hauptstadt entfernt, desto mehr treten ausgedehnte Schaffarmen und vereinzelte Weizenfelder auf. Die schönste Jahreszeit ist der Frühling (ab September), wenn tausende von Wildblumen auf den Wiesen blühen.

In **Merrdin** (262 km östlich von Perth) oder **Southern Cross** (370 km östlich von Perth) kann ein Abstecher nach **Hyden** zum berühmten **Wave Rock** unternommen werden (vgl. Kapitel 20, Umgebung von Perth).

Die Goldfelder

Gold-rausch im Jahr 1892

Wären die Goldfunde vor 100 Jahren nicht gewesen – der Staat Westaustralien wäre vermutlich bankrott gegangen. 1892 fanden *Arthur Bayley* und sein Partner *William Ford* das erste Gold in Coolgardie, ein Jahr später wurde der Ire *Paddy Hannan* in Kalgoorlie-Boulder fündig. Die Neuigkeit verbreitete sich wie ein Lauffeuer und löste ein beispielloses Bevölkerungswachstum aus: Innerhalb kürzester Zeit zogen 30.000 Abenteurer los, um ihr Glück zu suchen. Sagenhafte Goldklum-

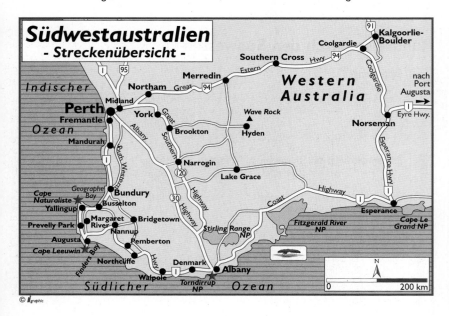

© **i**graphic

pen, wie der 1931 gefundene *Golden Eagle* (32 kg) sorgten für einen lang anhaltenden Boom. Noch heute wird in Kalgoorlie und den Städten der Umgebung (Coolgardie und Norseman) nach Gold gesucht, allerdings maschinell und im Tagebau. Die Minen bieten einen imposanten Anblick, hinterlassen aber tiefe Wunden in der Landschaft. Viele Goldgräberstädte sind nach Ausbeutung der Goldvorräte zu Geisterstädten verfallen.

Coolgardie

Die Kleinstadt liegt nur 39 km westlich von Kalgoorlie. Ihre Blütezeit mit einstmals 15.000 Einwohnern hat sie nicht in die Gegenwart retten können – gerade 1.500 Bewohner sind übrig geblieben. Mit der Schließung der großen Goldminen ist es still um Coolgardie geworden, und der Glanz früherer Tage verblasst zunehmend. Unter den historischen Gebäuden sollte man sich die **Goldfields Exhibition** (Bayley St., geöffnet tägl. 9–17 Uhr) ansehen – ein Museum, das von Abenteurern, Entdeckern, Goldboom und Niedergang der Stadt erzählt. 4 km westlich befindet sich die **Coolgardie Camel Farm** von Noel McKay. Er führt neben kurzen Ritten auch Tagestouren durch. Im September finden Kamelrennen statt.

Wenig übrig vom Glanz vergangener Tage

Kalgoorlie-Boulder (ⓘ s. S. 155)

🚂 ***Verkehrsverbindungen***
Qantas *fliegt regelmäßig von Perth nach Kalgoorlie. Westrail mit dem Prospector verbindet Kalgoorlie mit Perth auf dem Schienenweg. Außerdem legt der* Indian Pacific *einen Halt in der Stadt ein. Mietwagen werden vom westaustralischen Anbieter* South Perth 4WD Hire *angeboten.*

Die Zwillingsstadt **Kalgoorlie-Boulder**, die rund 600 km östlich von Perth liegt, ist der wichtigste Ort der Goldfelder und versprüht mit seinen gut erhaltenen Gebäuden noch immer den Charme einer Goldgräberstadt der 30er Jahre. Durch die Förderung von Nickel wurde auch in Zeiten schwankender Goldproduktion ein konstant hohes Bevölkerungsniveau von rund 30.000 Einwohnern gehalten.

Noch heute wird Gold gefördert

Probleme in den Anfangsjahren waren die extreme Trockenheit und die Wasserarmut der Region. Eine 1903 von Westen gelegte Pipeline löst die Trinkwassernot.

Die Orientierung in Kalgoorlie fällt leicht: Hauptstraße ist die **Hannan St.**, die sich wie ein breites Band von Norden nach Süden durch die ganze Stadt zieht. Die

Typische Architektur in Kalgoorlie's Hannan Street

Stadt **Boulder** liegt östlich und ist in ihrer Architektur weit weniger eindrucksvoll als der Nachbar. Nördlich an beide Städte grenzt die **Super Pit** Mine an – die größte offene Goldmine der Welt. Die Mine lässt sich vom **Super Pit Lookout** (Eastern Bypass Rd.) überblicken.

Im Nordosten der Stadt liegt die **Goldene Meile** (*die reichste Quadratmeile der Welt*) mit historischen Gebäuden und der sich ständig verändernden, aber immer noch außerordentlich ertragreichen Super Pit Goldmine. Eine Fahrt mit dem *Rattler*, der *Golden Mile Loopline Railway* dauert eine Stunde (ab Old Boulder Train Station täglich um 10 Uhr). Der Zug führt an den interessantesten Punkten rund um das riesige Tagebauloch vorbei.

Hannans North Mine

Seit 1989 unterstehen alle arbeitenden Goldminen der *Kalgoorlie Consolidated Gold Mines (KCGM)*. Sie betreibt u. a. auch die **Super Pit Mine**. Im Tagebau wird mit riesigen Lastwagen aus dem gigantischen, 3 km langen, 2 km breiten und 400 m tiefen Loch Erz heraufbefördert. In einem aufwändigen Crushing-Prozess werden tonnenschwere Gesteinsbrocken zerkleinert. Mit chemischen und elektrischen Verfahren wird dann das Gold herausgefiltert. Ein einzelner Lastwagen (Wert 4 Mio. A$) wiegt leer 144 Tonnen und kann bis zu 225 Tonnen Ladung aufnehmen. Die Mine ist rund um die Uhr in Betrieb. Die beeindruckende Anlage kann vom Super Pit Lookout (Boulder Block Rd.) überblickt werden. Das Gold soll noch bis zum Jahr 2018 ausreichen. Westaustraliens Goldminen produzierten im Jahr 2002 rund 264 Tonnen Gold.

Goldförderung im Tagebau

In **Hannans North Tourist Mine** wird neben einer 66 m tiefen Untergrundmine auch das damalige Leben mit historischen Gebäuden gezeigt. Der Goldgewinnungsprozess wird ebenso dargestellt wie das traditionelle Goldwaschen.
Hannans North Tourist Mine, *Eastern By-Pass Rd. (5 km nordwestlich), Tel. 9091 4074; Führungen täglich 9–17 Uhr; Buchung über das Tourist Office, A$ 10–15 je nach Tour*

Eine umfassende Ausstellung zum Thema Goldsuchen und zur Geschichte der Stadt findet sich im **Museum of the Goldfields** (17 Hannan St., täglich 10–16.30 Uhr), das schon von weitem an seinem roten Bohrturm erkennbar ist.

Kalgoorlie verfügt sogar über einen kleinen Rotlichtbezirk. Die **Questa Casa** (Hay St.) mit den *Ladies of the Night* liegt in der Innenstadt, besteht aus ein paar Wellblechhütten und zeigt, dass Prostitution in einer Goldgräberstadt schon immer ein Thema war und ist. 6 km außerhalb befindet sich in der Menzies Rd. die **Bush Two Up School** (täglich ab 17 Uhr). Hier wird das beliebte Münzwettspiel legal betrieben (Kopf oder Zahl: *Heads or Tails*). Beim Flughafen befindet sich der **Royal Flying Doctor Service** (Mo–Fr 11–15 Uhr).

Streckenhinweis

*238 km nördlich von Kalgoorlie beginnt die **Leonora/Laverton** die **Great Central Road** in Richtung Ayers Rock, ehemals **Warburton–Laverton Road** ge-*

nannt. Die Route ist in Kapitel 9c beschrieben. Ein Permit für die Durchquerung der Aborigine-Gebiete muss vorab besorgt werden. Information: www.dia.wa.gov.au Weitere 298 km nördlich von Leonora befindet sich in **Wiluna** *der Ausgangspunkt für den* **Gunbarrel Highway** *und die* **Canning Stock Route (CSR)**. *Beide Outback-Tracks sind schwere Expeditionspisten, die möglichst nur im Konvoi befahren werden sollten. Nähere Informationen im Kapitel 4 „Outback" und in den Literaturhinweisen.*

INFO **Abenteuer auf der Canning Stock Route**

Eines der letzten Abenteuer im großen Kontinent Australien erwartet den Reisenden bei einer Durchquerung der vier großen Wüsten Westaustraliens: **Little Sandy Desert, Gibson Desert, Great Sandy Desert, Tanami Desert**.

Fernab der großen Flüsse und abseits der Farmen verläuft die berühmt-berüchtigte **Canning Stock Route (CSR)** von Wiluna im Mittleren Westen bis Halls Creek im Nordwesten über fast 2.000 km. Kein Grader pflegt die Piste, die als solche oftmals kaum vorhanden scheint oder nur als zwei schmale Fahrspuren erkennbar ist. Die Tagesetappen orientieren sich an den 52 Brunnen (Wells), die von *Alfred Canning* in den Jahren von 1906 bis 1910 angelegt wurden. Er war von der Regierung beauftragt, eine Viehtriebsroute vom Südwesten in den Norden zu finden, um die dortige Rinderzucht zu unterstützen. 1958 wurden die letzten Rinder über die CSR getrieben, die erst seit Ende der 1970er-Jahre von den ersten Abenteurern wieder entdeckt wird.

Selbstfahrer müssen über eine gute Ausrüstung und Navigationskenntnisse verfügen. Keinesfalls sollte die Route allein in Angriff genommen werden. Suchen Sie sich immer einen erfahrenen Reisepartner oder schließen Sie sich in Wiluna einem Konvoi an. Das erforderliche Spritdepot müssen Sie vorab über die **Carnegie Station** organisieren.

Viele Autovermieter erlauben das Befahren der CSR nicht. Eine Genehmigung sollte vorab bei Buchung erfolgen. Sicherheitsbewusste Reisende schließen sich einer geführten Tour an, wie sie z.B. *Otto´s Tours* (über *www.karawane.de* buchbar) anbietet. Otto hat die Tour bald 40 mal gefahren und kennt sie wie kaum ein zweiter.

Von Kalgoorlie-Boulder nach Süden

Norseman (ⓘ s. S. 155)

Die östlichste Stadt WA's ist der End- bzw. Anfangspunkt des *Eyre Hwy.* und wird, aus der Nullarbor kommend, als *The Golden Gate to the Western State* bezeichnet. Seit 1892 wurden in den Dundee-Goldfeldern über 4 Millionen Unzen Gold (= 133 t) zu Tage gefördert! Die *Central Norseman Gold Corporation* arbeitet noch heute und führt Besichtigungen ihrer Goldminen durch.

Endpunkt des Eyre Highway

Streckenhinweis
Die Rundfahrt durch den Südwesten setzt sich von Norseman nach Esperance fort. Die Küstenorte und interessantesten Sehenswürdigkeiten sind von Ost nach West beschrieben.

70 km südlich von Norseman befindet sich der kleine und kaum erschlossene **Peak Charles Nationalpark** mit zwei Granitbergen: Peak Charles und Peak Eleanora.

Esperance (ⓘ s. S. 155)

Beliebter Ferienort im Sommer

Die Stadt an der *Bay of Isles* hat ihren Namen von dem französischen Schiff *L'Espérance*, das 1792 wegen eines Sturms Zuflucht in der Bay Of Isles suchte. 1860 kamen die Gebrüder Dempster mit ihrem Vieh aus Osten und gründeten Esperance, das während des Goldrauschs zu einer bedeutenden Hafenstadt heranwuchs. Esperance bietet eine abwechslungsreiche Küste, die durch die Granitfelsen zwischen den Sandbuchten besonders markant wirkt. Das angenehme Klima mit häufigen „kühlen Brisen" hat die 8.800-Einwohner-Stadt zu einem beliebten Ferienort der Westaustralier werden lassen – Esperance ist von Perth „nur" 721 km entfernt, für die Minenarbeiter der Goldfelder ist die Stadt der nächstgelegene Küstenort.

Ausgeschilderte Rundfahrt

Während der Fahrt auf dem 37 km langen **Great Ocean Drive** (Scenic Rd., ausgeschildert, westlich von Esperance) passiert man den **Pink Lake** (er leuchtet wegen seiner salzresistenten Algen zuweilen rosa) und die Strände **Eleven Mile Beach** und **Twilight Bay** mit unvergesslichen Ausblicken auf die Granitfelsen der Küste. Die Windanlagen (*Wind Farm*) können auf einem Abstecher erkundet werden.

Die Inselwelt vor der Küste, das **Archipelago of the Recherche**, bietet eine einzigartige Tierwelt. Bootsausflüge in die **Bay of Isles** mit Landung auf **Woody Island** (Seehunde, Delfine) werden von *MacKenzie Island Cruises* (Tel. 9071 5757, Buchung über Tourist Office) während der Monate November bis Februar durchgeführt. Es ist auch möglich, sich auf Woody Island zum Camping aussetzen zu lassen (ein kleiner Kiosk ist in den Sommermonaten auf der Insel besetzt).

Umgebung von Esperance

Die Strände der östlich von Esperance gelegenen Nationalparks zählen zu den schönsten in ganz Australien. Feinsandig, weiß und einsam findet man sie in den Buchten der Nationalparks Cape Le Grand und Cape Arid. In alle NPs sollte immer genügend Wasser mitgeführt werden, da dies dort Mangelware ist.

Cape Le Grand Nationalpark

Dominanter Granitberg

56 km östlich von Esperance liegt der **Cape Le Grand NP** mit seiner markanten Felsküste und einsamen weißen Sandstränden. Der immense und skurril geformte Granitfels **Frenchman Peak** (262 m) dominiert den Park. Der Gipfel kann auf einer 3 km langen, am Ende recht steilen Wanderung bestiegen werden – die Aussicht auf die Küste ist fantastisch! Ein Küstenwanderweg über 15 km (Le Grand Beach bis Rossiter Bay) verbindet den Ost- mit dem Westteil des NP. Ein **Ranger Office** am Parkeingang gibt nähere Informationen zum Park und erteilt

die notwendigen Camping-Permits. Die meisten Straßen zum und im NP sind asphaltiert. Zwei einfache NP-Campgrounds befinden sich bei **Le Grand Beach** und in **Lucky Bay**.

Duke of Orleans Bay
The Duke ist eine der schönsten Buchten der Südküste. Sie ist östlich des Cape Le Grand NP über eine Stichstraße zu erreichen. Weitere Buchten in Richtung Osten lassen sich nur per 4-WD erreichen.

Cape Le Grand Nationalpark

Der *Orleans Bay Caravan Park* (88 km östlich von Esperance, Tel. 9075 0033) ist ein komfortabler Campingplatz mit Cabins und Tankstelle.

Cape Arid National Park
Weitere 50 km östlich liegt der kaum bekannte Cape Arid NP. Weite Sandebenen, Buschland, großartige Strände und vereinzelte Granitfelsen bestimmen das Bild des viertgrößten NP Westaustraliens. Mt. Ragged ist mit 594 m die höchste Erhebung. Zusammen mit dem östlich anschließenden Nuytsland Nature Reserve wird ein Küstenschutzgebiet bis fast zur südaustralischen Staatsgrenze gebildet. Für den Besuch des NP ist ein 4-WD Pflicht, da die Pisten häufig versandet sind. Wanderungen von 1 bis 7 km Länge sind ausgeschildert. In Thomas River, Thomas Fishery und Poison Creek befinden sich einfache NP-Campgrounds. Über die nach Norden führende Piste Balladonia Rd. besteht eine Verbindung zum *Eyre Hwy*.

Weite Sandebenen und Buschland

INFO **Gefährliche Pilze**

In Westaustralien wie auch in anderen Bundesstaaten sind eingeschleppte Pilze namens *Phytophthora Cinnamoni* auf dem Vormarsch. Sie bedrohen und vernichten die Wurzeln einheimischer Pflanzen. Wanderer werden in vielen NPs aufgefordert, ihre Schuhsohlen des Öfteren zu reinigen, um eine weitere Verbreitung des als *Dieback* bezeichneten Pilzes zu vermeiden. Ebenso sollten Matsch und Dreck von Fahrzeugen an Ort und Stelle entfernt werden.

Von Esperance nach Westen

Streckenhinweis
Auf der Fahrt nach Albany entfernt sich der South Coast Hwy. *von der Küste. Abstecher in Richtung Süden führen zum* **Stokes National Park** *(90 km westlich) und* **Fitzgerald River National Park** *(310 km westlich).*

Stokes National Park
7 km südlich des Highways umrahmt das Stokes Inlet eine Lagune mit schmalem Meereszugang – beliebt vor allem unter Anglern. Einfacher Campground vorhanden.

━━ **Fitzgerald River National Park**

> ℹ️ **Information**
> *Ranger Office, Jerramungup, Tel. 9835 5043; im Park befinden sich mehrere Schautafeln und Karten; Infos sind außerdem im General Store von Hopetoun und in Esperance erhältlich.*

Ende-mische Pflanzen-welt

Der 329.039 ha große NP ist aufgrund seiner Pflanzenwelt als Biosphären-Reservat der UNESCO anerkannt. Bislang wurden 1784 Pflanzen erfasst, davon sind 75 Arten einzigartig im Park. 184 Vogelarten wurden identifiziert, darunter seltene Papageien (Ground Parrots). Die Zufahrt in den Ostteil des Parks erfolgt über die kleine Feriensiedlung **Hopetoun** (50 km südlich von Ravensthorpe) oder den *West River Rd./Hamersley Drive*. Der Westteil ist über die *Quiss Rd.* oder *Devils Rd.* erreichbar (beide am Highway ausgeschildert).

Fitzgerald River National Park

Alle Straßen im NP sind geschottert bzw. Sandpisten (teilweise 4-WD-pflichtig) und führen durch hügeliges, dicht bewachsenes Gelände. Schöne Sandstände liegen bei Hopetoun (*Four Mile Beach*) und am Ende mehrerer Stichstra-

Relativ uner-schlosse-ner Park

ßen, die in einsamen Buchten enden. Die beiden höchsten Berge, **Mt. East** und **Mt. West Barren**, lassen sich besteigen (kaum markierte Pfade). Von August bis November können Wale vor der Küste beobachtet werden. Mehrere einfache NP-Campgrounds befinden sich in Küstennähe, z.T. nur per 4-WD über steile Tracks erreichbar (z.B. Quoin Head Campsite).

Bremer Bay

Südlich des Fitzgerald River NP und 63 km östlich des *South Coast Hwy.* liegt der Ferienort Bremer Bay etwas abseits der Reiseroute. Dadurch hat sich der Ort sehr viel Ruhe und Abgeschiedenheit bewahren können.

Schon in den 1820er-Jahren war die Bucht unter Seehundjägern und Walfängern bekannt, eine Siedlung wurde jedoch erst 1850 vom Engländer *John Wellstead* gegründet. Eine kleine Kupfermine sorgte später für den Unterhalt der Bevölkerung – heute ist es der Tourismus.

━━ **Stirling Range National Park** (ℹ️ s. S. 155)

Schon von weitem erkennt man das hochaufragende Felsgebirge der Stirling Ranges. Die Anfahrt erfolgt (von Osten kommend) über die *Chester Pass Rd.* (Jerramungup–Ongerup–Borden–Amelup) an die Nordgrenze des Parks. Dort befinden sich auch das Büro des Parkrangers und ein kommerzieller Caravan Park (Stirling Range Retreat, Chester Pass Rd., Tel. 9827 9229). Ein NP-Campground existiert bei Moingup Springs.

Markantes Gebirge

Der 115.740 ha große Stirling Range NP bietet mit seinen über 1.000 m hohen Bergen (**Bluff Knoll**, **Toolbrunup**) ausgezeichnete Wandermöglichkeiten. Auf-

grund der Höhenlage und relativ hoher Niederschläge hat sich eine vielfältige *Wildblu-*
Vegetation aus Eukalyptuswäldern, Buschlandschaft und Wildblumenwiesen (Blü- *menblüte*
tezeit im Frühjahr) entwickelt. Das Gebirge ist vor einer Milliarde Jahren durch *im Frühjahr*
den Rückzug des Meeres entstanden.

Durch Erosion wurden die umgebenden Landmassen allmählich abgetragen
und die Granitberge auf ihr jetziges Niveau gehoben. Die Straßen *Chester Pass*
und *Red Gum Pass* markieren heute den
Verlauf der Flussläufe nach Süden.

 Wandern
• Bluffs Knoll *(1.075 m)*, 6 km
Bergwanderung.
• Toolbrunup Peak *(1.052 m)*, *schwere*
4 km lange Bergwanderung.

Im Stirling Range National Park

Porongurup National Park
Nach Albany sind es ca. 100 km. Auf halber Strecke passiert man den kleinen
Porongurup NP, der durch die Granitberge der gleichnamigen Range gebildet
wird – geschätztes Alter ca. 1,1 Milliarden Jahre. An den höher gelegenen Hängen
finden sich die am weitesten östlich wachsenden Karriwälder. Wanderwege führen hinauf auf die markanten Granitgipfel Castle Rock, Hayward Peak und Marma-
bup Rock. Übernachten ist im Ort **Porongurup** (z. B. Karribank Country Retreat, Tel. 9853 1022 und Porongurup Range Tourist Park CP, Tel. 9853 1057)
möglich. Kein Camping im NP.

Albany (ⓘ s. S. 155)

Albany ist die älteste Stadt Westaustraliens: 1826 wurde sie von *Major Edmund*
Lockyer zusammen mit 50 Sträflingen und ein paar Soldaten im geschützten **Prin-**
ces Royal Harbour gegründet. Von dort aus wurde das Farmland der „Lower *Ehemaliger*
Great Southern Region" urbar gemacht. Später diente die Stadt als Stützpunkt *Stützpunkt*
der Walfänger. Heute ist Albany (30.500 Ew.) die wichtigste Handels- und Hafen- *der*
stadt im Südwesten, durch seine Lage aber auch ein beliebter Ferienort der *Walfänger*
Westaustralier.

Haupteinkaufsstraße ist die von Nord nach Süd verlaufende **York Street**, in der
sich auch eine Reihe empfehlenswerter Restaurants befindet. Entlang der **Stir-**
ling Terrace stehen einige gut erhaltene historische Gebäude: *Old Post Office*
(1869), *Old Gaol* (1851), *Residency Museum* (1850). Zu Letzterem gehört die
Nachbildung der Barkasse *Amity*, mit der Edmund Lockyer die ersten Sträflinge
brachte. Von den Hügeln *Mt. Clarence* und *Mt. Melville* lassen sich Stadt und Bucht
sehr schön überblicken. Walbeobachtungstouren werden von Juli bis Oktober
angeboten (Buchung im Tourist Office).

Tauchen am Schiffswrack
Am 24. November 2001 wurde der ehemalige Zerstörer HMAS Perth in
den Gewässern des King Sound nahe der Stadt Albany versenkt. Nur der Mast ragt
noch aus dem Wasser. Westaustralien schafft damit erneut ein künstliches Riff, das
nun Tauchern und Schnorchlern zur Verfügung steht. Korallen und Wasserpflanzen

haben die HMAS Perth bereits erobert. Die Bedingungen zum Tauchen und Schnorcheln sind ideal: bis zu 30 Meter Sicht, 16–22 Grad Wassertemperatur und meist ruhige Gewässer. Information: www.albanydive.com.

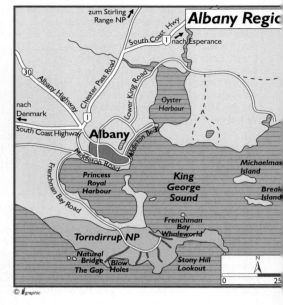

Streckenhinweis
Der Albany Highway stellt eine direkte Straßenverbindung mit Perth her (443 km) – ideal für diejenigen, die eine verkürzte Südwestrundfahrt unternehmen möchten.
*Wer von Albany in Richtung Wave Rock fährt, sollte in **Lake Grace** im Saltbush Inn (Tel. 9865 1180) übernachten und im Pub ein „Stockmen´s Steak" verzehren.*

Umgebung von Albany

Zerklüftete Felsküste

Über die *Frenchman Bay Rd.* gelangt man auf die südliche Halbinsel, den **Torndirrup National Park**. An seiner Küste befinden sich spektakuläre Felsformationen (Natural Bridge, The Gap, Blow Holes, The Gorge). Die alte *Cheynes Beach Whaling Station* wurde 1978 geschlossen und zu einem Walmuseum umfunktioniert: Das **Whaleworld Museum** in Frenchman Bay ist täglich von 9 –bis 17 Uhr geöffnet. Sehr schön sind die Strände **Little Beach** und **Waterfall Beach** bei Albany – traumhafte Buchten!

Östlich von Albany befindet sich das **Oyster Harbour Inlet**, ein beliebtes Angelrevier. Am **Middleton Beach** und der Meerenge **Emu Point** liegen zahlreiche Campingplätze und Motels.

30 km westlich von Albany umfasst der **West Cape Howe NP** das gesamte südliche Kap. Der Park ist kaum erschlossen – eine tiefsandige, schlecht markierte Piste führt zum Strand von Shelley Beach. Empfehlenswert ist der Strand von Cosy Corner (einfacher Campground von Mai bis Dezember).

Denmark (ⓘ s. S. 155)

Denmark ist die nächstgrößere Stadt am *South Coast Hwy.* (54 km westlich von Albany). Die Landschaft der Region vermittelt ein völlig neues Bild des Südwestens: Die Stadt ist umgeben von Wiesen und Weiden, und, würde man nicht links fahren, könnte man glauben, im Allgäu unterwegs zu sein. Denmark selbst ist ein eher verträumter Ort, der vor allem auch ein Versorgungsstützpunkt der umliegenden Farmen ist. Er verdankt seine Gründung im Jahr 1895 den großen Wäldern, deren Holz für den Schiffsbau verwendet wurde. Später kam die Rinderzucht hinzu, die heute, neben einer bescheidenen Holzindustrie, die Hauptrolle spielt.

Grüne Wiesen und Weiden im Umland

INFO ## Frühling im September

Im Südwesten ist der australische Frühling von der Wildblumenblüte geprägt. Von Mitte August bis hinein in den Oktober zeigen sich mehr als 8.000 Blumenarten in einer außergewöhnlichen Farbenpracht. Regelrechte Blütenteppiche bedecken die Landschaft – von zarten Orchideen bis hin zu den fast 100 m hohen Karri- und Marribäumen.

Besonders eindrucksvoll ist die Wildblumenblüte in der Region um Albany, Pemberton, Denmark und im Stirling Range NP. Wer sich intensiver mit der Botanik beschäftigen möchte, sollte an einer speziellen Tour teilnehmen. Das *Bed & Breakfast*-Haus Windrose in Denmark (Tel. 9848 3502) hat sich hierbei einen Namen gemacht und führt deutschsprachige Touren durch.

Rund um das geschützte **Wilson Inlet** befinden sich ruhige Strände mit zahlreichen Caravan Parks. Die fischreichen Gewässer ziehen vor allem Angler an. Der 6 km lange **Wilson Inlet Trail** Wanderweg beginnt an der Flussmündung.

Der **William Bay NP** (14 km westlich) deckt einen 10 km breiten Küstenstreifen entlang der gleichnamigen Bucht ab. Attraktion sind der grünspiegelnde Green's Pool mit umgebenden Granitfelsen sowie ein Wäldchen mit bis zu 60 m hohen Karribäumen, die von hier bis weit in den Westen häufig anzutreffen sind. Campieren ist direkt an der Steinklippenbucht möglich.

Die Karriwälder

Walpole–Nornalup National Park

Der *South Coast Hwy.* setzt sich nach Westen fort, meist weit entfernt von der Küste. Bei Bow Bridge zweigt eine Straße zur 12 km langen Rundfahrt durch das **Valley of the Giants** ab – nicht verpassen! Bis zu 60 m hohe *Karri-* und *Red Tingle*-Bäume stehen hier dicht beieinander. Information: www.valleyofthegiants. com.au.

Die besondere Attraktion ist der in luftiger Höhe gebaute **Tree Top Walk**, ein Rundweg, der in 38 m Höhe in den Baumkronen erbaut wurde. Dem (schwindelfreien) Besucher wird so ein neues Bild des Waldes vermittelt. Eine weitere Rundfahrt (kurz vor Walepole) führt zum **Giant Tingle Tree**, einem riesigen Eukalyptusbaum, unter dessen Stamm einst Autos parken konnten (heute ein Fußweg).

Rundgang in den Baumkronen

INFO ## Das Karri Country

Das Land zwischen Denmark und Nannup (nördlich von Pemberton) wird als das **Karri Country** bezeichnet. 172.000 ha hochaufragende Karriwälder sind hier in mehreren Nationalparks oder Staatsforsten in unterschiedlichen Stufen geschützt. Wie es dagegen vor dem Eintreffen der Europäer ausgesehen haben mag, lässt sich nur erahnen. Vor Beginn der Besiedlung war der Waldanteil fast doppelt so hoch wie heute – die meisten Rodungen wurden für den Schiffsbau vorgenommen, für den das Karriholz vorzüglich geeignet ist. Heute werden die wertvollen Waldreserven nach modernen forstwirtschaftlichen Erkenntnissen verwaltet. Nur noch in den State Forests wird ein kontrollierter Holzschlag mit Wiederanpflanzungen betrieben.

Zugang zum Meer besteht über mehrere Stichstraßen, teilweise nicht geteert. Ein schöner Strand mit Campingmöglichkeit befindet sich in **Peaceful Bay** (Abzweig bei Bow Bridge).

Im weiteren Verlauf, der Highway heißt jetzt *South Western Hwy.* (Nr. 1), führt die Reise durch den **Mt. Frankland NP** und **Shannon NP**. Die Landschaft ist geprägt von ausgedehnten Waldflächen, grünen Weiden und kleinen Farmen. Entlang der Küste erstreckt sich der 130 km lange, erst in den 1980er-Jahren gegründete **D'Entrecasteaux NP** (von Walpole bis Augusta). Riesige Sanddünen, aber auch

Felsklippen, Feuchtgebiete und vereinzelte Karriwälder kennzeichnen den Park. Einige der schönen Strände sind per Fahrzeug zugänglich, so z.B. der Salmon Beach über die *Windy Harbour Rd.* Für die meisten anderen Parkzufahrten gilt bislang noch Allradpflicht.

 Streckenhinweis: Von Shannon nach Westen
*Der Weg nach Westen lässt sich verkürzen (und abwechslungsreicher gestalten), indem nach Durchquerung des Ortes **Shannon** auf die* Middleton Rd. *nach Northcliffe abgezweigt wird.*

 Northcliffe

Northcliffe ist eines der Zentren der Holz verarbeitenden Industrie. Zwischen der Kleinstadt und Pemberton (31 km nördl.) verkehrt die *Pemberton-Northcliffe-Tramway* (Di, Do, Sa 10.15 Uhr, Fahrzeit 5 Std.). Im **Pioneer Museum** erhalten Sie Informationen über die Geschichte der Region sowie aktuelle Hinweise und Tipps für eine Rundfahrt. Pemberton ist über die *Spring Gully Rd.* schnell erreicht (Abzweig 6 km nördl. von Northcliffe).

Karriwälder

Pemberton (ⓘ s. S. 155)

Pemberton ist das zweite Zentrum der Holzindustrie. Attraktion der Karri- und Jarrahwälder sind die **Lookout Trees** – Bäume, auf denen Plattformen installiert wurden, um Waldbrände zu erkennen. Besucher können ebenfalls hinaufklettern, bestimmt kein Fall für Höhenängstliche! Folgende Bäume sind zu besteigen: *Gloucester Tree* (mit 60 m höchster Baum, 3 km östlich), *Diamond Tree* (zwischen Pemberton und Manjimup) und *Dave Evans Tree* (Warren NP, Old Vasse Rd.). Das Karri Forest Discovery Centre (im Visitor Centre, Brockman St.) informiert umfassend über die außergewöhnliche Flora. Große Bestände der Baumriesen – insgesamt 4.000 ha – wachsen auch im nahen **Warren NP, Gloucester NP** und **Beedelup NP**.

Streckenhinweis

Fahrt zur Westküste: Die Landschaft auf der Fahrt zur südlichen Westküste ist ohne größere Höhepunkte und vorwiegend von Landwirtschaft geprägt. Der Highway 10 (Brockman Hwy.) trifft nördlich von Augusta auf den Bussel Hwy., der die Orte der „South West Corner" miteinander verbindet.

Die südliche Westküste

Die **südliche Westküste** von **Cape Leeuwin** im Süden bis **Cape Naturaliste** im Norden ist ca. 130 km lang. Mit seinen kleinen Ferienorten, Stränden und Nationalparks ist der Küstenabschnitt ein beliebtes Ferienziel der Bewohner von Perth und wird allgemein nur als die Süd-West-Ecke (*South West Corner*) bezeichnet.

Beliebte Ferienorte

INFO Cape to Cape Walk

Einer der klassischen Fernwanderwege Australiens ist der **Bibbulmun Track**, welcher Kalamunda (bei Perth) bis Walpole und weiter nach Albany führt – insgesamt 964 km lang!

Der vielleicht schönste Teil des Trails besteht in der siebentägigen Wanderung, welche „von Kap zu Kap" innerhalb des **Leeuwin Naturaliste NP** führt. Hier sind es gut 140 km, die entlang von Stränden und Felsküsten zwischen **Cape Naturaliste im Norden und Cape Leeuwin im Süden** bewältigt werden müssen. *Surfer meets Trekker* heißt es unterwegs bisweilen an großartigen Surfstränden, z.B. in Yallingup, einem mondänen Feriendorf. Granitfels, Dünenlandschaften und herrliche Aussichtspunkte auf das türkisblaue Meer begleiten den Wanderer auf den einsamen Teilen des Weges. Lange Sandetappen fordern die Kondition und das Durchhaltevermögen. Die schönste Zeit ist September/Oktober, wenn gleichzeitig die Wildblumenblüte ein Blütenmeer hervorzaubert.

Nähere Informationen zum Cape to Cape Walk erteilt die Nationalparkbehörde CALM in Perth oder Busselton (Tel. 9752 1677, www.calm.wa.gov.au).

Augusta (ⓘ s. S. 155)

Der Ferienort Augusta bietet sichere Strände und einige Ausflugsmöglichkeiten. Das **Cape Leeuwin** mit seinem Leuchtturm (geöffnet Di–So 9.30–15.30 Uhr) liegt nur 8 km südlich. Südlicher Ozean und Indischer Ozean treffen hier, oft recht stürmisch, aufeinander.

Tropfstein-höhlen

Westlich der Stadt bietet der **Green Hill Lookout** einen Blick auf die Küste und das Hardy Inlet. Die Tropfsteinhöhle **Jewel Cave** (8 km nördlich) mit Stalaktiten von bis zu 6 m Länge kann besichtigt werden.

Der Küstennationalpark **Leeuwin-Naturaliste NP** zieht sich über viele Kilometer nach Norden. Unterbrochen wird er durch einige Stichstraßen, die zum Meer führen (z.B. Cosy Corner, 15 km nördlich von Augusta).

Margaret River (ⓘ s. S. 155)

Surf-Mekka Westaustraliens

Obwohl ein paar Kilometer landeinwärts gelegen, hat sich Margaret River zu einem absolut populären Ferienort und einem stattlichen Weinanbaugebiet entwickelt. Unter Surfern genießt die Küste einen ausgezeichneten Ruf – jährlich finden Meisterschaften an den Stränden um **Prevelly Park** statt. Gute Sandstrände sind auch in **Grace Town** (20 km nördlich) und **Redgate** (15 km südlich) zu finden. Außerdem sind hier einige von insgesamt 250 Höhlen der Umgebung für Besucher geöffnet: **Jewel Cave**, **Lake Cave** und **Mammoth Cave** (17 km südlich, täglich geöffnet).

Im Freiluftgehege *Eagle Raptor Wildlife Centre* (Lot 303, Boodjidup Rd., Abzweig 1 km südlich) findet jeden Tag um 11 und 13.30 Uhr eine Vorführung mit mehr als 80 in Australien heimischen Raubvogelarten statt.

Wildblumenblüte im Südwesten

Yallingup

Ein weiterer Ferienort, der für seine exzellenten Surfstrände berühmt ist. Die nahen Tropfsteinhöhlen **Yallingup (Ngilgi) Caves** können täglich 9.30–15.30 Uhr besichtigt werden.

Dunsborough und Busselton

Geschützte Bucht

Die Ferienorte Dunsborough und Busselton haben durch ihre geschützte Lage an der **Geographe Bay** ruhige Strände mit flach abfallendem Wasser und sind deshalb bei Familien sehr beliebt.

Von **Dunsborough** lassen sich Fahrten zum **Cape Naturaliste** und seinem Leuchtturm unternehmen, wo sich ebenfalls herrliche Surfstrände befinden (z.B. in der Bunkers Bay). Der Leuchtturm (*Lighthouse & Discovery Centre*, täglich 9.30–15.30 geöffnet) sollte unbedingt bestiegen werden, bietet sich doch von oben ein

360-Grad-Blick auf die Geographe Bay, den Indischen Ozean und das Cape Naturaliste.

Vor der Küste Dunsboroughs liegt das wohl berühmteste Wrack von Westaustralien, das Wrack der HMS SWAN. Das 113 m lange Schiff liegt seit Dezember 1997 auf 30 m Tiefe. Information: www.capedive.com.

Der 2 km lange Holzsteg **Busselton Jetty** wurde ursprünglich zum Verladen von Holz verwandt – heute ein Treffpunkt der Angler. Taucher finden an der berühmten Jetty ausgezeichnete Bedingungen. 10 m rund um das sehenswerte Underwater Observatorium ist Tauchen allerdings verboten. Information: www.baydive.com.

Zahlreiche Motels, Hotels und Caravan Parks befinden sich in beiden Orten, die sich wie Straßendörfer entlang der Küste ziehen. Außerhalb der Hauptferienzeiten solllte es nie ein Problem geben, eine Unterkunft zu finden. Ein guter Tipp ist die Jugendherberge (YHA) von Dunsborough, die sich direkt am Strand befindet.

Bunbury (ⓘ s. S. 155)

Bunbury (28.000 Ew.) ist die Hauptstadt des Südwestens. Nach ihrer Gründung im Jahr 1803 hieß der Hafen zunächst Port Leschenault. Zu Ehren des Stadtgründers Lieutenant Bunbury wurde die Siedlung umbenannt. Holz und Bodenschätze waren für Bunbury stets die wichtigste Einkunftsquelle. Der Hafen zählt zu den bedeutenden Frachthäfen der Westküste. Vom **Marlston Hill Lookout** (ursprünglich Standort des Leuchtturms, Apex Drive) überblickt man die gesamte Bucht.

Delfine in Bunbury: Seit Mitte der 1960er-Jahre kommen regelmäßig Delfine in die Koombana Bay (Koombana Drive), oft auch in Strandnähe (keine Fütterung). Die besten Tageszeiten sind von 8 bis 12 Uhr. Dies ist insoweit bemerkenswert, da sich auch industrielle Hafenanlagen in der Bucht befinden. Das *Dolphin Discovery Centre* erteilt weitere Informationen. *Bunbury Dolphin Tours* (täglich 11 Uhr, Buchung über Tourist Bureau) führt Bootsausflüge in die Bucht durch. Auf Wunsch ist schwimmen mit Delfinen möglich.

Regelmäßige Delfinbesuche

Wracktauchen
an der LENA. Das 55 m lange Wrack liegt auf 18 m Tiefe und ist erst im Dezember 2003 versenkt worden. Geeignet für Taucher aller Klassen, im Sommer auch für Schnorchler! Die Veranstalter Coastal Water Dive und Bunbury Dive Charters bieten hier Touren an.

Streckenhinweis
Die Old Coast Road (Hwy. 1) ist attraktiver als die landeinwärts verlaufende Hwy. 20, der dafür schneller nach Perth führt.

7 km nördlich von Bunbury – über die alte Küstenstraße erreichbar – liegt **Australind**. Die Stadt am **Leschenault Inlet** hat ihren Namen von den Plänen, mit Indien Handel zu treiben (= *Australia-India*) und für dessen Armee Pferde zu züchten – ein Versuch, der fehlschlug. Die St. Nicholas Church, angeblich die kleinste Kirche Australiens, ist ein Relikt aus dem Jahr 1840. Das *Leschenault Waterway Discovery Centre* (Old Coast Rd., 2 km südlich der Stadt) informiert über Flora und Fauna der Region.

▬▬▬▬ **Mandurah**

Moderne Wohnge- biete für Perth- Pendler

Der Ferien- und Wohnort (48.000 Ew.) liegt 74 km südlich von Perth und erhält besonders an Wochenenden regen Zulauf. In modernen Satelliten-Wohngebieten entlang der Autobahn leben mittlerweile viele Menschen, die täglich nach Perth zur Arbeit fahren. Die Ozeanstrände an der **Blue Bay** und **Falcon Bay** sowie die Binnenseen **Peel Inlet** und **Harvey Inlet** bieten vorzügliche Wassersportmöglichkeiten. In den Restaurants der Stadt dominieren lokale Fischspezialitäten. Boote führen Fahrten über die Wasserwege der Stadt durch. Im Hinterland liegt das Städtchen **Dwellingup** mit dem *Forest Heritage Centre*: Informationen über Wälder und Waldwirtschaft.

▬▬▬▬ **Rockingham**

Die zweitgrößte Stadt des Staates (66.000 Ew.) wurde 1872 gegründet und war bis zur Jahrhundertwende der wichtigste Hafen. Dann übernahm Fremantle seine Funktion. Rockingham ist heute Handels- und Ferienstadt und eigentlich ein Vorort von Perth – die meisten Bewohner pendeln täglich nach Perth. Überhaupt gehen die südlichen Wohngebiete mittlerweile fast nahtlos in die expandierende Metropole über.

Penguin Island: Vor der Küste liegt die kleine Insel Penguin Island. Von März bis Dezember kommen dort Pinguine an Land. Die *Penguin Island Ferries* (Mersy Point, Shoalwater Bay) bieten regelmäßige Bootsausflüge an (Buchung über das Tourist Centre).

Delfine in Rockingham: Delfine besuchen die Gewässer des Cockburn Sound vor Rockingham immer wieder. In den Sommermonaten werden Bootsfahrten angeboten (*Rockingham Dolphins*, Palm Beach Jetty). Das ebenfalls angebotene Delfinschwimmen leidet unter hohen Teilnehmerzahlen.

20. PERTH UND UMGEBUNG

Perth (ⓘ s. S. 155)

Die Millionenstadt Perth liegt fernab der übrigen Metropolen des Landes. Die Entfernung zur nächstgelegenen Großstadt Adelaide (SA) beträgt immerhin gute 2.700 km! Trotzdem ist Perth eine der attraktivsten und modernsten Städte des Landes. Der Reichtum an Bodenschätzen und die damit verbundenen Einnahmen machten die Stadt zu dem, was sie heute ist: eine Metropole mit Hochhaustürmen, Fußgängerzonen, Einkaufszentren, Parks und einer breit gefächerten Kunst- und Kulturszene. Perth und seine Vororte sind großzügig

gestaltet worden. Das Straßensystem funktioniert so gut, dass kaum jemand länger als 10 Minuten in das Stadtzentrum benötigt. Der neu erbaute *Graham Farmer Freeway* verkürzt vor allem die Entfernung vom Flughafen in die Innenstadt.

Attraktive Großstadt

Klimatisch erlebt man Perth ganz bestimmt von seiner besten Seite, denn die Sonne scheint beinahe täglich acht Stunden lang. Perth hat trockene und heiße Sommer, die gelegentlich von der steifen Brise des *Fremantle Doctor* abgekühlt werden. Die Winter sind mit Durchschnittstemperaturen von 18 Grad sehr mild.

Angenehmes Klima

Die Stadt liegt am breiten Mündungsbereich des **Swan River**, der 19 km südlich bei Fremantle in den Indischen Ozean mündet. Das Zentrum von Perth befindet sich am Nordufer des Flusses, der an dieser Stelle aufgrund seiner Breite eher einem See gleicht. Entlang der Promenade sieht man nicht nur viele Boote, sondern auch schwarze Schwäne, das Tiersymbol Westaustraliens. Das Geschäftsviertel am Nordufer hat rechtwinklig angelegte Straßen: Hauptstraßen sind **St. George's Terrace**, **Hay Street** (mit Fußgängerzone) und **Murray Street** (mit Fußgängerzone). Der Bahnhof und die Eisenbahngleise bilden die Grenze zu **Northbridge**, dem Unterhaltungsviertel der Stadt.

Skyline von Perth

Fast die gesamte Industrie ist außerhalb des Zentrums angesiedelt. Am Indischen Ozean liegen die herrlichen Badestrände der Stadt: **Cottleshoe Beach**, **Swanbourne Beach** und **Scarborough Beach**. Wer Perth von Oktober bis März besucht, sollte sein Hotel dort buchen. So wird aus einem Stadtbesuch gleichzeitig ein Badeaufenthalt.

Sehenswürdigkeiten

Über-
schaubares
Stadt-
zentrum

Das Zentrum der Stadt wird von den Straßen St. George's Terrace, Milligan Street, Wellington Street und Hill Street begrenzt und reicht bis an die Ufer des Swan River. Die meisten Sehenswürdigkeiten liegen innerhalb dieses Geschäftsviertels und sind gut zu Fuß zu erreichen. Als Ausgangspunkt eines Rundgangs bietet sich der Bahnhof/Busbahnhof an der Wellington Street an. Die Bahngleise trennen die Innenstadt vom Kultur- und Unterhaltungsviertel Northbridge.

Stadtzentrum

Vom Busbahnhof gelangt man über die Fußgängerbrücke **Horseshoe Bridge** zum **Raine Square**, einem kleinen, von niedrigen Backsteinhäusern eingerahmten Platz mit hübschen Cafés. Die Murry St. in Richtung Osten trifft auf die belebte **Fußgängerzone Murray St. Mall**. Das pompöse Sandsteingebäude linker Hand ist die *Commonwealth Bank*. Der zentrale **Forrest Place** mit der **Forrest Chase Mall** ist vom modernen Myers Einkaufszentrum und dem säulengeschmückten **Post Office** geprägt.

Am Ende des Platzes liegt das **WA Tourist Centre (WATC)**, im Albert Facey House (geöffnet Mo–Fr 8.30–17 Uhr, Sa 8.30–16.30, So 10–15 Uhr). Hier erhalten Sie umfangreiche Informationen über Perth und Westaustralien. Die Buchung von Tagestouren wird angeboten.

Die Murray St. Mall endet in der **Barrack Street**, an deren südlichem

Redaktions-Tipps

- **Ausflug nach Fremantle**: Nehmen Sie eine Fähre von der Barrack Street Jetty auf dem Swan River nach Fremantle (S. 633), bummeln dort über den „Cappucino-Strip" und fahren mit dem Zug zurück nach Perth.
- Ein Tagesausflug zu den **Pinnacles** (S. 639) ist beinahe ein „Muss", wenn Sie sich in Perth aufhalten. Eine Reihe von Anbietern offeriert Tagesausflüge. Hierbei sollten Sie sich für eine Fahrt mit dem Allradfahrzeug entscheiden, denn dann führt Hin- oder Rückfahrt auf sandigen Pfaden durch eine grandiose Dünenlandschaft!
- Im **WA Museum** (Francis St., Northbridge, S. 634) finden Sie eine eindrucksvolle geologische Sammlung mit Bruchstücken von Meteoriten.
- Am Abend finden Sie garantiert ein Restaurant oder einen Pub nach Ihrem Geschmack, wenn Sie durch das Viertel **Northbridge** schlendern!
- **Joggen am Morgen**: Beginnen Sie Ihren Lauf am markanten **Bell Tower** (Barrack Square) am Swan River. Folgen Sie dem Flussufer (Riverside Drive). Wendepunkt ist die Causeway-Brücke. Gleich darunter liegt **Heirisson Island**, ein kleines Naturparadies inmitten der Stadt. Hier grasen *Western Grey Kangaroos* und man sieht eine reiche Vogelwelt.

Im Stadtzentrum

Innenstadt

Ende die Barrack St. Jetty, der Fährhafen, liegt. An der Ecke Barrack St./Hay St. steht die **Perth Townhall (4)**. Das Gebäude wurde von 1867 bis 1870, wie viele andere Gebäude der Stadt, von Sträflingen errichtet.

London Court

Die Fußgängerzone **Hay Street Mall** und der Boulevard **St. George's Terrace** sind über den **London Court** miteinander verbunden. Dabei handelt es sich um eine 1936 im angelsächsischen Fachwerkstil erbaute Einkaufsgasse mit vielen Souvenirläden.

The Perth Mint (6)

In der aus dem Jahr 1899 stammenden Handels- und Tauschbörse für Gold, Silber und Platin wird heute noch wie Anno dazumal gehandelt. Besuchern wird außerdem die Goldschmelze präsentiert.

The Perth Mint, *310 Hay St. (Ecke Hill St.), geöffnet Mo–Fr 9–16 Uhr, Sa/So 9–13 Uhr, www.perthmint.com.au*

St. George's Terrace

Zahlreiche Sehenswürdigkeiten befinden sich entlang dem breiten Boulevard **St. George's Terrace**. Die Straße ändert in Richtung Osten ihren Namen und heißt (ab der Victoria Ave.) **Adelaide Terrace**.

Das 1895 erbaute Wohnhaus **The Deanery** (Ecke St. George Tce./Pier St.) des ersten Dekans der St. George's Kathedrale (Ecke Pier St./St. George's Tce.) ist ein Beispiel dafür, wie die Stadt ausgesehen haben mag, bevor die Hochhäuser errichtet wurden. Die anglikanische **St. George's Cathedral (5)** steht an dem Ort, an dem die Siedler bereits 1829 eine Kirche errichtet hatten. Das **Government House** gegenüber ist die im englischen Tudorstil gebaute Residenz des ersten Gouverneurs von WA. Das Haus und der schöne Garten können nur gegen vorherige Anmeldung besichtigt werden.

Entlang der Barrack St. erstreckt sich der **Stirling Garden Park** mit Norfolk-Pinien, Palmen und vielen Grasflächen. Im Park befindet sich der **WA Supreme Court**, das oberste Gericht des Staates, und das **Old Court House** von 1836. Um die Mittagszeit wird der Park gerne von Geschäftsleuten der nahen Büros besucht. Ein weiteres Beispiel kolonialer Architektur ist das **Treasury Building** (Ecke Barrack St./St. George's Tce.).

Stirling Garden Park

Im Schatten der Hochhäuser gelangen Sie über die **Esplanade** und **William Street** zurück auf die St. George's Terrace. Auch die weitläufigen Wiesen hinunter zum Swan River laden zum Verweilen ein, leider verhindert der Freeway den direkten Zugang zum Wasser. Gleich nach der modernen Skulptur **Swan Bells** liegt der **Old Perth Harbour (Barrack Street Jetty) (2, 3)**, die Anlegestelle der Fähren und Ausflugsboote. Zudem befindet sich hier eine Reihe

Anlegestelle der Fähren

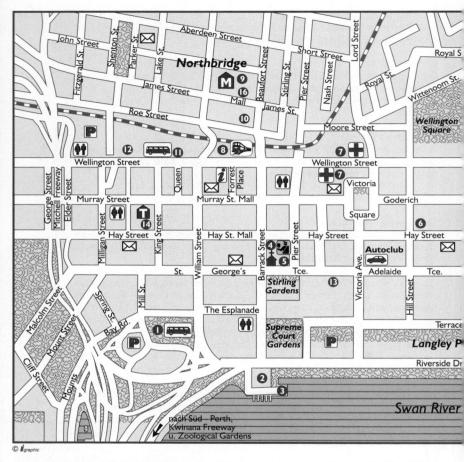

© *i graphic*

netter Cafes und Imbissbuden. Das interessante Backsteingebäude **The Cloisters** (220 St. Georges Tce.) wurde 1858 als Bischofssitz errichtet und war später Klosterschule.

Am Ende der St. George's Terrace steht der Torbogen **Barrack's Archway**. Der Ziegelbau ist der Rest einer Kriegsveteranenkaserne (Pensioner Guards). Sie bewachten von 1850 bis 1868 die Sträflinge der Kolonie. Nach deren Freilassung diente das Gebäude als Wohnhaus altgedienter Offiziere und später als Verwaltungsgebäude. Die Kasernen mussten dem Bau des *Mitchell Freeway* weichen, allein öffentlicher Protest bewirkte den Erhalt des Bogens.

Parlament
Hinter dem Barrack's Archway, getrennt durch die Schnellstraße, blickt das moderne **Parliament House** auf die Stadt. Führungen werden, soweit nicht getagt

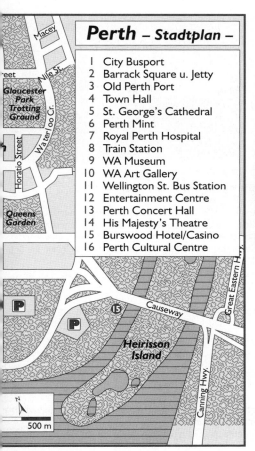

Perth – Stadtplan –

1. City Busport
2. Barrack Square u. Jetty
3. Old Perth Port
4. Town Hall
5. St. George's Cathedral
6. Perth Mint
7. Royal Perth Hospital
8. Train Station
9. WA Museum
10. WA Art Gallery
11. Wellington St. Bus Station
12. Entertainment Centre
13. Perth Concert Hall
14. His Majesty's Theatre
15. Burswood Hotel/Casino
16. Perth Cultural Centre

Barrack's Archway

wird, wochentags angeboten (Information unter Tel. 9222 7222).

> **Hinweis**
> Ein ausgedehnter Spaziergang führt vom Parlament hinauf in den Kings Park – den großen botanischen Garten der Stadt. Einige Hotels bieten Leihfahrräder an – ideal, um den weitläufigen Park zu erkunden.

Zurück in der St. George's Terrace, führt der Weg über die **King Street**, die einige hübsche Restaurants und Galerien hat, zur Wellington Street. **His Majesty's Theatre (14)** von 1904 (*The Maj*, 825 Hay St.) bietet fast allabendlich hervorragende Unterhaltung mit Theater, Comedy, Oper und Ballett.

Northbridge

Perth Cultural Centre

Die Fußgängerbrücke Horseshoe Bridge führt über die Bahngleise hinweg in den Stadtteil **Northbridge**. Dort wurde das moderne Kulturzentrum **Perth Cultural Centre (16)** aufgebaut: Die **Art Gallery (10)** ist ein neueres Gebäude, dessen eckige Form verschiedene Architekturpreise erhielt. Im Innern werden

Kulturviertel Northbridge

Werke nationaler und internationaler Künstler sowie eine einzigartige Sammlung von Aborigine-Kunstwerken gezeigt. Art Gallery Of WA, *James St.; geöffnet täglich 10–17 Uhr, Eintritt frei, www.artgallery.wa. gov.au*

Die moderne Art Gallery

Gegenüber steht die moderne **Alexander State Library,** die größte Bibliothek des Staates. Zwischen den Gebäuden findet jeden Samstag und Sonntag der Kunstmarkt **Galleria Art & Craft Market** statt.

Das **Western Australian Museum (9)** hat seinen Haupteingang in der Francis St. Es enthält sehenswerte Kollektionen aus den Bereichen Naturwissenschaften, Völkerkunde, Technik und Kolonialzeit. Attraktion ist ein 11 Tonnen schwerer Meteorit, der in Mundabilla niederging. Bei wenig Zeit sollte man sich auf bestimmte Bereiche des großen Museums beschränken. WA Museum, *Francis St.; geöffnet Mo–Fr 10.30–17 Uhr, Sa–So 13–17 Uhr, Eintritt frei, www.museum.wa.gov.au*

Das **Perth Institute of Contemporary Art (PICA)**, ein Museum für zeitgenössische und experimentelle Kunst (auch Theateraufführungen), zeigt wechselnde Ausstellungen (51 James St., geöffnet Di–So 11–18 Uhr).

Außerhalb des Stadtzentrums

Botanischer Garten
Am Westende des Zentrums schließt sich der 404 ha große **Kings Park** an, die grüne Lunge der Stadt. Ein 7 km langer *Tourist Drive* führt durch den Park. Von der Erhebung Mt. Eliza und von anderen Aussichtspunkten genießt man einen wunderbaren Blick auf die Skyline der Stadt und den Swan River. Teil des Parks ist auch ein großer botanischer Garten. Im Info-Kiosk sind nähere Hinweise über die verschiedenen Pflanzen erhältlich. Fahrräder können beim Garden Restaurant ausgeliehen werden. Nähere Informationen im Internet unter www.kpbg.wa.gov.au.

Botanischer Garten über der Stadt

Perth Zoo/South Perth
Der **Perth Zoo** liegt am Südufer (South Perth) des Swan River und ist am einfachsten mit der Fähre zu erreichen (ab Barrack St. Jetty). Er reicht zwar nicht an die berühmten Zoos von Sydney oder Melbourne heran, ist aber dennoch eine gute Einstimmung bzw. ein guter Ausklang einer Australienreise. Perth Zoological Gardens, *geöffnet täglich 10–17 Uhr; www.perthzoo.wa.gov.au*

Aquarium (AQWA)/Hillary Boat Harbour
Das **Unterwasseraquarium** ist besonders für diejenigen sehenswert, die auf ihrer Reise keines der Korallenriffe Australiens zu sehen bekommen. In durchsichtigen Acryltunneln werden die Besucher durch die Unterwasserwelt geführt.

Eine Delfin-Show und ein *Touch-Pool* sind weitere Attraktionen. Von September bis November/Dezember werden Bootsausflüge zur Beobachtung von Buckelwalen durchgeführt (*Mills Charters*, ab/bis Hillary Boat Harbour). Außerdem beginnen hier Bootstouren nach Rottnest Island (*Boat Torque Cruises, Oceanic Cruises*).

aqwa, Sorrento, Hillary Boat Harbour, West Coast Drive (20 km nördlich), Tel. 9447 7500; geöffnet täglich 9–17 Uhr; Fütterungszeiten 10.30 Uhr und 14 Uhr, www.aqwa. com.au

Swan-Brauerei/Canning Vale

Das Nationalgetränk der West-Aussies ist *Swan Beer*. Die Brauerei, die auch das populäre *Emu Beer* braut, kann besichtigt werden.

Swan Brewery, 25 Baile Rd., Canning Vale, Tel. 9350 0650; Führungen Mo–Mi 10 Uhr und 14.30 Uhr, Do 10 Uhr nur gegen Voranmeldung, www.australianbeers.com

Umgebung von Perth

Fremantle

Anfahrt

Fremantle liegt 19 km südlich von Perth an der Mündung des Swan River. Der Hwy. Nr. 5 (Stirling Hwy.) führt über die Stadtteile Nedland und Cottlesloe nach Fremantle. Auf der Rückfahrt können Sie auf der Route 207 die Strände von Perth in Augenschein nehmen.

An der Mündung des Swan River

Züge von der City Railway Station in Perth fahren in regelmäßigen Abständen nach Fremantle. Alternativ kann auch über den Swan River mit dem Schiff hingefahren werden.

In Fremantle fährt der Gratisbus Fremantle CAT auf einem Rundkurs zu den wichtigsten Sehenswürdigkeiten.

Allgemeine Hinweise

*• Der **Town Hall Shop** (King's Square) ist ein kleines Informationsbüro an der restaurierten Town Hall. Eine empfehlenswerte Stadtrundfahrt mit der „Fremantle Tram" beginnt stündlich von 10–16 Uhr vor der Town Hall.*

*• Entlang des **Cappucino Strip**, der Southern Terrace/Essex St., reiht sich ein Restaurant an das andere. Zu den stilechten Pubs zählt z.B. Fremason's Hotel.*

*• Die Markthallen des **Fremantle Market** (South Terrace) sind Freitag, Samstag und Sonntag geöffnet und bieten neben Obst, Gemüse, Fleisch und Fisch auch Kleidung und Kunstgegenstände zum Verkauf.*

*• Fremantle ist gewiss eine gute Alternative zur Großstadt Perth, insbesondere das **Esplanade Hotel Fremantle** ($$$$, Ecke Marine Tce./Essex St., Tel. 9430 4000) ist ein großartiges First-Class-Hotel im traditionellen Kolonialstil.*

*• Besorgen Sie sich vor Ort das **Fremantle Book**, eine Broschüre mit aktuellen Informationen und Hinweisen. Im Internet: www.fremantlefirst.com.*

Fremantle wurde 1829 von *Captain Charles Howe Fremantle* gegründet. Mit der Grundsteinlegung wurde der Name *Neu Holland* endgültig aus den Büchern gestrichen. Die ersten Gebäude wurden mit Hilfe tausender von Sträflingen errichtet. Mit dem Einsetzen des Goldrauschs entwickelte sich die zunächst unbedeutende Siedlung zu einem florierenden Hafen. Viel von der kolonialen Architektur

Nette Restaurants und Pubs

ist bis heute erhalten bzw. wurde liebevoll restauriert. Fremantle erlangte als Austragungsort des *America's Cup* von 1983–1987 weltweite Bekanntheit. Die Stadt hat sich mit ihren vielen Restaurants und Pubs zu einem echten Szenetreffpunkt entwickelt. Kaum eine andere Stadt in Australien hatte in den letzten Jahren eine solch schnelle und boomende Entwicklung.

Ein schöner Blick auf die Hafenstadt bietet sich vom **Monument Hill**.

Schifffahrtsmuseum

Das **WA Maritime Museum** beherbergt eine Darstellung der australischen Seefahrernation und ein Rumpfteil der 1629 gesunkenen *Batavia*. Das Schiff war, wie drei andere, Teil der holländischen Handelsgesellschaft *VOC* (*Vereinigte Oostindische Compagnie*) mit Sitz in Batavia, dem späteren Jakarta. Die *Batavia* war auf dem Weg von Texel/Niederlande nach Indonesien, als sie auf das Mornington Reef vor den Abrolhos Islands (nordöstlich von Geralton) auflief. Die Überlebenden wurden gerettet. Zwei Meuterer mit Namen Pelgrom und Looes wurden auf dem Festland ausgesetzt und waren damit die ersten europäischen Siedler in Australien. *WA Maritime Museum, Cliff St.; geöffnet Mo–Do 10.30–17 Uhr, Fr–So 13–17 Uhr; www.mm.wa.gov.au*

Die originalgetreue Nachbildung von James Cooks *HMS Endeavour* wurde im Juni 1993 fertig gestellt und zu Wasser gelassen. Für das 12-Millionen-Dollar-Projekt verwendete man statt des englischen Eichenholzes westaustralischen Jarrah. Möglich, dass das Schiff gerade einmal wieder im Heimathafen vor Anker liegt.

Fremantle Prison

Zwischen 1850 und 1868 kamen allein 9.000 Sträflinge in Fremantle an. Das **Fremantle Prison** wurde 1855 erbaut und bis November 1991 genutzt. Die Gefängnisblocks können besichtigt werden, im Inneren befindet sich eine ständige Fotoausstellung. *Fremantle Prison, 16 The Terrace; geöffnet täglich 10–16.30 Uhr; regelmäßige Führungen gegen Gebühr; als Attraktion werden nächtliche Rundgänge angeboten, www.fremantleprison.com.au*

Fremantle Arts Centre

Das hervorragende Kunst- und Kulturzentrum ist in einem Gebäudekomplex von 1860 untergebracht. Das Museum zeigt die Geschichte Fremantles, das Arts Centre besteht aus verschiedenen Galerien mit wechselnden Ausstellungen. *Fremantle Art Centre und Fremantle Museum, Ecke Finnerty St./Ord St.; geöffnet täglich von 10–17 Uhr; Eintritt frei, www.fac.org.au*

Swan Valley

Weinbaugebiet Westaustraliens

Das Hauptweinanbaugebiet Westaustraliens liegt keine 30 Autominuten nordöstlich von Perth. Nach Anfahrt über die *Guildford Rd.* (Hwy. 51) empfiehlt es sich, dem *Tourist Drive 203* zu folgen. Er führt an mehreren Weingütern vorbei nach **Midland**, dem Zentrum des „Tals", das eigentlich kein solches ist.

Weinproben können in den meisten „Wineries" von 10–17 Uhr unternommen werden (sonntags oft nur ein paar Stunden am Nachmittag).

Rottnest Island (① s. S. 155)

Unbedingt in den Reiseplan einbauen! Rottnest Island liegt nur 20 km vor der Küste Perths. Mit einer Länge von 11 km und einer Breite von 4½ km ist die Insel gut überschaubar und eignet sich hervorragend für einen Tagesausflug. Rottnest Island ist autofrei. Inselbusse (*Bay Seeker Bus*) führen Rundfahrten ab Thomson Bay durch. Die beste Möglichkeit, die flache Insel kennen zu lernen, ist per Fahrrad.

Am besten per Fahrrad zu erkunden

1658 wurde sie erstmals vom Holländer *Samuel Volkerson* gesichtet. *Willem de Vlamingh*, der die Insel 1696 besuchte, glaubte, dass die zahlreichen Baumkänguruhs (*Quokkas*) Ratten seien und nannte das Eiland daraufhin „Rats Nest". Die weitere Geschichte von „Rotto" ist vielschichtig: Sie diente als Gefangeneninsel für Aborigines, Kriegsgefangenenlager und Verteidigungsbastion. Heute wird Rottnest alljährlich von hunderten von Studenten heimgesucht, die dort ihre Examensfeste feiern. Hauptort ist **Thomson Bay** im Osten. Die schönsten Badestrände sind **The Basin**, **Fays Bay** und **Parakeet Bay** im Norden. Kleinere Korallenriffs und Schiffswracks haben Rottnest auch für Taucher interessant werden lassen. *Quokkas* können vor allem im Inselinneren beobachtet werden und scheinen sich an die Menschen gewöhnt zu haben. Von Oktober bis November können Buckelwale und sogar Blauwale vor der Küste beobachtet werden.

Wave Rock

> ☞ *Hinweis*
> *Kein Reisender sollte seine Reiseroute umstellen, nur um den berühmten „Wellenfelsen" zu sehen. Dies aus zwei Gründen: Erstens ist der Fels weit weniger imposant als auf Abbildungen dargestellt, zweitens beträgt die Entfernung von Perth immerhin rund 350 km pro Weg. Wenn schon, dann nicht selbst fahren, sondern einen günstigen Tagesausflug buchen!*

Die Fahrt führt zunächst landeinwärts über den *Great Eastern Hwy*. Die **Darling Range**, die dabei überwunden wird, ist ein Höhenzug, der mit 700 km Länge eine wirksame Barriere gegen die heißen Inlandswinde darstellt. Typisch sind die vielen Jarrahbäume – eine westaustralische Eukalyptusart mit extrem hartem Holz. Schafsweiden und Weizenfelder prägen die Landschaft.

Auf dem Weg zum Wave Rock

Wave Rock

York

Die historische Stadt **York** im Avon Valley wird auf dem Weg nach Osten passiert. Sie wurde bereits

1831 gegründet, verfiel aber nach anfänglichem Wachstum fast zur Geisterstadt. Nach einem Erdbeben 1969 wurden viele Gebäude originalgetreu wieder hergerichtet, sodass die Stadt heute vom Tourismus der durchreisenden Busse profitiert.

Hyden

Die Kleinstadt **Hyden** schließlich lebt von der Anziehungskraft des **Wave Rock**. Die kuriose Form des Felsens ent-

Im historischen Zentrum von York

stand durch jahrtausendelange Wind- und Wassererosion.

Dabei wurde die Basis abgetragen, und ein runder Überhang, der einer sich überschlagenden Welle gleicht, blieb bestehen. Der Granitfelsen ist 110 m lang und 15 m hoch. Bilder zeigen ihn meist eindrucksvoller, als er in Wirklichkeit ist. In der Umgebung des Felsens befinden sich die Felshöhlen **Hippo's Yawn** und **Mulka Cave** und die Felsformation **The Humps**.

Ein Campingplatz (*Wave Rock CP*, Tel. 9880 5022), ein Kiosk und ein Restaurant liegen gleich neben dem Wave Rock. Das *Hyden Wave Rock Hotel* ($$, 2 Lynch St., Tel. 9880 5052) ist ein einfaches Motel im Ort.

Nördlich von Perth

Bevor Sie Perth nach Norden verlassen, sollte der 20 km nördlich im Stadtteil **Sorrento** gelegenen **Hillarys Boat Harbour** besucht werden. Cafés, Restaurants und Boutiquen vermitteln eine fast mediterrane Atmosphäre. Sehenswert vor allem auch die *Underwater World*, ein Meerwasseraquarium (vgl. Perth Sehenswürdigkeiten, Kap. 20).

Die Wannero Road führt parallel zur Küste, wobei der Ort **Wannero** den Großraum Perth nach Norden begrenzt – Steppe und Buschlandschaft im „Wilden Westen" beginnen nun! An zahlreichen Obstständen am Straßenrand können die Vorräte ein letztes Mal aufgefüllt werden.

30 km nördlich liegen die Orte **Yanchep** und **Two Rocks** (Hafen). Yanchep trägt den Beinamen **Sun City**. Sowohl der Nationalpark als auch der Yanchep Lagoon *Schöner* Beach sind hier einen Abstecher wert, ebenso kann ein Besuch des *Sun City* *Golfplatz* *Country Club* mit einem der schönsten Golfplätze Australiens auf dem Programm stehen.

Die gepflegte Ferienanlage *Yanchep Holiday Village* ($$$, 56 St. Andrews Drive, Tel. 9561 2244) bietet neben gepflegten Unterkünften auch zahlreiche Freizeitaktivitäten (Golf, Reiten, Tauchen, Wandern im Nationalpark).

Yanchep National Park

Der 2.842 ha große Nationalpark (70 km nördlich von Perth) verfügt über Tropfsteinhöhlen und ausgedehnte Feuchtgebiete (Lake McNess) mit vielfältiger Tierwelt. Vom Visitor Centre werden Führungen in die Crystal Caves durchgeführt, ein Rundwanderweg über 4 Stunden führt durch den Park. Keine Campingmöglichkeit, aber Grillplätze am Seeufer.

Guilderton

43 km nördlich von Yanchep trifft man auf die Feriensiedlung **Guilderton** an der Mündung des Moore River. Direkt am Fluss befinden sich ein Campingplatz und ein Laden mit Kanuvermietung. Da der Fluss fast keine Strömung hat, kann man mit dem Kanu bis weit in das Landesinnere vordringen.

Lancelin

Nach weiteren 39 km ist das Windsurfing-Mekka Australiens, die Stadt **Lancelin**, erreicht. Dort endet die geteerte Straße. Von Mitte Oktober bis März bläst der *Fremantle Doctor* mit besonderer Stärke – eine wachsende Kolonie von europäischen Surfern hat dies längst erkannt und überwintert in der gemütlichen Stadt. Das besondere Spektakel ist der im Januar stattfindende Surfmarathon *Lancelin Blue Water Classics*. Bei den riesigen Sanddünen von Lancelin wird *Sand-Boarding* angeboten. Der *Lancelin Caravan Park* (Tel. 9655 1056) und die *Lancelin Lodge* (Tel. 9655 2020) und weitere Unterkünfte sind vorhanden.

Windsurfen ist „in" in Lancellin

🪧 Streckenhinweis

Von Lancelin gibt es eine sandige 4-WD-Piste, die weiter nach Norden in den **Nambung NP** *führen. Teilweise geht es durch die Dünen und über einen tiefsandigen Sandstrand, besser nicht alleine versuchen! Der lokale Veranstalter Sandgroper Safaris bietet mit einem megagroßen Allradbus (Bigfoot) Touren in Richtung Nambung NP an.*

21. PERTH – BROOME

Die Westküste hat viel zu bieten, zählt aber durch ihre relative Unbekanntheit zu den eher selten besuchten Gebieten einer Australien-reise. Als Anhaltspunkte lassen sich folgende Sehenswürdigkeiten festhalten:

- **Nambung National Park** mit den berühmten Felsnadeln *Pinnacles*
- **Kalbarri National Park** mit der spektakulären Schlucht des Murchison River
- **Shark Bay National-park** mit den Delfinen von Monkey Mia
- Korallenriff und Unterwasserwelt im **Ningaloo Reef Marine Park** und der **Cape Range National Park** auf der Halbinsel rund um Exmouth
- **Hamersley Ranges National Park (Karijini NP)** mit einem eindrucksvollen Schluchtensystem
- **Eighty Mile Beach**
- Perlenstadt **Broome**

Entfernungen

Keine Illusionen sollte man sich über die Entfernungen machen: Sie sind in Westaustralien extrem. Zwischen vielen Sehenswürdigkeiten ist einfach „Nichts", d.h. es muß gefahren werden, zur Not auch einmal 400–600 km am Stück. Die Benzinversorgung stellt durch die Roadhouses kein Problem dar – denken Sie dennoch daran, regelmäßig zu tanken und einen Wasservorrat mitzuführen.

Große Entfernungen auf dem Weg nach Norden

Perth–Cervantes (Nambung NP):	245 km	Carnarvon–Exmouth:	367 km
Cervantes–Geraldton:	270 km	Exmouth–Tom Price:	588 km
Geraldton–Kalbarri:	167 km	Tom Price–Port Hedland:	475 km
Kalbarri–Monkey Mia:	400 km	Port Hedland–Broome:	578 km
Monkey Mia–Carnarvon:	330 km		

Routenvorschlag
Von Perth nach Broome in 14 Tagen

1. Tag: Perth–Cervantes (Nambung NP)
2. Tag: Cervantes–Geraldton–Kalbarri
3. Tag: Kalbarri–Monkey Mia
4. Tag: Aufenthalt Monkey Mia
5. Tag: Monkey Mia–Coral Bay/Exmouth
6. Tag: Aufenthalt Ningaloo Reef
7. Tag: Aufenthalt Ningaloo Reef und Cape Range NP
8. Tag: Coral Bay–Giralia Station

9. Tag: Giralia Station–Tom Price (Karijini NP)
10. Tag: Aufenthalt Karijini NP
11. Tag: Karijini NP–Port Hedland
12. Tag: Port Hedland–Eighty Mile Beach–Broome
13. Tag: Aufenthalt Broome
14. Tag: Aufenthalt Broome

Straßenzustandsberichte:
www.mainroads.wa.gov.au (Straßenzustand),
www.mrwa.wa.gov.au
Routenplanung:
www.travelmate.com.au,
www.caravan-wa.com.au,
www.walkabout.com.au,
www.west-oz.com

Perth – Geraldton

Nambung National Park (The Pinnacles)
(ⓘ s. S. 155)

Streckenhinweis
Der Brand Highway *(Hwy. 1) führt von Perth nach Norden. Das Fischerdorf Cervantes, das über einen Abzweig vom Highway erreicht wird, ist Ausgangsort für den Besuch des Nationalparks und der Pinnacle Desert.*

130 km nördlich von Perth (Hwy. 95), abseits der Route, befindet sich in **New Norica** der einzige Klosterort Australiens. Das Kloster wurde 1846 von spanischen Benediktinermönchen gegründet und steht heute mit seinen 65 Gebäuden unter Denkmalschutz.

Die Teerstraße von Cervantes bis zum Kontrollpunkt an der Einfahrt in den Nationalpark ist 16 km lang. Achten Sie in der Dämmerung unbedingt auf Kängurus und Emus!

Die **Pinnacles** sind hunderte verwitterter Kalksteinfelsen, die sich bis zu 3 m Höhe erheben und über ein mehrere Quadratkilometer großes Gebiet verstreut *Farbenspiel*

Perth – Broome

Broome

Ozean

Sandfire Roadhouse

Port Hedland

Dampier Roebourne

Marble Bar
Millstream Chichester NP

Cape Range NP

Auski Roadhouse

Ningaloo Reef Marine Park

Exmouth Pilbara

Nanaturra Roadhouse Tom Price Karijini NP

Coral Bay

Paraburdoo Newman

West Coastal Hwy

Minilya Roadhouse

Mt. Augustus

Western Australia

Highway 95

Carnavon

Shark Bay
Monkey Mia
Denham

Overlander Roadhouse

Northern

Kalbarri NP

Indischer

Geraldton

Brand Highway Great

Nambung NP

Perth

© Igraphic

N

0   250 km

Auf Tour im Nambung National Park

liegen. Zusammen mit dem hellen Wüstensand ergeben sich faszinierende Farbenspiele, die besonders in den frühen Morgen- oder Abendstunden das Herz des Fotografen erfreuen. Auf einem Rundweg kann das Gelände zu Fuß oder per Auto erkundet werden.

Streckenhinweis

Die Weiterfahrt nach Norden sollte auf der abwechslungsreichen und schönen Strandabschnitten versehenen Teerstraße entlang der Küste erfolgen (eine Rückkehr zum Brand Hwy. ist zunächst nicht erforderlich). Über Jurien (Campingplatz), Jurien Bay, Drovers Cave NP, Lesueur NP, Green Head, Leeman, Coolimba (Stockyard Gully NP), Illawong und Cliff Head ist der Highway nach ca. 180 km wieder erreicht.

Dongara

Der Ort am *Brand Hwy.* (208 km nördlich von Cervantes) wurde schon 1859 gegründet. Zusammen mit dem Nachbarort **Port Denison** bietet Dongara historische Gebäude und schöne Strände. Vom Point Leander Obelisk (südlich von Port Denison) hat man einen schönen Küstenblick. Das Büro der **Tourist Information** (Waldeck St, Dongara, Tel. 9927 1404) befindet sich in der alten Polizeistation, hat ein kleines Museum und alte Gefängniszellen. Eine Broschüre informiert über den *Heritage Trail*, der 17 denkmalgeschützte Gebäude beschreibt. Schön ist die *Dongara YHA* (Jugendherberge, Waldeck St., Tel. 9927 1581), wo auf Wunsch in alten Eisenbahnwagons genächtigt werden kann. Für Camper ist der *Dongara Tourist Park* (8 George St., Tel. 9927 1210) mit Busch- und Meerblick-Stellplätzen ein gute Wahl.

In **Grenough** (41 km nördlich) sollte man sich bei genügend Zeit das *Pioneer Museum* ansehen, außerdem ist ein Spaziergang entlang restaurierter Gebäude möglich. Die Stadt lebt, wie die gesamte Region, von der Schaf- und Rinderzucht und teils noch vom Weizenanbau. Am Strand bzw. an der Flussmündung des *Grenough River* befindet sich ein schöner Campingplatz (Tel. 9921 5845).

Geraldton (ⓘ s. S. 155)

Geraldton (20.000 Ew.) ist das Verwaltungzentrum des Mittleren Westens (*Midwest*) und Hauptort der *Batavia Coast*. Die Stadt wurde aufgrund von Kupfer- und Bleivorkommen 1842 gegründet. Die Goldsucher, die

In Geraldton

im Murchison-Becken fündig wurden, nutzten die Stadt schon früh als Hafen. Die industriellen Hafenanlagen sind heute unübersehbar, wenngleich es auch beliebte Surfstrände nördlich und südlich der Stadt gibt.

Die **Haupteinkaufsstraße** ist die **Marine Terrace**. Sehenswert ist die ganz und gar „unaustralisch" aussehende **St. Francis Xavier Cathedral** (Cathedral Ave.) im byzantinischen Stil. Im **Western Australian Museum of Geraldton** (Foreshore Drive, Batavia Coast Marina) sind zahlreiche Fundgegenstände der Schiffe *Batavia, Zeewijk* und *Zuytdorp* ausgestellt. Alle Schiffe gehörten der holländischen Handelsgesellschaft *VOC* an und sind vor der westaustralischen Küste gesunken. Der Bahnhof **Old Railway Station** (Chapman Rd.) beherbergt ebenfalls ein kleines Museum. Von **Fisherman's Wharf** legen die Hummerfangboote ab.

Koloniale
Gebäude

INFO **Abrolhos-Inseln**

1497 ist es erstmals *Vasco da Gama* gelungen, entlang der Westküste Australiens zu segeln. Dass die Küste mit ihren flachen Riffs voller Tücken ist, erkannte auch schon *Don Jorge Menenes*, der 1527 den Archipel vor der Küste **„Abrolhos"** (port.: „Halt die Augen offen!") nannte. Berühmt wurde die Inselgruppe durch das Stranden der *Batavia* 1629 (vgl. Kapitel 20 Fremantle Maritime Museum). Das Houtman-Abrolhos-Archipel umfasst mehr als 100 Inseln, Besucher dürfen aus Naturschutzgründen nicht auf den Inseln übernachten. Rundflüge und Bootstouren werden jedoch von Geraldton aus durchgeführt.

Geraldton – Carnarvon

Northampton

In der Kleinstadt Northampton (52 km nördlich) wurde 1849 die *Geraldton Lead Mining Company* gegründet. Heute ist die Förderung von Kupfer und Blei zugunsten der Schaf- und Rinderzucht (*Pastoral Industry*) zurückgetreten.

Streckenhinweis

In Northampton zweigt eine nicht geteerte Stichstraße nach **Horrocks Beach** *(Strand und Campingplatz, 23 km westlich) ab. Die Teerstraße nach* **Gregory** *(historische Hafenstadt, 47 km westlich) führt mittlerweile weiter bis* **Kalbarri** *(ausgeschilderter Tourist Drive). So vermeidet man den eher drögen Brand Hwy.*

Kalbarri (ⓘ s. S. 155)

Kalbarri ist eine populäre Feriensiedlung mit einer Vielzahl guter Übernachtungsmöglichkeiten. Ganzjährig kann hier mit mildem bis warmem Klima gerechnet werden – eine Tatsache, die viele Langzeiturlauber, vor allem Rentner, zu schätzen wissen. Die Küste genießt einen guten Ruf unter Anglern. An vielfältigen Ausflugsmöglichkeiten mangelt es nicht: Neben den Schluchten und der Küste des Kalbar-

Populärer
Ferienort

INFO Hutt River Province

75 km nordwestlich von Northhampton (Port Gregory Rd.) befindet sich das „Land" des Farmers *Leonard George Casley,* die unabhängige Enklave **Hutt River Province**. Aus Zorn über die Weizenexportquoten Westaustraliens trat er 1970 aus dem Commonwealth aus und ernannte sich zum *Prinz Leonard of Hutt.* Hintergrund war eine Gesetzeslücke, die Bürgern bei wirtschaftlicher Not und drohendem Landverlust die Möglichkeit einräumt, eine selbstverwaltete Regierung zu gründen.

Mittlerweile, über 30 Jahre später, nennt *His Royal Highness* 13.000 Menschen seine Untertanen: all jene, die für 250 Dollar einen 5-Jahres-Pass bei ihm gekauft haben. Die 20 eigentlichen Einwohner von **Prince Leonard´s Land** zahlen keine Steuern, erhalten aber im Gegenzug auch keinerlei Zuwendungen des australischen Staates. Allen anderen wird nach einem Rundgang über die königlichen Güter gerne ein Stempel in den Reisepass gedrückt. Zahlreiche Konsulate sind über die ganze Welt verteilt. Informationen zur Geschichte und Gegenwart findet man unter www. huttriver.net im Internet.

ri Nationalpark, die erwandert werden können, werden Pferdeausritte von der *Big River Ranch* (am Ortseingang) angeboten. Eines der schönsten Papageiengehege ist *Rainbow Jungle* (3 km südlich, geöffnet Di–So 10–17 Uhr).

Kalbarri National Park

Streckenhinweis
Vom Brand Hwy. zweigt kurz nach Binnu die geteerte Ajana Kalbarri Rd. nach **Kalbarri** *ab. Der gleichnamige Nationalpark (186.096 ha) besteht aus zwei Teilen: dem River NP und dem Coastal NP.*

Südlich des Ferienortes Kalbarri beginnen die **Coastal Gorges**. Über eine Teerstraße sind die Felsklippen Red Bluff, Mushroom Rock, Rainbow Valley, Pot Alley, Eagle Gorge, Shellhouse Grandstand, Island Rock und Natural Bridges erreichbar. Ein Küstenwanderweg von 8 km Länge verbindet Eagle Gorge mit den Natural Bridges.

Schlucht des Murchison River
Der **Murchison River** hat sich auf seinen letzten 80 km in über 400 Millionen Jahren eine tiefe Schlucht in das dicke Sandsteinplateau gegraben. Der Fluss führt fast ganzjährig Wasser, im Sommer oft nur an Wasserlö-

Murchison River Gorge

chern (ideale Badestellen!). Nach Regenfällen oder Zyklonen kann das Wasser bis zu 7 m ansteigen. Dann ergießt sich eine schmutzigbraune Flut kilometerweit sichtbar in den Indischen Ozean. Die roten Felsen (*Tumblagooda Sandstone*) lassen die Schlucht in der Morgen- oder Abenddämmerung besonders farbenprächtig erscheinen.

Nach Einfahrt in den Nationalpark bekommt man einen ersten Eindruck von dem rauen Murchison-Canyon, der sich ein tiefes Felsbett gegraben hat: Folgen Sie dem Abzweig zum **Hawk's Head Lookout** (teilweise asphaltiert). Von den überhängenden Felsen des Aussichtspunkts hat man einen fantastischen Blick auf den Fluss. Mit ein wenig Glück können die in den Felsen nistenden Falken beobachtet werden. Der Ausblick vom **Ross Graham Lookout** ist weniger aufregend, dafür kann man hier zum Fluss hinunterlaufen. Weiter westlich beschreibt der Murchison weitere Schleifen: Vom Aussichtspunkt **The Loop** (26 km, teilweise asphaltiert) ist eine 6-stündige Wanderung entlang der Felskante möglich.

Zahlreiche Aussichtspunkte

Bei **Z-Bend** führt eine 500 m lange Wanderung zu einem weiteren spektakulären Aussichtspunkt. Ein 38 km langer Wanderpfad geht vom *Ross Graham Lookout* nach *The Loop*. Der Trail ist markiert, enthält einige Flussdurchquerungen und wird erfahrenen Wanderern empfohlen.

Shark Bay – Denham – Monkey Mia – Carnarvon

Hamelin Pool

Nach dem **Overlander Roadhouse** folgt der Abzweig zur **Peron-Halbinsel** an der Shark Bay. Nach 26 km sollte der Straße nach **Hamelin Pool** gefolgt werden: Eine alte Telegrafenstation, die ursprünglich Bestandteil der *WA Telegraph Line* war, ist durch rührige Einheimische vor dem Verfall gerettet worden und enthält eine kleine Ausstellung. Naturwissenschaftlich hochinteressant sind die **Stromatoliten** des Hamelin Pool. Es handelt sich dabei um die ältesten fossilen Lebewesen der Erde: Vor 3,5 Milliarden Jahren begannen Bakterien mit der Sauerstoffproduktion und formten im salzhaltigen Wasser des Beckens die charakteristischen „lebenden Felsen". Der Mitarbeiter in der *Old Telegraph Station* zeigt dazu gerne einen Videofilm. Ein kleiner Campingplatz ist nebenan vorhanden.

Älteste fossile Lebewesen

Westlichs-ter Punkt Australiens

Die Piste, die nach **Use-less Loop** auf der westli-chen Halbinsel führt, ist in Privatbesitz. Fahrer eines 4-WD können nach **Steep Point**, dem westlichsten Punkt des Kontinents, ge-langen (Permit im Tourist Office von Denham). Kuri-os ist die dortige solarbe-triebene Telefonzelle, die mitten im Nichts steht. Or-ganisierte Ausflüge nach Steep Point werden von Denham angeboten.

INFO

Dirk Hartog Island

Die Insel **Dirk Hartog Island** ist ebenfalls in Privatbesitz. Die In-sel markiert den ersten Lande-punkt eines Europäers auf dem Subkontinent: Der holländische Kapitän *Dirk Hartog* hinterließ am 25. Oktober 1616 eine *Pewter Plate* (Zinntafel) als Beweis sei-nes Landgangs. 80 Jahre später wurde sie von *Willem de Vlamingh* gefunden und zurück nach Holland gebracht. Die Insel gehört zum **Shark Bay National Park** und ist damit ebenfalls Teil der UNESCO World Heritage Area. Seit 1868 wird auf der Insel eine Schaffarm betrieben, in deren alten *Shearers Sheds* (Schafscherer-Unterkünfte) heute auch die Gäste übernach-ten können.

Auf Dirk Hartog Island

Sehenswert sind vor allem die reiche Meeresfauna mit Du-gongs (Seekühen), Delfinen, Schildkröten (Eiablage von Nov.–März) und die Wildblu-menblüte im Frühling. Doch auch die herrlichen, einsamen Strände sind einen Be-such wert. *Dirk Hartog Island Cruises* bietet Tagestouren von Denham aus an.

Auf dem Weg nach Denham passiert man **Nanga Station/Nanga Holiday Resort** (Tel. 9948 3992, 1-800 260 471), eine arbeitende Schaffarm mit komfortablen Cabins und Campingplatz. Sollte das Monkey Mia Resort ausgebucht sein, so besteht hier eine interessante Übernachtungsmöglichkeit.

Shell Beach (südlich von Denham) ist ein 110 km langer, aus meterhohen Muscheln gebildeter Strand. Bis vor wenigen Jahren wurde das gepresste Muschelgestein als Baumaterial für Häuser in der Shark Bay verwendet.

Muschelstrand

Monkey Mia (ⓘ s. S. 155)

☞ *Tipp*

Die Übernachtung in Monkey Mia sollte unbedingt reserviert werden – dies gilt auch für den Campingplatz. Andernfalls muss damit gerechnet werden, dass man im nahen Denham übernachten muss.

Vor Erreichen von Monkey Mia wird zunächst **Denham** passiert. Der Ferienort liegt an der Westküste der Peron Peninsula und ist die westlichste Stadt Australi-

INFO **Das Project Eden im Francois Peron Nationalpark**

Der nördliche Teil der Halbinsel wird vom Francois Peron NP eingenommen, benannt nach dem französischen Naturwissenschafter, der an Bord der *Geographe* in den Jahren 1801 und 1803 an Expeditionen teilgenommen hat. Bis in das Jahr 1990 war die Peron Halbinsel eine große Schaffarm, dann ging sie in den Besitz des Staats über und wurde zum geschützten Gebiet erklärt. 1994 verwirklichte **CALM** (*Conservation And Land Management*), die Naturschutzbehörde des Staates Westaustralien, ein ehrgeiziges Vorhaben, das den Namen **Project Eden** trägt. Ein Zaun, der die Halbinsel vom Festland trennt, wurde so errichtet, dass keine eingeführten Tierarten wie Füchse, Wildkatzen, Kaninchen oder Ziegen mehr eindringen können. Gleichzeitig wurden diese Tiere auf der Halbinsel systematisch ausgerottet, um viele vom Aussterben bedrohte einheimische Tierarten zu schützen und in ihrem Bestand zu bewahren. Mittlerweile hat sich die Natur zu einer unerkannten Vielfalt „zurückentwickelt": Seltene, kaum noch gekannte Pflanzen wuchsen plötzlich wieder, als in der dortigen Region für ausgestorben erklärte Kleinstbeuteltiere (Bilby, Numbat u.a.) tauchten wieder auf und vermehrten sich durch das Fehlen ihrer Jäger. Das Project Eden hat heute Vorbildfunktion für ein erfolgreich verlaufenes Naturschutzprojekt für ganz Australien.

Über eine Piste (Abzweig von der Monkey Mia Rd., 4 km östlich von Denham), die an der alten **Peron Homestead (Visitor Centre)** vorbeiführt, kann bis zur felsigen Nordspitze **Cape Peron** gefahren werden (4-WD). Gefährlich sind dabei die großen Salzpfannen (*Birridas*), die zu einem plötzlichen und aussichtslosen Versacken des Fahrzeugs führen können! Einfache NP-Campgrounds existieren bei **Big Lagoon**, **Gregories**, **Bottle Bay**, **South Gregories** und **Herald Bay**. Um den Park in seiner ganzen Schönheit zu erleben, empfiehlt sich ein naturkundlich geführter Tagesausflug ab Denham.

Ranger mit Delfinen

ens – vor allem ein beliebter Hafen für Hochseeangler. Sehenswert ist das aus Muschelblocks des Shell Beach gebaute *Old Pearler Restaurant.*

26 km östlich von Denham ist **Monkey Mia** einer der wenigen Strände der Erde, der von frei lebenden Delfinen regelmäßig besucht wird. 1964 begann *Alice „Nin"* Watts, die vorbeiziehenden *Bottlenose Dolphins* zu füttern. Seitdem besuchen die Tiere fast täglich den Strand. Dabei nehmen längst nicht alle den angebotenen Fisch an, einige Delfine kommen seit Jahren, ohne jemals Futter akzeptiert zu haben. Meist sieht man acht Delfine mehr oder weniger täglich. Weitere 70 schauen sporadisch vorbei.

Monkey Mia hat sich zweifellos zu einer Touristenattraktion entwickelt und das **Monkey Mia Resort** hat eine beispiellose Entwicklung vollzogen. Seit 1986 überwachen und schützen Ranger die Delfine und beantworten gerne Fragen. Im Umgang mit den Tieren haben sie bestimmte Verhaltensregeln entwickelt, die unbedingt beachtet werden müssen. Das **Dolphin Information Centre** (täglich 7.30–16 Uhr) ist herausragend – in jeder Beziehung. Von der Anlegestelle werden Bootsausflüge zu einer Perlenzuchtfarm (5 km nördlich), nach **Faure Island, Pippy Island** und **Cape Peron** angeboten. Immer populärer wird auch das Tauchen in der großartigen Unterwasserwelt des Shark Bay NP.

Die berühmten Delfine von Monkey Mia

Streckenhinweis

Bis Carnarvon bietet der North West Coastal Highway *kaum Abwechslung. Die* **Gascoyne-Region** *ist im Inland von riesigen Schaffarmen bedeckt.*

Carnarvon (ⓘ s. S. 155)

Carnarvon (6.900 Ew.) markiert mit seinem sonnigen Klima (*The Sun's Winter Home*) den Eingang in die Subtropen. Die Distrikthauptstadt lebt von den Erträgen seiner Plantagen: Jedes Jahr werden durch Bananen, Ananas, Melonen, Tomaten und Bohnen über A$ 30 Millionen erwirtschaftet. Die Plantagen werden durch unterirdische Grundwasservorkommen bewässert. Eine der Bananenplantagen, die besichtigt werden können, ist **Munro's Banana Plantation** (South River Rd., Tel. 9941 8104; Führungen von Nov.–Mai 11 Uhr). Am Ortseingang fällt *The Big Dish* auf, eine Satellitenantenne der *O. T. C.* (*Overseas Telecommunications*). Das Gelände der ehemaligen NASA-Station kann man sich Mo–Fr 14–16 Uhr anschauen. Am **Pelican Point** auf Babbage Island (per Autobrücke mit der Stadt verbunden) hat die Stadt einen schmalen Strand.

Plantagenstadt

Nördlich von Carnarvon

12 km nördlich (Teerstraße) befindet sich das **Bibbawarra Artesian Bore**, ein ein Kilometer tiefes Bohrloch, aus dem 69 Grad heißes Wasser strömt. 73 km nördlich (Abzweig vom Highway) liegen die **Blow Holes** – Felslöcher, durch die ankommende Wellen bis zu 20 m in die Höhe gepresst werden.

Übernachten ist auf der Schaffarm **Quobba Station** (10 km nach den Blow Holes, Tel. 9941 2036) möglich. Am **Cape Cuiver** wird Meersalz (*Dampier Salt Works*) gewonnen und nach Japan exportiert. Nördlich des Kaps strandete 1988 der Frachter *Korean Star*. Das Wrack ist von der Straße sichtbar.

☞ *Hinweis*
Die auf einigen Karten noch verzeichnete Küstenstraße von Carnarvon nach Coral Bay endet in Gnaraloo!

Abstecher zum Mt. Augustus National Park

Eine i.d.R. gut befahrbare Piste zweigt 7 km nördlich von Carnarvon zum Mt. Augustus nach Osten ab. Der Berg liegt weitere 450 km nordöstlich. Für die Fahrt empfiehlt sich ein 4-WD-Fahrzeug. Auf dem Weg über die *Carnarvon-Mullewa Rd.* wird der **Kennedy NP** durchquert, eine aus dem Nichts aufsteigende Bergkette.

Vor Erreichen des Mt. Augustus wird auf der **Cobra Station** eine

Zu Gast auf einer Outback Station
It doesn´t get any more Australian than this – könnte das Motto eines **Farmaufenthalts** lauten. Die wenigen Farmen (*Stations*) im Landesinneren Westaustraliens bieten Reisenden die Möglichkeit, das Leben im wahren Outback des Kontinents kennen zu lernen.

Fast überall bieten sie eine Übernachtungsmöglichkeit in einfach eingerichteten Zimmern oder Hütten, in anderen Fällen schläft man in den gleichen Unterkünften wie die saisonal angestellten Schafscherer oder *Jackaroos*, wie die australischen Cowboys heißen. Gegessen wird im *Homestead* mit der Familie – eine wunderbare Gelegenheit, mehr über das entbehrungsreiche Leben dort draußen zu erfahren. Die **Menschen im Outback** haben nicht viel Kontakt zur übrigen Welt – wundern Sie sich deshalb nicht über eine anfängliche Wortkargheit.

Planen Sie einen Outback-Abstecher zu einer Farm, dann rufen Sie vorher an, um sich anzumelden. Unvermittelt vor der Eingangstür stehende Gäste werden unter Umständen gar nicht gerne akzeptiert! Eine **aktuelle Tageszeitung** ist immer ein willkommenes Geschenk. Diejenigen Farmen, die den Tourismus als eine bescheidene zusätzliche Einnahmequelle entdeckt haben, bieten ihren Gästen Führungen über ihre Ländereien an, oft werden, sofern ein Flugzeug oder Helikopter vorhanden ist, auch Rundflüge offeriert.

Übernachtungsmöglichkeit (gegen Voranmeldung unter Tel. 9943 0565) angeboten. Wer das Outback intensiv erkunden möchte, findet mit der **Erong Springs Station** (170 km südlich des Mt. Augustus, Tel. 9981 2910) oder der **Wooleen Station** (193 km nördlich von Mullewa, Tel. 9963 7973) weitere Unterkünfte.

Outback-Abstecher

Mt. Augustus ist der größte Fels der Erde. Mit seinen Ausmaßen ist der Berg rund zweieinhalb Mal größer als der Ayers Rock, wenngleich er nicht dessen markante Form besitzt. Seine Spitze liegt 1.105 m über dem Meeresspiegel und 858 m über der umgebenden Ebene. Das gesamte Gebiet ist aufgrund zahlreicher Aborigine-Fundstätten und einer vielfältigen Flora und Fauna zum Nationalpark erklärt worden. Ein 49 km langer Rundweg (Burringurrah Drive) führt um den Felsen. Mt. Augustus kann auf einer 12 km langen Wanderung (6 Std., Summit Trail) bestiegen werden. Weitere kürzere Wanderungen sind größtenteils markiert und führen u.a. zu gut erhaltenen Felsgravuren. Eine Weiterfahrt in den Karijini NP (südlich von Tom Price) ist auf einsamen Outbackpisten möglich (vorher unbedingt informieren!).

Größter Fels der Erde

Die **Anreise per Flugzeug** ist durch die Firma *Paggi's Aviation* (8 Morrell Court, Carnarvon, Tel. 9941 1587) möglich. Übernachtung bietet das einfache **Mt. Au-**

gustus **Outback Tourist Resort** (**\$\$**, Tel. 9943 0527) in einfachen Motel-Units. Außerdem sind ein Campingplatz, Tankstelle und Laden vorhanden. Die Eigner bieten auf Anfrage geführte Touren auf den Berg oder rund um den Berg an.

Carnarvon – Port Hedland

North West Cape

Korallenriff

Das **North West Cape** erstreckt sich wie ein ausgestreckter Daumen rund 200 km in den Indischen Ozean. Es ist im Westen und Norden weitgehend vom **Ningaloo Reef** umgeben. Der gleichnamige Marine Park wurde 1987 gegründet und ist unter Tauchern wie Anglern gleichermaßen beliebt.

Streckenhinweis
Die geteerte Straße nach Coral Bay und Exmouth zweigt am **Minilya Road-house** *in nordwestlicher Richtung ab. Aufgrund der vielen Kängurus und Emus sollten Sie* **Nachtfahrten unbedingt vermeiden!**

Coral Bay (ⓘ s. S. 155)

Der kleine Ort **Coral Bay** hat sich in den letzten Jahren von einem verschlafenen Fischerdorf zu einem lebhaften Ferienort gewandelt. Das schöne Korallenriff liegt zum größten Teil innerhalb der Lagune und beginnt nur wenige Meter vom

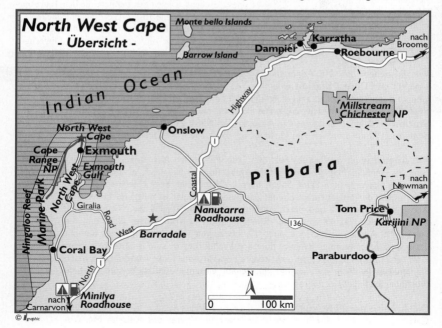

Strand entfernt. Dies ist insbesondere für diejenigen interessant, die ohne Auto reisen und den Strand dann praktisch vor der Haustüre finden. Schnorchelausrüstung kann geliehen werden, ebenso werden Tauchexkursionen oder Fahrten in Glasbodenbooten angeboten.

Von März bis Juni werden Ausflüge zur Beobachtung der Walhaie angeboten. Offenbar tauchen die Fische zunächst in Coral Bay auf, um dann nach Norden in Richtung Exmouth zu ziehen. Dort bleiben Sie bis ungefähr im Juni. Sind die Walhaie nicht da, können Manta-Rochen und Seekühe im Wasser beobachtet werden – auch hier sind sogenannte „interaktive" Begegnungen im Wasser möglich!

INFO **Ningaloo Reef**

Das Korallenriff ist das größte Westaustraliens: Der **Ningaloo Reef Marine Park** erstreckt sich über 260 km von Point Murat im Nordosten der Halbinsel bis Bulbari Point im Südwesten (4.300 km² Fläche). Das Riff bietet mit über 500 Fischarten und 220 riffbildenden Korallen eine außerordentliche Vielfalt. Die Korallenbänke sind ein Paradies für Schnorchler und Taucher und im Gegensatz zum Great Barrier Reef weit gehend unverbraucht. Das Riff kann zum Schnorcheln und Tauchen **ganzjährig** besucht werden, es gibt keine Quallen und keine Krokodile. Kilometerlange, menschenleere Strände sind weitere Höhepunkte.

Ein Walhai am Ningaloo-Riff

Eine der Attraktionen sind die zur Laichzeit der Korallen (Mitte März-Ende Mai/Anfang Juni) vorbeiziehenden **Walhaie** (*Whale-Sharks*). Die sanften Riesen werden bis zu 40 t schwer und 18 m lang – die größten vorkommenden Fische! Da die Tiere aber harmlose Planktonfresser sind und dicht unter der Wasseroberfläche schwimmen, können sie auf speziellen Bootsausflügen schnorchelnderweise beobachtet werden (ab Exmouth oder Coral Bay). Die touristische „Jagd" auf die Walhaie ist allerdings nicht unumstritten. Mittlerweile gibt es mehrere lizenzierte Unternehmen, die in Coral Bay und Exmouth mit ihren Booten zur Suche nach Walhaien aufbrechen. Zwar dürfen immer nur 10 Personen auf einmal zu einem Walhai ins Wasser, doch weiß man nicht, welche mittelfristigen Auswirkungen der Boots- und Menschenrummel auf die Tiere hat. Das Ningaloo-Riff ist dennoch der einzige Platz auf der Welt, an dem man zu einer bestimmten Zeit und „garantiert" mit Walhaien schnorcheln kann.

Weitere, für Schnorchler und Taucher interessante Begegnungen sind mit **Manta-Rochen** (bis 5 m Spannweite) und **Dugongs** (Seekühen) möglich und beileibe keine Seltenheit. Von November–März legen **Grüne Seeschildkröten** ihre Eier an den Stränden ab. Man schätzt, dass rund 6.000 **Buckelwale** von August bis Dezember vorbeiziehen und im Golf von Exmouth Station machen, um ihre Jungen zu füttern.

Exmouth (ⓘ s. S. 155)

Tauchex-
kursionen
an das
Ningaloo
Reef

Exmouth wurde 1967 als Stützpunkt der US-Navy gegründet und ist die jüngste Stadt Australiens. Ihre reichen Fischgründe, schönen Strände, das Ningaloo Reef und der Cape Range NP haben die Stadt zu einem beliebten Ferienort werden lassen. Die Navy-Pier wird heute noch genutzt und hat sich als erstklassiges Tauchrevier (*Pier Dive*) etabliert.

Im äußersten Norden stehen die Antennenmasten der **V.L.F. Antenna Fields** (*Very Low Frequency*), die für die Verbindung zu amerikanischen und australischen U-Booten im Indischen Ozean sorgen. Der höchste Mast misst 388 m! Der nördliche Teil der Base wird von dem Hotel *Seabreeze Resort* (unter deutscher Leitung) mit Dive Shop, Pool und Restaurant gebildet.

Cape Range National Park

ℹ️ Information
Milyering Visitor Centre (Cape Range NP, 52 km von Exmouth); ausgezeichnetes Informationszentrum mit Filmen und Ausstellungen. Der Ranger gibt gute Tipps, wo mit der Strömung küstenauf- oder -abwärts geschnorchelt werden kann. Im Exmouth Tourist Bureau ist ebenfalls eine gute Übersichtskarte des NP erhältlich. Schnorchelausrüstung nicht vergessen bzw. in Exmouth (Diving Centre) ausleihen! Empfehlenswerte Tagestouren in den Cape Range NP unternimmt Neil McLeod (Ningaloo Safari Tours, Tel. 9949 1550).

🏞️ Streckenhinweis
Die Anfahrt in den NP erfolgt, von Exmouth kommend über die Nordspitze der Halbinsel. Die Straße ist bis Yardie Creek asphaltiert. Bei Ebbe kann der Yardie Creek überquert werden (nur mit 4WD, am besten nicht alleine probieren!) und entlang der Westküste auf Sandpisten bis Coral Bay gefahren werden.

Korallenrif-
fe direkt
am Strand

Der 1974 gegründete **Cape Range NP** bedeckt insgesamt 50.581 ha Fläche. Typisch für das Kalksteinplateau sind seine tiefen Täler und Schluchten, die an verschiedenen Stellen besucht werden können. Noch interessanter erscheinen jedoch die zahlreichen Strände, von denen aus direkt zu den nur 20 bis 50 m entfernten Korallenriffen geschnorchelt werden kann. Die besten Stellen sind bei Lakes Side und Oysters Stacks. Nicht selten sieht man auch Delfine in unmittelbarer Küstennähe vorbeiziehen.

Im Cape Range National Park

Turquoise Bay und **Osprey Bay** sind die bekanntesten und schönsten Buchten. Landschaftlicher Höhepunkt ist der **Yardie Creek Canyon** (90 km südlich), wo sich ein kurzer Wanderweg befindet. *Yardie Creek Boat Tours* führt täglich Bootsausflüge flussaufwärts durch. Quert man den Fluss, führt eine Piste in Richtung Coral Bay (nur 4-WD). Überall sieht man Kängurus und Emus. Südlich von Yardie Creek gibt es das *Ningaloo Chase Safari Camp* (Tel. 9949 1500).

Streckenhinweis: Burkett Road
Zurück zum North West Coastal Highway *kann die Fahrt über die geteerte Burkett Road um fast 100 km verkürzt werden.* Outback-Stopovers *kann man auf der* **Bullara Station** *oder auf der* **GiraliaStation** *(Tel. 9942 5937) einlegen.*

INFO **Central Pilbara Coast**

Aufgrund der Tatsache, dass die meisten Reisenden den sehenswerten Karijini NP im Landesinneren besuchen, entfällt aus Zeitgründen ein Stück Küstenlandschaft, welche als **Central Pilbara Coast** bezeichnet wird und durchaus seine Reize hat.
Der wichtigste Ort ist die rund 10.000 Einwohner zählende Stadt **Karratha**, die vom Geschäft mit Eisenerz (*Hamersley Iron Ltd.*) und Erdgas. (*Woodside Liquified Natural Gas*) lebt. Die Stadt ist ein idealer Vorsorgungsstützpunkt auf dem Weg in den Millstream Chichester NP oder wenn Ausflüge nach Dampier oder Point Samson unternommen werden. Das

Das Hafenstädtchen **Dampier** mit der Eisenerz- und Salz-Verladestation liegt nur 20 km entfernt und gilt als Ausgangsort für Bootstouren auf die 42 Inseln des **Dampier Archipels**. Die Inseln bieten eine Fülle einsamer Strände und gute Angel- und Schnorchelmöglichkeiten. Doch auch auf dem Festland, auf der 88 km² großen Burrup Peninsula nördlich von Dampier, befinden sich großartige Strände (überwiegend 4-WD Tracks).

Bootstouren werden auch zu den 120 km entfernt liegenden **Montebello Islands** angeboten. Dabei handelt es sich um rund 100 flache Kalksteinfelsen und -inseln, die noch vor einigen tausend Jahren mit dem Festland verbunden waren. Im 19. Jahrhundert wurden die Montebellos von Perlenfischern besiedelt. Unrühmlich indes waren drei Atombombenversuche, welche die Briten im Jahr 1952 in einer Bucht nahe Trimouille Island unternahmen. Heutzutage können die Inseln wieder besucht werden. Angler, Strandgänger, Naturliebhaber und Walbeobachter kommen auf ihre Kosten.

Auf der Fahrt in Richtung Port Hedland passiert man **Roebourne**, die älteste Stadt im Nordwesten. Das alte Gefängnis (*The Old Gaol*, Tel. 9182 1060) ist heute das Tourist Information Centre und enthält eine sehenswerte Ausstellung alter Relikte und Bilder. Am Ende der Halbinsel befindet sich das *Cape Lambert* mit einer Eisenerz-Verladung. Östlich liegt die Feriensiedlung **Point Samson** mit herrlichen Stränden und einer guten Auswahl an Unterkünften und Caravan Parks – ein Muss für jeden Reisenden, der die Extrazeit erübrigen kann. Point Samson ist außerdem Heimat einer modernen Fischfangflotte.

Information
Karratha Tourist Bureau, Tel. 9144 4600
Roebourne Tourist Bureau, Tel. 9182 1060
Internet: www.pilbara.net

Pilbara-Region

Anreise

Die Anreise per Auto erfolgt vom North West Coastal Hwy. beim Road-house Nanutarra auf einer geteerten Straße (294 km bis Tom Price). Per Flugzeug (Qantas) lässt sich die Pilbara über den Flughafen von Paraburdoo anfliegen. Über-landbusse lassen die Pilbara bislang meist „rechts" liegen und folgen dem Küsten-Highway. Allerdings gibt es in Karratha einige Anbieter, die Touren in die Pilbara anbieten.

Ursprüng-liches West-australien

The Pilbara gehört zu den kaum erschlossenen Regionen des Kontinents. Sie umfasst rund 500.000 km² und reicht von der Nordwestküste bis an die großen Wüsten des Landes – **Great Sandy Desert** und **Gibson Desert**. Das Terrain wird von Australiern gemeinhin als *Rugged Country* bezeichnet, was so viel wie raues, wildes, zerfurchtes Land heißt.

Abbau von Boden-schätzen

Von der flachen Küste kommend, erheben sich abgebrochene, nur spärlich be-wachsene Gebirgszüge aus dem westaustralischen Plateau – ein Gebiet, dem Geologen das sagenhafte Alter von zwei Milliarden Jahren zuschreiben. Die Pilba-ra gehört zu den heißesten Regionen der Erde. Den Weltrekord hält das Out-back-Nest **Marble Bar**: Im Jahre 1923/24 wurde an 160 aufeinander folgenden Tagen über 38,7 Grad gemessen! Die wenigen Städte (Tom Price, Newman) haben sich durchweg dem gewinnträchtigen *Mining* verschrieben: Der Wohlstand WA's gründet sich auf die überaus reichhaltigen Eisenerzvorkommen in der roten Erde der Pilbara. Schätzungen gehen davon aus, dass allein hier 40 Milliarden Tonnen hochwertiges Erz lagern. Die Rohstoffe werden per Eisenbahn in die Häfen **Dampier** und **Port Hedland** verfrachtet und von dort auch verschifft. Neben Bodenschätzen werden die Erdgasfelder des Nord-West-Schelfs vor Dam-pier ausgebeutet.

Touristisch interessant sind die Felsschluchten und Wasserfälle des **Karijini NP**, der 300 km landeinwärts liegt. Die Erschließung der Region schreitet mit dem Ausbau der asphaltierten Straßen schnell voran.

Die Pilbara-Region verfügt noch über viele sehenswerte Flecken, die auf eigene Faust nicht gefunden werden oder nicht bekannt sind. Einige lokale Veranstalter, wie z.B. *Design A Tour* (Tel. 9841 7778, www.dat.com.au), haben sich spezialisiert und bieten Tagestouren an, die auch für Mietwagen- und Camperreisende sehr empfehlens-wert sind.

■■■■■ **Tom Price**
(ⓘ s. S. 155)

Mit 747 m über dem Meeresspiegel ist **Tom Price** *Top Town of WA*, die höchstgelegene Stadt Westaustrali-ens. Sehenswert an der 4.300-Ein-wohner-Stadt ist das wahrhaft be-

Automobile Giganten von Tom Price

eindruckende Eisenerz-Abbaugebiet der *Hamersley Iron Pty. Ltd.* Touren werden vom Tourist Office angeboten, allerdings nur bei ausreichender Teilnehmerzahl (Dauer ca. 2 Std.). Vom 1.128 m hohen **Mt. Nameless** (steile Straße, nur 4-WD) lässt sich das Gebiet überblicken.

Karijini National Park (Hamersley Range Gorges)

ℹ️ **Information**
Karijini Visitor Centre (Tel. 9189 8121): *Das Besucherzentrum befindet sich zentral im NP und hält alle wichtigen Informationen bereit. Übersichtskarten des NP sind auch in Tom Price erhältlich.*

Der 617.606 ha große Nationalpark, der zweitgrößte WA's, ist nur in seinem Nordteil erschlossen. Tiefe Felsschluchten, die sich in das Hochplateau der Range gegraben haben, führen ganzjährig Wasser. Das rote, eisenhaltige Gestein und die spärlich bewachsenen Flächen (Spinifex, Eukalyptusbäume) stehen in einem faszinierenden Kontrast zu der reichen Vegetation am Fuße der Schluchten. Die Entfernungen zwischen den Schluchten sind erheblich, daher ist es sinnvoll, sich beim Besuch auf wenige Canyons zu beschränken.

Die Hauptroute ist der **Banjima Drive** (gut trassierte Piste). Er führt in das magische Schluchtendreieck **Hancock Gorge**, **Weano Gorge** und **Red Gorge**. Separate Zufahrten bestehen zu den **Joffre Falls** (Joffre Gorge) und zur **Knox Gorge**, sowie zu den **Kalamina Falls** und zur **Dales Gorge**. *Sagenhafte Schluchten*

Die Ausfahrt *Karijini Drive* in Richtung *Great Northern Hwy.* (Newman, Port Hedland) ist geteert.

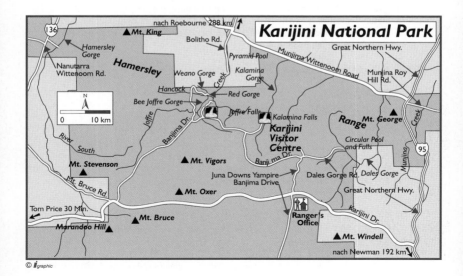

© *i graphic*

Blick vom Oxer Lookout

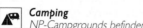 Ausflüge im Nationalpark

Folgende Schluchten sind zugänglich bzw. über Wanderwege erreichbar:
- **Hamersley Gorge** mit permanentem Wasserloch, vom Parkplatz über eine kurze Wanderung zu erreichen.
- **Hancock Gorge**, **Joffre Gorge**, **Weano Gorge**, **Knox Gorge**: Zusammenhängendes Schluchtensystem; zahlreiche, z.T. schwere Wanderwege; permanent Wasser führend, bester Blick vom Oxer Lookout.
- **Kalamina Gorge**: Leicht zugänglich, schattiger Felspool.
- **Dales Gorge**: Abwechslungsreiche Schlucht mit Wasserfall Fortescue Falls; Wasserlöcher Circular Pool (oft trocken) und Fern Pool; Wanderung durch die Schlucht möglich.
- **Yampire Gorge** ist nur von der Munjina-Wittenom-Straße zugänglich und es wird vor Asbest gewarnt.

Camping

NP-Campgrounds befinden sich an der Weano Gorge, Joffre Gorge und Dales Gorge.

Die ehemalige Stadt **Wittenom** wurde von Amts wegen 1994 geschlossen. Aufgrund der immer noch in der Luft befindlichen Asbestfasern von der 1966 stillgelegten Asbestmine wird davor gewarnt, sich länger in dem Gebiet aufzuhalten. Trotzdem befindet sich in Wittenom noch ein kleines Gästehaus (Wittenom Guest House, Tel. 9189 7060).

Millstream Chichester National Park

Anfahrt

Die Zufahrt ist wie folgt möglich:
1. Roebourne–Wittenoom Road (öffentlich)
2. Privatstraße Hamersley Iron Access Road Dampier–Millstream–Tom Price
Für die private Zufahrtspiste in den NP ist ein Permit der Minengesellschaft erforderlich, welches man entweder in Tom Price oder in Karratha im Visitor Center erhält. Beide Pisten sind gut gepflegt und bei Trockenheit gut befahrbar. Auf halber Strecke in Richtung Wittenoom kann auf der Mt. Florance Station übernachtet werden (Tel. 9189 8151).

Idyllische Oasen

Rund 220 km nördlich von Tom Price (und 120 km südlich von Karratha) liegt der 200.000 ha große NP, dessen Felspools schon von afghanischen Kameltreibern als Wasserstellen genutzt wurden. Entlang des Fortescue River liegen tier- und pflanzenreiche Oasen (Deep Reach, Crossing Pool) inmitten der Halbwüste. In Millstream gibt es ein Visitor Centre. An der Ausfallstraße in Richtung Roebourne (*North West Coastal Hwy.*, 90 km nördlich) liegt **Python Pool**, der bekannteste und schönste Felspool.

Streckenhinweis
*Die Ausfallstraße nach Norden endet auf dem North West Coastal Hwy. In Richtung Port Hedland passiert man das **Whim Creek Hotel**, einen urigen Pub von 1886 mit Übernachtungsmöglichkeit.*

Port Hedland (ⓘ s. S. 155)

Die Hafenstadt **Port Hedland** ist kaum mehr als eine Durchgangsstation und bietet mit ihren Industrie- und Hafenanlagen nicht viel Sehenswertes. Dies mag Anfang des Jahrhunderts noch anders gewesen sein, als Gold aus Marble Bar mit Kamelen und Maultieren an die kleine Jetty von Port Hedland geschafft wurde. Die einschneidendste Veränderung erfuhr die Stadt in den 1960er-Jahren mit dem Beginn der Eisenerzförderung in der Pilbara. Mit kilometerlangen Zügen wird seitdem der Rohstoff von **Mt. Newman/Mt. Whaleback** zur *BHP Iron Ore Ltd.* transportiert und auf Frachter verladen. Durch den rund um die Uhr laufenden Betrieb sind alle Gebäude und Fahrzeuge von einer rotbraunen Staubschicht überzogen. Hafentouren beginnen Mo–Fr um 9.30 Uhr am Visitor Centre der Stadt. Während der Walsaison werden Bootstouren zur Beobachtung angeboten.

Industriell geprägte Hafenstadt

Die *Leslie Salt Company*, das zweite wichtige Industrieunternehmen der Stadt, gewinnt Salz durch Wasserverdunstung und verschifft es ebenfalls vom Hafen. Angesichts des Frachtaufkommens von annähernd 45 Millionen Tonnen jährlich ist dieser Hafen der größte des Kontinents. Ein großes Einkaufszentrum befindet sich im Wohngebiet in **South Port Hedland**.

Eighty Mile Beach

Eighty Mile Beach

In Port Hedland gilt es, noch einmal günstigen Sprit zu tanken, bevor die lange Etappe nach Broome auf dem Great Northern Hwy. ansteht. Die nächste Übernachtungsmöglichkeit bietet sich an der **Pardoo Station** (120 km nördlich von Port Hedland, Tel. 9176 4930), etwas abseits des Highways. Die erste Möglichkeit, zum traumhaften **Eighty Mile Beach** zu gelangen (und dort auch zu übernachten), bietet sich in **Wallal Downs** (250 km nordöstlich von Port Hedland): ein gepflegter Campingplatz mit Cabins und bislang die einzige Übernachtungsmöglichkeit direkt am herrlichen Strand!

Unterwegs auf dem Great Northern Highway

Streckenhinweis
*In der immer feuchter werdenden Hitze bietet die weitere Strecke bis Broome kaum Abwechslung. Im **Sandfire Roadhouse** ist eine weitere Rast mit Tankmöglichkeit gegeben. 130 km südwestlich von Broome bietet das **Eco Beach Wilderness Retreat** (www.ecobeach.com.au) luxuriöse Zeltunterkünfte. Dann ergrünt die Umgebung – die Tropenzone Australiens ist erreicht!*

22. BROOME – DARWIN: DIE KIMBERLEY-REGION

Unerschlossene Küstengebiete

Die Kimberley-Region oder schlicht *The Kimberley* umfasst ein 320.000 km² großes Gebiet im Nordwesten des Kontinents (*The Far North West*). Ihrer unglaublichen Ausdehnung und Unerschlossenheit verdanken die Kimberleys den Ruf, eines der letzten Wildnisgebiete der Erde zu sein.

Zwischen der Perlenstadt Broome im Westen und der Diamantenstadt Kununurra im Osten gibt es nur ein Dutzend kleinerer Städte oder Versorgungsstützpunk-

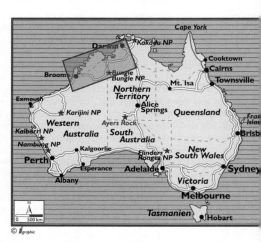

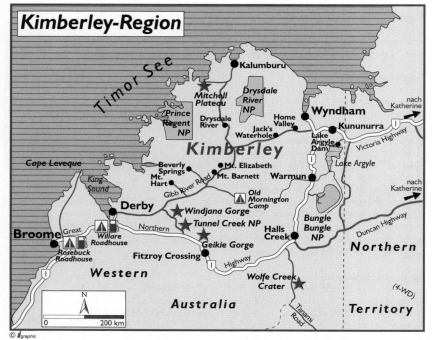

te mit gerade 15.000 Einwohnern. Bizarre Bergketten, tropische Regenwälder, breite Steppen, zerfurchte Schluchten – die Aufzählung von Naturerlebnissen ließe sich endlos fortsetzen.

Die Nordküste einschließlich der Inseln ist kaum besiedelt – kein Wunder angesichts flutartiger Regenfälle, die das Land in der *Wet Season* bis zu 10 m unter Wasser setzen. Einige Rinderfarmer trotzen den Unbilden des Landes: Zwei Drittel des Kimberley-Gebiets sind auf 99 Farmen aufgeteilt – mit insgesamt 600.000 Rindern! Daneben existieren verschiedene Aborigine-Gemeinden, die aus den ehemaligen Missionsstationen heraus entstanden sind.

Riesige Rinderfarmen

Der Norden ist **Crocodile Country**: In vielen Flüssen leben Johnston-Krokodile (*Freshwater Crocodiles*), die als ungefährlich gelten. In den Küstengebieten, beispielsweise rund um Wyndham, sollten Warntafeln unbedingt beachtet werden, denn dort gibt es die gefährlichen Leistenkrokodile (*Saltwater Crocodiles*).

Die Kimberley verfügt über mehrere Nationalparks und einige Naturreservate. Davon sind längst nicht alle zugänglich: Es führen z.B. keine Straßen in den Prince Regent Nature Reserve, und es besteht keine offizielle Zufahrt in den Drysdale River National Park. Die einzige Möglichkeit, sich einen Überblick über diese großartigen Regionen zu verschaffen, besteht mittels Rundflügen oder, von See aus, auf Kreuzfahrten.

Reisezeit
Die beste Reisezeit ist von Mai bis Oktober, wenn die Temperaturen tagsüber auf 25 bis 32 Grad steigen und nachts auf erträglichen 14 bis 20 Grad fallen. Die Regenzeit dauert von Dezember bis März/April, wobei vereinzelte Starkregenfälle auch noch später im Jahr auftreten und Straßen unter Wasser setzen können.

Kreuzfahrten
Schiffe wie Coral Princess, True North, North Star, Kimberley Quest u.a. bieten hervorragende Erlebnis-Kreuzfahrten entlang der Kimberley Küste an. Buchungen sollten mindestens ein Jahr im Voraus erfolgen, da diese Kreuzfahrten auch auf dem lokalen Markt außerordentlich beliebt sind (und die Saison von Mai bis Oktober sehr kurz ist!).

Tauchen an den Rowley Shoals
Die drei Korallenatolle liegen 300 km vor der Nordwestküste von Australien und gelten unter Tauchern als der absolute Geheimtipp! Es herrschen Sichtweiten bis zu 70 m und eine unberührte Unterwasserwelt. Pearl Sea Coastal Cruises und North Start Cruises bieten exklusive Tauchexkursionen an.

Broome (ⓘ s. S. 155)

Broome ist das südwestliche Eingangstor der Kimberley-Region. Ihre Vergangenheit und Gegenwart machen die Stadt (19.000 Ew.) zu einer der interessantesten des Westens: Die Entdeckung der *Pintada Maxima*, der größten Perlenmuschel, führte um 1880 zur Gründung einer Siedlung in der **Roebuck Bay**. Mit der Verlegung des Unterwasserkabels nach Java (1889) – deshalb „Cable Beach" – wurde die Kommunikation zu den Perlenmärkten hergestellt. Der 25 km lange

Eingangstor der Kimberleys

Pearlers Association

Florie-rendes Perlengeschäft

Sandstrand Cable Beach hat Broome als Ferienort berühmt und populär gemacht.

Die Perlenindustrie erlebte 1913 ihre Blütezeit, als bis zu 400 Perlenboote und 3.000 Perlentaucher beschäftigt wurden. Die bildeten ein buntes Völkergemisch: Aborigines, Chinesen, Malaien, Philipinos und Araber bestritten ihren Lebensunterhalt mit dem lukrativen Muschelfang, und Broome kontrollierte 80 Prozent des weltweiten Perlenmarktes. Der I. Weltkrieg, ein verheerender Zyklon 1935, das Bombardement durch die Japaner 1942 und nicht zuletzt die Entwicklung von künstlichen Perlen und Perlmutt führten zum vorübergehenden Niedergang. Anfang der 1980er-Jahre wurde dank eines gestiegenen Interesses wieder damit begonnen, Perlmuscheln auf Farmen zu züchten. So kommt es, dass die Firma *Paspalay Pearls* zum weltgrößten Perlenproduzenten aufgestiegen ist.

Mit den Perlen kam der Tourismus: Der *Highway I* von Port Hedland wurde 1984 vollends asphaltiert, und die Stadt erlebte dank finanzkräftiger Investoren einen großen Aufschwung. Einen erheblichen Anteil daran hatte *Lord Alistair McAlpine*, Mitglied im Oberhaus des britischen Parlaments. Er gründete u.a. den Pearl Coast Zoo (mittlerweile wieder geschlossen) und die Ferienanlage Cable Beach Club. Broome gehört mittlerweile zu den zukunftsträchtigsten Urlaubsdestinationen des Kontinents und ist Ausgangspunkt für Expeditionen und Touren in die Kimberleys.

Sehenswürdigkeiten

Chinatown

Gemütliches Open-Air-Kino

Das chinesische Viertel (Carnarvon St./Dampier Tce.) hat sich in den letzten 80 Jahren nur wenig verändert. Es ist bis heute Handels- und Einkaufsbezirk der Stadt. Vom multikulturellen Flair ist allerdings wenig übrig geblieben. Das gemütliche Open-Air-Kino *Sun Pictures* (Carnarvon St.) von 1916 ist mit Liegestühlen bestückt und lohnt den abendlichen Besuch.

Im **Historical Society Museum** (Old Customs House, Saville St.) erfährt man mehr über die fassettenreiche Geschichte der Stadt. Der Friedhof **Pioneer Cemetery** mit chinesischen Gräbern liegt am Ende der Robert St.

Gantheaume Point

An der südwestlichen Landspitze (7 km südlich) bilden die Felsen bizarre Formen. Bei Ebbe können 130 Millionen Jahre alte Dinosaurier-Fußstapfen erkannt werden.

Zugvögel

Jährlich kommen bis zu 25.000 Zugvögel in die Roebuck Bay, um auf

Redaktions-Tipps

- Nach einer vermutlich langen Reise und vielen Kilometern gönnen Sie sich ein paar Tage Ruhe und relaxen Sie am herrlichen **Cable Beach** (S. 660). Besonders stilvoll übernachten Sie im Cable Beach Club!
- Unternehmen Sie eine abendliche **Bootsfahrt** auf einem der Pearling Lugger im Licht der untergehenden Sonne!

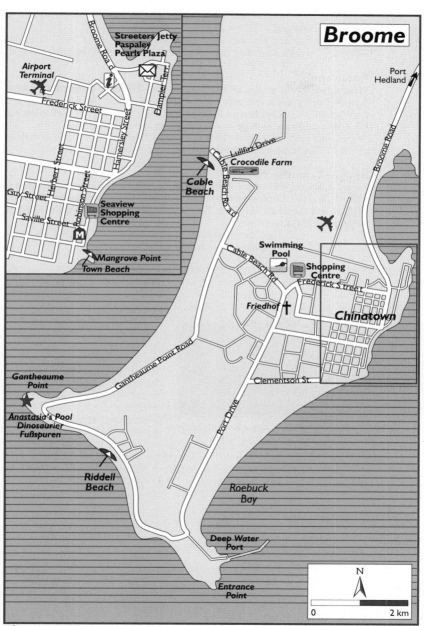

Broome

Port Hedland

Streeters Jetty
Paspaley
Pearls Plaza

Airport Terminal

Broome Road

Dampier Terr.

Frederick Street

Hamersley Street

Herbert Street

Robinson Street

Guy Street

Saville Street

Seaview Shopping Centre

Mangrove Point Town Beach

Lullfitz Drive

Cable Beach Road

Crocodile Farm

Cable Beach

Swimming Pool

Cable Beach Rd

Shopping Centre

Frederick Street

Friedhof

Chinatown

Broome Road

Gantheaume Point Road

Clementson St.

Gantheaume Point

Anastasia's Pool
Dinosaurier
Fußspuren

Port Drive

Riddell Beach

Roebuck Bay

Deep Water Port

Entrance Point

N

0   2 km

© *i*graphic

ihrem Weg nach Norden Nahrung aufzunehmen. Die beste Beobachtungszeit ist von Februar bis April.

Birds Observatory, 18 km nordöstlich (ausgeschildert), Tel. 9193 5600; Führungen werden auf Anfrage angeboten. Backpacker-Hostel und Camping ebenfalls verfügbar.

Perlenfarm

Perlenfarm

Willie Creek ist die einzige, öffentlich zugängliche **Zuchtperlenfarm** der Umgebung. Auf der überaus interessanten Führung erfährt man alles über Perlen und ihr Wachstum. Von Oktober bis März ist die Straße nach Willie Creek meist nur mit 4-WD befahrbar. Ausflüge werden täglich ab Broome angeboten.

Willie Creek Pearl Farm, Willie Creek (35 km nordwestlich); Tel. 9193 6000; Führungen täglich bei Anmeldung, www.williecreekpearls.com.au

Broome Crocodile Park

An der Stelle des ehemaligen Zoos betreibt der berühmte Kimberley-Abenteurer *Malcom Douglas* („Unterwegs mit Malcom Douglas") eine sehenswerte Krokodilfarm. 16 km außerhalb der Stadt hat Malcolm eine kommerzielle Krokodilfarm auf über 30 ha Fläche erbaut.

Broome Crocodile Park, Cable Beach Rd.; geöffnet täglich 10–17 Uhr; Führungen und Fütterung 15 Uhr, www.malcolmdouglas.com.au

Kamele am Cable Beach

🏖 Strände

Cable Beach ist der schönste Strand der Stadt (5 km westlich) und verwöhnt mit traumhaften Sonnenuntergängen – fürwahr, einer der schönsten Strände der Welt. Abends im Licht der untergehenden Sonne werden Kamelritte angeboten, und auch Hochzeiten sind in dieser malerischen Umgebung möglich. Der Strand ist fast 25 km lang, und jeder findet hier ein einsames Fleckchen, wenn er nur bereit ist, ein Stück zu gehen.

Fünfmal im Jahr, bei extremer Ebbe (bis zu 10 m Tidenhub) und Vollmond, entsteht am **Town Beach** *das Schauspiel* Stairway to the Moon. *Durch Lichtreflektionen erscheint der wellige Sand als Lichttreppe, die in Richtung Mond führt. Das Visitor Centre hält die genauen Termine bereit.*

Nördlich von Broome

Cape Leveque–Dampier Peninsula

Ausflug nach Norden

Nördlich von Broome ist die Dampier-Halbinsel ein lohnendes Ausflugsziel. Das gesamte Gebiet ist Aborigine-Land, dessen Bewohner in verschiedenen Communities leben. Sie bieten Reisenden geführte Wanderungen oder *Mud-Crabbing-Tours* auf Anfrage an. Die Piste nach Cape Leveque (220 km nördlich von Broome) an der Nordspitze sollte aufgrund teilweise sandiger oder überfluteter Passagen nur mit 4-WD befahren werden. Man passiert nach 120 km die **Beagle Bay**

Missionsstation, die 1890 gegründet wurde und deren herausragendes Merkmal die weiß getünchte *Sacred Heart Church* von 1918 ist. Die Ornamente im Inneren und der Altar sind reich mit Perlmutt verziert. Weiter nördlich (150 km) befindet

sich an der **Middle Lagoon** nicht nur eine verträumte Bucht, sondern auch ein Campingplatz, der von den Aborigines Peter und Tracy Howard liebevoll erbaut und geführt wird. In **Lombadina** (200 km) befinden sich eine weitere alte Missionskirche und eine kleine Siedlung mit Laden und Tankstelle (nur Mo–Fr geöffnet).

Schließlich erreicht man das **Cape Leveque** mit seinen weitläufigen Stränden und markanten roten Sandsteinfelsen. Im *Koolja-*

Am Cape Leveque

man Resort (Tel. 9192 4970) findet man einfache Cabins, einen Campingplatz und ein Restaurant. Wer nicht ganz bis zum Kap fahren will, kann gleich nach 15 km zu den schönen Stränden von **Point Coloumb** (*Manan Rd.*) abzweigen.

a) Die Highway-Route von Broome nach Kununurra

Streckenhinweis

Die Highway-Route von Broome über Fitzroy Crossing und Halls Creek nach Kununurra kann im Prinzip ganzjährig mit zweiradgetriebenen Fahrzeugen befahren werden. Während der Regenzeit (Nov.–April) muss allerdings mit Unwägbarkeiten und Verzögerungen durch mögliche Straßensperrungen durch überflutete Abschnitte gerechnet werden. Angenehmer und sicherer ist in jedem Fall der australische Winter.

Entfernungen

Broome–Derby:	220 km	Halls Creek–Kununurra:	359 km
Derby–Fitzroy Crossing:	292 km	Kununurra–Katherine (NT):	513 km
Fitzroy Crossing–Halls Creek:	288 km		

Hinweis

Über die **Gibb River Road** (siehe Alternativ-Route) kann die Gesamtstrecke Broome–Kununurra um rund 160 km verkürzt werden. Die landschaftlich ausgesprochen reizvolle Strecke sei allen empfohlen, die auf die eher langweilige Highway-Route verzichten möchten und über ein Allradfahrzeug verfügen. Die Piste ist nur von Mai bis Oktober geöffnet (wetterbedingte Schwankungen möglich).

Vor 350 Millionen Jahren bedeckte ein tropisches Meer beträchtliche Teile des Nordwestens. Kalk bildende Algenarten (Stromatoporoiden) formten in dem warmen Wasser das **Devonische Great Barrier Reef**, welches die heutigen Kalksteingebirge Napier Range, Oscar Range und Geikie Range bildet. Die Schluchten Windjana Gorge, Tunnel Creek und Geikie Gorge sind Bestandteile des Riffs.

Auffallende Flaschenbäume

Auf der Fahrt nach Derby fallen die kurios geformten *Boab Trees* (Flaschenbäume) auf. Eines der größten Exemplare ist der *Prison Tree* (4 km vor Derby), der einst als Gefängniszelle für aufsässige Aborigines diente. In diesem Zusammenhang muss die Pigeon-Legende erwähnt werden: Um 1890 setzten sich bewaffnete Ureinwohner gegen Land nehmende Viehzüchter zur Wehr. Einer von ihnen, Jundumurra, genannt *The Pigeon*, arbeitete aufgrund seiner Fähigkeiten zunächst für die Polizei, brachte dann selbst einen Polizisten um und versteckte sich in den Höhlen der Windjana Gorge und des Tunnel Creek. Der Freiheitskampf von Pigeon war einer von wenigen Versuchen, bei denen eine organisierte Aborigine-Gruppe den Aufstand gegen die weißen Kolonialherren probte.

Derby (ⓘ s. S. 155)

Nach Aussagen eingefleischter Nordwestaustralier hat Derby heute noch das Flair, das Broome durch seine touristische Entwicklung verloren gegangen ist. Die 3.000 Einwohner der Stadt sind da schon ein seltsames Volk: Fast das ganze Jahr

---

INFO Boab Tree

Boab- (oder Baobab-)Bäume zeichnen sich vor allem durch ihren mächtigen, flaschenförmigen Stamm aus. Die Bäume mit dem lateinischen Namen *Adansonia Gregorii* kommen in Australien nur in der Kimberley-Region und an wenigen Stellen im NT vor. Boabs werden leicht über 1.000 Jahre alt und widerstehen widrigsten Lebensbedingungen.

Die ursprüngliche Herkunft des Baumes ist Madagaskar. Es wird vermutet, dass Samen oder ganze Bäume an die westaustralische Küste geschwemmt wurden und sich dort fortpflanzten. Arabische Händler nutzten auf ihren Reisen über den Indischen Ozean den hohen Vitamin-C-Gehalt der Früchte, um dem Skorbut vorzubeugen. Charakteristisch ist auch, dass Aborigines ihre Lagerfeuer oft neben den

Boab Tree

Boabs entfachten: Durch Kauen von Wurzeln oder Stammfasern wird Flüssigkeit frei, auch die Hohlräume sammeln für lange Zeit wertvolles Wasser. Außerdem werden die Nüsse/Früchte kunstvoll verziert und als *Aborigine Art* verkauft.

...inde wurden Zeichen geritzt – vermutlich, um die Zahl der genommenen ... dokumentieren. Auch die europäischen Entdecker hinterließen Zahlen ... Buchstaben in den Stämmen. Im Laufe der Jahre, mit dem Wachstum der Bäume, wuchsen die Schnitzereien zu markanten Reliefs heran.

über sind sie einer erbarmungslosen, tropischen Hitze ausgesetzt, die nur von der Regenzeit unterbrochen wird. Die tropischen Regenfälle, die dann Straßen, Häuser und Landschaften meterhoch unter Wasser setzen, werden jeden Sommer mit Spannung erwartet und sind für Wochen das einzige Gesprächsthema.

Derby, am King Sound gelegen, hat mit durchschnittlich 8 m (zu Springfluten bis 14 m) den größten Tidenhub der südlichen Hemisphäre. Das Meer weicht bei Ebbe so weit zurück, dass es kaum noch zu sehen ist. Die Stadt, auf einer Halbinsel gelegen, scheint, aus der Luft gesehen, komplett von braunem Schlamm umgeben. Der Hafen Derbys hat deshalb seit 1983 kein größeres Schiff mehr gesehen. *The Marsh* wird nur zweimal im Jahr von Springfluten unter Wasser gesetzt und ist dann Schauplatz des berühmten *Derby Mud-Football*. *Enormer Tidenhub*

Spektakulär, aber nicht auf dem Landweg zu erreichen, sind die **Horizontal Water Falls** der **Talbot Bay**, die sich nur rund 60 km Luftlinie von Derby entfernt befinden. Dabei handelt es sich um zwei hintereinander liegende Buchten, die nur durch jeweils einen schmalen Ausgang mit dem Meer verbunden sind. Bei Ebbe und Flut bilden sich dann die so genannten horizontalen Wasserfälle – aus der Luft ein faszinierender Anblick. Ansonsten dient Derby (*Gateway to the Gorges*) dem Reisenden i.d.R. als Ausgangspunkt für die Fahrt zu den Schluchten der Kimberleys und auf der *Gibb River Rd.* Diese ist auf den ersten 65 km geteert. *Horizontale Wasserfälle*

Fitzroy Crossing (ⓘ s. S. 155)

Die Stadt am *Great Northern Hwy.* ist ein wichtiger Stützpunkt der umliegenden Rinderfarmen. Das Shell Roadhouse und ein Supermarkt bieten alles Wichtige zum Verkauf an. Am breiten, ganzjährig wasserführenden Fitzroy River sichtet man zuweilen Krokodile. Hauptattraktion ist der nahe Geikie Gorge NP.

Geikie Gorge National Park

Der Fitzroy River hat sich ein 30 m tiefes Tal in die Geikie Range gegraben. Um die Schlucht in ihrer ganzen Pracht zu sehen, empfiehlt sich die Bootstour mit *Darngku Heritage Cruises* (ab Mitte April, täglich 9–14.30 Uhr). Die Ufer, auf denen sich ab und zu Krokodile sonnen, dürfen nicht betreten werden. Kein Camping. *Bootsfahrt durch die Geikie-Schlucht*

Wolfe Creek Crater

16 km westlich von Halls Creek beginnt die *Tanami Rd.* nach Alice Springs. Sie führt vorbei am **Wolfe Creek Crater**, dem zweitgrößten Meteoritenkrater der Welt (137 km südlich), sein Durchmesser beträgt 850 m. Geologen gehen davon aus, dass der Meteorit vor einer Million Jahren eingeschlagen und mehrere tausend Tonnen gewogen hat. Ein kurzer Wanderpfad ist entlang der „Kraterlippe" angelegt worden. *Meteoritenkrater*
Vgl. auch Kapitel 10 *Tanami Road* von Alice Springs nach Halls Creek

Halls Creek (ⓘ s. S. 155)

Der erste westaustralische Goldrausch fand 1885 in Halls Creek statt, war aber nur von kurzer Dauer. Heute dominiert die Suche nach mineralischen Bodenschätzen. Die Ruinen von **Old Halls Creek** (15 km südlich) und alte **Goldmi-** *Alte Goldgräbersiedlung*

nen (Ruby Queen Mine, Bradley Mine, 50 km südlich) können besichtigt werden. Weitere Abstecher führen zur **China Wall**, einer aus Quarzsand geformten Felswand (5 km südlich), oder zu den Badestellen **Sawpit Gorge**, **Palm Springs**, **Marella Gorge** und **Caroline Pool**.

Turkey Creek Roadhouse (Warmun)

Zwischen Halls Creek und Kununurra liegt Warmun (Tel. 9168 7882). Das Roadhouse bietet ein einfaches Motel und einen Campingplatz.

> ### Hinweis
> *Verfügen Sie über kein Allradfahrzeug, so nutzen Sie dennoch die Gelegenheit, die sagenhaften Bungles zu besuchen. Schließen Sie sich dem Veranstalter* East Kimberley Tours *zu einem Tagesausflug oder besser einem 2-tägigen Ausflug (inkl. Übernachtung innerhalb des NP in fest stehenden Zelten) an. EKT holt Sie direkt am Roadhouse ab. Das Fahrzeug/Wohnmobil kann dort geparkt werden. Die Ausflüge werden nur von Mai bis Oktober angeboten, entsprechend den Saisonzeiten des NP.*

Bungle Bungle Nationalpark (Purnululu)

Felsen wie Honigwaben

Das Bungle-Bungle-Massiv gehört sicher zu den bekanntesten Attraktionen der Kimberley-Region und wurde im Jahr 2003 zum Weltkulturerbe der UNESCO erklärt. Auf mehr als 45.000 ha breiten sich die gerundeten Felskuppen wie Honigwaben aus. Der Name *Purnululu* bedeutet in der Sprache der Kija-Aborigines „Sandstein". Das Massiv wurde durch die Flüsse der umgebenden Berge tief ausgewaschen, der Sandstein dadurch Schicht für Schicht komprimiert. Die heftigen Regenfälle im Sommer bewirkten die Entstehung von Tälern und Schluchten. Mittlerweile liegt die Oberfläche der Bungles 200 m über der Basis. Die Einschlüsse von Silizium und Flechten, die den Bergen ihre zebraähnlichen Streifen verleihen, verhindern allzu schnelle Erosion. Interessanterweise waren die Bungles bis Mitte der 1980er-Jahre vom Tourismus vollkommen unentdeckt. Heute ist der NP aus den Programmen der Reiseveranstalter kaum mehr wegzudenken! Bitte beachten Sie, dass der NP nur von Mai bis Oktober geöffnet ist. Ein einziger starker Regen lässt die raue Zufahrtspiste unpassierbar werden.

Bungle Bungles

Ausflüge im Park
Vom Highway führt der 55 km lange Spring Creek Track (eine raue 4-WD-Piste) zur Ranger-Station (Three Ways). Pro Strecke sollten mindestens 2 Stunden einkalkuliert werden. Im Park bieten sich folgende Sehenswürdigkeiten:
• **Echidna Chasm***: 21 km nördlich, tiefer, am Ende nur ein Meter breiter Felseinschnitt, leichte 45 Min. Wanderung vom Parkplatz.*
• **Froghole/Mini Palms***: 20 km nördlich, in beide Schluchten führt eine kurze Wanderung; saisonales Wasserloch bei Froghole.*
• **Walanginjdji Lookout***: 2,5 km nördlich, leichter Spaziergang zum lohnenden Aussichtspunkt.*

- **Cathedral Gorge**: *25 km südlich, spektakuläre Schlucht, 2 km Wanderung.*
- **Piccaninny Gorge**: *25 km südlich, schwere 30 km Zweitageswanderung in das Zentrum des Massivs, die ersten Kilometer lohnen auch.*

Rundflüge

Das Ausmaß und die Einzigartigkeit der Bungles können am besten auf einem Rundflug ermessen werden. Hubschrauber führen Flüge ab Warmun/Turkey Creek Roadhouse durch. Absolut spektakulär und empfehlenswert sind Flüge mit offenen Helikoptern ab Bellburn Camp (im NP). Rundflüge starten auch in Halls Creek und Kununurra. Mit relativ hohen Kosten muss bei allen Flügen gerechnet werden.

Camping

Einfache NP-Campgrounds sind in Kurrajong (7 km nördlich von Three Ways), Walardi (13 km südlich) und Bellburn (16 km südlich). Einige Veranstalter, wie z.B. East Kimberley Tours, haben lizenzierte fest stehende Camps im NP eingerichtet.

Wyndham (ⓘ s. S. 155)

Am Ende des *Great Northern Hwy.*, rund 100 km nordwestlich von Kununurra und immerhin schon 3.300 km nördlich von Perth, nennt sich Wyndham *Top Town Of The West.* Am Stadteingang grüßt ein 20 m hohes Zementkrokodil – als Hinweis auf die vielen lebenden Spezies entlang der Küste. Fünf Flüsse – *King, Pentecost, Durack, Forrest* und *Ord River* – treffen sich hier, um in den Cambridge Gulf zu münden. Vom **Mt. Bastion Five River Lookout** bietet sich ein guter Blick darauf. Die mittlerweile ziemlich runtergekommene **Krokodilfarm** von Wyndham ist eine der größten Australiens und die einzige echte Sehenswürdigkeit der Stadt (geöffnet täglich 8–16 Uhr, Fütterung um 11 Uhr). Ein natürlicher Felspool, in dem das Baden erlaubt ist, stellt **The Grotto** dar. Während der Regenzeit fällt ein 15 m hoher Wasserfall in das tiefe Becken.

Nördlichste Stadt Westaustraliens

30 km südlich von Wyndham werden von der **Diggers Rest Station** geführte Reitausflüge entlang der Kurinji-King River Road angeboten (Bed & Breakfast, Camping, Tel. 9161 1029). Die Farm war Schauplatz im Film „Australia".
50 km südlich von Wyndham liegt das geschützte Feuchtgebiet **Parry Lagoon**, ein einzigartes Vogelschutzgebiet. Parrys Creek Farm Tourist Resort liegt direkt am Rand des Feuchtgebiets. Die Inhaber sind exzellente Vogelkenner.

Kununurra (ⓘ s. S. 155)

Zur Geschichte von Kununurra: An einer damals wie heute wichtigen Viehroute gelegen, gründete *Kimberley Durack* 1937 eine experimentelle Farm (Durack Argyle Homestead) am Ufer des Behn River. Versuchsweise pflanzte er verschiedene Getreidesorten an. Die Regierung unterstützte 1941 die Gründung einer Forschungsfarm (Ivanhoe Station) und beschloss 1958, aufgrund erfolgreicher Versuche, die Gründung der Stadt Kununurra und den Bau des **Lake Kununurra** mittels des *Diversion Dam.* Kununurra bedeutet treffend „Ort des Wassers". Die Retortenstadt ist weitläufig, geometrisch angelegt und macht auf Besucher einen eher nüchternen Eindruck.

Der kleine, nur 2 km von nordöstlich von Kununurra gelegene **Mirima NP** (ehemals Hidden Valley NP) wird auch *Mini Bungle Bungle* genannt. Er bietet einige schöne Sandsteinfelsen, eine reiche Tierwelt (u.a. Rock Wallabies) und verschiedene Eukalyptusarten. Zwei kurze Spazierwege erschließen den Park. Die Anfahrt erfolgt über die Baringtonia Ave. und Hidden Valley Rd.

Tipp: The Bush Camp Faraway Bay

350 km nordwestlich von Kununurra hat es ein Investor gewagt, in der vollkommenen Abgeschiedenheit ein exklusives Wildniscamp zu erbauen. Maximal 12 Gäste finden dort für für einige Tage eine Unterkunft fernab der Zivilisation. Zur Übernachtung kommt ein gleichfalls nicht ganz billiger Transferflug. Die Szenerie entschädigt für den hohen Preis: Bootsausflüge in die spektakuläre King George Gorge, Angeltouren und Wanderungen sind beispielsweise von dort aus möglich. Die Buchung sollte vorab über Reiseveranstalter erfolgen.

Lake Argyle

Riesiger Wasserspeicher

1972 wurde der Ord River flussaufwärts ein zweites Mal gestaut (*Ord River Dam*), was zur Schaffung des riesigen, 740 km² großen **Lake Argyle** führte. Es ist der größte künstliche Wasserspeicher des Kontinents. Nur die Reste ursprünglicher Berggipfel ragen über die Wasseroberfläche und formen dutzende kleiner Inseln.

Lake Kununurra und Lake Argyle bewässern zusammen 72.000 ha Felder. So können im an sich trockenen Norden eine Vielzahl von Nutzpflanzen angebaut werden: Sonnenblumen, Bananen, Sojabohnen, Mais, Melonen u.a. Bei Interesse arrangiert das Visitor Centre eine Führung durch das *Institute of Tropical Agriculture*. Die ursprüngliche Idee, Baumwolle anzupflanzen, wurde von einer Insektenplage zunichte gemacht. Weil auch andere Pflanzen unter Schädlingen leiden, erhebt sich die Frage nach dem Sinn solcher Bewässerungsprojekte, die

Lake Argyle

derart massiv in die Natur eingreifen. Beide Seen haben sich zum Paradies für Wassersportler und Angler entwickelt. Seien Sie jedoch vorsichtig: Krokodile bevölkern die Gewässer ebenfalls! Die Fahrt zum 72 km südlich gelegenen See und seiner großen Staumauer lohnt sich insbesondere dann, wenn der Rückweg auf dem **Ord River** an Bord eines Bootes unternommen wird. Die halbtägigen Ausflüge können in Kununurra gebucht werden.

Diamantenmine

Größte Diamantenmine der Welt

Die größte Diamantenmine der Welt – **Argyle Diamond Mines** – produziert fast 40 Prozent aller weltweit geförderten Rohdiamanten mit jährlich ca. 30 Millionen Karat. Dabei wurden die ersten Diamanten erst 1979 gefunden! Die Mine kann nur im Rahmen von Rundflügen (ab/bis Kununurra) besucht werden. Ein autorisierter Diamantenhändler ist in Kununurra sesshaft. Den traurigen Part spielten nach der Entdeckung der Diamanten wieder einmal die Ureinwohner, die zwangsläufig umgesiedelt wurden. Sie leben heute in *Communities* nahe Warmun (Turkey Creek).

b) Alternativ-Route: die Gibb River Road (GRR)

Routenvorschlag für Allradfahrer
In 16 Tagen von Broome nach Darwin über die Gibb River Road

1. Tag: Broome–Fitzroy Crossing
2. Tag: Fitzroy Crossing–Tunnel Creek–Windjana Gorge
3. Tag: Windjana Gorge–Bell Gorge
4. Tag: Bell Gorge–Manning Gorge
5. Tag: Manning Gorge–Miners Pool
6. Tag: Miners Pool–Mitchell Falls
7. Tag: Aufenthalt Mitchell Falls
8. Tag: Mitchell Falls–Gibb River
9. Tag: Gibb River–El Questro
10. Tag: Aufenthalt in El Questro
11. Tag: El Questro–Bungle Bungles
12. Tag: Bungle Bungles–Kununurra
13. Tag: Kununurra
14. Tag: Kununurra–Timber Creek
15. Tag: Timber Creek–Nitmiluk (Katherine Gorge)
16. Tag: Katherine–Darwin

Information

Die WA Tourist Commission gibt ein detailliertes Faltblatt über die Piste heraus – erhältlich bei den Tourist-Büros in Broome, Derby oder Kununurra. Routenbeschreibungen im Internet unter www.mynrma.com.au.

Für die Fahrt ist grundsätzlich ein **Allradcamper** die richtige Wahl. Bis auf die ersten 62 km handelt es sich um eine Schotterpiste mit einigen sandigen Passagen. Die Flussdurchquerungen sind in der Trockenzeit problemlos zu meistern. Alle Abstecher sind Allradpisten und -tracks. Eine reifen- und materialschonende (sprich langsame) Fahrweise sei hier in eigenem Interesse angeraten.

Die **Campingplätze und Campgrounds** nehmen nur eine begrenzte Zahl an Campern auf. Angesichts der Popularität der GRR in den australischen Wintermonaten kann es durchaus passieren, dass man bei zu später Ankunft vom Ranger abgewiesen wird oder schlichtweg keinen Stellplatz mehr bekommt. Da hilft nur weiterfahren oder ggf. am Wegesrand ein einfaches Bushcamp aufschlagen. Eine Reservierung der Campgrounds (z.B. Bell Gorge) ist nicht möglich.

Als **beste Reisezeit** gelten die Monate **Mai bis Oktober**. Erkundigen Sie sich stets über den Straßenzustand – je nach Intensität der vorangegangenen Regenzeit kann die Piste auch bis in den Juni gesperrt sein! Wer erst Ende Oktober losfährt, muss sich ebenfalls des Risikos einer bereits gesperrten GRR bewusst sein.

Die *Gibb River Rd.,* die einst eine historische Viehtriebsroute war, führt vom *Great Northern Hwy.* bei **Derby** bis zum *Great Northern Hwy.* bei **Kununurra** und folgt einer direkten Route. Die Gesamtlänge beträgt 647 km. Zahlreiche Schluchten mit ganzjährigen Bademöglichkeiten liegen am Wegesrand, Übernachtungen sind

Von Derby nach Kununurra über die Gibb River Road

auf Rinderfarmen (Homesteads, Stations) möglich. Hier gilt, dass Sie auf jeden Fall vorher anrufen sollten, um sich anzumelden!

Die Gibb River Road im Überblick

km 0   Derby, Beginn der Gibb River Road
Bereits nach 35 km erfolgt der erste Abzweig zur Meda Station, ein
populärer Platz zum Angeln und zum Campen (Achtung: Krokodile!). Die
Teerstraße endet 62 km nach Derby und das „Abenteuer" beginnt.

km 119   Windjana Gorge (20 km) und **Tunnel Creek** (30 km)
• **Windjana Gorge**
Die eindrucksvolle Windjana-Schlucht ist von Derby aus über die *Gibb
River Rd.* erreichbar (Abzweig nach 119 km). Wegen einiger sandiger
Passagen empfiehlt sich ein Allradfahrzeug. Die Felswände der Windjana
Gorge erheben sich abrupt aus dem Flussbett des Lennard River, bis zu
100 m hoch. Die Schlucht ist von einem 3,5 km langen Uferpfad durchzogen. Auf ruhigen Sandbänken und im flachen Wasser können Freshwater-
Krokodile beobachtet werden. Ein großer NP-Campground mit Duschen ist
vorhanden.
2 km südlich befinden sich die Ruinen der **Lillmooloora Police Station**,
die die ersten Siedler schützen sollte.
• **Tunnel Creek**
35 km südlich der Windjana Gorge gräbt sich ein 750 m langer Tunnel
durch die Napier Range. Der 12 m hohe und bis zu 15 m breite Durchgang
kann von Abenteuerlustigen je nach Wasserstand durchwatet werden –
Taschenlampe und Turnschuhe bzw. Badeschuhe nicht vergessen!

km 145   Durchquerung der King Leopold Range
Die Fahrt führt vorbei an der Felsformation *Queen Victoria´s Head*, welche
im Relief an den Kopf der britischen Königin erinnern soll.

km 184   Mt. Hart Homestead (50 km)
Zurück auf der GRR passiert man **Mt. Hart Homestead** (Tel. 9191 4645)
mit einem schönen Garten und einem Wasserloch zum Baden. Die Farm
bietet eine Bed & Breakfast-Unterkunft, jedoch kein Camping und kein
Benzin. Die Farm liegt rund 50 km von der GRR auf guter Piste entfernt.

km 191   Lennard River Gorge (8 km)
Zweigen Sie am Nachmittag nach links ab zur Lennard River Gorge. Die Schlucht vermittelt einen guten Eindruck von der Pracht der Kimberley. Der Track dorthin ist über 8 km relativ rau, weshalb man es langsam angehen sollte.

Unterwegs auf der Gibb River Road

km 214   Bell Gorge (29 km)
Zurück auf der GRR folgt nach wenigen Kilometern der Abzweig zur Bell Gorge. Der Weg ist das Ziel: Der folgende 29-km-Track ist anspruchsvoll zu fahren, weshalb keine Eile geboten sein sollte. Die Schlucht zählt zu den schönsten der gesamten Kimberley. Baden ist in malerischen Felspools möglich. Der Campingplatz bei Silent Grove bietet Toiletten und Duschen, ein weiterer CP existiert am Bell Creek. Unternehmen Sie eine Wanderung vom Parkplatz zur Schlucht. Ein Ranger vor Ort (Mai–Sept.) informiert über Wandertouren, Flora und Fauna.

km 237   Iminitji Store & Community
Der General Store (Tel. 9191 7471) bietet kühle Getränke, Mahlzeiten, Verpflegung sowie eine Tankstelle mit Werkstatt – für den Fall, dass ein Plattfuß geflickt werden muss. Achtung: Die Tankstelle hat nur Diesel-kraftstoff! Nach weiteren 9 km folgt **Mount House Station**, welche für Reisende nicht zugänglich ist.

km 247   Old Mornington Wilderness Camp (100 km)
Die Eigner der Rinderfarm Old Mornington Station (Tel. 9191 7035) holen ihre Gäste auch direkt in Fitzroy Crossing oder Broome ab. Das 350.000 ha große Gebiet bietet eine der abwechslungsreichsten Landstriche der Kimberley-Region. Der Fitzroy River windet sich über 40 km durch die Sir John- und Diamond-Schlucht der King Leopold Range und kann teilweise per Kanu erkundet werden. Außerdem werden von Old Mornington aus auch Rundflüge angeboten, die bis zu den Bungle Bungles führen. Die Station verfügt über einen schattigen Campingplatz. Fest stehende Zelte sind ebenfalls vorhanden. Das echte Outback-Feeling stellt sich abends am Lagerfeuer von selbst ein!

km 251   Beverly Springs Homestead (43 km)
Ein typische Kimberley-Rinderfarm (Tel. 9191 4646) in schöner Umgebung mit Wasserlöchern und kleineren Schluchten. Neben der Übernachtung im Homestead selbst stehen Hütten (*Chalets*) und ein Campingplatz zur Verfügung. Um vorherige Anmeldung wird gebeten.
Einige Kilometer weiter folgt die **Adcock Gorge** (5 km) und die unweit der GRR gelegene **Galvans Gorge** (700 m). Vom Parkplatz bis zum herrlichen gelegenen Badepool (mit Wasserfall) ist es nur ein kurzer Spaziergang. Camping ist bei beiden Schluchten nicht möglich.

km 306   Mt. Barnett Roadhouse
Das Roadhouse (Tel. 9191 7007) der *Kupungarri Aborigine Community* liegt direkt an der GRR. Der Laden ist zum Auffüllen der wichtigsten Vorräte als auch zum Tanken ein geeigneter Stopp. Ein Wanderpfad führt zur Manning Gorge.
Im Roadhouse ist das Camping-Permit für die Lower Manning Gorge erhältlich. Badespots sind am Fluss oder in der Manning Gorge vorhanden. An den Felswänden befinden sich einige Gwion-Figuren (*Bradshaw Paintings*).

km 338   Mt. Elisabeth Station (30 km)
Nach Durchquerung des Barnett River folgt die **Barnett River Gorge**. Ein Parkplatz befindet sich an einer felsigen Flussdurchquerung und man geht die letzten Meter bis zur Schlucht.
Im weiteren Verlauf der GRR folgt der Abzweig zur klassischen Rinder-farm **Mt. Elisabeth Station** (Tel. 9191 4644). Hier bietet sich die Chance,

dem typischen Leben einer Kimberley-Farm beizuwohnen. Die Farm bietet Unterkünfte in der Homestead oder auf einem Campingplatz. Wie auf vielen Farmen werden auch hier keine Kreditkarten akzeptiert! Die Farmunterkunft muss unbedingt reserviert werden. Keine Tankstelle.

Abstecher bei km 419 zur Kalumburu Road (Mitchell Plateau)

Die raue Piste zum Mitchell Plateau ist nur wenig befahren und wird praktisch nicht in Stand gehalten. Unterwegs gibt es kaum die Möglichkeit, Verpflegung zu kaufen. Fahren Sie deshalb wohl präpariert los und lassen Sie es (Reifen schonend) langsam angehen!

km 0   Kreuzung *Gibb River Road–Kalumburu Road*

Bereits nach 3 km erfolgt die Überquerung des Gibb River. Ein Platz mit Picknickeinrichtungen und der Möglichkeit zu einem Bushcamp befindet sich am Flussufer. Ein Stück weiter, bei Plain Creek (km 16) befindet sich ein weiterer Campground für ein Bushcamp.

km 59   Drysdale River Homestead (1km)

Auf der Farm (Tel. 9161 4325) sollten noch einmal die Vorräte aufgefüllt werden (Tankstelle, Verpflegung), bevor die Tour nach Norden auf das Mitchell Plateau geht. Wer nicht ganz so weit fahren möchte, sollte von hier aus einen Rundflug unternehmen. Die Farm bietet einfache Zimmer (teilweise ohne Klimaanlage), einen Laden und eine Tankstelle.

Camper sollten sich hier das Permit für den Campground bei **Miner´s Pool** besorgen – ein herrlicher Badespot, der ca. 4 km entfernt liegt (vor der Flussdurchquerung rechts halten).

Bei Kilometer 62,5 muss der **Drysdale River** überquert werden. Bevor Sie den **King Edward River** überqueren, prüfen Sie die Wassertiefe und inspizieren Sie den Untergrund. Am Flussufer befindet sich ein einfacher Campground und schöner Badespot.

Abzweig nach links zum Mitchell Plateau

Das Plateau selbst beginnt nach weiteren 70 km auf relativ guter Piste. Zu den Wasserfällen ist vom Parkplatz ein Fußmarsch von ca. einer Stunde (3 km) erforderlich. An den Little Merton Falls befinden sich hervorragende Felszeichnungen an den Überhängen, und auch im weiteren Verlauf können weitere „Bradshaws" besichtigt werden. Während der Saison (Mai–Okt.) betreibt *Heliwork WA* (Tel. 9168 1811) ein Camp am Mitchell Falls Car Park und führt spektakuläre Rundflüge über die zerklüftete Küstenregion durch. So ist es z.B. möglich, einen Weg zu den Mitchell Falls zu wandern und den Rückflug (nach Vereinbarung) zu fliegen!

Bademöglichkeiten bestehen auch am **King Edward River** und bei **Surveyers Pool**. Die Region ist aufgrund ihrer überaus reichen Pflanzenwelt, u.a. mit den seltenen Livistona-Eastonii-Palmen, von besonderer Bedeutung. Wenn möglich, sollte der Aufenthalt am Mitchell Plateau schon einen Tag lang dauern – sonst lohnt die ganze Fahrt nicht ...

Ein einfacher NP Campground befindet sich am Parkplatz. *East Kimberley Tours* betreibt ein Camp mit fest stehenden Zelten (Bed & Breakfast + Dinner). An der Küste, auf der östlichen Seite der Port-

Warrender-Bucht, befindet sich das bei Anglern beliebte, exklusive
Kimberley Coastal Camp (Tel. 9161 4410, max. 8 Gäste).
Theda Station (1 km)
Folgt man dem Abzweig nach rechts in Richtung Kalumburu, so
erreicht man nach einem Kilometer die Rinderfarm Theda Station
(Tel. 9161 4329). Im kleinen Laden (mit öffentlicher Telefonzelle)
erhält man kühle Getränke, und notfalls kann ein Reifen geflickt
werden. Auf Wunsch werden ca. 4-stündige, sehr empfehlenswerte
Touren zu Bradshaw-Felsmalereien angeboten. Einfache Zimmer oder
schattige Campingplätze sind vorhanden. In Zusammenarbeit mit Ord
Air werden Rundflüge über die Küste angeboten.
Vor Erreichen der Kalumburu Community muss der **Carson River**
(bei km 247) überquert werden – normalerweise kein großes Problem.
Bei der **Carson River Homestead** besteht die Möglichkeit zur Zufahrt
in den Drysdale River NP, allerdings nur mit vorheriger Genehmigung
der Kalumburu Aborigine Community
km 267 Kalumburu Aborigine Community (Tel. 9161 4300, Mo–
Fr 7–12 Uhr). Nach vorheriger Anmeldung kann die Gemeinde
besucht werden, in jedem Fall muss man sich im Laden nach Ankunft
melden. Die Eintrittsgebühr beträgt A$ 25 pro Fahrzeug. Camping-
plätze mit Duschen sind bei McGowan´s Island und am Honey Moon
Beach vorhanden. Tankstelle vorhanden (sonntags geschlossen, keine
Kreditkarten).

zurück auf der Gibb River Road

km 476 Ellenbrae Station (6 km)
Die Rinderfarm (Tel. 9161 4325) am Campbell Creek befindet sich
zwischen zwei Billabongs (Wasserlöchern) und verfügt somit über
erfrischende Bademöglichkeiten. Auf der Farm wird schönes Kunsthandwerk verkauft. Bed & Breakfast plus Dinner und Camping ist möglich.
Neben dem Campingplatz mit Duschen/Toiletten werden auf Wunsch auch
einfache Bushcamps in der näheren Umgebung angeboten.
km 524 Jack´s Waterhole Homestead (1 km)
Unweit der GRR ist Jack´s Waterhole (Tel. 9161 4324) einer der wenigen
bewirtschafteten Campingplätze – er gehört zur Durack River Station. Die
Stellplätze befinden sich am Ufer einer schönen Wasserstelle mit einer
reichen Vogelwelt. Einfache Zimmer, Mahlzeiten und ordentliche sanitäre
Anlagen sind vorhanden. Wanderungen sind zu den spektakulären
Oomaloo-Wasserfällen möglich.
Im weiteren Verlauf der GRR wird das Gelände entlang der **Cockburn
Range** welliger und ist teilweise mit steilen Anstiegen versehen.
km 581 Home Valley Homestead (1 km)
Der abendliche Blick auf die rot glühende Cockburn Range lohnt allein
schon den Aufenthalt auf der Home Valley Homestead (Tel. 9161 4322).
Angeln, Vogelbeobachtungen und kurze Bushwalks sind weitere Aktivitä-
ten. Die Farm verfügt über Bed & Breakfast und Dinner und Campingplät-
ze, einen gut sortierten Laden sowie über eine kleine Werkstatt für
Reifenreparaturen.

El Questro Station

Bei Kilometer 590 wird der Pentecost River gequert. Dank einer betonierten Furt ist das Crossing normalerweise kein Problem. Achtung: Krokodile im Fluss!

km 614   El Questro Station (16 km)

Die wohl bekannteste Rinderfarm der Kimberley (Tel. 9169 1777, www.elquestro.com.au) ist eine Million Hektar groß. In großartiger Lage liegt das Haupthaus (Homestead) oberhalb der Klippen des Chamberlain River. Die Homestead-Unterkunft ist allerdings auch preislich sehr exklusiv, günstiger sind die Bungalows oder der Campingplatz. Bootstouren, Pferderitte und Helikopterflüge sind empfehlenswerte Aktivitäten während des Aufenthalts. Das Restaurant ist für Frühstück, Mittag- und Abendessen geöffnet. Mit Tankstelle.

km 623   Emma Gorge (2 km)

Die fest stehenden Zelte (mit oder ohne Dusche/WC, Tel. 9169 1777) sind preiswerte und gute Unterkünfte. Sie gehören noch zur El-Questro-Farm und liegen malerisch inmitten der Schlucht. Für Tagesbesucher wird eine Gebühr erhoben. Restaurant und Bar sind vorhanden. Kein Camping!

INFO   ## Mit dem Schiff entlang der Kimberley-Küste

Großartiges erlebt derjenige, der sich die Zeit nimmt, die Kimberleys intensiv und mit ausreichend Zeit zu bereisen. Dazu gehört nicht nur das zerklüftete Binnenland mit seinen Schluchten und weiten Ebenen. Die isolierte, menschenleere Küste mit einer Unzahl von Inseln, Buchten und Flussläufen sollte ebenso Teil einer Kimberley-Erkundung sein. Mehrere Varianten sind möglich: auf komfortablen Katamaranen (z.B. *Coral Princess*), auf zweckmäßigen Kabinenschiffen (z.B. *Kimberley Quest, Northstar*) oder auf regionalen Chartertörns. Die Reise ist entweder als Kreuzfahrt von Broome nach Darwin oder als kombinierte Variante von Broome zum Mitchell Plateau und per Flugzeug zurück nach Broome möglich.

Ausgehend von Broome, fahren die Schiffe zunächst entlang der Küste in Richtung **Cape Leveque**. Walsichtungen (Buckelwale) sind ab Juli keine Seltenheit – sie bringen ihre Jungen in den warmen Kimberley-Gewässern zur Welt. Mit über 800 kleinen und kleinsten Inseln wird das **Buccaneer Archipel** durchkreuzt. **Cockatoo Island** ist die einzige bewohnte Insel: Eine kleine Eisenerzmine und ein einfaches Resort in den ehemaligen Unterkünften der Miner befinden sich hier.

Leider kann nirgendwo im Meer gebadet werden, zu groß ist die Gefahr durch „Crocs". Die Geschichte des amerikanischen Models *Ginger Meadows*, die im März

1987 vor den Augen ihrer Segelkameraden von einem Krokodil gefressen wurde, kennt jeder in den Kimberleys, und zig Varianten kursieren über den Ablauf des dramatischen Vorfalls. Seit 1969 stehen Krokodile in WA unter Schutz, und die Populationen sind seitdem erheblich angestiegen. Bei **Raft Point**, einem weiteren Punkt, der nur per Schiff erreichbar ist, können Jahrtausende alte Felsmalereien in selten guter Qualität erwandert werden. Apropos Wanderungen: Meist ist es ein Kampf durch schier undurchdringliches Regenwalddickicht in den tieferen Regionen. Wege oder Pfade sind nicht angelegt – für wen auch, wenn gerade mal 200 Menschen im Jahr vorbeikommen. Ist allerdings das Hochplateau erreicht, eröffnet sich dem erschöpften Bushwalker ein grandioses Panorama über eine weit verzweigte Inselwelt. Der Blick schweift auf Tafelberge wie den **Mt. Trafalgar**, der sich als höchster Berg der Kimberleys majestätisch erhebt.

Kings Cascade Falls

Ein Erlebnis für sich sind die Gezeiten, die im Normalfall bei 8–10 m liegen, bei Springfluten bis zu 14 m ansteigen können. Für den Kapitän ist ein ständiges Kalkulieren und Berechnen notwendig, insbesondere, wenn Flussläufe befahren werden. Ein solcher ist der **Prince Regent River** mit einer schmalen Einfahrt in das **St. George Basin**. Mit gewaltigen Strudeln und Strömungen drückt es bei Ebbe und Flut jedes Mal unvorstellbare Wassermassen in den Fluss und wieder hinaus. Ruhe findet man an den malerischen **Kings Cascade**-Wasserfällen, die sich viele Kilometer flussaufwärts befinden. Bei **Prince Frederick Harbour** erfolgen ein weiterer Landgang und anderntags ein Flug mit offenen Helikoptern hinauf auf das **Mitchell Plateau**. Zurück geht es dann in der Regel per Flugzeug oder per Schiff weiter nach Wyndham bzw. Darwin. Eine solche Reise dauert insgesamt 7 bis 12 Tage – bestimmt nicht zu lange, um all die Faszination der Kimberleys auf sich wirken zu lassen! Das Preisniveau der Kimberley-Kreuzfahrten ist extrem hoch – ein Tribut an die Exklusivität und die saisonale Einschränkung.

Kununurra – Katherine

Nach Überfahren der Grenze in das **Northern Territory** müssen die Uhren um eine halbe Stunde Stunden vorgestellt werden. Der geteerte *Victoria Hwy.* ist mittlerweile gut ausgebaut. Eine Quarantäne-Kontrolle für Obst und Pflanzen erfolgt an der Grenze der Bundesstaaten.

Grenze West-australien - Northern Territory

Keep River National Park

Der kleine National Park beginnt unweit des Highways (185 km westlich von Timber Creek) und ist mit seinen Sandsteinfelsen, Boabbäumen und Felsmalereien lohnend. Die Zufahrt ist auch mit herkömmlichen Fahrzeugen kein Problem. Von den beiden NP-Campgrounds beginnen markierte Wanderwege zu Aborigine-Fundstätten. Eine Rangerstation ist bei Fragen behilflich.

Streckenhinweis
*Vor Timber Creek wird das Land flach und geht in die **Whirlwind Plains** über. Nach Regenfällen wird der Victoria Hwy. durch die überfluteten East- und West-Bains-Flüsse häufig unpassierbar.*

Timber Creek

In der Kleinstadt (228 km östlich von Kununurra) leben gerade einmal 80 Menschen. Hier reparierte um 1855 der Pioneer A. C. *Gregory* sein Boot, das er für die Erforschung des Victoria River benutzte. Der von ihm eingeritzte Boab Tree steht noch heute am Ufer des Victoria River. In der alten Polizeistation von 1908 ist ein kleines Museum untergebracht (geöffnet Mai–Sept.).

Boots-
touren
auf dem
Victoria
River

Interessante Bootsfahrten auf dem Victoria River werden von *Max' Boat Tours* von April bis Oktober durchgeführt. Der Victoria River ist 800 km lang und endet in einem breiten Mündungsgebiet in die Timor-See. Sehenswert sind auch die beiden Pubs der Stadt.

Übernachten und Camping ist im *Circle F CP & Motel* ($$, Victoria Hwy., Tel. 8975 0722) möglich.

Gregory National Park

Der riesige und kaum erschlossene **Gregory National Park** ist von Timber Creek oder Victoria River Inn zugänglich (nur 4-WD-Pisten). Er ist der zweitgrößte NP des Northern Territory und beginnt 11 km östlich von Timber Creek. Eine genaue Karte ist in Timber Creek erhältlich.

57 km südlich von Timber Creek befindet sich innerhalb des NP die **Limestone Gorge**, eine beeindruckende Kalksteinschlucht, die noch mit Pkw erreichbar ist. Ein Wanderpfad führt zu einem (krokodilfreien) Badepool. Einige Kilometer weiter erreicht man die **Bullita Outstation** (Tel. 8975 0833) am East Baines River. Hier beginnt die 90 km lange, schwere 4-WD-Rundfahrt auf der alten *Bullita Stockroute* zu mächtigen Kalksteinklippen – eine Selbstregistrierung über Tel. 1-300 650 730 (Telefonzelle in Bullita Outstation) wird empfohlen.

Nach Süden sind es 140 km in Richtung **Kalkarindji** am *Buntine Hwy* bzw. via **Victoria Downs** auf dem *Humbert Track* zum *Buchanan Hwy*. Beide Strecken sind von großer Einsamkeit geprägt und von Flussdurchquerungen durchsetzt.

Victoria River Roadhouse
Das Roadhouse (90 km westlich von Timber Creek, Tel. 8975 0744) ist die letzte Tank- und Übernachtungsmöglichkeit vor **Katherine** (vgl. Kapitel 11).

23. TASMANIEN

Zur Geschichte des Staates

Vor rund 13.000 Jahren, bis zum Ende der letzten Eiszeit, war Tasmanien noch mit *Einst mit* dem Festland verbunden. Aborigines lebten hier bereits seit 35.000 Jahren, wie *dem* neuere Funde beweisen. Der steigende Wasserpegel machte Tasmanien zu einer *Festland* isolierten Insel, auf der sich Flora, Fauna und Ureinwohner nach völlig eigenstän- *verbunden* digen Maßstäben entwickeln konnten. So kommt es, dass auf der Insel mehr endemische Pflanzen und Tiere auftreten als irgendwo sonst in Australien.

Im 17. Jahrhundert wurde Tasmanien erstmals von Europäern gesichtet: Der Holländer *Abel Janszon Tasman* passierte die Insel 1642 auf seiner Entdeckungsreise, die ihn im weiteren Verlauf nach Neuseeland führte. Er nannte das Land zu Ehren des damaligen Gouverneurs der holländischen Ostindienkolonie **Van-Diemen-Land**. Bis 1803 blieb der Name erhalten und die Insel praktisch unberührt. Allein *James Cook* (1777), *William Bligh* (1788) und

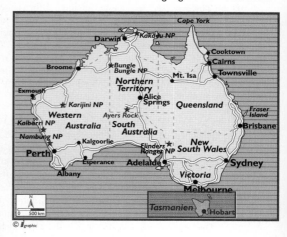

die Franzosen *Bruni D'Entrecasteaux* (1792) und *Nicholas Baudin* (1802) betraten vor der offiziellen Annektierung durch Großbritannien die Insel.

Um den Franzosen in der Kolonisierung neuer Länder zuvorzukommen, gründe- *Ehemalige* ten die Briten 1803 Hobart und 1824 Launceston. Bis 1853 war die „Teufelsinsel *Sträflings-* der Südsee" eine reine Sträflingskolonie. Die dort lebenden Aborigines waren *kolonie* ohne Chance: In regelrechten Hetzjagden wurden sie zusammengetrieben und massakriert, so lange, bis 1876 die Rasse der Tasmanier als ausgestorben galt. Tasmanien war der letzte australische Staat, in den Sträflinge deportiert wurden, erst 1877 wurde die Sträflingskolonie Port Arthur aufgelöst. Freie Siedler hatten sich in der Zwischenzeit darangemacht, das fruchtbare Land urbar zu machen und für sich zu vereinnahmen – mit Erfolg, wie die Erträge von Land- und Forstwirtschaft beweisen.

Tasmanien heute

Under Down Under

Im Vergleich zum Festland bietet Tasmanien dem Besucher ein völlig anderes, *Völlig* eigenständiges Bild. Die Landschaft ist außerordentlich abwechslungsreich und *eigen-* erinnert in vielem an britische Inseln, Schottland oder Neuseeland. Auf demsel- *ständiges* ben Breitengrad wie das südamerikanische, windumtoste Patagonien gelegen, aber *Land-* *schaftsbild*

INFO **Aborigines auf Tasmanien**

Bis heute wissen selbst viele Australier wenig über das Schicksal der tasmanischen Ureinwohner und den verheerenden Einfluss, den die britische Besiedlung mit sich brachte. Ursprünglich war Tasmanien von rund 6.000 Aborigines (*The Toogee People*) besiedelt, die sich in 9 Stämmen auf der Insel verteilten. Sie führten ein Nomadenleben als Jäger und Sammler. Mit weitaus primitiveren Waffen und Werkzeugen als auf dem Festland sorgten sie für ihren Lebensunterhalt. Durch die Isolation der Insel waren sie beispielsweise nicht in der Lage, Feuer zu entfachen. Sie mussten eine existierende Flamme ständig am Leben erhalten. Ging die Flamme aus, wurde neues Feuer wie ein wertvolles Gut gehandelt.

Die Stämme untergliederten sich in Familien und Gruppen, die entlang der Küsten von den reichlich vorhandenen Meeresfrüchten lebten. Zum Schutz vor Kälte rieben sie ihre Körper mit tierischen Fetten ein.

Die ersten Kontakte mit Europäern an der Südostküste verliefen zunächst freundlich. Später jedoch, als die Seehundjäger und Walfänger ihre Basen auf *Van Diemens Land* aufschlugen, wurden Aborigine-Frauen als Sklavinnen gehalten. Die Eroberer gingen als die berüchtigten „Straitsmen" in die Geschichte ein. Mit der Landnahme durch Vieh züchtende Siedler begann die Apokalypse der Tasmanier: Ganze Stämme im Südosten, Osten und in den Midlands wurden brutal ausgerottet. Nach 30 Jahren britischer Besiedlung waren gerade 150 Ureinwohner den Massakern und Hetzjagden entgangen. Der britische Missionar *George Augusus Robinson* machte sich 1830 auf, die letzten Überlebenden „einzusammeln", um sie in das eigens gegründete Reservat Wybalenna auf Flinders Island zu bringen. Die Mission verlief für ihn erfolgreich, allerdings mit der Folge, dass 1834 kein einziger Tasmanier mehr in seiner ursprünglichen Heimat lebte. 15 Jahre später entstand in Oyster Cove (südlich von Hobart) eine Gefangenensiedlung mit 47 überlebenden Flinders Island Aborigines. Mit dem Tod von *Truganinni* (1876) starb die letzte reinrassige Tasmanierin.

Heute identifizieren sich rund 6.500 Nachfahren mit ihr und fordern die Rückgabe von Gebieten in Tasmanien und Flinders Island. Archäologische Forschungen begannen in den letzten Jahren mit der Schaffung der *Archaeology Section* des Department of Parks, Wildlife & Heritage. Historische Stätten können auf der ganzen Insel gesehen werden. Charakteristisch sind Muschelhaufen (*Shell Middens*) und Steindenkmäler. Nähere Informationen zu den historischen Stätten erteilt der **Parks & Wildlife Service Tasmania** (www.parks.tas.gov.au) in Hobart.

mit wesentlich milderem Klima versehen, bietet die wenig bevölkerte Insel zerklüftete Gebirge, kühl-gemäßigte Regenwälder, malerische Seen, Flüsse und Wasserfälle, atemberaubende Küstenszenarien und viele unerforschte Regionen. Im Kontrast dazu, wenngleich nicht überwiegend, stehen grüne Weiden, duftende Lavendelfelder und ausgedehnte Obstplantagen. Die bekannte Apfelsorte *Granny Smith* stammt aus Tasmanien.

Flora und Fauna sparen nicht mit Überraschungen: **Tasmanische Teufel** (*Tasmanian Devil*) sind schwarze und sehr lebhafte Beutelratten, die kleinen Hunden gleichen. Sie sind die einzigen Fleisch fressenden Beuteltiere Australiens. Der **Tasmanische Tiger** gilt als ausgestorben, jedoch wird immer wieder von geheimnisvollen Sichtungen berichtet. Die Beu-

Tasmanien: Cradle Mountains

telwölfe sind/waren etwa so groß wie Schäferhunde und trugen ein gestreiftes Fell. An den Küsten sind viele Wasservögel heimisch. Einzigartig, durch Abholzung aber selten geworden, sind **Huonbäume** (*Huon Pines*), die sehr langsam wachsen und über tausend Jahre alt werden. In den Tälern des Südwestens und Nordostens wachsen kalifornische **Redwoods** und **Swamp Gums** (Eukalyptusart), die bis zu 95 m hoch werden.

„Tassie" ist von zwei Zentren geprägt: **Hobart** an der Südostküste und **Launceston** im Nordosten an der Mündung des Tamar River. Als größere Städte sind außerdem noch **Devonport** und **Burnie** an der Nordküste nennenswert. Ansonsten findet man verstreute Siedlungen und weite, unbesiedelte Gebiete. Urlandschaften wie der „South West National Park" sind kaum je-

Redaktions-Tipps

- Behandeln Sie Tasmanien nicht als 3-tägiges Anhängsel Ihrer Australienreise! Nehmen Sie sich **mindestens 7 Tage Zeit** für die schöne Insel.

- Übernachten Sie in den **kolonialen Bed- & Breakfast-Häusern**, den stilvollen Nationalpark-Hotels (z. B. Cradle Mountain Lodge) oder direkt in der Natur auf den herrlich gelegenen Nationalpark-Campgrounds.

- Packen Sie gute **Wanderschuhe** und Regenbekleidung ein!

mals von einem Menschen betreten worden und als Welterbe der UNESCO geschützt. Die undurchdringlichen, kühl-gemäßigten Regenwälder werden von den „Tassies" in Anlehnung an das Northern Territory das Never-Never-Land genannt.

Hobart und Launceston als Zentren

Kleinere Orte sind auf Landkarten oft größer verzeichnet, als sie in Wirklichkeit sind. Verträumte Fischerhäfen und Ferienorte findet man an der Westküste (z. B. Strahan) und an der Ostküste (z. B. St. Helens, Bicheno).

Die Menschen gelten als zurückhaltend, aber nicht rückständig und sind Besuchern gegenüber überaus freundlich gesonnen. Tasmanien leidet, so hat es den Anschein, unter mangelnder Anerkennung seitens der Kontinentalaustralier, die gerne ihre Witze über die Langsamkeit der Tasmanier machen. Umgekehrt wird das Festland stets *Mainland* genannt, dort sind die Metropolen, dort fallen die Entscheidungen. So sind die Tasmanier glücklich, dass sich Veränderungen nur äußerst zurückhaltend einstellen.

Der Inselstaat verzeichnet jährlich steigende Besucherzahlen, obgleich die durch das kühlere Klima begrenzte Saisonzeit (beste Reisezeit Okt.–Apr.) einem Massenzustrom natürliche Grenzen setzt.

Allgemeine Hinweise zu Tasmanien

Information
Nähere Informationen zu Tasmanien erhält man bereits auf dem Festland in allen größeren Städten: **Tasmanian Travel Centres** befinden sich in **Sydney** (149 King St.), **Melbourne** (256 Collins St.), **Brisbane** (40 Queen St.), **Adelaide** (32 King William St.), **Canberra** (165 City Walk) sowie in **Hobart**, **Launceston**, **Devonport** und **Burnie**. Die dort erhältliche Zeitschrift „Travelways" enthält neueste Tipps, Fahrpläne, Unterkünfte. In jeder Stadt Tasmaniens existiert zudem eine „Tourist Information", die bei Fragen behilflich ist Im Internet: www.discovertasmania.com.au, www.tastravel.com.au.

Anreise
Möglich ist die Anreise per **Fähre** (Melbourne–Devonport oder Sydney–Devonport) oder per **Flugzeug (Sydney/Melbourne–Hobart, Sydney/Melbourne–Launceston)**. Wird der Flug bereits in Europa gebucht (günstigere Tarife in Verbindung mit dem Langstreckenticket), kommt die Fähre (je nach Saisonzeit und Sondertarifen) meist etwas teurer (und vor allem zeitaufwändiger).
Die meisten Autovermieter verbieten die Überführung des Fahrzeug nach Tasmanien. Hingegen kann dies bei Wohnmobilvermietern problemlos angefragt werden – allerdings muss das Fahrzeug i.d.R. auch wieder auf dem Festland zurückgegeben werden, sodass die Fährkosten zweimal anfallen.
Empfehlenswert und günstiger ist das Anmieten eines Mietwagens oder Wohnmobils in der Hauptstadt Hobart.

Fähre
Die genauen Details über die Fähren Spirit of Tasmania I und II von Melbourne nach Devonport finden Sie in Kapitel 3 „Melbourne". Seit Januar 2004 verkehrt zwischen Sydney (Welsh Bay bei Darling Harbour) und Devonport dreimal wöchentlich die neue Fähre Spirit of Tasmania III. Informationen: www.spiritoftasmania.com.au. In der Nebensaison gelten häufig sehr günstige Preise und Fahrzeuge können gratis mitgenommen werden.

Flüge
Qantas, Jetstar und Virgin Blue fliegen mehrmals täglich ab allen größeren Städten nach Hobart und Launceston. Regionale Fluggesellschaften verbinden Melbourne mit King Island und Flinders Island.

Busse
Tasmanian Redline Coaches (TRC, Tel. 1-300 360 000, www.redlinecoaches.com.au) und Tassie Link Coaches (Tel. 1-300 300 520, www.tigerline.com.au)

verbinden die wichtigsten Orte und Städte miteinander. Der Tassie Pass von TRC gilt 7, 15 oder 30 Tage auf dem gesamten Streckennetz mit beliebig vielen Unterbrechungen. Auf dem Festland ist er in allen TAS Travel Centres erhältlich.

Mietwagen und Camper

Mietwagen: Das „eigene" Fahrzeug ist die ideale Möglichkeit, frei und flexibel die Insel kennen zu lernen. Die Mietpreise der großen Autovermieter (z. B. Hertz, Thrifty, Avis, Budget) entsprechen denen des Festlands. Lokale Vermieter bieten auch ältere Fahrzeuge zu Discountpreisen an.

Wohnmobile sind nicht teurer als auf dem Festland und ein ideales Verkehrsmittel auf der Insel. Die Überführung vom Festland ist bei vielen Vermietern möglich, erfordert aber auch die Rückführung! Campingplätze und Caravan Parks existieren zahlreich auf der ganzen Insel.

Da die Entfernungen im Vergleich zu Kontinentalaustralien sehr gering sind, gestaltet sich das Reisen mit dem Auto sehr angenehm und kurzweilig.

Rundreisen

Organisierte Busrundreisen mit Hotelübernachtungen werden von den bekannten Veranstaltern AAT Kings oder Naturally Tasmania Tours angeboten. Die Dauer beträgt i. d. R. 7 bis 14 Tage.

Fahrrad fahren

Tasmanien ist zwar wegen seiner vielen Steigungen kein einfaches Terrain, aber dennoch Australiens Radlerparadies. Die Entfernungen halten sich in Grenzen, und das Klima ist angenehm. Ein guter Regenschutz sollte nicht fehlen. Räder für Stadtrundfahrten können in Hobart, Launceston und Devonport geliehen werden.

Wandern

Kaum ein anderer Staat eignet sich so gut für das populäre Bushwalking wie Tasmanien. Alle Nationalparks bieten eine Fülle von Wanderwegen, die Stunden bis Tage dauern können. Dabei gilt es vor allem im Zentrum und im Südwesten, sich gegen plötzliche Wetterumschwünge zu wappnen. Regen, Schnee, Sturm und strahlender Sonnenschein sind in Minutenabständen möglich, gute Ausrüstung ist deshalb Pflicht.

Berühmt sind die **Fernwanderwege Tasmaniens**. Sie verfügen teilweise über Schutzhütten, sonst aber über keinerlei Einrichtungen. Ein Zelt, die gesamte Verpflegung und ein Kocher (keine offenen Feuer!) müssen mitgenommen werden. Alle Wanderer müssen sich an- und abmelden!

Fernwanderwege im Überblick:

1. **The Overland Track**: 80 km Lake St. Clair bis Cradle Mountain, 4–8 Tage, Schutzhütten vorhanden, organisierte Touren möglich.

2. **South Coast und Port Davey Track**: Cockle Creek–Melaleuca (54 km) und Melaleuca–Scotts Peak Rd. (66 km), Wasserflugzeug nach Melaleuca möglich, 5–9 Tage, keine Schutzhütten, sehr matschige Wege.

Wandern auf Tasmanien

Tasmanien
ist ein
Paradies
für
Wanderer

3. **Frenchman Cap**: *46 km im Franklin Gordon Wild Rivers NP, gleicher Weg hin und zurück, 3–5 Tage, zwei Schutzhütten.*

4. **Tasmanian Trail**: *ca. 400 km von Devonport (Nordküste) bis Dover (Südwesten), ca. 3 Wochen Wanderzeit, Teilstrecken möglich.*

Topografische Karten sind bei den TASMAP Centres von Launceston und Hobart erhältlich.

Nationalparks

Gut
organi-
siertes
National-
parkwesen

Tasmanien verfügt über 14 Nationalparks unterschiedlicher Größe, hinzu kommen über 80 weitere Gebiete (State Parks, Reserves) unterschiedlichen Schutzcharakters. 20 Prozent der Landfläche, vom Cradle Mountain Lake St. Clair NP bis zum South West NP, sind als World Heritage Area der UNESCO eingestuft.
Die Verwaltung der Parks durch den Parks and Wildlife Service ist vorbildlich (Beschilderung, Wanderwege, Campingplätze).
Ein Bushwalking Code gibt Hinweise zum umweltbewussten Verhalten in den NPs.

Eintrittsgebühren

Der zwei Monate gültige **National Park Pass** *deckt die Eintrittsgebühr für alle NPs ab (A$ 56/Fahrzeug mit bis zu 8 Personen). In jedem Park kann ein Stempel am Visitor Centre abgeholt werden.*

Informationen

Parks & Wildlife Service, *134 Macquarie St., Hobart;*
Informationen und Landkarten über alle NPs Tasmaniens, u. a. der „Bushwalking Trip Planner" als Planungshilfe für Wanderungen. Büros und Visitor Centres gibt es im ganzen Land, in jedem Nationalpark. **Internet:** *www.parks.tas.gov.au, Tel. 1300 135 513.*

Übernachtungen

Für Übernachtungen gilt generell dasselbe wie für das Festland: Hotels, Motels, Hostels, Jugendherbergen und Caravan Parks sind in großer Zahl vorhanden. Außerhalb der Schulferien sollten Sie keine Probleme bekommen, eine angemessene Unterkunft zu finden. Während der Ferien empfehlen sich Vorausbuchungen. Die Hotelketten **Flag-Choice**, **Best Western**, **TasVillas** *und* **Innkeepers** *bieten preiswerte Hotelpässe für flexibles Reisen an. Einmalig sind die kolonialen Unterkünfte „Colonial Accomodation" und „Heritage Accommodation", wo in mindestens 100 Jahre alten Gebäuden übernachtet wird.*

Gesundheit

Das Ozonloch ist wegen der südlichen Lage und z. T. beträchtlichen Höhen noch deutlicher spürbar, d. h. die Intensität der Sonne ist auch bei wolkenverhangenem Himmel enorm. Schützen Sie sich durch entsprechende Kleidung, Hut, Sonnencreme und Sonnenbrille.

Telefon

Vorwahl für ganz Tasmanien: 03

Veranstaltungen

Die Regatta Sydney – Hobart Yacht Race (Start am 26. Dezember jeden Jahres) ist das größte Spektakel der Insel und eine Riesenfeier in Hobart.

Ein ungewöhnliches Motorsportereignis ist die Targa Tasmania, *die 1992 nach euro-päischem Vorbild erstmals ausgetragen wurde. Das Oldtimer-Straßenrennen ist 2.000 km lang und führt über die ganze Insel.*
The Great Tasmanian Bike Ride *ist eine organisierte Touristikfahrt, die über 9 Tage geht und alljährlich im Februar tausende von Radfahrern anzieht.*

Wasser

Das Wasser ist kaum irgendwo so rein und klar wie in Tasmanien. Es kann aus Bächen und Quellen bedenkenlos getrunken werden.

Rundreise durch Tasmanien

Tasmanien lässt sich aufgrund seiner kompakten Größe in ein bis zwei Wochen kennen lernen – wobei längere Wanderungen oder Ausflüge noch nicht möglich sind. Dank der günstigen Flugpreise und der damit verbundenen Zeitersparnis

Eine bis zwei Wochen sollte eine Rundreise dauern

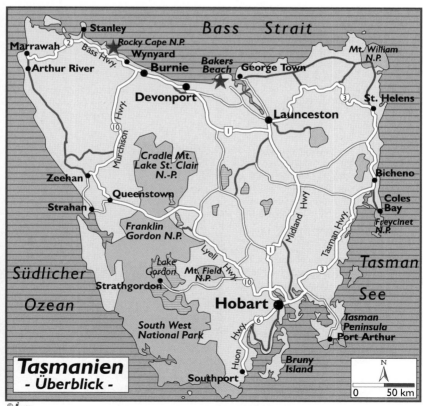

© *i*graphic

fliegen heute die meisten Reisenden auf die Insel. Eine Rundreise über die Insel könnte folgendermaßen aussehen:

- **Südwesten:** Hauptstadt Hobart und Umgebung: Sträflingskolonie Port Arthur/Tasman Peninsula; Huon Valley; Mt. Field NP; evtl. Abstecher nach Strathgordon oder Rundflug über den South West NP.
- **Zentrum:** Cradle Mt.-Lake St. Clair NP; evtl. Abstecher zum Walls of Jerusalem NP und zu den Höhlen von Mole Creek.
- **Westküste:** Strahan, Arthur River, Marrawah.
- **Nordküste:** Stanley; Devonport; Launceston, Weinbaugebiet Tamar Valley.
- **Ostküste:** Mt. William NP, Ben Lomond NP; St. Helens, Bicheno, Freycinet NP.

🚗 Entfernungen

Hobart–Port Arthur:	100 km	Somerset–Marrawah:	155 km
Hobart–Hastings Caves:	112 km	Somerset–Launceston:	155 km
Hobart–Mt. Field NP:	90 km	Launceston–St. Helens:	169 km
Mt. Field NP–Queenstown:	205 km	St Helens–Hobart:	270 km
Queenstown–Somerset:	186 km		

🗺 Routenvorschlag: In 14 Tagen Tasmanien entdecken

1. Tag: Ankunft in Hobart – Stadtbesichtigung
2. Tag: Ausflug Huon Valley
3. Tag: Hobart–Mount Field NP
4. Tag: Mount Field NP–Lake St. Clair
5. Tag: Lake St. Clair–Strahan
6. Tag: Aufenthalt Strahan
7. Tag: Strahan–Cradle Mountain NP (Cradle Valley)
8. Tag: Aufenthalt Cradle Mountains
9. Tag: Cradle Mountain NP–Launceston
10. Tag: Launceston–Mount William NP
11. Tag: Mount William NP–Coles Bay (Freycinet NP)
12. Tag: Aufenthalt Freycinet NP
13. Tag: Coles Bay–Port Arthur
14. Tag: Port Arthur–Hobart (Abflug)

Hobart (ⓘ s. S. 155)

Hauptstadt der Insel

Hobart ist die Hauptstadt Tasmaniens. Gegründet wurde sie bereits 1803, zunächst als Sträflingskolonie. Die Ausrufung zur Hauptstadt der Kolonie und des späteren Staates geschah 1842. Mit seinem breiten Mündungsbereich bildet der **Derwent River** einen idealen, vor allem tiefen Naturhafen, den schon die Walfänger als Stützpunkt nutzten. Problemlos können auch

Blick auf Hobart

große Frachtschiffe den Hafen anlaufen und flussaufwärts die dort angesiedelten Zinkfabriken und Industriegebiete erreichen.

Die 195.000 Einwohner zählende Stadt schmiegt sich mit all ihren Vororten entlang der Flussufer und ist einfach und übersichtlich aufgebaut. Die lang geschwungene Tasman-Brücke überquert den Fluss an seiner schmalsten Stelle und stellt die direkte Verbindung zwischen der City und den westlich gelegenen Vororten her. Im Hinterland, hoch über der Stadt, thront der 1.270 m hohe **Mt. Wellington** (22 km westlich), ein beliebter Aussichtspunkt bei gutem Wetter. Weitere Hügel mit Höhen von 200 bis 400 m umgeben die Stadt. *Aussichtsberg*

Sehenswürdigkeiten

Innenstadt

Constitution Dock

Das Stadtzentrum liegt am Westufer des weit verzweigten Derwent River an der *Sullivan Cove*. Es wird von rechtwinkligen Straßenzügen gebildet. Hauptstraßen sind die an historischen Gebäuden reiche **Macquarie Street** und die **Elisabeth Street** mit Fußgängerzone. Eine Stadtbesichtigung kann ohne weiteres zu Fuß unternommen werden und sollte auch die von alten Lagerhäusern gesäumte Uferpromenade (*Waterfront*) mit **Hunter Street** und **Franklin Wharf** beinhalten. Dort befinden sich das farbenprächtige **Victoria Dock (4)** und **Constitution Dock (5)** mit kolonialer Architektur. Abfahrtspunkt für Ausflugsboote ist die *Brooke St. Pier*. *Reich an historischen Gebäuden*

Ein guter Orientierungspunkt für einen Stadtrundgang ist der zentrale **Franklin Square** (Ecke Macquarie St./Elisabeth St.).

Die Innenstadt Hobarts ist eines der besten Beispiele unversehrt erhaltener kolonialer Architektur – insgesamt hat der *National Trust* 90 Gebäude als denkmalgeschützt klassifiziert. Sehenswert sind die **Townhall**, das **General Post Office** (Macquarie St.), das alte **Parliament (11)** (Murray St.) und das **Theatre Royal** (Campbell St.).

Tasmanian Museum & Art Gallery (7)
Das interessante Museum schließt den *Commissariat Store* ein, welches das älteste Gebäude Tasmaniens (1808) darstellt. In Museum und Kunstgalerie werden Funde der tasmanischen Aborigines gezeigt und Kolonialgeschichte dargestellt.
Tasmanian Museum & Art Gallery, 40 Macquarie St.; geöffnet täglich 10–17 Uhr; www.tmag.tas.gov.au

Salamanca Place (3)
Südlich der Innenstadt schließt sich der aufwändig restaurierte **Salamanca Place** an. Große, aus dem typischen tasmanischen Sandstein errichtete Lagerhäuser wurden zu Galerien und Restaurants umfunktioniert.

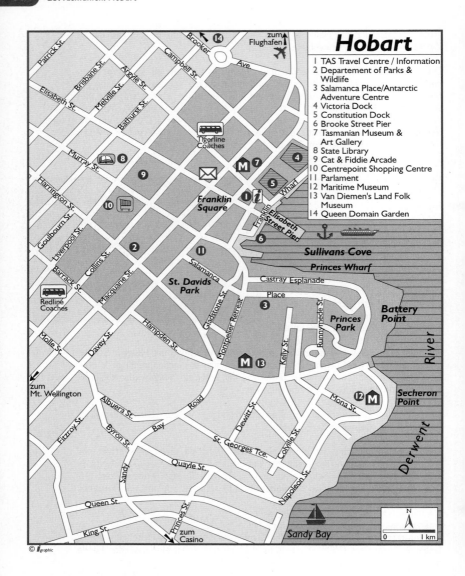

Hobart

1 TAS Travel Centre / Information
2 Departement of Parks & Wildlife
3 Salamanca Place/Antarctic Adventure Centre
4 Victoria Dock
5 Constitution Dock
6 Brooke Street Pier
7 Tasmanian Museum & Art Gallery
8 State Library
9 Cat & Fiddie Arcade
10 Centrepoint Shopping Centre
11 Parlament
12 Maritime Museum
13 Van Diemen's Land Folk Museum
14 Queen Domain Garden

Antarctic Adventure Centre (3)
Wissenswertes über die Antarktis enthält das 1997 eröffnete Informationszentrum am Salamanca Place. Interaktive Ausstellungen sollen Kinder und Erwachsene zum Mitmachen anregen.
Antarctic Adventure Centre, Salamanca Place; geöffnet täglich 10–17 Uhr; www. antarctic.com.au

Battery Point

Das Stadtviertel südöstlich der Sullivan Bucht (in Verlängerung des Salamanca Place) heißt **Battery Point**. Das koloniale Hafenviertel entstand bereits 1804 und erlebte sein Blüte von 1840 bis 1880. Aus der ursprünglichen Verteidigungsbastion ist ein schönes Wohn- und Touristenviertel geworden. Der Bummel durch die schmalen Gassen mit den liebevoll restaurierten Stadthäusern und traditionellen Pubs sollte nicht versäumt werden. Vom Salamanca Place lässt sich das Viertel über die hinaufführenden **Kellys Steps** (aus dem Jahre 1839) bequem zu Fuß erreichen. Das **Narryna Heritage Museum** (Stadtplan Nr. 16, 103 Hamden Rd.) ist eine kleines, historisches Museum in einem typischen Sandsteingebäude aus dem Jahr 1836. Sehenswert außerdem das Hotel **Lenna´s of Hobart** (1880), in dem noch heute stilvoll genächtigt werden kann. Rund um den Platz **Arthur Circus** befindet sich eine Reihe schöner georgischer Sandsteinhäuser aus dem vorigen Jahrhundert.

Salamanca Place

Maritime Museum (12)

Im 1831 erstellten Secheron House ist das Schifffahrtsmuseum untergebracht. In einer sehenswerten Ausstellung wird die Geschichte der tasmanischen Seefahrt geschildert. Im oberen Stockwerk befindet sich die Carnegie Gallery mit wechselnden Ausstellungen.

Maritime Museum, 16 Argyle Street; geöffnet täglich 10–17 Uhr; www.maritimetas.com.au

Tasmanian Distillery

Australiens einzige Whiskey-Destillerie mit Museum. Hergestellt wird dort der über die Grenzen hinaus bekannte *Sullivan´s Cove Whiskey*.

Tasmanian Distillery, 2 Macquarie St.; geöffnet täglich 10–17 Uhr

Queens Domain (14)/Royal Tasmanian Botanical Gardens

Nördlich des Zentrums liegt Queens Domain, eine weitläufige Parklandschaft, die auch den **Botanischen Garten** (geöffnet täglich ab 8 Uhr) und das historische **Government House** einschließt. Im Park sind die beschilderten einheimischen Pflanzen sehenswert – sicherlich wird man viele davon im Laufe des Tasmanien-Aufenthalts in der freien Natur wieder entdecken.

Außerhalb des Zentrums

Am anderen Ufer des Derwent River (über die Tasman Bridge erreichbar) liegen die hügeligen **Vororte Rose Bay**, **Montagu Bay**, **Rosny** und **Bellerive**. In letzterem steht die alte Befestigungsanlage **Kangaroo Bluff Fort** (Victoria Esplanade/Kangaroo Bluff) aus dem Jahr 1875. Die Fahrt dorthin (auch mit der Passagierfähre ab Sullivan Cove/Franklin Wharf möglich) lohnt allein schon wegen des guten Ausblicks auf Hobart.

Mt. Wellington

Um einen Blick auf die malerische Lage Hobarts zu werfen, empfiehlt sich auch eine Fahrt auf den westlich gelegenen „Hausberg" Mt. Wellington (22 km west-

Gute Sicht bei klarem Wetter

lich). Bei klarem Wetter bietet sich eine grandiose Sicht auf die Stadt und den natürlichen Hafen. Organisierte Ausflüge werden täglich zu günstigen Preisen angeboten.

Sandy Bay
Südlich des Battery Point liegt der Vorort Sandy Bay, der vor allem durch die Präsenz des imposanten Wrest-Point-Casinos geprägt ist – am Abend sicherlich einen Besuch wert. Tagsüber ist eher der Yachthafen des *Royal Yacht Club* sehenswert.

Cascade Brewery
Die über 100 Jahre alte Brauerei liegt im Stadtteil Cascade und ist eine der ältesten Australiens. Noch heute arbeitet sie im Originalgebäude und kann besichtigt werden.
Cascade Brewery, Cascade Rd., Cascade (5 km westlich, Buslinie 43/44 oder 46), Tel. 6221 8300; Führungen bei Voranmeldung Mo–Fr 9.30 Uhr und 13 Uhr

Cadbury Chocolate Factory
Die Schokoladenfabrik der bekanntesten australischen Marke kann im Vorort Claremont besichtigt werden. Viele organisierte Ausflüge haben den Süßwarenerzeuger im Programm.
Cadbury Chocolate Factory, Cadbury Rd., Claremont, Tel. 6249 0333; Führungen täglich außer Sa/So

Umgebung von Hobart

Tasman Peninsula und Port Arthur

Fahrt nach Port Arthur

Auf der Fahrt in die rund 100 km entfernte Sträflingssiedlung, die wohl bekannteste Touristenattraktion Tasmaniens, passiert man eine Reihe sehenswerter Orte und Landschaftsmerkmale:

Richmond

Historische Stadt Richmond

Das historische Richmond (26 km nordöstlich von Hobart) liegt an der alten Port-Arthur-Straße, die nördlich um die **Pitt Water Bay** herumführt. Die Stadt ist eine der ersten Siedlungen Tasmaniens – über 50 Bauwerke Stammen aus dem 19. Jahrhundert, darunter einige Kirchen. Die Brücke, die den Coal River quert, ist die älteste Australiens (1823). Einen Besuch ist auch das Gefängnis **Richmond Gaol** von 1825 wert, das ausgesprochen gut erhalten ist. Gemütliche Teestuben und Souvenirläden locken viele Touristen an. Tagesausflüge nach Port Arthur werden gerne mit einem Besuch Richmonds verbunden.

Küstenformationen

Sorell ist die letzte größere Stadt vor Erreichen des Isthmus, der die tasmanische Halbinsel vom Rest der Insel Tasmanien trennt. Entlang des *Arthur Hwy.* in Richtung Süden lohnt vor der Landenge **Eaglehawk Neck** ein Abstecher zum **Pirates Lookout** mit Blick auf die Steilküste der Tasman Peninsula. Ein Fußweg führt zur Felsplattform Tesselated Pavement. Nach Eaglehawk Neck folgen die Felsformationen **Blowholes**, **Tasman's Arch** und **Devil's Kitchen** im *Tasman Arch State Reserve*.

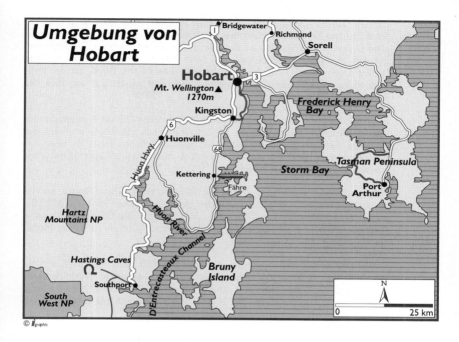

Umgebung von Hobart

Bridgewater
Richmond
Sorell
Hobart
Mt. Wellington ▲ 1270m
Kingston
Frederick Henry Bay
Huonville
Kettering
Fähre
Storm Bay
Tasman Peninsula
Port Arthur
Hartz Mountains NP
Hastings Caves
Southport
Bruny Island
South West NP
D'Entrecasteaux Channel
Huon River
Huon Hwy

N

0   25 km

© graphic

Tasmanian Devil Park

Der Tierpark (10 km nördlich von Port Arthur) bietet eine gute Gelegenheit, die scheuen Tasmanischen Teufel und andere einheimische Tier- und Pflanzenarten zu sehen. Interessant ist auch das *Tigersnake Centre*, in dem die hochgiftigen Schlangen für medizinische Zwecke gezüchtet werden – ihr Gift wird zur Blutverdünnung gesammelt.

Tasmanian Devil Park, *Arthur Hwy., Taranna; geöffnet täglich 9–17 Uhr*

Port Arthur (ⓘ s. S. 155)

Die Sträflingssiedlung **Port Arthur** auf der praktisch ausweglosen Halbinsel entstand 1830 auf Geheiß des damaligen Gouverneurs *Arthur*. Sie hatte bis 1877 Bestand und zählte zeitweise nicht weniger als 12.000 Gefangene! Diese kamen vom Festland, wo die Sträflingsdeportationen nicht mehr erwünscht waren. Die Sträflinge bauten ihr Gefängnis mit Wachtürmen selbst. Wohl zur Gewissensberuhigung ließen die Kolonialherren auch eine Kirche er-

Port Arthur

Koloniale
Sträflings-
siedlung

richten. Daneben wurden die Gefangenen in einer Holzmühle beschäftigt, zu Schiffsbau und Kohleabbau gezwungen. Viele von ihnen überlebten den unerbittlichen Drill nicht und wurden auf der **Isle of the Dead** begraben. Die Toteninsel mit dem anonymen Friedhof kann per Schiff besucht werden (*Isle of the Dead Landing Cruise*). Ebenso die „Insel der Jungen" (**Isle of the Boys**), auf der britische Knaben separat von den übrigen Gefangenen wieder auf den Pfad der Tugend gebracht werden sollten.

Einer der berühmtesten Gefangenen war *William Smith O´Brian*, Symbolfigur der irischen Unabhängigkeitsbewegung. Ihm ist eine Sonderausstellung in einem der kleineren Gebäude gewidmet. Sämtliche Gebäude können heute in einer Art Freilichtmuseum besichtigt werden – teilweise restauriert, teilweise ziemlich beschädigt, aber dennoch eindrucksvoll.

Hervorragende Unterhaltung bieten die **Port Arthur Ghost Tours**, welche allabendlich in der Dämmerung stattfinden (Anmeldung unter Tel. 1-800 659 101, Beginn beim Visitor Centre, Dauer ca. 1,5 Std.). Tipp: Die Übernachtung sollte nach der Ghost Tour am besten direkt in Port Arthur (Caravan Park oder Motel/Hotel) erfolgen.

Die **Tasman Peninsula** sollte bei ausreichender Zeit näher besichtigt werden. Mit dem Auto und auf Wanderungen können auch entlegene Winkel besucht werden, z. B. die *Remarkable Caves* unweit südlich von Port Arthur oder die erste tasmanische Kohlemine (*Coal Mine Historic Site*) – malerisch am Saltwater River gelegen (einfacher Campground nebenan).

Weitere Wanderwege befinden sich im **Tasman National Park**, welcher den Südzipfel der Halbinsel markiert, z. B. nach *Waterfall Bay* (2 Std.) oder *Cape Raoul* (1,5 Std. zum Aussichtspunkt).

Der Südwesten

Huon Valley

Große
Apfel-
plantagen

Südwestlich von Hobart, entlang des Huon River im gleichnamigen breiten Tal, breiten sich große Apfelplantagen aus. In zunehmendem Maß wird auch Wein angebaut. Viele Städte und Dörfer haben, für australische Maßstäbe, eine lange Geschichte. Zahlreiche Gebäude datieren in das 19. Jahrhundert zurück. An der Küste des **D'Entrecasteaux Channel**, der Meerenge zwischen „Tassie" und Bruny Island, gibt es einige schöne Strände – allerdings wagen nur wenige den Sprung in die kalten Fluten.

Kingston

Antarktis-
Ausstellung

In der **Australian Antarctic Division** in Kingston sind viele Informationen über den polaren Kontinent zusammengetragen und der Öffentlichkeit zugänglich gemacht. Australien beansprucht einen Teil der Antarktis, das so genannte **Australian Antarctic Territory**.
Antarctic Division, Channel Hwy., Kingston (17 km südlich von Hobart); geöffnet Mo–Fr 8.30–17 Uhr; www.antdiv.gov.au

Bruny Island (ⓘ s. S. 155)

Der **D'Entrecasteaux Channel** trennt die lang gezogene Insel Bruny Island von der Südostküste Tasmaniens. Als Ferienziel wird die Insel vor allem an Wochenenden von vielen Besuchern frequentiert. Die Straßen sind teilweise noch geschottert, doch davon sollte man sich bei vorsichtiger Fahrweise nicht abschrecken lassen. Etliche kleine Buchten mit einsamen Sandstränden und Wanderwegen in den State Reserves machen den Aufenthalt zu einem lohnenden und kurzweiligen Landschaftserlebnis.

Der Nordteil der Insel ist eher flach und von Landwirtschaft geprägt. Auf der schmalen Landverbindung zwischen Nord- und Südinsel (**The Neck**) können bei Einbruch der Dunkelheit *Fairy Penguins*, die kleinsten ihrer Gattung, beim Landgang zu den Nestern beobachtet werden. Die beste Zeit zur Beobachtung der Pinguine ist von Oktober bis Februar. Steigt man die Treppen auf *The Neck* empor, bietet sich eine grandiose Aussicht auf den Isthmus.

An der Südspitze steht der älteste bemannte Leuchtturm Australiens, **Cape Bruny Lighthouse**, (1836 erbaut). Sehenswert auch das **Bligh Museum of Pacific Exploration** (Adventure Bay Rd., täglich 10–15 Uhr) mit der Geschichte der Entdecker Bligh, Cook und Fur-

Auf Bruny Island

neaux. Dichter Regenwald bestimmt das Bild bei einer Durchquerung der Südhälfte von **Lunawanna** nach **Adventure Bay**. Letztgenannter Ort verfügt über einen kleinen Laden und Übernachtungsmöglichkeiten. Daneben existieren mehrere einfache Campgrounds.

Abwechslungsreiche Geographie

Der kleine Ort **Geeveston**, der sich ganz der Forstwirtschaft verschrieben hat, markiert südlich von Huonville das Eingangstor in den einsamen Südwesten. Im *Forest & Heritage Centre* erfährt man einiges über den Wald und seine Nutzung. Bis zu 90 m hohe *Swamp Gum Trees* (Eukalypten) wachsen hier und können auf einem Rundweg *(Arve Loop Rd.)* erkundet werden. Eine Attraktion ist der **Tahune Airwalk**, ein in den Baumwipfeln auf ca. 40 m Höhe befestigter, 597 m langer und spektakulärer Laufsteg (www.forestrytas.com.au).

Fahrt in den Süden Tasmaniens

Hartz Mountain National Park

Eine schmale Straße führt 25 km westlich von Geeveston (*Huon Hwy.*) in den bei Tagesausflüglern beliebten Hartz Mountain National Park. In den Hochmooren des 7.140 ha großen NP erheben sich steile Felsen, dazwischen Regenwälder und tiefe Schluchten. Der **Hartz Peak** (1.255 m) kann auf einer 5-Stunden-Tour erwandert werden. Vom Waratah Lookout (24 km von Geeveston) bietet sich ebenfalls ein Blick auf die grandiose Wildnis des Südwestens. Die Berge sind, wie auch der in der Ferne erkennbare **Mt. Picton** (1.328 m), oft schneebedeckt! Der Parkranger (Büro in Geeveston) erteilt nähere Informationen. Campieren ist im Westteil des Parks erlaubt. Aufgrund der Höhenlage muss mit raschen Wetterwechseln gerechnet werden!

Dover

Auf der Fahrt nach Süden wird als nächstgrößerer Ort das Städtchen Dover erreicht. Das einstige Fischerdorf ist immer mehr zu einer Feriensiedlung geworden und liegt malerisch in der geschützten Bucht **Port of Esperance**. Mit dem alten Segelschoner *Olive May* (www.olivemay.com) lassen sich Ausflüge zu Tasmaniens größter Lachszucht unternehmen. Übernachtungen sind im *Dover Hotel* (Main Rd., Tel. 6298 1210), dem südlichsten Hotel Australiens, oder dem *Beachside CP* (Kent Beach Rd., Tel. 06298 1301) empfehlenswert.

Hastings Caves

Imposante Tropfstein-höhlen

Einige Kilometer südlich von Dover zweigt ein Schotterweg zu den Höhlen von Hastings ab. Die Fahrt führt durch dichten Regenwald. Vor dem Erreichen der imposanten Tropfsteinhöhlen passiert man den **Hastings Springs Thermal Pool** mit 28 Grad warmem Wasser. Nur eine Höhle des weit verzweigten Systems ist der Öffentlichkeit zugänglich: Führungen in der **Newdegate Cave** finden täglich um 11.15, 13.15, 14.15 und 15.15 Uhr statt.

Lune River

Weiter südlich beginnen die einsamsten Gebiete Tasmaniens. **Lune River** ist der südlichste Ort Australiens. In **Ida Bay** kann mit einer kleinen Eisenbahn, *Ida Bay Railway*, eine Rundfahrt zur Deep Hole Bay unternommen werden (Abfahrt täglich 12, 14 und 16 Uhr, nur in den Sommermonaten).

Die Lune River Cottages (Tel. 6298 3107) sind einfache Unterkünfte im Bed- & Breakfast-Stil, während die Jugendherberge Lune River YHA ($, Main Rd., Tel. 6298 3163) über günstige Unterkünfte, Kanu- und MTB-Verleih verfügt (Lebensmittel unbedingt selbst mitbringen!).

South West National Park

Uner-schlossene Wildnis im Südwesten

Ein besserer Feldweg führt bis nach **Cockle Creek** und **Ramsgate**, den südlichsten Punkten der Insel, die per Fahrzeug erreichbar sind. Einst waren diese Orte betriebsame Walfänger- oder Holzfällerstandorte – heute steht das Gebiet ganz im Zeichen unberührter und ungezähmter Natur, dem riesigen South West National Park, der den gesamten Südwesten des Inselstaates einnimmt und dabei frei von jeglicher moderner Infrastruktur ist.

Mit der immensen Größe von 605.000 ha ist der Nationalpark mit Abstand der größte Tasmaniens. Dichte Wälder, hochaufragende Berggipfel und unberührte Buchten sind weit gehend unerschlossen. Um dieses Naturwunder, das als Weltkulturerbe der UNESCO höchsten Schutzstatus genießt, in seiner ganzen Schönheit zu erfassen, empfiehlt sich zumindest ein Rundflug ab Hobart.

✈ Rundflüge

Rundflug empfeh-lenswert

Rundflüge über den South West National Park werden u. a. von Par Avion (Tel. 6248 5390, www.paravion.com.au) ab Hobart Flughafen (Cambridge Aerodrome) angeboten. Die Flüge sind wetterabhängig, werden aber i. d. R. täglich durchgeführt.
Par Avion betreibt in Melaleuca ein Wilderness Camp, und ein Boot liegt für Ausflüge vor Anker. Zweitägige Aufenthalte mit Flug, Übernachtung und Mahlzeiten wer-

den im Paket angeboten – ein unvergessliches Naturerlebnis!

Wandern
South Cape Bay Walk: 4-Stunden-Wanderung H/R ab/bis Cockle Creek zur Südküste mit einsamem Sandstrand – die ideale Tour, um einen Eindruck der Landschaft zu bekommen (wasserfestes Schuhwerk empfehlenswert!).

Camp bei Melaleuca

INFO **South Coast Walking Track**

Für erfahrene und gut ausgerüstete Wanderer stellt der Südwesten ein besonders reizvolles Terrain dar: Der Fernwanderweg von Cockle Creek nach Melaleuca (oder umgekehrt) führt über 66 km auf schmalen Pfaden durch abwechslungsreiche und vor allem unberührte Landschaften.

Der Track setzt sich im **Port Davey Track** in den nördlichen Teil des South West National Park fort. Die Strecke von Melaleuca zur Scotts Peak Rd. beträgt 54 km (vgl. auch „Strathgordon"). Rund 1.400 Wanderer gehen einen oder beide Fernwanderwege pro Jahr, davon die meisten von Dezember bis März. Die durchschnittliche Gehzeit beträgt 5–9 Tage, die größten Höhen betragen rund 800 m.

Eine der besten Möglichkeiten, den South Coast Walking Track zu gehen, besteht darin, von Hobart mit dem Wasserflugzeug nach Melaleuca zu fliegen (*Par Avion*, Tel. 6248 5390, www.paravion.com.au) und nach Cockle Creek zu wandern. Von dort erfolgt die Abholung durch einen Bus von *Tassie Link* (vorher die Fahrzeiten abklären!). Es gibt auf dem gesamten Track keine Hütten. Ein Zelt, Kocher und der gesamte Nahrungsvorrat müssen mitgenommen werden. Notwendig sind warme, regendichte Bekleidung (es regnet im Schnitt jeden 2. Tag) und wasserfeste Schuhe mit Gamaschen zum Schutz vor teilweise tiefem Matsch. Alle Wanderer müssen sich am Start der Wanderung ein- und am Ende wieder ausschreiben.

Nähere Informationen
Parks & Wildlife Service (www.parks.tas.gov.au) in Hobart. Dort sind auch gute Wanderkarten erhältlich.

Hobart – Cradle Mountains

Die vorgeschlagene Fahrtroute führt von Hobart über den *Lyell Hwy.* zunächst in das Inselinnere – mit einem Abstecher zum Mt. Field NP und Strathgordon. Die Cradle Mountains und der Gordon River bilden weitere Höhepunkte. Der Hwy. A 10, der im Verlauf nach Norden öfter seinen Namen ändert, endet in Somerset an der Nordküste.

Sehenswürdigkeiten unterwegs

▬▬▬ **Mount Field National Park** (ⓘ s. S. 155)

Anreise
*Tassie Link fährt den Mt. Field NP von Hobart aus regelmäßig an.
Mit dem Auto über die B 61 von Hobart (ca. 75 km). Die Straße führt durch das fruchtbare Derwent Valley.*

Wandern im Mount Field National Park

Der Eingangsort des **Mount Field NP** heißt sinnigerweise **National Park**. Der NP gehört zu den ersten geschützten Gebieten Tasmaniens – er wurde bereits 1916 gegründet. Die Einwohner von Hobart schätzen den Park als Naherholungsgebiet, d.h., an Sommerwochenenden ist der Campground häufig voll (vorher reservieren!). Das 16.265 ha große Gebiet ist vor allem wegen seiner reichhaltigen und unterschiedlichen Vegetation einen Besuch wert: In den tiefer gelegenen Zonen wachsen Regenwälder mit bis zu 90 m hohen Eukalypten (*Swamp Gum Trees*) und Baumfarnen, in den Bergregionen wird die Landschaft mit Hochmooren und lichten Wäldern schon fast alpin. Am Fuße der Berggipfel findet man Gletscherseen und Wasserfälle. Die beiden Berge *Mt. Field West* (1.439 m) und *Mt. Field East* (1.270 m) sind die höchsten Berge des NP.

Eukalyptus-wälder

Eine lohnende Wanderung führt zu den Wasserfällen **Russell Falls** (15 Min., rollstuhltauglicher Weg), **Horseshoe Falls** und **Lady Barron Falls** (45 Min.), die inmitten mächtiger Eukalyptus-**w**älder liegen. Längere Wanderungen sind in vielen Varianten möglich. Die *High Country Walks* sind mittelschwer bis anspruchsvoll. So dauert z. B. die Tour auf den Mt. Field West 8 Stunden hin und zurück und führt durch felsiges, raues Gelände. Die **Lake Dobson Skifields** (Mt. Mawson) ermöglichen von Juli bis Oktober Wintersport.

▬▬▬ **Abstecher nach Strathgordon:
die Nordseite des South West National Park**

Information
*Zwei Kilometer nach dem Ort **Maydena** passiert man das Eingangstor zum Nationalpark (Tel. 6288 2258). Dort ist eine Broschüre über den **nördlichen Teil***

INFO Tasmaniens Regenwälder

Die Ursprünge der tasmanischen Regenwälder reichen 60 Millionen Jahre zurück, als der Urkontinent Gondwana die Teile Australien, Afrika, Südamerika und die Antarktis miteinander verband. Tasmaniens Landfläche besteht heute zu rund 10 Prozent aus so genannten „kalten" Regenwäldern. Regenwälder existieren nicht nur am Amazonas und in tropischen Regionen, sondern kommen auch in wesentlich weiter nördlich (z. B. Vancouver Island) oder südlich gelegenen Breitengraden (Tasmanien) vor.

Natürlich unterscheiden sich die kalten Regenwälder deutlich von den tropischen Regenwäldern: Farne, Moose und Pilze bilden die Grundlage, darauf wachsen die einheimischen Baum- und Straucharten Myrtle, Leatherwood, Sassafras, Huon Pine, Pencie Pine, King Billy Pine und viele andere. Mindestens 5 Prozent der Bäume müssen Eukalypten sein, damit der Wald in der Definition als Regenwald gilt. Ein jährlicher Niederschlag von mindestens 1,20 m ist notwendig, um den Regenwald am Leben zu erhalten.

Das Leben im kühl-gemäßigten Regenwald Tasmaniens spielt sich hauptsächlich am Boden ab. Mäuse, Kleinstbeuteltiere wie Possums, Pademelons, Quolls, Würmer, Frösche und Schlangen sind meist scheu und nachtaktiv. 21 Vogelarten leben im Regenwald – nicht allzu viele, weshalb der tasmanische Regenwald als stiller und einsamer Wald gilt.

des South West National Park *erhältlich. Informieren Sie sich hier auch über den Straßenzustand! Flutartige Regenfälle oder gar Schneefälle können die Straßen kurzfristig unpassierbar werden lassen. Die Straße ist bis Strathgordon geteert, die Scotts Peak Rd. ist weit gehend eine Schotterpiste.*

!!! Achtung!
In Maydena befindet sich die letzte Tankstelle auf dem Weg nach Strathgordon (85 km)!

Streckenhinweise
Die Fahrt in den „hintersten Winkel" Tasmaniens geht über die Gordon River Rd. bzw. Scotts Peak Rd. Die „B 61" führt von „National Park" über Maydena über zahlreiche Pässe und wurde für die Arbeiten am gigantischen Staudammprojekt Hydro Electric Scheme (HEC) angelegt.
*In den 70er-Jahren wurden sowohl **Lake Gordon** als auch **Lake Pedder** für ehrgeizige Wasserkraftprojekte aufgestaut und überfluteten riesige Wildnisgebiete – zum Unwillen vieler Naturschützer, die das Ganze am liebsten wieder rückgängig machen würden. Angesichts der wie Inseln aus den Seen emporragenden Berge kann nur erahnt werden, wie die Landschaft einmal ausgesehen haben mag. Die Fläche der Seen ist 37-mal so groß wie die des Sydney Harbour!*

Strathgordon

Stau-
dämme
und
Wasser-
kraft-
werke

Aus der ehemaligen Arbeitersiedlung Strathgordon ist heute ein ruhiger Ferienort (72 Ew.) geworden, der vielen Forellenanglern als Stützpunkt dient. Ausflüge
können zur Staumauer **Gordon Dam** und **Serpentine Dam** unternommen
werden. (Hinweis: Die Straße von Lake Pedder nach Gordon Dam ist gebührenpflichtig.) Übernachtungen sind beispielsweise im **Lake Pedder Chalet/Motor
Inn** (\$\$, Tel. 6280 1166) möglich. Einfache **Campingplätze** existieren an *Ted´s
Beach* (Strathgordon), *Edgar Campground* und *Huon Campground* (Scotts Peak,
Start des Port Davey Tracks). Am Gordon Dam, 13 km westlich von Strathgordon,
empfängt ein Informationszentrum den Besucher. Auf Führungen lernt man das
verzweigte Prinzip der Stauseen und HEC-Wasserkraftwerke kennen.

Wandern
*Einige der kürzeren Wanderwege sind mit Holzplanken versehen, die länge-
ren Touren sind teilweise extrem matschig. Ein Ausweichen links und rechts des
Pfads wird nicht empfohlen („Bushwalking Code"). Wasserdichte Wanderstiefel in
Verbindung mit kniehohen Gamaschen sind dann eine segensreiche Ausrüstung!*
• **Port Davey Track**: *Fernwanderweg ab Huon Campground bis Melaleuca, 54 km,
vor allem über weite Grasflächen.*
• **Huon Campground**: *2 Stunden Wanderung H/R auf dem neuen Teil des Port
Davey Track. Am Ende des Waldes, nach ca. 1 Stunde, wird es rau und matschig –
ein Vorgeschmack auf das, was Fernwanderer erwartet!*
• **Creeply Crawley Nature Trail**: *20 Minuten Wanderung H/R durch typischen
Regenwald, mit vielen Schautafeln, empfehlenswert!*
• **Timbs Track**: *4 Stunden Wanderung H/R durch Regenwald zum Florentine River.
Auf dem Pfad sind häufiger Schlangen zu sehen. Gleicher Weg zurück*
• **Mt. Anne Circuit**: *Schwere, 3–4 Tage Wanderung zum höchsten Gipfel im Süd-
westen (1.423 m), Start bei Condominium Creek, Ende bei Red Tape Creek; Siche-
rungsseil mitnehmen!*

INFO ## Wasserkraft in Tasmanien

Mittel-Tasmanien ist in seinem Zentrum durch viele glasklare Seen geprägt. Das
Gebiet wird deshalb auch „Lake Country" genannt. Nur wenige der einstigen Gletscherseen in der *Derwent Area* sind von Menschenhand unberührt geblieben: Viele
wurden durch Staudämme vergrößert, andere sind gänzlich verschwunden.

Heute decken kleinere und größere Wasserkraftwerke (*Power Stations*) 100 Prozent
des tasmanischen Energiebedarfs! Viele der kleineren Kraftwerke und Stauseen sind
zwischen 1950 und 1979 entstanden. Umweltschützer waren rar im praktisch menschenleeren Inselinneren. So kam es, dass riesige Wildnisgebiete im Wasser versenkt
wurden. Seit 1983 wurden der gesamte Südwesten und die nördlich angrenzenden
Gebiete als *World Heritage Area* unter Schutz gestellt – weitere Staudammprojekte
wurden deshalb gestoppt. Heute existieren insgesamt 10 Wasserkraftwerke mit einer
Gesamtkapazität von 515 Megawatt. 9 davon befinden sich im Gebiet des Derwent
River im Inselinneren, südlich des Lake St. Clair, von Derwent Bridge bis Hamilton
entlang des Lyell Hwy.. Das Kraftwerk mit der höchsten Kapazität befindet sich am
Gordon Dam (432 Megawatt).

• **Eliza Plateau**: *5–6 Stunden Wanderung H/R mit spektakulären Ausblicken, ab Condominium Creek Parkplatz/Scotts Peak Rd.*
• **Lake Judd**: *8 Stunden Wanderung H/R zum einsamen Gletschersee Lake Judd, ab Parkplatz Red Tape Creek/South Peak Rd.*

Streckenhinweis

Am Ende der Scotts Peak Rd. *(Abzweig Frodsham Pass) liegen die beiden Staudämme* **Edgar Dam** *und* **Scotts Peak Dam**. *Der Fernwanderweg „Port Davey Track" beginnt am Ende der Straße. Er mündet in Melaleuca in den* South Coast Walking Track, *der sich entlang der Südküste bis Cockle Creek erstreckt. Tageswanderungen sind jedoch ebenso von verschiedenen Ausgangspunkten möglich.*

Cradle Mountains – Lake St. Clair National Park (ⓘ s. S. 155)

Der bekannteste Nationalpark Tasmaniens umfasst die **Central Highlands**, die auch „Tasmanische Alpen" genannt werden. Die 161.000 ha des NP sind durch das einmalige Zusammenspiel von schroffen Bergen, klaren Seen und einer artenreichen Flora und Fauna geprägt. Die höchsten Gipfel sind *Mt. Ossa* (1.617 m, höchster Berg von TAS), *Cradle Mountain* (1.545 m) und *Mt. Olympus* (1.447 m).

Bergwelt im Zentrum Tasmaniens

Nicht zuletzt hat der NP durch den immer populärer gewordenen **Overland Track** einzigartige Bekanntheit erlangt. Der Wanderweg ist die einzige Verbindung zwischen dem Norden (Waldheim Chalet/Cradle Valley) und dem Süden (Cynthia Bay/Lake St. Clair). Doch auch die Tageswanderungen gehören zum Besten, was Tasmanien zu bieten hat. Insbesondere im Nordteil des Parks bietet sich dem *Bushwalker* eine großartige Berglandschaft und Tourenvielfalt. Die Berge sind aus grobkörnigem Basalt, dem

In den Cradle Mountains

so genannten Dolorit, aufgebaut, was auf einstigen Vulkanismus schließen lässt. Die vor rund 30.000 Jahren noch vorhandenen Gletscher schmolzen mit dem Ende der Eiszeit – übrig blieben die kahlen Berggipfel.

Zur Geschichte des Nationalparks: Nachdem im 19. Jahrhundert auch die Baumbestände in den Tälern gerodet wurden, setzte sich 1922 der bergbegeisterte Österreicher *Gustav Weinberger* für die Gründung eines Naturreservats ein. 1936 wurde der Gletschersee St. Clair ein Teil des Nationalparks.

Streckenhinweis

In **Derwent Bridge** *(Roadhouse, Motel, 173 km nördlich von Hobart) zweigt eine Straße vom* Lyell Hwy. *zum Lake St. Clair, dem tiefsten Gletschersee des Landes, ab. Am Seeufer liegt* **Cynthia Bay** *(5 km nördlich von Derwent Bridge) – Zentrum des südlichen Nationalparks und Ausgangsort für zahlreiche Wanderungen.*

Im Süden des Nationalparks

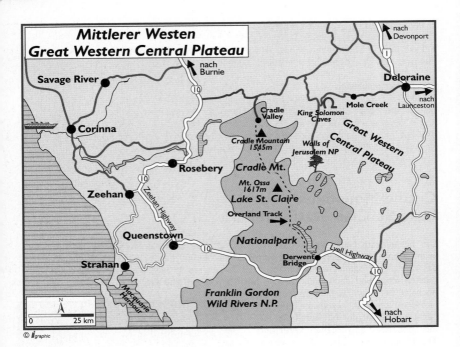

Mittlerer Westen
Great Western Central Plateau

© *graphic*

Lake St. Clair (ⓘ s. S. 155)

🥾 Wandern

Für alle Wanderungen gilt: Tragen Sie sich in den Logbooks ein und aus. Nehmen Sie Wasser, Verpflegung, festes Schuhwerk und Regenkleidung mit!
- **Overland Track**: vgl. Cradle Valley
- **Shadow Lake**: 4 Stunden Wanderung H/R ab Lake St. Clair, kombinierbar mit einem Aufstieg auf den Mt. Hugel (+ 2 Std.).
- **Mt. Rufus Track**: 18 km Tageswanderung auf den Gipfel des Mt. Rufus – bei gutem Wetter tolle Ausblicke!
- **Watersmeet Nature Walk**: 4 km Wanderung entlang des Seeufers.
- **Cuvier Valley Track**: 16 km zur Narcissus Hut am Nordufer; lohnende Blicke auf den See, hin oder zurück mit der Fähre.

Cradle Valley

Im Norden des Nationalparks

Der Nordteil des Nationalparks liegt 60 km Luftlinie von Lake St. Clair entfernt. Da keine Straßenverbindung innerhalb des NP besteht, muss in einem weiten Bogen (rund 220 km) über Queenstown und Rosebery nach Cradle Valley gefahren werden. Die *Cradle Mt. Link Rd.* verlässt den *Murchison Hwy.* nördlich des Que River. Cradle Valley ist der nördliche Zugangspunkt dieser *World Heritage Area*. Bis zum Visitor Centre ist die Straße geteert und bestens ausgebaut, im Park existieren noch ein paar Schotterstraßen.

Streckenhinweis

Bei wenig Zeit kann von Cradle Valley der direkte Weg nach Launceston gefahren werden. Die Route führt über Mole Creek (Höhlen) und Deloraine in die zweite Großstadt der Insel. Sind die Unterkünfte im Cradle Valley ausgebucht, so befinden sich in Moina (ca. 25 km südöstlich) weitere Möglichkeiten, z. B. die hervorragende Lemonthyme Lodge *(Tel. 6492 1112).*

Wandern

Neben dem erwähnten Overland Track sind viele kürzere Wanderungen möglich, die von einer Stunde bis zu einem ganzen Tag dauern. Alle Wanderwege sind hervorragend beschildert und häufig mit Holzbohlen zum Schutz der sensiblen Flora beplankt. Die Karte Day Walk Map *ist empfehlenswert.*
- **Lake Dove Walk**: *6 km lange Wanderung rund um den See, Blick auf den imposanten Cradle Mountain.*
- **Pencil Pines Falls**: *1 km Spaziergang ab Visitor Centre, rollstuhltauglich.*
- **Weindorfer Forest Walk**: *5 km Wanderung ab Waldheim Chalet.*
- **Marian Lookout Walk**: *3–5 Stunden Wanderungen H/R mit tollen Ausblicken und der Möglichkeit zur Besteigung des Cradle Mountain (1.545 m).*

INFO **Der Overland Track**

Die meisten Wanderer gehen den 80 km langen Weg von Nord nach Süd in ca. 4–6 Tagen. Zusätzliche Abstecher (z. B. Aufstieg Mt. Ossa) können die Wanderung ausdehnen. Die beste Jahreszeit für die Tour ist von November bis März. Unterwegs stehen für Übernachtungen 12 einfache Hütten zur Verfügung. Für den Fall, dass diese voll sind, ist die Mitnahme eines Zeltes Pflicht! Lagerfeuer sind verboten, also muss auch ein Kocher mitsamt der kompletten Verpflegung mitgenommen werden. Rechnen Sie mit viel Regen, kühlen Temperaturen und z. T. sehr matschigen Wegen! Neben einer guten Ausrüstung sollte auch Verbandszeug gegen Blasen nicht im Gepäck fehlen. Hin- und Rücktransfer übernimmt die Busgesellschaft *Tassie Link* oder *Maxwells*.

!!! *Wichtig: Für die Wanderung ist vom 1. November bis 30. April ein* **Permit** *(A$ 160 pro Person) erforderlich, das rechtzeitig besorgt werden sollte! Information und Buchung über www.parks.tas.gov.au. Die Trackgebühr dient dem Naturschutz und der Erhaltung der Wege.*

Routenführung

1. Tag (11 km): Der Weg beginnt am Waldheim Chalet/Cradle Valley und führt in hochalpines Gelände.

2. Tag (12 km): Durch das Sedgeland-Hochmoor, vorbei am Gletschersee Lake Windermere.

3. Tag (10 km): Wanderung durch kühlgemäßigte Regenwälder auf dem historischen Innes Track.

4. Tag (6 km): Gelegenheit zum Aufstieg auf den Mt. Ossa (1.617 m).

5. Tag (18 km): Am Fuße der hohen Berge durch Regenwald zu den Wasserfällen Fergusson und Hartnett und weiter durch Myrtenwälder.

6. Tag (9 km): Eukalyptuswälder säumen den Pfad zum Nordufer des Lake St. Clair. Fähre nach Cynthia Bay oder Übernachtung in der Narcissus Hut.

7. Tag (16 km): Cuvier Valley Track oder entlang des Seeufers nach Cynthia Bay/Lake St. Clair.

Organisierte Wanderungen

Eine 6-tägige, geführte Wanderung wird vom tasmanischen Veranstalter Cradle Mountain Huts angeboten. Die Firma betreibt als Einzige im NP private Hütten. Die angebotenen Touren enthalten alle Mahlzeiten und Übernachtungen, sodass man mit ca. 10 bis 12 kg im Rucksack zurechtkommt.

Die Westküste Tasmaniens

Franklin-Gordon Wild Rivers National Park

Wildwasser-Rafting auf dem Franklin River

Der NP wurde erst 1981 durch die Zusammenfassung des alten Frenchman Cap NP mit dem Gordon River State Reserve geschaffen. Der *Lyell Hwy.* trennt heute den nördlichen Teil des 440.000 ha großen Franklin NP vom Südteil ab. Beide Teile sind weit gehend unerschlossen. Der den Park durchquerende Franklin River hat sich seit ein paar Jahren zum Paradies des **Wildwasser-Rafting** entwickelt.

Information

Der NP verfügt über kein eigenes Besucherzentrum. Informationen sind in Hobart, Strahan oder Queenstown erhältlich.

Wandern

Der Fernwanderweg **Frenchmans Cap Track** *führt zum mächtigen Felsdom „Frenchmans Cap" (1.443 m), der der Form einer französischen Baskenkappe gleicht. Die Distanz beträgt 23 km pro Weg, es muss derselbe Weg zurückgegangen werden. Zwei einfache Hütten sind vorhanden, trotzdem wird die Mitnahme eines Zeltes empfohlen. Der Beginn des Pfads liegt direkt am Lyell Hwy., ca. 55 km südlich von Queenstown.*

Am Lyell Hwy. weisen kleine Schilder auf weitere, kürzere Wanderungen hin, z. B. **Nelson Falls Walk** *oder* **Donaghys Hill Lookout** *(guter Blick auf den Berg Frenchmans Cap).*

Raften auf dem Franklin River

Von Tagesfahrten bis zu mehrtägigen (max. 14 Tage!) Expeditionen wird auf dem Franklin River ein Raftingprogramm vom Feinsten angeboten. Nähere Informationen erteilt z. B. TAS Wild River Adventures (www.wildrivers.com.au) oder Rafting Tasmania (Tel. 6239 1080, www.tasadventures.com.au).

Streckenhinweis

Der Lyell Hwy. zeigt in seinem weiteren Verlauf, dass er zu Recht als eine der eindrucksvollsten Straßen Tasmaniens gilt: Vom Victoria Pass fällt die Straße steil und kurvenreich in die Bergbaustadt Queenstown ab, die ein völlig neues Tasmanienbild vermittelt: Die Berghänge rund um die Stadt sind kahl und grau, eine Folge der jahrelangen Abholzung durch die Minengesellschaften.

Blick auf Frenchmans Cap

Queenstown (ⓘ s. S. 155)

1881 wurde am **Mt. Lyell** damit begonnen, Gold und Silber abzubauen. Später besann sich die *Mt. Lyell Mining Company* auf die reichen Kupfervorkommen, die seit Anfang des Jahrhunderts auch gleich in einer Schmelze verarbeitet wurden. Um die Öfen zu betreiben, wurden die Bäume der Umgebung abgeholzt. Ein Übriges tat die Luftverschmutzung, die den letzten Grashalmen den Todesstoß versetzte. Die Hügel rund um Queenstown gleichen deshalb einer von Bodenerosion geprägten Mondlandschaft (*Lunar Landscape*) – eine Tatsache, die als zweifelhafte Sehenswürdigkeit gepriesen wird. Ein Sessellift führt auf einem der Berge, die Aussicht ist allerdings wenig berauschend. *Mt. Lyell Mine Tours* (Buchung im Visitor Centre) veranstaltet mehrmals täglich Führungen in die unterirdischen Minen. Das **Galley Museum** beherbergt eine schöne Sammlung alter Fotos, welche die Entwicklung der Stadt schildern.

Kahle Hügel durch Abholzung

Die **Abt Wilderness Railway** ist ein historischer, restaurierter Zug von 1896. Er verbindet Queenstown mit Strahan. Der Zug verkehrt zumindest an Wochenenden regelmäßig.

Ein interessanter Abstecher führt von Queenstown nach Süden. Das Meer beim verlassenen Hafen **Pillinger** kann allerdings nur zu Fuß entlang der 1897 eröffneten Bahnlinie *North Lyell Railway* erreicht werden. Um die Jahrhundertwende konkurrierten zwei Iren um die Vormachtstellung im Bergbau. Beide benötigten einen Hafen und eine Eisenbahn, um das gewonnene Kupfer zu verschiffen. Während der eine, *James Crotty*, seine Bahnstrecke nach Strahan verlegte, baute der andere, *Bowes Kelly*, seine Zugverbindung nach Pillinger im südlichen Macquarie Harbour.

🚂 Streckenhinweis

Statt über die direkte Route nach Norden zu fahren (Murchison Hwy.), sollte von Queenstown ein Abstecher nach Strahan an die Westküste unternommen werden. Die „B 24" führt zum **Macquarie Harbour**. *Die Bucht hat nur den gefährlich engen Ausgang „Hells Gate" zum Meer, ist aber so von Wind und Wetter geschützt.*

Strahan (ⓘ s. S. 155)

Am Nordende der Bucht liegt der malerische Ferienort **Strahan**. Von der einst blühenden Hafenstadt wurde um die Jahrhundertwende Kupfer aus Queenstown verschifft. 1897 wurde zu diesem Zweck die Bahnverbindung der *Mt Lyell Mining and Railway Company* des Iren *James Crotty* eröffnet. Aus dieser Zeit stammen einige der historischen Gebäude, wie z. B. das *Ormiston Homestead* und das *Customs House* (heute die Post). An der Westküste (und auf der Fahrt nach Norden) locken die Sanddünen mit dem 40 km langen **Ocean Beach**. Der Strand ist über eine Schotterpiste erreichbar und lohnt den Besuch vor dem Hintergrund traumhafter Sonnenuntergänge.

Malerischer Ferienort

Die Attraktion und erholsame Aktivität sind Bootsausflüge, die durch die tiefe Bucht bis in den Mündungsbereich des auf 32 km schiffbaren Gordon River führen. Dabei wird auch die kleine, aber berüchtigte Gefängnisinsel **Sarah Island** (1822–1834) passiert, auf der z. T. noch die Mauern der Gebäude stehen (*Gordon*

Bootsaus-
flüge und
Rundflüge

River Cruises um 9 und 14 Uhr und World Heritage Cruises um 9 Uhr).

✈ Rundflüge
Wilderness Air, Strahan (Ab-flug mehrmals täglich), offeriert spektakuläre Rundflüge mit Wasser-flugzeugen über den Macquarie Har-bour, Gordon River und die unbe-rührte Wildnis des Franklin River NP.

Strahan

Zeehan

Entlang der alten Eisenbahnlinie *West Coast Railway* von Strahan nach Zeehan führt die Straße zeitweise direkt an den hohen Sanddünen vorbei. Die historische Minenstadt **Zeehan** liegt 5 km westlich des *Murchison Hwy.* 1890 bis 1910 wurden hier erstmals Silber- und Bleivorkommen entdeckt. Die ergiebigen Funde führten zu einem wahren Bevölkerungsboom: Zur Blütezeit der Stadt hatte Zeehan unglaubliche 10.000 Einwohner und 26 Hotels, verfiel dann aber wieder zu bescheidener Größe. Vor gut 20 Jahren wurde die *Renison Bell Tinmine* (34 km nördlich) wieder eröffnet und sorgte für eine gewisse Wiederbelebung der Stadt. Historische Gebäude, wie das **Grand Hotel**, **Gaiety Theatre** und das **West Coast Pioneer Museum** mit alten Loks, sind gut erhalten und führen in die Geschichte der Stadt ein.

22 km westlich von Zeehan liegt das kleine Fischerdorf **Trial Harbour**, das einst als Hafenstadt für Zeehan fungierte. An der Küste wurden zahlreiche Aborigine-Stätten entdeckt. Ein weiterer Küstenort ist **Granville Harbour** (35 km nordwestlich von Zeehan), als Urlaubsrefugium vor allem unter den Minenarbeitern der Westküste beliebt. Die Siedlung wurde im **Ersten** Weltkrieg als Navy-Stützpunkt gegründet.

Von Zeehan an die Nordküste

Rosebery

Als Folge reicher Goldfunde wurde 1893 die Stadt gegründet. Heute sind es die Blei-, Zink-, Gold- und Silberminen, die für ein Auskommen der Bevölkerung sorgen.

▲ Streckenhinweis
Zwei Kilometer südlich von Rosebery weist ein Schild auf einen Wanderpfad zu den **Montezuma Falls** *hin – mit 104 m die höchsten Wasserfälle Tasmaniens. Dort können auch Reste der alten North East Dundas Tramway gesehen werden.*

Tullah

Nordöstlich von Rosebery am *Murchison Hwy.* (A 10) gelegen, ist Tullah in erster Linie eine Arbeitersiedlung für den 56 km langen **Lake Pieman-Stausee** und der dazugehörigen *Reece Power Station*. Daneben sind **Lake MacIntosh** und **Lake Murchison** als gute (Forellen-) Angelreviere bekannt. Die historische *Wee Georgie Wood*-Dampfeisenbahn wurde restauriert und fährt heute (unregelmäßig) auf einer zwei Kilometer langen Strecke.

Streckenhinweis
Einige Kilometer nördlich zweigt die sehr gut ausgebaute C 132 nach Cradle Valley ab.

Warratah

Die ehemalige Minenstadt liegt am Mt. Bishoff, unweit der Hauptstraße A 10. Warratah war einst eine der reichsten Zinnminen der Welt. Der **Lake Warratah** liegt im Herzen der Stadt und hat angeblich das klarste Wasser der Insel: 5.000 Liter wurden 1988 zu den Olympischen Spielen in Seoul für australische Sportler als Trinkwasser abgefüllt.

Ehemalige Minenstädte

Folgt man der „B 23" nach Westen, trifft man auf das Städtchen **Savage River**, das von einer Eisenerzmine lebt. Das Erz wird über eine 85 km lange Pipeline zum Hafen Port Latta geschickt. Ab Savage River wird die Straße zur Piste und endet in **Corinna** am Pieman River (vgl. *Western Explorer Route*).

Streckenhinweis
*Auf halbem Weg zur Nordküste windet sich der Hwy. durch die eindrucksvolle **Hellyer Gorge***. *Zahlreiche Picknickplätze in den Myrtenwäldern laden zur Rast ein, zudem gibt es Wanderpfade am Ufer des Hellyer River.*

Alternativroute in den Nordwesten:
Von Zeehan nach Marrawah über die Western Explorer Route

Die 53 km lange **Western Explorer Route** (C 249) verbindet seit 1996 den mittleren Westen mit dem Nordwesten. In Küstennähe ist damit eine „echte" Inselumrundung Tasmaniens ermöglicht worden. Die Straße ist weitgehend geschottert und windet sich über die Hügel der *Arthur Pieman Protected Area*. Mehrere Aussichtspunkte befinden sich an der Straße – ideal, um einen Blick auf die abgeschiedenen Berge der Longback und Norfolk Range zu werfen. Die Region hat geschichtlichen Charakter: Mehrere kleine Goldminen lockten in der Zeit von 1850 bis 1890 über 500 Goldsucher an. Lange zuvor jedoch lebten Aborigines in dem Gebiet.

Straße entlang der Westküste

Die Western Explorer Route im Überblick:
Von **Zeehan** ist, nach Norden fahrend, der kleine Ort **Corinna** (einst 2.000 Ew.) schnell erreicht. Der breite **Piemann River** muss

Unterwegs auf der Western Explorer Route

hier mit einer Fähre überquert werden (9–19 Uhr im Sommer). Die Fortsetzung der Strecke bis Balfour ist völlig abgeschieden und unbewohnt. Bei **Couta Rocks**, einem verschlafenen Fischerdorf, wird erstmals das Meer, mit einer meist tosenden Brandung, erreicht. Ein Campingplatz ist vorhanden.

Im Ferienort **Arthur River** mündet der gleichnamige Fluss ins Meer. Flussfahrten auf dem Arthur River (14 km stromaufwärts) werden von *Arthur River Cruises* angeboten. In **Marrawah** schließlich trifft man auf die asphaltierte „A 2", die nach Osten zur Nordküste führt.

Hinweis

Unterwegs gibt es auf der Western Explorer Route (C 249) keine Tankmöglichkeit! Also bitte spätestens in Zeehan oder Waratah den Tank auffüllen!

Die Nordküste Tasmaniens

Der äußerste Nordwesten – von Somerset nach Marrawah

Von Somerset nach Westen

Für die Fahrt in den Nordwesten benötigt man 1–2 Tage, abhängig davon, wie viele Abstecher zu Felsklippen und einsamen Sandbuchten unternommen werden.

Entfernungen

Somerset–Wynyard: 13 km	*Stanley–Marrawah:* 77 km
Wynyard–Stanley: 65 km	

Somerset

Der Ort an der Kreuzung von *Bass Hwy.* und *Waratah Hwy.* hat sich in den letzten Jahren zu einem Vorort von Burnie (6 km östlich) entwickelt. Neben Wohnvierteln findet man Leichtindustrie und Holzverarbeitung. 40 km südlich befindet sich die **Hellyer Gorge**, eine Schlucht, durch die sich der Hwy. schlängelt.

Wynyard

Mit 12.500 Einwohnern ist die Stadt an der Mündung des Inglis River ein bedeutender Verwaltungsstützpunkt für die umliegende Landwirtschaft. Einer von zwei Flughäfen der Nordwestküste liegt in Wynyard, nur wenige hundert Meter vom Stadtzentrum entfernt. Ein lohnender Ausflug führt über die beschilderte *Scenic Rd.* über Farmland zu den Felsen des vorgelagerten **Table Cape** (fantastischer Blick vom Apex Lookout und Leuchtturm) und zu Fossilien (**Fossil Bluff**, hinter dem Wynyard-Golfplatz).

Auf der Fahrt nach Westen passiert man den Ferienort **Boat Harbour**. Ein feiner Sandstrand und kristallklares Wasser laden zum Baden ein. Das Tourist Office erteilt nähere Informationen zum Rocky Cape NP.

Rocky Cape National Park

Zugang zum NP besteht in **Sister Beach** (Anfahrt über Boat Harbour) und weiter westlich in **Rocky Cape**. Die Zufahrtsstraßen sind ungeteert, jedoch in

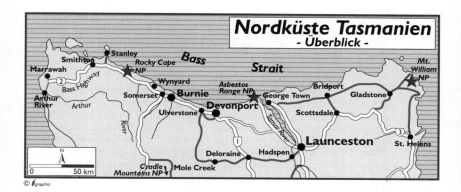

Nordküste Tasmanien
- Überblick -

© Ilgraphic

gutem Zustand. Beide Zugangspunkte sind durch einen Wanderweg miteinander verbunden. Der Ferienort Sister Beach bietet Übernachtungsmöglichkeiten und einen weißen Sandstrand. Die lokale Attraktion ist der Vogelpark **Birdland Native Gardens** (geöffnet täglich von 9–17 Uhr). Bei Interesse werden Fahrten auf die kleine Insel **Sister Island** durchgeführt, wo seltene Seeadler brüten.

Küsten-nationalpark

Der kleine Küstennationalpark (3.064 ha) umfasst eine 12 km lange, zerklüftete Felsküste mit geschützten Buchten. Höhlen mit Felsmalereien der Aborigines sind ausgeschildert und zu Fuß zu erreichen. Kein Camping.

Stanley (ⓘ s. S. 155)

Auf einer nach Norden ragenden Landzunge gelegen, wurde in der heutigen Ortschaft Stanley (700 Ew.) im Jahre 1825 erstmals ein Stück Land an die *Van Diemens Land Company* zur Schafzucht verpachtet. Aus dem Hauptquartier *Highfield Point* (2 km nördlich) entwickelte sich die Stadt Stanley, die bis heute praktisch unverändert Bestand hat – viele alte Gebäude sind Zeugnisse der Vergangenheit. Im *Van Diemens Land Company Store* von 1844 befindet sich heute eine Galerie.

Die Nordspitze wurde von *Flinders* und *Bass* „Circular Head" getauft, die Einheimischen nennen das 152 m hohe, angeblich 12 Millionen Jahre alte Felsmassiv schlicht **The Nut**. Ein Sessellift und ein steiler Fußweg führen auf die Spitze des „Berges", von dem man eine prachtvolle Aussicht auf das Meer genießt.

Aufragendes Felsmassiv

Smithton

Die Umgebung von Smithton und die Stadt selbst sind von Landwirtschaft und Holzindustrie geprägt: In einer modernen Fabrik werden verschiedene Gemüse, vor allem aber Kartoffeln verarbeitet und tiefgefroren. Die *Kauri Timber Mill* ist das größte Sägewerk der südlichen Hemisphäre.

Eine der ältesten Schaffarmen Australiens, **Woolnorth Homestead**, ist noch immer im Besitz der *Van Diemens Land Company* und kann im äußersten Nordwesten auf einem Ausflug besucht werden. Der Ausflug beinhaltet ein typisches

Mittagessen (*Country Style Lunch*) und den Besuch von **Cape Grim**, wo Sie die sauberste Luft der Welt atmen können – hier wird der Weltstandard gemessen! Nähere Informationen erteilt die Tourist Information in Smithton oder Stanley.

Marrawah

48 km westlich von Smithdon liegt Marrawah, Endpunkt des *Bass Hwy.* und westlichste Stadt Tasmaniens. Interessant sind die historischen Stätten der Aborigines, die in der Umgebung Marrawahs entdeckt wurden. Die Straßen zu den Fundorten gleichen mittelmäßigen Feldwegen und sind nicht einfach zu finden – am besten, man erkundigt sich im örtlichen Laden im Ort danach. Am **Mt. Cameron West** (10 km nördlich) befinden sich Felsmalereien, die eine verblüffende Ähnlichkeit zu denen in Zentralaustralien besitzen. Bekannt sind außerdem die Aborigine-Stätten **West Point** (8 km südwestlich) und **Sundown Point** (30 km südlich).

Sehenswert ist die Bucht vor Marrawah bei **Green Point** – ein beliebter Treffpunkt der tasmanischen Surfer, die hier an Ostern ihre Meisterschaften abhalten. Marrawah besitzt außer einem einfachen *Campground* bei Green Point und den *Glendonald Cottages* (Tel. 6457 1191, Arthur River Rd.) keine Übernachtungsmöglichkeiten.

Treffpunkt der Surfer

Arthur River

Das kleine Feriendorf Arthur River liegt 15 km südlich von Marrawah am gleichnamigen Fluss. *Arthur River Cruises* (Tel. 6457 1158) führt regelmäßig Fahrten (ab 8 Teilnehmern) flussaufwärts, bis zur Kreuzung mit dem Frankland River,

Arthur River

durch. Ebenso können Kanus gemietet werden. Es ist möglich, südlich von Arthur River in einer Schleife landeinwärts zurück nach Smithton zu fahren.

Burnie – Launceston

Von Burnie nach Osten

 Entfernungen
Burnie–Ulverstone: 28 km   Devonport–Launceston: 88 km
Ulverstone–Devonport: 21 km

Burnie

Entlang des *Bass Hwy.* ist die 21.000 Einwohner zählende Stadt ein wichtiges Handels- und Geschäftszentrum – Devonport und Launceston folgen weiter östlich. Benannt wurde die Stadt nach dem ersten Direktor der *Van Diemens Land Company*, William Burnie. Wie ein langes Straßendorf nimmt Burnie etliche Küstenkilometer ein. Ein Frachthafen und Fabrikschlote weisen auf ausgedehnte Industrieanlagen hin: *Tasmanian Plywood Mills* (Holzverarbeitung), *Creative Paper Mill*

(Papierfabrik), *Dioxide Australia* (Titan-Produkte), *Blue Ribbon Meat Products* (Fleischerzeugung) und *Lactos* (Käserei mit Laden) sind die größten Arbeitgeber der Region. Das Freilichtmuseum **Pioneer Village Museum** (Little Alexander St., geöffnet Mo–Fr 9–17 Uhr, Sa/So 13.30–16.30 Uhr) stellt die Nachbildung eines Dorfes dar, wie es vor 90 Jahren ausgesehen hat. Sehenswert ist außerdem **Burnie Park** am *Bass Hwy.* mit dem ältesten Gebäude der Stadt.

Burnie hat einen Flughafen und wird von allen Überlandbussen angefahren. Übernachtungsmöglichkeiten bietet z. B. der *Treasure Island CP* (Tel. 6431 1925, mit Hostelzimmern) und das *Ocean View Motel* (Bass Hwy., Tel. 6431 1925). Die Tourist Information befindet sich in der Little Alexander Street (Tel. 6434 6111).

Ulverstone

Über den *Old Bass Hwy.*, der direkt am Meer entlangführt, wird der Ort **Penguin** erreicht (17 km westlich von Burnie). Dort können zur Brutzeit (Nov.–März) Pinguine beobachtet werden.

Ulverstone (10.200 Ew.) wirbt seit einigen Jahren verstärkt für einen wachsenden Tourismus. Die moderne Stadt bietet zahlreiche Freizeitangebote. Gute Sandstrände, Wassersportmöglichkeiten, Caravan Parks, Bed-&-Breakfast-Häuser und Motels sorgen neben der Landwirtschaft für gute Einnahmen.

Alternativroute: Durch das Hinterland nach Launceston

Eine abwechslungsreiche Fahrt führt auf schmalen Landstraßen durch das bergige und in vielen Bereichen von intensiver Landwirtschaft geprägte Hinterland nach Launceston. Dabei werden verschiedene Sehenswürdigkeiten passiert:

28 km südlich von Ulverston sind die Tropfsteinhöhlen **Gunns Plains Caves** und die Felsschlucht **Leven Canyon** einen Besuch wert. Die Höhlen sind begehbar, Führungen finden täglich um 10 und 16 Uhr statt. *Tropfstein-höhlen*

Über die ländlichen Gemeinden **Upper Castra** und **Wilmot** gelangt man nach **Moina**, wo sich die sehr schöne *Lemontyme Lodge* (Cradle Valley, Tel. 6492 1112) befindet – eine hervorragende Alternative zur häufig ausgebuchten *Cradle Mountain Lodge* (von dieser nur ca. 25 km entfernt). Der künstlich angelegte, lang gezogene **Lake Barrington** ist für seine Ruder- und Kanuregatten bekannt. Picknickeinrichtungen und ein Kiosk sind vorhanden.

Mole Creek (ⓘ s. S. 155)

An den nördlichen Ausläufern des Hochplateaus der *Great Western Tiers* befinden sich zahlreiche Tropfsteinhöhlen. Ausgangspunkt zur Besichtigung für Ausflüge ist das Städtchen **Mole Creek** (280 Ew., 25 km westlich von Deloraine). Regelmäßige Führungen werden in den spektakulären **King Solomon Caves** und **Marakoopa Caves** mehrmals täglich angeboten (bei Bedarf den Ranger unter Tel. 6363 5182 anrufen). Der **Trowunna Wildlife Park** (Mole Creek Rd., Mole Creek, geöffnet täglich von 9–17 Uhr) gilt mit vielen einheimischen Tieren als einer der besten seiner Art in Tasmanien. *Spekta-kuläre Höhlen*

Walls of Jerusalem National Park

🖼 Anfahrt
An den King Solomon Caves erfolgt der Abzweig nach Süden, von dort über eine Schotterpiste entlang der Ostseite des Lake Rowallan zum Parkplatz bei Howells Bluff. Tassie Link fährt „The Walls" regelmäßig von Launceston an.

ℹ Information
Der NP verfügt über kein Besucherzentrum und über keine Einrichtungen. Steht der NP auf dem Wanderprogramm, sollte man sich im TASMAP Centre in Hobart oder Launceston oder im Internet (www.parks.tas.gov.au) die notwendigen Informationen besorgen.

Westliches Zentral- plateau

An der Westseite des Zentralplateaus erhebt sich eine Bergkette mit 5 schroffen Gipfeln, die ein natürliches Amphitheater mit einsamen Seen und Pinienwäldern (*Pencil Pines*) bilden. Der Park ist nur zu Fuß zugänglich. Rasche Wetterwechsel sind aufgrund der Höhenlage immer einzuplanen – entsprechend gut ausgerüstet sollte eine Wanderung angegangen werden. Ein 7 km langer Wanderweg führt zum *Central Basin*. Empfohlen wird eine Zeltübernachtung, um auch Abstecher auf Berggipfel oder an verschiedene Seen unternehmen zu können. Besonders spektakulär öffnet sich der Blick von *Damaskus Gate* auf die Gipfel des westlich gelegenen Cradle Mountain-Lake St. Clair NP.

The Central Plateau

🖼 Anfahrt
Verkehrstechnisch ist das Zentralplateau über die A 5/B 11 (auch Lake Hwy. genannt) erschlossen. Der Hwy. führt von Deloraine nach Bronte Park und Derwent Bridge bzw. nach der Gabelung in östlicher Richtung über Bothwell nach Hobart.

Ein kleines Tourist Office in **Liawanee** (Lake Hwy.) hilft bei der Vermittlung von Unterkünften, Booten und Angelgeräten. Die meisten der bis zu 25.000 Angler, die jährlich das Zentralplateau aufsuchen, campieren an einem der Seeufer. In **Miena** am Great Lake stehen auch Hotels/Motels zur Verfügung, so z. B. die Luxusherberge *London Lakes Lodge* (Bronte Park, Tel. 6289 1159) in rustikaler Blockhüttenbauweise für Fliegenfischer inmitten eines 5.000 ha großen Geländes und eigenem See für maximal 10 Gäste.

Unterkunft für Fliegen- fischer

Die Hochfläche südlich von Deloraine wird das **Central Plateau** genannt. Begrenzt wird es im Norden und Westen durch die steilen Felswände der „Great Western Tiers" mit Gipfeln von über 1.400 m. Im Winter herrscht auf der Hochfläche ein beständig raues Klima, im Sommer sind es die Angler, die sich den Great Lake und weitere kleine Seen als Reviere ausgewählt haben. An Unterkünften mangelt es deshalb nicht – meist sind es B&Bs, kleine Hütten und Cabins, die vermietet werden. Auch die *Hydro Electricity Commission (HEC)* ist hier an der Arbeit: Viele der Seen sind aufgestaut und durch Kanäle miteinander verbunden. Dadurch werden die weiter südlich gelegenen Wasserkraftwerke betrieben.

Zahlreiche Stauseen

Ein großer Teil des westlichen Central Plateau, das auch das „Land der 3.000 Seen" genannt wird, ist nicht erschlossen.

Devonport (ⓘ s. S. 155)

An der Mündung des **Mersey River** gelegen und vom Leuchtturm bei Mersey Bluff „beschattet", liegt die große Hafenstadt Devonport (26.000 Ew.). Ursprünglich bestand sie aus zwei Teilen: Formby (Westufer) und Torquay (Ostufer). 1890 verbanden sich beide zu „Devonport", das die Teilung in West und East Devonport aber beibehielt. Eine Brücke verbindet die Stadtteile.

Als Landungspunkt für die Fähre *Spirit of Tasmania* (Melbourne–Devonport) wird die Stadt als „Eingangstor Tasmaniens" bezeichnet. Mit der Vergünstigung der Flugpreise ist es jedoch um einiges ruhiger um Devonport geworden – mehr und mehr Menschen fliegen heute nach „Tassie", wobei dann Hobart oder Launceston als Ausgangspunkt einer Tasmanienreise stehen. Dennoch: Die meisten Campervermieter gestatten mittlerweile die Mitnahme der Fahrzeuge, sodass die Fähre durchaus wieder an Attraktivität gewinnt! Auch unter den Festland-Australiern ist die Fähre sehr beliebt, bildet sie doch die einzige Möglichkeit, das eigene Fahrzeug mit auf die Insel zu bringen. *Fährhafen*

Tiagarra heißt das **Aborigine-Kulturzentrum** (Bluff Rd., ca. 3 km nördlich, täglich 9–16.30 Uhr), das über die tasmanischen Ureinwohner informiert. Ein Fußweg führt zu über 250 Felsgravuren und -merkmalen. Diese befinden sich direkt beim Leuchtturm von Mersey Bluff. Von dort bietet sich auch ein guter Blick auf die Hafenmündung.

Im kleinen **Schifffahrtsmuseum** (**Devonport Maritime Museum**, Gloucester Ave., täglich 10–16.30 Uhr) sind Modelle alter Segler aufgestellt, die über die frühe Seefahrtsgeschichte Tasmaniens berichten. Für Freunde des Schienenverkehrs gibt es ein kleines **Eisenbahnmuseum**. Mit alten Dampfloks (*Vintage Trains*) werden halbstündige Fahrten angeboten. Don River Railway Museum, *Bass Hwy. (5 km westlich); geöffnet 9–16.30 Uhr*

Narawntapu National Park (Bakers Beach)

Information
Park Office, Bakers Beach Rd., Tel. 6428 6277

Auf dem Weg von Devonport nach Launceston lohnt der **Narawntapu NP** (25 km östlich von Devonport) einen Besuch und auch eine Übernachtung im Zelt oder Wohnmobil. Drei Pisten, eine im Westen (Baker's Beach Rd.), die beiden anderen im Osten (Badgers Head Rd., Greens Beach Rd.), führen in den Park. Dieser erstreckt sich über 4.281 ha entlang der Nordküste. Der NP hieß ursprünglich Asbestos Range NP und wurde in den 1990er-Jahren in Narawntapu umbenannt, was der Aborigine-Name für das Gebiet ist.

An zahlreichen Stellen entlang des verzweigten Inlets besteht ein Zugang zum Meer. Der NP bietet mit Kängurus, Wallabies und Wombats eine reiche Tierwelt, die vor allem in der Dämmerung zu beobachten ist. Mit Bakers Beach verfügt der NP über einen exzellenten Badestrand. *Reiche Tierwelt*

Mehrere Wanderwege sind markiert, u. a. wurden Vogelbeobachtungsplätze (*Spring Lawn Walk*, ca. 1 Std.) eingerichtet. Die offenen Flächen entstanden durch die

Nutzung einer ehemaligen Farm, heute sind es die Kängurus, die das Gras kurz halten. Einfache NP-Campgrounds bei Bakers Beach, Griffith Point, Spring Lawn und Greens Beach – die Windverhältnisse diktieren meist die Wahl des Platzes.

Hadspen

In Hadspen (16 km westlich von Launceston) steht das 1819 erbaute **Entally House**. Das Gebäude zählt zu den bekanntesten Kolonialbauten der Insel. Es war einst Wohnsitz des tasmanischen Premierministers.

Launceston (ⓘ s. S. 155)

Launceston ist die Hauptstadt des tasmanischen Nordens und zweitgrößte Stadt des Inselstaates. Groß-Launceston hat eine Bevölkerung von rund 98.000 Einwohnern. Die Stadt liegt am Zusammenfluss von South und North Esk River, die hier in den Tamar River münden. Das breite Becken gleicht einem See und entleert sich 60 km nördlich in die *Bass Strait*. Bereits 1798 segelten *Flinders* und *Bass* in die Tamar-Bucht. Ihren Landungsplatz, nahe dem späteren George Town, nannten sie Port Darylympie. 1804 gründete *Colonel William Paterson* eine Siedlung, genannt „Paterson". Wenige Jahre später wurde sie in „Launceston" umgetauft, nach dem englischen Geburtsort des damaligen *Gouverneur King*. Die Stadt erlebte durch ihre fruchtbare Umgebung und die gute Zugänglichkeit über den Tamar River einen raschen Aufschwung. Als „Gartenstadt" mit einem lebendigen Erbe beeindruckt Launceston noch heute: Kleinere und größere Parks sind über die ganze Stadt verstreut, und überall finden sich ausgesprochen schöne und gut erhaltene Gebäude im alten Kolonialstil.

Zweitgröß-te Stadt der Insel

Launceston

1 TAS Travel Centre
2 Autoclub
3 Old Umbrella Shop
4 Batman Faulkner Inn
5 Queen Victoria Museum
6 Penny Royal World
7 Macquarie House
8 Lady Stelfox River Cruise
9 Ritchies Flourmill
  Art Gallery

Das **Stadtzentrum** von Launceston ist durch seine rechtwinklig angelegten Straßen klar gegliedert. Alle Sehenswürdigkeiten, selbst die *Cataract Gorge* westlich der Stadt, lassen sich zu Fuß erreichen. Das Zentrum besteht aus den Straßen *York St.* (mit dem hübschen Yorktown Square), *Brisbane St.* (mit Fußgängerzone Brisbane St. Mall), *Paterson St.*, *Cameron St.* (mit Fußgängerzone Civic Square) und *George St.* Historische Gebäude im typischen „Georgian Style" Launcestons sind das Schirmgeschäft **Old Umbrella Shop (3)** (60 George St.), der Pub **Batman Faulkner Inn (4)** (35 Cameron St.), das Lagerhaus

Macquarie House (7) (Civic Square), die **Ritchies Flourmill Art Gallery (9)** (Brisbane St.), das alte **Post Office** und die **Albert Hall** (Cimitiere St.).

Das **Queen Victoria Museum (5)** ist ein schönes Beispiel spätkolonialer Bau- kunst. Im Inneren befinden sich eine sehenswerte Ausstellung tasmanischer Flora und Fauna sowie archäologische Funde der tasmanischen Ureinwohner. Dem Museum ist ein Planetarium angeschlossen.
Queen Victoria Museum & Art Gallery, *Cameron St./Wellington St.; geöffnet Mo–Sa 10–17 Uhr, So 14–17 Uhr; Eintritt frei*

Weitere sehenswerte Museen sind das **Maritime Museum** (Ecke St. John St./ Cimitiere St.) und das **National Automobile Museum of TAS** (Cimitiere St., gegenüber City Park). Letzteres zeigt Oldtimer vor, während und nach ihrer Restauration.

Der Vergnügungskomplex **Penny Royal World (6)** bietet als Attraktionen die Fahrt mit einer alten Straßenbahn und dem Raddampfer *Lady Stelfox*. Hauptsäch- lich wird Handwerk aus der Zeit der Jahrhundertwende vorgestellt. Penny Royal World, *145 Paterson St.; geöffnet täglich 9- 17 Uhr*

Cataract Gorge: Die tief eingeschnittene Felsschlucht (15 Gehminuten vom Zentrum entfernt) ist das Ergebnis von Erdbeben, die Tasmanien vor 40 Millionen Jahren erschütterten. Entlang dem *South Esk River* findet man an beiden Ufern schöne Picknickplätze und Spazierwege. Flussaufwärts (First Basin) queren eine Hängebrücke und ein Sessellift die Schlucht. Bis zur nicht mehr benutzten *Duck Reach Power Station* führt ein Wanderweg (ca. 45 Min.). Bademöglichkeiten beste- hen an den breiten Stellen des Esk River (First Basin, Second Basin, Concrete Pool).

Umgebung von Launceston

Tamar Valley

Der **Tamar River** mündet nach 60 km in die offene See. Das Tamar Valley gliedert sich in ein westliches und ein östliches Tal – je nachdem, welche Ufersei- te des Tamar River gewählt wird. Die Gebiete zählen zu den fruchtbarsten Obst- und Weinbaugebieten der Insel.

Die Westseite des Tamar River (West Tamar Valley)
Die bekannten Weinbaugebiete Tasmaniens sind hier angesiedelt: Rund um die Städte **Rosevears** und **Deviot** (*Western Tamar Valley*) werden in verschiedenen *Wineries* Weinproben angeboten. Die Stadt **Beaconsfield** war Stätte eines kur- zen Goldbooms im 19. Jahrhundert. Das *Grubb Shaft Museum* zeigt Relikte aus alten Tagen. Kurios ist das Städtchen **Grindelwald**, das eine Nachbildung des gleichnamigen Schweizer Orts darstellt. Die einzige Brücke über den Fluss ist **Batman Bridge** *(B 73)*. Aufgrund des großen Gezeitenunterschieds existieren keinerlei Fährverbindungen über den Fluss.

Die Ostseite des Tamar River (East Tamar Valley)
Georgetown und **Bell Bay** sind die Häfen von Launceston. Im Mündungsbe- reich des *Eastern Tamar Valley* hat sich auch in bescheidenem Maße Industrie

angesiedelt. Die *Comalco Aluminium Smelter* kann jeden Donnerstag nach Absprache besichtigt werden.

Bootsausflüge
Seal & Sea Adventures *(Tel. 6382 3452) führt Touren zur Seenhundkolonie
auf das vorgelagerte Tenth Island durch.*

Ben Lomond National Park

Der **Ben Lomond NP** (Information: Tel. 6390 6279 und in Launceston) liegt 50
km südöstlich von Launceston und ca. 90 km westlich der Ostküste (St. Marys).
Über die Straße C 401 gelangt man auf den Zufahrtsweg *Ben Lomond Rd.*. Sie
steigt kurvenreich auf das Hochplateau. Der Pass *Jacobs Ladder* ist dabei das
schwerste Stück mit zahlreichen engen Haarnadelkurven.

*Skigebiet
im Winter*
Der populäre Nationalpark in den **North-Midlands** bietet eines der besten
Skigebiete der Insel. Im Winter verkehren regelmäßig Skibusse von Launceston.
Das felsige Bergplateau hat eine durchschnittliche Höhe von 1.300 m und erreicht eine Ausdehnung von 14 km Länge und 6 km Breite. Der *Legges Tor* ist mit
1.572 m der zweithöchste Berg Tasmaniens. Er kann auf dem *Legges Tor Track* in ca.
zwei Stunden bestiegen werden – machen Sie sich dabei auf schnelle Wetterumschwünge gefasst! Bei gutem Wetter allerdings reicht der Blick vom *Jacob´s Ladder Lookout* bis hinüber nach Flinders Island oder auf den südlich gelegenen Gipfel
Stacks Bluff (1.527 m). Letztgenannter Berg ist am besten vom südlichen Parken-
de (Zufahrt über **Story Creek**) zu besteigen.

Zentrum des Parks ist der Ort **Alpine Village**. Im Sommer geht es dort verhält-
nismäßig ruhig zu, das *Creek Inn* (Tel. 6372 2444) hat indes ganzjährig geöffnet und
bietet Cabins und Backpacker-Betten an. An Wochenenden kommen Tagesausflügler und Busse aus Launceston angefahren.

Streckenhinweis: Fahrt zur Küste
*Die nicht durchgängig geteerten Straßen C 401 und B 43 führen von Ben
Lomond nach **Fingal** und weiter nach **St. Marys** an der Ostküste. Soll die Fahrt an
die Nordküste gehen, geht es über schmale Sträßchen nach **Scottsdale** und dann
über die B 84 nach **Bridport**.*

Die Ostküste Tasmaniens –
von Launceston nach Hobart

Die touristisch interessanteste Fahrtroute führt zunächst über den *Tasman Hwy.*
(A 3) an die Nordostküste. Dort ist ein Abstecher in den abwechslungsreichen
Küstennationalpark Mt. William möglich. Der *Tasman Hwy.* verläuft dann nach
Süden – entlang einer malerischen Küste durch die Ferienorte **St. Helens** und
*Von
Launceston
zunächst
nach
Westen*
Bicheno. Auf der **Freycinet-Halbinsel** sind im gleichnamigen Nationalpark aus-
gedehnte Wanderungen möglich. Auch ein Besuch des Inselnationalparks Maria
Island kann bei ausreichender Reisezeit eingeplant werden. Vor Erreichen von
Hobart bietet sich ein Ausflug auf die Tasman Peninsula mit der Sträflingskolonie
Port Arthur an.

Entfernungen
*Launceston–Scottsdale:
64 km
Scottsdale–Bridport: 19 km
Bridport–Mt. William NP: 90 km
Mt. William NP–St. Helen: 49 km
St. Helen–Bicheno: 85 km
Bicheno–Hobart: 180 km*

Die Besiedlung der Ostküste ließ nach der Gründung Hobarts nicht lange auf sich warten. Aus den frühen Walfängerstützpunkten, wie z. B. Bicheno, entstanden erste Fischerhäfen.

Die Ostküste ist für ihre herrlichen Ozeanblicke und Sandstände bekannt und bürgt für eine genussreiche Fahrt. Das Wetter ist im Allgemeinen stabiler und sonniger als an der Westküste – einem Bad in der kühlen Tasman Sea steht also nichts im Wege!

 **Streckenhinweis:
Launceston–Scottsdale**
Über die Hoblers Bridge Rd. gelangt man von Launceston auf den Tasman Hwy. (A 3). Vom Sliding Lookout *(16 km westlich von Scottsdale) eröffnet sich ein schöner Blick auf die flache Küstenebene sowie auf die von Rindern und Schafen genutzten Weideflächen.*

Scottsdale

Benannt nach dem Landvermesser *James Scott,* der 1855 den Nordosten der Insel erforschte, hat sich Scottsdale zu einem wichtigen Landwirtschaftszentrum entwickelt. Die Umgebung ist von weiten Feldern, aber auch von dichten Pinienwäldern (Tonganah, 7 km östlich) geprägt. Gemüse wird gleich nach der Ernte in der großen Tiefkühlfabrik *General Jones* verpackt.

Besuchen Sie **Anabel's of Scottsdale B&B** (46 King St.), ein hervorragendes Restaurant im alten National-Trust-Gebäude, in dem auch Übernachtungen möglich sind. Nur von Mitte Dezember bis Mitte Januar, zur Blütezeit, ist die *Bridestowe Lavender Farm* (Nabowla, 20 km westlich, Tel. 6352 8182) für Besucher geöffnet.

Ostküste Tasmanien

N
0   50 km

Mt. Williams NP
Gladstone
Scottsdale
Derby
Launceston
Upper Blessington
Ben Lommon NP
St. Helens
Scamander
St. Marys
Tasman Sea
Bicheno
Midland Highway
Highway
Swansea
Coles Bay
Freycinet NP
Great Oyster Bay
Tasman Highway
Triabunna
Orford
Maria Island
Richmond
Sorell
Hobart
Tasman Peninsula
Port Arthur

© *i*graphic

Bridport

20 km nördlich von Scottsdale liegt der beliebte Ferienort Bridport mit Fährverbindung (*Southern Shipping Company*, Tel. 6356 1753) nach Flinders Island. Die
Stadt hat gute Strände, ausreichend Unterkünfte und Campingplätze und gute
Seafood-Restaurants. Der Abstecher über Bridport ist sicherlich kein Muss, man
kann auch direkt von Scottsdale über Derby in den Mt. William NP fahren.

Derby

Im späten 19. Jahrhundert wurden in Derby reiche Zinnvorkommen gefunden.
An die Geschichte erinnern restaurierte Gebäude (u. a. ein Freilichtmuseum
Shanty Town) und das *Derby Tin Mine Centre*, ein hübsches Museum mit vielen
alten Fotos.

Mt. William National Park

In **Gladstone**, der letzten Ortschaft vor Erreichen des NP, sollten Sie den Laden
besuchen. Dieser ist Tankstelle, Post, Bank, Immobilienmakler, Lebensmittelladen

und Kiosk in einem – der Traum
einer selbstständigen Existenz. In
Gladstone wurde früher einmal
Zinn und Gold abgebaut, interessanterweise gehörten Chinesen zu
den ersten Siedlern. Das *Gladstone
Hotel* (Tel. 6357 2143), ein einfaches B&B-Haus, ist die nächstgelegene Unterkunft zum NP.

Weitere 12 km westlich erreicht
man auf guten Schotterstraßen den
Küstennationalpark **Mt. William**.
Der Park ist vor allem für seinen
reichen Bestand an grauen Fores-

Im Mt. William National Park

*Auffallend
viele
Kängurus* ter-Kängurus bekannt. Sie können an vielen Stellen beobachtet werden, z. B. auf
dem eigens dafür angelegten *Forester Drive*. Außerdem sieht man Wallabies, Pademelons (Kleinkängurus) und Wombats. Nachtfahrten von und zum Nationalpark
sollten wegen der zahlreichen Tiere vermieden werden.

*Blick bis
Flinders
Island* Straßen führen zur *Musselroe Bay*, zum Leuchtturm *Eddystone* und in die *Ansons
Bay*. In der Nähe des Leuchtturms, dem östlichsten Punkt der Insel, befindet sich
ein einfacher NP-Campground. Die Wanderung auf den 261 m hohen „Berg" Mt.
William lohnt sich: Bei gutem Wetter blickt man über die Bass Strait bis Flinders
Island.

Südlich des Nationalparks schließt sich die **Bay of Fires** (*Coastal Reserve*) an –
ein Küstenschutzgebiet mit herrlichen Wanderwegen und fantastischen Ausblicken. Sandstrände, Felsen und Lagunen wechseln sich stetig ab. Der Veranstalter
Cradle Mountain Huts (www.bayoffires.com.au) bietet eine 4-tägige Tour (ab/bis
Launceston) mit Übernachtung in der traumhaften *Bay of Fires Lodge* an. Individualreisende fahren die Bucht über die C 843 (von Norden kommend) an.

Streckenhinweis

Auf dem Hwy. A 3 steht in **Weldborough** *Tasmaniens angeblich übelster Pub (Tassies Wors Pub) mit einer grauenhaften Speisekarte! Der Weldborough Pass führt die A 3 durch dichten Regenwald nach St. Helens. Bei* **Pyengana** *führt eine Stichstraße zu den sehenswerten 90 m hohen* **Columbus Falls** *(10 Min. Spaziergang vom Parkplatz).*

St. Helens (ⓘ s. S. 155)

Mit 1.500 Einwohnern ist die Stadt die größte und gleichzeitig die älteste der Ostküste. Aus dem ursprünglichen Walfanghafen wurde 1830, nach der Gründung Hobarts, der Fischerhafen St. Helens gegründet. In der geschützten **Georges Bay** gelegen, hat heute die bedeutendste Fangflotte Tasmaniens ihren Stützpunkt.

Küste bei St. Helens

Urlauber schätzen St. Helens als Ausgangspunkt für Unternehmungen entlang der Ostküste. Gute Strände findet man entlang der Halbinseln Humbug Point und *St. Helens Point*, welche die Georges Bay nach Norden und Süden einrahmen. Im Norden verwöhnt die **Binalong Bay** mit großartigen Stränden. Der südliche Ausläufer verfügt ebenfalls über herrliche Badestrände (z. B. **Stieglitz Beach**) und einsame Buchten. Eine Stichstraße führt bis zum äußersten Zipfel, **St. Helens Point**, wo sich die spektakulären **Peron Dunes** (Sanddünen) befinden. Hochseeangeln steht hoch im Kurs und wird von verschiedenen Veranstaltern in St. Helens offeriert. Das Übernachtungsangebot ist gut, ebenso die Versorgungslage durch ein Einkaufszentrum.

Scamander

Der *Tasman Hwy.* verläuft auf den folgenden Kilometern in Richtung Süden direkt an der Küste entlang. Bademöglichkeiten an der „Sonnenküste Tasmaniens" bestehen in den populären Feriensiedlungen **Beaumaris** und **Scamander**. Der Scamander River führt flussaufwärts in das malerische Tal *Upper Scamander*, das für seine Forellen bekannt ist. Am *Tasman Hwy.* bestehen an vielen Stellen Strandzufahrten und Haltebuchten.

Auf dem Tasman Highway nach Süden

Streckenhinweis

Alternativ zur Küstenstraße (schöne Strände rund um **Four Mile Creek***) kann in einem Bogen landeinwärts gefahren werden: Nach Überquerung des* **St. Marys Pass** *folgt die Kleinstadt* **St. Marys***. Sie liegt im Schatten des 857 m hohen* Mt. Nicholas. *Leider meist sehr zugewachsene und damit eingeschränkte Ausblicke auf Küste und Berge bietet die Rückfahrt auf die A 3 über den* **Elephant Pass***.*

Douglas Apsley National Park

Wenige Kilometer nördlich von Bicheno führt die *Rosedale Rd.* vom *Tasman Hwy.* in den erst 1990 geschaffenen Douglas Apsley NP. Dort sind es vor allem die Felsschluchten, kleine Wasserfälle und großflächige, trockene Eukalyptuswälder, die den Naturfreund begeistern.

Durch den Park führt der 27 km lange *Leeaberra Track*, der nur von Nord nach Süd begangen werden sollte. Grund dafür sind die eingeführten Phytophthora-Wurzeln, die sich immer weiter nach Norden ausbreiten und eine Gefahr für einheimische Pflanzen darstellen. Wanderer werden aufgefordert, die Sohlen ihrer Schuhe immer wieder zu reinigen, um die Plage nicht zu verschleppen. Eine kurze Wanderung führt vom Südende des NP zum herrlich gelegenen *Apsley Waterhole*, wo sich auch ein einfacher NP-Campground befindet. Nähere Informationen sind im Bicheno Park Office (Tel. 6375 1236) erhältlich.

Bicheno (ⓘ s. S. 155)

Bicheno ist eine der bekanntesten Ferienstädte der Ostküste. Mildes Klima, flache Ozeanstrände, gute Hotels und Caravan Parks locken vor allem die „Tassies" aus Hobart und Launceston nach Bicheno. Bereits 1803 suchten die ersten Wal- und Seehundjäger im sicheren **Waubs Boat Harbour** Schutz. Später wurde Kohle aus den nahen *Denison River Mines* verschifft. Dafür wurden Sträflinge eingesetzt. Deren Gebäude sind, gut erhalten, im Bootshafen *The Gulch* zu besichtigen. Das *SeaLife Centre* (Tasman Hwy., geöffnet täglich 9–17 Uhr) ist ein Aquarium mit den Meerestieren Tasmaniens – angeschlossen ist ein Fischrestaurant.

Pinguine vor der Küste

Ausflüge sind vor allem entlang der abwechslungsreichen Küste möglich: **Diamond Island** kann bei Ebbe zu Fuß besucht werden. Dort nisten die kleinen, nur 30 cm großen *Fairy Penguins*. Während der Brutzeit, von August bis November, werden örtliche Touren angeboten (Buchung im Tourist Office).

Südlich von Bicheno liegen die Sandsteinklippen von **Butler's Point** und die Sandstrände **Friendly Beaches** (über eine Stichstraße zu erreichen). Taucher finden im geschützten Marine Reserve des vorgelagerten **Governor Island** klares Wasser und eine reiche Unterwasserwelt (bis 22 m Tiefe) vor. Überdies besuchen Wale und Delfine die Gewässer vor Bicheno regelmäßig.

Streckenhinweis

Südlich von Bicheno zweigt die Straße C 302 zur Freycinet-Halbinsel ab. Zunächst passiert man die Moulting Lagoon, *Brutstätte von Schwarzen Schwänen und Wildenten. Beachten Sie den Abzweig* Wildbird Sanctuary *mit Schautafeln. Weiter südlich führt eine Straße zu den* Friendly Beaches. *Dort kann eine kurze Wanderung zu einer vogelreichen Salzwasserlagune unternommen werden.*

Coles Bay (ⓘ s. S. 155)

Der beliebte Ferienort **Coles Bay** ist das Eingangstor der **Freycinet Peninsula**, die sich südlich anschließt. Wahrzeichen von Coles Bay sind die mächtigen Granitfelsen (*The Hazards*) der Freycinet-Halbinsel.

Tipp
Coles Bay bietet zahlreiche Unterkünfte – sehr hilfreich, da die luxuriöse Freycinet Lodge (innerhalb des NP) sehr teuer und leider auch oft ausgebucht ist.

Freycinet National Park (ⓘ s. S. 155)

Der 10.010 ha große Nationalpark umfasst die Halbinsel und die daran anschließende Insel **Schouten Island** (nur per Boot ab Coles Bay erreichbar). Der Park wird von steilen, braunroten Granitfelsen dominiert. Idyllische Sandbuchten mit klangvollen Namen wie *Wineglass Bay* (das beliebteste Fotomotiv Tasmaniens!) oder *Sleepy Bay* können auf Wanderungen erreicht werden.

Durch das milde Klima und die Abgeschiedenheit von der übrigen Insel entwickelte sich eine reiche Flora und Fauna. Bemerkenswert ist die Vielzahl der dort wachsenden Wildblumen während des Frühlings. Kleine Felswallabies und viele Vögel vervollständigen das Bild der intakten Natur. Die edle *Freycinet Lodge* gehört zu den am schönsten gelegenen Unterkünften Tasmaniens.

Wanderungen und Ausflüge
Es gibt (ab dem letzten Parkplatz) keine Straßen mehr auf der Halbinsel, sondern nur Wanderwege. Ein detailliertes Faltblatt, erhältlich am Parkeingang, erläutert die möglichen Wege. Beim Wandern über den Granit sollten feste Schuhe getragen werden.
• **Sleepy Bay**: *10 Minuten Wanderung vom Parkplatz zu mächtigen Granitfelsen.*

Im Freycinet National Park

• **Mt Atmos Track**: *3 Stunden Wanderung auf einen der „Hazards" – sehr steiler und anstrengender Weg!*
• **Wineglass Bay Lookout**: *1 Stunde Bergwanderung zum Aussichtspunkt auf die viel fotografierte Wineglass Bay. Ein leichterer Weg (rollstuhltauglich) führt nach* **Cape Tourville***, von wo aus ebenfalls ein Blick auf die Wineglass Bay möglich ist.*
• **Wineglass Bay/Hazards Beach**: *4 Stunden Rundwanderung zur Wineglass Bay und zurück über den Hazards Beach Track – sehr empfehlenswert. Wasser mitnehmen!*
• **Peninsula Track**: *2-tägige Inselumrundung – vorher bitte den Ranger kontaktieren!*

Ideale Wandermöglichkeiten

Streckenhinweis
In weitem Bogen muss nun wieder zurück auf den Tasman Hwy. (A 3) gefahren werden. Zur Landzunge Nine Mile Beach besteht von Coles Bay leider keine Straßen- oder Fährverbindung.
Auf der Fahrt nach Swansea, die durch das hügelige Hinterland mit einigen Weingütern führt, bietet sich des Öfteren ein guter Blick auf die Freycinet-Halbinsel, die nun auf der anderen Seite der Great-Oyster-Bucht liegt. Von der Swansea Jetty fährt ein Schnellboot (keine Autofähre) mehrmals täglich hinüber nach Coles Bay.

Swansea

– eine der ältesten Städte der Insel. Die ersten Siedler der Ostküste waren *Lieutnant George Meredith* und die Brüder *Adam* und *John Amos*. Sie kamen 1821

Frühe von Hobart angesegelt und siedelten am späteren **Meredith River**. Viele der
Besiedlung heute noch bestehenden Farmen werden von Abkömmlingen der einstigen Pio-
an der niere bewirtschaftet. Swansea entwickelte sich in den späten 1820er-Jahren: In
Ostküste einer Sträflingskolonie bei Rocky Hills arbeiteten zeitweise bis zu 400 Sträflinge.
Viele der alten, meist gut restaurierten Gebäude stammen aus dieser Zeit: Das
herausragendste Gebäude ist *Morris General Store* aus dem Jahr 1868. Sehenswert
ist auch das *Bark Mill & East Coast Museum* am Ortseingang (96 Tasman Hwy.,
geöffnet täglich 9–17 Uhr).

Streckenhinweis

*Swansea bleibt für die meisten Reisenden kaum mehr als eine Durchgangs-
station. Recht eintönig verläuft die weitere Fahrt nach Süden. Triabunna ist ein
etwas trister Fischerhafen an der Spring Bay, aufgrund der Fährverbindung nach
Maria Island jedoch interessant.*

Maria Island National Park

Information

*Maria Island NP Office, Tel. 6257 1420; die Stock-
betten im alten Gefängnis (Penitentiary Accommodation
Units) müssen beim Ranger reserviert werden. Zusätzlich
existieren zwei einfache NP-Campgrounds in Darlington
und Encampment Cove.*

Fähre

*Eastcoaster Express Ferry, Eastcoaster Resort (zwischen Triabunna und
Orford), Tel. 6257 1589; tägliche Überfahrten nach Maria Island, dreimal täglich,
Rückfahrt jeweils 30 Min. später*

Reiche Deutlich vor der Küste erkennbar, erhebt sich die Insel Maria Island aus dem
Tierwelt Meer. Aufgrund ihrer geschichtlichen Entwicklung wurde die Insel zum National-
auf park erhoben. Von 1825 bis 1832 gab es dort eine Sträflingssiedlung mit Namen
ehemaliger **Darlington**. Ein Teil der Gebäude ist noch gut erhalten und steht Übernach-
Sträflings- tungsgästen zur Verfügung (Stockbetten, Tisch und Heizofen). Im Vordergrund
insel eines Besuchs steht jedoch das Erlebnis der ruhigen Natur und der reichen
Tierwelt mit Kängurus, Emus, Wildgänsen und weiteren 130 Vogelarten. Wanderungen zu den Fossil Cliffs, Painted Cliffs oder einem der beiden Gipfel im Osten
(Bishop und Clerk, Mt. Maria) sind markiert.

Streckenhinweis: zurück nach Hobart

Die Rundreise durch Tasmanien ist nun fast beendet: Der Tasman Hwy. *führt
über* **Orford** *und* **Sorell** *zurück nach Hobart. Der Besuch von* **Richmond** *oder der*
Tasman Peninsula (Port Arthur) *liegt dabei auf dem Weg.*

24. AUSTRALIENS INSELN
Überblick über abgelegene und kaum besuchte Inseln

Flinders Island (Bass Strait)

Die 137.400 ha große Insel ist die größte der so genannten **Furneaux-Gruppe**, einer Ansammlung von Inseln inmitten der Bass Strait zwischen der Südspitze des Festlands (Wilsons Promontory) und Tasmaniens Cape Portland gelegen. **Cape Barren Island** und **Clarke Island** sind die beiden nächstgrößeren Inseln, hinzu kommt eine Reihe kleiner und kleinster, teilweise unbewohnter Inseln. Insgesamt leben hier 1.100 Menschen. Sie bestreiten ihren Lebensunterhalt vorwiegend durch Fischfang und Viehwirtschaft. Der Tourismus hat nur in bescheidenem Rahmen von Flinders Island Notiz genommen, wenngleich Wanderer, Fotografen, Taucher und Reiter gute Möglichkeiten geboten bekommen. Erholung Suchende werden die absolute Ruhe und Gelassenheit zu schätzen wissen, mit der das Leben hier seinen Gang geht. Vogelbeobachtern bieten sich gute Gelegenheiten, die seltenen Cape-Barron-Gänse und weitere 150 Vogelarten zu beobachten. Herrliche Strände befinden sich rund um die Insel.

Captain James Cook benannte die Inseln nach Captain Tobias Furneaux, der ihn auf seiner zweiten Reise von 1772 bis 1774 mit dem Dreimaster Adventure begleitete. Die eigentliche Entdeckung fand jedoch erst 1796 statt, als Captain Guy Hamilton mit der Sydney Cove in einem Sturm nahe Flinders Island kenterte. An Bord waren 80 Fässer Rum, weshalb sie die Insel „Rum Island" nannten. Die Besatzung schaffte es, nach Sydney zu gelangen, und berichtete von einer großen Zahl von Seehunden auf „Rum Island". So dauerte es nicht lange, bis sich die ersten Seehundjäger unter Captain Charles Bishop aufmachten, um kurze Zeit später mit 9.000 Seehundfellen und -öl zurückzukehren. Auf einigen der Inseln verbanden sich Seefahrer und ehemalige Sträflinge mit den lokalen Ureinwohnern, und somit wurde die Gruppe der „Straitsmen" geboren.

Inseln der Bass Strait

Der Pastor George Augustus Robinson brachte 1831 die wenigen verbliebenen tasmanischen Aborigines nach Flinders Island, um sie dort im Ort **Wybalenna** („Häuser der Schwarzen") zu christianisieren. Nach und nach starben sie jedoch auf der Insel, bis schließlich die Rasse der tasmanischen Ureinwohner nicht mehr existierte. Die Kapelle in Wybalenna erinnert an das Schicksal der Aborigine-Bevölkerung.

Das Inselzentrum bilden heute die Städte **Whitemark** und **Lady Barron**, die beiden einzigen Städte. Dort befinden sich auch Geschäfte und Unterkünfte.

 Information
www.flindersislandonline.com.au

King Island (Bass Strait)

Im Westen der Bass Strait liegt **King Island**, mit 110.000 ha die zweite größere Insel der Meerenge neben Flinders Island. Rund 70 Schiffswracks säumen die 145 km lange Küstenlinie – zumeist Opfer der als Roaring Forties bezeichneten

Stürme. Die einstige Seehundjägerkolonie ist heute ein verträumtes Urlaubsziel. Kleinere Regenwälder wechseln sich im Inselinneren mit größeren Weideflächen ab. An der Küste entdeckt man feinsandige Strände. Der Fischfang spielt eine große Rolle – berühmt sind die Langusten (*crayfish*), die in den Restaurants der Orte **Currie** und **Naracoopa** angeboten werden.

Hauptort der 65 km langen Insel ist **Currie**. Hier befinden sich Unterkünfte und Geschäfte. Im 1880 erbauten Leuchtturm befindet sich das *Currie Museum* mit einer Darstellung der Inselgeschichte (geöffnet Mo–Fr 10–12 Uhr, Sa/So 14–16 Uhr). Sehenswert ist der 30 km südlich gelegene *Calcified Forest*, ein durch Sanddünen „verkalkter" Wald. Weitere Ausflüge sind zum *Lavinia Nature Reserve* (Lebensraum geschützter Tiere) und zur *Penny Lagoon* (Wasservögel) möglich.

Grassy ist eine ehemalige Bergbaustadt, in der verschiedene Erze gefördert wurden. 1990 machten die Minen dicht, seither sind fast alle Häuser verlassen, nur im Pub und im kleinen Hafen herrscht noch Betrieb. Für die Fischer von King Island ist die Förderung von Seetang ein wichtiger Erwerbszweig (*kelp harvesting*). Nördlich von Grassy führt der *King Island Bush Walk* durch die Yarra Creek Gorge – einem der typischen Regenwald-Flecken auf der Insel (Information über die Yarra Creek Host Farm). Sehenswert ist auch der aus Granit erbaute Leuchtturm bei *Cape Wickham* im Norden, der den Eingang der Bass Strait markiert.

 Information
www.kingisland.net.au, www.kidairy.com.au, www.discovertasmania.com.au

Norfolk Island (Tasman Sea)

Kleine Insel zwischen Australien und Neuseeland

Selbst für Reisende, die schon „alles" gesehen haben, mag Norfolk Island noch ein weißer Fleck auf der Landkarte sein. Das nur 3.455 ha kleine Eiland, 1.450 km östlich von Brisbane und 1.050 km nordwestlich von Auckland und damit praktisch inmitten der Tasman-See zwischen Australien und Neuseeland gelegen, zählt kaum 2.000 überaus freundliche Bewohner. 1774 entdeckte James Cook die Insel, die in den Folgejahren zunächst als Sträflingsinsel diente. 1914 wurde Norfolk Island Australien unterstellt.

Die pazifische Insel ist vulkanischen Ursprungs, grüne Hügel, Sandbuchten, geschützte Lagunen und subtropische Regenwälder bestimmen die Landschaft in weiten Teilen. Als beste Reisezeit gelten die Monate Oktober bis Mai. Mit Temperaturen von 18 Grad im Winter und 27 Grad im Sommer herrscht

Steuerfreies Paradies

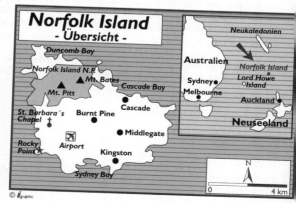

Norfolk Island
- Übersicht -

Duncomb Bay
Norfolk Island N.P.
Mt. Bates
Mt. Pitt
Cascade Bay
St. Barbara´s Chapel
Burnt Pine
Cascade
Middlegate
Rocky Point
Airport
Kingston
Sydney Bay

Neukaledonien
Australien
Norfolk Island
Sydney
Lord Howe Island
Melbourne
Auckland
Neuseeland

N
0   4 km

© i_graphic

stets ein angenehmes Klima. Baden, Schnorcheln, Tauchen, Wandern, Segeln und Reiten zählen zu den möglichen Urlaubsaktivitäten im steuerfreien Paradies.

Hauptstadt der Insel ist **Burnt Pine**, ein Straßendorf im Inselinneren. An Motels und Hotels mangelt es nicht, auch Autos und Fahrräder können gemietet werden. Informationen zur Insel und den Übernachtungsmöglichkeiten erteilen das Norfolk Tourist Centre in Sydney oder Reiseveranstalter.

Auf Norfolk Island

 Verkehrsverbindungen
Von Sydney und Brisbane mit Qantas nach Norfolk Island und Lord Howe Island; Air New Zealand fliegt von Norfolk Island nach Auckland – also im Prinzip ein idealer (wenngleich nicht billiger Zwischenstopp), wenn beide Länder besucht werden. Allerdings kennt der Autor niemanden, der das schon so gemacht hätte...

Information
www.norfolkisland.nf, www.pinetreetours.nlk.nf

Lord Howe Island (Tasman Sea)

Die kleine vulkanische Insel (World Heritage Site der UNESCO) liegt 783 km nordöstlich von Sydney, ist nur 11 km lang und drei Kilometer breit. Zwei mächtige Berge (Mt. Gower 875 m, Mt. Lidgbird 777 m) bestimmen die Insellandschaft, über zwei Drittel davon stehen unter Naturschutz. Zahlreiche endemische Pflanzen, seltene Vogelarten sowie Korallenriffe vor der Küste begeistern Naturliebhaber. Nur 8 der 37 km Steilküste sind zugänglich – empfehlenswert ist deshalb eine Bootsfahrt rund um die Insel. Mit ihrem subtropischen Klima wurde Lord Howe zu einem exklusiven Refugium betuchter Australier. Nur 280 Einwohner leben permanent auf der Insel, die Zahl der Gästebetten ist auf 400 beschränkt, wobei es durchaus auch günstigere Unterkünfte gibt.

Exklusive Urlaubsinsel

 Verkehrsverbindungen
Sunstate Airlines (Qantas) fliegt Lord Howe Island regelmäßig ab Sydney an.

 Information
Lord Howe Island Visitor Centre, Tel. 02-6563 2114; www.lordhowe.info

 Übernachtung
Pinetrees Lodge, Tel. 02-9262 6585

Christmas Island (Indischer Ozean)

Christmas Island gehört ebenfalls zu Australien und liegt ca. 2.300 km nordwestlich von Perth inmitten des Indischen Ozeans. Die abgelegene, rund 137 km² große Insel ist Heimat seltener Vogelarten. Über 60 Prozent der Insel wurden zum Naturschutzgebiet erklärt, um den einzigartigen, tropischen Regenwald und die Riffküste zu schützen.

Spektakulär ist das jährliche Ereignis der Krebswanderung: In der Trockenzeit (Nov.) machen sich buchstäblich Millionen (krebs-)roter Krebse auf Wanderschaft, um vom Regenwald im Inselinneren ins Meer zu gelangen, um mit dem Laichen zu beginnen. In jüngster Zeit hat eine eingeführte Ameisenart jedoch zum Tod einer großen Zahl von Krebsen geführt.

Christmas Island bekam seinen Namen an Weihnachten 1643, als *Captain William Mynors* auf seinem Weg nach Sumatra die Insel entdeckte. Bis zum Jahr 1987 wurde in großem Stil Phospat abgebaut. Wie auf den Cocos Islands herrscht tropisches Klima: Regenfälle bis zu 2.000 mm in den Monaten Dezember bis April und eine hohe Luftfeuchtigkeit kennzeichnen den Sommer. Die Insel ist einer der besten „Drop-off"-Tauchspots der Welt. Man sagt, es gibt dort mehr Möglichkeiten, an den vulkanischen Steilwänden zu tauchen, als irgendwo sonst auf der Welt. An den Wänden finden sich außergewöhnliche Korallen, Muränen, weitere seltene Fischarten und Walhaie. Natürlich sind auch Angler hochwillkommen. Strände finden sich indes kaum entlang der Küsten.

 Verkehrsverbindung

National Jet fliegt von Perth mit relativ unzuverlässigem Flugplan Christmas Island an. Der Weiterflug ist in Richtung Jakarta/Indonesien möglich. Buchungen übernimmt das Reisebüro Christmas Island Travel, Tel. 08-9164 7168, www.citravel. com.au.

i **Information**
   www.christmas.net.au

Cocos Islands (Indischer Ozean)

Die Cocos (Keeling) Islands liegen ungefähr 2.750 km nordwestlich von Perth. Entdeckt wurden die Inseln im Jahr 1609 von *Captain William Keeling* der East India Company. Im Jahr 1827 kam *John Clunies-Ross* mit seiner Familie an und besiedelte als Erster die Inseln. Im Jahr 1978 kaufte Australien große Teile der Clunies-Ross-Ländereien, und die Bevölkerung entschied sich 1984, ein selbstverwalteter Teil des australischen Staats zu werden.

Die kleine, halbmondförmige Inselgruppe gehört zu den am wenigsten besuchten tropischen Inselparadiesen der Welt. Nur zwei von 27 Inseln sind bewohnt: **Home Island** (450 Ew. mit einer größeren muslimischen Gemeinde) und **West Island** (ca. 14 km lang, 500 m breit, ca. 120 Ew.).

Die Inseln sind mit maximal 5 m Erhebung ausgesprochen flach und von Sandstränden umgeben. Bei täglichen Durchschnittstemperaturen von 24 bis 29 Grad können Besucher am Strand relaxen und vor allem tauchen: Die Unterwasserwelt von Cocos zählt den besten Tauchrevieren der Welt.

Verkehrsverbindung
National Jet fliegt von Perth mit relativ unzuverlässigem Flugplan die Cocos Islands an. Buchungen übernimmt das Reisebüro Christmas Island Travel, Tel. 08-9164 7168, www.citravel.com.au.

Information
www.cocos-tourism.cc, www.cocos-dive.cc

Heard Island und McDonald Islands (Southern Ocean)

Kaum ein Tourist wird je den Weg in diese wahrhaft gottverlassene subantarktische Gegend finden. Inmitten des südlichen Indischen Ozeans (73° östlicher Länge, 53° südlicher Breite) entsteht jedoch mit 4.500 km² das größte Meeresschutzgebiet der Welt, was ungefähr der Größe Bayerns entspricht. Zur südlich gelegenen Antarktis sind es 1.500 km, nach Australien 4.000 km. Der offizielle Name lautet *The Australian Territory of Heard Island and McDonald Islands* (HIMI). Die HIMI-Gruppe kann wohl getrost als eine der rauesten Plätze auf Erden betrachtet werden. Die permanenten Stürme des südlichen Ozeans haben schon manchem Weltumsegler das Leben zur Hölle gemacht.

Für Seeelefanten und Millionen von Seevögeln und Pinguinen sind die sturmgepeitschten Inseln **Heard Island** und die nahen **McDonald Islands** ein wichtiges Refugium. Die Tier- und Pflanzenwelt befindet sich in einem absolut natürlichen Zustand, da bislang keine fremden Arten von Menschen eingeführt wurden. Das 368 km² große Heard Island wird von **Mawson Peak** dominiert, der 2.745 m hohen Spitze des aktiven Vulkans Big Ben. Der Berg ist damit der **höchste Berg Australiens**! 80 Prozent der Inseln sind von dauerhaftem Schnee und Eis bedeckt.

Information
www.antdiv.gov.au

25. ANHANG

Literaturverzeichnis

Deutschsprachige Literatur

Bachmann, Bill: Australiens Farben. Menschen, Bilder Landschaften – ein hervorragend gemachter Bildband.

Blotz, Herbert: Märchen der australischen Ureinwohner. In das Deutsche übersetzte Aborigine-Märchen – gute Einführung in die Mythologie der Ureinwohner.

Bryson, Bill: Frühstück mit Kängurus. Hervorragend geschriebener Reisebericht des bekannten Autors über die Eigenheiten und das Land Australien. Ein Muss für jeden Touristen.

Buchspieß, Andrea: Australien: Reisen und Jobben. Reise-Know-How, 2004

Burns, Jenna: Australische Strandhäuser. Bildband über die schönen Strandhäuser – nicht nur für Architekten sehenswert.

Cerny, Christina: Heilgeheimnisse der Aborigines. Beschreibung der Naturheilpflanzen und Heilmethoden der Aborigines.

Chatwin, Bruce: Traumpfade. Chatwin folgt den mystischen Traumpfaden der Ureinwohner – erfolgreiches literarisches Werk.

Craan, Robert: Geheimnisvolle Kultur der Traumzeit. Kenntnisreicher Einblick in die Kultur und die spirituellen Wurzeln der Aborigines.

Davidson, Robyn: Spuren. Eine Frau zieht mit Kamelen allein durch die Wüste – leidenschaftliche Erzählung.

Dornseif, Andrea: Kopfüber. Ein anderer Reiseführer: In 30 Skizzen beschreibt die Autorin ihre Begegnungen mit Menschen und deren Umwelt.

Fehling, Lutz: Australien Natur-Reiseführer. Das handliche Buch sollte im Reisegepäck nicht fehlen. Detaillierte Beschreibung von Pflanzen und Tieren.

Haviland, John: Rückkehr zu den Ahnen. Geschichte des letzten Überlebenden eines Aborigine-Clans, der von Weißen ausgelöscht wurde. Aus Erinnerungen und Gesprächen entsteht ein Bild der faszinierenden Welt der Ureinwohner.

Heermann, Inge: Gemaltes Land. Beschreibung der Kunst der Arnhemland-Aborigines, ihrer sozialen und kulturellen Bezugspunkte und Kunststile. Das Buch ermöglicht einen Einblick in die komplexe Bildwelt der Künstler.

Lambert, Johanna: Weise Frauen aus der Traumzeit. Lehrreiche Traumzeitgeschichten, nicht nur für und über Frauen, sondern über das allgemeine Leben im Einklang mit der Natur.

Morgen, Marlo: Traumfänger. Die amerikanische Ärztin verbrachte drei Monate bei einem Aborigine-Stamm und berichtet über Kultur und Lebensweise.

McKinley, Tamara: Mathildas letzter Walzer. Familienepos in der Tradition der Dornenvögel. Von der Autorin stammen noch weitere Romane, u. a. „Der Duft des Jacaranda".

Pilkington, Doris: Long Walk Home (engl. Rabbit Prove Fence). Erschütternder und mutiger Bericht über die „Stolen Generation", das staatlich verordnete Kidnapping junger Aborigine-Kinder, das bis in die 1970er-Jahre andauerte. Das Buch wurde erfolgreich verfilmt.

Roberts, Beth: Manganinnie. Die Geschichte einer jungen Ureinwohnerin, die 1830 während der Schwarzen Treibjagd (The Black Line) von ihrem Volk getrennt wurde und für sich selbst sorgen musste. Der Roman wurde verfilmt.

Shaw, Patricia: Die Große Australien Saga. Spannende Romane über Pioniere und Abenteurer, u. a. „Südland", „Sonnenfeuer", „Weites Wildes Land", „Heiße Erde".

Upfield, Arthur: Der Schwarze Brunnen, Wer war der zweite Mann? u. a. Upfields Krimis sind spannende Reiseliteratur, die u. a. in der Kimberley-Region Westaustraliens spielen. Auch in englischer Sprache recht gut zu lesen.

Englischsprachige Literatur

Beadell, Len: Too Long in the Bush u. a. Geschichten des letzten Erforschers und berühmten Straßenbauers Len Beadell.

Chapman, John: Bushwalking in Australia, Lonely Planet. Detaillierte Beschreibung der australischen Fernwanderwege.

Cook, James: The Explorations of Captain James Cook in the Pacific. Die Tagebücher Cooks auf seinen Pazifikreisen.

Cronin, Leonhard: Key Guide to Australian Wildflowers. Führer durch die Wildblumenwiesen Australiens.

Finlay, Hugh u. a.: Australia, Lonely Planet. Bibel für Budgetreisende.

Henderson, Sara: From Strength to Strength. Autobiografie einer australischen Farmerin.

MacDonald, J. D.: Birds Of Australia. Umfassender ornithologischer Führer.

Mayer, Wolf: Australia's Rocks, Minerals and Gemstones. Geologischer Führer über Felsen, Mineralien und Edelsteine.

Molony, John: History of Australia, Penguin Books. 200 Jahre australische Geschichte – kompakt zusammengefasst.

Neidjie, Bill: Australia's Kakadu Man. Ltd. Aborigine-Texte, Geschichten und Fotos.

Nicholson, Margaret: Little Aussie Fact Book. Jährlich neu erscheinendes Faktenbuch über Australien: Politik, Wirtschaft, Geschichte, Kunst, Kultur, Sport, Prominente und mehr in Kurzform.

Watson, Don: The Story of Australia. Illustrierte Geschichte des Landes – leicht verständliches Jugendbuch.

Outback-Pisten

Auf eine Reihe von Pisten, wie z.B. die Canning-Stock-Route, Simpson Desert Crossing, die Bomb Roads im Süden und einige andere, wird in diesem Buch nicht näher eingegangen. Sie sind nur in absolut gut ausgerüsteten Allradfahrzeugen, mit Wüstenerfahrung und am besten im Konvoi machbar – Dinge, über die der durchschnittliche Australienreisende i. d. R. nicht verfügt.

Moon, Ron: Outback Australia, Loneley Planet. Kompakte, aber umfassende Zusammenstellung aller Outback-Routen des Landes mit Hintergrundinformationen zur Erschließung des Landes (englischsprachig).

Kartenmaterial

Hier zählen die herausragenden Landkarten von Hema Maps (www.hemamaps.de oder www.hemamaps.com.au) zum besten Material, das es weltweit gibt. GPS Koordinaten und Outbackpisten sind im Detail eingezeichnet.

Stichwortverzeichnis

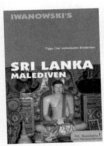

Reisegast in ...

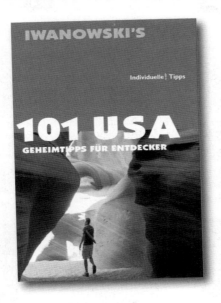